石林年鉴

SHILIN YEARBOOK

2009（总第11卷）

石林彝族自治县人民政府 主办

◆汇集区域信息

◆关注国计民生

◆聚焦科学发展

■石林彝族自治县史志办公室 编

云南出版集团公司

云南美术出版社

石林彝族自治县地方志编纂委员会

《石林年鉴》编辑部

编辑说明

一、《石林年鉴》创刊于1999年，是石林彝族自治县人民政府主办的综合性地方年鉴，是系统反映石林县情的大型年刊，是集知识、信息、资料为一体的具有公报性、资料性、权威性的工具书。

二、《石林年鉴》的编辑出版，旨在逐年全面系统地记载石林县社会主义现代化建设的历史进程，为海内外了解石林、建设石林提供信息，也为编纂与续修地方志书积累资料。

三、本年鉴全面系统地反映了2008年石林彝族自治县广大干部群众进一步解放思想、深化改革、扩大开放的历史足迹，国民经济和社会发展各项事业的主要成绩和存在的不足，以及其他方面的情况。

四、全书设27个部类：特载、大事记、概况、中共石林彝族自治县委员会、石林彝族自治县人大常委会、石林彝族自治县人民政府、政协石林彝族自治县委员会、群团组织、军事、法制、经济管理、农业、烟草业、工商企业、旅游业、会展业、财税审计、金融、交通邮电、城乡建设、科教卫生、文化体育、社会生活、政策法规、艺文、人物、附录。

五、本年鉴采用分类编辑法，以条目为主体，分一、二、三级目。一级目为部类，如特载、军事等，二级目排在一级目与条目之间，三级目为撰写单元（条目），用黑体字加【 】号作标题。

六、因篇幅及表述的需要，本年鉴部分部类出现了一些简写和第一人称写法，“石林县”、“我县”等同于“石林彝族自治县”。

七、“艺文”部类中出现的对县域各事物特性的描述，具有一定的文学色彩和作者的主观意志，如有引用，请与县志及相关权威部门（专家）的表述核对后使用。

八、“政策法规”部类、“艺文”部类仅对错别字进行更正，其他未作改动。

九、本年鉴采用的稿件均由县属各乡镇、各有关单位专人撰写，并经各单位主管领导审核。所用数据以县统计局公布的为准，未列入国家统计的数据使用部门统计资料。

十、本年鉴的编纂得到各级领导和社会各界的大力支持，在此谨表谢忱。

《石林年鉴》编辑部

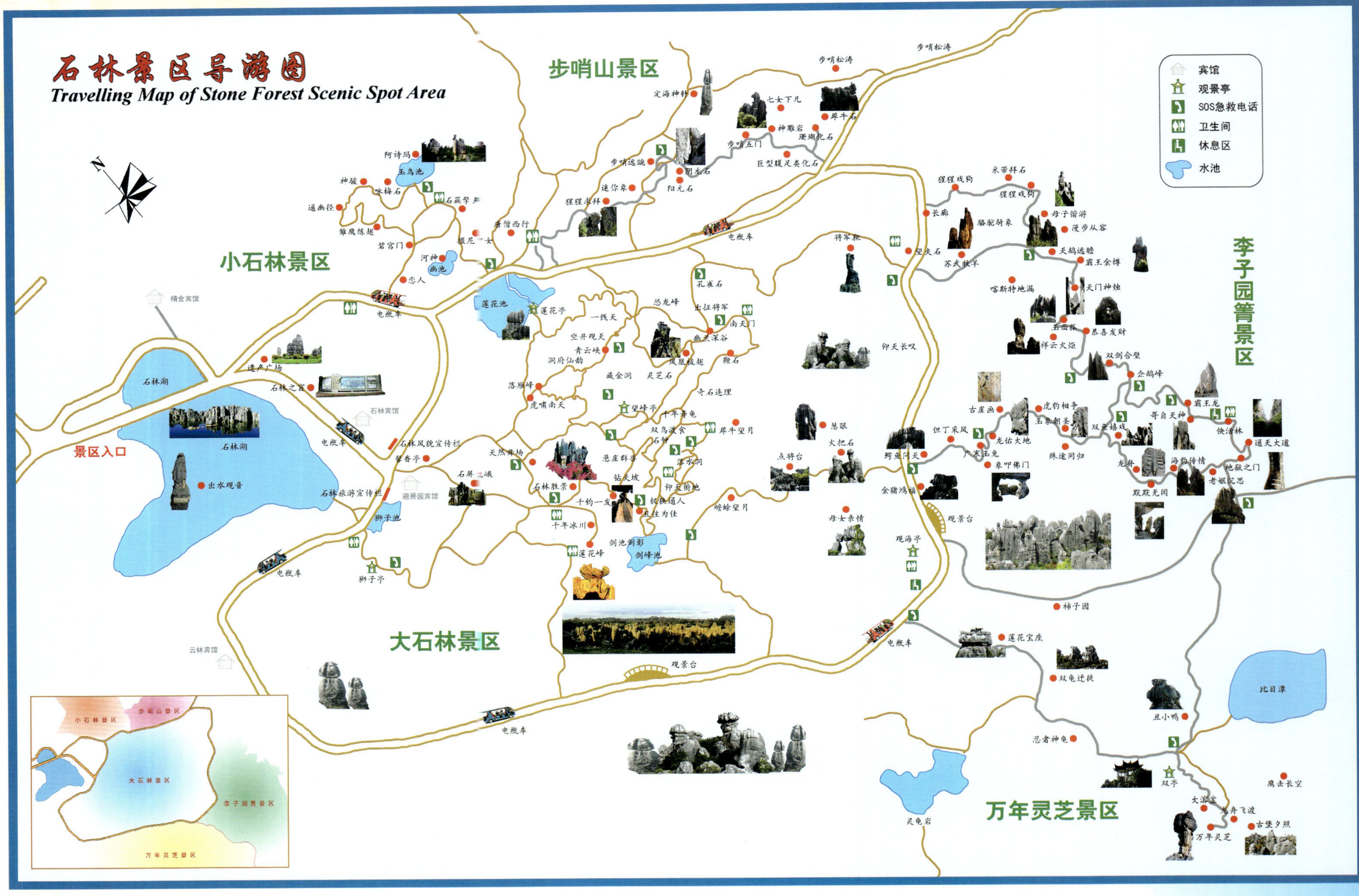

石林景区导游图
Travelling Map of Stone Forest Scenic Spot Area
N
步哨山景区
小石林景区
大石林景区
李子园箐景区
万年灵芝景区
宾馆
观景亭
SOS急救电话
卫生间
休息区
水池
景区入口
石林湖
出水观音
石林之窗
遗产广场
精舍宾馆
石林宾馆
云林宾馆
避暑园宾馆
莲花池
莲花亭
狮子池
狮子亭
剑峰池
观景台
电瓶车
玉鸟池
阿诗玛
比目潭
步哨松涛
李子园箐景区
小石林景区
步哨山景区
大石林景区
万年灵芝景区

石林县城街道简图

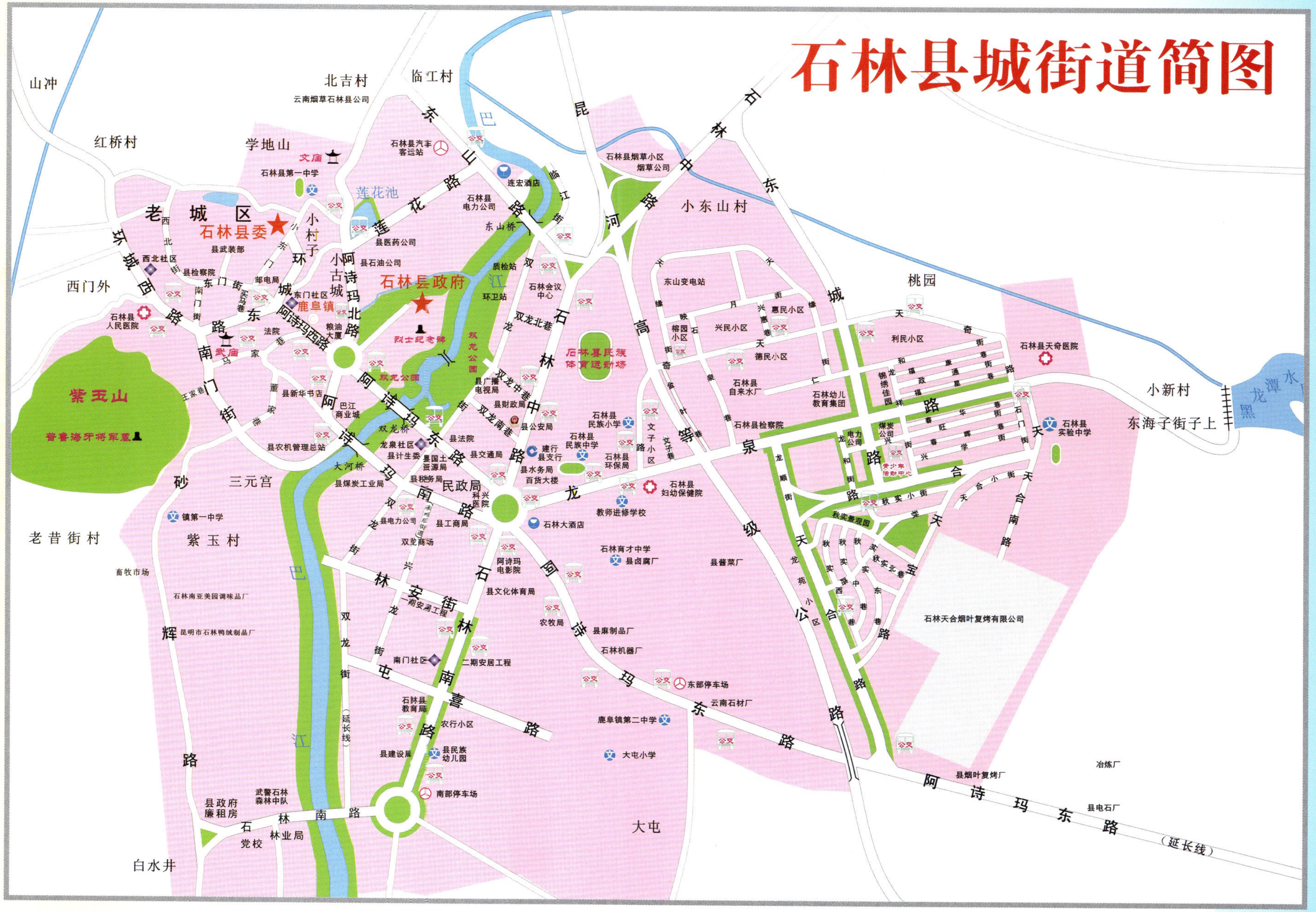
山冲
北吉村
临江村
云南烟草石林县公司
红桥村
学地山
文庙
石林县第一中学
石林县汽丰客运站
连宏酒店
莲花池
老城区
石林县委
小村子
环城西路
西门外
石林县人民医院
紫玉山
普鲁海牙将军墓
石林县政府
烈士纪念碑
双龙公园
鹿阜镇
阿诗玛西路
阿诗玛北路
小阿古诗玛城
南门街
东门街
县检察院
西北社区
东门社区
县武装部
县医药公司
县石油公司
石林县电力公司
东山桥
东山路
莲花路
临江街
巴江
质检站
环卫站
石林会议中心
双龙北巷
双龙中巷
双龙南巷
县广播电视局
县财政局
县公安局
巴江商业城
县新华书店
县农机管理总站
双龙桥
龙泉社区
县计生委
县国土资源局
县税务局
县法院
县交通局
民政局
大河桥
县煤炭工业局
县电力公司
县工商局
双龙商场
三元宫
砂辉路
镇第一中学
紫玉村
老昔街村
畜牧市场
石林南亚美园调味品厂
昆明市石林鸭绒制品厂
石林南路
县政府廉租房
武警石林森林中队
林业局
党校
白水井
南部停车场
县民族幼儿园
县建设局
农行小区
石林县教育局
南喜路
南门社区
二期安居工程
一期安居工程
林安街
屯龙街
双龙街
石林中路
石林县民族小学
石林县民族中学
建行县支行
县水务局
百货大楼
石林县环保局
科兴医院
石林大酒店
阿诗玛电影院
县文化体育局
农牧局
县麻制品厂
石林机器厂
东部停车场
云南石材厂
鹿阜镇第二中学
大屯小学
大屯
阿诗玛东路
（延长线）
县烟叶复烤厂
冶炼厂
县电石厂
石林天合烟叶复烤有限公司
县酱菜厂
石林育才中学
县卤腐厂
教师进修学校
石林县妇幼保健院
龙泉路
等级路
高等路
文子小区
石林县民族体育运动场
昆河路
小东山村
石林县烟草小区
烟草公司
东山变电站
棉园小区
兴民小区
惠民小区
德民小区
石林县自来水厂
石林县检察院
石林幼儿教育集团
城东路
桃园
利民小区
石林县天奇医院
石林县实验中学
小新村
东海子街子上
黑龙潭水库
天合南路
天宝路
天龙路
秋实景观园
青少年活动中心
煤炭公司
电力公司
巴江

纪念改革开放30周年暨更名10周年庆典

昆明市祝贺团团长、市政协主席田云翔在大会上致辞

中共石林县委书记罗朝峰讲话

12月18日，石林彝族自治县纪念改革开放30周年暨更名10周年庆典大会在石林民族体育场隆重举行

代表石林五大支柱产业的五辆彩车缓缓驶入会场

彩车之二

彩车之三

彩车之四

县级机关代表队通过主席台

文艺方队通过主席台

细乐方队通过主席台

文艺节目表演

文艺节目表演

庆典大会结束后，与会领导参观了在科普中心举办的成就展

当天晚上，在石林民族体育场举行了《梦想石林》大型文艺晚会

晚会结束后，各级领导和嘉宾点燃吉祥、幸福、希望的火把，与全县人民共庆石林的辉煌成就和美好未来

当天上午，还举行了招商引资项目推介和签字仪式，共签下7个招商引资项目，总投资额达35亿元

阿诗玛文化联展：国家级非物质文化遗产大三弦舞

大三弦广场舞

移动式三弦舞

迎送式大三弦舞

小三弦舞

舞台上的大三弦舞

大三弦女跳步

点步

蹲步

大三弦舞吹笛伴舞者动作

单腿跳转

青年快板三弦舞

老年小三弦舞

彝族撒尼大小三弦

椿树制作的彝族大三弦

水冬瓜木做的大三弦

石林三弦王毕光明在制作大三弦

在闲暇时间传承大三弦舞弹拨技艺

传承人普照光

传承人毕光明

领导和专家关注大三弦制作工艺的传承情况

阿诗玛文化联展：国家级非物质文化遗产撒尼刺绣

挑花是传统的撒尼刺绣，是妇女服饰制作不可或缺的手工技艺

刺绣是撒尼妇女休闲时也不愿舍弃的活计

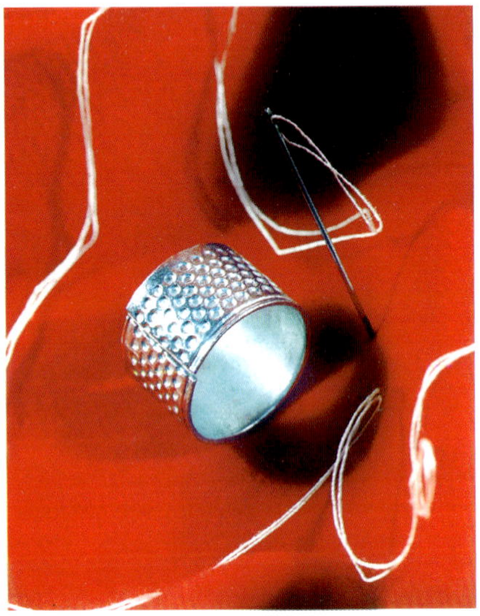

挑花工具（顶针、绣花针）

撒尼传统挑花材料（土布）

撒尼挑花代表性传承人毕跃英

素挑“八角花”

撒尼传统挑花图案“八角花”

用一字针法挑绣的纹饰

“太阳花组合”绣片

撒尼传统挑花图案“太阳花”

素色挑花“枝繁叶茂”

用十字针法挑绣的“八角花组合”

撒尼传统挑花图案“三弦花”

撒尼传统挑花图案“几何图形”

“八角花”绣片

彩挑“八角花”

撒尼传统挑花图案“梨花”（也叫“猫脚花”）

撒尼传统挑花图案“猫脚花组合”

撒尼挑花包

以传统挑花装饰的现代生活用品——信袋

传统技法挑绣的农民画“晚归图”

撒尼妇女嫁妆“花围腰”

撒尼背被

撒尼挑花围腰

撒尼“花包头”

撒尼妇女包头饰物“彩碟”

撒尼传统挑花包

彩挑伞套

阿诗玛文化联展：画家胡道昌石林作品选

胡道昌近影

作者简介

胡道昌（艺名一般），男，1964年6月出生于江西瑞金叶坪，1979年高中肄业。自幼酷画，师从大自然，八十年代先后在赣南、皖南、闽西一带画广告及装饰画等。1991年在瑞金举办油画作品展。1993年到云南，潜心创作旅游风光油画，开创新中国第一个在媒体宣告诞生的画派——旅游画派。

石林是一般"云南风光"旅游油画创作旅程的起点。自1994年以来为石林县政府及金融部门等10余家单位创作石林风光30多幅，其"石林风光"作品在《云南日报》、《美术报》、《神州诗书画报》、《云南政协报》、《云南信息报》、《昆明日报》、《云南个体经济报》、《大众消费报》、《春城晚报》、《都市时报》、《石林报》共刊载28图，被媒体4次报道创作石林风光经过；撰写4篇赞美石林文章，另配陈人凤赞美石林诗词4首，引起各方热忱关注，更获得了石林人的喜爱，争相收藏他的画作。云南著名作家袁佑学1998年在《云南日报》发表《他与路南的山水情结》一文，称赞："胡道昌不是路南人，通过画作，路南人认同了他，这是一种荣幸，也是一种鞭策。"

继石林之后，胡道昌先后被云南各地州政府邀请创作出版当地旅游风光专集，已出版《罗平风光》（2002）、《会泽揽胜》（2002）、《玉溪画中行》（2004）、昭通《高原净土·大山包》（2005）、《秘境师宗》（2006）、《今日官渡》（2008）、《石屏风光》（2009）等众多作品集，主编《中国旅游画派作品集》，名声越来越大，影响也越来越广。《文艺报》、《中国书画报》、《神州诗书画报》、《美术报》、《旅行报》等众多刊物公认胡道昌为"旅游画派"创始人，称他是"世界上第一个将美术与旅游结合在一起的画家"。

征得作者本人允准，我们在此刊发其创作的部分石林风光油画作品。我们希望有更多的人加入到石林的艺术之旅中来，寻找美、创造美、分享美，携手共创石林更加美好的未来。

《巴江》（40×50cm，1998年）

《大叠水半瀑园》（51×76cm，1999年，石林县某酒店收藏）

《巴江罗汉瀑》（51×76cm，1998年）

《长湖》（360×130cm，1996年，石林县政府收藏）

《长湖》（380×150cm，1999年，石林县建设银行收藏）

《大叠水》（240×160cm，1997年，石林县政府招待所收藏）

《大叠水》（380×150cm，1999年，石林县建设银行收藏）

《圭山晨曦》（270×130cm，1995年，石林县农业银行收藏）

《圭山牧曲》（270×130cm，1997年，石林县农业银行收藏）

《黑龙潭》（200×80cm，1999年）

《乃古石林》（250×140cm，1998年，石林县工商银行）

《黑龙潭》（450×150cm，1997年，石林县黑龙潭水库收藏）

《千钧一发》（160×100cm，1996年，富民县水电集团收藏）

《清水河》（51×76cm，1998年）

《三角水库》（51×76cm，1999年）

《石林》（350×150cm，1999年，石林县建设银行收藏）

《石林》（360×130cm，1996年，石林县政府收藏）

《石林朝晖》（61×91cm，2009年）

《杨溪水库》（380×190cm，2000年，石林县水电局收藏）

《石林瀑布》（51×76cm，1998年）

《石林城一角》（400×200cm，1994年，石林县烟叶复烤厂收藏）

《石林城》（540×155cm，1999年，石林县土地局收藏）

阿诗玛文化联展：石林影人杨新民作品选

杨新民工作照

作者简介

杨新民，石林风景名胜区管理局专职摄影师，云南省摄影家协会、省民俗摄影协会会员。工作以来一直从事石林景区的摄影工作，足迹踏遍了石林的每个角落，拍摄了大批珍贵的自然风光、人文风情和海内外重要宾客的照片，发表和出版了大量的摄影作品和部分摄影专集，受到各方面的好评。本书“人物”部类收录了作者的艺术简历，并在此刊登几幅由他本人挑选的照片，供读者欣赏。

《石林胜景》之一

《石林风光》之一

《石林胜景》之二

《石林风光》之二

《石林风光》之三

《石林胜景》之三

《撒尼人》

《石林风光》之四

《秋歌》

《红百合》

《春晖》

《青山》

《秋云》

《彝娃》

《红云》

中外嘉宾在石林

1月14日，菲律宾众议长德贝西亚到石林观光

1月30日，“2007中印旅游友好年”闭幕式中印双方旅游高层人士在石林考察

3月18日，新西兰云南鲜果公司总经理路易斯·戴戈应邀到石林进行外销甜柿商品生产培训

3月27日，泰国幻多奇（大众）有限公司董事长丘小平一行到石林进行投资考察

3月30日，南宁市委副书记、市长陈向群率领南宁市政府考察团一行10余人到石林参观考察

4月4日，联合国驻华机构代表马和励考察阿着底民族刺绣

4月10日，昆明市纪委书记应永生到石林为领导干部作软环境建设专题讲座

5月11日，著名歌星腾格尔到石林摄制其演唱的《七彩云南》MV

6月6日，菲律宾众议长普洛斯彼罗·诺格拉礼斯（中）在云南省人大常委会副主任江巴吉才（右）等领导陪同下到石林参观游览

6月28日，缅甸国家公务员选拔与培训委员会主席丹纽博士一行到石林考察

7月3日上午，省委常委、昆明市委书记仇和率领昆明市城乡园林绿化及生态建设工作现场会参会人员120余人，到石林参观城乡园林绿化及生态建设

7月14日，吕日周带领“加强党的领导，推动科学发展观”调研组到石林调研县域经济发展情况

7月27日，原中共石林县委书记、现中共西山区委书记柳文炜率西山区四班子领导及各委办局领导到石林考察旅游业发展和城乡园林绿化及生态建设

7月31日，原国家财政部部长项怀诚考察石林

8月31日，中央编译局调研组一行到石林考察

9月2日，江苏宿迁市政府考察团一行26人到石林考察生态农业建设

9月9日，中纪委党风室综合处处长谌奇一行到石林调研党风廉政建设责任制落实情况

9月10日，国家旅游局邀请日本西部部分知名旅行社及新闻媒体一行11人到石林考察

9月20日，美国高级新闻代表团赴石林参观

9月21日，美国旧金山州立电影学院院长斯蒂芬·尤拉凯先生在石林

9月25日，印度外交部新闻司副司长那格玛·马利克女士在石林

10月9日，中国地方志指导小组原秘书长、办公室主任秦其明(右)夫妇到石林考察

10月10日，石林举办世界自然遗产保护与管理相关知识专题培训，图为联合国教科文组织文化项目官员卡贝丝在授课

10月13日，日本藤泽市市长海老根靖典在石林参观考察

10月15日，省综治维稳委委员、省军区政治部主任李炳军少将到石林调研综治维稳及平安建设工作

10月16日，甘肃省康乐县党政考察团一行10人对石林县经济社会和扶贫工作进行考察

10月19日，国家一级演员、教授彭清一在石林

10月18日，澳大利亚旅游记者协会考察团在石林

10月19日，拉美国家记者代表团一行17人，到石林参观考察旅游暨新农村建设

10月19日，内蒙古自治区政协主席陈光林率领的中央学习实践科学发展观指导检查组一行到石林考察

10月20日，《海外华人眼里的石林》摄影采风创作团一行10人到石林进行摄影创作

10月30日，波兰电影代表团到石林考察

10月22~23日，国家知识产权局组织《经济日报》、《光明日报》、《法制日报》和《中国知识产权报》四家新闻媒体记者，到石林对传统知识、民间文艺和遗传资源知识保护工作进行采访报道

10月25日，斯里兰卡民主社会主义共和国总理拉特纳西里·维克勒马纳亚克在石林

11月1日，参加2008年PATA旅游战略论坛会的国内外旅游界著名专家学者一行40余人到石林参观考察

11月16日，国务院发展研究中心专家车海刚一行到石林调研。图为调研组在了解彝族撒尼文字发展现状

11月17日，东川区政府考察团一行14人到石林参观考察

11月19日，“中加法律援助与社区服务”项目规划考察团一行4人，到石林进行司法援助与社区司法服务项目考察

11月19~20日，以李少春为组长的云南省委第一巡视组一行5人到石林检查工作

11月20日，云南省人大代表视察组到石林天合公司视察环保和节能减排工作

11月27日，省人大常委会原副主任、省地方志编委会副主任吴光范（中），在省地方志办公室常务副主任李一是（左）陪同下到石林考察

11月30日，国家环保部副部长张力军到石林考察

12月5日，国务院参事室、中央文史研究馆和各省区市文史研究馆馆员书画名家到石林考察采风

12月17日，楚雄州党政代表团到石林考察旅游发展工作，并签订了共同打造黄金旅游线的意向性协议

2008年大事图录

1月12日，石林县2008年建设高素质干部队伍的“周末讲堂”开班

1月14日，石林县在试点取得阶段性成效的基础上，召开会议全面启动全县集体林权制度改革

1月19日，石林县启动2008年文化科技卫生三下乡活动

1月22日，县政协第八届委员会第一次会议开幕

1月23日，县第十五届人民代表大会第一次会议开幕

1月31日，中共石林县委召开十届四次全体（扩大）会议

2月6日，开展石林妇女2008迎奥运长跑活动

2月7日，石林举行2008年春节文艺汇演

2月8日，举行百名民间歌手彝汉山歌比赛

2月19日上午，由民营企业首次主办的2008“迎奥运”商联杯篮球邀请赛在石林县体育场开赛

2月20～23日，2008年云南省摔跤比赛暨云南省第六届城市运动会摔跤预赛在石林举行

2月21日，县纪委十届三次全体（扩大）会议召开

2月22日，石林旅游服务区（中区）、石林生态民族体育场项目投资签约

2月27日，石林县召开软环境建设暨招商引资工作动员大会

2月28日，石林县召开四级干部大会，部署2008年及今后一段时期的工作

3月5~7日，石林县邀请市有关招商引资能人，对全县210名干部进行招商引资工作业务培训

3月6日，石林县个体私营经济协会召开第二次代表大会

3月7日，石林县召开政府信息公开工作会，布置全县政府信息公开试点工作

3月8日，云南省烟草专卖局组织有关专家，对国家烟草专卖局批准立项的“石林县国家级烟叶标准化生产示范区”项目实施方案进行论证

3月12日，参加过圭山起义的老干部在石林欢聚一堂，共同追忆圭山起义的峥嵘岁月

3月13日，石林县召开工业突破园区建设工作会，全力推进“工业富县”战略

3月14日，石林县国家级烟叶标准化生产示范区建设工作全面启动

3月14日，石林县召开城乡园林绿化暨生态建设工作动员会，统筹城乡绿化，构建生态屏障，加快推进石林生态旅游城市建设和生态美县进程

3月28日，首届“节庆中华奖”颁奖典礼暨节庆中华协作体年会在山东青岛举行，中国石林国际火把节荣获“最佳狂欢气氛奖”

4月18日下午，由石林兴隆交通旅游集团投资建设的昆明市东部汽车客运站举行开工奠基仪式

4月19日，石林县在双龙广场举行公捕公判大会

4月22日，石林彝文古籍《指路经》被列为首批国家珍贵古籍名录

4月25日起，每逢周五、周六晚上，石林县的人民群众都可以在双龙广场、莲花池广场、县城入城广场免费观看到丰富多彩的数字电影

4月27日，石林教育投资有限公司挂牌成立

4月30日，石林创建省级灭蟑螂先进县城通过省爱卫办专家的考核

5月1日，在贵州凯里市举行的黔东南东方斗牛迎奥运大奖赛上，石林县月湖村李贵兴饲养的水牛夺取了轻量级牛王大奖

5月8日，石林县史志办公室原主任昂智灵创作完成《同一个世界，同一个梦想》中华五十六个民族文字书画长卷

5月15日，石林县召开彝文输入法验收会议，石林撒尼彝文输入法研制成功

5月16日，石林县启动青少年节能减排环保主题活动，倡导全县青少年做节约先锋

5月20日，石林县组织200名志愿者统一进行伤员护理技能培训，准备迎接汶川地震伤员

5月22日，四川汶川地震灾区的108名伤病员到昆医附二院石林天奇医院接受治疗

6月1日，石林县赴四川灾区抗震救灾的20辆大卡车车队凯旋回到石林

6月1日，石林县贯彻国务院办公厅“限塑令”，收费的环保塑料袋开始走进石林百姓的生活

6月4日，石林县与云南艺术学院联合举办的“创意石林”综合设计作品展在省科技馆隆重开幕

6月9日，奥运火炬传递到昆明。石林县的三个表演方队、560名群众演员参加了火炬传递启动仪式表演

6月11日，昆明市文明办向石林风景名胜区管理局授云南省文明风景旅游区匾牌

6月11~13日，由云南省教育厅组织的全省农村艺术教育实验县管理干部及骨干教师培训会在石林开班

6月13日，石林县召开“两后双百”工程实施暨农村劳动力培训转移就业推进会

6月13日晚，由云南日报报业集团、云南省旅游局和云南省商务厅共同主办的“2007盘点云南旅游”颁奖盛典在昆明世博吉鑫园拉开帷幕，石林风景名胜区摘得“年度海内外游客最向往的景区”等6个奖项

6月19日，召开“学习党的十七大文献，弘扬延安精神”理论研讨会

6月14日，石林县非物质文化遗产保护中心在县文化馆正式挂牌成立

6月21日上午，石林欢送首批治愈出院的44名四川地震灾区伤员及35名陪护家属返乡

6月24日，昆明首个“警察林”在石林揭碑诞生

6月25日，石林县举办“优化发展软环境，推进创新创业”演讲比赛

6月25日，石林县人民法院审判大楼落成

6月26日，云南、贵州、广西三省（区）十七个县（市、区）第六届政协联谊研讨会在石林县隆重召开

7月4日，云南省首届新农村文艺汇演启动仪式在石林县火把广场举行

7月25日下午，石林县举行火把节招商引资推介会暨项目签约仪式

7月26日，首届中国石林牛王争霸赛在石林举办，并通过云南卫视向全球直播

7月26日晚上，在石林火把广场举行“圣火燃激情，彝乡歌盛世”大型民族原生态歌舞晚会

8月3日，为期3天的第十届“飞向北京，飞向太空”全国青少年航空航天模型总决赛在石林圆满落幕

8月3日上午，石林县公安局举行外语人才信息库建设启动仪式，首批聘用了20名外国语和特殊少数民族语言兼职翻译

8月5日，昆明市2008年现代烟草农业试点暨烟叶收购工作现场会在石林召开

8月7日上午，石林民族小学举行公选校长大会，拉开全县公选小学校长序幕

8月18日，石林县委、县政府积极响应市委、市政府的号召，向全县上下发出全面截污、全面禁养、全面绿化和全面整治的“四全”工作动员令，正式拉开城乡环境整治序幕

8月22日，石林县委、县人民政府召开研讨会，请省市专家为“543”倍增计划出谋划策

8月11~12日，受中央文明委、国家建设部、国家旅游局委托，省文明办、省旅游局组成的考评组到石林景区进行全国文明风景旅游区考评

8月21日，昆明市文联工作发展研讨会暨第二届秘书长培训班在石林县阿着底拉开帷幕

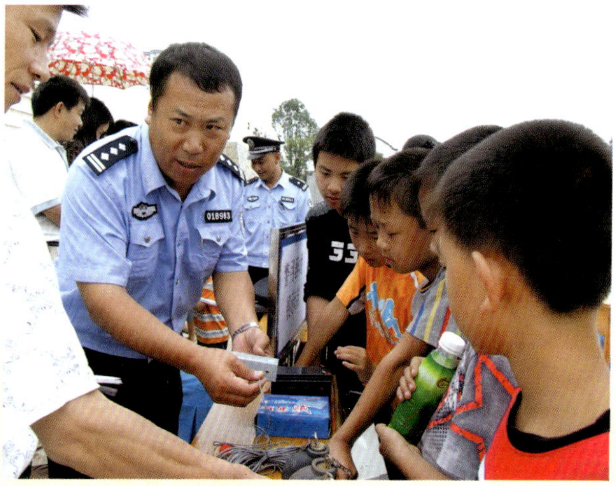

8月23日，石林县举办首个警营开放日，让警务走向群众，让警察贴近群众

9月1日，县级领导在乃古石林景区附近种植“县级领导样板林”，再掀“四全”工作“全面绿化”高潮

9月3日，第四届昆明国际农业博览会开幕，石林县共有21家农业龙头企业组织农特产品参加，送选参加评优农产品8个，1个被评为金奖，5个被评为银奖，2个获优质奖

9月8日，新组建的石林鹿阜中学举行开学典礼暨授牌仪式

9月16日，何称恩在北京举行的第十三届世界残疾人奥运会上获男子T36级800米银牌

9月9日，石林县路美邑镇招商引资项目、全省最大的蔬菜速冻加工企业——石林禾泽蔬菜速冻加工厂正式建成投产

9月27日，县长李忠德与昆明供电局局长唐广学签订石林供电有限责任公司整体上划云南电网公司协议

9月27日，中国彝族第一村建设工程全面启动

10月1～4日，石林民营文产企业石红民族文化有限公司在新建的所各邑斗牛场成功举办了首届中国石林国庆牛王争霸赛

10月1日，来自鹿阜镇四个社区的16支文艺演出队在石林县城双龙广场载歌载舞，庆祝祖国59周年华诞

10月8日上午，石林鹿阜旧城改造项目工程在原路南州署所在地鹿阜山正式启动

10月10日，昆明人才协会第一届理事会第四次会议在石林召开

10月12日，投资上亿元的石林县团结水库加固扩建工程开工

10月20日，连接石林县西街口镇和圭山镇的矣木公路路面改造工程正式开工建设

10月20日，作为石林县纪委派出机构的5个纪工委、监察分局正式成立

10月24日，石林县人民政府金融办公室成立

10月25~27日，石林风景名胜区接受全国文明景区考评

10月29日，总投资29亿元、有中国式迪士尼乐园之称的“石林幻多奇”旅游项目开工建设

10月30日，石林对2007年以来提拔的90名副科以上领导干部进行集体廉政谈话

10月30日，石林县启动第三次文物普查工作

11月4日，石林县城市建设投资有限公司成立

11月4日，石林工业开发投资有限公司成立

11月5日，云南旅游三巨头——石林、玉龙雪山和大理的管理者在石林游客中心签订《云南省精品旅游景区战略合作协议》，共同打造“石林—崇圣寺三塔—玉龙雪山”云南精品旅游线路，此举开创了云南旅游景区合作的先例

11月11日，石林教育信息网开通

11月11日，石林县举行反腐倡廉文艺汇演，全县16个党委选送的32个节目参演

11月12日，石林县城市报警与监控系统建设二期工程验收并启用，石林县城累计安装视频监控探头101个，基本实现了对县城建成区的治安监控全覆盖

11月18日，总投资3.2亿元的石林中核旅游度假村开工建设

11月19日，省减轻农民负担检查组到石林检查相关政策贯彻落实情况

11月20日上午，石林县第十九届中小学生篮球运动会开幕

11月21日，昆明市老年大学工作会在石林召开

11月26日，石林县招商引资工作通过市的考核，引进国内市外资金10亿元。图为考核组实地查看阿诗玛旅游小镇项目

12月6日，中国最大、亚洲第一的太阳能光伏发电试验示范项目在石林开工建设

12月7日，石林县以1149分的高分，通过云南省旅游局“创建云南省旅游经济强县”考评验收组的考评验收

12月8日，总投资约4700万元的110千伏石林输变电工程在石林镇北小村开工

12月16日，石林锦苑花卉产业园举行开工仪式

12月18日上午，石林县举行招商引资项目推介会，向中外客商推销石林

12月18日下午，石林县举行纪念改革开放30周年暨更名10周年庆典大会

12月18日下午，石林彝族自治县纪念改革开放30周年暨自治县更名10周年成就展开展

12月26日晚，全长超过300米、为国内之最的石林县万城阿诗玛旅游小镇音乐喷泉长廊试运行，预计建成后总长为638米

12月26日，“全国巾帼示范村”挂牌仪式在全省第四个、昆明市第二个获此殊荣的阿着底村举行。图为省妇联副主席和红梅及市政协副主席、市妇联主席陆玉珍为阿着底村授牌

12月29日，石林县水务投资有限公司成立

总　　目

1. 为方便阅读检索，根据年鉴内容编排顺序，编制此总目，作为全书的辅助性目录。
2. 本总目只列部类标题名称，以及本年鉴其他重要组成部分名目。
3. 标题后第一个括号内的数字为本标题内容所在目录页的位置，第二个括号内的数字为所在正文起始页号。

目　录
CONTENTS

特　载
Special　Carriers

大事记
Major Events

概　况
An Overview

档案工作
Files Management

地方志工作
The work of the Local Records and Yearbooks

政协石林彝族自治县委员会
Shilin Yi Autonomous County Committee of the CPPCC

领导名录
Leading Members

重要会议
Significant Meetings

主要工作
Chief Work

群团组织
People's Organizations and Associations

县总工会
The Federation of Trade Unions of Shilin County

共青团石林县委
Shilin County Committee of the Chinese Communist Youth League

县 妇 联
The Women's Federation of Shilin County

县工商联（商会）
The Association of Industry and Commerce of Shilin County

县 科 协
The Association of Science and Technology of Shilin County

县 残 联
The Association of the Disabled

典型案例
Typical Cases

经济管理
Economic Management

计划管理
Management of Plans

质量技术监督
Supervision of Quality and Technology

工商行政管理
Industrial and Commercial Administration

统计管理
Administration of Statistics

物价管理
Price Administration

食品药品监督管理
Supervision and Administration of Food and Drugs

招商引资
Investment

安全生产
Safety in Production

农　业
Agriculture

气　象
Meteorology

水　利
Water Conservancy

会展业
Fairs & Exhibitions

会 议
Conferences

展 览
Exhibition

节庆活动
Festivals and Celebrations

赛事管理
Administration of Contests

财税审计
Finance，Tax and Auditing

财 政
Finance

国 税
State Tax

地 税
Local Tax

审 计
Auditing

金融
Banking

金融综述
An Overview

人行石林县支行
Shilin Branch of People's Bank of China

银行业监督管理
Administration and Supervision of Banking

工行石林支行
Industrial and Commercial Bank of China

农行石林县支行
Agricultural Bank of China

劳动就业
Labor and Employment

社会保险
Administration of Social Insurance

城镇职工基本医疗保险
Basic Medical Insurance for Workers and Staff in the Town

新型农村合作医疗
Medical Cooperative in Rural Areas

农村养老保险
Endowment Insurance in Rural Areas

城乡最低生活保障
Minimum Living Allowance for Urban Residents

赈灾救济
Disaster Relief

住房公积金管理
Management of Housing Accumulation Fund

扶贫开发
Poverty Alleviation Work

消费水平
Level of Consumption

群众性精神文明创建活动
Construction of People's Spiritual Civilization

政策法规
Policies and Regulations

艺　文
Art and Literature

非遗文献
Literatures of Intangible Cultural Heritage

规划
Development Plan for Cultural Industries

名人笔下的石林
Shilin in Works by Celebrities

文　论
Literary Reviews

文　学
Literature

音　像
Audiovisual Products

图　书
Books

人　物
Personages

新任县级领导简介
Profiles of Newly -Appointed County Leaders

县委常委

县人民政府领导

附 录
Appendix

索 引
Index

特　载

抢抓机遇　奋力拼搏
以项目突破推进"543"倍增计划

——在县委十届五次全体（扩大）会议上的报告

（2009年1月8日）

县委书记　罗朝峰

同志们：

现在，我代表县委常委会向全会报告工作，请予审议。

这次全会的主要任务是：全面贯彻党的十七大、十七届三中全会、中央经济工作会议、省委八届六次全会和市委九届五次全体（扩大）会议精神，以科学发展观为指导，总结2008年工作，部署当前和今后一个时期的主要任务，动员全县各族人民进一步解放思想、抢抓机遇、拼搏2009，强势推进"543"倍增计划，为在2015年与全市同步实现全面建设小康目标而努力奋斗。

一、2008年工作回顾

2008年是改革开放30周年、石林彝族自治县更名10周年。一年来，在市委、市政府的正确领导下，县委高举中国特色社会主义伟大旗帜，以邓小平理论、"三个代表"重要思想为指导，认真贯彻落实科学发展观，总揽全局，协调各方，团结带领全县各族人民，积极应对各种困难和挑战，全力推进经济社会跨越发展，全面建设小康迈出新的步伐。

（一）县域经济实现快速增长

县委切实加强对经济工作的领导，深化县情认识，制定了经济社会发展三年规划和"543"倍增计划，明晰了发展思路，突出抓好五大产业发展、城乡建设、招商引资、园区建设、项目落地等重点工作，千方百计加快县域经济发展。预计全县实现地区生产总值27亿元，同比增13.6%（现价增21%）；全社会固定资产投资15.3亿元，增30%；社会消费品零售总额11.75亿元，增28%；地方财政一般预算收入2.01亿元，增41.3%。农业总产值14.8亿元，增12%。粮食总产1.21亿千克。烤烟种植11.8万亩，指令性收购1640万千克，产值2.34亿元，均价14.31元，烟农户均收入9489元，获省、市烤烟生产收购先进县称号。畜牧业生产规模不断扩大，产值4.35亿元。经济林果、水果、花卉、蔬菜等产业稳步发展。集体林权制度主体改革圆满完成，确权率达98.2%。聚力园区建设，推进工业突破，实现工业增加值5.8亿元，增20.8%；规模以上工业增加值2.68亿元，增20%。大小石林景区接待游客237万人次，减8.8%；旅游直接收入2.97亿元，减1%；全县接待游客300万人次，与2007年持平；旅游综合收入12亿元，增20%；在旅游业受不利因素影响下滑的情况下，大干旅游重点项目，推进旅游转型，全国文明风景旅游区、云南省旅游经济强县创建顺利通过考评。文化产业"十个一"工程稳步推进，文化产业增加值2.27亿元，占地区生产总值的8.4%。金融、房地产、商贸、保险等服务业较快发展，对经济增长的拉动作用日益明显。三次产业结构比重为30.4 ：25.9：43.7。

（二）城乡建设步伐明显加快

把2008年作为基础设施建设年，着力推进事关长远的重大项目建设，以投资增长拉动经济快速发展。强化规划的龙头作用，城市总体规划修编、西城区控制性详细规划、交通路网、水利、石林大道、6个乡镇、鹿阜旧城改造等专项规划通过审核。启动鹿阜旧城改造，完成城市建筑风貌改造二期工程。加大生态工业集中区土地收储和基础设施建设力度，升格提档工作通过省级验收。县级党政机关办公用房、万城阿诗玛旅游小镇、石林园博园、燃气站、天赐良园等项目积极推进，城市建成区面积从6.21平方公里扩大到7.46平方公里。县污水处理厂投入使用，大山沟至巴江俪岛截污廊道建设、城乡生活垃圾收运处置工作全面启动。石林大道改扩建工程、北召公路县境内段路面改造竣工通车，矣木公路、狮山公路顺利推进。团结水库扩建工程启动，黑龙潭水库东干渠节水改造和绿芳塘、坝塘河、官山、习克丈水库除险加固工程完工。成功整合了县城规划区内供水资源，组建了石林自来水厂。水利工作成效明显，我县被国家水利部、财政部命名为全国农田水利基本建设先进单位。110千伏石林输变电工程开工建设。新农村建设整村推进工作全面展开，村内道路硬化、村庄风貌改造、农村沼气、村庄绿化美化、村科技文化室建设和新网工程进一步实施，中国彝族第一村开工建设。城乡园林绿化及生态建设强力推进，建成区绿地率达40.5%、绿化覆盖率达45.3%，森林覆盖率达38.8%。“四创两争一巩固”工作深入推进，“四全”工作全面启动，长湖、石林镇成功创建为全国环境优美乡镇。土地、矿产、森林、水资源保护和管理力度加大，生态环境明显改善。

（三）招商引资取得重大进展

把招商引资作为经济工作的“生命线”来抓，全力优化经济社会发展软环境，以旅游度假区、生态工业集中区为平台，以“三个经济带”为重点，大力开展招商引资。全县行政审批事项由443项精简为70项，县级行政事业性收费项目由118项减少至63项。县便民服务中心实行“一窗式受理、一次性告知、一站式办结、一条龙服务”。认真落实首问首办制、服务承诺制、限时办结制、全员挂牌上岗制，大力推行“五办”作风，提高行政效率，优化投资环境。强化招商引资目标管理，狠抓项目开工建设，石林幻多奇、“五中心两店一场”、太阳能并网光伏试验示范电站、中核旅游度假区、广东温氏一体化养殖、锦苑花卉产业园等招商引资重点项目顺利开工。云南昆明石林台湾农民创业园成功获批，成为云南省首个国家级农业产业园区。全年引进项目84个，已开工34个，实际到位国内市外资金14.1亿元，同比增长120%；到位外资642万美元，同比增长155倍。

（四）社会建设迈出新步伐

宣传工作进一步加强，精神文明创建活动继续推进。全民科学素质行动计划深入实施，全国科普示范县顺利通过复查认定，获得中国科协、国家财政部科普惠农兴村计划项目支持。城区教育资源进一步优化，农村中小学标准化建设进一步实施，义务教育继续巩固，幼儿教育、普高教育、职业教育稳步发展。成功举办了2008年中国石林国际火把节、纪念改革开放30周年暨自治县更名10周年等系列活动。“彝族（撒尼）刺绣”、“彝族大三弦舞”被列入国家级非物质文化遗产名录。文化建设稳步推进，群众性文体活动蓬勃开展。乡镇卫生院国债资金建设项目顺利实施，疾病预防控制、妇幼保健、基本医疗服务和农村合作医疗保障体系不断完善，新型农村合作医疗参合率达99.3%。计划生育优质服务工作扎实开展，人口自然增长率控制在5.8‰以内。财政体制改革积极推进，全县一级财政预算单位全部纳入国库统一支付。为拓宽融资渠道，组建石林水投公司、工投公司、城投公司，成立县政府金融办。财税、审计、统计、工商、质监、环保等工作力度加大，民族、宗教、史志、档案、民政和老龄等各项社会事业全面推进。

（五）人民生活有了较大改善

农民人均纯收入4216元，实际增长7.2%；城镇居民人均可支配收入13800元，实际增长8.8%。发放粮食综合直补、退耕还林补贴等各种惠农资金2905万元，农民负担进一步减轻。实施积极的就业和再就业政策，转移输出农村富余劳动力9200人，城镇登记失业率为2.1%。实施“两后双百”工程，外输内转2510人。落实城镇失业、医疗、工伤、生育、养老保险和城乡最低生活保障制度，深入开展失地农民养老保险工作，社会保障面不断扩大。城乡公交一体化进程加快，乡镇公交覆盖率达100%，行政村公交覆盖率达94.6%。认真实施扶贫整村推进工程，减少贫困人口7910人，解决了1.1万人的饮水困难问题。

（六）党的建设进一步加强

认真组织学习党的十七大、十七届三中全会精神，深入开展“解放思想、深化改革、扩大开放、科学发展”大讨论活动。试行党政干部教育培训学分制管理，重视党员干部的培训，组织百名党政领导赴江苏学习。圆满完成县乡换届选举任务，领导班子结构得到优化。采取科级领导岗位空缺职位分析、连续公开差额提名推荐领导干部候选人，选人用人的公信度和群众满意度进一步提高。积极探索基层党组织设置形式，创新开展“村书记论坛”，全面推行基层党组织领导班子公推直选工作，基层党组织建设得到加强。深化为民服务体系建设，全面实施党员素质提升工程，开展党员党性定期分析评议、农村党员干部技能鉴定和职业资格认证工作，基层党员干部队伍整体素质得到提高。加强党对人才工作的领导，人才强县战略整体推进。加强作风建设，深入开展政务信息公开，强力推进软环境建设。全面落实党风廉政建设责任制，积极推进以教育、制度、监督并重的惩治和预防腐败体系建设。加强新形势下的纪检监察工作，对纪检监察派出机构实行统一管理，新成立了5个纪工委监察分局。勤政廉政公示工作稳步推进，全县上下干事创业的氛围更加浓厚。

（七）社会保持和谐稳定

人大、政协紧紧围绕全县中心工作，在推进全县经济发展、社会进步、维护稳定和民族团结等方面发挥了重要作用。统战、工商联、工青妇、科协、残联等工作富有成效。普法和依法治县工作进一步深化，民主法制建设继续加强，基层民主不断扩大。国防教育扎实开展，国防后备力量建设得到加强。高度重视安全生产，强化安全隐患排查和整治。认真开展矛盾纠纷排查调处、重信重访专项整治和“县委书记、县长大接访”、领导干部大下访活动，信访维稳工作成效明显。认真落实社会治安综合治理责任制，扎实开展省级先进平安县创建工作，社会打防控体系进一步完善，全县社会政治稳定。

收获伴随着艰辛，成功凝结着智慧。上述成绩的取得，是市委、市政府正确领导的结果，是县四套班子团结拼搏、和衷共济的结果，是各级各部门迎难而上、攻坚克难的结果，是广大干部群众全力以赴、共谋发展的结果。在此，我代表县委，向所有为全县改革发展稳定作出贡献的各级党组织、全体共产党员、社会各界人士和广大干部群众表示衷心的感谢和崇高的敬意！

二、当前形势和今后一个时期的总体要求、奋斗目标

正确分析和判断形势，历来是我们谋划发展、推进工作的前提和基础。放眼全局看石林，去年以来，国际金融危机愈演愈烈、席卷全球，世界经济增长明显减速，国内经济下行压力加大，企业经营困难增多，金融领域潜在风险增加，这给我们带来了严峻的挑战，但机遇与挑战并存，机遇大于挑战。面对复杂多变的国际经济形势，党中央、国务院实行积极的财政政策和适度宽松的货币政策，出台了扩大投资、拉动内需、加快发展的一系列措施，投入约 4 万亿元资金用于民生工程、基础设施、生态环境建设和灾后重建；市委、市政府审时度势，当前采取“抓项目、增投入、扩内需、促出口、保增长”的应对之策，谋划“打基础、调结构、促转型、增效益、谋跨越”的长远之计，作出了加大固定资产投资力度的决定；现代新昆明建设的加速，滇中城市群的打造，全市一板块产业梯度转移，为我们加快发展提供了重大的机遇。随着石林旅游资源、阿诗玛文化、交通区位优势进一步凸现，石林大道的建成，巴江休闲生态经济带的开发，石林旅游度假区、生态工业集中区的加速推进，云南昆明石林台湾农民创业园建设的启动，一大批重点项目的开工建设，旅游产业正加速转型，工业发展正强势突破，农业产业化正加快推进，城市建设正加快步伐，石林即将迎来新一轮的发展高潮。

跳出县域看石林，我们要看到存在的差距，肩负起追赶发展的重任。从“543”倍增计划来看，县城建成区城镇常住人口 5 年倍增，要由 2007 年的 3.75 万人增加到 2012 年的 7.5 万人；县城建成区面积要由 2007 年的 6.21 平方公里增加到 2012 年的 13.11 平方公里；城镇化率要由 2007 年的 27%增加到 2012 年的 44%以上。全县地区生产总值 4 年倍增，要由 2007 年的 22.23 亿元增加到 2011 年的 44.5 亿元，年均增幅要保持在 18.95%以上。地方财政一般预算收入 3 年倍增，要由 2007 年的 1.42 亿元增加到 2010 年的 2.84 亿元，年均增幅要保持在 26%以上。从全面建设小康社会进程来看，2008 年我县人均地区生产总值实现程度为 35.3%；城镇居民人均可支配收入实现程度为 69%；农民人均纯收入实现程度为 52.7%，城镇化率实现程度为 49.1%。按照市委、市政府的要求，到 2015 年与全市同步实现全面建设小康目标的任务十分艰巨。与先进地区比较，我们与全国县域经济百强县（市）的差距很大。2008 年评选的第八届全国县域经济百强县（市）的平均规模：人口 82.3 万人，地区生产总值 314.9 亿元，地方财政一般预算收入 16.7 亿元，人均地区生产总值 42120 元，城镇居民人均可支配收入约 15800 元，农民人均纯收入约 7590 元。在市委九届五次全体（扩大）会议观摩点的现场，我们看到了三个国家级开发区、各县（市）区千方百计谋发展，你追我赶，进位争先，形势逼人，使我们看到了差距和努力的方向。从昆明市 2008 年预计完成的主要经济指标来看，在全市 14 个县（市）区的排序，我县地区生产总值、地方财政一般预算收入均排在 12 位；在第二板块，我县地区生产总值、地方财政一般预算收入均落在最后。这些差距的背后，反映出我们自身存在的问题和不足：经济总量小，缺乏大项目带动，增长速度慢；产业结构单一，产业化水平低；工业基础薄弱，支撑力不强；县城带动作用不大，城镇化水平不高；财政收支矛盾突出，投资压力较大；经济社会发展软环境不够优，项目推进不够理想；一些干部的思想不够解放，抓落实的能力不强；少数部门作风不实，部分基层党组织软弱涣散。

立足县情看石林，我们正处于旅游产业提升、工业发展突破、城市建设加速、农业产业化推进和文化产业培育，全面建设小康社会的关键时期。全县各级党组织和全体党员干部必须强化“一日无为、三日不安”的危机感，增强“不进则退、慢进也退”的紧迫感，树立“负重前行、奋力追赶”的责任感，变挑战为机遇，变压力为动力，始终保持昂扬向上的朝气、敢于争先的勇气、奋力开拓的锐气，在新一轮竞争中抢占先机，推进科学发展、跨越发展、和谐发展。

当前和今后一个时期全县工作的总体思路是：高举中国特色社会主义伟大旗帜，以邓小平理论、“三个代表”重要思想为指导，深入实践科学发展观，全面落实党的十七大、十七届三中全会和省委八届六次全会、市委九届五次全体（扩大）会议精神，紧紧抓住国家扩大内需的重大机遇，以全面建设小康社会为主题，以现代新昆明建设为契机，以“跨越发展、富民强县”为总要求，全力实施“33553”发展战略，加快落实“543”倍增计划，强力推进旅游产业提升、工业发展突破、城镇建设加速、现代农业发展、文化产业培育，努力把石林打造为国际国内精品旅游胜地，昆明市的旅游商品加工基地、新能源应用示范基地、城乡一体化示范区、现代农业生产基地、畜牧业养殖基地、阿诗玛特色文化产业基地，成为滇东南区域性中心城市之一。

2009 年全县经济社会发展的主要目标建议为：地区生产总值增长 13%以上；地方财政一般预算收入增长 18%以上；全社会固定资产投资增长 40%以上；社会消费品零售总额增

长30%以上；规模以上工业万元增加值能耗下降5.6%以上；城镇登记失业率控制在3.5%以内；人口自然增长率控制在6.5‰以内；城镇居民人均可支配收入和农民人均纯收入增长10%以上。

三、拼搏2009，强势推进“543”倍增计划的落实

2009年是建国60周年，也是我县加快实施“543”倍增计划、推进全面小康建设的拼搏之年。做好2009年的各项工作，意义十分重大。必须把2009年作为“项目落实年”，奋力拼搏，大干快上，强势推进石林跨越发展。

（一）加快旅游转型升级，大力发展商贸服务业

旅游资源是石林县最大的优势，旅游业是石林县最具活力的支柱产业。我们要深入实施“12345”旅游国际化发展战略，以经营品牌提升竞争力，以重点项目推动转型升级，以机制创新优化发展环境，推进石林旅游二次创业。2009年工作目标是：全县接待游客320万人次，旅游综合收入14亿元，大小石林景区接待游客260万人次，旅游直接收入3.6亿元。

1. 做大做强观光型旅游。按照世界自然遗产保护公约的要求，实现游览区与服务区分离。加大景区有碍遗产保护设施的拆迁搬迁力度，完成石林工商分局、云林宾馆、石林宾馆搬迁并进行生态恢复；整合游览线路，扩大景区容量，完成12平方公里游览区域内的配套设施建设，要于2009年3月底前向游客开放；2009年6月1日前完成乃古石林景前区建设并向游客开放；实施长湖景前区开发建设，调整大叠水景区游览布局，完成游路改造、生态建设；高度重视圭山国家森林公园、月湖等景点的保护管理和开发。整合旅游宣传资源，健全营销机构，创新营销模式，开展立体式的宣传营销；利用世界品牌优势，加强与国内外世界自然遗产地、世界地质公园合作；全力推进石林、大理、丽江云南省精品旅游景区战略合作联盟，共同打造“石林－三塔－玉龙雪山”旅游黄金线路。强化“三标一体”贯标工作，推进景区管理标准化、科学化、规范化、精细化，促进旅游经营、管理、服务与国际接轨。做好石林景区调价申报工作，确保于2009年上半年执行新的门票价格。

2. 提速旅游业转型升级。围绕“吃、住、行、游、购、娱”旅游六要素，经营石林品牌，强化项目支撑，完善旅游服务配套设施，促进旅游从单一观光型向观光、休闲、度假、康体、生态、体验、科考、会展综合型转变。加快旅游度假区建设，完成石林狂欢之都“四中心两店”一期工程和石林生态民族体育运动场一期工程建设；石林幻多奇项目建设要有实质性进展；完成云林五星级酒店主体工程建设；建成石林散客中心，完成彝族第一村建设和五棵树村整体搬迁。精心筛选、策划、包装石林旅游度假区和长湖、大叠水景区保护性开发项目，有针对性地开展招商引资工作。加快旅游企业体制改革，实行市场化、民营化运作，盘活存量资产，增强旅游发展活力。

3. 充分发挥石林景区的辐射带动作用。坚持以旅哺农、以农促旅，以乃古石林、长湖、大叠水周边村寨为重点，以九石阿旅游专线阿诗玛文化旅游特色经济带为辐射带，扶持发展特色农家乐、撒尼风情彝家乐、休闲度假、民俗体验项目。规划建设千亩连片观光果园，形成与景区相辅相成的乡村旅游。围绕旅游大市场，利用石林景区的优势，带动休闲购物、文化娱乐、餐饮服务、旅游商品加工业的发展，促进果、畜、菜、花、苗木等产业的发展，在地域上从大小石林景区向长湖、大叠水和九石阿旅游专线延伸，在产业上从单一靠门票、交通运输、导游收入向宾馆业、餐饮业、娱乐业延伸。

4. 积极发展商贸物流业。实施商贸流通业“11214”工程，高起点、高标准编制规划，科学合理布局，加快“县、乡镇、村”三级商贸流通网络体系建设。推进石林财富中心、鹿阜旧城改造、东城区大型商贸市场建设，启动石林物流园区、农业生产资料交易市场及配送中心、农产品交易市场建设；改造提升大兴商场，建成天赐良园项目、万城阿诗玛旅游小镇，加快形成县城中心商业圈。合理布局乡镇商业网点，提升圭山、板桥集镇商贸功能，加速形成乡镇商业中心区。深入推进“万村千乡市场工程”，完善农家店配送中心建设，采取连锁经营等方式开拓农村市场。

（二）强力推进园区建设，强势推进工业突破

工业化是现代化不可逾越的阶段，工业是富民强县的强大动力。实施“11235”工业突破战略，依托旅游业和农业的优势，大力发展低消耗、低污染、高利用率、高循环率的新型工业。2009年的发展目标是：全县实现工业总产值29.44亿元，增28%；工业增加值7.3亿元，增25%；规模以上工业增加值3.37亿元，增28%；规模以上工业利税总额1.63亿元，增25%；工业固定资产投资3.85亿元，增30%；规模以上工业企业达21户。

1. 强力推进工业园区建设。坚持把工业园区作为招商引资的主阵地、工业强县的主战场，按照工业园区化、园区城市化、产业高新化、布局专业化、机制市场化的要求，加快生态工业集中区开发建设。推进园区基础设施建设两年突破工程，强化土地收储工作，实行熟地招商。2009年新增收储土地1平方公里，完成“五通一平”基础设施建设1平方公里以上，新增入园项目5个以上，开工3个以上；工业固定资产投资1.8亿元以上；规模以上工业增加值6000万元以上；上缴税金1500万元以上。巩固提升大屯工业片区，规划建设西街口工业区。

2. 推动工业项目建设和企业技术改造。聚焦昆明石林大型太阳能并网光伏试验示范电站建设，加快年产60万吨焦化厂和云南官房水泥有限公司技改项目建设步伐，积极引进太阳能发电、风能发电项目。推动卤腐、乳饼、白酒等企业引进合作伙伴，扩大规模，增强实力；提升电力、烟叶复烤、建筑建材、煤炭等传统企业的技术水平；注重引进旅游商品加工、特色农副产品加工、太阳能装备制造、生物制药、风

力发电装备制造等新型企业，培育新型产业。加大工业招商引资力度，着力引进带动力强、附加值高的生态工业项目，促进项目落地、开工、投产达效。

3. 全面优化工业发展环境。认真落实加快非公经济发展的优惠政策，放开、放活、放心、放胆、放手发展民营经济。2009 年实现非公经济增加值 9.29 亿元，增 28%；实缴税金 6400 万元，增 20%；民营企业集团达 9 个以上，个体、民营企业达 5600 户以上。安排 500 万元资金用于扶持非公经济发展，鼓励和支持企业创名牌、名品、名企。充分发挥财政资金的杠杆作用，引导金融资本、民间资本、社会资本投向工业领域。落实中小企业支持政策，建立健全融资担保信用服务体系。

（三）统筹城乡，突出重点，有序推进，加速城镇建设

城镇化是全面建设小康社会和推进现代化的重要内容，是县域经济发展的强大动力。坚持城乡统筹、以城带乡，按照“县城－重点镇－次级镇－重点村”四级城镇体系，以规划为龙头，突出重点，分步实施，梯度推进，加快城乡一体化进程，促进城乡互动、优势互补、协调发展。2009 年，新增县城建成区城镇常住人口 5000 人以上，城镇化率达 36%以上，城镇建成区面积扩大到 8 平方公里以上。

1. 强化规划龙头作用。规划是政府的第一资源，必须以政府为主导，强化规划的刚性约束作用，规划一旦确定，必须坚决执行。要统筹土地利用、城乡规划、产业布局、基础设施、公共服务、劳动就业，实行产业发展规划、土地利用总体规划、县城总体规划“三规合一”。抓紧土地利用总体规划的修编工作，做好巴江两岸重点地段控制性详细规划。在完成 6 个乡镇总体规划编制的基础上，抓紧编制中心集镇的控制性详细规划。围绕县城功能定位，深化“三个经济带”的规划研究，石林大道城市经济带重点发展以旅游、餐饮、商贸、服务和加工业为主的二、三产业；巴江休闲生态经济带重点发展餐饮服务、旅游购物、文化娱乐业；九石阿旅游专线沿线重点发展文化产业、粮烟畜果菜花等现代农业和观光农业。按照“动土必有规划，出土必有设计，覆土必有绿化”的要求，重点抓好石林大道、巴江两岸、县城、西城区、西石路等重点地段城市设计，确保建筑主风格、主色调既有特色又与石林自然环境和民族文化相协调。

2. 加快推进县城建设。县城是工业化、城市化、市场化要素最集中的地方，是拉动、带动、驱动县域经济发展的龙头。按照“规划做细、规模做大、实力做强、功能做全、产业做优、环境做美”的要求，实施“1313”城市化发展战略，老城与新城并举，着力建设新城。老城区重点推进鹿阜旧城改造和石林财富中心建设，完善功能，提升品质。新城区建设围绕石林大道和巴江两条经济带，优化县城建成区、旅游度假区、生态工业集中区功能布局，“三区”联动，以项目为依托，重点推进县级党政机关办公用房、昌乐生态公园、石林园博园、万城阿诗玛旅游小镇、西城区、天奇小区、中核旅游度假区、南城区、桃园水乡、白龙潭湿地公园等重点项目建设，扩大城市规模。实施城市绿化、美化、亮化、净化、透化、畅化工程，完善水、电、路、气、通信等基础设施。加快“七个进程”，降低“七个门槛”，增加城市人口。建立健全城市管理长效机制，巩固国家卫生县城创建成果。坚持不懈地开展城市环境综合整治，做到全面覆盖、长效管理、不留死角、永久保洁。

3. 有序推进小城镇建设。按照“一张规划图纸加一个新型市场、一个商业街区、一个新型住宅小区、一个产业集中区”的要求，实施小城镇“1+4”工程。县规委会已批准石林、圭山、长湖、板桥、西街口、大可 6 个乡镇的总体规划，今年要重点推进圭山、长湖集镇建设，有序推进石林、西街口、板桥、大可集镇建设，努力把乡镇建设成为各具特色、有产业支撑、服务农村、与县城功能互为补充的小城镇。

4. 集中财力，推进重点村建设。坚持以“工业化、城市化、市场化”化“三农”、带“三农”、服务“三农”的思路，围绕新农村建设“九有”目标，大力实施基础设施建设、产业发展、生态环境建设和社会事业发展“四大工程”。完善“以旅哺农、以农促旅”投入长效机制，投入不少于 1000 万元资金用于新农村建设。按照试点先行、重点突破、示范带动、整体推进的要求，优先选择景区周边、云南昆明石林台湾农民创业园片区和干部群众积极性高、发展前景好的村庄，培育发展一批产业推动型、乡村旅游型、商贸流通型、农业龙头企业带动型等典型示范村，带动新农村建设整体推进。今年实施 8 个行政村整村建设。发挥农民主体作用，充分调动农民参与新农村建设的积极性和创造性。

（四）走产业化发展道路，加快发展现代农业

农业是稳县之基，农业产业化是推进传统农业向现代农业跨越的必由之路。要用抓工业的思路抓农业，用管理工业的方式管理农业，推动农业生产规模化和农村产业多样化。2009 年实现农业增加值 9.2 亿元，增 12%。

1. 调整优化农业产业结构。围绕粮烟畜果菜花，按照品种调优、规模做大、效益提高、产业做强的思路，加快推进农业产业结构调整。粮食播种面积稳定在 39 万亩，总产量稳定在 1.2 亿千克，确保粮食安全。全面推进国家级烟叶标准化生产示范区和现代烟草农业示范镇建设，发展现代烟草农业，巩固烤烟的支柱产业地位。完成烟叶种植 10.93 万亩，收购烟叶 32.8 万担，上中等烟比例 90%以上，均价比 2008 年提高 3%以上（不含提价因素）。大力发展以羊产业为龙头的畜牧业，巩固生猪生产，加快禽类发展，扩大肉牛、奶牛生产，打造畜产品品牌，确保畜牧业产值达 4.8 亿元。推行标准化、规模化生产，重点发展具有市场竞争力的特色优质果品、无公害反季蔬菜、外销型花卉生产等特色产业，大力开发冬季农业。抓住滇池流域种养殖业梯度转移的机遇，主动承接产业转移，推进蔬菜、花卉、畜禽养殖基地建设。建立林权评估、交易、流转服务中心，全面完成集体林权制度配套改革。今年，发展甜柿、枇杷等水果 4000 亩以上，核桃基地 2 万亩以上，无公害蔬菜基地 3 万亩以上，花卉基地 3000 亩以上。

2. 培育壮大农业龙头企业。围绕发展特色农业，重点引进一批影响力强、产业链长、辐射面广的龙头企业，扶持一批产业基础好、有竞争优势、带动力强的龙头企业。坚持扶大、扶优、扶强的原则，完善对农业龙头企业的扶持办法，着力提升龙头企业市场竞争力和带动农民增收致富能力。鼓励工商企业投资农业，发展农产品加工、贮藏、运销，不断扩大龙头企业规模。2009 年争取市级农业龙头企业 10 户以上、省级农业龙头企业 2 户。

3. 大力推进农业产业化进程。像重视工业招商那样重视农业招商，像建设工业园区那样建设农业园区，加快传统农业向现代农业转变。抓住党的十七届三中全会后中央加大对农村基础设施建设投入力度的机遇，实施现代农业“六抓”工程，提高农业的规模化、专业化、集约化、产业化水平。启动云南昆明石林台湾农民创业园的筹建工作，规划建设“三心”、“三带”、“七分区”，依托这一国家级农业产业园区，加快现代农业发展。积极发展农产品深加工，提升农产品附加值。建立农村土地流转服务中心，在稳定和完善农村基本经营制度的前提下，按照依法自愿有偿原则，支持农民以转包、出租、互换、转让、股份合作等形式流转土地承包经营权，促进土地向种养殖能手、专业大户和龙头企业集中，实现规模化经营、专业化生产。积极发展农村经济合作组织和专业协会，培育农产品经纪人，健全农业服务体系，提高农民组织化程度。大力推广“协会 + 公司 + 基地 + 农户”发展模式，促进农业产业化发展。

（五）发挥阿诗玛品牌优势，着力培育文化产业

文化是活县之魂。在巩固文化事业发展成果的基础上，围绕打造巴江休闲生态经济带、九石阿旅游专线阿诗玛文化旅游特色经济带，实施文化产业“4321”工程和“十个一”工程，促进文化优势向经济优势转变。2009 年确保文化产业增加值占地区生产总值的 9%以上。

1. 加快文化与旅游融合，大力挖掘民族文化。文化是旅游的灵魂，旅游是文化的载体。从彝族撒尼人文景观建设、节庆活动、歌舞表演、饮食文化、文化精品制作、文化情趣参与体验等方面做好阿诗玛文化与旅游的结合，深度挖掘和展示以阿诗玛为代表的彝族撒尼文化，以文化开发旅游产品，以旅游促进文化产业发展，推进文化与旅游互动发展。开发一批民族文化浓厚、中外游客喜爱的文化旅游项目。加快阿着底彝家风情园、西街口大三弦、糯黑彝族民俗村、月湖民族文化生态村等特色文化村建设，开发一批新的乡村旅游点。提升阿诗玛刺绣品牌，推动民族民间工艺品加工业发展。坚持“政府引导、市场运作、社会参与”的原则，精心策划文化旅游项目，积极发展节庆活动、文化娱乐、艺术展演、民间工艺、民族服饰等新型旅游产品。

2. 推动节庆娱乐业发展。发挥中国石林国际火把节、斗牛等民族节庆的品牌效应，把传统节庆与现代娱乐业结合起来，采取市场化、产业化运作模式，精心策划推出一批节庆娱乐项目。启动石林文化创意产业园区建设，完成石林演艺中心建设。组建阿诗玛演艺公司，提升大型原生态民族歌舞剧《阿诗玛》项目音乐创作。建成中国石林斗牛城，启动中国牛王争霸赛活动项目。

3. 放开文化市场，推进文化产业发展。充分挖掘、整理、策划、包装一批立足传统性、体现时代性、增强参与性的文化产业项目，充实文化产业项目库。制定促进文化产业发展的扶持政策，培育引进一批有实力、有品牌的文化企业。深化文化体制改革，鼓励社会资本投向文化领域。深入推进体制机制创新、文化艺术创新和运作方式创新，加强人才队伍建设，充分调动广大文化工作者的积极性、主动性和创造性，促进文化产业发展。

（六）坚持环境优先，全面推进生态美县建设

良好的生态环境，是和谐社会的内在要求。强化环保意识，坚持“七个优先”，按照“八化”要求，围绕创建国家园林县城、国家生态县目标，配合全市争创环保模范城市，扎实推进生态美县建设，努力构建天蓝地绿、山清水秀、适宜人居的生态体系。

1. 以创建国家园林县城为抓手，大力开展城乡园林绿化。绿化是生态建设的载体，是城乡第一形象、第一环境、第一景观要素、第一基础设施。扎实推进重点区域“四全”工作，全面开展城乡园林绿化，争创国家园林县城。按照三个“不低于 80%”的要求增绿补绿，全面扩张园林绿化总量，建成区绿地率提高到 40.9%，绿化覆盖率提高到 46.3%。深入实施绿地系统建设和面山绿化工程，加强城镇、交通沿线、水源涵养区及石林景区绿化建设，用 3 年时间使县城面山绿化率达 85%以上，交通沿线绿化率达 90%以上。实施“银杏五个一工程”及竹子、柳树、芦苇、经济林、景观林五大工程，推进昌乐生态公园、园博园、狮山路、西石路景观建设，加强公共绿地建设和植树造林，提高城乡绿化水平。高度重视石漠化治理，实施珠江流域水土保持治理和“五采区”、生态脆弱区植被恢复治理。大力开展封山育林，提高森林覆盖率 1.7 个百分点，达到 40.5%以上。

2. 以创建国家生态县为目标，加强城乡环境综合整治。继续开展国家级生态示范村、全国环境优美乡镇创建工作，力争板桥、西街口、圭山、鹿阜镇创建为全国环境优美乡镇。全面推进环境卫生管理市场化运作，建立城乡垃圾无害化收运处置管理体制，推进农村生活垃圾集中收运处置工作。抓好“六清六建”，改善农村生产生活环境。加强巴江、黑龙潭水库、团结水库、三角水库、月湖等重点区域的生态保护和建设。加大石林风景名胜区特别是核心区的原生态保护和生物多样性保护。严厉打击私挖乱采、乱砍滥伐和毁林开荒等破坏生态行为，取缔县城面山挖沙、采石、采矿、取土。

3. 落实节能减排工作责任制。健全完善污染源管控机制，坚决执行排放污染物许可证制度，严格督促企业落实污染治理措施。全面推进节能、节水、节材、节地，发展循环经济，提高资源能源综合利用率。实施“一池三改”，大力推广使用太阳能。推行农业节水新技术，发展生态农业。强化工业、生活、农村面源污染防治，城镇生活污水集中处理率达 75%以上。

（七）大力改善软硬环境，加大招商引资力度

坚持把优化环境作为经济发展的第一竞争力，把招商引

资作为经济发展的主抓手，把项目建设作为经济工作的生命线，大力改善发展环境，强力推进招商引资，强势推进项目建设，以项目拉动投资增长，以投资拉动县域经济发展。

1. 加大基础设施投入和建设力度。以“三个经济带”、生态工业集中区、旅游度假区、云南昆明石林台湾农民创业园为重点，加强市政、交通、水利、电力、通讯、供气等基础设施建设，确保完成基础设施建设“三年突破”任务。实施城乡公路路面硬化工程，加快城乡公交一体化进程，行政村公路硬化率达 73.9%以上，行政村公交覆盖率达 95.7%以上，公交出行分担率达32%以上。加快路网规划，启动县城环城路建设。推进石林大道以东沙地片区、阿诗玛东路大屯段等市政道路建设，新增市政道路 9 公里。抓住我县被列为全国农业综合开发县的机遇，积极争取上级资金，加大对农业基础设施建设的投入。实施团结水库扩建、月湖水库除险加固等重点工程建设，加强水土保持、人畜饮水、节水灌溉、五小水利等建设，改造中低产田 1 万亩，新增灌溉面积 2 万亩，改善灌溉面积 1.5 万亩，治理水土流失 17 平方公里。完成 110 千伏石林输变电站工程、石林大道电缆入地工程。

2. 进一步深化软环境建设。按照营造“三最四低”软环境的要求，以项目推进为主，以项目落地检验软环境建设成果。强化行政效能建设，所有行政审批项目必须进入电子监察系统，对限时办结和服务承诺的落实情况实行“月报制”并在全县通报。对政府性投资建设工程项目，全面推行“八个百分之百”，切实加强建设工程管理。推行投诉举报查实奖励制、驻地企业季度评议部门制、工作目标季度考核制和招商项目季度观摩制。对县委、县政府确定的重要工作、重点工程项目和重大决策部署不能按时限要求完成的一律实行通报和问责制。全面落实《昆明市重要工作推进责任追究实施办法》等制度，切实解决工作不在状态、执行力不强、作风不实、工作效率不高等问题。

3. 强力推进招商引资。实施招商引资“一把手”工程，健全完善招商引资目标责任制、招商引资工作例会制、县级领导联系推进制和奖惩机制。对招商分局实行量化考核，实施“321”目标责任管理，每个招商分局每年签约项目不少于 3 个，开工项目不少于 2 个，举办专场推介会不少于 1 次。创新招商引资方式，突出产业招商、政府招商、节会招商、以商招商，提高洽谈成功率、合同签约率和实际履约率。突出在长三角、珠三角、环渤海湾、台湾等民资活跃地区和重点行业、企业，开展招商引资工作。鼓励和吸引国内外资金投向旅游配套设施、旅游商品加工、农业产业化、生物制药、新型能源、文化娱乐业、苗木基地建设。今年，确保实际利用外资 750 万美元以上，实际引进市外资金 13 亿元以上。

4. 全力推进项目建设。没有新的项目就没有新的经济增长点。要紧扣项目策划、包装、推介、签约、落地、开工、建设、投产等环节，推进招商引资项目建设。要抓住国家扩大内需的有利时机，加强项目的组织和申报工作。要迅速组织策划、包装储备、申报推介一批项目，最大限度地争取中央和省、市支持。强力推进项目实施，建立“一个项目、一个领导、一支队伍、一抓到底”的运行机制，未开工的项目，要全力做好前期工作，争取尽快开工；已开工的项目，要在保证质量的前提下，加速推进工程进度。完善重大项目跟踪推进机制，项目责任单位每周研究一次，指挥部每月研究一次，及时解决项目推进中遇到的征地、拆迁、用水、用电等困难。实行结果倒逼机制，定周、定月、定季落实施工进度，促进项目快施工、快建设、快竣工、快投产。加大对石林旅游度假区、生态工业集中区、云南昆明石林台湾农民创业园等园区土地收储力度，全年计划收储土地 5000 亩，满足重大项目用地需求。

5. 加强与金融部门的合作，多渠道筹集建设资金。加大财政投入力度，强化对重大基础设施项目建设的资金保障，用于公共基础设施建设的资金，要占地方财政预算支出的 20%以上。广泛引导社会投资，敞开吸引县外投资，积极争取上级支持，多渠道筹措项目建设资金。深化投融资体制改革，改变融资主要靠贷款的局面。发挥工投、城投、水投、旅游公司等投资公司的融资作用，采取 BT、BOT、BO 等方式进行基础设施建设。开展银政、银企、银建、银农、银社、银文合作，充分发挥金融部门在促进全县经济发展中的作用。

（八）高度关注民生，让改革发展成果普惠于民

坚持以民为本、以民为主、发展优先、富民为要，围绕学有所教、劳有所得、病有所医、老有所养、住有所居“五有”目标，下大力解决关乎民生的迫切问题。

1. 千方百计扩大就业。深入实施城乡劳动力资源开发“四全”工程，多渠道拓展就业空间。大力实施“两后双百”工程，加大劳动力外输内转力度。加强就业技能培训、创业培训和政策扶持，开发有效就业岗位，鼓励全民自主创业、自谋职业、灵活创业。完善再就业援助机制，着力帮助特殊困难群体就业。年内要完成 3000 人的职业技能培训，实现城镇新增就业 800 人，劳务输出 8000 人。

2. 大力发展社会事业。按照幼儿教育普及化、义务教育均衡化、高中教育优质化、职业教育社会化、成人教育终身化的目标要求，推进各类教育发展，确保人均受教育年限达 9.4 年，幼儿入园入班率达 85%以上，高中阶段教育毛入学率达 82%以上，县城就读学生增加 3000 人。深化教育改革，支持民办教育发展，扩大民办教育资源总量。加快农村中小学标准化建设，建成县一中、县民族中学教学楼和鹿阜中学学生宿舍楼，完成县民族职业高级中学搬迁。扩大优质学校招生规模，增加优质教育资源比重。巩固农村宣传文化阵地，加快广播电视“村村通”、村文化室建设。开展丰富多彩的城乡文体活动，推进全民健身运动。实行政事分开、管办分开、医药分开、营利性和非营利性分开，鼓励和扶持社会力量兴办民营医院，民营医院资产占全县医疗卫生资产的比重提高 5 个百分点。推进县、乡、村三级卫生服务体系建设，提高疾病预防控制和公共卫生事件应急处置能力。全面实施全民科学素质行动计划，提高全民科学文化素质。加强科学技术普及和先进适用技术的推广运用，加快科技成果转化，科技对经济的贡献率达 46%以上。深入实施“数字乡村”工程，推进城乡信息化建设。加强计划生育和优生优育、妇幼保健工作，提高人口素质。抓好气象、史志、档案、民政、老龄等各项工作。积极推进殡葬改革，建成1个县级经营性公墓，8个乡镇分别完成1个农村公益性公墓建设任务。

3. 不断改善民计民生。全面落实"两免一补"政策，加大助学帮困力度，着力构建家庭经济困难学生教育保障体系。增加社会保障投入，完善城镇基本养老保险、医疗保险制度，推进失地农民养老保险，稳步实施农村养老保险，扩大农村最低生活保障和农村合作医疗覆盖面，确保城镇养老保险覆盖率达52%以上；城镇失业保险覆盖率达85%以上；城镇基本医疗保险覆盖率达96%以上；城镇最低生活保障覆盖率达100%；新型农村合作医疗覆盖率保持在100%；农村养老保险覆盖率达16.5%以上。加强食品、药品质量监督管理，切实保障人民群众身体健康和生命安全。鼓励和扶持民营企业发展公交事业，加快县、乡镇客运站点建设，切实解决群众出行难、乘车难问题。实施安全饮水工程，加强饮用水监测和管理，确保农村安全饮用水普及率达97%以上，解决1万人的人饮安全问题。重视解决城乡困难群体的生产生活问题，大力实施"三就三百"工程。加快廉租住房、经济适用住房和中低价位、中小户型普通商品房建设，建立健全城镇低收入家庭住房保障体系。抓好抗灾工作，妥善安排好受灾群众的生产生活。健全优抚保障机制和社会救助体系，提高老年人、残疾人和孤儿的福利保障水平，支持社会慈善、社会捐赠、群众互助等社会救助活动。

4. 全力推进扶贫攻坚。以贫困人口为基本对象，以贫困村为主战场，完善政府主导、全社会共同参与的工作机制，整合项目、资金，加快整村推进、产业开发、劳动力培训转移。积极争取资金，加大投入，实施产业扶贫；发放小额信贷资金，扶持贫困地区发展种植业、养殖业、加工业，带动贫困农户增收致富。加大县级部门对口支援、领导挂钩指导、党员领导干部结对帮扶力度，动员社会各界力量开展扶贫。2009年，着力抓好18个重点扶贫村整体推进项目，减少贫困人口7500人。

（九）以深化平安创建为抓手，加快和谐石林建设

1. 加强民主法制建设。规范党委与人大、政府、政协以及人民团体的关系，支持他们依据自身职责开展工作，努力形成党委执政、人大督政、政府行政、政协参政、群众议政的良好局面。保证和支持人大在党的领导下依法履行职责，积极参与重大事项和重大问题的决策、审议、监督和检查。支持政协围绕经济社会发展，深入搞好调查研究，履行政治协商、民主监督、参政议政职能。加强统战、工商联工作，支持工会、共青团、妇联、科协等人民团体依照法律和各自章程开展工作。贯彻党的民族宗教政策，全面落实自治条例。坚持依法行政、公正司法，加强法制宣传教育，营造公平正义的法治环境。加强基层民主政治建设，深化政务、村务、厂务公开，扩大基层民主。

2. 加强诚信体系建设。加强社会信用体系建设，增强政府公信度，提高企业信用度，提升社会诚信度。全面提升政府决策、执行、监管、服务和商务信用。开展"诚信兴商"活动，积极引导企业开展信用管理。加强诚信教育和宣传，提高全社会守信和维权意识，自觉监督和抵制失信行为。加强个人信用征信和个人信用监管，强化金融及税收信用体系建设。以软环境建设为平台，加强社会信用管理制度建设，将失信行为纳入行政问责范围。

3. 深入推进平安创建活动。牢固树立稳定压倒一切的思想，全面落实维护社会稳定责任制，进一步加强社会治安综合治理。坚持打防结合、预防为主，专群结合、依靠群众的方针，完善社会治安打防控体系，依法严厉打击各类犯罪活动，增强人民群众的安全感。坚持信访联席会议制度，健全"县委书记、县长大接访"和领导干部大下访长效机制，畅通反映社情民意的渠道，妥善解决人民群众关心的热点、难点问题。加大矛盾纠纷排查调处力度，对重大矛盾隐患和纠纷做到早发现、早控制、早化解。深入开展禁毒人民战争，巩固无毒县成果，净化社会环境。建立健全社会预警机制、突发公共事件应急机制和社会动员机制，及时有效保护人民群众的生命财产安全。高度重视安全生产，强化监督管理，严格责任追究，坚决杜绝重特大安全事故发生。坚持党管武装，加强国防后备力量建设，做好"双拥"工作，巩固军政、军民团结。

（十）以改革创新的精神，全面推进党的建设

实施"543"倍增计划，推进全面建设小康，关键在党、关键在人。要围绕经济抓党建，抓好党建促发展，以提高执政能力和先进性建设为主线，按照为民、务实、清廉的要求，全面加强党的建设。

1. 加强思想政治建设，以科学的理论指导发展。按照中央的部署，将从今年3月起分步开展深入学习实践科学发展观活动。各级党组织要以此为契机，结合学习贯彻党的十七届三中全会精神，切实增强贯彻落实科学发展观的自觉性和坚定性，不断提高运用科学发展观分析问题、指导实践的本领，努力提高把握形势的能力、抢抓机遇的能力、推进项目的能力、综合协调的能力。通过教育活动，把思想和行动统一到全县的工作部署上来，增强危机意识、机遇意识、发展意识、作为意识，着力转变不适应科学发展要求的思想观念，着力破解影响和制约科学发展的突出问题，着力解决党员干部党性党风党纪方面群众反映强烈的突出问题，使党员干部受教育、科学发展上水平、人民群众得实惠。

2. 加强领导班子建设，以高素质的队伍推动发展。按照"政治坚定、结构合理、素质优良、精干高效"的要求，选好配强各级领导班子，把各级领导班子建成优势互补、功能完善、结构合理的坚强领导集体。坚持民主集中制，健全党内政治生活，完善党委内部议事和决策机制。坚持把招商引资的成效、项目建设的成效、服务经济发展的成效、人民群众满意度的高低作为重要标准，进一步健全体现科学发展观和正确的政绩观要求的干部考核评价体系。深化干部人事制度改革，全面推行公开选拔、竞争上岗、任前公示、公推公选、公推直选、勤廉公示、引咎辞职等制度。进一步规范干部初始提名制度，加强对干部选拔任用全过程的监督，提高选人用人的公信度。注重培养、选拔和使用优秀年轻干部、少数民族干部、妇女干部和非党干部，加大干部交流轮岗、挂职锻炼工作力度。启动新一轮干部教育培训，创新培训方式，提高培训实效。坚持党政人才、企业经营管理人才、专业技术人才、技能人才、农村实用技术人才五支队伍一起抓，努力造就一批引领和支撑石林经济社会跨越发展的高素质人才队伍。

3. 加强基层组织建设，以坚实的基础保障发展。认真落实基层党建工作责任制，创新基层组织设置、工作方式和活动内容，整体推进农村、企业、社区、机关、学校、“两新”组织等基层党组织建设，实现全县基层组织建设全覆盖、新提升的目标。巩固“三级联创”活动成果，深化“云岭先锋”工程。紧紧围绕新农村建设，切实加强农村基层党组织建设，着力整顿软弱涣散的基层党组织。探索和推广“支部建在产业链上”、“支部建在协会中”等农村党组织设置模式，更好地联系群众、服务发展。健全城乡基层组织互帮互助机制，完善城乡一体的党员动态管理机制，构建城乡统筹的基层党建工作新格局。创新党员管理方式，使党员都能参加党的活动，受到组织管理，得到组织关怀。建立村级组织负责人待遇保障机制，充分调动他们的积极性。

4. 切实加强作风建设，以扎实的工作推进发展。大力倡导求真务实之风，始终保持奋发有为的精神状态，始终坚持真抓实干的工作作风，营造多务实，少务虚；多实干，少空谈；多协调，少扯皮；多干事，少议论；多服务，少设障的干事氛围。对县委作出的重大决策，县级领导要做到有部署、有检查、有落实。实行重大工程项目责任制，加大督查力度，严格问责和责任追究，确保项目顺利推进。各级干部既要提高干事的能力，又要提高共事的水平，多设路标，少设路障，全力营造相互尊重、相互商量、相互支持、协调配合的工作氛围，形成加快发展的强大合力。

5. 加强反腐倡廉建设，以良好的党风促进发展。大力加强惩治和预防腐败体系建设，深入推进党风廉政建设和反腐败斗争。强化廉洁从政教育，完善拒腐防变教育长效机制。创新廉政文化建设理念，扩大社会覆盖面和群众参与度。强化制度建设，加强行政审批监察工作，进一步规范从政行为，形成按制度办事、靠制度管人的长效机制。加强对工程招投标、土地出让、产权交易、政府采购等领域的监督，切实做到阳光操作。加大惩处力度，坚决纠正损害群众利益的不正之风，坚决查处违纪违法案件，坚决依法严惩腐败分子，以反腐倡廉的实际成果取信于民。不断完善反腐倡廉领导体制和工作机制，进一步落实党风廉政建设责任制，形成惩治和预防腐败的合力。认真落实廉洁从政各项规定，加强对党员干部的监督管理。各级领导干部要始终牢记党的宗旨，模范践行社会主义荣辱观，常修为政之德，常思贪欲之害，常怀律己之心，自觉接受监督，真正做到为民、务实、清廉，努力营造干事创业、风清气正的良好社会风气。

同志们，2009 年是充满机遇与挑战的一年，是落实“543”倍增计划的拼搏之年，是加快石林跨越发展的关键之年。让我们在市委、市政府的坚强领导下，全面贯彻落实科学发展观，振奋精神，抢抓机遇，奋力拼搏，强势推进“543”倍增计划，不辜负组织的厚爱、人民的重托、社会的期望，以优异的成绩向新中国成立 60 周年献礼!

石林彝族自治县人民代表大会常务委员会工作报告

——在石林彝族自治县第十五届人民代表大会第二次会议上

(2009年1月10日)

县人大常委会主任 李绍增

各位代表：

我受县人大常委会的委托，向本次会议作县人大常委会工作报告，请予审议。

一、2008年工作回顾

过去的一年，在县委的正确领导和市人大的关心指导下，县人大常委会以邓小平理论和“三个代表”重要思想为指导，全面贯彻落实科学发展观，紧紧围绕县委中心工作，以人民群众最关心、最直接、最现实的民生问题为人大工作的切入点和落脚点，决定重大事项促发展，创新监督方式重实效，完善人事任免促规范，发挥代表作用显民意，加强自身建设树形象，着力推进社会主义民主法制建设，圆满完成了县第十五届人大一次会议所确定的各项工作任务，为富民强县、跨越发展作出了应有的贡献。

（一）自觉坚持党的领导，确保与县委同向

自觉坚持党的领导是做好人大工作的前提。一年来，县人大常委会始终坚持依靠县委的领导，站在全局高度准确定位，思考问题，开展工作，依法履行职权，自觉贯彻落实县委的指示和意图，把县委作出的重大决策和部署及时贯彻到人大工作中，确保县委各项决议的贯彻落实。

（二）依法决定重大事项，推动跨越发展

讨论和决定本行政区域内的重大事项，是人大及其常委会行使国家权力的重要内容，也是人民管理国家事务、当家做主的重要途径，是实现决策民主化、科学化的重要形式。一年来，共召开常委会会议10次，主任会议29次。听取和初审政府工作报告、国民经济和社会发展计划、地方财政预算以及县人大、法检两院工作报告，并将这些报告提交县十五届人大一次会议审查。审议通过了“加强城市公园广场绿地保护、生态县建设规划、贷款收储县生态工业集中区土地、贷款新建县民族职业高级中学”等议案，并作出相关决议、决定，促进了经济社会的协调快速发展。

（三）创新督政方式，增强监督实效

一年来，县人大常委会紧紧围绕县委中心工作，以民生问题为切入点，适时创新督政方式，在督促落实上下功夫。视察检查工作在县人大常委会主任会议的领导下，由分管副主任带队，以牵头委室为主，进一步明确了职责、增强了责任意识、调动了积极性，加大了监督的密度和力度。如春节收假后立即对全县招商引资工作情况进行视察，针对招商引资工作存在的“三个瓶颈”、“一个不顺”，即认识瓶颈、土地瓶颈、基础设施瓶颈，管理体制机制不顺的问题，提出了建议。对10件实事、重点工程建设情况的视察，视察前会同县委政府目督办进行深入细致的调研，摸清情况，掌握第一手资料。视察后有针对性地提出建议，有力推进重点工程建设进度，提高了10件实事的解决率。对县第十五届人大一次会议代表议案建议办理工作情况检查后，指出“重答复、轻落实”的现象仍然存在，建议要加大督查力度，跟踪落实，确保按质按量完成办理工作任务，进一步提高解决率。此外，还组织人大代表对经济社会发展软环境建设工作情况、广播电视管理条例贯彻执行情况、维则人饮工程运行情况、“十一五”规划纲要贯彻执行情况、消防法实施情况进行了视察或检查，对县第十五届人大一次会议代表建议办理情况进行了“回头看”，会同审计局对2007年全县29个审计项目进行审计执法检查，对县人民法院审判质量评估体系进行持证视察。以上视察检查共提出42条建议转县人民政府办理。每次视察检查前，都有针对性地深入实际、深入基层调研，了解情况，发现问题，研究问题，为提出高质量的建议奠定了基础。

（四）深入调查研究，反映社情民意

调研是谋事之基，成事之道。没有调查研究，就没有发言权。一年来，县人大及其常委会围绕中心，深入开展调查研究，形成了6个调研报告，为县委政府决策提供参考。一是组织部分县人大代表及民间人士征求《鹿阜旧城改造修建性详细规划》的意见，对建筑风格、水系规划、绿化美化、招商引资等重点环节提出了富有建设性的意见建议。二是紧紧围绕县支柱产业旅游业如何转型提升的问题，组织部分县人大代表对服务行业着民族服饰的情况进行了调研。对着彝族服饰的重要性、必要性，推行实施的范围、方法、步骤等方面提出了建议。三是认真贯彻自治条例，就县内散居人口较少民族（苗族）的生产生活情况进行了调研，对进一步改善散居人口较少民族的生产生活条件提出了建议。四是对优化高中教育管理、提高教育质量和办学水平，以及石林县卫生发展情况进行了调研，为深化教育改革、医疗卫生改革提供决策依据。五是对《农民专业合作社法》实施情况进行了调研。同时，还组织开展了对殡葬改革、2008年度农户烤烟收入情况、宗教教职人员的管理情况等专项工作进行了调研。

（五）依法任免干部，加强任后监督

县人大常委会对县委推荐或“一府两院”提请任免的国家机关工作人员，严格执行县人大常委会人事任免办法和任前法律考试制度。任免前主任会议听取有关部门的情况介绍，对提请任命的人员进行了法律考试。2008年，共任命“一府两院”工作人员36名，免职3名，暂停执行代表职务1名。

（六）发挥代表作用，依法履行职责

人大的主体是人大代表，人大代表是国家权力机关的组成人员，是人民利益的代言人，是党和国家联系人民群众的桥梁和纽带。常委会把充分发挥代表作用作为一项重要的基础性工作来抓。一是加强代表培训，提高代表素质。二是组织好代表小组活动，促进代表之间的联系交流。三是邀请代表全程参与议案、建议督办，提高建议解决率。四是坚持常委会组成人员联系代表制度，邀请代表参加县人大常委会组织的视察、检查和调研制度，保障代表的知情权、参与权、监督权。五是认真贯彻落实昆发〔2008〕22号和昆人事代表〔2008〕19号文件精神，及时向县委请示，县委以石党批〔2008〕22号文件作了批复，县级人大代表活动经费由每人每年400元增加到800元，乡级人大代表的活动经费由每人每年200元增加到400元，列入本级财政预算，从2008年下半年开始拨付，为人大代表执行代表职务提供了有力的经费保障。六是建立优秀建议激励机制，激励代表提出高质量的建议。七是开展创先争优活动，调动代表依法履职的积极性、主动性和创造性。2008年度全县评选出先进代表小组3个，优秀代表28名。评选出议案建议办理工作先进集体5个，先进个人15名。

（七）宣传人大制度，彰显民本理念

人大宣传工作是党的宣传工作的重要组成部分，人大宣传工作水平的高低，直接关系到民主法制建设的进程。一年来，县人大常委会在人大宣传工作方面努力学习、勇于实践、开拓创新，取得了明显成效。一是紧紧围绕县委的中心工作，对县人大常委会开展的监督事项进行全方位的宣传报道。二是加强人大宣传队伍建设，制定出台了加强人大宣传工作的意见，对宣传队伍建设、搭建宣传平台、健全激励机制作了明确规定。三是配合市人大常委会研究室、昆明电视台拍摄反映我县人大工作的专题片1期、展示我县人大代表风采的专题片3期。四是积极组稿宣传我县人大工作成效，在人民代表报、云南日报、昆明日报、云南人大、昆明人大等报刊杂志、信息刊物上刊登文章信息40篇。县人大荣获2008年度市人大宣传工作组织奖，好新闻好文章二等奖4篇、三等奖4篇。五是充分发挥《石林人大》内部刊物的作用，积极宣传人民代表大会制度，及时通报我县县、乡镇人大工作动态、宣传人大代表履职风采，全年共出刊12期。随着宣传工作的广泛深入开展，使广大人民群众进一步认识到人民代表大会制度是我国的根本政治制度，“中华人民共和国的一切权力属于人民”是人民代表大会制度的核心。

（八）着力做好信访工作，维护社会稳定

县人大常委会把来信来访作为联系人民群众的桥梁和纽带，把信访工作作为了解民意、倾听民声、反映民意的重要渠道，及时处理、转办、交办群众来信来访件，督促有关部门及时调查核实，依法按政策秉公处理，有效化解社会矛盾。全年共接待来信来访34件65人次。对群众反映属实的重大信访件由主任会议专题研究，限期办理，做到了件件有着落，事事有交待。

今年7月，为积极配合县委书记、县长大接访活动，及时调整代表接待方式，变原来的邀请县人大代表到县人大机关接待为常委会领导分头到各乡镇大下访，畅通了人民群众的诉求渠道，在与人大代表的座谈交流中，共同探寻解决问题的途径。如县人大常委会将大下访中了解到的“边远山区广大群众出行难”、“西石高速公路天生关至北大村路段交通安全事故频发”的问题，及时反映给县委、县政府，引起了县委、县政府的高度重视，现正在得到逐步解决。

（九）加强自身建设，努力提高素质

自身建设是提升履职水平的基础。一年来，县人大常委会紧紧围绕经济建设这个中心，采取多种措施加强自身建设。一是启动素质提升工程，保障工作全面顺利推进。换届后，常委会认真组织学习宪法、选举法、代表法、组织法、监督法等法律。举办了从缴纳特殊党费看党员的先进性、法院工作知识、检察院工作知识、经济社会发展知识等专题讲座。通过专题讲座、培训和学习，开阔了视野、增长了知识，达到了内强素质、外树形象的目的。二是制定出台了《石林彝族自治县人大常委会关于县人大代表建议、批评和意见办理工作的规定》、《石林彝族自治县人大常委会会议公民旁听办法》，《石林彝族自治县人大常委会人事任命法律知识考试办法》，《石林彝族自治县人大常委会人事任免办法》。三是按照市、县委的统一安排部署，认真组织开展了软环境建设和解放思想大讨论活动。通过软环境建设和解放思想大讨论，机关作风明显改善，履职为民的意识得到进一步增强，与时俱进开展督政工作的理念进一步巩固提升。四是创新党员政治生日谈话方式。10月9日，石林县人大机关党总支组织全体党员到天生关阻击战遗址，重温革命战争的历史画卷，让心灵接受一次革命传统的洗礼；观看了县纪委恢复成立30年来的成就图片展，铭记勤政为民之德，常怀廉洁奉公之心；参观了路南县贪官许良安遗臭碑和百姓爱戴的好官陈公溶去思碑，时刻牢记为官不能贪，认真算好“人生七笔账”，增强党员干部拒腐防变的能力。五是发扬“一方有难，八方支援”的优良传统，积极开展送温暖献爱心活动。

（十）围绕中心工作，努力完成县委交办的任务

县人大常委会始终坚持在县委的领导下开展工作，对工作中遇到的重大问题或将要开展的涉及面较广的工作，做到事先向县委请示，事后向县委汇报。对县委的决策坚决执行，努力完成。如根据县委的统一部署，今年的招商引资工作中，县人大常委会的各位副主任兼任乡镇招商分局的政委，与各招商分局同舟共济，奋力拼搏，超额完成了2008年度的招商引资任务；在全县的林权制度改革和新农村建设工作中，积极配合、认真指导，全面完成了林改工作任务，推进了新农村建设。

各位代表，过去的一年，县人大常委会按照科学发展观的要求，解放思想、勇于创新，为富民强县、跨越发展作出了积极的努力。我们取得的每一项成绩，都是县委正确领导、市人大精心指导、全体人大代表共同努力的结果，是“一府两院”大力支持配合的结果，是全县各族人民、社会各界大力支持的结果。在此，我代表县人大常委会，向参与、支持和关心人大工作的各位代表、同志们、朋友们，表示衷心的感谢并致以最崇高的敬意！

在看到成绩的同时，我们也清醒地认识到，常委会的工作与党和人民的要求还有差距，主要是：深入基层、深入实际对“三农”问题调查研究的深度和广度还不够；对全县招商引资工作等经济领域的督查力度有待进一步加强；对县人大常委会任命的“一府两院”及其职能部门干部的监督力度还需强化；机关自身素质提升工程需进一步深化。我们要高度重视这些问题，继续认真加以解决。

二、2009年工作意见

2009年是新中国成立六十周年，是实施“十一五”规划的关键一年，是国家为积极应对国际金融危机，扩大内需，保持经济社会又好又快发展的一年。面对新的形势和新的任务，我们必须加倍努力工作，充分发挥好地方国家权力机关的职能作用。在新的一年里，县人大常委会工作的指导思想是：以邓小平理论和“三个代表”重要思想为指导，全面贯彻落实科学发展观，按照县委十届五次全会部署，紧紧围绕“富民强县、跨越发展”两大目标，履行宪法和法律赋予的各项职权，不断提高依法履职的能力，着力推进社会主义民主法制建设，全力推进经济社会跨越发展。

（一）以十七届三中全会精神为指导，开创人大工作新局面

党的十七届三中全会是在我国农村改革发展面临新的机遇与挑战的关键时期召开的一次十分重要的会议，是新时期加强“三农”工作，更好地统筹城乡发展，全面建设小康社会的重大战略举措，对于加强农业基础，增加农民收入，保障农民权益，促进农村和谐，充分调动广大农民的积极性、主动性、创造性，推动农村经济又好又快发展具有十分重要的意义。学习贯彻十七届三中全会精神，就是要坚定改革发展稳定的信念，在领会精神实质上下功夫；紧紧围绕广大农民最关心、最直接、最现实的民生问题，在创新督政方式上下功夫；紧紧围绕县委的中心工作，在抓落实保增长构和谐上下功夫；找准人大工作与县委工作的结合点，积极参与到“33553”重大战略部署中去，努力做到履职不代办、督政不越权，推动人大工作再上新台阶。

（二）依法决定重大事项，保障经济社会的良好运行

认真贯彻执行决定重大事项的规定，听取和审议“一府两院”上半年工作报告，国民经济与社会发展计划执行情况报告和县人民政府上半年财政预算，2008年度地方财政预算执行和其他财政收支的审计工作报告，县人民政府关于办理县第十五届人大二次会议议案、建议、批评和意见以及闭会期间代表所提建议办理情况报告。审查和批准2008年度财政决算报告。提出审议意见，作出决议、决定，促进我县经济社会跨越式发展。

（三）进一步做好监督工作，促进经济社会又好又快发展

依法履职行权，是宪法和法律赋予人大及其常委会的工作职责。要确保权力正确运行，必须让权力在阳光下运行，完善各类公开办事制度，提高人大工作透明度和公信力，保证人民赋予的权力始终用来为人民谋利益。常委会要积极探索加强和改进人大监督工作的方式方法。一是严格按照监督法的要求，适时向社会公开监督事项；二是把人民群众最关心、最直接、最现实的民生问题作为监督重点，运用各种监督形式，不断增强监督工作的实效性；三是加大对代表议案、建议的督办力度，在办理过程中既要保证满意率，更要注重探索提高解决率的方式方法；四是继续坚持邀请县人大代表参加视察、检查和调研的制度，进一步拓宽代表知情知政的渠道，使常委会的工作在人大代表和人民群众的监督下更好地开展；五是继续坚持领导干部大下访活动，及时化解矛盾，促进社会和谐；六是在提高监督质量上下功夫，努力做到“四个结合”，即：专项工作与综合工作监督相结合、人大工作与新闻舆论监督相结合、常委会监督与代表监督相结合、事前监督与跟踪监督相结合，着力提高常委会的审议质量，进一步增强监督的实效性；七是着力做好以下视察、检查和调研工作。

组织开展对工业发展项目落实情况、招商引资、旅游五中心两店、台湾农民创业园、小城镇建设工作，10件实事落实情况，重点工程建设情况，“创建国家园林县城”工作，县人民法院集中清理执行积案工作，新农村建设整体推进情况进行视察。

组织对《中华人民共和国安全生产法》实施情况，《石林县财政国库管理制度改革方案》实施情况，《中华人民共和国食品卫生法》实施情况，县人民政府办理县第十五届人大二次会议议案、建议的情况进行检查。

紧紧围绕广大人民群众最关心、最直接、最现实的民生问题开展调查研究，撰写高质量的调研报告，供县委政府决策参考。

（四）依法做好人事任免工作，切实加强干部任后监督

县人大常委会要依法行使任免权。对县委推荐或人大和“一府两院”提请任免的国家机关工作人员，任免前主任会议要认真听取有关部门的情况介绍，经过认真审核后再提请常委会议任免。严格执行任免办法和任前法律考试制度。任命前拟任职干部的表态发言，要在石林电视新闻中播出，接受人民群众监督。2009年年底，县人大常委会依法任命的“一府两院”工作人员，要向县人大常委会报告勤政廉政情况，县人大常委会要对其勤政廉政工作进行评议，促使被任命的干部依法行政，廉洁奉公，勤政为民，不负党和人民的重托。

（五）创新代表工作，充分发挥代表作用

常委会要着力抓好增强代表责任意识和提高代表履职能力两项素质提升工程，完善工作机制，打造服务平台，依法指导和组织代表有计划、有组织、有成效地开展工作。邀请代表全程参与议案、建议督办，提高建议解决率，保障代表的知情权、参与权。进一步加强和改进代表工作，充分发挥代表作用，保障人民当家做主的民主权利。完善优秀建议激励机制，激励代表提出高质量的建议。继续开展创先争优活动，调动代表依法履职的积极性、主动性和创造性。在全体代表中倡导开展“五个一”活动，即：知情知政献一计、协调各方办一事、联系选民帮一户、服务企业支一招、招商引资搭一桥，充分发挥桥梁和纽带作用。指导乡镇人大主席团开展好各项工作，坚持和完善乡镇人大工作联系会议制度，按照“五个一”活动要求，创新乡镇人大工作，推动乡镇人大工作再上新台阶。

（六）宣传人民代表大会制度，推进民主法制建设

抓好阵地建设，着力办好《石林人大》内部刊物；完善宣传网络，加强宣传工作队伍建设；围绕中心，勤奋工作，开拓创新，积极向省、市新闻媒体推介我县人大工作中的亮点、代表履职的先进典型事迹；不断创新宣传的形式和方法，提升人大宣传水平，让人民群众全面了解人大常委会的工作情况，增强人大工作的透明度，强化全社会的民主意识、法制意识、人大意识。

（七）继续加强自身建设，努力提高整体素质

2009年，县人大常委会要根据新形势对人大工作提出的新要求，进一步加强自身建设。一是开展学习和实践科学发展观活动，增强贯彻落实科学发展观的自觉性和坚定性；二是认真学习法律知识、人大业务知识，举办法律知识、财经知识专题讲座，努力提高法律素质和业务素质。三是不断加强制度建设，进一步完善常委会各项工作制度，推进常委会工作的制度化、法律化、规范化建设。四是进一步落实机关各项规章制度，提高工作效率，争创一流工作业绩。五是不断增强人大常委会党组织的凝聚力、战斗力、创新力，充分发挥党组织的战斗堡垒和党员的先锋模范作用，为全县的改革、发展、稳定作出贡献。六是加强机关干部队伍建设，努力建设一支政治坚定、业务精通、作风过硬、充满生机活力的人大机关干部队伍，着力提高工作效率和服务水平。

各位代表，新的一年，将是我县实现跨越发展的关键一年，面对国际国内复杂严峻的经济形势，挑战与机遇并存，人大工作使命崇高，任务光荣而艰巨。让我们紧密团结在以胡锦涛同志为总书记的党中央周围，在县委的正确领导和市人大常委会的精心指导下，进一步解放思想，开拓创新，抢抓机遇，切实认真履行宪法和法律赋予人大及其常委会的各项职权，推进社会主义民主法制建设，实现我县经济社会的跨越式发展，以优异的成绩向中华人民共和国60华诞献礼！

政府工作报告

——在石林彝族自治县第十五届人民代表大会第二次会议上

(2009 年 1 月 9 日)

县长　李忠德

各位代表：

现在，我代表县人民政府，向大会作政府工作报告，请予审议，并请县政协委员和列席人员提出意见。

一、2008 年工作回顾

过去的一年，在市委、市人民政府和县委的正确领导下，在县人大的依法监督和县政协的大力支持下，县人民政府团结带领全县各族人民，以邓小平理论和“三个代表”重要思想为指导，全面贯彻落实科学发展观，牢牢把握跨越发展、富民强县主题，强力推进改革，奋力开拓创新，全力统筹城乡，着力改善民生，全县经济社会呈现出又好又快发展的喜人局面，圆满完成了县第十五届人大一次会议确定的各项任务，为加快实现“543”倍增计划和全面建设小康社会目标奠定了坚实基础。

(一) 综合实力稳步提升

预计全县实现地区生产总值 27 亿元，同比增 13.6%（现价增 21%），其中：第一产业增加值 8.2 亿元，增 10%；第二产业增加值 7 亿元，增 16%；第三产业增加值 11.8 亿元，增 15%。地方财政一般预算收入 2.01 亿元，增 41.3%；全社会固定资产投资 15.3 亿元，增 30%；社会消费品零售总额 11.75 亿元，增 28%。三次产业结构比重 30.4：25.9 ：43.7。

(二) 发展方式加快转变

旅游转型取得突破。石林狂欢之都、石林散客中心、石林生态民族体育运动场、中国彝族第一村、石林幻多奇等项目开工；完成石林小学、景区公安派出所搬迁拆迁和步哨山、李子园箐扩容工程，建成数字石林二期一阶段工程；在国际国内旅游市场持续低迷的背景下，强化“三标一体”管理，大力开展宣传营销，努力拓展客源市场，大小石林景区全年接待游客 237 万人次，减 8.8%，旅游直接收入 2.97 亿元，减 1%；全县接待游客 300 万人次，与 2007 年持平；旅游综合收入 12 亿元，增 20%。全国文明风景旅游区、云南省旅游经济强县创建工作通过考评。

工业开发强势推进。生态工业集中区收储土地 2479 亩，第一条工业大道一期工程完成路基及绿化、亮化，二期工程以 BT 方式正在实施路基建设，给排水、电力、通信、排污设施建设全面启动，平整土地 1560 亩，升格为省级工业园区。昆明石林太阳能发电试验示范、云南官房水泥有限公司生产线技改等重点工业项目相继开工，完成工业固定资产投资 2.97 亿元。全县实现工业增加值 5.8 亿元，增 20.8%，规模以上工业增加值 2.68 亿元，增 20%，规模以上工业万元增加值能耗下降 8%。

现代农业持续发展。国家级烟叶标准化生产示范区建设全面实施，阿乌村现代烟草农业示范村建设成效明显，荣获云南省烟叶工作先进单位称号；种植烤烟 11.8 万亩，收购烟叶 1640 万千克，产值 2.34 亿元，均价 14.31 元（不含出口备货烟叶为 14.90 元），烟农户均收入 9489 元、人均收入 2372 元。稳定粮播面积，农业部农作物测土配方施肥和全国玉米高产创建项目实现年度目标，粮食总产 1.21 亿千克。新增优质核桃基地 2.2 万亩、甜柿 3000 亩、枇杷 1000 亩，水果、蔬菜产值 1.87 亿元。畜禽规模化养殖迅速发展，重大动物疫病防治得到加强，畜牧产值 4.35 亿元。认定县级农业龙头企业 25 家，其中：15 家被认定为市级农业龙头企业，4 个进入全市 50 强农业龙头企业行列；创建昆明市农业产业化强镇 3

个、特色产业强村10个、农民专业合作经济组织5个、规模经营大户101户。温氏养殖一体化项目扎实推进，石林锦苑花卉产业园开工建设。进入国家级农业综合开发县行列。云南昆明石林台湾农民创业园获农业部、国台办批准立项。

文产建设步伐加快。彝族大三弦舞、彝族（撒尼）刺绣列入第二批国家级非物质文化遗产名录，彝文古籍《指路经》列为国家珍贵文献。中国石林国际火把狂欢节获首届“节庆中华”最佳狂欢气氛奖。糯黑村等阿诗玛民族文化旅游生态村建设、经营初见成效。预计文化产业增加值2.27亿元，占地区生产总值的8.4%。

（三）改革开放继续深化

创新招商方式，成立了21个招商分局，实施招商引资一把手、百人外出招商、专业队伍招商“三大工程”，有效落实招商引资目标责任制、工作例会制、县级领导联系推进制、项目现场办公制“四项制度”，加快“三区”及土地收储等载体建设，积极打造最简化、最便捷、高效率、低成本的招商引资工作流程，强化招商引资考核奖惩，扎实开展招商引资项目落实年、服务年活动，全年引进国内市外资金14.1亿元、外资642万美元。进一步完善了鼓励非公有制经济发展和鼓励投资优惠政策，深化财税体制改革，全面推行国库集中支付和财政投资重大项目绩效评审。加快投融资体制改革，成立了县人民政府金融办，组建了水投、工投、城投公司。县食品公司、石丰种业公司、县电影公司改制完成，县卤腐厂改制稳步推进。集体林权制度改革主体工作全面完成。

（四）城乡环境明显改善

城乡基础设施建设全面提速。成立县城乡规划委员会，建立了规划部门审查、专家组评审、规委会审定的联审制度。完成城市总体规划修编、西城区控制性详细规划、石林大道重点地段城市形象设计、鹿阜旧城改造修建性详细规划及城乡绿地系统规划、5镇1乡集镇规划、16个新农村试点村村庄规划。石林中路（石林大道）改扩建工程按计划完成建设任务，给水、排水、电信、电力、有线电视、信息网络、数字城管等管线全部一次性建成，配套生态景观工程同步完成，成为石林生态旅游城市建设进程中具有前瞻性、规范性、特色化、生态化的标志工程；县城狮山路一期路基及银杏绿化工程、沙地片区市政道路路基及绿化亮化工程、县城建筑风貌改造二期工程完工，启动了阿诗玛东路延长线大屯段道路改造工程；县级党政机关办公用房主体工程、巴江俪岛小区二期、水岸星城小区、天奇电力小区、中核旅游度假村、万城阿诗玛旅游小镇、阿诗玛风情街等项目顺利推进；鹿阜旧城改造、石林上海新天地、LNG燃气站、石林城乡交通调度服务客运站、昌乐生态公园、石林园博园等项目开工建设；“四全”工作全面启动，完成巴江桥至县污水处理厂截污廊道工程，县污水处理厂建成投入运行，巴江综合治理三期工程正抓紧实施，大山沟至巴江俪岛截污廊道建设启动。县城建成区面积扩大了1.25平方千米，达到7.46平方千米。团结水库加固扩建工程动工，完成黑龙潭水库中型灌区东干渠节水改造、4座病险水库除险加固及月湖水库小流域水土流失治理工程，县自来水厂组建完成，被评为全国农田水利基本建设先进县。110千伏石林输变电工程开工。开发整理土地1.4万亩，实现耕地占补动态平衡。

社会主义新农村建设稳步推进。矣木公路路面改造工程开工建设，北召公路县境内段路面改造工程完工，改造、硬化乡村公路140千米，硬化村内道路9.4万平方米，县乡公路好路率80%。城乡公交一体化进程加快，乡镇公交覆盖率100%，行政村公交覆盖率提高到94.6%。完成18个人饮解困项目，解决了18个自然村1.1万人的饮水困难问题。新建公厕29座、垃圾房（池）114个。新增“一池三改”2210户，建成沼气化村15个。示范推广太阳能路灯31套。建成7个村级为民综合服务中心、27个村级文化室和21个农家书屋；放映“2131”工程电影920余场。成功承办了云南省首届新农村文艺汇演启动仪式，原生态民族歌舞《阿诗玛的故乡》荣获云南省首届新农村文艺汇演表演一等奖，《赶跤场》荣获云南省农民画展一等奖。铺设农村有线电视“村村通”网络干线40千米，新增光缆联网70个自然村、有线电视用户5500户。2008年度11个新农村建设整村推进项目产业发展、基础设施建设、生态建设、社会事业发展“四大工程”全面启动。

城乡园林绿化及生态建设掀起高潮。累计投入资金1.07亿元，植树602.6万株，新建苗木基地2520亩，拆临拆违11.5万平方米，新增附属绿地55.33万平方米、公园绿地3.99万平方米，挂牌保护名木古树9873株，机耕路绿化29.62千米，河道绿化35千米，县乡公路绿化128.3千米，森林覆盖率、建成区绿地率、绿化覆盖率分别提高到38.8%、40.5%和45.3%；城乡生活垃圾收运处置系统工程和乡村清洁工程全面启动，长湖镇、石林镇创建为全国环境优美乡镇，鹿阜镇、板桥镇、西街口镇、圭山镇创建全国环境优美乡镇通过省级评审，被命名为云南省首个省级园林县城，创建国家园林县城工作稳步推进，创建国家生态县工作扎实开展。生态治理、环境保护全面加强，人居环境进一步改善。

（五）社会建设全面推进

社会事业协调发展。农村中小学标准化建设完工2所，正在抓紧实施4所；“两免一补”政策得到全面落实，“两基”成果不断巩固。教育人事制度改革进一步深化，全面推行校长公选。进一步理顺高中办学体制，县一中、县民族中学恢复独立办学；有效整合了石林实验学校、鹿阜镇中学、县民族小学教育资源，扩大了县城优质教育资源总量，办学质量稳步提高。县民族职业高级中学整体搬迁新建及县一中、县民族中学教学楼项目开工。荣获云南省教育工作先进县称号。加强科技推广和自主创新，科技对经济增长的贡献率明显提高。乡镇卫生院新（改）建国债项目完工6个，1个正在抓紧扫尾；卫生三级医疗、保健、监督和疾病防控体系建设不断加强，县疾控中心艾滋病初筛实验室计量认证通过省级验收，新型农村合作医疗参合率99.27%，农村初级卫生保健达标工作通过验收；群众性爱国卫生运动深入广泛开展，城市环境卫生质量不断提高，国家卫生县城创建成果得到巩固。加强人口和计划生育综合治理，低生育水平持续巩固，人口自然增长率5.77‰。彝文输入软件开发成功，彝文推广运用取得新突破。文明创建活动广泛开展，创建为昆明市文明县城。殡葬改革稳步推进，国防动员、双拥、基层政权建设工作持续发展，城镇退役士兵安置圆满完成。荣获第二次农业普查国家级先进集体称号，第一次污染源普查、第二次经济普查、第二次土地调查、第三次文物普查全面铺开，妇女儿童、残疾人权益切实得到保障。气象、防震、史志、档案、邮政、通信、信息产业、外事侨务、机构编制、民族宗教等事业取得新成绩。

社会保持和谐稳定。深入开展安全生产隐患排查及专项整治，有效遏制了重特大安全事故发生。食品、药品及产品质量安全监管得到加强，整规工作积极推进，市场秩序不断规范。深入推进平安创建和禁毒防艾，强化社会矛盾纠纷排查调处，严厉打击刑事犯罪和经济犯罪，社会治安防控体系进一步完善，社会环境保持了和谐稳定，省级平安先进县创建扎实推进，荣获无毒巩固县称号。圆满举行了纪念改革开放三十周年暨自治县更名十周年活动，激发了全县各族人民创业、发展的热情。

（六）民生质量持续提高

农民人均纯收入4216元，实际增长7.2%，城镇居民人均可支配收入13800元，实际增长8.8%。加大社会保障投入，城镇居民基本医疗保险参保17148人，被征地人员养老保险参保3548人，灵活就业人员参加失业保险821人，五大保险体系进一步完善；启动了民房火灾保险，参保3.98万户，覆盖率70.6%。80岁以上老年人享受到高龄老年保健补助，近1.2万人享受了城乡最低生活保障。完成残疾人危房改造100户4560平方米。贫困人口减少7910人。加大城乡劳动力转移培训力度，转移输出9200人，其中，国外6人，实现了向国外输出零的突破；城镇登记失业率2.1%。财政涉农直补资金通过惠农“一折通”及时足额兑现，受益人口20余万人；减轻农民负担监督工作进一步加强，工程建设领域农民工工资纳入保障金专户管理。

（七）政府建设切实加强

自觉接受县人大及其常委会的法律监督、工作监督和县政协的民主监督，广泛接受社会各界的舆论监督，定期向人大、政协和离退休老同志报告、通报政府工作，按时办结人大代表议案及建议231件、政协委员提案127件。2008年确定重点抓好的10件实事办理取得实效。深入开展经济社会发展软环境建设，扎实推进行政管理体制改革和创新，全县行政审批事项由443项精简为70项，118项县级行政事业性收费项目减少至63项。稳步推进普法与依法治县，全面推行“阳光政务”，政府信息实现及时有效公开，成立了县人民政府法律顾问室，依法行政进一步规范，机关效能明显提高。强化行政监察，推进审计监督，深化纠风治乱，政府廉政建设和反腐败工作得到切实加强。

各位代表，过去的一年是全面贯彻落实市委、市人民政府和县委“大干2008、拼搏2009、攻坚2010、冲刺‘十二五’”重大部署的第一年，一年来的工作极不平凡，成绩来之不易。实践证明，推进石林的改革开放和现代化建设，必须坚持用科学发展观统领全局，统筹兼顾，协调推进；必须坚持解放思想，实事求是，凝聚广大干部群众的智慧与力量；必须坚持用改革创新的精神和市场经济的手段干事创业，苦干实干，坚定不移地抓投入、上项目、增投资，促进发展方式转变；必须坚持加强政府自身建设，不断提高执政能力和落实水平，为创造性开展工作提供基础保证。

各位代表，过去的一年，我县在跨越发展、富民强县的征程上取得了令人鼓舞的成绩。这些成绩的取得，是坚决贯彻落实上级决策部署、实践科学发展观的结果；是县委科学决策、正确领导，县人大、县政协和社会各界有效监督、大力支持的结果；是全县各族人民顽强拼搏、克难制胜的结果。在此，我代表县人民政府，向为全县经济社会发展付出艰辛努力的广大干部群众，向给予政府工作有效监督与大力支持的人大代表、政协委员、离退休老同志和社会各界人士，向所有关心支持石林建设与发展的海内外朋友，表示衷心的感谢并致以崇高的敬意！

各位代表，在充分肯定成绩的同时，我们更应该看到经济社会发展中还存在一些突出困难和问题：一是经济总量小、结构层次低，特别是工业化发展水平低、农业产业化程度低、城镇化水平低“三低”依然突出；二是经济增长速度不够快，外资项目、大项目和优质项目不多，经济发展后劲不足；三是土地、资金等因素制约较大，基础设施条件仍然落后，转变经济发展方式的任务艰巨，资源环境压力加重，生态环境建设有待进一步加强；四是食品、农用物资等消费品价格涨幅较大，城乡居民增收难度大，部分群众生活还比较困难；五是社会就业压力依然较大，民生保障有待进一步完善；六是少数部门的作风不实，责任心不强，工作效率不高，发展的软环境仍然不优等。对这些困难和问题，我们将予以高度重视，采取切实可行的办法和措施，在解决问题中推动发展、改善民生、促进和谐。

二、2009年全县经济社会发展的总体要求和奋斗目标

今年是新中国成立60周年，是实施“十一五”规划承上启下的一年，更是贯彻落实党的十七大、十七届三中全会精神，实现“543”倍增计划和全面建设小康社会目标的关键之年。当前，国际经济环境不容乐观，国内经济困难明显增大，国家宏观调控方向明显转变，面对新的形势，我们必须坚定信心、抓住机遇，厚积薄发、释放能量，抓项目、增投入，扩内需、保增长，全力拼搏2009，千方百计谋求新发展，实现新跨越。

今年政府工作的总体要求是：以邓小平理论和“三个代表”重要思想为指导，全面落实科学发展观，深入贯彻党的十七大、十七届三中全会和市委九届五次全体（扩大）会议

精神，牢牢把握跨越发展、富民强县主题，按照县委十届五次全会部署，紧紧围绕“543”倍增计划和全面建设小康社会目标，深入实施“33553”发展战略，抢抓发展机遇，挖掘发展潜力，放大发展优势，提升发展实力，推动经济社会更好更快发展。

今年经济社会发展的主要奋斗目标建议为：地区生产总值实现32亿元，增13%以上；地方财政一般预算收入2.37亿元，增18%以上；全社会固定资产投资21.5亿元，增40%以上；社会消费品零售总额15亿元，增30%以上；规模以上工业万元增加值能耗下降5.6%以上；农民人均纯收入4500元，增10%以上，城镇居民人均可支配收入15000元，增10%以上；城镇登记失业率控制在3.5%以内；人口自然增长率控制在6.5‰以内。

三、2009年的主要工作

各位代表，促进经济繁荣、人民富裕、环境优美、社会和谐，是今年政府工作的主旋律。围绕上述总体要求和奋斗目标，我们必须强化赶超意识，只争朝夕谋发展。一要强化发展观念，坚持发展要务，统筹兼顾，科学发展，努力推进城乡一体化。二要强化市场观念，坚持深化改革，扩大开放，聚集资本，努力增强经济社会发展活力。三要强化产业观念，坚持突出特色，优化结构，壮大支柱，努力促进三次产业协调发展。四要强化项目观念，坚持项目带动，投资拉动，消费推动，把今年作为推进项目落地、建设的大干之年、强拼之年、奋斗之年，努力实现投资、消费快速增长。五要强化效益观念，坚持质量优先，速度争先，效益领先，努力在竞争中赢得新的发展，在发展中开创新的局面，努力在综合实力上超越第二板块，追赶第一板块，力争进入全省县域经济先进县。

（一）加快支柱产业发展，提升综合竞争力

石林的优势在旅游，突破在工业，基础在粮烟，后劲在文化。我们必须坚定不移地走提升旅游、突破工业、巩固农业、拓展文产之路。

抓转型，提升旅游。牢固树立抓旅游就是抓经济发展、抓产业带动、抓财政增收、抓扩大就业、抓城乡建设、抓环境保护的思想，切实增强大旅游、大产业、大市场、大营销、大发展的信心，深入实施“12345”旅游国际化发展战略。一要加强遗产地保护管理。加快石林宾馆、云林宾馆、石林精舍宾馆、避暑园宾馆、石林综合商场、石林工商分局、石林管理局办公区搬迁步伐；提升李子园箐、步哨山、比目池等景点质量，大小石林景区游览区扩大到12平方千米以上；全面推进乃古石林景前区建设，建成世界自然遗产展示地、地质科普知识教育基地；加快长湖景区开发，打造融自然生态与民族文化特色为一体的高品位康体休闲旅游区；加快大叠水景区开发，完成游路改造和面山绿化，打造充分展示喀斯特瀑布景观的旅游新亮点。二要加速推进重点项目建设。完成石林狂欢之都“四中心二店”一期、石林生态民族体育运动场一期工程建设，分别完成投资1.2亿元、1亿元以上；加快石林幻多奇项目建设，完成云林五星级酒店项目主体工程，投资分别达6000万元、5000万元以上；建成石林散客中心；完成中国彝族第一村公共基础设施和民居、商业铺面建设，实现五棵树村整体搬迁。三要强化“三标一体”贯标工作。推行景区标准化、科学化、精细化和卓越绩效管理，实现旅游经营、管理、服务与国际接轨，打造最安全、最规范、最和谐的旅游目的地。四要加大以旅哺农力度。结合遗产保护和新农村建设，开发一批乡村旅游点，打造乡村生态旅游新亮点。五要实现石林景区门票调价，确保于今年上半年执行新的门票价格。六要加大宣传营销力度。充分利用石林国际国内品牌影响力，整合宣传营销资源，加强与国内外世界地质公园、世界遗产地及著名景区的营销合作，建立联动促销机制，全面拓展国内外旅游客源市场。实现大小石林景区接待游客260万人次，旅游直接收入3.6亿元，全县接待游客320万人次，旅游综合收入14亿元，同比分别增9.7%、21%、6.7%、16.7%，达到中国旅游强县标准。

抓园区，突破工业。按照“建好园区、培植产业、扶优企业，加强服务、扩张总量、提升水平”的总体思路，深入实施“11235”工业突破战略。一要加快推进园区建设。大力推进园区基础设施建设“两年突破工程”，编制西街口工业园区规划，巩固提升大屯传统工业区。生态工业集中区新增收储土地1平方千米，完成“五通一平”1平方千米，建成第一条、启动第二条工业大道路基工程。新增入园落户项目5个以上，开工3个以上，工业固定资产投资1.8亿元以上。园区规模以上工业主营业务收入1.8亿元以上，增加值6000万元以上，上缴税金1500万元以上，为加快形成生态工业集聚区、现代化城市新兴区打牢基础。二要全力推进在建重点项目。加快推进昆明石林太阳能发电试验示范区、云南官房水泥有限公司生产线技改、石林南亚焦化厂技改等项目建设，提升工业存量，扩大工业增量，全县实现工业增加值7.3亿元，增25%，规模以上工业企业达21户，规模以上工业增加值3.37亿元，增28%，完成工业固定资产投资3.85亿元以上。三要打造工业品牌优势。实施“三级名牌”和“三级名品”培育发展计划，建立名牌名品培育库，争创一批国家、省、市名牌名品。四要扶持培育非公经济。认真落实省、市、县关于加快非公经济发展的相关政策，放开放活、放手放胆，引导非公经济向规模化、集约化、外向型发展，使非公企业成为优化经济结构、促进就业再就业、增加城乡居民收入、提速县域经济发展的主体，民营企业集团达9个以上，个体、民营企业达5600户以上，实现非公经济增加值9.29亿元，增28%，实缴税金6400万元，增20%。五要严格落实节能减排措施。实施重点节能工程，强化重点耗能企业节能监管，加快淘汰落后产能；大力发展工业循环经济，抓好企业清洁生产和循环经济试点示范，提高资源综合开发和回收利用率。

抓基础，巩固农业。科学编制规划，制定优惠政策，加快基础设施建设，全面启动云南昆明石林台湾农民创业园开发，把园区建成西部地区一流、辐射全国的农业产业高地、

服务高地、创业高地。继续实施农业部农作物测土配方施肥和全国玉米高产创建项目，稳定粮播面积，调整种植结构，扩大优质品种覆盖面，提高复种指数，增加粮食总产，确保粮食安全。紧紧围绕国家级烟叶标准化生产示范区建设，科学规划，扩大规模化连片种植；优化品种结构，实行一乡（镇）一品；全部实行集约化、商品化漂浮育苗；在最佳节令内完成移栽，大力推广秸秆覆盖、配方施肥、揭膜管理等实用技术，提升标准化种植水平；以“一基四化”为主线，扎实抓好现代烟草农业示范镇建设。加大对烟水工程、烤房建设的投入，夯实烤烟支柱产业持续发展基础。种植烤烟10.93万亩，收购烟叶32.8万担，上中等烟比例90%以上，均价比2008年提高3%以上（不含提价因素）。加快以羊产业为龙头的畜牧业发展，巩固生猪生产，扩大牛、羊、禽类存栏规模，抓好品种改良、科学饲养、疫病防治和市场营销，全面提高畜牧综合生产能力和市场竞争力，实现畜牧产值4.8亿元。大力推进蔬菜、花卉产业发展，新增无公害蔬菜生产基地3万亩以上、花卉基地3000亩以上。积极培育农业龙头企业，加快发展农村经济合作组织、专业协会和民间中介组织，健全农村市场和农业服务体系，提高农民组织化程度，延伸产业链，增加附加值，有效促进农民增收。推行农产品标准化生产，全面提高农产品质量安全水平。

抓创新，拓展文产。实施文化产业“十个一”工程和“4321”工程，拍摄两部以阿诗玛为题材的影视作品，完成大型原生态民族歌舞剧《阿诗玛》创作并推向市场，以市场运作方式办好一批以火把节为主的重大国际性节庆活动；有序推进“一江两潭八景”巴江生态休闲文化经济带建设；全面启动石林文化创意产业园建设，组建一个文化企业集团；建成中国牛王争霸赛斗牛场和石林阿诗玛大剧院，稳步推进鹿阜旧城改造一期工程；建立一套文化艺术创作、表演激励机制，设立“中国石林美伊花奖”，努力开创阿诗玛文化产业发展新局面，确保文化产业增加值占地区生产总值的9%以上。

（二）加快推进城乡建设，提升环境吸引力

扩大城市规模。按照“完善规划、扩大规模、增强功能、提高品位、塑造特色”的总体要求，抓好城市规划、建设和管理，提升城市吸引力，建成区面积新增0.54平方千米，扩大到8平方千米，城市人口新增5000人以上，达到4.5万人以上，城镇化率提高到36%以上。一要坚持“三高”，超前、科学抓规划。深入研究以昆明为中心的二级城市建设发展思路，整合县城总体规划范围内的控制性详细规划；完善县城空间利用、户外广告、灯光亮化、环卫设施等专项规划，努力实现城乡规划全覆盖。严格执行城市规划“六线”制度，维护规划的权威性和严肃性。二要坚持“三化”，优质、高效抓项目。深入推进“一带三湖、一区三林、一城三镇”现代化城市建设，启动白龙湿地公园、韶山湖、桃园水乡建设，提升狮子山公园、大黑塘林生态质量，开放朱家花园；完成县级党政机关办公用房建设，力争建成县林业局新办公区、县委党校新校区；完成沙地片区市政道路、阿诗玛东路延长线大屯段道路改造、滨江路新建、狮山路一期、大山沟至巴江俪岛截污廊道等市政工程；实施县城雨污分流管网改造、天然气管道建设；完成巴江俪岛小区二期、水岸星城小区、天奇电力小区、春源天景小区开发，全面推进石林上海新天地、中核旅游度假村等房地产项目开发进度；加快中低价位、中小户型普通商品房建设，新增1200人到县城和小集镇居住，推进城乡一体化进程。三要坚持“三精”，严格、精细抓管理。全面推行棋盘式、方格化，无缝隙、全覆盖城市管理，开展示范路、示范街、示范店创建活动，大力推进城乡生活垃圾收运处置一体化建设，建立和完善数字城管系统，提升城市综合管理水平，巩固国家卫生县城、省级园林县城、昆明市文明县城创建成果。

加快交通建设。全力配合做好石蒙高速公路县境内段建设。完成矣木公路路面改造工程和板桥至塘上公路路面改造工程。抓好石林城乡交通调度服务客运站建设，完成农村公路路面硬化、路基改造95.8千米。全面完成农村公路管理养护体制改革，加大超限超载整治力度，减轻公路破损程度。

持续大干水利电力建设。全面推进团结水库加固扩建，实施国家级农业综合开发项目团结水库灌区配套一期工程，完成三角水库供水管网改造工程，抓好威黑水库灌区建设、月湖水库除险加固等重点工程，加快“五小”水利、人畜饮水、节水灌溉、水土保持、小（二）型及小坝塘除险加固工程建设，改造中低产田1万亩，新增灌溉面积2万亩，改善灌溉面积1.5万亩，治理水土流失17平方千米，解决1万人的饮水安全问题。加强防汛抗旱指挥调度系统建设，提高防灾减灾能力。完成110千伏石林输变电工程、石林大道电缆入地工程，进一步完善城乡电网结构，满足县域经济发展的电力增长需求。加大依法治水、治电力度，全面禁止利用水源水库及坝塘肥水养鱼，严厉打击破坏水利、电力设施和水源保护区生态环境的行为。

提速社会主义新农村建设。围绕“九有”目标，县财政投入不少于1000万元的新农村建设引导性资金，重点扶持台湾农民创业园规划范围核心区、景区周边、乡村旅游点等新农村示范点建设，扎实推动产业发展、基础设施建设、生态建设、社会事业发展“四大工程”实施，完成8个行政村整村推进项目建设。建立林权评估、交易、流转服务中心，完成集体林权制度配套改革。继续实施“乡村流通工程”，深化“四进村、五个有”创建活动，实现便民超市、“万村千乡市场工程”农家店覆盖所有行政村目标。实施农村民居抗震工程，加固500户、拆除重建250户。启动8个乡镇综合文化站建设。加强电信基础设施建设，深入实施“数字乡村”工程，加快农村有线电视“村村通”建设，扎实推动农村电信网、广电网、互联网有机融合。

强势推进城乡园林绿化及生态建设。一是县财政继续投入1000万元生态美县建设资金，全面推进国家生态县创建，深入实施绿化精品、绿化景观和绿化生态工程，按照三个“不少于80%”的要求，继续实施城乡各类公共绿地补绿增绿和补塘栽绿，新增公园绿地14.4万平方米、附属绿地3万平方米，拆临拆违1万平方米，完成昌乐生态公园、石林园博园建设，新增一批园林单位和绿色单位，达到国家园林县城标准，力争再创建一批全国环境优美乡镇和国家级生态村；新建苗木基地5000亩，绿化县城及交通沿线面山300亩、机耕路15千米、县乡公路100千米；关停县城、交通要道、水库面山“五采区”2个并完成植被恢复；强化大气污染、企业排污综合治理和区域环境噪声防治，进一步改善空气质量，确保优良级天数达标率达100%、城镇生活污水集中处理率达75%以上、集中式饮用水源地水质达标率达100%。二要全面启动竹子、芦苇、柳树、经济林果、村庄景观绿化“五大工程”，在泥石流、滑坡治理区种植竹子220亩，在河道、池塘、水库、湖泊等浅水区、湿地区域种植以芦苇为重点的湿地植物70亩，在河道、池塘、水库、湖泊等水域的正常水位界面种植柳树4千米，在交通沿线、县城、集镇、村庄视野可及面山发展甜柿、枇杷等水果4000亩、核桃20000亩，完成2个集镇绿地系统建设和30个行政村绿地系统建设工程，森林覆盖率提高到40.5%。三要实施秋色叶景观营造工程，运用彩叶树种展现季相变化，提高园林绿化景观效果，重点实施银杏“五个一工程”。

（三）加快推进外引内培，提升投资拉动力

提升招商水平，扩大开放引资金。坚定不移地把招商引资作为经济工作生命线来抓，全力推动全县开放型经济快速发展。一要创新招商思路。按照“领导推动、园区主体、部门参与、各方联动、重奖重罚”的思路，立足优势产业、突出园区主体、围绕重点项目，全力开展招商。继续实行专业队伍和招商分局驻点招商、委托中介招商、会展招商等方式，科学策划包装一批上规模、高质量的项目，积极参与省市组织的各种投资贸易洽谈会，适时到沿海等重点区域有针对性地开展招商推介；利用火把节等重大节庆活动，邀请国内外知名企业、商会等开展项目推介。充分发挥水投、工投、城投公司的投融资平台作用，着重引进一批龙头核心企业和带动作用强的大项目、好项目，鼓励乡镇招商项目落户生态工业集中区，对引进项目符合产业导向、形成一定投资规模的单位和贡献突出的个人给予重奖。二要领导亲历亲为。实行招商引资“一把手工程”，各级各部门主要领导要集中主要精力抓招商引资，做到亲自掌握和研究招商信息，亲自联系和拜访重要客商，亲自洽谈和落实重大项目，亲自协调和解决重大问题。三要坚持以商招商。充分发挥以商招商低成本、高效益、高成功率的优势，充分利用已积累和掌握的客商资源，建立客商联系制度，聘请成功客商代理招商；大力引导和鼓励现有客商进一步加大在石林的投资，不断新上项目、扩大规模、做强企业，形成以商招商、以商引资、以商引智的积极带动效应，做到“引进一个、落户一群、带动一片”。四要推进项目落实。健全完善招商引资目标责任制、工作例会制、县级领导联系和责任单位跟踪推进制、项目现场办公制“四项制度”，实行招商引资工作周报和月、季度分析制，强化重点项目督查督办制，倒排项目进度计划表，强力推进项目落实，做到一个项目一班人马、一套方案、一抓到底，提高招商引资项目落户率、开工率、投产率。全年引进国内市外资金13亿元以上，外资750万美元以上。

加强财税工作，开源节流保增收。全面提升生财、聚财、用财、理财水平，保持财政收入持续较快增长，增大财政总量。一要进一步加强财源建设，充分发挥财政资金对经济发展的撬动作用，继续加大对工业和园区开发的投入，扶持培育一批生财型骨干企业；积极引导、聚集非公资本和民间资金参与社会建设，加快发展服务业，扶持培育实体经济，加快税源型经济发展，努力做大财政“蛋糕”。二要进一步强化收入征管，坚持依法治税，实行税源精细化管理，加强对重点企业、重点行业、重点工程的税收服务和征管；完善措施，应收尽收，堵塞征管漏洞，防止收入流失。三要严格执行“收支两条线”规定，规范非税收入管理，优化支出结构，集中财力办大事，重点保障园区建设、城市重点项目、民生工程等支出需要。四要进一步深化财税体制改革，全面推进部门预算、国库集中支付等改革，扩大财政投资评审和政府采购覆盖面，完善财政专项资金报账制，提高财政资金使用效益。

鼓励全民创业，兴办企业强活力。进一步完善和落实鼓励全民创业的各项优惠政策，实行内外资、内外商、内外企业同等待遇的积极政策，激发全民创业热情，支持本土能人创办企业，发展经济。降低民间资本进入基础设施、公用事业等领域的门槛，支持民间投资与政府投资合作发展，鼓励社会资本以独资、合资、合作、联营、特许经营、项目融资等方式参与建设和经营。积极开展“财力返乡、智力返乡”活动，鼓励和引导外出务工、经商成功人士回乡投资兴业。

搞活土地经营，市场运作增效益。继续坚持政府垄断土地一级市场，放开搞活二、三级市场的原则，加大土地收储力度，搞好土地经营，形成投资—收益—再投资—再收益的良性循环机制。加大土地“包装”、整理力度，促进土地升值，严格执行经营性土地招拍挂制度，实现土地收益最大化。加强土地管理，严厉打击违规违法用地行为，依法足额收取土地出让金，保证各项规费按规定征收到位，为城乡重点项目建设筹集更多资金。强化土地利用，提高土地集约利用率，全面盘活存量土地，运用经济手段、法律手段依法依规征收出让土地闲置费，直至收回闲置国有建设用地使用权。按照依法、自愿、有偿原则，支持农村居民以转包、出租、互换、转让、股份合作等形式有序流转土地承包经营权。

发展商贸流通，扩大消费活市场。紧紧围绕打造石林旅游商贸城市目标，深入实施“11214”工程。依托石林风景区，以“五中心二店”建设为重点，发展具有民族和地域特色的休闲、购物、娱乐、餐饮服务；以西城区开发为平台，启动农业生产资料交易市场及配送中心、农产品交易市场建设；以东城区为载体，科学规划布局专业市场，全面启动石林财富中心项目和东城区大型商贸市场建设。提速石林大道城市经济带发展，完成阿诗玛旅游小镇、阿诗玛风情街开发，改造提升大兴商场。编制物流中心建设规划，启动石林物流园区建设项目。重点推进圭山、长湖中心集镇“1+4”工程建设，有序推进石林、板桥、西街口、大可集镇建设。

（四）加快和谐社会建设，提升社会凝聚力

在加快经济发展的同时，要突出抓好民生工程和安全稳定，实现经济社会协调发展，不断增强公众的安全感、幸福感与社会和谐度。

统筹社会事业。进一步缩小城乡中小学办学差距，促进义务教育均衡发展，高质量巩固“两基”。认真落实“两免一补”政策，做好控辍保学工作。深化非义务教育投融资体制改革，支持民办非义务教育发展，扩大民办教育资源总量；完成县民族职业高级中学搬迁新建一期工程，成立县职业教育中心；努力增加县城优质教育资源，县城就读学生增加3000人。建立健全科技创新激励机制和科技推广服务体系，加快科技成果转化和先进实用技术推广普及，提高全民科技素质，科技对经济增长的贡献率进一步提高。加快医疗卫生体制改革，优化卫生资源配置，提高公共卫生服务质量；强化新型农村合作医疗监管，参合率保持在98%以上。提升人口和计划生育优质服务质量，稳定低生育水平，创建为国家级计划生育优质服务先进县。广泛开展群众性文体活动，每季度举办一场全县性群众文艺演出，每年举行一次全县性体育运动会，积极申报国家小康体育特色县。加强民族民间传统文化知识产权保护，新增一批国家、省级非物质文化遗产，实施国家级非物质文化遗产《阿诗玛》保护工程和糯黑省级彝族撒尼文化保护区工程。精心筹备，完成第十六届世界人类学民族学大会糯黑学术考察点承办任务。加快文博事业发展，建立2个小型专业博物馆。坚持实施积极的就业政策，完善县乡（镇）两级就业服务体系，着力推进城乡就业工程，抓好城乡新增劳动力、被征地人员、复转军人、下岗失业人员的就业再就业工作。健全和完善以养老、失业、医疗、被征地人员保险及城乡最低生活保障为基础，以临时救助为辅助，以社会捐助、慈善救助、结对帮扶等社会帮困手段为补充的社会保障体系，切实解决好困难群众和中低收入家庭的生活困难问题。积极推进扶贫开发，着力抓好18个扶贫重点村整村推进项目，减少贫困人口7500人。加快殡葬改革，深入推进殡葬用品市场和乱埋乱葬清理整治，每个乡镇分别建成1个农村公益性公墓。加强统计工作，扩大统计范围，强化统计分析。关心支持妇女儿童、老龄事业，积极发展残疾人事业，认真做好物价、人武、人防、史志、档案、信息产业、外事侨务、民族宗教、防震减灾、双拥共建、基层政权建设等工作，充分发挥金融、保险、邮政、通信等各部门参与地方经济社会建设的积极性，推动各项社会事业全面协调发展。

维护社会稳定。大力推进依法治县，深入实施“五五”普法，全面提高全民法律素质和法制意识。健全和完善县级领导接待、巡回接访制度，畅通社情民意反映渠道，严格落实信访工作责任制和责任追究制，及时化解社会热点难点问题，有效预防和妥善处理信访突出问题和群体性事件。高度重视安全生产，深入落实两个主体责任，建立严格的领导责任制，强化煤矿和非煤矿山、道路交通、公共场所等重点行业、重点领域的安全隐患排查和整治，完善各类安全设施，消除各种安全隐患，坚决杜绝重特大事故，遏制一般性伤亡事故，促进全县安全生产形势持续稳定好转。加强产品质量、食品药品市场监管，抓好地质灾害、洪涝干旱等的监测预报工作，提高防灾减灾能力。深入开展平安创建活动，完善社会治安防控体系、严打整治体系、矛盾纠纷排查调处体系，依法严厉打击各类刑事犯罪和经济犯罪；建立完善社会预警体系和应急管理机制，不断提高应对各类突发事件和保障公共安全的能力，确保人民生活安康、社会和谐稳定。

高度关注民生。着力实施民生改善工程，今年重点办好10件民生实事：一是启动县城环城路建设；二是启动第二批廉租住房建设；三是完成30个行政村简易客运站（点）建设，新开公交线路1条；四是新增“一池三改”3373户，建设村级沼气服务网点11个；五是新开工建设农村中小学标准化学校4所，建成4所；六是建成县一中、县民族中学教学楼和鹿阜中学学生宿舍楼；七是建成15个农村文化室和5个农民健身工程；八是在30个村级卫生室设立新型农村合作医疗门诊费现场补偿报销点；九是实现城镇新增就业800人，转移输出9000人；十是建成1个县级经营性公墓。

四、全面加强政府自身建设

各位代表，加快发展、造福人民，是时代赋予我们的重大使命。实现今年经济社会更好更快发展，必须切实加强政府自身建设，为推进跨越发展、富民强县提供坚实保障。

（一）干事创业，建设责任政府

时刻牢记党和人民的重托，牢记富民强县的重责，牢记跨越发展的重任，进一步增强不进则退、小进也是退的危机感和责无旁贷、义不容辞的责任感。加强政府制度建设，规范工作程序，强化工作责任，严肃工作纪律，建立健全一级对一级负责、层层抓落实的激励和约束机制。善于在挑战中抢抓机遇，敢于在问题中寻找办法，勇于在困难中谋求出路。把民生问题摆在突出位置，用更多的财力解决就业、就学、就医、住房、社保等人民群众最关心、最直接、最现实的利益问题，特别是在扶持农村义务教育、完善农村基础设施、改善农村医疗卫生条件、健全社会保障体系等方面不断加大投入力度，竭尽全力让人民群众得到更多的实惠。

（二）转变职能，建设服务政府

在更好地履行经济调节和市场监管职能的同时，进一步加强社会管理和公共服务职能，切实解决政府职能越位、缺位和错位的问题，不断健全政府职责体系，为市场主体营造良好环境，为人民群众提供更好服务。进一步牢固树立政府所有部门都是服务部门、政府所有工作人员都是服务员的观念，继续深化行政审批制度改革，加快电子政务建设，强化县便民服务中心和乡镇为民服务中心职能，改造和优化服务流程，切实提高政府办事效率。扎实推进政府信息公开工作，及时公开与人民群众切身利益密切相关、需要社会公众广泛知晓的信息，畅通政府与群众双向沟通渠道，进一步提高政府工作透明度和公信力，营造诚实守信的信用环境，打造诚信石林。

（三）改进作风，建设效率政府

以深入开展学习实践科学发展观活动为契机，开展项目落实年、行政效能建设年活动，将作风建设与跨越发展、富民强县目标紧密结合起来，扎实推进经济社会发展软环境建设，严格落实责任目标细化分解、工作质量责任倒查、工作进度时间倒排制度，开展明察暗访和机关作风评议，切实提高依法行政、服务发展、为民办事的效率。完善绩效考核制度，努力建设一支勤于动脑、精于业务、善于实干、效率优先的公务员队伍。

（四）依法行政，建设法治政府

着力转变职能、理顺关系、优化结构、提高效能，形成权责一致、分工合理、决策科学、执行顺畅、监督有力的行政管理体制。加强行政执法监管，严格执行行政执法责任制和过错追究制，促进严格执法、公正执法和文明执法。完善重大问题集体决策、专家咨询、行政问责和督查督办等制度。自觉接受人大代表、政协委员和社会各界的法律监督、民主监督和舆论监督，将政府工作置于人民群众的监督之下，全面提高政府依法行政水平。

（五）清正严明，建设廉洁政府

认真落实党风廉政建设责任制，严格执行领导干部廉洁自律各项规定。深入开展行政监察，加强对政府各部门、各乡镇人民政府及其工作人员的监督，规范行政权力，改善行政管理，提高行政效能，确保政令畅通。坚持用制度管权、管事、管人，严格落实“八个百分之百”建设工程管理规定，全面加强对重大项目建设、公共资金管理等重点领域和环节的监督，突出抓好过程监管和事后审计。严格预算管理，严肃财经纪律，严禁铺张浪费。坚决反对享乐主义和讲排场、比阔气、奢侈挥霍之风，把有限的资金用在改善民生民享上，用在谋事创业上，用在加快发展上，着力建设干事创业、奋发有为、务实创新、廉洁高效和人民满意的政府。

各位代表、同志们，新的机遇千载难逢，新的形势催人奋进，新的征程任重道远。让我们在市委、市人民政府和县委的正确领导下，在县人大、县政协的有力监督和大力支持下，紧紧依靠全县各族人民，深入贯彻落实科学发展观，以更加饱满的热情、更加昂扬的斗志、更加创新的精神、更加务实的作风，同心同德，开拓奋进，拼搏2009，全面开创改革发展的新局面，为加快推进跨越发展、富民强县而努力奋斗，以优异的发展业绩向新中国成立60周年献礼！

履职为民生 参政促和谐
为石林跨越发展富民强县献计出力

——在政协石林彝族自治县第八届委员会第二次会议上的报告

(2009年1月8日)

县政协主席 者培仙

各位委员：

我受政协石林彝族自治县第八届委员会常务委员会的委托，向大会报告工作，请予审议。

2008年工作回顾

过去的一年，是我县经济社会持续快速发展，综合实力较快提升，招商引资步伐加快，生态环境进一步改善，社会事业全面进步，城乡居民生活水平明显提高的一年，也是本届政协任期的第一年。一年来，在中共石林县委的领导和市政协的指导下，政协石林彝族自治县第八届委员会常务委员会高举中国特色社会主义伟大旗帜，以邓小平理论和"三个代表"重要思想为指导，学习实践科学发展观，学习贯彻中共十七大、十七届三中全会和市委九届四次及县委十届四次全会精神，突出团结、民主两大主题，围绕县委、县人民政府的中心工作，认真履行政治协商、民主监督、参政议政职能，充分发挥协调关系、汇聚力量、建言献策、服务大局的作用，形成了党委重视、政府支持、政协主动、各方配合的政协工作格局，为全面推进我县经济建设、政治建设、文化建设、社会建设做出了积极贡献。

一、提高委员素质，履行职能的基础得到进一步夯实

在县委的领导和组织下，顺利召开了八届一次会议。从解放思想、科学发展的高度，认真审视本届政协的工作任务，提出了今后五年的目标要求。很多工作安排既有创新，又体现了政协独特的优势和作用，具有十分重要的指导意义。选举产生了政协主席1名，副主席4名，常委27名。新一届政协委员年龄结构年轻化，平均年龄比上届下降6.8岁；文化层次明显提高，大专学历以上的委员占75%，比上届增11%；广泛性和代表性增强，企业和新阶层人士增15%，石林温氏畜牧有限公司、石林恒联置业有限公司、石林万城旅游文化投资有限公司、石林万家欢集团、云南石金集团、云南兴亚集团、石林绿汀甜柿产品开发有限公司等一批优秀的外地企业家及本土企业家进入县政协委员和常委行列，带来了新思想、新观念和新发展。委员结构的优化和素质的提高，为新一届政协更好地履行职能奠定了坚实的基础。县政协八届一次全会期间，采取先培训后开会的方式，集中新一届政协委员进行提案工作专题培训，提高了参政议政的积极性和提案质量，仅在全会期间就收到提案127件，闭会期间又收到6件，内容覆盖了全县经济、社会、文化建设的方方面面，提案质量较往年有明显提高。采取研讨会、专题培训、以会代训等形式，加强学习培训。特别是常委"五个一"（每年"写一件高质量的提案，提一项合理化的建议，反映一条有价值的社情民意，办一桩力所能及的实事，写一篇有价值的调研报告"）、委员"四个一"（每年"重温一次政协章程，提一项合理化建议，反映一条有价值的社情民意，写一件有质量的提案"）活动的深入开展，营造了浓厚的学习氛围和工作

氛围，委员的政治素质、文化水平和工作能力得到提高，政治意识、大局意识、责任意识明显增强，为发挥政协常委会的主导作用、政协委员的主体作用、专委会的基础作用、政协联系组的支撑作用提供了保证。

二、服务发展大局，政协基本职能得到进一步发挥

围绕中心、服务大局，是人民政协履行职能必须遵循的重要原则。县政协认真贯彻落实“33553”发展战略，紧紧抓住县委、县人民政府工作的重点、经济社会发展中的难点、群众反映强烈的热点，切实履行职能，为推动石林各项事业发展做出了积极的努力。

（一）加强督办，重在落实，提案工作取得实效

一是创新培训方式，提高提案质量。通过采取形式多样、丰富多彩的学习培训方式，不断提高新一届政协委员民主监督、参政议政意识，大多数委员都能紧扣我县发展主题撰写提案，提案质量明显提高。二是创新提案形式，确保提案实效。会议期间，把杨光荣等委员联名提出的《对石林世界自然遗产地核心区制定以旅哺农政策，逐年从旅游收入中安排资金扶持当地居民改善生产生活条件》的提案列为政协有史以来的首个建议案，县人民政府高度重视，由县旅游局作为承办单位进行落实。此建议案将作为政协隔年跟踪的重点督办件。三是创新办理方式，确保办出实效。精选出与经济社会发展和群众生产生活密切相关的 11 件提案作为主席、副主席跟踪督办的重点督办提案。在办理形式上，采取提案人、承办人、督办人协商办理的方式进行。认真做好提案的收集、立案、交办和续办工作。全年共收到提案 133 件，立案 133 件，已全部办复，提案人满意率达 97.74%。对往年的重点提案实行隔年跟踪回访，增强了提案的办理实效。

（二）加大调研，建言献策，为县委、县人民政府决策提供依据

注重在监督中参政、在参政中监督、在监督中建言，圆满完成了县委、县人民政府安排和县政协八届一次会议确定的八项调研视察任务。一是创新联谊会方式、提高联谊质量、加强与周边县及世界自然遗产地政协的联谊调研；二是推进政协“三化”建设、提高政协委员素质、增强履职能力调研；三是提高提案工作质量、推进提案隔年跟踪落实情况调研；四是招商引资工作推进落实情况视察；五是全县“五创”工作目标任务完成和巩固情况视察；六是石林县经济社会发展软环境建设调研；七是鹿阜古镇保护与开发调研；八是石林县非物质文化遗产的保护与开发调研。每次调研和视察后，都及时写出调研报告和视察报告，提出了很多有价值的意见建议，提交给县委、县政府作为科学决策和民主决策的重要参考。在“五个一”活动中，常委们围绕我县各个方面的重点、难点问题，深入开展调研活动，撰写了 22 篇调研报告，为推进政协民主监督、参政议政发挥了作用。

（三）关注民生，汇聚民意，协助县委、县人民政府协调好关系

收集和反映社情民意是政协的一项重要工作任务。县政协把了解和反映社情民意作为关注民生、履职为民的重要职责。结合“县委书记、县长大接访”活动，组织开展了县政协主席约谈接待日活动，广泛了解收集全县各行各业的社情民意，及时向决策部门和领导反映，形成了由政协主席、副主席牵头负责，办公室综合协调、搞好服务，政协委员建言献策、知无不言的新格局。以全新的视角、版面和内容创办了《石林政协》刊物及其内刊，为县政协机关和全体政协委员反映社情民意、建言献策、参政议政搭建了良好平台。今年共完成七期，其中内刊三期。特别是《石林政协内刊》，专门登载了通过约谈、调研、视察收集到的各种社情民意 74 条，信息量大、情况翔实、内容准确，为领导决策提供了重要的信息。通过反映社会各界的意见建议，促进了一些民生问题的解决。

三、坚持团结民主，政协的两大主题得到进一步弘扬

县政协始终坚持中国共产党领导的多党合作和政治协商制度，注重把团结和民主两大主题贯穿于一切工作的始终。

（一）坚持一线工作法，积极参与招商引资工作

按照“领导班子不分一线二线，不分前台后台，一个中心决策，多套班子落实，齐心协力抓好发展”及“党委执政、人大督政、政府行政、政协参政、群众议政”的要求，主动把政协工作放到经济社会发展的大环境中去思考，不临岸观战、不袖手旁观，充分利用统一战线的优势和以商招商的便捷渠道，积极参与招商引资工作。从促进全县经济社会发展的大局出发，主动对一些重大项目进行跟踪联系，政协领导主动搭台、穿针引线，做了大量化解矛盾、牵线搭桥工作。在机关内积极营造人人都是招商环境、个个都是引资形象的氛围。按照县委、县人民政府安排，县政协五位领导作为五个招商分局的政委，牵头承担并超额完成了招商引资任务。重视对委员单位企业的跟踪服务工作，对存在的困难和问题，主要领导亲自过问，组织人员专题调研，积极协调有关领导和部门做好服务工作，成功时为他们喝彩、困难时为他们解愁，赢得了企业的信任，为使外商引得进、留得住、能发展起到了推波助澜的作用，体现了“亲商、爱商、安商、富商”的思想，推进了我县的招商引资步伐。许多客商把政协当作“知心朋友”，经常到政协探讨问题、交流思想、共谋发展。

（二）注重实效，加强联谊，为石林发展增添合力

一是坚持“走出去、请进来”的学习交流方式，加强与部分中国世界自然和文化遗产地政协的走访交流，圆满完成了“三省（区）十七县（区、市）政协工作联谊研讨会”。注重发挥政协体谅包容、位置超脱的优势，继续加强与外地政协的联谊，建立了友好关系，为促进我县社会稳定奠定了基础、增添了合力，也推进了政协工作发展。2008 年到石林学习、考察、观光、旅游的政协方面客人比往年明显增多，加

大了对石林的宣传力度。二是建立政协领导与政协小组、专委会与政协委员的工作联系机制，加强了对基层政协工作的指导，进一步畅通了建言献策渠道。三是强化对口联系。加强与县直各部门、外地政协的联系与沟通，学习借鉴外地政协的好经验、好做法，为更好地履行职能创造条件。

（三）理顺情绪，化解矛盾，全力维护社会稳定

积极参与平安创建巩固工作，对群众来信来访热情接待，广泛了解和掌握社情民意，及时向有关部门反映政协委员和基层群众的利益诉求，积极协助信访和维稳部门做好理顺情绪、化解矛盾和社会稳定工作。利用政协联谊会的有效渠道，重点加强了与陆良、弥勒等接边地区政协的联系交往合作，协调有关部门就边界维稳问题经常沟通交流、交换意见，相互理解、相互尊重、共谋发展，为维护接边地区各民族团结和睦、社会和谐、经济发展做出了努力。

四、加强自身建设，政协“三化”水平得到进一步提高

（一）强化制度建设，构建长效机制

加强机关内部管理，制定完善了政协《机关工作制度》、《重点提案工作制度》、《常委“五个一”、委员“四个一”活动制度》、《主席约谈接待日活动制度》、《委员处理社情民意工作制度》、《机关内部目标责任制管理制度》、《领导工作联系制度》、《领导提案督办制度》等多项制度，形成了一整套政协工作规范机制，机关领导干部职工和政协委员的思想作风、工作作风和生活作风建设不断加强，服务质量不断提高，政协工作不断走向规范化、制度化和程序化。按照章程规定，全年共召开政协全会一次、常委会议四次、党组会议十次、主席会议八次。

（二）加强廉政建设，增强整体合力

以责任制为抓手，加强机关党风廉政建设，结合经济社会发展软环境建设和学习实践科学发展观专题教育活动的开展，大力倡导去伪存真的思想作风、高效务实的工作作风、廉洁奉公的生活作风。在重点课题调研、重大活动开展上，注重上下联动、团结协作、相互支持，形成了机关工作“一盘棋”的格局，增强了政协的团队精神和整体合力，为推进政协“三化”建设提供了有力保障。加强队伍建设，机关干部的主动意识、责任意识、服务意识、创新意识、效率意识不断增强。加强机关内部管理，发扬艰苦奋斗、勤俭节约的优良传统，完善机关后勤接待、车辆管理等规定，节约了资金，提高了效益。

（三）认真做好老干部工作和其他工作

县政协离退休老干部多。做好老干部的工作是政协的一项重点工作。今年调整充实了老干部党支部班子，积极组织开展活动，定期、不定期地通报县委、县人民政府、县政协的重点工作，利用节假日开展“尊老、爱老、敬老”老干部及其遗属慰问活动。关心他们的思想和生活，积极鼓励老有所为、发挥余热，当好经济发展、社会和谐的“助推器”。在全县的“林改”工作中，积极配合指导，圆满完成任务。做好支农联系工作，帮助水塘埔村委会解决生产生活中的困难和问题，从政协工作经费中挤出部分资金支持搞好春耕生产和烤烟收购工作。在“六一”儿童节前夕，对联系点困难学龄儿童进行了慰问。在四川汶川大地震后，先后组织机关干部职工捐款两次，共117020元。积极联系市政协和市红十字会开展“博爱送温暖”活动，为圭山中学贫困学生捐赠了全新棉被100床和安踏运动鞋150双、运动服150套，价值5.8万元，以实际行动帮民困、解民难。在县行政服务中心建设中，积极向省、市政协汇报工作，争取到账资金80万元。

各位委员、各位领导，县政协一年来所取得的成绩，是市政协关心、县委领导、政府支持的结果，是广大政协委员共同努力、全县各族各界人士团结奋斗的结果。在此，我谨代表县政协常委会向长期以来关心、支持政协工作的各位委员、各位领导和同志们表示衷心的感谢！

在总结工作、肯定成绩的同时，我们清醒地认识到工作中存在的不足。一是政协委员的主体作用和政协小组的支撑作用发挥还不够明显，履职能力需进一步提高；二是政协工作的制度化、规范化、程序化建设有待进一步加强；三是民主监督和参政议政的方式有待进一步创新；四是提案跟踪督办机制有待进一步深化。

2009年的工作任务

2009年是拼搏之年，是我县深入学习实践科学发展观，加快实施“33553”发展战略、强势推进“543”倍增计划的关键之年，是我县招商引资和项目落实的关键之年，也是充分发挥政协优势，实现本届政协任期目标的重要一年。政协工作的指导思想是：高举中国特色社会主义伟大旗帜，以邓小平理论和“三个代表”重要思想为指导，深入学习实践科学发展观，认真贯彻落实党的十七大、十七届三中全会和县委十届五次全会精神，紧紧围绕县委、县人民政府“33553”发展战略和“543”倍增计划，坚持把促进发展作为第一要务，突出团结和民主两大主题，认真履行政治协商、民主监督、参政议政三项职能，切实发挥协调关系、汇聚力量、建言献策、服务大局四个作用，充分发挥统一战线优势，团结和带领全体政协委员，为促进全县经济社会更好更快发展、加快全面建设小康社会步伐作出应有的贡献。

一、突出政治意识，在“党的领导、正确方向”上有新认识

必须始终坚持与胡锦涛同志为总书记的党中央保持高度一致，自觉接受党的领导，确保人民政协事业的正确方向。必须深刻领会科学发展观的深刻内涵，真正把科学发展观融会贯通、入心入脑，努力增强贯彻落实科学发展观的自觉性和坚定性，把科学发展观落实到履行政协职能的全过程，切实推动工作。要进一步学习贯彻《中共中央关于加强人民政

协工作的意见》和《中共昆明市委关于加强和改进政协工作的意见》，积极推进新时期新阶段政协工作的机制创新，切实做到政治协商有序、民主监督有力、参政议政有为，不断增强履职实效。要在加强理论武装、提高思想认识上有新进步，要在服务全局、促进科学发展上有新作为，要在以人为本、服务人民上有新贡献，要在开拓创新、健全机制上有新进展。通过学习，学以致用、用以促学，提高服务经济、政治、文化、社会建设和生态文明建设的能力。要最大限度地把人民群众的愿望集中起来、智慧凝聚起来、力量发挥出来，切实把县委的决策和部署体现到政协工作的各个方面，充分发挥党组的领导核心作用，重大问题向县委请示，积极争取县委的领导、政府的支持，确保政协工作与县委、县人民政府的工作同心同向合拍。

二、切实履行职能，在“围绕中心、服务大局”上有新提高

要紧紧围绕实现县委、县人民政府“33553”发展战略和“543”倍增计划这一目标，始终坚持把促进经济社会发展作为政协履行职能的第一要务，宽松不放松、到位不越位、参政不添乱、建言有质量，切实在履行职能中发挥重要作用。一是要准确把握服务大局的工作方向和重点。紧扣改革和发展主题，选准政协工作与党政中心工作的最佳结合点，把工作的主要精力放在对经济社会发展和全局的把握上，放在对全面建设小康社会、构建“和谐石林”、加快推进我县经济社会发展历史性跨越的思考上，紧紧抓住党政所需、群众所盼、政协所能的关键性问题开展调查研究、协商议政和建言献策，突出重点，量力而行，有为有位，集中精力抓大事、议要事、办实事。二是要增强履行职能的实效。政治协商要规范民主程序、细化协商内容、丰富协商形式，完善选题机制，更好地为党委、政府科学决策、民主决策建良言、献良策。要围绕县委、县人民政府的中心工作和重点工作，参发展之大政，议民生之大计，为各项事业的快速发展协调关系、化解矛盾、凝聚力量。从今年开始，试行政协委员议政专题发言和专题协商工作机制，全会期间开展议政专题发言，闭会期间实行专题协商。三是要发挥政协委员的主体作用。政协工作的核心在委员，实力在委员，潜力在委员，活力也在委员。要把加强新形势下委员的学习培训作为提高委员素质、发挥委员作用的前提和基础，以委员为主体、以活动增活力、以机制做保障，激发委员履行职能的内在动力。今年下半年要建立并完善规范委员的履职考评和激励约束机制，提高委员素质，增强委员的监督、参政、建言能力。四是要提高提案的办理质量。提案质量是提案工作的基础，直接关系到提案作用的发挥，关系到参政议政的成效。要继续遵循聚焦民生、锁定大局、关注热点、注重实效的要求，加大对提案办理质量的监督检查，着力在提高提案工作整体水平上下功夫，规范提案办理程序，提高办理质量。在面商工作中，积极探索“三个不面商”，即：领导不参与不面商、情况不清楚不面商、主办单位没有与协办单位协调不面商，力争做到“办好一件，带动一片”，不断提高办理效率。五是要增强政协小组的活动能力。以深入开展常委“五个一”和委员“四个一”活动为载体，定期组织调研视察、参政议政，积极反映社情民意，主动参与本地本单位的经济社会建设活动，提高自身履职能力。六是要加大调研视察力度，打造调研精品。调研视察是人民政协履行职能的基础和关键环节。要突出综合性、全局性、前瞻性，选择党政关心的重要工作作为调研课题，提高调研质量，打造调研精品，做到事前协商、事中监督。调研视察中切忌蜻蜓点水、浮光掠影、虎头蛇尾，防止“事后诸葛亮”、“炒冷饭”现象。结合县委、县人民政府的重点工作，今年要重点完成“三项调研、两项视察”，即社会主义新农村建设整村推进情况调研；重点提案跟踪督办调研；结合“文化活县”战略的实施，对如何培育发展民族文化产业进行调研；“543”倍增计划落实情况视察；重点招商项目落地建设情况视察。积极组织编撰《石林政协志》。

三、增强民本意识，在“关注民情、服务民生”上有新作为

关注民生，以人为本，履职为民，是人民政协适应时代新要求的重要举措和人民群众新期待的现实需要，也是人民政协贯彻中央和省、市、县委决策部署的重要体现。一是要广泛深入察民情。充分发挥政协渠道畅通、联系广泛的优势，坚持深入实际、深入基层、深入群众，了解人民群众的生产生活状况和愿望要求。主动参与“四创两争一巩固”工作，积极开展调研视察，广开言路、建言献策。今年要创新主席约谈接待日活动的内容，组织开展以环境保护、民生问题等为主题的专题约谈接待，通过约谈、信息、提案以及专题协商、议政发言等形式，利用《石林政协》这个平台，及时向党委、政府反映社情民意，为促进党政民主决策，更好地解决好民生问题发挥积极作用。二是要积极主动解民忧。发挥政协“人才库”、“智囊团”的优势，围绕城市建设、环境保护、教育、医疗、就业、社会保障、食品卫生、生态环境、企业发展等群众最关心、最直接、最现实的利益问题，通过专题视察、协商议政、提案督办等形式，真诚倾听群众的呼声，真实反映群众的愿望，真情关心群众的疾苦，尽心竭力为群众办实事、做好事，扩大政协的社会影响。

四、凝聚各方智慧，在“荟萃力量、形成合力”上有新进展

团结和民主是政协工作的两大主题。一是要团结民主增合力。要坚持发扬民主、民主协商、平等议事、求同存异、体谅包容的原则，发挥统一战线优势，积极促进政党关系、民族关系、宗教关系、阶层关系和海内外同胞关系的团结和谐，不断巩固社会主义和谐社会的政治基础。关注社会新阶层的需求，团结一切可以团结的力量，化消极因素为积极因

素，为他们更好地履行职责、开展工作创造条件，使政协成为交朋友、谋发展、创和谐的重要组织，把各方面的力量和智慧引导到聚精会神搞建设、一心一意谋发展、团结奋斗创业绩上来。二是要发挥优势促招商。牢固树立政协工作不是二线是一线的观念，在工作上表现出一线的姿态、进取的作风，更加积极主动、勤奋努力。树立全县“一盘棋”思想，继续发挥政协人才荟萃、位置超脱、朋友广泛和企业家委员多的优势，利用大团结、大联合的有效平台，采取感情招商、环境招商、以商招商、以商引资、以商引智等多种形式，积极协助县委、县人民政府开展好招商引资工作。要加大对企业的跟踪服务力度，采取“请进来，走进去”的方式，加强与企业的沟通交流，想企业之所想、急企业之所盼，主动为企业化解矛盾、排忧解难，把政协招商引资的优势转化为全县经济社会发展的成果。三是要加强联谊保稳定。有重点、分层次地加强对外联谊和沟通交流，扩大团结面，增强包容性，广交朋友，增进共识，共谋发展。高度关注社会稳定问题，主动参与我县平安建设工作，加强与弥勒、陆良等接边地区的联谊交往，充分发挥政协组织和政协委员的优势，尽最大努力协调关系、化解矛盾，增加和谐因素、维护稳定，为我县经济社会发展凝聚人心、增添活力。

五、积极实践探索，在“增强活力、提升素质”上有新举措

不断加强自身建设，是人民政协适应新形势新任务的要求，切实履行职能和充分发挥作用的基础。要按照“六破六立”的要求，即破除二线观念、树立一线理念，破除休闲观念、树立有为理念，破除守旧观念、树立创新理念，破除到站观念、树立奋斗理念，破除畏难观念、树立攻坚理念，破除看门观念、树立服务理念，通过加强自身建设，进一步提高履职能力，把政协机关建设成为学习型、研究型、服务型、和谐型“四型机关”。

（一）学习型机关，主要解决学会什么、怎么学的问题

广大政协委员和机关干部要学习党的十七大和十七届三中全会精神，学习政协理论和政协基本知识，学习县委、县人民政府的重要决策、工作部署，学习政治、经济、科技、历史、文化、法律等方面的知识。学习的方式主要是自学和组织学习，包括参加各种会议、专题培训、讲座等。要继续深入开展常委“五个一”和委员“四个一”活动，营造浓厚的学习氛围，不断把学习引向深入。

（二）研究型机关，主要解决研究什么、怎么研究的问题

如何推进政协更好地履行职能，是我们研究的主要内容。研究的方式灵活多样，重大课题由主席、副主席牵头，邀请政协常委和其他委员联合调研，形成横向联动、内外配合的调研机制。要结合今年开展的“三项调研”、“两项视察”，创新调研的方式和内容，不断提高调研的质量和水平，打造调研精品，提升研究能力。

（三）服务型机关，主要解决为谁服务、怎么服务的问题

政协机关着重要搞好三个服务，即为县委、县人民政府的中心工作服务，为政协委员履行职能服务，为对外友好交往服务。主动及时地为服务对象排忧解难，帮助办理重要事项，切实提高服务质量和水平。要加强机关“三化”建设，努力营造优质、高效的服务环境，全方位地为委员履行职能创造良好条件。要发挥统战、工商联、科技等部门优势，积极支持台湾农民创业园和工业园区等重大项目建设工作的开展。借办公楼搬迁的有利条件，在政协机关成立“委员之家”、“老干部之家”，进一步完善政协的服务功能。

（四）和谐型机关，主要解决好实现什么、怎么实现的问题

在县委的关心和县人民政府的支持下，县政协委员活动经费的增加，提高了县政协委员履行职能、发挥作用的积极性和创造性。一方面，在政治上要充分发扬民主，鼓励政协委员和机关干部讲真话、办实事、求实效，支持各族各界委员发表意见建议。另一方面，从政治上、生活上关心委员、关心干部，建立和完善政协领导走访委员、政协领导联系政协小组等制度，采取多种措施，为政协委员和机关干部创造一个发挥作用、施展才干的空间，营造团结、和谐的工作环境。

各位委员、各位领导，新的历史时期赋予了人民政协新的使命，为人民政协事业的发展提供了广阔的舞台。让我们高举邓小平理论和“三个代表”重要思想伟大旗帜，深入贯彻落实科学发展观，在市政协的关心指导、县委的坚强领导和县人民政府的大力支持下，更加关注民生，更加求真务实，团结拼搏，扎实工作，努力实现好、维护好、发展好人民群众的根本利益，为实现政协工作的新发展、加快我县经济社会的新跨越作出更大的贡献。

狠抓作风转变　推动科学发展 为强力推进“543”倍增计划提供有力保证

——在中共石林彝族自治县纪委十届四次全会上的工作报告

(2009年2月10日)

县纪委副书记　彭天寿

同志们：

我代表县纪委常委会向全会报告工作，请予审议。

这次全会的主要任务是：高举中国特色社会主义伟大旗帜，以邓小平理论和“三个代表”重要思想为指导，深入学习实践科学发展观，认真学习贯彻党的十七大、十七届三中全会精神，按照十七届中央纪委三次全会、省纪委八届四次全会、市纪委九届四次全会和县委十届五次全会的要求，总结2008年全县党风廉政建设和反腐败工作，部署2009年工作任务。县委对这次全会十分重视，县委常委会专题听取汇报，研究了我县的贯彻意见和2009年反腐倡廉工作。县委书记罗朝峰同志将作重要讲话，我们一定要认真学习、深刻领会、坚决贯彻落实。

一、2008年主要工作回顾

2008年是改革开放30周年，也是党的纪律检查机关恢复重建30周年。一年来，在县委、县人民政府和市纪委、市监察局的领导下，全县各级党委、政府和纪检监察机关认真执行党风廉政建设责任制，按照十七届中央纪委二次全会、省纪委八届三次全会、市纪委九届三次全会和县委十届四次全会及县人民政府廉政工作会议部署，加强组织协调，以改革创新的精神，扎实推进作风转变和经济社会发展软环境建设，党风廉政建设和反腐败工作取得新成效，为全县改革发展稳定大局提供了有力保证。

（一）软环境建设取得阶段性成果

全县各级各部门紧扣“八项工作制”，努力营造“三最四低”软环境。实行告知制，编印《石林彝族自治县经济社会发展软环境建设活动学习材料（选编）》3730册，全面告知学习内容；向全县重点企业发出公开信100封，告知软环境建设投诉举报渠道；制作领导干部工作去向监督牌、干部职工岗位标示牌，公开领导干部职责及联系电话。实行责任制，全县48个单位签订了软环境建设责任状，层层落实目标任务。实行承诺制，全县75个单位主要领导通过电视向社会公开作出服务承诺，确保承诺全覆盖。实行精简制，全县清理行政审批事项443项，保留70项，精简84%；清理118项行政事业收费项目，保留63项，减免47%。实行督查制，“八条主线”抓督导，落实首问首办、服务承诺、限时办结、全员挂牌上岗，推行“五办作风”、推行“一线工作法”。实行督办制，对重大项目跟踪督办，受理办结投诉举报35件，发出督办通知20份。实行问责制，对制度执行不严、顶风违纪、乱作为的人和事进行查办，先后对2名科级领导干部和4名职工进行问责。实行查处制，严肃查处影响发展软环境建设的行为，给予行政警告处分1人。全县机关干部作风明显转变，行政效能明显提高，发展环境明显优化。

（二）监督检查进一步强化

加强对县委、县人民政府重大决策部署执行情况的监督检查，督促各职能部门抓好工作落实。一是建立了4个市级、20个县级软环境监测点，围绕全县招商引资、重点工程项目落实情况进行监督检查，对慢作为、服务态度不佳、影响招商引资的7个问题予以调查处理，先后对圭山集镇规划、10个招商分局引资进度慢和4个未按期完成城乡园林绿化及生态建设工作任务共15个单位的责任人适时进行提醒谈话；二是配合有关部门对安全生产、节能减排、土地管理、环境保护等有关法律法规的执行情况进行监督检查；三是加强对集体林权制度改革、城乡园林绿化及生态建设、烤烟收购、征兵、就业安置、招录招生考试等工作的监督检查；四是配合有关部门对失业保险、基本养老保险、城镇居民最低生活保障、奖优免补和医疗保险等专项资金管理使用情况适时进行监督检查，确保各类资金安全、有效使用；五是对软环境建设和部分重点工程建设情况组织开展党风巡查及明查暗访；按县委的要求对去冬今春全县42项在建重点工程项目进行每周一次督查，确保项目顺利推进。

（三）党风廉政建设责任制进一步落实

强化“五项措施”，推进党风廉政建设。推行目标责任制，层层签订责任书，做到点面覆盖、不留死角；推行全面安排制，分解细化目标任务、明确牵头单位和协办单位职责；推行适时提醒制，督促各级班子及成员认真履行“一岗双责”；推行考核奖惩制，把责任制工作纳入县对乡镇、县直单位的综合考核；推行责任追究制，重视结果运用。加强痕迹管理，党风廉政建设“十账一簿”进一步健全完善。

（四）反腐倡廉教育进一步深化

在全县开展了“以法规制度为依据、以加强作风建设为主线、以规范权力运行为重点”的软环境建设专题教育活动。结合纪念党的纪律检查机关恢复重建30周年，在县“廉政文化暨警示教育园地”举办了我县纪检监察工作30年回顾展；举办反腐倡廉论文征集评选活动，共征集论文37篇；举办了以“养浩然正气、育廉政清风”为主题的文艺汇演，全县25个单位共选派32个节目参加演出。开展示范教育和警示教育，组织党员干部到省、市、县警示教育基地观看反腐倡廉成果展及党风廉政电教片。坚持向全县科级领导干部发送廉政短信和公开信，编印《领导干部廉政教育读本》500册。以点带面，突出重点，有力地推动廉政文化“六进”工作。

（五）廉洁自律意识进一步增强

对领导干部分期分批进行廉政谈话，乡科级干部任前廉政谈话71人，集体廉政谈话90人，农村基层干部廉政谈话265人。全面推行领导干部勤政廉政公示制度，全县17个党委、55个县属部门410名科级领导、372名股所级干部按程序和要求进行了勤政廉政公示。严格执行党员领导干部报告个人有关事项制度，375名乡科级领导干部对收入和个人有关事项进行了申报。对领导干部主动清退的3万余元现金和物品及时上缴国库。认真开展清查“小金库”及宕欠公款和规范非税收入工作，清理整改违规开设银行账户21个，清收宕欠公款14万元，清缴入库非税收入12万元，纳入乡镇专户管理非税收入5万元；清理纠正党政机关和事业单位小灵通捆绑使用办公电话199部，办理拆机199部，清退金额2938.78元。

（六）查办案件工作力度进一步加大

全县纪检监察机关受理群众来信、来访、电话举报102件（反映乡科级干部18件），办结100件，办结率为98.04%。初核违纪案件线索19件，党、政纪立案查处9件11人。其中，开除党籍6人，留党察看二年1人，留党察看一年2人，党内严重警告1人，行政警告1人。通过严格执纪，为国家和集体挽回经济损失32万余元，为11名党员干部澄清了举报失实问题，查办案件工作实现了政治、法纪、社会效果的统一。

（七）纠风治乱工作进一步推进

继续巩固治理教育乱收费和公路“三乱”成果。坚决纠正医药购销和医疗服务中的不正之风，整治违法医疗广告4家，开展无证行医专项整治5次，公立医疗机构100%实施药品集中招标采购，采购药品总额1076.97万元，占公立医院用药总金额的85.41%。全面落实减轻农民负担“四项制度”，规范筹资筹劳、农村土地征地补偿费管理，发放粮食综合直补、退耕还林补贴等各种惠农资金2905万元。安全生产、环境保护、食品药品安全、农民工工资、各类保障基金（资金）及救灾救济款物管理使用等涉及群众切身利益的问题进一步得到整治。

（八）源头治理进一步拓展

积极推进经济社会制度创新，全县清理制度2055项，保留1213项，废止274项，修改完善568项；4个市级和23个县级重点创新课题全部完成，47个单位完成内部制度创新92项。按时完成“八个百分之百”责任书签订工作，并通过电视向社会作出公开承诺。继续深化干部人事制度改革，公推公选、公推直选、竞争上岗等工作有序开展。对具有行政审批权的部门进行了“两集中、两到位”改革，实行“一窗式受理、一条龙服务、一站式办结”。完成行政审批电子监察系统建设。全面推行国库集中支付制度。农村集体资金、资产、资源管理制度进一步健全完善，全县82%的村委会实行了村级会计委托代理服务制度。支持审计部门完成7项经济责任审计工作。全县35项重点工程按规定进行了招投标。启动重点建设工程项目评审13项。实施经营性用地招标拍卖挂牌出让19宗。实施政府采购11.22万件，采购金额2686万元，节约资金251万元，综合节约率为8.5%。

（九）队伍建设进一步加强

全面加强纪检监察机关思想、组织、作风和制度建设。加大干部培训力度，对全县纪检监察干部集中进行了3天的业务培训，积极安排干部参加中央、省纪委组织的纪检监察业务培训和市纪委的跟班学习培训。按上级要求，完成纪检监察派出机构统一管理体制改革工作，县纪委监察局增设了干部人事室和纠风室，采取分类归口、集中派出方式，新成立5个纪工委监察分局，负责联系全县78个单位的纪检监察工作。

在充分肯定成绩的同时，我们也清醒地看到，当前党风廉政建设和反腐败斗争形势依然严峻，任务仍然艰巨。部分领导干部对反腐倡廉建设的重要性认识不足，对落实党风廉

政建设责任制措施不力、督促不到位，一手硬一手软的问题仍然存在；一些党员干部作风不实、办事效率低下甚至不作为、乱作为；有的部门和行业职能发挥不充分，制度执行、承诺兑现有差距，一些损害群众利益的不正之风还没有从根本上得到解决；纪检监察队伍履职能力和工作水平有待进一步提高。对此，我们将高度重视，采取有力措施，认真加以解决。

二、2009 年主要工作任务

今年是市委确定的“行政效能提升年”、“干部作风改进年”和县委确定的“项目落实年”，也是深入学习实践科学发展观、加快石林跨越发展的关键一年。全县各级党组织和广大党员要充分认识党风廉政建设和反腐败斗争的长期性、复杂性、艰巨性，坚定不移地把反腐倡廉这项重大政治任务抓紧抓好。要高举中国特色社会主义伟大旗帜，以邓小平理论和“三个代表”重要思想为指导，全面落实科学发展观，深入贯彻党的十七大和十七届三中全会精神，按照十七届中央纪委三次全会、省纪委八届四次全会、市纪委九届四次全会和县委十届五次全会的部署和要求，严格执行党风廉政建设责任制，坚持标本兼治、综合治理、惩防并举、注重预防的方针，以改革创新精神抓好《建立健全惩治和预防腐败体系2008～2012 年工作规划》的落实，加强对“543”倍增计划落实情况的监督检查，着力解决党员干部在党性党风党纪方面存在的突出问题，着力解决执行力不强、作风不实、效率低下等问题，全面优化经济社会发展软环境，以党风廉政建设和反腐败斗争的新成效取信于民，为改革发展稳定提供坚强保证。

（一）抓监督检查，推动跨越发展

要紧紧围绕发展这个第一要务来谋划反腐倡廉工作，着力解决群众反映强烈的热点问题、久治不愈的难点问题、矛盾突出的棘手问题，建立健全维护群众利益的长效机制。坚持把维护党的政治纪律放在首位，深入开展政治纪律教育，促使广大党员干部同党中央和县委在思想、政治、行动上保持高度一致，确保政令畅通。对违反政治纪律的，视情节轻重给予批评教育或组织处理；对造成严重后果的，依纪依法予以惩处。

加强对贯彻落实科学发展观情况的监督检查，会同有关部门重点抓好六项工作：

（1）围绕中央和省、市关于加强宏观调控特别是扩大内需促进经济平稳较快增长各项政策，对去年已开工的 32 个在建项目和 2009 年政府投资 500 万元以上的 30 个项目实施情况加强监督检查，重点检查县委、县人民政府领导交办、批示和县委目督办、县人民政府目督办立项督查任务的完成情况，对落实不力的人和事一律问责。（2）围绕全县 21 个招商分局，计 15 亿元国内省（市）外资金、800 万美元招商引资任务完成情况进行监督检查，年终考核时完成年度计划任务 80%以上（含 80%），100%以下的，给予相关责任人诫勉谈话、取消当年评优评先资格、责令作出书面检查、责令公开道歉、通报批评、调整工作岗位问责处理；完成年度计划任务 60%以上（含 60%），80%以下的，给予相关责任人责令作出书面检查、责令公开道歉、通报批评、调整工作岗位、停职检查、劝其引咎辞职问责处理；完成年度任务 60%以下的，给予相关责任人通报批评、调整工作岗位、停职检查、劝其引咎辞职、责令辞职、免职问责处理。（3）围绕县委、县人民政府的重大决策、重大项目、重点工作和“543”倍增计划落实情况进行监督检查，确保各项工作顺利推进。（4）大力开展对建设工程队伍及质量管理的监督检查，督促有关部门、责任领导、施工单位兑现承诺，切实做到“八个百分之百”，把各个项目建成精品，确保廉政、优质、高效。（5）开展对耕地保护和节约用地政策规定执行情况的监督检查，坚决纠正破坏、浪费、闲置土地资源以及落实耕地保护政策中弄虚作假的问题，严肃处理违反土地承包经营权流转政策的行为。（6）开展对资源节约和环境保护政策措施落实情况的监督检查，严格执行节能减排工作责任制和排放污染物许可证制度，严肃处理违反国家能源管理和环境保护法律法规的行为。

坚持失责必问、有错必究，着力治拖、严肃查推，以最严厉的问责推进县委十届五次全会和县“两会”确定的各项目标任务的实现。

（二）抓作风转变，优化发展环境

干部作风的好坏、办事效率的高低、服务质量的优劣，事关党委政府形象，事关今年各项目标任务的完成。软环境建设只有起点、没有终点，没有最好、只有更好。

按照营造“三最四低”软环境的要求，今年重点抓好五项工作：（1）加大明查暗访力度。紧紧围绕县委、县人民政府的中心工作，围绕群众、企业反映强烈的热点、难点问题，采取实地调查、跟踪走访、模拟办事等方式，通过拍照、录音、录像等手段，定时不定时进行明查暗访。严厉问责行政不作为、慢作为、乱作为的案件；严厉问责有法不依、执法不严、滥用职权的案件；严厉问责有令不行、有禁不止，不按政策法规办事，严重侵害群众利益的案件；严厉问责推诿扯皮、效率低下、失职、渎职，造成较大影响的案件等，该曝光的曝光，该整改的整改，该处理的处理，决不姑息、决不手软。（2）继续深化行政审批制度改革，对取消和调整的项目加强后续监管，坚持行政审批与便民服务相结合，将审批事项、服务承诺、办事时限、项目相关报件纳入电子监察系统，继续抓好领导干部公务电话接听工作，接受社会监督。（3）以服务招商引资、服务项目推进为重点，推行投诉举报查实奖励制、驻地企业季度评议部门制、工作目标季度考核制和招商项目季度观摩制。鼓励广大干部群众、企业家发现和举报一些服务态度差，不作为、慢作为、乱作为的问题；对典型案件，在全县范围内通报，做到查处一个、教育一片、震动一方；对工作落实不力或拖着不办、顶着不办的责任单位和责任人进行查办问责。（4）全面落实《昆明市重要工作推进责任追究实施办法》等制度，将县委办、县人民政府办《关于对 2009 年主要工作目标任务进行分解立项督查的通知》

所列221项工作分解到5个纪工委监察分局进行全程督查督办，严查没有落实的原因，深挖影响落实的症结，打通影响落实的环节，曝光不落实的事项，处理影响落实的人员。(5) 大力实施“工作成果倒逼法”，以首问首办制锁定服务主体，以服务承诺制加强社会监督，以限时办结制提高工作效率，以责任追究制惩诫违纪违规行为，力求执行政策零折扣、部门服务零距离、生产经营零干扰、处理问题零缺位，以优良的作风营造充满活力的发展环境。

（三）抓廉政教育，促进廉洁自律

防治腐败，教育是基础、是关心爱护干部的体现。要完善反腐倡廉宣传教育工作机制，不断丰富教育内容，改进教育方式，创新教育载体。会同组织、宣传、党校等部门，把反腐倡廉教育纳入干部教育培训规划，同干部的培养、选拔、管理、使用结合起来。深入开展廉政文化“六进”活动，继续巩固“廉政文化暨警示教育园地”，推动廉政文化内容、形式和传播手段创新，扩大覆盖面，增强影响力，形成“以廉为荣、以贪为耻”的社会风尚。

认真落实十七届中央纪委三次全会提出的廉洁自律五项要求。(1) 严禁领导干部违反规定收送现金、有价证券、支付凭证和收受干股等行为。(2) 落实领导干部配偶和子女从业、投资入股、到国外定居等规定和有关事项报告登记制度，严禁发生与公共利益冲突的行为。(3) 治理违规组织集资合作建房、超标准建房、在风景名胜或公园区建房等问题；纠正领导干部违反规定发放住房补贴、多占住房、以明显低于市场价格购置住房或以劣换优、以借为名占用住房等问题。(4) 严禁领导干部利用和操纵招商引资项目、资产重组项目，为本人或特定关系人谋取私利。(5) 严禁领导干部相互请托，违反规定为对方特定关系人在就业、投资入股、经商办企业等方面提供便利，谋取不正当利益。把严格执纪与必要的组织处理结合起来，认真解决领导干部廉洁从政方面存在的突出问题，继续规范公务员津贴补贴，纠正超标准超编制配备使用小汽车的问题；从严控制出国（境）团组数量、规模和在境外停留时间；防止党员干部利用婚丧嫁娶等事宜借机敛财。

认真贯彻党内监督条例。加强对民主集中制、民主生活会、述职述廉、诫勉谈话、党员领导干部报告个人有关事项等制度执行情况的监督检查。积极稳妥地推进党政领导干部经济责任审计工作。全面推行领导干部勤政廉政公示制度，把党内监督、人大监督、行政监督、政协监督、群众监督和舆论监督有机结合起来，以强有力的监督，确保权力正确行使。

（四）抓“责任制”落实，提升廉政水平

责任制落实的好坏直接关系党风廉政建设的成败。全县各级领导干部尤其是“一把手”要认真贯彻执行党风廉政建设责任制，切实担负领导责任；班子正职对反腐倡廉建设要做到重要工作亲自部署、重大问题亲自过问、重点环节亲自协调、重要案件亲自督办；班子其他成员要抓好分管部门和单位的反腐倡廉建设。健全完善《党风巡查制度》和《党风廉政建设责任制考核办法》，创新党风巡查工作方式方法，拓展巡查领域，紧紧围绕党风廉政建设中的突出问题，抓住责任分解、责任考核和责任追究三个环节，切实做到责任明确、考核到位，并注重考核结果运用，严肃责任追究。

要把加强乡（镇）、村基层党风廉政建设作为当前和今后一段时期我县反腐倡廉建设的重点，做好以下六项工作：(1) 认真贯彻党的十七届三中全会精神，落实县委办、县人民政府办《关于加强农村基层党风廉政建设的实施意见》，为建设社会主义新农村和深化农村综合改革提供保证。(2) 加强对农村党员干部的教育和监督，着力解决农村少数党员干部作风不实、态度粗暴、办事不公等突出问题。(3) 加强对中央、省、市关于推进农村改革发展重大原则、强农惠农政策，特别是抓住退耕还林补助资金、粮食直补、大型农机具购置、新型农村合作医疗、教育“两免一补”、农村水电路投入资金等落实情况的监督检查，保证资金政策落到实处。(4) 加强对农村集体资金、资产、资源的管理。第三届村级组织换届以来各乡镇涉及未移交手续的村组，年内必须完成移交并纳入对乡镇责任制考核内容；各村组资产、资源必须造册登记并每年公布一次。(5) 完善基层站所管理制度，规范收费行为，强化服务功能，提高工作效率。(6) 完善村务公开，把土地征用补偿及分配、村集体债权债务、村级财务情况等纳入公开范围，组织村“两委”班子成员述职述廉，并进行民主评议。

（五）抓查办案件，严惩违纪违法和执行不力行为

查办违纪违法案件是同腐败分子最直接、最激烈的较量，是纪检监察机关的基本职责。不惩治腐败分子和执行不力的行为，教育没有说服力，制度没有约束力，监督没有制衡力，改革没有推动力，纠风没有保障力，惩治没有威慑力。

今年，查办案件重点抓好三个方面：(1) 在继续严肃查处违反政治纪律、贪污贿赂、权钱交易、商业贿赂、失职渎职、严重侵害群众利益等案件的同时，加大对群众反映强烈的重点领域、重点部门案件的查处力度。(2) 严肃查处在清理执行积案工作和“打黑除恶”专项斗争中，涉及党员干部、国家工作人员违纪违法的行为。(3) 严肃查处影响我县软环境建设、招商引资、项目落地、重点工程建设的案件。注重办案综合效果，既要严惩违纪违法行为，又要狠刹少数党员干部中存在的有令不行、有禁不止的自由主义，狠刹怕得罪人的好人主义，狠刹无中生有、乱告状的个人主义等歪风，旗帜鲜明地支持保护敢想敢干、敢闯敢试、改革创新干事业的党员干部。

要按照“两个必须、三个提高”的要求，切实加大对基层纪委和派出纪工委监察分局查办案件业务指导力度，提高查办案件工作能力。进一步加强查办案件的组织协调，充分调动各方力量、形成办案整体合力。继续做好纪检监察机关与司法机关、行政执法机关及有关行业和监管机构的协调、沟通、合作，发挥职能作用。在制度方面，建立违纪案件线索集体排查制度，定期对违纪案件线索进行筛选和甄别；建立办案工作催办和通报制度，在一定范围内适时通报已查办的案件，以达到警示教育的目的。在硬件方面，重点改善县纪委监察局机关办案工作条件，两年内实现办案笔录电子化和谈话全程录音录像，切实解决办案靠一张嘴、一支笔、一张纸的现象。

（六）抓纠风治乱，维护群众利益

部门和行业不正之风既损害社会和群众利益，又损害部门和行业的声誉，影响到党和政府在人民群众中的形象和威信。

2009年，要会同有关部门着重解决社会关注程度高、群众反映强烈的六个方面突出问题。(1)开展食品药品安全专项整治工作，严肃查处食品药品安全重大事件，落实监管责任，强化责任追究，保证群众饮食用药安全。(2)开展对安全生产法律法规和安全生产责任制执行情况的监督检查，进一步加大责任事故调查处理力度，坚决查处权钱交易行为和失职渎职问题。(3)认真治理征地拆迁中损害群众利益的问题，严肃处理不履行征地审批手续、征地补偿不到位等行为。(4)加强对社保基金、住房公积金、扶贫资金和救灾救济资金的监管，严肃处理违纪违规问题。(5)认真解决生态环境保护中存在的突出问题，重点整治饮用水源地安全隐患、建设环境违法等问题，强化对环境行政审批权、评审权、执法权的监督。(6)切实加强对行业协会、市场中介组织的监管，实行与行政主管部门脱钩，规范其服务和收费行为。

继续巩固治理教育乱收费示范县和治理公路“三乱”工作成果。继续治理医药购销和医疗服务、涉农负担中的突出问题。继续治理公共服务行业侵害群众消费权益等问题。督促各级各部门认真落实中央强农惠农政策，坚决纠正截留、挪用和克扣涉农补贴款等行为。认真查处侵害农民和进城务工人员权益的问题。继续清理规范评比达标表彰活动。继续开展民主评议机关作风工作，进一步完善评议工作机制，扩大评议范围，使评议工作更加客观、公正。

（七）抓制度创新，推进源头治理

制度建设带有根本性、全局性、稳定性和长期性。制度好可以使坏人无法任意横行，制度不好可以使好人无法充分做好事，甚至走向反面。

要协调配合有关部门，加大改革和制度创新力度，把规范权力运行、强化监管惩处结合起来，力争在五个重点领域和关键环节取得新突破。(1)认真治理工程建设领域的突出问题。推行招标投标违法行为记录公告制度，加强对政府性投资工程招标投标的监管，推行重点工程项目评审，切实加强审计监督，既确保项目早日建成、发挥效益，又保证资金安全、干部廉洁。(2)认真治理房地产开发领域的突出问题。加强对规划许可、施工许可、开发建设等环节的监督检查。严肃处理擅自变更规划、提高容积率等违反县规委会决定的问题。(3)认真治理土地管理和矿产资源开发领域的突出问题。完善国有土地使用权招标拍卖挂牌出让制度，严肃处理土地管理违纪违法行为。严格执行采矿权招标拍卖挂牌出让规定，坚决查处圈而不探、以采代探、私下转让、无证开采、廉价转让等违法违规行为。(4)认真治理金融领域的突出问题。加强金融监管协调，维护金融安全。(5)认真治理司法领域的突出问题。积极推进司法公开，规范司法人员自由裁量权行使。加强对诉讼活动的法律监督，提高司法公信力。

继续推进干部人事制度改革，不断扩大公推公选、公推直选和竞争上岗范围，加强对干部选拔任用工作的监督，防止用人失察失误；推进财税、投资体制改革，深化预算透明工作，实行政府性投资项目代建制、公示制；完善政府采购制度，建立统一的电子化政府采购管理交易系统。

进一步巩固清查“小金库”及宕欠公款工作成果，开展治理工作“回头看”，切实加强和规范非税收入管理，积极推进综合配套改革，建立防治“小金库”问题的长效机制。对公务员工资制度改革、津补贴规范后仍然设立“小金库”的，采取严厉的问责方式、组织措施和纪律手段，坚决从严惩处。

（八）抓队伍建设，提高履职能力

纪检监察机关承担着反腐倡廉的重要职责，纪检监察干部自身素质如何，工作做得如何，直接关系到人民群众的根本利益，也关系到党和政府的形象。要继续开展“做党的忠诚卫士、当群众的贴心人”主题实践活动，努力建设一支党性坚强、业务精湛、作风过硬的纪检监察队伍。

今年，重点抓好四项工作：一是在纪检监察系统组织开展学习实践科学发展观主题教育活动。二是积极争取县委、县人民政府支持，在工作量大、任务重的纪工委监察分局逐步配齐配强干部；配备公务用车，改善办案、办公条件；进一步理顺县纪委监察局与纪工委监察分局及各基层纪委、纪工委监察分局与负责及联系单位的关系，明确职责，使其更好地发挥作用。同时，配齐各基层纪委委员。三是建立基层纪委派干部到县纪委监察局跟班学习制度，提高基层纪检监察干部的能力和水平。四是采取“走出去、请进来”的方式加强培训，积极组织纪检监察系统干部参加中央纪委和省纪委组织的各类培训，选派干部到市纪委跟班学习培训；请有关专家到我县对纪检监察干部进行讲座培训。

同志们，反腐倡廉任务光荣而艰巨，纪检监察机关责任重大。让我们紧密团结在以胡锦涛同志为总书记的党中央周围，高举中国特色社会主义伟大旗帜，深入贯彻落实科学发展观，在县委的领导下，与时俱进、开拓创新、扎实工作，努力开创党风廉政建设新局面，为实现“543”倍增计划，加快推进全面建设小康社会作出新的更大贡献！

大事记

2008年大事记

1月

1日，黑龙潭水库东干渠节水改造工程开工。

3日，石林县委召开中心学习组学习研讨会，县五班子领导结合仇和书记讲话精神和自身分管工作实际对2007年的工作进行了总结，对2008年的工作提出了工作思路。

9日，率队参加昆明市党风廉政建设责任制考核测评的昆明市副市长、市公安局局长杜敏，调研石林县的城建工作。

同日，江苏双沟酒业股份有限公司董事长赵凤琦一行3人到石林观光。

10日，石林县召开第一次污染源普查工作会议，标志着石林县第一次污染源普查工作全面启动。

11日，昆明市防治艾滋病委员会考核组对石林县2007年防艾工作进行检查考核。

同日，昆明警备区司令员白家保、政委张朝凤等领导率领部分干部战士来到长湖，参加昆明警备区首长与石林县五班子领导的联欢活动。

同日，石林县在劳动力市场举行2008年首批外出务工人员欢送仪式，由此拉开了石林县2008年再就业“春风行动”序幕。

12日，联合国教科文组织世界遗产中心项目官员景峰，国际古迹遗址理事会副主席、国家文物局文物保护司巡视员郭旃一行5人考察石林风景名胜区和游人服务管理体系。

13日，石林县在长湖镇、西街口镇试点工作取得阶段性成效的基础上，召开会议全面启动全县集体林权制度改革。

14日，菲律宾众议长德贝西亚一行29人，在省、市、县有关领导陪同下到石林观光。

同日，石林县召开集体林权制度改革全面启动工作会。

14～15日，由昆明市纪委副书记王光明任组长、昆明市委组织部干部调配处处长容国玲任副组长的昆明市考评组，对石林县2007年度综合目标完成情况进行考核。

17日，昆明市委常委、副市长王晓光一行到石林县调研。

18日，在大地保险公司昆明分公司石林营销服务部开业之际，大地保险公司昆明分公司经理朱培清将石林营销服务部原来准备用来开业的10000元经费，捐赠给石林县大可乡中龙完小。

19日，石林县委宣传部、文体局、科技局、卫生局、公安局等20余家县直单位领导干部及群众500余人齐聚双龙广场，举行隆重的文化、科技、卫生三下乡活动启动仪式，拉开了2008年度“三下乡”活动帷幕。

20日，云南省林业厅副厅长张林冲调研集体林权制度改革和核桃产业建设。

21日，石林县召开清查预算单位“小金库”及宕欠公款和规范非税收入管理工作会，安排部署清查“小金库”和宕欠公款等工作事宜。

21日下午，参加中国人民政治协商会议石林县第八届委员会一次会议的政协委员在办理了报到手续后，举行了委员培训，原昆明市政协副主席、统战部部长张中宁对参加政协会议的委员进行了题为《怎样当好政协委员》的培训。

22日上午，石林县政协八届一次会议开幕。1月25日，石林县政协八届一次会议胜利闭幕。

23日上午，石林县十五届人大一次会议隆重开幕。1月26日，石林县十五届人大一次会议胜利闭幕。

23日，中国太平洋人寿保险股份有限公司江苏省公司总经理张东一行考察石林。

25日，全省首个风景名胜区导游协会在石林风景名胜区正式成立，166名石林阿诗玛、阿黑哥导游成为首批会员。

同日，石林县召开2008年春节企业家座谈会。

26日，江苏省昆山市人民政府副市长周铸一行到石林观光。

28日上午，石林县组织各机关企事业单位及各乡镇3000多名干部职工，集中收听收看市委九届四次全会实况转播。

30日，中国、印度双方旅游界高层人士在参加完昆明举行的“2007中印友好年”闭幕式之后到石林考察。

31日，中共石林县委召开十届四次全体（扩大）会议。

本月，石林县及县属石林镇被云南省和昆明市分别列为政府信息公开网站公共平台应用试点县和试点乡（镇）。

本月，石林县被列为农业部动物检疫监督建设项目县。

2月

1日，石林县红十字会“2008年博爱送万家”活动正式启动。本次活动的主题是“关注贫病人群维护生命与健康，消除麻风病歧视共建和谐社会”。

2日，由外交部礼宾司副处长汪杰带队的考察组到石林景区进行工作考察。

同日，石林县财政投资评审工作正式启动。评审的第一个项目是石林中路扩建工程，评审工作由石林县财政局委托云南云岭工程造价咨询事务所有限公司进行。

7日（正月初一），石林县举行2008年春节文艺展演活动。糯黑、长湖、上蒲草、老挖、月湖、舍色、长湖青山等七支民间业余文艺演出团队及黄志明、昂美仙、毕有和等3位石林土生土长的彝族民间歌手，为广大群众表演了25个原生态民族歌舞。

同日晚上，在阿黑组合的《石林天下最有名》歌声中，石林县2008年春节歌手大联欢晚会在县城双龙广场拉开了序幕，阿黑组合、美伊花组合、彝家三连音组合、尼玛组合、撒尼兄弟组合、街舞组合、黑石头组合等纷纷登台表演。

8日（正月初二），石林气温骤降，但凛冽的寒风阻挡不了山歌爱好者的兴致，来自全县的近百名山歌爱好者在县城双龙广场上，为广大群众献上了一台你方唱罢我登场的彝、汉语山歌对唱比赛。

13～14日，受凝冻灾害影响，为石林县提供主供电源的220千伏宜良青山变电站与系统6条联络线中的4条结冰受损，先后退出运行，剩余2条线路有1条出现跳闸，石林电网进入紧急状态。石林县临时转由滇东电网的陆良、红河电网的弥勒二地输电。2月底石林电网紧急情况逐步解除。

15日，石林县成立经济社会发展软环境建设工作领导小组，领导小组下设办公室在县纪委、县监察局，全面负责全县软环境建设的组织协调工作。全县各级各部门也相应成立了软环境建设领导小组和办公室。

15日起的一月内，石林县13000多头能繁母猪参加了中国财产保险公司石林支公司承办的保险。此次由中国财产保险公司石林支公司承办的能繁母猪保险业务中，一头母猪每年的保险费为60元，其中48元由中央、省、市、县财政承担，12元由养殖户承担。

16日，石林县举行新农村建设工作队总结表彰暨第二批指导员欢送仪式。来自省、市、县、乡镇各条战线的88位2008年新农村建设指导员正式分赴全县88个村委会开展工作。

17日，中央党校副校长孙云庆在省委党校副校长曾柏苓的陪同下到石林县委党校进行工作调研。

19日上午，由石林商联投资集团主办的2008迎奥运商联杯篮球邀请赛在石林县体育场鸣笛开赛。此次篮球邀请赛共邀请了石林县政府大院、石林县公安局、石林万家欢集团、石林县工商局、石林县国税局等15支代表队，参赛运动员、裁判员共240多人。

19日下午，2008年云南省摔跤比赛暨第六届城市运动会预赛组委会会议在石林召开。

20～23日，2008年云南省摔跤比赛暨云南省第六届城市运动会摔跤预赛在石林举行。石林县代表队获得云南省摔跤比赛古典式团体第一名、男子自由式团体第三名。

21日，中共石林县纪委十届三次全体（扩大）会议召开。

22日，石林县与云南烟草兴云投资股份有限公司签订石林旅游服务区（中区）项目、石林生态民族体育场项目投资协议，两个项目预计总投资30亿元。

27日，石林县召开社会经济发展软环境建设暨招商引资工作动员大会，会上宣布了21个招商分局组成方案，下达了年度招商引资任务，签订了招商引资目标责任书。

28日，石林县召开四级干部大会。

2月26日至3月3日，由昆明市、石林县发改部门组成的联合调查组，对石林县9个部门32个有收费行为的单位进行收费检查。

3月

1日，石林县委宣传部、县委党校、县民局联合在县委党校举办“石林彝文电脑输入法培训班”。来自各乡（镇）、县直有关单位和部分文化企业的50余名学员参加了首期石林彝文电脑字库和输入法软件平台操作培训。

5～7日，石林县委组织部、县发改局等部门组织全县210名干部举行业务培训。会议邀请了昆明市投资促进局、呈贡新城管委会经济发展局领导及招商能人进行专业知识讲座和经验交流，石林县工商、土地、税务等部门负责人介绍相关的行政审批事项。

6日上午，石林县广大妇女隆重聚会，举行“三八”国际劳动妇女节98周年纪念表彰大会暨石林妇女2008迎奥运长跑活动。

7日，石林县召开政府信息公开工作会，安排部署全县政府信息公开试点工作。

8日，云南省烟草专卖局组织有关专家，对国家烟草专卖局批准立项的“石林县国家级烟叶标准化生产示范区”项目实施方案进行论证，此举标志着石林县国家级烟叶标准化生产示范区开始建设。

同日，石林供电公司95598客户服务中心在东城区建成投入运营，就近服务县城及周边2.7万客户，同时为全县7万电力客户提供24小时报修服务。

9日，中央直属机关工委调研组一行18人到石林景区考察。

同日，青海省西宁市市委书记王建军一行7人考察团到石林参观考察。

12日，石林县隆重纪念圭山起义60周年。39位60年前参加圭山起义的老干部欢聚一堂，共同追忆圭山起义60年来的峥嵘岁月。

13日，昆明市教育公益事业促进会会长江风一行5人到石林县举行扶贫助学签字仪式。

14日，经机构编制部门批复，成立“石林彝族自治县地方统计调查队”。

15日，在公证部门的监督下，石林县工商、烟草、公安部门联合销毁了假冒伪劣卷烟182.37件共9118.5条，价值31.61万元。

18日，石林县产业办特别邀请了新西兰云南鲜果公司总经理路易斯·戴戈，专门就当前国际甜柿市场的供求状况、发展前景和果品质量要求作专题讲座。

同日，云南省总工会副主席杨文学到石林县调研工会工作。

20日，石林县召开城镇居民基本医疗保险扩面工作促进会。

24日至4月12日，中国人口福利基金会到石林县为女职工进行免费体检，体检涉及80余家单位1260人。

25日，石林县教育发展协会在石林镇正式成立。

26日，云南省民委副主任马春到圭山镇大糯黑村检查国际人类学民族学考察点建设工作。

同日，昆明市“首席英语高级教师赵磊工作室”一行20人受邀到石林县，为高中英语教师及高三学生作高考复习备考的专题报告。

27日，泰国幻多奇（大众）有限公司董事长邱小平一行，在昆明市旅游局局长黄晓峰陪同下，就该公司到石林投资建设事宜到大小石林主景区、游客中心、乃古石林景区、撒尼古城建设工地区域进行考察，并对投资合作项目的相关问题作了交流会谈。

28日，由中华民族文化促进会、节庆中华协作体、青岛市人民政府共同主办的首届“节庆中华奖”颁奖典礼暨节庆中华协作体年会在美丽的海滨城市山东青岛隆重举行。中国石林国际火把节在此次颁奖典礼上荣获首届“节庆中华奖”最佳狂欢气氛奖，获此奖项的还有凉山彝族火把节和云南西双版纳傣族泼水节。

30日，著名彝族作曲家高映华作品音乐会在石林县举行。

同日，广西壮族自治区南宁市委副书记、市长陈向群率领南宁市政府考察团一行10余人到石林参观考察。

31日，石林县教育局邀请云南省首席心理咨询专家、省心理学会常务理事、云南师范大学教授赵建新教授为全县1000多名考生开《高三学生的心理辅导》专题讲座，指导师生全力备战2008年高考。

4月

1日，昆明市政府第八督查组到石林检查督导城乡园林绿化及生态建设工作。

2日，昆明市委常委、副市长杨宁视察昆石路景观林建设。

4日，联合国开发计划署驻华代表马和励一行到石林县长湖镇阿着底村考察彝族撒尼刺绣。

8日，云南省珠江上游水土保持战略研究课题调研会在石林大酒店召开。

同日，石林县组织全县公务员进行行政负责人问责办法、服务承诺制、首问责任制、限时办结制等四项制度的统一闭卷考试，考试合格率达100%。

10日，昆明市委常委、市纪委书记应永生到石林作软环境建设专题讲座。

同日，昆明市政协副主席傅汝林到石林县指导集体林权制度改革工作。

同日，石林县纪委组织副县级以上领导干部参观位于云南省第二监狱的省警示教育基地。

同日，石林中路沿线给水工程通水。

11日，石林县金果枇杷产业技术协会在大可乡成立。

11～12日，联合国教科文组织北京办事处文化项目官员卡贝丝、文化项目助理卢叶到石林进行考察，先后参观考察了游客中心、数字管理中心、黑松岩景区、石林景区等。

12日，来自英国Robert Pattinson语言学校的4位教师参观了西街口镇中心学校中学部校园，了解校园文化建设和“农科教”结合的办学模式，并与部分师生交流了教学、管理情况。

同日，昆明教育公益事业促进会“名师讲学团”到圭山镇中心学校授课。

15日上午9时，石林县生态工业集中区第一条工业大道正式破土动工，此举标志着生态工业集中区基础设施建设全面启动。

17日，昆明市2008年烤烟整地理墒现场会在石林召开，昆明市委常委、副市长杨宁参加了现场会。

同日，昆明市中级人民法院院长杨玉兰应邀到石林作软环境建设专题讲座。

17～19日，石林县举行为期三天的“解放思想、跨越发展、富民强县”演讲比赛。颁奖仪式上，共青团昆明市委书记罗永斌等领导为获奖选手及单位颁奖。

18日，由石林兴隆交通旅游集团投资建设的昆明市东部汽车客运站举行开工奠基仪式。

同日，石林县供销社开出3笔共计8708元财政授权支付资金通知，代理银行当日实施支付并与县人民银行成功进行了资金清算，标志着石林县财政国库集中支付改革试点正式运行。

19日，石林县在双龙广场举行公捕公判大会。

20日，由云南圆通投资有限公司与泰国普吉幻多奇（大众）有限公司共同投资的“石林幻多奇”建设项目正式落户石林。昆明市委副书记、市长张祖林，副市长廖晓姗，泰国普吉幻多奇（大众）有限公司董事长乌龙等出席签约仪式。

22日，云南省工商局局长纳宗会率省、市工作组到石林县调研工商工作。

同日，昆明市政协副主席陆玉珍、汪叶菊和部分市政协委员到石林县视察广播电视“村村通”工作进展情况，

23日，昆明市大春粮食春耕生产现场会在石林县召开。

24日，石林县与美国联合投资公司、著名作曲家王黎光签订协议，共同投资1亿元打造《黎光传说系列文化品牌》之大型原生态民族歌舞音乐剧《阿诗玛》。

25日起，每逢周五、周六晚上，石林县的人民群众都可以在双龙广场、莲花池广场、县城入城广场免费享受到丰富多彩的视听盛宴——数字电影。

25～27日，云南西点文化学校名誉校长李永顺、校长丁丽清，组织昆明市名师工作室部分首席教师，重点中学特级、高级教师，对石林县高三年级师生进行高考备考专题复习义务辅导。

26日，石林县城市建筑风貌改造二期工程开工建设。

27日，石林教育投资开发有限公司挂牌成立。

28日，经国务院批准，石林县图书馆藏清抄本《指路经》入选第一批《国家珍贵古籍名录》（编号02355）。

同日，石林镇、长湖镇被国家环境保护部命名为第七批“全国环境优美乡镇”。

同日，参加“全国玉米高产创建活动现场会暨工作交流会”的农业部领导及各省农业专家一行200余人，到石林县指导玉米高产创建活动实施情况。

同日，石林景区阿诗玛导游组荣获全国妇联等单位联合命名表彰的“全国巾帼文明岗”称号。

29日，北京全脑教育科技中心讲师团专家受邀到石林县举办教育部全国教育科学“十一五”规划课题——《100分策略》公益讲座活动。

30日，石林县创建省级灭蟑螂先进县城通过省级考核验收。

同日，石林县县级党政机关办公用房搬迁建设项目开工建设。

同日起，全县所有行政审批项目在便民服务中心集中办理。

5月

1日，石林县邀请新西兰云南鲜果公司总经理路易斯·戴戈、美国派拉蒙出口有限公司副总裁费雷尔·休斯和果树专家爱德·普维斯，为60户水果种植户作甜柿栽培管理专题讲座。

3日，昆明教育公益事业促进会名师讲学团受邀到石林县对全县180多名九年级教师进行了中考复习指导。

4日，昆明市人大常委、市政协委员、著名画家吴学文先生将精心创作的10米国画长卷《石林风光》捐赠给石林县。同时，吴学文先生还向石林县民族中学、石林县民族小学捐赠20000元助学基金。

6日，来自全县教育系统的36支舞蹈队在石林县民族中学礼堂用活力四射的舞蹈激情演绎“五四”精神，迎接北京奥运会。

8日，昆明市“希望影院”大型公益项目在长湖镇马帮茶道明星青联国立希望小学启动。石林县有5所小学受益。

9日，48户“双困家庭”领到廉租房钥匙，成为石林县第二批廉租住房用户。

12日，《石林彝族自治县2008年招商引资工作实绩考核奖惩办法》出台。

13日，云南省民委主任王承才到圭山镇大糯黑村调研民族工作。

16日上午，石林县委、县人民政府在县城双龙广场举行石林县抗震救灾献爱心捐款仪式，现场收到捐款679387.60元。

同日，鹿阜镇阿乌村现代农业烟草示范区烤房建设启动。

同日，《石林县行政审批电子监察系统》方案设计完成。

同日，石林林安机动车驾驶员培训站成功拍卖，中标方为昆明凯顺达驾校，成交金额70万元，拍卖所得全部上缴国库。

19日，下午2点28分，石林县干部群众按照国务院的部署，防空警报鸣响、汽车鸣笛，志哀3分钟，以此开展全国哀悼日活动。

19～20日，石林县组织相关部门领导到安宁、官渡考察学习城乡一体化建设。

20日，昆明市委常委、宣传部部长张红苹等市领导对石林县贯彻落实市组织工作会议和解放思想、深化改革、扩大开放、科学发展大讨论动员会议的情况进行督查。

21日，石林县城乡园林绿化及生态建设指挥部、县绿化委员会在昆石高速公路半截河收费站片区面山举行了以“喜迎奥运圣火，共建绿色石林”为主题的全县城乡园林绿化及生态建设2008年义务植树启动仪式。

22日，石林县20辆“爱心”货车悬挂“云南交通抗震救灾”标志，启程赴四川灾区支援抗震救灾工作。6月1日，完成任务后安全返回。

22日，来自四川地震灾区的108名伤员到石林天奇医院接受治疗。

23日，昆明市人大常委会主任李培山，昆明市人大常委会副主任、昆明市总工会主席杨丽到石林天奇医院看望四川地震灾区108名伤员。

28日，昆明市城镇居民基本医疗保险专项督查组到石林县检查指导工作。

同日，中国水电顾问集团昆明勘测设计研究院与石林县政府签定意向性合作协议，投资约9000万元建设改造石林城市供水项目。

30日，石林县政府采购办公室委托昆明市市级机关事务管理局政府采购办公室，对石林县机关事业单位公务车辆定点维修采购项目以竞争性谈判方式进行招标。

6月

4日，由石林县与云南艺术学院联合举办的“创意石林”综合设计作品展在云南省科技馆隆重开幕。开幕式后，石林县与云南艺术学院联合召开了“创意石林”高层研讨会。

6日，在2008年昆交会招商引资项目签约会上，石林县政府签订了4个项目投资协议（昆明大型太阳能光伏发电试验电站项目、中国云南“东方侏罗纪主题公园”项目、广东温氏饲料加工及禽类养殖项目、石林县城市供水合作项目），项目协议投资为内资38.45亿元、外资7亿美元。

9日，北京2008奥运火炬从广西传递到云南（抵达石林火车站后经公路运至昆明），云南省奥运火炬传递首站在昆明世博园举行起跑仪式，罗永斌、毕红荣、毕红明、毕惠仙4名石林籍奥运火炬手参加了昆明站传递活动。

11日，石林风景名胜区被云南省委、省人民政府命名为“云南省文明风景旅游区”，当天在景区门口举行了授牌仪式。

12日，石林县消费者协会在全县92个村（居）委会挂牌成立112个“一会两站”（消费者协会、“12315”投诉举报站及工作联络站）。

14日，国务院公布第二批国家级非物质文化遗产名录和第一批国家级非物质文化遗产扩展项目名录，石林县申报的《彝族三弦舞》和《彝族（撒尼）刺绣》被列为国家第二批非物质文化遗产名录。

同日，石林县非物质文化遗产保护中心正式挂牌成立，省级传统文化保护区——糯黑彝族传统文化保护区举行授牌仪式，标志着石林县非物质文化遗产保护工作上了一个新台阶。

16日，石林县5000余名干部群众在各单位的统一组织下，收听收看“抗震救灾英模事迹报告团云南报告会”。

18日，云南电网公司副总经理于培双、云南省农电局副局长杨子林到石林县调研检查供电服务工作。

同日，石林县被农业部列为全国农村土地承包纠纷仲裁试点县。

23日，云南省工商局局长纳宗会、副局长赵健，昆明市工商局局长王爰中、副局长常晋云到石林县调研。

25日，石林县法院审判大楼落成投入使用。

26日，云南、贵州、广西三省（区）十七个县（市、区）第六届政协联谊研讨会在石林县隆重召开。昆明市政协副主席杨品才、市政协副秘书长王家志及来自三省（区）十七个县（区、市）的政协领导共120余人参加了研讨会。

同日，云南省建设厅厅长罗应光带领省建设厅风景名胜区管理处、建设处等部门负责人，专程到石林调研景区建设与管理、城市基础设施建设和重大项目推进等情况。

28日，缅甸国家公务员选拔与培训委员会主席丹纽博士一行到世界自然遗产地石林参观考察。

30日，石林县成立地震宏观信息联络员队伍。

7月

1日，石林县召开中国共产党成立87周年大会。

同日，新修订的《昆明市石林风景名胜区保护条例》施行。

3日，中共云南省委常委、市委书记仇和率昆明市城乡园林绿化及生态建设工作现场会参会人员到石林观摩城乡园林绿化及生态建设。

4日，云南省首届新农村文艺汇演启动仪式在石林县火把广场举行，来自全省16个地州市的宣传、文化部门领导出席启动仪式，云南省委常委、省委宣传部部长张田欣，昆明市委常委、市委宣传部部长张红苹出席启动仪式。

5日，圭山镇亩竹箐村委会更名为“蝴蝶村委会”，并举行了授牌授印仪式。

7日，由云南巨鹏天然气投资有限公司投资1.2亿元的液化天然气管网建设项目落户石林。

10日上午，石林县举行2008年教育系统招聘小学教师笔试，来自全国各地符合条件的320名报名人员参加了统一考试。

11日，参加云南农业大学举办的GEF研究项目学术交流暨培训会的专家和学员到路美邑镇北山村，对农田作物遗传多样性控制病虫害进行实地模拟调查。

14日，由中国政坛备受关注的改革创新派人物、中国市场经济研究会执行副会长、北京大学公共管理学院兼职教授、山西省改革创新研究会会长吕日周带队的“加强党的领导，推动科学发展观”调研组到石林调研县域经济发展。

16日，著名作曲家、北京电影学院党委副书记王黎光到圭山镇大糯黑村进行考察采风。

16日起，由省妇联组织的地震灾区儿童“七彩云南献爱心夏令营”活动，分批到石林参观游览。

16～20日，石林县组队参加昆明国际民族民间工艺品博览会。

17日，由昆明市殡葬改革工作督查组到石林检查调研殡葬改革工作。

22日，由省发改委副主任兼能源局局长马晓佳主持的石林大型光伏并网试验示范电站项目现场协调会在石林县召开。

23日，中共昆明市委常委、市委统战部部长金志伟到石林县调研统战工作。

同日，昆明市安监局长工作会在石林召开。

同日，昆明市人才协会会员、市第三人民医院院长王忠平等知名医学专家到石林县开展“科技之光”服务活动，向县卫生系统各级医务人员、防保专干、乡村医生、个体诊所执业医师及部分干部群众传授传染病健康防治知识，并设立义诊点，为当天赶街的群众送医送药。

25日，在2008年中国石林国际火把狂欢节项目推介暨签约仪式上，石林县与国内外企业签下11个招商引资项目协议，协议总投资内资76.69亿元、外资150万美元。

26日，2008中国石林国际火把狂欢节开幕。云南省人大副主任江巴吉才，昆明市政协主席田云翔，市委常委、常务副市长李文荣，市人大副主任田翎，市政协常务副主席张建伟等省、市领导和石林县五班子领导参加开幕式。开幕式后举行了中国石林首届牛王争霸赛，云南卫视进行了现场直播。

27日，中国旅游报陈志学社长带领参加2008年《中国旅游报》发行工作会议的代表一行40人到石林参观考察。

同日，原中共石林县委书记、现中共西山区委书记柳文炜率西山区四班子领导及各委办局领导到石林考察旅游业发展和城乡园林绿化及生态建设。

28日，石林县召开中小学校长、副校长公选动员大会，此举标志着石林县教育系统人事改革进入实质性阶段。

29日，“昆明市道德模范巡回宣讲”报告会到石林宣讲。

同日，北召公路西街口至召夸段路面改造工程竣工通车。

31日，原财政部部长项怀诚及中国财经报社社长孙国府、云南省财政厅厅长陈秋生等一行9人到石林考察。

7月2日以来，石林县组织两期107名乡科级干部到江苏南京、常州、南通、苏州等地学习考察城乡规划管理、现代工农业发展经验。

本月，中央财政416.3万元燃油补贴直补石林公交，全县464辆出租车、农村客运和城市公交车辆直接受益。

8月

1日，石林县200多名实职正科以上干部聆听昆明陆军学院政治理论教研室主任胡建刚教授作的《全球化时代之国家安全与非战争军事行动》专题讲座，接受国防教育，纪念中国人民解放军建军81周年。

同日，石林县纪委在县廉政文化暨警示教育园地举办纪念党的各级纪律检查机关恢复重建30周年回顾展。

3日，为期3天的第十届"飞向北京，飞向太空"全国青少年航空航天模型总决赛在石林圆满落幕，来自全国各地的32支代表队近500名小选手在风景秀丽的石林景区展开角逐，共决出金牌108枚、银牌96枚和铜牌81枚。东道主石林代表队成绩斐然，8名青少年选手共夺得2金1银1铜，获7个一等奖，1个二等奖。

同日，石林县公安局建立全市首家公安系统外语人才信息库，20名外国语和特殊少数民族语言人才成为石林县公安局首批兼职翻译，此举标志着全市公安系统首家外语人才信息库在石林正式建立，标志着石林县公安局境外人员管理和涉外警务水平上了一个新台阶。

4日，广西壮族自治区鹿寨县创卫考察团到石林考察"国家卫生县城"创建工作。

5日，昆明市2008年现代烟草农业试点暨烟叶收购现场会在石林召开。昆明市人大副主任张显忠、副市长李喜、市政协副主席傅汝林、红云集团副总裁马子肖等领导到会指导工作。

同日，西山区考察团到石林县考察河道治理绿化工作。

7日，美国键华社捐资5000美元冠名建盖板桥镇茹彬诺·玛丽安键华图书馆。

8日，历时4天的2008年昆明市中学生拳击比赛落下帷幕，石林县大可乡中心学校拳击队以团体总分第一名的成绩，蝉联昆明市中学生拳击比赛团体冠军。

9日，美国纽约市政府高级主任陈昕女士在昆明市台办有关领导的陪同下，到石林参观考察。

11～12日，受中央文明委、国家建设部、国家旅游局委托，由云南省文明办创建处处长邓美英为组长、云南省旅游局机关党委专职副书记修宪明为副组长的全国文明风景旅游区考评组对符合全国文明风景旅游区申报条件的石林风景名胜区创建工作进行全方位考评。

14日，云南省人民政府公布石林县为"省级园林县城"。

同日，中央人民广播电台、云南省委《支部生活》编辑部、云南省林改办调研石林县集体林权制度改革工作。

15日，昆明市住房公积金支取会议在石林召开。

18日，石林县积极响应市委、市政府的号召，召开"四全"工作动员大会，向全县上下发出全面截污、全面禁养、全面绿化和全面整治的工作动员令。

同日，昆明市人口计生委主任杨文惠到石林调研工作。

同日，昆明市防震减灾局副局长夏平成到石林县作《地震灾害应急与预防》培训。

同日，石林县47名符合安置条件的下岗失业人员，通过自愿报名、资格审查、双向选择等公开、公正的方式，与聘用单位正式签订了为期一年的劳动合同，走上了政府出资购买的公益性岗位。

19日，昆明市人大常委会副主任夏静带领部分市人大常委会委员、市人大代表及市民宗局、财政局等部门领导到石林，就石林县对昆明市民族机动金、少数民族发展资金、散杂居少数民族资金到位和使用情况进行视察。

20日，投资15亿元的石林狂欢之都——"四中心两店"项目正式开工建设。云南省委常委、市委书记仇和，昆明市委副书记、市长张祖林，省旅游局局长喻顶成，市委副书记杨远翔，市人大主任李培山，市政协主席田云翔，市委常委、市委秘书长黄云波，副市长廖晓珊等省、市领导和市旅游局局长黄俊峰等参加了当天举行的开工典礼。

同日，昆明市政府副市长李喜带领市农业局、林业局、水利局、市台办等部门领导，到石林考察调研台湾农民创业园选址等工作。

21日，昆明市文联工作发展研讨会暨第二届秘书长培训班在风景秀丽、民族风情浓郁的石林县阿着底村拉开帷幕。

22日，石林县委、县政府邀请云南大学发展研究院院长、教授、博士生导师、省政协经济委员会副主任、全国政协委员杨先明教授，云南省财政厅科研所所长、高级讲师李保春所长以及昆明市委政策研究室、市政府政策研究室、市发改委、市经委、市财政局、市旅游局、市统计局、市规划设计院等省、市有关方面的专家和有关部门领导齐聚石林，为石林县石林"543"倍增计划出谋划策。

23日，石林县举办首个警营开放日，让警务走向群众，让群众贴近警察。

25日，石林县人大、政协组织部分人大代表、政协委员、民间人士和鹿阜旧城辖区内的社区负责人，对《鹿阜旧城改造及修建性详细规划》进行进一步讨论并提出修改性意见。

同日，县委党校搬迁新建工作正式启动。

26日，由昆明市委统战部和石林县委统战部牵头邀请，中央党校民营MBA研究生班的50余名民营企业家专程到石林进行投资考察。

同日，石林县第一批农村标准化学校建设项目——鹿阜镇紫玉小学标准化学校建设项目，通过市级验收组的验收。

27日，石林县邀请省经合办、市委办公厅、市政府办公厅、市投资促进局、市35个招商分局领导及外地驻昆商会负责人共计160余人，参加石林县招商引资项目推介会。

28日，石林县近200名干部聆听了市总工会报告团关于时代先锋杨丽的先进事迹专题报告。

29日，昆明旅游咨询服务中心石林分中心"爱心助你上大学"捐助仪式上，石林旅游服务中心5万元资助贫困学子上大学。

9月

1日，石林县县级领导在乃古石林景区附近植下50余亩、3000余株“县级领导样板林”。

同日，石林县工商局停止征收个体工商户管理费和集贸市场管理费。

2日，由江苏省宿迁市政府副市长田洪带队的宿迁市政府考察团一行26人到石林考察生态农业建设。

3日，昆明市委常委、组织部部长郭红波深入石林县，就部分提前退休干部反映的待遇问题、“边纵”成员要求享受经济补助等问题进行“零距离”接访。

3~7日，石林县组织18家县级以上企业参加第四届昆明国际农业博览会，参评的8个农产品1个被评为金奖、5个被评为银奖、2个被评为优质奖。

5日，石林县召开实施“543”倍增计划动员大会，明确了实现县城建成区人口5年倍增、GDP总量4年倍增、地方一般预算性收入3年倍增的工作思路、目标任务和具体措施，对全县各级各部门提出完成“543”倍增计划的具体要求。

5~6日，弥勒县考察团到石林考察生态乡镇、环境优美乡镇创建工作。

6日，云南省农业厅组织省、市有关专家对石林县全国玉米高产创建示范区进行测产验收。根据农业部粮食高产创建测产验收办法，石林县百亩核心区实测单产842.28千克，千亩展示区784.25千克，万亩示范区679.58千克，均超过了高产创建指标，一致同意通过测产验收。

8日，石林县防汛指挥部联合昆明市防汛指挥部在团结水库开展防汛抢险演练。

9日，石林禾泽蔬菜速冻加工厂建成投产。该厂年加工能力预计达5万吨，是石林县建成的首个蔬菜速冻加工厂，也是云南省目前蔬菜速冻加工能力最强的企业。

同日，中纪委党风室综合处处长谌奇一行到石林调研党风廉政建设责任制落实情况。

同日，《石林生态工业集中区总体规划修编暨可研报告》通过市经委组织的专家组初评审，此举将为石林生态工业集中区由市级工业园区升格提档为省级工业园区打下坚实的基础。

10日，石林县隆重庆祝第24个教师节。

同日，云南省发改委调研石林县电力改革成果。

同日，昆明市人大常委会副主任王俊斌一行到石林县调研督查《中华人民共和国老年人权益保障法》、《云南省老年人权益保障条例》和《昆明市保护老年人合法权益条例》贯彻落实情况。

同日，由石林天景旅游文化产业开发有限公司实施的阿诗玛风情街开工。

11~12日，昆明市财政综合工作会议在石林会议中心举行。

12日，由昆明市政府研究室副调研员鲁自明为组长，市委、市政府政策研究室有关人员组成的市调研组一行，对石林县制定的“543倍增计划”行动方案进行调研和审查论证。

16日，石林县残疾人运动员何称恩在北京残奥会男子T36级800米决赛中获得银牌。

同日，省、市经委对石林县重点扶持企业进行调研。

17日，石林县鹿阜旧城改造及修建性详细规划专家评审会在县建设局会议室召开，并通过专家组评审。

同日，在石林县劳动就业部门组织的“2008年高校毕业生专场招聘会”上，来自石林县内外的10家企业提供了185个就业岗位供前来应聘的高校毕业生选择，120名大学生找到了中意的工作岗位。

同日，石林县举办计划生育优质服务工作培训班。国家人口计生委计划生育优质服务专家指导组专家、中国/联合国人口基金生殖健康/计划生育项目专家、昆明医学院健康研究所研究员、云南省健康与发展研究会理事熊源发就计划生育优质服务的理论与实践进行了讲座。

18日，鹿阜镇举行党委政法委员会成立仪式，在全县率先成立党委政法委员会。

18~19日，由昆明市文化馆、石林县纪委监察局、县委目督办、县政府目督办、县财政局、县审计局、县发改局、县文体局、县广播电视局等9个委办局组成联合验收小组，对2008年石林县政府十件实事之一的第一批15家村委会文化室进行检查验收。

20日，石林县组织1700余名干部群众和学生齐聚双龙广场，隆重举行2008年“全国科普日”活动启动仪式。

同日，石林县在鹿阜镇南门社区召开被征地人员基本养老保险工作现场会。

23日，石林县召开城市规划区1∶500数字化地形测绘成果验收会，并通过验收。

25~26日，昆明市公益家长学校讲师团受邀到石林县大可乡、板桥镇、石林镇开展巡回讲座。

27日，中国彝族第一村三套样板房开工建设，此举标志着酝酿已久的石林中国彝族第一村建设（五棵树村搬迁）工程全面启动。

同日，石林供电有限责任公司资产划转移交云南电网公司签字仪式在石林举行。自此，由石林县政府持有49%股权的石林供电有限责任公司正式划转给云南电网公司，重组为云南电网公司的全资子公司。

同日，石林县召开纪检监察派出机构实行统一管理体制改革动员会，传达县委、县人民政府《关于对纪检监察派出机构实行统一管理体制改革的实施方案》。

28日，在石林县旧城改造中，施工人员在原路南州府衙门遗址上挖掘出一块古碑，其内容记载了关于诉讼官司的收费及多收、乱收的处罚条款。这块古碑的发掘，展示了石林“政务公开”的久远历史。

本月，石林县农牧局根据本县气候、土壤条件，结合甜柿引进种植20年的经验整理编写的《甜柿优质高效栽培技术》由云南人民出版社出版发行，为石林县甜柿标准化生产管理提供了科学的技术依据。

10月

1日，石林县正式启动污水处理费征收工作。

7日，为迎接近期国家计生委对石林县创建国家计划生育优质服务先进单位验收，省市计生委部门在云南省人口与计划生育委员会副主任吴莉华的带领下，专程到石林检查指导创建工作。

8日，石林县鹿阜旧城改造工程启动。

9日，云南省委党校第24期中青年干部培训班学员到石林县考察旅游服务区建设、城市风貌改造、城乡园林绿化及环境保护等工作。

10日，昆明市人才协会第一届理事会第四次会议在石林召开。云南省政府副秘书长、昆明市人才协会荣誉会长张荣明，昆明市委常委、组织部部长郭红波，昆明市人才协会会长张亚平院士等领导分别就昆明市人才协会的发展作讲话。

同日，联合国教科文组织文化项目官员卡贝丝，昆明理工大学教授、博士生导师梁永宁到石林举办世界自然遗产保护与管理相关知识专题培训。

同日，石林县举行第22届敬老节庆祝大会，同时启动老年人保健补助发放工作。发放标准为：80～89周岁的每人每年120元，90～99周岁的每人每年300元，年满100周岁及以上的寿星老人每人每月200元。此项政策从2008年1月1日起执行。

12日，云南省省级2008年立项开工建设项目——石林县团结水库加固扩建工程正式开工建设。云南省水利厅副厅长杨荣新、昆明市人民政府副市长李喜等省、市、县领导参加了当天举行的开工典礼。

同日，团结水库加固扩建工程开工。

13日，在昆明市首届园林博览会申办评选会上，石林县高票获得昆明市首届园林博览会承办权。

14日，云南省综治维稳委委员、云南省军区政治部主任李炳军少将到石林调研综治维稳和平安建设工作。

同日，受云南省委、省政府和省爱卫会的委托，昆明市组织专家到石林县检查指导县城卫生工作。

同日，昆明市文明小城镇考评领导小组考评圭山镇创建文明小城镇工作。

15日，昆明市工业突破园区建设招商引资工作指挥部、昆明市国土资源局联合组成调研组，对石林县招商引资项目用地需求情况和落地情况进行调研。

同日，昆明市教育局标准化建设办公室领导到鹿阜小学调研，就鹿阜小学标准化建设项目进行论证。

同日，圭山镇海邑阿黑商贸街改造工程开工。12月底工程完工。

16日，甘肃省康乐县党政考察团到石林考察经济社会和扶贫工作。

19日，由内蒙古自治区政协主席陈光林、中组部调研员邓佑喜、江西中医学院党办校办副主任聂国林等组成的中央学习实践科学发展观活动指导检查组到石林参观考察。

同日，由阿根廷、玻利维亚、巴西、智利、哥伦比亚、古巴、厄瓜多尔、墨西哥、秘鲁等九个拉美国家记者组成的代表团一行17人，在省、市外事和外宣部门领导陪同下，到石林参观考察旅游暨新农村建设。

同日，泰国曼谷市瓦雅容学校访问团一行17人到石林镇中心学校进行友好文化教育交流活动。

20日，石林县召开县纪委监察局派出纪工委监察分局成立大会。

同日，连接石林县西街口镇和圭山镇的矣木公路路面改造工程正式开工。

22～23日，国家知识产权局组织经济日报、光明日报、法制日报和中国知识产权报四家新闻媒体记者，到石林就传统知识、民间文艺和遗传资源知识保护工作进行采访报道。

23日，《石林生态工业集中区总体规划和可研报告》通过省经委专家组审查。

同日，石林县邀请省委党校经济学教研部教授赵晓彪为全县450余名各级干部作十七届三中全会精神专题讲座。

24日，石林县在全市率先挂牌成立"石林彝族自治县人民政府金融办公室"。

同日，石林县举行教育部与联合国儿童基金会合作的"早期儿童发展（ECD）"项目主任会。

同日，石林彝族自治县幼儿教育培训中心在幼儿教育集团正式成立。

25日，斯里兰卡总理拉特纳西里·维克拉马纳亚克在云南省副省长顾朝曦及省外办领导陪同下到石林参观考察。

25～27日，由中央文明办、国家建设部、国家旅游局有关领导和专家组成的考评组深入石林风景名胜区，通过审核材料、实地考察、问卷调查、个别访谈、听取汇报等方式，对石林风景名胜区创建全国文明风景旅游区进行全方位考评。

28日，石林县自来水公司、石林云湖供排水有限公司、石林风景区供水工程新水厂经营、资产、财务、人员全面合并重组，组建石林县自来水厂并挂牌。

同日，石林县农村合作经济组织联合会成立。

29日，由云南圆通投资股份有限公司与泰国普吉幻多奇（大众）有限公司以合资方式投资29亿元的"石林幻多奇"主题公园旅游项目开工建设。

同日，西街口镇威黑小学与新加坡MJS学校举行"手拉手学校"结对仪式。

30日，石林旅游散客服务中心项目奠基并开工建设。

同日，石林县县直机关党委举行"纪念党的纪律检查机关恢复重建30周年暨机关党建理论研讨会"。

同日，石林县召开第三次文物普查工作会，对即将启动的文物普查工作进行安排布置。

31日，昆明市纪委副书记王富昌率市纪委监察局部分业务科室负责人一行10人到石林县检查指导案件查办工作。

本月，《阿诗玛民族文化旅游生态村蓑衣山》由云南出版集团公司云南美术出版社出版发行。

本月，县粮油收储公司多渠道集资130万元在城区粮库内建盖的员工商铺竣工投入使用。

11月

1日，云南省人民政府授予普菲“云南省杰出农民工”荣誉称号。

2日，石林县财政局组织开展云南省会计从业资格统一考试，参考人数达242人。

4日，石林县成立工业开发投资有限公司和城市建设投资有限公司。

5日，云南省环保局副局长高正文一行到石林县调研环境优美乡镇创建情况及太阳能光伏发电项目。

同日，由石林县工商局、石林县建设局、昆河公路路政大队牵头，路美邑镇人民政府组织，对路美邑集镇没有按规定拆除的广告牌进行强制拆除。

同日，云南旅游三巨头——石林风景名胜区管理局、丽江玉龙雪山管委会和大理旅游集团在石林游客中心签订《云南省精品旅游景区战略合作协议》，共同打造“石林——崇圣寺三塔——玉龙雪山”云南精品旅游线路，此举开创了云南旅游景区合作的先例。

同日，昆明市农村劳动力转移办公室到石林考核2008年农村劳动力转移培训就业工作。

7日，石林县召开全面建设小康社会指标体系考核工作动员会，安排部署全县小康社会建设任务。

同日，云南省工商行政管理局副局长曹阳一行到石林调研基层工商所规范化建设工作。

同日，石林会议中心至石林北路段石林中路更名为“石林大道”。

11日，在党的各级纪律检查机关恢复重建30周年到来之际，石林县隆重举办“养浩然正气，育廉政清风”文艺汇演。云南省纪委宣教室副主任尚任涛、昆明市纪委副书记王光明等领导观看演出。

同日，昆明市爱卫办主任李雨春一行到石林县考评市级爱国卫生先进单位创建工作。

12日，石林县举行城市报警与监控系统建设二期工程验收暨启用仪式。

16日，在北京人民大会堂举行的全国优秀农民工表彰会上，普菲成为云南省唯一获此殊荣的获奖者，并当选“全国十大杰出农民工”。

同日，国务院发展研究中心专家车海刚一行到石林调研县域经济发展、城乡一体化统筹和旅游二次创业等有关情况。

同日，石林县依法拆除建盖在黑龙潭水库水源区的龙王庙。

18日，总投资3.2亿元的石林中核旅游度假村开工建设。

同日，石林县狮山路银杏景观大道开工建设。

19日，中共中央政治局常委、国家副主席习近平，中共中央政治局委员、国务院副总理回良玉到石林镇小箐村检查调研新农村建设工作。

同日，“中加法律援助与社区服务”项目规划考察团到石林进行司法援助与社区司法服务项目考察。

同日，以云南省财政厅副厅长计毅彪为组长、省财政厅相关部门负责人为成员的省减轻农民负担检查组到石林，对石林县贯彻执行中央和省减轻农民负担及支农惠农相关政策情况进行检查。

同日，由昆明市政公用局、昆明市消防支队、昆明市旅游局等单位组成的昆明市防火安全委员会检查考核组，到石林进行防火安全工作检查考核。

19～20日，以李少春为组长的云南省委第一巡视组一行5人，在昆明市纪委副书记王富昌的陪同下，到石林巡视工作。

19～20日，昆明市政府组织专家组对石林县城乡园林绿化及生态建设工作进行现场考评。

19～23日，石林县举办彝族文化传承人培训班，有79名彝族文化爱好者参加了培训。

20日，云南省委第一巡视组到石林县检查指导工作。

同日，在云南省纪念改革开放30周年大型专题文艺晚会上，揭晓“云南省改革开放30周年十大文化品牌”，“石林”、“阿诗玛”名列其中。

同日，石林县第十九届中小学生(篮球)运动会隆重开幕。

同日，石林县政务公众信息服务网改版工作顺利完成并通过验收。

21日，昆明市老年大学工作会在石林召开。

26～27日，昆明市招商引资工作实绩考核组到石林县考核招商引资工作。

27日，以昆明市农业局副局长倪淼为组长的市考核组，对石林县完成2008年食品安全工作目标责任制情况进行考核。

本月，《石林年鉴（2008）》由云南民族出版社出版发行。

12月

5日，石林园博园开工建设。

同日，石林镇乐尔村投资40万元，在村中安装了32盏太阳能路灯，乐尔村成了石林县第一家安装太阳能路灯的村庄。

6日，云南省2008年100项新开工建设和重点项目之一、总投资90亿元的昆明石林166MWP并网光伏电站试验示范项目隆重开工。中央扩大内需促进经济增长政策落实检查组组长勾清明、云南省政府副省长和段琪、中共昆明市委副书记杨远翔、昆明市人大常委会主任李培山、中国华能集团公司副总经理那希志、华能澜沧江水电有限公司董事长寇伟等领导出席开工仪式。

7日，云南省石林县以1149分的高分，通过云南省旅游局“创建云南省旅游经济强县”考评验收组的考核验收，分数位居全省8个创建“云南省旅游经济强县”试点县的第一名。

8日，总投资约4700万元的110千伏石林输变电工程在石林镇北小村开工建设。

9～10日，石林县妇女第十一次代表大会在石林会议中心举行。昆明市妇联副主席陈洁薇参加了开幕式。

11日，昆明市劳动保障局副局长赵兴旺一行对石林县2008年实施“两后双百”工程工作进行检查考核。

11～12日，石林县总工会召开第九次代表大会，昆明市人大常委会副主任、昆明市总工会主席杨丽参加了开幕式。

13日，鹿阜镇申报创建“全国环境优美乡镇”通过省、市专家评审。

14日，石林县2008年度“万村千乡市场工程”建设通过昆明市商务局、昆明市财政局、昆明市供销社检查组考核验收。

16日，占地3000亩、总投资1.5亿元的石林锦苑花卉产业园在石林镇老挖村、月湖村正式开工建设，云南省农业厅副厅长汤克仁等领导出席开工仪式。

同日，石林召开县级领导勤政廉政公示工作征求意见会，昆明市勤政廉政指导组组长刘薇参加了会议。

同日，由昆明市发改委总经济师戴惠明任组长的昆明市2008年粮食行政首长责任制考核组一行到石林对粮食行政首长责任制进行考核。

17日，云南省第一个国家级农业产业园区——云南昆明石林台湾农民创业园经农业部和国台办批准成立。

同日，由楚雄州委副书记杨宁、副州长吕琳麟率领的楚雄州党政代表团一行13人，到石林考察旅游发展工作。

18日，石林县诚邀国内外70余家商会和企业共160余名客商做客石林，隆重推介19个重点招商引资项目。当天中午，石林县在民族体育场举行盛大庆典活动，隆重纪念改革开放30周年暨自治县更名10周年。下午4：30，石林县纪念改革开放30周年暨自治县更名10周年成就展在石林青少年活动中心开展。晚上，民族体育场开演了“梦想石林”大型民族歌舞晚会。

同日，由云南省地税、工商、交通等部门领导和昆明市有关部门领导组成的丘北经验推广工作考核组，到石林检查开展丘北经验推广工作情况。

19日，石林县举行斗牛比赛，欢庆改革开放30周年暨石林彝族自治县更名10周年。

20日，《石林县党政机关办公用房智能化系统建设方案》设计完成。

同日，石林春频农产品经贸公司完成“春频”牌蔬菜产品商标注册，西兰花、生菜两个品种经农业部绿色食品发展中心认证批准为绿色食品。

20～21日，云南省人口计生工作考核组到石林县检查考核计生工作。

21日，由云南省人口与计划生育委员会发展规划处副处长陈云斌带领的云南省计划生育优质服务考核组，到石林考核计划生育优质服务工作。

22日，石林县民政局被民政部命名为“2007～2008年度全国婚姻登记规范化单位”。

24日，由昆明市经委机关党委书记常晋昆任组长，昆明市财政、国土、环保、统计等部门人员组成的昆明市开发区及工业园区发展目标责任完成情况考核组，到石林进行检查考核。

26日，全省第四个、昆明市第二个全国“巾帼示范村”——石林县长湖镇阿着底村举行挂牌仪式。

26日晚，全长超过300米、为国内之最的石林县万城·阿诗玛旅游小镇音乐喷泉长廊试运行。

27日，昆明市工商联组织会员云南华丰集团、云南竞达运通房地产开发有限公司、昆明五金机电行业协会捐款25万元，帮助大可乡小波溪村民小组进行新农村建设。

29日，石林县水务投资有限公司挂牌成立。

30日，石林县召开县委议军会，对全县国防动员和国防后备力量建设进行专题研究。

同日，月湖水库除险加固工程开工。

本月，十里香茶落户石林镇山头上村，这对中国历史名茶——昆明十里香茶的保护和推广起到了重要作用。

本月，石林县启动动物追溯体系项目建设。

本月，“石林甜柿”地理标志认证通过农业部审核。

本月，《汉夷杂区社会研究——民国石林社会研究文集》由民族出版社出版发行。

概 况

县域概况

【行政区划与人口】 石林彝族自治县位于昆明市东南部，属昆明市所辖的远郊县。自治县东部和南部与红河哈尼族彝族自治州泸西县、弥勒县接壤，北部与曲靖市陆良县相邻，西部和西北部与昆明市宜良县毗连。2008年底，全县辖7镇1乡，88个村委会和4个社区居委会，459个村民小组和50个居民小组。县域面积1725平方千米。县城鹿阜镇距昆明78千米，县城海拔1679.8米。2008年年均气温16.5℃，年降雨量1134.4毫米，年日照时数1753.2小时。全县年末户籍人口239612人，其中：男性120668人，女性118944人；非农业人口27666人，占总人口的11.55%；少数民族人口83723人，占总人口的34.94%；彝族人口81448人，占少数民族人口的97.28%。全县人口出生率为11.29‰，死亡率为5.53‰，自然增长率为5.77‰。

【经济综述】 2008年全县实现地区生产总值272889万元，比上年增长13.70%。其中：第一产业实现增加值82371万元，增长10.00%；第二产业实现增加值78132万元，增长25.44%；第三产业实现增加值112386万元，增长9.05%。一、二、三产业的结构为30.2：28.6：41.2。全县人均GDP达到11300元。

【旅游业】 2008年石林县按照“创建世界一流景区、打造国际旅游胜地”的要求，着力实施“12345”石林旅游国际化发展战略，品牌创建再获丰收，被命名为“云南省文明风景旅游区”，创建全国文明风景旅游区、云南省旅游经济强县通过考评。旅游基础设施和服务设施建设不断完善，石林狂欢之都、石林散客中心、石林生态民族体育运动场、中国彝族第一村、石林幻多奇等项目开工建设；完成数字石林二期一阶段工程；强化“三标一体”管理，景区扩容改造、环境整治和美化工作有序推进。年内全县接待游客300万人次，旅游综合收入12亿元，收入同比增长20%；大小石林景区接待游客237万人次，景区旅游直接收入2.97亿元，收入同比减少1%。

与旅游业配套的文化产业进一步发展，“彝族三弦舞（撒尼大三弦）”和“彝族（撒尼）刺绣”被列为国家第二批非物质文化遗产名录，彝族古籍《指路经》被列为国家珍贵文献。中国石林国际火把节荣获首届“节庆中华奖”最佳狂欢气氛奖。大型原生态民族歌舞音乐剧《阿诗玛》完成第一稿创作。鹿阜旧城改造工程启动。“创意石林”作品展在云南省科技馆开展。石林撒尼彝文电脑输入法软件开发获得成功。全县13个文产项目被确定为市级重点项目，6个文产项目被确定为省级重点项目。全年实现文化产业增加值2.32亿元，占地区生产总值的8.51%。

【工　业】 全力推进生态工业集中区建设，全年完成收储土地2479亩，第一条工业大道一期工程完成路基及绿化、亮化工程，二期工程以BT方式正在实施路基建设，给排水、电力、通信、排污等项目建设全面启动，完成基础设施投资4775万元，顺利升格为省级工业园区。昆明石林太阳能发电试验示范、云南官房水泥有限公司生产技改等重点工业项目相继开工。全县实现工业总产值23.22亿元，增长25.04%。规模以上工业实现增加值2.76亿元，增长21.98%。规模以上工业万元增加值能耗下降8%。

【招商引资工作】 始终把招商引资工作作为全县经济工作的生命线来抓，招商引资力度进一步加大。成立县招商引资工作指挥部，充实招商引资队伍，实施招商引资“一把手”、百人外出招商、专业队伍招商“三大工程”，健全完善招商引资目标责任制、招商引资工作例会制、县级领导联系推进制、招商引资项目现场办公制等“四项制度”，按照“从速、从便、简化、快捷”的原则，进一步简化审批环节，规范审批事项流转。全年招商引资项目84个，实际到位国内市外资金14.1亿元，为目标任务数的141%，同比增长120%；外资到位642万美元，为计划的107%。

【软环境建设】 2008年全县各级各部门紧扣“八项制度”，努力营造“三最四低”软环境。实行告知制，编印《石林彝族自治县经济社会发展软环境建设活动学习材料（选编）》3730册，全面告知学习内容；向全县重点企业发出公开信100封，告知软环境建设投诉渠道；制作领导干部工作去向监督牌、干部职工岗位标示牌，公开领导干部职责及联系电话。实行责任制，全县48个单位签订了软环境建设责任状，层层落实目标任务。实行承诺制，全县75个单位主要领导通过电视向社会公开作出服务承诺，确保承诺全覆盖。实行精简制，全县清理行政审批事项443项，保留70项，精简84%；清理118项行政事业收费项目，保留63项，减少47%。实行督查制，“八条主线”抓督导，落实首问首办、服务承诺、限时办结、全员挂牌上岗，推行“五办作风”，推行“一线工作法”。实行督办制，对重大项目跟踪督办，受理办结投诉举报35件，发出督办通知20份。实行问责制，对制度执行不严、顶风违纪、乱作为的人和事进行查办，先后对2名科级领导干部和4名职工进行问责。实行查处制，严肃查处影响发展软环境建设的行为，给予行政警告处分1人。全县机关干部作风明显提高，发展环境明显优化。

积极推进经济社会制度创新，全县清理制度2055项，保留1213项，废止274项，修改完善568项；4个市级和23个县级重点创新课题全部完成，47个单位完成内部制度创新92项。

【农　业】 农业基础设施进一步改善，全年完成水利建设工程806件，总投资1.06亿元，新增有效灌溉面积1.36万亩，改善灌溉面积2.56万亩，解决11202人的生活用水问题。2008年全县实现农林牧渔业总产值14.85亿元，比上年增长12%。

粮烟生产实现了丰产丰收，粮食总产量达123689.7吨，比上年增长3.19%。

国家级烟叶标准化生产示范区建设全面实施，阿乌村现代烟草农业示范村建设完工，石林县荣获云南省烟叶工作先进单位称号。全县种植烤烟11.8万亩，完成收购1640万千克（含出口备货烟100万千克），收购总值2.35亿元，均价14.31元（不含出口备货烟为14.90元），种烟农户户均收入9489元。

全年生猪出栏22.34万头，比上年增长4.13%；牛出栏1.02万头，增长11.81%；羊出栏9.59万只，增长12.39%；大牲畜出栏1.15万头（匹），增长3.42%。年末，猪存栏17.97万头，增长7.69%；牛存栏4.97万头，增长3.39%；羊存栏18.63万只，增长3.63%；大牲畜存栏7.39万头（匹），增长0.62%。

蔬菜、水果等绿色产业发展迅速。全年蔬菜产量99968.1吨，比上年增长24.67%；水果产量23741吨，增长17.93%。

【财政金融】 2008年全县实现地方财政一般预算收入20090万元，比上年增长41%；地方财政一般预算支出55725万元，比上年增长39%。

2008年末，全县各项存款余额332618万元，比年初增长18.66%；各项贷款余额261158万元，比年初增长14.75%。

【固定资产投资】 石林旅游服务区、工业集中区和县城新区开发有序进行；全面完成石林中路改扩建和北召公路路面改造工程、黑龙潭水库东干渠节水改造和病险水库除险加固工程；污水处理厂建成投入使用；行政中心办公楼及市政道路建设、巴江俪岛、水岸星城、天奇花园、鹿阜旧城改造等项目稳步推进。县城建成区面积扩大了1.25平方千米，达到7.46平方千米。全年完成固定资产投资157634万元，比上年增33.93%。

【生态建设】 全年累计投入1.07亿元，植树602.6万株，新建苗木基地2520亩，拆临拆违11.5万平方米，新增附属绿地55.33万平方米、公园绿地3.99万平方米，挂牌保护名木古树9873株，机耕路绿化29.62千米，河道绿化35千米，县乡公路绿化128.3千米，人均公共绿地面积达16.59平方米，绿地率达40.5%，绿化覆盖率达45.3%。全县森林覆盖率为38.8%。长湖镇、石林镇创建为全国优美乡镇，鹿阜镇、板桥镇、西街口镇、圭山镇创建全国优美乡镇通过省级评审。8月，石林县被命名为云南省首个省级园林县城，创建国家园林县城工作稳步推进。

【交通邮电】 2008年全县班线车旅客运送量472741人次，公交车旅客运送量1904172人次。火车旅客发送75582人次，旅客到达128955人次；火车旅客周转量57520967人千米。城乡公交一体化进程加快，乡镇公交覆盖率100%，行政村公交覆盖率达到94.6%。

2008年邮政累计完成业务收入354.24万元，同比增长26.31%。分项业务完成情况为：函件完成25.39万元，包件完成53.36万元，报刊完成39.93万元，集邮收入完成38.88万元，代办业务收入完成7.32万元，特快专递完成27.48万元，物流业务完成57.47万元，汇兑业务完成18.59万元，储蓄完成66.48万元，销售商品收入完成11.80万元，其他业务收入7.54万元。业务总量完成342.83万元，同比增长42.76%。

2008年电信完成业务收入1754.5万元，比上年减少0.30%。固定电话新增2025部，在网用户达20649部；小灵通新增838部，在网用户达2986部；ADSL业务（包含LAN）新增1511部，在网用户达4034部；新增“致富通”（无线座机）1458户，在网用户达4016户；新增第二期“平安石林”视频监控50个，一、二期累计达101个。2008年10月1日起，CDMA业务主体由中国联通变为中国电信，年底石林CDMA在网用户达6146户。

2008年中国移动石林分公司完成业务收入5000万元，年内净增用户15000户，使在网用户达到94000余户。全年中国联通石林分公司完成业务收入1096万元，年内净增用户3600户，G网在网用户突破16000户。

【人民生活】 2008年全县在岗职工年平均工资20350元，比上年增长33.75%。城镇居民人均可支配收入13804元，比上年增长16.9%。农民人均纯收入4216元，比上年增长7.2%。2008年社会消费品零售总额117575万元，比上年增长28.08%。

【社会事业】 巩固国家卫生县城、省级园林县城、省级平安县、昆明市文明县城创建成果。社会治安防控体系进一步完善，荣获无毒巩固县称号。石林县疾控中心艾滋病初筛实验室计量认证通过省级验收。12月18～19日，举行了纪念改革开放30周年暨自治县更名10周年活动，激发了全县各族人民创业、发展的热情。

大力改善办学条件，推进6所农村中小学标准化建设；教育人事制度改革进一步深化，全面推行校长公选；进一步理顺高中办学体制，县一中、县民族中学恢复独立办学；有效整合石林实验学校、鹿阜镇中学、县民族小学教育资源，扩大县城优质教育资源总量。2008年石林县荣获“云南省教育先进县”称号。

加大社会保障投入，城镇居民基本医疗保险参保19170人，新型农村合作医疗参合人员199371人，被征地人员养老保险参保3548人，灵活就业人员参加失业保险821人。为全县80岁以上老年人发放了高龄老年保健补助，近1.2万人享受到城乡最低生活保障。全县贫困人口减少7910人。加大城乡劳动力转移输出力度，转移输出9200人，其中国外6人，实现了向国外输出劳动力零的突破。财政涉农直补资金通过惠农“一折通”及时足额兑现，受益人口20余万人。

2008年7月成功承办了云南省首届新农村文艺汇演启动仪式，原生态民族歌舞《阿诗玛的故乡》荣获云南省首届新农村文艺汇演表演一等奖。农民画《赶跤场》荣获“神彩云南”第二届农民画展金奖。铺设农村有限电视“村村通”网络干线40千米，新增光缆联网

70个自然村，新增有限电视用户5500户。石林史志从书《汉夷杂区社会研究——民国石林社会研究文集》、石林旧志整理成果《云南石林旧志集成》公开出版发行。

积极开展群众性精神文明创建活动，年内配合昆明市文明委对23家市级文明单位（村、社区、小城镇）进行考评；对石林县确定申报资格的72家县级文明单位（村、社区）进行了考评，并对符合条件的65家上报县委进行了命名表彰。

鹿阜镇

【机构设置】 2008年鹿阜镇内设党政综合办公室、农林水综合服务中心、村镇规划建设服务中心、文化广播电视服务中心、畜牧兽医服务中心。年末有职工72人，其中：公务员23人，工勤人员4人，事业人员45人。办公地点在石林县阿诗玛西路44号。

【行政区划】 鹿阜镇在县境西部，为县城所在地。全镇辖山冲、宏图、铺兵、阿乌、三板桥、大屯、上蒲草、大乐台旧、小乐台旧、东海子、清水塘、新宅12个村民委员会和东门、南门、西北、龙泉4个社区居民委员会，75个村民小组和50个居民小组。

【自然状况】 全镇土地面积137.57平方千米（含花园林区2.56平方千米）。耕地面积23053.5亩，其中：水田13875亩，旱地9178亩。主产水稻、烤烟、玉米、小麦、蚕豆、油菜等农作物。森林面积56415.7亩，森林覆盖率达27.33%。最低海拔为1666米（阿乌村委会老长坡村），最高海拔为2076.4米（铺兵村委会小西村老高山），最高气温32.4℃，最低气温-0.5℃，年平均气温16.5℃，年降雨量达1134.4毫米，年日照时间1753.2小时。

【鹿阜镇招商分局】 2008年鹿阜镇招商分局由鹿阜镇人民政府牵头，县交通局、县法制办公室协作组成。全年共引进项目11个，引进资金5370.065万元，比县下达任务4000万元增1370.065万元，增34.25%。

【人口与计划生育】 2008年末全镇有21882户59566人，其中：农业人口40077人，非农业人口19489人；男性29517人，女性30049人；汉族48360人，彝族10574人，其他民族（白族、哈尼族、壮族、傣族、苗族、傈僳族、回族、拉祜族、佤族、纳西族、瑶族、藏族、独龙族、蒙古族、水族、满族、布依族）632人。全年出生547人，死亡346人，人口自然增长率5.31‰。全年新办农业人口《独生子女父母光荣证》45户，累计办证1172户。计划生育率99.28%，综合节育85.55%，"奖优免补"兑现率达100%。

【经济综述】 2008年全镇工农业总产值49477万元，其中：工业总产值24480万元，农业总产值24997万元。农村经济总收入46211万元，比上年增49.8%。镇级财政收入2284.8万元，比上年增18.7%。农民人均纯收入4666.7元。

【农 业】 2008年全镇完成水稻多样性、蜂巢式栽培11000亩。阿乌村委会被列为云南省现代烟草农业示范村，投资401.3万元建成两片烤房群共68个烤房。推广沼气池自动排查装置示范100户。完成对种粮农民补贴、农民农资综合补贴资金兑现33982亩2341405.81元，提高了农民粮烟种植的积极性。

全镇小春粮食种植面积21870亩，总产380万千克；大春粮食种植38021亩，总产1457万千克。全年粮食总产量1837万千克，农业人口人均占有粮458千克。

种植烤烟7700亩，完成指令性收购102万千克和收购出口备货烟叶8万千克，收购总值达1573.7万元，均价14.31元，实现烟叶税收346.3万元，占财政税收完成数的15.16%。

全年大牲畜出栏890头（匹），肥猪出栏46120头，羊出栏5200只，家禽出栏558621只；年末大牲畜存栏6894头（匹），生猪存栏26939头（其中能繁母猪3030头），羊存栏10394只，家禽存栏368331只；奶产量72万千克，禽蛋产量达33万千克。对28500头猪进行强制免疫，对6605户养犬户饲养的8742只家犬进行清理登记，共免疫7352只、扑杀1390只，免疫密度100%。

全年完成各项水利建设工程99件，投入资金136.3万元，其中：上级补助94.5万元，镇政府自筹9.8万元，群众自筹32万元。配合黑龙潭水库中型灌区东干渠节水改造工程指挥部，做好鹿阜镇辖区内全长10.9千米的协调和工程建设工作；完成小乐台旧、上新宅、秧草凹、平地村、清水塘人饮解困工程水利设施建设和97件沟渠、河道、坝塘维修及清淤清障工程。水利工程均做到了当年投资、当年发挥效益，大大改善了农业生产条件。

组织拖拉机完成本镇及周边乡镇机耕29500亩、机耙28510亩。加大对低速载货汽车、拖拉机等违法载人的清理整治力度，检查低速货运汽车、拖拉机、三轮车511辆，查处违法载人123起。对在用拖拉机进行年度安全检查，检验拖拉机206辆，新落户27辆；加强农机安全宣传工作，与农机驾驶员签订责任书554份，发放道路交通安全宣传材料14500份，实现了全镇农机全年无重特大事故发生。

年内清理违法占地190.48平方米，依法拆除违章建筑5户508.19平方米，上报审批农户住宅71户10304.54平方米，其中：耕地4425.35平方米，空闲地5323.08平方米，原有宅基地556.11平方米。

【林权制度改革】 全年"四旁"义务植树213494株；新建苗木基地310亩；新增公园绿地面积20450平方米，累计完成拆临拆违60099.97平方米；新增附属绿地7万平方米；启动农村田园绿化建设工程，在阿乌村二组及上赵公庄村田地机耕路植树8300株；开展河道沟渠绿化，在黑龙潭水源保护区种植川滇桤木8800余株，在东、西干渠两旁植树23000余株，全长10千米；在鹿平公路、小上公路、山冲、阿乌、清水塘乡村公路植树29000余株；落实甜柿基地550亩，核桃种植面积1560亩。

集体林权制度改革工作顺利开展。完成14个村（居）民委员会、60个村（居）民小组、7599户26261人林改工作，确权面积56155.1亩。颁发林权证670本、集体统一管理的商品林均利证4086本（户），林权证发证率100%。

【乡镇企业】 2008年乡镇企业工业产值完成24480万元，工业增加值完成6050万元；非公经济增加值完成24700万元，实交税金1897万元；从业人员13360人。强化安全生产工作，全年组织安全生产大检查30次，查出和整改安全隐患293条。

农村富余劳动力转移输出工作进一步强化，全年共组织培训2455人，转移输出1705人，其中：省外100人，省内县外290人，县内1315人。

【科教文卫】 2008年全镇有中小学教职工415人，教学班178个，在校生8181名，其中学前班43个、在校生1256名。2008年9月鹿阜镇中学整建制划归县教育局直管。

加大农业科技培训力度，全镇全年举办各类科技培训139期，参训11327人次，科技培训力度和科技推广工作得到进一步加强。

全年组织全镇62支文艺队演出节目110场次、观众12000余人次，放映电影120余场次。加强文化市场管理，全镇辖区内共有文化经营户181户，其中：歌舞厅、卡拉OK厅23家，电子游戏厅10家，音像制品经营56家，电脑网吧12家，打字复印、工艺广告33家，其他文化产品经营户47家。全年配合有关单位检查文化娱乐市场8次，整顿和规范了文化市场经营秩序。主动配合县广播电视局做好本镇辖区内农村广播电视"村村通"工程宣传工作，完成4534户4347面卫星接收设施的转星调整工作。年内新建尾博邑村、大屯村、大乐台旧村、西北社区4个村级文化室。

2008年全镇共完成了36407人的参合任务，参合率达97.21%，兑现8488人次门诊及3429人次住院医疗费用3477105.29元。4个社区、12个村委会均建有标准化卫生室，覆盖率达100%。

巩固国家卫生县城创建成果，建立健全国家卫生县城管理长效机制，三板桥村、大屯村、街子上村和小新村、沙地村5个省级卫生村设有专人管理。加强城乡垃圾收储清运工作，实行垃圾定点无害化处理，全镇建有标准化公厕15个、垃圾房25个。积极开展健康知识教育，中小学健康教育开课率达90%以上，城镇居民知晓率达85%。

鹿阜旧城改造听证会

【精神文明及民主法制建设】 2008年创建市、县级文明单位（村、社区）9个，其中：市级文明单位2个，市级文明村1个，市级文明社区1个，县级文明单位4个，县级文明村1个。届期内各级文明单位有27个。全镇共订阅《人民日报》、《精神文明报》、《党建》等党报党刊211份51166元。

认真落实创安工作责任制，成立鹿阜镇党委政法委员会，加大对创安工作的领导，配备了专职工作人员，在全镇16个村（居）委会开展创安工作，创安责任书签订率达100%，创安群众知晓率达90%以上。通过大量的宣传工作，营造了浓厚的创建"平安镇"氛围。禁毒防艾宣传深入开展，巩固"无毒镇"工作扎实有效。安全生产、道路交通、森林防火、消防等"创安"工作的监管力度得到进一步增强，全年安全生产死亡率为零。

认真办理县、镇人大代表议案、建议、意见和政协提案14件，面商率、面复率、满意率均达100%。接待群众来信来访160件，调处成功113件。全年调解民间纠纷228起，成功218起，接待法律咨询196人次，法律援助咨询36人次。认真落实企业安全生产责任制和农机交通安全责任制，及时发现并清除安全隐患，杜绝各类重特大安全事故的发生。

【新农村建设】 全年完成农村适用技术科技培训61期6312人、新型农民培训139期11327人次及葡萄专业技能培训168人。东海子村委会被列为新农村建设整村推进项目村，年内已完成项目规划编制、300亩核桃产业基地建设、下蒲草村内道路硬化7200平方米和村内污水塘治理等工作。小上公路实现砼路面硬化，秧草凹到山冲村路基改造工程完工，清水塘村人饮解困工程完工通水，扶贫政策全面落实。

【民政残联】 做好优扶救济、拥军优

属、拥政爱民、救灾济困和老龄工作，残疾人事业不断发展，农村低保工作顺利开展。全年发放各种救灾救济款244378元、救灾粮13200千克，完成残病贫困户危房改造28户。抓好国防教育和国防动员工作，圆满完成冬季征兵工作。

【领导名录】

书　　记：段正平
副 书 记：张　奕
　　　　　赵子华
人大主席：张春学（彝族）
镇　　长：张　奕
副 镇 长：雷振涛
　　　　　秦卫强
　　　　　赵晓梅（女）
纪委书记：李红珍（女，彝族）

村（居）委会

【山冲村委会】　山冲村委会驻唐家村，海拔1684米，土地面积7.27平方千米，辖7个自然村、8个村民小组，即：杨家村、唐家村、符家村一组、符家村二组、董家村、山冲村、大路兴、毕家院。2008年末有951户3175人，其中：汉族3042人，彝族112人，白族4人，哈尼族6人，壮族4人，傣族2人，苗族3人，蒙古族2人。耕地面积2325亩，其中：水田1866亩，旱地459亩。经济总收入2904.9万元，农民人均纯收入4501元，粮食总产量1756.9千克。全年大牲畜出栏35头（匹），肥猪出栏3460头，羊出栏726只；年末大牲畜存栏413头（匹），生猪存栏1820头，羊存栏1171只。

书　记：符宴林
主　任：杨立红
副主任：毕林生
办公室电话：7796336

【宏图村委会】　宏图村委会驻红土坡村，海拔1702米，土地面积4.04平方千米，辖3个自然村、7个村民小组，即：老门洞、红土坡一组、红土坡二组、红土坡三组、红土坡四组、上峰一组、上峰二组。2008年末有614户2163人，其中：汉族1902人，彝族258人，哈尼族3人。耕地面积1321.5亩，其中：水田990亩，旱地331.5亩。经济总收入1751.8万元，农民人均纯收入3736.7元，粮食总产量1683千克。全年大牲畜出栏371头（匹），肥猪出栏3180头，羊出栏106只；年末大牲畜存栏371头（匹），生猪存栏2401头，羊存栏408只。

书　记：杨凤楼
主　任：赵红芬（女）
副主任：李永福
公室电话：7796341

【铺兵村委会】　铺兵村委会驻铺兵村，海拔1735米，土地面积8.59平方千米，辖5个自然村、6个村民小组，即：秧草凹、小西村、三家村、铺兵一组、铺兵二组、大石桥。2008年末有340户1115人，其中：汉族741人，彝族359人，回族10人，布依族5人。耕地面积691.5亩，其中：水田403.5亩，旱地288亩。经济总收入482.2万元，农民人均纯收入1598元，粮食总产量1167千克，烤烟产量29000千克。全年大牲畜出栏24头（匹），肥猪出栏2400头，羊出栏850只；年末大牲畜存栏327头（匹），生猪存栏1300头，羊存栏1600只。

书记、主任：高福安
副　书　记：普树生
副　主　任：张金才
办公室电话：7784606

【三板桥村委会】　三板桥村委会驻雨中堂村，海拔1680米，土地面积7.35平方千米，辖5个自然村、5个村民小组，即：平地、老昔街、白水井、雨中堂、三板桥。2008年末有1203户4090人，其中：汉族3916人，彝族149人，白族5人，哈尼族3人，壮族10人，傣族3人，苗族1人，回族3人。耕地面积2527.5亩，其中：水田1879.5亩，旱地648亩。经济总收入4138.2万元，农民人均纯收入4442.6元，粮食总产量1720.7千克，烤烟产量185300千克。全年大牲畜出栏65头（匹），肥猪出栏5750头，羊出栏150只；年末大牲畜存栏747头（匹），生猪存栏3660头，羊存栏389只。

书记、主任：张丽萍（女）
副　书　记：王天祥
副　主　任：万张海
办公室电话：7796854

【阿乌村委会】　阿乌村委会驻阿乌村，海拔1670米，土地面积8.28平方千米，辖6个自然村、7个村民小组，即：阿乌一组、阿乌二组、老长坡、下赵公庄、上赵公庄、大黑塘、干山冲。2008年末有1047户3597人，其中：汉族3502人，彝族79人，白族1人，哈尼族2人，壮族6人，苗族2人，回族2人，满族1人，其他民族2人。耕地面积3222亩，其中：水田2166亩，旱地1056亩，经济总收入3972万元，农民人均纯收入4581.1元，粮食总产量1563.9千克，烤烟产量633600千克。全年大牲畜出栏32头（匹），肥猪出栏4200头，羊出栏55只；年末大牲畜存栏722头（匹），生猪存栏2205头，羊存栏505只。

书记、主任：杨金富
副　书　记：杨竹秀（女）
副　主　任：李　伦
办公室电话：7780469

【新宅村委会】　新宅村委会驻上新宅村，海拔1711米，土地面积15.87平方千米，辖6个自然村、6个村民小组。即：上新宅、中新宅、下新宅、清水沟、大新冲、小新冲。2008年末有881户3138人。其中：汉族1788人，彝族1341人，哈尼族2人，壮族4人，回族3人。耕地面积2494.5亩，其中：水田1360.5亩，旱地1134亩，经济总收入1168.5万元，农民人均纯收入2375.2元，粮食总产量2053.5千克，烤烟总产量165200千克。全年大牲畜出栏82头（匹），肥猪出栏3700头，羊出栏1096只；年末大牲畜存栏1030头（匹），生猪存栏2470头，羊存栏1460只。

书记、主任：李玉贵（彝族）
副　书　记：彭　云
副　主　任：张国华（彝族）
办公室电话：7783666

【大屯村委会】 大屯村委会驻大屯村，海拔1687米，土地面积4.07平方千米，辖1个自然村、4个村民小组，即：大屯一组、大屯二组、大屯三组、大屯四组。2008年末有658户2098人，其中：汉族2013人，彝族79人，回族6人。耕地面积405亩，其中：水田304.5亩，旱地100.5亩。经济总收入2210万元，农民人均纯收入4700元，粮食总产量1466.8千克，烤烟产量16300千克。全年大牲畜出栏107头（匹），肥猪出栏2910头，羊出栏52只；年末大牲畜存栏203头（匹），生猪存栏550头，羊存栏82只。

书　记：许正友
主　任：韩林华
副主任：韩国云
办公室电话：7796942

【上蒲草村委会】 上蒲草村委会驻上蒲草村，海拔1780米，土地面积18.24平方千米，辖2个自然村、5个村民小组，即：上蒲草一组、二组、三组、四组、五组。2008年末有403户1377人，其中：汉族26人，彝族1350人，哈尼族1人。耕地面积1630.5亩，其中：水田444亩，旱地1186.5平方千米。经济总收入1136.4万元，农民人均纯收入3928元，粮食总产量1256千克，烤烟产量81000千克。全年大牲畜出栏24头（匹），肥猪出栏1308头，羊出栏652只；年末大牲畜存栏664头（匹），生猪存栏610头，羊存栏726只。

书　记：高有华（彝族）
主　任：毕志学（彝族）
副主任：高正学（彝族）
办公室电话：7780316

【东海子村委会】 东海子村委会驻街子上村，海拔1700米，土地面积6.37平方千米，辖5个自然村、8个村民小组，即：下蒲草一组、下蒲草二组、下蒲草三组、下蒲草四组、下蒲草五组、街子上、老寨子、小新村。2008年末有679户2246人，其中：汉族1719人，彝族512人，白族1人，壮族3人，傣族7人，拉祜族2人，纳西族2人。耕地面积1236亩，其中：水田715.5亩，旱地520.5亩。经济总收入2196.8万元，农民人均纯收入4084元，粮食总产量1279.8千克。全年大牲畜出栏61头（匹），肥猪出栏2800头，羊出栏110只；年末大牲畜存栏440头（匹），生猪存栏1950头，羊存栏550只。

书　记：李秀云
主　任：陶正林
副主任：王云春
办公室电话：7796337

【大乐台旧村委会】 大乐台旧村委会驻沙地村，海拔1685米，土地面积7.80平方千米，辖3个自然村、3个村民小组，即：大乐台旧、大昌乐村和沙地村。2008年末有1239户3897人，其中：汉族3656人，彝族223人，壮族4人，傣族1人，苗族1人，回族5人，佤族2人，纳西族2人，满族1人，布依族2人。耕地面积1575亩，其中：水田1027.5亩，旱地547.5亩。经济总收入3202.7万元，农民人均纯收入4426元，粮食总产量1339千克，烤烟产量5400千克。全年大牲畜出栏101（匹），肥猪出栏3200头，羊出栏220只；年末大牲畜存栏590头（匹），生猪存栏2000头，羊存栏600只。

书记、主任：陶家林
副　书　记：马　林
副　主　任：洪正荣
办公室电话：7796332

【小乐台旧村委会】 小乐台旧村委会驻小乐台旧村，海拔1682米，土地面积4.53平方千米，辖5个自然村、9个村民小组，即：东山、桃园、大坝、小乐台旧一组、小乐台旧二组、小乐台旧三组、小乐台旧四组、小昌乐一组、小昌乐二组。2008年有1648户4645人，其中：汉族4403人，彝族213人，白族2人，哈尼族5人，壮族11人，傣族3人，傈僳族1人，回族2人，蒙古族4人，其他民族1人。耕地面积909亩，其中：水田759亩，旱地150亩。经济总收入47987万元，农民人均纯收入4786元，粮食总产量780千克。全年大牲畜出栏50头（匹），肥猪出栏3000头，羊出栏100只；年末大牲畜存栏185头（匹），生猪存栏1900头，羊存栏400只。

书　记：李建云
副主任：杨云春（女）
办公室电话：7793003

【清水塘村委会】 清水塘村委会驻清水塘村，海拔1800米，土地面积35.75平方千米，辖3个自然村、7个村民小组。即：尾博邑一组、尾博邑二组、尾博邑三组、尾博邑四组、尾博邑五组、清水塘、马石坎。2008年末有531户1881人，其中：汉族122人，彝族1759人。耕地面积2830.5亩，其中：水田180亩，旱地2650.5亩，经济总收入1212.2万元，农民人均纯收入3243元，粮食总产量965.1千克，烤烟总产量26万千克。全年大牲畜出栏118头（匹），肥猪出栏1402头，羊出栏1096只；年末大牲畜存栏1082头（匹），生猪存栏1083头，羊存栏2458只。

书　记：毕建刚（彝族）
主　任：毕世明（彝族）
副主任：张红星（彝族）
办公室电话：7795340

【南门社区居委会】 南门社区居委会驻南苑居民小组，海拔1673米，土地面积2.26平方千米，辖17个居民小组，即：横街、马家巷、大街兴、石街路、水阁、三元宫、槐树、龙泉、龙树、南正街、小围、紫玉、大兴、双龙、石苑、农苑、南苑居民小组。2008年末有861户2531人（不包括驻社区单位人口），其中：汉族2382人，彝族91人，白族2人，哈尼族3人，壮族23人，傣族6人，苗族2人，回族21人，满族1人。耕地面积1128亩，其中：水田973.5亩，旱地154.5亩。经济总收入5422万元，农民人均纯收入6209.3元，粮食总产量779千克。全年大牲畜出栏22头（匹），肥猪出栏3760头，羊出栏21只；年末大牲畜存栏42头（匹），生猪存栏1085头。

书　记：李春荣
主　任：李祝喜

副主任：毕志辉（彝族）
办公室电话：7786432

【东门社区居委会】 东门社区居委会驻东门居民小组，海拔1674米，土地面积1.29平方千米，辖12个居民小组，即：学地山、小村子、古城、小东门、民康巷、古楼、卖马巷、东门、巴江、麻地兴、新桥、环城居民小组。2008年末有524户1415人（不包括驻社区单位人口），其中：汉族1364人，彝族41人，哈尼族3人，傣族2人，苗族2人，其他民族3人。耕地面积25.5亩，经济总收入2271.5万元，农民人均纯收入4848.1元，粮食总产量10.6千克。全年肥猪出栏2250头，生猪存栏1750头，羊存栏45只。

书记、主任：李自红
副 书 记：李崇明（7月起）
副 主 任：王翠芳（女，彝族）
办公室电话：7796528

【西北社区居委会】 西北社区居委会西北居民小组，海拔1674米，土地面积1.67平方千米，辖1个自然村、8个居民小组，即：西北、北门、西环、镇觉寺、西门、古楼、红桥、鹿阜山居民小组。2008年末有864户2802人（不包括驻社区单位人口），其中：汉族2721人，彝族68人，哈尼族2人，壮族4人，傣族1人，回族6人。耕地面积732亩，其中：水田619.1亩，旱地118.5亩。经济总收入2645万元，农民人均纯收入4868元，粮食总产量为540.6千克。全年大牲畜出栏10头（匹），肥猪出栏3760头；年末大牲畜存栏76头（匹），生猪存栏2155头。

书记、主任：李朝元（彝族）
副 书 记：赵其之
副 主 任：官利华（女）
办公室电话：7796464

【龙泉社区居委会】 龙泉社区居委会驻竹庄居民小组，海拔1688米，土地面积1.63平方千米，辖13个居民小组，即：双龙山、双龙桥、竹庄、科兴、双龙街、双龙南巷、双龙中巷、石林中路、龙泉路、蚊子口、天合、天桥、东城区居民小组。2008年末有9439户19401人（包括石林县城驻社区单位人口），其中：汉族15063人，彝族3940人，白族76人，哈尼族28人，壮族71人，傣族24人，苗族23人，傈僳族1人，回族88人，拉祜族4人，佤族4人，纳西族13人，瑶族10人，藏族10人，独龙族1人，蒙古族2人，水族14人，满族7人，布依族3人，其他民族19人。

书记、主任：魏丕林
副 书 记：李水生
副 主 任：李彦芬（女）
办公室电话：7796411

（撰稿人：鹿阜镇人民政府 赵晓娟）

石 林 镇

【机构设置】 2008年，石林镇内设党政综合办公室、文化广播电视服务中心、便民服务中心、农林水综合服务中心、畜牧兽医服务中心、村镇规划服务中心。年末，有职工86人，其中：公务员29人，工勤人员4人，专业技术人员45人，事业单位工人8人。办公地点位于石林镇胜利中路78号。年内，石林镇被国家环境保护部评为“全国优美乡镇”，石林镇小箐村被中央精神文明建设指导委员会办公室评为“第四届全国创建文明村镇工作先进村镇”，镇党委被省委、市委授予“先进基层党组织”称号，镇司法所被省司法厅授予“全省法律援助工作先进单位”称号，北小村和三家村被省妇联分别评为“优秀妇女之家”和“合计示范村”；毕敏书画作品《摘瓜》被省委农村工作领导小组办公室评为“云南省首届‘三农’书画摄影展优秀作品”；张继文被团省委授予“云南省优秀志愿者”称号；镇中心学校张琼芬等7位教师分获省市级表彰奖励。

【行政区划】 石林镇位于县境东北部，镇政府所在地北大村距县城14千米，距石林火车站7千米。全镇辖北大村、天生关、林口铺、螺蛳塘、长跨、松子园、小密枝、北小村、月湖、老挖、水塘铺、小箐、乐尔村、和摩站、站屯15个村委会，41个自然村，64个村民小组。

【自然状况】 2008年全镇土地面积298.74平方千米（包括石林公园1.48平方千米、石林风景区3.31平方千米）。有耕地41662.5亩，其中：水田12135.45亩，旱地29527.05亩。境内森林覆盖率27.8%，最高海拔2096米（小密枝村委会山神庙峰），最低海拔1645米（螺蛳塘村委会双包凹），年平均气温16.5℃，年降雨量为1134.4毫米。辖区为典型喀斯特地貌，大、小石林和乃古石林均在镇境内。

【石林镇招商分局】 石林镇招商分局由石林镇人民政府牵头，县广电局、县司法局协作组成。2008年县下达招商任务数为4000万元，实际到位资金9203.67万元，完成任务数的230.09%，其中：昆明大型太阳能光伏并网发电项目到位资金5790万元，已完成土地丈量工作；石林温氏畜牧有限公司的种鸡场、孵化场建设项目到位资金405万元，正在施工建设种鸡孵化厂和办公用房；石林鑫融居转让及改建项目到位资金189.27万元，正做内部装修、装饰；云南红瑞源生物科技有限公司石林泽源分公司种植青花椒项目到位资金91.4万元，已开始投产运作；昆明旺园生态农业科技有限公司到位资金378万元，已引进一批山猪养殖；石林和摩站石峰寺到位资金648万元，基础设施建设已粗具规模；中核旅游度假村项目到位资金1000万元，正在办理前期建设手续；锦苑花卉产业园项目到位资金702万元，租地工作已完成。

【人口与计划生育】 2008年末全镇有11687户38578人，其中：男性19429人，女性19149人；农业人口35804人，非农业人口2774人；汉族20667人、彝族17640人，其他民族（白族、哈尼族、壮族、傣族、苗族、傈僳族、回族、拉祜族、佤族、基诺族、瑶族、水族）271人。全年出生252人，死亡120人，人口自然增长率2.91‰，计划生育率达100%。新办农业人口《独生子女父母光荣证》4户，累计办理874户，享受“奖优免补”534户，兑现率达100%。

【经济综述】 2008年全镇工农业总产值完成56247万元，其中：工业总产值33602万元，农业总产值22645万元。农村经济总收入22422.1万元，实现镇级财政收入1500万元。农民人均纯收入3283.3元。全年税费收入2125.5万元，其中：非公经济实缴税金1438万元，烟叶税收687.5万元。

【农　业】 2008年全镇种植粮食7.8万亩，产量18994吨，农民人均占有粮食549千克。其中：小春粮食产量3008吨，大春粮食产量15986吨；水稻种植面积11001亩，产量3984吨；玉米种植面积19500亩，产量9888吨；薯类9802.5亩，产量1429.7吨；豆类5401.5亩，产量612.2吨。实现粮食总产值4148万元。

种植烤烟1.44万亩，收购烟叶2120吨，总产值3126万元，均价14.74元，居全县第一，实现烟叶农业税687.5万元。

全年大牲畜出栏2255头（匹），肥猪出栏41798头，羊出栏14829只，家禽出栏465900只；年末大牲畜存栏12544头(匹)，生猪存栏33720头，羊存栏33035只，家禽存栏255600只；鲜奶产量316吨，蛋产量502吨。实现畜牧总产值9922万元。

完成蔬菜种植面积7800亩，产量13817吨，产值1388万元；水果面积9618亩，产量5016.8吨，产值1338万元；茶叶面积1755亩，产量14吨；花卉面积1039.5亩，产量219.3万枝(株)；蚕桑2500亩，产量82吨。种植台湾尖椒2150亩、雪莲果2500亩；发展板蓝根276亩、半夏15亩；林口铺村委会建成1.3万亩泡核桃基地、310亩冬桃示范基地。

水利工程总投资298万元，完成工程9件（小林口铺抽水站改造工程、大寨人饮工程、螺蛳塘上花沟除险加固工程、老木哨村人饮工程、大林口铺村人饮工程、和摩村人饮工程、小沙邑村人饮工程、下打磨箐人饮工程、月湖村人饮水池盖板工程），投工42万个，完成土石方24万立方米。

全镇共兑现农民补贴资金695万元，其中：种粮农民农资综合补贴资金353万元，涉及农户8795户；种粮农民水稻玉米种植补贴资金41万元，涉及农户8790户；退耕还林补贴资金301万元，涉及农户885户。

完成了石林民族生态体育运动场、中国彝族第一村、雪兰奶牛养殖、乃古石林景前区、团结水库改扩建工程等的征（租）地工作；完成月湖、老挖土地整治、石林景区周边环境整治、昆石公路石林收费站周围沿线可视坟墓搬迁、普豆村农村公益性墓地筹建、城乡园林绿化及生态建设、集体林权制度改革等重点工作。全镇共征地6214亩、租地12834亩，搬迁坟墓708冢。

【林权制度改革】 完成义务植树476亩9.954万株，建苗木基地481亩；完成幼林抚育750亩，防护林造林4000亩。完成林改确权面积139052.66亩9043户，确权林业用地2397宗，签订家庭承包合同357份，发放均利证8036本，全镇确权率98.38%，确权到户率91.59%，林权纠纷调处率100%。

【乡镇企业】 2008年全镇共有个体工商户、私营企业、有限责任公司1690个。完成农村劳动力转移培训1950人，劳动力转移1617人，其中：省外103人，省内县外274人，县内1240人。

【新农村建设】 制定出台了《石林镇社会主义新农村建设指导员管理规定》，把小箐、站屯、松子园三个村委会作为石林镇新农村建设整村推进的示范村建设。小箐新农村建设受到上级领导的一致好评，2008年11月19日接受了中共中央政治局常委、国家副主席习近平，国务院副总理回良玉的检查、调研。农村基础设施建设步伐加快，2008年全镇成功申报农村公益事业建设“一事一议”财政奖补项目15个，涉及12个村委会、财政补助资金66万元，完成了寺背后、爱买龙科技文化服务中心，站屯、乐尔村、大林口铺村内道路硬化等基础设施建设。

组建矿山安全检查指挥部、土地清理整顿组、成立镇级应急扑火队、村委会义务扑火队，共进行大检查15次。成立水资源调查保护组，确保水源地安全，使集中式供水点水质达标率均达到了80%；在水源保护区（点）继续开展生态示范村、生态村建设工作，新建沼气池665口，累计推广沼气池建设6224口；在乐尔村安装了32盏太阳能路灯，为石林县首家安装太阳能路灯的村庄。2008年4月石林镇被评为第七批国家级“环境优美乡镇”。

【科教文卫】 2008年全镇共举办各类新技术培训126期12496人次，“两后双百”培训2期172人；组织农村妇女实用技术培训25期5680人；组织团员参加各类新技术培训13期476人次；举办农函大2个班，传授蔬菜、尖椒的栽种技术，培训学员176人。“四下乡”活动开展技术咨询269次，发放各类科技材料13850份，粘贴各类宣传材料1045份。

深化教育人事制度改革，公选了中心学校校长、副校长，竞聘了14名中小学校长，推行教职员工全员聘任制。做好石林小学搬迁和标准化学校建设工作，进一步办好教育发展协会，2008年共吸纳社会爱心捐款16.62万余元，为真正需要关心、帮助的孩子解决了燃眉之急；通过“爱心助你上大学”活动，提供12000元爱心助学款资助3名贫困大学生。2008年全镇在职教职工376人，中小学生4481人。

全年共组织文艺演出活动48场，演出节目520个；组织斗牛活动16次，观众8万余人；女子摔跤队在石林县2008年“火把节”比赛中荣获全县第一名，并连续四年蝉联冠军。圆满完成云南省首届新农村文艺汇演的观众组织工作，参演节目《阿诗玛的故乡》获云南省表演一等奖。完成北小村、螺蛳塘、北大村、林口铺四个村委会文化室的改扩建及修缮；完成林口铺室内球场、月湖村篮球运动场的新建工作。

卫生事业全面发展，医疗服务质量不断提高，疾病防控工作扎实有效，农村合作医疗工作成效明显，全镇共有农村卫生室10个；全镇全年住院1455人次，补偿受益128.9万元。2008年参合人数为33883人，参合率达98.4%。积极开展了防治艾滋病入户宣传活动，发放入户宣传手册6335册，入户率达100%。落实城镇职工基本医疗保险565人，完成657人的被征地人员养老保险缴交工作。

【精神文明及民主法制建设】 以提高全镇人民群众的科学文化素质和思想道德素质能力为目标，深入开展群众性精神文明创建活动。2008年，石林镇被命名为"昆明市文明小城镇"，小箐村创建"全国文明村"通过考评，申报创建的3个市级文明单位、7个县级文明单位（村）通过市、县文明委的考评验收。全镇15个村民委员会的8459户农户参与了"十星级文明户"的评选活动，参评率为91.8%。

全面推行"阳光政务"，严格执行《石林镇农村集体资产管理办法》，定期组织开展农村财务公开检查，管好集体资源、资金、资产；抓好禁毒、反邪防邪、铁路护路、道路交通、生产安全、森林、水库、学校、地质、矿山、食品、防疫等生产生活安全；认真做好信访和矛盾纠纷调处工作，及时化解各类社会矛盾，全年无重大群体性死伤事件发生，群众越级上访下降到1起24人，确保社会大局稳定。

【交通邮电】 全镇95%的村委会开通乡村公交车，切实解决了广大群众行路难的问题。电信业发展迅速，年内新装电话用户702户，年末全镇有5452部固定电话；安装宽带83户，设专线4条。投入118.8万元建设了15个行政村、39个自然村共82.24千米的有线电视"村村通"工程，是全县唯一村村通有线电视的乡镇。

【民政扶贫】 2008年共发放救灾救济粮21770千克，发放社会临时救济款8500元；发放148.2万元的低保金，发放烈属遗属、伤残军人、老复员军人、带病回乡退伍军人生活定期定量补助924人20.5万元，完成14户因灾倒塌民房的重建工作。全年发放小额扶贫贷款105万元、妇女发展项目资金14.5万元；实施的省级重点扶贫村小密枝，共投入352.5万元完成了山头上村人畜饮水、爱买龙村瓦窑河水库扩建工程；完成了小密枝村、爱买龙村道路硬化工程；修缮了小密枝村、山头上村科技文化室；投资150.2万元，完成松子园下打磨箐整村搬迁项目，共搬迁34户102人。

石林镇村组青年法律培训

【领导名录】

书　　记：李　湖
副 书 记：刘琴龙
　　　　　艾世武
纪委书记：虎志兰（女，彝族）
镇　　长：刘琴龙
副 镇 长：槐树波
　　　　　毕志锋（彝族）
　　　　　岭红芝（女，彝族）
人大主席：赵恒谦（彝族）

村委会

【北大村村委会】 北大村村委会驻北大村小寨，土地面积19.67平方千米，辖5个村民小组、5个自然村，即：海子、大寨、小寨、后首田、普豆村。2008年末有826户2996人，其中：汉族2017人，彝族966人，其他民族13人。耕地1506亩，实现经济总收入1048.5万元，粮食总产量 1673.3吨，烤烟总产量167.6吨、产值247.1万元。全年大牲畜出栏181头（匹），肥猪出栏4860头，羊出栏2188只，家禽出栏183000只；年末大牲畜存栏头960（匹），生猪存栏4510头，羊存栏1385只，家禽存栏55660只，蛋产量146吨。

书　记：赵良男
主　任：刘志聪
副主任：李存红

【天生关村委会】 天生关村委会驻天生关村，土地面积18.20平方千米，辖6个村民小组、1个自然村，即天生关村。2008年末有821户2978人，其中：汉族2933人，彝族36人，其他民族9人。耕地3022.5亩，实现经济总收入1206.8万元，粮食总产量1387.3吨，烤烟总产量231.5吨、产值341.3万元。全年大牲畜出栏141头（匹），肥猪出栏2360头，羊出栏866只，家禽出栏17500只；年末大牲畜存栏790头（匹），生猪存栏2150头，羊存栏

1385只，家禽存栏12550只，蛋产量15吨。

书　记：周卫东
主　任：徐建堂
副主任：洪平华
办公室电话：7702366

【林口铺村委会】 林口铺村委会驻大林口铺村，土地面积32.25平方千米，辖4个村民小组、4个自然村，即：大林口铺、小林口铺、老木哨、和摩村。2008年末有698户2562人，其中：汉族1000人，彝族1555人，其他民族7人。耕地5301亩，实现经济总收入1200万元，粮食总产量1591.9吨，烤烟总产量272.8吨、产值402.2万元。全年大牲畜出栏179头（匹），肥猪出栏3240头，羊出栏1020只，家禽出栏7600只；年末大牲畜存栏983头（匹），生猪存栏2750头，羊存栏2640只，家禽存栏35200只，蛋产量52吨。

书记、主任：李志德（彝族）
副　书　记：毕绍兴（彝族）
副　主　任：冯桂林

【螺蛳塘村委会】 螺蛳塘村委会驻螺蛳塘村，土地面积40.76平方千米，辖5个村民小组、5个自然村，即：螺蛳塘、路星村、起堵渣、响水箐、大塘子。2008年末有861户3101人，其中：汉族1483人，彝族1514人，其他民族104人。耕地5301亩，实现经济总收入1308万元，粮食总产量1698.4吨，烤烟总产量201.5吨、产值297万元。全年大牲畜出栏168头（匹），肥猪出栏3768头，羊出栏1647只，家禽出栏36000只；年末大牲畜存栏1150头（匹），生猪存栏3380头，羊存栏2690只，家禽存栏8500只，蛋产量26吨。

书　记：桂正林（回族）
主　任：谢永华
副主任：昂玉才（彝族）
办公室电话：7702936

【松子园村委会】 松子园村委会驻松子园村，土地面积22.12平方千米，辖4个村民小组、4个自然村，即：松子园、小沙邑、上打磨箐、下打磨箐。2008年末有569户1912人，其中：汉族934人，彝族969人，其他民族9人。耕地2862亩，实现经济总收入718.1万元，粮食总产量1019.5吨，烤烟总产量125.8吨、产值185.4万元。全年大牲畜出栏143头（匹），肥猪出栏1980头，羊出栏568只，家禽出栏28000只；大牲畜存栏820头（匹），生猪存栏1550头，羊存栏2140只，家禽存栏23800只，蛋产量22吨。

书记、主任：王志才
副　书　记：段建华
副　主　任：李春燕（女）

【小密枝村委会】 小密枝村委会驻小密枝村，土地面积18.15平方千米，辖3个村民小组、3个自然村，即：小密枝、山头上、爱买龙。2008年末有604户2334人，其中：汉族904人，彝族1430人。耕地3393亩，实现经济总收入899.2万元，粮食总产量1392.9吨，烤烟总产量168.2吨、产值248万元。全年大牲畜出栏119头（匹），肥猪出栏1960头，羊出栏786只，家禽出栏17300只；年末大牲畜存栏860头（匹），生猪存栏1270头，羊存栏2030只，家禽存栏14210只，蛋产量13吨。

书记、主任：虎志德（彝族）
副　书　记：武正兴（彝族）
副　主　任：张树华

【长跨村委会】 长跨村委会驻大长跨村，土地面积8.52平方千米，辖4个村民小组、4个自然村，即：大长跨、小长跨、大田、落水洞。2008年末有297户1103人，其中：汉族468人，彝族630人，其他民族5人。耕地2383.5亩，实现经济总收入503.5万元，粮食总产量966.9吨　，烤烟总产量55.3吨、产值81.5万元。全年大牲畜出栏117头（匹），肥猪出栏2130头，羊出栏887只，家禽出栏21300只；年末大牲畜存栏540头（匹），生猪存栏1490头，羊存栏1750只，家禽存栏12300只，蛋产量24吨。

书　记：刘忠祥（彝族）
主　任：王学志（彝族）
副主任：赵忠祥（彝族）
办公室电话：7715006

【北小村村委会】 北小村村委会驻北小村，土地面积14.60平方千米，辖4个村民小组、1个自然村，即北小村。2008年末有482户1872人，其中：汉族771人，彝族1101人。耕地2128.5亩，实现经济总收入833.2万元，粮食总产量932.2吨，烤烟总产量70吨、产值103.2万元。全年大牲畜出栏81头（匹），肥猪出栏2290头，羊出栏945只，家禽出栏25200只；年末大牲畜存栏681头（匹），生猪存栏1760头，羊存栏2100只，家禽存栏18620只，蛋产量57吨。

书　记：袁天才
主　任：张志彪（彝族）
副主任：张雄林
办公室电话：7701690

【月湖村委会】 月湖村委会驻月湖村，土地面积15.16平方千米，辖6个村民小组、1个自然村，即月湖村。2008年末有496户2088人，其中：汉族910人，彝族1172人，其他民族6人。耕地3427.5亩，实现经济总收入885元，粮食总产量941.3吨，烤烟总产量42.3吨、产值62.4万元。全年大牲畜出栏112头（匹），肥猪出栏2240头，羊出栏856只，家禽出栏18400只；年末大牲畜存栏610头（匹），生猪存栏1660头，羊存栏1900只，家禽存栏3560只，蛋产量31吨。

书　记：张　宏（彝族）
主　任：普剑彪（彝族）
副主任：张云恩（彝族）

【老挖村委会】 老挖村委会驻大老挖村，土地面积30.43平方千米，辖6个村民小组、2个自然村，即：大老挖、小老挖。2008年末有571户2359人，其中：汉族946人，彝族1413人。耕地3237亩，实现经济总收入411.34万元，粮食总产量1377.9吨，烤烟总产量105.1吨、产值155万元。全年大牲

畜出栏116头（匹），肥猪出栏2120头，羊出栏890只，家禽出栏23600只；年末大牲畜存栏765头（匹），生猪存栏1850头，羊存栏2230只，家禽存栏8500只，蛋产量12吨。

书记、主任：赵文明（彝族）
副 书 记：毕跃光（彝族）
副 主 任：高玉祥（彝族）

【水塘铺村委会】 水塘铺村委会驻水塘铺村，土地面积17.41平方千米，辖4个村民小组、1个自然村，即水塘铺村。2008年末有304户1228人，其中：汉族599人，彝族622人，其他民族7人。耕地1738.5亩，实现经济总收入597万元，粮食总产量886.5吨，烤烟总产量119吨、产值175.4万元。全年大牲畜出栏118头（匹），肥猪出栏1580头，羊出栏810只，家禽出栏5800只；年末大牲畜存栏681头（匹），生猪存栏1150头，羊存栏1270只，家禽存栏2860只，蛋产量11吨。

书 记：王 平（彝族）
主 任：昂文义（彝族）
副主任：毕劲锋（彝族）

【小箐村委会】 小箐村委会驻小箐村，土地面积21.71平方千米，辖3个村民小组、3个自然村，即：小箐、阿玉林、三家村。2008年末有622户2473人，其中：汉族629人，彝族1781人，其他民族63人。耕地801亩，实现经济总收入1698.6万元，粮食总产量1146.9吨，烤烟总产量36.8吨、总产值54.2万元。全年大牲畜出栏162头（匹），肥猪出栏3650头，羊出栏856只，家禽出栏26000只；年末大牲畜存栏820头（匹），生猪存栏3100头，羊存栏2120只，家禽存栏15600只，蛋产量21吨。

书记、主任：年德富（彝族）
副 书 记：赵有兰（女）
副 主 任：年志刚（彝族）
办公室电话：7711468

【乐尔村村委会】 乐尔村村委会驻小箐村，土地面积9.54平方千米，辖4个村民小组、2个自然村，即：乐尔村、天生桥。2008年末有992户3190人，其中：汉族2739人，彝族451人。年末有耕地1746亩，实现经济总收入2370.4万元，粮食总产量1297.2吨，烤烟总产量46.7吨、总产值68.9万元。全年大牲畜出栏156头（匹），肥猪出栏4360头，羊出栏598只，家禽出栏27700只；年末大牲畜存栏830头（匹），生猪存栏3390头，羊存栏1460只，家禽存栏35640只，蛋产量25吨。

书记、主任：李明红
副 书 记：张树平（彝族）
副 主 任：孙丽萍（女）
办公室电话：7710968

【和摩站村委会】 和摩站村委会驻和摩站村，土地面积19.35平方千米，辖4个村民小组、4个自然村，即：寺背后、和摩站、高石哨、石板哨。2008年末有767户2732人，其中：汉族2222人，彝族502人，其他民族8人。耕地3599亩，实现经济总收入1123.1万元，粮食总产量1321吨，烤烟总产量260.2吨、产值383.6万元。全年大牲畜出栏294头（匹），肥猪出栏3640头，羊出栏1254只，家禽出栏24000只；年末大牲畜存栏1204头（匹），生猪存栏2600头，羊存栏3680只，家禽存栏5200只，蛋产量24吨。

书记、主任：刘志生
副 书 记：彭季存
副 主 任：高自林

【站屯村委会】 站屯村委会驻站屯村，土地面积6.08平方千米，辖2个村民小组、1个自然村，即站屯村。2008年末有431户1681人，其中：汉族1653人，彝族25人，其他民族3人。耕地1272亩，实现经济总收入992万元，粮食总产量1360.9吨，烤烟总产量217.4吨、总产值320.5万元。全年大牲畜出栏168头（匹），肥猪出栏1620头，羊出栏658只，家禽出栏4500只；年末大牲畜存栏850头（匹），生猪存栏1110头，羊存栏1540只，家禽存栏3400只，蛋产量23吨。

书记、主任：张建寿
副 书 记：郭祝先
副 主 任：王小启

（撰稿人：石林镇人民政府 张妍皎）

路美邑镇

【机构设置】 2008年路美邑镇内设党政综合办公室、农林水综合服务中心、村镇规划建设服务中心、文化广播电视服务中心和畜牧兽医服务中心。年末有职工73人，其中：公务员25人，事业人员38人，工勤人员10人。2008年镇人民政府荣获“2008年度昆明市烤烟生产收购表扬乡（镇）”称号。

【行政区划】 路美邑镇位于县城西北部，镇政府所在地路美邑村距县城6千米。全镇辖大哨、小河、萝卜所、阿怒山、路美邑、北山、麦地庄、堡子、鱼龙坝9个村民委员会，39个自然村，70个村民小组。

【自然状况】 全镇土地面积95.24平方千米，耕地面积18678亩。境内森林覆盖率17.16%，最高海拔1980米、最低海拔1678米，平均气温16.5℃，全年日照数1754小时，属亚热带低纬高原山地季风气候，年温差小而日温差大，干湿分明。

【路美邑镇招商分局】 路美邑镇招商分局由路美邑镇人民政府牵头，县财政局、县煤管办、县粮食局协作组成。2008年，县下达路美邑镇招商分局的引资任务为3000万元，累计到位资金5317.67万元，完成任务数的177.26%。引进了石林禾泽蔬菜速冻厂、宏利木材加工厂、石林县宏强煤矿2号井收购项目和盛丰煤业有限公司技术改造等4个招商引资项目。

【人口与计划生育】 2008年末，全镇有10560户30628人。其中：农业人口29281人，非农业人口1347人；男性15228人，女性15400人；汉族25139人，彝族5031人，其他民族（白族、哈尼族、壮族、傣族、苗族、回族、拉祜族、佤族、纳西族、瑶族、水族、布依族）458人。全年出生273人，死亡64人，人口自然增长率5.70‰。全年新办农业人口《独生子女父母光荣证》13户，累计办证834户。计划生育率达100%，综合节育率85.8%，“奖优免补”兑现率达100%。

【经济综述】　2008年全镇工业总产值9016万元，农业总产值20597.9万元。农村经济总收入36300万元，比上年增29.64%。地方财政一般预算收入1375.6万元，比上年增52%，比县下达的任务数超了322.6万元。农民人均纯收入3016.9元。

【农　业】　2008年路美邑镇农作物测土配方施肥项目实施实现年度目标，全镇粮食总产量14410.8吨、产值3955万元。新增甜柿种植面积668亩，优质核桃种植基地3330亩，发展花卉种植90余亩、产值1800万元；全镇水果总产1643吨、产值552万元，蔬菜总产1.57万吨、产值1749.3万元。

全镇种植烤烟16700亩，收购烟叶237万千克，总产值3474.42万元，均价14.66元，实现税收764万元。2003年以来，路美邑镇烤烟生产收购工作连续六年受到市人民政府的表彰。供销部门以服务“三农”为主线，全年供应化肥2411吨、农膜10.3吨、农药15.2吨。

畜牧规模化养殖迅速发展，重大动物疫病防治得到加强，发展温氏养鸡45户，全镇畜牧业产值8165万元，比上年增59.97%。全年大牲畜出栏1657头（匹），肥猪出栏31305头，山羊出栏8376只，家禽出栏413193只；年末大牲畜存栏7534头（匹），生猪存栏21113头，山羊存栏13342只，家禽存栏215372只。全年共兑付能繁母猪保险款38000元，兑付种粮农民补贴25.6万元、农资综合补贴46.8万元、退耕还林补助144.7万元。

2008年完成了昆石高速公路旁省、市、县党政军义务植树点137.1亩土地的租用工作；配合县工管会做好生态工业集中区建设涉及的998亩土地的征用和1064冢坟墓的搬迁及坟墓搬迁安置地200亩土地的征用工作；完成了石林园博园建设征地拆迁工作任务；完成了巴江河截污廊道建设涉及的284.077亩土地的租用工作。

【乡镇企业】　2008年全镇有乡镇企业996个，营业收入21248万元；工业总产值9016万元，工业增加值1106万元，实现税金413万元。全年开展农村劳动力培训和“两后双百”培训1780人次，完成农村劳动力转移就业1242人。开展整治非法用工打击违法犯罪行为专项行动，加强用工管理，规范用工行为。全年安全生产事故为零。

【新农村建设】　2008年堡子村委会被列为新农村建设整村推进项目，基础设施建设工程、产业发展项目、生态建设工程和社会事业发展工程“四大工程”开工建设。实施了白龙潭村容村貌整治工程。完成了大哨村委会道路改造工程、西纳村进村道路和路美邑、小萝卜所村内道路建设工程。新建了镇标准化文化站，完成了大哨、阿怒山、小河村级文化活动室和麦地庄、新干龙潭、老干龙潭娱乐活动中心建设。实施了阿怒山人畜饮水工程。在堡子村示范推广太阳能路灯40盏。完成了大哨、小糯衣、秦家寨、小河、张家庄、董家庄、王家庄、小滑坡8个自然村的有线电视“村村通”工程。投资280万元实施了官山水库防渗加固工程。在小河村委会董家庄新建了36座集群式烤棚。

启动了农村生活垃圾一体化处置工作，新建垃圾回收池18个，组建保洁队伍9支，配置了环卫工具。全年拆临拆危1.16万平方米。

【林权制度改革】　2008年集体林权制度主体改革工作全面完成。全镇林改确权904宗15095.42亩，发放林权证1014本，发放率达100%，全镇林改确权率为98.64%。调处山林纠纷5起，调处率100%。

城乡园林绿化及生态建设工作全面展开。2008年全镇义务植树17万株，新建苗木基地704.5亩，创建“绿色家庭”10户、“绿色庭院”5个，新增附属绿地面积6.7万平方米，村庄道路绿化800米，机耕道路绿化4500米，协助县公路交通部门完成公路绿化6千米。

【科教文卫】　2008年末全镇中小学教师298人、在校学生4164人。教育教学改革进一步深化，全面推行校长公选。义务教育“两免一补”减负148.8万元。科技科普工作得到加强，年内共举办新型农民技术培训106期、培训人数6336人；开办农函大班2个，培训学员220人；绿色证书培训200人。

城镇居民基本养老保险参保375人，农村被征地人员基本养老保险参保795人；启动了民房火灾保险，参保5759户。

2008年新型农村合作医疗参合27689人，参合率达100.21%（含未落户人员），全年共兑付新型农村合作医疗补偿款130.86万元，受益面为35.18%。全镇共有9个村级卫生室。年内，完成镇卫生院国债资金改（扩）建项目建设，农村初级卫生保健达标工作通过检查验收。开展了以“三鹿”牌婴幼儿奶粉事件和农村集体用餐食品安全监管为重点的食品安全专项整治。

2008年路美邑镇组织文艺队参加了云南省首届新农村文艺汇演、纪检监察机关恢复重建30周年文艺汇演、石林彝族自治县更名10周年庆典开幕式文艺表演。农村文艺组织利用节假日、农闲时开展文艺活动300余场次。

【民政残联】　民政部门扶弱济困工作得到落实，全年共发放优抚、社会救助、“五保”供养、临时救灾、救济等款项93.1万元、救济粮10400千克、救济物资520件（套）。全镇80岁以上老年人享受到高龄老年保健补助，1281人享受农村最低生活保障。积极推进残疾事业，落实残疾人危房改造资金53000元。汶川大地震发生后，全镇共捐资17.2万元支援灾区抗震救灾。积极推行殡葬改革，做好石林大道可视范围坟墓的搬迁工作，在北山村委会境内落实了农村公益性公墓地点一处。

【精神文明及民主法制建设】 2008年全镇共争创市级文明单位（村）2个、县级文明单位（村）9个；届期内有省级文明单位1个、市级文明单位2个、市级文明村3个、县级文明单位10个、县级文明村5个。农村“十星级文明户”评比工作持续深入开展。

2008年全镇共立刑事案件45件，破53件（含往年所立案件）；立治安行政案件48件，查处46件；排查社会矛盾纠纷7件，调处6件；受理和调处各类民间纠纷475起，调解成功率达97%。全镇全年无重大群体性事件，无重大森林火灾和消防安全事故，无重特大交通安全事故，企业安全生产事故为零，平安创建成果得到巩固，社会环境保持了和谐稳定。

【领导名录】

书　　记：毕福祥
副 书 记：李忠华（彝族，3月起）
副书记兼纪委书记：毕绍军
镇　　长：李忠华（彝族，3月起）
副 镇 长：牛云祥
　　　　　高俊春（女）
　　　　　李国兵
人大主席：张永刚

村委会

【大哨村委会】 大哨村委会驻大哨村，海拔1870米，土地面积14.61平方千米，辖5个村民小组、4个自然村，即：大哨、小新村、小糯衣、秦家寨。年末有530户1743人，其中：汉族1243人，彝族491人，其他民族9人。耕地面积1648.5亩，经济总收入670万元。粮食总产量904吨，烤烟总产量224吨，水果产量18吨，蔬菜产量743吨。全年大牲畜出栏41头（匹），肥猪出栏3200头，羊出栏1200只；年末大牲畜存栏837头（匹），生猪存栏1600头，羊存栏1670只。

书记、主任：杨海生
副 书 记：秦　辉
副 主 任：李云峰
办公室电话：7718308

【小河村委会】 小河村委会驻张家庄村，海拔1780米，土地面积15.68平方千米，辖7个村民小组、6个自然村，即：董家庄、小河、张家庄、小尖山、干龙潭、王家庄。年末有625户2053人，其中：汉族1381人，彝族670人，其他民族2人。耕地面积1620亩，经济总收入838.85万元，粮食总产量1080.7吨，烤烟总产量513吨，水果产量114吨，蔬菜产量744吨。全年大牲畜出栏43头（匹），肥猪出栏3200头，羊出栏1180只；年末大牲畜存栏842头（匹），生猪存栏1865头，羊存栏2800只。

书记、主任：王家林
副 书 记：李永生
副 主 任：袁绍才
办公室电话：7704798

【箩卜所村委会】 箩卜所村委会驻大箩卜所村，海拔1758米，土地面积11.68平方千米，辖3个村民小组、3个自然村，即：大箩卜所、小箩卜所、松树凹。年末有583户1819人。其中：汉族1227人，彝族580人，其他民族12人。耕地面积675亩，经济总收入1192.85万元，粮食总产量653.5吨，烤烟总产量230吨，水果产量95.7吨，蔬菜产量618.4吨。全年大牲畜出栏41头（匹），肥猪出栏2800头，羊出栏800只；年末大牲畜存栏312头（匹），生猪存栏1500头，羊存栏1366只。

书记、主任：杜绍春
副 书 记：毕绍林（彝族）
副 主 任：徐时和
办公室电话：7718336

【阿怒山村委会】 阿怒山村委会驻阿怒山村，海拔1705米，土地面积17.61平方千米，辖12个村民小组、8个自然村，即：青龙凹、阿怒山、打野山、大地梁子、小新村、四家村、南山甲、喃喃石箐。年末有1033户3348人，其中：汉族3094人，彝族238人，其他民族16人。耕地面积2698.5亩，经济总收入2410.58万元，粮食总产量1740吨，烤烟总产量300吨，水果产量135吨，蔬菜产量1148吨。全年大牲畜出栏330头（匹），肥猪出栏3400头，羊出栏1700只；年末大牲畜存栏1084头（匹），生猪存栏2000头，羊存栏2800只。

书记、主任：张文平
副 书 记：何跃平
副 主 任：杨福寿
办公室电话：7795315

【路美邑村委会】 路美邑村委会驻路美邑村，海拔1698米，土地面积4.74平方千米，辖8个村民小组、1个自然村。即路美邑。年末有1075户3187人，其中：汉族1423人，彝族1744人，其他民族20人。耕地面积1956亩，经济总收入4920.58万元，粮食总产量1711吨，烤烟总产量270吨，水果产量132吨，蔬菜产量1688吨。全年大牲畜出栏200头（匹），肥猪出栏3000头，羊出栏1080只；年末大牲畜存栏274头（匹），生猪存栏1800头，羊存栏1500只。

书记、主任：杨永喜（彝族）
副 主 任：毕文林（彝族）
办公室电话：7795331

【北山村委会】 北山村委会驻北山村，海拔1687米，土地面积6.15平方千米，辖6个村民小组、2个自然村，即：大北山、小北山。年末有1126户3479人，其中：汉族3340人，彝族124人，其他民族15人。耕地面积2185.5亩，经济总收入3127.4万元，粮食总产量1816吨，烤烟总产量94.5吨，水果产量135吨，蔬菜产量2244吨。全年大牲畜出栏130头（匹），肥猪出栏3700头，羊出栏500只；年末大牲畜存栏432头（匹），生猪存栏3500头，羊存栏800只。

书　记：吉有清
主　任：吉保兵
副主任：李　伟
办公室电话：7713196

【麦地庄村委会】 麦地庄村委会驻小麦地庄村，海拔1686米，土地面积4.29平方千米，辖9个村民小组、4个自然村，即：大麦地庄、小麦地庄、北吉村、小滑坡。年末有1212户3482人，其中：汉族3050人，彝族177人，其他民族255人。耕地面积1609.5亩，经济总收入5383.49万元，粮食总产量1512.6吨，烤烟总产量116吨，水果产量705吨，蔬菜产量3530吨。全年大牲畜出栏230头（匹），肥猪出栏3705头，羊出栏516只；年末大牲畜存栏517头（匹），生猪存栏2448头，羊存栏606只。

书　记：杨学云

主　任：董云祥

副主任：谢合云

办公室电话：7712794

【堡子村委会】 堡子村委会驻堡子村，海拔1692米，土地面积12.20平方千米，辖13个村民小组、5个自然村，即：堡子、大坡厂、白龙潭、大山沟、小山沟。年末有2005户6206人，其中：汉族5500人，彝族655人，其他民族51人。耕地面积3979.5亩，经济总收入6751.54万元，粮食总产量2958吨，烤烟总产量345吨，水果产量237吨，蔬菜产量3350吨。全年大牲畜出栏263头（匹），肥猪出栏4800头，羊出栏800只；年末大牲畜存栏1627头（匹），生猪存栏3800头，羊存栏1200只。

书　记：石　亮

主　任：徐志勇

副主任：沈家彬

办公室电话：7795341

【鱼龙坝村委会】 鱼龙坝村委会驻西纳村，海拔1690米，土地面积8.28平方千米，辖8个村民小组、5个自然村，即：大鱼龙坝、小鱼龙坝、小坡头、西纳村、大冲村。年末有1332户4021人，其中：汉族3903人，彝族74人，其他民族44人。耕地面积2305.5亩，经济总收入3538.46万元，粮食总产量2035吨，烤烟总产量298.3吨，水果产量72吨，蔬菜产量1688吨。全年大牲畜出栏379头（匹），肥猪出栏3500头，羊出栏600只；年末大牲畜存栏1609头（匹），生猪存栏2600头，羊存栏600只。

书记、主任：李正宏

副　主　任：陈保华

办公室电话：7795346

（撰稿人：路美邑镇人民政府 李丽梅）

板桥镇

【机构设置】 2008年板桥镇内设党政综合办公室、农林水综合服务中心、畜牧兽医服务中心、村镇规划建设服务中心和文化广播电视服务中心。年末有职工65人，其中：公务员24人，事业人员39人，工勤人员2人。2008年段鹏光被评为昆明市农村消费维权先进工作者。

【行政区划】 板桥镇地处石林县城东南方，镇政府所在地板桥村马街距县城9千米。全镇辖板桥、黄家庄、矣马伴、龙溪、叠水、大叠水、青山、冒水洞、小戈丈、者乌龙、小屯、龙潭12个村委会，60个自然村，78个村民小组。

【自然状况】 全镇土地面积132.24平方千米，耕地面积24093亩，其中：水田14254.5亩，旱地9838.5亩。境内海拔在1500～2204米之间，年平均降雨量在984.6毫米。辖区内有享有“珠江第一瀑”美誉，落差96米、宽54米的大叠水瀑布。

【板桥镇招商分局】 2008年板桥镇招商分局由板桥镇人民政府牵头，县外宣办、县总工会协作组成。全年引进建设项目3个，实际到位资金2606万元，其中：成都市真诚养殖有限公司投资423.9万元；福建省南安市官桥镇王家芳投资1126.1万元建成云昊养牛场；云南澄江机电安装工程有限公司巴江河电站总投资6800万元、实际到位资金1056万元。超额完成县下达2000万元的招商引资任务。

【人口与计划生育】 2008年末全镇有10117户32640人，其中：农业人口31442人，非农业人口1198人；男性16382人，女性16258人；汉族27766人，彝族4666人，其他民族（白族、哈尼族、佤族、壮族、回族、傣族、苗族、傈僳族、拉祜族、纳西族、瑶族、布朗族、蒙古族、水族、布依族）208人。全年出生276人，死亡702人，人口自然增长率3.17‰。全年新办农业人口《独生子女父母光荣证》30户，累计办证857户。计划生育率100%，综合节育率75%，“奖优免补”兑现率达100%。

【经济综述】 2008年全镇工农业总产值完成23175万元，其中：农业产值15820万元，工业产值7355万元。农村经济总收入完成15828万元，实现镇级财政收入854.1万元。农民人均纯收入4141元。

【农　业】 2008年开展水稻简化育秧、免耕栽培、多样性混栽、蜂巢式栽培、包谷“模式化”栽培和朝鲜蓟种植等培训65期（次），受训人员达8500余人次，发放科技宣传材料6500余份；完成水稻大田移栽11300亩、水稻样板10000亩，包谷9000亩，种植朝鲜蓟1200亩。年末粮食总产量15193.8吨，人均有粮529.2千克。圆满完成烟叶收购任务220万千克，均价14.64元，实现收购总产值3220万元。

全年大牲畜出栏673头（匹），肥猪出栏25772头，羊出栏7949只，家禽出栏339783只；年末大牲畜存栏10438头（匹），生猪存栏20630头，羊存栏13152只，家禽存栏154545只。发展温氏养鸡60户。

全年完成基础设施建设工程115件，总投资574.25万元。新增灌溉面积6650亩，改善灌溉面积2200亩。

【林权制度改革】 2008年板桥镇共完成12个村委会60个村民小组林权制度改革工作。确权面积53302.52亩，确权率98.1%，集体统一经营商品林均利面积11732.96亩，集体统管的公益林面积30095.84亩，林改前已承包8039.47亩，已流转1071.84亩，确权到户率87.3%，已确权宗地数935宗。调处林改矛盾纠纷2起，调处率达100%。

【新农村建设】 2008年小屯村委会新

农村建设整村推进项目和龙溪村委会重点扶贫村项目建设全面启动。投资809.79万元，实施小戈丈、冒水洞等4个自然村的扶贫项目；投资87.4万元，进行小戈丈村农业综合开发项目；投资153.5万元，完成道路硬化10811米，新建垃圾池3个；实施沼气国债项目，新建沼气池499口、节能灶150口；新建5个村级文化室、3个卫生室。

【乡镇企业】 全镇有580户个体私营经济、3个大理石厂、3个红砖厂、2个碎石厂、2个步犁厂、1个面粉厂、4个非煤采矿点。企业从业人员2052人，实现乡镇企业增加值2987万元，工业总产值7355万元，实交税金189万元，完成营业收入12899万元。输出富余劳动力1406人。

【集镇建设】 板桥集镇是石林县比较繁荣的一个商业网点，每周二和周五为赶集日。2008年，建成标准化客运站并投入使用，在马街段安装路灯54盏，亮化街道400余米。

【交通邮电】 全年新装电话156户，年末镇内共有固定电话1942部。随着人民生活水平的不断提高，很大一部分群众也用上了移动电话，12个村委会60个自然村已通公路，路面状况不断改善。

【科教文卫】 2008年举办各级各类培训班216期，培训人数32100人次，推广科技项目12项。全镇共有教师295名，中小学生4888名，升学率达81%。总投资1640万元的标准化中学建设全面启动。争取第100所健华图书馆（投资5000美元）在板桥图书馆落户。全面实施新型农村合作医疗制度，新型农村合作医疗工作参合率达98.70%；全镇有卫生院1个，有卫生室9个，板桥、小戈丈、青山3个村委会卫生室建成并投入使用。

【民政残联】 2008年完成残疾人危房改造13户，各级政府资金补助合计110500元。完成民房火灾保险参保5089户，有394个80岁以上老人享受到高龄补助；农村居民最低生活保障1475人，发放保障金78550元；发放抚恤、保健、定补等362147元，发放冰雹救济款48200元。

【精神文明及民主法制建设】 全年共创建文明单位18个，其中：市级文明单位（村）6个，县级文明单位（村）12个。组织开展普法宣传和法制教育工作，参与重大疑难民间纠纷调解工作，全年援助解决10例。

【领导名录】

书　　记：毕少学（彝族，1月起）
副 书 记：殷　瑕（女，1月起）
　　　　　李　勇
镇　　长：殷　瑕（女，1月起）
副 镇 长：毕学林（彝族，1月起）
　　　　　余平波（1月起）
　　　　　段鹏光
人大主席：陈宇杰（1月起）

村委会

【板桥村委会】 板桥村委会驻板桥集镇，海拔1661米，土地面积6.95平方千米，辖11个村民小组、6个自然村，即：邓家山、碧落甸、板桥马街、虎街、桃溪、新发。2008年末有1074户3842人，其中：汉族3568人，彝族260人，哈尼族2人，回族2人，白族1人，壮族5人，瑶族1人，佤族3人。耕地面积2806.5亩，全年经济总收入1660.1643万元，农民人均纯收入2783.3元，粮食总产量1587.7吨，烤烟总产量29.25万千克、产值380.9万元。全年大牲畜出栏10头(匹)，肥猪出栏2230头，羊出栏423只；年末大牲畜存栏1286头(匹)，生猪存栏1989头，羊存栏746只。

书　记：李炳兴
主　任：潘元林
副主任：张洪流
办公室电话：7742376

【小屯村委会】 小屯村委会驻小屯村，海拔1682米，土地面积15.43平方千米，辖12个村民小组、7个自然村，即：小屯、石哑口、大官庄、龙井沟、太平田、山田、张家坝塘。2008年末有1397户4974人，其中：汉族4401人，哈尼族2人，回族2人，壮族9人，瑶族13人，彝族541人，傣族1人，苗族1人，蒙古族2人，水族2人。耕地面积4187亩，全年经济总收入3586万元，农民人均纯收入2712元，粮食总产量2296.2吨，烤烟总产量32.14万千克、产值412.2万元。全年大牲畜出栏76头（匹），肥猪出栏2529头，羊出栏689只；年末大牲畜存栏1564头(匹)，生猪存栏2433头，羊存栏1323只。

书记、主任：谢有兴
副 书 记：严桂兰
副 主 任：雷从富
办公室电话：7743397

【龙潭村委会】 龙潭村委会驻小官庄村，海拔1707米，土地面积17.49平方千米，辖6个村民小组、6个自然村，即：初为村、小龙潭、慈门村、小官庄、黑泥塘、保家哨。2008年末有872户1014人，其中：汉族806人，彝族195人，回族6人，壮族3人，苗族2人，瑶族2人。耕地面积2114亩，全年经济总收入1165.3872万元，农民人均纯收入2721元，粮食总产量1309.2吨，烤烟总产量15.4万千克、产值192.2万元。全年大牲畜出栏18头（匹），肥猪出栏2427头，羊出栏719只；年末大牲畜存栏727头（匹），生猪存栏1825头，羊存栏1430只。

书记、主任：陈跃平
副 书 记：王　汉
副 主 任：胡增云
办公室电话：7743305

【黄家庄村委会】 黄家庄村委会驻黄家庄村，海拔1660米，土地面积7.08平方千米，辖6个村民小组、4个自然村，即：黄家庄、段家坝、陈家田、安仁村。2008年末有农户692户2327人，其中：汉族2232人，彝族85人，壮族1人，纳西族8人，蒙古族1人。耕地面积2280亩，全年经济总收入

804.885 万元，农民人均纯收入 2867.4 元，粮食总产量 1551.6 吨，烤烟总产量 22.73 万千克、产值 293.6 万元。全年大牲畜出栏 23 头（匹），肥猪出栏 2131 头，羊出栏 502 只；年末大牲畜存栏 862 头（匹），生猪存栏 1625 头，羊存栏 803 只。

书记、主任：黄家礼

副 书 记：韩树仙（女）

副 主 任：段 华

办公室电话：7742445

【龙溪村委会】 龙溪村委会驻大龙溪村，海拔 1645 米，土地面积 3.86 平方千米，辖 4 个村民小组、4 个自然村，即：大龙溪、小龙溪、板田、龙潭河。2008 年末有 488 户 1716 人，其中：汉族 1655 人，彝族 55 人，白族 2 人，傣族 3 人，蒙古族 1 人。耕地面积 1350 亩，全年经济总收入 327.94 万元，农民人均纯收入 1386 元，粮食总产量 924.6 吨，烤烟总产量 14.27 万千克、产值 184.6 万元。全年大牲畜出栏 78 头（匹），肥猪出栏 1840 头，羊出栏 643 只；年末大牲畜存栏 613 头（匹），生猪存栏 1422 头，羊存栏 1101 只。

书记、主任：吴永红

副 书 记：李奉成

副 主 任：陆光林

办公室电话：7743588

【叠水村委会】 叠水村委会驻中村，海拔 1657 米，土地面积 8.47 平方千米，辖 5 个村民小组、5 个自然村，即：小叠水、中村、洗洒海、秧田冲、大麦地。2008 年末有 328 户 1069 人，其中：汉族 1038 人，彝族 27 人，白族 3 人，布朗族 1 人。耕地面积 772 亩，全年经济总收入 434.486 万元，农民人均纯收入 1380 元，粮食总产量 751.8 吨，烤烟总产量 11.8 万千克、产值 154.1 万元。全年大牲畜出栏 20 头（匹），肥猪出栏 1700 头，羊出栏 562 只；年末大牲畜存栏 428 头（匹），生猪存栏 1209 头，羊存栏 1105 只。

书记、主任：吴荣慧

副 书 记：陆忠福

副 主 任：范家喻

办公室电话：7742390

【矣马伴村委会】 矣马伴村委会驻大矣马伴村，海拔 1650 米，土地面积 13.98 平方千米，辖 7 个村民小组、7 个自然村，即：大矣马伴、小波落黑、西林村、大马鞍山、小马鞍山、小矣马伴、海巴地。2008 年末有 956 户 3195 人，其中：汉族 2860 人，彝族 306 人，哈尼族 7 人，白族 13 人，壮族 6 人，瑶族 3 人。耕地面积 2720 亩，全年经济总收入 1091.206 万元，农民人均纯收入 2698.6 元，粮食总产量 1701.3 吨，烤烟总产量 25.1 万千克、产值 321.9 万元。全年大牲畜出栏 90 头（匹），肥猪出栏 2426 头，羊出栏 660 只；年末大牲畜存栏 1257 头（匹），生猪存栏 1715 头，羊存栏 1104 只。

书 记：李树有

主 任：董贵金

副主任：杨云红

办公室电话：7743386

【青山村委会】 青山村委会驻青山口村，海拔 1705 米，土地面积 7.92 平方千米，辖 10 个村民小组、7 个自然村，即：三家村、小色多、杨福村、青山口、周家村、段家村、吴家村。2008 年末有 903 户 3248 人，其中：汉族 2418 人，彝族 805 人，哈尼族 14 人，回族 8 人，白族 2 人，苗族 1 人。耕地面积 2391 亩，全年经济总收入 1050 万元，农民人均纯收入 2628 元，粮食总产量 1747.1 吨，烤烟总产量 23.9 万千克、产值 310.3 万元。全年大牲畜出栏 54 头，肥猪出栏 2435 头，羊出栏 693 只；年末大牲畜存栏 995 头（匹），生猪存栏 2152 头，羊存栏 1306 只。

书记、主任：李 雄

副 书 记：郑立学

副 主 任：周福章

办公室电话：7742394

【小戈丈村委会】 小戈丈村委会驻小戈丈村，海拔 1705 米，土地面积 3.74 平方千米，辖 3 个村民小组、1 个自然村，即小戈丈村。2008 年末有 521 户 1729 人，其中：汉族 1625 人，彝族 91 人，白族 5 人，哈尼族 2 人，苗族 3 人，傣族 2 人，蒙古族 1 人。耕地面积 1307.5 亩，全年经济总收入 906 万元，农民人均纯收入 2740 元，粮食总产量 1234.4 吨，烤烟总产量 14.1 万千克、产值 178.7 万元。全年大牲畜出栏 13 头（匹），肥猪出栏 1876 头，羊出栏 467 只；年末大牲畜存栏 887 头（匹），生猪存栏 1417 头，羊存栏 745 只。

书记、主任：杨汉辉

副 书 记：罗进明

副 主 任：鲁有仙（女）

办公室电话：7742391

【冒水村委会】 冒水村委会驻上冒水洞村，海拔 1730 米，土地面积 29.75 平方千米，辖 5 个村民小组、3 个自然村，即：上冒水洞、下冒水洞、大湾箐。2008 年末有 575 户 2188 人，其中：汉族 405 人，彝族 1766 人，白族 5 人，苗族 6 人，佤族 6 人。耕地面积 2228 亩，全年经济总收入 563.3388 万元，农民人均纯收入 1382 元，粮食总产量 1311.5 吨，烤烟总产量 11.2 万千克、产值 137.4 万元。全年大牲畜出栏 121 头（匹），肥猪出栏 1880 头，羊出栏 935 只；年末大牲畜存栏 854 头（匹），生猪存栏 1415 头，羊存栏 1978 只。

书记、主任：罗家祥

副 书 记：李松峰（彝族）

副 主 任：方 宏（彝族）

办公室电话：7742392

【者乌龙村委会】 者乌龙村委会驻大者乌龙村，海拔 1674 米，土地面积 4.68 平方千米，辖 5 个村民小组、3 个自然村，即：大者乌龙、小者乌龙、山咀。2008 年末有 576 户 2147 人，其中：汉族 1932 人，彝族 210 人，白族 2 人，佤族 2 人，哈尼族 1 人。耕地面积 1696 亩，全年经济总收入 769.2983 万元，农民人均纯收入 2789 元，粮食总产量 1188.9 吨，烤烟总产量 18.3 万千克、产值 236.7 万元。全年大牲畜出栏 27 头（匹），肥猪出栏 2026 头，羊出栏 510 只；年末大牲畜存栏 720 头（匹），生猪存栏 1616 头，羊存栏 632 只。

书记、主任：姚树祥
副　书　记：唐文云
副　主　任：韩永云
办公室电话：7742209

【大叠水村委会】　大叠水村委会驻陷塘村，海拔1657米，土地面积7.79平方千米，辖4个村民小组、4个自然村，即：大叠水、陷塘、小狗黑地、小团山。2008年末有172户643人，其中：汉族596人，彝族43人，壮族2人，苗族2人。耕地面积242亩，全年经济总收入134.962万元，农民人均纯收入1380元，粮食总产量309.5吨，烤烟总产量1.89万千克、产值24.9万元。全年大牲畜出栏7头（匹），肥猪出栏914头，羊出栏417只；年末大牲畜存栏198头（匹），生猪存栏771头，羊存栏551只。

书　记：沈家才
主　任：李树生
副主任：普家兴

（撰稿人：板桥镇人民政府 杨玉仙）

长湖镇

【机构设置】　2008年，长湖镇内设党政综合办公室、农林水综合服务中心、文化广播电视服务中心、村镇规划建设服务中心和畜牧兽医服务中心。年末全镇有职工65人，其中：公务员22人，工勤人员2人，事业单位管理及专业技术人员29人，事业单位工人12人。镇人民政府驻维则村61号。年内，国务院农民工工作联席会议授予普非“全国优秀农民工”称号；国家环境保护部命名长湖镇“全国环境优美乡镇”；全国妇联、全国“双学双比”协调领导小组授予阿着底村“巾帼示范村”称号；云南省人民政府授予普非“云南省杰出农民工”称号；昆明市人民政府授予长湖镇“2008年昆明市烤烟生产收购先进乡（镇）”称号。

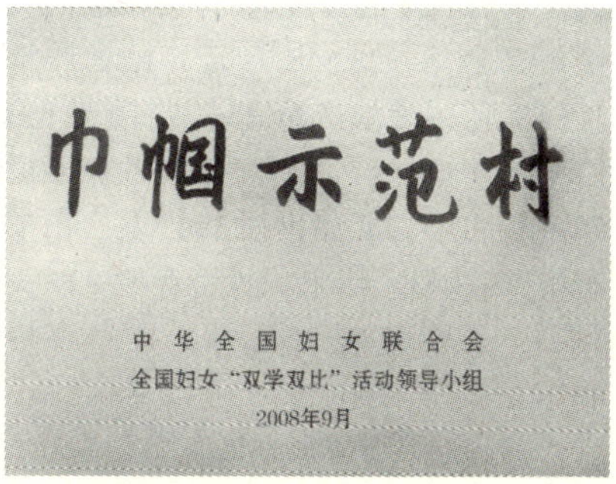

全国巾帼示范村——阿着底

【行政区划】　长湖镇地处石林县境中部，镇政府所在地维则村距县城17.5千米。全镇辖祖莫、雨胜、宜政、舍色、蓑衣山、豆黑、所各邑、维则、海宜、乍龙10个村委会，31个自然村，40个村民小组。

【自然状况】　全镇土地面积299.01平方千米。有耕地82216亩，林地233916亩。森林覆盖率49.59%。2008年月平均气温17.9℃，降雨量951.8毫米，降雨92天。境内海拔最高点窝子山2071米，海拔最低点塘上1880米。长湖镇地处石林县岩溶发育的中心部位，全镇皆为典型的喀斯特地貌，多为一些宽缓的垄岗、山丘和洼地，岗顶石灰岩裸露，洼地漏斗溶隙较多，其间有长湖、圆湖等溶蚀潜流性盆地。

【长湖镇招商分局】　长湖镇招商分局由长湖镇人民政府牵头，县民政局、县残联协作组成。全年引进项目2个，引资2910.9万元（云南神农育种有限公司圆湖PIC种猪场扩建及技改项目998.3万元，石林榮灿钙制品综合开发项目1912.6万元），完成县下达任务数的145.5%。

【人口与计划生育】　2008年末全镇有4673户16896人，其中：农业人口16358人，非农业人口538人；男性8480人，女性8416人；汉族1045人，彝族15842人，其他民族（白族、哈尼族、壮族、傣族、苗族、回族、瑶族）9人。全年出生187人，死亡229人，人口自然增长率0.84‰。全年新办农业人口《独生子女父母光荣证》10户，累计办证512户。计划生育率98.67%，综合节育率86.25%，“奖优免补”政策兑现率达100%。

【经济综述】　2008年全镇工农业总产值完成16652万元，其中：工业总产值1231万元，农业总产值15421万元。农村经济总收入完成12167.85万元，农民人均纯收入2343.7元。全年财政收入907万元，其中：工商税收入145.7万元，烟叶税收入761.3万元。

【农业】　2008年完成大春种植34869亩，总产量10834.2吨；小春种植24300亩，总产量2795吨。实施国家农业部提出的玉米高产创建项目“千百万工程”和“昆明市玉米节水节肥模式化栽培样板”1028亩，样板亩产789.89千克，总产量812吨。

种植烤烟17000亩，收购烟叶227万千克，均价14.91元，比上年增2.60元。实现烤烟生产总值3664.7万元，户均收入8849.79元，人均烤烟收入2229.95元。

全年大牲畜出栏1542头（匹），肥猪出栏19081头，山羊出栏16267只，家禽出栏160184只；年末大牲畜存栏7866头（匹），生猪存栏18015头，山羊存栏31984只，家禽存栏47710只，鲜奶产量1551吨。发展温氏养殖户31户，实现畜牧业产值5072万元。长湖琦源PIC养殖场和野沙玛养殖有限公司进一步发展壮大。

2008年种植甜柿546亩，水果投产4005.8亩，产量1510.8吨，产值454.8万元（含雪莲果、人生果）；推广人工菌栽培3亩，亩产值3.5万元，长湖科技示范生产基地——彝之源农产品开发有限公司种植美国尖椒100亩，产值22万元。

保护、发展和限额采伐森林，有林业用地261074.38亩，其中：生态公益林224830.68亩，商品林36243.7亩。完成林改确权面积236313.5亩。建设防护林工程3001亩，义务植树5.3万株；幼林扶育500亩，种植核桃2241亩。清理查处各类违法案件25件，罚金56047元。

投资1482.16万元加大农业、农村工作的基础建设，其中：争取配套物资价值76.94万元，完成一池三改沼气建设439口，节能灶200眼；实施项目补助2万元，完成卫生厕所100座；投资1064.42万元完成18个村小组烟水工程、人饮管网改造和水池处漏、老水塘改造等工程；投资253.3万元完成宜邑、宜政老寨、大乍龙村内道路硬化和宜海公路路基改造；投资85.5万元完成185户农村居民地震安全工程建设项目。

【乡镇企业】 全镇有303户个体私营经济，其中：农业经济9个，工业企业4个，交通运输业95个，批发零售130个，餐饮业24个，其他41个。2008年企业从业人员815人，实现乡镇企业增加值990万元，工业总产值2891万元，实交税金87万元，完成营业收入2991万元。输出农村富余劳动力413名。

【新农村建设】 2008年共投入资金504.4万元建设新农村项目和城乡园林绿化，其中：投资446.5万元实施宜政新农村整村推进项目，完成宜政老寨村内道路硬化、阿着底地下水附属工程、大海子人饮管道改造和三个村小组小水窖建设、危房改造；完成产业项目特色经济林——核桃产业2241亩，温氏养殖14户；建设公厕7座，垃圾池35个，对阿着底村内环境进行了绿化；完成大海希望小学后期工作；争取省、市项目资金22.4万元完成所各邑主要路段村容村貌整治，安装太阳能路灯6盏，实施壮大维则村集体经济项目1项；投资35.5万元完成城乡园林绿化任务，植树2450亩35万株，新增附属绿地11800平方米，绿化机耕路4000米，创建绿色庭院等先进单位8个、绿色家庭16户。

【科教文卫】 2008年举办新型农民培训122期400人；绿证培训11期105人；农函大专业技术培训2期208人；实用技术培训90期11000人次。实施了人工菌栽培、美国尖椒种植等示范项目。

教育教学稳步推进，全镇在校学生2483人，教职工173人。小学毕业统测成绩排名全县乡（镇）第二，初中毕业生升学考试总评再次提升；实行校长公选，完成学校班子组建和大海希望小学宿舍落成典礼；投资370494.41元扩建中学部体育运动场，完成维则小学体育运动场建设和乍龙小学餐厅部建设，拆除所各邑师生宿舍D级危房。

民族民间文化蓬勃发展，成功承办中国石林国际火把节长湖分会场活动；彝族农民歌手昂美仙一家获央视“全家总动员”一等奖。投资229.8万元完成舍色、维则、蓑衣山老寨科技文化活动中心建设。

全镇建有卫生所10所。年内投资140万元启动长湖卫生院业务用房建设（其中投资4万元建设维则村级卫生所），乡村卫生所覆盖全镇各村。2008年全镇参加农村合作医疗保险15887人，参合率达98.4%。住院补偿报销1323人，补偿金额998552.5元；门诊补偿3763人，补偿金额113452.85元。

【精神文明及民主法制建设】 2008年继续在全镇范围内开展“十星级文明户”和文明单位（村）等创建活动，创建市级文明单位1个、文明村1个，创建县级文明单位2个、文明村2个。届期内有省级文明村1个，市级文明单位3个、文明村2个，县级文明单位7个、文明村7个。办结县、镇人大代表议案、建议48件，满意率达100%。全年排查调处社会矛盾和民事纠纷201起，查破刑事案件22件。

【民政残联】 认真落实扶贫救济工作，全年下拨救灾款20200元、救灾粮20000千克、救济棉被60床、衣服460件（套），涉及3093人。发放农村最低生活保障金、高龄老人保健补助、原大队干部生活补助等10项补助款2889人、1100946元。残疾人危房改造20户，发放救助金126600元。

【交通邮电】 昆河公路、九石阿旅游专线及昆泸公路穿越境内，与各乡村公路相连接，形成四通八达、纵横交错的交通网络。2008年投资200万元完成维则客运中转站建设；投资500万元启动宜乍公路、弹石路、宜政至宜普勒路基改造。固定电话用户达1524户，新增移动电话用户600户。

【领导名录】

书　　记：黄玉林（彝族）
副 书 记：宗家富
副书记兼纪委书记：赵相平
镇　　长：宗家富
人大主席：王谷明
副 镇 长：曾跃祥
　　　　　张　灿（彝族）
　　　　　刘云芬（女）

村委会

【雨胜村委会】 雨胜村委会驻雨胜村，海拔1985米，土地面积42.25平方千米，辖2个村民小组、2个自然村，即：雨胜村、宜普勒村。2008年末有523户2074人，其中：彝族2067人，汉族7人。耕地面积5668.5亩，经济总收入1384.09万元，粮食产量1412吨，烤烟产量29.9870万千克、产值429.5782万元。全年大牲畜出栏177头（匹），肥猪出栏2081头，山羊出栏1804只；年末大牲畜存栏966头（匹），生猪存栏1690头，山羊存栏3474只。

书记、主任：金　成（彝族）
副 书 记：普绍祥（彝族）
副 主 任：高玉辉（彝族）
办公室电话：7734059

【祖莫村委会】 祖莫村委会驻老四社，海拔1930米，土地面积33.35平方千米，辖8个村民小组、7个自然村，即：小团山、山脚、祖莫村、的玛尼、松元口、关阳洞、窝子山。2008年末有430户1673人，其中：彝族1345人，汉族328人。耕地面积3826.5亩，经济总收入928.648万元，粮食产量1084.7吨，烤烟产量25.7777万千克、产值364.1393万元。全年大牲畜出栏159头（匹），肥猪出栏1903头，山羊出栏2003只；年末大牲畜存栏835头（匹），生猪存栏1611头；山羊存栏4518只。

书　记：高文华（彝族）
主　任：高兴文（彝族）

副主任：毕　磊（彝族）
办公室电话：7734043

【维则村委会】　维则村委会驻维则村，海拔1900米，土地面积26.27平方千米，辖5个村民小组、1个自然村，即维则村。2008年末有326户1252人，其中：彝族1204人，汉族48人。耕地面积4738.5亩，经济总收入794.9649万元，粮食产量850吨，烤烟产量19.9928万千克、产值278.8671万元。全年大牲畜出栏176头（匹），肥猪出栏1706头，山羊出栏905只；年末大牲畜存栏587头（匹），生猪存栏1892头，山羊存栏1577只。

书　记：杨　洪（彝族）
主　任：杨　忠（彝族）
副主任：毕继华（彝族）
办公室电话：7734063

【所各邑村委会】　所各邑村委会驻所各邑村，海拔1890米，土地面积23.91平方千米，辖3个村民小组、3个自然村，即：老寨、新寨、大平地。2008年末有302户1247人，其中：彝族1238人，汉族9人。耕地面积3037.5亩，经济总收入1087.5168万元，粮食产量823.1吨，烤烟产量19.9928万千克、产值281.8620万元。全年大牲畜出栏128头（匹），肥猪出栏1365头，山羊出栏1287只；年末大牲畜存栏683头（匹），生猪存栏1373头，山羊存栏2430只。

书记、主任：毕正学（彝族）
副　书　记：毕正明（彝族）
副　主　任：黄绍光（彝族）
办公室电话：7734047

【豆黑村委会】　豆黑村委会驻豆黑村，海拔1875米，土地面积22.38平方千米，辖5个村民小组、2个自然村，即：豆黑村、戈衣黑村。2008年末有370户1505人，其中：彝族1494人，汉族11人。耕地面积3094.5亩，经济总收入1192.5080万元，粮食产量929.2吨，烤烟产量15.7856万千克、产值227.0082万元。全年大牲畜出栏133头（匹），肥猪出栏1905头，山羊出栏1319只；年末大牲畜存栏686头（匹），生猪存栏1830头，山羊存栏2458只。

书记、主任：黄志成（彝族）
副　书　记：毕永明（彝族）
副　主　任：黄万祥（彝族）
办公室电话：7735352

【舍色村委会】　舍色村委会驻舍色村，海拔1887米，土地面积31.73平方千米，辖6个村民小组、2个自然村，即：舍色村、宜邑村。2008年末有473户1915人，其中：彝族1790人，汉族125人。耕地面积6703.5亩，经济总收入1375.6637万元，粮食产量1400.9吨，烤烟产量24.2万千克、产值345.5203万元。全年大牲畜出栏187头（匹），肥猪出栏2055头，山羊出栏1915只；年末大牲畜存栏907头（匹），生猪存栏2030头，山羊存栏3867只。

书记、主任：张建学（彝族）
副　书　记：普志光（彝族）
副　主　任：李建才（彝族）
办公室电话：7735351

【宜政村委会】　宜政村委会驻大海子，海拔1992米，土地面积36.24平方千米，辖3个村民小组、3个自然村，即：老寨、大海子、阿着底。2008年末有473户1910人，其中：彝族1602人，汉族308人。耕地面积7108.5亩，经济总收入1370.0065万元，粮食产量1321.3吨，烤烟产量17.8892万千克、产值251.6736万元。全年大牲畜出栏166头（匹），肥猪出栏1976头，山羊出栏1461只；年末大牲畜存栏869头（匹），生猪存栏1831头，山羊存栏2574只。

书记、主任：王同明（彝族）
副　书　记：李华明
副　主　任：毕绍生（彝族）
办公室电话：7735155

【蓑衣山村委会】　蓑衣山村委会驻新寨，海拔1918米，土地面积24.48平方千米，辖3个村民小组、3个自然村，即：老寨、新寨、塘上。2008年末有403户1686人，其中：彝族1587人，汉族99人。耕地面积1681.9亩，经济总收入1228.9289万元，粮食产量1014.4吨，烤烟产量24.2万千克、产值345.2937万元。全年大牲畜出栏164头（匹），肥猪出栏1933头，山羊出栏2210只；年末大牲畜存栏788头（匹），生猪存栏1983头，山羊存栏3736只。

书　记：李绍成（彝族）
主　任：李文宏
副主任：赵永红（彝族）
办公室电话：7735305

【海宜村委会】　海宜村委会驻老海宜，海拔2000米，土地面积40.32平方千米，辖3个村民小组、5个自然村，即：老海宜、新海宜、三台山、畜牧场、瓦窑。2008年末有529户1947人，其中：彝族1875人，汉族72人。耕地面积5876.4亩，经济总收入578.3084万元，粮食产量1238吨，烤烟产量32.6130万千克、产值476.4371万元。全年大牲畜出栏130头（匹），肥猪出栏1806头，山羊出栏1762只；年末大牲畜存栏928头（匹），生猪存栏2042头，山羊存栏3337只。

书记、主任：张霖祥（彝族）
副　书　记：何永德（彝族）
副　主　任：黄德光（彝族）

【乍龙村委会】　乍龙村委会驻大乍龙，海拔1967米，土地面积18.08平方千米，辖2个村民小组、3个自然村，即：大乍龙、小乍龙、金子寨。2008年末有312户1182人，其中：彝族1178人，汉族4人。耕地面积2832亩，经济总收入469.5690万元，粮食产量760.6吨，烤烟产量31.5619万千克、产值460.1765万元。全年大牲畜出栏122头（匹），肥猪出栏1806头，山羊出栏1762只；年末大牲畜存栏617头（匹），生猪存栏1733头，山羊存栏3637只。

书记、主任：毕光明（彝族）
副　书　记：赵卫学（彝族）
副　主　任：金和祥（彝族）

（撰稿人：长湖镇人民政府　万秀芬）

圭山镇

【机构设置】 2008年圭山镇内设党政综合办公室、农林水综合服务中心、文化广播电视服务中心、村镇规划建设服务中心、畜牧兽医服务中心、便民服务中心。年末全镇有干部职工86人，其中：公务员24人，专业技术人员41人，事业单位管理人员2人，事业单位工人13人，工勤人员6人。2008年圭山镇被昆明市人民政府授予“禁毒先进集体”称号。

【行政区划】 圭山镇位于石林县境东南部，镇政府所在地海邑村距县城36千米。东部和南部分别与泸西县、弥勒县接壤，北部与陆良县、西街口镇接壤，西部与长湖镇相连。全镇辖海邑、蝴蝶、小板田、红路口、水补衣、矣维哨、法块、普拉河、和合、小圭山、尾乍黑、当甸、糯黑、额冲衣14个村民委员会，53个村民小组，53个自然村。

【自然状况】 2008年全镇土地面积320.43平方千米。有耕地40876.1亩，农民人均占有耕地1.74亩，80%的土壤为中性偏酸红土壤。森林覆盖率为51.28%。最高海拔老圭山2601.4米，最低海拔小圭山1236米。年平均气温13.2℃，最冷月（1月）平均气温5.9℃，最热月（7月）平均气温为19.5℃。年降雨量900～1000毫米。境内有煤、铁、铅、锌、硫等矿藏及海棠、花岗岩、青石等石材，以煤、青石为最佳。

【圭山镇招商分局】 圭山镇招商分局由圭山镇人民政府牵头，县人事局、县爱卫办协作组成。2008年县下达圭山镇招商引资任务3000万元，实际完成招商引资项目9个，到位资金7713万元。在建项目7个，即：圭山德记花卉园投资2781万元，秀水凹煤矿投资1000万元，祥兴煤矿经营权转让1660万元，石林兴隆洗煤厂投资600万元，左溪煤矿勘探800万元，春之声花卉园投资720万元，石林世凯隆养殖场投资152万元。“三七种植项目”已开工。

【人口与计划生育】 2008年末全镇有7165户24784人，其中：农业人口23546人，非农业人口1238人；男性12869人，女性11915人；汉族10219人，彝族14053人，其他民族（苗族、壮族、回族、傣族、瑶族、白族、哈尼族、布依族、拉祜族、佤族）512人。全年出生195人，死亡168人，人口自然增长率8.14‰。全年新办农业人口《独生子女父母光荣证》16户，累计办证699户。计划生育率达100%，综合节育率86%，“奖优免补”兑现率达100%。

【经济综述】 2008年全镇工农业总产值完成59428万元，其中：工业总产值43000万元，农业总产值16428万元。农村经济总收入7553.5万元。完成本级财政收入1666.9万元，增长27%。乡镇企业实交税金808万元。农民人均纯收入2041元。

【农　业】 圭山镇是一个以旱粮生产为主的典型山区农业大镇。2008年粮食总产量1780.98万千克、产值3158万元，水果产量255万千克，蔬菜产量380万千克。小春播种面积22647亩，产量2027.8吨；大春播种面积47496亩，产量15782吨。加大绿色产业扶持力度，大力发展优势产品。推广百合花580亩、万寿菊870亩，三七1000亩、魔芋30亩、水果玉米205亩，完成反季蔬菜种植126亩。年内完成了800亩市级国家农业部玉米免耕栽培示范观摩点承办任务。

全镇种植烤烟品种为K326，完成18000亩、253万千克（其中出口备货烟叶16万千克）的种植收购任务，均价达14.71元，总产值4577万元，农民人均烤烟收入1947元，比上年增607元，增长45%。

全年大牲畜出栏2241头（匹），肥猪出栏25041头，羊出栏16332只，家禽出栏137737只；年末大牲畜存栏11508头（匹），生猪存栏25100头（其中能繁母猪1580头），羊存栏32866只，家禽存栏161126只；鸡蛋产量68吨。发展温氏养鸡22户。全镇537户804头能繁母猪参与投保，交保费9648元，27户共获4.5万元理赔。

组织矿山综合整治大行动14次，炸封取缔非法矿井538口（次）、拆除木头3600余根、查堵非法运煤车辆56辆、清理原煤堆放点8个，清除乱堆乱放煤灰、煤渣约750吨，没收非法原煤95吨，私挖乱采现象得到有效遏制。全年共查处7000多平方米的违法用地案件，发放农村集体土地使用权登记证278宗，拆临拆违3000平方米。

全年累计造林9.5万株（含300亩

10月15日圭山镇海邑阿黑商贸街改造工程开工，12月底该工程竣工

义务植树任务)，完成封山育林5000亩。查处林政案件29起，查处率达99%。完成全国环境优美乡镇创建申报工作，2008年12月通过省级验收。创建了1个县级“五星级”园林单位(镇中心学校中学部)、2个县级“三星级”园林单位（镇机关和镇中心学校小学部)、3个县级绿化先进单位、11个县级“绿色家庭”、5个县级“绿色庭院”。

完成16件基础设施建设工程，即：海邑老寨综合市场建设，海邑新寨村蔬菜市场，圭山集镇道路改扩建一期工程，普拉河上寨、暮山村道路硬化工程，铁厂、所西达村道路硬化工程，三角水库至双龙箐道路硬化工程，尾乍黑至糯斗村路基改造，三角水库至水补衣路基改造，5个标段烟水工程建设（海邑、和合至小圭山段，尾乍黑段，矣维哨段，口子上段，和合段)，前哨、海纳、戈厂人畜饮水工程，海邑老寨、糯黑村容村貌整治工程，大糯黑村环境改造工程，9个村扶贫工程，海邑新寨、大小糯黑、矣维哨、下部龙等16个“一事一议”建设项目，矣维哨、小圭山、普拉河、红路口4个农村文化室建设，糯黑、小圭山全民健身工程。在建工程4件，即：海邑、糯黑新农村整村推进建设项目，圭山客运站项目，矣木公路建设项目，海邑老食堂房屋建设项目。全镇社会主义新农村建设稳步推进，基础设施不断改善。集镇建设逐步实施，阿黑商贸街主体工程于2008年12月底完工，集镇范围建成视频监控系统及照明系统，实现集镇数字化管理。

【林权制度改革】 2008年1月27日，正式启动林权制度改革，全镇摸底调查林业用地面积为299196.12亩（其中：生态公益林224601.34亩，商品林面积74594.78亩)。除去农户自行在责任地、自留地上栽种，未享受国家退耕还林政策的农地森林31723.69亩不需确权外，全镇应确权林业用地面积267472.43亩。至12月底，圭山镇集体林权制度改革主体工程完成，全镇共确权林业用地262012.66亩，其中：生态公益林207162.01亩，商品林54850.65亩。全镇没有发生一例因林改工作而引发群众上访或群体事件，积极稳妥地推进了集体林权制度改革工作。以配套改革全省发展30万亩核桃产业为契机，落实种植核桃2260亩。

【乡镇企业】 2008年有乡镇企业450个，从业人员5360人，实现乡镇企业增加值12413万元，非公经济增加值13002万元，工业生产总值43000万元，实交税金808万元。全年农村富余劳动力转移输出1400人，其中：省外80人，省内县外180人，县内1140人。“两后双百”培训100人，完成县下达任务的100%。

【科教文卫】 加大科普培训体系、农业科技推广体系、社会化服务体系建设，巩固和发展科普创建成果。年内共举办农村实用技术培训52期5462人次、农函大培训2期110人、新型农民培训6期300人。加大科技宣传力度，发放各种宣传资料10000份，创办科普宣传栏14期。

全面普及九年义务教育，“两免一补”政策得到落实，“两基”成果进一步巩固。年底有教职工271人（其中专任教师251人)、有学生3582人。

积极开展电影下乡放映工作，全年放映电影46场次。2月7日，组织86人参加了大年初一在县城举行的春节文化展演活动；6月8~9日，组织100人大三弦队参加昆明奥运火炬传递活动；7月4日，组织80人文艺队到石林参加“云南省新农村文艺汇演启动仪式”，演出了节目《欢迎您到石头寨来》、《丰收乐》。完成糯黑、小圭山篮球场建设，矣维哨、红路口、小圭山、普拉河4个农村文化室通过验收。

镇内有卫生院1所、卫生室14所。加强新型农村合作医疗工作，全镇参合21462人，参合率达100%，共补偿报销医疗费用106万元。全年门诊1.6万人次，住院803例，业务总收入89.5万元。

【交通邮电】 “九石阿”旅游专线境内通过。投资820万元完成了2100米圭山集镇道路改扩建一期工程和综合农贸市场粮食市场建设，并对集镇配套了排污、环卫、路灯、视频监控等设施；完成普拉河上寨、暮山、铁厂、所西达村道路硬化工程。实行电信“村村通”工程，邮政业务完成汇款435656.4元，取款158333.64元，实现收入3504元。年内新增电话用户100户，年末电话用户达1636户。

【精神文明及民主法制建设】 2008年圭山集镇成功创建为市级文明小城镇。年内创建市级文明单位1个、县级文明单位（村）5个。届期内有市级文明村1个、县级文明单位4个。全镇设人民调解委员会15个、调解领导小组53个，人民调解员达117人。全年普法宣传15期，参学人数19941人，参学率达80%；法律咨询184次，接待来访54次。受理社会热点难点及各类民间纠纷184件，调解184件，调解率达100%；调解成功177件，未成功7件，成功率达96.2%。切实做好刑释解教人员的安置帮教工作，全镇共帮教6人。举行大规模巩固“平安圭山”知识宣传3次，发放各类宣传材料48000余份。

【民政残联】 全年办理城市低保12户22人、农村“五保户”2户2人。发放救灾款37.1万元，发放粮食16550千克，涉及农户859户3570人。投入11.97万元完成14户残疾人贫困危房改造。

【领导名录】

书　　记：刘明春
副 书 记：李雄彬（彝族，1月起）
副书记兼纪委书记：王斌宁
镇　　长：李雄彬（彝族，1月起）
副 镇 长：毕连兴（彝族）
　　　　　槐以东
　　　　　赵保祥（1月起）
人大主席：姬卫国

村委会

【海邑村委会】 海邑村委会驻新寨村，

土地面积21.51平方千米，海拔1906米，辖4个村民小组、4个自然村，即：新寨、中寨、老寨、下海子。2008年末有551户2020人，其中：汉族1293人，彝族702人，其他民族25人。耕地面积2875.5亩，实现经济总收入668.6万元，粮食总产量达1040.6吨，烤烟总产量160.1吨、均价14.9元、产值223.69万元；全年大牲畜出栏451头（匹），肥猪出栏3150头，羊出栏1158只，家禽出栏13120只；年末大牲畜存栏1076头（匹），生猪存栏3549头，羊存栏2579只，家禽存栏18957只；实现禽蛋产量68吨，鲜奶产量136吨。

书记、主任：杨建能

副 书 记：王张福（彝族）

副 主 任：杨崇文

【蝴蝶村委会】 2008年7月5日，亩竹箐村委会行政名称变更为蝴蝴村民委，蝴蝴村委会驻蝴蝶村，土地面积18.61平方千米，海拔2115米，辖2个村民小组、2个自然村，即：蝴蝶村、铁厂。2008年末有333户1190人，其中：汉族9人，彝族1180人，其他民族1人。耕地面积4845.15亩，实现经济总收入335.6万元，粮食总产量1447吨，烤烟总产量130.2吨、均价14.91元、产值181.04万元。全年大牲畜出栏158头（匹），肥猪出栏1270头，羊出栏1052只，家禽出栏9204只；年末大牲畜存栏700头（匹），生猪存栏1420头，羊存栏2418只，家禽存栏13323只；实现禽蛋产量4吨，鲜奶产量138吨。

书记、主任：昂玉光（彝族）

副 书 记：昂仕彬（彝族）

副 主 任：毕 高（彝族）

【小板田村委会】 小板田村委会驻小板田中寨，土地面积17.81平方千米，海拔2008米，辖3个村民小组、3个自然村，即：店房、小板田中寨、小板田老寨。2008年末有312户1123人，其中：汉族679人，彝族436人，其他民族8人。耕地面积2799亩，实现经济总收入330.5万元，粮食总产量675.1吨，烤烟总产量220吨、均价15.1元、产值309.6万元。全年大牲畜出栏115头（匹），肥猪出栏1620头，羊出栏983只，家禽出栏9640只；年末大牲畜存栏733头（匹），生猪存栏1450头，羊存栏1950只，家禽存栏10372只；禽蛋产量3.5吨，鲜奶产量111吨。

书记、主任：虎剑祥（彝族）

副 书 记：冯光辉

副 主 任：黄志祥（彝族）

【红路口村委会】 红路口村委会驻红路口村，土地面积29.49平方千米，海拔2125米，辖3个村民小组、3个自然村，即：红路口、口子上、双龙箐。2008年末有347户1296人，其中：汉族695人，彝族585人，其他民族16人。耕地面积3757.95亩，实现经济总收入383.1万元，粮食总产量1611.3吨，烤烟总产量130.2吨、均价14.65元、产值177.77万元。全年大牲畜出栏149头（匹），肥猪出栏1620头，羊出栏1019只，家禽出栏11446只；年末大牲畜存栏978头（匹），生猪存栏1596头，羊存栏2118只，家禽存栏10697只；禽蛋产量4吨，鲜奶产量116吨。

书记、主任：窦兴荣（彝族）

副 书 记：普跃兰（女，彝族）

副 主 任：李国先（彝族）

【水补衣村委会】 水补衣村委会驻水补衣村，土地面积12.81平方千米，海拔2150米，辖3个村民小组、3个自然村，即：水补衣、汪家河、冼洒衣。2008年有314户1154人，其中：汉族860人，彝族283人，其他民族11人。耕地面积1858.5亩，实现经济总收入321.5万元，粮食总产量731.5吨，烤烟总产量200吨、均价14.78元、产值277.47万元。全年大牲畜出栏186头（匹），肥猪出栏2178头，羊出栏1103只，家禽出栏11000只；年末大牲畜存栏834头（匹），生猪存栏1865头，羊存栏2334只，家禽存栏11491只；禽蛋产量4.8吨，鲜奶产量116吨。

书 记：汪 洪

主 任：岳增兴

副主任：陈建华

【矣维哨村委会】 矣维哨村委会驻矣维哨村，土地面积29.68平方千米，海拔2095米，辖3个村民小组、3个自然村，即：矣维哨、立马村、前哨。2008年末有400户1623人，其中：汉族69人，彝族1552人，其他民族2人。耕地面积3210亩，实现经济总收入463万元，粮食总产量1202.8吨，烤烟总产量180.1吨、均价14.78元、产值249.71万元。全年大牲畜出栏89头（匹），肥猪出栏1529头，羊出栏1285只，家禽出栏9578只；年末大牲畜存栏622头（匹），生猪存栏1500头，羊存栏2224只，家禽存栏13425只；实现禽蛋产量5.4吨，鲜奶产量119吨。

书记、主任：黄正开（彝族）

副 书 记：杨跃祥（彝族）

副 主 任：杨永明（彝族）

【法块村委会】 法块村委会驻法块村，土地面积19.14平方千米，海拔1807米，辖5个村民小组、5个自然村，即：法块、拖弯、芋头得、老庄科、海纳。2008年末有769户2845人，其中：汉族2383人，彝族444人，其他民族18人。耕地面积1561.65亩，实现经济总收入809.8元，粮食总产量984吨，烤烟总产量120.1吨、均价15.12元、产值170.28万元。全年大牲畜出栏109头（匹），肥猪出栏1744头，羊出栏1311只，家禽出栏10948只；年末大牲畜存栏787头（匹），生猪存栏1895头，羊存栏2210只，禽存栏10622只；实现禽蛋产量5.4吨，鲜奶产量123吨。

书记、主任：杨跃翔

副 书 记：毕光祥（彝族）

副 主 任：王晓礼

【普拉河村委会】 普拉河村委会驻河外村，土地面积14.88平方千米，海拔1636米，辖6个村民小组、6个自然村，即河外、中寨、上寨、新寨、下部龙、暮山。2008年末有782户2860人，其中：汉族2238人，彝族466人，其他民族153人。耕地面积1101.75亩，实现经济总收入879.1万元，粮食总产量1060.2吨，烤烟总产量7吨、均价14.64元、产值10.25万元。全年大牲畜出栏128头（匹），肥猪出栏1960头，羊出栏965只，家禽出栏8478只；年末大牲畜存栏829头（匹），生猪存栏2103头，羊存栏1850只，禽存栏7661只；实现禽蛋产量4.9吨，鲜奶产量101吨。

书记、主任：方建兴
副 书 记：王云国
副 主 任：毕兰仙（女，彝族）

【和合村委会】 和合村委会驻和合村，土地面积22.90平方千米，海拔1960米，辖5个村民小组、5个自然村，即：和合、小团田、雨美堵、大圭山、石岩脚。2008年末有395户1503人，其中：汉族768人，彝族734人，其他民族1人。耕地面积3057亩，实现经济总收入539.2万元，粮食总产量达1111吨，烤烟总产量达200吨、均价14.29元、产值268.17万元。全年大牲畜出栏156头（匹），肥猪出栏1850头，羊出栏1075只，家禽出栏9866只；年末大牲畜存栏852头（匹），生猪存栏1620头，羊存栏2137只，禽存栏18677只；禽蛋产量6.5吨，鲜奶产量127吨。

书记、主任：毕　荣（彝族）
副 书 记：普正有（彝族）
副 主 任：赵吉宏

【尾乍黑村委会】 尾乍黑村委会驻尾乍黑村，土地面积44.72平方千米，海拔1850米，辖6个村民小组、6个自然村，即：尾乍黑、林森村、敢布黑、左溪、戈厂、土瓜黑。2008年末有630户2300人，其中：汉族317人，彝族1974人，其他民族9人。耕地面积4767.3亩，实现经济总收入590.6万元，粮食总产量达2893.6吨，烤烟总产量达463吨，均价14.99元，产值647.75万元。全年大牲畜出栏151头（匹），肥猪出栏1880头，羊出栏1765只，家禽出栏8787只；年末大牲畜存栏882头（匹），生猪存栏1906头；羊存栏2980只，禽存栏8557只；实现禽蛋产量6吨，鲜奶产量175吨。

书　记：刘海彬
主　任：陈福军（彝族）
副主任：毕志武（彝族）

【当甸村委会】 当甸村委会驻当甸村，土地面积12.84平方千米，海拔2200米，辖5个村民小组、5个自然村，即：当甸上寨、当甸下寨、革腻、所西达、小板田。2008年末有357户1397人，其中：汉族429人，彝族957人，其他民族11人。耕地面积1912.95亩，实现经济总收入439万元，粮食总产量达1077.5吨，烤烟总产量达135.2吨，均价14.82元，产值187.28万元。全年大牲畜出栏130头（匹），肥猪出栏1645头，羊出栏1084只，家禽出栏8398只；年末大牲畜存栏818头（匹），生猪存栏1696头，羊存栏2489只，禽存栏8072只；禽蛋产量5.3吨，鲜奶产量128吨。

书记、主任：毕德宏（彝族）
副 主 任：许国明

【小圭山村委会】 小圭山村委会驻小圭山村，土地面积12.28平方千米，海拔1236米，辖3个村民小组、3个自然村，即：小圭山、野核桃树、糯斗。2008年末有352户1367人，其中：汉族9人，彝族1127人，其他民族231人。耕地面积2059.5亩，实现经济总收入576万元，粮食总产量达988.8吨，烤烟总产量达200吨，均价14.58元，产值273.72万元。全年大牲畜出栏131头（匹），肥猪出栏1500头，羊出栏1174只，家禽出栏8970只；年末大牲畜存栏859头（匹），生猪存栏1550头，羊存栏2585只，禽存栏8689只；禽蛋产量4.4吨，鲜奶产量137吨。

书记、主任：毕志德（彝族）
副 书 记：明跃清（彝族）
副 主 任：杨云波（彝族）

【糯黑村委会】 糯黑村委会驻小糯黑村，土地面积30.42平方千米，海拔1985米，辖2个村民小组、2个自然村，即：大糯黑、小糯黑。2008年末有396户1507人，其中：汉族28人，彝族1476人，其他民族3人。耕地面积3763.8亩，实现经济总收入762.3万元，粮食总产量达1381.4吨，烤烟总产量达200吨，均价14.04元，产值263.57万元。全年大牲畜出栏147头（匹），肥猪出栏1545头，羊出栏1054只，家禽出栏9834只；年末大大牲畜存栏782头（匹），生猪存栏1450头，羊存栏2211只，禽存栏12369只；实现禽蛋产量4.2吨，鲜奶产量127吨。

书　记：何文航（彝族）
主　任：何耀彪（彝族）
副主任：李　江（彝族）

【额冲衣村委会】 额冲衣村委会驻额冲衣村，土地面积28.34平方千米，海拔2010米，辖3个村民小组、3个自然村，即：额冲衣、新戈冲里、老戈冲里。2008年末有367户1444人，其中：汉族3人，彝族1441人。耕地面积3306亩，实现经济总收入455.2万元，粮食总产量达1605 吨，烤烟总产量达185吨，均价14.19元，产值246.75万元。全年大牲畜出栏141头（匹），肥猪出栏1550头，羊出栏1304只，家禽出栏8468只；年末大牲畜存栏756头（匹），生猪存栏1500头，羊存栏2801只，家禽存栏8214只；实现禽蛋产量4.2吨，鲜奶产量159吨。

书记、主任：毕永光（彝族）
副 书 记：昂光宗（彝族）
副 主 任：黄云锋（彝族）

（撰稿人：圭山镇人民政府 杨金丽）

西街口镇

【机构设置】 2008年西街口镇内设党政综合办公室、农林水综合服务中心、文化广播电视服务中心、村镇规划建设服务中心、畜牧兽医服务中心。年末有职工54人，其中：公务员15人，事业人员37人，工勤人员2人。

【行政区划】 西街口镇地处石林县东北部，镇政府所在地西街口村距县城33千米。辖雨布宜、绿水塘、西街口、紫处、威黑、芭茅、宜奈、新木凹、格渣、糯衣10个村民委员会，29个村民小组，31个自然村。

【自然状况】 2008年全镇土地面积291.47平方千米，海拔1900~2160米之间，最低海拔在月湖大雨布宜，最高海拔在宜奈坡顶，属典型的喀斯特地貌。耕地面积39613亩，其中：水田6000亩，旱地33613亩。主产烤烟、水稻、包谷、洋芋、荞等作物。疏林地较广，森林覆盖率35.44%，林木绿化率39.76%。地形成条形状，地势东高西低，山梁起伏较低，丘陵、山梁多为石灰岩所覆盖。天然小湖泊和龙潭星罗棋布。气候特征属亚热带季风气候，日温差小，冬无严寒、夏无酷暑，年降雨量大多都集中在夏秋两季，年均降雨量为741.8毫米，年均气温15.2℃。

【西街口镇招商分局】 西街口镇招商分局由西街口镇人民政府牵头，县纪委、县计划生育局协作组成。2008年招商引资到位资金2143.6万元，超额完成县下达的2000万元的引资任务。积极服务好本地企业，支持现有企业积极推进技能改造，综合利用好本地生产资源，工业经济保持持续增长态势，有力地推动了经济发展，切实解决了部分农村富余劳动力就业，拓宽了农民增收渠道。

【经济综述】 2008年全镇工农业总产值完成11601.06万元，其中：工业总产值8640万元，农业总产值2961.06万元。农村经济总收入完成7067.08万元，实现地方财政收入891.9万元，与上年相比增56.6%。农民人均纯收入2545.6元。

【人口与计划生育】 2008年末全镇5619户19500人，其中：农业人口18974人，非农业人口526人；男性10067人，女性9433人；汉族8373人，彝族11086人，其他民族（白族、哈尼族、壮族、傣族、苗族、回族、瑶族、拉祜族、纳西族）41人。全年出生163人，死亡129人，人口自然增长率6.32‰。全年新办农业人口《独生子女父母光荣证》10户，累计办证416户，符合政策生育率99.91%，综合节育率86.41%，"奖优免补"网络数据录入率100%。

【农　业】 2008年完成粮食作物种植45411亩，粮食总产量14568.7吨，同比增3.88%。大春粮食作物种植32152.5亩，总产量12934吨；小春粮食作物11692.5亩，总产量1559.4吨。种植烤烟13000亩，收购烟叶185万千克、产值2628.85万元、均价14.21元。

全年大牲畜出栏714头（匹），肥猪出栏20631头，山羊出栏21286只，家禽出栏86300只；年末大牲畜存栏7389头（匹），生猪存栏20677头，山羊存栏39441只，家禽存栏106978只；鲜奶产量2412吨，蛋产量30.5吨。

2008年全面启动绿地系统三年达标工程，完成了公共单位（小区）附属绿地绿化普查、集镇和28个村庄环境卫生管理情况调查、30.5千米的农村田园绿化进村道路项目调查、58.63千米渠道绿化现状调查、29座32265.7亩村庄面山的田园绿化基本情况调查和全镇4651户乡镇绿地系统基础资料普查工作。完成连片造林1677亩37.5万株，"四旁"植树1.8万株；完成373亩4.1万株机关义务植树；全镇机耕绿化1820米，完成北召公路西街口段25.11千米绿化美化、西街口大沟3500米沟渠绿化；规划并实施苗圃基地200亩，面山绿化152亩。

【新农村建设】 2008年按照农村公益事业"一事一议"，投入15.1万元完成小紫处村内道路硬化，投入16.8万元完成沙坡村内道路硬化，投入15.5万元完成十字场老寨、大紫处科技文化室建设；投资80万元完成大尾堵渣、清水塘、大宜耐、十字场老寨村内道路硬化；投资8万元完成紫处、新木凹村委会文化室建设项目；投资116.3万元在西街口村、大尾堵渣村小组新建40座卧式密集型烤房；投资10.61万元启动"乡村清洁工程"，积极开展农村生活垃圾处理工作，扎实推进了城乡一体化进程；小集镇建设二期工程启动，年内完成了24米大街400米道路的基础施工任务；投资463万元完成西街口村、大尾堵渣村、老木凹村等6件烟水工程；投资294.26万元完成茂舍祖、老木凹、绿水塘、寨海、威黑村委会等7个村民小组的人饮工程；北召公路西街口至召夸段路面改造工程全面竣工并投入使用，清水塘至格渣、月湖至天生关道路路面改扩建工程全面完工，矣木公路、西小公路、绿天公路路面改造工程开工建设。

【交通邮电】 西街口镇交通便利，北召公路、南昆铁路穿境而过。全镇程控电话实现"村村通"，程控电话达2700部，其中新增100部。

【乡镇企业】 全镇有乡镇企业201个，从业人员1153人，其中：石材企业18个，冶金企业3个。2008年引进市外资金2143.6万元，完成工业总产值8640万元。农村剩余劳动力转移就业培训工作成效明显，全年培训转移就业1015人。"两后双百"培训116人。

【科教文卫】 2008年全镇组织农函大培训2期160人次，绿证培训2期155人次，烤烟双行立体施肥及新型农民科技适用技术培训5100余人次；组织村组干部、农村党员参加市、县"素质教育"工程和村组干部培训361人次。优化资源配置，改善教育设施，投资1200万元完成标准化学校建设项目工程。全镇有教职工186人、学生3450人。

充分发挥民间文化资源优势，以芭茅村为重点，大力挖掘优秀传统彝族文化。全年开展丰富多彩、健康向上的群众文化体育活动46场次，观众达13500余人次。

新农合参合人数17814人，参合率97.85%。全年住院人数900人，住院医疗费用2265373.09元，补偿金额902690.66元；门诊总人数2702人，门诊费用127864.95元，补偿金额71350.57元。

【民政残联】 加大社会保障投入，保险体系进一步完善，农村被征地人员养老保险参保153人；启动民房火灾保险，参保3122户，覆盖率65%；294户857人享受了城乡最低生活保障。全年发放救灾粮2.5万千克，各类补助114.5万元，衣被700件（套）。投资10.26万元完成残疾人危房改造12户960平方米。

【精神文明及民主法制建设】 2008年创建2个市级文明单位、5个县级文明单位（村）；届期内有3个市级文明单位、27个县级文明单位（村）。以巩固“平安西街口”工作为切入点，以“防”为主，狠抓“大宣传”、“大防控”、“大调解”体系的建设，深化领导带班夜间巡逻制度，进一步加强社会治安综合治理工作，有效遏制重特大安全事故发生。同时，深入推进平安创建、禁毒防艾、强化社会矛盾纠纷排查调处，严厉打击刑事犯罪，社会治安防控体系进一步完善，促进了社会环境的和谐稳定。

【领导名录】

书　　记：毕丽英（女，彝族）
镇　　长：喻永生
人大主席：刘春泉（1月起）
副 书 记：喻永生
　　　　　张　彪（10月止）
　　　　　灶兴明（彝族，11月起）
副 镇 长：岁汉霖
　　　　　黄继斌（彝族）
　　　　　毕德辉（彝族）

村委会

【雨布宜村委会】 雨布宜村委会驻大雨布宜村，海拔1903米，土地面积33.62平方千米，辖4个村民小组、4个自然村，即：茂舍祖、大雨布宜、小雨布宜、板田心。2008年末有892户3562人，其中：汉族2678人，彝族876人，其他民族8人。耕地面积6886.5亩，经济总收入1422.7万元，粮食总产量2162吨，烤烟总产量301.7吨、产值428.7万元。全年大牲畜出栏105头（匹），肥猪出栏3191头，羊出栏2486只；年末大牲畜存栏1394头（匹），生猪存栏3491头，羊存栏4104只。

书记、主任：王冲林
副　书　记：杨张贵
副　主　任：李冲华

【绿水塘村委会】 绿水塘村委会驻绿水塘村，海拔1919米，土地面积32.01平方千米，辖2个村民小组、2个自然村，即：绿水塘、寨海。2008年末有361户1439人，其中：汉族539人，彝族893人，其他民族7人。耕地面积3090亩，经济总收入621.3万元，粮食总产量1453吨，烤烟总产量98.4吨、产值139.8万元。全年大牲畜出栏47头（匹），肥猪出栏1938头，羊出栏1656只；年末大牲畜存栏444头（匹），生猪存栏1838头，羊存栏1975只。

书　记：高志华（彝族）
主　任：毕绍生（彝族）
副主任：黄小兵

【西街口村委会】 西街口村委会驻西街口村，海拔1945米，土地面积41.62平方千米，辖3个村民小组、3个自然村，即：西街口、大尾堵渣、小尾堵渣。2008年末有556户2057人，其中：汉族642人，彝族1407人，其他民族8人。耕地面积3960亩，经济总收入726.2万元，粮食总产量1433吨，烤烟总产量23万千克、产值326.8万元。年末大牲畜出栏69头（匹），肥猪出栏2068头，羊出栏2930只；年末大牲畜存栏708头（匹），生猪存栏2279头，羊存栏6189只。

书记、主任：张雄雁（彝族）
副　书　记：毕奋强（彝族）
副　主　任：虎孝文（彝族）

【威黑村委会】 威黑村委会驻威黑小学，海拔2050米，土地面积20.93平方千米，辖3个村民小组、3个自然村，即：威黑老寨、威黑中寨、清水塘。2008年末有408户1607人，其中：汉族422人，彝族1184人，其他民族1人。耕地面积3259.05亩，经济总收入567.2万元，粮食总产量1378吨，烤烟总产量15.4万千克、产值218.8万元。年末大牲畜出栏71头（匹），肥猪出栏1732头；羊出栏4502只；年末大牲畜存栏695头（匹），生猪存栏2044头，羊存栏1974只。

书记、主任：周春生
副　书　记：昂永红（彝族）
副　主　任：刘得喜（彝族）

【紫处村委会】 紫处村委会驻大紫处村，海拔2037米，土地面积18.9平方千米，辖2个村民小组、2个自然村，即：大紫处、小紫处。2008年末有305户1217人，其中：汉族581人，彝族636人。耕地面积1956亩，经济总收入633.8万元，粮食总产量1437吨，烤烟总产量14.8万千克、产值210.3万元。年末大牲畜出栏59头（匹），肥猪出栏1521头，羊出栏1073只；年末大牲畜存栏579头（匹），生猪存栏1681头，羊存栏3496只。

书记、主任：刘跃光（彝族）
副　书　记：李贵明
副　主　任：虎志升（彝族）

【芭茅村委会】 芭茅村委会驻芭茅村，海拔2017米，土地面积22.52平方千米，辖2个村民小组、2个自然村，即：芭茅、路花。2008年末有493户1958人，其中：汉族529人，彝族1429人。耕地面积4357.5亩，经济总收入713.2万元，粮食总产量1597吨，烤烟总产量21.25万千克、产值302万元。年末大牲畜出栏62头（匹），肥猪出栏2484头，羊出栏1525只；年末大牲畜存栏586头（匹），生猪存栏2103头，羊存栏4086只。

书记、主任：黄文林（彝族）
副　书　记：陈德志
副　主　任：李学成（彝族）

【宜奈村委会】 宜奈村委会驻宜奈火车站旁，海拔2130米，土地面积16.26平方千米，辖2个村民小组、2个自然村，即：大宜奈、小宜奈。2008年末有455户1750人，其中：汉族1710人，彝族31人，其他民族9人。耕地面积2926.5亩，经济总收入686.6万元，粮食总产量1059吨，烤烟总产量

11.3万千克、产值160.6万元。年末大牲畜出栏58头，肥猪出栏1839头，羊出栏1678只；年末大牲畜存栏535头，生猪存栏1450头，羊存栏3332只。

书　记：王书荣

主　任：冯小寿

副主任：虎吉祥

办公室电话：7706602

【新木凹村委会】　新木凹村委会驻新木凹村，海拔2085米，土地面积16.04平方千米，辖3个村民小组、3个自然村，即：新木凹、老木凹、沙坡。2008年末有313户1151人，其中：汉族291人，彝族857人，其他民族3人。耕地面积2242.5亩，经济总收入569.2万元，粮食总产量1000吨，烤烟总产量9.45万千克、产值134.3万元。年末大牲畜出栏53头，肥猪出栏1631头，羊出栏1950只；年末大牲畜存栏533头，生猪存栏1450头，羊存栏3209只。

书记、主任：赵建生（彝族）

副　书　记：赵建光（彝族）

副　主　任：赵云锋（彝族）

【格渣村委会】　格渣村委会驻格渣新寨，海拔2045米，土地面积42.88平方千米，辖4个村民小组、6个自然村，即：格渣新寨、格渣中寨、格渣老寨、石字场老寨、石字场中寨、箐门前。2008年末有398户1490人，其中：汉族228人，彝族1262人。耕地面积4965亩，经济总收入489.1万元，粮食总产量1723吨，烤烟总产量25万千克、产值355.25万元。年末大牲畜出栏97头，肥猪出栏2245头，羊出栏1806只；年末大牲畜存栏2945头，生猪存栏2504头，羊存栏4515只。

书　记：毕映保（彝族）

主　任：龙利生（彝族）

副主任：张文兴（彝族）

办公室电话：7733813

【糯衣村委会】　糯衣村委会驻糯衣上寨，海拔2050米，土地面积46.69平方千米，辖4个村民小组4个自然村，即：糯衣上寨、中寨、下寨、舍波。2008年末有520户2082人，其中：汉族401人，彝族1681人。耕地面积5970亩，经济总收入638.5万元，粮食总产量1723吨，烤烟总产量24.5万千克、产值348.1万元。年末大牲畜出栏93头，肥猪出栏1982头，羊出栏1650只；年末大牲畜存栏7970头，生猪存栏1837头，羊存栏4442只。

书记、主任：毕贵兴（彝族）

副　书　记：黄文学（彝族）

副　主　任：许学友

办公室电话：7733580

（撰稿人：西街口镇人民政府 杨学光）

大　可　乡

【机构设置】　2008年大可乡政府内设党政综合办公室、农林水综合服务中心、畜牧兽医服务中心、文化广播电视服务中心、村镇规划建设服务中心，统计站、社会保障事务所。年末有职工63人，其中：公务员19人，工勤人员3人，事业单位工人3人，专业技术人员38人。

【行政区划】　大可乡位于县境西南端，乡政府所在地大可村距县城20千米。北与板桥镇毗邻，西与宜良县竹山乡接壤，东和南分别与弥勒县西一、西二、西三镇接界。全乡边界线长达67千米。辖大可、中龙、结胜、南大村、水尾、岩子脚6个村委会，48个村民小组，67个自然村。

【自然状况】　2008年，大可乡土地面积104.98平方千米（包括阿慈林区5.40平方千米、乡办林区5.06平方千米、社办林区3.06平方千米）。有耕地14145亩，其中：水田6315亩，旱地7830亩。有林地面积40627亩，森林覆盖率25.6%，国营禄丰村林场阿慈林区就在本乡境内。乡内最低海拔1655米（长麦地下村），最高海拔2067米（老黑山），属高原浅丘地貌，年平均气温16℃。巴江支流大可河自南向北纵贯全乡。

【大可乡招商分局】　大可乡招商分局由大可乡人民政府牵头，县科协、县扶贫办协作组成。2008年县下达招商任务2000万元，实际完成2128.7万元，完成目标任务数的106.4%，完成招商引资正式签约项目4个，其中：完工项目有龙鑫公司股权转让项目、康信磷矿复选项目；在建项目有石林剑禾林产品开发有限公司；筹建项目有天赐蓝莓种植基地。意向性签约项目6个，协议总投资47.85亿元。

【人口与计划生育】　2008年末，全乡有5219户17020人，其中：农业人口16464人，非农业人口556人；男性8696人、女性8324人；汉族14320人，彝族2556人，其他民族（哈尼族、壮族、傣族、苗族、回族、瑶族）144人。全年出生128人，死亡128人，人口自然增长率2.81‰。全年新办农业人口《独生子女父母光荣证》7户，累计办证446户。计划生育率99.23%，综合节育率达85.59%，“奖优免补”政策兑现率100%。

【经济综述】　2008年全乡工农业总产值完成8792万元，其中：工业总产值1923万元，农业总产值6869万元。农村经济总收入5506万元，实现乡级财政收入653万元，超额完成100.2万元。农民人均纯收入2558元。

【农　业】　2008年全乡大春粮食种植面积23314.5亩，其中：水稻种植5001亩，玉米9502.5亩，大豆2001亩，薯类杂粮种植3402亩，其他谷物3408亩。完成小春粮食种植面积9600亩，其中：蚕豆3900亩，小麦5398.5亩，大麦301.5亩。实现粮食总产量10001.4吨（大春粮食7995吨、小春粮食2006.4吨），人均占有粮630千克。全年种植朝鲜蓟4.5亩、蔬菜5613亩。完成农业总产值（粮畜果蔬）6869万元，其中：粮1871万元，畜3642万元，果668万元，蔬688万元。加大枇杷、核桃、甜脆包谷、特色蔬菜、花卉种植推广力度，完成枇杷种植1300亩、核桃650亩、特色蔬菜450亩、甜脆包谷400亩、花卉70亩。

种植烤烟1.51万亩，收购烟叶181万千克，收购总值2403万元，实现烟叶税531.4万元，均价13.35元。

全年大牲畜出栏1510头（匹），肥猪出栏13650头，羊出栏6050只，家禽出栏267026只；年末大牲畜存栏9690头（匹），生猪存栏13500头，羊存栏11650只，家禽存栏253229只。实现畜牧业产值3642万元。

全年完成义务植树10万株，新建苗木基地200亩，县乡道路绿化24.1千米，机耕道路绿化1千米，新增绿地0.1万平方米。10户家庭被评为绿色示范户，创绿色庭院5个，大可中学被评为县级绿化先进示范单位。加强对长梁子土地整治项目的监管，使土地整治工作顺利开展。全年审批农村宅基地46户5246平方米、生产性用地379户7646.28平方米、拆旧翻新18户2033.72平方米。

2008年新建水利工程37件，其中：除险加固工程2件，人畜饮水工程3件，岁修工程32件。改造中低产田6800亩，改善灌溉面积10000亩。

【林权制度改革】 大可乡有林业用地33859亩，占土地面积的30.57%。完成确权林地面积30445.8亩，其中：商品林20519.4亩，公益林9926.4亩（全部为集体统一经营），确权户数3334户702宗，发放林权证702本，均利证3122本，家庭承包合同53份。

【新农村建设】 结胜村新农村建设整村推进项目全面启动。投资400多万元，对小河新村、大密枝、石头寨等村道路进行硬化，村内面貌明显改善；雨落甸蔬菜种植示范基地基本建成。温氏养鸡项目取得新进展，成立了农村养鸡专业合作社；新建石棉瓦鸡舍25幢、大棚鸡舍92个、面积26096.64平方米，新增59户养鸡户。制定了乡园林绿化及生态工作意见和造林绿化规化细化方案，编制完成了乡绿化建设规化，启动了城乡生活垃圾收集清运处置系统工程建设和“乡村清洁工程”。农村民居抗震加固工程全面启动，175户农户从中受益。

【乡镇企业】 2008年末全乡有企业342个，从业人员683人。全年乡镇企业增加值完成1267万元，工业总产值完成1923万元，营业收入完成3783万元，实交税金113万元，完成投资945万元。农村剩余劳动力转移就业培训9期941人，转移输出436人，其中：省外35人，省内县外106人，县内295人。农村失地人员保险全面启动，135人参加了农村失地人员保险。

【科教文卫】 农村职业技术教育不断加强，全年共举办各类科技培训班113期，参训人数达9836人次，印发各种科普宣传材料4700份。加强对全乡3个科技示范村和285户科技示范户的管理工作。加大科普法的实施力度，举办科普知识竞赛7期，参加人员达1700人；举办科普宣传6次，发放宣传材料5200份。组织中小学生开展科技创新活动，向县上推荐科普作品205幅；举办农函大1班、学员153人。4月11日，成立了石林县金果枇杷产业协会，枇杷的发展将成为大可乡农民增收的一大新亮点。

教育始终坚持优先发展的战略，继续巩固“两基”成果，全面推进素质教育，进行全乡教育综合改革。年末有中小学生1685人、教师148人。

全乡23支文艺队利用元旦、春节等节假日为群众演出文艺节目21场次。积极开展文体活动，举行篮球、拔河等体育活动22场次，观众达1.1万余人次。科教电影放映48场次，观众达1.5万人次。6月，组织50人参加县新农村建设启动仪式文艺展演；7月，组织南大村村委会篮球代表队参加昆明市农民体育健身工程点（村委会）“迎奥运”农民篮球赛，荣获第一名。12月18日，组织80人参加石林县更名10周年县庆文艺展演，并组织100人参加了当天的庆典活动。

2008年大可中学荣获昆明市中学生拳击比赛团体总分第一名。2003年至今，大可中学先后获得全国青少年拳击锦标赛银牌1枚、铜牌1枚，省运会金牌3枚、银牌5枚、铜牌6枚；昆明市拳击比赛金牌12枚。截至2008年末，大可中学拳击队已为省、市拳击队培养输送了20余名队员。全乡有卫生院1所。

2008年县城州建筑工司投资28万元建盖大可乡卫生院国债项目业务用房1幢、卫生所6个，乡村卫生所覆盖全乡。继续抓好农村医疗预防保健网络建设，加强传染疾病防治工作，做好艾滋病预防宣传、控制等健康教育工作，黑板报宣传12期。新型农村合作医疗工作成效明显，全年住院人数为961人次、门诊4045人次，费用总额3054738.75

石林县金果枇杷产业技术协会在大可乡成立

元，补偿金额1023620.44元。全乡参合15848人，参合率98.2%。

【精神文明及民主法制建设】 2008年创建市级文明单位1个、县级文明单位6个，创"十星"级文明户4164户。加大社会矛盾纠纷排查调处力度，及时化解调解民间纠纷，年内受理各类民间纠纷92起，调处成功92起。立各类刑事案件14件、逮捕犯罪嫌疑人11人，治安案件3件、查处3件，全乡无一般性群体性治安事件发生。3月22日，成立了石林县延安精神研究会大可分会。9月22日，成立了大可乡党委政法委员会。

【民政残联】 做好查灾、救灾、救济和拥军优属工作，全年拨发民政经费36.5万元、救灾救济粮1.04万千克。做好全乡346户825人农村低保户的动态管理工作。积极开展拥军优属活动，全年召开军烈属座谈会8次，组织7个慰问组对军烈属、残废军人、现役军人家属、老复员军人及特困户进行走访慰问。2008年全乡有残疾人276名，筛选15名眼白内障病人进行了摘除术；贫困残疾人危房改造11户，每户给予补助8550元。老龄工作进一步重视，236个80岁以上老人享受到补助。

【领导名录】

书　　记：蒋开彦（彝族）
副 书 记：槐建华
副书记、纪委书记：李雪梅（女）
乡　　长：槐建华
副 乡 长：孔德卿
　　　　　毕晓红（女，彝族）
　　　　　李云湖
人大主席：王余秋

村委会

【大可村委会】 大可村委会驻大可村，海拔1680米，土地面积15.44平方千米，辖大可、小波溪、长麦地（上、中、下三个自然村）、小沙河、者衣冲5个村民小组7个自然村。2008年末有1047户3680人，其中：汉族3354人，彝族304人，其他民族22人。有耕地2535亩，经济总收入1247万元，粮食总产量2301吨，烤烟总产量32.06万千克。全年大牲畜出栏50头（匹），肥猪出栏2742头，羊出栏1090只，鸡出栏40059只；年末大牲畜存栏1928头（匹），生猪存栏2900头，羊存栏2350只，鸡存栏25213只。

书记、主任：毕建业
副 书 记：赵艳芳（女）
副 主 任：李双时
办公室电话：7741007

【中龙村委会】 中龙村委会驻大月牙山河，海拔1664米，土地面积11.60平方千米，辖大月牙山河、小月牙山河、花园村、小干河、下海子、上龙潭、中龙潭、下龙潭、草子地、大波落黑（大波落黑、大平地两个自然村）10个村民小组11个自然村。2008年末有514户1794人，其中：汉族1696人，彝族89人，其他民族9人。有耕地1795.7亩，经济总收入811万元，粮食总产量1266.8吨，烤烟总产量20.71万千克。全年大牲畜出栏215头（匹），肥猪出栏1610头，羊出栏660只，鸡出栏46800只；年末大牲畜存栏1390头（匹），生猪存栏1550头，羊存栏1300只，鸡存栏20608只。

书记、主任：李　勇
副 书 记：李秀琼（女）
副 主 任：周大昌

【结胜村委会】 结胜村委会驻大密枝，海拔1687米，土地面积11.08平方千米，辖结胜、大密枝、雨落甸、小河新村、石头寨、黑古塘6个村民小组6个自然村。2008年末有755户2788人，其中：汉族2002人，彝族785人，其他民族1人。有耕地2349.8亩，经济总收入1128万元，粮食总产量2255.1吨，烤烟总产量39.4万千克。全年大牲畜出栏260头（匹），肥猪出栏2450头，羊出栏1130只，鸡出栏55000只；年末大牲畜存栏1655头（匹），生猪存栏2600头，羊存栏2370只，鸡存栏104214只。

书记、主任：赵映伟
副 书 记：王绍永
副 主 任：李云莲（女，彝族）
办公室电话：7741003

【南大村村委会】 南大村村委会驻南大村，海拔1730米，土地面积13.14平方千米，辖南大村、南小村、平田、山头上、西齐路、小河、大凹子7个村民小组7个自然村。2008年末有787户2729人，其中：汉族2379人，彝族324人，其他民族26人。有耕地1870.1亩，经济总收入994万元，粮食总产量1523.2吨，烤烟总产量28.96万千克。全年大牲畜出栏225头（匹），肥猪出栏1950头，羊出栏770只，鸡出栏66167只；年末大牲畜存栏1500头（匹），生猪存栏1750头，羊存栏1400只，鸡存栏10534只。

书记、主任：罗　云
副 书 记：武春佑
副 主 任：王金祥
办公室电话：7740043

【水尾村委会】 水尾村委会驻水尾村，海拔1685米，土地面积12.92平方千米，辖水尾、大平滩、小松棵、水豆田、老黑山、大龙村、老马地、大石岩、上堵泥、下堵泥10个村民小组26个自然村。2008年末有501户1747人，其中：汉族1639人，彝族86人，其他民族22人。有耕地1679亩，经济总收入415万元，粮食总产量939.2吨，烤烟总产量21.72万千克。全年大牲畜出栏482头（匹），肥猪出栏1750头，羊出栏950只，鸡出栏16000只；年末大牲畜存栏1505头（匹），生猪存栏1700头，羊存栏1800只，鸡存栏48000只。

书　记：张臣刚
主　任：沈建才
副主任：严明彩

【岩子脚村委会】 岩子脚村委会驻岩子脚，海拔1800米，土地面积27.28平方千米（含社办林场3.0544平方千米），辖岩子脚、石子凹、新村、大泥西、四角田、习克丈、高家村、阿慈、小高田、树密寨10个村民小组10个自然村。2008年末有916户3137人，其中：汉族2242人，彝族834人，其他民族61人。有耕地2627亩，经济总收入911万元，粮食总产量1715.7吨，烤烟总产量38.3万千克。全年大牲畜出栏278头（匹），肥猪出栏3148头，羊出栏1450只，鸡出栏43000只；年末大牲畜存栏1712头（匹），生猪存栏3000头，羊存栏2430只，鸡存栏44660只。

书记、主任：詹　伟（彝族）
副 书 记：黄文学（彝族）
副 主 任：杨光学
办公室电话：7741016
（撰稿人：大可乡人民政府 杨晶晶）

中共石林彝族自治县委员会

领导成员

【县委领导名录】

县委书记：柳文炜（7月止）
　　　　　罗朝峰（7月起）
副书记：李忠德（彝族）
专职副书记：裴演兵
常　委：柳文炜（7月止）
　　　　罗朝峰（7月起）
　　　　李忠德（彝族）
　　　　裴演兵
　　　　李正平
　　　　彭　颖（3月止）
　　　　李兴国
　　　　陈菊珍（女，9月止）
　　　　段增华
　　　　毕春华（女，彝族）
　　　　王　昆
　　　　李福军（彝族）
　　　　张　达（3月起）

委　员：（按姓氏笔画为序）马海荣（彝族）、王昆、王彦平、毕丽英（女，彝族）、毕春华（女，彝族）、刘明春、李正平、李兴国、李忠德（彝族）、李绍增、李福军（彝族）、杨春宝、余春、张达（5月起）、张忠贵、陈菊珍（女，9月止）、者培仙（女，彝族）、罗朝峰（7月起）、周兴荣、柳文炜（7月止）、段增华、徐梅芬（女）、殷琨（女）、黄玉林（彝族）、彭颖（5月止）、蒋开彦（彝族）、裴演兵、潘佳良

候补委员：（按得票多少为序）徐永平（女）、周保能、李光正（彝族）、赵一民、吴剑平

【县纪委领导名录】

书　记：陈菊珍（女，9月止）
常务副书记：彭天寿
副书记：毕东红（彝族）
　　　　马雪娟（女）
常　委：陈菊珍（女，9月止）
　　　　彭天寿
　　　　毕东红（彝族）
　　　　马雪娟（女）
　　　　娄林华（7月止）
　　　　赵文平（10月止）
　　　　王家智
　　　　李海林
　　　　者云珍（女，彝族，10月起）

委　员：（按姓氏笔画为序）马雪娟（女）、王云龙（彝族）、王丽红（女）、王余秋、王家智、王斌宁、尹桂华（彝族）、毕东红（彝族）、李　勇、李云柯、李石友（彝族，2月止）、李金明（彝族）、李海林、张培一、陈永宁、陈菊珍（女，9月止）、者云珍（女，彝族，10月起）、赵子华、赵文平（10月止）、赵良廷、赵保祥、柏安云、娄林华（7月止）、钱琼珍（女）、黄宗祥（彝族）、彭天寿

重要文件目录

石　发

《中共石林彝族自治县委印发县委十届四次全会报告及决议的通知》
石发〔2008〕1号
2008年2月14日

《中共石林彝族自治县委、石林彝族自治县人民政府关于表彰石林彝族自治县2007年度新农村建设优秀指导员和先进派出单位的决定》
石发〔2008〕2号
2008年2月16日

《中共石林彝族自治县委、石林彝族自治县人民政府印发〈石林彝族自治县经济社会发展软环境建设活动实施方案〉的通知》
石发〔2008〕3号
2008年2月18日

《中共石林彝族自治县委转发〈仇和同志在市委九届四次全体（扩大）会议上的工作报告以及在全会结束时的讲话〉的通知》
石发〔2008〕4号
2008年2月26日

《中共石林彝族自治县委、石林彝族自治县人民政府关于命名2007年度平安乡镇平安单位的决定》
石发〔2008〕5号
2008年2月26日

《中共石林彝族自治县委、石林彝族自治县人民政府关于对2007年度优秀干部、专业技术人员、烤烟种植能手和民营企业进行表彰的决定》
石发〔2008〕6号
2008年2月28日

《中共石林彝族自治县委关于命名表彰第二十四批县级文明单位（村）及第一批县级文明社区的决定》
石发〔2008〕7号
2008年2月27日

《中共石林彝族自治县委石林彝族自治县人民政府关于表彰奖励2007年度目标管理考核先进单位的通知》
石发〔2008〕8号
2008年2月26日

《中共石林彝族自治县委关于在全县开展"解放思想、跨越发展、富民强县"大讨论活动的通知》
石发〔2008〕9号
2008年3月6日

《中共石林彝族自治县委、石林彝族自治县人民政府关于命名2007年度基层满意的县直单位的决定》
石发〔2008〕10号
2008年2月27日

《中共石林彝族自治县委、石林彝族自治县人民政府关于调整充实县生态工业集中区管理委员会成员的通知》
石发〔2008〕11号
2008年3月10日

《中共石林彝族自治县委、石林彝族自治县人民政府关于成立石林彝族自治县工业突破园区建设招商引资工作指挥部的通知》
石发〔2008〕12号
2008年3月10日

《中共石林彝族自治县委关于成立中国共产党石林彝族自治县生态工业集中区工作委员会的通知》
石发〔2008〕13号
2008年3月11日

《中共石林彝族自治县委、石林彝族自治县人民政府关于加快生态工业集中区建设促进全县工业突破性发展的意见》
石发〔2008〕14号
2008年3月13日

《中共石林彝族自治县委、石林彝族自治县人民政府关于加快非公有制经济发展的实施意见》
石发〔2008〕15号
2008年3月13日

《中共石林彝族自治县委、石林彝族自治县人民政府关于进一步加强城乡园林绿化及生态建设的实施意见》
石发〔2008〕16号
2008年3月14日

《中共石林彝族自治县委关于在全县实行领导干部问责制的决定》
石发〔2008〕17号
2008年3月18日

《中共石林彝族自治县委、石林彝族自治县人民政府关于充实县生态工业集中区管理委员会领导成员的通知》
石发〔2008〕18号
2008年3月25日

《中共石林彝族自治县委、石林彝族自治县人民政府关于实施工作成果倒逼完善目标管理考核的意见（试行）》
石发〔2008〕19号
2008年3月25日

《中共石林彝族自治县委、石林彝族自治县人民政府关于建设创新型石林推动县域经济社会又好又快发展的决定》
石发〔2008〕20号
2008年4月11日

《中共石林彝族自治县委、石林彝族自治县人民政府关于进一步加强2008年依法治县工作的意见》
石发〔2008〕21号
2008年4月15日

《中共石林彝族自治县委、石林彝族自治县人民政府关于授予王邦海等十位第三届“石林彝族自治县有突出贡献优秀专业人才称号”的决定》
石发〔2008〕22号
2008年4月16日

《中共石林彝族自治县委、石林彝族自治县人民政府转发〈中共昆明市委、昆明市人民政府关于加快城乡建设的决定〉的通知》
石发〔2008〕23号
2008年4月16日

《中共石林彝族自治县委、石林彝族自治县人民政府转发〈中共昆明市委、昆明市人民政府关于深化土地使用制度改革加强土地管理的决定〉的通知》
石发〔2008〕24号
2008年4月16日

《中共石林彝族自治县委、石林彝族自治县人民政府关于加强预防未成年人违法犯罪工作的实施意见》
石发〔2008〕25号
2008年4月15日

《中共石林彝族自治县委关于认真学习贯彻白恩培书记在全省“解放思想、深化改革、扩大开放、科学发展”大讨论活动动员大会上的重要讲话精神的通知》
石发〔2008〕26号
2008年5月2日

《中共石林彝族自治县委、石林彝族自治县人民政府转发中共昆明市委、昆明市人民政府关于加快县城经济发展和进一步完善第一、第三板块支持政策以及加快第二板块经济社会发展三个文件的通知》
石发〔2008〕27号
2008年5月2日

《中共石林彝族自治县委关于表彰“云岭先锋”工程先进集体和先进个人的决定》
石发〔2008〕28号
2008年7月1日

《中共石林彝族自治县委关于组织开展改革开放30周年纪念活动的通知》
石发〔2008〕29号
2008年7月3日

《中共石林彝族自治县委印发〈2008—2010年石林县干部教育培训三年规划〉的通知》
石发〔2008〕30号
2008年5月15日

《中共石林彝族自治县委、石林彝族自治县人民政府印发〈石林彝族自治县“四全”工作方案〉的通知》
石发〔2008〕31号
2008年8月18日

《中共石林彝族自治县委关于加强新形势下密码工作的决定》
石发〔2008〕32号
2008年8月17日

《中共石林彝族自治县委、石林彝族自治县人民政府关于“543”倍增计划的实施意见》
石发〔2008〕33号
2008年8月28日

《中共石林彝族自治县委关于县管科级干部“任改非”年龄的决定》
石发〔2008〕34号
2008年9月8日

《中共石林彝族自治县委、石林彝族自治县人民政府关于开展新一轮平安石林建设的意见》
石发〔2008〕35号
2008年10月29日

《中共石林彝族自治县委、石林彝族

自治县人民政府关于调整充实县生态工业集中区管理委员会领导成员的通知》

石发〔2008〕36号
2008年10月30日

《中共石林彝族自治县委关于符合享受副调研员待遇干部办理提前退休的决定》

石发〔2008〕37号
2008年10月30日

《中共石林彝族自治县委印发〈石林彝族自治县关于贯彻落实《建立健全惩治和预防腐败体系2008—2012年工作规划》的具体办法〉的通知》

石发〔2008〕38号
2008年12月23日

石 通

《中共石林彝族自治县委、石林彝族自治县人民政府印发〈石林彝族自治县2008年招商引资工作实绩考核奖惩办法〉的通知》

石通〔2008〕1号
2008年5月12日

《中共石林彝族自治县委、石林彝族自治县人民政府关于贯彻落实〈昆明市关于深化农村为民服务体系建设的规定（试行）〉的实施意见》

石通〔2008〕2号
2008年6月3日

《中共石林彝族自治县委转发〈中共昆明市委关于开展向杨丽同志学习活动的通知〉的通知》

石通〔2008〕3号
2008年6月2日

《中共石林彝族自治县委、石林彝族自治县人民政府关于印发〈石林彝族自治县县级党政领导干部2008年度考核办法（试行）〉的通知》

石通〔2008〕4号
2008年5月28日

《中共石林彝族自治县委、石林彝族自治县人民政府印发〈石林彝族自治县加强机关作风建设实施细则（试行）〉的通知》

石通〔2008〕5号
2008年6月30日

《中共石林彝族自治县委、石林彝族自治县人民政府关于推行领导干部勤政廉政公示制度的实施意见》

石通〔2008〕6号
2008年6月30日

《中共石林彝族自治县委转发〈中共昆明市委关于授予龚志华同志“昆明市优秀共产党员”荣誉称号的决定〉的通知》

石通〔2008〕7号
2008年8月28日

《中共石林彝族自治县委、石林彝族自治县人民政府印发〈石林彝族自治县加快推进社会信用体系建设工作实施方案〉的通知》

石通〔2008〕8号
2008年9月4日

《中共石林彝族自治县委、石林彝族自治县人民政府印发〈石林彝族自治县加强山体林地资源保护管理方案〉的通知》

石通〔2008〕9号
2008年9月10日

《中共石林彝族自治县委、石林彝族自治县人民政府印发加强机关效能建设三个文件的通知》

石通〔2008〕10号
2008年9月10日

《中共石林彝族自治县委关于创建学习型机关加强和改进干部学习制度建设的实施意见》

石通〔2008〕11号
2008年9月23日

《中共石林彝族自治县委、石林彝族自治县人民政府印发〈关于对纪检监察派出机构实行统一管理体制改革的实施方案〉的通知》

石通〔2008〕12号
2008年9月23日

《中共石林彝族自治县委、石林彝族自治县人民政府关于进一步开放文化市场大力发展文化产业的实施意见》

石通〔2008〕13号
2008年10月28日

《中共石林彝族自治县委、石林彝族自治县人民政府关于对石林彝族自治县全面建设小康社会主要指标体系进行任务分解的通知》

石通〔2008〕14号
2008年11月16日

《中共石林彝族自治县委印发〈石林彝族自治县开展“学习贯彻党的十七届三中全会精神”培训活动实施方案〉的通知》

石通〔2008〕15号
2008年12月31日

《中共石林彝族自治县委、石林彝族自治县人民政府关于进一步完善我县城乡低收入群体生活保障制度的实施意见》

石通〔2008〕16号
2008年12月30日

石办发

《中共石林彝族自治县委办公室、石林彝族自治县人民政府办公室关于对2008年全县主要工作任务分解立项督查的通知》

石办发〔2008〕1号
2008年3月7日

《中共石林彝族自治县委办公室、石林彝族自治县人民政府办公室印发〈石林彝族自治县2008年招商引资工作方案〉的通知》

石办发〔2008〕2号
2008年2月27日

《中共石林彝族自治县委办公室印发〈石林彝族自治县“关爱党员资金”

管理办法（试行）〉的通知》

石办发〔2008〕3号

2008年1月8日

《中共石林彝族自治县委办公室、石林彝族自治县人民政府办公室关于成立石林彝族自治县经济社会发展软环境建设工作领导小组的通知》

石办发〔2008〕4号

2008年2月15日

《中共石林彝族自治县委办公室、石林彝族自治县人民政府办公室关于兑现2007年度县对乡镇目标管理考核以奖代补经费的通知》

石办发〔2008〕5号

2008年2月26日

《中共石林彝族自治县委办公室、石林彝族自治县人民政府办公室关于兑现2007年度县对乡镇领导班子工作综合考核奖的通知》

石办发〔2008〕6号

2008年2月26日

《中共石林彝族自治县委办公室、石林彝族自治县人民政府办公室关于2007年度县对县直机关单位目标管理考核结果的通知》

石办发〔2008〕7号

2008年2月26日

《中共石林彝族自治县委办公室、石林彝族自治县人民政府办公室印发〈石林彝族自治县2008年县对乡镇目标管理考核办法〉的通知》

石办发〔2008〕8号

2008年2月26日

《中共石林彝族自治县委办公室、石林彝族自治县人民政府办公室〈印发石林彝族自治县2008年县对县直机关单位工作目标管理考核办法〉的通知》

石办发〔2008〕9号

2008年2月26日

《中共石林彝族自治县委办公室关于做好2008年实职副科以上党员领导干部到基层上党课工作的通知》

石办发〔2008〕10号

2008年3月10日

《中共石林彝族自治县委办公室关于2007年度基层党委"五个好"星级评定的通知》

石办发〔2008〕11号

2008年3月11日

《中共石林彝族自治县委办公室、石林彝族自治县人民政府办公室印发〈石林彝族自治县2008年就业再就业和农村劳动力培训转移工作意见〉的通知》

石办发〔2008〕12号

2008年3月14日

《中共石林彝族自治县委办公室、石林彝族自治县人民政府办公室关于建立煤炭矿山监管长效机制的通知》

石办发〔2008〕13号

2008年3月29日

《中共石林彝族自治县委办公室印发〈县便民服务中心窗口建设管理实施方案〉的通知》

石办发〔2008〕14号

2008年3月28日

《中共石林彝族自治县委办公室、石林彝族自治县人民政府办公室印发〈石林彝族自治县贯彻执行《昆明市领导干部问责办法》等"一办法、三规定"的实施意见〉的通知》

石办发〔2008〕15号

2008年3月24日

《中共石林彝族自治县委办公室、石林彝族自治县人民政府办公室关于建立煤矿安全生产联合执法长效机制的通知》

石办发〔2008〕16号

2008年4月8日

《中共石林彝族自治县委办公室、石林彝族自治县人民政府办公室关于认真做好领导干部下访工作的通知》

石办发〔2008〕17号

2008年4月10日

《中共石林彝族自治县委办公室、石林彝族自治县人民政府办公室印发〈石林彝族自治县村干部管理办法（试行）〉的通知》

石办发〔2008〕18号

2008年4月11日

《中共石林彝族自治县委办公室、石林彝族自治县人民政府办公室印发〈石林彝族自治县推进经济社会制度创新工作实施方案〉的通知》

石办发〔2008〕19号

2008年4月15日

《中共石林彝族自治县委办公室、石林彝族自治县人民政府办公室关于建立国家卫生县城长效管理机制的意见》

石办发〔2008〕20号

2008年4月25日

《中共石林彝族自治县委办公室、石林彝族自治县人民政府办公室印发石林彝族自治县抗震救灾医护爱心大行动工作方案〉的通知》

石办发〔2008〕21号

2008年5月19日

《中共石林彝族自治县委办公室关于贯彻落实党的十七大精神进一步加强和改进农村党的基层组织建设的实施意见》

石办发〔2008〕22号

2008年5月28日

《中共石林彝族自治县委办公室、石林彝族自治县人民政府办公室关于成立石林彝族自治县城乡规划委员会的通知》

石办发〔2008〕23号

2008年6月10日

《中共石林彝族自治县委办公室、石林彝族自治县人民政府办公室关于进一步加强公务用车管理严肃公务用车纪律的通知》

石办发〔2008〕24号

2008 年 6 月 12 日

《中共石林彝族自治县委办公室、石林彝族自治县人民政府办公室关于切实抓好汛期灾害防治工作的紧急通知》
石办发〔2008〕25 号
2008 年 6 月 23 日

《中共石林彝族自治县委办公室、石林彝族自治县人民政府办公室关于迅速掀起 2008 年植绿护绿爱绿高潮的紧急通知》
石办发〔2008〕26 号
2008 年 6 月 23 日

《中共石林彝族自治县委办公室、石林彝族自治县人民政府办公室关于举办 2008 年中国石林国际火把狂欢节活动的通知》
石办发〔2008〕27 号
2008 年 7 月 12 日

《中共石林彝族自治县委办公室、石林彝族自治县人民政府办公室关于表彰“云岭先锋”工程先进集体和先进个人的决定》
石办发〔2008〕28 号
2008 年 7 月 1 日

《中共石林彝族自治县委办公室、石林彝族自治县人民政府办公室关于切实加强城乡绿化树木抗旱管护工作的紧急通知》
石办发〔2008〕29 号
2008 年 9 月 23 日

《中共石林彝族自治县委办公室、石林彝族自治县人民政府办公室关于对市委工作会议确定的涉及我县主要工作目标任务进行分解立项督查的通知》
石办发〔2008〕30 号
2008 年 9 月 25 日

《中共石林彝族自治县委办公室、石林彝族自治县人民政府办公室关于做好中华人民共和国成立 59 周年庆祝活动相关工作的通知》
石办发〔2008〕31 号
2008 年 9 月 27 日

《中共石林彝族自治县委办公室、石林彝族自治县人民政府办公室〈印发石林彝族自治县加强和创新公共文化服务体系建设的实施方案〉的通知》
石办发〔2008〕32 号
2008 年 10 月 28 日

《中共石林彝族自治县委办公室、石林彝族自治县人民政府办公室关于举行纪念改革开放三十周年暨更名十周年活动的通知》
石办发〔2008〕33 号
2008 年 11 月 12 日

《中共石林彝族自治县委办公室、石林彝族自治县人民政府办公室转发〈中共昆明市委、昆明市人民政府关于全面推行法律顾问制度和加强法律学习培训的意见〉的通知》
石办发〔2008〕34 号
2008 年 11 月 17 日

《中共石林彝族自治县委办公室、石林彝族自治县人民政府办公室印发〈石林彝族自治县优化教育布局实施意见〉的通知》
石办发〔2008〕35 号
2008 年 11 月 26 日

《中共石林彝族自治县委办公室、石林彝族自治县人民政府办公室关于加快推进项目建设和认真做好年终财政资金预算安排指标结余处理工作的通知》
石办发〔2008〕36 号
2008 年 12 月 12 日

《中共石林彝族自治县委办公室、石林彝族自治县人民政府办公室印发〈石林彝族自治县机关事业单位公开选调人员暂行办法〉的通知》
石办发〔2008〕37 号
2008 年 12 月 26 日

《中共石林彝族自治县委办公室、石林彝族自治县人民政府办公室印发〈石林彝族自治县关于强化流动人口计划生育现居住地管理工作意见〉的通知》
石办发〔2008〕38 号
2008 年 12 月 30 日

《中共石林彝族自治县委办公室关于进一步加强和改进我县党委（党组）中心组学习的意见》
石办发〔2008〕39 号
2008 年 12 月 22 日

《中共石林彝族自治县委办公室、石林彝族自治县人民政府办公室印发石林彝族自治县新一轮防治艾滋病人民战争实施方案（2008～2010 年）的通知》
石办发〔2008〕40 号
2008 年 12 月 20 日

石办通

《中共石林彝族自治县委办公室、石林彝族自治县人民政府办公室关于成立编制〈石林彝族自治县县城经济社会发展三年规划（2008～2010 年）〉领导小组和规划编制组的通知》
石办通〔2008〕1 号
2008 年 2 月 14 日

《中共石林彝族自治县委办公室、石林彝族自治县人民政府办公室关于对石林污水处理厂建设项目进行立项督查的通知》
石办通〔2008〕2 号
2008 年 1 月 15 日

《中共石林彝族自治县委办公室、石林彝族自治县人民政府办公室关于认真开展清查全县预算单位“小金库”违规开户及宕欠公款和规范非税收入管理工作的通知》
石办通〔2008〕3 号
2008 年 1 月 21 日

《中共石林彝族自治县委办公室、石林彝族自治县人民政府办公室关于确保 24 小时通讯联络畅通的通知》
石办通〔2008〕4 号
2008 年 1 月 29 日

《中共石林彝族自治县委办公室、石林彝族自治县人民政府办公室关于对石林镇跃宝山土地开发整理建设项目进行立项督查的通知》

石办通〔2008〕5号

2008年1月28日

《中共石林彝族自治县委办公室、石林彝族自治县人民政府办公室关于2008年春节放假和加强车辆管理工作的通知》

石办通〔2008〕6号

2008年1月29日

《中共石林彝族自治县委办公室关于表彰奖励2007年度先进科室和先进个人的决定》

石办通〔2008〕7号

2008年2月3日

《中共石林彝族自治县委办公室、石林彝族自治县人民政府办公室关于报送县对县直各单位2008年度工作目标管理"工作实绩考核内容"的通知》

石办通〔2008〕8号

2008年2月14日

《中共石林彝族自治县委办公室、石林彝族自治县人民政府办公室关于下派2008年社会主义新农村建设工作队及指导员的通知》

石办通〔2008〕9号

2008年2月14日

《中共石林彝族自治县委办公室、石林彝族自治县人民政府办公室关于成立石林彝族自治县就业再就业及农村劳动力培训转移工作领导小组的通知》

石办通〔2008〕10号

2008年3月11日

《中共石林彝族自治县委办公室、石林彝族自治县人民政府办公室关于调整充实县鹿阜古镇保护与开发协调领导小组成员和成立指挥部的通知》

石办通〔2008〕11号

2008年2月28日

《中共石林彝族自治县委办公室、石林彝族自治县人民政府办公室关于报送2008年度向上争取支持目标的通知》

石办通〔2008〕12号

2008年3月11日

《中共石林彝族自治县委办公室、石林彝族自治县人民政府办公室关于成立石林彝族自治县国家级烟叶标准化生产示范区建设工作领导小组的通知》

石办通〔2008〕13号

2008年3月14日

《中共石林彝族自治县委办公室、石林彝族自治县人民政府办公室关于对全县10项重点工程、10项招商引资重点项目和县政府10件实事进行立项督查的通知》

石办通〔2008〕14号

2008年3月18日

《中共石林彝族自治县委办公室、石林彝族自治县人民政府办公室关于对"四创两争"工作目标任务进行分解立项督查的通知》

石办通〔2008〕15号

2008年3月18日

《中共石林彝族自治县委办公室、石林彝族自治县人民政府办公室关于对全县部分重点工作、重点项目阶段性目标进行立项督查的通知》

石办通〔2008〕16号

2008年3月19日

《中共石林彝族自治县委办公室、石林彝族自治县人民政府办公室关于调整充实县地方志编纂委员会成员的通知》

石办通〔2008〕17号

2008年3月25日

《中共石林彝族自治县委办公室、石林彝族自治县人民政府办公室关于2008年反腐倡廉建设主要任务分解安排的通知》

石办通〔2008〕18号

2008年3月25日

《中共石林彝族自治县委办公室印发〈石林彝族自治县关于建立"领导干部培训日"制度的工作方案〉的通知》

石办通〔2008〕19号

2008年3月27日

《中共石林彝族自治县委办公室、石林彝族自治县人民政府办公室关于成立石林彝族自治县行政审批电子监察系统建设领导小组的通知》

石办通〔2008〕20号

2008年3月27日

《中共石林彝族自治县委办公室、石林彝族自治县人民政府办公室关于成立石林彝族自治县经济社会制度创新工作领导小组的通知》

石办通〔2008〕21号

2008年4月2日

《中共石林彝族自治县委办公室、石林彝族自治县人民政府办公室对〈石林彝族自治县2008年主要工作目标〉进行责任分解的通知》

石办通〔2008〕22号

2008年4月14日

《中共石林彝族自治县委办公室关于做好清理和废止我县党委系统所发与经济社会发展软环境建设现行政策规定不相符的文件的通知》

石办通〔2008〕23号

2008年4月23日

《中共石林彝族自治县委办公室、石林彝族自治县人民政府办公室关于调整2008年乡镇财政收入考核任务的通知》

石办通〔2008〕24号

2008年4月23日

《中共石林彝族自治县委办公室、石林彝族自治县人民政府办公室关于对2008年度春耕生产情况进行督查的通知》

石办通〔2008〕25号

2008年4月24日

《中共石林彝族自治县委办公室、

石林彝族自治县人民政府办公室关于调整充实县反恐怖工作协调小组的通知》

石办通〔2008〕26号

2008年4月18日

《中共石林彝族自治县委办公室、石林彝族自治县人民政府办公室关于对2008年全县城乡园林绿化及生态建设进行督查的通知》

石办通〔2008〕27号

2008年5月7日

《中共石林彝族自治县委办公室、石林彝族自治县人民政府办公室转发〈石林彝族自治县2008年义务植树工作实施方案〉的通知》

石办通〔2008〕28号

2008年5月7日

《中共石林彝族自治县委办公室、石林彝族自治县人民政府办公室印发〈石林彝族自治县2008年“细节文明推进年”活动方案〉的通知》

石办通〔2008〕29号

2008年5月12日

《中共石林彝族自治县委办公室、石林彝族自治县人民政府办公室关于开展向四川地震灾区赈灾募捐活动的紧急通知》

石办通〔2008〕30号

2008年5月15日

《中共石林彝族自治县委办公室、石林彝族自治县人民政府办公室关于调整充实石林彝族自治县法治石林建设工作领导小组和石林彝族自治县普法与依法治县工作领导小组的通知》

石办通〔2008〕31号

2008年5月23日

《中共石林彝族自治县委办公室、石林彝族自治县人民政府办公室印发〈石林彝族自治县推进文明和谐社区建设实施方案〉的通知》

石办通〔2008〕32号

2008年5月28日

《中共石林彝族自治县委办公室、石林彝族自治县人民政府办公室关于清理整治乱埋乱葬行为和建设农村公益性公墓的通知》

石办通〔2008〕33号

2008年5月29日

《中共石林彝族自治县委办公室、石林彝族自治县人民政府办公室转发石林彝族自治县2008年法制宣传教育与依法治县暨法治石林建设工作计划的通知》

石办通〔2008〕34号

2008年6月2日

《中共石林彝族自治县委办公室、石林彝族自治县人民政府办公室关于报送2008年1~5月工作总结和今年后7个月工作计划的通知》

石办通〔2008〕35号

2008年6月4日

《中共石林彝族自治县委办公室、石林彝族自治县人民政府办公室转发石林彝族自治县2008年“十佳外出务工人员”和“十佳创业之星”评选工作方案的通知》

石办通〔2008〕36号

2008年6月12日

《中共石林彝族自治县委办公室、石林彝族自治县人民政府办公室关于对2008年全县城乡园林绿化及生态建设进行督查的通知》

石办通〔2008〕37号

2008年6月17日

《中共石林彝族自治县委办公室、石林彝族自治县人民政府办公室关于调整充实石林彝族自治县加快发展非公有制经济领导小组成员的通知》

石办通〔2008〕38号

2008年6月18日

《中共石林彝族自治县委办公室关于对2008年度烤烟生产中耕管理工作进行督查的通知》

石办通〔2008〕39号

2008年6月24日

《中共石林彝族自治县委办公室、石林彝族自治县人民政府办公室关于成立石林彝族自治县清理整顿土地市场秩序工作领导小组的通知》

石办通〔2008〕40号

2008年6月20日

《中共石林彝族自治县委办公室、石林彝族自治县人民政府办公室关于废止与经济社会发展软环境建设现行政策规定不相符文件的通知》

石办通〔2008〕41号

2008年6月26日

《中共石林彝族自治县委办公室、石林彝族自治县人民政府办公室关于采集制作机关单位电子政务系统电子签单式样的通知》

石办通〔2008〕42号

2008年6月26日

《中共石林彝族自治县委办公室、石林彝族自治县人民政府办公室印发〈石林彝族自治县领导干部问责办法实施细则〉的通知》

石办通〔2008〕43号

2008年6月30日

《中共石林彝族自治县委办公室、石林彝族自治县人民政府办公室关于明确信访专兼职工作人员的通知》

石办通〔2008〕44号

2008年7月2日

《中共石林彝族自治县委办公室关于2008年上半年主要工作目标自检自查报告的通知》

石办通〔2008〕45号

2008年7月3日

《中共石林彝族自治县委办公室、石林彝族自治县人民政府办公室关于2008年中国石林国际火把狂欢节活动管理规定的通知》

石办通〔2008〕46号

2008年7月21日

《中共石林彝族自治县委办公室、

石林彝族自治县人民政府办公室关于下拨2008年火把节活动有关经费的通知》

石办通〔2008〕47号

2008年7月22日

《中共石林彝族自治县委办公室、石林彝族自治县人民政府办公室印发〈2008年中国石林国际火把狂欢节活动安全管理若干规定〉的通知》

石办通〔2008〕48号

2008年7月24日

《中共石林彝族自治县委办公室、石林彝族自治县人民政府办公室印发〈石林彝族自治县2008年中国石林国际火把狂欢节活动后勤接待工作方案〉的通知》

石办通〔2008〕49号

2008年7月24日

《中共石林彝族自治县委办公室、石林彝族自治县人民政府办公室印发〈石林彝族自治县清理整治石林大道沿线可视范围乱埋乱葬行为工作方案〉的通知》

石办通〔2008〕50号

2008年6月28日

《中共石林彝族自治县委办公室关于安排人员到县委办跟班学习的通知》

石办通〔2008〕51号

2008年7月31日

《中共石林彝族自治县委办公室、石林彝族自治县人民政府办公室关于解决2008年中国石林国际火把狂欢节活动场地等有关经费的通知》

石办通〔2008〕52号

2008年7月31日

《中共石林彝族自治县委办公室、石林彝族自治县人民政府办公室关于切实做好社会稳定和安全保卫工作的紧急通知》

石办通〔2008〕53号

2008年7月30日

《中共石林彝族自治县委办公室、石林彝族自治县人民政府办公室关于认真做好2008年烤烟收购期间"两烟"专卖管理执法工作的通知》

石办通〔2008〕54号

2008年8月6日

《中共石林彝族自治县委办公室关于认真做好〈中共石林彝族自治县委执政纪要（2007年）〉编纂工作的通知》

石办通〔2008〕55号

2008年8月11日

《中共石林彝族自治县委办公室、石林彝族自治县人民政府办公室关于对县2008年10项重点工程、10项招商引资重点项目、县人民政府10件实事实行按月推进结果倒逼的通知》

石办通〔2008〕56号

2008年8月14日

《中共石林彝族自治县委办公室、石林彝族自治县人民政府办公室关于建立市、县委主要领导批示件督办工作制度的通知》

石办通〔2008〕57号

2008年8月12日

《中共石林彝族自治县委办公室、石林彝族自治县人民政府办公室关于对石林县工业突破园区建设招商引资调研推进会确定的工作任务立项督查的通知》

石办通〔2008〕58号

2008年8月17日

《中共石林彝族自治县委办公室、石林彝族自治县人民政府办公室关于对石林县城乡规划建设管理调研会确定的工作任务立项督查的通知》

石办通〔2008〕59号

2008年8月17日

《中共石林彝族自治县委办公室关于对石林县招商引资工作推进会确定的工作任务立项督查的通知》

石办通〔2008〕60号

2008年8月17日

《中共石林彝族自治县委办公室关于对石林县农业产业化经营调研会确定的工作任务进行立项督查的通知》

石办通〔2008〕61号

2008年8月17日

《中共石林彝族自治县委办公室、石林彝族自治县人民政府办公室印发石林彝族自治县2008年烤烟收购工作督查方案》的通知》

石办通〔2008〕62号

2008年8月18日

《中共石林彝族自治县委办公室关于对石林县旅游发展调研推进会确定的工作任务立项督查的通知》

石办通〔2008〕63号

2008年8月15日

《中共石林彝族自治县委办公室关于对石林县文化产业发展调研会确定的工作任务立项督查的通知》

石办通〔2008〕64号

2008年8月19日

《中共石林彝族自治县委办公室关于对石林县人口和计划生育工作调研会确定的工作任务立项督查的通知》

石办通〔2008〕65号

2008年8月19日

《中共石林彝族自治县委办公室关于对石林大道重要地段城市研究设计及旧城改造控规方案汇报会确定的工作任务立项督查的通知》

石办通〔2008〕66号

2008年8月20日

《中共石林彝族自治县委办公室关于对县委主要领导近期安排的几项重点工作进行立项督查的通知》

石办通〔2008〕67号

2008年8月20日

《中共石林彝族自治县委办公室关于对石林幻多奇项目专题会议研究确定工作任务立项督查的通知》

石办通〔2008〕68号

2008年8月21日

《中共石林彝族自治县委办公室、

《中共石林彝族自治县委办公室关于对十届县委第52次党委会议议定的重要工作任务立项督查的通知》
石办通〔2008〕69号
2008年8月22日

《中共石林彝族自治县委办公室、石林彝族自治县人民政府办公室关于对县2008年8～12月部分重点工作实行按月推进结果倒逼的通知》
石办通〔2008〕70号
2008年8月28日

《中共石林彝族自治县委办公室关于对石林县经济工作暨招商引资调研会确定的工作任务立项督查的通知》
石办通〔2008〕71号
2008年8月26日

《中共石林彝族自治县委办公室关于对中国彝族第一村建设工作推进会确定的工作任务进行立项督查的通知》
石办通〔2008〕72号
2008年8月25日

《中共石林彝族自治县委办公室关于对县委主要领导近期安排的两项重点工作进行立项督查的通知》
石办通〔2008〕73号
2008年8月27日

《中共石林彝族自治县委办公室关于对鹿阜旧城改造工作会确定的工作任务立项督查的通知》
石办通〔2008〕74号
2008年8月28日

《中共石林彝族自治县委办公室关于对县委县政府主要领导近期安排的两项重点工作进行立项督查的通知》
石办通〔2008〕75号
2008年8月29日

《中共石林彝族自治县委办公室、石林彝族自治县人民政府办公室关于成立石林彝族自治县东城新区开发建设协调领导小组的通知》
石办通〔2008〕76号
2008年8月28日

《中共石林彝族自治县委办公室、石林彝族自治县人民政府办公室关于调整充实县密码工作领导小组成员的通知》
石办通〔2008〕77号
2008年8月28日

《中共石林彝族自治县委办公室、石林彝族自治县人民政府办公室关于对搬迁鹿阜旧城改造启动点房屋立项督查的通知》
石办通〔2008〕78号
2008年9月2日

《中共石林彝族自治县委办公室、石林彝族自治县人民政府办公室关于成立县鹿阜旧城改造工程协调领导小组和指挥部的通知》
石办通〔2008〕79号
2008年9月4日

《中共石林彝族自治县委办公室关于对全县12项招商引资项目督查推进会确定的工作任务进行立项督查的通知》
石办通〔2008〕80号
2008年9月4日

《中共石林彝族自治县委办公室、石林彝族自治县人民政府办公室关于成立县巴江河水电站项目协调领导小组》
石办通〔2008〕81号
2008年9月5日

《中共石林彝族自治县委办公室、石林彝族自治县人民政府办公室关于成立县招商引资工作实绩考核办公室的通知》
石办通〔2008〕82号
2008年9月8日

《中共石林彝族自治县委办公室关于对县委主要领导近期安排的几项重点工作进行立项督查的通知》
石办通〔2008〕83号
2008年9月9日

《中共石林彝族自治县委办公室关于对市委近期安排的几项工作任务进行立项督查的通知》
石办通〔2008〕84号
2008年9月9日

《中共石林彝族自治县委办公室印发〈石林彝族自治县贯彻落实“两办规定”制止党政干部公款出国(境)旅游专项工作实施方案〉的通知》
石办通〔2008〕85号
2008年9月1日

《中共石林彝族自治县委办公室石林彝族自治县人民政府办公室关于成立县财政体制改革领导小组的通知》
石办通〔2008〕86号
2008年9月10日

《中共石林彝族自治县委办公室印发〈石林彝族自治县关于成立乡镇党委政法委员会的实施方案〉的通知》
石办通〔2008〕87号
2008年9月8日

《中共石林彝族自治县委办公室、石林彝族自治县人民政府办公室关于成立县新一轮平安石林建设工作领导小组的通知》
石办通〔2008〕88号
2008年9月12日

《中共石林彝族自治县委办公室、石林彝族自治县人民政府办公室关于实行机关工作人员挂牌上岗的通知》
石办通〔2008〕89号
2008年9月18日

《中共石林彝族自治县委办公室、石林彝族自治县人民政府办公室印发〈石林彝族自治县“五个好”基层党组织创建管理办法（试行）〉的通知》
石办通〔2008〕90号
2008年9月18日

《中共石林彝族自治县委办公室、石林彝族自治县人民政府办公室关于进一步加强中小学助学工作杜绝学生因家庭贫困失学的通知》
石办通〔2008〕91号
2008年9月18日

《中共石林彝族自治县委办公室关于对县委主要领导近期安排的几项重点工作进行立项督查的通知》
石办通〔2008〕92号
2008年9月23日

《中共石林彝族自治县委办公室关于对全县金融工作调研会议确定的工作任务进行立项督查的通知》
石办通〔2008〕93号
2008年9月28日

《中共石林彝族自治县委办公室、石林彝族自治县人民政府办公室关于调整充实县创建计划生育优质服务先进县工作领导小组成员的通知》
石办通〔2008〕94号
2008年9月23日

《中共石林彝族自治县委办公室、石林彝族自治县人民政府办公室关于在市县属新闻媒体刊播重大政务公开信息的暂行规定》
石办通〔2008〕95号
2008年10月6日

《中共石林彝族自治县委办公室关于认真做好2009年〈中共中央办公厅通讯〉征订等工作的通知》
石办通〔2008〕96号
2008年10月16日

《中共石林彝族自治县委办公室关于认真做好2009年度新华社内参刊物订阅工作的通知》
石办通〔2008〕97号
2008年10月16日

《中共石林彝族自治县委办公室、石林彝族自治县人民政府办公室关于成立石林彝族自治县项目用地报批工作领导小组的通知》
石办通〔2008〕98号
2008年10月17日

《中共石林彝族自治县委办公室、石林彝族自治县人民政府办公室关于成立石林彝族自治县昆明市园林博览会石林园林博览园建设指挥部的通知》
石办通〔2008〕99号
2008年10月17日

《中共石林彝族自治县委办公室印发〈中共石林彝族自治县委2008年度县委常委会民主生活会工作方案〉的通知》
石办通〔2008〕100号
2008年10月20日

《中共石林彝族自治县委办公室关于对县委主要领导安排的几项重点工作进行立项督查的通知》
石办通〔2008〕101号
2008年10月23日

《中共石林彝族自治县委办公室、石林彝族自治县人民政府办公室关于对2008年项目急需用地报批工作进行立项督查的通知》
石办通〔2008〕102号
2008年10月24日

《中共石林彝族自治县委办公室、石林彝族自治县人民政府办公室关于开展2008年“送温暖·献爱心”社会捐助活动的通知》
石办通〔2008〕103号
2008年11月3日

《中共石林彝族自治县委办公室、石林彝族自治县人民政府办公室转发〈市委办公厅、市人民政府办公厅关于切实抓好当前防汛抗灾工作紧急通知文件〉的通知》
石办通〔2008〕104号
2008年11月4日

《中共石林彝族自治县委办公室关于认真做好2009年度党报党刊征订发行工作的通知》
石办通〔2008〕105号
2008年11月5日

《中共石林彝族自治县委办公室、石林彝族自治县人民政府办公室关于成立石林彝族自治县殡葬管理委员会的通知》
石办通〔2008〕106号
2008年11月5日

《中共石林彝族自治县委办公室石林彝族自治县人民政府办公室关于对工业大道建设等调研确定的工作任务立项督查的通知》
石办通〔2008〕107号
2008年11月10日

《中共石林彝族自治县委办公室、石林彝族自治县人民政府办公室关于报送2008年工作总结和2009年工作计划的通知》
石办通〔2008〕108号
2008年11月19日

《中共石林彝族自治县委办公室关于安排人员到县委办跟班学习的通知》
石办通〔2008〕109号
2008年11月21日

《中共石林彝族自治县委办公室、石林彝族自治县人民政府办公室关于对今冬明春全县在建重点工程项目进行专项督查的通知》
石办通〔2008〕110号
2008年11月27日

《中共石林彝族自治县委办公室关于对石林县2009年度党报党刊征订工作情况进行立项督查的通知》
石办通〔2008〕111号
2008年11月30日

《中共石林彝族自治县委办公室、石林彝族自治县人民政府办公室印发〈石林彝族自治县“县委书记、县长大接访”工作流程管理办法（试行）〉的通知》

石办通〔2008〕112号
2008年12月1日

《中共石林彝族自治县委办公室、石林彝族自治县人民政府办公室关于不再组织年终单项工作考核的紧急通知》
石办通〔2008〕113号
2008年12月2日

《中共石林彝族自治县委办公室、石林彝族自治县人民政府办公室关于对全县经济发展、民生、稳定等工作进行调研的通知》
石办通〔2008〕114号
2008年12月4日

《中共石林彝族自治县委办公室、石林彝族自治县人民政府办公室印发〈石林彝族自治县2008年度县对乡镇、县直单位目标管理考核工作方案〉的通知》
石办通〔2008〕115号
2008年12月7日

《中共石林彝族自治县委办公室、石林彝族自治县人民政府办公室关于组织干部职工参加纪念改革开放三十周年暨自治县更名十周年活动的通知》
石办通〔2008〕116号
2008年12月14日

《中共石林彝族自治县委办公室、石林彝族自治县人民政府办公室关于成立石林彝族自治县农民工维权工作领导小组及农民工维权中心的通知》
石办通〔2008〕117号
2008年12月15日

《中共石林彝族自治县委办公室、石林彝族自治县人民政府办公室印发〈石林彝族自治县纪念改革开放三十周年暨更名十周年活动后勤接待方案〉的通知》
石办通〔2008〕118号
2008年12月15日

《中共石林彝族自治县委办公室、石林彝族自治县人民政府办公室关于石林彝族自治县纪念改革开放三十周年暨更名十周年活动管理规定的通知》
石办通〔2008〕119号
2008年12月17日

《中共石林彝族自治县委办公室、石林彝族自治县人民政府办公室关于下拨纪念改革开放三十周年暨自治县更名十周年活动有关经费的通知》
石办通〔2008〕120号
2008年12月17日

《中共石林彝族自治县委办公室关于对太阳能光伏并网发电示范试验项目推进会上确定的任务进行立项督查的通知》
石办通〔2008〕121号
2008年12月17日

《中共石林彝族自治县委办公室、石林彝族自治县人民政府办公室关于进一步加强单位内部安全防范工作的通知》
石办通〔2008〕122号
2008年12月17日

《中共石林彝族自治县委办公室、石林彝族自治县人民政府办公室关于抽调2008年度目标管理考核工作人员的通知》
石办通〔2008〕123号
2008年12月21日

《中共石林彝族自治县委办公室、石林彝族自治县人民政府办公室印发〈昆明市委九届五次全会石林现场观摩点工作实施方案〉的通知》
石办通〔2008〕124号
2008年12月25日

《中共石林彝族自治县委办公室、石林彝族自治县人民政府办公室转发中共昆明市委办公厅、昆明市人民政府办公厅关于全面落实“八个百分之百”切实加强建设工程管理文件的通知》
石办通〔2008〕125号
2008年12月30日

《中共石林彝族自治县委办公室、石林彝族自治县人民政府办公室关于扩大内需新增投资加强管理和监督检查的实施意见》
石办通〔2008〕126号
2008年12月9日

《中共石林彝族自治县委办公室、石林彝族自治县人民政府办公室关于认真做好元旦和春节期间有关工作的通知》
石办通〔2008〕127号
2008年12年30日

《中共石林彝族自治县委办公室、石林彝族自治县人民政府办公室关于完善领导同志批交办件办理工作制度的通知》
石办通〔2008〕128号
2008年12月30日

重要会议

【县委中心学习组研讨会】 2008年1月3日，石林县召开县委中心学习组研讨会。县级领导、各乡镇党委书记、镇长和县直有关部门主要领导参加了会议。会议总结了全县2007年全县各项工作，研讨了2008年工作的指导思想、经济指标、重点工作和主要措施。县委书记柳文炜在会议结束时强调了六点意见：一是肯定了2007年全县各项工作取得的成绩。石林县几套班子团结协作、和衷共济，广大干部不畏艰难、开拓创新、敢于作为，全县上下立足本职、岗位创优、争创一流，扎实推进各项工作，经济社会发展取得了新成绩。旅游品牌创建、接待游客人次、招商引资项目取得重大突破，“五创”工作、社会主义新农村建设、基础设施建设、城市管理等工作取得了重大进展，党的建设、社会各项事业等工作取得可喜成绩，全县经济发展、社会进步、政治稳定、民族团结、人民安居乐业。二是分析和查找了当前存在的问题。财政收支、建设资金、产业发展、社会稳定矛盾突出；农业结构调整难度大、文化与旅游融合不够、招商引资合力不足、人才结构不合理、干部思想解放不够等不少困难；要求高、任务重、逼人的形势、发展的愿望更加迫切。三是提出要准确把握当前形势。有利因素：宏观政策更加向“三农”、生态建设、环境保护、扩大就业、改善民生倾斜，特别是世界旅游发展保持较快增长，国内消费结构升级拉动旅游市场需求，省委、省政府高度重视旅游、文化产业和县域经济的发展，市委、市政府把石林列为旅游二次创业的重点，为石林的发展提供了十分难得的机遇。石林申遗成功的“品牌效应”、创卫成功的“环境效应”对石林发展的促进作用将进一步释放；迎接奥运圣火暨云南省奥运圣火传递接力活动启动仪式将在石林举行；奥运会的举行，将吸引大量的国际国内游客；2008 年是自治县更名十周年。不利因素：国家宏观调控刚性约束继续加大，措施更加严格，用地、信贷等要素瓶颈制约加剧；区域竞争日趋激烈，各地争先恐后、竞相发展；市委、市政府出台扶持第二板块的政策措施，石林县已提前享受，对石林县的扶持没有大的改变。四是要以十七大精神为指导，谋划好 2008 年的各项工作。石林县提出的“三大发展战略”、“四个目标”、“四化路子”，即“33542”发展战略、“12345”旅游国际化发展战略、“一路三区、一河三片”现代化建设发展战略、“旅游立县、粮烟稳县、工业富县、生态美县”发展目标和“旅游国际化、农业产业化、工业新型化、城乡一体化”发展路子是符合仇书记讲话精神的，是符合当前石林县域经济发展要求的。五是 2008 年全县要突出抓好 10 个方面的重点工作和 10 项重点工程建设。10 个方面的工作是：发挥旅游品牌效应，突出在旅游转型升级、提高综合效益上下功夫、见成效；扎实推进新农村建设，突出在抓示范、出典型、培育特色上下功夫、见成效；扩大对内对外开放，突出在招商引资、项目落实，推进新型工业发展上下功夫、见成效；继续开展“五创”工作，突出在建立长效机制、巩固和扩大成果上下功夫、见成效；加强基础设施建设，突出在增强经济发展后劲上下功夫、见成效；加快生态美县建设，突出在提高可持续发展能力上下功夫、见成效；加快推进以改善民主为重点的社会建设，突出在解决“出行难、饮水难、就业难、就医难、就学难”等问题上下功夫、见成效；切实加强社会稳定工作，突出在增强人民群众的安全感上下功夫、见成效；全面加强党的建设，突出在搞好理论武装、加强班子建设、强化组织作用上下功夫、见成效；切实加强作风建设，突出在狠抓落实、提高执行力、密切党群干群关系上下功夫、见成效。10 项重点项目建设是：加快石林景区改造、提升、扩容，加快撒尼古城建设，抓好“数字石林”二期建设，加快旅游重点工程和旅游服务设施建设；做好昆明市大型并网光伏电站试验示范项目工作；做好县级党政机关办公用房建设；抓好石林中路建设；启动石蒙高速公路建设，抓好石林中路立交桥设计建设，加紧县城环城公路规划研究；抓好水岸星城、巴江俪岛、西城区、电力小区等一系列房地产开发项目；完成县污水处理厂建设；实施团结水库加固扩建、月湖水库除险加固、黑龙潭水库东干渠节水改造工程；实施县城建筑风貌二期改造，加快石林南路片区市政道路建设和有关市政设施配套建设；加快五棵树搬迁建设。六是当前要认真抓好六项重要工作：将学习贯彻党的十七大精神引向深入；做好年底的目标管理各项工作；县乡换届工作；“两节”期间工作；抓好春备耕工作，为 2008 年的春耕生产做好准备；维护社会稳定。

【集体林权制度改革工作会】 1 月 14 日，石林县召开全县集体林权制度改革工作会议。县五套班子主要领导；县集体林权制度改革工作领导小组组长、副组长及成员；县集体林权制度改革工作领导小组办公室、宣传组、维稳组、督查组全体工作人员；各乡镇党委书记、乡镇长，各乡镇分管领导，农林水综合服务中心主任或负责林业工作的副主任；石林镇、路美邑镇、鹿阜镇、圭山镇、板桥镇、大可乡各村级党总支（支部）书记、村委会主任；县林业局各科室负责人参加了会议。会上，集体林权制度改革试点乡镇西街口镇、长湖镇作了工作交流发言；县委常委、县人民政府副县长毕春华总结了全县集体林权制度改革试点工作，安排部署了 2008 年全县集体林权制度改革工作；县委书记柳文炜作了题为《总结经验全面启动圆满完成全县集体林权制度改革工作任务》的讲话，指出要认真总结集体林权制度改革试点工作经验，明确林改工作要求，全力推进全县集体林权制度改革工作。

【县委十届四次全体（扩大）会】 1 月 31 日，县委常委会主持召开中共石林县县委十届四次全会，全面总结 2007 年的工作，研究部署 2008 年改革和发展的主要任务。县委委员 25 人、候补委员 4 人出席会议。部分原县级领导，不是县委委员、候补委员的县级领导，县纪委委员，各乡镇、县直各部委办局、人民团体、企事业单位副科以上领导列席了会议。

全会深入贯彻党的十七大、中央经济工作会、省委八届四次全会、市委九届四次全会和县第十次党代会精神，认真听取、审议并通过了柳文炜代表县委常委会向大会所作的《全面贯彻落实党的十七大精神，为加快石林经济社会跨越式发展而努力奋斗》的工作报告，审议通过了《中国共产党石林彝族自治县第十届委员会第四次全体（扩大）会议决议》。

全会充分肯定了 2007 年县委常委会的工作。一致认为，一年来县委全面落实科学发展观，团结带领全县各族人民，全力推进经济社会跨越式发展，经济发展迈上新台阶，城乡面貌发生新变化，改革开放实现新突破，社会建设取得新进展，人民生活有了新提高，党的建设得到新加强，保持了经济发展、社会和谐、民族团结、政治稳定、人民生活水平不断提高的良好局面。特别是石林成功列入世界自然遗产名录，创建为首批国家 5A 级旅游景区、国家卫生县城，跨越式发展迈出了坚实的步伐。

全会认为，石林正处于旅游产业提升、工业发展突破、城市建设加速的关键时期，进入了“跨越发展、富民强县”的攻坚阶段，面临着机遇与挑战并

存、机遇大于挑战的新形势。跨越式发展就是要实现由农业大县向旅游立县的跨越，工业弱县向工业富县的跨越，初步小康向全面小康的跨越，推进石林旅游资源、阿诗玛文化资源、交通区位优势向经济优势转变，走具有石林特色的发展道路。富民强县就是要坚持“以人为本”，把富民作为发展的第一目标，坚持“科学发展”，把强县作为发展的第一要务，做到“五扩五增五减”，即扩大改革开放，扩大经济总量，扩大城市规模，扩大劳动就业，扩大社会保障；增快发展速度，增强经济实力，增强发展后劲，增加城市人口，增加居民收入；减少农村人口，减少贫困人口，减少资源消耗，减少环境污染，减少不和谐因素，走生产发展、生活富裕、生态良好的文明发展道路。

全会明确了当前和今后一个时期全县工作的总体思路：高举中国特色社会主义伟大旗帜，认真贯彻落实党的十七大精神，坚持以科学发展观统领全局，紧紧围绕“跨越发展、富民强县”总要求，以“旅游立县、粮烟稳县、工业富县、生态美县”为目标，以加强党的建设为保证，以又好又快发展大旅游为主导，以大旅游带动经济结构大调整和经济发展方式大转变，全力推进旅游国际化、农业产业化、工业新型化、城乡一体化，创建世界一流景区，打造国际旅游胜地，努力把石林建成昆明市国际旅游度假休闲核心区和烤烟生产基地、畜牧业养殖基地、现代农业生产基地、旅游商品加工基地，建成云南省集旅游、文化、交通、商贸为一体的区域性中心，建成全国优秀生态旅游城市和国际知名精品旅游胜地。全会认为，这一总体思路贯彻了党的十七大精神，落实了市委、市政府作出的壮大县域经济的重大战略决策，深化了县第十次党代会的总体部署，体现了与时俱进、继往开来，符合县情，顺应民意，振奋人心。

全会同意常委会提出的2008年经济社会发展的主要目标：力争地区生产总值增13%，全社会固定资产投资增25%，社会消费品零售总额增16%，地方财政一般预算收入增15%，农民人均纯收入增6%，城镇居民人均可支配收入增7%，城镇登记失业率控制在3.5%以下，人口自然增长率控制在6.5‰以内，单位生产总值能耗降低3%以上。

全会指出，2008年是全面贯彻落实党的十七大精神的第一年，是石林县更名十周年，是“十一五”规划承上启下之年。做好2008年的工作意义十分重大。要坚持以发展为主题，又好又快发展县域经济。突出发展旅游产业，壮大县域经济实力；大力发展新型工业，优化县域经济结构；扎实推进新农村建设，强化县域经济发展基础；加强基础设施建设，增强县域经济发展后劲；不断推进改革创新，增强县域经济发展动力；加大招商引资力度，实现县域经济发展新突破；扶持发展民营经济，增强县域经济发展活力。坚持以旅游城市为目标，加快城市建设步伐。坚持环保优先，推进生态美县建设。坚持以创新为动力，推动文化繁荣发展。坚持以民生为根本，加快推进和谐社会建设。

全会强调，加快石林经济社会跨越式发展，实现富民强县目标，关键在党，关键在人，关键在领导。要“围绕发展抓党建，抓好党建促发展”，以提高执政能力和先进性建设为主线，按照为民、务实、清廉的要求，全面加强党的建设。着眼于解放思想，切实加强思想建设；着眼于提高执政能力，加强干部队伍建设；着眼于保持党的先进性，加强基层组织建设；着眼于提高执行力，加强作风建设；着眼于密切党群关系，加强反腐倡廉建设。

全会号召，全县各级党组织和共产党员要高举中国特色社会主义伟大旗帜，深入贯彻党的十七大精神，在市委、市政府的领导下，团结带领全县广大干部群众，进一步解放思想，抢抓机遇，乘势而上，一年一变样，三年大变样，五年新跨越，为实现富民强县目标而努力奋斗！

【全县干部大会】 2月13日，石林县在民族中学礼堂召开全县干部大会，县级领导、全县实职副科以上领导干部、县直各单位全体干部职工参加了会议。县委书记柳文炜在大会结束时作了《以思想大解放推进工作大促进、以作风大转变加快经济大发展》的讲话，对全县广大干部职工提出了思想要大解放、作风要大转变、工作要大促进、经济要大发展的四点工作要求。指出2008年全县要着力抓好石林中路和景观绿化建设、团结水库加固扩建工程、县污水处理厂建设、中国彝族第一村建设、党政机关办公用房建设、石林旅游服务区“五中心一店一场”建设、110千伏石林输变电项目建设、昆明石林太阳能电站试验示范工程和官房水泥厂搬迁工程、鹿阜古镇保护与开发、西城区开发建设、万城阿诗玛旅游小镇工程建设等10项重点工程。

【县纪委十届三次全体（扩大）会】 2月21日，石林县召开县纪委十届三次全体（扩大）会暨全县党风廉政建设工作会，县纪委委员、各乡镇纪委书记、县级领导、各乡镇、县直各部委办局、人民团体、企事业单位实职副科以上领导干部参加了会议。会上，签订了2008年全县党风廉政建设工作责任书；县委常委、县纪委书记陈菊珍代表县纪委常委会作工作报告，回顾总结了2007年全县党风廉政建设和反腐败工作，安排部署了2008年全县党风廉政建设和反腐败工作任务；县委书记柳文炜作了《推进反腐倡廉建设全力营造良好的经济社会发展软环境》的讲话，指出会议的目的是深入学习贯彻党的十七大、十七届中央纪委二次全会、省纪委八届三次全会、市委九届四次全会和市纪委九届三次全会精神，研究部署2008年全县反腐倡廉建设工作。

【全县政法工作会】 2月26日，石林县召开全县政法工作会议。县委、县人大常委会、县人民政府、县政协主要领导和分管或联系政法工作的领导，县直各部委办局、人民团体、企事业单位及省、市驻石单位主要领导，县公安局、县检察院、县法院副科以上干部，县司法局股所以上干部，驻石部队主要领导，各乡镇党委书记、分管政法综治工作的领导、综治干事，各村（社区）党总支（支部）书记、治保调解主任及受表彰人员参加了会议。会上，表彰奖励了一批2007年度全县政法工作先进单位和先进个人，县委常委、县委政法委书记李兴国回顾总结了2007年全县平安创建和政法工作，安排部署了2008年全县平安创建和政法委工作的主要任务。县委书记柳文炜作了题为《切实加强政法工作、全力维护社会稳定，为实现石林跨越发展和富民强县作出更大贡献》的讲话，对全县2008年平安创建和政法工作提出了四点要求：一是以“跨越发展、富民强县”为总要求，充分认识做好政法工作的重大意义。二是以创新为动力，开创政法工作新局面。全县各级各部门要坚持以科学发展观统领全局，紧紧围绕“跨越发展、富民强县”的总要求，以“保稳定、促发展”为目标，创新工作理念、创新工作方式，全力维护社会政治稳定，推动全县经济社会又好又快发展。三是以落实措施为重点，深入推进平安创建活动再上新台阶。四是以加强领导为保障，为政法工作创造良好环境。

【县经济社会发展软环境建设暨招商引资工作动员大会】 2月27日，石林县召开经济社会发展软环境建设暨招商引资工作动员大会，要求全县上下进一步统一思想、坚定信心、真抓实干，以优化经济社会发展软环境促进招商引资大突破、以招商引资大突破推动全县经济社会大发展。县委书记柳文炜指出，良好的发展软环境是振兴石林经济的动力，透明、优质的服务是石林实现跨越的希望，广大投资者和人民群众都在拭目以待，各级干部要切实增强紧迫感和责任感，充分认识优化发展软环境是落实科学发展观、实现石林跨越式发展的迫切需要，是坚持以人为本、执政为民的具体体现，是实现石林招商引资新突破的现实要求，是提升石林形象、增强综合竞争力的必然选择。要求坚持标本兼治，扎实抓好发展软环境建设，营造团结奋进的政治舆论环境、宽松吸引力强的政策环境、规范有序的法制环境、优质高效的服务环境、亲商安商富商的人文环境。要求加强组织领导，确保各项工作落到实处，加大宣传力度，为软环境建设营造良好氛围，加强督促检查、清除各种危害软环境建设的不良现象，全力推进石林跨越式发展。县委副书记、县长李忠德就2008年的招商引资工作作了安排部署。

【四级干部大会】 2月28日，石林县召开四级干部大会。县级领导，县直各部委办局、人民团体、企事业单位党政主要领导，各乡镇党委书记、乡镇长，各村、社区党支部（总支）书记，各村民委员会、社区居民委员会主任，各村民委员会村民小组、社区居民委员会居民小组组长，2008年新农村建设指导员，民营企业家代表50名等近950人参加了会议。会议全面总结回顾了2007年全县各项工作，提出了2008年全县发展目标和工作思路，兑现了2007年度县对乡镇工作和县对县直机关单位工作综合考核奖，部分乡镇和县直有关单位作了工作经验交流，签订了2008年目标管理责任书。会上，县委书记柳文炜作了题为《思想大解放、作风大转变，推进工作大提升、促进经济大发展》的重要讲话。指出过去的一年是石林跨越式发展迈出坚实步伐的一年，全县上下扎实推进各项重点工作、重点项目、重点工程建设，经济发展迈上新台阶，城乡面貌发生新变化，改革开放实现新突破，社会建设取得新进展，人民生活有了新提高，党的建设得到新加强；过去的一年也是石林喜事频传、成绩显著的一年，在全县上下团结协作、迎难而上、苦干实干的拼搏努力下，石林成功申报为世界自然遗产，成功创建为国家卫生县城、省级平安县和省级园林县城。在肯定成绩的同时，要正视存在的差距，增强发展危机感、紧迫感和责任感，牢固树立“不进则退、慢进也是退”的思想，以站位更高、眼光更远、思路更宽、气魄更大的工作意识，在激烈的竞争中跨越发展、科学发展、和谐发展。会议要求，在今后一个时期要明确目标，把握发展新要求，全力推进旅游国际化、农业产业化、工业新型化、城乡一体化，创建世界一流景区，打造国际旅游胜地，努力把石林建成昆明市旅游度假休闲核心区和烤烟生产基地、畜牧业养殖基地、现代农业生产基地，建成集旅游、文化、交通、商贸为一体的区域性中心，建成全国优秀生态旅游城市和国际知名精品旅游胜地；突出重点，在做强做大产业、推进新农村建设、提高改革开放水平、加快旅游城市建设、抓好事关全县发展大局的重点项目、推进以民生为重点的社会建设等方面有新突破；结合新一轮思想大解放活动，紧密联系实际，紧密结合发展，努力破除影响发展的体制机制障碍，创新观念、创新体制、创新机制；大力推行“一线工作法”、“五办作风”、“工作结果倒逼法”，着力推动行政管理体制创新，大力倡导“敢干、实干、苦干、巧干、快干”的风气；创新举措，推进发展新跨越。

【全县工业突破园区建设工作会】 3月13日，石林县召开全县工业突破园区建设工作会议。县级领导，各乡镇党委书记、乡镇长、分管工业和非公经济的领导和一名负责工业和非公经济统计的人员，县直各部委办局、人民团体、企事业单位党政主要领导，省、市驻石单位主要领导，县工管会、县经济局、县发改局（县招商促进局）全体干部职工，抽调参加招商引资工作的31名年轻干部，民营企业家代表50名等参加了会议。会议指出，市委、市政府发出“大干2008、拼搏2009、攻坚2010、冲刺‘十二五’，开创现代新昆明建设新局面”的动员令后，县委、县政府高度重视，迅速作出响应，结合石林实际，紧锣密鼓地作出了一系列工作安排和部署。会上，县委书记柳文炜作了题为《强势动员强力推进全力开创我县工业突破园区建设新局面》的讲话。提出：一要统一思想，充分认识工业发展的重要性、必要性和紧迫性。要从推进跨越发展的大局和实现富民强县的高度来认识工业突破的重要性，重新审视工业，重视工业发展，增强加快发展工业的紧迫感和责任感，以积极负责的工作、开拓创新的精神和扎实深入的作风来抓工业，以工业经济的先行突破实现县域经济的整体突破。二是要采取超常措施，推动全县工业突破性发展。必须统筹旅游国际化、农业产业化、城乡一

体化，走出一条低消耗、低污染、高利用率、高循环率、高利税率、高就业率、高利用率、高产业关联度的新型工业化路子。三是要加强组织领导，为实现工业突破性发展提供强有力保障。实行工业突破、园区建设“一把手”工程，主要领导亲自抓，分管领导具体抓，园区领导全力以赴拼命抓，努力把各项措施抓细、抓实、抓到位。推进工业突破、园区建设，需要各方面密切配合，上下联动，步调一致，无条件、无阻力、无障碍地为工业突破、园区建设服务，做到召之即来、来之能办、办之能成。四是要狠抓督查考核。要实行严格的责任制，建立健全科学合理的目标考评体系，与责任单位签订目标责任书，纳入县级目标责任管理考核。

【县依法治县工作会、科学技术大会和县域经济发展工作会】 4月16日，石林县召开全县依法治县工作会、科学技术大会和县域经济发展工作会。县委书记柳文炜作了题为《创新举措突破重点强力推动石林县域经济跨越发展》的讲话，指出：一要认清形势，把握大局，增强加快县域经济发展的紧迫感、危机感和责任感。二要明确目标，突出重点，全力提升县域经济发展水平。当前和今后一个时期，全县县域经济发展的思路是：坚持以科学发展观统领全局，紧紧围绕“跨越发展、富民强县”这一总要求，突出经济结构大调整和经济发展方式大转变“两个重点”，以“旅游立县、粮烟稳县、工业富县、生态美县”为目标，全力推进旅游国际化、农业产业化、工业新型化、城乡一体化“四化”进程，加快以旅游业为龙头的服务业、以阿诗玛文化为龙头的文化产业、以加工业为龙头的新型工业、以粮烟果菜为龙头的种植业、以羊产业为龙头的畜牧业“五个重点产业”的发展，实施思想解放、旅游提升、工业突破、农业增效、城市带动、招商引资、环境优化、改革创新、全民创业、生态建设“十大举措”，努力实现以乡村为依托、以农业和农村经济为主体的传统县域经济向以县城和中心镇为依托、以非农经济为主导、一二三产业协调发展的现代县域经济跃升。要实现上述目标，应重点抓好以下十个方面的工作：更新思想观念，着力转变发展方式；做强特色经济，加快旅游转型升级；强化工业主导，实现工业突破发展；发展现代农业，推进农业产业化经营。农业产业化是推进传统农业向现代农业跨越的必由之路；加快城镇建设，提高城市化水平；狠抓招商引资，大力发展开放型经济；转变工作作风，营造良好发展软环境；实施全民创业，发展壮大民营经济；勇于改革创新，加快社会事业发展；坚持环保优先，建设绿色生态家园。三要加强领导，优化环境，形成加快县域经济发展的合力。

【全县解放思想大讨论活动推进会、组织统战工作会、县委农村工作暨2008年春耕生产动员会】 4月18日，石林县召开全县解放思想大讨论活动推进会、组织统战工作会和县委农村工作暨2008年春耕生产动员会，县级领导，各乡镇党委书记、镇长、专职副书记、组织委员，县直各部委办局、人民团体、企事业单位实职副科以上领导和党组织负责人，县委组织部、县委统战部全体干部职工参加了会议。会议安排部署了全县开展解放思想大讨论活动各项工作，以及全县2008年组织统战工作和春耕生产工作。会上，县委书记柳文炜作了题为《迅速掀起解放思想新高潮，强力推动石林经济社会跨越式发展》的讲话，指出：2008年是深入贯彻落实党的十七大精神的第一年，是改革开放30周年，也是石林县更名10周年。召开这次推进会，主要目的是按照省委、市委的统一部署和要求，动员和组织全县上下在前阶段取得成效的基础上扎实推进大讨论活动，迅速掀起解放思想新高潮，强力推进石林经济社会跨越式发展。

【县公捕公判大会】 4月19日，石林县在双龙广场召开公捕公判大会。县直各部委办局、人民团体、企事业单位全体干部职工，以及县教育局组织的1000名学生队伍，鹿阜镇组织的100名代表，其他乡镇组织的50人以上代表共计5000人参加了公判大会。公判大会对一批违法犯罪分子进行了公开宣判和批捕，是公开惩治犯罪、弘扬正气的一项重大举措，是全县开展严打整治斗争的一次成果展示，充分表明党和政府保护人民、打击犯罪、维护稳定的坚定信心和决心。近年来，石林县坚持不懈地开展了一系列专项斗争，侦破了一大批刑事犯罪案件，抓获了一批犯罪分子，打掉了一批犯罪团伙，有力打击了犯罪分子的嚣张气焰，打出了人民群众的信心，打出了政法干警的士气，打出了稳定的社会秩序，实现了创建省级平安县的目标。公判大会要求全县各级各部门要加强群防群治组织建设，发动人民群众，构建严打、严防、严管、严控的社会治安“大防控”体系，使犯罪分子无机可乘，无处藏身。宣传、司法等部门要加大宣传力度，形成打恶除霸有理、举报线索有奖、见义勇为有功的社会氛围，最大限度地消除滋生犯罪的土壤。广大人民群众要坚决同各种违法犯罪活动作斗争，积极向政法机关检举揭发各种违法犯罪线索，用实际行动坚决维护和促进全县改革发展稳定大局。会上，县委书记柳文炜作了题为《保平安、树正气、促和谐，全力维护安全稳定的经济社会发展环境》的讲话。

【县委中心学习组学习研讨会】 5月4日，石林县召开县委中心学习组学习研讨会。县级领导，各乡镇党委书记、镇长，县委办、县政府办、县委宣传部、县发改局、县统计局、县财政局、县经济局、县国土局、县建设局、县交通局、县农牧局、县林业局、县水务局、县文体局、县教育局、县卫生局等部门的主要负责人参加了学习研讨会。会议就“解放思想先要明确目标、解放思想务必强化责任、解放思想重在解决问题、解放思想贵在真抓实干”等四个方面作了学习研讨。会上，县委书记柳文炜作了题为《明确目标突出重点，强化责任狠抓落实》的重要讲话。强调指出，此次思想大解放的目标是深刻审视新形势的变化，深刻分析石林的差距，深刻反思自身存在的问题，转变不符合科学发展观要求、不适应市场化取向改革的思想观念，扫除一切阻碍发展的思想障碍，清除一切影响发展的制度瓶颈，改变一切束缚发展的做法和规定，革除一切影响发展的体制和机制，着力提升信念、理念、观念和思想、思维、思路，通过解放思想提升我们的发展眼光和思想境界、工作标准和服务水平，寻求发展的新动力、新空间、新平台，扎实推进“三个转变”、“四个进程”，加快“五扩五增五减”，促进石林跨越发展、富民强县。柳书记指出，解放思想务必明确责任、细化责任、担当责任、落实责任；解放思想要重在解决问题，着力扫除思想障碍，破除机制障碍，破解发展难题，突破发展瓶颈；要在真抓实干中解放思想，在思想解放中推进工作落实，实现工作重心转化、工作方法创新、工作作风转变、工作效率提高。

【纪念建党 87 周年暨永葆先进性·“云岭先锋”工程表彰大会】 7 月 1 日，石林县召开纪念建党 87 周年暨永葆先进性·“云岭先锋”工程表彰大会。县级党员领导干部，各乡镇党委书记、副书记、组织委员，县直各单位党员代表，受表彰的党组织负责人及先进个人，参加宣誓仪式的机关新党员参加了会议。会议回顾了中国共产党走过的 87 年光辉历程，回顾了石林在党的领导下发生的历史性巨变，总结了全县实施“云岭先锋”工程五年来取得的成功经验，隆重表彰了在实施“云岭先锋”工程中涌现出来的先进基层党组织、优秀共产党员和优秀党务工作者。会上，县委书记柳文炜代表县委向辛勤工作在全县各条战线上的广大共产党员和党务工作者致以节日的问候，向受到表彰的先进集体和个人表示热烈祝贺，并作了题为《解放思想促发展、永葆先进作表率》的讲话，强调指出：87 年来，党为民族解放、国家独立、社会进步和人民幸福，团结带领全国各族人民，艰苦创业、自力更生，历经战争与和平、革命与执政、改革与发展、挫折与胜利的严峻考验，取得了一个又一个辉煌胜利，创立了举世公认的丰功伟绩。在中国共产党的领导下，石林各族人民英勇奋斗、团结拼搏，改变了贫穷落后面貌。特别是改革开放以来，石林取得了令人瞩目的辉煌成就，谱写了改革开放的新篇章，开创了现代化建设的新局面，全县经济发展、社会和谐、民族团结、政治稳定，全县各级党组织和广大党员干部为之付出了心血、汗水和智慧。石林已进入了旅游产业提升、工业发展突破、城市建设加速和市场化转型、国际化拓展的重要阶段。必须把解放思想放在首位，使解放思想由务虚向务实转化、由思想层面向实践层面转化、由“共识”向“共为”转化，真正以思想的解放带动创造力的释放、以观念的更新带动工作的创新，确保解放思想取得实效。一是要在解放思想中统一思想。切实转变传统思想认识、传统思维方式、传统工作方式，改变过去就“三农”抓“三农”的模式，以“三化”化“三农”，靠工业化化农业、城市化化农村、市场化化农民，工作重心由抓农业为主转向抓工业为主、由抓传统农业转向抓现代农业、由抓农村为主转向抓城市为主，坚定不移地推进旅游国际化、农业产业化、工业新型化、城乡一体化，真正做到“五扩五增五减”。二是要在解放思想中解决问题。转变观念，扫清束缚发展的思想障碍；深化改革，破除影响发展的体制机制障碍。坚持创新，破解阻碍发展的难题。加强研究，勇于突破制约发展的瓶颈。三是要在解放思想中推进工作。在加快旅游转型升级、做强特色经济上有新推进；在发展新型工业、发挥工业主导作用上有新推进；在发展现代农业、建设社会主义新农村上有新推进；在加快城镇建设、提高城市化水平上有新推进；在招商引资、发展开放型经济上有新推进；在转变工作作风、营造良好发展软环境上有新推进；在实施全民创业、发展壮大民营经济上有新推进；在发展社会事业、着力改善民生民计上有新推进；在加快城乡园林绿化和生态环境建设、建设绿色生态家园上有新推进；在加强党的建设、发挥党组织的战斗堡垒和党员的先锋模范作用上有新推进。柳书记要求广大党员和领导干部要做勤奋学习的表率、做解放思想的表率、做改革创新的表率、做科学发展的表率、做真抓实干的表率、做令行禁止的表率、做服务群众的表率、做作风转变的表率、做廉洁从政的表率、做品行端正的表率，争当加快石林跨越、推进富民强县的先锋。

【全县干部大会】 7 月 29 日，石林县召开全县干部大会。县级领导，各乡镇、县直各部委办局、人民团体、企事业单位、省市驻石单位实职副科以上领导干部，县公安局、县人民检察院、县人民法院正科以上领导参加了会议。会议总结了全县上半年经济工作取得的成绩，分析查找了当前全县经济工作存在的主要困难和问题：经济总量小、产业结构不合理、工业基础薄弱、城镇化水平偏低、招商引资开工项目不多、生态工业集中区基础设施建设滞后等。会上，新到任县委书记罗朝峰作了题为《认清形势、凝心聚力、狠抓落实，坚定不移地推进石林经济社会跨越式发展》的讲话，强调指出石林面临着前面标兵越来越远、后面追兵越来越近的严峻形势，全县必须切实增强发展的责任感和紧迫感，努力寻找发展的着力点和突破口，推动全县经济又好又快发展，并就做好下半年工作提出了九点要求：一要做大观光型旅游，加快旅游转型升级步伐。围绕吃、住、行、游、购、娱等要素，加大对外宣传力度，合理组合旅游景点，精心设计旅游线路，扩展游客资源，强化对导游的培训，增加门票收入，做大观光型旅游。同时，要努力推进石林旅游业从单一观光型向观光、康体、休闲、度假、商务、会展等复合型旅游转变，增加旅游的综合收入。二要突出抓园区基础设施建设，狠抓产业项目落地开工。工业园区规划必须纳入县城总体规划，园区要城市化，城市要产业化；项目用地要优先保证产业项目；要注意用地结构比例，合理确定商业、住宅、产业用地比例；工业园区 3.15 千米的道路建设要加快步伐，为项目落地提供基础条件。三要突出抓好农业产业化和农业龙头企业。尤其是广东温氏集团进入石林，不仅可以增加农民收入，还能在石林形成一个产业链，务必抓紧抓实，保证其总部大楼和养殖基地建设在年内有重大突破。四要一手抓招商引资、一手抓项目落地开工建设。2008年第三季度是市委、市政府确定的项目开工月，石林县要在加大招商引资工作力度的同时，集中力量、迅速掀起项目开工建设的热潮。要在全县营造“干部围着项目转、资金围着项目投、人才围着项目引、功过围着项目论”的良好氛围。五要加快县城和中心集镇建设步伐。要围绕2013年县城规模扩大一倍的计划，加快老城区改造步伐，加快生态工业园区规划建设，全力推进石林度假区配套设施建设，加快县城西城区开发步伐。2008年7镇1乡要启动中心镇建设，实施“1+4”工程，即“一张规划图纸和一个新型市场、一个商业街区、一个新型住宅小区、一个工业集中区”，推进2～3个标准中心集镇建设，加快推进城乡一体化进程。六要大力培育文化产业，推进文化资源优势向经济优势转变，努力把文化产业打造成为石林县的支柱产业。七要以创建国家园林县城、环保模范城市为抓手，开展“全面截污、全面禁养、全面绿化、全面整治”工作，推进生态环境建设。八要突出抓综治维稳，确保社会安定和谐。要按照市委、市政府提出平安创建“一二三四五六七八”的目标，推进平安石林建设，启动诚信石林建设试点，为经济社会发展营造良好法治环境和社会环境。九要以发展职业教育、民办教育、民营医院和加快公共卫生体系建设为重点，推进社会事业发展。要像重视公办教育那样重视民办教育，像兴办普通教育那样兴办职业教育，确保到2010年，全县民办学前教育在园人数比重达到90%以上，民办高中在校生比重达到40%以上。要大力支持、鼓励、引导民营医院加快发展，到2010年，民营医疗机构资产占全社会医疗总资产比例达到70%以上。

【县“四全”工作动员大会和防震减灾培训会】 8月18日，石林县召开全县“四全”工作动员大会和防震减灾培训会。县级领导，各乡镇党委书记、乡镇长，村镇规划中心主任、各村委会（社区）主任、禁养区内村委会（社区）书记，县直各部委办局、人民团体、企事业单位，省、市驻石单位主要负责人，县农牧局、县林业局、县水务局、县建设局、县环保局中层以上干部，禁养区内的养殖大户代表10户、排污量大的企业负责人代表10名参加了会议。县委书记罗朝峰作题为《强势发动全民参与，全面推进“四全”工作加快“生态美县”建设步伐》的讲话。强调指出：一要按照“截污、清淤、增绿、造景”的要求，全面截污，重点推进巴江流域范围内片区截污、河道截污、乡镇及村庄截污、干渠截污四个层次和县城雨污分流的全面截污工程，把巴江建设成为集旅游观光、城市生态调节、农业水利灌溉为一体的城市景观生态绿色长廊。二是全面禁养，缓解农业面源污染。在县区城区规划区范围，以及流经城区河流及河流两侧各200米范围内，集中式饮用水水源地，所有湖泊及水库等，禁止新建、扩建畜禽养殖场（户）、养殖小区。2008年12月31日前，完成上述区域散养户存栏畜禽处置工作；2009年12月31日前，完成除规模化养殖场（户）以外的存栏畜禽处置工作和养殖设备搬迁工作。三要全面绿化，以创国家园林县城为抓手，改善生态环境。石林县城绿地率要达35%以上，绿化覆盖率达37%以上，人均公共绿地9平方米以上。努力探索多元化投资、市场化运作的管理机制，在全县大力实施城乡绿化十大工程。实施过境公路、铁路两侧生态林工程；实施河道、水库生态绿化工程；实施城乡道路绿化提升工程；实施城市道口绿化工程；实施城市公园、广场增绿工程；实施集镇绿化工程；实施村庄绿化工程；实施园林单位创建工程；实施围墙绿化工程；实施垂直绿化工程。四要全面整治，美化净化县城。开通“12319”城建服务热线，2009年底完成“数字城管”系统建设，并与市级平台联动；2008年底前启动鹿阜镇、石林镇、路美邑镇、板桥镇农村生活垃圾集中收运处置工作；重点加强对县城出入口公路、南昆铁路县境内段沿线两侧15米范围、县城区域河道沿线等地段环境卫生的经常性检查，开展好环卫保洁整治工作；落实“门前三包”责任制，加强城市卫生保洁；加强县城建成区街道两侧店招店牌规范和整治，编制完成县城户外广告设置详细规划，逐步编制并实施乡镇人民政府所在地集镇户外广告设置详细规划；抓好机动车停、洗、修车场规划建设；推进防盗笼（栏）规范化管理；加强对废气排放重点工业企业治理和监管，加快推进取缔4吨以下燃煤锅炉、灶具改用清洁能源工作；全面加强县城建成区、石林景区两控区（烟尘控制区、噪声达标区）工业噪声、建筑施工噪声、商业噪声、文化娱乐噪声的环境监管；以县城建成区为中心，按照先主干道后次干道的原则，确保临、违建筑拆除率达到100%，县城规划区无临、违建筑。五要加强领导，采取强有力的措施，确保完成“四全”工作各项任务。要坚持“政府主管、属地实施，社会参与、多元投资，建管并重、依法管理”的原则，改革管理体制，完善组织体系，创新运作机制，建立规章制度，整合监管队伍，形成领导有方、管理有力、协调有度、推进有序的工作机制，确保完成“四全”工作各项任务。

【全县集体林权制度改革工作推进会】 8月21日，石林县召开全县集体林权制度改革工作推进会。县级主要领导，各乡镇党委书记、乡镇长、分管领导，农林水综合服务中心主任或负责林业工作的副主任，县集体林权制度改革工作领导小组成员及办公室、宣传组、维稳组、督查组全体人员，县级林改技术人员，鹿阜镇、石林镇、路美邑镇、圭山镇、板桥镇、大可乡涉及集体林权制度改革工作的各村（居）委会书记、主任参加了会议。会上，县委书记罗朝峰作了题为《坚定信心、全面推进，确保如期完成林改工作任务》的讲话，强调指出：一要充分认识林权制度改革的重要性和必要性，进一步加快林改的步伐。二要严格执行政策，突出关键环节，强力推进林改工作。准确把握好林改工作三个方面的政策。准确把握好重大问题；明确林权改革明晰产权、勘界发证、放活经营权、落实处置权、保障收益权的主要任务；严格程序，做到公开、透明操作。要严把方案确定关、严把林地确权关、严把"四榜"公示关、严把林地合同签订关、严把林权登记申请关、严把材料审核上报关、严把改革指标关、严把林地确权发证关。加快主体改革，确保纠纷调处率达到95%以上，确权率达到95%以上，确权到户率达到80%以上，发证率达到90%以上。推进配套改革。围绕建立健全林业经营、林业服务、资源保护和流转体系"四大服务体系"，推进林改配套改革。发展林业产业。改革的目的是增加农民收入，就是放活经营权，做好林业发展文章。加快生态建设。结合城乡园林绿化和生态建设，结合"四全"工作，加强林业生态建设，使石林的山更绿、水更清、环境更优美。三要建立健全机制，进一步落实林改任务措施。

【全县实施"543"倍增计划动员大会】 9月5日，石林县召开全县实施"543"倍增计划动员大会。县级领导，各乡镇、县直各部委办局、人民团体、企事业单位实职副科以上干部（县公安局、县检察院、县法院班子正副职领导参加），县财政局、县发改局、县建设局、县农牧局、县文体局、县经济局中层以上干部参加了会议。会上，县委书记罗朝峰作了题为《强力攻坚、强势推进，以项目突破推动"543"倍增计划的实施》的讲话，强调指出：一要统一思想和行动，只争朝夕，努力实现"543"倍增计划。二要突出重点和难点，以项目突破推动"543"倍增计划的实施。必须进一步强化项目意识，围着项目转，盯着项目干，跟踪大项目，服务大项目，落实大项目，以项目吸引外资、启动民资、争取上级投资，以项目建设推动"543"倍增计划的实施。加快重点项目建设，提高项目的开工率、投产率和达效率；加大招商引资力度，提高项目的签约率、履约率和成功率；全力推进园区建设，构筑项目平台；切实做好项目前期工作，吸引更多的投资者落户石林。三要加强组织领导，强化责任抓落实，细化任务抓落实，严格考核抓落实，形成合力抓落实，确保"543"倍增计划顺利实施。四要树立"一盘棋"的思想，服从县委、县人民政府的统筹协调，心往一处想、劲往一处使、拧成一股绳，密切配合，通力协作，形成合力，共同推进"543"倍增计划的实施。要完善"主要领导协调、分管领导主抓、职能部门履责、相关部门服务、具体人员落实"的工作协调推进机制；要实行经济工作主要经济部门月分析、分管领导季度分析、全县经济运行半年分析的经济运行形势分析机制，定期不定期分析"543"倍增计划的推进情况，及时采取措施，确保各项任务落到实处。

【做好新形势下群众工作会】 9月13日，石林县召开做好新形势下群众工作会议。县委常委，县人大常委会、县政协主要领导，县人民政府副县长，鹿阜镇、石林镇、路美邑镇党委书记，县政府办分管信访工作的副主任、县委政法委常务副书记，县公安局、县检察院、县法院、县国土资源局、县建设局、县农牧局、县林业局、县水务局、县交通局、县民政局、县民宗局、县信访局、县工管会、县旅管会等单位主要领导参加了会议。会上，县委书记罗朝峰就认真贯彻落实省委领导重要讲话精神，做好新形势下群众工作提出七点要求：一要从孟连"7·19"事件中吸取教训。必须牢记党的宗旨；必须执政为民，执政不能偏；必须牢记权为民所赋，权力不能滥用；必须改变干部作风，矛盾不可积累；必须加强党的先进性建设，基层不能软；必须高度重视农村思想法制建设，阵地不能丢。二要充分认识新形势下做好群众工作的极端重要性。党的执政基础在人民，如果没有人民，政权就会丧失，没有群众的信任，政府的公信度就会丧失。做好群众工作在两个方面极端重要：巩固党的执政地位；提高党的执政能力和水平。三要正确处理好改革、发展、稳定之间的关系。对石林来讲，现在不是发展快了，而是发展慢了，云南、昆明相对东部地区而言，是发展慢了，因此要加快发展，而发展必须以稳定为前提。四要加强矛盾纠纷排查调处工作，多渠道化解矛盾纠纷。在发展中不可避免地会出现一些矛盾纠纷，包括山林权属纠纷、边界纠纷、邻里纠纷、县与县之间的纠纷、乡镇与乡镇之间的纠纷、村与村之间的纠纷等，以及因村务不公开、账务不公开而引发的矛盾纠纷等。各乡镇要认真梳理各种矛盾纠纷，加强矛盾纠纷排查化解力度，准确定性矛盾性质，正确区分合理诉求，多方采取措施，多渠道化解。要求能通过信访渠道解决的问题，信访部门要及时解决，能通过人民调解渠道的通过人民调解合理解决，包括公、检、法、司调解，乡镇、村委会调解，工青妇群团组织调解。五要掌握做好群众工作的方式方法。要引导，利用好政策做好正面引导工作；要疏导，群体性事件处置过程中要遵循可疏不可堵、可散不可聚、可顺不可急、可解不可结的原则，决不能让小矛盾变成大矛盾，把小事变成大事；要指导，在处理和疏导一些群体性事件中，乡镇要指导村委会，县直各部门要指导乡镇、指导群众做好工作；要劝导，要多讲道理，让双方尽可能心平气和地坐下来解决问题；要诱导，要以正面的舆论导向面对信息化年代，面对传播十分迅速的信息。六要转变作风，深入调研，掌握真实的社情民意。出现矛盾纠纷，部门主要领导、乡镇领导要赶赴第一现场，准确把握事件真相，掌握第一手材料。乡镇各部门领导要经常深入村委会、村民小组、自然村，畅通信息渠道，了解群众最盼望什么，群众最迫切需要解决的问题是什么，有些什么热点问题，与群众面对面解决好群众诉求、群众反映的问题。七要妥善处理好重大项目建设中涉及群众利益的相关工作。当前要全力做好10个方面的工作。做好建设用地征用工作。要求涉及的县国土资源局、县工业集中区、县旅管会认真研究，妥善处置好。做好公路建设。全力配合做好石蒙高速公路建设工作。做好公益性公墓选址工作。按市级要求，鹿阜镇、路美邑镇、石林镇、板桥镇每个镇要建两个农村公益性公墓区，大可乡、圭山镇、西街口镇、长湖镇每个乡镇要建一个农村公益性公墓区。县民政局要做好指导，配合乡镇抓紧时间选好地址、做好规划，从源头上引导群众规范殡葬行为。做好拆迁工作。涉及的县建设局和各乡镇要做好违章建（构）筑拆迁，单位拆墙见绿和影响建设的建筑物拆迁等工作。做好涉法涉诉工作。由县委政法委牵头，组织公、检、法、司等部门进行专题研究。做好民族宗教工作。做好贫困群体的救助工作。县人事劳动和社会保障局等部门要加大对失地农民的培训力度，千方百计寻找公益性岗位和福利性企业岗位，为失地农民提供就业机会。认真做好烤烟收购工作。做好交通工作。做好执法公正。要求公检法司等执法部门在执法过程中做到公开、公平、公正。

【招商引资工作推进会】 9月16日，石林县召开招商引资工作推进会。县四班子主要领导，县委组织部部长，县纪委常务副书记，县委目督办、县政府目督办主任，各招商分局政委、分局长、副分局长，各乡镇党委书记，县招商局全体干部职工参加了会议。会议传达学习了昆明市招商引资推进会精神，通报了全县招商引资工作进展情况，同时要求全县各级各部门要把招商引资工作作为当前工作的重中之重，紧扣全年目标，竭尽全力做好服务，确保项目落地、资金到位、按时开工，确保市委、市政府下达的招商引资任务圆满完成。要求各招商分局原则上一周要向县委、县政府报告一次项目落地和资金到位情况。强调要对招商引资工作中履职不到位的主要领导、缺乏战斗力的领导班子、完不成任务的直接责任人和造成不良后果的相关单位实行严厉的问责。县委书记罗朝峰在会上就做好后三个月的招商引资工作提出了五点要求：一是要充分认识招商引资工作对石林经济社会发展的重要意义。拉动经济发展的“三驾马车”中，目前石林在出口拉动几乎可以忽略不计，消费拉动十分乏力的状况下，必须以强劲的投资拉动经济发展，而投资的增量必须以加大招商引资为保证。二是要把招商引资工作任务作为刚性指标，坚决努力完成。县发改、旅游、建设、经济、国土、水务、工管会、旅管会等重点部门要全力以赴抓好协调，带头完成任务。三是要清醒认识形势，采取超常规措施推进工作。2008年招商引资项目就是来年的生产力，就是县域经济发展的实力，全县各级各部门一定要改变按部就班、日出而作、日落而息的工作模式，扎实做好基础性工作，确保项目引得来、落得下、开得工、见得效。四是在招商引资工作中要做到责任心再强一点、工作再细一点、节奏再快一点。目前，许多经济发达的地区都是干部围着项目转、围着企业转，主动搞好服务，全县广大干部职工要学会这一点，要求领导干部在其位就要谋其政，珍惜能为党和人民做事、能为社会做贡献的机会，破除官不大、架子不小等衙门作风，多设路标、少设路障，多做利党利国利民之事。五是要以只争朝夕的精神狠抓资金到位和项目落地。要讲究工作方式方法，充分用好后三个月有限时间，上下一心，形成合力，通过狠抓项目落地、开工和投产，促进全县经济社会又好又快发展。

【被征地人员养老保险工作推进会】
9月23日，石林县召开被征地人员养老保险工作推进会。县委书记罗朝峰就做好被征地人员养老保险工作提出四点要求：一是要解放思想、提高认识，高度重视被征地人员养老保险工作这项民生工程，从促进农村社会稳定、经济发展的高度切实抓好落实。二是要广泛宣传，深入发动，不断转变落后陈旧的观念。要让广大干部群众充分认识到过去是“养儿防老”，今后只能是“保险防老”。尤其是广大干部要学透政策精神、掌握好政策标准、宣传好政策要求。三是要先易后难、以点带面，加快推进全县被征地人员养老保险工作。对所在村组有一定经济实力、能为村民支付部分保险费用的，年龄较大、参保后能尽快领到保险金的，家庭经济条件宽裕、可以承担保险费用的，子女参加工作或做生意的要加大工作力度，争取首批参保。四是要采取有力措施，确保全面完成今年的参保任务。市委、市政府下达石林县的参保任务是刚性指标、铁定任务，必须努力确保不折不扣圆满完成。尤其是鹿阜镇、石林镇和路美邑镇是石林县今后城市扩张和工业突破的重点，今后被征地人员将会大量增加，必须下大力气做好工作，争取超额完成县下达的目标任务。

【全县纪检监察派出机构统一管理体制改革动员会】 9月27日，石林县召开全县纪检监察派出机构统一管理体制改革动员会。县委副书记裴演兵，县委常委、县人民政府副县长毕春华，县委常委、县委组织部部长王昆，县政协副主席、县财政局局长苏云波，县人大、县政协分管或联系领导，县纪检监察派出机构统一管理体制改革工作领导小组成员，县纪委常委，县监察局副局长，各乡镇党委书记、纪委书记，县直各部委办局、人民团体、企事业单位主要领导、纪委书记（副书记）、纪检组长、监察（审）室主任；省、市驻石单位纪检监察机构负责人，县人民检察院、县人民法院纪检组长，县纪委监察局机关全体干部职工参加了会议。会上，县委副书记裴演兵作了重要讲话，指出：一要统一思想、提高认识，高度重视纪检监察派出机构实行统一管理体制改革工作。二要突出重点、把握原则，积极稳妥地推进纪检监察派出机构统一管理体制改革工作。对纪检监察派出机构实行统一管理，涉及体制改革、职能调整和工作关系变化，是一项政治性、政策性、业务性都很强的工作，各级各部门要按照县委、县政府《实施方案》的部署和要求，积极稳妥地推进这项工作。要突出改革重点，改革领导体制，强化监督职能，理顺工作关系。要把握基本原则，县委、县政府在《实施方案》中明确提出了改革需要把握的三项原则：一是积极稳妥，务实创新；二是分类归口，集中派出；三是整合力量，全面覆盖。希望大家在工作中不折不扣地贯彻执行。三要明确时间要求。此次纪检监察派出机构实行统一管理体制改革，要求9月27日以前，完成宣传动员；10月15日前，认真组织实施，成立机构并总结完善。时间紧、任务重，要求各相关部门抓紧实施、抓紧落实，确保按时完成。四要加强领导、严肃纪律，确保纪检监察派出机构统一管理体制改革工作顺利圆满完成。纪检监察派出机构统一管理体制改革工作是当前石林县政治生活中的一件大事，必须切实加强组织领导，形成工作合力，严肃工作纪律，强化监督检查，保证这项重要工作顺利推进。要加强组织领导，明确工作责任；要注重协调配合，形成工作合力；要强化组织保障，严肃工作纪律；要把握会议精神，狠抓工作落实。

【全县2008年敬老节庆祝大会】 10月10日，石林县召开全县2008年敬老节庆祝大会。县四班子主要领导和分管、联系领导，各乡镇党委书记或乡镇长，分管领导，民政助理员，县直各部委办局、人民团体、企事业单位主要领导，受表彰的先进集体负责人、先进个人，县老年大学学员代表，高龄老年人代表参加了会议。会议表彰奖励了2008年度全县老龄工作先进集体和先进个人。会上，县委书记罗朝峰代表县委、县人民政府，向各位老同志致以衷心的感谢和崇高的敬意，并衷心希望广大老干部、老同志一如既往地关心、支持石林的发展，为石林的发展出谋献策，多提宝贵意见。同时强调指出：老干部、老年人是党和国家的宝贵财富，是改革开放30年辉煌成就的见证人，是石林建设、改革、发展的重要力量和坚强后盾。数十年来，广大老干部、老同志为石林的发展艰苦创业、无私奉献，饱经沧桑、历尽磨炼，献出了自己宝贵的年华，给石林人民留下了十分宝贵的物质财富和精神财富。如今，石林的面貌日新月异，各项事业蒸蒸日上，这都离不开老干部、老年人的支持。虽然他们已经离开了工作岗位，但始终对石林的发展充满热情，始终对石林的工作给予关心、理解和支持。这种氛围，是做好石林工作不竭的力量源泉。县委、县人民政府在2003年就以县委、县人民政府文件制定下发了《关于进一步加强老龄工作的意见》。2008年9月，县人民政府下发了《关于认真做好80周岁以上高龄老年人保健补助工作的通知》，落实了对80岁以上高龄老年人给予保健补助的政策，全县80周岁至89周岁的老年人每人每年将享受120元的补助，90周岁至99周岁的老年人每人每年将享受300元补助，年满100周岁及以上的寿星老年人每人每月将享受200元的补助。

【全县新农村建设工作推进会】 10月17日，石林县召开全县2008年新农村建设工作推进会。县委、县人民政府分管领导，县人大、县政协联系领导，各乡镇党委书记、乡镇长及分管领导，11个新农村建设整村推进村书记、主任及11个整村推进村的县支农联系单位主要领导，石林县社会主义新农村建设工作领导小组成员单位主要领导，石林县新农村建设指导员工作队队长参加了会议。会上，县委副书记裴演兵作了题为《加强领导、强化措施》的讲话。指出：一要提高思想认识，高度重视新农村整村推进工作。要繁荣发展农村文化，大力办好农村教育事业，促进农村医疗卫生事业发展，健全农村社会保障体系，加强农村基础设施和环境建设，推进农村扶贫开发，加强农村防灾减灾能力建设，强化农村社会管理。二要突出工作重点，加快新农村整村推进。抓项目组织实施。在项目实施过程中，一定要充分调动农民的积极性，发挥好农民的主动性，该投工的投工，该筹资的筹资，全力推进项目建设。抓项目资金管理。按照"整合资金、捆绑使用，统一规划、统筹安排，统一实施、各司其职，各负其责、渠道不乱、用途不变，互相配合、形成合力"的原则，重点整合财政、发改、国土、农牧、林业、交通、水利、教育、卫生、科技、民宗、建设、民政、供销、广电、电信、电力等部门用于农村建设的专项资金和挂钩帮扶资金，集中投入使用，最大限度地提高新农村建设资金的综合效益。抓项目建设监管。严格按照项目基本建设程序，做好项目的规划、论证、评审、申报等工作。对各类新农村建设项目的建设规划、实施数量、建设内容、扶持对象、补助标准、资金使用、物资发放等实行公示公告制，做到事前公示、事后公告，接受群众监督。三要加强组织领导，狠抓各项工作落实。

【2008年度目标任务督查推进会】 10月23日，石林县召开2008年度目标任务督查推进会。县级领导，各乡镇党委书记，县纪委、县委办、县委组织部、县委宣传部、县政府办、县旅游局、县财政局、县发改局、县统计局、县经济局、县环保局、县国土局、县交通局、县建设局、县农牧局、县林业局、县水务局、县文体局、县教育局、县卫生局、县民政局、县人事劳动和社会保障局、县新农办、县扶贫办、县委目督办、县政府目督办主要领导参加了会议。会议听取了各位县委常委、县人民政府副县长年初与市委、市政府签订的目标任务完成情况汇报及完成全年目标任务进行安排部署。会上，县委书记罗朝峰就全面完成2008年度目标任务提出三点要求：一是要对照目标，寻找差距，采取超常规措施，狠抓项目落地，确保目标任务按时完成。二是措施要具体，任务要完成，责任要追究。要求各责任部门倒排时间表，采取特殊措施，保证完成任务。对办事不力、影响工作推进的，县纪委、县委组织部等部门启动问责程序，坚决追究责任。三是出台相关规定，建立相关制度，奖勤罚懒。要求领导干部以身作则、增强责任意识，狠抓工作落实。年终要严格按照相关奖惩制度执行，做到奖得动心、罚到痛心，同时要求相关部门加大明查暗访力度。县委副书记、县人民政府县长李忠德通报了昆明市各县市区目标任务完成情况，并与石林县各项目标任务进度进行了比较分析，要求各部门紧盯项目，决战68天，全面完成市委、市政府下达的各项目标任务，要求领导干部要集中精力抓经济、抓发展、抓招商引资工作，要求工作效率再提高、项目建设再提速、督查力度再加大、问责力度再严格、安全生产再强调、廉政建设再加强。

【领导干部集体廉政谈话会】 10月30日，石林县召开领导干部集体廉政谈话会，对2007年以来提拔的90名科级领导干部进行集体廉政谈话。县委书记罗朝峰从六个方面对新提拔领导干部就保持廉政勤政提出要求：一是要做讲学习的表率。学习使人进步，目前正处在飞速发展的信息时代，知识更新日新月异，领导干部要适应不同岗位工作要求，进一步加强学习，树立终身学习理念，向书本学习、向同事学习、向社会学习，只有不断学习，不断提高综合素质，练就适应不同岗位要求的本领，才能适应发展的需要。二是要做廉洁勤政的表率。要牢记党全心全意为人民服务的宗旨，牢记权力由人民赋予，摆正自己的位置，真正做到权为民所用、利为民所谋，做到在其位、谋其职、尽所能。三是要做到勤奋工作的表率。当前，石林经济社会发展面临着良好的发展机遇，同时也面临着巨大的发展压力，从昆明市来看，石林离前面的标兵越来越远，离后面的追兵越来越近，同一板块之间的竞争越来越激烈，石林县只有自加压力、负重前行，才能迎头赶上，作为领导干部，一定要珍惜人民赋予的权力，珍惜现在的工作岗位，把心思用在努力工作、推动发展上。四是要做执行党委政府决策的表率。要加大检查力度，对确定的目标任务不折不扣地抓好落实。作为领导干部，就要带头执行好县委、县政府的决定。五是要做服务经济社会发展的表率。当前，全县上下正全力以赴抓招商引资、抓项目落地、抓项目开工建设，作为领导干部，要自觉服务经济社会发展。六是要做创新的表率。在日常工作中，任何人都会碰到许多困难和问题，领导要学会发现问题、认识问题、解决问题，做到想干事、能干事、干成事、不出事。罗书记殷切希望各位领导干部都能兢兢业业、干干净净、如履薄冰，时刻警醒自己廉洁勤政、勤奋工作。

【全县全面建设小康社会指标体系考核工作动员大会】 11月7日，石林县召开全县全面建设小康社会指标体系考核工作动员大会。县级领导，县直各部委办局、人民团体、企事业单位主要负责人，各乡镇党政主要领导，县发改局、县统计局、县财政局中层以上干部，县委目督办、县政府目督办全体干部参加了会议。会上提出到2015年与全市同步实现小康社会奋斗目标。按照市委、市政府的要求，结合石林县情，石林县建立起《石林彝族自治县全面建设小康社会主要指标体系》，该体系包括了经济发展、社会和谐、生活质量、民主法制、科教文卫、资源环境等6个大类、27项指标，以定量定性的方式，使全面小康社会目标变成了一个具体的、量化的、看得见、摸得到的共同理想。监测显示，2007年，石林县全面小康总体实现程度达到69.18%，离小康目标还差31.82%。其中：经济发展指标实现程度为53.9%，社会和谐指标实现程度为82.9%，生活质量指标实现程度为74.3%，民主法制指标实现程度为100%，科教文卫指标实现程度为64%，资源环境指标实现程度为68.4%。动员会上，县长李忠德全面安排部署全面建设小康社会各项工作；县委书记罗朝峰作重要讲话，要求各级各部门对照全面小康指标任务分解，对照年度目标，认真履职，狠抓落实，强化措施，强势推进，确保全面小康社会建设的各项任务落实到位，确保2015年与全市同步实现全面小康。

【县重点项目建设推进会】 11月12日，石林县召开全县重点项目建设推进会议。县委、县人大、县政府、县政协主要领导，县人大、县政府、县政协分管或联系领导，各乡镇人民政府乡镇长，县纪委、县政府办、县建设局、县交通局、县国土资源局、县财政局、县旅游局、县水务局、县环保局、县公安局、县教育局、县卫生局、县文体局、县广电局、县旅管会、县工管会、县委目督办、县政府目督办、石林供电有限责任公司主要领导；县建设局建设科、质监站负责人参加了会议。会上，县委书记罗朝峰就全力推进全县重点项目提出五点要求：一是要充分认识全球金融危机使出口面临诸多困难，而消费需求扩大还需一个过程，投资对经济拉动的作用更加凸显的形势，加大基础设施投资力度，以强有力的投资拉动石林县域经济发展。二是要紧紧抓住中央加大银行信贷，取消对商业银行信贷规模限制的有利时机；抓住难得的建材低价格、建工低价格、建设低成本、银行低利息的机遇；抓住雨季已过，施工黄金时节到来的机遇；抓住全县大部分建设工程在建成区外，交通管制、噪音限制等方面影响较小的机遇，进一步加大基础设施建设和重点招商引资项目推进力度。三是要按照既定目标，倒排时间表，合理安排工期。所有重点工程必须做到动土必有规划、动工必有设计、推进必有监理。未开工项目要全力做好开工准备，尽快开工；已开工项目要加大力度，加快进度，确保质量，能快则快，在全县形成集中5000人大干50天的建设新高潮。四是要紧密协作、无缝对接、形成合力，全力推进项目建设。要用硬手段解决软环境问题，努力把石林打造成为滇东南投资和人才聚集洼地。新成立的5个纪工委要强力介入，紧盯项目推进，对服务质量差、工作不到位的责任单位和领导严肃追究责任。五是要拿出具体行动计划，大干50天，高标准完成2008年预定目标任务，同时认真谋划好2009年的工作。

【全县招商引资工作推进会】 11月13日，石林县召开全县招商引资工作推进会，县四班子主要领导，县委组织部部长，县纪委常务副书记，县委目督办、县政府目督办主任，各招商分局政委、分局长、副分局长，各乡镇党委书记，县招商局全体干部职工参加了会议。会上，县长李忠德就招商引资工作提出了五点要求：一是要树立信心，全力冲刺，确保2008年招商引资任务圆满完成。二是要下定决心，全面完成招商引资任务。三是要形成合力、相互协调，创造良好的投资环境。四是各级各部门领导要当好指挥员、当好战斗员，亲自研究，亲自参与，确保完成任务。五是在抓好招商引资工作的同时，积极向上级争取资金，为2009年的工作打实基础。县委书记罗朝峰就完成2008年招商引资工作强调了三点要求：一是要抓住有利时机，加大招商引资力度。当前，国务院出台了拉动内需的十大措施，有力地增强了投资者的投资信心，一定要抓住这个黄金时机，加大招商引资力度。二是冲刺37天，确保石林县整个招商引资任务如期如数完成，要倒排时间表，时间往前赶，已完成任务的招商分局要树立全县一盘棋的思想，再接再厉，没有完成任务的招商分局要树立信心、鼓足干劲，确保完成任务。三是要抓项目开工、抓工程进度。只有项目开工、项目投产，才能产生效益。四是要提前谋划好2009年的工作，抓早、抓实、抓出开门红。

【全县“四创两争一巩固”暨冬春季城乡绿化造林工作推进会】 11月17日，石林县召开全县“四创两争一巩固”暨冬春季城乡绿化造林工作推进会。县级领导，各乡镇党委书记、乡镇长、分管领导，农林水综合服务中心主任（或副主任），县直各部委办局、人民团体、企事业单位，省、市驻石单位实职副科以上干部（县公安局、县检察院、县法院班子正副职领导参加），县委宣传部、县建设局、县环保局、县卫生局、县林业局中层以上干部参加了会议。会议分别通报了2008年以来全县城乡园林绿化及生态建设工作进展情况，安排部署了冬春季城乡绿化造林工作；通报了创建昆明市文明县城工作进展情况，安排部署了下步工作；通报了创建国家园林县城、国家生态县及配合昆明市创国家环保模范城市，争取联合国人居城市奖工作进展情况。石林县“四创两争一巩固”工作目标为：2008年内创建为昆明市文明县城，2009年创建为国家园林县城，2010年基本达到国家生态县标准，2011年创建为国家生态县，同时全力配合昆明市开展“四创两争”工作。从目前石林县的各项创建工作进展情况看，国家园林县城的18项主要指标中，未达标的还有1项，刚刚达标的有6项；国家生态县的22项指标中，未达标的还有9项；国家环保模范城市的29项指标中，未达标的有3项；昆明市文明县城的10类33个大项232个小项指标正进行达标情况统计，初步测算可以达到。城乡园林绿化及生态建设工作进展情况为：截至11月10日，全县累计投入绿化建设资金1.07亿元，植树584.77万株；新建苗木基地2630亩；拆临拆违10.1平方米，新增公园绿地3.99万平方米，新增附属绿地55.33万平方米；机耕路绿化29.62千米；河道绿化35千米；县乡公路绿化128.3千米；县城建成区绿化覆盖率41.09%，绿地率38.46%。会议要求认清形势，查找差距，思想认识再提高；对照目标，抓住关键，工作任务再落实；加强领导，精心组织，责任落实再具体。抓好“四创两争一巩固”暨冬春季城乡绿化造林工作，确保既定目标任务实现。

【县委议军会议】 12月30日，石林县召开县委议军会议。县四班子主要领导及分管或联系武装工作的领导，县人武部党委成员，各乡镇党委书记、乡镇长，武装部部长，县委办、县政府办、县委宣传部、县财政局、县民政局、县公安局、县发改局、县建设局、县交通局、县卫生局、县教育局、县人事劳动和社会保障局、县统计局、县电信局、县广电局1名领导，县旅游局、天合公司武装部部长（干事）参加了会议。

县委办公室

【县委办公室】 1949年4月至1951年10月设专职秘书1人；1951年11月至1956年4月设秘书处；1956年4月至1958年11月设秘书科；1964年2月设办公室；1968年11月，为县革委办事组取代；1971年8月恢复办公室（实行县委办公室、县革委办公室两块牌子一套班子）；1980年12月，党、政分设办公室。2008年办公室下设综合科、秘书科、信息政研室、行政后勤科；县接待处归口县委办公室，县委目标督查管理办公室、县委县政府信访局、国家保密局、县委机要局由县委办公室管理，其中国家保密局、县委机要局实行两块牌子一套班子。2008年底县委办公室有在职干部职工38人。办公地点在石林县环城东路137号县委机关大院内（其中县政府信访室单设在县政府值班室旁）。2008年，与支农联系点贫困群众结成帮扶对子34对，帮助群众解决生产生活中的实际困难。深入开展支农联系工作，协调资金110万元修缮人饮工程和四家村水库，帮助解决人畜饮水问题。积极参与各类捐资捐助活动，全年累计捐款达35300余元。

主　　任：李正平
常务副主任：王永乔
书记助理：文春燕（女，彝族，6月起）
副 主 任：毕卫东（彝族）
　　　　　李宏伟
　　　　　周林春
　　　　　陈德富（9月起）

【综合协调工作】 一是加强了同市委办公厅的工作业务联系，全力为县委提供超前服务。二是切实加强与“四办”及各单位、各部门的联系，注重会商与联络，及时了解情况，掌握动态，做到事前勤沟通、事后多反馈，确保工作准备充分、衔接紧密，形成强大的工作合力。三是注重与基层和党政办公室系统的协调，发挥基层部门的作用，坚持多补台、多补缺、多服务，充分调动各方面的积极性，形成反应灵敏、运转高效、协调有力的工作机制，保证县委工作高效运转。

认真做好各级各类文件的收发、传阅、管理、归档等工作，处理好各类来电来访，确保公文处理规范、快捷、保密。做好上级文件和县委领导批示件的承办和跟踪督查，确保件件有落实、事事有回音。2008年共收发各级文件近63098余份，其中：上级文件1098份，本级文件15000余份，下发文件48000余份；办结公文616件、上级会议通知121件，办理各类请示、通知、请柬、函及领导批示交办件377件，较好地落实了上级和县委的精神和要求。按照高效、规范的要求，认真办理领导交办的每一件事情，让领导集中精力谋全局、抓大事，较好地完成了县委大事记、办公室干部统计、人事劳动、年终考核及民主评议党员、党报党刊征订等各项日常工作。

【办文办会工作】 认真贯彻党的路线、方针、政策和上级精神，严格按照《中国共产党机关公文工作条例》，规范办文程序，精简文件数量，增强文稿的权

威性、针对性、指导性和可操作性，同时积极加强各乡（镇）和县直各单位党办的办文业务指导，提高文稿综合质量和办文水平。2008年共起草、修改、综合、办理、校核各类稿件601件；制发石字头公文425个（“石干”除外），其中：“石发”文件39个（代办2个），“石通”文件16个，“石办发”文件40个，“石办通”文件129个（代办2个），“石党批”文件38个（代办6个），“石党字”文件20个，“石办字”文件8个，“石复函”1个，“石办函”1个，“会议通知”69个，便头通知（石办发）20个，专题情况报告15个，《工作通报》13期，“县委会议纪要”10个，“县委办会议纪要”3个，“县委常委会议纪要”3个；办理县委常委会决定事项办文单65份，承办、协办重要文稿、领导讲话111个。

坚持精干、有序、节俭、高效的原则，严格按“会前抓准备、会中抓服务、会后抓管理”三个环节，认真细致搞好会务工作，较好地组织筹办、协办了中国石林国际火把狂欢节、全县干部大会、领导干部时代前沿知识讲座、昆明市领导干部培训日专题讲座、招商引资推进会、石林狂欢之都——“四中心、两店”项目开工典礼、纪念改革开放30周年暨县更名10周年活动等大型会议和节庆活动。

【信息政研工作】 加强党委系统信息网络、信息员队伍和信息平台建设，做好对乡（镇）、县直各单位的信息考核工作。全年培训各部门信息员5次240余人，3次通报了各单位、各部门的信息工作情况。信息工作纳入县对乡（镇）、县直单位考核内容。2008年共编发《信息》80期、《信息内刊》11期。上报市委信息处883篇，市委办公厅采用91篇、省委办公厅采用14篇、中央办公厅采用3篇；领导批示3件。共收到各部门上报信息3963条，比上年同期增18%，县委信息采用426条，同比增10%。加强调查研究，抓住经济社会发展中的重点、难点问题积极为县委领导决策提供“了解问题有广度、分析问题有深度、对策措施有力度”的调研报告，参与组织了全县经济发展、民生、稳定等工作调研，并重点开展了石林县核桃产业发展情况调研；开展了石林县全面建设小康社会指标体系建立工作，同时形成《石林县全面建设小康社会主要指标体系》上报市委、市政府；牵头组织修改了市委、市政府关于加强农业基础建设、开展农业招商引资推进农业产业化经营、深入实践科学发展观的实施意见等20余个市级文件的意见征求稿。

【督查工作】 围绕县委、县政府中心工作，发挥督查职能，创新督查机制，实施“工作成果倒逼法”，加大招商引资、重点工程、重点项目等的督查力度，抓好决策落实，推动全县发展。2008年，市委书记仇和批示件交办61件，办结59件，正在办理2件（时限不到）；市委督促检查事项交办133件（涉及267项），办结128件（涉及258项），正在办理5件（时限不到）。每个批示交办件落实及进展情况均已按要求上报。下发督促检查事项办理通知单（石督字）31个，完成领导批示件办理情况报告20件。组织开展了春耕生产、烤烟中耕管理、城乡园林绿化及生态建设、招商引资、10项重点工程建设、10件实事、在建工程项目管理、重大节庆活动等专项督查共计128次。形成《督查简报》13期、《督查专报》73期、《督查专报》（表格式）62期。起草督查文件32个，涉及相关工作372项。发出催办通知4个。完成了2007年和2008年市委、市政府对石林县目标管理考核材料的准备迎检及上报工作，以及县委、县政府对全县各单位的考核和考核办法的制定。

【保密机要和人民防线工作】 落实保密工作责任制，保密要害部门责任书签订率达100%。加大保密宣传教育力度，召开纪念座谈会1次，举办培训辅导20余次，播放警示教育片60余场次，印发宣传资料6500余份，受教育干部职工达3000余人。规范保密要害部门部位管理，完善人防、物防、技防措施。政府信息公开“保”、“放”有序，指导并审查信访、政法、农业、党建等上网信息250余条，跟踪审查各部门上网信息5300余条，上报外省市涉嫌泄密报告3起。圆满完成了高考、中考、会考、自考等各类考试工作27次，试卷安全保密工作均做到万无一失。涉密计算机监管工作全面启动，注册备案涉密计算机25台，安装符合保密要求的物理隔离卡87台套，保密技术推广应用和防范能力不断提升。加强保密依法行政和综合管理能力，先后5次组织开展专项检查、综合检查，抽查重点涉密单位100%，印刷复印点和废旧纸张收购点覆盖面达100%；严格涉密载体清退、回收、销毁管理，按时清退2007年度涉密文件800余件。组织各单位集中回收、现场监督、定点化浆销毁各类文件资料7.39吨。加强保密部门自身建设和广大专兼职保密干部队伍建设，举办涉密人员持证上岗培训班一期，培训人数90人。围绕平安奥运，健全国家安全人民防线网络，落实工作责任制，加强督促检查和指导，收集、整理、上报各类情报信息258条，收缴法轮功反宣品8件。规范政务值班工作，准确、及时接听、报批领导公务电话58件，转办58件；及时报告各类突发事件118件次。按照“保密、优质、高效、无事故”的原则，准确、及时、高效办理各类紧急重要情况报告和县委领导重要指示，认真做好各类文电译传办工作，全年共收发各类文电1742份5729页。转办中央和省、市委机要文件1012件2356份，有效地发挥了党政机关紧急重要情况上情下达、下情上报的机要通信主渠道作用。

【信访工作】 坚持把矛盾化解在一线、化解在萌芽状态的处置原则，加大《信访条例》宣传力度，认真接待和受理人民群众来信来访，积极组织协调处理好各类信访案件。一是加强领导，调整充实信访维稳、联席会议领导机构和人员，规范工作程序，信访部门和联席会议各专项工作组各司其职、各负其责、齐抓共管，全力推进信访案件解决。二是突出重点，加大信访案件督办力度，减少信访案件存量，以迎接奥运会和改革开放30周年纪念活动为契机，在各乡镇、部门开展拉网式矛盾纠纷和重信重访案件大排查活动，明确包案责任人和办结时限，上报重信重访案件11件并处理结案。三是创新机制，实行领导接待日制度、律师和人大代表参与信访接待工作制度及社会矛盾纠纷例会制度等，建立石林县处理社会矛盾基金，多角度、多层次抓好信访工作。四是坚持开展下乡巡回接访、领导干部下访和约访活动，推动信访案件解决，有效化解了基层社会矛盾。2008年共受理群众来信来访690批2626人次、办结634件、办结率为91.88%，其中：来信151件，来访539批1749人次（其中集体上访85批1052人次）。此外，县级领导接待日共接待群众来访303批634人次；受理电话访6件，办结6件；受理网上信访28件，办结28件；办结仇和书记电话接听转办件56件，市长接待日交办件18件，重要信访件15件。有效预防和化解了社会矛盾，确保了石林县社会政治稳定。

【接待工作】 树立“大接待、大服务”意识，早谋划、早布置、早落实，加强沟通协调，认真制定方案，落实每一环节，把接待工作做深做透。圆满完成了县领导交办的公务性接待、上级领导检查指导及各类大型会议活动等有关接待工作，充分发挥出“接待也是生产力”的重要作用。

【行政后勤工作】 积极争取上级资金7万元、物资4.2万元，更新和配备了一批办公设备，进一步提高了办公效率。加强县委大院绿化美化净化管理工作，年内被昆明市爱国卫生运动委员会命名为首批昆明市县城爱国卫生“门内达标”单位。严格履行财务核算和财务监督职能，认真做好县委机关部委办局、群团组织财政拨款和预算外资金的核算管理和服务、协调工作，管理好县委和县委办公室各项经费。搞好县委机关国有资产管理，防止国有资产流失。强化对干部职工的安全教育，提高防范意识，健全和完善各项规章制度，建立目标管理责任制，禁止参与吸毒、邪教和治安危害等违法犯罪活动。加强车辆管理，保障领导用车和单位业务用车，做到安全驾车。加强安全防范，不定期开展安全工作检查，确保县委大院安全无事故。

【组织建设工作】 抓队伍建设，提高战斗力。办公室始终把加强领导班子自身建设摆在重要位置，坚持民主集中制，自觉维护班子团结，相互尊重，相互信任，相互理解，相互补台，上下同心，工作同步。坚持学习制度，增强学习的针对性、系统性和实效性，提高干部职工的政治素质、理论水平和业务能力，为搞好办公室工作奠定了坚实基础。通过干部轮岗锻炼、跟班学习、专题培训、外出考察等多种形式，狠抓文稿写作、计算机操作等业务培训，大力提升全员素质。激活人才资源，营造良好用人环境，注重“用事业留人、用感情留人、用适当的待遇留人”，大力培养优秀后备干部，千方百计为干部搭建展示能力和才干的舞台。以建设和谐文明机关为核心，巩固市级文明单位创建成果，加强干部职工的思想道德教育，开展丰富多彩的创优争先活动，提高干部职工的文明素质，推动机关精神文明建设不断深入，使办公室形成风清气正、团结和谐的良好局面。

抓党的建设，增强凝聚力。以围绕中心抓党建、抓好党建促发展为核心，以建一流队伍、树一流形象、创一流业绩，实现“三零”（协调工作零间隙、服务工作零差错、与人民群众零距离）为目标，切实加强办公室党的思想、组织、作风和制度建设。一是以开展解放思想大讨论、软环境建设、学习实践科学发展观教育活动为契机，拓宽教育形式，丰富教育内容，党员宗旨意识进一步增强。二是以落实机关党建、党风廉政建设目标责任制为重点，扎实开展党员党性分析、党员星级评定、党员政治生日谈话、廉政谈话和勤廉公示、专题组织生活会、班子民主生活会以及农村基层党组织互助帮扶等，党组织的凝聚力、战斗力和创新力不断提升。

抓机关作风建设，提高服务力。以开展软环境建设活动为契机，全面加强县委办作风建设和机关效能建设，切实改进工作方法，转变工作作风，创新思维方式，增强服务实效。深入实施“一办法、三规定”，加大问责力度，提高服务标准。扎实开展“无差错”活动，推行“失误登记问责制”、“首问首办责任制”和“限时办结制”，高标准推进工作，高效率搞好服务。大力推行“一线工作法”，大兴“五办”作风，开展机关作风整顿，切实做到“五个一”。通过开展机关作风建设，全体干部职工发展意识、大局意识、宗旨意识、责任意识、效率意识、纪律意识明显增强，精神面貌焕然一新，服务态度明显改善，工作效率明显提高，形成了以效能建设促工作、以业务工作强效能的良好工作格局。

抓党风廉政建设，永葆先进性。认真贯彻“预防为主，教育为主，标本兼治，综合治理”的方针，建立健全教育、制度、监督并重的预防腐败体系，认真抓好办公室党风廉政建设工作。坚持抓好经常性的党风廉政教育，筑牢思想防线，把党风廉政建设融入到办公室自身建设中，进行党性、党风、党纪教育，增强干部职工的廉洁意识。贯彻执行《中国共产党纪律处分条例》、《中国共产党党内监督条例（试行）》，严格遵守并组织落实领导干部廉洁自律各项规定、省政府“八条禁令”和县政府“三条禁令”，杜绝违规、违纪、违法行为发生。

（撰稿人：县委办公室 张永平）

组 织 工 作

【县委组织部】 1950年2月，成立县委组织部。2008年内设办公室、干部科、组织科、干部监督科、人才科5个职能科室，县直机关党委、县委老干部局、县委党员电化教育中心归口县委组织部管理。年底有干部职工27人（含归口管理部门人员）。单位住址在县委大院内。

2008年，县委组织部被省委组织部表彰为2008年《支部生活》发行先进单位，高云曦被市委表彰为市优秀党务工作者。2008年资助支农联系点石林镇和摩站村委会6000元生产经费。

部　　长：王　昆
常务副部长：王云龙（彝族）
副　部　长：杨春宝（兼）
高云曦（女）
赵　蓉（女）（兼）

【党组织情况】　至2008年12月31日止，县委管辖的基层党委有17个、党工委1个，其中：乡镇党委8个，县直部门党委9个。全县建有党总支43个，其中：农村党总支15个，机关企事业党总支26个，社区党总支2个。党支部366个，其中：农村党支部141个，机关企事业党支部225个。全县有党员9979名，其中：女党员2243名，占党员总数的22.48%；少数民族党员3266人，占党员总数的32.73%。

职业结构：在岗职工党员2899名，占党员总数的29.05%；非公有制经济单位党员85名，占党员总数的0.85%；农村党员7195名，占党员总数的72.1%；离退休党员1092名，占党员总数的10.94%；其他党员468名（主要指个体劳动者、县直单位家属党员、自由职业者、个私企业主和大中专毕业生尚未就业人员、街道社区〈居委会〉党员），占党员总数的4.69%；新的社会阶层党员307名，占党员总数的3.08%。

年龄结构：35岁以下党员2143名，占党员总数的21.48%；36～45岁党员2602名，占党员总数的26.07%；46～54岁党员1865名，占党员总数的18.69%；55～59岁党员876名，占党员总数的8.78%；60岁以上党员2493名，占党员总数的24.98%。

学历结构：研究生28名，占党员总数的0.28%；本科1257名，占党员总数的12.60%；专科1251名，占党员总数的12.54%；中专、高中1802名，占党员总数的18.06%；初中及以下党员5641名，占党员总数的56.53%。

【科级干部情况】　2008年底，全县有科级干部370人，其中：正科161人，副科209人；妇女干部　68人，少数民族干部120人，非党干部27人。

【领导班子建设】　配合市委组织部做好县级领导班子换届选举工作，协助县委抓好乡镇领导班子换届选举工作，换届环境风清气正，换届选举工作任务圆满完成。换届后，县乡领导班子结构进一步优化，乡镇领导干部平均年龄34.58岁，比上届下降2.53岁。以换届为契机，共调整干部41人。切实加强领导班子的思想政治建设，对副科以上领导干部进行十七大精神专题培训，组织开展以贯彻落实科学发展观为主题的解放思想大讨论活动，加大民主集中制教育力度，领导干部服务发展、引领发展的能力进一步增强。加强领导干部个人收入、有关事项监督管理和经济责任审计工作，把环保责任纳入领导干部经济责任审计范围。加大科级领导干部调整交流力度，严把程序关、民意关、考察关、纪律关，全年县委常委会共讨论票决干部7次160人。

【干部队伍建设】　以学习考察城乡建设规划管理、现代工农业发展先进经验为主题，开展百名党政干部赴江苏异地培训。通过专题讲座、现场教学使107名干部在学理论、看变化、找差距、谋发展中增强发展意识，提高发展能力。

择优选派各条战线的骨干力量组成21个招商分局，定期不定期、有针对性、有选择性地到全国35个重点城市招商。择优选派48名优秀年轻干部到县招商引资工作指挥部、县生态工业园区和县工业突破园区建设指挥部办公室工作，在招商引资第一线、经济建设主战场锤炼、检验干部发展能力。

试行党政干部教育培训学分制管理，管理工作于2008年6月1日试行实施。制定《石林彝族自治县科级领导干部学习培训学分制管理办法（试行）》、《石林彝族自治县科级领导干部学分登记手册》。坚持“学分统揽，自选自学，自查自促，学用结合”的原则，积极开展干部学习教育活动。经县委干部党员教育领导小组审核，截至2008年底，全县共有380位乡科级领导干部参加学分制管理，并取得相应学分，最高分133.5分，最低分30分，平均学分63.39分。参加学习的乡科级领导干部均完成30分以上学分，合格率为100%。

【郭红波到石林接访】　2008年9月3日，市委常委、市委组织部部长郭红波到石林接访，共接访2类问题7名信访人员。解决了石林县解放前参加过“边纵”，但未坚持到解放后“整

市委常委、组织部部长郭红波到石林接访

编”，只持有《“过纵”成员证明书》的113名老同志每人每月100元的生活困难补助问题。

【干部人事制度改革】 有效落实群众对干部选拔任用的知情权、参与权、选择权、监督权要求，提高选人用人的公信度和群众满意度，进一步规范完善干部的初始提名权，制定下发《石林彝族自治县科级领导岗位空缺职位分析制（试行）》，采取科级领导岗位空缺职位分析、连续公开推荐提名方式产生县煤管办书记、主任和2名纪工委书记。紧扣拓宽选人用人视野要求，制定并实施《石林彝族自治县县管单位中层干部选拔任用办法（试行）》、《石林彝族自治县机关事业单位公开选调人员暂行办法》。落实以体现科学发展观为主要内容的干部考核评价体系，围绕招商引资工作需要，参与制定《石林彝族自治县2008年招商引资工作实绩考核奖惩办法》，把招商引资实绩作为干部考核、选拔的硬指标。年终广泛开展民主测评、民意调查、述职述廉等多种有效考核方式，建立健全以发展论英雄、凭实绩考干部的政绩评价机制。

【组织制度创新】 围绕群众关心的热点、社会关注的焦点、组织关切的难点问题，开展“村书记论坛”，努力做好新形势下的群众工作。创新方式，积极开展党代表任期制工作。着力推进党内民主建设，在全市率先在10个基层党组织开展“公推直选”党组织书记工作。整合资源，认真实施党员素质提升工程，全年培训农村党员、基层干部、入党积极分子和致富能手5986名。在全市率先开展技能鉴定和职业资格认证工作，4190名参训学员取得了资格证书，农村党员“双强双带”能力明显提高。探索党员教育管理新方法，在全省率先开展党员党性定期分析评议工作，进一步增强党员意识和党性修养。

【基层组织建设】 以“三级联创”为载体，以“五个好”星级动态管理为手段，大力加强党的基层组织建设。制定《石林彝族自治县“五个好”基层党组织创建管理办法（试行）》，进一步规范“五个好”星级动态管理。2008年，80%以上的党委达到“五个好”、80%以上的党总支（支部）达到“五个好”。创新党组织设置模式，成立石林绿汀甜柿协会党支部、石林油桃协会党支部、石林导游协会党支部、石林镇流入流动党支部、石林县进城务工人员党支部、石林建业石材厂党支部6个专业协会、中介组织、村企联建基层党组织。制定《石林彝族自治县城乡党的基层组织互帮互助工作实施意见》，扎实开展城乡基层党组织互帮互助活动，结成城乡互帮互助对子92个，覆盖率达100%。继续开展百名机关党员“一对一”结对捆绑培养百名农村党员活动，催生新农村建设带头人。加强关爱党员工作，全年共关爱党员947名、补助关爱资金380020元。动员全县广大党员自愿交纳“特殊党费”593378.88元，支援四川抗震救灾工作。发挥典型引路、示范带动作用，培育各个领域县级以上党建示范点20个。制作完成《彝乡奏响为民曲》、《石林水务人》两部市级党建示范点工作专题片。总结近年来党建工作经验，编印《石林彝族自治县基层组织建设实践与探索》，为进一步加强基层组织建设提供借鉴。

【深化为民服务体系】 落实党员联系和服务群众工作新要求，农村为民服务体系建设得到进一步深化。全县为民服务中心、为民服务站、为民服务队共开展民情恳谈6306人次、收集村情民意3143件，共受理群众需要办理事项21286件、办结20804件、办结率达97.74%。丰富党员教育管理载体，在农村继续抓好农村党员户星级评定、农村党员无职党员设岗定责、党员政治生日谈话等工作，在机关、学校、企业中推广“双岗双责两考核”党员管理工作，2008年40%以上的农村党员达到“五带头”、50%以上机关、学校、企业推广“双岗双责两考核”党员管理模式。广泛开展党员志愿者服务活动，组建党员志愿者服务队115支，党员志愿者653人。坚持一年一评比、两年一表彰，2008年表彰奖励先进基层党组织30个、优秀党建示范点20个、优秀共产党员100名（其中表彰优秀流动党员1名）、优秀党务工作者50名。

【人才工作】 制定《2008—2010年石林彝族自治县干部教育培训三年规划》、《石林彝族自治县2008年干部人才教育培训计划》。整合人才培训资源，分层次、分类别、大规模对各类人才进行培训。全年完成各类人才培训任务162期54173人次。继续举办“周末讲坛”学习活动、开展204人参加的招商引资实务专题培训、组织20名民营企业家赴温州学习借鉴民营经济发展经验、完成干部人才调训任务109人次等，全方位、多层次开展人才“内培”工作。做好人才“外引”工作，牢固树立“不求所有、但求所用”的观念，坚持引才与引智并重，招商引资与招才引智并举，通过项目承包、技术支持、咨询论证等方式，灵活多样地吸引各类人才300余人次为石林服务。结合石林对紧缺人才的实际需要，建立紧缺人才岗位需求目录发布制度，向社会发布18个类别197名紧缺人才岗位需求目录。根据教育、卫生等部门对人才的需求，协助相关部门积极引进各类紧缺急需人才141人。积极营造“尊重劳动、尊重知识、尊重人才、尊重创造”的良好氛围，在全县四级干部大会上大张旗鼓表彰奖励了94名各条战线的优秀人才，在全县科技大会上表彰奖励了10名有突出贡献优秀专业人才。

【组织部门自身建设】 扎实开展“讲党性、重品行、作表率，树组工干部新形象”活动，着力查找组工干部理想信念、政策水平、识人用人、组工业务、廉政自律五个方面问题，树立组工干部可亲、可信、可敬、可靠的形象。建立完善组织部部务会议、工作例会制度等16项内部管理制度，优化组织部办公流程，促进部机关运转协调。采取“两告知两规范”措施，以制度化管理规范组工干部行为。建立目标任务分解落实机制，把市、县目标任务分解落实到科室，责任落实到个人。建立健全一周一

通报、一月一督查、一季一考核、半年一回头、年底算总账快速推进工作落实机制。实行每周例会汇报一次工作完成情况，提出下周工作计划，进行一次工作通报；每月督促检查一次，形成《督查专报》，强化跟踪落实；每季开展一次公务员考核，对组工干部季度工作进行一次点评；半年开展一次"回头看"，进行一次查缺补漏；年终开展一次公务员考核，硬化激励奖惩。通过以周保月、以月保季、以季保年的目标管理控制体系，倒逼年度目标任务完成。

（撰稿人：县委组织部 陈树萍）

宣 传 工 作

【县委宣传部】 1950年2月，成立县委宣传部。2008年内设部办公室、宣传科、理论科、创建科、文产办5个科室，主管联系县文明办、县延安精神研究会办公室、县广电台、县外宣办。年底县委宣传部有干部职工15人（含县文明办4人）。单位住址在县委大院内。4月9日，经中共昆明市委组织部批准，县外宣办明确为参照公务员法管理的事业单位，年底实有在职职工5人。2008年资助支农联系点长湖镇舍色村委会3000元生产经费。

部　长：李福军（彝族）

常务副部长、县文明办常务副主任：万春林（彝族）

副部长：唐纯武

　　　　张鹏翔

【干部理论教育】 以学习宣传党的十七大精神为主线，各级党委坚持每年开展两次以上中心学习组学习活动。坚持副科以上领导干部到基层上党课制度；坚持县级领导联系老干部、联系民营企业制度。坚持后备干部、农村基层干部党校培训制度。结合"周末讲坛"、云南省领导干部时代前沿知识专题讲座，深入开展"领导干部培训日"学习活动，为全县副科以上领导干部统一印制了读书笔记。加印"思想大解放、昆明大发展"学习资料20期9400册分发到全县副科以上领导干部。印制昆明市"领导干部培训日"讲座实况光碟40期3600余盘分发到各单位组织学习。购买《大国悲剧》等一批图书资料发放给副县以上领导干部作为学习参考。在全县范围内组织征订了《理论热点面对面·2008》和《科学发展观教育读本》，不断深化理论学习和培训，用党的创新理论成果统一思想、凝聚人心。组织开展了学习十七大精神征文活动，举办了学习贯彻十七届三中全会等专题讲座，不断提高全县干部的理论素养。

【解放思想大讨论活动】 3月6日，县委下发了《关于在全县开展"解放思想、跨越发展、富民强县"大讨论活动的通知》，明确了解放思想大讨论活动的指导思想、目标要求、重点内容和实施步骤。4月17～19日，由县委宣传部牵头，组织举办了解放思想大讨论"信念、理念、观念"演讲比赛，掀起了大讨论活动的热潮。4月18日，县委组织召开了全县解放思想大讨论活动推进会。5月4日，县委中心学习组召开学习研讨会，按照省委、省政府和市委、市政府关于"解放思想、深化改革、扩大开放、科学发展"的要求进行了专题研讨。5月初，县委下发了《关于认真学习贯彻白恩培书记在全省"解放思想、深化改革、扩大开放、科学发展"大讨论活动动员大会上的重要讲话精神的通知》。

在解放思想大讨论活动中，全县广大干部职工紧密结合纪念改革开放30周年、迎接石林彝族自治县更名10周年、经济社会发展软环境建设、招商引资等重点工作，深入开展解放思想大讨论活动，副科以上领导干部认真撰写了解放思想大讨论活动心得体会文章。县级新闻媒体以专版、专栏、专题等形式，及时、准确、全面地对大讨论活动进行宣传报道，营造浓厚氛围，激发大讨论热情。在"中国石林网"（www.shilin.cn）开设了"开展解放思想大讨论，实现富民强县新跨越"专栏，县广电台开设了"解放思想大讨论活动"广播电视宣传专栏。县电视台对县级领导、县直各单位和乡镇主要领导进行了电视专题访谈，公示了副科以上领导干部的职务、联系电话、工作职责，录制播出了由各单位主要领导作出的公开承诺。5月20日，市委督查组对石林县开展解放思想大讨论活动情况进行了督查并给予了充分肯定。

【舆论引导工作】 坚持与时俱进，创新工作方法，正确引导社会舆情。围绕县委、县政府的中心工作，进一步整合县级媒体资源，充分利用广播、电视、报刊、宣传栏等载体，加大内宣工作力度，做好舆论引导。继续组织开展文化、科技、卫生、法律"四下乡"宣传活动。积极开展党风廉政、禁毒、防艾、平安石林、巩固国家卫生县城创建成果的宣传，新农村建设、林权制度改革、城乡园林绿化等宣传深入人心。指导县电视台采集编播电视新闻1272条，上传昆明电视台播出165条。认真办好县级政务公开宣传栏，制作县政务公开宣传栏7期182块。"中国石林网"开设的"今日石林"栏目被新华网评为云南省8个优秀网群之一。县电视台开设了宣传专栏，对石林城乡园林绿化、生态建设、园区建设、工业突破、招商引资等重点工作进行了深入及时的报道。四川汶川大地震发生以来，县电视台及时拍摄"汶川大救援、石林在行动"系列报道，在《石林新闻》和《昆明新闻》中播出。

【对外宣传工作】 以宣传世界自然遗产石林为主线，充分利用石林彝族自治县更名10周年、"五一"、国庆、中国石林国际火把节、牛王争霸赛、超级牛王挑战赛、全省新农村文艺汇演启动仪式等重大节庆活动，精心策划，主动出击，加大对外宣传力度，不断提高石林的知名度和影响力。组织协调中央电视台拍摄了《春节大联欢》石林特别节目，中央电视台第一、四、七套节目《请您欣赏》栏目播出了石林世界自然遗产风光片，《朝闻天下》栏目播出了石林旅游形象片。协助拍摄了3集专题纪录片《石林申遗之路》，并在央视一套《见证》栏目播出。协助日本朝日电视台《中国神秘之旅》栏目摄制组拍摄了石林旅游观光宣传片并播出。协助完成了城市形象宣传片《昆明好》、《七彩云南》、《阿诗玛》等MV在石林的拍摄工作。组织摄制了两部石林形象宣传片《奇美石林·五彩彝乡》和《中国石林》，并在香港有线电视台播出。协调云南电视台对云南省首届新农村文艺汇演启动仪式进行了录播，对火把节牛王争霸赛进行了现场直播。新闻宣传在市级以上主流媒体上刊播稿件400余篇（条）、专题30个；策划、组织中央、省、市和港澳各级媒体刊播石林新闻稿件260多篇（条），在新华网等数十个网站上刊发了宣传石林的各种新闻稿件1000余篇、照片600多幅。

【石林更名10周年氛围营造宣传】 为做好石林彝族自治县纪念改革开放30周年暨更名10周年纪念活动的宣传和氛围营造工作，县委宣传部起草了活动方案报县委审定，在县城主要街道悬挂了彩旗和布标，县内醒目位置的广告位、宣传栏制作了专版内容进行宣传，沿街各单位加挂布标、彩旗进行装饰，作为主会场的民族体育场、涉及接待的各宾馆酒店使用彩旗、刀旗和布标进行装点装饰。同时，充分利用电视、广播、网络、民间文体活动多种形式进行宣传造势。按照要求，参与了庆典活动巡游花车（代表文化产业）的布置设计和巡游工作。庆典活动期间，精心策划、认真组织，在青少年活动中心举办了石林彝族自治县纪念改革开放30周年暨更名10周年成就展，成就展以“精彩石林”为主题，分为“亲切关怀”、“团结奋进铸辉煌”、“数字见证辉煌”、“旅游立县强支柱”、“工业强县富彝乡”、“粮烟稳县固基础”、“文化活县添后劲”、“生态美县春满园”、“和谐石林奔小康”、“石林明天更美好”等十大板块71块展板，充分展示了石林改革开放30周年特别是自治县更名10周年来石林经济社会发展所取得的瞩目成就，展示了石林各族人民团结拼搏、开拓创新的精神风貌。

【文化产业发展】 2008年县委相继出台了《关于进一步开放文化市场大力发展文化产业的实施意见》、《石林彝族自治县加强和创新公共文化服务体系建设的实施方案》，为进一步推进文化体制改革、加快文化产业发展提出了新的目标要求。不断加大县文化馆、县图书馆、县文物管理所等公益性事业单位劳动、人事、分配三项制度改革力度。提出了组建中国石林阿诗玛演艺公司的方案，撤消了县电影公司，其职能划并到县文化馆并加挂县农村电影放映管理站牌子。加大文化招商引资和重点文化产业项目的协调推进力度，2008年列入省文产办招商项目6项，列入市文产办重点项目13项。2008年4月，县政府与中国著名作曲家王黎光教授、美国联合投资公司签订联合打造《黎光传说系列文化品牌》之大型原生态民族歌舞音乐剧《阿诗玛》意向合作协议，该项目已完成第一稿创作，各项工作稳步推进。中国彝族第一村斗牛城的项目选址和合作伙伴已确定。

民族民间传统文化资源保护工作取得新成果，“彝族（撒尼）刺绣”、“彝族大三弦舞”被文化部列为第二批国家级非物质文化遗产，王玉芳、毕华玉被命名为国家级首批非物质文化遗产保护传承人，石林县非物质文化遗产保护中心、糯黑彝族传统文化保护区挂牌成立；成功开发出石林彝文电脑输入法软件并举办了一期培训班。委托云南艺术学院进行中国石林国际火把节、中国石林国际牛王争霸赛节徽、吉祥物设计，并对火把节和牛王争霸赛进行了19项商标注册，为节庆文化产业发展打牢基础。2008年3月，中国石林国际火把节被评为首届“节庆中华奖”最佳狂欢气氛奖；11月，“石林”、“阿诗玛”被评为云南省纪念改革开放三十周年最具魅力十大文化品牌。

成功举办了一批有影响的文化体育活动。3月27~30日，为云南省歌舞剧院石林籍彝族作曲家高映华举办了“石林之子——著名彝族作曲家高映华《高原之声》交响系列音乐作品音乐会”，该音乐会分别在省歌舞剧院梦幻剧场和石林民族中学礼堂演出3场。6月9日，组织580人的表演队伍参加了北京2008奥运火炬接力传递活动。7月4日，成功承办了云南省首届新农村文艺汇演启动仪式，省、市领导和来自全省16个州市的领导及上万名石林群众冒雨参加开幕式，并观看了来自石林县各乡镇群众文艺队自编自演、精彩纷呈的文艺节目，组织承办工作得到省市领导的肯定和表扬。7月26日，2008年石林国际火把狂欢节在石林大跤场隆重举行，当天举办了中国石林首届牛王争霸赛，成为2008年石林国际火把节的重头戏和最大亮点，云南卫视进行了现场直播。8月1~3日，承办了第十届“飞向北京，飞向太空”全国青少年航空航天模型总决赛。

（撰稿人：县委宣传部 张建华）

统战工作

【县委统战部】 1955年2月，成立县委统战部。2008年内设办公室、台侨办公室和非公经济领域办公室3个部门，年底有干部职工6人。办公地址在县委大院内。2008年资助支农联系点板桥镇黄家庄村委会2000元生产经费。

部　长：周兴荣

副部长：李光正（彝族）

　　　　黄宏星（彝族）

【巩固和促进政党关系和谐】 认真贯彻落实中国共产党领导的多党合作和政治协商制度，鼓励和支持政协委员和人大代表中的无党派人士参政议政。一是年初“两会”期间，县委统战部会同相关部门积极开展政协委员协商推荐工作。工作中按照“政治上平等、经济上共享”的要求，积极建议和协商好人大代表和政协委员在各民族各界别的分配比例；进一步发挥职能，认真把好代表和委员产生过程中的民主、协商、考察和审批的程序关，确保代表和委员素质。二是及时增补了县第八届政协委员缺额人员，弥补了因部分政协委员工作调动造成的空缺，保证了政治协商队伍的完整和联系性。三是始终坚持长期共存、互相监督、肝胆相照、荣辱与共的基本方针，积极创造条件、提供机会，鼓励和支持政协委员和人大代表中的无党派人士发挥职能作用，积极参政议

政，大胆建言献策。在决策中，充分考虑他们的建议、意见和权益，切实保障他们在参政议政中应有的地位和作用。四是坚持“统筹兼顾、全面安排”的方针，进一步完善党外干部培养选拔机制，加大工作力度。2008年底，全县有副县级党外领导干部5人、正科级4人、副科级22人，党外干部在领导层所占的比例有了新的提高。五是认真抓好党外后备干部队伍建设，做好党外人士建档工作。全县有股所级党外干部213人，中职以上党外知识分子1924人，年内完成党外人士档案整理204份，拥有一支数量充足、结构合理、素质良好的党外后备干部队伍。六是加强同党外干部的合作共事，召开党外干部（党外人士）座谈会，倾听他们的心声，尽力帮助他们解决困难和问题，进一步调动他们致力于民主政治建设的积极性。七是关心党外干部的成长，推荐了2位党外副科级干部参加市社会主义学院举办的中青年干部培训班，进一步加强思想政治教育，不断提高工作能力和水平。

【巩固和促进民族关系和谐】　石林县是一个多民族杂居的少数民族自治县，少数民族人口占全县总人口的34.94%，其中彝族人口占少数民族总人口的97.28%。一是牢牢把握各民族共同团结奋斗、共同繁荣发展的主题，切实加强与民族事务部门的协作，大力弘扬“三个离不开”的民族工作指导方针，深入开展宣传中央、省、市的民族工作方针政策和《民族区域自治法》、《石林彝族自治县自治条例》，不断巩固和发展平等、团结、互助、友爱、发展的民族关系。二是以政协委员的协商和安排体现好党的民族团结政策。积极建议和协商安排好县人大代表和政协委员在各民族各界别的分配比例，努力达到上级要求。三是坚决防范和打击敌对势力利用民族问题进行的各种分裂、破坏活动，正确解决和处理民族团结问题。四是认真调查、掌握少数民族代表人士情况，积极支持和鼓励他们发展事业。2008年全县有国家级非物质文化遗产传录人2人，省、市级民族民间美术艺人18人，县级民族民间美术艺人31人，国际运动健将1人，农民画家2人，大世界基尼斯之最获得者1人。

【巩固和促进宗教关系和谐】　坚决贯彻党的宗教信仰自由政策，充分尊重信教群众的信仰，认真宣传《宗教事务条例》，引导宗教健康发展。一是认真开展检查，不断推进宗教领域的和谐与政治安全。4月，以西藏拉萨“3·14”事件为戒，组织相关单位和人员成立检查组对境内7个宗教活动场所就贯彻和落实党的宗教政策、坚持爱国爱教、维护政治安定、反对利用宗教活动进行分裂国家的不法活动进行检查，做到未雨绸缪。二是认真做好引导和排查，确保宗教活动正常和安全。在得知路美邑天主教堂要在奥运会期间举行隆重的教堂落成10周年庆典活动后，县委统战部多次召集会议进行专题研究和部署，在了解情况、掌握政策的基础上通过做好引导、实施劝说、积极防范等工作，确保了活动期间人身、交通、食品、消防和舆论宣传的政治安全。三是依法管理宗教事务，坚决取缔非法宗教活动场所和组织。2008年10月16日，积极参与相关执法组，在多方引导、劝说、协调、协商无效的情况下，对石林县境内的部分宗教人士无视政府的三令五申，煽动和鼓动部分群众进行非法募集资金、非法占地、违反水资源管理进行违章建筑，强行在黑龙潭水库出水处附近建盖的“龙王庙”实施了强行拆除，以此举表明了县委政府对非法宗教活动的态度和决心。四是妥善协商解决好宗教活动场所的产权争议问题。多年来，维则天主教堂与村委会的房产权属争议问题一直悬而未决，影响社会团结。为此，积极牵头协调有关部门，11月12日在争议地召开了有各阶层代表参加的会议，以协商的方式求得共识，签订了协议，明确了界限、划清了产权、消除了争议、化解了矛盾，营造了政府、村民与信教群众“三满意”的和谐环境。

【巩固和促进阶层关系和谐】　团结新的社会阶层人士，对石林经济社会发展具有十分重要的意义。新的社会阶层是改革开放的产物，逐年呈现快速增加态势。一是坚持充分尊重、广泛联系、加强团结、热情帮助、积极引导的工作方针，把团结新阶层人士作为新世纪新阶段统战工作的战略目标和工作任务，最大限度地团结他们，发挥出他们应有的作用。二是深入非公企业宣传有关政策，开展调查，了解情况，倾听意见，帮助他们解决实际困难。三是畅通他们的政治诉求和维护权益的渠道，积极做好为新阶层人士服务工作。四是关心社会新阶层人士的培养、选拔工作，积极提名推荐新的社会阶层代表人士担任政协委员。五是重视和支持非公经济发展，引导广大非公经济代表人士致富思源、富而思进，积极参与光彩事业建设，推荐了12名优秀企业家参加昆明市光彩事业促进会，并担任理事，向昆明市光彩事业促进会筹集光彩基金10万元。六是认真接待中央党校MBA研究生班学员到石林投资考察活动，为全县招商引资工作创造条件。

【巩固和促进海内外同胞关系和谐】　一是认真做好接待工作。热情接待好每一位到石林旅游、考察的海外、境外和台湾人士，努力增进与他们的交流特别是与年轻一代的沟通，广泛争取人心，促进和谐，全面做好人心的统一和回归工作。二是切实维护台商和外商的合法权益。认真贯彻对台和侨务工作方针政策，充分发挥阵地作用，积极宣传“一法两办法”，深入台企走访了解，帮助台商曾某解决在发展台湾彩椒种植过程中遇到的困难和问题，出资为2位台商订阅了《云南法制报》，令他们感到满意，增加了他们对县委政府的信任和认可。三是努力解决台侨属遇到的困难和问题。帮助大可村台属何某家解决因伤致残给生活带来的困难。四是加强指导县台侨（联）工作领导小组认真开展工作，务求实效。五是认真开展台侨情普查，健全了档案资料。2008年底全县共有港澳台侨胞属904人，其中：台胞77人（1代40人〈含新生代5人〉、2代25人、3代12人），台属545人（1代75人、2代220人、3代250人），国外侨胞 85 人（1 代 26 人、2 代 35 人、3 代 24 人，含出嫁在国外的 5 人、出国留学定居的 3 人），国内侨属 197 人（1 代 46 人、2 代 77 人、3 代 74 人）。另外，有归侨侨眷 278 人，起义投诚人员 66 人，黄埔同学及其后代 258 人。六是利用接待海内外人士来石林旅游之机，大力宣传石林，以吸引更多的人来石林旅游和投资。七是积极协调关系，争取美国健华社捐资 5000 美元建盖板桥镇茹彬诺·玛丽安健华图书馆，改善了原馆建设条件，为当地人民提供了一个免费吸收知识、提高科学文化水平的场所。

【慰问困难统战对象】 石林是云南的革命老区，起义投诚人员众多、生活困难。县委统战部始终坚持统一战线体谅包容的原则，全力工作。一是积极向县委政府反映，多方争取资金，进行走访调查，对特困对象给予适当照顾和补助。二是中秋节和春节前夕进行看望慰问，以安抚思想，帮助过好“两节”。三是每两年为他们组织一次海城起义、抗美援朝、抗日战争、世界反法西斯战争胜利纪念日活动。四是帮助他们解决好日常生活中遇到的突出问题。积极向有关部门争取，为 1 名起义人员协调解决了房屋修缮资金 3000 余元，为他送去了党和政府的温暖，为促进和谐社会建设做出了努力。

（撰稿人：县委统战部 杨丽华）

县直机关党委工作

【县直机关党委】 1984 年 4 月成立县直机关党委。2005 年增设中共石林县县直机关纪律检查委员会。2008 年底，县直机关党委有委员 6 名（1 名因工作变动未补），其中：书记 1 名（县委常委、组织部部长兼任），专职副书记 2 名（1 名为常务副书记、1 名兼任纪委书记，人员编制为县委组织机关公务员编制）；县直机关纪律检查委员会设委员 7 名，其中：书记 1 名，委员 6 名（兼职）。单位住址在县委大院内。年内，办理了 4 件信访件和 2 件来访件；指导有条件的党组织建立党员活动室 2 个，指导修改基层党组织规章制度 17 个；深入基层讲党课 13 次。

书　　记：王　昆（兼）
常务副书记：马海荣（彝族）
副书记兼纪委书记：张培一

【党建工作责任制】 2008 年县直机关党委按照中央、省、市、县委组织工作会议的要求和党建工作的总体部署，要求机关各基层党组织主要负责人要切实履行党建工作第一责任人的职责，树立“抓发展必须抓党建、抓党建就是抓发展、不抓党建就是失职、抓不好党建就是不称职”的责任意识，不断完善县直机关各基层党组织负责人带头、有关部门齐抓共管，一级抓一级、层层抓落实的机关党建工作格局。结合县直机关各单位的工作实际，2 月底制定了《2008 年党建工作和党风廉政建设工作要点》下发各基层党组织贯彻落实。随后又分别与所属 21 个党总支、33 个独立党支部层层签订了《石林彝族自治县县直机关 2008 年永葆先进性·“云岭先锋”工程考核目标责任书》和《石林彝族自治县县直机关 2008 年党风廉政建设目标考核责任书》，签订率 100%。

【政治理论学习】 为实现县委必须把 2008 年作为“招商引资项目落实年、机关服务提升年、发展环境优化年”的目标，认真组织机关党员干部学习中国特色社会主义理论体系、市委九届四次全会和县委十届四次全会精神，深入贯彻落实科学发展观。学习中注重抓理想、信念、宗旨意识的牢固树立，优化发展软环境建设和机关工作效率的提高。通过主题实践活动，县直机关党员干部的思想和行动统一到了党的十七大精神上来，统一到了县委、县政府的重大决策上来，切实增强了机关党建工作的针对性和时效性，做到了坚持党的思想路线，继续解放思想，用马克思主义中国化的最新成果武装自己，始终保持思想领先。

【交纳特殊党费】 四川汶川发生大地震后，中央、省、市、县委组织部发出通知，号召共产党员向党组织交纳一次特殊党费支援地震灾区重建家园。县直机关各基层党组织立即响应号召，在 5 月 21 日短短的一天时间内，县直机关党委所属 21 个党总支、33 个独立党支部共计 1247 名党员向党组织交纳了特殊党费，占县直机关党委所辖党员总数的 91.15%，交纳特殊党费合计人民币 229292.28 元，占全县党员交纳数的 40%。其中：交纳最多的 2000 元，最低的 10 元，交纳 1000 元以上的 33 人，500～990 元的 53 人。

【机关党组织建设】 按照党的十七大“坚持有利于加强对党员的教育管理，有利于发挥党的领导作用，有利于巩固党的执政地位”和以独立核算单位为主设置党组织的要求，在调研和广泛征求意见的基础上，报经县委组织部批准，重点对原来的联合党支部设置进行了调整，撤销了县委政法统战党支部、县工会工商联党支部、县妇联共青团党支部、县科协党支部、县委党校党总支；调整了县委组织部机关党支部、县民宗局党支部；新组建了县委政法委党支部、县委统战部党支部、县委老干局党支部、县委党史研究室党支部、县委党校党支部、县史志办党支部、团县委机关党支部、县工商联党支部、县工会党支部、县科协党总支。

【公推直选党组织领导班子】 认真贯彻党的十七大精神，改革党内选举工作，将传统“自上而下”的组织提名党组织班子成员改为“自下而上”的党员群众公开推荐，既落实了党员对党组织班子成员选拔任用的知情权、参与权、监督权，又保证了广大党员群众作为选拔干部的主体和选举的公信度。按照上级党组织的要求，县直机关党委率先在石林县试行“公推直选”党组织领导班子的工作，选择了在 2008 年任期届满需进行换届选举的县委组织部机关党支部作为“公推直选”的试点党组织。在取得成功经验的基础上，又对具备条件且达到换届时间的县委统战部党支部、县委政法委党支部、县纪委机关党支部、县司法局党总支、县委党校党支部、县科协党总支、房地产开发公司党支部推行了“公推直选”工作。

【“两新”党组织建设】 2008年县直机关党委重视加大“新经济组织、新社会组织”党组织建设工作力度，不断拓宽基层党建工作的覆盖面，进一步优化组织设置，先后组建了中共石林绿汀甜柿产品开发技术协会支部（隶属于县科协党总支管辖和管理）、中共石林县花果山油桃协会支部（隶属于县科协党总支管辖和管理）、中共石林县进城务工人员支部。三个“两新”党组织的建立，标志着石林县基层党组织建设正向“公司＋协会＋党组织”的产业带动新农村模式发展，形成“支部扶持协会、协会依托产业、产业助农增收”的格局，实现基层党组织建设与新的经济组织形式的有机结合。

【机关作风建设】 大力弘扬求真务实精神，大兴调查研究之风，大兴真抓实干之风，深入实际、深入基层、深入一线，认真贯彻落实“首问首办责任制”、“限时办结制”、“服务承诺制”，强力推行“一线工作法”、“工作成果倒逼法”，强势培养“五办”作风，强化机关作风建设在机关党建目标责任制中的地位，整治敷衍塞责、得过且过的疲沓作风，整治华而不实、弄虚作假的漂浮作风，整治门难进、脸难看、话难听、事难办的衙门作风，督促指导所属各基层党组织按时完成了以“优化发展软环境建设”和“学习实践科学发展观”为主题的两次班子民主生活会和党员党性定期分析评议会，并对在民主生活会上征求到和会议上提出的意见、建议，督促其制定了各项整改落实措施。通过适时的调查了解、年终的考核测评，各单位预警纠错和绩效测评有明显提高，发挥了机关党组织在机关作风建设中的应有作用，有效促进了机关作风的转变。

【软环境建设演讲比赛】 6月25日，县直机关党委在县科协办公楼三楼报告厅举办以“优化发展软环境，推进创新创业”为主题的演讲比赛活动，所属的32个基层党组织选派了33名选手参加比赛。经过一天的角逐，决出一等奖2名、二等奖3名、三等奖4名。

【走访慰问党员】 6月27日，县直机关党委组织有关人员，走访、看望、慰问了所属党组织中7位长期生病、生活困难的老党员，为他们送去人均200元的慰问金。这次慰问活动的开展增强了党员的荣誉感和使命感，收到了“慰问一人，感动一方”的效果。

【评先选优】 县直机关党委在各基层党组织中认真组织开展评先选优活动，大力树立、培养和宣传典型，发挥典型的示范作用。在“七一”前夕，积极配合组织部采取自下而上、自上而下的民主推荐方式，推荐评选两年来涌现出来的先进基层党组织、优秀共产党员、优秀党务工作者和优秀党建工作示范点，经过民主、公开、公示的程序，县直机关党委从所属55个基层党组织、1240余名党员中推荐评选了先进基层党组织4个、优秀共产党员24名、优秀党务工作者10名、优秀党建工作示范点3个上报县委，县委于“七一”纪念活动大会上进行了表彰奖励。县建设局党总支、县国税局党支部、易通电缆桥架有限公司党支部（私营企业）还被市委组织部命名为“市级党建工作示范点”，县委授予“优秀党建工作示范点”荣誉称号。同时，在“七一”纪念大会上，组织34名预备党员进行了集体入党宣誓。

【系列活动】 以廉政文化建设和开展纪念党的纪律检查机关恢复重建30周年暨改革开放30周年活动，组织机关各基层党组织积极撰写纪念宣传理论文章52篇，邀请有关领导进行评选，对评为一、二、三等奖的10篇文章除给予表彰奖励外，还推荐给县纪委在有关刊物上发表。帮助指导10个基层党组织自编自导10个文艺节目，参加由县纪委、县委组织部、县委宣传部举行的“养浩然正气、育廉政清风”文艺汇演，获得一等奖1个、二等奖2个、三等奖3个的好成绩，县直机关党委还荣获了唯一一个特别组织奖。积极协助配合县纪委、县监察局开展“纪念党的纪律检查机关恢复重建30周年”成就展览，推荐选送了4个基层党组织的成就展览版面参加展出。

【党费收缴】 2008年，对所管辖的55个基层党组织收缴党费情况作了一次深入细致的调查了解，并按新规定划分出机关、事业、企业、“两新”组织党员

10月30日，县直机关党举行“纪念党的纪律检查机关恢复重建30周年暨机关党建理论研讨会”

交纳党费应缴项目基数和比例的计算标准，对1～3月份的按老标准清收，4月份以后的按新标准收缴。2008年度共计收缴党费人民币230303.43元（不含特殊党费）。

【发展党员】 按照发展党员“十六字”方针和“四制”要求，审查入党和转正材料28人份，找入党积极分子谈话10人次，审批发展新党员7名，办理转正党员手续21名。

（撰稿人：县直机关党委 张培一）

党校教育

【县委党校、县行政学校】 1956年5月，成立石林县委党校。2008年内设办公室、教务处、教研室、总务处，年底有教职工21人，其中：公务员9人，事业人员9人，工人3人。单位住址在鹿阜镇朱家花园。2008年，县委党校荣获“基层满意的县直单位”称号；资助支农联系点长湖镇雨胜村委会9900元工作经费。

全年教职工共撰写科研论文或调查报告21篇，其中有8篇分别发表于国家、省、市公开刊物上，8个专题调研课题上报了县委办、县政府办，《强化责任狠抓落实，全力打造“风清气正”的发展环境》入选县直机关党委组织的理论研讨会，并被评为一等奖。

党 校 校 长：罗朝峰(11月起)
行政学校校长：李忠德（彝族）
常务副校长：毕富兴（彝族）
副　校　长：李光亮
　　　　　　时月慧（女）

【公务员“8+X”培训】 2008年5月25日至9月11日，县委组织部、县人事劳动和社会保障局在县委党校举办了4期全县国家公务员“8+X”培训班。培训对象为县乡党政群机关中年龄在50岁以下的公务员及已参加公务员登记的参公管理事业人员，四期培训人数共计608人。培训内容由8门公共管理核心课程和若干专业课程组成。“8”的部分为：宪法与政府、公共行政、公共政策、公务员制度、行政伦理、行政法、组织行为学、公共经济；“X”部分为：市电子政务发展建设现状、县域经济的发展及“十一五”规划情况、群体性事件的预防和处置等内容。培训中突出了群体性事件的预防和处置，强化源头预防，进一步增强全县公务员对群体性事件的应急管理和应对能力，为全县经济建设、和谐社会发展提供强有力的安全保障。

【“云岭先锋·素质教育”工程市县统筹培训】 2008年11月13～23日，昆明市2008年基层党员素质提升工程（石林民间刺绣班）在县委党校开班，来自盘龙、西山、东川、安宁、嵩明等（区）市县的55名学员参加了培训。在为期10天的培训中，省民族中专的老师讲授了石林民间刺绣的基础针法、图案设计、配色等知识。通过培训，学员提高了刺绣水平，掌握了更多的刺绣技能，同时也对加快少数民族刺绣工艺品规模化、市场化发展，丰富旅游商品市场，增加农民收入，促进地区经济的发展起到了一定的推动作用。

2008年7月7～15日，为进一步提升农村党员、基层干部和劳动者素质，不断增强“双强双带”和就业能力，石林县SIYB（创业培训）在县委党校举行，昆明新长江培训站培训师对来自全县农村党支部书记、副书记、村委会主任、副主任、村民小组长、基层党员及农业产业结构带头人进行了培训，参训人员共计230人。

【全县村组干部培训】 2008年6月18～19日，举办了村级以上妇联干部培训班，全县各机关、各乡镇、各村委会的妇联主席、妇女主任共131人参加培训，培训的内容包括法律知识、美容知识、妇联组织能力建设、国际国内形势。通过培训，调动了广大妇女发挥妇女半边天作用、积极投身于新农村建设、推进和谐石林建设的热情。

6月21～22日，举办了治保调解主任培训班，全县各乡镇的综治办主任、各村民委员会的治保调解主任共101人参加培训。通过培训，进一步提高了基层综治干部组织社会治安防范、排查调处社会矛盾纠纷的能力和水平。

【政府信息公开条例培训】 2008年5月12～13日，为进一步提高政府工作的透明度，促进行政工作的公平、公正、公开，增强行政机关公务员的服务意识，塑造群众满意的服务型政府，县劳动人事和社会保障局、县信息产业办、县委党校举办了石林县2008年政府信息公开条例培训班，全县各委办局业务骨干及负责此项工作的相关人员共118人参加培训。

【石林民族民间文化传承人培训】 2008年3月1日，县委宣传部、县委党校、县民宗局联合举办了首期石林彝文电脑字库和输入法培训，来自全县各乡镇、县直有关单位和部分文化企业的50余名学员参加了培训。

2008年11月19～23日，为弘扬民族文化，抢救、保护和传承彝族优秀的毕摩文化，提高毕摩的文化知识和毕摩在实际应用中的操作能力，服务彝族农村社会和民族文化的保护、开发和利用，丰富石林旅游内涵，举办了石林民族民间文化传承人培训班，来自8个乡（镇）的毕摩共计79人参加了培训。这次培训为保护、开发、利用彝族文化和毕摩文化起到加强和促进的作用。

【党员干部统计培训】 2008年5月14～16日，县委组织部、县委党校在党校计算机培训中心举办了全县党员统计培训班，参加培训人数75人。培训内容包括讲解2008年报表变化、党内统计软件使用和2008年党内统计报表填报指标解释及填报要求等内容。

【泡核桃栽培管理技术培训】 为进一步落实县委、县政府年内在交通干道、景点外围可视区以及县城、中心集镇、村庄面山可视区规划种植核桃2.2万亩的工作计划，2008年10月9～29日，县委组织部、县林业局、县人事劳动和社会保障局在县委党校联合举办了石林县2008年泡核桃种植管理技术骨干培训班，此次培训拉开了石林县核桃产业发展的序幕。

【城镇退役士兵安置培训】 2008年4月30日至5月16日，县民政局在县委党校对符合城镇安置条件的石林县退役士兵进行了为期20天的考前培训，培训人数42人。培训内容为邓小平理论、“三个代表”重要思想、国情、省情、语文知识、安置政策、法律常识、综合素质知识等。

【纪检监察干部培训】 为加强纪检监察干部队伍建设，不断提高石林县纪检监察干部整体素质和战斗力，做好新形势下党风廉政建设和反腐工作，2008年7月30日至8月1日，县纪委在县委党校举办了全县行政执法培训班。培训对象为各乡镇人民政府、县直各单位的纪检干部，参训人员共计92人。

【全国卫星远程大学培训】 2008年全国卫星远程企业大学在石林县开讲《企业文化建设》、《孙子兵法与应用谋略》、《问题员工管理》、《实战管理》等30个专题，1345人次参加了学习培训。

【党校学历教育】 至2008年12月底，党校有研究生、本科、大专共14个班级，在校学员652人（含2006级经济管理本科班〈2008年7月毕业〉58人）。2008年度共完成一村一名大学生畜牧兽医专业50人、西南科技大学成人网络教育本专科班37人的招生任务。

（撰稿人：县委党校　毕黄堡）

老干部工作

【县委老干部局】 1983年设立老干科。1987年9月，成立县委老干部局。2008年底有职工7人，其中：公务员4人，参公管理人员1人，工人2人。单位住址在县委大院。2008年资助支农联系点板桥镇者乌龙村委会春耕生产工作经费2000元。

组织部副部长、局长：赵　蓉（女）

副局长：杨　梅（女，彝族）

【离休干部情况】 石林县累计办理离休手续的离休干部人数为304人，历年去世152人（其中2008年去世5人），取消离休待遇1人，上划去世1人，至2008年底健在的离休干部有150人。150人中属行政编制的79人，事业编制42人，企业单位的29人；正县级及享受正县级待遇的4人，副县级及享受副县级待遇的37人，其他待遇的109人。150名离休干部均享受了高龄补贴（现统称护理费），平均年龄80.2周岁，其中80周岁以上的68人，离休干部已进入高龄期、多发病期、高自然减员期。另外，2008年底副县级实职以上退休干部有24人，其他还有异地安置在石林县代管的离休干部7人。

【落实“两费”情况】 老干部局始终把落实离休干部离休费、医疗费作为工作的重中之重。在落实完善“三个保障机制”（离休费保障机制、医疗费保障机制、财政支持机制）基本要求的同时，从制度上保证离休干部“两费”落在实处。2008年结合贯彻全省规范机关离休人员津补贴发放和企事业离休人员参照机关离休人员津补贴发放工作，主动会同人事、财政、社保部门及时做好离休干部津补贴发放的审批工作，共计为153名离休干部协调补发规范后的津补贴2282210元。2008年实际支出离休干部医疗费2812688元（含奖励234799元、门诊费91379元）。2008年4月对184名离休干部和副县以上实职退休干部进行了体检，支付经费42555元。2008年县财政安排团拜会经费80000元，老干部生日慰问、离休干部遗属走访慰问经费40000元，老干部特殊困难补助费50000元，合计170000元。全年共发放离休干部保健费46720元；发放就地休养补助费47700元；发放住院陪护费22人23920元；解决老干部特殊困难73人，支付补助费49350元。解决了11名离休干部因长期生病、生活完全不能自理的护理费79200元；走访离休干部遗属79人，发放慰问费7900元；支付为老干部订阅的《老同志之友》、《老干部参考》、《云南老年报》及活动中心阅览室报刊费20196元；支付老干部学习日就餐费14995元；年初县财政预算安排老年大学经费75000元，支出75000元；安排活动中心补助经费15000元，支出15000元，从活动中心设备购置费中对健身器材进行了维修和添置。

【老干部政治待遇】 在落实老干部政治待遇中坚持按制度组织好每月20日下午的老干部政治学习日，认真组织学习党中央、省、市、县委的重大方针政策。在落实老干部政治待遇中，不断完善学习方法，把老干部划分成6个学习小组，便于老干部在学习中交流发言，对副县以上实职退休干部采取每季度集中学习一次，以上学习方法受到了老干部的好评。

1月29日，县委召开了全县离休干部和副县实职退休干部春节团拜会，县委书记柳文炜向到会的186名老干部作重要讲话，就全县总体情况和当前一个时期的发展思路、工作重点作通报，并就新形势下进一步做好老干部工作提出了要求。县委副书记、县长李忠德通报了上一年全县经济和各项社会事业发展情况及新的一年的工作安排意见。为保证全县离休干部和副县以上实职退休干部及时了解市委、市政府工作重点推进情况，在团拜会上，县委书记、县长亲自安排预算资金47040元给每位老干部订阅一份《昆明日报》。

6月17～18日，举办了为期两天的离退休干部和各离退休支部书记读书班，支付经费9198元，邀请省、市知名教授授课，开展了《当前形势和热点问题》、《党的十七大精神和解放思想大讨论》、《老年人心理健康与调适》为主要内容的学习辅导。通过培训学习，增强了老干部对县委政府工作的支持力度，确保了老干部政治坚定、理想永存、思想常新。

3月15日，组织副县实职退休老领导到县教育局参观考察石林县教育改革情况。4月20日，邀请县发改局局长赵一民通报全县招商引资情况。5月20日，县交通局副局长杨国云介绍全县公路建设情况，并组织老干部参观石林大道和鹿平公路；县建设局副局长普立云介绍鹿阜旧城改造规划。8月22日，召开县情通报及老干部工作调研会，县四套班子主要领导及组织部部长到会通报石林县招商引资、鹿阜旧城改造等情况。结合鹿阜旧城改造，9月5～7日，组织副县实职以上老干部到楚雄彝人古镇学习考察。

离休干部党支部组织健全、活动正常。全年离休干部党支部活动7次。4月15日顺利完成了离休干部党支部换届选举工作，老党员按规定缴纳党费，所缴纳党费按80%返回作为支部活动经费。组织身体适应的老党员参观了阿着底村新农村建设。

【老干信访】 加强和重视老干部来信来访工作，对老干部来信来访按政策规定答复并做好解释和协调落实。全年接待来信来访5件，做到事事有人管、件件有回音有落实，把矛盾化解在萌芽状态，确保社会稳定。

【发挥老干部整体作用】 积极鼓励和引导老干部发挥作用，根据量力、自愿的原则，注重引导他们加强学习、保持晚节，争做改革开放的动力、维护社会稳定的模范、关心教育下一代的引路人。在四川汶川大地震捐款活动中，离休干部共捐款25800元。2008年表彰和奖励了14名“老有所为”先进个人。

【老干部活动中心】 管好、用好老干部活动中心，充分发挥老干部活动中心的社会效益。自2008年1月起，活动中心实行免费对外开放，增加了1名公益性岗位和1名劳务派遣人员，加强了对活动中心的日常管理和服务工作。活动中心坚持长年开放，为吸引和接纳老同志参加活动，坚持做好每个季度开展一次比赛活动，活动中心全年共接待36000人次。

【老年大学】 石林县老年大学自2005年开班以来，克服学校场地狭窄、设施不健全等困难，返聘了3位退休老干部协助老干部局开展工作。2008年第四届老年大学招生工作进展顺利，开办9个专业、12个班，学员达618名。经多方努力，相继在鹿阜镇龙泉社区、下新宅村和石林镇山头上村成立了村组级“老年学校”，有学员388名。为丰富学员精神文化生活，多次与泸西、宜良、弥勒三县老年大学开展横向交流，提升了办学质量。分别举办了第三届老年大学结业典礼和庆祝“敬老节暨改革开放30周年”文艺演出，成功协办了昆明市老年大学工作会议在石林县的召开。

【部门自身建设】 2008年对市局下发的调研题目进行了调研，上报了3篇调研材料、1篇先进事迹材料和40条信息。为老干部排忧解难，精减老干部住院审批手续，更好地为“双高期”老干部服务；与县医院、天奇医院签定免费接送老干部住院承诺制，极大地方便了老干部住院；活动中心免费为老年人开放服务。2008年到医院看望住院老干部57人次，生日走访慰问老干部171人，入户走访离休干部遗属79人次，支付慰问费总计40765元，把县委政府对老干部的关怀送到老干部家中。

（撰稿人：县委老干部局 李 国）

党史研究

【县委党史研究室】 1983年3月，成立县委党史资料征集办公室。1994年机构改革，县委党史资料征集办公室与县政府县志办公室合并成立县史志办公室。1998年6月，县委决定把党史工作从县史志办中单列出来，成立县委党史研究室。2008年底有在职职工2人。办公地点在县委大院车库二楼。2008年县委党史研究室资助支农联系点石林镇天生关村委会2000元春耕生产经费。

主 任：董建平

副主任：李卫萍（女，彝族）

【编纂《中共石林地方史（第一卷）》】 2008年按照省、市委党史研究室和县委的要求，继续做好《中共石林地方史（第一卷）》初稿的修改工作。《中共石林地方史（第一卷）》力求全面系统地反映从1927年石林县有党的活动以来至1950年，石林各族人民在中国共产党的领导下，经过艰苦卓绝的革命斗争所取得的伟大胜利。

【编辑《石林县重要文件汇编（第一辑）》】 为充分发挥文件作为印证历史的重要作用，方便广大干部群众学习和了解历史、查阅检索和利用文件，县委党史研究室与县委办、县纪委办、县档案局联合，收编石林县有党的文件开始至2005年止的县委、县纪委重要文件。2008年底已完成80余万文字的录入校对、编辑等工作，并送交印刷厂印刷。

【大事记编研工作】 大事记编研工作是党史研究的一大基础性工程，也是地方党史的一项长期性、经常性的工作。县委党史研究室坚持按季度编发，并指导各乡镇、各单位采集、编写上报大事记，编辑的质量不断提高。全年完成4期《石林县大事摘编》编辑工作。

【各类资料文稿的撰写】 2008年县委党史研究室按照省、市委党史研究室的要求，完成了《中共石林彝族自治县委2007年执政纪要》、《路南的剿匪斗争》、《路南知识青年上山下乡运动》、《改革开放三十周年纪念文章》等专题资料的撰写上报工作。

【党史宣传教育】 一是召开纪念圭山起义60周年座谈会。石林是有着光荣革命传统的老区，2008年是圭山起义60周年，为牢记历史，弘扬革命传统，广泛开展爱乡、爱国教育，增强石林的凝聚力和战斗力，3月12日石林县召开圭山起义60周年座谈会，邀请曾经在石林战斗过的老领导、老前辈参会，共忆峥嵘岁月，为石林发展建言献策。二是县委党史研究室与县延安精神研究会联合，开展了“学习十七大文献，弘扬延安精神”征文活动，共收到论文90篇。经过认真评审，评选出优秀论文12篇。6月19日召开了理论研讨会，对评选出的组织奖2名、特别奖2名、一等奖2名、二等奖3名、三等奖5名进行了表彰奖励。三是努力探索地方党史宣传教育工作新形式、新途径、新方法。在上年开展“地方党史进校园”的基础上，2008年又开展了“地方党史进机关”的尝试，分别在县政府办党总支和县人民法院党总支进行了中共石林地方党史的宣讲活动，受到广大机关干部的欢迎，取得了较好的宣讲工作成效。四是配合县旅游局进行红色旅游资源的调查和规划，努力探索红色文化与旅游相结合的有效途径。

（撰稿人：县委党史研究室 李卫萍）

纪检监察

【县纪委、县监察局】 1951年8月成立县委纪律检查委员会。1955年7月，改为县委监察委员会。1958年11月，县委监察委员会撤销。1964年4月，恢复县委监察委员会。“文化大革命”期间被迫停止工作。1978年11月，恢复县委纪律检查委员会。1983年12月，县委纪律检查委员会由县委的工作机构升格为县级领导机构。1993年6月，县纪委、县监察局合署办公，实行“一套机构、两个机关名称”的体制，县纪委对县委和市纪委全面负责，县监察局属于县政府序列，受县政府的领导。

2008年全县纪检监察派出机构实行统一管理体制改革后，县纪委、县监察局下设8个室、5个派出纪工委监察分局，即：办公室、信访室、纪检监察室、案件审理室、党风廉政建设室、执法监察室、干部人事室、纠风室（与执法监察室实行两块牌子一套班子）和第一至第五纪工委监察分局。年底实有职工26人，其中：公务员23人，工勤人员3人。机关办公地点在县委大院内，第一至第五纪委监察分局办公地点在鹿阜镇双龙小街县建设局原办公楼二楼。2008年补助支农联系点板桥镇叠水村委会和西街口镇格渣村委会工作经费4000元，购买化肥29包（价值2800元）。

【深化反腐倡廉教育】 2008年在全县开展了“以法规制度为依据、以加强作风建设为主线、以规范权力运行为重点”的软环境建设专题教育活动。结合纪念党的纪律检查机关恢复重建30周年，在县“廉政文化暨警示教育园地”举办了石林县纪检监察工作30年回顾展；举办反腐倡廉论文征集评选活动，共征集论文37篇；举办以“养浩然正气、育廉政清风”为主题的文艺汇演，全县25个单位共选派32个节目参加演出。开展示范教育和警示教育，组织党员干部到省、市、县警示教育基地观看反腐倡廉成果展及党风廉政电教片。坚持向全县科级领导干部发送廉政短信和公开信，编印《领导干部廉政教育读本》500册。以点带面，突出重点，有力地推动廉政文化“六进”工作。

中纪委党风室到石林调研

【增强廉洁自律意识】 对领导干部分期分批进行廉政谈话，乡科级干部任前廉政谈话71人、集体廉政谈话90人、农村基层干部廉政谈话265人。全面推行领导干部勤政廉政公示制度，全县17个党委、55个县属部门410名科级领导、372名股所级干部按程序和要求进行了勤政廉政公示。严格执行党员领导干部报告个人有关事项制度，375名乡科级领导干部对收入和个人有关事项进行了申报。对领导干部主动清退的3万余元现金和物品及时上缴国库。认真开展清查“小金库”及宕欠公款和规范非税收入工作，清理整改违规开设银行账户21个，清收宕欠公款14万元，清缴入库非税收入12万元，纳入乡镇专户管理非税收入5万元；清理纠正党政机关和事业单位小灵通捆绑使用办公电话199部，办理拆机199部，清退金额2938.78元。

【落实党风廉政建设责任制】 强化“五项措施”，推进党风廉政建设。推行目标责任制，层层签订责任书，做到点面覆盖、不留死角；推行全面安排制，分解细化目标任务，明确牵头单位和协办单位职责；推行适时提醒制，督促各级班子及成员认真履行“一岗双责”；推行考核奖惩制，把责任制工作纳入县对乡镇、县直单位的综合考核；推行责任追究制，重视结果运用。加强痕迹管理，党风廉政建设“十账一簿”进一步健全完善。

【加大查办案件工作力度】 全年纪检监察机关受理群众来信、来访、电话举报102件（其中反映乡科级干部18件），办结100件，办结率为98.04%。初核违纪案件线索19件，党、政纪立案查处9件11人，其中：开除党籍6人，留党察看二年1人，留党察看一年2人，党内严重警告1人，行政警告1人。通过严格执纪，为国家和集体挽回经济损失32万余元，为11名党员干部澄清了举报失实问题，查办案件工作实现了政治、法纪、社会效果的统一。

【推进纠风治乱工作】 继续巩固治理教育乱收费和公路“三乱”成果。坚决纠正医药购销和医疗服务中的不正之风，整治违法医疗广告4家，开展无证行医专项整治5次，公立医疗机构100%实施药品集中招标采购，采购药品总额1076.97万元，占公立医院用药总金额的85.41%。全面落实减轻农民负担“四项制度”，规范筹资筹劳、农村土地征地补偿费管理，发放粮食综合直补、退耕还林补贴等各种惠农资金2905万元。安全生产、环境保护、食品药品安全、农民工工资、各类保障基金(资金）及救灾救济款物管理使用等涉及群众切身利益的问题进一步得到整治。

【拓展源头治理领域】 积极推进经济社会制度创新，全县清理制度2055项，保留1213项，废止274项，修改完善568项；4个市级和23个县级重点创新课题全部完成，47个单位完成内部制度创新92项。按时完成“八个百分之百”责任书签订工作，并通过电视向社会作出公开承诺。继续深化干部人事制度改革，公推公选、公推直选、竞争上岗等工作有序开展。对具有行政审批权的部门进行“两集中、两到位”改革，实行“一窗式受理、一条龙服务、一站式办结”。完成行政审批电子监察系统建设。全面推行国库集中支付制度。农村集体资金、资产、资源管理制度进一步健全完善，全县82%的村委会实行了村级会计委托代理服务制度。支持审计部门完成7项经济责任审计工作。全县35项重点工程按规定进行了招投标。启动重点建设工程项目评审13项。实施经营性用地招标拍卖挂牌出让19宗。实施政府采购11.22万件，采购金额2686万元，节约资金251万元，综合节约率为8.5%。

【强化监督检查】 加强对县委、县人民政府重大决策部署执行情况的监督检查，督促各职能部门抓好工作落实。一是建立了4个市级、20个县级软环境监测点，围绕全县招商引资、重点工程项目落实情况进行监督检查，对慢作为、服务态度不佳、影响招商引资的7个问题予以调查处理，先后对圭山集镇规划、10个招商分局引资进度慢和4个未按期完成城乡园林绿化及生态建设工作任务共15个单位的责任人适时进行提醒谈话。二是配合有关部门对安全生产、节能减排、土地管理、环境保护等有关法律法规的执行情况进行监督检查。三是加强对集体林权制度改革、城乡园林绿化及生态建设、烤烟收购、征兵、就业安置、招录招生考试等工作的监督检查。四是配合有关部门对失业保险、基本养老保险、城镇居民最低生活保障、奖优免补和医疗保险等专项资金管理使用情况适时进行监督检查，确保各类资金安全、有效使用。五是对软环境建设和部分重点工程建设情况组织开展党风巡查及明查暗访；按县委的要求对2008年末全县42项在建重点工程项目进行每周一次督查，确保项目顺利推进。

【队伍建设】 县纪委、县监察局坚持把反腐倡廉工作融入全县经济建设、政治建设、文化建设、社会建设的大局中去思考、把握，积极寻找最佳契合点，全面加强纪检监察机关思想、组织、作风和制度建设，完善了车辆管理使用、接待、考勤、职工学习等制度，加大干部培训力度，对全县纪检监察干部集中进行了3天的业务培训，积极安排干部参加中央、省纪委组织的纪检监察业务培训和市纪委的跟班学习培训。按上级要求，于2008年10月20日完成纪检监察派出机构统一管理体制改革工作，采取分类归口、集中派出方式，新成立5个纪工委监察分局，负责联系全县78个单位的纪检监察工作。同时，县纪委监察局机关增设了干部人事室和纠风室。

【县纪委内设机构领导名录】
办公室主任：娄林华（7月止）
信访室主任：槐丽琼（女，2月止）
纪检监察室主任：李海林
案件审理室主任：王家智
党风廉政建设室主任：王丽红（女）
执法监察室主任：赵文平(10月止)
干部人事室主任：者云珍（女，彝族，10月起）
纠 风 室 主 任：（空缺）

【县监察局领导名录】
局　长：毕东红（彝族）
副局长：李立宏（彝族）

【县纪委监察局派出机构领导名录】
第一纪工委书记：张永刚（10月起）
第二纪工委书记：李昆华（女，10月起）
第三纪工委书记：马院华（10月起）
第四纪工委副书记：张　彪（10月起）
第五纪工委书记：赵文平（10月起）

软环境建设

【成立县经济社会发展软环境建设工作领导小组】 按照《中共昆明市委、昆明市人民政府关于在全市开展经济社会发展软环境建设活动的实施意见》的要求，2008年2月15日，县委召开常委会专题研究软环境建设工作，成立石林县经济社会发展软环境建设工作领导小组。领导小组下设办公室在县纪委、县监察局，负责领导小组日常工作。

【软环境建设取得阶段性成果】 全县各级各部门紧扣“八项工作制”，努力营造“三最四低”软环境。实行告知制，编印《石林彝族自治县经济社会发展软环境建设活动学习材料（选编）》3730册，全面告知学习内容；向全县重点企业发出公开信100封，告知软环境建设投诉举报渠道；制作领导干部工作去向监督牌、干部职工岗位标示牌，公开领导干部职责及联系电话。实行责任制，全县48个单位签订了软环境建设责任状，层层落实目标任务。实行承诺制，全县75个单位主要领导通过电视向社会公开作出服务承诺，确保承诺全覆盖。实行精简制，全县清理行政审批事项443项，保留70项，精简84%；清理118项行政事业收费项目，保留63项，减少47%。实行督查制，“八条主线”抓督导，落实首问首办、服务承诺、限时办结、全员挂牌上岗，推行“五办作风”、“一线工作法”。实行督办制，对重大项目跟踪督办，受理办结投诉举报35件，发出督办通知20份。实行问责制，对制度执行不严、顶风违纪、乱作为的人和事进行查办，先后对2名科级领导干部和4名职工进行问责。实行查处制，严肃查处影响发展软环境建设的行为，给予行政警告处分1人。全县机关干部作风明显转变，行政效能明显提高，发展环境明显优化。

（撰稿人：县纪委 王家智）

石林彝族自治县人大常委会

领导成员

【县第十五届人大常委会领导名录】

主　任：李绍增
副主任：朱玉和
李家云（彝族）
徐梅芬（女，1月起）
毕宏志（彝族，1月起）
金琼英（女，1月止）
常　委：王云龙（彝族）
王邦海
尹家福
付建生
刘老五
杨礼有（彝族）
张永刚
张劲涛
张明华
昂自华（彝族）
昂锦红（女，彝族）
赵恒谦（彝族）
赵磊明
劳永宁
段维亚
耿灿华（女）
徐丽琼（女）
姬卫国

重要会议

【县第十五届人民代表大会第一次会议】 2008年1月22~26日，县第十五届人民代表大会第一次会议在石林会议中心举行，会期5天。会议应到会代表171名，实际到会代表171名。县委、县政府、县政协及法、检“两院”等有关人员列席了会议。

会议听取和审查了县长李忠德作的《政府工作报告》；审查批准了石林县2007年国民经济和社会发展计划执行情况与2008年国民经济和社会发展计划、石林县2007年财政预算执行情况和2008年财政预算；听取和审查了县人大常委会主任李绍增作的《石林县人大常委会工作报告》、县人民法院院长刘珉语作的《石林县人民法院工作报告》、县人民检察院检察长柏安云作的《石林县人民检察院工作报告》。大会决定批准上述6个报告，并作出相应决议。

会议审议通过了议案审查委员会关于县第十五届人民代表大会第一次会议的议案审查报告。会议期间共收到代表向大会提交的议案22件，经过认真审查，将《关于三角水库至长湖镇的管网改造工程》、《关于板桥至塘上的道路建设工程》（板桥代表团和长湖代表团所提议案内容相同，合并为一件议案）列为大会议案，交县人民政府办理，其余19件转为建议办理。大会收到代表建议批评和意见211件，加上议案转为建议的19件，共有建议230件。以上议案、建议，交各有关单位研究办理，并要求2008年7月26日以前办理结束，答复代表。

2008年1月26日，会议进行了选举，选举结果如下：

县第十五届人大常委会领导及组成人员：李绍增为县第十五届人民代表大会常务委员会主任；朱玉和、李家云、徐梅芬、毕宏志为县第十五届人民代表大会常务委员会副主任（按市委批复为序）；王云龙、王邦海、尹家福、付建生、刘老五、杨礼有、张永刚、张劲涛、张明华、昂自华、昂锦红、赵恒谦、赵磊明、劳永宁、段维亚、耿灿华、徐丽琼、姬卫国为县第十五届人民代表大会常务委员会委员（按姓名笔画为序）。

县第十五届人民政府领导班子成员：李忠德为县第十五届人民政府县长；段增华、毕春华、潘华光、张忠贵、戴平为县第十五届人民政府副县长（按市委批复为序）。

县人民法院、人民检察院领导：刘珉语为县人民法院院长，柏安云为县人民检察院检察长。选举出的县人民检察院检察长须报经市检察院检察长提请市人民代表大会常务委员会批准后，再行公布。

【县第十五届人大常委会第一次会议】 2008年2月27日，县第十五届人大常委会第一次会议在县人大常委会三楼会议室召开，会期半天。

县人大常委会主任李绍增主持会议。副主任朱玉和、李家云、徐梅芬、毕宏志，委员王云龙、王邦海、付建生、刘老五、杨礼有、张永刚、张劲涛、张明华、昂自华、昂锦红、赵恒谦、赵磊明、劳永宁、段维亚、耿灿华、徐丽琼、姬卫国出席了会议。县人民法院院长刘珉语，县人民检察院检察长柏安云，县人大常委会各委室主任、副主任，各乡（镇）人大主席列席了会议。

会议听取和审议了《石林彝族自治县县域经济社会发展规划（2008～2010）》；审议通过县人大常委会2008年度例会审议议题，视察、调查和检查工作计划，县第十五届人民代表大会常务委员会代表资格审查委员会组成人员名单，市人大代表石林代表小组2008年度活动安排意见；听取县人大常委会财经委关于对石林县招商引资工作情况的视察报告。

【县第十五届人大常委会第二次会议】 2008年4月29日，县第十五届人大常委会第二次会议在县总工会帮扶中心四楼会议室召开，会期半天。

县人大常委会主任李绍增主持会议。副主任朱玉和、李家云、徐梅芬、毕宏志，委员王邦海、付建生、刘老五、杨礼有、张永刚、张劲涛、张明华、昂自华、昂锦红、赵恒谦、赵磊明、劳永宁、段维亚、耿灿华、徐丽琼出席了会议。县人民法院院长刘珉语、县人民检察院检察长柏安云，县人大常委会各委室主任、副主任，县公安局、县财政局、县旅游局、县发改局、县环保局、县水务局、县国土局、县地税局、县国税局、县经济局、县工商局、县招商局、县便民服务中心、县东管会、县旅管会、县工商联、县电信局、县电力公司领导，各乡（镇）人大主席及分管广电、水利的领导列席了会议。圭山镇文化电视服务中心主任、长湖镇水管站站长旁听了会议。

会议听取县人大常委会教科文卫工委关于对石林县经济社会发展软环境建设工作情况的视察报告、县人大常委会民工委关于对维则人饮工程运行情况的视察报告、县人大常委会教科文卫工委关于对石林县贯彻实施《广播电视管理条例》工作情况的检查报告、县人民政府对县人大常委会办公室关于对石林县招商引资工作情况视察报告的函中所提建议的办理情况报告。听取和审议通过了《石林县人大常委会会议公民旁听办法》。

【县第十五届人大常委会第三次会议】 2008年5月13日，县第十五届人大常委会第三次会议在县教育局四楼会议室召开，会期半天。

县人大常委会主任李绍增主持会议。副主任朱玉和、李家云、徐梅芬、毕宏志，委员王云龙、王邦海、尹家福、付建生、刘老五、杨礼有、张永刚、张劲涛、张明华、昂自华、昂锦红、赵恒谦、赵磊明、岁永宁、段维亚、耿灿华、徐丽琼、姬卫国出席了会议。副县长张忠贵，县人民法院院长刘珉语、县人民检察院检察长柏安云，县委办、政府办、政协办领导，县人大常委会各委室主任、副主任，各乡（镇）人大主席列席了会议。县委书记柳文炜、县长李忠德、县委组织部部长王昆到会作指导。

会议听取和审议通过了县人大常委会关于县人大代表建议、批评和意见办理工作的规定，县人民政府关于加强城市公园广场绿地保护的议案。

会议通过干部任免事项，根据县人大常委会主任李绍增提请，经审议并通过无记名投票表决，任命：段维亚为县人大常委会办公室主任，杨礼有为县人大常委会财政经济工作委员会主任，岁永宁为县人大常委会法制工作委员会主任，昂自华为县人大常委会教科文卫工作委员会主任，赵磊明为县人大常委会民族工作委员会主任，张明华为县人大常委会人事代表联络工作委员会主任，付建生为县人大常委会办公室副主任，赵存仙为县人大常委会办公室副主任，杨永俊为县人大常委会教科文卫工作委员会副主任，张纯武为县人大常委会民族工作委员会副主任，杨炳为县人大常委会人事代表联络工作委员会副主任，李世雁为县人大常委会财政经济工作委员会副主任。

根据县长李忠德提请，经审议并通过无记名投票表决，决定任命：王彦平为县人民政府办公室主任，赵一民为县发展和改革局局长，普光强为县教育局局长，周保能为县卫生局局长，毕玉昌为县民族宗教事务局局长，戴平为县公安局局长，毕东红为县监察局局长，窦兴亮为县民政局局长，龙贵生为县司法局局长，苏云波为县财政局局长，杨春宝为县人事劳动和社会保障局局长，王宏为县交通局局长，杨炳学为县环境保护局局长，吴剑平为县建设局局长，余春为县水务局局长，潘佳良为县农牧局局长，张鹏飞为县林业局局长，张海斌为县文体局局长，张睿高为县人口和计划生育局局长，赵良廷为县审计局局长，徐永平为县统计局局长，李韬为县科学技术局局长，李金宝为县安全生产监督管理局局长。

【县第十五届人大常委会第四次会议】 2008年6月25日，县第十五届人大常委会第四次会议在县人大常委会三楼会议室召开，会期半天。

县人大常委会副主任朱玉和主持会议。副主任李家云、毕宏志，委员王邦海、付建生、刘老五、张劲涛、张明华、昂自华、赵磊明、岁永宁、段维亚、耿灿华、徐丽琼、姬卫国出席了会议。常务副县长段增华、副县长叶扬、县人民法院院长刘珉语、县人民检察院检察长柏安云，县政府办、县财政局、县审计局、县发改局、县交通局、县建设局、县水务局、县旅游局、县国土局、县广电局、县经济局、县旅管会领导，县人大常委会各委室主任、副主任，鹿阜镇、板桥镇人大主席列席了会议。

会议听取县人大常委会办公室关于对2008年10项重点工程建设情况的视察报告；县人民政府办理县人大常委会办公室关于对经济社会发展软环境建设工作情况的视察报告的函中所提建议的办理情况报告，县人民政府办理县人大常委会办公室关于维则供水工程运行管理情况的视察报告的函中所提建议的办理情况报告，县人民政府办理县人大常委会办公室关于对石林县贯彻实施《广播电视管理条例》工作情况的检查报告的函中所提建议的办理情况报告。听取和审议通过了2007年度地方财政预算执行和其他财政收支的审计工作报告，并作出决议。

【县第十五届人大常委会第五次会议】 2008年8月28日，县第十五届人大常委会第五次会议在县建设局六楼会议室召开，会期一天。

县人大常委会主任李绍增主持会议。副主任朱玉和、李家云、徐梅芬、毕宏志，委员王云龙、王邦海、付建生、杨礼有、张永刚、张劲涛、张明华、昂锦红、赵恒谦、赵磊明、岁永宁、耿灿华、徐丽琼、姬卫国出席了会议。常务副县长段增华、县人民法院院长刘珉语、县人民检察院检察长柏安云，县人民政府23个组成部门领导，县委办、县政府办、县纪委办、县委政府目督办领导，县人大常委会各委室主任、副主任，各乡（镇）人大主席列席了会议。

会议听取和审议县人民政府2008年上半年工作情况报告，县人民政府上半年财政预算和国民经济与社会发展计划执行情况的报告，县人民政府2008年度13项招商引资重点项目推进情况的报告，县人民政府关于2007年度地方财政决算情况的报告，县人民法院2008年上半年工作情况报告，县人民检察院2008年上半年工作情况报告；听取县人大常委会人事代表工委《关于征求代表对县人大常委会及"一府两院"上半年工作意见的情况报告》，县人大常委会办公室关于对县人民政府2008年着力办好的十件实事落实情况的视察报告，县人民政府办理县人大常委会办公室关于对2008年重点工程建设情况的视察报告的函中所提建议的情况报告。

会议通过干部任免事项，根据县人民法院院长刘珉语提请，经审议并通过无记名投票表决，任命徐燕林为县人民法院审判员，杨勤因到龄不再担任县人民法院专职审判委员会委员。

【县第十五届人大常委会第六次会议】

2008年9月19日，县第十五届人大常委会第六次会议在县人大常委会三楼会议室召开，会期半天。

县人大常委会主任李绍增主持会议。副主任朱玉和、李家云、徐梅芬、毕宏志，委员王云龙、王邦海、尹家福、刘老五、杨礼有、张永刚、张劲涛、张明华、昂自华、昂锦红、赵恒谦、赵磊明、岁永宁、段维亚、耿灿华、徐丽琼、姬卫国出席了会议。县人民法院院长刘珉语，县人民检察院检察长柏安云，县人大常委会各委室主任、副主任，各乡（镇)人大主席列席了会议。

会议听取和审议了《石林县撤销路美邑镇并入鹿阜镇工作方案》，并作出决议。

【县第十五届人大常委会第七次会议】

2008年10月28日，县第十五届人大常委会第七次会议在县人大常委会三楼会议室召开，会期半天。

县人大常委会主任李绍增主持会议。副主任朱玉和、李家云、徐梅芬、毕宏志，委员王云龙、王邦海、尹家福、杨礼有、张永刚、张劲涛、张明华、昂自华、昂锦红、赵恒谦、赵磊明、耿灿华、姬卫国出席了会议。常务副县长段增华、县人民法院院长刘珉语、县人民检察院检察长柏安云，县交通局、县环保局、县建设局、县卫生局、县教育局、县水务局、县国土局、县扶贫办、县电力公司、县委办、县政府办领导，县人大常委会各委室主任、副主任，各乡(镇)人大主席列席了会议。

会议听取和审议石林县土地储备管理办法、石林县农村住宅建设管理办法。会议认为，两个办法是在石林县经济社会发展进入关键时期应运而生的，办法的制定出台，将为保护耕地、节约集约用地、盘活存量土地、优化土地资源配置、保障重点项目建设用地提供法律依据。由于两个办法涉及广大群众切身利益，涉及石林县改革、发展、稳定的大局，有些条文还不够严谨周密，加之上位法《昆明市土地储备管理办法》正在立法审查中，因此两个办法暂不具备审议通过的条件，建议县人民政府认真组织修改后，再报县第十五届人大常委会审议。

会议听取县人民政府办理县第十五届人大一次会议议案、建议、批评和意见的情况报告，县人大常委会人事代表联络工作委员会关于对县人民政府办理县第十五届人大一次会议议案、建议、批评和意见情况的检查报告，县人大常委会财政经济工作委员会关于对石林县贯彻执行“十一五”规划纲要情况的检查报告，县人民政府办理县人大常委会《关于县人民政府2008年上半年工作报告的审议意见》的情况报告，县人民法院办理县人大常委会《关于县人民法院2008年上半年工作报告的审议意见》的情况报告，县人民检察院办理县人大常委会《关于县人民检察院2008年上半年工作报告的审议意见》的情况报告，县人民政府办理县人大常委会办公室《关于对县人民政府2008年着力办好的十件实事落实情况的视察报告的函》中所提建议的情况报告。

会议通过干部任免事项，根据县人大常委会主任李绍增提请，经审议并通过无记名投票表决：因到龄张纯武不再担任县人大常委会民工委副主任职务。根据县人民政府县长李忠德提请，经审议并通过无记名投票表决决定：因工作变动王宏不再担任县交通局局长职务。

【县第十五届人大常委会第八次会议】

2008年11月10日，县第十五届人大常委会第八次会议在县人大常委会三楼会议室召开，会期半天。

县人大常委会主任李绍增主持会议。副主任朱玉和、李家云、徐梅芬、毕宏志，委员王云龙、付建生、杨礼有、张劲涛、张明华、昂自华、赵恒谦、赵磊明、岁永宁、耿灿华、徐丽琼、姬卫国出席了会议。常务副县长段增华，县人民检察院检察长柏安云，县人大常委会各委室主任、副主任，各乡（镇）人大主席列席了会议。

会议听取和审议县人民政府《关于向富滇银行昆明石林支行贷款用于县生态工业集中区土地收储的议案》，并作出决定。

会议通过干部任免事项，根据县人大常委会主任会议提请，经审议并通过无记名投票表决决定：暂停县第十五届人大代表王宏执行代表职务。

【县第十五届人大常委会第九次会议】

2008年12月2日，县第十五届人大常委会第九次会议在县人大常委会三楼会议室召开，会期半天。

县人大常委会主任李绍增主持会议。副主任朱玉和、李家云、徐梅芬、毕宏志，委员王邦海、尹家福、付建生、杨礼有、张劲涛、张明华、昂自华、昂锦红、赵磊明、岁永宁、耿灿华、徐丽琼出席了会议。常务副县长段增华，县人大常委会各委室主任、副主任列席了会议。

会议听取和审议县人民政府《关于向县信用联社贷款用于县民族职业高级中学搬迁新建项目一期建设的议案》。会议认为：经县人民政府研究决定，以县民族职业高级中学作为贷款主体，向县信用联社贷款1500万元，作为县民族职业高级中学搬迁新建项目一期工程建设资金是适当的，贷款本金和利息由县财政列入县本级财政预算逐年归还，偿债安排可行，决定同意该议案所提出的要求。同时要求县人民政府要加强对资金使用的监管，确保资金使用效益和安全，确保各项偿债安排计划实施。

【县第十五届人大常委会第十次会议】

2008年12月30日，县第十五届人大常委会第十次会议在县人大常委会三楼会议室召开，会期半天。

县人大常委会主任李绍增主持会议。副主任朱玉和、李家云、徐梅芬、毕宏志，委员王云龙、王邦海、尹家福、付建生、刘老五、杨礼有、张永刚、张劲涛、张明华、昂自华、昂锦红、赵恒谦、赵磊明、岁永宁、段维亚、耿灿华、徐丽琼、姬卫国出席了会议。常务副县长段增华，县人民法院院长刘珉语、县检察院检察长柏安云，县发改局、县委办、县政府办、县纪委办领导，县人大常委会各委室主任、副主任，各乡（镇）人大主席列席了会议。

会议听取和初审通过了提交县第十五届人大二次会议审查的县人民政府工作报告、2008年国民经济和社会发展计划执行情况与2009年国民经济和社会发展计划（草案）的报告、2008年财政预算执行情况和2009年财政预算（草案）的报告、县人大常委会工作报告、县人民法院工作报告、县人民检察院工作报告。审议通过了县人民政府2008年度财政预算部分调整（草案）的报告、县第十五届人大一次会议以来代表变动和补选代表资格审查情况的报告、县人大常委会人事任免办法、石林县人大常委会人事任命法律考试办法。审议2008年度先进代表小组、优秀代表，议案建议办理工作先进集体、先进个人表彰决定。听取县人大常委会法工委关于石林县实施《中华人民共和国消防法》的执法检查报告、县人民政府办理县人大常委会办公室《关于对县人民政府办理县第十五届人大一次会议议案、建议、批评和意见情况检查报告的函中所提建议的情况报告》、县人民政府办理县人大常委会办公室《关于对我县贯彻执行“十一五”规划纲要情况检查报告的函中所提建议的情况报告》。

会议通过干部任免事项，根据县长李忠德提请，经审议并通过无记名投票表决决定：接受叶扬辞去县人民政府副县长职务。

主要工作

【县人大常委会】 从1980年9月召开第八届人民代表大会开始，设立常设的县人民代表大会常务委员会。2008年县人大常委会下设办公室、法制工作委员会、财政经济工作委员会、教科文卫工作委员会、民族工作委员会、人事代表联络工作委员会、城乡建设环境保护委员会。年底干部职工共30人，其中：公务员25人，工勤人员5人。单位住址在鹿阜镇双龙山18号。2008年县人大常委会荣获“昆明市人大常委会第十六届宣传人民代表大会组织奖”称号，资助了支农联系点大可乡中龙村委会3000元生产经费。

办公室主任：段维亚

副主任：付建生

赵存仙（女）

财经工委主任：杨礼有（彝族）

副主任：李世雁

法制工委主任：梦永宁

教科文卫工委主任：昂自华（彝族）

副主任：杨永俊

民族宗教工委主任：赵磊明（彝族）

副主任：张纯武（10月止）

人事代表联络工委主任：张明华

副主任：杨　炳

城乡建设环境保护委员会：（空缺）

【听取和审议工作报告】 2008年县人大常委会召开常委会议10次、主任会议29次。听取和初审政府工作报告、国民经济和社会发展计划、地方财政预算以及县人大、法检两院工作报告，并将这些报告提交县十五届人大一次会议审查；审议通过了“加强城市公园广场绿地保护”、“生态县建设规划”、“贷款收储县生态工业集中区土地”、“贷款新建县民族职业高级中学”等议案，并作出相关决议、决定，促进了经济社会的协调发展。

【依法任免干部】 2008年县人大常委会对县委推荐或“一府两院”提请任免的国家机关工作人员严格执行县人大常委会人事任免办法和任前法律考试制度。任免前主任会议听取有关部门的情况介绍，对提请任命的人员进行了法律考试。全年共任命“一府两院”工作人员36名、免职3名，暂停执行代表职务1名。

【发挥代表作用】 2008年县人大常委会把充分发挥代表作用作为一项重要的基础性工作来抓。加强代表培训，组织好代表小组活动，邀请代表全程参与议案、建议督办，邀请代表参加县人大常委会组织的视察、检查和调研制度，保障代表的知情权、参与权、监督权。经县委批复，县级人大代表活动经费由每人每年400元增加到800元，乡级人大代表的活动经费由每人每年200元增加到400元，列入本级财政预算，从2008年下半年开始拨付，为人大代表执行代表职务提供了有力的经费保障。建立优秀建议激励机制，激励代表提出高质量的建议。开展创先争优活动，全年全县评选出先进代表小组3个、优秀代表28名；评选出议案建议办理工作先进集体5个、先进个人15名。

【信　访】 2008年7月，为积极配合县委书记、县长大接访活动，及时调整代表接待方式，变原来的邀请县人大代表到县人大机关接待为常委会领导分头到各乡镇大下访，畅通了人民群众的诉求渠道，在与人大代表的座谈交流中，共同探寻解决问题的途径。县人大常委会将大下访中了解到的“边远山区广大群众出行难”、“西石高速公路天生关至北大村路段交通安全事故频发”的问题，及时向县委、县政府反映，引起了县委、县政府的高度重视。

全年县人大常委会及时处理、转办、交办群众来信来访件，督促有关部门及时调查核实，依法按政策秉公处理，有效化解社会矛盾，共接待来信来访34件65人次。对群众反映属实的重大信访件由主任会议专题研究，限期办理，做到了件件有着落、事事有交待。

【制度建设】 为加强人民代表大会制度建设，密切国家权力机关与人民群众的联系，拓宽公民参与管理国家事务的渠道，推进民主法制建设进程，根据宪法关于公民权利的有关规定，结合石林县实际，制定了《石林县人大常委会会议公民旁听办法》，并经2008年4月29日县第十五届人大常委会第二次会议审议通过。办法对公民旁听的申请、条件、申请办法、旁听人数、旁听须知等方面作了明确规定。该办法的实施，将进一步扩大广大公民有序的政治参与，增强人大监督的透明度。

为了进一步做好县人民代表大会代表建议、批评和意见的办理工作，根据有关法律法规和2008年度石林县制度创新的要求，结合石林县的实际，制定了《石林县人大常委会关于县人大代表建议、批评和意见办理工作的规定》，并经5月13日县第十五届人大常委会第三次会议审议通过。规定分为6章共30条，从代表建议、批评和意见的提出、交办、承办、督查等方面作了详细的规定，为今后规范代表建议、批评和意见的办理工作提供了制度保障。

12月23日，县第十五届人大常委会第九次会议通过了《石林县人民代表大会常务委员会人事任免办法》，办法分为5章32条，对人事任免的范围、程序、监督等方面作了明确规定。通过了《石林县人大常委会人事任命法律知识考试办法》，办法分为5章22条，对考试组织、考试要求、成绩运用等方面作了进一步规范。

【视察经济社会发展软环境建设情况】 2008年3月28日，县人大组织部分县人大代表对经济社会发展软环境建设工作进行了视察。视察认为，石林县的经济社会发展软环境建设工作在县委、县人民政府的正确领导下，措施有力，成效明显，通过前期工作，思想作风、工作作风、服务态度发生了明显变化。同时实事求是地指出存在的问题：一是思想认识还不够到位，横不到边、纵不到底，还没有真正把学习成果转化为工作的实际行动；二是工作发展不平衡，存在部门之间、系统内部发展不平衡的问题；三是县级行政审批单位精减了审批事项，但对口上级部门没有精减，经费没有着落。针对存在的问题提出了三点建议：第一，继续加强学习，进一步提高认识，增强服务意识、发展意识；第二，抓重点、攻难点、出亮点，真正实现软环境建设的整体推进；第三，加强各方面工作的协调，切实解决软环境建设中存在的问题。

【检查《广播电视管理条例》工作情况】 2008年4月17日，县人大组织部分县人大代表对《广播电视管理条例》工作情况进行了检查。检查组在听取县人民政府工作情况汇报的基础上，实地查看了全县部分有线电视村村通工程建设情况。全县8个乡（镇）人民政府所在地共70个行政村与县广播电视有线网联网，有线电视用户发展到30809户，覆盖率达79.5%，有线电视入户率占全县总户数的46%，节目套数由刚建网时的13套增加到了36套。同时，检查中发现"村村通"工程任务艰巨、设备老化、执法资格缺失、队伍素质有待提高等问题。针对存在的问题提出了四点建议：第一，继续加大财政投入力度，圆满完成广播电视村村通工程；第二，返还政府统筹30%资金，加大设备更新改造的力度，提高收视效果和质量；第三，进一步完善县、乡、村三级管理体制，着力解决好执法资格主体缺失的问题；第四，加强县、乡镇队伍建设，努力提高队伍素质。

【视察维则人饮工程运行情况】 县第十五届人民代表大会第一次会议上，代表们从着力提升石林东部2镇16个村委会输水管网的供水能力、切实解决广大边远地区人民群众生产生活用水问题的大局出发，把"维则供水工程管网改造"作为议案提出并成功列为1号议案。为促进议案的办理，切实解决民生问题，2008年4月17日县人大组织部分县人大代表对维则人饮工程运行情况进行视察。视察组实地察看了输水管网，发现主管道严重结垢，支管道老化失修，新增开口无序取水，管理体制、机制不顺等问题。针对存在的问题提出了四点建议：第一，对现有的输水管道的主管、支管进行除垢处理，以提升供水能力；第二，建设一条输水管道复线，增强发展后劲；第三，加大政策法规的宣传力度，进一步提高广大村民的节水意识、水费意识；第四，加强对水源区的保护与管理，以确保水资源的可持续利用。

【视察2008年10项重点工程建设情况】 2008年6月10～11日，县人大组织部分市县人大代表对2008年10项重点工程建设情况进行了视察。视察认为，县人民政府按照市委、市人民政府加快"第二板块"发展的要求，坚持科学发展观，紧紧围绕"跨越发展、富民强县"的目标，采取有力措施，全力推进项目建设，各责任单位强化措施，强力推进，部分重点工程建设成效明显。视察中发现：6项尚未开工，1项即将竣工，3项已开工建设的项目进展缓慢；重点工程建设过程中失地农民的生计问题亟待解决；重点工程建设用水供需平衡问题有待进一步科学论证和规划；统筹协调力度还有待进一步加强。针对存在的问题提出了四点建议转县人民政府办理：第一，加强领导，全力推进重点工程建设，对已开工的要加快进度，未开工的要积极创造条件尽快开工建设；第二，认真解决重点工程建设与促进当地农民共同发展的问题，努力做到科学发展、和谐发展；第三，加强综合用水特别是景观用水供需平衡问题的科学论证和规划，以利于经济社会的可持续发展；第四，加强统筹协调力度，以提高重点工程建设项目的落地率、开工率和竣工率。

【视察2008年着力办好的10件实事落实情况】 2008年8月5～6日，县人大组织部分县人大代表和相关方面工作人员，对2008年着力办好的10件实事落实情况进行了视察。视察认为，县人民政府在办理10件实事中，认真履行了在县人民代表大会上向人大代表作出的2008年要办的10件实事的承诺，为此所做的工作措施有力、成效明显，体现了政府坚持以民为本、关注民生、改善民生的信心和决心，已完成的有4件，正在开工建设和正在落实的有2件，正在办理审批或设计规划还未开工的4件，10件实事有望年底前全部办理完毕。视察中发现：上级配套资金到位率低，乡村道路硬化工程重建轻管的现象比较突出，部分实事推进力度不够。针对存在的问题提出三点建议转县人民政府办理：第一，积极协调，争取省、市配套资金尽快拨付到位。第二，制定出台乡村公路管理办法，加强建后管理。第三，要加强统筹协调力度，对正在建设的要在确保工程质量的前提下，加快工程进度；对未开工建设的要尽快落实，早日开工建设，确保年内完成。团结水库加固扩建工程涉及征地、拆迁安置、取土补偿等问题，又处于石林风景名胜区一级保护区范围内，工作量大、难度大，因此，建议县人民政府要进一步加强组织领导，加强对相关职能部门的协调，支持项目主管单位尽快开工，顺利建设。同时，建议对水库淹没区和保护区所需占用的土地作一次性征用，以利于项目建设和今后管理。做好灌区群众的思想工作，做好水改旱的思想准备，全力支持团结水库加固扩建工程。

【听取县人大代表对鹿阜旧城改造的意见】 2008年8月25日下午，由县人大常委会牵头，组织部分县人大代表、政协委员及民间人士征求对《鹿阜旧城改造修建性详细规划》意见。会议由县人大常委会主任李绍增主持，县建设局副局长普立云介绍了制定《鹿阜旧城改造修建性详细规划》的基本情况。规划设计单位应用图文并茂的形式，详细介绍了规划。与会代表一致认为：规划设计单位作了大量的调查研究，付出了艰辛的努力。规划结合旧城实际，从发展旅游、富民强县的战略高度出发，既尊重历史，又兼顾现实，更着眼未来，做到了旅游与文化的有机统一，历史性、现实性、开放性的有机统一，设计理念好，功能定位准确，是一个比较成熟的规划。代表们一致赞同这个规划，同时代表们以高度的政治责任感和主人翁的姿态，畅谈了各自的看法，提出了富有建设性的六点意见建议：第一，建筑风格要以明清建筑风格为主，突出汉文化，融入彝文化元素，使其成为吸引广大游客的新景点；第二，要着力恢复古城水系，水是城市的灵魂，水是城市发展的战略性资源，有了水，城市才有灵气，城市才能发展，因此要着力恢复古城河水系，让水在城中流，水、城相亲，相得益彰；第三，要扩大绿化面积，让古城在绿化美化后绽放出勃勃生机和活力；第四，要建立激励机制，调动居民和社区积极参与旧城改造的自觉性和主动性；第五，要着手制定搬迁安置办法，尽快启动旧城改造工程；第六，改造建设模式要整体规划，一次性招商，连片开发。

【调研服务行业着民族服饰情况】 随着改革开放的深入，石林县经济社会发生深刻变化，旅游业快速发展，彝族原有的生存方式和生活习惯也在短期内发生变化，广大彝族地区如今只有中老年妇女在生产生活中着民族服饰、讲本民族语言。除重大节庆活动外，年轻人一般不穿着本民族服饰。国家机关的各民族干部也只是在重大节庆、礼仪接待等活动时才着民族服饰。旅游景区、景点、县城服务行业除导游和极少数本民族经商人员穿着民族服饰外，都是西装和现代休闲服一统天下，体现不出石林特有的民族文化特色。抢救、保护、传承、发展优秀民族文化已势在必行。2008年8月11～16日，县人大组织部分县人大代表对服务行业着民族服饰情况进行了调研。

调研认为：民族服饰作为艺术与生产生活实践有机结合的最佳典范，符合了现代人们对服饰需求多样化的心理，同时验证了人们追求个性化的潮流。但目前石林县服务行业着民族服饰的普及率与打造特色旅游文化的要求不相匹配，究其原因主要是：大部分干部群众对着民族服饰的重要性认识不足；由于民族服饰具有特定的历史性，加之着民族服饰受各种客观条件的影响和限制，其时代性、观赏性与适用性的融合不够，设计创新滞后，导致着民族服饰的普及率不高。

通过调研，代表们建议：第一，要尽快制定出台着民族服饰的实施意见。第二，成立民族服饰行业协会，按照“政府引导、协会主导、企业参与、社会支持”的指导原则，以设计的创新促进市场的推广，每年举办一次地方民族特色服饰设计大奖赛，每年火把节举办民族服饰大展销。同时，对市场和社会行为进行引导和规范。第三，准确定位，逐步推广。窗口服务行业着民族服饰工作服与礼仪接待、节日盛装要有一个准确的定位。在推广上，要按地域、行业分门别类进行推广。从地域上来说，景区以旅游服务行业从业人员为主，县城以商业服务行业从业人员为主；从行业上来说，公务员队伍逢节庆、礼仪接待必须着民族节日盛装，政府便民服务窗口工作人员必须着民族特色工作服，窗口服务行业根据行业、岗位、性别、年龄等不同定位设计特色性、适用性、行业类别的工作服和礼服；从推广时间上来说，以县更名10周年庆典活动为契机，掀起一个着民族服饰的高潮，为今后分阶段实施奠定基础。第四，着民族服饰与传承民族文化相结合。利用和发挥民族自治县少数民族文化底蕴深厚、民族风情浓郁的优势和特色，使民族文化与穿戴少数民族服装相结合，在节日期间和正规场合配以民族音乐与舞蹈，提倡和普及当地民众唱民族歌、跳民族舞、了解民族服饰的文化；同时，定期开展内容丰富的展演、展销，甚至是学术研讨，大力营造民族之县的文化氛围，这样，不仅可以充分展示石林县丰富的民族文化旅游资源，还可以有效地保护和传承民族文化遗产，使着民族服饰的活动真正达到“写在身上的历史，穿在身上的艺术”效果。

【调研县境内人口较少的苗族生产生活情况】 为维护县境内散居、人口较少民族合法权益，帮助他们发展经济和各项社会事业，逐步改善生产、生活条件，促进各民族共同繁荣进步，2008年7月10～15日县人大组织部分县人大代表对县境内人口较少民族苗族的生产生活情况进行了调研。调研发现，三个苗族村与其他少数民族地方相比，发展缓慢，差距较大：一是基础设施建设滞后，经济结构单一，收入增长困难；二是种养殖科技运用率低，人均占有粮食低，人均纯收入低；三是教育、医疗等社会事业发展滞后，辍学现象突出。通过调研，代表们建议：第一，进一步重视、关心和支持散居少数民族地区的基础设施建设，尽力帮助他们改善道路、农业生产等条件，为可持续发展打基础；第二，扶持并指导村庄环境整治和科技运用培训，改善村容村貌，提高农业科技运用水平；第三，强化义务教育工作，督促适龄人员完成义务教育，扶持完成高中阶段的学习，提高人口素质。

【检查县第十五届人民代表大会第一次会议代表议案、建议办理情况】 2008

年10月16~17日，县人大组织部分县人大代表、相关单位领导及有关工作人员并邀请部分全国、省、市人大代表组成检查组，对县第十五届人民代表大会第一次会议代表议案、建议办理情况进行了检查。截至10月16日，2件议案、230件建议已在规定时限内办复完毕，面商率、答复率、满意率均为100%，回访率为50%，解决率36.1%，代表对办复工作表示满意。针对检查中发现的问题，检查组建议：第一，进一步提高对人大代表议案、建议办理工作重要性的认识，切实解决好“重答复、轻落实”的问题，不断提高解决实际问题的解决率；第二，突出重点、加强督查，确保正在解决的建议保质保量按时完成，对已纳入规划或部门工作计划的112件建议，要加大督查力度，跟踪落实，确保按质按时完成；第三，议案的办理除以红头文件答复外，还应有一个办理日程计划作为附件，按日程计划完成议案办理工作，便于人大代表适时检查办理进度与办理成效。

【检查“十一五”规划纲要贯彻执行情况】 2008年10月14日，县人大组织部分县人大代表和有关工作人员，对“十一五”规划纲要贯彻执行情况进行了检查。检查发现：随着经济社会发展的深刻变化，一些规划指标和项目已不能适应当前的发展要求；全县经济总量小，发展速度慢；旅游业项目单一，旅游转型提升速度慢，综合效益不高；新农村建设、民生工程和社会事业项目的科学规划、可行性研究有待加强；重点项目投资任务完成进展缓慢；工业经济发展缓慢，非公经济实力弱，比重小。针对存在的问题，代表们建议：第一，按照县域经济发展“4778”工程和实现“543”倍增计划的新要求，需尽快修订“十一五”发展规划。第二，全面贯彻落实科学发展观，全力推进经济社会跨越发展。第三，加强旅游项目的落实力度，以项目的发展来带动产业转型；加快旅游与文化的融合，提高旅游资源的开发、挖掘和整合力度，提高旅游的综合效益，实现“旅游立县”的目标。第四，加大以旅哺农力度，加快农业产业化步伐，提高农业的附加值；对新农村建设和民生工程科学规划，讲求效益；整合农村社会事业的政策投资，推动居住分散、生产力落后的乡村向农村产业化、城镇化的转移。注重教育、科技、文化、卫生、体育等社会事业的发展，同步解决劳动就业、收入分配、社会保障等问题，建立健全提高城乡居民收入水平的政策机制和激励机制，努力提高人民生活水平。第五，进一步推进重点项目建设，树立抓项目就是抓发展的理念。进一步完善招商引资工作机制，落实项目推进责任，推进项目建设。强化投资服务理念，营造良好的投资环境，提高招商项目的落地率、开工率。第六，认真实施“11234”工业突破战略，以生态工业集中区建设为重点，加快工业重点项目的建设。进一步解放思想，树立全民创业意识、放宽市场准入，强力推进非公有制经济的发展。

【督查招商引资工作进展情况】 2008年11月12日，县人大组织部分县人大常委会组成人员对2008年度石林县20个招商分局中的8个招商分局的工作进展情况进行了督查。针对督查中存在的问题提出了四点建议：第一，加强领导，提高认识，努力营造招大商、招好商的良好氛围；任务考核完成后，应认真做好经验总结。第二，抓好在建项目促进度，完善手续促开工；继续抓好在谈项目的签约工作，努力做到将协议变成合同，合同变成项目，项目变成行动；积极探索引进外资的途径和方法。第三，进一步加大软环境建设力度，努力改善招商引资内部环境；牵头单位与协作单位要真正树立同舟共济的责任意识、风险意识。第四，加强土地收储，实施熟地招商；注重解决项目与用地指标的矛盾问题。

（撰稿人：县人大常委会办公室　付建生）

石林彝族自治县人民政府

领导成员

【县人民政府领导名录】

县　长：李忠德（彝族）

副县长：段增华

毕春华（女，彝族）

徐梅芬（女，1月止）

潘华光

张忠贵

叶　扬（11月止）

戴　平（1月止）

重要文件目录

石政发

《石林彝族自治县人民政府关于认真抓好2008年农业工作的通知》

石政发〔2008〕1号

2008年4月13日

《石林彝族自治县人民政府关于认真做好2008年旅游工作的通知》

石政发〔2008〕2号

2008年3月5日

《石林彝族自治县人民政府关于认真抓好2008年国家级烟叶标准化生产示范区建设工作的通知》

石政发〔2008〕3号

2008年3月13日

《石林彝族自治县人民政府关于下达2008年工业及非公经济发展任务的通知》

石政发〔2008〕4号

2007年6月20日

《石林彝族自治县人民政府印发〈石林彝族自治县县域经济社会发展规划（2008～2010年）〉的通知》

石政发〔2008〕5号

2008年3月6日

《石林彝族自治县人民政府印发〈县第十五届人大一次会议县人民政府三个报告〉的通知》

石政发〔2008〕9号

2008年2月17日

《石林彝族自治县人民政府印发〈石林彝族自治县县级地方公益林管理四个办法〉的通知》

石政发〔2008〕10号

2008年3月10日

《石林彝族自治县人民政府关于调整县级行政审批项目的通知》

石政发〔2008〕11号

2008年3月26日

《石林彝族自治县人民政府关于公布行政事业性收费目录及免收目录的通知》

石政发〔2008〕12号

2008年3月26日

《石林彝族自治县人民政府印发〈石林彝族自治县鼓励投资优惠政策〉的通知》

石政发〔2008〕14号

2008年4月1日

《石林彝族自治县人民政府印发〈石林彝族自治县月湖水库水源区保护管理办法〉的通知》

石政发〔2008〕15号

2008年4月10日

《石林彝族自治县人民政府印发〈石林彝族自治县机关事业单位招用辅助工管理试行办法〉的通知》

石政发〔2008〕16号

2008年4月14日

《石林彝族自治县人民政府印发〈石林彝族自治县审计举报奖励办法〉的通知》

石政发〔2008〕17号

2008年4月29日

《石林彝族自治县人民政府印发〈石林彝族自治县行政执法投诉案件办理规程和工作守则〉的通知》

石政发〔2008〕18号

2008年5月28日

《石林彝族自治县人民政府转发〈石林彝族自治县2008年度第一批城镇建设用地被征地人员社会保障工作实施方案〉的通知》

石政发〔2008〕19号

2008年5月29日

《石林彝族自治县人民政府转发〈石林彝族自治县看守所搬迁新建用地被征地人员社会保障工作实施方案〉的通知》

石政发〔2008〕20号

2008年5月27日

《石林彝族自治县人民政府转发〈石林彝族自治县民族职业高级中学搬迁新建用地被征地人员社会保障工作实施方案〉的通知》

石政发〔2008〕21号

2008年5月27日

《石林彝族自治县人民政府转发〈县人大常委会关于加强城市公园广场绿地保护的决议〉的通知》

石政发〔2008〕22号

2008年6月10日

《石林彝族自治县人民政府印发〈石林彝族自治县2008—2010年县乡(镇)财政管理体制方案〉的通知》

石政发〔2008〕23号

2008年6月16日

《石林彝族自治县人民政府关于石林彝族自治县2008年度第二批城镇建设用地被征地人员社会保障工作的实施方案》

石政发〔2008〕24号

2008年6月23日

《石林彝族自治县人民政府关于石林彝族自治县2008年度第三批城镇建设用地被征地人员社会保障工作的实施方案》

石政发〔2008〕25号
2008年6月23日

《石林彝族自治县人民政府关于石林彝族自治县2008年度第四批城镇建设用地被征地人员社会保障工作的实施方案》
石政发〔2008〕26号
2008年6月23日

《石林彝族自治县人民政府关于石林彝族自治县2008年度第五批城镇建设用地被征地人员社会保障工作的实施方案》
石政发〔2008〕27号
2008年6月23日

《石林彝族自治县人民政府关于石林彝族自治县2008年度第六批城镇建设用地被征地人员社会保障工作的实施方案》
石政发〔2008〕28号
2008年6月23日

《石林彝族自治县人民政府关于石林彝族自治县2008年度第七批城镇建设用地被征地人员社会保障工作的实施方案》
石政发〔2008〕29号
2008年6月23日

《石林彝族自治县人民政府关于调整充实各类工作机构成员的通知》
石政发〔2008〕30号
2008年6月21日

《石林彝族自治县人民政府印发〈石林彝族自治县进一步加强校（园）领导干部队伍建设与管理实施意见〉的通知》
石政发〔2008〕32号
2008年7月21日

《石林彝族自治县人民政府印发〈石林彝族自治县实行中小学校长公开选聘制指导性意见〉的通知》
石政发〔2008〕33号
2008年7月21日

《石林彝族自治县人民政府印发〈石林彝族自治县“数字乡村”工程建设管理暂行办法〉的通知》
石政发〔2008〕34号
2008年8月4日

《石林彝族自治县人民政府印发〈石林彝族自治县被征地人员基本养老保险实施暂行办法〉的通知》
石政发〔2008〕35号
2008年8月4日

《石林彝族自治县人民政府印发〈石林彝族自治县村（居）民小组长和村级组织工作人员管理规定〉的通知》
石政发〔2008〕36号
2008年8月4日

《石林彝族自治县人民政府印发〈石林彝族自治县生态工业集中区地上附着物拆迁补偿办法〉的通知》
石政发〔2008〕37号
2008年8月5日

《石林彝族自治县人民政府关于部分县级行政经济管理权限移交县生态工业集中区管委会的通知》
石政发〔2008〕38号
2008年8月10日

《石林彝族自治县人民政府印发〈石林彝族自治县污水处理费征收暂行规定〉的通知》
石政发〔2008〕39号
2008年8月12日

《石林彝族自治县人民政府印发〈石林彝族自治县推行中小学教职工聘用制管理的意见〉的通知》
石政发〔2008〕40号
2008年8月20日

《石林彝族自治县人民政府印发〈石林彝族自治县整合优化县城教育资源实施意见〉的通知》
石政发〔2008〕41号
2008年8月26日

《石林彝族自治县人民政府印发〈石林彝族自治县殡葬管理暂行办法〉的通知》
石政发〔2008〕42号
2008年8月29日

《石林彝族自治县人民政府印发〈石林彝族自治县2008年度核桃产业基地建设方案〉的通知》
石政发〔2008〕43号
2008年8月29日

《石林彝族自治县人民政府印发〈石林彝族自治县城镇最低收入家庭廉租住房保障办法〉的通知》
石政发〔2008〕44号
2008年9月20日

《石林彝族自治县人民政府关于对2008年征用收储土地工作实行奖励和补助的通知》
石政发〔2008〕45号
2008年8月31日

《石林彝族自治县人民政府印发〈石林彝族自治县推广温氏农业产业化模式加快发展肉鸡规模化生产实施方案〉的通知》
石政发〔2008〕46号
2008年9月4日

《石林彝族自治县人民政府印发〈石林彝族自治县农村公益事业建设一事一议财政奖补试点工作实施方案〉的通知》
石政发〔2008〕47号
2008年9月9日

《石林彝族自治县人民政府关于表彰2008年度优秀班主任、先进教师和先进教育工作者的决定》
石政发〔2008〕48号
2008年9月10日

《石林彝族自治县人民政府关于修订现有应急预案的通知》
石政发〔2008〕49号
2008年9月13日

《石林彝族自治县人民政府印发〈石林彝族自治县绿化责任制实施细则〉的通知》

石政发〔2008〕51号

2008年9月23日

《石林彝族自治县人民政府关于进一步加强消防工作的通知》

石政发〔2008〕54号

2008年9月25日

《石林彝族自治县人民政府印发〈石林彝族自治县促进企业创名牌名品实施意见〉的通知》

石政发〔2008〕55号

2008年9月26日

《石林彝族自治县人民政府转发〈国家及省、市关于全面开展尾矿库安全生产大检查工作〉文件的紧急通知》

石政发〔2008〕56号

2008年10月2日

《石林彝族自治县人民政府印发〈石林彝族自治县66MWP、100MWP太阳能发电站试验示范项目征地拆迁补偿办法〉的通知》

石政发〔2008〕58号

2008年10月30日

《石林彝族自治县人民政府印发〈石林彝族自治县国有土地使用权出让收支管理暂行办法〉的通知》

石政发〔2008〕59号

2008年11月11日

《石林彝族自治县人民政府关于认真抓好2008年冬春季城乡园林绿化工作的通知》

石政发〔2008〕60号

2008年11月12日

《石林彝族自治县人民政府关于石林彝族自治县66MWP并网发电试验示范项目（一期）被征地人员社会保障工作的实施方案》

石政发〔2008〕61号

2008年11月17日

《石林彝族自治县人民政府关于昆明供电局110KV石林输变电工程建设项目被征地人员社会保障工作的实施方案》

石政发〔2008〕62号

2008年11月17日

《石林彝族自治县人民政府关于石林彝族自治县园林博览园建设项目被征地人员社会保障工作的实施方案》

石政发〔2008〕63号

2008年11月17日

《石林彝族自治县人民政府关于石林彝族自治县巨鹏天然气LNG站建设项目被征地人员社会保障工作的实施方案》

石政发〔2008〕64号

2008年11月17日

《石林彝族自治县人民政府关于石林县桃园湖公园工程建设项目被征地人员社会保障工作的实施方案》

石政发〔2008〕65号

2008年11月27日

《石林彝族自治县人民政府印发〈石林彝族自治县机关事业单位使用辅助用工审批和经费供给管理暂行规定〉的通知》

石政发〔2008〕69号

2008年12月31日

《石林彝族自治县人民政府关于公布全县古树名录的通知》

石政发〔2008〕70号

2008年12月8日

《石林彝族自治县人民政府印发〈石林彝族自治县深化改革加强基层农业技术推广体系建设实施方案〉的通知》

石政发〔2008〕71号

2008年12月12日

石政办发

《石林彝族自治县人民政府办公室关于对2007年度国土资源管理目标责任完成情况进行考核的通知》

石政办发〔2008〕1号

2008年1月8日

《石林彝族自治县人民政府办公室转发〈石林彝族自治县城乡住房状况普查工作方案〉的通知》

石政办发〔2008〕2号

2008年1月9日

《石林彝族自治县人民政府办公室关于切实加强“两会”和春节期间安全生产工作的通知》

石政办发〔2008〕3号

2008年1月18日

《石林彝族自治县人民政府办公室关于切实做好2008年春运交通安全工作的通知》

石政办发〔2008〕4号

2008年1月19日

《石林彝族自治县人民政府办公室关于进一步加强部门结存资金管理的通知》

石政办发〔2008〕6号

2008年1月21日

《石林彝族自治县人民政府办公室关于表彰2007年环境保护先进集体和先进个人的通知》

石政办发〔2008〕7号

2008年1月20日

《石林彝族自治县人民政府办公室关于兑现2007年烤烟生产收购考核结果及表彰先进的通知》

石政办发〔2008〕8号

2008年1月22日

《石林彝族自治县人民政府办公室关于做好施行〈中华人民共和国政府信息公开条例〉准备工作的通知》

石政办发〔2008〕9号

2008年1月24日

《石林彝族自治县人民政府办公室关于开展全县在建工程项目管理情况大

检查的通知》
石政办发〔2008〕10号
2008年1月24日

《石林彝族自治县人民政府办公室关于采取措施确保春节期间市场供应物价稳定和节日安全的通知》
石政办发〔2008〕11号
2008年1月20日

《石林彝族自治县人民政府办公室关于成立石林彝族自治县病险水库除险加固工程建设协调领导小组的通知》
石政办发〔2008〕12号
2008年1月25日

《石林彝族自治县人民政府办公室关于县人民政府领导和党组成员工作分工的通知》
石政办发〔2008〕13号
2008年1月30日

《石林彝族自治县人民政府办公室关于成立石林彝族自治县北召公路西街口至召夸段路面改造工程建设领导小组的通知》
石政办发〔2008〕14号
2008年1月29日

《石林彝族自治县人民政府办公室转发〈昆明市人民政府办公厅关于进一步做好应对恶劣天气工作紧急通知〉文件的通知》
石政办发〔2008〕15号
2008年2月1日

《石林彝族自治县人民政府办公室转发〈昆明市安全生产委员会关于做好当前安全生产工作紧急通知〉文件的通知》
石政办发〔2008〕16号
2008年2月2日

《石林彝族自治县人民政府办公室转发〈石林彝族自治县企业退休人员社会化管理服务工作实施方案〉的通知》
石政办发〔2008〕17号
2008年2月1日

《石林彝族自治县人民政府办公室关于县人民政府办公室领导工作分工的通知》
石政办发〔2008〕18号
2008年2月3日

《石林彝族自治县人民政府办公室关于举办2008年春节文化系列活动的通知》
石政办发〔2008〕19号
2008年2月3日

《石林彝族自治县人民政府办公室关于成立经济社会发展软环境建设工作领导小组的通知》
石政办发〔2008〕20号
2008年2月25日

《石林彝族自治县人民政府办公室转发〈石林彝族自治县2007年度农村沼气国债项目“一池三改”建设实施方案〉的通知》
石政办发〔2008〕21号
2008年2月27日

《石林彝族自治县人民政府办公室转发〈昆明市人民政府办公厅关于加强企业应急管理工作实施意见〉的通知》
石政办发〔2008〕23号
2008年3月4日

《石林彝族自治县人民政府办公室转发〈石林彝族自治县2008年度烟叶基础设施建设实施方案〉的通知》
石政办发〔2008〕24号
2008年3月4日

《石林彝族自治县人民政府办公室转发〈昆明市人民政府关于加强社会主义新农村建设消防工作实施意见〉的通知》
石政办发〔2008〕25号
2008年3月6日

《石林彝族自治县人民政府办公室关于认真做好2008年县人大代表议案、建议和县政协委员提案办理工作的通知》
石政办发〔2008〕26号
2008年3月3日

《石林彝族自治县人民政府办公室关于成立石林彝族自治县国家级烟叶标准化生产示范区建设工作领导小组的通知》
石政办发〔2008〕28号
2008年3月14日

《石林彝族自治县人民政府办公室转发〈石林彝族自治县石林风景名胜区资源保护专项治理工作方案〉的通知》
石政办发〔2008〕29号
2008年3月18日

《石林彝族自治县人民政府办公室转发〈昆明市人民政府办公厅关于调整机关事业单位工作时间通知〉文件的通知》
石政办发〔2008〕30号
2008年3月14日

《石林彝族自治县人民政府办公室关于认真做好2008年农资供应工作的通知》
石政办发〔2008〕32号
2008年3月23日

《石林彝族自治县人民政府办公室转发石林彝族自治县2008年新型农村合作医疗实施方案的通知》
石政办发〔2008〕34号
2008年3月26日

《石林彝族自治县人民政府办公室转发〈石林彝族自治县乡镇卫生院基础设施（国债）项目建设方案〉的通知》
石政办发〔2008〕36号
2008年3月31日

《石林彝族自治县人民政府办公室关于2008年清明节放假和加强车辆管理等工作的通知》
石政办发〔2008〕37号
2008年4月2日

《石林彝族自治县人民政府办公室

关于成立石林彝族自治县解决城市低收入家庭住房困难领导小组的通知》
石政办发〔2008〕38号
2008年4月2日

《石林彝族自治县人民政府办公室关于认真做好2008年节能减排工作的通知》
石政办发〔2008〕39号
2008年3月28日

《石林彝族自治县人民政府办公室转发〈石林生态民族体育运动场项目用地工作实施方案〉的通知》
石政办发〔2008〕40号
2008年3月30日

《石林彝族自治县人民政府办公室转发〈石林彝族自治县2008年度地质灾害防灾减灾方案〉的通知》
石政办发〔2008〕41号
2008年4月3日

《石林彝族自治县人民政府办公室关于成立石林彝族自治县珠治项目月湖小流域水土保持综合治理工程建设指挥部的通知》
石政办发〔2008〕42号
2008年3月20日

《石林彝族自治县人民政府办公室转发〈石林彝族自治县第三次文物普查工作实施方案〉的通知》
石政办发〔2008〕43号
2008年4月13日

《石林彝族自治县人民政府办公室关于认真做好2008年人工防雹工作的通知》
石政办发〔2008〕44号
2008年4月10日

《石林彝族自治县人民政府办公室转发〈石林彝族自治县2008年纠风工作实施意见〉的通知》
石政办发〔2008〕45号
2008年4月11日

《石林彝族自治县人民政府办公室关于从县级专项资金中安排科技支出的通知》
石政办发〔2008〕46号
2008年4月14日

《石林彝族自治县人民政府办公室转发〈石林彝族自治县加强城乡环境管理工作行动方案〉的通知》
石政办发〔2008〕47号
2008年4月16日

《石林彝族自治县人民政府办公室关于切实抓好当前森林防火工作的紧急通知》
石政办发〔2008〕48号
2008年4月15日

《石林彝族自治县人民政府办公室关于开展2007年度劳动保障执法年审工作的通知》
石政办发〔2008〕49号
2008年4月15日

《石林彝族自治县人民政府办公室转发〈石林彝族自治县2008年度行政审批制度改革、全面推行“阳光政务”和推进依法行政工作方案〉的通知》
石政办发〔2008〕50号
2008年4月5日

《石林彝族自治县人民政府办公室关于开展规范行政处罚自由裁量权试点工作的通知》
石政办发〔2008〕51号
2008年4月8日

《石林彝族自治县人民政府办公室转发〈昆明市人民政府办公厅关于在全市开展人工影响天气工作紧急通知〉文件的通知》
石政办发〔2008〕52号
2008年4月17日

《石林彝族自治县人民政府办公室关于开展审计执法检查暨审计机关行风评议的通知》
石政办发〔2008〕53号
2008年4月17日

《石林彝族自治县人民政府办公室关于成立石林彝族自治县古籍普查登记工作领导小组的通知》
石政办发〔2008〕54号
2008年4月17日

《石林彝族自治县人民政府办公室转发〈石林彝族自治县现代烟草农业示范村规划建设实施方案〉的通知》
石政办发〔2008〕55号
2008年4月18日

《石林彝族自治县人民政府办公室关于开展数字电影广场放映活动的通知》
石政办发〔2008〕56号
2008年4月25日

《石林彝族自治县人民政府办公室转发〈石林彝族自治县城市建筑风貌二期改造实施方案〉的通知》
石政办发〔2008〕57号
2008年4月22日

《石林彝族自治县人民政府办公室关于成立石林彝族自治县现代烟草农业示范村建设工作领导小组和技术执行组的通知》
石政办发〔2008〕58号
2008年4月28日

《石林彝族自治县人民政府办公室转发〈石林彝族自治县安全生产隐患排查治理工作方案〉的通知》
石政办发〔2008〕59号
2008年3月6日

《石林彝族自治县人民政府办公室印发〈石林彝族自治县“门前三包”责任制规定〉的通知》
石政办发〔2008〕60号
2008年5月2日

《石林彝族自治县人民政府办公室关于下达2008年城镇居民基本医疗保险参保任务的通知》

石政办发〔2008〕62号
2008年5月5日

《石林彝族自治县人民政府办公室转发进一步加强古籍保护工作意见的通知》
石政办发〔2008〕64号
2008年5月6日

《石林彝族自治县人民政府办公室转发〈石林彝族自治县2008年有线电视“村村通”工程建设方案〉的通知》
石政办发〔2008〕65号
2008年5月6日

《石林彝族自治县人民政府办公室关于成立石林彝族自治县电影公司改革工作领导小组的通知》
石政办发〔2008〕66号
2008年5月7日

《石林彝族自治县人民政府办公室关于抓紧兑现对种粮农民补贴的紧急通知》
石政办发〔2008〕67号
2008年5月7日

《石林彝族自治县人民政府办公室转发〈黑龙潭水库灌区代表会议决议〉的通知》
石政办发〔2008〕68号
2008年4月20日

《石林彝族自治县人民政府办公室关于认真做好2008年烤烟灾害保险工作的通知》
石政办发〔2008〕69号
2008年4月30日

《石林彝族自治县人民政府办公室关于认真做好2008年政务信息工作的通知》
石政办发〔2008〕70号
2008年5月9日

《石林彝族自治县人民政府办公室关于成立石林彝族自治县城乡公交一体化工作领导小组的通知》
石政办发〔2008〕71号
2008年4月14日

《石林彝族自治县人民政府办公室关于成立石林彝族自治县新型农民科技培训工作领导小组的通知》
石政办发〔2008〕72号
2008年5月20日

《石林彝族自治县人民政府办公室关于进一步做好地质灾害防灾减灾工作的紧急通知》
石政办发〔2008〕73号
2008年5月19日

《石林彝族自治县人民政府办公室关于成立石林彝族自治县测土配方施肥工作领导小组的通知》
石政办发〔2008〕74号
2008年5月21日

《石林彝族自治县人民政府办公室关于成立石林彝族自治县昆明石林太阳能发电站试验示范项目协调领导小组的通知》
石政办发〔2008〕75号
2008年5月23日

《石林彝族自治县人民政府办公室转发〈昆明市人民政府办公厅昆明市监察局关于重申和明确全市党政机关事业单位购买配备和使用公务用车管理规定〉文件的通知》
石政办发〔2008〕76号
2008年5月23日

《石林彝族自治县人民政府办公室转发〈石林彝族自治县安全生产百日督查专项行动工作方案〉的通知》
石政办发〔2008〕77号
2008年5月20日

《石林彝族自治县人民政府办公室关于成立石林彝族自治县“创绿”工作领导小组的通知》
石政办发〔2008〕79号
2008年5月28日

《石林彝族自治县人民政府办公室关于开展汛期水利设施运行安全检查的通知》
石政办发〔2008〕80号
2008年5月30日

《石林彝族自治县人民政府办公室关于2007年度国土资源管理目标责任考核结果的通知》
石政办发〔2008〕81号
2008年5月29日

《石林彝族自治县人民政府办公室关于成立石林彝族自治县被征地人员基本养老保险工作领导小组的通知》
石政办发〔2008〕82号
2008年6月2日

《石林彝族自治县人民政府办公室转发〈石林彝族自治县加强社会保障平台建设工作实施意见〉的通知》
石政办发〔2008〕83号
2008年6月4日

《石林彝族自治县人民政府办公室转发〈石林彝族自治县“两后双百”工程实施方案〉的通知》
石政办发〔2008〕85号
2008年6月5日

《石林彝族自治县人民政府办公室转发〈石林彝族自治县加强公安“三基”工程建设工作方案〉的通知》
石政办发〔2008〕86号
2008年3月2日

《石林彝族自治县人民政府办公室关于成立石林彝族自治县团结水库加固扩建工程建设领导小组的通知》
石政办发〔2008〕87号
2008年6月13日

《石林彝族自治县人民政府办公室关于建立流动人口计划生育综合治理联席会议制度的通知》
石政办发〔2008〕89号
2008年6月16日

《石林彝族自治县人民政府办公室转发石林彝族自治县农村初级卫生保健达标工作实施方案的通知》
石政办发〔2008〕90号
2008年6月16日

《石林彝族自治县人民政府办公室关于加强犬类管理预防狂犬病的紧急通知》
石政办发〔2008〕92号
2008年6月21日

《石林彝族自治县人民政府办公室转发〈石林彝族自治县2008年整顿和规范市场经济秩序工作要点及任务分解〉的通知》
石政办发〔2008〕94号
2008年6月11日

《石林彝族自治县人民政府办公室关于认真做好第二次经济普查工作的通知》
石政办发〔2008〕95号
2008年7月1日

《石林彝族自治县人民政府办公室转发〈石林彝族自治县整治非法用工打击违法犯罪行为专项行动实施方案〉的通知》
石政办发〔2008〕96号
2008年7月7日

《石林彝族自治县人民政府办公室转发〈石林彝族自治县加强土地税收管理工作实施方案〉的通知》
石政办发〔2008〕97号
2008年7月4日

《石林彝族自治县人民政府办公室关于对中央有关教育、医疗卫生、社会保障等方面政策落实情况开展立项监察的通知》
石政办发〔2008〕98号
2008年7月9日

《石林彝族自治县人民政府办公室关于发放石油价格改革财政补贴的通知》
石政办发〔2008〕99号
2008年7月7日

《石林彝族自治县人民政府办公室2008年法制宣传教育与依法治理暨法治单位建设工作计划》
石政办发〔2008〕101号
2008年6月15日

《石林彝族自治县人民政府办公室关于成立石林彝族自治县石林室内综合健身馆建设工作领导小组的通知》
石政办发〔2008〕102号
2008年7月21日

《石林彝族自治县人民政府办公室关于开展安全生产大检查的紧急通知》
石政办发〔2008〕104号
2008年7月23日

《石林彝族自治县人民政府办公室转发〈昆明市人民政府办公厅关于进一步做好防汛抢险及汛期安全检查工作〉文件的通知》
石政办发〔2008〕105号
2008年7月23日

《石林彝族自治县人民政府办公室转发〈昆明市“四创两争”工作总指挥部关于加快推进全国环境优美乡镇有关工作通知〉文件的通知》
石政办发〔2008〕106号
2008年7月20日

《石林彝族自治县人民政府办公室转发〈石林彝族自治县进一步加强农村集体“三资”管理实施意见〉的通知》
石政办发〔2008〕107号
2008年8月4日

《石林彝族自治县人民政府办公室关于成立石林彝族自治县养犬管理工作协调领导小组的通知》
石政办发〔2008〕108号
2008年8月4日

《石林彝族自治县人民政府办公室转发〈石林彝族自治县迎奥运保安全大检查工作方案〉的通知》
石政办发〔2008〕110号
2008年8月1日

《石林彝族自治县人民政府办公室转发〈昆明市农业局关于衔接做好农药及动物诊疗经营许可证审批权交接工作函〉的通知》
石政办发〔2008〕112号
2008年8月18日

《石林彝族自治县人民政府办公室关于成立石林彝族自治县2008年烤烟生产中后期管理和烟叶收购工作领导小组的通知》
石政办发〔2008〕113号
2008年8月18日

《石林彝族自治县人民政府办公室印发〈石林彝族自治县清理整顿土地市场秩序工作方案〉的通知》
石政办发〔2008〕114号
2008年8月17日

《石林彝族自治县人民政府办公室关于成立石林彝族自治县云南官房水泥有限公司2500t/d新型干法水泥熟料生产线技改项目协调领导小组的通知》
石政办发〔2008〕115号
2008年8月20日

《石林彝族自治县人民政府办公室转发〈昆明市环境优美乡镇和新农村生态村建设主要指标〉文件的通知》
石政办发〔2008〕116号
2008年8月20日

《石林彝族自治县人民政府办公室关于认真抓好2008年国家级烟叶标准化生产示范区烤烟生产中后期管理和烟叶收购工作的通知》
石政办发〔2008〕117号
2008年8月20日

《石林彝族自治县人民政府办公室关于成立石林彝族自治县核桃产业发展工作领导小组的通知》

石政办发〔2008〕118号
2008年8月22日

《石林彝族自治县人民政府办公室转发〈石林彝族自治县进一步推进义务教育改革与发展实施意见〉的通知》
石政办发〔2008〕119号
2008年8月17日

《石林彝族自治县人民政府办公室转发〈石林彝族自治县农产品质量安全专项整治行动实施方案〉的通知》
石政办发〔2008〕120号
2008年8月14日

《石林彝族自治县人民政府办公室关于成立石林彝族自治县水务投资有限公司筹建工作领导小组的通知》
石政办发〔2008〕121号
2008年9月2日

《石林彝族自治县人民政府办公室关于开展第24个教师节庆祝活动的通知》
石政办发〔2008〕122号
2008年9月5日

《石林彝族自治县人民政府办公室关于成立石林彝族自治县财富中心项目协调领导小组的通知》
石政办发〔2008〕123号
2008年9月6日

《石林彝族自治县人民政府办公室关于开展重要路段路口环境整治的通知》
石政办发〔2008〕125号
2008年9月1日

《石林彝族自治县人民政府办公室转发〈石林彝族自治县创建无传销社区(村)实施方案〉的通知》
石政办发〔2008〕126号
2008年9月9日

《石林彝族自治县人民政府办公室转发〈石林彝族自治县2008年环保专项整治行动实施方案〉的通知》
石政办发〔2008〕127号
2008年9月10日

《石林彝族自治县人民政府办公室关于认真做好落实80周岁以上高龄老年人保健补助工作的通知》
石政办发〔2008〕128号
2008年9月18日

《石林彝族自治县人民政府办公室关于成立石林彝族自治县电网建设及电力设施保护工作领导小组的通知》
石政办发〔2008〕130号
2008年9月22日

《石林彝族自治县人民政府办公室转发〈石林彝族自治县打击非法营运专项整治行动方案〉的通知》
石政办发〔2008〕131号
2008年9月22日

《石林彝族自治县人民政府办公室转发石林彝族自治县化工企业安全生产大检查工作方案的通知》
石政办发〔2008〕132号
2008年9月12日

《石林彝族自治县人民政府办公室关于成立县昆明锦苑石林花卉产业园项目建设协调领导小组的通知》
石政办发〔2008〕134号
2008年9月25日

《石林彝族自治县人民政府办公室关于切实做好单位庭院小区绿化工作的通知》
石政办发〔2008〕135号
2008年9月26日

《石林彝族自治县人民政府办公室关于开展核桃产业基地建设推进情况专项督查的通知》
石政办发〔2008〕136号
2008年9月28日

《石林彝族自治县人民政府办公室转发〈石林彝族自治县奶牛合作社(养殖场)奶站专项整治行动方案〉的通知》
石政办发〔2008〕137号
2008年10月3日

《石林彝族自治县人民政府办公室关于禁止在生态工业集中区产业园土地收储范围内种植作物和建盖建(构)筑物的通知》
石政办发〔2008〕138号
2008年10月4日

《石林彝族自治县人民政府办公室关于成立石林彝族自治县二期安居工程住房清理工作领导小组的通知》
石政办发〔2008〕139号
2008年10月9日

《石林彝族自治县人民政府办公室转发〈石林彝族自治县环境安全隐患排查工作实施方案〉的通知》
石政办发〔2008〕140号
2008年10月9日

《石林彝族自治县人民政府办公室关于深入推广丘北经验切实加强农村道路交通安全工作的通知》
石政办发〔2008〕141号
2008年10月13日

《石林彝族自治县人民政府办公室转发〈石林彝族自治县人员密集场所消防安全大检查工作方案〉的通知》
石政办发〔2008〕142号
2008年10月15日

《石林彝族自治县人民政府办公室关于全面取缔水库坝塘肥水养鱼的通知》
石政办发〔2008〕144号
2008年10月16日

《石林彝族自治县人民政府办公室转发〈昆明市2009年度新型农村合作医疗筹资工作〉文件的通知》
石政办发〔2008〕145号
2009年10月17日

《石林彝族自治县人民政府办公室

转发〈昆明市园林绿化局新闻通稿〉的通知》
石政办发〔2008〕146号
2008年10月20日

《石林彝族自治县人民政府办公室转发〈石林彝族自治县预防道路交通事故工作方案〉的通知》
石政办发〔2008〕147号
2008年10月22日

《石林彝族自治县人民政府办公室关于成立县工程系列专业初级职称评审工作领导小组及委员会的通知》
石政办发〔2008〕148号
2008年10月17日

《石林彝族自治县人民政府办公室关于开展全县环保大检查的通知》
石政办发〔2008〕149号
2008年10月25日

《石林彝族自治县人民政府办公室关于成立石林彝族自治县地方公益林区划界定工作领导小组的通知》
石政办发〔2008〕150号
2008年10月28日

《石林彝族自治县人民政府办公室关于成立石林彝族自治县台湾农民创业园项目申报协调领导小组的通知》
石政办发〔2008〕151号
2008年10月28日

《石林彝族自治县人民政府办公室关于认真抓好2008年冬季农业开发和2009年小春生产工作的通知》
石政办发〔2008〕152号
2008年10月28日

《石林彝族自治县人民政府办公室转发〈石林彝族自治县2008年查处违法排污行为实现环境违法违规排污零申报专项行动工作方案的通知》
石政办发〔2008〕153号
2008年10月29日

《石林彝族自治县人民政府办公室转发〈石林彝族自治县农村民居地震安全工程建设实施方案〉的通知》
石政办发〔2008〕154号
2008年10月24日

《石林彝族自治县人民政府办公室关于毕贵荣等同志任职的通知》
石政办发〔2008〕156号
2008年9月10日

《石林彝族自治县人民政府办公室关于县人民政府领导和党组成员工作分工的通知》
石政办发〔2008〕157号
2008年11月3日

《石林彝族自治县人民政府办公室关于建立狂犬病防制工作联席会议制度的通知》
石政办发〔2008〕158号
2008年11月3日

《石林彝族自治县人民政府办公室关于开展2008年麻疹疫苗强化免疫接种工作的通知》
石政办发〔2008〕159号
2008年11月3日

《石林彝族自治县人民政府办公室转发〈国务院办公厅和云南省人民政府办公厅关于进一步加强学校及周边建筑安全管理〉文件的通知》
石政办发〔2008〕160号
2008年11月3日

《石林彝族自治县人民政府办公室关于开展水库运行安全大检查的紧急通知》
石政办发〔2008〕161号
2008年11月8日

《石林彝族自治县人民政府办公室转发〈石林彝族自治县农村公路养护管理实施方案〉的通知》
石政办发〔2008〕162号
2008年11月6日

《石林彝族自治县人民政府办公室关于成立石林彝族自治县阿诗玛东路延长线（大屯段）道路改造工程建设领导小组的通知》
石政办发〔2008〕163号
2008年11月10日

《石林彝族自治县人民政府办公室转发〈云南省人民政府办公厅关于进一步加强政务服务中心建设意见〉文件的通知》
石政办发〔2008〕164号
2008年11月12日

《石林彝族自治县人民政府办公室转发〈云南省人民政府办公厅关于迅速掀起冬春农田水利建设高潮〉通知文件的通知》
石政办发〔2008〕165号
2008年11月24日

《石林彝族自治县人民政府办公室关于对全县服务承诺落实情况实行定期通报的通知》
石政办发〔2008〕166号
2008年11月25日

《石林彝族自治县人民政府办公室转发〈石林彝族自治县城乡生活垃圾集中收运处置工作实施方案〉的通知》
石政办发〔2008〕167号
2008年4月28日

《石林彝族自治县人民政府办公室关于成立县小额贷款公司筹备监管领导小组的通知》
石政办发〔2008〕168号
2008年11月26日

《石林彝族自治县人民政府办公室关于成立石林彝族自治县大山沟至巴江俪岛截污廊道工程建设指挥部的通知》
石政办发〔2008〕169号
2008年11月25日

《石林彝族自治县人民政府办公室关于成立县重点项目办公室的通知》
石政办发〔2008〕170号
2008年11月28日

《石林彝族自治县人民政府办公室关于认真抓好2009年国家级烟叶标准化生产示范区烤烟育苗及大田种植计划预安排工作的通知》

石政办发〔2008〕171号

2008年11月24日

《石林彝族自治县人民政府办公室关于成立石林彝族自治县石林大道电缆入地工程建设协调领导小组的通知》

石政办发〔2008〕172号

2008年12月8日

《石林彝族自治县人民政府办公室转发〈石林彝族自治县教育督导网络建设方案〉的通知》

石政办发〔2008〕173号

2008年12月2日

《石林彝族自治县人民政府办公室转发〈石林彝族自治县城市低保人员参加社区公益性劳动工作方案〉的通知》

石政办发〔2008〕174号

2008年12月8日

《石林彝族自治县人民政府办公室关于实施烟农信息化到户工程的通知》

石政办发〔2008〕175号

2008年10月15日

《石林彝族自治县人民政府办公室关于成立石林彝族自治县月湖水库除险加固工程建设领导小组的通知》

石政办发〔2008〕177号

2008年12月5日

《石林彝族自治县人民政府办公室关于成立石林彝族自治县中医药工作领导小组的通知》

石政办发〔2008〕179号

2008年12月16日

《石林彝族自治县人民政府办公室关于成立石林彝族自治县财富中心项目建设指挥部的通知》

石政办发〔2008〕180号

2008年12月21日

《石林彝族自治县人民政府办公室转发〈昆明市人民政府关于昆明市深化价格收费审批制度改革实施意见〉的通知》

石政办发〔2008〕182号

2008年12月22日

《石林彝族自治县人民政府办公室转发石林生态民族体育运动场部分项目土地收储工作实施方案的通知》

石政办发〔2008〕184号

2008年12月29日

《石林彝族自治县人民政府办公室关于认真开展2009年"两节""两会"和春运期间安全生产大检查的通知》

石政办发〔2008〕185号

2008年12月29日

《石林彝族自治县人民政府办公室关于成立石林彝族自治县珠治项目茂舍祖小流域水土保持综合治理工程建设指挥部的通知》

石政办发〔2008〕186号

2008年12月31日

《石林彝族自治县人民政府办公室关于成立石林彝族自治县珠治项目小河小流域水土保持综合治理工程建设指挥部的通知》

石政办发〔2008〕187号

2008年12月31日

《石林彝族自治县人民政府办公室转发〈昆明市政府信息公开六项制度〉的通知》

石政办发〔2008〕188号

2008年10月12日

重要会议

【县第十四届人民政府第十次全体会议】 2008年1月4日，县第十四届人民政府第十次全体会议在石林会议中心召开。县人民政府组成人员参加会议，各乡镇人民政府乡镇长，不是县人民政府组成部门的县人民政府直属各委办局、企事业单位的主要领导，中央、省、市驻石各行政、事业、国企独立部门的主要负责人列席会议。会议讨论了2008年《政府工作报告（讨论稿）》。

【县第十四届人民政府第十九次常务会议】 2008年1月15日，县第十四届人民政府第十九次常务会议在县人民政府三楼会议室召开。县长李忠德主持会议。会议讨论通过了《石林旅游服务区中区项目》和《石林民族生态体育运动场项目投资协议书》。

【县第十五届人民政府第一次常务会议】 2008年5月30日，县第十五届人民政府第一次常务会议在石林会议中心召开。县人民政府常务会议组成人员（县长、副县长、县人武部部长、县政府办主任）参加会议，县政府办副主任，县财政局、县发改局、县农牧局、县民政局、县审计局、县监察局、县人事劳动和社会保障局、县卫生局、县民宗局、县建设局、县林业局、县环保局、县水务局、县国土资源局、县司法局局长，县政府信息产业办副主任，县政府法制办副主任，县政府办秘书信息科工作人员列席会议。会议讨论了《石林彝族自治县被征地人员基本养老保险实施暂行办法》、《石林彝族自治县殡葬管理暂行办法》、《石林彝族自治县村级组织工作人员管理规定》、《石林彝族自治县"数字乡村"工程建设管理暂行办法》、《石林彝族自治县污水处理费征收办法》。

【县第十五届人民政府第二次常务会议】 2008年7月23日，县第十五届人民政府第二次常务会议在石林会议中心召开。县人民政府常务会议组成人员（县长、副县长、县长助理、县政府办主任）参加会议，县政府办副主任，县发改局、县统计局、县财政局、县经济局、石林管理局、县农牧局、县建设局、县国土资源局、县工管会、县旅游管会、县烟办、县文产办、县国税局、县地税局、县工商局、县监察局的主要领导，县政府办秘书信息科工作人员列席会议。会议分析了2008年上半年全县经济运行情况，安排部署了下半年的经济工作任务。

【县第十五届人民政府第一次全体会议】 2008年7月23日，县第十五届人民政府第一次全体会议在石林会议中心召开。县人民政府组成人员参加会议，各乡镇人民政府乡镇长，不是县人民政府组成部门的县人民政府所属各委办局、企事业单位的主要领导，中央、省、市驻石各行政、事业、国企独立部门的主要负责人列席会议。会议讨论拟提交县人大常委会审议的2008年上半年《政府工作报告（讨论稿）》、《石林彝族自治县人民政府工作规则（讨论稿）》。

【县第十五届人民政府第三次常务（扩大）会议】 2008年8月16日，县第十五届人民政府第三次常务（扩大）会议在石林会议中心召开。县人民政府县长、副县长、县人武部部长、县政府办主任、县长助理，县政府办副主任，县人民政府所属各委办局、企事业单位的主要领导，中央、省、市驻石各行政、事业、国企独立部门的主要负责人，各乡镇人民政府乡镇长参加会议。会议传达中共昆明市委工作会议、全省城乡建设工作现场会及石林旅游发展调研推进会、石林县城市规划建设管理调研会、石林县农业产业化发展调研会、石林县工业突破园区建设招商引资调研推进会精神；讨论《石林彝族自治县“543”倍增计划（讨论稿）》和《石林彝族自治县“四全”工作实施方案（讨论稿）》。

【县第十五届人民政府第四次常务会议】 2008年9月10日，县第十五届人民政府第四次常务会议在石林会议中心召开。县人民政府常务会议组成人员（县长、副县长、县人武部部长、县政府办主任、县长助理）参加会议，县政府办副主任，县发改局、县水务局、县财政局、石林管理局、县国土资源局、县建设局、县经济局、县工商局、县质监局、县人事劳动和社会保障局、县林业局、县审计局、县政府法制办、石林供电有限责任公司的主要领导，县政府办秘书信息科工作人员列席会议。会议讨论《石林彝族自治县水务投资有限公司组建及实施方案》、《石林阿诗玛生态文化园景观大树评估结算工作方案》、《石林彝族自治县土地储备管理办法》、《石林彝族自治县贯彻〈昆明市农村住宅建设管理办法〉实施办法》、《石林彝族自治县关于促进企业创名牌名品的实施意见》、《石林供电有限责任公司资产划转移交云南电网公司协议书》及《石林供电有限责任公司重组协议书》、《石林彝族自治县城镇最低收入家庭廉租住房保障办法》、《石林彝族自治县绿化责任制实施细则》。

县人民政府办公室

【县人民政府办公室】 1949年7月成立路南县临时人民政府后，设立秘书室。随后几经变动，1980年9月恢复县人民政府办公室。2008年，县人民政府办公室内设综合科、秘书信息科、行政后勤科、县政府目督办（县人民政府县长热线电话办公室）、县政府外事办、县政府法制办和县政府便民办，年底有在职职工46人（含县政府领导），其中：公务员34人，事业人员1人，工勤人员11人。单位住址在鹿阜镇双龙山18号。2008年资助支农联系点鹿阜镇大屯村委会2000元生产经费，慰问贫困户5户、送慰问金1000元。

县长助理：孙　杰（6月起）
主　　任：王彦平
副 主 任：王光学
李玉华（彝族）
陈永宁
普向梅（女，彝族）
李林青（女，彝族）
苏健康
李劲松

【综合工作】 协助搞好县人民政府及县人民政府办公室与各单位的工作协调与联系，协助县人民政府领导处理日常事务和对外事务，负责需由县人民政府领导及县人民政府办公室领导批示处理的公文、电话、传真的收发传送，负责请示、报告事项的登记、处理工作。2008年共收转办理请示、报告1239份，处理率100%，办结率98%；收到上级机要文件2283份，送发本级文件21000份。

【文秘信息工作】 负责联系与县人民政府工作有关的部门，及时掌握各部门的工作情况，做好文件、文稿的起草、修改、审核、校对工作，把好文件、文稿出口关，做好文件、文稿印制工作，做好县人民政府召开的各类会议的记录，做好信息采集、整理、传送工作。2008年共完成各类红头文件775个，起草各类工作报告、调研报告、讲话稿620余篇，编发政务信息30期，上报信息256篇，采用39篇，完成了市人民政府对县人民政府的信息考核任务。

【目督热线工作】 负责对国家和省、市重大决策、重要工作部署的贯彻落实情况，领导的重要指示、批示及上级领导机关交办的有关事项进行督促检查和查办落实，对县委、县人民政府的重要决定事项和重点工作认真开展立项督查督办，确保政令畅通；对新闻媒体或其他渠道反映的有关重要情况、有价值的批评建议进行督查督办，对一些热点、难点问题解决进行督促落实；对政府各部门和各乡镇政府的人大代表建议、政协提案以及重要信访件办理工作的督查。全年共承办市级督办件369件，分解县级重点工作、重点项目督查313件，对全县68项重点工作、10个重点招商引资项目、10件实事、14个重点工程进行每月督查，分别开展各类专项督查96次。完成市政府目督办交办事项13项、市长热线办转办事项28项。年内承办省、市、县各级人大代表议案、建议和政协建议案、提案共358件，办结率100%。

【外事工作】 严格程序，规范流程，办理全县有关领导因公出国相关手续的填写、报批和材料归档工作。按政策要求办理因公出国手续，配合做好外事接待15起。

【便民工作】 建立健全便民服务的各项规章制度并组织实施；根据县人民政府的决定，会同相关部门做好县人民政府各部门行政审批事项进入便民服务中心的工作；负责对县便民办（中心）各单位“窗口”人员的管理和服务工作；组织、协调需由几个部门联合办理的事项。2008年全县70项行政审批项目中49项进入中心，167项管理服务项目中61项进入中心，真正做到了方便群众。全年共受理各类办件199406件，其中：咨询件16418件，实办182988件（其中行政审批件8734件）。

2008年石林县便民服务中心各窗口办件统计

单位 \ 件数	1月	2月	3月	4月	5月	6月	7月	8月	9月	10月	11月	12月	合计	其中行政审批件
县民政局	93	44	76	87	169	157	113	133	138	163	131	102	1406	12
县司法局	0	0	0	0	17	14	25	6	1	1	2	1	67	0
县安监局		135	440	266	83	77	156	34	40	130	14	7	1382	135
县公安局	115	27938	10614	1580	2883	2052	2024	2127	3986	2288	5238	36677	97522	0
鹿阜所		11996	2981	1472	1473	1156	1524	1605	2198	2524	3528	2387	32844	0
县卫生局	37	97	898	513	415	349	524	547	1455	1069	370	339	6613	2341
县教育局	163	305	135	440	40	190	2948	650	0	0	0	0	4871	0
县计生局	47	31	70	50	55	22	40	61	74	33	58	40	581	89
县旅游局	0	0	1	8	1	1	1	3	5	3	0	4	27	27
县文体局	2	5	11	111	57	14	8	12	14	5	7	2	248	0
县发改局	0	0	0	3	7	14	10	10	9	16	9	13	91	0
县林业局	333	22	243	246	162	217	228	170	187	105	121	680	2714	2714
县国土局	0	0	0	4	60	121	64	35	28	109	122	1567	2110	1821
县建设局	0	0	0	20	17	8	12	7	34	22	29	52	201	201
县环保局	18	24	98	52	37	30	25	24	28	64	35	66	501	501
医保中心	4月28日进中心			1579	1720	627	409	72	686	12280	4194	9046	30613	0
县质监局	5月1日进中心				76	41	41	32	21	38	33	22	304	0
县统计局	4月30日进中心				11	0	4	5	0	0	5	2	27	27
县交通局	4月24日进中心				1	0	0	2	7	2	3	4	19	19
县水务局	4月28日进中心				2	1	1	3	6	5	16	3	37	37
消防大队	5月5日进中心				8	20	1	3	3	8	13	13	69	69
县工商局	9月22日进中心,9月23日对外办理业务									266	267	208	741	741
总实办件	808	40597	15567	6431	7294	5111	8158	5541	8920	8920	14195	51235	182988	8734
总咨询件	93	1202	1469	1583	1167	1191	1512	1373	1835	1835	1715	1489	16418	
合计	901	41799	17036	8014	8461	6302	9670	6914	10755	20920	15910	52724	199406	

【会务工作】 严格按照规范程序做好以县人民政府名义召开的各类会议的会务工作，包括制发会议通知、组织会议材料、布置会场、记录会议等。2008年共承办县人民政府全会、县人民政府常务会议、县长办公会议、县人民政府专题工作会议等共100余次，均按规定优质高效完成会务工作任务，保证了会议的顺利召开。

（撰稿人：县政府办王光学、李贵平、毕贵荣、李红仙、汤学明、袁春霖、黄文云、昂剑峰）

人事劳动工作

【县人事劳动和社会保障局】 1951年10月，县人民政府设人事科。1983年12月10日，成立县人民政府劳动人事局。1995年2月26日，更名为县人事与劳动局。2002年6月，县人事与劳动局又更名为县人事劳动和社会保障局。2008年局机关设办公室、人事科、工资福利科、劳动科、劳动监察科，有职工20人（含机关工人3人）；局直属单位5个，即：县社会保险局、县医疗保险分中心、县劳动就业服务局、县农村社会养老保险中心、劳动监察队。局机关地址在鹿阜镇双龙山18号县政府三楼。2008资助了支农联系点路美邑镇北山村委会3000元生产经费。

全年接待来访400余人次，办理、答复“12345”市长热线投诉督办件3件、县委督办件3件、信访接办件、转办件21件。完成2008年人大代表建议和政协委员提案办理工作17件（均为主办件），代表、委员满意度达100%。

总支书记：马光云（11月止）

局　　长：杨春宝

专职副书记：岳劲松（彝族）

副局长：黄　丽（女，彝族）

【干部管理工作】 一是严把人员“进口关”，公开招考录用公务员29人、事业人员77人；办理调动123人，其中：县内调动118人，调出县外2人，市外调入1人，军转安置2人。二是配合县委组织部完成定向考录村官14名、乡镇公务员1名的工作；完成参公单位130人的登记工作和8名专业技术人员的解聘手续；配合民政部门考试安置2007年冬季退役士兵和转业士官42人（其中30人自愿选择自谋职业）；配合教育系统招聘秋季小学教师68人。三是完成2008年度机关事业单位人员5767人考核工作，推荐评选表彰优秀公务员10人；检查2008年一季度公务员考核1027人，进一步规范公务员平时考核。四是积极推荐“昆明市有突出贡献优秀专业技术人员”人选2名、“云南省科技兴乡贡献”人选2名，激发专业技术人员的工作积极性。五是积极推进机构编制实名制管理试点工作，加强机构编制监督检查力度，规范机构设置和人员编制管理。

截至2008年12月底，全县有一般公务员1196人，事业人员4571人（专业技术人员3881人、管理人员145人、工人545人）。

【考试培训工作】 一是完成政府信息公开条例培训126人，组织考试5400人。二是组织全县行政机关公务员参加全市“四项制度”统一考试905人，组织公务员“8+X”培训4期、608人，组织专业技术人员计算机考试122人。三是完成2008年机关事业单位工人技术等级考核晋升申报工作，其中：初级工15人，中级工54人，高级工70人。

【工资福利审批】 一是完成机关事业单位正常晋升工资审批4746人，参公人员工资套改165人，规范机关人员津补贴1933人。二是审批机关事业单位人员正常退休24人，企业职工正常退休29人，从业人员正常退休18人（其中向省厅申报符合特殊工种提前退休6人）。三是勘查工伤现场取证17次，协调处理工伤案件9件，认定工伤28人。四是审批办理丧葬、抚恤50人，遗属补助37人。五是办理职务变动工资审批338人，警衔变动提高警衔津贴审批67人，转正定级审批44人，教职工享受山区津贴审批120人。

【人事改革准备】 及时成立局改办，抓紧学习研究、吃透相关文件政策及精神，明确改革分工，责任到人，完成《石林彝族自治县机关事业单位公开选调工作人员暂行办法》、《石林彝族自治县事业单位人事制度改革期间未聘人员办理提前退休有关问题的实施意见》等一系列改革配套措施的制定出台。

【贯彻实施《劳动合同法》】 全年共完成劳动合同登记备案管理6500人，合同签订率达98%；办理劳动用工登记193户，涉及职工6850人；办理工龄审定93人，依法受理劳动争议案件53件，结案率达100%。

【劳动保障执法】 一是完成2007年度劳动保障执法年审638户。年审下发整改通知书45份，纠正规章制度162条，涉及劳动者20904人，追缴养老保险42836元、失业保险31267元，补签劳动合同3827人，补办劳动用工手续1762人，追发拖欠、克扣工资216307元。二是开展劳动执法检查176户；查处劳动监察案件65件，其中拖欠或克扣工资30件、招用工12件、劳动合同订立与解除18件、最低工资支付标准5件，结案率均达100%。三是开展用人单位参加工伤保险、遵守劳动合同法专项检查治理工作，重点检查砖厂、石材厂等用人单位45户，进一步规范诚信单位10户。四是完善农民工工资保障金专户管理，有效减少拖欠、克扣农民工工资案件的发生。

【基金监督】 各社会保险经办机构认真执行基金管理方针、政策和制度，确保基金核算真实、正确，无违规支付，2008年已通过社保基金审计。

【企业军转维稳工作】 按照省、市有关政策，稳妥做好企业军转干部、自主择业军转干部奥运会期间的维稳工作，及时向市人事局上报困难企业军转干部补助申请。全年无企业军转人员参与大规模上访。

（撰稿人：县人事劳动和社会保障局 李 焰）

机构编制工作

【县机构编制委员会办公室】 2002年7月县乡党政群机构改革以前，县机构编制委员会办公室一直设在县人事与劳动局。机构改革后，单独设立了县机构编制委员会办公室，与县人事劳动和社会保障局合署办公。2003年10月29日，设立了县事业单位登记管理局，与县编办合并办公。2008年底有公务员3人。单位住址在鹿阜镇双龙山18号县政府三楼。

主　　任：杨春宝

专职副主任：赵永宇

【机构编制管理】 根据改革和发展的需要，经上级编制部门批准，对部分机构和人员编制作了规范调整，2008年新成立机构7个，规范调整机构6个，撤并机构2个，置换事业编制15名，对党群口批准参照公务员法管理的5个事业单位进行了制度转换，核销县级机关使用（混用）的事业编制并分别下达了行政编制。

严格控制人员进口关，机关、事业单位新录用人员严格遵循“双控”和“凡进必考”的规定，申请调入单位人员满编或超编一律不予考虑，申请进人人数必须在空编范围内，2008年共出具人员入编审核通知30份，通过严控，石林县财政供养人员得到了有效控制。同时按照市委书记仇和的批示，严格控制乡镇机构编制和实有人员在“十一五”期间只减不增，制定了《石林彝族自治县确保“十一五”期间乡镇机构编制和财政供养人员只减不增工作方案》，并得到了很好的落实。

【机构编制实名制】 按照省、市开展机构编制实名制管理的统一要求，在县、乡实名制的基础上，总结经验，积极探索事业单位实名制管理工作。2008年4月，在全县8个乡（镇）34个事业单位开展了试点工作。11月，对第一批经省委组织部、省人事厅批准为参照公务员管理的33个事业单位进行了机构编制实名制登记工作。

【机构编制监督检查】 2008年4月，县纪委、县委组织部、县人事劳动和社会保障局、县财政局、县编办五部门联合对县、乡机关和事业单位机构编制管理执行情况进行了监督检查，在各单位自检自查的基础上抽查乡（镇）4个、县级单位16个。针对检查中发现的问题，督查组向各单位作了意见反馈，并视情况下发了整改通知。同时，结合年终统计和事业单位法人年检，对各单位的机构编制执行情况进行监督。

【调研及机构改革】 按照省、市的统一部署，有计划、有步骤地开展了“大部制”、事业单位模拟分类改革等调研工作。2008年5月，结合石林县机构设置和管理运行实际情况，对县直各部委办局、人民团体机构设置、职能重叠、交叉、脱钩等方面进行了调查了解，并就下步机构改革向各部门征求了意见和建议。

为发展、规范、搞活社会事业，促进社会主义市场经济体制的完善，促进政府职能转变，优化社会事业资源配置，充分调动事业单位广大干部职工的积极性和创造性，根据中央、省、市关于推进事业单位分类改革精神，于2008年5月开展了县级事业单位模拟分类工作。2008年7月，结合前期模拟分类工作情况，经过多次意见征求，拟定了《加快推进石林彝族自治县事业单位分类改革的实施意见》。

根据《国务院关于深化改革加强基层农业技术推广体系建设的意见》、《云南省人民政府关于深化改革加强基层农业技术推广体系建设的实施意见》文件精神和市委、市政府要求，认真做好新形势下的农业技术推广工作，结合石林县实际情况，拟定了《石林彝族自治县深化改革加强基层农业技术推广体系建设的实施方案》。

【事业单位登记管理】 认真做好2007年度事业单位年度检验和后期监督管理工作，此次年度检验共涉及171个单位，161个单位按要求提供了相关材料，10个单位因特殊原因暂没参加年检。经审查，参检的161个单位均为合格，合格率达100%。强化事业单位登记后期监督管理，对登记信息发生变化的单位进行了变更登记，变更登记35份；归档210份，其中年度检验材料161份、变更登记材料49份，档案整理率达100%。

（撰稿人：县编办 徐 伟）

民 政 工 作

【县民政局】 1973年1月，成立县民政局。2008年县民政局内设办公室、救灾救济科、优抚安置科、社区与基层政权建设科、社会事务与民间组织管理科、低保科，下辖区划地名办、老龄委办公室、军队干休所。年底有在职职工26人（公务员16人、事业人员4人、工人6人），离退休人员22人。单位住址在鹿阜镇阿诗玛南路199号民政宾馆一、二楼。

2008年，县民政局获2007～2008年度全国婚姻登记规范化单位、昆明市第五届拥军优属模范单位称号；窦兴亮被昆明市委、昆明市人民政府、昆明警备区表彰为昆明市第五届拥军优属先进个人。2008年资助了支农联系点大可乡水尾村委会22000元生产经费，结对帮扶贫困党员、贫困户25户3500元。

书　记：毕建春（彝族，8月止）

　　　　王　宏（10月起）

局　长：窦兴亮（彝族）

副局长：毕金星（彝族）

　　　　施丽红（女）

【基层政权建设】 2008年，88个村委会和4个社区居委会均建立了民主议事制度和民主管理、民主监督、民主决策的自治制度，群众参与意识不断增强，党组织的领导核心作用和自治组织的主体作用得到有效发挥，村民自治示范活动开展正常。对全县村（居）民委员会的运行情况进行了调研，检查、督促村务公开工作，提高了村级民主管理水平。积极争取到省、市资金10.8万元，协助东门社区完成办公用地改扩建和西北社区办公场地易地重建审报工作。

2008年底，全县辖7镇1乡，88个村委会和4个社区居委会，459个村民小组和50个居民小组。

【拥军优属】 在春节来临之际，由县五套班子领导带队于2008年1月30日组成10个慰问组，对烈属、因公牺牲军人家属、病故军人家属、一等残废军人、军队离退休干部、部分在乡老复员军人、带病回乡退伍军人进行慰问，每户慰问现金100元、食品一份（价值100元）、被子一床（价值150元），150户共52500元。对驻石部队县人民武装部（慰问金10000元）、武警县中队(慰问金5000元)、武警消防大队(慰问金5000元)、武警森警中队(慰问金5000元)、石安大队三中队(慰问金5000元)进行慰问，5个部队合计30000元；慰问个人每人150元，350人共52500元；伙食费5000元；慰问部队共计87500元。以上慰问费合计140000元。各乡镇及村委会组织拥军优属服务小组，广泛开展走访慰问活动。县民政局下拨了50000元的优抚临时困难补助经费和53000元的春节拥军优属座谈会经费。

在“八一”建军节期间，对驻石部队、农村重点优抚对象代表和企业单位中复、退、转军人的“三难”户进行走访慰问。慰问县人民武装部、武警森警中队、武警消防大队、武警县中队、石安大队三中队，开支慰问费25000元；慰问农村重点优抚对象32户，企业单位中困难的复、退、转军人20户，军队离退休干部7户，开支慰问费11800元。县民政局下拨每个乡镇“八一”座谈会经费补助1000元，全县共8000元；下拨各乡镇优抚临时困难补助费20000元。

【优待抚恤】 农村义务兵家属优待金按照2007年石林县农民人均纯收入3339元的标准兑现；城镇义务兵家属优待金按照500元的标准兑现；在部队服役的士兵按荣立二等功一次奖励400元、三等功一次奖励200元、评为优秀士兵一次奖励100元的标准给予奖励。共兑现优待金200户511655元，发放立功受奖人员83户11800元。解决“三难”户139户572人，发放现金150700元。落实发放338名出国参战民兵民工生活补助费243360元。

【安置工作】 2008年石林县共接收退役士兵、转业士官91人，其中：转业士官10人，退役士兵81人。接收后，及时组织退役士兵进行了SIYB创业培训、电脑技术中级职业资格培训、水电工初级职业资格培训、文化考前培训和全市统一组织的文化考试及实绩考核工作。对符合安置政策的42名转业士官、退役士兵进行了考试考核安置择优选岗工作。通过考试考核，12名退役士兵选择了岗位，30名退役士兵选择了自谋职业。对30名选择了自谋职业的退役士兵发放自谋职业一次性补偿金1299200元，标准为两年兵16000元一年，增加一年服役期增发6400元。

【社团和民办非企业单位管理】 坚持培育与监督管理相结合的方针，对民间组织进行依法登记与监督管理。指导民间组织对制定或修改章程、制定或修改会费标准、换届、会员（代表）大会的召开、财务管理、票据使用、设立分支机构、档案管理、四项制度（重大活动报告制度、定期联系制度、联络员制度、变更登记制度）进行规范管理，并进行了年检。2008年全县登记在册的社会团体和民办非企业为38个。其中，社会团体32个（石林县绿汀甜柿产品开发协会、石林县养殖协会、石林县花果山油桃产品开发协会、石林县绿遍葡萄产业技术协会、石林县畜兴猪业技术协会、石林县吉诚山羊技术协会、石林县大田园蔬菜产业技术协会、石林县果品产业技术协会、石林县达利豌豆技术协会、石林县鸿鑫生态茶叶产品开发协会、石林县洋蓟产业开发技术协会、石林县语鹤食用菌生产技术协会、石林县升农辣椒产业技术协会、石林县长湖生态土鸡养殖开发技术协会、石林县枇杷协会、石林县农机具协会、石林县棋类协会、石林县钓鱼协会、石林县信鸽协会、石林县奇石协会、石林县教育事业发展促进会、石林县老龄事业发展促进会、石林县个体私营经济协会、石林县消费者协会、石林县延安精神研究会、石林县见义勇为协会、石林县警察协会、石林县食品药品安全管理协会、石林县烟花爆竹协会、石林县质量技术协会、石林风景名胜区餐饮协会、石林风景名胜区导游协会），民办非企业6个（石林县青少年俱乐部、石林县小天鹅幼儿园、石林县民族幼儿园、石林县宏欣幼儿园、石林实验学校、石林县童心幼儿园）。

10月10日，石林县举行高龄老人保健补助金发放仪式

【五保供养】 2008年全县入农村五保供养的人员有245户247人，其中：集中供养55户55人，分散供养190户192人。全年共发放供养资金178920元。

【老龄工作】 老年人的各项优待政策得到进一步落实，全年办理云南省老年人优待证16651本，为全县4525名80岁以上的老年人发放高龄保健补贴427140元。在敬老节期间慰问全县181位困难老人54600元。

争取省、市资金扶持，加强老年设施建设。2008年争取到石林中心敬老院改扩建项目资金100万元、西街口威黑老年活动室建设资金3万元、圭山和合老年活动室建设资金2万元，完成7所敬老院改扩建为综合性社会福利中心的规划工作。

【行政区划与地名管理】 做好边界联检工作，依法调处因行政区域界线认定不一致而引发的边界纠纷，维护社会稳定。将石林会议中心至石林北路段石林中路更名为石林大道；完成撤销路美邑镇并入鹿阜镇和撤销鹿阜镇、路美邑镇设立街道办事处的方案上报工作。

【殡葬改革】 2008年颁布《石林彝族自治县殡葬管理暂行办法》，将县经营性公墓(含殡仪馆)的地点选择在鹿阜镇狮子山西南边藤子箐山片区，并通过招商引资方式引进石林福座陵园开发管理有限公司开发建设狮山生态陵园。对石林大道、石林收费站两侧可视坟墓和石林工业园区、圭山镇集镇建设区坟墓进行了清理搬迁，搬迁坟墓1713冢，坟山植树绿化29161株。

【婚姻登记】 加强婚姻登记规范化建设，制定并完善了各项规章制度。对工作人员的照片、办公时间、办理时限、办公地点、办事依据、收费标准、咨询电话、监督电话等内容进行公开，接受社会监督，进一步提高了依法行政的水平和婚姻登记质量。2008年12月，县民政局被民政部命名为2007～2008年度全国婚姻登记规范化单位。全年办理婚姻登记2440对，合格率100%，其中：结婚1631对，补发516对，离婚293对。

县民政局荣获2007-2008年度“全国婚姻登记规范化单位”称号

（撰稿人：县民政局 赵红文）

民族宗教工作

【县民族宗教事务局】 1983年12月，成立县民族事务委员会。1992年1月，县民族事务委员会改称民族宗教事务委员会。1994年10月正式定名为县民族宗教事务局。2008年设办公室、民族科、宗教科、民族文史研究室，年底有职工9人。单位住址在鹿阜镇双龙山18号政府大院三楼。2008年资助支农联系点圭山镇糯黑村委会春耕生产经费2万元。

局　长：毕玉昌（彝族）

副局长：李毅飞

【民族宗教法规宣传】 结合“创建平安石林” 活动，切实搞好民族宗教政策宣传，促进民族团结，维护宗教稳定。 2008年3月，县民宗局联合县创安办等部门在全县开展了“创建平安石林”宣传活动，大力宣传党的民族、宗教政策和国家有关民族、宗教工作的法律、法规。在整个宣传活动中，县民宗局共发放《中华人民共和国民族区域自治法》、《石林彝族自治县自治条例》、《宗教事务条例》等宣传材料8000余份，为群众提供咨询服务200余人次。

【民族宗教法律法规培训】 3月31日、8月6日，由县民宗局主持召开了2次会议，采取以会代训的方式对全县涉及民族、宗教工作的党政领导、各级干部80余人进行民族、宗教工作基本方针、政策、法律、法规的学习培训。2008年7~8月，县民宗局组织相关人员分别到全县7个正式开放的宗教活动场所，对宗教活动场所管理组织成员和教友代表200余人进行了党的宗教政策基本方针、《宗教事务条例》、奥运会涉外知识及注意事项等方面的学习培训。

【民族宗教目标管理责任工作】 2008年3月31日，县民宗局召开会议与全县8个乡（镇）人民政府签订了《民族、宗教工作目标管理责任书》。在日常工作中，把加强民族团结、维护社会稳定的工作做到基层，坚持“团结、教育、疏导、化解”的方针，严格区分和正确处理两类不同性质的矛盾，把各种问题解决在基层，解决在萌芽状态。

【民族机动金项目管理】 2008年县民宗局共向上级业务主管部门争取到资金330万元。其中：(1)省级民族机动金项目6个，资金55万元，包括：文化建设项目2个，资金20万元；道路建设项目2个，资金19万元；养殖业项目1个，资金10万元；民族团结项目1个，资金6万元。(2)市级少数民族发展资金补助项目14个，资金217万元，包括：人畜饮水项目6个，资金113万元；乡村道路建设项目4个，资金62万元；产业结构调整项目1个，资金15万元；教育项目3个，资金27万元。(3)市级民族机动金项目11个，资金40万元，包括：民族团结工作项目3个，资金13万元；村内道路建设项目3个，资金7万元；人畜饮水项目1个，资金4万元；科技培训项目2个，资金8万元；文化教育项目2个，资金8万元。(4)市级部门专项工作经费3万元。(5)民族学、人类学大会考察点筹备经费15万元。

2008年县委、县政府下达县民宗局争取上级部门资金任务300万元，县民宗局共争取资金330万元，超额完成30万元。根据县政府安排，2008年县财政预算安排县级民族机动金43万元，项目25个，其中：道路建设3个，资金4万元；学校建设3个，资金6万元；文化建设项目8个，资金11万元；人畜饮水项目4个，资金6万元；抗旱经费补助项目5个，资金10万元；边界稳定项目1个，资金2万元；备用金4万元。

【调查研究工作】 深入基层加强调查研究工作，及时向上级部门报送各类信息，为上级制定民族政策提供决策依据。2008年县民宗局分别向市民委、市宗教局上报工作信息16篇、12篇，上级部门采用15期。提交了《关于少数民族地区存在困难的报告》、《关于民贸县减免民贸企业销售货物增值税政策执行情况报告》、《关于执行民委(政)字〔1990〕217号文件情况调研报告》和《石林县民族基础教育情况调研报告》等几篇调研报告，为上级制定民族政策提供了决策依据。对石林县的宗教热点难点问题进行专题调研，对石林县的宗教房产基本情况进行调研；对全县的基督教情况进行专题调研，形成《关于石林县基督教专项调研报告》。

【世界民族学与人类学大会糯黑田野考察点筹备工作】 2009年7月21～31日，第16届世界人类学和民族学大会将在昆明举行，此次大会由国家民委和云南省人民政府主办。举办此次大会对于推动人类学民族学学科发展，展示中国民族工作成就，加强国际学术合作与交流具有重要意义。大会以“人类发展与文化多样性”为主题，将有来自100多个国家和地区的6000人参加。石林县糯黑村被确定为全省5个田野考察点之一，届时所有参会学者将深入考察点进行田野调查，了解当地少数民族的生产生活状况及民风民俗。

为做好糯黑村田野考察点的接待工作，石林县委、县政府成立了由县长李忠德任组长的糯黑村学术考察点筹备工作领导小组，制定了工作方案。领导小组下设办公室在县民宗局。领导小组积极配合昆明筹备会的各项相关工作。2008年底完成了糯黑正大门、密枝林大门、民族文化传习馆、水冲式厕所、文化活动围墙、民族文化展示厅、村内绿化美化等项目的建设，各级资金投入达159余万元，这些资金的投入使大糯黑村群众的环境、卫生、交通、通信、公共设施等生产生活条件有了较大改善。接待礼仪、民族传统文化知识等方面的培训同步进行中。

5月13日，省民委主任王承才视察糯黑民族团结示范村建设

【举办彝文电脑输入法培训班】 3月1日，石林县委宣传部、县委党校、县民宗局联合在县委党校举办了首届石林彝文电脑输入法培训班，来自各乡镇的宣传委员及县委宣传部、县文体局、县史志办、县广电局、县民宗局和广告公司等16家单位共50余名学员参加培训。通过培训，提高了广大彝文爱好者对彝文软件的实际应用能力。

【传播彝族传统文化】 6月初，县民宗局与县广电局联合推出了《跟我学彝文》电视栏目，主讲人由县民宗局毕华玉担任，每天利用《石林新闻》结束后的10分钟讲授石林彝文，以读音、书写方法、解释字面意思为主。到年底共播出80余期，在全县各族群众中掀起了学彝文、用彝文的热潮。

11月19～23日，在县委党校举办彝族文化传承人培训班，来自全县各村寨的79名彝族文化爱好者参加了学习培训。通过培训，提高了石林县彝族民间文化传承人的文化素质，为石林县民族传统文化的传承与发展打下了坚实的基础。

【指导宗教节日活动】 2008年石林县宗教界主要举行了以下节日庆祝和宗教活动：农历“三月三”，圭山寺、狮子山妙光寺的佛教佛事活动；路美邑、海邑天主教堂复活节庆祝活动；7月20日，狮子山下院（观音寺）举行千手千眼观世音菩萨佛像开光庆典；8月14日、15日，路美邑天主教堂举行圣母升天节暨教堂落成10周年庆祝活动。这些节日庆典和重要的宗教活动在县委、县政府的周密部署下，在县民宗局的指导、协调及县级有关部门和宗教活动场所所在乡（镇）、村委会领导干部的大力支持和协助下，活动正常有序，没有发生任何安全事故。

【宗教维稳工作】 2008年县民宗局多次开展影响民族团结和影响宗教稳定的大排查大化解工作。按县政府要求，与县水务局、县国土资源局、鹿阜镇等相关部门联合开展调查，深入细致做好群众工作，拆除了建盖在黑龙潭水库水源保护区的违章建筑龙王寺庙；针对维则村信教群众要求开放维则村天主教堂一事，经县委、县政府同意后报昆明市宗教局，11月11日市宗教局批复同意开放维则村为天主教固定场所；查处板桥镇下冒水洞村部分天主教信教群众非法建盖“朝圣祈祷所”一事；奥运会期间路美邑天主教堂举办圣母升天节，为避免举行宗教活动时发生群体性突发事件，及时制定了应急预案，维护了宗教领域的团结稳定。通过开展大排查大化解工作，妥善解决了石林县民族宗教工作领域的热点难点问题。

【电脑农业系统推广工作】 2008年推广总面积57100亩，其中：水稻20230亩，玉米29770亩，小麦3300亩，洋蓟3800亩。实现增产粮食285.3万千克，农民增收460.472万元，节支43.3万元，总增收节支 503.772万元。采取的主要措施：一是加强培训，在组织技术指导员入村调查的基础上，以种植、养殖为重点，以积极发展“一村一品”主导产业为培训方向，加强培训；二是充分发挥农作物种植栽培示范带动作用；三是成立领导小组，下设办公室，配备工作人员，加强了领导，落实了责任；四是完成农情数据库建设；五是加强宣传报道，提高科技意识。

（撰稿人：县民宗局 王向方）

档案工作

【县档案局（馆）】 1981年12月，成立县档案馆。1988年9月，成立县档案局（二级局），隶属于县政府领导。1998年更名为县人民政府档案局。2008年县档案局（馆）内设办公室、业务法规科、档案管理科，年底有职工8人，其中：参公人员2人，事业5人，工人1人。单位住址在鹿阜镇环城东路137号(县委大院内)。四川大地震发生后，共组织“爱心捐款活动”两次，捐得人民币2230元。

局（馆）长：高凤玉（彝族）

【档案法制化建设】 一是深入开展档案法制宣传教育活动。《云南省档案条例》是档案工作的重要法律依据，已由云南省第十届人民代表大会常务委员会第三十一次会议于2007年9月29日修订通过，自当年10月6日起正式施行。为在全县及时学习贯彻新修订的条例，县档案局订购了150册《云南省档案条例（新修订）》和15套宣传图片资料，采取办培训班、上街发放宣传材料、张贴宣传图片等形式，开展了形式多样的档案法制宣传教育活动。二是开展档案行政执法检查活动。2008年10月，县档案局以一级立档单位为重点，采取自检自查和重点抽查相结合的方式开展了档案行政执法检查活动，共收到自查报告84份（报送率达99%），县档案局对自检中存在突出问题和不按时报送自检材料的单位，进行重点抽查，并对其提出了整改要求。

【全县档案工作会议】 4月25日，石林县召开全县档案工作会议，各单位分管领导和档案干部180余人参加了会议。会议由县人民政府党组成员、县政府办公室主任王彦平主持，县档案局局长高凤玉传达省市档案工作会议精神、总结了2007年工作并安排部署了2008年的工作，县委常委、常务副县长段增华代表县委和县政府作了讲话。会上，为荣获2007年度昆明市档案局表彰的先进单位和个人颁发了证书和奖牌。

【档案干部队伍建设】 2008年县档案局共举办4次档案干部培训班，培训人数达288人次。一是对参加全县档案工作会议的与会档案干部进行计算机档案信息系统操作进行了培训；二是为全县乡镇、村委会林改工作人员举办了一次档案业务知识培训；三是为国税系统的档案干部举办了一期档案工作“八项工程”培训；四是为石林旅游局举办了一期“申遗”档案整理专题培训班。此外，县档案局还选派干部10人次参加省、市档案局举办的业务培训。

【档案业务建设】 一是派出222人次指导县委办、县政府办、鹿阜镇、县财政局、县国土局、县国税局、县建设局、县纪委、黑龙潭水库工程管理处等30余个单位，指导整理档案13000余件，建立完善各项规章制度74个，为石林县基层档案室规范化建设打下良好的基础。二是全力支持全县林改工作。抽调分管业务工作的副局长直接参与林改工作，在单位工作极其繁重的情况下，抽出时间，投入精力，著录林改档案目录3000余条，深入乡镇指导林改档案的立卷归档工作，确保了石林县林改工作的顺利进行。三是大力支持社会主义新农村建设工作，主动与县新农办联系，开展社会主义新农村建设专项档案管理调研工作，制发《关于加强社会主义新农村档案工作的意见》，进一步明确新农村建设档案管理责任，规范新农村建设档案管理标准，促进了石林县社会主义新农村建设的健康发展。四是积极支持石林“申遗”工作。“申遗”档案是石林风景区成功申报世界自然遗产的真实历史见证，为做好“申遗”档案的收集整理和立卷归档工作，单位领导亲自带队，多次到石林风景名胜区管理局指导建档工作，办培训班1期，并提供馆藏 “申遗”档案9卷（1992年前），原文扫描档案400余页。

【实施档案工作“八项工程”】 县档案局加快档案工作“八项工程”建设步伐，加大监督和指导的力度，使“八项工程”建设取得了新进展。制发《石林县档案局关于做好原档案综合目标管理单位实现星级转换工作的通知》，加强对“转星”和“申星”单位的业务指导工作。全年完成业务指导37个单位，帮助整理档案13216件，实现转、升星单位16个，其中五星级5个、四星级9个、三星级2个，建立家庭档案369户。

【档案信息化建设】 年内县档案局举办了一期档案信息化建设知识培训班，邀请南天公司档案信息化建设专业技术人员前来授课。按时向县政府信息产业办送交了《石林县档案局政务信息公开指南》、《石林县档案局政务信息公开目录》等材料。加快馆藏档案的数字化转化工作，完成文件级目录著录20000余条，原文扫描885页，对著录数据进行了备份处理，接收电子档案18777件，刻录数据光盘2盘。加大了南天档案管理软件的推广应用工作，2008年全县共有21个单位安装档案计算机管理应用软件。

【档案功能建设】 县档案局（馆）充分挖掘利用有限的库房资源，不断丰富馆藏档案资料，全年接收档案221件，收集资料111册，抢救破损民国档案27卷。年底，馆藏档案达22373卷10664件、资料13881册、实物档案4600余件、照片4518张。

积极发挥爱国主义教育基地的作用，全年共接待各类参观者8批44人次。县档案馆共接待查阅者1056人次，调阅档案资料1378卷（件、册）次，复制档案资料3603页。特别为退伍军人、援外民工、下乡知青等落实政策提供了大量的原始证据，为石林县的社会稳定作出了贡献，取得了良好的社会效益。

（撰稿人：县档案局 张云宏）

地方志工作

【县史志办公室】 1987年4月，成立县志办公室。1994年县志办公室与县委党史研究室合并成立县史志办公室。1998年6月县委党史研究室单设，同时继续保留县史志办公室。2008年1月，县史志办公室被省人事厅批准为参公管理单位；3月经市人事局批准，3名干部过渡为参公管理人员；年底有干部职工4人，其中：参公管理人员3人，工人1人。办公地址在县政府大院。2008年向支农联系点圭山镇和合村委会捐助2000元生产资金。

主　任：刘世生（彝族）

【编辑出版《石林年鉴（2008）》】 2008年2月20日，县史志办公室组织启动了2008版《石林年鉴》的编纂工作。为继续强化年鉴编纂的规范化、特色化，继续突出阿诗玛文化、旅游经济和区域自治三大特点，县史志办公室从部类设置、内容选择、编纂方法等方面进行改进和创新。通过责任编辑与撰稿人共同努力，5月底完成了文字材料的编辑工作，10月初完成了图片、文字的编辑校对工作，12月由云南民族出版社正式出版发行。全书设特载、大事记、概况、中共石林县委等27个部类，全面客观系统地记述了石林县2007年度经济、政治、文化和社会建设的情况。

【校对《云南石林旧志集成》】 为保障《云南石林旧志集成》的出版质量，县史志办公室安排专人，采取对照影印件，逐字逐句校对方式，认真修改初稿。2008年4月底，完成了初稿的校对修改工作，共修改数百处错误和不当之处。为尽量减少差错、规范体例，5月初对修改稿进行第二次审核校改。10月初完成了二次校改工作，补充了部分遗漏材料，并把校改稿报送到云南民族出版社审核。11～12月，又组织专人到云南省图书馆参阅原件，对稿件进行第三次校改。经过数次校阅，发现和更正近千处错误和不当之处。

【编纂出版《汉夷杂区社会研究》】《汉夷杂区社会研究》是云南石林史志丛书的第一部。县史志办公室利用文史资料、网络媒体以及咨询调查的方式，认真查找民国时期专家学者对石林的研究文献。2008年5月底，完成了文集的资料收集工作；10月初完成了资料的校对工作，报国家民族出版社，并通过选题审报；12月由民族出版社出版发行。该书由县史志办公室主任刘世生选编，全书收录了杨一波、李埏、施蛰存、楚图南、李有义等专家学者在民国时期对石林的调查研究著作。北京大学王铭铭教授、云南大学林超民教授为本书作序。该书对认识民国时期石林社会状况和石林阿诗玛文化发展史，具有重要的参考价值。

【编写报送省市年鉴石林部分稿件】 2008年3月27日，县史志办公室按时编写完成了《云南年鉴（2008）》石林部分的稿件，报送到省年鉴编辑部。石林部分3200余字，主要记述了石林县2007年人文地理、工农业生产、经济社会发展和旅游业发展情况，以及年内大事记和年末县级五套班子正职领导干部名录。

4月2日，按时编写完成了《昆明年鉴（2008）》石林部分的稿件，报送到市志办。石林部分7200余字，设年内大事、行政区划及人口、经济综述、旅游业、农业、工业、财政金融、招商引资工作、固定资产投资、生态建设、交通邮电、人民生活、社会事业、领导名录14个条目。

5月16日，按时编写完成了《云南小康年鉴（2008）》石林部分的稿件，报送到省志办。石林部分4200余字，主要从概况、石林成功申报为世界自然遗产和全国首批5A级旅游景区、石林县荣膺“国家卫生县城”称号、云南省第1000所希望小学举行竣工典礼、石林四村获“昆明市特色村镇”称号、扶贫重点村项目建设、社会主义新农村试点村建设等条目内容，客观翔实地记述了石林县2007年建设小康社会和新农村建设所取得的成果。

【地方志服务】 按照县长批示，县史志办公室参与完成上海影业总公司《新阿诗玛》电影剧本的前期策划和有关人员接待工作；按照县委、县政府的要求，完成世界人类学民族学大会糯黑考察点陈列室文化展示方案的策划；按照县委宣传部批示，及时办理世界人类学民族学大会专刊石林宣传页的入编工作；按照段增华副县长、潘华光副县长的批示，两次对石林阿诗玛生态文化园内烈士碑文进行修改，并提出审定意见；为圭山镇政府起草了《圭山森林公园公路建设碑记》。

全年接待查阅和借阅资料者80余人次，及时向各级领导、全国各地需了解石林的专家学者提供相应的材料；向各乡镇、县直各委办局、人民团体、企事业单位及其撰稿人，县级领导赠送《石林年鉴（2007）》377本、《石林彝族自治县概况》330本；向县级领导、专家学者以及其他社会各界人士赠送县志108本、其他图书20余本；特别是为县农牧局申请登记圭山山羊、石林乳饼、卤腐、甜柿农产品地理标志提供历史依据发挥了地方志书特有的作用。

（撰稿人：县史志办公室 鲁建宏）

政协石林彝族自治县委员会

领导名录

【八届县政协领导名录】

主　席：者培仙（女，彝族）

副主席：黄桂芳（女，彝族，1月止）
何中清（1月止）
周和祥
周兴荣
苏云波（兼）
严华明（兼）

常　委：何中清
李绍玉
槐可跃
罗有华
槐丽琼（女）
高云曦（女）
毕金兰（女，彝族）
李建民
储　平
李劲松（彝族）
桂　明
李云珍（女）
许岷春（女）
金　路（彝族）
杨光荣（彝族）
毕琼英（女，彝族）
韩丽英（女，彝族）
赵文良
陈　兴
韦　薇（女）
梅为云
代玉康

重要会议

【县政协八届一次会议】　2008年1月21～25日，政协石林县第八届委员会第一次会议在石林会议中心举行。县政协常务委员会主持会议，市换届工作指导组组长、市委组织部副部长、市人事局局长范光华和市政协正厅级巡视员胡启中莅会指导并作了讲话，县委书记柳文炜出席会议并作了重要讲话，县级领导及县政协部分老同志应邀参加了大会，全体政协委员出席了会议，不是县政协委员的省市驻石单位、驻石部队、各乡(镇)及县属各企事业单位主要领导列席了会议。

会议同意者培仙代表县政协七届常委会所作的工作报告和何中清代表县政协七届常委会所作的提案工作报告。者培仙所作的报告对过去五年的工作总结客观全面、实事求是；对今后五年提出的工作建议思路清晰、重点突出、切实可行。会议赞同县人民政府县长李忠德所作的《政府工作报告》，县发改局局长赵一民所作的《石林县2007年国民经济和社会发展计划执行情况及2008年国民经济和社会发展计划的报告（草案）》，县政协副主席、县财政局局长苏云波所作的《石林县2007年财政预算执行情况和2008年财政预算（草案）的报告》，以及县人民法院院长刘珉语、县人民检察院检察长柏安云所作的《工作报告》。委员们以高度的主人翁责任感，围绕县委、县政府决策部署的贯彻落实和事关经济社会发展全局的重大问题积极建言献策，提出了许多建设性的意见和建议，会后转送县委、县政府供决策参考。

1月25日，选举产生了政协石林县第八届委员会主席、副主席和常务委员：者培仙为政协石林县第八届委员会主席；周和祥、周兴荣、苏云波、严华明为政协石林县第八届委员会副主席（按市委批复为序排列）；韦薇、代玉康、毕金兰、毕琼英、许岷春、李云珍、李劲松、李建民、李绍玉、杨光荣、何中清、陈兴、罗有华、金路、赵文良、桂明、高云曦、梅为云、韩丽英、储平、槐可跃、槐丽琼为政协石林县第八届委员会常务委员会委员（按姓氏笔画为序排列）。

新一届政协委员的各种比例符合要求，非中共党员占57%，少数民族占37%，妇女占31%，新进委员占70%；年龄结构年轻化，50岁以下的占90%；文化层次明显提高，委员中大专以上学历占75%，常委中大专以上学历占89%；委员的广泛性和代表性得到增强，企业和新阶层人士增至15人。

【县政协八届一次常委会议】　2008年1月25日，县政协在八届一次会议期间召开第一次常委会。县政协主席者培仙主持会议，新当选的27名常委参加会议。会议对县政协八届一次会议情况进行了总结，对新一届政协的工作任务及常委会的工作性质和职责进行了明确。新一届政协的主要工作任务是：第一，高举旗帜，统一思想，全面贯彻党的十七大精神；第二，紧扣中心，共谋发展，唱响参政议政主旋律；第三，团结民主，为民履职，促进经济社会和谐发展；第四，继承完善，开拓创新，全面推进政协事业发展。

【县政协八届二次常委会议】　2008年3月21日，政协石林县第八届委员会常务委员会举行第二次会议。县政协主席者培仙主持会议，周和祥、周兴荣、苏云波、严华明、何中清、李绍玉、槐可跃、罗有华、槐丽琼、高云曦、毕金兰、李建民、储平、李劲松、桂明、李云珍、许岷春、金路、杨光荣、毕琼英、韩丽英、赵文良、陈兴、韦薇、梅为云、代玉康出席了会议，各政协工作联系组组长参加了会议，县委办、县政府办、县人大办、县纪委办领导列席会议。

会议协商讨论并通过了2008年政协工作要点、《政协石林县委员会关于石林县经济社会发展软环境建设的调研报告》和《政协石林县委员会关于开展鹿阜古镇保护与开发的调研报告》。任命了12个政协联系小组长、副组长，通过了委员联系组分组名单。12个政协小组长是赵子华、毕绍军、艾世武、张彪、王斌宁、赵相平、李勇、李雪梅、彭天寿、李建民、徐永平、赵志忠。通报了县八届政协主席、副主席联系政协小组的情况，政协主席、副主席分工的情况，县政协八届一次会议部分重点提案实行主席、副主席跟踪督办的情况。通过了在县政协常委中开展“五个一”、在政协委员中开展“四个一”活动的工作方案。

会议任命了第八届县政协机关各委（室）主任、副主任和各专委会主任、副主任及委员：办公室主任李绍玉，副主任陈永能；提案社会联络委员会主任槐可跃，副主任高云曦（兼），委员彭天寿、李建民、李劲松、储平、许岷春、赵文良、陈兴；经济建设委员会主任罗有华，副主任念晓春（兼），委员徐永平、桂明、毕琼英、杨永华、韦薇、潘凤杰；教文卫史委员会主任槐丽琼，副主任毕晓冬（兼），委员金路、李云珍、毕卫华、张雪刚、郭跨存、刘秩瑞、杨树云、黄文学、韩丽英。会议协商通过了规范政协常委会和政协小组活动的有关事宜。

【县政协八届三次常委会议】 2008年8月28日，政协石林县第八届委员会常务委员会举行第三次会议。县政协主席者培仙主持会议，周和祥、周兴荣、苏云波、严华明、何中清、李绍玉、槐可跃、罗有华、槐丽琼、桂明、代玉康、李劲松、梅为云、金路、李云珍、韩丽英、毕金兰、储平、许岷春、杨光荣、高云曦、毕琼英、赵文良、陈兴、韦薇出席了会议，政协工作联系小组组长赵相平、赵志忠、彭天寿、张彪、李雪梅、徐永平、王斌宁、艾世武、毕绍军、李勇、赵子华参加会议，县委办、县政府办、县人大办、县纪委办领导列席会议，副县长叶扬到会作指导。

会议协商讨论了副县长叶扬代表县人民政府所作的上半年工作情况和经济运行情况报告；协商通过了县政协上半年工作情况通报和下半年工作重点安排、提高提案工作质量调研报告、《阿诗玛》非物质文化遗产调研报告、县政协《重点提案工作规则》以及《主席约谈接待日活动制度》、《政协委员社情民意处理工作制度》；通报了政协重点提案督办情况，上半年政协常委“五个一”、政协委员“四个一”活动开展情况。

会议听取了县委组织部副部长高云曦所作的人事安排说明，决定任命槐丽琼为县政协教科文卫史委主任，槐丽琼作表态发言。

【县政协八届四次常委会议】 2008年12月31日，政协石林县第八届委员会常务委员会举行第四次会议。县政协副主席周和祥主持会议，者培仙、周兴荣、苏云波、严华明、李绍玉、槐可跃、罗有华、槐丽琼、李健民、李云珍、毕琼英、毕金兰、代玉康、金路、韦薇、储平、陈兴、梅为云、许岷春、赵文良、韩丽英、桂明、高云曦出席了会议，县委常委、副县长毕春华到会作指导，政协工作联系组组长艾世武、李琼仙、彭天寿、王斌宁、徐永平、赵相平、赵子华参加了会议，毕卫东、王光学列席会议。

会议听取了县政府办副主任王光学代表县人民政府所作的关于政府工作报告的起草情况说明，副县长毕春华作的县人民政府关于办理政协提案的情况报告；协商讨论了政协石林县委员会《关于提高委员素质调研报告》、《八届一次会议以来的提案情况报告》、《关于“五创”工作视察情况报告》和《关于招商引资工作落实情况视察报告》；审议讨论了政协工作报告及起草情况说明、增加和调整内设机构的请示、召开县政协八届二次全会的说明、委员调整情况说明和增补廖传文等5位同志为县八届政协委员的请示；协商决定了县政协八届二次全会议程（草案）、日程安排（草案），主席团名单和秘书长、副秘书长名单，特邀领导和列席人员名单，提案审查委员会名单，主席台就座人员名单，执行主席分组名单；协商通过了关于表彰优秀政协提案、先进提案承办单位、先进政协小组、先进政协联系组组长、先进政协委员、先进政协常委的有关事项；协商讨论了县政协八届二次全会议政专题发言会议的有关事项，决定由县财政局副局长毕文祥、县科协主席李建民、县人民法院副院长储平、县经济局局长念晓春、县政协机关槐丽琼、石金集团董事长赵文良、温氏畜牧有限公司徐天祥作专题议政发言。

主 要 工 作

【政协石林县委员会】 1965年12月，成立政协石林县委员会。2008年政协机关设办公室、提案社会联络委员会、经济建设委员会、教文卫史委员会，年底有干部职工19人，其中：公务员15人，工勤人员4人。单位住址在鹿阜镇双龙山18号。2008年县政协办公室被昆明市政协评为先进集体。资助石林镇水塘铺村委会生产工作经费3500元；在县行政服务中心建设中，积极向省、市政协汇报工作，争取到账资金80万元。

办公室主任：李绍玉

副主任：陈永能（彝族）

提案社会联络委员会主任：槐可跃

教文卫史委员会主任：槐丽琼（女，5月起）

副主任：槐丽琼（女，5月止）

经济建设委员会主任：罗有华

【政治协商】 2008年县政协组织委员重点对政府工作报告、国民经济和社会发展计划执行情况与计划草案的报告、财政预算执行情况和预算草案的报告以及县人民法院、县人民检察院的工作报告进行了协商。委员们围绕县委、县人民政府决策部署的贯彻落实和事关经济社会发展全局的重大问题，积极建言献策，供县委、县政府决策参考。县政协全委会、主席会和常委会始终围绕中心，服务大局，坚持把促进发展作为履行职能的第一要务，积极出谋划策。同时，各专委会就对口联系部门的相关重点工作多次进行专题协商，形成了“全体会议全面协商、常委会议重点协商、专题会议对口协商”的协商格局。通过协商讨论，提出了具有前瞻性、全局性、可行性的意见建议。

【民主监督】 2008年县政协积极探索新思路、新措施，用新的办法拓宽领域，加大力度开展各种民主监督活动，不断提高民主监督的实效。建立健全联系和反馈机制，向公、检、法、司、审计等部门派出政协委员担任特邀监督员，充分发挥政协委员的民主监督作用。积极做好政协委员和群众来信来访工作，收集社情民意，及时向党委、政府和有关部门传递信息，所反映的问题都给予了妥善处理。积极组织政协委员参加县委、县政府组织的对各部门的考核评议工作。

【参政议政】 2008年，为充分发挥政协委员主体作用，县政协积极组织委员参政议政。委员们围绕全县改革发展中出现的重点问题和事关人民群众切身利益的热点问题，在深入调研的基础上，提出各类意见建议78条，促进了相关工作的稳步开展。按照县委安排，县政协四位副主席和一位老领导担任五个招商分局的政委，牵头承担了1.8亿元的招商引资任务。县政协领导担任政委的五个招商分局的招商引资任务全部圆满完成。同时，从通过招商引资工作、促进全县经济社会发展的大局出发，充分发挥政协联系广泛的优势，利用以商招商的便捷渠道，积极对上海新天地、台湾农民创业园、桃源水乡、万城阿诗玛旅游小镇等重大项目进行联系，做了大量化解矛盾、牵线搭桥和服务工作。在抓招商引资的同时，政协还非常重视对企业跟踪服务工作，对一些重点引进项目中存在的困难和问题，主席都亲自过问，组织政协委员对专题进行调研，并积极协调有关领导和部门做好服务工作，为使外商引得进、留得住、能发展做了大量的工作，有效推进了石林县的招商引资步伐。同时，县政协还十分关注和支持石林县的“林改”工作，副主席周兴荣负责了3个乡（镇）的“林改”政策技术指导，推动了石林县“林改”工作的顺利开展。

【政协提案】 2008年县政协共收到提案133件、立案133件，提案数量多、质量高创历年之最。从2008年开始，实行政协建议案制度，把杨光荣等10名委员联名提出的《对石林世界自然遗产地核心区制定以旅哺农政策，逐年从旅游收入中安排资金扶持当地居民改善生产生活条件》的提案列为政协建议案，县政府高度重视和重点办理。精选出关系石林县经济社会发展和关注民生的11件重点提案作为主席重点督办提案，分别是《对世界自然遗产地核心区制定以旅哺农政策，逐年从旅游收入中安排资金扶持当地居民改善生产生活条件》（被列为县政协建议案）、《进一步提高治保调解主任工作报酬，充分发挥治保调解组织作用，确保农村社会稳定》、《请县政府解决石林县老年大学教室和活动场地》、《完善农村房地权证，促进社会主义新农村建设》、《关于进一步规范出租车行业管理的建议》、《恢复重建石林历史文物魁阁》、《关于建立城乡统一规范人力资源市场的建议》、《关于实施三角水库管网改造》、《关于切实加快我县职业教育发展的建议》、《结合鹿阜镇保护改造，建议新建石林县残疾人综合服务设施》、《政府牵头、相关部门配合，规范管理路美邑土特产品一条街，增加旅游亮点》。11件重点提案实行主席、副主席联系督办，并做到“每月有督查，每季有研究”。在办理形式上，采取办理“三见面”，即提案人、承办人、督办人面对面，接受媒体监督，扩大社会影响力。同时，对往年的提案办理落实情况实行隔年跟踪回访。9月30日，全部提案已办理结束，提案人满意率达100%，提案满意率90%。

【委员活动】 2008年，常委会重视政协各委员活动小组的活动，继续认真落实主席、副主席联系各活动组制度，12个小组共组织活动24次，活动形式和活动内容逐步有所创新，履行职能效果明显。多数小组都组织委员听取了所属乡镇和部门的行政工作情况通报，对一些重点工作进行协商讨论，提出了一些合理化的意见和建议；认真组织委员学习，提高委员的综合素质，增强委员的履职能力；部分乡镇活动组开展了对部门站所的工作评议，对一些重点工作进行了视察，对改进站所工作、加快重点工作进程起到了积极的促进作用。通过以上各种活动形式的开展，为政协委员了解情况、知情明政、参政议政提供了良好的条件，使政协各级组织展现了蓬勃向上的生机，委员的参政议政意识和能力不断提高，委员的主体作用越来越强，委员活动更具有特色和活力。

【社情民意工作】 2008年政协机关特别注重加强自身形象的对外宣传，完成了《云南政协报》的两次专访报道，凡是政协的重要活动都在“石林网站”和“石林新闻”中进行了报道。创新了解社情民意的方式，结合县委书记大接访活动，组织开展了县政协主席约谈接待日活动，利用政协委员联系广泛的优势，广泛收集全县各行各业的社情民意74条，为县委、县政府提供第一手真实民情。以全新的视角、版面和内容创办了《石林政协》刊物及其内刊，为县政协机关和全体政协委员反映社情民意、建言献策、参政议政搭建了良好平台，共完成7期，其中内刊三期。特别是《石林政协（内刊）》，专门登载了通过约谈、调研、视察收集到的各种社情民意，方向明确、信息量大、情况翔实、内容准确，得到县级领导的好评。

【视察开展“五创”工作】 2008年11月12～13日，县政协副主席周兴荣带队，教文卫史委员会牵头，部分政协常委、委员和相关部门领导参与，对石林县创建国家卫生县城、国家园林县城、国家环保模范城市、省级平安县城、昆明市文明县城工作的巩固发展和稳健推进情况进行视察。通过听汇报、查阅材料、实地查看、召开座谈会，共提出5个方面的意见和建议：第一，以人为本，创建卫生县城是生命之源。第二，构建和谐，创建平安县城是生存之基。突出对敌斗争，确保国家安全和社会稳定，为经济发展提供有力保障；做好大接访工作，增加社会和谐因素；深化严打整治，突出治安问题，维护社会稳定；强化安全生产，预防和减少安全生产事故；强化基层基础，夯实平安建设和综治维稳工作基石；强化教育和服务，营造成良好的平安建设社会氛围。第三，与时俱进，创建文明县城是生活之魂。第四，美化环境，创建园林县城是生态之本。第五，科学发展，创建环保模范城市是生物之灵。

【调研鹿阜古镇保护与开发】 2008年2月18日至3月6日，县政协组织部分委员对鹿阜古镇居民住房的基本情况和保护现状，以及下步实施保护与开发的可行性、定位、目标、步骤、配套政策等主要方面进行了深入细致的调研。通过听取汇报、集体座谈、个别走访、实地查看、集中调研、重点考察等方法，广大干部群众、各界人士群策群力、集思广益，为鹿阜古镇保护与开发提出5个方面意见和建议：第一，加强领导，狠抓落实；第二，统一思想，形成共识；第三，界定范围，制定规划；第四，正确定位，树立科学的理念，恢复明末清初时古镇的历史格局和历史风貌，丰富古镇的历史韵味；第五，强势推进鹿阜古镇申报省级历史文化名镇进程。

【调研如何提高提案工作质量】 2008年6～8月，县政协组成专题调研组，由分管副主席周和祥带队，以组织召开座谈会和到实地考察学习相结合的形式，对如何提高石林县提案工作质量开展了调研，先后召开了由11家相关单位领导和有关人员参加的座谈会3次，并到昆明市政协提案委和东川区政协进行了参观考察学习。调研组就如何提高提案的质量和办理质量提出了很好的意见和建议。在提案质量方面，委员们提出：第一，对提案人加强培训，提高素质；第二，创造条件多组织委员参观学习考察提案工作，特别是多借鉴发达地区提案工作的先进经验，不断开阔视野、提高认识；第三，政协委员要多加强调查研究，了解真实情况，避免提出实用性、针对性、操作性及前瞻性不强的提案；第四，书写要规范、工整，避免给交办工作带来不便；第五，每年的全会前半个月左右，各政协小组召开一次专题会议，讨论、研究、确定提交全会的提案课题并及时进行调查。办理质量方面，委员们提出：第一，加强学习、提高认识；第二，政协自身要充分发挥在提案办理中的主导作用；第三，要创新督办方式；第四，要加大宣传表彰力度，完善目标考评制度，严格奖惩兑现。

【视察招商引资工作情况】 2008年10月22日至11月4日，县政协组织部分委员到企业听取企业负责人对企业存在困难和问题的情况汇报及对石林县招商引资工作的建议，并查看了工程进展情况，提出了六个方面的建议：第一，统一思想，转变观念。第二，扩大宣传面，宣传石林的自然资源、区位优势、在石林这块土地上致富的人物。第三，对石林县有长远发展的利税大户，能带动农民致富的好项目，要制定特殊优惠政策。第四，加快土地收储工作，尽快实现五通一平，搭建良好的招商引资平台。第五，招商引资项目要逐步面向农村，面向农业，随着承包土地的流转，商家可到农村承包农民的土地，从事农、林、渔、畜牧业，带动农民致富。第六，改革招商方式，减少招商分局，精简人员，降低成本，要有办公地点，人员要专职专用；委托招商，可委托发达地区的省商会和本省、本市的招商局给予招商，可以挂牌子，招商招到石林县落户给予奖励的政策；以商招商，要做好以商招商工作，形成“引进一个，建好一个”，带来一批老板连老板、商家连商家，把更多、更大的商家招进来。第七，东城区农贸市场要建成档次高、品种齐全、方便市民购物的场所。

（撰稿人：县政协办 窦友森）

群团组织

县总工会

【县总工会】 1951年11月成立县总工会。2008年12月15日成立县农民工维权工作领导小组及农民工维权中心，与县困难职工帮扶中心合署办公，地址在东城路1号。2008年底县总工会有在职在编干部7人，其中：公务员3人，事业人员3人，工勤人员1人。县总工会办公地址在县委大院。

主　　席：李绍增（12月止）
　　　　　朱玉和（12月起）
常务副主席：李静江
副 主 席：陈国斌（彝，10月止）
副 主 席：段云梅（女，彝族）

【工会组织建设】 截至2008年底，全县有系统工会56个、基层工会412个、会员18465人，其中：新增系统工会6个，基层工会39个，会员3013人。新成立的工会组织全部按照《工会法》和《中国工会章程》的相关规定，选举产生了工会主席，成立了经审委员会和女工委员会，正常开展工作。

【创优争先】 在2008年度大力开展“工人先锋号”创建和节能减排立功竞赛活动中，石林供电有限责任公司鹿阜供电所、县政府便民服务中心窗口、石林兴隆交通旅游集团有限公司石林公交公司、县工商局风景区分局、县自来水公司给排水技术服务部、县地税局一分局6家单位被昆明市总工会评为“工人先锋号”；县妇幼保健院妇产科提出的新生儿游泳室改造被昆明市总工会评为节能减排优秀合理化建议鼓励奖；县人民医院被昆明市总工会评为昆明市第三届劳动关系和谐企业；石林供电有限责任公司被昆明市总工会评为昆明市“双爱双评”活动先进单位；云南众友电缆桥架集团有限公司董事长李建东被昆明市总工会评为昆明市“双爱双评”活动优秀经营者；石林建筑安装装潢工程公司总经理郗树林被昆明市总工会评为昆明市“双爱双评”活动优秀职工。

【帮扶及送温暖】 2008年建立了304名困难职工档案，全县共有60名领导联系了6家困难企业、160户困难职工家庭。元旦、春节期间各级工会组织对240余户困难职工、59户劳模、9个困难企业、37名农民工进行了帮扶，共计帮扶17万余元。全年县总工会共为11名下岗失业职工办理无息贷款33万元。

9月份开展的“寒窗助学”活动中，县总工会共为考取大学的冯怡玮、陈雪花、念云华、李章、李丽英、马晓晨、王媛媛、李艳琼8名下岗失业困难职工子女和农民工子女进行了资助，共资助16800元。

【职工医疗互助】 2008年7月1日，第五期职工医疗互助活动正式启动，共有171家单位8901人参加，比第四期增加了56 家190人。第四期共有955人享受到医疗互助金，共计410423元；第五期从7月1日至12月30日共有674人享受到医疗互助金，共计275790元。

【劳模管理】 2008年4月25日，李正平、卢文、张睿高、梅为云、毕洪祥、杨树森、王永乔、陈春华、徐忠春、陈军、金牛11位人员被昆明市人民政府表彰为“昆明市第二十一届劳动模范”，石林县成为昆明市第二十一届劳动模范受表彰人数最多的县区。截至年底，全县共有劳模59人，其中：省劳模9人，市劳模50人。4月27日，何称恩被云南省人民政府表彰为“云南省第十九届先进工作者”。

【女职工工作】 2008年3月7日，县总工会副主席段云梅带领女职工代表20余人参加市总工会组织的“三八”节庆祝活动；共为全县21家单位的337名女职工办理了安康险；制定并下发了《关于推动女职工特殊权益保护专项集体合同工作的意见》和专项集体合同参考范本，全年共签订女职工权益保护专项集体合同75份，建立完善了女职工维权机制；3月24日至4月12日，县总工会邀请中国人口福利基金会专家到各乡镇政府、县直各部委办局、企事业单位对2300多名女职工进行了为期20天的体检，促进女职工身心健康。

【再就业培训】 2008年在广泛开展劳动竞赛的基础上，与县劳动就业局联合共同举办了厨师培训、计算机操作员、烤烟验级员、插花、茶艺等培训，为1400余名待岗、下岗、农民工提供了创业技术技能培训。培训人员相应取得了初、中、高级技术等级证书。

【县总工会第八届八次全委（扩大）会议】 2008年2月29日，县总工会组织召开了石林县总工会第八届八次全委（扩大）会议。县委常委、副县长毕春华，县委常委、宣传部长李福军，人大副主任朱玉和，政协副主席周兴荣，以及县总工会第八届委员、常委、经审委员70余人参加了会议。

会议听取并审议了由县总工会常务副主席李静江代表县总工会第八届委员会作的《认真学习贯彻党的十七大精神、在推动和谐社会进程中作出工会组织应有的贡献》工作报告和县总工会副主席陈国斌作的石林县总工会2007年经审工作报告。两个工作报告总结了石林县2007年的工会工作，指出了不足和努力方向，明确了2008年的工作目标及主要任务。会上，县总工会和各工会委员会签订了2008年度工会工作目标责任书。

【县工会第九次代表大会】 2008年12月10～12日，召开了石林县工会第九次代表大会。市人大副主任、市总工会主席杨丽，县委书记罗朝峰，县人大主任李绍增，县政协主席者培仙，县委副书记裴演兵，县委常委、常务副县长段增华，县委常委、政法委书记李兴国，县委常委、副县长毕春华，县委常委、组织部部长王昆，县委常委、宣传部部长李福军等领导到会并作了重要讲话。

大会审议并通过了由朱玉和代表县总工会第八届委员会所作的《围绕中心、开拓进取、锐意创新，为实现跨越发展富民强县而努力奋斗》工作报告。

大会认为，报告对过去五年全县工会工作的成就和经验实事求是，确定今后五年的工会工作的指导思想和奋斗目标科学合理。表彰并奖励了在2008年度工会工作目标责任完成的先进集体30家、模范职工之家10家、优秀工会工作者20人、工会工作积极分子20人。

大会选举产生了县工会第九届委员会委员（按姓氏笔画为序）：王余秋、付建生、邢聪明、毕卫东、朱玉和、伏小丽、刘林、李彦群、李琼莲、李静江、李德友、杨明森、何茂龙、张树平、陈永宁、陈永能、尚云华、赵江庆、段云梅、徐春林，常务委员：付建生、邢聪明、朱玉和、伏小丽、李静江、何茂龙、段云梅、徐春林，主席朱玉和，常务副主席李静江，副主席段云梅；选举产生县总工会第九届经费审查委员会委员（按姓氏笔画为序）：王智学、张云涛、张树平、段云梅、黄志林，主任段云梅，副主任黄志林。

（撰稿人：县总工会 胡旭梅）

共青团石林县委

【共青团石林县委】 1949年10月，路南县青年工作委员会成立。1957年5月25日，共青团路南县委正式成立。2008年底有公务员3人、工勤人员1人，单位办公地址在县委大院。2008年共青团石林县委荣获全国乡村青年文化节10周年组织奖，向支农联系点鹿阜镇阿乌村委会支持生产资金2000元。

书　记：普建勇（彝族）

副书记：陈雪梅（女，彝族）

朱加智

【团组织建设】 2008年全县共有团委23个、团总支108个、团支部554个（含23个非公经济团支部）、团员15729人，其中：女团员8038人，占团员总数的51.1%；少数民族团员5799人，占团员总数的36.9%。14周岁至28周岁青年60035人，团青比例24.3%。专职团干部95人，具有大专以上学历31人；兼职团干部67人，具有大专以上学历67人。

全县有少先队总队13个、大队99个、中队705个，共有少先队员21450名，兼职少先队辅导员14名。

【青年志愿行动】 2008年全县共有60余支青年志愿者服务队、5000余名青年志愿者（其中注册志愿者1000余名）参加抗震救灾医护爱心大行动、无烟日宣传、禁毒和防治艾滋病宣传、爱心送考、保护巴江河、义务助耕等活动。

抗震救灾医护爱心大行动志愿活动中，共青团石林县委组织400多名青年志愿者到石林天奇医院开展医药物资搬运、医疗陪护、病房消毒及为灾区伤病员理发、清洁卫生等服务。5月31日，第二十一个无烟日宣传活动中，组织了150名青年志愿者走上街头、走进校园，围绕无烟日活动主题“无烟青少年”，对广大青少年进行了健康宣传教育。6月7～9日，共青团石林县委牵头组织，与县教育局、石林兴隆交通集团共同开展了2008年“爱心送考”活动，组织了16辆公交车和40余辆出租车免费接送考生6400余人次，确保考生安全、准时、有序到达目的地。“6·26”和“10·26”禁毒日，分别组织了19支禁毒志愿者中队500余人，在全县8个乡（镇）开展了“四深入”禁毒和防治艾滋病宣传活动，共发放宣传材料10000余份，粘贴禁毒标语200余张，举办禁毒和防治艾滋病知识讲座2场，播放宣传电教片5场次。10月22日，保护石林巴江“母亲河”青年志愿者活动中，组织500余名青年志愿者对巴江河沿岸的垃圾、小广告、卫生死角等进行了彻底的清理。在春耕和秋收期间，全县400余名农村青年义务助耕志愿者，义务为当地困难户和孤寡老人助耕助收，共组织了1000余人次。

【希望工程】 2008年5月，共青团石林县委通过向云南省青少年发展基金会积极争取，为长湖镇马帮茶道·明星·青联·国立希望小学、板桥镇矣马伴爱福希望小学、大可乡岩子脚一览希望小学、圭山镇蝴蝶希望小学和伦华希望小学5所学校各争取配备了一套价值人民币5万元的“希望工程”数字影院放映设备。5月8日，在长湖镇马帮茶道·明星·青联·国立希望小学成功承办了昆明市希望工程数字影院启动仪式，昆明市委宣传部部长张红苹、云南省青少年发展基金会秘书长沈光鑫、石林县委书记柳文炜、共青团昆明市委书记罗永斌等领导参加了启动仪式。同时，为山区学校争取到了价值10万余元的语音设备40套，价值3万元体育器材3套，书籍3000余套，学习用具2000余套。

【“爱心助你上大学”活动】 2008年7～8月，共青团石林县委开展“爱心助你上大学”活动，向全县范围内的爱心企业和单位筹集爱心资金5.2万余元、向共青团昆明市委争取爱心资金1万元，资助郑丽、李雪梅、李桂花、李红丽、虎琼仙、孙李才、陶俊江、李惠、彭云龙、杨小平、赵杰、段琼、赵雪梅、念云华、杨冲生15名贫困大学生（其中：特困生念云华、杨冲生每人5000元；　其他13名贫困生，每名4000元）顺利走进大学校门。

【青年文明工程】 2008年全县有国家级“青年文明号”1个、省级“青年文明号”4个、市级“青年文明号”13个、县级“青年文明号”15个。共青团石林县委制定出台了石林县星级青年文明号的管理规定，按照共青团昆明市委的要求对全县所有“青年文明号”进行了星级管理工作，并于5月份对全县15家“青年文明号”进行了命名和认定。

【帮助青年创业致富】 2008年共青团石林县委组织实施了“千人培训、百人创业”计划，重点以队伍建设、阵地建设、项目带动、典型示范等环节，选好农村青年致富带头人，大力培养农村青年星火带头人为主线，积极挖掘扶持青年创业，组织青年参加昆明市YBC青年创业培训，并推荐了8名青年节创业者参加专家评审组的评审。如果通过评审，每个创业者将获得专家一对一的项目发展指导，并获得5万元的无息、无抵押贷款。

全县各级团组织共举办各类培训班54期，培训农村青年5200人（次）。培养青年星火带头人30名、农村青年致富能手30名，确定石林青年创业示范基地2个、基层团建示范点11个，表彰奖励了五四红旗团组织9家、优秀团干部9名、青年文明校园3家、青年文明社区4家、青年文明村寨14家、青年道德模范标兵31名、青年致富能手14名、返乡青年创业先进个人10名、青年科技星火带头人13名。

【青少年主题活动】 2008年全县8个乡（镇）有80余支青年文艺队，吸引了1万余名团员青年参加丰富多彩的文化活动。维则村团总支青年文艺队、鼓舞队在昆明市国际旅游节文艺展演中获奖，“全国乡村青年文化名人”普志光将《团歌》译为撒尼版在各级团组织中传唱。5月，共青团石林县委荣获“全国乡村青年文化节10周年组织奖”。

开展“迎奥运，树新风、展风采”系列主题活动：3月14~15日成功举办了石林县“云南水利建筑工程机械化工程杯”青年男子篮球运动会，15支青年男子篮球队参加了为期两天的精彩角逐；“五四”期间先后在鹿阜镇、板桥镇、大可乡中心学校举行了以“弘扬延安精神，继承五四传统”为主题的文艺汇演活动；5月6日联合县教育局在民族中学礼堂共同承办了“迎奥运、树新风暨纪念五四运动八十九周年全县中小学生舞蹈大赛”，全县中小学校和幼儿园共计50余支代表队参加了比赛，来自云南艺术学院、昆明市教委的专业评委对本次比赛给予了较好的评价。

【友谊工作】 2008年共青团石林县委加强了与其他县市区团委的横向联系和与其他省市团委的纵向联系。横向联系先后组织了各级团干部到晋宁、呈贡等县区考察学习果树、花卉种植技术，拓展了基层工作思路和创业技能。纵向联系，分别与上海市金山区团委就青年中心的管理、功能拓展等方面展开积极交流；与上海第二工业大学、云南大学等院校联合，组织学生到石林县部分乡镇开展社会实践、救助贫困学生等活动；与上海团市委、辽宁团省委、温州团市委等团组织建立了友好联系。

成功接待了到石林县考察、交流的老挝青年代表团、韩国青年代表团、日本代表团，植下了“中国石林国际青年友谊林”友谊之树。中国石林国际青年友谊林是共青团石林县委外联工作的一个尝试，计划今后将前来石林考察、访问的各国青年代表团都统一安排植树留念，使友谊林成为各国青年交流互访的友好见证，使各国青年充分感受到石林人民的友好与善良。

（撰稿人：共青团石林县委 曹安平）

县妇联

【县妇联】 1950年11月成立路南县民主妇女联合会。1956年12月改称路南彝族自治县妇女联合会。2008年7月21日，石林县机构编制委员会下发了《关于下达行政编制的通知》，县妇联新增行政编制1名。年底，县妇联实有在职干部职工5人，其中：公务员4人，工勤人员1人。单位地址在县委大院内。2008年资助歹卜所村委会春耕工作经费5000元。

主　席：毕金兰（女，彝族）

副主席：符锐冰（女，彝族）

【帮助妇女发展】 2008年全县各级妇联组织共举办各类短期实用技术培训248期，培训妇女33789人次。选配12名妇女参加了市妇联举办的第七期“女科技致富带头人”培训班学习。培养女科技致富带头人10名，创建全国“巾帼示范村”1个、市级“巾帼科技致富示范村”4个、县级“巾帼科技致富示范村”8个。组织实施三批农村小额扶贫贷款725万元，扶持2975名妇女发展种养殖业及其他产业。实施妇女发展循环金、香港回归扶贫基金45万元，扶持119户妇女发展种养殖业。与县扶贫办协调，支持以女性为主的8家龙头企业扶持资金85万元，发展特色企业。组织实施第四批、第五批城市下岗失业人员小额担保贷款81万元，帮助27名下岗失业妇女创业和再就业。做好前三批城市下岗失业人员小额担保贷款使用情况的督促指导工作，回收率达100%。组织了49期5530名妇女参加的劳动力转移培训，转移输出女劳动力1175名。

2008年，县妇联、西街口镇妇联被昆明市双学双比领导小组评为“双学双比”活动先进集体，石林镇三家村村民小组、西街口村委会被市妇联命名为“新农村科技致富示范村”，长湖镇阿着底村成功申报为“全国巾帼示范村”。

【开展巾帼建功活动】 多渠道开展“巾帼文明岗”创建活动，促进各行各业妇女岗位建功、岗位成才。2008年石林景区导游组被全国妇联命名表彰为“全国巾帼文明岗”，石林小天鹅幼儿园被市妇联命名为昆明市巾帼建功先进集体，县国税局计划征收科被市妇联命名为“巾帼文明示范岗”。充分发挥“巾帼文明岗”服务妇女、服务大局、服务经济社会发展的职能作用，组织6对巾帼文明岗与社区、村妇委会，组织14对女科技工作者与女科技致富带头人开展岗社（村）联动及“双结对”工作，进一步密切和增进了岗社（村）联系，促进城乡妇女共同进步。

石林县妇联荣获国家级巾帼文明岗

【开展文明创建工作】 利用庆祝“三八”活动的有利时机，表彰奖励了在全县妇女工作中实绩突出的先进个人和先进集体，并通过新闻媒体宣传报道了一批和谐家庭典型。组织举办了“庆三八·迎奥运”长跑活动，积极倡导广大妇女讲文明、树新风，科学健身、和谐发展。联合县委宣传部、县科协等有关部门开展青少年节能减排环保主题活动，创建节能减排行动社区12个，节能减排志愿者50人，节能减排家庭500户，组织百名巾帼志愿者义务植树

50亩，推进“美德进万家”活动向纵深发展。

【维权及献爱心帮扶活动】 2008年共接待来信来访36件，处理率达98%。联合县总工会、县教育局举办了7期1600多名妇女和学生家长参加的“预防艾滋·关注健康”、“当好四种人，做个好家长”的知识讲座；积极征订《家教文摘》12000多份；在8个村委会（社区）开展创建零家庭暴力示范活动，石林镇岔口小学创建成昆明市留守儿童示范家长学校；组织16名农村贫困妇女参加昆明市“女性健康帮扶”公益活动免费体检；向上级妇联争取到价值4.8万元的助残轮椅60辆，为60名贫残妇女解决了出行难问题；继续实施“春蕾计划”，做好贫困女学生慰问及帮扶救助工作，“六一”慰问166名贫困、贫残儿童和9名住石林天奇医院的灾区儿童；春节慰问农村贫困妇女24名、城镇贫困女职工5名。发动机关妇女2613人向四川地震灾区捐款279325元；组织巾帼志愿者服务队8支120人，积极参加爱心医疗救助服务；协助省、市妇联做好“七彩云南爱心夏令营”479名灾区儿童到石林景区的参观游览活动，以实际行动为灾区献一份爱心。

【县第十一次妇女代表大会】 2008年12月9～10日，石林县召开第十一次妇女代表大会。市妇联副主席陈洁薇，县委书记罗朝峰，县长李忠德，县委副书记裴演兵，县人大主任李绍增，县政协主席者培仙，县委常委、县政法委书记李兴国，县委常委、常务副县长段增华，县委常委、副县长毕春华，县委常委、县委组织部部长王昆，县委常委、县委宣传部部长李福军，县委常委、县武装部政委张达，县人大副主任徐梅芬，县政协副主席周兴荣，原县人大副主任金琼英，原县政协副主席何中清，原县级女领导毕秀英、黄桂芳、赵淑珲，县纪委常务副书记彭天寿，原第十届妇联主席、西街口镇党委书记毕丽英，昆明市13个县（市）区妇联主席，县直各部委办局女性主要领导及各乡镇分管妇女工作的领导应邀出席了大会开幕式。来自全县各行各业的176名代表参加了会议。

县委书记罗朝峰代表县委、县人大、县政府、县政协向大会的召开表示热烈的祝贺，向全体妇女代表以及全县各界妇女工作者致以亲切的问候，对进一步做好妇女工作提出了新的希望和要求。会议审议并通过了毕金兰代表石林县妇联第十届执行委员会所作的题为《开拓创新、科学发展，团结动员广大妇女为加快推进石林跨越式发展而努力奋斗》的工作报告；选举产生了新一届县妇联领导班子和执行委员会，主席毕金兰，副主席符锐冰；表彰奖励了过去五年关心重视妇女工作的好领导20名、优秀妇女组织30个、优秀妇女干部50名、优秀妇女80名。

【省市妇儿工委办公室领导到石林调研】 2008年11月13日，省妇联妇儿工委办公室主任吴皖明，市妇联副主席市妇儿工委办公室主任陈洁薇、副主任张霞等领导到石林县调研妇女儿童工作。调研组一行听取了县委常委、县委宣传部部长李福军对石林县情的介绍和县妇儿工委副主任毕金兰对妇儿工作情况的汇报，实地参观走访了县幼儿教育集团、县疾控中心、县妇幼保健院、县就业局、小箐幼儿园、石林岔口小学，全面了解妇女儿童就医、就学、就业等情况，对石林县妇女儿童工作给予了充分肯定，同时希望石林县继续努力，突出重点、克服难点，做好工作，起好省级妇女儿童规划示范县的作用，确保到2010年圆满完成规划目标。

【老挝国家妇联到石林参观考察】 2008年4月24日，由老挝国家妇联副主席安派万·坎显西维莱带队、老挝省区妇联主席组成的老挝妇联代表团一行10人，在全国妇联国际部亚洲处处长黄舒、省妇联发展部部长方维琼等领导的陪同下到石林县参观考察。代表团考察了长湖镇阿着底村社会主义新农村建设、“妇女之家”建设、香港回归扶贫基金项目实施情况，参观了民族民间刺绣加工厂、农家乐。代表团听了阿着底妇女工作介绍后，对阿着底妇女组织举办各类培训、创建特色家庭、组织妇女开展刺绣增加妇女收入等做法表示敬佩。在交流中，代表团一行还了解了阿着底妇女接受教育及生产、生活情况。代表团还参观了石林风景区。

【非洲十个国家妇联代表团到石林参观考察】 2008年11月16日，由马里国马伊加·西那·当芭部长为团长带队的非洲10个国家妇女组织一行18人，在全国妇联国际部、省妇联发展部有关领导的陪同下到石林县参观考察。代表团首先参观考察了长湖镇阿着底村社会主义新农村建设、“妇女之家”建设、民族文化村容村貌、民族民间刺绣加工厂及农家乐，代表团听取阿着底妇女工作介绍后，对阿着底妇女组织举办各类培训、创建特色家庭、组织妇女开展刺绣增加妇女收入等做法表示敬佩。在交流中，代表团一行还了解了阿着底村妇女儿童接受教育及妇女生产、生活情况。代表团还参观了石林风景区。

（撰稿人：县妇联 符锐冰）

县工商联（商会）

【县工商联（商会）】 1956年5月成立县工商联（商会）。2008年底驻会干部3人，均为公务员，有会员166人。单位办公地点在县委大院内。2008年资助板桥镇青山村委会2000元生产经费，解决青山村委会党员活动室建设资金3.5万元（石林商联投资集团担保有限公司董事长张云元捐资2万元、昆明市黄岩商会捐资1.5万元）。

主　席（会　长）：何中清

副主席（副会长）：

严华明
李琼仙（女，白族）
赵文良
李建东
张云元
陈新龙
李双喜（女）
普连宏
郭跨存
陈　兴

【参观考察学习】 2008年县工商联围绕县委、县政府的工作重点，组织学习培训考察6次，学习培训人数达47名。1月6日，组织云南农安丰农业生产资料销售有限公司石林分公司总经理赵建兴、云南兴亚集团董事长陈兴等12人参加昆明市宏观经济分析与企业发展战略专题讲座学习；3月15～16日，组织昆明市石林兴农粮油经贸有限公司总经理陈竹仙、西街口茂盛石材厂厂长黄秀兰等11人到武定参观考察石材业、房地产业等；4月17～24日，组织石林鸿鑫生态农场场长李双喜、石林春林石材厂厂长保林芬等5人到临沧、西双版纳、思茅考察边贸经济；6月2～5日，组织2名企业经理参加昆明市非公经济代表人士理论培训班的学习；8月26～31日，组织14名企业家参加了《2008年下半年中国民营经济形势分析及预测高级论坛暨第八届（云南红河）全国民营经济理论与实务培训班同学联谊会》的学习；11月7～10日，组织3名企业经理参加国家发改委在昆明举办“小额贷款公司设立和运作经验交流研讨会”。

【参政议政】 2008年县工商联积极深入石林商联投资集团、石林育才集团、石林县金果枇杷产品开发有限公司进行调研，广泛听取企业的意见建议。通过调研撰写了《打造石林名校，推进“543”倍增计划顺利实施》、《加大引导、扶持力度，促进石林枇杷产业稳步发展》2篇调研报告上报县委，为县委、县政府决策发挥参谋助手作用。

【光彩事业】 积极动员全县广大非公有制经济人士向汶川地震灾区捐款捐物，据不完全统计，全县非公企业共捐款捐物达75万余元。按照市工商联的统一部署，安排推荐8名昆明市光彩事业促进会理事（其中4名常务理事），并筹资10万元上缴市光彩事业促进会。积极向市工商联争取到光彩事业基金25万元，支持大可乡小波溪村进行社会主义新农村建设。

石林县召开2008年春节企业家座谈会

【搭建政企交流平台】 2008年 1月25日，县委、县政府在石林大酒店组织召开石林县2008年春节企业家座谈会，市工商联副主席何汝祥、县委书记柳文炜等领导出席了会议。会上县委书记柳文炜作重要讲话，云南石金集团董事长赵文良等7位企业家代表分别发言，对石林招商引资、民营企业发展、旅游发展等工作提出很好的意见和建议。

9月8日，在石林会议中心召开石林县第五届中秋节企业家联谊会，县委书记罗朝峰等县五班子主要领导出席了会议。会上县委书记罗朝峰、县长李忠德发表了重要讲话。企业家们踊跃发言，积极建言献策，为石林县经济社会发展提出了很好的意见建议。按照县委书记罗朝峰的指示，县工商联对所提意见建议进行了归纳整理，并写出专题报告上报了县委、县政府。

【融资服务】 在2008年金融形势非常严峻的情况下，积极想办法帮助企业融资1470万元，走访企业23家，协助办理相关事项12项。

【表彰优秀非公企业】 2008年 2月28日，在石林县四级干部大会上，昆明石林兴隆交通旅游集团有限公司、云南石林兴亚实业集团、石林南亚焦化有限责任公司、石林县兴隆焦化厂、云南众友电缆桥架集团有限公司、石林三协电动游览车观光有限公司、石林商联投资集团担保有限公司、石林育才投资开发有限公司、石林万家欢农业科技开发有限公司、石林绿汀甜柿产品开发有限公司、云南梦达尔集团、云南石金企业发展集团有限公司、石林电力工程发展有限公司、云南水利建筑机械化工程公司、石林房地产开发有限公司、石林海川投资有限公司、石林房地产建筑有限公司、石林县城州建筑公司、石林县兴云洗煤厂、东源石林煤业有限公司千红煤矿等20家企业被县委、县政府表彰为2007年度优秀非公企业。

（撰稿人：县工商联 杨 明）

县 科 协

【县科协】 1986年正式成立县科协。2008年设办公室、科普部、综合部，年底有公务员5人、工勤人员1人、抽调2人。2008年县科协被云南省科协评为先进集体，李建民被中国农函大评为先进个人。资助了支农联系点长湖镇乍龙村委会3000元生产经费。

主　席：李建民

副主席：武经旭

段圳宗

高云峰（彝族）

【调整充实县全民科学素质工作领导小组】 2008年3月，调整充实了县全民科学素质工作领导小组成员，切实加强对石林县科学素质工作的领导。3月11日，分别召开领导小组及办公室会议，审议通过了《领导小组工作规则》和《领导小组办公室工作规则》，下发了《关于印发〈全民科学素质行动计划纲要〉的九项重点任务工作方案的通知》。工作方案确定了工作目标，明确了主要任务，同时成立了协调小组，组长由牵头单位负责人担任，其他各成员单位相关负责人担任协调员，并确定1名工作人员作为具体联络员，协调小组下设办公室在各牵头单位，负责协调日常工作。各成员单位按照职能分工切实抓好方案的组织实施。牵头单位负责履行整体谋划、协调服务、督促检查等职能。根据工作需要，各成员单位之间要加强联系，互通信息，以促进工作。协调小组办公室每年将不定期举行联席会议1～2次，研究协调工作中的重大问题，进一步推动各项任务的落实。石林县全民科学素质工作初步构建了政府主导、部门协作、社会参与的工作机制。

【科普宣传活动】 2008年4月2日，邀请中国科学院云南天文台高级工程师高衡在县民族中学礼堂举办了"软环境建设——领导干部与科学素质专题报告会"，全县干部职工700余人参加。组织农技协、科普示范基地、科普志愿者、科普工作者共同参加"三下乡"、"科技周活动"科技咨询宣传服务活动，更新宣传画廊4期，发放科普宣传挂图、科普读物、科普知识问答等14000余册。4～9月科普巡回展"六进"活动（进学校、进农村、进机关、进企业、进社区、进集镇）展出23场，受益人数3万余人次。9月7日，积极组织农技协参加由昆明市科协主办的昆农产品质量标准控制与保鲜、储存技术合作项目培训。在市科协副主席徐绍忠等领导的陪同下，以色列农业与农村发展部植保与检验副局长、联合国/欧洲经济委员会——瑞士日内瓦农业质量标准工作组成员艾格尔·舒尔曼先生和以色列农业部贝达·旦干农业研究组织荣誉退休教授、以色列农业部原首席科学家兼农产品质量委员会主任、贝达·旦干农业研究组织农产品储存技术研究所原所长约拉姆·福斯博士莅临石林县甜柿协会基地现场指导交流。9月20日，由县全民科学素质工作领导小组主办的"石林县2008年全国科普日活动启动仪式"在双龙广场举行，昆明市科协副主席徐绍忠为2007年12月被中国科协评为"全国科普惠农兴村"先进集体的石林县绿汀甜柿科普示范基地授牌，获得以奖代补资金20万元，1700多人出席了启动仪式并参观了"节约能源资源、保护生态环境、保障安全健康"为主题的科普宣传、科普展览、农技协产品展示等活动。县直单位19个、农技协7个共100余名科普工作者在广场上参加宣传、展览和咨询服务，共发出各类宣传资料88种48000余份，展出展板120多块，赠送药品、食品等价值5000多元，接受公众咨询5000余人次。

【青少年科普活动】 2008年4月3日，在县科普中心三楼报告厅举办科技辅导员培训班，全县科技辅导教师100余人参加，会议对年内工作作了具体安排，表彰了在二十三届创新大赛中做出成绩的优秀科技辅导教师。5月10日在鹿阜镇中学初一校区开展了以"怎样做一名小小科学家"为主题的大手拉小手青少年科技传播活动，全校共1130余名师生参加活动。5月16日，举办2008年科技活动周暨青少年"节能减排环保"主题活动，3000余人参加了活动。5月28日集中全县各小学的190多名优秀选手在科普中心进行庆"六一"国际数棋科普学习竞赛活动。2007年举办了第四届石林县青少年科技创新大赛，752件参赛作品中有253件荣获一、二等奖，推荐参加了市级、省级大赛；2008年通过评审，有市级获奖118件，省级二等奖1件、三等奖2件。6月5日召开石林县青少年科技创新大赛工作推进会议，对初报的项目经邀请专家指导向辅导教师进行讲解。截至10月30日，石林县参加创新大赛参赛人数达到1082人。通过初审推荐参加市级24届大赛作品652件，其中项目类作品16件。7月19～24日，石林县科普中心与青少年活动中心联合举办了2008年上海——杭州青少年科普夏令营，来自全县各中小学的18名青少年参加了活动。

【发展农技协】 2008年由村党支部牵头成立石林县绿荷洋蓟产品技术协会，由科普示范基地牵头成立了石林县金果枇杷产业技术协会，由致富能人牵头成立了石林语鹤食用菌生产技术协会，由企业业主牵头成立了石林县长湖生态土鸡养殖技术协会和石林农友生猪产业协会，年底共有农技协24个。在甜柿协会和油桃协会成立了党支部，积极探索"支部＋协会"的产业发展新模式；在全县农技协中开展规模经营会员评选活动，共评出100户规模经营户。农技协带头开展办农函大培训班，年内完成蔬菜、养猪等9个专业28个培训班，培训结业学员1997个。组织106人申报农民技术职称，其中：4人经市中评委评审通过中级职称评定；县初评委组织初职评审，39人通过农民助理技师职称评定，58人通过农民技术员职称评定。

【科普惠农建设】 2008年石林县有市列科普惠农兴村"一站一栏一员"建设7个村，每个村建科普宣传栏，利用村党员活动室或文化活动中心建农函大办学点，一个科普阅览室明确一名科普员，为每个点配备了200册农技适用技术科技书目，同时为条件较差的村配备书柜和桌椅，提供科普宣传挂图，确保每个点定期更换宣传栏内容。按照云南省科普惠农兴村项目实施"七个一"的要求，在大可乡和西街口镇分别建立"科普服务流动站"，并在大可村和西街口村分别制作了标准科普宣传栏，配备了40套桌椅、2组书柜和200套科技书，设立了科普活动站、科普阅览室、农函大培训点，落实了科普宣传员。2008年12月，石林县鸿鑫生态茶叶产品开发技术协会被中国科协授予"全国科普惠农兴村"先进集体称号，获得以奖代补资金20万元。

【石林县通过全国科普示范县复查】 为迎接全国科普示范县复查工作领导小组的复查，在各相关部门的积极支持配合下，2月底县科协组织编撰了《全国科普示范县复查资料汇编》（上、下册）。6月石林县顺利通过全国科普示范县（市、区）资格认定。10月中国科协正式命名，并重新颁发牌匾，标注年度为2008～2009年。

（撰稿人：县科协 娄玉泉）

县残联

【县残联】 1999年6月，单列成立县残联。2008年设办公室、综合科，直管5个专门协会，年底有公务员4人、工勤人员2人。2008年10月单位搬迁至阿诗玛东路原老土地局原址；向支农联系点长跨村委会支援生产经费2000元。

理 事 长：徐丽琼（女）

副理事长：李宏鸣

【残联组织】 2008年石林县登记在册的六类残疾人共有7630人。在农村建有乡镇残联8个，乡镇残联工作人员由民政助理兼任，村级残疾人工作由村委会三职负责。设有农村残疾人联络员70人，服务覆盖全县17万人口。

【康 复】 2008年县残联配合市口腔专科医院开展“微笑列车”项目，对全县唇腭裂患者进行初步筛查，共筛查出适宜手术对象13名，6名贫困患者得以参加“微笑列车”项目，手术费、医疗费全免，为患者节约医疗费3万元，县残联为每个手术患者提供300元的后期康复治疗费。投入2.59万元，向贫困残疾人供应轮椅20辆、不锈钢腋下拐50对、手杖120支。配合县妇联开展下肢重度残疾妇女筛查工作，发放捐赠轮椅60辆，价值4.8万元。配合市残联完成2007年11名贫困残疾人安装免费大、小腿假肢康复训练任务。投入3万元，购置残疾人康复锻炼器材四大件，准备安装到新建的残疾人综合服务设施中。利用“爱眼日”、“爱耳日”、“助残日”等特殊节日大力宣传普及爱眼护耳等康复知识。在扶贫救济中解决特困残疾人医疗费用8000元。

【扶贫解困】 2008年在新型农村合作医疗中，由县民政局和县残联共同对特困残疾人农村合作医疗中的个人集资款进行补助，县残联承担6600元。县残联利用春节、助残日、中秋佳节、六一儿童节、春耕等节日、节气对全县贫困残疾人进行走访慰问7次，慰问各类残疾人420人，送去慰问金、慰问品折合人民币10万元。配合生龙生态公司落实市残联努比亚羊养殖扶贫项目，配合公司回收小羊185只、实现产值8万元，向19户残疾人养殖户发放饲养超重奖4300元，鼓励残疾家庭精养精饲，提高养殖水平。资助残疾人种植养殖重点户6户，发放扶持资金3万元，在残疾家庭中树立一些典型代表户，鼓励残疾人自强自立。投入5万元，开展新希望养殖项目。与刺绣协会联系，为重度残疾妇女进行民族刺绣加工就业寻找门路，向残疾妇女发放民族绣片1500余片，在企业加工费的基础上，由县残联另外发放加工补助费1.6万元，引导残疾妇女自食其力。开展各类生产、生活、医疗临时救济，共救助40人，发放救助金1万元。

【劳动就业】 2008年县残联对达不到安排残疾人就业比例的用人单位，依法清欠、收缴政府性基金——残疾人就业保障金70万元，县直机关、事业单位的征收率达98%。开展用人企业与残疾人供需见面会3次，推荐13名残疾人外出就业。

【教育工作】 2008年残疾儿童的义务教育工作随班就读率达90%，在“两免一补”中共有60名残疾学生受益。县残联积极资助残疾学生到特教学校接受特殊教育，“春雨行动”扶残助学轮助制中，对19名在读盲聋哑学生人均资助1350元，共资助2.565万元。慰问贫困残疾学生、低视学生68人，发放资助品、资助金折合人民币6800元。开展应届初高中毕业残疾学生、残疾家庭子女学生调查、收集资料80人，按考取大学本科每人资助3000元、考取大专2000元、考取中专1000元，资助2008年新入学本科7名、大专10名、中专10名，共发放一次性入学资助金5.1万元。

【残疾人危房改造】 2008年初，县残联对2007年31户残疾人危房改造户进行检查验收，保证24.8万元危改资金百分之百发放到残疾人手中，使之办成了民心工程、廉洁工程。年内共争取省市残联危改资金55.5万元，县政府配套20万元，残保金列支10万元，共筹集85.5万元开展残疾人危房改造工作。8月份资金全部下拨到各乡镇，至12月底共完成改造100户，使危房改造这项影响大、反响好的工作得以继续。

【白内障复明手术】 2008年7月16～20日，昆明市残联组派的昆明光明眼科医疗队到石林县为1600多名眼疾患者进行了初步筛查，筛查出严重白内障患者400例。通过术前检查，对身体条件符合手术要求的233名白内障患者实施白内障复明手术，晶体植入率达100%。233例手术中，135例手术费用13.5万元由广东部分成功企业家组织的“赢利模式同学会光明行动”免费资助，剩余98例9.8万元从县残保金基金列支，做到患者全免费。以上两项共为石林县白内障患者减免检查、手术、药品等费用23.3万元。本次手术的对象多数为中老年人，通过手术，这部分白内障患者告别了黑暗、重见了光明，实现了“一人光明，全家幸福”的目标。

【希望养猪项目】 根据农村残疾家庭生产生活调查情况和全国养猪业景气度已由低谷上升到高位的实际，县残联对2007年初实施的希望养猪项目进行相应的政策调整，从2008年6月开始停止新加入残疾家庭审批，对已加入的家庭逐步停止饲料补助，继续加强养殖技术培训。全年开展母猪、仔猪养殖培训3期，培训残疾家庭养猪明白人180人次，向加入项目的残疾家庭补助5万元的饲料款，促使2007年重大疫情后继续坚持养猪的300多户残疾家庭抓住了2008年猪价高涨行情，出栏肥猪、仔猪1500余头，实现产值200余万元，残疾家庭普遍赚到了钱。

【培　训】　2008年县残联选送5名残疾人职业技能能手参加昆明市残疾人职业技能竞赛，李国才获电焊竞赛第二名，向选手颁发鼓励奖1500元。推荐22名残疾人到昆明免费学习手机修理、小家电维修、摩托车修理，学习时间60天，为残疾人节约培训费、实习费、食宿费等3.6万元。投入3万元，邀请县农牧局、温氏集团、希望饲料公司、刺绣协会等共同举办残疾人养鸡、养猪、饲养火鸭、人工菌种植、刺绣等培训班11期，共培训残疾人及残疾家庭明白人1050人次。

（撰稿人：县残联 李宏鸣）

延安精神研究会

【县延安精神研究会】　2004年12月27日，成立县延安精神研究会。2008年3月30日，经县委常委会批准，调整充实了领导班子，设立了常务理事会。年底设3委1室，有39位理事、13位常务理事，聘2名老同志为驻会专职工作人员。会址设在县委大院内。

会　　长：黄有德
副 会 长：徐梅芬（女）
　　　　　李万全（彝族）
　　　　　赵淑辉（女）
秘 书 长：陈廷选
副秘书长：高云曦（女）
　　　　　赵振虹（女）

【组织建设】　2008年分会组织迅速发展。3月22日，成立大可分会，发展会员40人；7月29日，成立西街口分会，发展会员52人；10月9日，成立水务分会，发展会员88人；11月17日，成立长湖分会，发展会员73人；11月27日，成立供销分会，发展会员47人。县延安精神研究会在县直机关发展了第五批会员50人。年底全县共有会员850人。

【一届四次年会】　2008年3月7日，县延安精神研究会在县总工会新楼会议室召开了一届四次年会，理事、分会领导、小组长和部分特邀领导共84人出席会议。会议本着“精简效能”的精神，首次将会员大会改为会员代表大会。

会议由常务副会长李万全主持，会长黄有德作了题为《高举旗帜，践行延安精神，为开创石林经济社会发展新局面而奋斗》的工作报告。报告总结了2007年县研究会所做的10项主要工作，指出了存在的4个方面的困难和问题，提出了2008年的8项工作任务。卫生分会会长周保能作了工作经验交流；县委常委、县委宣传部部长李福军代表县委、县政府作了《继承延安精神，推进石林跨越式发展》的重要讲话，对研究会的工作提出了希望和要求。

【召开理论研讨会】　2008年6月19日，县延安精神研究会和县委党史研究室联合在县教育局大会议室召开了“学习十七大文件、弘扬延安精神征文暨理论研讨会”。会议由会长黄有德主持。县人大主任李绍增，县政协主席者培仙，县委常委、组织部部长王昆，县委常委、宣传部部长李福军，县人大副主任徐梅芬等领导参加会议作指导。70余名作者参加了会议。

会上，李福军部长代表县委作了讲话，10名作者作了交流发言。会议从92篇参评论文中评出了一等奖2篇、二等奖3篇、三等奖5篇、特别奖2篇、单位组织奖2名，对获奖单位或个人分别颁发了奖金和证书，其余按稿件质量分类付给稿费予以鼓励。此次征文理论研讨活动得到了县领导的重视，县政协主席者培仙，县委常委、县委办主任、县旅游局局长李正平和一部分乡科级主要领导带头撰写了稿件。

【召开纪念改革开放30周年座谈会】　为讴歌改革开放30周年伟大成就，2008年10月19日县延安精神研究会在县教育局大会议室召开了纪念改革开放30周年座谈会。县委常委、宣传部部长李福军，县人大副主任徐梅芬，部分县直机关、学校、乡镇的会员代表60余人参加了会议。会议由会长黄有德主持。

会上，县委常委、宣传部部长李福军代表县委作了重要讲话，钟辅朝、蒋开彦、陈廷选、李玉华、张云涛、唐宝鹤、赵江庆、马桂林、高树华、王刚10位同志分别从教育、卫生、“三农”、水利、生态、交通运输、人民生活的发展变化等多方面作了发言。

【宣教活动】　2008年4～12月，县延安精神研究会充分发挥老同志传承党的优良传统的作用，先后组织了10位老同志深入到大可中心学校、鹿阜镇中心学校、县国税局、县建设局、县水务局、县发改局、县公安局、县旅游局、县一中、县供销社、县疾控中心、众友集团、堡子、阿乌村、青山、矣马伴、结胜、矣维哨宣讲“延安精神与党的的建设”、“延安精神与社会主义荣辱观”18场，听众达1200多人。组织延安精神艺术团到机关、学校、农村宣传延安精神、党的十七大精神、《石林风景名胜区保护条例》等内容，演出17场，观众达17000余人次。

【组织会员撰写理论研讨文章】　2008年县延安精神研究会认真组织会员撰写理论研讨文章。全年共征集到学习党的十七大文件、弘扬延安精神论文90篇；“纪念改革开放30周年”纪念文章8篇；诗词书画作品10幅；“纪念党的纪律检查机关恢复重建30周年”征文2篇；延安考察学习心得体会9篇。上报省、市延安精神研究会46篇（幅），入选19篇（幅）。

（撰稿人：县延安精神研究会 陈廷选）

军　事

县人民武装部

【县人武部】 1951年12月，成立县人民武装部。2008年县人武部设军事科、政工科、后勤科，下辖8个乡镇武装部，机关有军队干部8名、职工10名（含1名临时工）。办公地点在鹿阜镇东城区。年内县人武部被昆明警备区评为“全面建设先进单位”、“安全稳定工作先进单位”、“征兵工作先进单位”。资助支农联系点圭山当甸村委会生产经费5000元。

部　　长：自成相（彝族）
政治委员：彭　颖（3月止）
　　　　　张　达（3月起）
副部长兼军事科长：
　　　　　江同清（3月止）
　　　　　王海东（3～9月）
　　　　　廖传文（9月起）
鹿阜镇人武部部长：秦绍林
路美邑镇人武部部长：杨兴有
石林镇人武部部长：张志强（彝族）
西街口镇人武部部长：董贵林（彝族）
圭山镇人武部部长：（缺）
长湖镇人武部部长：王　新（12月止）
板桥镇人武部部长：李春华
大可乡人武部部长：朱树霖
天合公司人武部部长：李德友
旅游局人武部部长：（缺）

【思想政治工作】 2008年部党委始终把思想政治建设放在首位，坚持按照“党委核心领导作用坚强、思想政治教育成效明显、党管武装制度落实、干部职工队伍素质过硬、经常性思想工作扎实”的要求，全面贯彻落实科学发展观。积极开展“胡主席关于新形势下国防和军队建设一系列重要论述”和“十七大关于以改革创新精神全面推进党的建设重要论述”两个专题理论学习；结合纪念党的十一届三中全会召开30周年，围绕培育当代军人核心价值观，继续抓好抵制“黄、赌、毒和艾滋病”侵蚀；利用民兵军事训练、参加重大活动等时机，在民兵预备役人员中广泛开展党的路线方针政策、爱军习武、战斗精神教育。通过深入开展历史使命、理想信念、战斗精神、社会主义荣辱观、伟大的抗震救灾精神等教育，确保了干部职工和民兵预备役人员的政治合格。

【战备工作】 根据警备区工作部署，县人武部按照“抓教育强观念、按任务搞建设、依制度保秩序、靠科技促创新”的思路，落实战备要求，细化建设标准，规范配套设施建设，完成了“九室两库”建设，规范了各类库室设置，修订完善了反恐维稳、抢险救灾等战备方案，购置了50余种战备物资、器材和装备，规范了办公设施设备，圆满完成了警备区赋予的战备工作试点任务，并在9月25日接受了警备区组织的13个县（市）区军地领导参加的观摩学习。

【参建参治】 坚持在用兵中练兵强兵，提高民兵队伍完成多样化军事任务的能力。2008年5月22日，组织120名民兵进行伤员救助演练，并配合县政府转移了地震灾区伤员108名；7月26日组织1050名民兵参加为期3天的石林县火把节大型活动安保执勤；9月8日组织150名民兵参加“昆明市2008年防洪抢险综合演练”；12月17～18日组织民兵300人次参加县庆演示和安保执勤。

【国防教育】 坚持以点带面，促进国防教育活动不断深化。积极组织各种类型的国防教育活动，重点抓好全民国防教育日的教育宣传活动，不断提高群众的国防观念和军事技能。抓好“八一”军事日教育活动，举办全县实职正科以上领导参加的国际国内形势专题讲座，并进行了实弹射击。组织全县正科以上领导干部进行抢险救灾专题知识培训，参观人武部战备建设成果，增强了领导干部的国防观念和忧患意识。充分发挥协调作用，积极组织驻军为两所高级中学军训新生900余人。利用民兵训练、整组等时机、场合，通过新闻媒体、报刊等形式进行国防教育，全县人民受教育率达90%以上，形成了全社会关心国防建设、支持国防建设、参与国防建设的良好氛围。

战备条例试点观摩会

【军事训练任务】 2008年机关全体干部职工积极开展每天1小时的体能达标训练，主要以5000米、3000米长跑、单腿深蹲、直体前曲、100米短跑等科目为主的训练内容；3月组织284名民兵进行年度军事训练，并挑选4名成绩优秀的民兵参加了省第六届农民运动会；4月完成了县工商局机关77名干部职工和道通公司66名员工的军训。

【双拥工作】 积极组织干部职工开展拥政爱民活动，5月15～26日在开展向汶川地震灾区捐款活动中干部职工捐款5080元、党员缴纳特殊党费3020元；10月6日在开展向汶川地震灾区捐赠衣被活动中捐款650元、衣服19件；10月20日在开展"送温暖、献爱心"活动中，向本县困难群众捐款1400元。在春节和"八一"期间，组织协调驻石部队拥政爱民座谈会和军政座谈会，县主要领导和驻石部队首长带民政部门走访慰问了驻军和军烈属，进一步密切了军政军民关系，巩固和发展了军政军民团结的良好局面。

（撰稿人：县人武部 李章勇）

武警石林中队

【武警石林中队】 1983年12月，组建成立武警石林中队。2008年中队圆满完成了看守及上级安排的各种临时性勤务工作，受到了总队、支队和县委、县政府的表彰和奖励，中队有1人荣立三等功、9人评为优秀士兵、11人受到支队嘉奖。

中队长：刘　义

指导员：张　锋

【政治教育】 2008年中队围绕"坚定理想信念，忠实履行使命，永远做党和人民的忠诚卫士"为专题教育和"四不一保持"等教育，筑牢思想防线，提高思想觉悟，开展"双四一"、"三好六不"、"三互"等活动，不断激励干部战士参与部队建设的积极性，形成了干在平时、争在平时的良好氛围。

【军事训练】 中队从实际出发，针对新时期执勤和突发事件的特点，紧贴"中心"和实际，周密计划，合理安排，坚持从难从严训练，高标准完成了本年度的军事训练，全年共完成90个训练日，参训率达87%以上，确保了人员、时间、内容、效果的落实。7月，中队在支队组织的勤训轮换集训中获得了第二名。

【战备执勤】 加强执勤教育，牢固树立居安思危的思想意识。支部结合执勤、处突、反恐和后方方位作战的任务特点，搞好专勤专训，执勤能力明显增强。中队按照强化一线执勤，做到"一线坚固，二线应急，三线能快速支援"的要求，组织官兵学习《执勤规定》、《情况处置规定》和上级有关的文件精神，适时开展警示和典型事例教育，引导战士掌握履行职责的政策法规，站"明白哨"、"放心哨"，确保了关键时刻拉得出、联得上。

严格落实勤务制度，利用有效载体促执勤。中队坚持支部统筹、主官主抓、分管分抓的领导机制，严格落实好勤务八项制度，大力开展"三共"、"三个一遍"活动，深化治理执勤隐患并加大干部的查勤力度。同时，利用三级网监控、查勤有效载体，确保了执勤目标的安全。在奥运火炬途经石林期间，中队高度重视，提前一周到实地勘察地形，作出周密安排，精心挑选了10名军政素质过硬的战士在上级业务部门、大队长魏华健和中队长刘义的领导下，圆满完成了此次奥运火炬交接的安保任务。

【行政管理】 按照支队的统一部署，4月中队集中开展了《条令条例》学习活动。通过学习，增强了官兵的条令意识和服从意识。为加强部队管理、严格人员管控，中队严格落实请销假制度，并运用"双四一"、"三互"等有效载体，确保官兵的思想稳定。同时，还建立了探亲休假人员档案和家庭联系卡，要求探亲人员每周向中队汇报一次情况，确保对探亲休假人员的管理。

【后勤保障】 积极争取地方经费资助，大力发展农副业生产，中队全年共养猪10头、出栏8头，产菜1000余千克。严格公用物资管理，落实计价挂账制度，战备物资按"三分四定"的要求存放，并实行标签化、架子化。认真规范了各种登统计（记）本，较好地提高了中队后勤规范化管理水平和营产营具的使用效益。

（撰稿人：武警石林中队 张 锋）

武警石林消防大队

【武警石林消防大队】 1993年成立武警石林消防大队。2008年大队官兵以创建平安石林为中心，认真贯彻《中华人民共和国消防法》、《云南省消防条例》、《机关、团体、企业、事业单位消防安全管理规定》，确保全县火灾形势的基本稳定。年内大队被昆明市消防支队评为"三基工程"达标大队、先进基层党委和省级青年文明号、县级文明单位等殊荣；大队军政主官被授予"一对好主官"称号，1人荣立三等功，1人被评为优秀共产党员，3人评为优秀士兵，6人受总队、支队嘉奖。

2008年大队面向地方招收了6名合同制消防员，同时购置了一批55万元的个人防护装备，其中有移动供气源、空气呼吸器、消防堵漏工具、无火花工具、起重气垫、救援担架等100余件套。

大队长：李升福

教导员：杨晓明

【灭火救援】 2008年大队共扑救火灾38起，其中成灾的8起、烧毁房屋6451平方米、直接财产损失113490元。参与抢险救援23次，参加社会执勤6次，出动警力1058人次，出动消防车247台次，救援遇险人员15人，疏散被困人员369人，为群众抗旱送水1000余吨，为国家和人民挽回经济损失810.6万元。圆满完成了"两会保卫"、"三月三"、"春节消防安全保卫"、"中国石林国际火把狂欢节安全保卫"、"奥运火炬传递保卫"、"奥运保卫"、"改革开放30周年暨石林县更名10周年庆典"等大型活动消防安全保卫工作。

【执勤训练】 2008年大队按照"练为战"的指导思想，组织官兵对全县42家消防安全重点单位进行了熟悉，开展消防实地演练36次，修订完善灭火作战预案56份，建立消防水源档案87份，训练工作日达180天，熟悉演练达90个工作日。在市消防支队组织的三

级战斗员考核中，全体官兵均通过考核验收，合格率达100%。在执勤岗位练兵中，石林消防大队、专职消防队、志愿消防队三支队伍参加了支队大比武，均取得了优异的成绩，其中：专职消防队、志愿消防队获得全市第6名；在个人赛中，志愿消防队虎孝文获得第二名。

【消防宣传】 为有效推动消防工作社会化，提高全民的消防安全意识，大队建立了全天候对外消防宣传站，接待参观群众3000余人次。先后组织学校、公众聚集场所、人员密集场所和易燃易爆行业管理人员进行了消防安全知识培训，培训人员达3500余人次。开展了平安宣传月、6月安全月、119消防宣传日、消防进家庭、进学校、进企业、进农村等宣传活动，并在各乡镇设置消防宣传点火灾隐患举报点、悬挂消防宣传布标等形式多样、内容丰富的宣传活动，营造了良好的消防安全宣传氛围，切实提高了人民群众的消防安全意识。全年共悬挂标语30余处，组织消防重点单位培训演练5次，发放消防宣传传单2000余份。

【专项治理】 2008年大队在全县开展了春季防火安全大检查、火灾隐患排查专项治理、加油站专项治理、网吧专项治理、公共聚集场所专项治理、红盾8号火灾隐患排查专项治理，对全县400余个单位场所进行了消防安全大检查。下发《建筑设计防火审核意见书》21份、《建筑工程竣工消防验收意见书》7份、《消防安全检查意见书》26份、《责令限期整改通知书》41份（其中2份为《重大火灾隐患限期改正通知书》)、《复查意见书》40份、《当场处罚决定书》4份、《行政处罚决定书》2份，处罚金额65000元，警告2人，“三停”2起，发现火灾隐患192条，当场整改109条，派出“错时检查工作组”96个，整改隐患86条，促使隐患单位投入整改隐患资金达170多万元。

【队伍建设】 按照消防“四进”和多种形式加强消防队伍建设的要求，大队从地方人员中择优招收了6名合同制消防员充实到消防部队中，并在原有35支农村志愿消防队的基础上，新增了15支农村志愿消防队，有效解决了公安消防警力不足的实际问题，增强了全县抗御火灾的能力。

（撰稿人：武警石林消防大队 韦 樵）

武警石林森林中队

【武警石林森林中队】 2001年2月28日，武警石林森林中队进驻石林县。2002年9月3日，正式挂牌成立。2008年中队先后被武警云南森林总队评为“基层建设先进中队”，被武警森林指挥部评为“基层建设标兵中队”；1人荣立三等功，10人被支队评为优秀士兵，15人受支队嘉奖。

中队长：李 鹏（1月起）

指导员：王文刚（1月起）

【支部班子建设】 2008年中队成立了5人支委班子，大力加强自身建设。年内共发展党员3人、转正1人，选送6人学技术、4人考上军校、政法系统。大力加强共青团组织建设，中队团支部被武警森林总队评为先进团支部。

【军事训练】 2008年严格按照森林部队新《军事训练与考核大纲》要求，主要进行了擒敌拳、器械、常用灭火器具使用技术、分队灭火战术、火场紧急避险、紧急拉动、5000米跑、400米障碍、军事地形学、体能等科目训练。在总队组织的年度考核中，以总分969分的优异成绩取得了武警昆明森林支队第一名的好成绩。年内为石林县两所学校军训学生1200人。

【防期工作】 2008年中队共出动灭火作战和各类执勤16次，出动兵力360人次、车辆25台次，圆满完成了易门“4·8”重大森林火灾的扑救任务和“石林县‘三月三’、‘清明节’、‘石林国际火把节庆典活动’、‘奥运火炬传递仪式’、‘改革开放30周年暨石林县更名10周年庆典’等各类执勤任务。

【管理工作】 在强化官兵安全意识、自觉落实安全制度、确保安全教育上，主要采取集中授课进行正面引导和随机教育。在教育内容上，突出条令学习、安全警句七字诀、五个重点问题、灭火作战安全、安全防护常识等的学习教育。在教育对象上，在抓好普遍教育的基础上，侧重于干部和战士的教育，特别是加强司务长、给养员、出纳员、军械员的管理教育，取得了良好的效果。

大力开展警民共建活动，全年共建单位为中队开展“两用人才”培训提供帮助，有13名战士退伍前拿到了计算机等级证书。

【后勤工作】 中队坚持“一保生活、二保中心、三保应急”的原则，强化后勤管理力度。抓好农副业生产与管理，坚持走科学发展之路，坚持“宜农则农、宜牧则牧、宜林则林”的方针，因地制宜、科学规划，大大提高农副业的生产效益与管理力度，全年农副业生产收入18095元。

（撰稿人：武警石林森林中队 王文刚）

法　制

政法工作

【县委政法委】 1980年3月，建立县委政法领导小组。1982年10月，成立县委政法委员会。2001年2月，成立县委610办公室。2002年7月，政法委机关、县委610办公室、县综治办合署办公，政法委机关下设办公室、政治处。2008年底有干部职工10人，其中：公务员9人，工勤人员1人。3月杨培忠被市委、市政府评为“2005～2007年度昆明市社会治安综合治理工作先进个人”；6月李兴国被省委、省政府评为“2005～2007年禁毒人民战争先进个人”。年内资助支农联系点石林镇站屯村委会生产经费5000元，资助新农村建设指导员派驻点石林镇月湖村委会生产经费2000元。

书　　记：李兴国
副 书 记：戴　平（2月起，兼）
常务副书记：李永华
副 书 记：李何红
610办主任：陈咏冰（女，彝族）

【平安建设工作】 2008年1月22日，石林县被省委、省政府授予“平安县”称号。为进一步巩固和深化省级平安创建成果，县委、县政府采取“355”措施深化综治维稳工作，推进平安和谐石林建设。在2月26日召开的全县政法工作会上，各乡镇政府、县直各单位主要领导与县委、县政府签订了综治维稳暨平安创建工作目标管理责任书，细化了责任、量化了目标。县平安创建领导小组进一步完善了县“四班子”办公室和公、检、法、司联系指导乡镇平安建设和综治维稳工作制度。7月17日市委、市政府召开了综治维稳暨新一轮平安昆明建设工作会后，7月24日县委常委会作了专题研究，7月29日召开全县干部大会对石林县开展新一轮平安建设工作作了安排部署。针对县委主要领导工作变动的实际，于9月12日调整了新一轮平安石林建设工作组织领导机构，下设办公室在县委政法委。县委、县政府日督办和县委政法委及时将综治维稳和平安建设重点工作分解、量化到全县各乡镇、各相关单位，按季度立项督办，有力地推动和促进了全县平安建设工作广泛深入开展，全县上下形成了齐抓共管、广泛参与、合力推进平安建设的良好局面。

【法治环境建设】 2008年县委政法委指导政法等部门贯彻落实好处置医患纠纷、加强学校安全、法院联动执行机制等工作的实施意见，进一步加大对经济领域、煤矿山等方面的违法犯罪整治。县委、县政府调整充实了法治石林建设工作领导小组、普法与依法治县工作领导小组及其办事机构，制定了《进一步加强2008年依法治县工作的意见》。分管县领导发表了法治石林建设的电视讲话，全县召开了依法治县工作会议。通过广泛开展法制宣传、法制培训、改革行政审批、检查指导、健全规章制度等活动和措施，促进了法治石林建设和依法治县工作的深入开展，营造了良好的法治环境。进一步强化刑释解教人员安置帮教和预防青少年违法犯罪工作，对43名刑释解教人员全部纳入帮教，安置了42人，无重新犯罪人员。开展了监外执行罪犯脱管漏管专项清理整治行动，进一步理顺和规范了管控机制，落实了管控措施，全县147名监外执行人员在监外执行期间无违法犯罪问题发生。

【严打整治】 县委政法委组织全县政法机关既认真贯彻“宽严相济”的刑事司法政策，又坚持“严字当头，打字开路，防字为先”的工作思路，对严重刑事犯罪保持高压态势，构建严厉打击、精确打击和合力打击的工作格局。政法各部门各司其职、密切配合，严厉打击杀人、抢劫、伤害等严重暴力犯罪，组织开展了“打黑除恶”、打击偷盗“三电”设施犯罪、盗窃大牲畜犯罪、盗窃电动自行车犯罪等一系列专项行动。4月19日，县政法机关召开了公捕公判大会，对20名犯罪嫌疑人宣布逮捕，对10名被告人依法公开宣判。

【化解矛盾纠纷】 在开展书记、县长大接访和领导干部大下访活动的同时，各乡镇、县直各有关单位根据工作需要，建立了领导接访制度，有效疏导化解了一大批社会矛盾。制定了《重大紧急情报信息管理规定》，实行“全员采集、综合研判、快速处置”的情报信息收集、研判、预警工作制度。建立了矛盾纠纷排查调处工作月例会制度，每月轮流在各乡镇召开社会矛盾纠纷排查调处例会，紧紧围绕招商引资、重点工程项目建设、集体林权制度改革、烤烟收购等重点工作，研究讨论重大疑难社会矛盾，分析安排社会矛盾排查化解工作，对排查出来的社会矛盾按照“六个一”的要求落实调处责任，坚持县、乡(镇)、村、组四位一体，人民调解、行政调解和司法调解三调联动化解矛盾纠纷。全年共排查调处各类重大社会矛盾272起，调结208起，调结率为76.47%。2008年6月，由县财政拨款20万元，建立了处理社会矛盾专项资金，全年通过该资金解决了5件5人疑难社会矛盾问题，为维护社会稳定起到了积极的作用。全年未发生重大群体性事件，确保了全县社会稳定。

【治安整治和防范】 2008年全县政法机关深入开展了突出治安问题排查整治专项行动，对群众反映强烈的大牲畜被盗、三电犯罪等突出治安问题，组成各专门工作领导小组，制定整治工作方案，集中力量、集中时间，综合整治，使群众反映强烈的突出治安问题得到有效遏制。2008年县财政再投入资金45万元进行城市报警监控系统二期工程建设，新增视频监控探头50个。至年底，在城市主要街道、石林景区、公共娱乐场所、金融系统、党政机关和新建小区共安装了526个视频监控探头、146个固定目标报警装置。公安机关大力推进“网格化”管理，实施警灯闪烁工程，最大限度地把警力摆在社会面上，通过加强巡逻队伍、装备建设，巡逻盘查的力度和密度进一步加大。基层单位和村社组织广泛开展机关干部巡逻防范、联户联防、农村党员干部包片包户防范等群防群治工作，通过强化打击和完善防范机制，有效减少了可防性案件的发生。

【防范邪教】 2008年石林县的610工作紧紧围绕深化和巩固“平安石林”建设这一中心，以“无邪教乡镇”巩固活动为载体，坚持教育转化攻坚与教育巩固并重，打击与防范并举，着力在加大打击和防范邪教组织的违法犯罪活动工作上下功夫，深入开展了宣传揭批活动，努力营造“崇尚科学、反对邪教”的社会氛围。以“四个纳入”为载体，落实工作责任制，全力维护社会政治稳定，确保“两会”、“火把节”、奥运会、残奥会、纪念改革开放30周年暨石林彝族自治县更名10周年庆典等重大节庆活动及“敏感日”的安全，实现了“三零”目标。全县8个“无邪教乡镇”创建巩固工作于12月顺利通过市委610办的验收，为全县经济社会协调发展提供了良好的社会政治环境。

【安全生产】 2008年以全国安全生产隐患治理年为契机，围绕抓好基础和基层“两基”工作，县委政法委加强宏观管理，组织协调和督促全县各行各业集中开展了以消防、道路交通、工矿企业和生命线工程为重点的安全生产大排查、大检查、大整治行动。各有关单位进一步落实安全生产责任制，强化主体责任，明确安全生产一把手负责制，大力推行“一岗双责”、“一专多能”等活动，完善安全生产目标管理，层层签订安全生产责任书，以落实安全生产目标管理责任制促进了全县安全生产工作的落实，有效维护了相关行业和地区的社会稳定。建立煤炭矿山监管长效机制，成立了煤炭矿山工作领导小组，明确了各成员单位的职责，通过开展综合整治，营造了良好的煤炭矿山秩序。切实加强对易燃易爆、剧毒、放射性物品及枪支弹药等危险物品的管理，通过开展培训、宣传和组织不定期的清理检查，消除了安全隐患，加强了日常监督管理。全年有效杜绝了重特大事故发生，减少了一般性事故的发生。

【基层基础建设】 2008年县委、县政府进一步从人、财、物等方面予以加强，按上级要求解决了人均1元的综治工作经费，公、检、法、司的工作经费均按照标准足额保障到位，做到有人管事、有钱办事、办得了事。县委政法委加强治保调解组织“六有”建设（即有组织机构、有人员办事、有办公条件、有工作经费、有考核管理办法、有工作成效），为全县92个村(社)治保调解会统一制作了匾牌、购买了办公桌椅、提高了基层治保调解人员的待遇、制定和完善了考核及奖惩激励机制等，进一步夯实了基层基础建设，提高了基层治保调解人员的工作积极性。在全县8个乡（镇)均建立了治安纠纷、民间纠纷联合接待调处室；在县法院建立了人民调解室；经县委批准，在全县8个乡(镇)和石林管理局党委设立了政法委。

【政法队伍建设】 加强政法队伍建设是县委政法委的一项重要职责。按照省、市政法委的安排部署，组织政法各部门深入开展社会主义法治理念教育，打牢政法队伍为民服务的思想根基。按照“严格执法、热情服务”和优化经济社会发展软环境的要求，全县政法机关认真制定和落实各项便民利民措施，治安、交通、消防、出入境等管理工作不断改进，全面推行“一窗式”、“一站式”办公，并开展了延时、上门、预约等服务，办事效率进一步提高，群众满意率上升。坚持政治练兵、岗位练兵，深入开展法律基础知识“三考”、司法考试和各种业务培训，全面提高广大政法干警的综合素质。政法各部门、各乡镇、各有关单位结合辖区和行业特点，对综治维稳干部开展了形式多样的政治理论和业务知识培训，进一步提高了全县政法干警和综治维稳干部的工作能力。2008年全体政法干警和综治维稳干部未发生违法事件。

（撰稿人：县委政法委 周向琨）

公 安

【县公安局】 1951年3月成立县公安局。2008年8月完成了机构改革，成立了警务保障室、拘留所，撤销了巡警大队。机构改革后，设政工监督室、指挥中心、警务保障室、网监大队、禁毒大队、国保大队、刑侦大队、法制室、治安大队、经侦大队、交警大队、看守所、拘留所、鹿阜派出所、石林风景区派出所、石林岔口派出所、路美邑派出所、北大村派出所、西街口派出所、板桥派出所、大可派出所、长湖派出所、圭山派出所、亩竹箐派出所等24个部门。2008年底有民警职工270人，其中：公务员255人，工勤人员15人。局机关住所在鹿阜镇石林中路73号。年内获市级表彰的先进集体4个、先进个人8人。在春耕生产时出资6000元为石林镇北大村村委会解决了生产、生活中遇到的困难。

党委书记、局长：李兴国（1月止）
戴　平（1月起）
政　委：李云柯
副政委：梁开毅（10月任改非）
副局长：张永清
李红星
金志锋（1月止）
陈春云（彝族）
李　翔（2月起）
张屿杰（6月起）

【严打刑事犯罪】 2007年11月21日至2008年11月30日，全县共立刑事案件637起，破589起，破案率92.46%，同比立案数下降12.98%，破案率上升29.07个百分点。其中：命案立7起破7起（杀人案立2起、伤害致死案立5起）、破案率100%，同比立案数下降41.66%，破案率上升8.33个百分点；“两抢”案件立22起破15起，同比立案数下降29.03%，破案率上升23.02个百分点；“三电”案件立68起破57起，同比立案数下降39.82%，破案率上升25.42个百分点；盗窃案件立475起破431起，同比立案数下降2.86%，破案率上升28.98个百分点；经济案件立3件破2件，同比立案数上升33%。

【行政案件】 受理行政案件995件，查处956件，查处率为96.08%，处罚违法人员792人，同比案件查处数增加179件、处罚人数减少26人次。

【道路交通事故】 发生道路交通事故602起，死亡30人，受伤130人，直接经济损失1348410元。同比事故数上升20.62%，死亡数持平，受伤数上升37%，经济损失上升37.11%。

【打击邪教】 紧紧围绕“两节”、“两会”和奥运安保等重点工作，组织对境外人员、新疆“三股势力”、基督教和非政府组织的活动情况开展专项调查，严防敌对势力的渗透破坏。严密掌控每个宗教活动的时间、地点、内容和规模，对利用宗教从事违法犯罪的行为进行打击和整治。积极配合相关部门深入乡镇、村社，加强对法轮功、门徒会等邪教组织的调查，适时组织开展“打邪制非”等专项行动。全年共收缴“法轮功”等邪教宣传品856份，有力维护了全县社会政治稳定。

【矛盾纠纷排查】 各派出所加大对各类矛盾纠纷的排查调处力度，共调解纠纷653起。对全县868名重点人口、24名治安危险分子、52名违青帮教人员、6名老上访户落实了管控措施。对排查出的21起因征地拆迁补偿、企业改制、地界争议等可能引发群体性事件的矛盾纠纷，按照“发现得早、控制得住、处置得好”的要求，采取专人包保、分级负责的措施开展工作，有效防止了因敏感问题引发的群体性事件。同时，继续完善局长接待日制度，共接待来信来访25件，办结25件，办结率为100%。来信来访同比减少了14件。

【严防暴力恐怖事件】 各派出所、实战部门坚持24小时值班备勤制度，同时将机关民警分四组轮流承担值班备勤任务，确保24小时警力到位。指挥中心对应急预案认真进行了梳理，制定下发了《石林县反恐怖工作要点》、《石林县关于“北京奥运会”期间处置恐怖袭击事件预案》等5个反恐工作文件，制定了11个应急预案，使应急预案库更加健全和完善。指导和监督县建设银行、县电力公司等部门开展了反恐演练，提高了重点单位应对突发性事件的能力。全年石林县没有发生暴力恐怖事件。

【安全保卫】 全年共投入警力5000余人次先后圆满完成了春节、县“两会”、奥运会火炬传递、火把节、奥运会、残奥会、纪念改革开发30周年暨石林县更名10周年庆典等重要节日、重大活动安全保卫以及45起各种级别警卫任务，做到确保安全、万无一失。

【追逃工作】 牢固树立“立足本地抓全国逃犯、立足本职抓各类逃犯”的思路，采取“破案追逃”、“网上追逃”等多种形式，将历年上网逃犯进行了梳理，多渠道获取各类逃犯信息，建立逃犯工作档案，及时进行上网比对。发现线索紧紧咬住不放，共抓获逃犯121名，与上年56名相比增加了65名，追逃工作取得了显著成效。

公安巡逻

【禁毒工作】 全年共发放宣传材料70000余份，播放禁毒宣传光碟20余场次，开展社会帮教活动40余人次，铲除大麻611株。查获涉毒案件58件，缴获毒品14449.5克，打击处理涉毒人员66名。与上年同期相比，查获毒品案件数上升190%，缴毒数上升134%，打处数上升180%。同时，收戒吸毒人员66人，报送劳动教养18人，使社会面基本无新增吸毒人员，禁毒工作在10个分县市局名列第一，进一步巩固了“无毒县”创建成果。

【行业场所管理】 对254家行业场所、13家收购行业签订了《治安管理责任书》。出动警力1000余人次，对犯罪分子容易藏身落脚的旅店等特种行业进行定期不定期的检查、清理、整顿，进一步加大对“黄、赌、毒”丑恶现象的打击力度。共查处“黄、赌、毒”案件124件，打击处理303人。全年未发生因涉黄、涉赌、涉毒被上级通报或被上级机关查处的案（事）件。对65家旅店、10家印刷企业按时进行了审验。对29家收购、交易旧手机经营户实行了实名登记和实物登记制度，进一步规范了旧手机交易市场，从源头上控制了犯罪销赃渠道。

【危爆物品管理】 坚持“积极预防、严格管理、服务生产、保障安全”的方针，与79家涉爆场点、6家涉枪管理单位签订了安全责任书，层层落实责任制，严密防范措施；建立健全爆炸物品审批、运送、保管、使用制度，消除安全隐患。全年共审批使用炸药378451千克、雷管968390枚、导火索158540米、导爆索125300米、导爆管9450米，无任何失误。开展了治爆缉枪专项行动，共出动警力400余人次，对使用公务用枪、爆炸物品的100余个单位和场点进行了20余次检查，收缴炸药10余千克、黑火药14.5千克、导爆管250米、导火索83米、雷管429枚、各类枪支9支、子弹5138发、火药枪零部件49个、管制刀具3把，处罚违法人员14人，确保了全年无涉枪涉爆案件发生。

【出租房和流动人口管理】 按照"全警动员、全警采集、全警录入、全警共享"的原则和"底数清、情况明"的要求，建立起预防、发现、打击违法犯罪的信息化工作格局和"以人管房、以房找人"的出租房信息互动工作平台，出动警力近9000人次，清理整顿出租房1416间，清理登记流动人口4786人。对清查出来的流动人口逐一进行信息采集录入，在网上进行身份核对和比对，逐人办理居住证。通过严密的流动人口清查登记，堵塞流动人口犯罪空间，2008年流动人口作案人员33人，占刑事作案成员的8.44%。

【户口和出入境管理】 以"543"倍增为重点，加强常住人口管理，采取接送办证和送证上门等措施，全面推进"二代证"办证工作，全年共办理"二代证"2.4万余证。发现并遣送非法入境的"三非"人员1人；登记来自30个国家和地区的境外人员3.38万人；受理审核出国（境）申请160份160人，选聘了20名兼职翻译，建立了昆明市首家外语人才信息库，全面提高了县公安局境外人员管理和涉外案事件的处置能力。

【校园周边秩序整治】 本着"问题不解决不放过"的原则，采取集中清查与重点打击相结合的方式，对大兴商场片区的夜市摊、小旅店等进行严格整治，有效防止和减少了该地区打架斗殴、寻衅滋事等违法犯罪活动。自2008年4月开展整治工作以来，大兴商场片区仅发生刑事案件6件，治安秩序明显好转。对全县12所中学、10所中心学校、90所完小、166个校点进行了摸底调查，共出动警力1000余人次，对学校及周边环境进行综合整治60余次。全年石林县校园及周边未发生涉及师生的案件。

【完善防控网络】 以打防"两抢"犯罪工作为突破口，加大内部单位、小区保安派驻力度。积极推行机关民警下派出所巡逻堵卡机制。采取全顺车、电瓶车、电动车公开巡逻与便衣捕现相结合，将警力屯集到街面，提高群众见警率。继续推广安装变压器防盗锁、"气死贼"防盗装置。新增加安装了250台变压器防盗锁，安装过防盗锁的变压器实现零发案。新增加了4家固定技防设施，全县共有142家内部单位、金融系统等安装了技防设施。对全县80家旅店安装了旅店业信息系统，13家公共娱乐场所安装了监控系统。通过技防、物防、人防相结合，形成了严密的治安防范网络。可防性案件与上年同期相比下降了14.7%。

【信息化建设】 2008年县公安局投资66万元新增电脑90台，使全局电脑达到了292台，实现了人均一台电脑的目标。对公安三级网进行了升级改造，网络带宽由原来的10M提升到了双34M，彻底解决了以往PSTN拨号网络拨号慢、传输慢、易掉网等问题，大大提高了数据传输速度，为公安信息化工作打下了坚实的基础。完成了全县15家网吧"全球眼"视频监控系统安装，推进了"实名上网"制度的落实，实现了对网吧的实时监控和报警。通过网吧监控系统抓获盗窃嫌疑人3名，破获盗窃案件30余起。建立了10个信息采集室和一个信息分中心，确保了信息采集工作的正常开展。投入经费45万元，完成城市报警监控系统二期工程50个探头的安装工作，县城主城区共有监控探头101个。通过监控系统发现刑事案件9起，抓获嫌疑人12名，破获案件25起。

（撰稿人：县公安局 鲁贵红）

检　　察

【县检察院】 1955年6月20日成立了县检察院。2008年设有院党组、检察委员会、机关党总支委员会（下设机关党支部、离退休党支部）、团支部、工会、妇委会、政治处、纪检组、办公室、反贪污贿赂局、反渎职侵权局、侦查监督检察科、公诉科、民事行政检察科、控告申诉检察科、监所检察科、预防职务犯罪科、人民监督工作办公室、法警大队，年底共有职工35人。单位地址位于龙泉路161号。2008年公诉科被省妇联授予"云南省迎奥运十城百岗巾帼文明岗"荣誉称号，检察长柏安云被最高人民检察院授予荣誉勋章，副检察长王虹当选全国人大代表。全年组织干警向四川地震灾区捐款18595元，向贫困儿童献爱心送温暖捐款650元、捐衣物40余件。

检 察 长：柏安云
副检察长：李劲松（彝族）
　　　　　毕秀明
　　　　　王　虹（女，彝族）

【刑事检察】 2008年县检察院把确保奥运会、残奥会、纪念改革开放30周年的安全稳定作为刑事工作的重点，正确分析判断刑事犯罪的发案趋势，突出对流窜作案的打击。全年侦查监督科共受理公安机关及本院自侦部门移送审查批捕案件192件385人，经审查批准（决定）逮捕188件368人，不批捕3件15人，公安机关撤案1件2人，结案率为100%。公诉科共受理公安机关和本院自侦部门移送审查起诉案件229件493人，经审查向县法院提起公诉176件349人，报送市检察院审查起诉33件64人，决定不起诉2件4人，公安机关撤案6件21人，退回公安机关补充侦查10件52人，结案率为99%。

【查处和预防职务犯罪】 县检察院突出办案重点，坚持把大案、社会关注的行业和领域发生的案件、损害人民群众切身利益的涉农案件、造成国有资产流失的案件作为查办职务犯罪的重点，特别是把国家行政机关工作人员利用审批权"吃、拿、卡、要"，损害人民群众合法权益的案件作为查办职务犯罪的重中之重，坚持"标本兼治、综合治理、惩防并举、注重预防"的方针，结合执法办案，突出职务犯罪预防的针对性和实效性，对近年来查办的职务犯罪案件进行案例剖析，开展调查研究，向相关部门发出检察建议2份，提出防范对策和整改意见10条。先后13次参与工程跟踪预防和其他工程专项预防，为确保工程优质、干部优秀作出了积极努力。通过以案释法、专题讲座、图片展览等多种形式，先后深入乡镇、机关、学校等开展法制宣传和警示教育13次，进一步增强公民的法制意识。

全年共受理贪污贿赂案件线索17件25人，开展初查17件25人，初查终结不予立案12件20人，立案侦查5件5人，侦查终结移送审查起诉4件4人，正在侦查1件1人，通过办案为国家和集体挽回经济损失27万余元。共受理渎职侵权案件线索7件7人，开展初查7件7人，初查终结不予立案2件2人，立案侦查1件1人，正在侦查4件4人，侦查终结移送审查起诉1件1人。

【履行法律监督职能】 2008年县检察院坚持“有罪必究、无罪保护、严格执法、客观公正”的原则开展诉讼监督工作，共适时介入公安机关侦查案件20件，参与重大案件讨论20件，发现立案监督线索5件，监督公安机关立案4件。向公安机关发出《要求说明不立案理由通知书》2份、《不批准逮捕理由说明书》15份、《纠正违法通知书》2份、《检察建议》2份，要求公安机关《提供法庭审判所需证据材料意见书》46份，改变公安机关提请批捕案由8件19人。改变公安机关移送审查起诉案由1件1人，追诉漏犯1人，提请市检察院抗诉1件1人，确保了诉讼的合法性和公正性，提高了诉讼质量。

不断深化民事监督意识，进一步拓展民事审判监督的空间和渠道，健全和完善律师代理当事人申诉制度，在对错误民事行政判决、裁定依法提请抗诉的同时，依法维护法院的正确判决和裁定，做好当事人的息诉服判工作，维护法律的正确统一实施。全年共受理民事申诉案件8件，审查终结8件，结案率为100%。经审查立案4件（其中建议提请市检察院抗诉3件，终止审查1件），不予立案作息诉处理4件。

以看守所的安全防范、规范化管理为重点，深入在押人员的生活、劳动、学习场所进行检查100余次，配合看守所进行安全检查11次，针对监管场所存在的问题提出口头建议10次。坚持检察官约见制度，与在押人员谈话200余人次，工作中发现职务犯罪线索3件，受理在押人员控告申诉4件，对在押人员进行法律宣传3次。坚持超期羁押预警催办制度，共催办45人次。加大对暂予监外执行罪犯脱管漏管监督的工作力度，对发现的问题及时向有关部门提出检察建议，对1名违反规定的暂予监外执行犯罪人员，监督公安机关收监执行。全年无超期羁押、超时限办案，确保了刑事诉讼的合法有效开展和看守所的安全。

【社会矛盾纠纷排查化解】 全年共接待来访20件26人，由本院民事行政检察科处理4件4人，直接办理16件22人；接待群众法律咨询27件46人，直接答复群众法律咨询27件46人；受理群众刑事申诉案件2件2人，经复查后当事人息诉罢访1件1人，书面向当事人答复1件1人；受理来信14件14人，移送本院自侦部门办理11件，移送相关部门办理3件。年内信访办结率为100%。

【接受社会监督】 扩大检务公开，不断完善案件查询系统制度，公开检察机关的工作职责、当事人的权利义务、办案时限、办案进程等内容，主动接受社会监督。2008年先后3次邀请县人大代表、县政协委员参加庭审旁听，自觉接受人大代表、政协委员对诉讼活动的监督，进一步促进出庭支持公诉水平的提高。积极推行人民监督员试点工作制度，主动加强与人民监督员的联系，组织人民监督员参加全省检察机关人民监督员培训班学习，为人民监督员对查办职务犯罪中“三类案件”、“五种情形”实施监督创造了条件，充分发挥了人民监督员的作用。

（撰稿人：县检察院 杨云锋）

审　判

【县法院】 1951年1月1日成立县法院。2008年内设办公室、政治处、纪检监察室、刑事审判庭、民事审判第一庭、民事审判第二庭、行政审判庭、立案庭、执行局、司法警察大队、审判监督庭，下设石林、板桥、圭山三个派出人民法庭。年底有职工56人，其中：公务员48人，工勤人员8人。新建审判大楼于2008年4月份正式投入使用，地址在石林县城小东山小乐台旧村对面石林中路旁。春耕生产期间，向支农联系点石林镇月湖村委会捐资2000元生产经费。

院　长：李石友（彝族，2月止）
　　　　刘珉语（2月起）
副院长：赵景文（彝族）
　　　　张国忠（彝族）
　　　　储　平

【案件受理】 2008年县法院共受理各类案件1753件，审、执结1670件，结案率为95.27%。其中：受理诉讼案件1267件，审结1233件，审结率97.32%；受理执行案件486件，执结437件，执结率89.92%。

【刑事审判】 2008年县法院共受理各类刑事案件208件389人，审结208件，审结率为100%。判处十年以上有期徒刑22人，三年以上十年以下有期徒刑59人，三年以下有期徒刑96人，拘役、缓刑、免予刑事处罚、单处罚金、无罪等64人。

【民商事审判】 2008年县法院共受理民商事案件1042件，审结1008件，审结率为96.74%。其中：受理婚姻家庭、赡养、抚养、扶养、分家析产、收益分配等涉及人民群众切身利益的案件313件，审结305件；受理权属、侵权、相邻纠纷等争议大、矛盾深的案件408件，审结392件；受理借贷、买卖、租赁、承包、保险、运输等各类合同纠纷案件321件，审结311件。全年调解、撤诉526件，调撤率52.18%。

【行政审判】 2008年县法院共受理行政诉讼案件7件，审结7件，审结率为100%。按照合法性原则对105件非诉行政案件进行审查，审结105件。

【执行工作】 2008年县法院共收执行案件486件，执结437件，执结案率89.92%。其中全案执行完毕的280件，全案执结率57.61%，实现债权542.67万元。12月10日正式启动石林县集中清理执行积案活动，对历年来的1624件执行积案进行全面清理执行，切实保障当事人合法权益，树立司法公信，维护法律权威。

【强化审判流程管理】 认真做好案件受理审查工作，严把管辖关、证据关、收费关和转办关，同时做好司法统计工作，加强审限流程管理；严格执行案件质量评查制度，按每月30%比例对已结案件进行质量评查，审判委员会把好案件最后一道关口，对评查中发现的问题和不足，及时通报，并限期整改，随着案件质量的不断提高，从源头上减少了涉诉信访、上访案件。制定《信访接待工作规定》，并专门设立信访室和专职信访工作人员，将信访工作纳入规范化的轨道。落实大接访机制，每周二院领导轮流接访。对各类来信来访案件如实登记、适时跟踪、及时处理，对重大信访件层层落实责任、包案到人。着力解决好群众反映的热点、难点问题，提高处理信访案件的效率和效果，充分保护人民群众合法权益。

【落实司法为民措施】 2008年县法院认真实施司法救助，使孤寡老人、残疾人等经济确有困难的当事人打得起官司，使其诉讼权利得以保障，共对44件案件给予缓、减、免诉讼费81656元。加大人民法庭的工作力度，坚持面向农村、面向基层、面向群众，巡回审判，就地办案，先后到部分乡镇开展巡回审判8次，并利用巡回审判之机在石林镇、长湖镇、大可乡等地邀请人大代表、治保调解主任和乡镇、村、组干部旁听案件庭审，方便群众诉讼，接受各方面的监督。

（撰稿人：县法院　赵祥玺）

司法行政

【县司法局】 1981年3月成立县司法科。1984年6月改称司法局。2008年内设办公室、法制宣传教育科、基层法律服务管理科、石林县法律援助中心（6月16日法律援助科更名为石林县法律援助中心），8个乡（镇）分别设立司法所，作为县司法局派出机构。下辖1个国办律师事务所、1个合作制律师事务所和1个公证处。县普法与依法治县办公室、刑释解教人员安置帮教办公室、社会矛盾调处中心、“148”法律服务指挥中心、法治石林建设领导小组办公室设于其内。年底有职工36人，其中：公务员27人，专业技术人员8人，工人1人。局机关单位住址在鹿阜镇阿诗玛东路80号。2008年成立了县司法局党总支，党总支下辖县司法局机关党支部、律师事务所联合党支部、县司法局离退休职工党支部3个党支部。2008年，石林镇法律援助工作站被云南省司法厅表彰为第四届全省法律援助先进单位；基层法律服务管理科科长陆正荣被云南省高级人民法院、云南省司法厅表彰为全省司法行政系统指导人民调解工作先进个人。向支农联系点西街口镇西街口村委会捐资12000元用于农业生产和党建工作。

局　长：龙贵生（彝族）

副局长：苏晓松

【法制宣传教育】 2008年县司法局充分发挥法制宣传教育职能作用，利用黑板报、散发宣传资料、讲授法制课、解答法律咨询、展出展板、法制宣传车巡回宣传等形式，深入乡村、社区、机关、企业、学校有针对性地开展各类法律法规宣传。全年共计发放宣传材料103800份、书籍2500本，展出展板380块，接待咨询1500余人，悬挂宣传标语50多幅。持久深入的法制宣传教育，促进了全民学法、守法、执法意识的提高。

【人民调解】 全县乡镇、村两级100个调解委员会全年共受理各类民间纠纷2401件，调解2401件、调解率达100%，调解成功2325件、调解成功率达96.83%，履行2262件、履行率达97.29%。其中：婚姻家庭纠纷582件，邻里纠纷533件，合同纠纷72件，赔偿纠纷151件，劳动纠纷18件，村务管理纠纷45件，土地承包纠纷143件，征地拆迁纠纷147件，施工扰民纠纷4件，房屋宅基地纠纷301件，计划生育纠纷1件，其他纠纷404件。

【法律援助】 进一步拓展和完善“为民服务中心”的服务功能，在乡镇“为民服务中心”设置法律援助窗口，积极为弱势群体提供法律援助，维护社会公平与正义。不断加大法律援助条例及办法的宣传力度，提高法律援助的知晓率及运用率。积极争取有关部门的支持，募捐法律援助资金近30万元。2008年县法律援助中心和乡镇8个法律援助工作站共办理法律援助案件752件，其中：刑事援助案件34件，民事援助案件718件。

11月19日，由加拿大国际发展署亚洲部中国项目司政策分析师加里特·普拉特、高级项目官员赖爱妮、高级政府治理专家李倍、发展处项目官员杨玉珍组成的“中加法律援助与社区法律服务”项目规划考察团，在司法部法律援助中心副主任桑宁、司法部对外交流与合作处副处长左秀美、云南省司法厅副厅长罗正云、云南省司法厅法律援助工作局局长张永华等领导的陪同下，到石林考察法律援助工作。

【基层司法行政】 8个乡（镇）司法所全年共宣讲法律149场次，受教育人数224400人，受理疑难纠纷232件，调解成功228件，开展各类矛盾纠纷排查124次，制止群体性上访27件、群体性械斗13件，参与严打整治及专项治理414人次，为基层政府提出司法建议19次，修订村规民约72件。

【基层法律服务】 全县9个法律服务所共担任法律顾问8家，代理诉讼事务303件、非诉讼事务287件，调解各类纠纷511件，办理见证21件，代写法律事务文书982件，解答法律咨询5142件，参与司法行政工作320人次，避免或挽回经济损失320余万元。

【“148”法律服务】 “148”法律服务指挥中心接待群众来访1232人次，接受电话咨询327次，委托办理法律事务118件，提供上门服务92件，解决纠纷204件，与有关部门联动126件，避免或挽回经济损失200余万元。

【社会矛盾调处】 全县9个社会矛盾调处中心共调处各类社会矛盾纠纷148件，其中：移交有关部门处理2件、财务管理18件、土地承包43件、计划生育1件、征地拆迁36件、劳资关系12件、其他36件，成功140件。调处群体性矛盾纠纷41件，成功39件。

【联防联调】 共调处涉及行政接边地区农户葬坟、林地争议等各类纠纷32件，避免纠纷激化3起，制止群众性械斗2起，有效地调和行政接边地区干群关系，维护了行政接边地区的社会稳定。

【联合接待调处】 截至2008年6月17日，全县8个乡（镇）全部设立了治安纠纷、民间纠纷联合接待调处室。全年各调处室共受理各类治安纠纷、民间纠纷586件，调处586件、调处率100%，调处成功561件、成功率达95.73%，为维护社会稳定、构建和谐石林发挥了作用。

【律师公证】 各律师事务所全年共办理各类案件395件，其中：民事、经济案件212件，刑事案件154件，行政案件2件，非诉案件27件。代写各类法律文书295件。

县公证处全年共办理各类公证507件，其中：民事公证145件，经济公证360件，抵押登记1件，涉台公证1件。

【普法与依法治理】 认真落实“五五”普法与“四五”依法治县规划，2008年7月9～11日开展了为期3天的2008年普法骨干暨申领行政执法证培训班，全县各级各部门共计145人参加培训。培训班就《中华人民共和国劳动合同法》、《中华人民共和国就业促进法》、《中华人民共和国城乡规划法》、《中华人民共和国节约能源法》和《中华人民共和国禁毒法》进行了培训。9月份组织全县80个单位干部职工3943人参加了普法知识考试，全县平均分达94分，及格率达100%。至2008年底，全县88个村委会和4个社区居委会全部开展了“民主法治村”创建工作。9月，石林镇小村村委会申报成为第三批省级“民主法治村”；西街口镇格渣村委会、西街口村委会，板桥镇青山村委会，圭山镇海邑村委会申报成为第二批市级“民主法治村”。

【法治石林建设】 2008年6月2日，县委办公室、县政府办公室下发《石林彝族自治县2008年法制宣传教育与依法治县暨法治石林建设工作计划》到各乡镇、县直各部委办局、人民团体、企事业单位贯彻实施。进一步调整充实了县法治石林建设工作领导机构，从县公安局、县法院、县检察院、县司法局、县教育局抽调了6人充实到法治石林建设领导小组办公室，加大了工作力度。为促进法治石林建设工作的开展，8月上旬，由县委常委、政法委书记李兴国、县人大常委会副主任毕宏志和县政府副县长戴平分别带领3个检查组深入各乡镇和县直有关单位，对全县法治石林建设工作进展情况进行督促检查。工作检查的开展为下步法治石林建设工作提供了宝贵的工作经验，促进了全县法治石林建设工作的开展。

【安置帮教】 按照“帮教社会化、就业市场化、工作职责规范化、管理信息化”的工作要求，加强工作衔接，健全刑释解教人员档案，努力做到不脱管、不漏管、不失控。2008年全县101个安置帮教机构共接收刑释解教人员43人，其中：刑满释放人员33人，解除劳动教养人员10人。安置42人、安置率达98%，签订帮教协议43份、帮教率达100%，无一人脱管失控和重新违法犯罪。

（撰稿人：县司法局 赵红琼）

政府法制

【县法制办】 2005年3月，县人民政府法制办公室正式成立。2008年底有公务员2人，办公地址在县政府大楼。

主 任：段顺波（10月起）

副主任：段顺波（10月止）

【深化行政审批制度改革】 为进一步深化行政审批制度改革，优化全县经济社会发展软环境，2008年3月县法制办组织有关部门对全县443项行政审批项目进行了新一轮的全面清理：119项管理内容相近的审批项目合并，取消56项，保留70项，行政机关改变管理方式将行政审批事项转为管理服务的167项，属于行政审批机关对其他机关或事业单位的内部审批项目27项，并将相关情况进行了公布。保留的70项行政审批事项，均按要求在法定审批时限的基础上压缩了二分之一至三分之二，大大缩减了审批时限，提高了工作效率。

【阳光政务】 2008年4月，县政府下发了《石林县2008年度行政审批制度改革、推行“阳光政务”和推进依法行政工作方案》。各部门积极对应公开文本作了进一步的完善，并建立了本部门的行政执法和行政审批（含管理服务）工作制度。8月底，全县38个县级行政执法部门和8个乡（镇）人民政府均完成了行政审批事项及管理服务事项规范细化和有关行政执法事项及制度的规范工作。9月底，县法制办完成了对上述46家执法部门的“阳光政务”公开事项审查工作。10月初，所有“阳光政务”公开事项已在石林县政府信息公开网站（网址：http://kmsl.xxgk.yn.gov.cn）上进行了公开，各部门均以纸质文件下发到相关科室贯彻执行。

【完善行政执法投诉案件处理制度】 2008年5月，县政府颁布了《石林县人民政府行政执法投诉案件办理规程》和《石林县人民政府行政执法投诉案件办理工作守则》，进一步完善了石林县的行政执法案件投诉处理制度。按照制度的规定，全年县法制办接到投诉5起，已按照规定及时进行了处理。

【清理规范性文件】 2008年石林县共清理规范性文件168件，其中：2003年1月1日前公布实施的48件，全部予以废止；与《突发事件应对法》有关的33件，保留28件，废止5件；2003年1月1日后公布实施的87件，保留50件，废止21件，需作修改16件。清理情况经县政府审定后，7月以《石林县人民政府关于公布规范性文件清理情况的通知》进行了公布。石林县严格按照《云南省行政机关规范性文件制定和备案办法》的规定，建立健全规范性文件审查和登记备案制度，并建立起规范性文件定期清理制度。

【完成规范行政处罚自由裁量权试点工作】 为做好石林县的规范行政处罚自由裁量权试点工作，2008年4月县政府办下发了《石林县人民政府办公室关于开展规范行政处罚自由裁量权试点工作的通知》，对全县的规范行政处罚自由裁量权试点工作作了安排部署。县安监局、县发改局两个试点部门对本部门执行的、现行有效的具有自由裁量权的行政处罚项目进行了认真的梳理，制定了详细的规范标准，并于9月底报县法制办进行审查、备案。

【梳理县政府执法事项】 2008年10月，在认真对照县级各执法部门上报的行政执法职权职责梳理材料的基础上，通过查阅相关的法律法规，认真梳理出了石林县政府实施的执法种类及执法事项和法律法规授权组织实施的行政执法事项。属于石林县政府实施的执法事项共119项，包括：行政许可13项、行政处罚38项、行政确认6项、行政强制14项、行政征用（收）3项、行政给付3项、行政裁决4项、其他具体行政行为38项；法律法规授权组织实施的行政执法事项9项，其中：县突发事件应急处理指挥部3项、县防汛抗旱指挥部3项、县重大疫情应急指挥部1项、县森林防火指挥部1项、县防震减灾指挥部1项。

【成立县政府法律顾问室】 为进一步提高石林县政府依法行政能力，建设法治政府，推进依法治县，根据《中共昆明市委、昆明市人民政府关于全面推行法律顾问制度和加强法律学习培训的意见》精神，县政府于2008年12月22日下发了《石林彝族自治县人民政府关于成立县人民政府法律顾问室的通知》，就成立县政府法律顾问室作了安排。县法制办积极开展县政府法律顾问室组建的相关工作，按照担任县政府法律顾问的条件要求，严格考察推荐拟聘人员，并报经县政府同意。12月29日，县政府法律顾问室受县政府的委托，与受聘单位云南萃峰律师事务所、云南凌云律师事务所、云南治国律师事务所分别签订了法律顾问聘请协议，并向担任县政府法律顾问的梁文彪律师、李春光律师、宁邛律师及县人大法工委岁永宁颁发了县政府法律顾问聘书。至此，石林县政府法律顾问室的组建工作已圆满完成，标志着石林县政府法律顾问室正式成立。

县政府法律顾问室是县政府的法律咨询机构，负责县政府法律顾问工作，提供法律咨询，受县政府委托办理有关法律事务。县政府法律顾问室设在县政府法制办，与县法制办合署办公，由县法制办主任段顺波兼任县政府法律顾问室主任，法律顾问不占行政编制，不具有行政职权。县政府明确指出，今后凡属重大决策、重大行政行为、重要的合同（协议）和法律文书、国企改制、行政纠纷、民事纠纷和其他重大纠纷、行政诉讼和重要的行政复议等工作，都要充分听取法律顾问的意见，以从源头上防范法律风险，减少和避免不必要的法律纠纷。聘请法律顾问是促进政府依法行政，提高政府法治化水平的重要方式，是适应政府职能转变，提高政府决策水平和决策科学化、民主化、规范化的重要途径，在建设法治石林中将发挥积极而重要的作用。

【行政复议】 县法制办全年收到行政复议申请6份，办理行政复议案件6件，办结率100%，充分发挥了其作为行政机关内部的层级监督作用，对促进行政机关依法行政，保护公民、法人和其他组织的合法权益具有重要作用。

（撰稿人：县法制办 昂玉芳）

典型案例

【绑架案】 魏某某（21岁，宜良县狗街镇人）于2008年2月21日13时许驾驶云AKJ578红色长安面包车到石林县路美邑镇做生意，当天下午被绑架，绑匪威胁魏某某打电话转告家人，不准报警，携带6万元现金到石林县城赎人。接报后，县公安局领导当机立断迅速作出指示，要求刑侦大队在保证人质安全的前提下，快速侦破此案。刑侦大队立即开展侦查，根据获取的线索，制定了搜捕方案，兵分五路实施搜捕。刑侦、治安等部门值班备勤警力设卡堵截。21时30分，卡点民警截获了云AKJ578红色长安面包车及犯罪嫌疑人金某某（男，35岁，石林县长湖镇人）、赵某某（男，30岁，石林县鹿阜镇人）、杨某某（男，24岁，石林县路美邑镇人）、吴某某（男，25岁，石林县路美邑镇人）、张某（男，29岁，石林县鹿阜镇人）5人，并将人质安全解救。经突审发现另有两名本案同伙在逃，次日凌晨零时许，民警在石林县城将其二人抓获。

（县公安局提供）

【特大运输毒品案】 2008年3月27日，县公安局禁毒大队得到一重要线索：有三名男子从缅甸带一批毒品海洛因准备回四川凉山。获悉后，禁毒大队迅速成立了专案组，连夜赶赴丽江进行侦查。查明，2008年3月中旬，四川省凉山州布拖县的嫌疑人且沙某某（男，45岁，汉族）雇用两名本县男子帮其运输毒品，并答应事成后给两人运费25000元。之后三人一起从四川凉山到缅甸一毒贩家中，用人民币160000元购得毒品海洛因六块（伪装后藏于一个塑料机油桶内）。后三名嫌疑人分工协作运输毒品。3月28日上午，在丽江警方的协助下，分别在宁蒗县楠木沙路段和宁蒗县城客运站门口抓获了三名四川籍贩毒嫌疑人，缴获毒品海洛因可疑物六块、净重2034克。

（县公安局提供）

【盗窃通信电缆系列案】 2008年5月14日凌晨3时，县公安局路美邑派出所民警在路美邑镇梦卜所村瞭望台附近山上蹲守布控时，现行抓获盗割电缆的顾某某（男，26岁，临沧市人），当场缴获电缆线铜芯线60千克。据顾某某交代另有一名同伙在逃。民警多次辗转昆明、宜良等地进行抓捕，6月3日下午在昆明北站小厂村电子游戏室内将韩某某（男，35岁，昭通人）抓获。刑侦重案中队民警和派出所组成联合案审工作组，经深挖细审，查明2008年以来，顾某某、韩某某伙同他人先后在石林县路美邑镇、圭山镇、石林镇等地盗割电缆作案10余起（涉案价值9万余元）的犯罪事实。

（县公安局提供）

【寻衅滋事案】 2008年6月6日，许某某（男，21岁，石林县石林镇人）、高某（男，21岁，石林县长湖镇人）、何某（男，22岁，石林县长湖镇人）、黄某某（男，17岁，石林县圭山镇人）、钱某某（男，26岁，石林县路美邑镇人）、张某某（男，19岁、石林县石林镇人）、李某（男，25岁，石林县石林镇人，在逃）、李某某（男，21岁，石林县长湖镇人，在逃）等人相互邀约至石林县路美邑镇渔龙坝村老年协会用“挖豹子”方式进行赌博时，与晏某（男，19岁，石林县板桥镇人）相遇，李某便邀约黄某某等7人对与其有积怨的宴某进行殴打。在殴打过程中，张某某用随身携带的双刃尖刀将宴某背部杀伤，在送医院途中死亡。在不到一个月的时间内县公安局多警联合，在石林天奇医院、昆明黄土坡、西双版纳等地将8名犯罪嫌疑人全部抓捕归案。

（县公安局提供）

【“7·20”盗牛系列案】 2008年以来石林镇、西街口镇、圭山镇辖区连续发生多起牲畜被盗案，给人民群众的生产、生活造成了极大的影响。县公安局将盗窃牲畜案件列为主攻案件之一。2008年7月20日凌晨2时许，北大村派出所民警在石板哨村口附近巡逻时，发现并抓获了盗牛嫌疑人资某某、李某某、许某某三人。经深挖扩线，破获了在石林、泸西、陆良等县区发生的盗窃耕牛、盗窃电缆线等案件多起。资某某等人被抓获后，为彻底查清该团伙的犯罪事实，县公安局及时成立了“7·20”专案组，以刑侦大队为主，从北大村派出所、圭山派出所、西街口派出所、路美邑派出所等部门抽调精干力量对案件进行深挖细查。在各级领导的关心及各友邻单位的大力支持下，经过“7·20”专案组民警近四个月夜以继日的艰苦奋战，11月6日资某某团伙专案侦查终结，依法向检察机关移送起诉。本案共起诉犯罪嫌疑人15名，认定该团伙在石林、陆良、师宗、泸西等地作案135起（其中：盗窃耕牛109起137头，盗窃电缆线22起，盗窃摩托车2起2辆，强奸、绑架、抢劫1起），涉案总价值1103275元，追缴并发还受害人损失人民币12000元。随案移送作案工具汽车和摩托车各一辆。

（县公安局提供）

【非法买卖枪支案】 2008年3月10日，县检察院接县公安局提请批准逮捕涉嫌非法携带枪支罪的犯罪嫌疑人王某某的案件材料。经县检察院审查查明：犯罪嫌疑人王某某与“歪兵”（别名）在县商会宾馆西楼停车场打斗时，王某某拔出随身携带的双管火药手枪威胁对方。经调查，犯罪嫌疑人王某某非法持有的枪支是从李某某处借的，李某某于2007年3月以200元的价格从本村的金某处购买了涉案火药枪。根据查明的案件事实，公安机关应对李某某、金某以涉嫌非法买卖枪支罪进行立案侦查，但公安机关未对其立案。县检察院向县公安局发出了《要求说明不立案理由通知书》，县公安局以李某某、金某涉嫌非法买卖枪支罪进行立案侦查并提请县检察院批准逮捕，县检察院依法作出批准逮捕决定并依法向县法院提起公诉。县法院于2008年6月19日以非法买卖枪支罪判处李某某有期徒刑三年，缓刑四年；以非法买卖枪支罪判处金某有期徒刑三年，缓刑四年。

（县检察院提供）

【掩饰、隐瞒犯罪所得案】 2008年2月2日凌晨3时许，犯罪嫌疑人陈某甲、陈某乙、李某某窜至石林县鹿阜镇大屯村永信电机电器维修中心，由李某某踩点放哨，陈某甲、陈某乙进入店内将里面的200千克铜线、两台电机、五包红塔山新势力香烟盗走，后由犯罪嫌疑人刘某某开车运至昆明进行销赃，涉案总价值人民币14050元。陈某甲、陈某乙、李某某盗窃一案由县公安局移送县检察院审查批捕后，经审查，帮助三嫌疑人运输赃物到昆明销赃的刘某某已涉嫌掩饰、隐瞒犯罪所得罪，但公安机关没有对其立案侦查。县检察院于2008年7月18日向县公安局发出了《要求说明不立案理由通知书》，县公安局于2008年7月22日以刘某某涉嫌掩饰、隐瞒犯罪所得罪进行立案侦查，于2008年7月24日对刘某某采取取保候审强制措施。2008年10月6日县检察院以刘某某涉嫌掩饰、隐瞒犯罪所得罪向县法院提起公诉。县法院于2008年10月29日以刘某某犯掩饰、隐瞒犯罪所得罪单处罚金8000元。

（县检察院提供）

【行贿案】 本案由县检察院反贪污贿赂局立案侦查，经侦查查明：2003年11月至2007年8月，在石林县西石公路拆迁过程中，被告人李某某为求得在拆迁过程和安置上得到关照、多得补偿款，给予县交通局西石公路拆迁工作负责人朱某某人民币55000元。2009年2月25日，县检察院以李某某涉嫌行贿罪依法向县法院提起公诉。县法院经公开审理后于2009年3月25日以李某某涉嫌行贿罪判处有期徒刑一年零六个月。

（县检察院提供）

【受贿案】 本案由县检察院反贪污贿赂局立案侦查，经侦查查明：2003年11月至2007年8月，被告人朱某某利用担任石林县西石公路拆迁工作负责人的职务便利，非法收受他人人民币98000元并为他人谋取不正当利益。2009年1月9日，县检察院以朱某某涉嫌受贿罪、滥用职权罪向县人民法院提起公诉。县法院经公开审理后于2009年3月16日以朱某某涉嫌受贿罪判处有期徒刑七年。

（县检察院提供）

县法院开庭审理尚某某伪造石林风景区门票一案

【强制猥亵妇女、儿童案】 2008年4月的一晚，被告人毕某某伙同其余四被告人及未达刑事责任年龄的赵某乙、普某乙等人，骑摩托车到石林县城将路过的妇女毕某、马某强行抱上摩托车，带至普某甲家的小公房（按彝族风俗专为彝族青年谈恋爱建盖的房屋），对两受害人采取搂抱、乱摸手段强制猥亵，并强行脱掉受害人的鞋子将受害人抱至床上强制猥亵。2008年4月12日晚，五被告人又以相同手段将初中一年级女生梅某（13周岁）、周某（13周岁）强行抱上摩托车。后周某挣扎逃脱并向公安机关报案。梅某被抱上毕某某的摩托车带回普某甲家的小公房，被毕某某、李某甲、李某乙、普某甲、赵某甲、赵某乙、普某乙强行共同搂抱、乱摸，并脱掉鞋子抱至床上强制猥亵。

县法院经审理认为，五被告人恶意曲解民族风俗，以彝族“拖小姑娘”风俗为借口，聚众在公共场所公然违背妇女、儿童意志，强行将路过的妇女、儿童拖回，实施强制搂抱、乱摸等行为，不仅给受害人的身心造成了极大的伤害，而且给彝族传统习俗造成了极大的损害，社会影响极坏，五被告人的行为已构成强制猥亵妇女、儿童罪，依法应予严惩。县法院遂依法判处被告人毕某某有期徒刑八年、被告人李某甲有期徒刑六年、被告人普某甲有期徒刑五年、被告人李某乙有期徒刑四年、被告人赵某甲有期徒刑三年缓刑四年。

刑法第二百三十七条第一款规定：“以暴力、胁迫或者其他方法强制猥亵妇女或者侮辱妇女的，处五年以下有期徒刑或者拘役。”第三款同时规定：“猥亵儿童的，依照前两款的规定从重处罚。”所谓强制猥亵妇女、儿童罪，是指违背妇女、儿童意志，使用暴力、胁迫或者以暴力相威胁的方法，对妇女、儿童实施猥亵或者侮辱的行为。石林县作为少数民族聚居地区，彝族“拖小姑娘”风俗本是彝族青年男女之间一种表达情感的方式，善良风俗理应受到法律的尊重和保护，但对少数民族风俗本身含义不能作任意曲解，更不允许超出其本身含义实施行为。本案中五被告人的行为，已经超出了该风俗本身所蕴含的意义，属借风俗之名达到犯罪的目的，不仅违背了社会公序良俗，还触犯了刑律，应当受到法律的制裁。

（县法院提供）

【伪造有价票证案】 2008年3月13日下午，被告人尚某某伪造了23张石林风景区门票。3月14日10时许，尚某某以其导游身份使用22张伪造的石林风景区门票带游客到石林风景区旅游时，被检票员现场查获。当日20时许，公安机关在尚某某家里查获了另一张伪造的石林风景区门票。所查获的23张门票票面价值为3220元。

县法院经审理认为，被告人尚某某违反国家市场管理法规，伪造有价票证，数额较大，其行为已触犯《中华人民共和国刑法》第二百二十七条第一款之规定，构成伪造有价票证罪。公诉机关指控被告人尚某某犯罪的事实清楚，证据确实充分，指控罪名成立，对其依法应予惩处。鉴于被告人尚某某在庭审中认罪态度较好，案发后积极采取补救措施，购买了相应面值的石林风景区门票，未造成实际经济损失，故可酌情从轻处罚。据此，县法院以伪造有价票证罪判处被告人尚某某拘役三个月，并处罚金一万元。使被告人的犯罪行为受到了应有的惩罚，而且最大限度维护了世界自然遗产所在地石林风景区的管理秩序，达到了法律效果与社会效果的有机统一。

（县法院提供）

【诉某居民小组收益分配纠纷案】 原告于1957年出生，户口落于被告居民小组处。1982年原告之父李某以户主的名义，与被告签订了六个人的土地承包责任书，其中包括了原告的份额。1985年原告与他人结婚后，居住和生活在石林县鹿阜镇横街。1999年土地顺延承包时，仍然按照原来的《土地承包协议》书续签了土地承包经营证书。

2006年11月5日，某居民小组召开群众代表会议，决定对国家征用后剩余的土地进行调整后再承包。同年12月25日，经群众大会讨论，按照现有人口每人承包集体所有的上围田土地0.28亩，原告的其他家人取得了5人的土地承包经营权（即1.4亩的土地）。12月27日，被告根据2006年11月5日的会议所作出的规定，分给了原告弟弟李某甲及家人4000元的收益分配款。2007年7月4日，被告根据村民民主会议讨论通过的分配方案，并报经社区和镇人民政府同意，按照某居民小组的现有人口231人，每人分配收益款7000元。2007年9月21日，国家征用被告的土地，并支付了被告土地征用补偿款。2007年12月14日，某居民小组召开群众大会，将国家征用的土地补偿款按238人进行分配，其款项为每人28000元，并于2008年1月13日向本居民小组成员发放了该征地补偿款。由于原告未能分得收益分配款，故向人民法院提起诉讼，要求被告支付其上述款项。

县法院审理认为：取得收益分配款，必须是该集体经济组织的成员，而集体经济组织成员的资格取得，按照我国相关法律规定精神，必须同时具备以下三个条件：一是应当在该集体经济组织所在地生产生活，二是经依法登记为常住户口，三是必须是依该集体经济组织所在地生产的经济来源为生活保障，三个条件缺一不可。本案原告于1985年与他人结婚后一直居住和生活在石林县鹿阜镇横街，与被告没有了往来，脱离了被告居民小组，应当说，按照通常法则，从那时起原告就不属于被告集体经济组织的成员。加之庭审中原告仅提供了户口册，没有提交其他相关证据来证实自己长期在被告所在的集体经济组织居住和生产生活，故原告提出要求被告支付收益分配款的理由不能成立。县法院根据《中华人民共和国民事诉讼法》第六十四条的规定作出判决：驳回原告李某某的诉讼请求。

（县法院提供）

【诉烟草公司石林分公司、某村民小组承包合同纠纷案】 2007年圭山镇政府会同烟草石林分公司的隶属机构圭山烟叶站将当年的烤烟育苗任务下达给被告某村民小组，并聘请时任某村民小组组长的毕某某作为辅导员，负责烤烟育苗工作。毕某某就培育烟苗的相关事项代表某村民小组与原告金某某签订烟苗培育承包合同。合同签订后，原告按照合同约定和要求履行烤烟育苗等合同义务。按原告提供给烟农栽种的烟苗数并以合同约定的单价计算，某村民小组从烟农处收取育苗款后应付给原告培育款15991.2元。但被告仅预付过前期培育款3450元，余款12541元一直未付。在履行烤烟育苗合同过程中，毕某某采用伪造存款数额9916元的办法，骗取烤烟育苗的配套物资补助，又将从烤烟农户中收取的烤烟育苗款10000多元私自占有，既不支付给原告，也不存入开户存折中，并携款潜逃，至今下落不明。所在村委会针对毕某某的行为专门召开支部委员会，作出过责令毕某某于2007年4月28日前追回育苗款的处理意见，但未获执行。原告因未获得烟苗培育款，以烟草石林分公司和某村民小组作为共同被告向石林县法院提起诉讼，请求判令二被告连带支付所欠款项12541.2元。

县法院审理认为，被告某村民小组是我国现行农村经济组织形式之一，按现行法律法规的规定属“其他组织”的范围，具有民事主体资格。时任某村民小组组长兼村烤烟辅导员的毕某某就该村2007年度培育烟苗的相关事项与原告签订的烟苗培育承包合同，符合我国《民法通则》规定的有关民事法律行为成立的要件，双方在订立合同时意思表示真实，且不违反法律规定，该合同合法有效。合同签订后，原告金某某按约定履行了合同义务，被告某村民小组未向原告付清烟苗培育款，已构成违约，依法应承担相应的民事责任；烟草石林分公司仅是通过提供一定的配套物资、资金及技术等方式来落实对烟农种植烤烟的扶持，对原告与被告某村民小组之间的合同履行及订立合同目的的实现产生一种积极的促进作用，但对原告与被告某村民小组之间烤烟育苗合同的履行，不具有民事权利、义务关系，不是合同相对人，不应承担合同责任；毕某某为骗取烤烟育苗的配套物资补助，伪造存款数额骗取配套物资，及将烤烟育苗款占为己有的行为，已不再是普通民事行为，应根据其行为性质向有关机关反映处理，但并不因此可以免除被告某村民小组应承担的民事责任。据此，县法院依法判令由被告某村民小组向原告支付烟苗培育款12541元，驳回原告要求烟草石林分公司承担连带赔偿责任的诉讼请求。

（县法院提供）

【诉某保险公司保险合同纠纷案】 2003年12月26日，原告应被告的要求到医院进行体检，原告对体检表格中所列告知事项症状、疾病均填写为“无”，体检医师对各项体格异常诊断也均填写为“无”，最后主检医师意见为“合格”。同年12月30日原告与被告签订了“国寿人身意外伤害及国寿附加意外伤害医疗、附加疾病住院医疗保险”单。保单上明确载明：投保人和被保险人均为赵某某，保险期限一年，保险费标准500元，身故、残疾保险金额50000元，意外伤害医疗保险金额15000元，疾病住院医疗保险金额6000元。2004年11月2日，原告经云南省第一人民医院诊断为患有慢性胆囊炎并结石，在该院住院治疗施行胆囊切除手术，住院9天，用去医疗费6079.4元。2004年11月23日原告向被告递交了相关理赔资料进行索赔。被告经调查，发现原告住院病历载明：主诉反复右上腹疼痛一年余。被告以原告投保时未如实告知上述病症为由拒赔。原告于是向县法院提起诉讼，要求被告给付医疗保险金4255.58元。

县法院一审审理认为，即便原告有过腹痛其不可能知道是否患病或患有何病的事实，对此种情况未尽到善意如实告知义务并不影响到某保险公司对是否承保和承保条件的判断。原告投保时按某保险公司的要求对检查事项予以配合，体检医师对原告消化系统等是否异常进行过诊断，医院是保险人所委托，体检带来的法律后果应由保险人承担，县法院据此作出一审判决：由被告给付原告医疗费用保险金 4255.58 元（即按附加疾病住院医疗保险条款保险责任的约定，6079.4 元的 70%）。

宣判后，被告某保险公司不服一审判决，向昆明中院提出上诉。昆明中院二审认为，投保人是否履行了如实告知义务直接决定合同的效力。2004 年 11 月 2 日被上诉人的住院病历载明“反复右上腹疼痛一年余”，从时间上推断，被上诉人一年前已经有腹痛症状，而未履行如实告知义务，导致的保险事故被告不承担赔付义务。于是二审判决撤销石林县法院一审判决，驳回赵某某的诉讼请求。

赵某某不服，向省检察院提出申诉，省检察院向省高级法院提出抗诉，省高级法院指令昆明中院进行再审。再审认为，某保险公司在与投保人签订保险合同时应当尽到详细告知义务，因其未进行详细说明，致赵某某不理解告知栏中所指时间是当时还是曾经，腹痛是一般性的腹痛还是要达到一定程度的腹痛。每个正常人都会有过腹痛的经历，在没有经过医院诊断为病症时，不可能作为一件很重要的事来记忆告知。某保险公司既然要求对 45 周岁以上的人在签订保险合同前进行体检，那么体检报告就应当作为证实投保人身体状况的主要证据，某保险公司依据体检报告与原告签订的保险合同具有法律效力，某保险公司以赵某某没有履行如实告知义务而拒绝理赔的主张缺乏证据证实。据此，昆明中院再审判决撤销二审判决，维持石林县法院一审判决。

（县法院提供）

【雇员受害赔偿纠纷案】 云南电网公司昆明供电局将石林县 35 千伏圭山Ⅱ回输电线路工程承包给某电力工程公司，并签订了《建设工程施工合同》和《电力建设工程安全管理协议》。后来某电力工程公司将该工程转包给某送变电公司，签订了《建设工程施工合同》和《电力建设工程安全管理协议》。具体负责工程施工的某送变电公司第一工程处将 35 千伏圭山Ⅱ回输电线路工程交由公司第一工程队施工，第一工程处负责人唐某某与第一工程队负责人秦某签订了《协议》。秦某又将 35 千伏圭山Ⅱ回输电线路电杆人力运输工程工作及 320 段电杆人力运输事项承包给被告段某乙、段某丙并签订了《合同》，明确了双方权利义务，并约定安全事故由乙方（段某乙、段某丙）负责，甲方（秦某）不负任何责任。经口头协商，原告段某甲随被告段某乙、段某丙去搬运电杆，段某甲按出勤日支付报酬。段某甲在搬运电杆时不慎受伤，伤情诊断为左膝胫骨平台骨折并交叉韧带损伤，经司法鉴定，伤残等级为六级伤残，后期治疗费需人民币 8000 元。原告起诉要求被告段某乙、段某丙承担赔偿医疗费、误工费、后期治疗费等各项经济损失共计 43003.71 元，被告某送变电公司、某电力工程公司、某供电有限公司承担连带赔偿责任。

县法院审理认为，原告段某甲搬运电杆的工作过程是受被告段某乙、段某丙的安排和指挥，并按出勤日数支付劳动报酬，因此他们之间已形成雇佣关系，段某甲在从事雇佣活动中遭受人身损害，二被告依法应承担民事赔偿责任。发包方某送变电公司具体施工的负责人秦某，明知被告段某乙、段某丙不具有相应资质和不具备安全生产的条件，仍将有一定危险性施工项目承包给段某乙、段某丙，并且在施工过程中缺乏必要的监督，因此应承担连带赔偿责任，其双方在承包合同中对安全责任事故的约定条款，与我国法律法规相违背，属无效条款，但秦某所在的工程队依法不能独立承担民事责任，应由被告某送变电公司承担赔偿责任。对于原告段某甲要求被告某供电有限公司、某电力工程公司承担连带赔偿责任的请求，根据本案查明的事实，被告某供电有限公司与本案无任何关联性，被告某电力工程公司的行为与原告的损害无因果关系，因此原告的此项请求依法不能成立。县法院依法判决原告段某甲的医疗费、误工费、后期治疗费等各项经济损失共计 43003.71 元，由被告段某乙、段某丙承担赔偿，被告某送变电工程公司承担连带赔偿责任。

宣判后，被告段某乙、段某丙不服一审判决，在法定期限内向昆明市中级人民法院提出上诉。二审法院审理后认为，一审判决认定事实清楚，适用法律正确，故据此判决驳回上诉，维持原判。

（县法院提供）

【道路交通事故人身损害赔偿纠纷案】 因营运需要，云 H05899 号大型卧铺客车挂靠在某运输公司，车辆所有人为某运输公司，胡某某是车辆的实际经营人，该车在某保险公司投保交通强制险。在被告胡某某驾驶该卧铺客车载客由昆明驶往文山行经国道 326 线 K1176＋800M 处时，越过道路中心双实线超越前方同向行驶车辆，与原告徐某某驾驶的其所有的云 GA8961 号小型普通客车头部相撞，致云 GA8961 号车上的乘客何某某死亡，原告徐某某受伤及两车损坏的交通事故。交警部门认定：被告胡某某负事故主要责任，原告徐某某负事故次要责任。原告徐某某在石林县人民医院住院治疗 94 天，伤情诊断为：创伤性休克，双下肢多处骨折，左膝交叉韧带断裂，右小腿严重挤压伤并肌肉坏死，右侧腓总神经损伤，多处皮肤挫裂伤。经司法鉴定，徐某某的伤残等级评定为九级伤残，需后期治疗费 50000 元，护理级别为三级护理依赖，护理期限为九个月。被告胡某某为原告支付医疗费 72936.37 元。被告胡某某因此次交通事故犯交通肇事罪，被判处有期徒刑一年缓刑二年。某保险公司于 2008 年 8 月 11 日赔付胡某某、某运输公司 120000 元强制险赔款，胡某某、某运输公司后赔款 191611.35 元给交通事故死亡的何某甲的家属夏某某、何某乙。原告徐某某起诉要求被告胡某某赔偿各项经济损失和精神抚慰金并由某运输公司、某保险公司承担连带赔偿责任。

县法院经审理认为：被告胡某某越过道路中心双实线超越前方同向行驶车辆时与原告徐某某超速驾驶的车辆相撞，违反了《中华人民共和国道路交通安全法》的规定，双方未按操作规范安全驾驶车辆，被告胡某某应承担此次交通事故的主要责任，原告徐某某应承担次要责任，责任比例酌情认定为：被告胡某某70%，原告徐某某30%。被告胡某某系直接侵权人，对原告造成的财产损失应承担赔偿责任；被告某运输公司系云H05899号车的车辆所有人，能够直接支配该车的营运和享受车辆营运带来的利益，因此对给原告造成的经济损失应当与被告胡某某承担连带赔偿责任。

某保险公司应在交通事故强制保险限额120000元内承担赔偿责任，但鉴于被告某保险公司在事故发生后已把交通强制保险赔款120000元支付给被保险人被告某运输公司和胡某某，被告某运输公司和胡某某又将强制保险赔款120000元赔付本次交通事故死者何某甲的亲属的实际情况，根据公平原则，被告某保险公司仍应在交通强制保险限额60000元内承担对原告的赔偿义务，被告某运输公司和胡某某对交通强制保险限额60000元的赔款承担补充赔偿责任；超出60000元的余额由被告胡某某、某运输公司承担百分之七十的赔偿责任，由原告徐某某自行承担百分之三十的责任。

对原告因人身损害造成的经济损失，因原告长期居住和工作在城镇，其主要收入来源于城镇，故原告的有关损害标准应按城镇居民人均可支配收入标准计算。对原告要求被告赔偿精神损害抚慰金20000元的请求，因被告胡某某的行为已构成犯罪，根据《最高人民法院关于人民法院是否受理刑事案件被害人提起精神损害赔偿民事诉讼问题的批复》的精神，原告在刑事案件审结以后才另行提起精神损害赔偿，人民法院应不予以受理，故对原告的该项请求，石林县法院不予支持。根据最高人民法院的《关于审理人身损害赔偿案件适用法律若干问题的解释》和参照《2008年云南省道路交通事故人身损害赔偿有关费用计算标准》，原告徐某某在此次交通事故中造成人身损害的经济损失计算为：残疾赔偿金45984元、后期治疗费50000元、误工费31元×98天为3038元、护理费4580元、住院期间伙食补助费15元×94天为1410元、鉴定费1300元、住宿费1620元、交通费1000元，共计108932元。

对于被告胡某某在原告住院期间支付的医疗费72936.37元，由原告徐某某承担百分之三十的部分，计21880.91元，应予以扣减。

综上，县法院依法判决：一、原告徐某某的经济损失108932元，由被告某保险公司在机动车事故责任强制保险限额内承担60000元的赔偿责任，该赔偿责任由被告胡某某、某运输公司承担补充赔偿责任。二、原告徐某某的经济损失108932元扣除60000元后的余额48932元，被告胡某某、某运输公司承担百分之七十的赔偿责任，计34252.40元，扣减原告徐某某应承担的医疗费21880.91元，合计12371.49元。三、驳回原告徐某某的其他诉讼请求。

（县法院提供）

【财产损害赔偿纠纷案】 原告张某甲与被告张某乙系同胞姐妹，1982年第一轮和1999年第二轮土地承包经营时，以父亲张某丙为户主承包得六个人（含原、被告）的责任田地。姐妹几个（除原告外）出嫁后，六人所承包的责任田地一直由张某乙管理。另查，原告张某甲自高中毕业后在外做生意，生育一男孩，但仍居住在原户口所在地。2007年10月的一天，张某丙当着张某丁（系原、被告之姊妹）的面，叫张某甲耕种地名为“小河湾”和“烂田”的土地。之后，张某甲在“小河湾”0.4亩和“烂田”1.2亩的土地种上麦子和豌豆。同年12月中旬，张某乙将张某甲的麦子、豌豆损害，故原告张某甲向法院提起诉讼，要求被告张某乙停止侵害，赔偿经济损失费800元；诉讼费由被告张某乙承担。

县法院经审理认为：根据《中华人民共和国物权法》第九十五条规定：共同共有人对共有的不动产或者动产共同享有所有权。该法第九十六条还规定：共有人按照约定管理共有的不动产或者动产；没有约定或者约定不明确的，各共有人都有管理的权利和义务。也就是说：每个共有人对共有物享有占有、使用、收益的权利，不受其他人的侵犯。原告张某甲在1982年土地承包时，就承包了土地。1999年顺延承包，依然取得了土地的承包经营权。2007年种上了小麦与豌豆，是依法行使自己承包土地权利的行为，被告张某乙将原告张某甲种下的庄稼损害，给张某甲造成了经济损失。原告张某甲请求被告张某乙赔偿其经济损失，符合法律规定的精神，应予支持。但鉴于原告张某甲种的庄稼时间不长，其损失的价值县法院酌情考虑。综上，县法院依法判决：由被告张某乙于判决生效后十日内赔偿原告张某甲经济损失费200元。

宣判后，被告张某乙不服判决，向昆明市中级人民法院提起上诉。昆明市中级人民法院经审理认为，一审人民法院认定事实清楚，适用法律正确，维持原判，驳回上诉。

（县法院提供）

【相邻纠纷案】 毕某甲诉毕某乙、昂某某、毕某丙相邻纠纷一案，石林县法院于2007年11月23日作出了民事调解书，确定由毕某乙、昂某某、毕某丙在2007年11月30日前清除堆放在通道上的石头。该调解书生效后，权利人于2008年6月10日向石林县法院申请强制执行。

毕某甲与毕某乙两家房屋相邻且属亲戚，两家因相邻的通道问题多次发生纠纷。2005年2月13日，双方因相邻问题发生吵打并诉至石林县法院，石林县法院于2005年12月5日作出了刑事附带民事判决书，判决毕某甲犯故意伤害罪，免予刑事处罚；判决毕某甲赔偿昂某某损失7227.39元。2006年12月20日，双方因相邻问题再次发生吵打，后经石林县法院审理，于2007年12月17日作出了民事判决书，确定由毕某甲等赔偿对方损失3561元。在他们双方历年的纠纷中，经石林县法院审理确认的医药费、误工费等损失已达17133元。

该相邻纠纷案在执行的过程中，执行人员多次查看了现场，发现产生纠纷的相邻部分并不是双方经常发生纠纷的问题所在。由于历年形成和用地安排不周的问题，毕某甲的房屋在右边，毕某乙的房屋在左边，而毕某甲堆放木柴的位置又是在毕某乙家的左边，且毕某甲家至公路的通道又经过毕某乙家的院子，就因为这些因素，双方在不断的磨擦中，积怨也越来越深，最后直至发生吵打，造成双方不同程度的损失。针对这些情况，石林县法院执行人员在执行完毕相邻纠纷的内容后，又分别与双方当事人就相邻问题征求意见和看法，最后双方当事人均有意对相邻的部分重新划定。

执行人员就这一问题召集村干部协调，村干部对此事也比较重视，认为此事处理不好，对本村也是一个不稳定因素，仅执行完法律文书上的内容，根本就是治标不治本，双方的不安定因素依然存在。同时，村干部也采纳了执行员的建议，就两家的宅基地使用范围重新进行了划分，即：毕某甲家从大门口另开一条通道至公路，因通道占用了部分毕某乙家的宅基地，毕某甲家位于毕某乙家左侧的用于堆放木柴的土地归毕某乙管理使用。在两家之间砌一堵共用围墙，费用双方平摊，以后双方各走各的通道。此协议由村小组保管，并由村小组负责落实。到此，两家多年来的纠纷得到了圆满的解决。

（县法院提供）

经济管理

计划管理

【县发改局】 1957 年 9 月，成立县计划委员会。1983 年 12 月，县计委、县经委合并成立县计划经济委员会。1994 年 10 月，成立县计划与经济贸易局。2005 年 3 月，县发展计划与经济贸易局更名为县发展和改革局；4 月 1 日正式启用新印章。2008 年县发改局内设局办公室、招商促进局（2005 年 3 月 15 日成立）、企业科、政教科、计划投资科、物价科、物价检查所、价格认证中心，年底有在职职工 33 人。办公地点在鹿阜镇阿诗玛西路 80 号。2008 年，赵一民被昆明市委、市政府评为年度招商引资先进个人；资助支农联系点板桥镇龙溪村委会春耕生产经费 3000 元。

党委书记、局长：赵一民
党委副书记、纪委书记：
李贵祥（彝族）
副局长：熊有翼
高云华（彝族）
杨若平（女）
洪正富

【北京招商分局】 北京招商分局由县发改局、县财政局、县林业局组成，牵头单位为县发改局，招商地区为北京、天津，年度任务数为内资 6000 万元、外资 100 万美元。实际到位国内市外资金 9554.78 万元，外资为零。

【地区生产总值(GDP)】 2008 年全县实现地区生产总值 27.2889 亿元，同比增 13.7%，其中：一产业 8.2371 亿元，增 10%；二产业 7.8132 亿元，增 25.44%；三产业 11.2386 亿元，增 9.05%。一、二、三产业的比重为 30.2∶28.6∶41.2。

【农村经济】 2008 年全县实现农业增加值 8.2371 亿元，增 10%；农民人均纯收入 4216 元，增 7.2%。农业基础设施进一步改善，全年完成水利建设工程 806 件，总投资 1.06 亿元，新增有效灌溉面积 1.36 万亩，改善灌溉面积 2.56 万亩，解决了 11202 人的生活用水问题。

粮烟生产实现了丰产丰收。粮食总产达 1.21 亿千克，为计划的 101.1%，同比增 1.2%。国家级烟叶标准化生产示范区建设工作顺利推进，现代烟草农业示范村建设圆满完成。全县烤烟收购总值 2.34 亿元，同比增 19%；收购均价为 14.31 元，同比增 24.4%；种烟农户户均收入 9489 元。畜牧业快速发展，全年山羊年末存栏 17.42 万只，增 4.56%；出栏 7.7 万只，增 11.27%。生猪存栏 17.1 万头，增 4.78%；出栏 21.1 万头，增 8.19%。大牲畜存栏 7.25 万头（匹），增 0.8%，出栏 1.03 万头（匹），增 12.38%。实现畜牧业产值 4.35 亿元，增 8.6%。

新农村建设进展顺利，11 个村委会 42 个自然村整村推进工作稳步进行，实施基础设施、产业发展、生态建设、社会事业四大工程，改造和修缮乡村公路 19 条 141.2 千米，新建 27 个村文化室和 12 个农民体育健身工程，完成"一池三改"沼气 2210 户，完成广播电视村村通工程 40 千米主干线、新增入网 5500 户。

【旅游经济】 旅游业克服国际国内经济、社会以及自然灾害的影响等困难，按照"创建世界一流景区、打造国际旅游胜地"的要求，着力实施"12345"旅游国际化发展战略，创新宣传营销，加强品牌建设，品牌创建再获丰收，继石林成功申报成为世界自然遗产和全国首批 5A 级旅游景区后，被命名为"云南省文明风景旅游景区"，创建全国文明风景旅游区通过中央文明办、国家建设部、国家旅游局考评，"旅游经济强县"工作通过云南省旅游局考评验收。旅游基础设施和服务设施建设不断完善，完成数字石林景区二期工程，景区扩容改造、环境整治和美化工作有序推进；"四中心二店"、石林幻多奇、中国彝族第一村样板房已开工建设。加大宣传促销力度，不断提高石林知名度，有力地促进了旅游、餐饮、住宿、交通、购物、娱乐等相关行业的发展，旅游业综合效益明显提高，大小石林景区接待国内外游客 237 万人次，完成年计划的 85%，同比下降 8.8%，景区旅游直接收入 2.97 亿元，为年计划的 94%，同比减 1%；旅游综合收入 12 亿元，同比增 20%，完成计划的 100%。

【固定资产投资】 固定资产投资进一步加大，有效拉动了县域经济的发展。石林旅游服务区、工业集中区和县城新区开发有序推进，全面完成石林中路改扩建和北召公路路面改造工程、黑龙潭水库东干渠节水改造和病险水库除险加固工程；污水处理厂建成投入使用；行政中心办公楼及市政道路建设、巴江俪岛、水岸星城、天奇花园、鹿阜旧城改造等项目稳步推进。全年完成固定资产投资 15.7634 亿元，增 33.93%。

【财税金融】 实现地方一般预算收入 2.01 亿元，同比增长 41.3%，完成调整预算；地方一般预算支出 3.76 亿元，同比增长 28%。年末全县各项存款余额 32.5547 亿元，增 16.14%；各项贷款余额 26.1178 亿元，增 14.76%；储蓄存款 15.8465 亿元，增 25.64%，年末人均储蓄存款 6586 元。城镇居民人均可支配收入 13800 元，增 8.8%。

【商贸流通】 全县市场货源充裕，群众生产生活品供应正常。在全县 8 个乡（镇）继续开展"万村千乡市场工程"试点，设立 19 个村级日用消费品农家店，杜绝不合格食品和日用品在农村泛滥；加强食品、药品安全整治，全年没有发生食品、药品安全事故；开展红盾护农行动，稳定农资市场。全年社会消费品零售总额完成 11.7575 亿元，增 28.08%。

【生态环境建设】 实施生态美县战略，编制完成《生态县建设规划》并经县人大审议通过；加强城乡园林绿化，以交通沿线面山绿化和城市面山绿化为重点，对昆石高速公路、石林中路、九石阿旅游专线沿线面山进行绿化，面山绿化共完成 7167 亩，完成投资 4778.2 万元；全面启动集体林权制度改革；加强环境整治，积极开展创建国家环保模范城市工作；严格督促企业落实污染治理措施，做好节能减排，确保完成污染物总量控制指标；全面推进国家园林县城创建工作，加强对城市绿地的建设和养护，人均公共绿化面积达16.59平方米，绿地率达40.5%，绿化覆盖率达45.3%。

【社会事业发展】 积极推进科技与经济结合，提高科技对经济增长的贡献率。实施教育综合改革，大力改善办学条件，推进6所农村中小学标准化建设。卫生体制改革进一步深化，新型农村合作医疗参合人员199371人，参合率达99.27%。做好国债项目乡镇卫生院建设工作，改善农村医疗条件。贯彻执行“奖优免补”政策，降低生育率，全年人口自然增长率5.77‰。文化、体育、广播电视事业加快发展，广场文化丰富多彩，有线电视“村村通”工程有序进行，电视传输质量不断提高，全民健身活动蓬勃开展，体育竞技水平不断提高。就业和再就业工作进一步加强，城镇新增就业人数1011人。完善城乡最低生活保障制度，做到应保尽保，社会保险覆盖面进一步扩大。实施扶贫“整村推进”，减少贫困人口7910人。新建2个四级客运站，完成30个行政村简易客运站，新开通县城至西街口公交线路1条，城乡公交一体化进一步推进。

（撰稿人：县发展和改革局 槐玲分）

质量技术监督

【县质量技术监督局】 1999年11月，按照质量技术监督机构改革工作的统一安排，上划原隶属于县计划经济贸易局管理的县技术监督所（股所级），成立正科级建制的县质量技术监督局，同时加挂“石林彝族自治县质量技术监督稽查队”牌子，为昆明市质量技术监督局下属机构，实行省以下垂直管理。2007年2月成立党组。2008年内设局办公室和综合管理科，有在职职工10人，其中：公务员9人，工人1人。单位办公地点在石林县鹿阜镇环城东路66号。

党组书记、局长：王兆祥（彝族）
纪检组长：陶余平
副 局 长：冯华忠

【特种设备安全监察】 协助云南省特种设备检验检测中心开办1期司炉工作业人员取证培训，48人参加培训并获证。开展特种设备隐患排查治理和安全生产月等专项安全监察活动，共检查设备使用单位115家次（占总数的189%），设备369台次（占总数的151%），发出指令书47份，整治隐患38条，发放安全责任告知书86份。检查覆盖全县所有特种设备及其使用单位，全年未发生安全事故。组织对全县起重机械、锅炉和场内机动车的定期检验，共检验设备107台。

【食品质量安全监管】 开展元旦、春节、五一、六一、奥运会前及期间、中秋、十一专项检查，特别是“三鹿奶粉”事件以来，突出全县液态奶和乳饼生产单位的监管，安排2名专职监管人员入驻液态奶生产企业，严格按照监管要求对企业进行每日检查和情况了解，签订承诺书，并向上级部门报告每日监管情况。落实“三查三责”工作要求，加强全县食品生产加工单位的检查、巡查，全年共检查、巡查食品生产单位209家次，平均每家不低于2次，发出责令更正通知9份，整改问题41条。食品许可观察16家次，换发、新取食品生产许可证企业10家，新增产品单元15个，全县小作坊100%签订新一轮质量安全承诺书。截至年底，全县共有食品生产单位102家，其中：企业29家，小作坊73家。

【质量管理】 进行企业质量档案更新维护，全县涉及到的14类产品、3C认证、工业生产许可产品共9家企业100%建立和更新了质量档案。推进“三级名品”创建工作，依据“名牌目录”向市名推委推荐1家太阳能生产企业（石林永瑞太阳能有限公司）创省级名牌。开展服务企业百日行动与“双百工程”工作，确定7家质量效益型和6家成长型企业作为试点对象进行培育和发展，为今后的名牌申报工作打基础。7家质量效益型企业为：石林县易通电缆桥架有限公司、石林县众友电缆桥架有限公司、云南官房水泥有限公司、昆明市石林兴农粮贸有限公司、石林永瑞太阳能有限公司、石林绿汀甜柿产品开发有限公司、云南石丰种业有限公司；6家成长型企业为：石林彝家醇酒厂、石林锦园调味品厂、石林县黑龙潭酒厂、石林县酱菜厂、云南石材厂、石林华鹏石材有限公司。

市政府产品质量和食品专项整治检查组考核石林县食品专项整治工作

【标准化管理】 清理企业标准49个，登记标准16个，审定食品标签20个。启动全县唯一一家第六批全国农业标准化示范区建设项目——石林甜柿种植标准化示范区，年内完成了实施方案和工作计划的制定及审查、标准起草等各项工作。

【计量管理】 开展诚信计量进市场、健康计量进医院、光明计量进眼镜店活动，监督检查用能单位能源计量器具、加油机、地中衡、混凝土搅拌器，建立医用计量设备、加油机等强检计量器具台账5 个，在册计量器具598台件，强检率100%。办结关于计量问题的市长热线1件。核发“计量器具修理许可证”1家。

【组织机构代码管理】 完成组织机构代码及制造、修理计量器具许可证核发整体进驻县便民服务中心工作，开展一站式服务。全年完成代码年检926套、办换证492套，清理废置代码达标，有效库电子档案上报完成率达标，数据合格率达标。

【打假治劣与行政执法】 突出“两个安全”整治，针对问题较多的产品、问题严重的区域，结合工作安排部署，积极开展打假治劣行动。特别是从2008年4月19日以来，对建筑用砖、路缘石、路面砖、钢筋等多种建材产品进行全覆盖拉网式检查。全年以农资、建材、建筑构配件、食品、成品油、特种设备等产品质量和定量包装商品等为重点，共抽查产品253个批次，其中抽查17家生产企业、24处建筑工地的各类建材产品48个批次。查处特种设备、食品安全、产品质量等各类案件141件，其中立案查处71件、结案56件，未发生复议和诉讼情况。

（撰稿人：县质量技术监督局 晏冰冰）

工商行政管理

【县工商行政管理局】 1974年9月30日，成立县工商行政管理局。1999年5月18日，县工商行政管理局上划市局垂直管理。2008年，县局内设办公室、党务办公室、信息化办公室、纪检监察室、人事教育科、法制科、企业个体登记注册管理科、市场监督管理科、公平交易科；有派出机构5个，即：城区工商分局、石林风景区工商分局、板桥工商所、北大村工商所、圭山工商所；有群团组织2个，即：石林县个体私营经济协会、石林县保护消费者权益委员会。至年底，有在职干部职工78人。单位办公地点在鹿阜镇阿诗玛南路240号。

2008年，派出机构景区工商分局、城区工商分局被市人民政府评为“群众性精神文明创建活动文明单位”；堡子村委会投诉站、宜政村委会投诉站、南大村村委会投诉站、西街口村委会投诉站被市政府评为“农村消费维权组织网络建设先进集体”，李劲松、洪敏、雷振涛、槐树波、段鹏光被评为先进工作者；届期内有市级文明单位2个，县级文明单位3个。2008年资助支农联系点圭山镇海邑村委会2000元生产经费。

书记、局长：刘　林（女，白族）
副 局 长：洪　敏
　　　　　李冬梅（女）
纪检组长：彭海欧

省工商局局长纳宗会（左二）调研新办公楼建设

【法制建设】 精简行政审批事项，将现有的40项减少压缩至12项；梳理执法依据、行政许可与非行政许可事项，确认正在执行的行政许可事项10项、行政处罚193项、行政强制15项、行政征收4项、行政确认4项、行政裁决1项，其他职权备案14项。严格责任追究，细化“行政执法责任制”，实行任务分解，与8个办案单位签订了《2008年行政执法责任书》。年内共开展法制监督员培训2次，登记人员业务培训2次，商标知识培训考试1次，执法业务培训2次；利用“3·15”、“4·26”、“12·4”等重大节日，积极向消费者和经营户宣传工商法规，共计发放宣传材料30000余份；组织个体企业负责人开展法规培训，累计参训人员1000余人次。全年经过集体讨论案件58件，召开重大案件案审会议2次，发出案件审核建议书58份。加强案件的监督把关力度，全年共核审案件399件，其中：一般程序案件63件，简单方式、简易程序案件336件；行政复议案件1件，经市工商局复议核审后维持原处罚决定；年内无听证、应诉及行政赔偿案件发生。

【企业注册登记管理】 2008年底石林县共有个体工商户5478户，注册资金13538万元，全年共办理个体设立登记

964户、注销457户；有私营企业666户，注册资金139873万元，全年共办理私营企业设立登记168户、变更127户、注销14户；有国有、集体企业320户，注册资金114030万元，全年共办理内资企业设立登记15户、变更58户、注销14户。按照属地管理的原则，组织各分局、所开展年检验（换）照工作，全年应验个体户4694户，实验3892户，个体验照率达83%；应检企业816户，实检617户，企业年检率达76%。

【商标广告监督管理】 以食品、药品、服装、农资等商品的知名、著名、驰名商标为保护重点，采取会议培训、上门服务、企业年检等形式加大商标监管和宣传力度，年内开展奥林匹克标志保护行动9次，出动执法人员67人次，检查经营户524户次，检查超市商场、集贸市场等各类市场30个次，整治重点区域48处，进行行政指导等行政措施56次。积极抓好“双创”工作，采取走访规模企业、发放跟踪服务卡和商标注册建议书等形式，引导企业发展品牌商品，提高品牌意识，年内申报云南石林旅游集团有限公司的“石林”、石林绿汀甜柿产品开发有限公司的“绿汀”、海邑供销社石林县彝嘉醇酒厂的“阿黑”和石林县酱菜厂的“云林”四件商标为昆明市知名商标。截至12月31日，全县共有注册商标78件，其中：昆明市知名商标4件，云南省著名商标6件。通过落实企业回访制度，积极为企业排忧解难，年内共发放《商标注册所需材料规范及相关问题》40余份、商标跟踪服务卡18份、商标注册建议书32份、新申请商标28件。加强广告监测、管理力度，严查虚假违法广告，建立健全广告监管制度，年内共登记户外广告47件，检查各类广告541条，责令整改8条。

【公平交易】 2008年共开展“两烟”、军警服、不良及“三无”玩具、易制毒化学品、“三电”及废旧金属、农资市场、非法政治出版物、汽车零配件、打击野生动植物违法犯罪、移动电话机售后服务等20余项市场专项检查整治行动，全局共出动执法人员840余人次、执法车辆160车次。共查缴没收价值1071元的装饰有淫秽、色情图像的一次性打火机357个；价值8.5万余元的不合格化肥34吨；价值9000元的假冒进网许可证标识手机18台；不合格汽车零配件钢板弹簧、火花塞、转向节主肖、滤清器、刮水板、十字结等10余类产品198个（件）；假冒军警服装21件、帽子15顶，收缴假冒军警标志21幅；取缔无照购销铁矿石经营户9户，废旧物品收购经营户6户，货物托运经营户3户；查缴“贵州茅台酒”商标标识、外包装箱、检测器等包装物1452个（张）。

全年共查处各类违法违规经济案件399件，案值1374.35万元，罚没款110.23万元，其中：一般程序案件63件，简易、简单方式案件336件；制假售假案件51件，登记违法案件13件，两虚一抽（虚报注册资本、提交虚假材料、抽逃出资金额）案件2件，商标侵权案件2件，其他案件331件。与上年同期相比，案件数下降40%，罚没款金额下降24.8%。

【市场监督管理】 一是以节庆假日市场整治为主线，开展农资市场、旅游市场、学校周边、酒类专卖店、超薄塑料袋、人员密集场所安全隐患排查、奥运火炬传递路线市场秩序环境整治等20余项专项检查、整规行动，共计出动执法人员287人次、车辆48台次，检查各类市场20个次、市场主体2136户次，印发各种宣传材料3725份，发出各类整改通知书和建议书148份，收缴不合格塑料袋32220个、仿真玩具枪2支、人皮面具1张、恐怖玩具8件、能照射黄色图像打火机357只、“三无”2B铅笔42支，查处取缔无照经营297户。二是以落实“七农机制”（七农机制：红盾护农、经纪活农、合同帮农、商标富农、广告促农、品牌兴农、市场助农）为契机，进一步转变职能，切实提高服务“三农”的意识和水平。对辖区内种养殖业进行摸底调查，全县共有规模养殖户58户、规模种植户65户、既有养殖又有种殖户7户、民族刺绣加工户56户，分别对其基本情况、规模、品种结构等进行了调查登记；确定了5个工作示范点，制订涉农合同示范文本1种36份，签订36份并已鉴证；发放推广合同示范文本2种、70份。加大农村经纪人的培训力度，年内共登记发展农村经纪人45户。对化肥、农药、种子进行质量监测抽检，在37户化肥经营户中抽取硫钙肥、中量元素肥和含氮钙硫肥2个批次、7个样本进行检测，通过科学检测，封存不合格硫钙肥11.5吨、中量元素肥12吨和“林丰牌”水稻专用复混肥7.6吨；与183户农资经营户签订责任书，抽样备查水稻种子样本49个、玉米种子样本98个、小麦种样本2个，并组织执法人员全面清查假冒、仿冒“农达牌”农药，有效净化了农资市场环境。三是大力开展市场诚信体系建设和农资放心店评选工作。7月1日，在石林风景区挂牌建立“诚信经营示范一条街”；联合相关部门开展“农资放心店”评选活动，经过实地走访、考核、评定、公示，共评定石林县海邑供销社等51户农资企业为“石林县农资放心店”。年内共办理动产抵押登记23件，抵押物价值9282.37万元，办理房地产拍卖监拍业务4件（其中2件流拍），监拍金额480万元。

【消费者权益保护】 2008年县消费者协会邀请县工商局、县农牧局、县质监局、县食药局等9家执法部门，开展以“消费·责任”为主题的“3·15”执法宣传咨询活动，并组织县第五届诚信企业到活动现场进行名优产品和服务展示，期间共发放宣传材料53800份，接受群众咨询15030人次，展示名特优产品30余种，科学销毁假冒伪劣商品187件，价值31.7万元。在全县92个行政村委会建立了112个“一会两站”（消费者协会分会、“12315”投诉举报站及工作联络站），统一制作工作站牌、站点工作职责公示栏牌112个，上岗证224个，购置公文包120个，制作各类文书台账1000本，共举行“一会两站”工作人员培训会8次，培训人员184人次，考试合格184人，合格率达100%。

发布消费警示，引导消费者安全放心消费，全年制作消协简报6期，发布消费警示、提示8期。充分发挥“一会两站”作用，及时处置消费投诉（举报），全年共受理消费者投诉76件，调解76件，调解率100%，为消费者挽回经济损失38750元，接待来电、来访咨询120人次。

【打击非法传销】 在全县范围内广泛宣传非法传销的相关知识、法规、政策，发放粘贴《关于严厉打击非法传销活动的通告》20份、《致出租屋业主的公开信》50份，传销宣传画122份，宣传手册152份，发布《传销案情通报》1期。与各乡镇及相关职能部门、社区、村委会签订打击传销工作目标责任书，明确打击传销工作目标责任，形成齐抓共管的局面。制定《石林县创建无传销社区方案》，通过集中宣传、清理整治，为创建无传销社区活动奠定了基础，确定石林县鹿阜镇龙泉社区、东门社区作为“无传销社区（村）”。按计划积极开展打击取缔传销清理整治工作，3月初，根据排查线索，协同公安机关精心组织、快速反应，出动执法人员14人次、车辆6车次，取缔非法传销组织1个、清理传销窝点5个，教育遣返河南和山东籍传销人员29人，收缴用于传销活动的业务简介、笔记本、宣传册等材料61本（册）和“梦特娇”西服3套；7月中旬，清理和教育劝返河南籍传销人员97人。

【食品安全监管】 在全县1901户食品经营户中广泛宣传《食品安全法》、《产品质量法》、《夏季食品安全十项预警》、《消费警示》、《食品安全知识》等10余项法规知识，共发放宣传材料15850余份。督促食品经营户落实好索证索票、进销货台账及七项自律制度。大力开展“食品安全示范店”创建活动，经过县工商局、县农牧局、县食品安全委员会、县消费者协会、县个体私营经济协会实地走访、考核、评定、公示，授予石林金方购物广场等25户食品经营户为“石林县食品安全示范店”。充分发挥食品快速检测仪器及检测箱作用，在辖区内不定期开展食品检测，引导消费者放心安全消费，全年共抽检经营户97户，抽取木耳、食用植物油、猪肉、花生、面粉、食盐、牛奶、鲤鱼等90个样品，检测104组，合格率99%。组织开展河豚鱼及其制品、不合格葡萄酒、劣质奶饮料、食用植物油、水产品市场、原料奶市场、不合格罐头、不合格“祁府”牌北京二锅头等30余次食品安全专项执法检查，出动执法人员2118人次，检查各类食品经营户12165户次，检查集贸市场50个次。

【清查问题奶制品】 三鹿牌婴幼儿奶粉事件发生后，县工商局按照省、市工商局安排部署，果断采取措施严查问题奶制品，妥善处理三聚氰胺事件。一是积极向当地党委、政府请示汇报，成立相应的工作机构；二是发布消费警示，公告奶制品中被检出含三聚氰胺的企业名称及相应产品名、产品批次号；三是充分发挥“12315”投诉举报维权网络，公布工作电话，进一步畅通服务渠道；四是按照已公布的含三聚氰胺的奶制品批次开展拉网式清查，发现问题奶制品立即采取下柜、退市等措施，对经销问题奶制品商户责令企业召回并做好备案工作；四是加强奶制品索证索票和进货台账监管，做到市场准入及流通均可追溯；五是做好食用含三聚氰胺奶制品而患病的婴幼儿医疗费用赔偿工作。县工商局自2008年9月12日至10月10日开展清查问题奶制品，共出动执法人员474人次，车辆94车次，清查经营奶粉食品经营户2440户次，封存、下柜问题奶粉460.46千克、雪糕136.06千克、液态奶9098盒；公布投诉电话6部，发布消费警示2期，粘贴850份，受理消费者咨询32人次，消费者退赔问题奶粉1.2千克；赔偿患病婴幼儿14人，医疗费用28000元。

【个私协会工作】 2008年底共有个私会员18299人，其中：个体工商户5478户，从业人员8410人，比上年同期增加449户、450人；私营企业666户，从业人员9889人，比上年同期增加153户、2696人。动员广大会员向四川地震灾区捐款，共计捐款865257.4元；组织11名个体户理发师先后三次到石林天奇医院为灾区伤病员免费提供理发服务；县个私协会新经济党支部党员赵石平将自家成熟的水果采摘了180余千克送到天奇医院慰问伤病员。3月6日，县个体私营经济协会第二次代表大会在会议中心召开，274名个私企业代表审议通过了《石林彝族自治县个体私营经济协会章程》，选举产生了第二届理事会，聘请县人民政府副县长张忠贵为第二届理事会名誉会长；14家私营企业、41户个体户被县人民政府分别授予先进私营企业和先进个体工商户荣誉称号。10月30日，成立了双龙市场鲜猪肉行业小组，进一步规范鲜猪肉交易秩序。

（撰稿人：县工商局 李建波）

统计管理

【县统计局】 1997年7月，县统计局由计划与经济贸易局分出单独设立。2007年12月25日，根据《石林彝族自治县机构编制委员会关于设置乡镇统计站的批复》，设置了鹿阜镇统计站、路美邑镇统计站、石林镇统计站、西街口镇统计站、板桥镇统计站、长湖镇统计站、圭山镇统计站和大可乡统计站，乡镇统计站作为县统计局的派驻机构，与乡镇农林水综合服务中心合署办公。2008年3月14日，县机构编制委员会下发《石林彝族自治县机构编制委员会关于组建县地方统计调查队的批复》，成立了石林彝族自治县地方统计调查队。2008年，县统计局内设办公室、农村经济统计调查科、企业统计调查科、社会统计调查科，下设地方统计调查队、农村社会经济调查队，年底局机关有在职职工13人，局机关办公地点在鹿阜镇双龙山18号县政府大楼四楼。

2008年，在国家统计局昆明调查队的考评中，城镇居民住户调查荣获先进单位三等奖；县第二次农业普查办公室被评为国家级先进集体。2008年资助了支农联系点鹿阜镇东门社区居委会2000元工作经费。

局　长：徐永平（女）
副局长：马院华（10月止）

【统计信息服务】 2008年县统计局收集、整理、出版了《2007年石林县社会经济统计年鉴》。为县人代会、政协会编印了《石林县2007年经济运行情况》小册子。发挥统计信息的主渠道作用，全年编发12期《石林县国民经济主要指标》月度卡片，编印3期《统计信息》专刊，通报全县经济运行情况，为各级领导掌握和了解全县经济社会发展态势提供参考依据。做好全县国民经济运行状况及城乡居民增收目标的监测、分析和评估工作，牵头完成了《石林县全面建设小康社会指标体系研究》文本，协助相关部门做好各项规划和考核指标的测算。抽调人员参与县综合目标考核工作，充分发挥了部门职能作用。2008年县统计局提供的各种信息、分析被昆明市统计系统内网采用8篇，市级刊物《昆明统计》采用2篇，县级《信息》、《石林政务信息》采用29篇。

【定期统计调查】 县统计局贯彻国家统计报表制度，做好农业、工业、能源、建筑业、劳动工资、商贸、住宿餐饮业、固定资产投资、基本单位等定期统计报表，以会代训强化业务培训。加强县域国民经济核算和社会统计、能源统计、服务业统计工作，做好200户农村住户调查、50户城镇居民住户调查工作，如实反映全县经济实力、社会发展状况和人民生活水平。

【专项统计调查】 根据省政府办《关于开展文化产业统计工作的意见》和县委、县政府《关于深化文化体制改革、加快文化产业发展的实施意见》，按照昆明市的统一部署，县统计局组织开展了文化产业统计调查工作。县乡两级统计人员密切配合，经过摸底清查、调查登记、调查表审核、数据处理、评估论证等阶段工作，取得了文化及相关产业主要统计数据。2008年6月，撰写、编印了《2007年石林彝族自治县文化及相关产业调查报告》，客观、全面地反映了石林县的文化产业发展情况。

2008年9月，县统计局与县旅游局联合开展了旅游产业调查，调查对象为从事景区游览、旅行社、交通运输、商业、旅馆、餐饮、文化娱乐、园林绿化等行业的法人企业、产业活动单位、个体经营户。调查指标主要包括旅游人数、游客来源地构成、旅客花费构成、接待游客设施拥有量、总产值、销售收入（营业收入）、劳动者报酬、固定资产折旧、营业盈余、生产税净额、从业人员等。进行了旅游产业增加值的测算，取得了旅游产业相关统计数据。11月，通过多方评估论证，形成了旅游调查专题报告《石林旅游产业对社会经济发展的影响——石林彝族自治县旅游产业调查报告》，为石林县申报云南省旅游经济强县，争创国家级旅游经济强县提供了数据依据。

【第二次全国经济普查、第二次全国农业普查】 按照全国的统一部署，组织开展了第二次全国经济普查工作，局长任县经普办主任，并从局机关抽调3位业务人员参与经济普查。2008年完成了机构、人员、经费、办公地点“四落实”工作，进行了普查方案制定、宣传动员、普查指导员和普查员的选聘培训、普查区划分、摸底清查、数据处理等工作，绘制了普查小区地图，全面掌握了全县法人单位、产业活动单位和个体工商户的数量、结构、地理分布等基本情况，为2009年正式普查登记打下了良好基础。

做好第二次全国农业普查资料开发编印工作和总结表彰工作，整理发布农业普查数据公报，为党委政府进行“三农”决策，为社会各界认识“三农”、服务“三农”提供科学、全面的依据。

【统计信息工程建设】 统计信息化建设稳步推进，计算机、打印机等硬件设施逐年更新，专业统计人员的微机操作水平不断提高。所有定期报表、专项调查和普查全部采用计算机进行数据处理，规模以上工业、建筑业、批发零售贸易餐饮业联网直报运行顺畅，劳动工资及能源统计工作实行网上直报。经济普查通过组建局域网进行数据处理，发挥了设备的最大功效。统计信息化建设延伸到各乡镇统计站，提高了统计数据的报送效率。

【统计法制建设】 把统计法制建设渗透到整个统计工作之中，在定期统计报表、专项调查和普查工作中宣传贯彻统计法，强化统计调查人员、调查对象的法律意识，为依法统计奠定基础。坚持“教育为主，处罚为辅”的原则，把执行法律的规范性和坚持从实际出发的灵活性结合起来，进一步更新观念，创新执法形式。县统计局与县司法局、县监察局、县政府法制办配合搞好统计执法检查，集中力量针对经济普查、节能降耗统计、新开工投资项目统计、服务业统计、从业资格认证等重点领域开展检查，促进了统计工作的规范化、法制化建设，为各项统计工作的开展创造了良好条件。开展法制单位创建活动，进行行政审批制度改革，精简和规范行政审批事项，简化办事程序。根据县政府关于调整县级行政审批项目的通知，县统计局行政审批事项由原来的5项，精减、变更为3项。

（撰稿人：县统计局 杨凤英）

物价管理

【重要价格管理】 2008年10月31日，　出台了石林县城市公共交通汽车票价和出租汽车运价：城区公共交通汽车票价（通票）每人次1.00元，身高在1.10米以下的乘客免票；城区出租汽车运价不分车型和排量每车次4.00元，夜间不得加价，同时实施运价和油价联动措施，在石林县城93#汽油价格突破每升5.10元时，由出租车驾驶员在运价基础上每车次向乘客加收1.00元燃油附加。2009年9月3日，出台石林县廉租住房补贴标准：人均住房使用面积低于12平方米的按每月每平方米（使用面积）4.00元进行面积差额式补贴，对一人户住房使用面积低于12平方米的按每月每平方米（使用面积）5.00元进行面积差额式补贴。

2008年4月22日，制定了石林县

电力有偿服务价格。年内拟定污水处理厂试运行期间污水处理费征收标准，报政府审批。严格执行国家制定的烤烟等经济作物价格政策，石林县所属一价区中准级烤烟收购价格由每50千克525元提高到640元；维护正常的市场秩序，在烤烟收购环节严禁压级压价等坑农害农事件发生，促进农民增收。继续推行和完善主要化肥品种价格调价申报和降价备案制度，贯彻执行化肥经营环节差率控制的各项规定，经常到县城和乡镇、村的各销售点调查了解价格的执行情况。

【收费管理】 加强组织领导，做好2008年行政事业性收费年审换证工作。年度审验及换证工作政策性强、涉及面广，为圆满完成此项工作，在县发改局成立了行政事业性收费年审工作领导小组，领导小组下设办公室在物价科，具体负责年审事务。凡不属于收费许可证管理或未按法定审批权限设立的收费、国家和省明令取消的收费项目、石林县向社会公布免收的收费项目，一律不得填写上证。年审结束，共审验收费许可证162个（正本70个、副本92个），审验行政事业性收费项目80项，年审率达100%。

规范行政事业性收费管理，严格遵循审批程序和权限，认真审核收费项目和标准的合法性，办理《收费许可证》合格率达100%。对变更和取消的收费项目及时办理变更手续，变更率达100%。完成收费系统统计上报工作，完善收费管理台账。全年注销《收费许可证》60个，主要原因是：优化软环境建设，部分收费项目实行免收；义务教育免收杂费。

【行政事业性收费清理】 2008年3月，县发改局会同县财政局、县监察局对全县的行政事业性收费进行了清理。全县涉及行政事业性收费项目总数为118项（中央项目88项、省级项目30项），经清理确定为保留的行政事业性收费项目63项（中央项目53项、省级项目10项），确定为免收的行政事业性收费项目55项（中央项目35项、省级项目20项），免收幅度达47%。另有9项收费属昆明市保留项目，在石林县实行了免收。

【涉农价格和收费】 9～10月，重点开展清理整顿涉农价格和收费工作，对石林县辖区内涉及农业生产、农民生活和农村发展的现行价格和收费项目进行全面清理整顿。全县清理涉农价格和收费重点部门11个、价格和收费项目37项（其中：涉农价格部门2个，项目5项；涉农收费部门9个，收费项目32项），清理收费文件39件。经研究，保留25项、免收12项，免收金额199.23万元。

【价格监测和成本调查】 建立辖区内价格监测报告制度，按质按量上报《昆明市主要居民食品（74个）价格监测报表》、《昆明市主要服务收费（53个）价格监测报表》和《昆明市主要生产资料（81个）价格监测报表》。突出重点做好价格专项监测和专题调查研究，根据市场价格形势，做到一周一报或一日一报。紧紧围绕“三农”问题和建设社会主义新农村，做好农产品成本调查工作。规范成本监审工作程序，进一步提高成本监审工作质量。

【价格监督检查】 为促进公平竞争，规范市场价格秩序，构建和谐社会，围绕群众关心、社会反映强烈的价格热点问题，组织开展了多项专项检查：对涉及农民建房、土地审批、计划生育、农民用水用电、农用物资、婚姻登记、农用物资、交通运输等9个部门32个执收单位进行了检查；重点检查了县人民医院、县中医院、县妇幼保健院、天奇医院、板桥卫生院、石林镇卫生院、圭山民族医院等非盈利性医院的药品价格和医疗服务收费，查出县人民医院、县中医院、县妇幼保健院、天奇医院不同程度存在提高药品价格、重复收费等乱收费现象，县发改局分别对其进行了行政处罚；开展教育收费专项检查，对21所中小学校的收费情况进行检查；组织开展了邮政资费和成品油价格专项检查，查出2个加油站擅自提高柴油价格，对其行为进行了罚款处理。受理出租车、网吧、医疗、饮食等4起投诉案件，按程序在规定时限内进行了调查，并将落实情况及时反馈投诉人。在重大节日期间，组织人员对石林景区及县城主要街道开展明码标价检查。

【价格认证】 遵循独立、客观、公正的原则，认真做好司法、行政机关涉案物品价格认证工作。受理公安机关委托，对涉案物品进行价格鉴定，出具价格鉴定结论书148份；受人民法院的委托，对纠纷物品进行价格认证13件；受其他行政机关委托，对行政案件物品价格进行认证4件。认证总金额为549.86万元。

（撰稿人：县发展和改革局 杨 艳）

食品药品监督管理

【县食品药品监督管理局】 2002年4月29日，组建昆明市药品监督管理局石林分局。2005年6月30日，成立石林彝族自治县食品药品监督管理局，是省以下垂直管理的直属正科级机构。2008年内设办公室、食品安全协调与监察科、药品医疗器械监管科、稽查科4个职能科室，年底有在职职工11人。单位办公地点在鹿阜镇环城西路38号。

局　　长：袁家林

副 局 长：罗金红

纪检组长：朱翠萍

【药品市场管理】 2008年，全局出动执法人员786人次、车辆311辆次，检查涉药企业1684家次，办理处罚药品案件16件，当场处罚案件5件，立案查处药品违法案件11件，没收物品385个品种607件零1246瓶（盒），罚没款到账44522.04元（比上年的20261.25元增119.7%），另有67616元申请法院强制执行。其中，农村药品市场专项整治活动共出动车辆65辆次（包括摩托车）、人员148人次（县食品药品监督管理局执法人员50人次、协管员98人次），共检查药品销售点633

家（药店11个、卫生院7个、卫生所99个、“两网”药柜97个、副食土杂店323个、个体诊所96个）、行政村88个、自然村345个，收缴药品356种1062瓶（盒）、货值金额4530元，取缔无证经营172起（均为农村小卖部），当场处罚2起，罚款200元，立案查处4起。检查集贸市场8个，收缴毒性中药材生草乌10千克。进一步推进诚信建设，建立辖区内药品批发、零售企业（零售连锁门店）安全信用档案，做到一户一档，档案规范，信用资料齐全。

【药品安全和医疗器械管理】 全年对县内药品生产企业监督检查4次、医疗机构制剂室监督检查4次、特殊药品使用单位监督检查4次。建立了县内药品生产企业、医疗机构制剂室、特殊药品使用单位的监管档案，按时上报各种报表材料。召开药械不良反应监测协调领导小组工作会议1次，全年上报药械不良反应（不良事件）监测报表38份，报表质量明显提高。对全县医疗器械经营企业进行了2次全面检查，建立了医疗器械经营企业诚信档案，查办医疗器械违法案件1件，罚款2000元。全面推进医疗机构“两个规范”认证工作，认证通过率达100%（共有12家，2006年通过11家，2008年通过1家）；对通过“两个规范”认证的医疗机构进行了2次追踪检查。开展了电疗、磁疗、光疗物理治疗设备和隐形眼镜市场等专项检查，并按时上报监管信息和总结、报表等材料。加强对医疗器械广告的监测，未发现违法广告。

【农村药品“两网”建设】 通过农村药品市场专项整治，规范了农村药品供应网点，与配送企业签订协议的网点明显增加，至年底全县配送点已从年初的106家增加到154家，覆盖率达100%，其中加入农村药品配送网点的村卫生所有35家，为农村药品配送网与新农合的嫁接进行了有效的探索，农村药品供应网建设进一步发展。农村药品监督网进一步加强，聘用协管员10名，协管员的作用进一步发挥，农村药品市场专项整治取得了明显的成效，协管员在其中起到了重要作用，在专项整治行动中查获的4起案件都是由协管员提供的线索。监督网覆盖率达100%，全年对配送网点检查8次。

【食品安全综合监管】 县人民政府与8个乡（镇）及7个成员单位签定了2008年食品安全工作目标责任书，县食品安全委员会办公室根据县政府和市局的安排，研究制定了本年度食品安全监管工作重点和工作措施，进一步建立完善食品安全综合评定、信用管理、信息管理以及应急救援体系。

年内县食品安全委员会办公室开展食品安全工作督察、收集食品安全信息30余次，针对安全食用野生菌、餐饮卫生、选购食品及煮食草乌、附片等内容，发布3条食品安全预警公告，制作食品安全简讯18期，市局网站采用食品安全信息10条，在新闻媒体共播放食品安全信息44次。县食品安全委员会办公室印制了200册《石林彝族自治县重大食品安全事故应急预案》小册子下发到各相关单位，要求各职能部门工作人员熟悉应急处置程序；积极配合市局开展了重点食品安全调查与评估工作，不断强化食品安全监管的薄弱环节；开展食品安全信用体系建设，由食品安全委员会牵头，县食品药品监督管理局、县工商局共同组织在全县范围内开展了“食品安全示范店”创建工作，评出29户食品经营企业为“食品安全示范店”；对5个宗教场所进行了2次监督检查；10月15～30日在全县范围内开展了农村红白喜事集体用餐定点待客处专项整治活动，对存在的安全隐患及时进行了整改，保障了农村红白喜事集体用餐的食品安全；组织食品安全专项联合执法检查7次，有效防止食品安全事故的发生。 全年没有食品安全事故发生。

【行政审批】 全年共审批药品经营零售店4家、零售连锁门店1家，分别是：石林县福康大药房、石林县郑平药店、石林县同济堂药店、石林彝族自治县医药有限公司板桥镇国药店、云南鸿翔药业有限公司一心堂阿诗玛南路连锁店。

（撰稿人：县食品药品监督管理局 苏晓燕）

招商引资

【项目策划包装】 为增强招商引资项目吸引力、可行性，围绕石林旅游二次创业，对具有发展优势的大项目委托昆明澳驰策划设计公司进行策划包装，全年重点策划包装项目11个，即：阿诗玛主题公园、五湖连珠会所、中国石林颐养中心、中国石林葡萄酒庄、中国石林巴江生态休闲经济带、中国石林物流中心、西城区标准化农贸市场建设、石林温州旅游商品城、石林巴江生态休闲经济带、乡村旅游、石林太阳能装备产业园。4月初，筛选包装60个项目制作5000余册中英文对照版《2008年中国·石林投资指南》和《2008年重点招商项目册》，新制作宣传光碟100余碟。9月初，又筛选包装79个项目编印成《中国石林投资指南》5000册，为全县各招商分局提供基础招商引资资料。

【做好项目推介】 积极发动全民招商，继续推行招商分局招商，努力策划会展招商。始终把招商项目推介作为工作的重点，捕捉投资信息，加强合作交流，推进项目签约投产。在2008年“昆交会”上签订了4个招商引资项目；全年组织了3次招商引资项目推介会（2008年中国石林国际火把狂欢节招商引资项目推介会暨项目签字仪式，签约项目11个，协议总投资内资76.69亿元，外资150万美元；2008年8月石林县招商引资项目推介会和项目洽谈会，邀请省市商会20家、昆明市有关部门及35个招商分局领导参会，对石林县重点招商引资项目进行推介；石林县更名十周年庆典招商引资推介会，签约项目7个，协议总投资36.04亿元）。

【外来投资情况】 2008年全县有到位资金的招商引资项目86个，招商引资工作实绩考核为：实际到位国内市外资

金14.1亿元，完成市下达任务数的141%；实际利用外资642万美元，完成市下达任务数的107%。

【分解落实工作任务】 2008年全县成立21个招商分局，分解落实招商引资目标任务，将招商引资工作纳入县对乡（镇）、县对县直有关各部门的工作目标管理考核主要内容，把内资11亿元、外资650万美元的招商引资目标任务分解到21个招商分局，签订目标责任书，形成一级抓一级、层层抓落实的工作格局。

【健全工作机制】 根据《石林彝族自治县2008年招商引资工作方案》的文件精神，成立了石林县招商引资工作指挥部，由县委书记任政委，县长任指挥长，县委副书记、县政府副县长任副指挥长，相关职能部门主要领导为成员，加强对重大投资项目的指导和协调，提高项目审批和推进速度。建立重点招商项目县级领导联系和责任单位全程跟踪服务制。对县委政府确定的重点招商项目确定一名县级领导和一个责任单位负责，及时帮助协调解决重点招商项目审批、建设、经营中存在的困难和问题，提供全方位、跟踪式的全程服务，促进项目早日落地、早见成效。

【组建招商分局】 以牵头单位和协作单位形式，在各乡（镇）、“三区”管委会、县直各部门组建21个招商分局。21个招商分局分别是：石林旅游服务区分局；石林生态工业集中区分局；石林县东城区招商分局；广东招商分局（牵头单位：县旅游局，协作单位：团县委、县信息产业办）；北京招商分局（牵头单位：县发改局，协作单位：县财政局、县林业局）；吉林招商分局（牵头单位：县国土局，协作单位：县卫生局、县安监局）；浙江招商分局（牵头单位：县建设局，协作单位：县工商联、县史志办）；江苏招商分局（牵头单位：县经济局，协作单位：县科技局、县供销社）；西安招商分局（牵头单位：县农牧局，协作单位：县统计局、县烟办）；福建招商分局（牵头单位：县教育局，协作单位：县公安局、县妇联）；山东招商分局（牵头单位：县文化体育局，协作单位：县信访局、县民宗局）；湖北湖南招商分局（牵头单位：县水务局，协作单位：县审计局、县档案局）；上海招商分局（牵头单位：县环保局，协作单位：县统战部、县委党校）；鹿阜镇招商分局（牵头单位：鹿阜镇政府，协作单位：县交通局、县法制办）；石林镇招商分局（牵头单位：石林镇政府，协作单位：县司法局、县广电局）；路美邑镇招商分局（牵头单位：路美邑镇政府，协作单位：县粮食局、县煤管办）；圭山镇招商分局（牵头单位：圭山镇政府，协作单位：县劳动人事和社会保障局、县爱卫办）；西街口镇招商分局（牵头单位：西街口镇政府，协作单位：县监察局、县计生局）；长湖镇招商分局（牵头单位：长湖镇政府，协作单位：县民政局、县残联）；板桥镇招商分局（牵头单位：板桥镇政府，协作单位：县外宣办、县总工会）；大可乡招商分局（牵头单位：大可乡政府，协作单位：县科协、县扶贫办）。

【重点项目及年度进展情况介绍】 全年列为市重点推进的项目共13个。

（1）昆明石林大型太阳能光伏并网发电实验示范项目。项目分为科普区和示范区，总装机容量166兆瓦，总投资88.84亿元。科普区项目由石林云电投新能源开发有限公司投资建设，计划投资35.8亿元，选址于石林镇北小村，占地面积1794.48亩；示范区由云南华能澜沧江水电公司控股建设，计划投资53.04亿元，选址于石林镇老挖村，占地面积3649.35亩。项目于2008年12月6日举行了开工仪式。

（2）年产60万吨焦化厂技改。该项目由广东振戎能源有限公司投资建设，计划总投资2.94亿元，选址于圭山镇海宜村，对年产60万吨的焦化厂进行技改扩建。

（3）官房水泥有限公司技改。该项目由香港德宏投资有限公司投资建设，计划总投资1500万美元，选址于石林镇北小村。

（4）中核旅游度假村。该项目由石林核工业华地房地产开发有限公司投资建设，计划总投资3.2亿元，选址于石林旅游度假区，建旅游度假及房地产为一体的综合性小区。

（5）石林·上海新天地。该项目由石林恒联置业有限公司投资建设，计划总投资2.5亿元，选址于石林行政中心旁，建旅游度假酒店及房地产为一体的综合性小区。

（6）石林县城市供水合作。该项目合并县内三个水厂，采取成立股份制公司经营，计划总投资6000万元。

（7）巴江河水电站。该项目由云南澄江鹏程机电安装工程有限公司投资建设，计划总投资6800万元，选址于板桥镇陷塘村。

（8）石林狂欢之都——“四中心二店”。该项目由云南圆通投资有限公司投资建设，计划总投资15亿元，选址于石林旅游度假区，建设餐饮中心、购物中心、会展中心、演艺中心和二个国际标准的五星级酒店，于2008年7月28日举行了开工仪式。

（9）石林生态民族体育运动场。该项目由云南烟草兴云投资股份有限公司投资建设，计划总投资15亿元，选址于石林旅游度假区，建设以民族体育竞技培训、运动比赛、运动员休闲度假为主要内容，以石林独特的喀斯特地貌特征、浓郁的彝族撒尼文化和原始的自然生态环境为主要特色的生态民族体育运动基地，于2008年7月28日举行了开工仪式。

（10）幻多奇旅游。该项目由云南圆通投资有限公司和泰国普吉幻多奇（大众）有限公司投资建设，计划总投资29亿元，选址于石林旅游度假区，建设新型综合旅游景区、景点开发建设及其配套服务演出设施建设经营、野生动物表演、惊险绝技表演、激光表演、动物交换、销售云南土特产、工艺美术品、餐饮服务、会展服务等旅游配套设施，于2008年10月29日举行了开工仪式。

（11）云林五星级酒店。该项目由云南省公安厅、云南佳益房地产有限公司投资建设，计划总投资2亿元，选址于石林旅游度假区，建设五星级酒店，于2008年10月2日举行了开工仪式。

(12) 阿诗玛风情街。该项目由石林天景旅游文化产业开发有限公司投资建设，计划总投资8000万元，选址于石林县生态工业集中区，建设内容为房地产开发、旅游商品销售、餐饮、娱乐等，于2008年9月10日举行了开工仪式。

(13) 石林温氏畜牧有限公司养殖一体化项目。该项目由石林温氏畜牧有限公司投资建设，计划总投资8000万元，选址于石林县生态工业集中区，建设内容为办公楼、饲料厂、种鸡厂、孵化厂及其他配套设施，于2008年8月19日举行了开工仪式。

【三资企业管理与服务】 一是加强安全生产监督、检查工作，每季度至少到企业做一次安全检查，每个星期至少电话督查一次，减少一般性工伤事故，杜绝死亡事故。二是帮助三资企业解决热点、难点问题，做好矛盾调解工作，为企业营造一个良好的发展环境。

【县招商促进局领导名录】

局　长：赵一民

副局长：杨若平（女）

洪正富

段宏波（女）

（撰稿人：县招商促进局 金光平）

安全生产

【县安全生产监督管理局】 2004年5月19日，成立县安全生产监督管理局。2008年下设办公室、监督一科、监督二科，年底有在职职工9人。办公地点在鹿阜镇阿诗玛东路80号。2008年资助支农联系点鹿阜镇新宅村委会5500元生产经费。

局　长：李金宝

副局长：吉路荣

【伤亡事故控制】 2008年初，在县政府与34家责任单位签订目标责任书的基础上，县安监局督促各责任单位与所属各企业、村委会、部门共签订安全生产目标管理责任书2973份。通过层层签订责任书，强化了各级领导、各企业主的责任。

2008年全县煤矿行业发生事故1起、死亡1人（占指标数的25%），与2007年持平；工矿商贸企业安全事故与2007年持平，实现零死亡。伤亡事故控制在市政府下达的伤亡控制指标3人范围。

【制度建设】 为使石林县的安全生产监督管理工作制度化、规范化、标准化，根据《矿山安全法》、《安全生产法》和市政府《关于重大安全事故行政责任追究的规定》，2008年制定了《石林县安全生产开展隐患排查治理百日督查专项行动的实施方案》、《关于进一步开展隐患排查治理工作的实施方案》、《重大安全事故应急处理预案》、《隐患排查治理长效机制》等制度，做到制度健全，有法可依，有章可循。

【宣传教育活动】 根据国家、省、市对“安全生产月”活动的要求，认真开展了“治理隐患，防范事故”的“六月安全生产月”活动。6月4日、6月16日召开了由镇领导和工矿商贸企业法人共223人参加的两次全县性的安全生产工作会议，会上安排布置了“安全生产月”活动工作，县安委会下发了《关于印发〈石林彝族自治县2008年“安全生产月”活动方案〉的通知》等文件，组织有关责任单位和行业主管部门在县城和有集贸市场的镇开展了为期5天的宣传、咨询活动，发放自编的《安全生产法规知识读本》等材料11800余份。

2008年全县共举办安监员培训会6期110人次；电工特种作业人员换证培训班1期40人；企业法人和安全宣传培训9期1783人次。

县安监局组织干部职工参加市安监局每季度举办的业务培训3期16人次、执法培训1期3人次；与299家单位（企业、场所、厂矿）签订《企业保奥运安全承诺书》、《企业“十一”黄金周及第四季度安全保证书》；各责任单位采取以会代训、分行业培训的方式，共召开各种安全生产工作会议466场次，不断推进两个主体责任的落实，把安全隐患排查治理工作引向深入、落到实处。大力推行“一岗双责”、“一专多能”等活动，坚决落实“一把手”为第一安全责任人的制度，促进了安全生产工作的落实。

【隐患排查治理和百日专项督查】 成立隐患排查治理工作领导小组，制定方案和计划，召开专题会议，部署隐患排查和百日督查工作任务，对重点行业和领域进行了“拉网式”安全生产大检查。一是督促各行业主管部门实地检查安全生产工作48次，共组织162个检查组7980人1525次车辆，查出各类隐患2498条，现场整改2377条、限期整改121条，发出整改通知书50份、停工通知书4份。取缔5家私挖滥采点、5家采洗矿点，扣押2台装载机。二是分7个督查组开展隐患排查治理和百日督查活动。三是加大监督检查力度。9月17日、23日，县委书记、县长亲自带队对重点乡镇和主要生产经营单位进行安全检查和督查。四是县安监局联合县煤管办对全县21对煤矿井开展为期22天的隐患排查工作，做到底数清、情况明，确保了煤矿安全生产。五是每周都安排人员到圭山镇辖区督查私挖滥采情况。全年矿山秩序稳定，私挖滥采没有反弹。

【重点行业领域安全监管】 一是非煤矿山专项整治工作不断强化。按照昆明市安监局深化非煤矿山和危险化学品安全生产专项整治实施方案的要求，加强对非煤矿山企业的安全监管，促进安全管理工作上台阶。通过推广使用中深孔爆破技术，有效消除了非煤矿山高陡边坡开采隐患和重特大事故的发生，伤亡事故同比大幅度下降。全面开展安全质量标准化建设，引导非煤矿山企业走上规模上档次的路子。组织对全县11家非煤矿山开展安全评价报告，经过市级评审安全专篇评价，取得了《安全生产许可证》；1家企业正在申办尾矿库安全生产许可证。二是全面推进危化品安

全行政许可工作。对危化品经营单位实施行政许可既是国家法律法规要求，也是提高企业本质安全水平、强化企业基础管理的重要措施和手段。通过安全许可，不仅可达到加强企业安全基础工作、提升企业安全管理水平的目的，而且可强化生产经营单位在市场经济条件下的竞争力。全年共完成21个危险化学品安全经营许可证的发放工作，在许可证发放过程中的主要做法是坚持严把“四关”（把好安全评价关、做好资料收集关、严格资料审查关、把好现场核查关）。三是烟花爆竹行业得到有效监管。根据国务院《烟花爆竹安全管理条例》和昆明市安监局烟花爆竹工作会议精神，县安监局平时每季度进行清查一次，销售旺季实行定期或不定期进行检查。2008年1月3日至2月24日，县安监局组织县烟花爆竹行业协会、县工商局、县供销社、县质监局等相关职能部门，对全县的烟花爆竹市场进行全面的检查清理，收缴烟花爆竹100头517封、200头带雷5封、小盘炮38盘、大盘炮8盘，禁止销售的大火炮21个、擦炮5件20盒。

（撰稿人：县安监局 毕金福）

农　业

气象

【县气象局】 1964年4月23日成立路南气候站。2008年县气象局内设综合办公室、业务科、人工影响天气办公室、雷电中心，年底有事业人员6名。单位住址在鹿阜镇阿诗玛南路212号。年内向支农联系点鹿阜镇东海子村委会支援4000元生产经费。

局　长：李国平（女）

副局长：何雁东（12月起）

【降　水】 2008年石林县降雨量为1134.4毫米，比2007年降雨量954.2毫米多180.2毫米，比历年平均948毫米多186.4毫米，偏多幅度达20%。在逐月变化上，1月至2月全县大部分地区降雨量较常年偏多，冬旱较常年偏轻。3月中旬至4月中旬期间由于受高空平直西风气流控制，全县长时间维持晴好少雨天气，加之进入春季大风季节，地面蒸发较大，春旱一度较重，森林火险等级较高。4月下旬冷空气活动较频繁，出现了小到中雨的降雨过程，对缓解前期春旱、降低森林火险等级十分有利。雨季于4月25日开始，较常年偏早近一个月，5月大部分地区降雨偏多。主汛期6月至8月降水量为727毫米，比历年平均值多215毫米。主汛期降雨在时间分布上呈前多后少的特点，前期6月至7月全县降雨过程较多，大部分地区降雨量较历史同期偏多，大雨暴雨过程频繁，7月上旬是主汛期降雨的高峰时段，部分地区出现洪涝灾害。后期8月全县降雨偏少。主汛期共发生大雨7次、暴雨到大暴雨2次，其中7月19日20时至20日8时12小时内共降水104毫米，达到自1998年（6月4日日降水量102.3毫米）以来的极值。9月至10月由于副热带高压加强西伸控制云南省中东部地区，全县降雨持续偏少，未出现明显的秋季连阴雨天气，石林县雨季于9月21日结束，较历史同期偏早近一个月。受北方冷空气和强盛持续的西南暖湿气流共同影响，自10月31日至11月6日出现了持续7天的连阴雨“烂土黄”天气过程，部分地区出现泥石流和洪涝灾害。全县11月降雨特多，月降雨量为83.9毫米，比历史同期平均值多36.5毫米。12月降雨量为23.2毫米，与历史同期平均值相比偏多。

【气　温】 2008年石林县年平均气温为16.5℃，与2007年16.5℃持平，比历年平均15.8℃偏高0.7℃。1月全县气温特高，“暖冬”特征明显。2月冷空气活动频繁且强度偏强，受地面静止锋长期维持的影响，全县阴冷天气较多，出现了历史上罕见的低温天气，其中2月12～14日日最低气温均在零度以下；2月28日夜间大部出现不同程度的降雪，次日天气放晴，造成严重的辐射霜冻，对小春作物生长造成一定影响。2月气温特低。3月气温正常。4月气温正常偏高。5月雨季开始较常年偏早，气温与常年持平。6月至7月由于降雨天气频繁，气温与常年持平。8月气温偏高至特高，未出现全区性的夏季低温冷害天气。9月至10月降雨过程较少，雨季提早结束，气温偏高至特高。11月至12月气温正常偏高。全年极端最高气温为4月10日和5月27日的32.4℃，极端最低气温为2月14日的-0.5℃。

【日　照】 2008年石林气象观测站总日照时数1753.2小时，实照时数占可照时数的40%，比历年平均值偏少439.9小时，比上年值多136.6小时。年内除1月、9月、11月日照时数比多年平均值稍偏多外，其余各月日照时数均比多年平均值偏少。日照时数的减少与观测场环境受破坏有关。

【蒸发量】 2008年石林县总蒸发量1496.9毫米，比历年平均值少413.6毫米，比上年偏少268.3毫米。

【异常气候及影响】 低温冷害：2月受冷空气和南支槽活动频繁影响，石林县出现了入冬以来持续时间最长的强降温天气，7～20日持续出现低温阴雨天气。7日傍晚开始，县域东部出现冰凌，高海拔地区农作物不同程度遭受低温冻害。受此次低温冷害影响，西街口镇、圭山镇、路美邑镇、长湖镇、大可乡农作物受灾2685公顷、绝收87公顷，直接经济损失达411万元。尤其是中旬温度特低，12～14日日最低气温均在零度以下，持续低温阴雨天气对农作物的生长造成了一定的影响。28日夜间大部分出现不同程度的降雪，县域东部、北部降雪较大，积雪1～3厘米，其余各地积雪在1厘米以下，此次降雪过程持续时间较短，但次日天气放晴，造成严重的辐射霜冻，小春作物造成冻害。

春旱：3月中旬至4月中旬期间，降水时空分布不均，受高空平直西风气流控制，3月中、下旬长时间维持晴好少雨天气，加之进入春季大风季节，地面蒸发较大，土壤墒情较差，春旱持续发展，丘陵和半山区出现了轻旱和中旱，森林火险等级持续较高。

汛期洪涝：汛期内大雨暴雨过程频繁，共发生大雨7次，暴雨到大暴雨2次，尤其是7月19日20时至20日8时受局部强对流天气影响，石林县观测站降水量为104.0毫米，大部分出现中到大雨，局部暴雨，造成烤烟等农作物受洪涝灾害严重。

冰雹、大风：6月10日20时至21时，石林县鹿阜镇、板桥镇、圭山镇出现了大风、雷电、冰雹等气象灾害。烤烟受灾面积2500亩，玉米受灾面积2000亩，水稻受灾面积1000亩；房屋被大风掀翻201间，合8023.8平方米；电线杆12棵被吹倒；树木被大风刮断、刮倒800棵，造成县内部分路段交通堵塞；一养殖房屋倒塌打死鸡800只；果园受灾面积150亩。8月25日受高空切变的影响，16时50分开始，县域西面至西北面遭受强雷雨、大风袭击，局部地区伴随冰雹出现。阿怒山村委会大地梁子烤烟受灾320亩，损失程度30%；板桥镇龙潭村委会黑泥塘烤烟遭受风灾，并伴随冰雹出现，直径约豌豆大小；县城冰雹的最大直径为8毫米。

秋季连阴雨：10月31日至11月6日受北方冷空气和强盛持续的西南暖湿气流共同影响，石林县出现持续连阴雨天气，过程累计降雨量达 91.9 毫米，对小春作物的播种和苗期生长不利。

【气象基础业务】 全年测报工作基数为 8259.5，错情率 0.1‰，测报质量较上年同期有所提高。报文上行传输及时率 99%。在 2 月强降温、3 月春旱、汛期强降水等重要天气服务过程中，及时以传真、手机短信等形式向各服务单位提供中短期及重要天气预报，为各级领导安排工作、科学决策及时提供了气象保障。制作了天气预报、护林防火、强降水降温、重要天气、节假日等专项专题预报服务材料 116 期；及时向县委政府汇报和通知有关部门雨量资料、重大天气情况，电话汇报 60 余次，短信服务 15000 余条；对护林防火和烤烟生产开展专业预报服务；3～5 月对坝区、半山区、山区不同海拔高度地区分析土壤含水量，监测干旱发展情况；及时调查灾情并按要求上报，年内无漏报灾情发生。

防雹工作总结会

【人工增雨防雹工作】 2008 年 4 月下旬有效降水过程较少，在县委政府的大力支持下，成立石林县人工增雨防雹工作领导小组，并投入资金 114 万元在全县范围内开展增雨、防雹工作。4 月 28 日 2 个人工增雨点及时进驻，适时开展增雨作业，有效缓解了前期旱情，降低了森林火险气象等级。

5 月 21～24 日对全县参加防雹工作的 70 名防雹作业人员进行了气象知识、法规、无线电通信知识、人工防雹的技术要领、安全操作等方面的培训，通过考核，全部参训人员取得了上岗证。人工防雹工作从 5 月 25 日进点，9 月 28 日撤点结束，历时 127 天。17 个作业点共实施作业 369 点次，发射火箭弹 3266 枚，创石林县开展防雹工作以来申请作业次数和用弹量之最。人工增雨防雹作业效果较为明显。

【防雷减灾】 2008 年石林县气象局雷电中心对石林县辖区内 7 家加油站、12 家煤矿、1 家油（气）库、1 家炸药仓库及少数企事业单位进行防雷安全技术专项服务。通过防雷装置年检对一些防雷装置不齐全或年检不合格存在严重安全隐患问题的单位，及时发出技术整改通知，要求限期改正，消除隐患，保障人民生命财产安全。

【安装气象预警显示屏】 为切实做好服务“三农”工作，为社会主义新农村建设服务，及时将气象信息、烤烟生产信息、地质灾害预警信息以及各类与广大农民生产、生活密切相关的信息及时传递到农村。县气象局在县委政府的支持下，10 月在昆明市、县（区）率先推进气象预警显示屏工作。截至 11 月，全县各个乡镇均安装了气象预警显示屏。值班人员每天及时更新发布中短期预报、“三性”天气消息及与农业生产相关的各类信息，有力地指导了农业生产，进一步畅通了乡镇农村的信息发布渠道。气象预警显示屏的推广应用，不仅改进了气象服务手段，对快速传递气象信息、扩大气象信息覆盖面发挥了巨大的作用，同时，为广大农民增产增收、防灾减灾提供了帮助。

2008 年石林气候要素值表

月份	1	2	3	4	5	6	7	8	9	10	11	12	全年
降水（毫米）	12.0	34.0	16.3	39.1	114.5	184.4	365.3	177.5	25.1	59.1	83.9	23.2	1134.4
气温（℃）	11.5	6.7	14.8	19.6	20.4	20.9	20.8	21.1	20.7	18.3	12.9	10.3	16.5
日照（小时）	205.1	88.6	185.8	223.1	170.9	120.3	87.0	116.4	149.4	111.1	168.4	127.1	1753.2

注：全年栏目降水、日照为合计数，气温为平均数。

（撰稿人：县气象局 彭妮）

水 利

【县水务局】 1978年10月，撤销县农水林业局，分设县农业局、县林业局、县水利电力局。2001年县水利电力局改称县水务局。2008年局机关设办公室、财务审计科、规划建设科、水政水资源管理科4个行政科室，县防汛抗旱指挥部办公室、县水土保持委员会办公室、水利工程质检站、灌溉水产管理站、水利物资供应站、水利水电建筑安装工程公司、勘测设计处、地质勘探队、抗旱服务中心9个事业单位。单位住址在石林县龙泉路13号。2008年底实有干部职工72名，其中：公务员15人，参照公务员管理3人，工勤人员2人，专业技术人员40人，工人12人。12月，石林县荣获水利部、财政部授予的“全国农田水利基本建设先进单位”殊荣，县水务局获得以奖代补资金100万元。投入10万元资金修复了支农联系点圭山镇红路口村委会136米引水渠道。

党委书记、局长：余　春
副　　书　　记：李彦群（女）
纪委书记：何永德（10月止）
副　局　长：保胜军
　　　　　　桂　明

【湖北湖南招商分局】 县水务局为牵头单位、县审计局和县档案局为协助单位，组成了湖北湖南招商分局。2008年分局共完成招商引资任务4300万元，其中：石林同创置业有限公司（财富中心项目）2500万元，云南闽林绿化苗木有限公司500万元，桂林七彩房地产开发有限公司（石林王府酒店项目）1300万元。年内财富中心项目完成了对项目区房屋、土地评估和成本测算，与云南盛世同创企业签订了项目投资协议。

【水利建设】 截至2008年底，全县建成中型水库2座、小（一）型水库16座、小（二）型水库81座、小塘坝132件。年内全县共完成各类水利建设项目806件，占计划650件的124%，完成水利投资10600万元，占计划数的6330万元的167%。累计投入劳动工日365.58万个，完成土石方294.42万立方米。新增有效灌溉面积1.36万亩，改善灌溉面积2.56万亩，整治基本农田1500亩，治理水土流失面积25平方千米。

【农村饮水工程】 2008年实施11794人农村饮水安全项目是石林县委、县政府确定为民所做的十件实事之一，项目分布在路美邑镇、大可乡等7个乡镇15个村委会20个自然村，其中：西街口镇7件（威黑老寨和中寨、清水塘村、老木凹村、寨黑村、绿水塘村、茂舍祖村），圭山镇3件（海纳村、前哨村、戈厂村），大可乡1件（雨落甸村），路美邑镇1件（阿怒山村），鹿阜镇1件（清水塘村），长湖镇1件（豆黑村），石林镇6件（小砂邑村、下打磨箐村、和摩村、老木哨村、大林口铺村、月湖村）。工程计划总投资756.6万元。9月12日县政府主持召开农村人饮安全工作会议，县水务局与各建设单位签订了目标责任书。9月下旬动工，11月底完工。此工程建成各型调节水池10座，架设变压器6台，安装各型水泵8台、启动柜8台，输配水管网144.6千米及管网附件和附属构筑物，完成土方6854立方米、石方1963立方米，浇筑砼215.2立方米、钢筋砼486.6立方米，蓄水量1715立方米，群众投工投劳1.7万个。工程实施后受益群众喝上了清洁干净、方便卫生的自来水，群众称其为“惠民水、放心水”。受益各村民小组成立20个用水户协会，负责协会辖区内人饮工程的建设、维护、运行、管理。

【黑龙潭水库中型灌区（东干渠）节水改造工程】 2008年实施石林县黑龙潭水库中型灌区（东干渠）节水改造工程是石林县委、县政府为民办理的十件实事之一。黑龙潭水库东干渠从东高涵取水，沿途经鹿阜镇的下蒲草、大新冲、下新宅，板桥镇的小者乌龙、跨马料河渡槽后进入小色多村，最后到达大矣马伴围，全长24.3千米。工程总投资1052.03万元，其中云南省补助300万元、市级补助100万元、县级贷款500万元。改造工程于1月1日开工，4月23日完工通水。改造隧洞14座、明拱14座、渡槽7座、倒虹吸1座，支砌明渠19.62千米，建成4座节制闸、42座分水闸、25座交通桥、71座人行桥和46座沙卷。项目实施后，实现渠道全线三面光、渠顶有桥、渠旁有路、渠内长年通水，过水量达3立方米/秒，渠水有效利用系数从不足0.45提高到0.7，放水时间从原来19小时缩短到8小时，受益29个村民小组15555人，灌溉3.71万亩。

【团结水库加固扩建工程】 团结水库加固扩建工程属2008年省级立项开工建设的十项中型水库项目之一，也是石林县委、县政府向全县人民承诺的十件实事之一，是石林县重点水源建设工程。工程分十项建设：主坝加高扩建、溢洪道接长及改造、帷幕灌浆、新建副坝、库尾护岸工程（含河道整治）、输水隧洞、引水渠、管理房、灌溉渠完善配套、原建三座输水涵洞封堵处理。6月20日相关工作人员进驻指挥部开展前期工作，8月20日取得云南省发展和改革委员会可行性研究批复，工程阶段估算投资12568.2万元，其中省级补助6284万元、其余6284.2万元为昆明市和石林县共同筹措解决。工程10月12日正式开工，计划2010年6月底完工，建成后年可供水700万立方米，灌溉农田21万亩，新增灌溉面积19070亩，解决7万人饮水问题，进一步改善农业灌溉条件，提高城乡生产生活用水质量。年内完成整体工程前期准备工作、项目招投标和工程永久征占地丈量确认，启动了引水沟、溢洪道建设。

【病险水库除险加固】 2008年石林县实施官山、习克丈两座小（二）型病险水库，绿芳塘、坝塘河两座小（一）型病险水库除险加固工程。4个水库都是2007年水库大坝安全评估属三类坝，为病除水库，委托昆明市水利水电勘测设计院加固设计。官山水库坝基渗漏，建设昆石高速公路加剧了库岸渗漏，2008年4月20日开工，10月24日完工，总投资263.83万元。习克丈水库除险加固工程4月17日开工，9月主体工程完工，12月底竣工，总投资266万元。绿芳塘水库历经多次扩建和除险加固，是石林景区设施的重要组成部分，于4月16日开工，11月25日完工，总投资1126.5万元。坝塘河水库除险加固工程，于4月10日开工，9月底完成主体工程建设，12月底完成工程建设任务，总投资905.45万元。

【石林中路沿线给水工程】 石林中路沿线给水工程是石林中路的附属工程，位于石林中路两侧，从巴江桥北岸至中国彝族第一村入口处，全长8.22千米。从石林新水厂安装管道至石林中路、再沿石林中路向南北方向分别至巴江桥北岸和中国彝族第一村入口处，主要解决石林中路沿线经济带的供水问题，也方便实现三个水厂并网运行。工程于2007年1月10日正式开工建设，2008年4月20日实现全线通水。开挖土石方2.5万立方米，安装各型管道12.98千米、消火栓70套、各型闸门井80座，总投资624万元。

【河道渠道绿化和"四全"工作】 为做好年度城乡河道沟渠绿化及生态建设工作，2008年5月份完成全县河道渠道绿化现状调查，制定了《石林县水务局2008年城乡园林绿化实施方案》，编制了《石林县河道、渠道绿化及生态总体规划》。在黑龙潭水库东干渠全线植树24940株，三角水库引水沟植树1600株，其他河道、沟渠种植样板林1976株。

按照"全面截污、全面禁养、全面绿化、全面整治"的"四全"要求，在全县小（一）型及以上水库水域范围内开展工作。指导督促黑龙潭水库进一步完善水源区绿化工作，栽植各类乔、灌木6万余株，新增草坪2000余平方米；配合鹿阜镇等单位实施西干渠8.7千米绿化工作，植树1100株；在月湖、三角水库、黑龙潭水库水源区种植芦苇4万余株。

【抗　旱】 2008年初，全县干旱少雨，持续高温。县抗旱指挥部坚持"先生活后生产，先旅游后企业，先农业后工业"的原则，指导全县的供水工作，做好节约用水、安全管水的宣传与指导。3月抽调技术人员组建抗旱队，全面检修51台柴油机、13台6寸自吸泵、潜水设备。到4月25日，全县降雨量仅为86.7毫米，全县蓄水6654万立方米，占计划8150万立方米的81.64%。到5月28日，全县农作物因旱受灾29385亩，水田缺水10845亩，旱地缺墒49200亩，16194人、19296头大牲畜饮水困难。指挥部迅速组织抗旱工作，借出抗旱抽水机57台次；抢修抽水泵站设备60余台次，巡回检查、保养电排站50余次；及时潜水检修库闸13次。累计投入134.39万元，其中：省级拨款10万元，县财政拨款69万元，群众自筹55.39万元。完成抗旱浇地50100亩，解决1.24万人、1.41万头大牲畜的临时性饮水困难。

团结水库防汛演练

【防　汛】 2008年4月25日，石林县进入雨季。县防汛抗旱指挥部办公室从4月25日至10月31日实行汛期24小时值班，乡镇同一时间启动防汛工作。6～11月组织6次大规模防汛安全检查。9月8日，县防汛指挥部联合昆明市防汛指挥部在团结水库开展防汛抢险演练，组织武警、民兵等320余人，投入挖掘机、装载机、推土机各1台，5吨自卸汽车10辆，市防汛指挥部、石林县委、县政府、县政协、县人大领导，各乡镇防汛领导小组成员、农林水综合服务中心分管领导及县管水库负责人观摩防汛综合演练。防汛仓库储备潜水设备2套、防洪桩5000余棵、救生衣60件、强光电筒20只、防洪袋4.25万只、铁丝200千克、抢险工具50套、橡皮艇2只、排涝抽水机65台。汛期发生洪灾5起，1.77万人、693公顷农作物受灾，24间房屋倒塌，0.21千米引水沟倒塌，2座小（二）型水库放水闸漏水，1座小（二）型水库坝体漏水。县防汛抗旱指挥部办公室先后10余次调遣潜水员下水作业，顺利完成3座水库坝塘的堵漏及6座水库闸门启闭钢绳拴接。截至12月28日，全县库塘蓄水达8530万立方米，比计划蓄水8150万立方米多380万立方米。

【水利执法】 2008年3月，在"世界水日"、"中国水周"之际，县水务局投入1.46万元，以"发展水利、改善民生"为主题，通过采用电子屏滚动播放水利在改善和保障民生中的作用和成就，在石林电视台播放《人·水·法》系列片，重点宣传《石林县巴江保护管理办法》、《石林县黑龙潭水库东、西干渠管理办法》、《石林县黑龙潭水库水源区保护管理办法》，制作展板4块、悬挂横幅布标5条、宣传画4幅3000

张、水法知识资料11份15000张，与县司法局一同开展“中国水周送法下乡”活动。

全年填埋非法开挖地下井5眼，拆除东海子老年协会在黑龙潭水库水源保护区非法建盖的龙王庙。查处偷盗破坏西干渠闸门、杨溪管网、威黑溢洪道电机、团结水库区铲草皮、吃水河丢垃圾共18人，累计罚款5622元。清除黑龙潭水库东西干渠保护范围内果树132棵，查处巴江河内非法捕鱼案件14起，收缴并销毁电鱼器14台、粘网48张。全年依法征收水资源费19.5万元，对县管水库集中式饮用水源地、农村集中式饮用水源点建立巡查监测制度，对24个水源点进行取水检测，对城镇、农村饮用水的检测率达97%以上。

【水土保持】 2008年在“水土保持宣传周”、“水土保持宣传月”期间，县水务局投入1.5万元经费开展宣传。发放资料25000张、宣传画2幅8000张，制作展板7块，书写标语8条，到板桥、北大村、圭山集市及县城进行宣传，开展送法下乡活动。

全年依法审批水土保持方案26件，征收水土保持设施补偿费76655元。石林县2006年列为“珠江流域水土保持治理重点县”，国家将连续5年投资治理。2008年投入国家资金210万元实施珠江石漠化巴江源月湖水库小流域治理工程，治理10平方千米。年内投资190万元，实施坡改梯366亩、水保林250亩，建成机耕道2.5千米；投资29万元，实施其他小型水保工程2件。4月7～9日，县水务局配合省市单位做好水利部水土保持司在石林召开的云南省珠江上游水土保持战略研究课题调研座谈会。

【成立县水务投资有限公司】 为深化水利投融资体制改革，建立投融资平台来引导、吸引、吸纳信贷资金和社会资金投入水利建设，2008年9月23日县政府批复同意组建县水务投资有限公司，由成立的县水务投资有限公司筹建领导小组负责具体组建工作。12月22日，县政府批复同意《公司章程》，由县财政安排1000万元作为注册资本金，由毕春华兼任董事长。通过注册、登记，于12月29日挂牌成立。公司明确了功能定位和经营范围、章程及组织结构。

【城镇供水实现三厂合并】 为整合石林县自来水供水水资源，提高水质环境，优化供水企业资本，优化人力资源，增强供水企业活力，2008年9月8日县政府批复同意《石林县自来水供水企业合并重组实施方案》，实行县自来水公司、石林云湖供排水有限责任公司、石林风景区供水工程新水厂经营、资产、财务、人员全面合并重组，组建成立石林供水有限责任公司，由余春暂时兼任公司经理，李彦明、芮国民暂时兼任公司副经理。11月28日挂牌成立，并更名为石林彝族自治县自来水厂以确保公司国有性质。12月15日三厂经营、资产、财务、人员正式合并，共有正式职工69人，临时工7人，离退休22人，新办公区在石林风景区供水工程新水厂。2008年供水覆盖县城及城郊38个自然村9.5万余人。公司协调相关单位筹资250万元对西城区狮山路进行管网配套，自筹30万元解决东山路段DN400管改造接石林大道供水管网，自筹10余万元购买水质化验设备，对县城水源水质开展化验监测。全年售水1.3万立方米，水质综合合格率达99.5%，年销售收入600万元。

（撰稿人：县水务局 周艳萍）

农 牧

【县农牧局】 1978年10月，撤销县农水林业局，分设县农业局、县林业局、县水利电力局。1983年县农业局改称县农牧局。2008年全局下设办公室、计划财务科、农政科3个行政科（室），动物卫生监督检验所、农机监理站2个行使行政职能的事业单位，农业技术推广总站、植保植检站、种子管理站、畜牧兽医总站、茶桑果站、蔬菜花卉站、农经站、农广校、农村能源环境保护工作站、农机管理服务总站等10个事业单位，农业产业结构调整办公室、高稳农田建设规划办公室2个工作机构。年底有干部职工140人，其中：公务员29人，专业技术人员101人，管理人员1人，工勤人员9人。单位地址在阿诗玛东路210号。

党委书记：徐朝光
局　　长：潘佳良
党委副书记：杨明森
纪委书记：蒋莉华（女）
副 局 长：蒋春平
　　　　　赵俞智

【西安招商分局】 县农牧局、县统计局、县烤烟办公室共同组成西安招商分局，牵头单位为县农牧局。2008年共引进石林锦苑康乃馨有限公司、石林温氏畜牧有限公司种鸡孵化场、石林世凯隆养殖场、广州大汉园景基地扩建、石丰种业有限公司、云南石丰牌路单系列品种转让、石林县银子窝PIC仔猪繁育基地、石林琦源PIC仔猪繁育基地等8个项目。经县考核确认的招商引资金额为4353.74万元，占任务数的108.84%，超额完成了2008年招商引资工作任务。

【粮食生产】 2008年4月23日，昆明市大春粮食春耕生产现场会在石林县召开。实地观看了长湖镇宜政村委会百亩核心区，维则村委会、雨胜村委会千亩展示片，圭山镇糯黑村委会千亩免耕示范，部分县区就大春粮食生产作了交流发言，昆明市农业局领导安排部署了2008年粮食生产的各项工作任务。

4月28日，参加“全国玉米高产创建活动现场会暨工作交流会”的农业部领导及各省农业专家一行200余人到石林县指导玉米高产创建活动实施情况，实地观看了长湖镇宜政村委会百亩核心区，维则村委会、雨胜村委会千亩展示片，圭山镇糯黑村委会千亩免耕示范区。专家对石林县根据示范区喀斯特地貌的实际，通过大力推广集杂交良种、育苗移栽、新型抗旱剂、地膜覆盖、测土配方施肥、病虫害统防为一体的玉米抗旱节水节肥标准化栽培技术来提高玉米生产水平给予了充分肯定。

9月6日，由省农业厅主持，组织省、市有关专家对石林县全国玉米高产创建示范区进行测产验收。根据农业部粮食高产创建测产验收办法，石林县百亩核心区实测单产量842.28千克，千亩展示片单产量784.25千克，万亩示范区单产量679.58千克，均超过了高产创建指标。专家组一致同意通过测产验收。

全年共种植粮食作物439260亩；完成粮食总产量12369万千克，占计划数的103.1%，比上年增3.19%；实现产值2.4982亿元，农民人均占有粮食605千克，分别比计划数超10.5%和8%，比上年分别增0.5%和2.72%。

夏粮播种面积160245亩，其中：小麦66480亩，蚕豆36405亩，大麦26265亩，其他作物31095亩。夏粮总产量2288.7万千克，其中：小麦792.6万千克，蚕豆607.5万千克，大麦309.1万千克，其他作物579.5万千克。

秋粮播种面积279015亩，其中：水稻59805亩，玉米134265亩，大豆13815亩，其他秋粮作物71130亩。秋粮总产量10080.3万千克，其中：水稻3363.2万千克，玉米5736.8万千克，大豆130.8万千克，其他作物849.5万千克。

【畜牧业生产】 在进一步加大各类畜牧业养殖小区和示范村建设的同时，以温氏养鸡模式带动全县禽类养殖的快速发展，通过强化重大动物疫病防治，加大畜禽良种引进和畜牧兽医实用技术推广，落实母猪补贴、母猪保险惠农政策，以羊产业为龙头的畜牧业保持了快速发展态势。2008年2月15日，石林县启动能繁母猪保险工作，参保母猪13111头，参保率达存栏母猪的98%。通过投保，直接减少群众经济损失35.5万元，调动了广大农户养殖能繁母猪的积极性。全年共发展温氏养殖户320户。

年内肥猪出栏223398头，菜羊出栏96289只，大牲畜出栏11482头，鲜奶产量1043.04万千克，禽出栏2428744只，禽蛋产量136.3万千克。年末生猪存栏179694头，山羊存栏185055只，大牲畜存栏73863头。实现畜牧业产值5.6亿元，比上年的3.97亿元增41%。

【水果生产】 以甜柿、红梨基地建设为重点，大力推进优质水果无害化、标准化、规模化生产，强化果树嫁接技术和葡萄、梨套袋等水果实用技术推广，使果品质量和数量得到较大幅度的提高，并成为农民增收新亮点。2008年新建甜柿基地1633亩。全年水果总产量2374.1万千克，实现产值5679万元。

【蔬菜生产】 以“推进生产标准化，提高质量品牌化，加强产业组织化”为重点，优化布局，发挥地方自然优势；加强与企业、协会、重点村社的协调、沟通，充分发挥农村集体经济组织的作用，不断扩大外销生产规模；通过强化科技措施，认真搞好质量检测，加快无公害、绿色标准化生产基地建设，全面提高质量安全水平，促进了蔬菜产业效益增长和农民收入增加。2008年全县蔬菜总产量9996.8万千克，实现产值12190万元。

【农业机械化】 围绕农业发展、农村繁荣和农民增收目标，以服务农村、服务农民为根本出发点，结合石林县农机现状，突出重点、科学规划、合理布局，以点带面，增强机械化示范带动效应，积极争取国家农业部和省、市对农机的扶持，推进农机组织化、产业化、规模化进程，使农业机械在农业生产中的重要作用得到充分发挥，为全县粮烟生产作出了积极的贡献。为方便各乡镇人员参加培训，自2008年3月起，县农机化技术学校开始与各（镇）农林水综合服务中心联合举办拖拉机驾驶员培训与农机修理工培训班，把农机服务延伸到田间地头。全年农业机械总动力达21154万瓦特，完成机耕机耙264805亩。

【农村能源和环保】 2008年石林县启动“乡村清洁工程”，积极开展沼气综合利用，并以村为建设单位，通过建设生活污水、生活垃圾、人畜粪便、作物秸秆等生产生活废弃物无害化处理和资源化利用设施，大力推广生态农业技术，促进农业生产和生活方式转变，推进资源节约型、环境友好型新农村建设。全年共完成农村沼气“一池三改”建设2241户，完成计划数的106.2%，其中国债项目2110户、省市项目131户；推广省柴节能灶1267眼，完成计划数的105%。培训沼气建池技术人员及安全管理使用人员8000人次。截至2008年底，全县已累计建设农村户用沼气池14077户，占全县总农户数的24.8%。

【农村经济管理】 在不断加强农村集体资产财务管理和农民减负监督管理的同时，积极开展全县农村土地承包纠纷矛盾排查工作，认真抓好村容村貌整治工程项目、农民专业合作组织项目的申报、实施和原农村合作基金会欠款清收等工作，制定和完善“数字乡村”工程建设管理制度，并及时进行数据更新。2008年共完成原农村合作基金会欠款清收104.5万元，完成任务数的104.5%；按计划完成5个省级村容村貌整治工程项目、2个省级和1个市级农村专业合作社发展项目，组织实施2008年度4个省级壮大农村集体经济项目建设（其中2个已按计划于12月底前完成任务，2个按计划在2009年实施完成）。

所各邑村是2008年全县5个村容村貌整治项目村之一，在实施新农村建设村容村貌整治工作中，县农经站、所各邑村委会与昆明钏译科技有限公司签订了安装太阳能路灯合同。工程于10月19日完成，安装在该村主要路口的6盏太阳能路灯晚上全部亮了起来。

【农业教育事业】 以农村富余劳动力转移培训、绿色证书培训、新型农民科技培训为重点，不断拓展农业教育事业发展空间，积极开展农村实用技术培训和学历教育，使广大农民群众的文化素质和劳动技能不断提高。2008年共完成各类农村实用技术培训133770人次，其中：粮作科技培训78760人次，畜牧科技培训34380人次，果蔬茶科技培训15120人次，农机培训770人次，农村能源环境保护科技培训2970人次，农经管理工作培训1210人次，农业执法培训560人次。完成农村富余劳动力转移培训12301人，“素质教育工程”绿色证书培训1318人，“两后双百”培训412人。利用“三下乡”和科技周活动，广泛开展农业科技、法规的宣传、咨询服务，共发放各种宣传资料34120份(册)，提供咨询服务19230人次。

【动物检疫防疫】 依据国家《动物防疫法》、《传染病防治法》等法律法规，认真抓好动物的检疫防疫工作，确保畜牧业生产和人民群众生活的安全。2008年6月，县内出现流浪犬咬伤人畜事件，引起了社会的广泛关注，县委、县政府高度重视，立即进行安排部署狂犬病防治工作，在全县范围内迅速掀起了狂犬病防治工作的高潮。在公安、卫生、工商、城建、旅游等部门的通力合作下，加大宣传力度，张贴通告500份，发放狂犬病预防知识、告知书70000份，做到家喻户晓、人人皆知，并在全县范围内禁止犬只交易，严禁宾馆饭店宰食犬肉。动员全民，抓好流浪犬、无主犬的扑杀和养犬登记，强化疫情监测、报告，妥善处理突发事件，突出做好强制免疫，确保免疫密度达100%。全县共免疫注射家犬36830只，扑杀家犬9241只，有效保障了公共卫生安全、维护了社会稳定。

全年石林县共完成活畜检疫109402头（匹、只)，其中：产地活畜(猪、牛、羊）检疫完成72205头（匹、只)，检出不合格活畜326头（匹、只)，占检疫数的0.45%；市场活畜检疫37197头（匹、只)，检出不合格活畜136头（匹、只)，占检疫数的0.36%。进行屠宰检疫37182头（只)，其中：猪屠宰检疫30581头，检出不合格的58头，占被检数的0.19%；牛、羊屠宰检疫6601头（只)，检出不合格18头（只)，占被检数的0.27%。完成牲畜口蹄疫免疫99万头（只)，禽流感免疫240.3万羽，高致病性猪蓝耳病免疫26.5万头，猪瘟强制性免疫34万头。对检出的病害肉均按规定作无害化处理。

【植物检疫防疫】 依据国家《植物检疫条例》，开展种子、烟草、花卉、雪莲果等植物的检疫，检疫数达7639多吨。根据石林县的气候特点和作物分布，在圭山镇、路美邑镇、板桥镇设置4个测报点，开展小麦白粉病、锈病、蚜虫，蚕豆叶斑病、斑潜蝇，水稻稻瘟病、白叶枯病、稻曲病、螟虫、粘虫、稻水象甲，果树病虫害，农田鼠害等测报工作。2008年共发《病虫简报》7期，使病虫害在发生前及时做出预报，指导农户适时进行防治病虫害。全年各类作物发生病虫草鼠害162.5万亩（次)，共组织落实有害生物防治队伍117人，开展各类作物病虫草鼠害防治350.7万亩（次)。通过积极防治，使病虫草鼠害造成的损失控制到最低限度。

【兽药饲料管理】 抓好兽药饲料的监督管理，从法律法规的宣传、培训入手，加大市场监管和农资打假的力度，确保各经营户依法经营，以维护正常的市场经营秩序，切实保护农民的利益。2008年共举办培训4期，累计培训人数684人次，发放宣传材料26000余份；核发《兽药经营许可证》、《饲料经营条件合格证》246个；对756户兽药、饲料经营重点户进行监督检查，没收假劣兽药2982盒（包、瓶)，没收过期、变质饲料676千克；解决消费者投诉27起。

【种子管理】 在掌握石林县种子市场经营现状的基础上，组织举办了种子法律法规及种子鉴别和使用技术知识培训班，培训合格人员145人。积极开展以严厉打击销售假劣农作物种子为重要内容的专项整治行动，对7个集贸市场销售农作物种子的情况进行了全面检查，抽取样品作质量鉴定。对经营、储存不规范和销售不合格种子的情况分别给予限期整改或取消经营资格，从而促进了石林县种子市场的健康发展。

【农药管理】 开展以严厉打击销售甲胺磷等五种高毒农药为重要内容的专项整治行动，搞好农药市场管理，规范农药经营市场，确保石林县农药使用安全和农产品生产安全。2008年共组织检查8次，对3户违规销售违禁剧毒农药的经营户进行了处理，收缴高毒农药65千克。同时，还调解农药纠纷案件4起，维护了农民的合法权益。

【农机监理】 加强农机安全宣传，强化农机操作手的安全教育和农机安全管理工作，加大对农用拖拉机违章载人、客货混装、无证驾车等违章行为的查处力度，确保农机生产安全。2008年共发放宣传材料61837份，与农机手、农机户签定农机道路交通安全责任书8498份；出动257车次914人次，检查拖拉机1538台次，卸客转运2150人次，检验合格拖拉机952台，新培训合格拖拉机驾驶人219名，有效地保证了农机生产安全。全县没有发生重特大农机生产安全事故，农机事故率、重伤率、死亡率均分别控制在4‰、3‰、2‰以下。

（撰稿人：县农牧局 刘光雄）

现代农业

【农业技术推广】 加强农业科技创新，以新品种、新技术、新机具的引进、试验、示范为重点，强化新品种和各类科技样板的示范作用，为农民提供最直接的科技示范服务，有效促进了农牧业生产水平的提高。

粮食生产方面，完成优质水稻推广52600亩，水稻蜂巢式栽培50500亩，水稻壮秧剂推广53000亩；完成农业部玉米高产创建示范区13504.5（其中核心区106.5亩、展示区1028亩、示范区12370亩)，推广玉米抗旱节水节肥模式化栽培40000亩。水稻、玉米的良种覆盖率达到种植面积的100%。全县共举办粮食作物高产示范样板11628亩，其中：县级优质水稻样板8100亩，玉米抗旱节水节肥模式化栽培样板

3528亩。开展了水稻精准栽培试验、玉米抗病性试验、新农药药效试验以及路单系列优质玉米新品种选育、水稻新品种和小麦良种种植试验、示范等一系列基础试验工作。

畜牧业生产上，完成生猪改良23092窝、牛改良1123头，推广人工种植牧草制作青贮饲料51517吨，发展高床圈养羊示范户20户，实施生猪标准化规模养殖场改造7户。

水果生产上，完成梨果实套袋175万个，葡萄果实套袋250余万个；推广甜柿高位嫁接150263株457685头；葡萄避雨栽培150亩。

蔬菜生产上，引试新品种17个，完成无公害综合技术推广2.2万亩，标准化生产示范1.16万亩，配套推广粘虫板8.3万张、生物肥及复混肥326吨、生物农药6.7万瓶、性诱剂1000套（瓶），应用推广生物多样性种植技术3200亩，应用推广物理杀虫灯技术7000亩次。

【石林县设立台湾农民创业园】 根据昆明市人民政府副市长李喜的安排，由省农业厅、省科技厅、省农大、市农业局、市台办等相关部门和专家组成的联合考察组于2008年10月22日到石林就昆明申报设立台湾农民创业园选址相关工作进行了考察。通过专家实地踏勘、比较，并经昆明市人民政府批准，最后确定昆明台湾农民创业园选址于石林。10月31日，昆明市人民政府办公厅厅务委员刘寿华、昆明市台办主任段俐娟、副主任郭绍华等领导到石林县宣布了市人民政府对昆明台湾农民创业园的选址决定，大昱（厦门）建筑咨询有限公司的总规划师还实地踏勘创业园选址地的地形、地貌，省农业厅、省科技厅、省农大、市农业局的有关领导和专家对创业园的规划提出意见和建议，昆明市台办副主任郭绍华与大昱（厦门）建筑咨询有限公司应副总经理签定了昆明台湾农民创业园规划协议。12月17日，经国务院台湾事务办公室和农业部批准，在石林县石林镇设立台湾农民创业园。

【农业产业化经营】 按照"调优粮食产业，调强畜牧产业，调精果菜产业，调宽农产品加工业"的思路，始终把农业结构调整作为增加农民收入、发展农村经济、建设社会主义新农村的一项主要途径措施来抓，不断推进农业产业化经营发展步伐。2008年全县推广优质水稻5.26万亩，推广路单系列优质杂交玉米12万亩，推广甜脆鲜食玉米0.5万亩；新建甜柿标准化出口生产基地0.5万亩，推广人参果0.4万亩；推广出口洋蓟0.45万亩、西兰花0.2万亩、泰国尖椒0.6万亩，种植大蒜0.5万亩、菜用甜脆豌豆1万亩、浅水藕0.5万亩。随着石林锦苑康乃馨有限公司、石林温氏畜牧有限公司等招商引资引进龙头企业的带动和新昆明建设养殖产业的东扩，以生猪、家禽、羊产业为主的养殖业发展迅速，已建成年出栏万头生猪养殖小区1个、奶牛养殖小区及奶牛定点挤奶点各1个，培育农畜产品开发公司3个。石林锦苑康乃馨有限公司投资4.5亿元、占地3000亩的石林锦苑花卉产业园于12月16日在石林镇月湖、老挖开工。

【农业龙头企业】 认真贯彻落实县委、县政府《关于扶持发展龙头企业、推进农业产业化经营的决定》，安排专项资金，认定和扶持奖励县级农业龙头企业25家，争取到市级农业龙头企业15家、省级扶持企业2家。按照《昆明市农业产业化创建活动申报指南》的要求，组织开展农业"五创"活动，共争取到市级20强乡镇3个、50强龙头企业4家、50佳农民专业合作经济组织5个、特色产业基地100强村10个、规模经营大户101户。

2008年7月2日，经县扶持发展农业龙头企业工作领导小组组织申报、评审，县政府公布了2007~2008年县级农业龙头企业和2006~2008年农产品认证名单。2007~2008年县级农业龙头企业名单：石林万家欢农业科技开发有限公司、石林县石丰种业有限公司、石林生龙生态农业有限公司、昆明石林兴农粮油经贸有限公司、石林赢鸿农产品开发有限公司、石林绿汀甜柿产品开发有限公司、石林县禾泽蔬菜速冻加工厂、石林恒泰农产品有限公司、石林县青泽农庄、石林县酱菜厂、石林琦源养殖场、石林县陈香酱菜有限公司、石林得胜丝绸贸易有限公司、石林路花人参果开发技术协会、石林映山奶牛养殖场、石林县维则玉米专业合作社、石林春频农产品经贸有限公司、石林鑫园艺绿化有限公司、石林雨欧农牧产品开发有限公司、石林彝嘉醇酒厂、石林平祥种养殖场、石林金果枇杷产品开发有限公司、石林恒晟乳制品厂、石林艳美果业有限公司、石林梦达尔农林牧开发有限公司。2006~2008年农产品认证名单：云南神农育苗有限公司获证产品鲜猪肉，获证级别无公害；石林朋成农畜产品公司获证产品乳制品，获证级别有机；石林鸿丰种植生态园获证产品甜柿，获证级别有机；石林迎宾旅游生态园获证产品梨，获证级别有机；石林梦达尔农林牧开发有限公司获证产品山羊，获证级别有机；石林绿野农业生态园获证产品梨，获证级别有机；石林黎明生态林果园获证产品梨，获证级别有机；石林伊美卤腐厂获证产品卤腐，获证级别有机；昆明石林兴农粮油经贸有限公司获证产品面粉，获证级别有机；石林杨保全面条厂获证产品面条，获证级别有机；石林飞合禽畜养殖有限公司获证产品山羊，获证级别有机；石林赢鸿农产品开发有限公司获证产品鲜猪肉，获证级别有机；石林平祥种养殖场获证产品活鸡，获证级别有机；石林陈香酱菜有限公司获证产品卤腐，获证级别有机；石林大田园蔬菜产业协会获证产品蔬菜，获证级别有机；石林路花人参果开发技术协会获证产品人参果，获证级别有机；石林雨欧农牧产品开发有限公司获证产品乳制品，获证级别有机。

9月3~7日，石林县组织18家县级以上龙头企业参加第四届昆明国际农业博览会上，共推荐8个农产品参加农博会组委会优质农产品评选，其中：石林万家欢农业技术有限公司选送的万家欢牌圆黄梨获得金奖，石林酱菜厂的云

林牌系列卤腐、石林梦达尔农林牧开发有限公司的梦达尔牌山羊乳饼、石林陈香酱菜有限公司的陈香牌系列卤腐、石林彝嘉醇酒厂的阿黑牌系列白酒、云南石丰种业有限公司的石丰牌路单13号玉米杂交种5个产品获得银奖，石林梦达尔农林牧开发有限公司的梦达尔牌圆黄梨、红梨2个产品获得优质产品奖。

2008年，25户县级以上农业龙头企业资产总额23609.85万元，固定资产17186.99万元；有企业员工1033人；企业自有基地11619亩，带动农户基地67200亩；年生产加工农产品50134吨（其中加工农产品17500吨）；出栏肥猪、菜羊28000头（只），家禽10万羽；年销售农产品44960吨，销售收入20655.72万元，实现利润2407.84万元，间接出口创汇160万美元；年培训农户13245户，带动62220户；产业化从业人数6542人，安排农村富余劳动力857人，年使用临时工日88013个。农业产业化龙头企业已成为石林县农业产业化发展的重要力量。

【农产品标准化生产】 紧紧围绕蔬菜、肉类等农产品的质量安全监管，不断加强执法体系和执法队伍建设，通过采取与相关单位签定安全生产责任书，整治农药市场，加强宣传培训，定期检测、发放蔬菜检测合格证，开展新农药新肥料的推广与示范，强化畜禽肉食品安全检疫检验，加大对兽药、饲料及添加剂违法案件的查处等措施，使行政执法逐步规范，有效地保证了蔬菜、肉类等农产品的质量安全。2008年对8个乡（镇）及县城农贸市场、超市共检测蔬菜样品2012个，合格率为98.3%。为确保蔬菜、水果、肉类等农畜产品质量安全，积极鼓励农业企业充分利用石林县无公害污染的优良环境条件，推行农业标准化生产，大力发展有机、绿色、无公害农业。全年共办理有机产品认证25个、绿色食品认证6个、无公害产品5个、无公害蔬菜基地认证5万亩。在第四届昆明国际农业博览会上，石林县选送8个农产品参加产品评奖，分别获得1个金奖、5个银奖、2个优质产品。石林绿汀甜柿产品开发公司的“绿汀”牌商标获得云南省著名商标称号。全县农业龙头企业的农产品品牌意识和农产品质量安全水平显著提高，市场竞争能力大大增强，对全县农业产业化经营产生了促进作用。

（撰稿人：县农牧局 刘光雄）

林 业

【县林业局】 1978年10月成立县林业局。2008年局机关内设办公室、森林防火指挥部办公室、营林绿化科、森林病虫害防治检疫科、资源林政管理科、政策法规科（林业综合行政执法大队）、昆明市森林公安局石林分局，管辖国营石林林场、圭山国家森林公园管理处、8个乡（镇）农林水综合服务中心。全系统共有在职职工119人，其中：局机关41人（公务员16人、事业人员15人、工人10人），国营石林林场29人（事业人员1人、工人28人），圭山国家森林公园管理处8人（事业人员4人、工人4人），8个乡镇农林水综合服务中心41人。单位地址在鹿阜镇石林南路朱家花园。2008年资助支农联系点西街口镇威黑村委会3000元生产经费。

党总支书记、局长：张鹏飞

党总支副书记：张志才

副　局　长：虎　亮（彝族）

李映坤

张永祥（彝族）

昆明市森林公安局石林分局

分局长：陈元杰

【森林防火】 2007年11月24日召开了全县森林防火工作会议；2008年3月14日召开“两市一州”六县（石林县、弥勒县、泸西县、陆良县、宜良县、师宗县）森林防火联防会议；2008年3月开展第四届“预防森林火灾，保护美好家园”作文、绘画竞赛活动。全年发放户主责任书（宣传年画）40000多份，书写张贴标语8621条，广播宣传98968次，发放政府通告600份，新建宣传警示牌6块，刷新宣传牌225块，电视宣传75次，电影宣传（录像）177场，出黑板报530期，下发宣传牌300块、作业本900本，出动宣传车60台次，文艺宣传88场次，召开会议759次；开展“两监管三检查”活动，派出51支检查组共417人督促检查森林防火工作，巡查288次，制止野外用火212起；查处野外用火170起（罚款4500元），制止92起。全县共发生荒火1起，过火面积1.33公顷，无森林受害面积，未发生火警、火灾，火灾起数和过火面积比去年下降75%和84%。协助外县扑救火情2次，出动扑火兵力60人次、车辆5台次。森林防火工作考评名列昆明市县区第一。

【营林绿化】 完成退耕还林工程变更作业设计、工程自检自查、面积核查，制定了完善的退耕还林政策实施意见；完成10000亩退耕还林工程荒山造林的作业设计、文本编制和组织实施；完成7398亩防护林工程（石漠化治理）的作业设计、文本编制和组织实施；完成300亩特色经济林、200亩县政府样板林、2002.5亩幼林抚育的作业设计、文本编制和组织实施；争取国家林业局重点科研项目，实施出口甜柿优质丰产栽培与加工储运技术开发、云南松引种区域化试验和杂种优良核桃品种选育及区域化试验。

【森林病虫害防治检疫】 开展森林植物检疫专项行动；完成林业有害生物防治4.9万亩，均为无公害防治，无公害防治率为100%；开展主测对象松毛虫、兼测对象松小蠹和松褐天牛监测，设松毛虫固定标准地88块，松小蠹引诱、驱避试验点25个，挂置松褐天牛诱捕器117个，监测三种主要害虫在石林县的动态消长情况，为科学防治提供决策依据。

【森林资源林政管理】 2008年行政审批事项由原来的15项调整为3项行政许可事项和5项管理服务事项。成立行政审批（管理服务）办公室，启用行政审批专用章，实行“一个窗口受理、一条龙服务、一次性限时办结”。共计办理行政审批事项1939件，其中：林权登记705件，林木种子生产、经营许可27件，森林植物检疫530件，野生动物驯养繁殖许可4件，林木采伐和木材运输许可630件，木材加工、经营许可24件，野生树木移植2件，征占用林地审核17件。组织开展保护陆生野生动植物法律法规、宣传教育活动；清理和打击非法经营陆生野生动物行为，加强陆生野生动物驯养繁殖业和野生植物的管理。

【林业执法】 开展“飞鹰行动”、“非法收购野生树木”和“涉林渎职犯罪专项行动”，严厉查处破坏森林资源的违法犯罪行为。全年立案侦查森林刑事案件2件，其中：盗伐林木案1件1人，非法收购林木案1件1人次。协助石林风景名胜保护区查处破坏风景资源案件32起，其中：采石案8起，非法挖矿23起，非法移石1起。依法查处林业行政案件73起，没收木材52.42立方米，处以罚款11.349万元，行政处罚人数73人次，其中：盗伐林木案11起，滥伐林木案9起，未经批准临时占用林地案2起，承运无木材运输证的木材案12起，无木材运输证运输木材案7起，非法收购木材案1起，非法收购运输野生动物案1起，非法移植林木案13起，过失引起森林火灾、未造成重大损失案2起，违反野外用火规定案1起，擅自开垦林地10起，毁坏林木案1起，无木材检疫证1起，毁坏新造林地苗木2起。完成石林镇小密枝村委会山头上村小组村民行政处罚案件的12件行政复议和3件行政诉讼。

【生态公益林建设】 加强对国家重点生态公益林的保护管理，完成2007年度补偿基金兑现和省级考核检查验收，石林县被立为省级示范县。制定了县级地方公益林的项目管理、基金管理、管护和核查试行办法，委托云南省林业调查规划院昆明分院完成了区划界定，编制了《石林彝族自治县县级地方公益林森林生态效益补偿实施方案》，对完成林改试点主体工作的长湖镇、西街口镇和国有林场146942亩县级地方公益林启动了森林生态效益补偿。协助云南省林业调查规划院昆明分院完成了省级地方公益林的区划界定。

【核桃产业建设】 按照“生态建设产业化，产业发展生态化”的林业发展思路，结合国家林业局重点科技项目“杂种核桃良种选育与区域化试验”的子课题试验研究，成立了县核桃产业发展工作领导小组，编制了2008年核桃产业建设实施方案，规划种植核桃2.2万亩，总投资2310万元。10月底完成规划设计和地块落实，11月16日召开了现场会，全面启动了挖塘和定植工作，2009年1月底前完成了定植。

【集体林权制度改革】 2008年1月14日召开石林县集体林权制度改革工作全面启动会，在总结试点经验的基础上，全面铺开鹿阜、路美邑、石林、圭山、板桥、大可6个乡（镇）的林改工作。国家林改办、西藏、新疆、海南、广东、黑龙江及省林业厅、市林业局领导多次亲临指导林改主体工作和县级地方公益林启动、核桃种植基地建设配套改革工作。6月19～20日组织对6乡（镇）林改工作进行阶段性检查，对下步工作作了安排部署。8月21日召开全县林改工作推进会议，传达学习国家、省、市会议精神，总结全面启动以来工作经验，全面安排部署下步工作。10月13～14日，县林改领导小组对各乡镇进行了督查。截至11月20日，全县确权面积98.14万亩，确权率98.2%，确权到户率95.8%，核发林权证12281本，林权证发证率99.95%，基本完成了主体改革。

【城乡园林绿化及生态建设】 2008年10月8日成立了石林彝族自治县林业局城乡绿化管理执法大队，以林业局名义实施行政处罚。编制了面山绿化总体规划和造林绿化规划设计方案、林业产业发展规划和退耕还林规划。完成8767株古树名木资源补充调查和挂牌保护，制作了8块永久性保护宣传牌，落实了管护责任。在新昆石高速公路石林段两侧第一面山可视区进行绿化造林及“五采区”植被恢复1002亩（其中面山绿化916亩、“五采区”植被恢复86亩），总投资预算714.2万元，共计植树214480株，成活率为98%。在石林中路、九石阿旅游专线、国道等主要交通沿线和城市面山绿化6165亩（其中城市面山345

1月20日，省林业厅副厅长张林冲调研集体林权制度改革和核桃产业建设

亩、交通沿线面山5820亩），总投资4064余万元，成活率95%。起草了苗木基地建设扶持办法，积极引进资金新建苗木基地2670亩，占任务数的133.5%。完成义务植树任务121.19万株，其中：5月21日在新昆石高速公路半截河收费站两侧面山举行北京奥运会纪念林义务植树活动植树610余亩，6月下旬按照“在职在岗职工每人植树20株”的要求在石黄牛至所各邑公路沿线两侧植树200亩，9月1日在乃古石林植树56亩，种植县乡绿化样板林2600亩。

（撰稿人：县林业局 唐武青）

新农村建设

【县新农村建设办公室】 2006年4月7日县成立社会主义新农村建设工作领导小组及其办公室，2007年3月12日成立县下派社会主义新农村建设工作队及指导员工作领导小组办公室。两个办公室合署办公，设在县农牧局二楼。2008年办公室有干部职工6名，下派了第二批8个工作队88名指导员，其中：省级4名、市级12名、县级42名、乡镇30名。

主　任(兼)：毕春华（女，彝族）

副主任（专职）：蒋春平

唐纯武

【政策措施】 根据市委、市政府的布置，自2008年开始，新农村建设工作实行项目、资金整合，实施以村委会为单位整村推进。每个村委会市级补助100万元，县级配套100万元，整合职能部门资金及社会捐赠100万元，农民投工、投料折资、筹资100万元，组织实施每个村委会不少于400万元的“四大工程”（基础设施建设工程、产业发展工程、生态建设工程、社会事业建设工程）。8月27日，县委、县政府出台了《石林彝族自治县2008年度社会主义新农村建设整村推进实施意见》，指导和规范全县的社会主义新农村建设。

【科学编制规划】 2008年2月开始通过广泛调查研究，开展了项目申报、项目规划、整村推进方案编制工作。8月进一步完善和修订了《整村推进实施方案》。10月组建了石林县项目评审委员会，对8个乡（镇）11个村委会的《整村推进实施方案》和所申报项目进行评定、筛选，确定了“四大工程”的184个实施项目。

【新农村建设整村推进工作】 2008年石林县以村委会为单位开展新农村建设整村推进工作，涉及村委会11个、自然村42个、8123户29059人。11个村委会分别是：石林镇的小箐、站屯、松子园；鹿阜镇的东海子；路美邑镇的堡子；板桥镇的小屯；西街口镇的西街口；长湖镇的宜政；圭山镇的糯黑、海邑；大可乡的结胜。整村推进村建设围绕“九有”目标，重点实施“四大工程”，稳步推进全县社会主义新农村建设。11个整村推进村都编制了《实施方案》，建设项目184个，计划投资5495万元，建设时间为2008年6月至2009年6月。截至2009年4月30日共计投入新农村建设资金3574.6万元，其中：市级资金880万元，县级配套资金550万元，整合部门资金699万元，群众自筹资金1445.6万元。在“四大工程”中，一是基础设施建设工程投入1100万元，解决了20075人饮水困难，硬化村内道路163389平方米，改造电力、围塘、沟渠等；二是产业发展工程投入920万元，种植经济林果25034亩，发展温氏养鸡342户，科技培训5580人次；三是生态建设工程投入700万元，种树38020株，建136个垃圾池，补助建设2000口沼气池，建公厕49所，安装太阳能350套；四是社会事业发展工程投入854万元，建多功能文化室10820平方米，建农贸市场4个，安装村内太阳能路灯66盏，建设有线电视网络干线40千米。

（撰稿人：新农村建设办公室 蒋春平）

烟草业

烟草管理

【县烤烟办公室】 1997年5月，成立县烤烟办公室。2008年底有干部职工3名。单位地址在县政府大楼。资助支农联系点西街口镇新木凹村委会生产经费和工作经费16000元，为其他乡（镇）、村、组解决生产发展资金34万余元。石林县被云南省人民政府评为烟叶工作先进单位，被昆明市人民政府评为烤烟生产收购先进县。

主　任：单用侃

【政策措施】 2008年石林县被上级列为国家级烟叶标准化生产示范区。3月13日，县人民政府印发《石林县人民政府关于认真抓好2008年国家级烟叶标准化生产示范区建设工作的通知》，要求全县各乡（镇）人民政府、村委会、村民小组，烟草部门，县直各部委办局牢牢抓住全面启动国家级烟叶标准化生产示范区建设工作的重大机遇，从指导思想、目标任务、扶持政策、主要措施四个方面开展工作，严格执行国家级烟叶标准化生产综合标准，积极推进现代烟草农业发展，全面提高全县烤烟生产水平和烟叶质量，巩固烤烟支柱产业地位，促进财政、农民持续稳定增收。

【扶持经费】 2008年生产环节方面的扶持为：烤烟育苗物资补助705万元；红大品种种植补助700万元；化肥补助610万元；地膜补助143万元；烤房建设补助850万元；烟水工程建设补助2640万元；合同内种植面积科技推广补助1120万元；灾害保险补助165万元，其中：人工防雹补助80万元，受灾投保费85万元；烤烟生产、烘烤辅导员补助240万元；标准化示范区技术培训学校建设和培训补助140万元。

在收购环节方面：安排专项补助328万元，按50%、30%、20%的比例用于对乡（镇）、村委会、村民小组三级的考核。

【考核奖励】 2008年石林县从育苗、生产环节、收购、机耕机耙、统一运输、烟农补助、村组规划及土地流转、先进乡镇等方面对各乡镇进行了考核兑现和奖励，全县共计兑现和奖励11161071.1元。

兑现育苗科技推广费65910元，其中：鹿阜镇3100元、路美邑镇7480元、板桥镇8760元、大可乡9150元、石林镇6920元、西街口镇7360元、长湖镇11360元、圭山镇11780元。

兑现生产环节补助费572854元，其中：鹿阜镇38770元、路美邑镇84099元、板桥镇76437元、大可乡65246元、石林镇70598元、西街口镇63348元、长湖镇85757元、圭山镇88599元。

兑现收购协作费3280000元，其中：鹿阜镇220000元、路美邑镇474000元、板桥镇440000元、大可乡362000元、石林镇424000元、西街口镇370000元、长湖镇484000元、圭山镇506000元。

兑现机耕机耙补助费2833922.6元，其中：鹿阜镇121650元、路美邑镇576237.5元、板桥镇559456元、大可乡154357.5元、石林镇268295元、西街口镇335134.5元、长湖镇329587.5元、圭山镇489204.6元。

兑现统一运输费688800元，其中：鹿阜镇46200元、路美邑镇99540元、板桥镇92400元、大可乡76020元、石林镇89040元、西街口镇77700元、长湖镇101640元、圭山镇106260元。

兑现移栽及中耕管理烟农补助费2825551元，其中：鹿阜镇119625元、路美邑镇568375元、板桥镇525535元、大可乡334850元、石林镇238075元、西街口镇307020元、长湖镇270225元、圭山镇461846元。

兑现村组规划及土地流转补助费829033.5元，其中：鹿阜镇38195元、路美邑镇199240元、板桥镇199270.5元、西街口镇92472.5元、石林镇64065元、圭山镇150849.5元、长湖镇84941元。

对市级烤烟生产收购先进乡镇、市级烤烟生产收购表扬乡镇路美邑镇和县级烤烟生产收购先进乡镇板桥镇、大可乡进行表彰，分别奖励20000元、15000元、15000元、15000元，合计奖励65000元。

【生产收购情况】 2008年按照国家级烟叶标准化生产示范区建设和现代烟草农业示范村建设的有关要求，认真落实各项措施，稳步推进国家级烟叶标准化生产示范区建设和现代烟草农业示范村建设工作，全年完成烤烟育苗215片740亩，占计划的100%，全部为商品化漂浮育苗；完成烤烟种植11.8万亩，占计划的100%。其中：田烟2.7万亩、地膜烟7.5万亩，K_{326} 4.24万亩、红大1.51万亩、云烟$_{87}$ 4.5万亩、NC_{102} 1.55万亩。

完成收购烟叶1640万千克（含出口备货烟叶100万千克），占计划的100%。上等烟933万千克，占56.89%；中等烟595.4万千克，占36.31%；等级合格率达99%，均价达14.31元，比全县考核均价11.9元增2.41元，比上年增2.33元。烟叶收购总值达24168.4万元（含红大价外补贴），比上年20327.2万元（含红大价外补贴）增3841.2万元，增长19%；实现烟叶税达5172万元，比上年的4333万元增839万元，增幅达19.36%；烟农户均种烟收入达9489元，人均达2372元，比上年分别增2333元和583元。

（撰稿人：县烤烟办公室 赵志光）

烤烟种植

【县烟草公司】 1985年1月16日，县烟草公司成立。2007年“云南省烟草石林彝族自治县公司”更名为“云南省烟草公司昆明市公司石林分公司”。2008年公司设综合办公室、财务会计科、烟叶管理科、管理信息科、人事劳资科、专卖监督管理办公室、安全保卫科、客户服务分中心8个科室和鹿阜烟站、板桥烟站、大可烟站、路美邑烟站、石林烟站、西街口烟站、长湖烟站、圭山烟站8个烟站，年底共有在岗在编职工124人。单位住址在石林大道243号。2008年4月8日，公司被云南省地方税务局表彰为优秀纳税企业；12月17日，公司被云南省烟草专卖局表彰为2008年度烟叶工作先进单位。

书记、经理：计思贵（11月止）
局　长：计思贵（7～11月）
局长、副书记、工会主席：
严　波（7月止）
书记、局长、经理：
高福宏（11月起）
副经理：张红生（彝族）
熊爱林（壮族）
副局长：曾凤德（彝族，8月起）

【育苗与栽培】 2008年石林县100%实行漂浮育苗，育苗215片740亩，育苗棚14919个，出苗率98%以上，壮苗率90%以上。全县种植红大、K_{326}、云烟$_{87}$、NC_{102}四个品种，实行一乡一品区域化种植。自4月25日开始移栽，5月5日移栽结束，共移栽烤烟11.8万亩，占种植计划的100%。其中：K_{326} 4.24万亩，云烟$_{87}$ 4.5万亩，NC_{102}1.55万亩，红大1.51万亩。全县集中连片538片，其中：1000亩以上连片4片、500～1000亩连片30片、100～500亩连片301片、50～100亩203片，共计108312亩，占计划种植面积的91.7%。

【双控合同】 按照"控得住、稳得住"的原则，和"全面推广、一次到位、明确职责、完善提高"的要求，严格合同签订工作，按照"烟农申请，资格审核，签订合同，建立档案"及"合同初签——初签公示——合同正式签订——签订公示——无异议录入计算机管理系统"的程序进行，提高了合同签订的透明度，使合同签订真实、有效。2008年共签订合同24733份，并对合同进行了公证。

【烟用物资】 2008年全县共供应育苗物资：籽种99450袋、防虫网36万平方米、遮阳网38万平方米、基质13.9万袋、漂盘37万盘、压孔板100块；大田物资：复合化肥4500吨、硝酸钾1600吨、硫酸钾179.584吨、地膜420吨、农药34吨、绿肥籽210.55吨；收购用物资：草席14480床、缝包线8.585吨、扎把线62.4吨、捆包绳53.55吨、布标签55.62万条、烟叶筐240只、收购过程中的单据443.1万张；购置生产及收购过程中所需的加湿器36台、烟包输送机30台、剪叶机10台、编烟叶机8台。

【轮闲轮作】 2008年推广绿肥种植，有效改良土壤，提高了土壤肥力。公司无偿供应绿肥种250吨，种植面积50105亩，轮作率达85%以上。

【机耕机耙】 2008年石林县成立了46支专业机耕机耙队伍，共199人124台大型拖拉机对全县具有机耕条件的地块进行深耕，改善土壤结构。县政府、县烟草部门共补助机耕机耙资金286.39万元，面积达56678.452亩，占计划种植面积的48.03%。

【烟草基础设施建设】 烟草基础设施建设得到加强，全年烟草行业共投入2116万元建设28件工程，其中排洪灌溉沟渠2件、基耕路2件、小坝塘整治2件、提灌工程5件、管网17件，涉及4个乡（镇）20个村委会40个自然村，受益面积33788亩，受益户4862户。完成建设标准化烤房1041座，可烘烤面积3643.5亩，投入烟草补贴资金104.1万元；建设卧式密集烤房320座，可烘烤面积6400亩，投入烟草补贴资金1171.6万元。

【中耕薅锄和后期管理】 2008年5月10日烤烟移栽任务完成后，县烟草部门就行动起来，及时转入中耕管理，深入田间分片包干，责任到人，把提沟培土与防洪排涝工作紧密结合进行，做好烟农现场培训和分类指导，查缺补漏，疏通烟田烟地四周排水沟渠，做到深挖中沟、边沟，确保了大部分烟田、烟地沟无积水。同时组织农户进行以揭膜中耕薅锄为中心的浅锄、松土，确保土壤通透性，并按追肥要求，根据烟苗长势情况进行追肥。移栽后15～20天，针对前期低温、雨量过多的气候特点，及时指导烟农搞好中耕浅锄工作；移栽后30～35天，及时做好揭膜工作进行深提沟、高培土，以促进烟株根系的生长发育。培土后沟深墒平，做到了沟无积水、墒无杂草，培土后田烟墒高40厘米以上，地烟墒高35厘米以上。

适时封顶留足叶片，100%进行化学抑芽。全田50%烟株中心花开放时，由专业化服务队伍在技术人员指导和监督下进行全田一次性封顶，单株有效留叶数20～22片。封顶后100%使用化学抑芽剂抑芽，做到烟株顶无烟花、茎无烟杈、烟株残体集中丢入残体销毁池，确保了田间卫生。

落实成熟采收、科学烘烤，以卧式密集型烤房群、标准化烤房群为培训点，组织烟农进行烟叶成熟采收的理论、田间烟叶成熟特征及科学烘烤培训，在烘烤辅导员的指导和监督下，做到成熟采摘、科学烘烤。

【烤烟病虫害统防统治】 贯彻落实"预防为主、综合防治"的植保方针，在做好农业防治的基础上，强化预测预报工作，以最小的防治投入，获得最大的防治收益。2008年公司购置了电动喷雾器材，组建了专业植保队伍。农药由公司统一购买供应，严格使用国家局和省公司推荐的低毒、低残留农药品种。移栽后，根据不同时期病害的发生和流行特点，结合病虫害预测预报，各连片地块在技术人员指导和监督下由植保队集中统一施药，做到了有病治病、无病不施药，降低了农药残留量。防治效果理想，烟株清秀，长势较好。

【现代烟草农业示范村建设】 2008年石林县鹿阜镇阿乌村被列为省局（公司）首批现代烟草农业示范村建设试点。在县委、县政府和上级公司的支持下，公司紧紧围绕"一基四化"总体要求，通过"两头工场化、中间专业化服务"体系的转化，促使规模化种植水平显著提高、烟叶生产组织方式创新有突破。2008年示范村烟水工程和机耕路100%覆盖基本烟田，投入12万元在示范村建设一个流动防雹点、一个固定点，防雹网络100%覆盖基本烟田面积，在阿乌村委会建设试点培训学校，进一步全面提升了烟农的综合素质和生产技能，也培养出一批新的职业烟农；投资3.2万元在试点内建成4个专业化漂浮育苗基地，由4户专业育苗户进行100%专业化育苗、100%商品化供苗，共育漂浮育苗15亩；建立各种专业化服务队16支687人，其中机耕专业队1支15人、起垄专业队4支168人、施肥专业队4支168人、植保专业队4支168人、封顶抑芽专业队4支168人；建立以烟农为中心的信息服务平台——“烟信通”，提高通信设备普及率和对烟农的服务水平；通过在生产技术体系和组织管理模式上不断创新，减工降本初见成效，收购按照“原收原调”的管理模式，全面推行预检定级制度，完善基层标准化站点配套建设，投资258万元建设2群共86座密集式烤房，实现专业化、集约化烘烤达67.33%，建立烘烤专业队5支77人、分级扎把专业队7支70人、专业运输队1支2人。

现代烟草农业示范村共种植烟叶3000亩，规模化连片种植5片，100%轮作。其中：300～500亩4片1430亩、1000亩以上1片1570亩，涉及烟农245户，户均12.25亩；收购烟叶451400千克，实现均价14.49元，上等烟比例为59.54%。

【烤烟灾情勘查】 由于自然因素的影响，8个乡（镇）不同程度遭暴风、冰雹、洪水的袭击，烟叶管理科积极安排相关人员到一线协助保险公司查勘灾情，提供准确的受灾面积。受灾面积为10224.9亩，其中损失程度10%的有2045.5亩、20%的有2384.9亩、30%的有299亩、40%的有460.5亩、50%的有2036.5亩、60%的有282亩、70%的有625亩、80%的有782亩、90%有973.5亩、100%的有 336亩，损失金额66.27195万元。

【羊肝石在烤烟漂浮育苗中的开发应用试验】 2008年在学地山老办公区开展了羊肝石在烤烟漂浮育苗中的开发应用试验。用不同目数的冲筐，分样筛选出粒径为0.5～1毫米、1～2毫米、2～3毫米、3～4毫米、4～5毫米和5～6毫米共6个粒径的优质山沙、河沙、羊肝石原料备用，同有机肥、菜籽类油枯进行配方，与常用基质对照，于6～8月多批播种，按漂浮育苗管理规程进行管理。通过肉眼观察烟苗生长发育情况，记录出苗、成苗及病害发生量，折算比例，得出的结论为：一是羊肝石等原料生产成本较低，不易使水质的PH值发生变化。二是在管理中山沙和河沙干孔率达8.5～10.1%，施肥难度大，费工费时，而羊肝石上水均匀，施肥方便，无干孔现象。当烟株成苗时，根系为羊肝石育苗发育最好，河沙次之，山沙最差。三是在羊肝石不同粒径配方育苗中，各类粒径调配都能满足烟苗出土时对温湿度的需求，出苗率都超于常规基质。四是羊肝石＋有机肥配方后出苗和成苗比例明显增加，效果较好，特别是配方为5∶1的更加明显，在出苗和成苗比例方面已经超过常规基质。但在试验中，后期容易出现死苗现象，原因还需进一步查找。

【中式卷烟原料烘烤工艺研究试验】 2008年在大可和板桥烟站进行中式卷烟原料烘烤工艺研究试验，根据试验结果及相关试验数据表明，新工艺比传统工艺好，主要表现为：在采收鲜烟叶质量相同的情况下，采用新工艺进行烘烤的烟叶上等烟比例高，柠檬色组少，废烟数量少，烤烟产值、产量、均价高。

根据试验分析，传统工艺没有新工艺好的原因有以下几点：传统工艺在进行下部叶烘烤时黄片前期、中期的温度较新工艺低，用时过长，造成烟叶变黄过度，内部物质分解过度，影响质量；传统工艺在进行中部叶烘烤时，在黄片后期温度稍高，时间过短，易造成变黄不充分，导致青片，而在黄筋期用时比新工艺短，易产生青筋；传统工艺在进行上部叶烘烤时，黄片中、后期比新工艺短，而上部叶由于身份较后，过短的变黄期容易导致变黄不充分，影响质量。在黄筋期比新工艺短，温度也较低，上部叶叶脉较粗，容易影响烟叶质量。

【烟墒起垄高度对烟株生长发育影响的试验】 2008年在麦地庄（田烟）和上赵公庄村（地烟）开展了深耕条件下不同起垄高度对烟株生长发育及产质产量的影响试验。田间生物学性状统计分析，前期差异较小，中期差异较为明显，后期虽然逐步缩小，但对烟叶产质产量影响较大，其主要原因是烟株生长发育的关键时期受限所制。田烟以垄高30厘米为最高达2668.85元／亩，地烟垄高20厘米最高为2065.04元／亩，随着起垄高度的增加，产质产量呈梯度下降。

农业气象是烟叶生产的基础，也是实现最大经济效益的自然因素，在生产经营中必须与之紧密结合，充分利用，特别是6～8月月平均降雨量、月平均日照数、相对湿度，与烟叶生长发育至关重要。通过试验数据分析显示，烟墒起垄初期的高度，田烟和地烟分别以30厘米和20厘米为宜，有利于降低土壤裸露表面积，减少自然蒸发量，最大限度地保护土壤自然含水量。在烟叶生产管理中，适宜的起垄高度，有利于中耕薅锄，疏松土壤，增加土壤通透性，增强根系活力，培土后增加根系营养面积，促进不定根的生长发育。

【开展云南省烤烟新品种示范】 2008年在石林县开展了云南省烤烟新品种示范，新品种田间表现初步评价如下：

主要生物学性状：XYN_{87}的株高几乎不受环境的影响，但茎围、节距、叶长受环境的影响较大，在高海拔点茎围变细、节距变稀、叶长变短；云烟$_{100}$、云烟$_{97}$的着生叶数受环境的影响大；云烟$_{99}$的节距受环境的影响较小；云烟$_{99}$、云烟$_{100}$、云烟$_{105}$的叶长受环境的影响较大，高海拔点叶长变短；各品种叶宽受环境的影响均较大，以云烟$_{99}$最明显，在高海拔点叶宽变窄。

主要生育期：现蕾期以云烟$_{97}$几乎不受环境的影响，而其余品种在高海拔点均明显提前，以XYN_{87}最明显；中心花开放期受环境的影响却存在正负分化，其中云烟$_{203}$、云烟$_{97}$在高海拔点推迟，而其余品种提前；大田生育期在高海拔点均表现为明显缩短。

田间抗逆性：云烟$_{105}$重点要针对黑胫病和赤星病进行防治；云烟$_{203}$重点要针对黑胫病、番茄斑萎病毒病（TSWV）和赤星病进行防治；云烟$_{97}$重点要针对赤星病进行防治；云烟$_{100}$重点要针对根黑腐病和番茄斑萎病毒病（TSWV）进行防治；SF_{04}重点要针对番茄斑萎病毒病（TSWV）进行防治；云烟$_{99}$和XYN_{87}要注意预防早花现象。

主要经济性状：在低海拔点以云烟$_{99}$、云烟$_{100}$、SF_{04}表现优异，云烟$_{97}$、XYN_{87}表现中等，云烟$_{105}$和云烟$_{203}$表现较差；而在高海拔点，各示范新品种的表现均优于对照K_{326}，但其中以云烟$_{105}$和云烟$_{99}$表现更好。

外观质量：在低海拔点与高海拔点差异不大，综合6项指标以XYN_{87}和SF_{04}表现较好，云烟$_{99}$和云烟$_{203}$稍差，其余中等。

栽培烘烤特性：云烟$_{203}$的需氮量在同等条件下明显比K_{326}少，其烘烤性较难掌握，受栽培水平的影响很大。云烟$_{99}$、云烟$_{100}$、云烟$_{97}$、云烟$_{105}$、XYN_{87}和SF_{04}需氮量与K_{326}相当，烘烤性为易烤。

【烤烟不同播种期对成苗影响的试验】 2008年在石林县北吉村探索烤烟不同播种期对成苗的影响。试验表明，烤烟播种宜选择2月中下旬为佳，播种后出苗时间缩短，管理成本相对降低，同时可充分利用自然光和自然温度条件，促进种子萌发和幼苗生长发育；烤烟漂浮育苗中池水温度是育苗的一项基础条件，确保水质处于最佳状态，是促进幼苗根系快速生长发育的关键；在生产管理中，遵循作物自然生长发育规律，通过利用科技措施，最大限度地增加效益和降低生产管理成本。

（撰稿人：县烟草公司 陈 刚）

烟叶收购

【烤烟收购站点】 2008年石林县共设29个烤烟收购点47条收购线，其中：鹿阜镇烟叶站下设阿乌、西北街2个收购点4条收购线；板桥镇烟叶站下设小屯、青山、碧落甸、叠水岔口4个收购点8条收购线；大可乡烟叶站下设大可、坝塘河、南小村、大密枝4个收购点6条收购线；路美邑镇烟叶站下设路美邑、麦地庄、萝卜所、堡子4个收购点7条收购线；石林镇烟叶站下设乃古、天生关、山头上、新仓4个收购点6条收购线；西街口镇烟叶站下设西街口、茂舍祖、宜奈、小板田4个收购点4条收购线；长湖镇烟叶站下设维则、塘上、海宜3个收购点6条收购线；圭山镇烟叶站下设海邑、尾乍黑、矣维哨、亩竹箐4个收购点6条收购线。

【收购情况】 2008年8月8日石林县烤烟收购点陆续开点，至10月14日全面关点，历时67天。完成收购量1640万千克（其中出口备货烟100万千克），上等烟比例56.89%，中等烟比例36.31%。支付收购资金23469.5万元，均价14.31元，完成烟叶税及附加税51632988.56元，烟农户均收入9489元。

【收购业务培训】 2008年7月24日，公司对286名烘烤辅导员进行烘烤理论培训；8月3～11日，对32人进行烘烤实作培训；7月20～24日，分两期对烤烟收购人员从理论、实际操作等方面进行系统培训，共培训779人；7月15～17日，对参加收购的微机员共76人进行计量法律法规及收购系统培训和教育。组织定级员、初检员及预检员深入烟农家中进行分级扎把指导培训，提高分级扎把纯度。

【集中预检制】 2008年县烟草部门全面推行"集中预检定级、统一包装、约时定点、分批交售、集中运输、密码收购、承诺服务"的集约化收购管理模式，做到集中预检、预检到级、有序预检、规范预检、提高纯度，尤其是提高满意度。投资68万余元实行烤烟统一运输，进一步完善预检制收购方式，以预检定级烟叶、统一包装和统一运输规范烤烟收购流程管理，加强收购程序管理，每户烟农准许一人持预约交售通知单到烟点交售烟叶。县烟草部门制定了2008年烟叶收购管理考核办法，将预检员工作情况纳入量化考核，充分调动其工作积极性，要求预检员对烟农初分的烟叶按部位、色组，对照预检工作质量要求进行预检定级，并按要求装袋封签，分批组织交售。通过集中预检制，维护了烟点的收购秩序，解决了群众卖烟难的问题。

【原收原调收购模式】 2008年是实施

“原收原调”收购模式的第二年，红云集团下派了4名质检员和公司技术员组成质检组，对石林县8个烟站29个烟点进行指导，并对调拨的每个等级取小样，使收购及调拨达到“双纯”，省、市质检组抽检烟叶等级综合合格率都达到标准要求，基本实现了“四满意”。

【收购衡器检定】 2008年收购衡器的检定由云南省计量测试技术研究院于6月4～16日完成。本次共检20千克标准砝码25个、衡器161台，其中电子秤49台、台秤112台，经调修后最终检定合格率达100%，由省计量技术监督局发给合格使用证书。

【试验示范样品选留】 2008年认真采集国家局、省局、中烟工业公司、省烟科所、红云集团、市烟草公司所需的各部位、各等级的烟样511个，收集的烟样为2034千克。其中：中式卷烟烘烤试验196个烟样，新品种试验174个烟样，土壤改良试验93个烟样，不同起垄高度试验24个烟样，农残试验24个烟样。

2008年烤烟收购价格表

单位：元/千克

项目 等级	等　级	代　码	价　格
上等烟	中桔一	C_1F	20.60
	中桔二	C_2F	19.10
	中桔三	C_3F	16.90
	中柠一	C_1L	18.80
	中柠二	C_2L	17.10
	上桔一	B_1F	17.00
	上桔二	B_2F	14.50
	上柠一	B_1L	14.30
	上红一	B_1R	13.80
	完熟一	H_1F	14.50
	下桔一	X_1F	14.80
中等烟	中柠三	C_3L	15.20
	下桔二	X_2F	12.80
	中桔四	C_4F	13.50
	中柠四	C_4L	12.60
	下桔三	X_3F	10.40
	下柠一	X_1L	14.20
	下柠二	X_2L	12.20
	上桔三	B_3F	11.20
	上桔四	B_4F	7.90
	上柠二	B_2L	11.30
	上柠三	B_3L	8.10
	上红二	B_2R	11.80
	上红三	B_3R	8.10
	完熟二	H_2F	12.00

续 表

项目 / 等级	等 级	代 码	价 格
中等烟	下微青二	X_2V	8.10
	中微青三	C_3V	12.40
	上微青二	B_2V	9.30
	上微青三	B_3V	7.30
	光滑一	S1	6.20
	下微青二	X_2V	8.10
下等烟	上柠四	B_4L	5.40
	下柠三	X_3L	9.00
	下柠四	X_4L	6.20
	下桔四	X_4F	7.00
	光滑二	S2	3.90
	中下杂一	CX^1K	5.80
	中下杂二	CX_2K	4.30
	上杂一	B_1K	5.60
	上杂二	B_2K	3.70
	青黄一	GY1	3.10
	上杂三	B_3K	2.70
	青黄二	GY2	2.50

（撰稿人：县烟草公司 陈 刚）

烟叶复烤

【石林天合公司】 1998年12月25日，石林天合烟叶复烤有限责任公司成立，公司位于石林县鹿阜镇大屯村。2007年底完成股权的转让和体制过渡，2008年由昆明市烟草公司、安徽中烟公司、广东中烟公司、江苏中烟公司、湖南中烟公司和龙岩烟草工业有限责任公司6家企业控股。公司实行董事会领导下的总经理负责制，下设总经理办公室、人力资源部、客户服务部、生产管理部、品质监管部、原料部、设备动力部、财统部、物资供应部、综合保障部、安全保卫部、管理信息部12个部门。2008年底，公司在册从业人员116人。2008年公司先后荣获了昆明地区工业企业纳税大户前100名、云南省劳动关系和谐企业等荣誉称号。向支农联系点石林镇林口铺村委会扶持植树造林等经费14000元。

董 事 长：赵树昆
总 经 理：民晓宁
副 书 记：梁忠荣
副总经理：吴孝林
阮利昆
李一鹏

【烟叶接收】 2008年共接收初烤烟44085吨，其中：昆明市烟草公司26525吨，省烟草进出口公司13080吨，江苏中烟工业公司2985吨，湖南中烟工业公司1000吨，湖北中烟工业公司495吨。

【生产经营】 2008年投入复烤初烟44720吨，各项质量指标均达到合格以上，实现加工收入11550万元，实现利税3415万元。

【设备技改】 公司针对主体设备存在故障率高、设备老化等诸多问题，通过总结和借鉴同行业先进经验，投资980余万元对设备布局、辅联设备、配套除尘风送、电器控制、通用工程等设备设施进行了配套改造。有效提高了现有设备效能，提高了机械化、自动化、智能化、信息化水平，保证了烟叶复烤质量稳定，满足了卷烟工业的要求，促进了公司的持续、健康发展。

【清洁生产设施建设】　2008年公司投资273.7万元实施清洁生产设施建设。选用脱硫除尘效果较为先进的FS-04规流塔集成系统对原有的SJ-Ⅲ型高效脱硫除尘设施进行了更换；在锅炉烟囱22米处安装了烟气采样探头，实行锅炉烟气在线监测，实现了与昆明市环保局联网；对达标外排污水实行回收利用，用于冲厕、绿化和湿式除尘。公司实施的清洁生产设施建设项目，经过2个多月的试运行，锅炉烟气在线监测系统经昆明市环境监测中心监测，符合国家环境保护行业标准HJ/T75-2007《固定污染物烟气排放连续监测技术规范(试行)》中校验检测相关条款，获得了昆明市环境监测中心的监测认证。锅炉烟气治理项目经昆明市环境监测中心监测，二氧化硫平均排放浓度仅为193毫克/立方米，化学需氧量排放浓度仅为40毫克/立方米，排放总量控制在地方环保部门规定的范围内，提前实现了国家烟草行业到2010年二氧化硫平均排放浓度不高于400毫克/立方米、化学需氧量平均排放浓度不高于150毫克/立方米的减排目标；水回收循环利用项目的实施，使达标外排废水每日减少85吨，年减少废水外排1.7万吨。9月，公司将1#锅炉单辊分层燃烧改造为三辊给煤燃烧装置，平均日节约用煤1.997吨，年节约用燃煤359.46吨，节煤效果十分显著。通过不断加强清洁生产的基础设施建设，为公司建立“资源节约型、环境友好型”的现代化企业目标奠定了基础。

（撰稿人：石林天合公司　李宏兴）

烟草专卖

【县烟草专卖局】　1985年1月16日成立县烟草专卖局。2008年下设专卖监督管理办公室、稽查大队、稽查服务分中心，共有7名职工。10月23日，县公安局经济犯罪案件侦查大队迁至稽查大队，双方正式合署办公。

【卷烟销售情况】　2008年全县完成卷烟销售48159.305件，占计划47500件的101.39%，销售收入126131273元，毛利额26604041.14元，综合毛利率24.68%，单箱收入13095.21元。其中销售省外卷烟5100件，占计划的10.59%，省外低档烟比例为3.5%。

【增加烟草零售许可证】　2008年随着城市化进程的加快，县烟草专卖局原有的1100户烟草专卖零售许可证控制数量已不能适应石林经济发展的需要。为此，县烟草专卖局经请示昆明市烟草专卖局批准，将烟草零售许可证控制数量增至1150户。按市烟草专卖局要求，于2008年3月24日召开了“核发2008年度烟草专卖零售许可证听证会”。听证会严格按法定程序进行，由县公证处作现场公证，县人大、县政协、县法制办公室、县工商局、县公安局等有关部门和新闻单位的领导及嘉宾列席监督。为广泛听取各方意见，本次听证会确定13名陈述人代表，分别为：卷烟零售企业代表2人，个体卷烟经营者代表5人，卷烟消费者代表2人，未取得卷烟零售许可资格的代表4人。通过本次听证会的召开，县烟草专卖局行政许可工作得到了进一步的规范。

【“两烟”执法力度】　2008年8月8日成立了石林县烤烟收购专卖管理执法大队，队长、副大队长由县委、县政府领导担任，成员从公、检、法、司、人武部、工商、财政及烟草等部门抽调。

各乡镇坚持从严治内、守土有则的原则，管好自己的人、看好自己的门、收好自己的烟，有效控制烟贩子扰乱收购秩序的行为。设立举报电话（电话：7747859），对非法收购、囤积烟叶的实行举报有偿和对举报人保密的政策。全年协助市烟草专卖局专卖部监督销毁涉烟废弃原料1700余吨，统一集中销毁假冒伪劣卷烟9118.5条，共出动打假打私人次约6340人次，立案查处各类涉烟案件40起，总案值达170余万元。其中：烟叶案件有14起，查获烟叶约14万千克，案值达54万元；无证运输卷烟案件有20起，查获卷烟27316条，案值约116万元；无证经营案件6起，查获卷烟46.9条。

【开展打假打私专项行动】　2008年3月15日，县烟草专卖局以“‘3·15’国际消费者权益日”为契机，在鹿阜镇宏云养殖场内对2007年以来查获的182.37件假冒伪劣卷烟进行了集中销毁。同日，在鹿阜镇双龙广场举行了以“消费与责任”为主题的“两烟”法律法规及真假烟识别咨询服务活动，在现场发放了涉及真假烟识别、《烟草专卖零售许可证》办证条件及流程、烟叶种植收购合同及合同IC卡管理要求等内容的宣传材料2000余份。同时，还特邀了红云集团技术中心、营销中心的有关工作人员，为现场的数百名群众作真假烟识别的专业咨询服务。通过此次活动，使广大消费者知假、识假、拒假意识得到了一定的提高。

2008年4月初开始，县烟草专卖局对全县辖区内1019户持《烟草专卖零售许可证》的经营户进行了摸底调查。通过调查核实，《烟草专卖零售许可证》与《工商营业执照》不相符的有689户，《烟草专卖零售许可证》上地址与实际经营地址不相符的有14户，有许可证转让行为的有2户，无《烟草专卖零售许可证》经营卷烟行为的有16户。

2008年7月，石林县规范和整顿“两烟”市场经济秩序领导小组办公室开展“风暴八号”专项行动，制定了《关于开展“风暴八号”专项行动的实施方案》。7月21日开始，联合县公安局、县工商局分别到县城客运站、路美邑补员站、北大村补员站等客运站张贴市整顿和规范“两烟”市场经济秩序领导小组办公室统一制作的《通告》，到客（货）运站、物流集散地等重点区域及高速公路收费站对从业人员、过往车辆驾驶员发放《通告》，加强对从业人员和运输业关于“非法运输烟草专卖品，依照《刑法》第二百二十五条的规定，以非法经营罪定罪处罚”这一条款的宣传力度。共出动执法人员80多人次，出动宣传车辆12台次，粘贴《通告》15份，发放宣传材料700余份。

【按客户订单组织货源】　随着“按客户订单组织货源”工作的不断深入，运用“云南省卷烟销售营销管理信息系统”的功能优势，认真了解客户各品牌库存情况及经营情况，指导客户准确提报需求，结合以往对单体客户进行预测的经验，总结出一套行之有效的系统预测方法，有效提高了预测准确率，为“按客户订单组织货源”工作的顺利实施奠定基础。首先，及时分析整个片区及各客户经理上月的预测准确率情况，分析哪些品牌销售波动比较大、哪些零售客户的预测准确率偏低、哪些品牌的满足率高、哪些品牌的满足率低。其次，通过平时走访了解区域卷烟市场的需求变化和发展，收集影响卷烟销售的信息；利用公司业务信息系统中所提供的各项历史销售数据，结合品牌预测准确率、品牌满足率的高低，对各项数据利用预测模型进行分析判断，从而预测区域卷烟市场需求的发展变化趋势，提高预测的准确率。再次，在准确把握区域卷烟市场需求的前提下，各客户经理在日常走访中向客户宣传“按客户订单组织货源”工作的重要意义及对零售客户长远利益的影响，争取客户的最大支持和配合；根据对零售客户动销趋势的把握，指导客户按市场需求合理提报，使客户提报需求接近市场真实需求，从而最终有效地提高了客户订单预测的准确率。

【推广省外卷烟品牌】 结合国家行业品牌整合发展趋势及石林县各辖区消费水平、消费结构和吸食特点，有选择性地进行新品的市场培育和推广工作，进一步优化结构，积极培育省外同价位替代品牌，缓解当前省内畅销品牌卷烟供需矛盾的现状，培育市场需求。从2008年3月份开始，制订了一整套行之有效的省外品牌推广培育方案，积极进行省外品牌烟的推广培育。首先，积极向客户宣传国家行业品牌整合政策及“两个十多个”品牌发展战略，结合“昆明市省外品牌推广培育计划”，组织客户召开了“省外品牌培育推广及营销技能提升培训会”，使客户认识到培育推广省外品牌，不仅是卷烟零售客户的义务，更是提高客户盈利能力的有效手段。其次，根据辖区消费水平及消费特点，有选择性地进行省外品牌的推广培育，针对省内低结构品牌供需矛盾突出的特点，选择大丰收、黄果树特制醇香、雄狮、红旗渠、双喜等品牌进行重点培育推广，提高品牌上柜率。再次，以“推”和“拉”的方式同时进行品牌的推广和培育，加强对客户的订购指导，随时了解客户省外品牌的动销趋势，为客户提供经营指导建议，并通过促销方案提高客户培育推广省外品牌的积极性和主动性；面对消费终端，选择人流量多的地方和集市进行省外品牌的免费品吸，实行促销礼品的发放。通过一系列的宣传促销活动，有效地提高了省外品牌的消费者知晓率，改变了消费者对省外品牌的排斥心理和片面认识，有效促进了省外品牌的培育推广。

（撰稿人：县烟草公司 陈 刚）

工商企业

企业改革

【县属企业改革工作】 2008年石林县的企业改革工作主要是按照企业改革政策，规范企业改革行为，对缺乏市场竞争力的企业全面推行劣势企业退出市场机制，实施产权制度改革，促使国有资产尽快退出，实现民有民营；鼓励企业职工、国内外客商、非公经济组织、社会法人和自然人等兼并、购买国有产权，自主经营。主要完成情况是：

（1）县电影公司。经县政府批复，解散县电影公司，财产移交县财政，人员除达到提前退休的外全部由县广播电视局安排。

（2）县自来水公司。经县政府批复，整体并入石林供水有限责任公司。

通过改革，盘活了国有资产，搞活了县域经济，提高了广大职工的思想认识，解决了长期困扰企业的债务问题，国有资产实现了保值增值，广大职工的利益得到了保障。

【春节慰问困难职工】 为全面落实各项社会保障政策，切实帮助企业困难职工度过一个文明、愉快、祥和的春节，构建和谐石林，维护社会稳定，根据国家、省、市有关文件精神，县委、县政府在春节前夕对企业困难职工和劳模进行慰问。慰问标准为：困难职工每人200元，特困职工每人300元，慰问人数为215人（困难职工97人、特困职工118人），县财政共计支付慰问金54800元。

（撰稿人：县发改局 段迎燕）

工业经济

【县经济局】 2004年5月18日，县政府下发《关于在乡镇企业管理局加挂县经济局牌子的通知》，明确在县乡镇企业管理局加挂县经济局牌子，作为主管全县工业经济、非公有制经济的县人民政府直属工作机构，与县乡镇企业管理局实行两块牌子、一套人员，合署办公。2007年8月28日，经县长办公会议研究决定，将县乡镇企业管理局变更法人单位为县经济局，并对县经济局（乡企局）领导班子进行了重新任命和充实。2008年县经济局内设县工业突破园区建设指挥部办公室、县非公有制经济工作领导小组办公室、县节能减排工作领导小组办公室、局办公室、规划发展科、企业管理科、节能监察科、经济运行科、培训中心等9个科室，年底有在职职工13人（其中：公务员11人，事业编制人员2人）。单位住址在鹿阜镇阿诗玛南路216号。

2008年全县非煤矿山、生产加工企业未发生安全事故，安全死亡率为零。2008年资助支农联系点圭山镇法块村委会2000余元生产经费。

书记、局长：念晓春

党总支副书记：史云华（女）

副局长：毕玉兴（彝族）

李江辉（彝族）

【江苏招商分局】 浙江招商分局由县经济局、县科技局、县供销社组成，县经济局为牵头单位，2008年招商引资任务为引进外资100万美元、内资4000万元人民币。招商引资主要工作：一是抓好县委、县人民政府确定的重点推进项目年产60万吨焦化项目和云南官房水泥有限公司2500t/d新型干法水泥熟料生产线技改工程两项重点项目的推进落实工作。二是策划包装项目，印制《投资石林》招商项目册，明确县鼓励投资优惠政策，介绍县情，阐述全县和石林生态工业集中区产业发展导向，策划包装了20余个对外招商引资项目。三是积极开展项目推荐和洽谈，在谈项目有：中国石林国际健康管理中心，计划总投资5亿元人民币，已签订投资协议；昆明日东农业开发有限公司石林出口有机农业综合项目，计划总投资1.1亿元人民币，已经完成可行性研究报告；石林万家欢农畜产品加工项目，计划总投资32600万元人民币，已完成项目选址。2008年引进外资208.3万美元、内资4827.1万元，圆满完成招商引资任务。

【工业发展概况】 2008年，以实施“工业强县”和“11235”工业发展战略为核心，以“石林生态工业集中区”建设为主攻方向，以招商引资为突破口，加快发展新型工业，积极培育龙头企业，努力壮大旅游服务业，巩固提高建筑建材业，深度开发名特优产品，大力发展绿色产业为目标，工业经济持续增长，生态工业集中区建设稳步推进，云南众友集团、云南石金集团、云南梦达尔集团、石林易通电缆架桥有限公司等一批规模以上工业企业得到进一步发展壮大，传统工业企业得到巩固提升，全县工业企业产品产量继续保持稳定增长，工业产品销售价格逐步提高，利税总额不断增加，全县工业经济持续、健康发展。

【工业经济指标完成情况】 2008年实现工业总产值23000万元，增长24%；工业增加值58000万元，增长20.5%；规模以上工业企业增加值26800万元，增长20%；规模以上工业企业主营业务收入74200万元，增长23.02%；规模以上工业企业利税总额13100万元，增长23.98%（其中利润总额9010万元，同比增32.38%）。全县工业固定资产投资达到29700万元，增长25.3%。工业企业户数达到374户，其中规模以上工业企业达到18户。

【节能减排】 按照全面落实科学发展观要求，围绕“节能减排、科学发展”主题，结合石林县节约能源和经济发展的实际情况，抓好节能减排工作，节能减排各项工作落实有力，达到了省、市要求。一是加大对云南官房水泥有限公司、石林南亚焦化有限公司、石林天合公司、阿诗玛纸厂等重点耗能企业和排污企业的监管。二是鼓励推广节能减排技术、节能减排设备，对落后工艺进行淘汰和技术改造。阿诗玛纸厂投入66万元，新建了污水处理治理设施，该设施的建设使二氧化硫年消减0.18吨，化学需氧量年消减0.16吨；石林天合公司两台10T/H锅炉的烟气脱硫除尘系统及中水回用设施建成投入使用，该设施的建成使二氧化硫年消减1.6吨，化学需氧量年消减0.18吨。三是加强对

28 家各种废弃物回收利用企业的监管，全年企业回收和再利用固体废物 1.8 万立方米，占全县工业产生废固体废物的 90%。四是关闭市政府列入 2008 年淘汰计划的落后产能金茂华钢铁厂 1 号高炉生产线。2008 年石林县规模以上工业万元增加值能耗下降 8%；万元工业增加值主要污染物排放强度：废水 1.711 吨／万元，烟尘 0.0108234 吨／万元，二氧化硫（SO2）0.0006288 吨／万元，化学需氧量 0.0000449 吨／万元，各项节能减排指标均控制在目标范围内。

【园区建设】 2008 年市委、市人民政府下达的工业园区建设任务是：完成规模以上工业主营业务收入 13000 万元；完成规模以上工业增加值 4500 万元；上缴税金 1000 万元；完成工业项目固定资产投资 10000 万元；基础设施建设两年突破工程：2008 年收储土地 1.5 平方千米，其中完成“五通一平”面积 1 平方千米；完成升格提档为省级工业园区的任务。

园区工业经济完成情况：实现规模以上工业主营业务 16306 万元，规模以上工业增加值 8256 万元，上缴税金 3400 万元，完成工业固定资产投资达到 17451 万元。

基础设施建设情况：完成土地预收储 2668 亩（1.78 平方千米），平整土地 1560 亩（1.04 平方千米）。

入园项目情况：工业园区“五通一平”基础设施建设项目 5 个，计划总投资 16240 万元，完成投资 11790 万元；入园项目 8 个（规模以上工业项目 3 个、规模以下工业项目 5 个），开工项目 4 个（万城阿诗玛旅游小镇、阿诗玛风情街、石林温氏养殖一体化项目、东西工业大道市政工程建设 BT 项目）；拟建、在谈项目 4 个（分别是三万吨复混肥、六万吨麦芽糖、珠海中昊国际生物医药科技有限公司、万家欢农畜产品加工项目）。

园区升格提档情况：石林生态工业集中区按计划升格提档为省级工业园区。

招商引资情况：2008 年石林生态工业集中区实际到位国内市外资金 18986.3 万元。

（撰稿人：县经济局 李 伟）

乡镇企业 非公经济

【发展概况】 2008 年全县乡镇企业、非公经济以项目发展为重点，以园区建设为突破口，积极开展招商引资。全县乡镇企业、非公经济克服原材料价格变动的影响，继续保持快速健康发展，形成了以新型制造业、建筑建材业、旅游服务业、种养殖业、煤炭工业、农特产品加工业为主的六大行业。云南众友集团、云南石金集团、云南兴隆交通旅游集团、云南梦达尔集团、云南兴亚集团等一批企业集团迅速崛起。

【经济指标完成情况】 2008 年实现非公经济增加值 75116 万元，增长 25%；税收总额 6107 万元，增长 28%；从业人员达到 33885 人，新增 3100 人，增长 10%；乡镇企业增加值 77295 万元，增长 16%；乡镇企业工业增加值 38640 万元，增长 20%；乡镇企业实交税金 6286 万元，增长 15%。农产品加工销售产值 14839 万元，增长 18%。乡镇企业、非公经济指标占全县的比重逐年增大，对促进全县农民增收、财政增收、经济发展后劲增强、维护社会稳定起到重要作用。

【企村结对】 按照“农民乐意、企业愿意、政府满意”的原则，因地制宜，积极探索，大力实施工业反哺农业，继续加大“企村结对”工作力度，召开专题会议，确定重点企业及结对对象，并专人负责组织实施。2008 年县经济局与石林县酱菜厂、石林青龙矿泉饮料有限公司，石林德胜丝绸厂、野沙玛养殖厂等 4 家企业签订“企村结对”协议，5 个乡（镇）20 个自然村的 3000 余人从中受益，圆满完成了市、县下达的计划任务。

【技术进步】 云南众友集团完成了石林机器厂的技术改造，生产的隧道、桥梁大型台车已销售进入到多项重点工程中；易通电缆桥架有限公司进行玻璃钢系列产品开发，新建了玻璃钢桥架生产基地，该产品技术含量高，轻质、环保、节能，是钢材桥架的换代产品，填补了西南地区的市场空白；石林泰合经贸有限公司投资收购原维则化工厂，技改扩建后生产轻质碳酸钙、活性钙、纳米碳酸钙；南亚焦化有限公司、官房水泥厂、圭峰焦化有限公司等企业进行了降低能耗、降低排放、提高产量和质量的技术改造。

【人才培养和转移】 为加快石林县农业产业化经营，推动农业和农村经济结构战略性调整，增强农产品市场竞争力，积极引导农村剩余劳动力向非农业转移。一是加大技术培训力度，完成市场营销职业技能（培训）鉴定人数 125 人。二是扩大农村劳动力转移就业空间，云南石金集团、云南众友集团、万家欢农业科技生态园共培训各类技术人员 452 人，有效提高了农民的工资性收入和农民式技能素质，扩大了农村富余劳动力的就业面。

【党组织建设】 2008 年石林县经济局总支委员会下设 6 个支部，即：局机关党支部、石林县建筑建材联合党支部、石林县石材行业联合党支部、石林县易通电缆桥架有限公司党支部、云南众友集团党支部、云南石金集团党支部。总支共有正式党员 40 名、预备党员 1 名，其中：机关在职党员 9 名、离退休党员 8 名，非公经济组织党员 24 名。党员是私营企业主的有 4 名。

【上级扶持】 积极应对金融危机，进一步加大向上争取资金扶持本地企业发展工作的力度，先后组织石林生态工业集中区、石林赢鸿农产品开发有限公司、石林兴隆交通集团、石金集团石林石材有限公司、商联担保集团有限公司、石林建业石材有限公司、石林绿汀甜柿产品开发有限公司等 25 家企业（单位）向省经委、市经委（乡镇企业局）申报各种项目资金扶持。2008 年县经济局共向国家、省经委、市经委

（乡镇企业局）争取资金扶持本地企业发展第一批非公和新型工业化发展扶持资金915万元。其中：1.国家工业与产业信息部扶持石林狂欢之都项目70万元；2.省市经委（乡镇企业局）扶持775万元：生态工业集中区360万元（基础设施建设250万元、软环境建设60万元和规划经费50万元）、石林兴隆交通集团80万元、商联担保集团有限公司80万元（省经委50万元、市经委30万元）、云南众友集团75万元、石林赢鸿农产品开发有限公司60万元、石林易通电缆桥架有限公司50万元、云南梦达尔集团40万元、石林建业石材有限公司30万元；3.乡镇企业贴息扶持资金70万元：石林赢鸿农产品开发有限公司10万元、石金集团石林石材有限公司40万元（包括市乡镇企业贴息10万元和省乡镇企业贴息30万元）、石林兴亚石材石雕有限公司10万元、石林青龙矿泉饮料有限公司10万元。

【重点工程】 2008年县经济局加大了对重点工程（项目）建设跟踪推进工作力度，由一名副局长负责对石林南亚焦化厂、官房水泥有限公司技改、翡翠珠宝玉石加工基地、广东温氏饲料加工、大型太阳能光伏并网发电试验示范项目等重点项目的建设工作。同时，进一步加大协调服务和支持力度，确保重点招商引资项目能够早日开工、早日投产，以促进县域工业和非公经济企业发展壮大。石林县南亚焦化有限公司年产60万吨技改项目于2008年12月28日开工建设，到位国内资金4827.1万元；云南官房水泥有限公司技改工程于10月28日开工建设，到位外资208.3万美元。

重点企业介绍

【云南众友集团】 云南众友集团公司下辖石林众友电缆桥架有限公司、九鼎工程模板有限公司、一言租赁服务有限公司和石林机器厂等四个全资子公司，专门从事全钢组合模板、电缆桥架、高低压插接母线、母线槽等产品的开发和生产经营。2006年集团“云南众友”和“石林”商标荣获云南省著名商标称号。2008年集团总资产达到9000多万元、实现销售18000万元，占地面积70余亩，员工总数360余人，其中管理和专业技术人员90人。在员工总数中，大专以上学历人员占35%，中技以上学历人员占21%；高层管理人员 6人，全部具有大专以上学历和高级技术职称。

【云南梦达尔集团】 云南梦达尔集团是一个集石材加工、酒店经营及管理咨询、融资担保、房地产开发、园林绿化、装饰装潢、萨能奶山羊示范推广、羊奶制品加工、生态观光园、果园示范等经营项目的综合性的企业集团，有员工800余人，集团拥有云南石材厂、云南梦达尔异型石材有限公司、云南梦达尔宾馆（集团）有限公司、云南梦达尔园林绿化有限公司、石林梦达尔融资担保有限公司和石林梦达尔农林牧开发有限公司等六个子公司。集团公司连续被昆明市政府、石林县政府评为“先进私营企业”及“纳税先进企业”；2003年，被昆明市消费者协会授予“诚信单位”荣誉称号；2004年11月，云南梦达尔集团被中国中轻产品质量保障中心评为“全国质量、信誉双保障示范单位”；2004年12月，云南梦达尔集团又被中国实业家诚信企业论坛组委会和中国名牌协会评为“中国诚信名牌企业”。

【云南石金集团】 云南石金企业发展集团有限公司是以石材开采、生产加工、销售、施工服务为基础，以房地产开发经营为支柱，其他产业为辅的地方重点综合民营企业集团，下辖云南福辰房地产开发有限公司、石林石材有限公司、昆明石林旅游产品开发公司、昆明林得贸易有限公司、石林天恒石工艺品开发有限公司和弥勒天恒石材有限公司等六个实体企业，注册资金2500万元，资产总额1.26亿元。集团公司现有员工852人，有高级工程师6人、工程师12人、经济师4人。学历结构为：硕士研究生3人，大专及本科学历61人，高中（中专）学历123人。

【昆明石林兴隆交通旅游集团】 昆明石林兴隆交通旅游集团有限公司前身是昆明石林汽车服务有限责任公司，是云南省最大的集省际客运、省内客运、城乡公交客运、出租客运、货运、汽车修理、驾驶培训、汽车检测、旅游、医药、餐饮娱乐等多种行业为一体，呈多元化方向发展的民营集团企业。2008年资产总值达2.5亿元，在全省民营交通运输企业中名列前茅。1999年，被云南省公路运输管理局授予“道路运输文明窗口”称号；2003年，被昆明市人民政府授予“昆明市先进乡镇企业”称号；2004年，被昆明市总工会授予“双爱双评先进集体”称号；2005年，被云南省人大法制委列为“工作重点联系单位”；2006年，被石林县消费者协会授予“诚信企业”称号；2007年，被国家工商总局评为国家二级企业，被昆明市人民政府授予“优秀乡镇企业”称号，被云南省经济文化促进会评定为“云南省诚信建设先进单位”，被昆明市总工会等8部门授予“昆明市关爱农民工十大企业”称号，被昆明市委、市政府命名为“先进民营企业”，被昆明市消费者协会授予“消费者满意企业”称号；2008年，被云南省经济与文化促进会评为“云南省诚信建设先进单位”，被石林县委、县人民政府评为“优秀民营企业”；2009年，被石林县委、县人民政府评为“优秀非公企业”；集团公司董事长杨树森2004年被昆明市总工会评为“双爱双评”先进个人，2008年，被评为昆明市劳动模范。

（撰稿人：县经济局 李伟）

商 业

【主要经济指标完成情况】 2008年全县消费品市场运行良好，节假日市场旺盛，强劲拉动了消费品市场的快速增长，继续保持了健康稳定的良好态势，全县商贸经济运行平稳。全年全县社会消费品零售总额累计完成117575万元，同比增 28.08%。其中：批发业完成 8566.7 万元，同比增 20.61%；零售业完成 70561 万元，同比增 43.34%；住宿业完成 3474.7 万元，同比增 20.83%；餐饮业完成 28966.4 万元，同比增 38.63%；其他行业完成 6006.2 万元，同比减少 48.66%。

从经济成分上看，个体私营经济已成为石林县商品流通的主要渠道，占全县社会消费品零售总额的 58.08%。主要完成情况是：国有及国有控股企业完成社会消费品零售总额 10108.9 万元，同比减少 68.91%；集体及股份合作企业完成 20004.7 万元，同比增 7.23 倍；个体私营经济完成 68282.6 万元，同比增 47.56%；其他经济成分完成 19178.8 万元，同比增 87.21%。

【生猪定点屠宰管理】 2008 年石林县生猪定点屠宰工作领导小组办公室在日常工作中以"强化生猪屠宰管理，净化肉类商品市场，维护消费者权益"为主题开展工作。鹿阜镇、石林风景区生猪定点屠宰率达到 100%、交易检验率达 100%、无害化处理率达 100%、出场肉品检验合格率达 100%，并建立和完善生猪进点验收制度、台账管理制度、不合格肉品召回制度和病害肉无害化处理登记制度。石林县现有生猪定点屠宰厂一个——石林赢鸿农产品开发有限公司日月旺屠宰厂，占地面积 3600 平方米，建筑面积 1900 平方米，投资总额 140 万元，屠宰间 10 间，日屠宰能力 150 头。

全年累计屠宰生猪 26232 头，为全县提供新鲜猪肉 314 万余千克。无害化处理病害猪 25 头。查获私屠滥宰违法案件 6 起，对当事人罚款 1800 元。

【成品油市场监管】 2008 年完成了全县 28 户成品油经营单位的《成品油零售经营许可证》年检工作。加强与相关部门沟通，加大联合执法力度，认真做好成品油市场整顿工作。加强加油站安全生产检查力度，全年累计对全县的加油站（点）进行拉网式安全检查 4 次。认真做好加油站绿化工作。

在 2007 年的基础上继续开通"石林县供应 0# 柴油绿色通道"，每天安排供油 18000 升，供油范围确定为客运车辆，公路、水库、全县重点项目等工程机械，大型矿山机械，宾馆、饭店生活用油（县城、景区大型宾馆、涉外和接待旅游团队的企业），确保了全县的生产、建设、生活秩序正常。

【盐业市场整顿】 县盐政管理所会同工商、质量技术监督、卫生等部门加大执法力度，对全县进行了大检查和宣传，及时清除不合格盐，净化辖区盐业消费市场。通过宣传教育，提高了经营户销售合格安全食盐的产品质量意识，增强了部分消费者食用合格食盐的安全防范意识。全年共销售食盐 1200 余吨，实现销售收入 266.4 万元；查获违法案件 3 件，罚款 100 元；没收不合格食盐 1050 千克。2008 年全省统一使用 500 克 / 袋食盐，大袋装食盐只能用于食品加工企业，禁止在市场上流通，石林县认真贯彻落实，情况较好。

【农村食盐"两网"建设】 通过在各乡镇、各行政村、自然村建设农村食盐"两网"（安全监督管理网、食盐配送网）配送站、点，实行县、乡（镇）、村三级供应。县城设配送中心，乡（镇）设配送站，村设配送点，严格执行国家食盐价格管理政策，实行价格公示和明码标价，按《食盐批发企业管理质量等级划分及技术要求》国家标准进行配送。县盐政管理所对所聘用食盐监督协管员进行培训（每个乡〈镇〉至少设一名农村食盐监督协管员，每个行政村设一名协管员），聘用的协管员都在所聘用的区域内监督管理食盐购销业务，协助盐政部门做好盐政管理工作。

截至 2008 年底，共办理《食盐零售许可证》326 户。全县共设配送中心 1 个，配送站 5 个（海邑、北大村、板桥、双龙商场、大可），配送点 42 个（路美邑镇 8 个、圭山镇 8 个、石林镇 9 个、长湖镇 6 个、西街口镇 9 个、大可乡 2 个），按昆明市盐务局的要求完成了 30%的覆盖率。

【酒类流通管理】 认真贯彻和落实昆明市商务局《关于做好酒类流通备案登记工作的通知》精神，切实做好石林县酒类流通备案登记工作。全年共出动 150 车次、300 人次到各经营点上门服务，要求涉及酒类经营的单位、个人限期办理备案登记工作。全年共办理酒类流通备案登记 841 户。大力查处"仇和"牌假酒在石林县的流通，最终未发现此假酒在石林县上市流通。

【万村千乡市场工程】 切实抓好"万村千乡市场工程"建设工作，2008 年新建农家店 15 个，已通过省市验收。至 2008 年底全县共有农家店 70 个，进一步保障了农村食品安全。

【二手车及五小车辆交易】 县物资公司是石林县取得"再生资源综合利用证书"的唯一企业。2008 年二手车交易量为 18 辆（其中代替法院拍卖 12 辆）；回收报废车辆 60 辆，其中 12 辆已成功进行拆解。

【民爆物品专营工作】 自县物资公司成立以来，石林县的民爆物品经营项目就由该公司负责。2008 年，购进民用爆炸物品分别为：炸药 451.324 吨，雷管 135 万枚，索类 41 万米。销售民用爆炸物品分别为：炸药 404.052 吨，雷管 105.587 万枚，索类 33.84 万米。

（撰稿人：县发改局 段迎燕）

电力工业

【石林供电有限责任公司】 石林供电有限责任公司由云南电网公司控股，隶属昆明电网的县级供电企业，承担石林县供电服务任务，2003 年 9 月 16 日挂牌成立。2008 年末，公司职能机构设有办公室、人事部、财务部、电力营销部、生产技术部、安全监察部、党群工作部，基层机构设有调度所、输变电管理所、营销稽查中心、客户服务中心、鹿阜供电所、板桥供电所、北大村供电所、圭山供电所，有合同制员工 126 人，劳务派遣员工 89 人。单位住址在鹿阜镇东山路。公司固定

资产1.18亿元。2008年，公司荣获云南电网公司2008年“金牌服务迎奥运活动服务承诺兑现先进单位”和“2007～2008年度文明单位标兵”，参加昆明供电局组织的“珍惜·知足·感恩”辩论赛荣获冠军。2008年，资助支农联系点西街口镇糯衣村委会7778元生产经费和物资；筹集抗冰雪灾害款1万元，向四川地震灾区捐款6.075万元。

董 事 长：刘　勇
总 经 理：徐海东
副总经理：钟　云
　　　　　尹继明

【供电能力】　2008年末，石林县境内有昆明供电局所属110千伏路南变电站1座（容量1×31500+1×40000千伏安），云南官房水泥有限公司35千伏变电站1座（容量4000千伏安），供电公司有配备综合自动化系统的35千伏变电站5座（总容量49300千伏安，其中4座为双回路供电）、35千伏线路8条共164千米、10千伏线路41条共1071.67千米、配电变压器1564台（总容量182908千伏安）。

2008年经济指标完成情况表

项目	单位	2008年完成	2007年完成	同期相比%
供电量	亿千瓦时	1.89	1.74	8.6
售电量	亿千瓦时	1.79	1.65	8.5
售电收入	万元	8865.22	7403.64	19.74
售电平均电价	元/千千瓦时	495.2	449.4	10.19
售电单位成本	元/千千瓦时	178.86	156.93	13.79
最高日供电量	万千瓦时	60.08	57.57	4.36
平均日供电量	万千瓦时	51.64	47.67	8.32
线损率	%	5.44	5.48	–0.04
电压合格率	%	97.85	97.06	0.79
供电可靠率	%	99.611	99.610	0.001
电费回收率	%	100	100	持平
设备完好率	%	100	100	持平
负荷率	%	67.6	71.3	–5.1
全员劳动生产率	万元/人年	21.2	14.68	44.41

【电力安全工作】　公司以控制年度安全目标为重点，落实安全目标责任、安全承诺、安全风险金抵押“三制”；开展安全生产“八条禁令”宣传贯彻、安规考试、警示教育日、安全责任讨论、“安全生产月”、安全生产百日督查、安康杯七项活动；组织“三种人”培训和“两票”答疑交流，“两票”合格率100%；编制完成公司《农电突发事件（总体）应急预案》和自然灾害、人身伤亡、电网事故等13个专项应急预案，并逐案开展演练。抓隐患整治，全年检查发现公司产权设施隐患75项、专变客户隐患33项，整改率99%；出台《外委施工安全管理规定》，检查现场194个，纠正和查处违章6起；年度“两措”计划完成率100%，建成安全MIS系统。截至年底，累计实现安全生产1086天。

【电网建设】　110千伏石林输变电工程是石林县2008年重大基础设施工程。12月8日，在变电站选址点石林镇北小村举行了项目开工仪式，县领导和县各委、办、局、乡（镇）负责人，昆明供电局副局长邹延岭和局工程建设部、计划发展部等人员，施工方昆明耀龙公司，参加了项目开工。

石林县重大市政供电项目——石林大道10千伏电缆入地工程年内完成设计方案和1852.8万投资预算审定，石林县政府与昆明供电局达成共同投资意向，石林县政府承担40%投资费用，石林供电有限责任公司承担60%投资费用。

【大修技改】　公司年内投入976.19万元实施生产计划年度大修、技改、更新改造、反措项目29个，新建、改造10千伏线路120.6　千米，0.4千伏线路1.9　千米，新增公用变5台450　千伏安，新增配电变压器4台共930千伏安，更换电压监测仪22台，加装电容器1台、真空开关2个。投资100.49万元，对高寒山区10千伏法块线、亩竹箐线、西街口线、糯衣线、左溪线部分杆、塔进行抗冰加固。

【优质服务】　5～7月完成收治汶川地震受伤人员医疗机构昆医附二院石林天奇医院、“2008年中国石林国际火把狂欢节”的重要保供电任务。落实“金牌服务奥运”工作，奥运期间，开展重点区域实地保电演练，对变电站、供电线路、重要客户开展专项检查和隐患排除，备足抢修物资，人员、车辆24小时提供应急抢修、故障报修服务，完成石林党政机关、重要用户，特别是石林风景名胜区接待国外奥运旅游客团保供电任务；支持石林社会经济发展软环境建设，跟踪服务县内招商引资项目和重点工程用电需求，提高办电效率。

年内开展用电安全、科学用电、“绿色奥运、节能行动”宣传16场(次)，走访客户33家，征询意见135条，上门服务321人(次)，对营业场所公示内容进行统一规范。3月份东城区“95598”客户服务中心投入使用，6月份老城区服务网点建成营业。年内受理347件报修业务、2394次咨询业务，完成新接电户数601户，客户满意率99.82%。

【经营管理】 启动营销体系建设，开展用电营业普查，规范1300个客户基础资料。共查处窃电、违章用电14起，补收电量9.61万千瓦时，补收电费6.32万元，收取违约金19.64万元。进行用户交费信用评估，与专用变压器用户签订结算协议书，年底电费回收率100%。

以提高供电质量为重点，按照电力监管要求更换安装了22台电压监测仪，实现电压监测数据集抄。修编《可靠性管理办法》，计划停电和临时停电做到可控、在控。全年清砍危及电力设施林木4000余株，抢修线路故障174起，消除变电站缺陷24起，一类缺陷清除率100%，电气设备预防性试验完成率100%，保证了设备、线路可靠运行。制定变电站无人值守实施方案、管理制度、运行维护作业指导书，5座35千伏变电站首次实现无人值班。

按组聘方案，完成第二轮人员竞岗组聘。开展劳动用工清理，由石林县益博成劳动服务有限公司对公司农村电工身份人员实行劳务派遣，规范用工；开展员工持证上岗试点，完成员工持证上岗调查，初拟持证上岗方案，年末员工持证上岗率74%，一线员工持证上岗率达70.7 %。年内179位(含退休)职工人事档案由县人事劳动和社会保障局转入公司管理。

年内举办公司层面培训13次，培训568人，年度培训计划执行率95%；外派培训36次，培训150人。2008年教培经费使用率100%，全员教育覆盖率98%，一线员工培训学时达标率93.75%。

云南电网公司副经理于培双在石林供电有限责任公司检查优质服务工作

编制完成《“十一五”信息建设规划》，调度自动化系统通过验收。办公OA和视频会议系统实现与昆明供电局联网运行。开通了内线电话和供电所通信网络，建成运行安全MIS、会计电算化、人事管理、变电站安保监控四个系统。

【南方电网公司县级供电企业五项达标工作】 五项达标是公司2008年中心工作。公司成立专项小组，组织到第一批达标单位学习、考察，借鉴达标成功经验和做法；与昆明供电局衔接，解决了达标对标具体问题；邀请云南电网公司和昆明供电局专家以及分块专业技术人员，4次到公司进行达标培训和现场检查指导。公司对专家组、国家电监会昆明电监办反馈的79条意见建议制订措施进行整改。10月21日，公司五项达标工作通过南方电网公司专家组考评验收。

【节能降耗】 完成10千伏线损管理系统搭建，实行线损“四分”(分压、分线、分区、分台区)管理，建立低压线损信息平台。配合县政府实施节能减排政策，对淘汰、限制类金茂华钢铁厂、麒联冶金有限公司、益华冶金有限公司执行差别电价，12月份对淘汰高耗能企业石林县金茂华钢铁厂1号炉终止供电。

【机构改革】 9月10日，云南省发改委调研石林县电力改革成果，得出六方面结论：第一，改善了电网结构，提高了供电质量；第二，供电企业供售电量实现稳定增长，优质服务水平得到提升；第三，农村电价大幅下降；第四，城乡用电管理得到全面规范；第五，促进县级供电公司管理水平全面提高；第六，有力支持了地方经济社会发展。

12月3日，公司按照《昆明电网县级供电企业机构设置指导意见》，将原7部1室4个供电所机构调整为7个职能和8基层部门，突出输变电专业化管理，适应电网“一部两中心”营销体制。

【电力设施保护】 9月12日，县政府召开电网建设及电力设施保护专题会议，决定成立石林县电网建设及电力设施保护工作领导小组，明确县政府及各政府部门对电网建设及电力设施保护职责，确定县经济局代表县政府管理、联系公司。公司和县经济局依据《云南省电力设施保护条例》，起草《石林县电力设施保护办法》，提交县政府审定。

【资产上划】 3月份，从进一步深化石林电力体制改革、理顺电力管理体制、有效整合和利用电力资源角度，经昆明供电局与石林县政府协商，达成公司上划意向。9月27日，在公司报告厅举行了签字仪式，石林县政府县长李忠德与昆明供电局局长唐广学签订《石林供电有限责任公司资产划转移交云南电网公司协议》和《石林供电有限责任公司重组协议》，协议签订后进行了公司资产清查审计，稳步推进了公司体制改革。自此，由石林县政府持有49%股权的石林供电有限责任公司正式划转给云南电网公司，重组为云南电网公司的全资子公司。

【电网紧急状态】 2月13～14日，受凝冻灾害影响，为石林提供主电源的220千伏青山变电站与系统6条联络线中的4条结冰受损先后退出运行，剩余2条线路有1条出现跳闸，石林电网进入紧急状态。公司当日将电网危急情况报告县政府，紧急恢复停用的35千伏宜良——路南应急线路，由昆明供电局协调，石林县临时转由滇东电网的陆良、红河电网的弥勒二地输电。

【抗冰抢险】 2月14日，西街口镇、圭山镇片区部分线路结冰直径50～60毫米，10千伏西街口线、糯衣线相继发生多处倒杆断线。公司全力组织抢修，当日恢复供电。

2月24日，公司按昆明供电局紧急调令，启动应急机制，组建由副总经理钟云带领的16人突击队，抽调抢险车3辆，赴云南省会泽县和贵州省三都水族自治县抗冰抢险。15天抢险过程中，在施工条件恶劣、施工协调配合困难的条件下，抢修恢复了7个变电台区，组立、校正电杆94根（基），更换10千伏线路7　千米，架设0.4千伏线路6.77千米，架设0.22千伏线路6.40千米，有力支持了灾区电网抗冰抢险恢复重建。

（撰稿人：石林供电有限责任公司董玉坤）

煤炭工业

【县煤炭行业管理办公室】 1990年4月，成立县煤炭工业局。2002年5月30日，撤销煤炭工业局，成立县煤炭行业管理办公室，为县人民政府行使行政职能的直属事业单位（正科级）。2008年，内设综合科、安技科、煤炭经营管理科、财务科，年底有正式干部职工18名，其中：参公管理人员5人，事业管理人员2人，专业技术人员4人，高、中级技术工人7人。2008年，县煤管办动员全系统干部职工捐资济困1万余元；组织办公室机关、东源石林公司、煤管站干部职工70余人，在鹿阜镇上蒲草村委会石黄牛开展植树活动，投资4万余元植树面积5.4亩，种植雪松、冬青、红木树苗400余株；资助支农联系点圭山镇普拉河村委会公益事业3万余元。

党总支书记、主任：杨炳学（彝族，5月止）
娄林华（8月起）
党总支副书记：李金明（彝族）
副主任：念勤生（6～7月主持工作）

【煤炭工业经济指标完成情况】 2008年全县有煤矿21个（县12个煤矿，东源石林煤业有限公司1～9号井9个煤矿）、洗煤厂6个、焦化厂8个，从业人员2000余人。全年生产原煤80.49万吨，比2007年增加8.99万吨，其中：生产焦炭27.9万吨，比2007年增加0.25万吨。实现现价工业总值3.82亿元，实现销售收入3.81亿元，全系统上缴各种税金3178万元。

【安全生产】 2008年煤矿安全生产工作杜绝了重特大事故发生，发生一般性死亡事故1起死亡1人，控制在市、县政府下达的指标内（2起2人），全县煤矿安全生产形势持续稳定好转。

【安全培训教育工作】 2008年县煤管办对全县煤炭从业人员进行了两次全员培训，培训员工5000余人。送省、市煤矿安全培训中心培（复）训煤矿安全行政执法人员9人、专业技术人员5人、特种作业人员270人次。县煤管办每月16日对矿长、安全员、瓦检员进行安全教育，各矿每月18日对职工进行全员培训教育，不断提高职工安全素质。

【执行下井带班作业规定】 认真落实煤矿企业负责人和生产经营管理人员下井带班作业制度，做到企业负责人每月下井带班作业20天以上、生产经营管理人员25天以上、县煤管办安全监管人员16天以上，切实加强现场管理。

【专项整治和隐患排查治理】 2008年是煤炭工业的资源整合年、基础管理年和隐患治理年。县煤管办根据省市煤炭主管部门的指示，开展了“一通三防”、“雨季三防”的百日安全生产专项整治活动及隐患排查治理工作。同时与市乡镇企业局、云南省煤矿安全监察局红河分局联合每季度进行一次执法检查。全年开展4次煤矿安全生产联合执法检查活动，共查出隐患1648条，下达隐患整改指令通知书197份，治理整改隐患1640条，隐患整改率达98%以上，督促煤矿企业改善了井下职工劳动安全生产条件。对存有安全生产重大隐患的矿井，依法实施重处重罚，责令停产整改，限期消除隐患，并按相关程序申报验收合格后，方可恢复生产。

【煤炭资源整合工作】 2008年草拟完成了《石林彝族自治县煤炭资源整合方案》的编制工作，经县人民政府审批同意，上报市人民政府、省煤炭资源整合工作领导小组。2008年7月26日，云南省煤炭资源整合工作领导小组批复了

《石林彝族自治县煤炭资源整合方案》，同意石林县煤炭资源整合目标：除东源石林煤业有限公司1～9号井外，石林县现有煤矿企业11户，共有12对矿井。通过整合，到2010年底，煤炭企业户数整合为3户，矿井数量整合为8对，矿井整合技改后设计生产能力60万吨/年。

【“六月安全月”活动】 县煤管以“六月安全月”和“安康杯”煤矿安全知识竞赛为平台，全年以各煤矿为单位开展“安康杯”知识竞赛21场次，参加竞赛及受教育人员达1800余人。充分利用宣传栏、黑板报、广播等宣传媒体在矿山广大职工中宣传安全生产法律法规政策，共制作安全标语260条、安全生产警示警语标牌220块、黑板报21期。

【打击和取缔非法开采行为】 全年县煤管办配合县国土资源局、县公安局、圭山镇人民政府打击和取缔私挖滥采行为4次，出动车辆26辆次、人员36人次，有力地打击和取缔私挖滥采煤炭资源的行为，维护了煤炭资源的正常开采秩序，使煤炭资源做到规模化、集约化、节能化的开采。

（撰稿人：县煤管办 段宏静）

县商业总工司

【县商业总公司】 1992年8月，经县政府批准由县商业局转体成立县商业总公司。1997年改制为股份合作制企业。2008年公司下设办公室、财务部、发展部3个职能部门和云南石林石油有限公司（与中国石油化工股份有限公司云南省分公司合资）、昆明石林大厦、蓝梦酒店、人民旅社、双龙精品市场等经营机构，年底有职工100人（其中在岗职工43人），有股东50人。公司住址在鹿阜镇石林中路104号。2008年公司全体职工向汶川地震灾区捐款10615元；资助支农联系点长湖镇海宜村委会2200元生产经费。

党总支书记、董事长、总经理：马继闳

董事、副总经理：张　霖

监事会主席：赵建兴

【主要经济指标完成情况】 云南石林石油有限公司：完成燃油总购进10.68万吨，完成燃油总销售10.10万吨，上缴税收10.85万元，实现利润-188.29万元。

商业总公司：总收入354.45万元，总支出352.90万元，上缴税收37万元，实现利润1.55万元。

2008年底，公司总资产3758.74万元，负债2962.02万元，净资产796.72万元。

【购买石林大厦主楼】 昆明石林大厦由县商业总公司与昆明市工商银行关上支行共同投资以“路南县人民政府驻昆明办事处”的名义于1997年建成，并以“路南县人民政府驻昆明办事处”的名义办理了房、地产权证。按照协议规定，主楼由昆明市工商银行关上支行使用，副楼由县商业总公司使用。2003年，由昆明市工商银行关上支行出资，将石林大厦主副楼房屋所有权依法转移过户到昆明市工商银行关上支行、石林县商业总公司名下。2007年10月，县商业总公司在获悉云南省工商银行要对其包括石林大厦主楼在内的一批闲置资产进行处置的信息后，及时召开会议进行研究，决定购买石林大厦主楼。2008年1月15日，县商业总公司通过竞拍方式以1587.5万元（含75.5万元拍卖佣金）的价格购买了石林大厦主楼。

【办理石林大厦土地所有权证】 由于种种原因，县商业总公司自1997年石林大厦建成投入使用后，一直没有与昆明市工商银行关上支行办理石林大厦土地所有权分割手续，也没有办理土地出让过户手续。石林大厦土地所有权一直挂留在“路南县人民政府驻昆明办事处”名下。县商业总公司在竞拍购买石林大厦主楼后，为保证石林大厦资产的完整性，以便顺利完成石林大厦资产盘活工作，数次到石林县人民政府、石林县国土资源局进行咨询，到昆明市国土资源局、官渡区国土资源局协调。7月中旬，官渡区国土资源局根据《石林彝族自治县人民政府关于县工商企业改革工作领导小组确认县商业总公司为困难企业的批复》文件，依据国家对改制困难企业相关的优惠扶持政策，在减免了大部分税费的基础上为石林县商业总公司办理了石林大厦土地所有权从“路南县人民政府驻昆明办事处”到“石林县商业总公司”的出让过户手续，颁发了土地所有权证，使石林大厦房地产真正成为县商业总公司名副其实的资产。

【石林大厦临时建筑拆迁补偿】 1998年经官渡区城建规划部门同意建成了石林大厦外围紧临石安公路的河面覆盖临时建筑，投入经营使用后产生了良好的经济效益。2008年，由于昆明市二环路快速交通系统改造的需要，该建筑物被官渡区拆迁办列入拆迁范围。根据相关规定，临时建筑在拆迁时不作任何补偿，而县商业总公司又必须向承租户支付违约赔偿费。面对这一情况，公司想尽办法，多渠道了解、掌握拆迁政策，积极主动与官渡区拆迁办等八个相关部门进行协调，9月30日与官渡区拆迁办签订拆迁补偿协议，官渡区拆迁办按合法临时建筑拆迁补偿的标准给予了1321234.87元的补偿。同时，县商业总公司积极配合拆迁办的工作人员做好承租人思想工作，保证了按时搬迁和按时拆除。该临时建筑拆除后，按有关要求完成了拆围透绿工作。

【筹建小额贷款公司】 针对大多数中小企业普遍存在融资困难的实际，中国银行业监督管理委员会和中国人民银行于2008年4月联合下发了《关于小额贷款公司试点的工作意见》。根据这一情况，县商业总公司抓住机遇及时作出反应，组织人员就小额贷款公司的运作管理、市场前景等方面的问题查阅资料、咨询相关人士，认真进行可行性分析。按照省、市、县金融办的相关规定，在时间紧、报名要求高的情况下，县商业总公司于12月10日参加了由省金融办组织的全省10家试点小额贷款公司主发起人竞标会议。最后，石林县小额贷款公司主发起人由云南万家欢食品集团公司取得。经过协商，由云南万家欢食品集团公司、石林商联集团担保有限公司、石林县商业总公司3家法人单位和6名自然人共9名股东共同出资成立注册资本为2000万元的石林万家欢瑞邦达小额贷款公司有限公司。12月底，小额贷款公司筹建的各项工作基本完成。按照省经融办的要求，小额贷款公司将于2009年1月16日挂牌开业。小额贷款公司的组建成立，标志着县商业总公司的经营向多元化又迈出了可喜的一步。

（撰稿人：县商业总公司 赵永平）

供 销 合 作

【县供销社】　1954年8月，成立县供销合作社联合社。2008年县供销社有党委、理事会、纪委、工会、妇委会等领导机构和群团组织，下设办公室、财会审计科、经济发展科、基建安储科等4个科室，年底有在职职工15人（其中：公务员8人，事业人员7人）。有农业生产资料公司、贸易中心和对外经济贸易公司3个直属公司，城区、路美邑、北大村、西街口、海邑、维则、板桥、大可8个基层供销合作社。全系统干部职工144人，离退休职工177人。机关办公地点在鹿阜镇双龙小街182号。2008年县供销社资助支农联系点为圭山镇水补衣村委会生产经费6177　元，并购买价值1000元的化肥送给10户贫困党员和群众户；全系统干部职工向四川地震灾区捐款20720元，125名党员交纳“特殊党费”10281.60元。

党委书记、理事主任：何志兴
纪 委 书 记：袁　宏
理事副主任：吴自云
　　　　　　李孝明（彝族）

【主要经济指标完成情况】　2008年商品购进总额完成12541万元，完成计划的196%，同比增45.5%。商品经营总额完成15331万元，完成年计划的103.5%，同比增36.4%。从生产者购进6259万元，完成计划的625.9%，同比增48.6%。社会消费品零售总额完成1387万元，完成计划的115.6%，同比增5.3%。农业生产资料销售5014万元，完成计划的147.5%，同比增11%；全系统汇总实现利润196万元（含“两社一会”利润），完成目标任务83万元的236%。

【农资供应工作】　2008年的化肥价格持续高位运行，货源紧缺，经营成本增加。县供销社从为“三农”服务的大局出发，积极发挥在农资商品流通中的主渠道作用和平抑物价的作用，实现了让“政府放心、群众高兴、企业满意”的目标。全年组织供应各种化肥33692吨，完成了县考核目标30000吨的112.3%；供应化学农药271000千克，完成县考核目标150000千克的180.7%；供应农用薄膜213000千克，完成县考核目标200000千克的106.5%；全系统农资化肥经营取得综合经济效益423万元。

【“四进村、五个有”建设】　县供销社认真开展实施“四进村、五个有”（即：便民超市进村、信息服务进村、市场知识培训进村、行业管理服务进村，实现每个村有一个综合服务社、有一个专业合作社、有一个专业协会、有一个集贸市场、有一批农民经纪人），推进“新网工程”（农村现代流通服务体系）建设。开拓农村市场是社会主义新农村建设的重要内容，是解决农民买难卖难问题的突破口，是发展农村生产力、助农增收的重要环节，是提高农民组织化程度、抵御市场风险的重要载体，是提高农村消费水平、改善农民生活质量的有效途径。加快建立乡村现代流通服务体系，对构建和谐石林，促进城乡经济全面协调发展，具有十分重要的意义。全年在县内的8个乡（镇）的21个村委会发展了专业协会3个、专业合作社18个；在20个村委会创建综合服务社30个；在全县8个乡（镇）的92个村（居）委会的125个自然村组创建了农村综合服务社135个，实现了一村一社的目标；在县城内成立配送中心2个；在3个乡（镇）创建便民超市3个；培训了653名农产品经纪人、农民经纪人、乡村干部和农村种养大户。

【“万村千乡市场工程”建设】　2008年创建“万村千乡市场工程”农家店19个。自2006年以来的三年间，县供销社共完成“万村千乡市场工程”农家店建设任务74个，其中：农资农家店27个，日用消费品农家店47个。“万村千乡市场工程”农家店的创建，改善了农村消费环境，让广大农民群众买得到货真价实的商品和享受实实

石林县农村合作经济组织联合会成立大会

在在的服务，促进了农村经济的健康发展。

【成立县农村合作经济组织联合会】 2008年10月28日，由县供销社组建的“石林彝族自治县农村合作经济组织联合会”（简称“农合联”）正式挂牌成立。“农合联”首期吸纳会员56个，其中：涉农部门和企业17个，专业合作社9个，行业协会9个，私营企业6个，“万村千乡市场工程”农家店8个，农村综合服务社7个。成立大会审议通过了《章程》和《选举办法》，明确了指导思想和办会宗旨，选举产生了“农合联”第一届组织机构和领导班子。县政府副县长叶扬和市供销社副主任赵瑜到会指导并作了讲话，并为农村合作经济组织联合会进行了授牌授印。

【成立县农资流通行业协会】 2008年5月15日，由县供销社主导，县农资公司发起的“石林彝族自治县农资流通行业协会”正式挂牌成立。协会共吸纳会员52个，其中：单位会员9个，个人会员43个。在第一次会员大会上通过了《章程》，选举产生了协会组织机构和领导班子。协会的宗旨是在政府主管部门的指导下，按照社会主义市场经济的要求，在农资行业内发挥服务、协调、维权、自律的作用，为会员和本行业服务，成为企业、农民和政府之间的桥梁和纽带；协助政府实施农业生产资料行业管理，维护生产者、经营者和使用者的合法权益，规范农资企业在经济运行中的自律行为，推动石林县农资行业的持续健康发展。在成立大会上，县政府副县长戴平和市供销社副主任赵瑜、唐明才到会指导并作了讲话，并为协会进行了授牌授印。

【职业培训】 2008年实际完成培训任务672人，完成目标任务450人的149%，其中：培训乡村干部、骨干（农产品经纪人职业资格培训）150人，培训农民经纪人284人，培训烟花爆竹营销师4人，培训烟花爆竹安全经营资格140人，农产品经纪人师资培训10人，妇女培训4人，会计统计培训23人，外出学习考察和培训57人。培训的672人中，县社领导干部16人，中层干部182人，内部职工60人，“两社一会”人员128人，乡村基层干部76人，种养殖户人员210人。至2008年底，石林县持证的农产品经纪人达305人。

【企业改革改制】 在积极探索企业改革改制过程中，维则、板桥两个基层社在企业门店经营中大力推行市场化运作，开展内外放开承包，打破了原有的框框套套，搞活了机制，进一步推进了开放办社进程。在发展和完善农资化肥“五统一”代销制中，积极探索对部分化肥实行赊销的方式，各基层社部分代销网点不同程度地开展了此项工作。大可供销社冲破思想束缚敢担风险，充分利用系统赊销政策，在农资公司的支持下，借款20万元在全乡各地开展化肥赊销103吨，至2008年10月底，所赊销的化肥款205873元全部收回。海邑供销社在深化社有企业改革中，投入60余万元资金对其社办企业——石林彝嘉醇酒厂的生产线、厂房、场地等实施改造，改善了生产环境，改进了技术流程，增加了技术含量，提高了生产能力。路美邑、板桥、城区、北大村等基层社大胆探索，合理利用社有资产实行招商引资对外承租经营，收到了很好的经济效益。通过不断改革，绝大多数企业实现了减负增效的改革目标，搞活了企业，促进了发展。

（撰稿人：县供销社 敖正林）

粮食购销

【县粮食局】 1952年2月，成立县人民政府粮食局。1956年改称县粮食局。1993年撤销县粮食局，成县县粮油贸易总公司。1996年恢复县粮食局。2008年局机关设办公室、综合科、会统科，年底有职工17人，其中：公务员10人，事业人员1人，职工6人。因临时办公地点房租到期，2008年12月局机关从县城东山路原租房处搬迁至县城阿诗玛北路5号阿诗玛粮油大厦背后红砖房办公。2008年县粮食局资助支农联系点长湖镇豆黑村委会生产经费5000元。

总支书记、局长：陈永洪
副　局　长：李永平
　　　　　　刘光伟

【粮油购销】 2008年国有粮食企业完成粮食收购1320.76万千克，其中：玉米737.6万千克，大米26.5万千克，稻谷455.2万千克，小麦100万千克，面粉1.46万千克。销售粮食1228万千克，其中：玉米643.8万千克，大米27.8万千克，稻谷455万千克，小麦100万千克，面粉1.4万千克。实现销售收入2280.8万元，实现工业产值60万元，完成税收20.8万元，实现利润15.2万元，圆满完成了县政府下达的各项经济指标，实现了一定的经济效益。纳入县粮食局社会粮食统计的非国有粮食企业全年共计收购粮食1692万千克、销售粮食1069万千克，并通过粮食的加工转化和调入省外优质米、面、油经营等极大地丰富了粮油市场，满足了全县消费需求，填补了国有粮食企业的不足。

【依法管粮工作】 2008年县粮食局充分利用县上组织的科技活动周和粮食行政执法检查等契机加大对社会、农户和粮食经营主体的宣传，让他们进一步了解《粮食流通管理条例》和相关配套法规的内容，力求取得社会各界的广泛支持。同时，做好粮食执法检查等工作，对全县已办理《粮食收购许可证》的29户粮食经营户进行专项检查，对未办证的经营户进行警示检查。建立健全全县粮情价格监测网点，在全县4个主要农贸市场、各大超市、北大村、路美邑等地建立了定点粮情价格监测点和联系制度。加强粮食行政执法职责和阳光政务建设，研究制定石林县粮食局《行政执法职责》、《“阳光政务”工作公开事项》、《法治建设实施方案》等，并向社会公开，自觉接受监督；借助农博会这个平台，有选择地组织粮食企业的产品参加农博会，提高企业粮食产品的知名度。全面开展社会粮食流通统计与调查工作，截至12月末，纳入社会粮食流通统计的19户，纳入农户粮情固定调查的40户，统计与调查工作进一步规范，数据采集的准确率进一步提高，基本落实了专职统计、专门机构和专项经费。

县粮食局新建的员工商铺

【粮食安全工作】 2008年根据市政府粮食行政首长负责制会议精神，县政府与各乡镇和县属有关部门签订了《粮食行政首长负责制责任书》，明确了县政府对本县粮食安全各项工作负全责，切实加强政府对粮油生产、流通、市场供应和价格稳定、供需平衡等工作的领导。为配合县政府做好粮食安全工作，县粮食局开展专题研究，从全县粮食基本情况概述、全县粮食供求分析、流通环节和应急保障存在的问题、对粮食工作的建议等几个方面形成了《全县粮食安全问题研究》，草拟了《石林县粮食发展规划（建议）》。根据当前粮食供求形势，又及时修改完善了《石林县粮食应急预案》上报政府，供政府决策。

【粮食仓储】 按照《储备粮管理办法》的要求，积极做好县级储备粮的收储、检查和及时轮换工作。2008年8月共轮出到期储备玉米90万千克，11月完成了新粮轮入补库工作。同时，组织开展好“四无”粮仓评比活动和粮仓“一符四无”管理检查工作。2008年除组织常规检查外，县粮食局还与县财政局、收储公司一起组织了一次针对储备粮的联合专项检查；配合市粮食局《安全生产百日督查专项行动》制定了实施方案，并加以落实。经查，2008年全县粮仓“一符四无”率和安全储粮率都保持在100%，确保了不出现陈化粮和不安全粮食，储备粮做到了质量好、数量安全。

【粮改维稳工作】 鉴于改制后的国有独资企业产权仍不清晰，员工观念仍需转变，企业前途与职工利益捆得不紧的实际，县粮食局着力推动企业进一步深化以产权制度改革为核心的新一轮粮食企业改制工作。指导企业制定了改制方案，明确了改制的目标、程序、股权结构、职能与机构设置、参改范围，抓住产权制度改革这个核心，通过经营者、经营班子和员工共同出资购买企业部分国有净资产，合理调整股权结构，实现国有资产有序退出，建立产权多元化的股份制企业，从根本上创新企业体制机制、盘活资产，使企业真正成为市场法人实体和市场竞争主体。为分流富余人员，县粮食局帮助和指导企业多渠道筹资130万元，在城区粮库内建成员工商铺23间，解决其就业问题，为企业改制铺平道路。年内企业改制工作正有条不紊进行中。与此同时，妥善处理好粮油大厦合同终止问题，对大厦进行重新招租，避免了资产租赁中可能出现的损失，确保了后续改革成本到位，维护了系统内部稳定；筹资14万元对县粮食局所属原鑫源砖厂占用乐尔村土地进行了复耕、补偿和移交，彻底解决了这一历史遗留问题，维护了系统外部稳定。

（撰稿人：县粮食局 李培志）

旅 游 业

旅游景点

【大小石林风景区】 大小石林风景区位于县城北面10千米处，范围包括绿芳塘、石林湖、大石林、小石林、步哨山、李子园、万年灵芝、比目潭等。经过2008年的拆迁改造扩容，景区面积从原来的11.92平方千米扩大到12平方千米，主要游览区面积4.165平方千米，自然分布为大石林、小石林、外石林三个区域，林中石峰各不相同，像形像物，已命名的主要景点有80多处。

大石林的主要景点有：出水观音、狮子亭、青牛戏水、石屏巍峨、朱德题词、石林胜景、千钧一发、且住为佳、莲花峰、剑峰池、极狭通人、仰天俯地、双鸟渡食、犀牛望月、象踞石台、千年寿龟、凌空笔架、望峰亭、洞府仙韵、刀削峰、坐井观天、一线天、赵官扎营、石监狱、凤凰梳翅、神鞭石、南天门、幽岚深谷、出征将军、蝙蝠狂舞、二龙戏珠、金龟探海、老翁拜山、月宫桥、将军鞋、石林仙女、奇石连理。

小石林的主要景点有：玉鸟池、阿诗玛、唐僧西行、悟空石、幽池、幽池恋人、越王剑、三石门、书生作揖、刘备迎客。小石林安装了五彩斑斓的夜景灯光。

石林外景的主要景点有：猪八戒睡懒觉、五老赛跑、步哨远眺、喜相逢、猩猩戏狗、漫步从容、母子偕游、骆驼骑象、苏武牧羊、石林古崖画、天鹅远瞩、望夫石、怒发冲冠、万年灵芝、比目潭。

【乃古石林风景区】 乃古石林风景区距离大小石林10千米，位于县城东北20千米处，先后被冠予“石门峰”、“和摩站石林”、“新石林”、“黑松岩”、“灵芝林”、“古石林”等名称，1985年被县人民政府正式命名为“乃古石林”，乃古即撒尼语“古老、黑色”之意。景区面积7.83平方千米。石峰颜色黝黑，有“峰上望、地上转、地下钻、古林逛、良缘林、桃花园”的特点，主要景点有：白云湖、鹦鹉岩、梁祝相会、玉象远眺、金猪斗、峰上望、沙弥背经、神龟听经、聚仙台、承露盆、独石成林、象救象、灰龙泉、通天洞、石破天惊、飞来石、双狮恋、孔雀开屏、八卦炉、千剑峰、祝员外寻女、猪八戒背媳妇、大天鹅、玉马金鞍、金鳖负山、鬼谷、松鼠回洞、壁上挂、飞仙幽谷、古林瑶池、孟母教子、龙腾虎跃、老君壶、犀牛触石、古塔洞天、幽谷仙瀑。景区地下溶洞众多，已探明9个，已开发的“白云洞”洞内钟乳石众多，像形像物，奇景连绵，洞中共命名景点18个：天神宝殿、慈母泪、蓬莱仙境、魔鬼峡谷、狮门关、智取蟒珠、仙羊欢歌、美的梦乡、仙女瀑布、仙羊魂、火把石、月宫等。这些景点连接起来便成为一个引人入胜的神话故事“阿美诺的故事”。

【大叠水风景区】 大叠水瀑布又称飞龙瀑，位于县城西南23千米处，其水源系南盘江支流巴江与几湾河汇流的下游白鸽江，江水遇两条平行的断裂层而形成两处较大的落差，第一道称小叠水，第二道称大叠水。景区由珍珠泉、小叠水瀑布、大叠水瀑布、仙人洞、清水河等景点组成。

大叠水瀑布当地居民称“老喷水”，为古代路南八景之一的“叠水蒸云”，又称“飞龙瀑”。整个瀑布由两叠瀑布连接而成，第一叠落差约5米，第二叠落差87.8米，总高92余米，宽30余米，雨季流量每秒150立方米，枯季流量每秒3.2立方米。观大叠水瀑布，最为奇特的当属间隙性喷水，哗啦一声，一股气流从瀑布半壁间喷出，将水珠喷洒出十多丈远，整个山谷烟雾弥漫，喷水过后，仔细观察，飞流半壁上出现一个隐隐约约的岩洞，一两分钟后，瀑布流水又掩住洞口，飞流跌入深潭，这种奇景每隔数日才出现一次，每次喷水后水雾都会弥漫整个山谷，有时竟会升到瀑布顶端，在阳光下现出道道彩虹。瀑布底海拔1448米，是石林县海拔最低的地方。景区总面积为3.5238平方千米，一级保护区0.4772平方千米，二级保护区1.2847平方千米，三级保护区 1.7619平方千米。景点主要分布在一、二级保护区内。

【长湖风景区】 长湖风景区位于县城东部19千米处，由长湖、独石山、圆湖等景点组成。长湖是地层断裂作用形成的岩溶湖泊，因湖形狭长而得名，又因湖体掩藏于青山翠岗之中，以往游人足迹罕至，故又称“藏湖”。湖水清澈透明，长年不枯，像一位身材修长的窈窕少女静卧在青山环抱中，森林覆盖率达到95%以上，在湖北侧的云南青松林中，石峰成林，30多处洼地积水长年成湖，与长湖一道组成奇特的高原湖泊群景观。景区以湖光山色、优美的生态环境和石林喀斯特地貌景观为主体特色，重点开展喀斯特地质环境科普风光游览、休闲娱乐、水上观光游览、民族文化等活动，是以昆明为主要客源地的远郊休闲度假景区。

【圭山国家森林公园】 圭山国家森林公园位于县城东南40千米处，是石林县境内最高山，海拔2601米，总面积3206公顷。山势巍峨雄壮，山顶可观日出、云海，可俯览师宗、泸西、弥勒、石林四县，森林覆盖率达60%以上，是镶嵌在石林县东南部的一颗“绿宝石”。2000年12月28日，国家林业局批准圭山森林公园为国家级森林公园。圭山属亚热带低纬高山气候，有保存完好的原始森林植被，具有丰富的动植物资源，查明的圭山森林公园中有植物137科、426属、641种，其中国家二级保护植物有扇蕨、篦子三尖杉、香樟、厚朴等，省级二级保护植物有小果南烛、裂果漆，有石林人民引以为自豪的茶花、美伊花（杜鹃花）、四照花、火把果、野生杨梅等。野生动物主要有蟒蛇、穿山甲、麂子、野兔、画眉、啄木鸟、白腹锦鸡、果子狸、蜥蜴等。多样性的森林植被融合人文、地理、气象，相互烘托形成了组合景观，构成了现代人寻求回归自然，到森林中去旅游、休憩、娱乐、疗养和科考、探索的场所。

【芝云洞风景区】 芝云洞风景区为溶

洞群景区，包括大芝云洞、小芝云洞、祭白龙洞和天生桥、猪耳朵洞、大干洞等。其中大芝云洞、小芝云洞、祭白龙洞三个洞原来曾经开发并对外开放，后经营不善，已封闭洞口进行保护。

【其他旅游景点】 石林县的旅游资源极为丰富、面积广阔，现已开发开放的主要旅游景区包括石林风景名胜区的大小石林风景区、乃古石林风景区、长湖风景区和大叠水风景区。尚待开发的景区有月湖风景区、奇风洞风景区、仙女湖风景区。具有观赏价值而未开发的石林有阿玉林石林、水塘铺石林、尾博邑石林、所各邑石林、豆黑村石林等10多片，这些未开发的景区和石林都比较集中，保存得比较完好，是石林风景名胜区的核心保护区。

景区建设

【重大旅游项目相继开工】 被列为云南省旅游重大项目、省政府考核市政府旅游重大项目、石林县“十项重点工程”的旅游项目“四中心二店”（石林狂欢之都）于2008年8月20日开工建设，至年底完成投资2443.3万元；被列为云南省旅游重大项目、县“十项重点工程”项目的石林生态民族体育运动场于7月28日开工建设，至年底完成投资5848万元；被列为云南省旅游重大项目、省政府考核市政府旅游重大项目、县“十项招商引资重点项目”的“石林幻多奇”于10月29日开工建设，到位资金3994万元；被列为县“十项招商引资重点项目”的云林五星级酒店于10月2日开工建设，至年底完成投资2028.8万元。

【中国彝族第一村建设】 为更加有效地保护石林世界自然遗产，推进石林旅游二次创业，2005年县委政府决定搬迁位于一级保护区内的五棵树村，建设中国彝族第一村。该项目被列为云南省重点项目，由云南广源设计有限公司编制《中国彝族第一村总体规划》。中国彝族第一村位于石林旅游服务区南区小箐村南，西面和石林中路相连，距石林主景区2.5千米，距县城8.9千米。占地面积784亩，一期规划用地484亩，一期总建筑面积12万平方米。计划总投资2.5亿元，预计年旅游接待规模为35万人次，旅游接待收入3525万元。中国彝族第一村环境上规划科学、布局合理、景观优美；经济上依托石林景区庞大客源市场，发展乡村休闲体验游，打造新景观；文化上以撒尼文化为主线，兼收并蓄其他彝族分支的文化，以生活化、原生态的方式展示彝族文化。2008年9月27日开工建设样板房，至年底完成投资1000万元。

【石林中路景观大道绿化工程】 2008年3月13日石林中路景观大道绿化工程开工建设，7月24日完工。工程绿化面积28万多平方米，种植大树748株、中小乔木25493株、灌木2285292株、地被526182株、藤本70470株、竹子3926丛。

【数字平台项目建设】 景区的数字化建设是石林旅游业优化升级和实现现代化的关键步骤之一，是石林县信息化建设的一个重要组成部分，也是“数字昆明”的一个有机组成部分。自一期工程完成后，数字石林二期一阶段基础平台建设项目于2007年12月8日委托中国软件与技术服务股份有限公司进行项目设计，2008年4月3日顺利通过专家评审。按县政府批复，2008年4月29日，按程序和要求完成公开招标，由同方股份有限公司和云南云电同方科技有限公司联合中标。2008年6月2日正式开工建设，10月29日完工。通过基础平台项目建设，提升了石林旅游的综合服务水平，提高了服务质量。

【石林旅游目的地营销系统项目建设】 2007年12月8日，石林旅游目的地营销系统项目委托云南邮电规划设计院进行项目设计。2008年1月10日通过专家评审。3月1日按县政府批复项目采用单一来源采购，最终确定云南旅游信息网络有限公司为承建方；同日，通过竞争性谈判确定了云南金质信息系统监理有限公司承担本项目的监理工作。3月13日项目正式开始实施，10月27日完成建设投入使用。

【大小石林生态建设】 2008年完成石林小学拆迁，并进行生态恢复工作，其他拆迁项目根据拆迁进度实施生态恢复；完成绿芳塘沿线绿化；完成对胜景、石屏峰、望峰亭、歌舞表演场、金竹箐、步哨山、小石林、小水牛、石林宾馆拆迁地、精舍门口等地绿篱的全面修剪，改造提升环林路生态景观质量；在公园入口和石林大桥更换海棠、彩叶草、五色草、三色堇、矮牵牛、串红、万寿菊、甘蓝、石竹等草花15万盆。对摆放的草花精心养护，认真浇水、施肥、打药，对已凋谢的花朵及时清理，保持整齐、清新，确保四季鲜花开不败。

旅游经济

【旅游经济克服困难】 在国际国内政治、经济、社会以及自然灾害的多重影响下，与国内其他众多的知名景区一样，石林旅游经济出现多年未遇的下滑。面临重重困难，石林风景名胜区管理局、旅游局创新宣传营销，将不利因素的影响减到最小。2008年大小石林风景区共接待入园游客237万人次，比上年减少8.8%，完成旅游直接收入2.97亿元，比上年减少1%。全县旅游接待300万人次，与上年持平；旅游综合收入12亿元，同比增20%。停车场接待旅游车辆15.5万辆，创经济效益56.6余万元。夜景开放30余场次，确保了黄金周和重要来宾的接待。

【石林农工商集团公司】 五棵树村为石林的原住彝族土著居民，祖祖辈辈生活在这石头旮旯中，与石林的石头和自然环境融为一体，为保护石林的自然资源做出了贡献。1993年3月，为发展石林的旅游事业，减少农业生产对石林自然资源的破坏，成立了以工商和旅游服务为主的“石林农工商集团公司”，成为隶属于石林风景名胜区管理局的下属企业。2008 年底全村共有原住居民 278 户 937 人，石林农工商集团公司总收入 682.8 万元、人均分红 1000 元。

【导　游】　2008 年 1 月 25 日，全省首个风景名胜区导游协会在石林风景名胜区正式成立，166 名石林风景区导游成为首批会员。当天，石林风景名胜区导游协会召开成立暨首次会员大会，选举产生了理事、会长、副会长和秘书长。协会建立健全各项规章制度，不断完善“准入制”和“淘汰制”，使游客对导游服务的满意率达 97%以上。导游组全年出导接待游客 8.2 万人次，创经济收入 117 万元，派出各种接待和公务 1100 余人次。2008 年导游组被全国妇联命名表彰为“全国巾帼文明岗”。

【石林旅游会员卡】　2008 年石林旅游会员中心不断完善和改进旅游会员的管理制度，加大了宣传促销力度，及时更换了宣传材料和会员卡的改版，并加入中英文内容和旅游资讯。在宣传会员卡的同时也为旅游会员提供石林旅游信息服务，共发放宣传资料 9000 余份。积极发展新会员和为老会员续费，全年新增会员 2001 人次、续费 189 人次，使在册会员达到 2190 人。

【民族歌舞表演】　2008 年每天上午 10 时，由石林艺术团在石林大桥上面迎宾；中午 1 时，石林艺术团在夜景日月广场上表演民族歌舞，每场 10 余个节目，大约一个小时，节目平均一个季度换一次；下午 3 时，民间老年艺术团在大石林的天然舞场表演老年民族歌舞，由多个彝族村寨的老年协会轮换演出，每周一换。

7 月 4 日，云南省首届新农村文艺汇演在石林县火把广场正式启动，省委常委、省委宣传部部长张田欣，省委宣传部常务副部长尹欣，省文化厅副厅长熊正益，市委常委、市委宣传部部长张红苹，市政协副主席汪叶菊等省、市领导和来自全省 16 个州市的领导冒雨参加了开幕式，与上万名石林群众观看了精彩纷呈的文艺汇演。

旅游管理

【石林风景名胜区管理局、旅游局】　1992 年 6 月成立石林风景名胜区管理局、旅游局。2008 年设有局办公室、人事处、宣传处、财务处、研究中心、接待处、园林绿化处、规划建设处、环保监察处、企业管理处、旅游监察中队、安全生产监督管理办公室、旅游服务处（分为门票组、停车场组、导游组和夜景组共四个管理组）、信息中心、乃古石林管理处、长湖管理处、大叠水管理处、艺术团、贯标办、综治办。年底全局有正式职工 205 人，其中：公务员 1 人，参公管理人员 17 人，事业管理人员 56 人，专业技术人员 62 人，工人 69 人。各处室使用的在册临时工 747 人。

党委书记、局长：李正平
党委副书记、纪委书记：黄宗祥（彝族）
副局长：槐　伟
陶洪林（8 月止）
李光亮（彝族）
张云蕾（女）
冯正清
董绍学
张　荔（女，5 月止）

【广东招商分局】　石林风景名胜区管理局与石林旅游服务区管理委员会共同组建广东招商分局（石林旅游招商分局）。2008 年共签订石林幻多奇、石林散客服务中心、云林五星级酒店、石林生态民族体育运动场 4 个正式落地项目，协议资金 46.1 亿元。签约了投资意向性协议项目 5 个，在谈的招商项目 2 个。全年引进实际到位国内资金 3.4099 亿元，引进境外资金 363.85 万美元，超额完成县委政府 3 亿元内资、300 万美元外资的招商引资任务。

【旅游品牌建设】　2008 年 6 月 11 日，石林风景名胜区被云南省委、省政府命名表彰为“云南省文明风景旅游区”。全国文明风景旅游区创建工作于 2008 年底通过中央文明办、国家建设部、国家旅游局考评。12 月石林县被云南省旅游局评定为“云南省旅游经济强县”。

【景区资源保护】　2008 年石林风景名胜区管理局、旅游局加强资源保护，积极探索以旅哺农措施。以《昆明市石林风景名胜区保护条例》宣传贯彻为主线，开展了全方位的宣传攻势，动用多种宣传手段，加大资源保护宣传工作，使全县各族人民从领导干部到人民群众资源保护意识得到了提高，资源保护的法律知识得到了普及；为了增强基层组织保护资源的工作积极性，环保处及时采取多种方式与保护区 30 个村委会 72 个自然村的干部进行沟通和交流，及时划拨 2008 年度的资源保护补助经费，最大限度地争取了村干部的理解和支持，加强了景区资源保护四级网络建设，确保全年无重大资源破坏案（事）件的发生；继续加大望城山——石箱子——倒石头——仙女湖——龙马槽核心区域的保护工作，这一区域是“申遗”专家考察区域，也是景区规划的特级保护区，为了确保世界地质公园专家的中评估考察，对该区实行封闭保护，在外围加大看护工作，严格控制放牧，尽量减少人为活动；认真组织对核心区 10 个村委会 1523 户农户沼气池的验收，整理完善造册登记等相关手续，完成资金划拨发放，通过沼气池建设补助，使部分保护区老百姓初步分享到旅游发展的经济成果，同时增强了他们自觉保护资源的意识；加强与县林业综合行政执法队的协作，加大景区资源保护巡查力度，加大破坏资源案件的查处力度，全年共查处各类案件 62 件（其中采石 6 件、采矿 22 件、毁林开荒 1 件涉及 34 户），行政罚款 44700 元。

【旅游区环卫整治】　为维护石林优美整洁的旅游环境，积极开展爱国卫生运动，2008 年成功组织景区各单位和经营户开展了 3 次大规模的爱国卫生运动，改善了景区卫生状况，共投放鼠药 450 千克、灭蝇药液体 256 瓶粉剂 10 千克、灭蟑螂药 2150 支。景区卫生保洁实行“十分钟保洁”是多年的一项重要制度，也是一项服务承诺，2008 年进行了一系列的调整和改革，通过实行早晚班制、调整充实主要游路的保洁力量、签订保洁工作责任书等措施，同时加大监督、检查力度，实现了卫生满意率达标。景区固体废弃物清运管理始终坚持库房每日一至二次消毒喷药，坚持日产日清，作好清运数量统计，全年共清运垃圾1856余吨。加强景区环境管理，加大巡查力度，发现问题及时进行调查处理。加强污染防治，严格控制景区水、气、声、渣指标的达标率。严格控制景观水域，由专人负责，做到及时打捞漂浮物，及时补充不足水量，保障水域景观价值的实现。全年采用化学方法累计投放硫酸铜270千克，采用物理方法清洗换水3次，确保湖池水量充足、水质达标和观赏性强的目标实现。严格控制噪声和空气质量，采取定期或不定期检查，严格监管景区噪声源和空气污染源，杜绝了景区燃煤锅炉的使用；对噪声源采取分贝限制和时间段控制，保障了景区旅游质量的提高。加强污水治理，确保排污管网通畅，全年清理窨井、排污管6次，清理污水沉淀池1次，处理厂严格按规程操作，全年投洒生石灰10吨，更换使用焦碳15吨，保证污水经处理后达标排放。加强对有毒有害固体废弃物的管理，防止二次污染，全年共回收废旧电池21663只、废胶卷壳　28只、农药空瓶12181个、农药空袋5300个、医疗废弃物49千克，采用焚烧填埋的办法处理有毒有害固体废弃物3次。加强景区消毒杀菌工作，全年喷洒敌敌畏177瓶、灭害灵177瓶、优氯净1275袋、空气清新剂189瓶，控制垃圾库房、污水管网、卫生间苍蝇等害虫的滋生。2008年检测结果显示，景区空气质量达到GB3095-1996一级标准，噪声指标达到GB3096-93 Ⅰ类标准，景观用水达到GB3838-2002 Ⅲ类标准，废水达到GB8978-1996二级标准。

【旅游安全生产】 认真落实旅游安全生产目标责任制，与局属20个处室和驻景区19家责任单位签定了《2008年度旅游安全生产目标管理责任书》，督促各单位建立健全安全生产各项规章制度，层层落实到各级各部门，责任书签定率达100%，做到了“关口前移、重心下移”。加强安全宣传教育，全年召开石林景区旅游安全生产工作会议15次，及时通报安全工作情况，宣传、贯彻各级安全生产工作的方针、政策。以预防、控制重特大事故为根本，加大检查力度，狠抓重大危险源和事故隐患监控整改。制定下发了《石林风景名胜区2008年度旅游安全生产隐患排查治理工作实施方案》，19家单位共自查出隐患52条，自改率98%。全年共开展了14次安全检查，发现并立即整改事故隐患100多项，投入游路设施、地质灾害等隐患整改资金26.2万元。积极组织开展景区和景前区消防安全隐患排查治理工作，杜绝了火灾事故的发生。加强了汛期地质灾害防治工作，做好了景区防地质灾害的安全检查、隐患排查、滑坡治理等工作，确保了汛期安全渡汛。制定了《石林管理局2008年森林防火工作实施方案》并组织实施，投入经费12万余元，整改了火灾隐患，有效预防了森林火灾的发生，确保了旅游资源安全。修订完善了《石林景区突发公共事件应急处置预案》、制定了《石林景区预警信息发布制度》，完善了景区旅游安全生产应急救援工作。2008年底，驻景区的企业和单位已全部制定了《应急预案》，建立了应急管理或应急救援机构，确保了景区安全生产零事故的目标。

【深化综合治理工作】 进一步加强和促进综治队伍建设，不断提高综治队伍的整体素质和战斗力，明确石林景区综治办工作人员的工作责任及工作任务，有效落实工作措施及工作计划，切实加强石林景区的社会治安管理工作，做好社会治安面上的安全防范、游览秩序管理、市场秩序管理、突发事件应急处理以及服务游客等工作，确保中外游客在石林景区的旅游安全，有效避免案（事）件的发生。充分发挥全体工作人员的工作积极性及创造性，合理布岗、科学安排，落实责任，奖惩分明，按照“定人、定岗、定区域、定职责、定任务”的五定工作原则有效落实工作人员的工作责任。以责任承包的方式，签定《石林景区综治办工作责任承包保证书》和《石林景区综治办工作岗位责任保证书》，实行分级管理，逐级落实责任。2008年石林景区共发生治安案（事）13件（主要是盗窃等侵财案件），未发生抢劫等侵犯游客及社区居民人身权利的案件，实现了“发案少、秩序好、群众满意”的工作目标。全年共排查化解社会矛盾纠纷3起（其中2起属于劳资纠纷），对发生的居民之间、游客之间的21起口角纠纷都及时给予了处置。加大对出租房的管理力度，认真清理辖区内的流动人员，掌握辖区社会动态，全力保障石林景区治安安全，发案得到有效控制。

【整顿和规范旅游市场】 以全国文明风景旅游区创建工作为契机，认真组织景区经营企业43户从业人员590人、个体工商户388户从业人员1000人次进行法制宣传教育培训。加大市场巡查力度，集中力量清理辖区内无照经营户，共清理无照经营户31户，处罚31户，罚款20590元。对156起游动兜售扰乱市场秩序的行为给予了打击处理，收缴销毁处理刺绣品1500余件（个）、水果250千克。对占道经营、超铺面经营、乱设置广告牌、违章建筑等行为进行了管理、规范、处罚，全年共处理违章建房案件1起，拆除违章搭建雨棚、建筑物39户495平方米　，对大叠水风景区有碍景观的违章建筑进行了拆除，对3户经营户的经营行为进行了规范，对占道经营户14家按《昆明市石林风景名胜区保护条例》的相关规定进行了处罚，共处罚22人次，罚款2967元，没收物品434件（个）；对食品经营（销）单位54户进行了卫生监督，并同食品经营户签订食品安全责任书174份。保持游客投诉渠道和途径畅通，按照景区投诉服务承诺的要求快速处理游客投诉，坚持做到“有投必受、有诉必接、有案必查、有信必答”的承诺，最大限度地避免了旅游纠纷、抱怨和投诉事件的发生，确保了景区旅游秩序的良好。全年共受理游客的来电、来人、来信投诉、举报、抱怨和各种旅游

纠纷101件，调处率达100%，处置满意率达100%。其中受理旅游投诉15件，投诉处置率达100%，处置满意率达100%，涉及退赔款案件13件，退赔款金额达9005元人民币，对每一件投诉都在规定的时效内给予投诉人回复，投诉人对处理结果均表示满意，确保了规范的旅游经营秩序，游客投诉率控制在十万分之一以下。

【继续强化标准化管理】 2008年按照质量、环境、职业健康安全“三标一体”贯标工作通过监督审核，提出卓越绩效管理实施方案，推进景区管理标准化的要求。完成了全局及部门体系目标的制定实施和考核评价工作，完成了各处室日常体系运行指导和体系运行检查工作，完成了体系文件修改的前期准备工作，组织实施了本年管理评审工作。2008年5月完成了《卓越绩效管理模式建立实施方案》的制定工作；2008年11月3～4日组织实施了本年监督审核，审核中仅发现一项不符合项，并完成不符合项整改材料的传递工作，监督审核顺利通过。石林风景名胜区的质量、环境、职业健康安全“三标一体”管理已逐步迈向标准化、规范化。

【旅游接待】 2008年1月9日，江苏双沟酒业股份有限公司董事长赵凤琦一行3人到石林观光。1月12日，联合国教科文组织世界遗产中心项目官员景峰，国际古迹遗址理事会副主席、国家文物局文物保护司巡视员郭旃一行5人考察石林风景名胜区和游人服务管理体系。1月14日，菲律宾众议长德贝西亚一行29人，在省、市、县有关领导陪同下到石林观光。1月23日，中国太平洋人寿保险股份有限公司江苏省公司总经理张东一行考察石林。1月26日，昆山市人民政府副市长周铸一行在副县长潘华光陪同下到石林观光。1月30日，中国、印度双方旅游界高层人士在参加完昆明举行的“2007中印友好年”闭幕式之后到石林考察。2月2日，由外交部礼宾司副处长汪杰带队的考察组到石林景区进行工作考察。3月9日，中央直属机关工委调研组一行18人到石林景区考察，县委书记柳文炜到景区入口处迎接客人，调研组一行对石林奇观和民族文化表现了极大的兴趣；同日，青海省西宁市市委书记王建军一行7人考察团在市委、市政府、县委、县政府有关领导的陪同下到石林参观考察。3月27日，泰国幻多奇（大众）有限公司董事长邱小平一行，在市旅游局局长黄晓峰陪同下，就该公司到石林投资建设事宜，到大小石林主景区、游客中心、乃古石林景区、撒尼古城建设工地区域进行考察，并对投资合作项目的相关问题作了交流会谈。3月30日，南宁市委副书记、市长陈向群率领南宁市政府考察团一行10余人到石林参观考察。4月11～12日，联合国教科文组织北京办事处文化项目官员卡贝丝、文化项目助理卢叶到石林进行考察，先后参观考察了游客中心、数字管理中心、乃古石林景区、大小石林景区等。7月16日起，由省妇联组织的地震灾区儿童，参加“七彩云南献爱心夏令营”活动，分批到石林参观游览。7月27日，中国旅游报陈志学社长带领参加2008年《中国旅游报》发行工作会议的代表一行40人到石林参观考察。

旅游宣传营销

【电视宣传】 2008年1月石林风景名胜区管理局、旅游局与中央电视台合作，摄制《春节大联欢》石林专辑，于2月12日在中央一套播出。2月份以“世界自然遗产——云南石林”为主题在中央电视台四套《请您欣赏》栏目展示石林旅游形象。4月份利用中国邮政集团公司与中央电视台的合作平台，借助中央电视台二套经济频道《购物街》栏目为石林免费提供一期商标榜广告，并印制10000枚幸运卡发送。协助中央电视台拍摄《石林申遗之路》纪实片3集，于10月3日至11月1日在中央电视台一套《见证》栏目播出（每集30分钟）。以北京奥运会为契机，加强与各大主流媒体的合作，8～12月在中央电视台一套、新闻频道并机播出的《朝闻天下》栏目做5秒石林形象广告；拍摄制作《请您欣赏·世界自然遗产——云南石林》，以精美的画面、较好的视觉效果在中央电视台一、四、七套播出，播出时间累计超过300分钟。配合县委宣传部、县外宣办、县广播电视台做好县内宣传，播出新闻100多条；省市播出40多条。

【报刊杂志宣传】 石林风景名胜区管理局、旅游局在《中国旅游报》、《云南日报》、《昆明日报》、《春城晚报》上围绕石林旅游发展、资源保护、创建全国文明风景旅游区、创建旅游经济强县、纪念改革开放30周年等刊发宣传文章5篇。与云南画报社合作，在《云南画报》上以石林世界自然遗产的美学价值、科普价值、文化价值、资源保护等做系列宣传报道。免费入编大型纪念文献《和谐与创新》和《畅游中国双语黄页》做石林形象宣传，并入编《云南简史》宣传石林改革开放30年以来取得的发展成就。免费在中国东方航空杂志《东方风情》2008年6月版做了4个页面的石林形象宣传和介绍，在《自游自在》杂志做了2个页面的“世界自然遗产——云南石林”介绍和形象展示。充分利用2008中国国内旅游交易会契机，入刊《中外旅游》、《云南旅游咨讯导图2008中国国内旅游交易会专刊》，宣传石林风景名胜区的整体旅游形象及招商投资前景，提高并扩大世界自然遗产知名度和影响力。与中国旅游出版社合作，入刊《中国节庆会展旅游商务手册》宣传石林节庆、民族风情。在《中国国土资源年鉴》、《中国贸易企业概览》分别做石林资源保护成果和景区文明创建成果展示、宣传。

【网络媒体宣传】 石林风景名胜区管理局、旅游局在配合县外宣办做好石林旅游网络宣传的同时，与中新网合作，开设“云南石林”窗口，设置网页，并通过《云南旅游小镇》与人民网、新华网等链接，加大网络宣传推广。与大理旅游集团、丽江玉龙雪山管委会结成战略联盟后，在大理旅游网、丽江旅游网开设“世界自然遗产——云南石林”窗口，进行三景区网络互相链接。继续与北京红墙广告公司合作，在亚洲较大的四个火车站（北京站、北京西客站、上海站、大连站）25座电视屏幕墙播放云南石林世界自然遗产形象广告和宣传片。

【旅行社或景区合作宣传】 石林风景名胜区管理局、旅游局与省、市重点旅行社110家代表单位“云南旅游诚信联合服务有限公司”（昆明诚信联合体）合作，调整合作策略，充分调动了其向海内外市场宣传促销的积极性，扩大了旅游市场渠道。与大理旅游集团、丽江玉龙雪山管委会合作，组织召开了“云南省精品旅游景区战略合作研讨会”并签订《云南省精品旅游景区战略合作协议》。三方景区按照精诚合作、互信互助、利益共享、共谋发展的原则，结成云南省精品旅游景区战略合作联盟，共同打造“石林——三塔——雪山”云南精品旅游黄金线，立足于推进云南旅游二次创业；共商2009年合作计划，实施统一包装、统一宣传、统一行动等宣传营销策略。

【户外媒体宣传】 2008年石林风景名胜区管理局、旅游局继续加强与北京红墙广告公司、云南中视广告有限公司、昆明片语广告公司等户外媒体公司合作，在北京站、大连站、昆明机场、昆明火车站、昆石高速路、昆大高速路、昆明国际会展中心等人流集中、人流量大和视觉较好的地方，以“世界自然遗产”、“北京看奥运，云南游石林”、“石林创建全国文明风景旅游区”为主题，做好石林旅游形象宣传。围绕石林创建国家文明风景旅游景区、创建云南省旅游经济强县、石林纪念改革开放30年暨县更名10周年庆典、贯彻《风景名胜区条例》，在县城双龙广场、民族体育场等地人流集中、宣传效果好的公交站台、石林县城入口立交桥、石林县龙泉路立交桥、昆石高速公路宜良与石林交界68千米处跨线桥等地设计制作大型喷绘宣传广告画面8期。

【影视拍摄宣传】 石林风景名胜区管理局、旅游局协助日本TBS电视台《自然遗产》纪录片制作组、日本朝日电视台《中国神秘之旅》栏目制作组、香港有线电视娱乐节目《活得很滋味》摄制组、中国教育电视台斯巴鲁《时尚车苑》栏目采编组、中央电视台社教中心社会专题部《霞客滇游记》节目录制组、中央电视台《一个源自牛奶的梦》摄制组、广东电视台《假日旅游》栏目摄制组到石林进行节目拍摄、录制。接待了中国新闻社、中央广播电台、印度媒体记者团、德国媒体记者团、越南人民报代表团、成都媒体记者团、《人民中国》杂志（日文版）记者到石林进行专题拍摄和采访报道。协助省委宣传部、省外宣办在石林拍摄《昆明好》、《七彩云南》MV；接待了南方卫视、旅游卫视、云南卫视共同举办的《重返心灵家园·七彩云南》节目摄制组到石林进行节目拍摄；协助云南电视台、浙江永乐影视制作有限公司在石林拍摄新版电视剧《西游记》及昆明市广播影视产业中心在石林拍摄的电视剧《我在昆明等你》等。完成各类接待拍摄任务60余次，完成各类活动、会议拍摄任务100余次，拍摄图片3万余张；杨新民、李兰英荣获“云南风景名胜区暨世界遗产、国家遗产摄影大赛优秀奖”。

【旅游会展宣传】 4月，石林风景名胜区管理局、旅游局依托中国景区媒体旅游业联合会，组织参加了2008（第四届）中国景区博览会及北京、广东、上海等重要客源地商业步行街的宣传营销活动，与当地媒体、重点旅行社进行景区旅游推介，介绍了石林丰富的旅游资源、发展成就及今后的发展目标。3~4月与市旅游局、市旅游营销协会合作，创新营销，组织参加2008年中国国内旅游交易会暨华北五市联合促销推介会，通过展台展示、旅游推介、旅游座谈会等形式与当地媒体、重点旅行社进行了景区旅游推介，在《旅交会日报》上以《创建世界一流景区，打造国际旅游胜地》为标题，展示石林丰富的旅游资源、发展成就及今后的发展目标。6~7月份组织参加了第三届（德国）世界地质公园大会、2008北京国际旅游博览会、2008中国北方旅游交易会，通过展台展示、宣传资料、纪念品发放、旅游推介等引起了国外各个地质公园、媒体、游客的高度关注，发放宣传资料15000多份。9月组织参加了第四届（厦门）海峡旅游博览会及在广东惠州举办的“昆明旅游文化周暨昆明市惠州招商推介会”活动，通过展台展示、旅游推介、文艺展演等形式向惠州市民展现了石林丰富的旅游资源和民俗风情魅力；同月由昆明市旅游局组织，参加了由印度国家旅游局与亚太旅游贸易组织在海德拉巴共同举办的第32届PATA旅游交易会，期间参加了国家旅游局印度办事处举办的“中国旅游推介会”和中国东方航空公司印度办事处与昆明市旅游局举办的“昆明旅游推介会”，以旅游推介、座谈会形式向印度旅行商、市民、媒体、官员进行了昆明、石林旅游宣传，达成了合作意向。11月组织参加了2008（上海）中国国际旅游交易会、澳门世界遗产旅游博览会，通过展台展示、旅游推介形式与当地市民、媒体、重点旅行社进行了景区旅游宣传，发放宣传资料17000余份。通过一系列会展的形象展示、宣传推介、文艺展演、资料发放，取得了较好效果，扩大了石林的宣传面，提高了石林知名度。

【主题活动宣传】 2008年1月15日，由云南省委宣传部、省建设厅、省政府新闻办公室主办，云南自然与文化遗产保护促进会承办的“七彩云南·天地乐章——云南风景名胜区暨世界遗产、国家遗产展”在云南省博物馆隆重开幕。石林风景名胜区作为云南旅游的旗舰和标志，在会展期间精彩亮相。16日，“七彩云南·天地乐章——世界自然遗产云南石林宣传日”活动在云南省博物馆举行。石林风景名胜区管理局、旅游局通过发放宣传资料、文艺展演、解答旅游咨询、有奖问答、与观众互动娱乐等多种形式向市民展现了石林秀美的自然风光和出彩的民族文化。书法爱好者为石林题词题字，留下“美哉石林”等数十幅赞美石林美景的墨宝。石林艺术团为现场市民表演了《大三弦》、《姑娘的披毡》、《绣与木叶》等彝族歌舞节目，精彩的表演受到广大市民的喜爱。

认真落实2008年春节黄金周、“五一”假日、奥运北京·旅游云南高尔夫球邀请赛、《石林风光》国画长卷捐赠仪式活动、“十一”黄金周、创建全国文明风景旅游区考评、创建云南省旅游经济强县及“昆明理工大学地学专业教学实习基地”挂牌典礼的环境布置、宣传工作。组织参加了“七彩云南·天地乐章——云南风景名胜区暨世界遗产、国家遗产展”、“创意石林”作品展览大赛及“盛世云南·2007盘点云南旅游”评选活动，石林荣获“年度最突出贡献杰出人物”、“年度最佳营销策划奖”、“年度最具改革创新旅游企业”、“年度最具影响力的民族节庆活动”、“年度最具影响力景区改造项目”、“年度海内外游客最向往的景区”六项大奖。积极组织了“海外华人眼里的石林”摄影活动，取得了很好的宣传效果。积极参加云南省“庆祝价格法颁布十周年”专题晚会活动。积极配合县委宣传部做好2008年中国云南石林国际火把狂欢节、石林纪念改革开放30周年暨县更名10周年庆典活动、云南省首届新农村文艺汇演活动及石林创建云南省旅游经济强县考评会的环境氛围营造工作和对外宣传工作。积极配合石林旅游度假区管委会做好“中国彝族第一村”、石林狂欢之都“四中心二店”、“石林幻多奇”等旅游项目的开工仪式环境氛围营造和对外宣传活动。

【宣传品制作推广】 石林风景名胜区管理局、旅游局完成了石林旅游文献资料《名人与石林》初稿，并报领导审阅。印制宣传资料科普版《世界地质公园——中国云南石林》18000册、指南版《石林旅游导图》21000份、交流版《世界自然遗产——中国云南石林》5000册，为2008年的宣传营销活动提供了资料保障，取得了很好的宣传效果。围绕《昆明市石林风景名胜区保护条例》的实施，扩大景区保护条例的宣传，印制《昆明市石林风景名胜区保护条例》单行本20000册、公告3000份、宣传画10000份，录制CD、盒带400盘，制作宣传标语58条。印制石林画册《将军镜头里的石林神韵》3000册，印制石林画册《世界自然遗产——中国·云南石林》2000册，制作石林旅游纪念3D遮阳帽10000顶。制作石林旅游广告片5秒、10秒版本和宣传片《世界自然遗产——中国云南石林》（中英文对照，片长8分钟）。完成2009年石林怀历和石林挂历设计、制作，并为石林县更名10周年庆典活动制作纪念品石林相框4000个。完成国画作品《彝娃》、《火之舞》的创作，创作漫画《贪、贮、玩、法》参加县纪委举办的廉政书画竞赛荣获二等奖。围绕石林“世界自然遗产地管理”、“抗震救灾”、“石林火把节”、“创建全国文明风景旅游区”和日常宣传接待工作，制作展出《石林旅游》8期、《石林风貌》8期、《局活动掠影》40期、展板200余块，制作悬挂各类宣传标语400余条，完成县公交车站宣传栏4期的设计、制作。

（撰稿人：石林风景名胜区管理局、旅游局 钟文佑）

会展业

会　议

【三省（区）十七县（区、市）第六届政协联谊研讨会】 6月25～27日，云南、贵州、广西三省（区）十七县（区、市）第六届政协联谊研讨会在石林会议中心举行。出席会议的有泸西、陆良、宜良、马龙、麒麟、师宗、罗平、弥勒、开远、丘北、隆林、会泽、建水、砚山、西畴、石林十六个县（区、市）政协主席、副主席、办公室主任等共120余人。石林县委、县人大、县人民政府、县纪委的主要领导及分管联系领导，县政协常委，各政协联系小组组长参加了会议。

石林县委副书记裴演兵主持会议，昆明市政协副主席杨品才亲临会议指导并作了重要讲话。石林县委书记柳文炜致欢迎辞，县长李忠德作了县情介绍，县政协主席者培仙作了交流发言。

会议按照“团结、友谊、交流、合作、携手并进”的宗旨，以“发挥优势，为区域经济发展献计出力”为主题，举行了联谊座谈。广西隆林县政协、云南红河州建水县政协、曲靖市会泽县政协、文山州西畴县政协交流了在区域经济发展中的认识、体会和经验。与会人员参观考察了石林城市建设情况和石林风景名胜区。

会议通过广泛联谊交流学习，进一步沟通了感情，增进了团结友谊，达到了相互学习、相互借鉴、共同提高、共谋发展的目的，是一次规模大、范围广、规格高、内容实、效果好的盛会。

经出席三省（区）十七县（区、市）第六届政协联谊研讨会的政协主席会议共同协商决定，从2008年开始，三省（区）十七县（区、市）政协联谊研讨会每半年举行一次，第七届联谊研讨会于2008年下半年在广西壮族自治区隆林各族自治县举行，会议主题由承办方确定。

（撰稿人：县政协办　窦友森）

【昆明市安监局长工作会】 7月23日，昆明市安监局长工作会在石林召开。会议认真总结了上半年工作，分析了非常时期的安全生产形势，研究部署了下半年工作。

2008年是全国安全生产“隐患治理年”。1～6月，全市安全生产形势稳中趋紧，具体体现在安全事故总量、伤亡人数同比下降，多数地区、行业安全生产控制指标得力，但同时全市较大事故大幅上升，生产安全事故死亡人数大幅上升。

昆明市安委会副主任、安监局局长潘开平在会上说，全市安全生产工作在经济高速增长、多种金属原材料价格上扬等大背景下，能够做到责任落实，狠抓隐患排查和百日督查，狠抓专项整治、宣传培训、应急救援建设、乡镇规范化建设、综合监管、行政执法等措施并取得了成绩，这是来之不易的。但同时也要看到全市安全生产工作离本省一些兄弟州市还有一定差距，部分领导干部认识不到位，部分企业主体责任不到位，安全监管水平有待提高，影响安全生产的诸多深层次问题尚未解决。为此，全市各安监局要突出抓好七项工作：一是强化责任，进一步落实两个主体责任；二是深入开展隐患排查治理和百日督查专项行动，严防各类事故发生；三是推进三项经济政策落实，完善监管手段；四是加大执法力度，严格责任追究；五是强化宣传培训，营造良好氛围；六是抓好雨季安全生产工作，确保奥运年会期间的安全；七是加强队伍建设，提高监管能力。

昆明市安监局副局长杨振武就实施安全生产三项经济政策作说明；昆明市“安保互动”办公室副主任袁玉鹏就如何办理高危从业人员人身意外伤害保险作说明。

石林县副县长、县公安局局长戴平在会上代表县人民政府致欢迎辞；石林县安监局局长李金宝代表石林县作经验交流。

（撰稿人：县外宣办 李俊英）

【昆明市2008年现代烟草农业试点暨烟叶收购现场会】 8月5日，昆明市2008年现代烟草农业试点暨烟叶收购现场会在石林召开。现场会针对2008年全市的烤烟生产特点，认真总结了前期烤烟生产工作和现代烟草农业建设试点经验，要求进一步认清形势，统一思想，切实加强组织领导，认真抓好烟叶基础设施建设、烤烟生产中后期管理及烟叶收购调拨工作，确保圆满完成全市烤烟收购调拨任务，推动现代烟草农业建设深入开展。

昆明市人大副主任张显忠、副市长李喜、市政协副主席傅汝林、红云集团副总裁马子肖、市烟草专卖局局长和市烟草公司经理郑天一、市委副秘书长郭焕波、市烟办主任窦兴林等领导到会指导工作。昆明市相关部门领导和各县（市）区烟草分公司经理、烤烟种植大乡（镇）领导，罗朝峰、李忠德、裴演兵、毕春华等石林县领导及各乡镇乡镇长共160余人参加了会议。

当天上午，在石林县委副书记裴演兵和县委常委、副县长毕春华陪同下，与会市领导及全体人员实地参观了石林县路美邑镇鱼龙坝村烟农培训学校、石林县烟草分公司信息到户工程移动信息化管理现场演示、鹿阜镇阿乌村现代烟草农业示范村烤烟中后期管理现场及上赵公庄卧式密集型烤房群烘烤示范基地等四个现场，对石林县实施“国家级烟叶标准化生产示范区”建设项目进展情况及取得的阶段性成效进行了全面了解。

下午的大会上，石林县委书记罗朝峰致辞，介绍了石林县经济社会发展情况和烤烟生产情况；石林县委常委、副县长毕春华交流了石林县实施“国家级烟叶标准化生产示范区” 建设项目情况及现代烟草农业建设试点的主要做法和基本经验；昆明市烟草专卖局局长、市烟草公司经理郑天一总结了上半年全市烤烟生产情况，对当前烤烟中后期管理、基础设施建设和下步烤烟收购工作进行了具体安排；红云集团副总裁马子肖通报了有关情况。

昆明市副市长李喜作了题为《加强领导，精心组织，确保完成烟叶生产和收购任务》的讲话，全面总结了全市上半年的烤烟生产工作，对当前烤烟中后期管理工作和下步烤烟收购工作进行了安排布置。

（撰稿人：县外宣办 陈文玲）

【昆明市住房公积金支取工作会】 8月15～16日，昆明市住房公积金支取工作会在石林召开。会议由昆明市住房公积金管理中心支取处处长汪勇洁主持，全市公积金支取人员、各部门负责人共60人参会。两天的会议由昆明市住房公积金管理中心副主任杨克军采取互动的形式对新出台的公积金支取管理办法进行强化培训，并对今后的工作进行具体安排。

（撰稿人：昆明市住房公积金管理中心石林管理部 角家能）

【昆明市文联工作发展研讨会暨第二届秘书长培训班】 8月21日，昆明市文联工作发展研讨会暨第二届秘书长培训班在风景秀丽、民族风情浓郁的石林县阿着底村拉开帷幕。市文联麾下的12个协会及直属单位、各县市区文联的50余名文艺家和文联工作者共谋文联工作发展大计，并参加了秘书长培训。

在开班仪式上，昆明市文联党组书记、常务副主席谭爱苹结合文艺工作的特点，提出在新的历史时期要抢抓机遇、迎接挑战，推进文联协会工作的创新与发展。谭爱苹说，改革是发展的动力、体制机制创新是发展的关键，改革创新是推动文化大繁荣大发展的必经之路，现实情况和发展趋势促使文联工作必须推陈出新。文联工作要结合建设“文化昆明”的发展目标，开拓创新，树立更高的目标，谋求更大的发展。

培训会上，昆明市文联党组成员、秘书长黎云富作了题为《遵循办文办会程序，创新工作思路和方法，提高秘书长和文联干部的执行力》的讲座。

在下午的分组讨论会上，与会人员各抒己见、畅所欲言，为文联协会的改革与发展提建议、表看法、出谋划策。

昆明市政协副主席、市文联主席汪叶菊在反馈上说，本次研讨会内容形式好、工作做得好、意见建议提得好，是一次成功的研讨会。谈到如何做好秘书长工作，汪叶菊说，秘书长应具备良好的政治素质、业务素质，要有对政治的把握能力、合作共事的能力、组织领导的能力，要有大局意识、创新意识、服务意识，发挥参谋作用和桥梁作用。汪叶菊指出，文化是一个民族发展的灵魂，每一位文艺工作者都有责任有义务为文化的发展作出努力，以积极的心态、高度的热情推动文化事业的发展，推动社会经济的又好又快发展。金杯银杯不如百姓的口碑，金奖银奖不如百姓的夸奖。

研讨会上，昆明市文联党组书记、常务副主席谭爱苹代表市文联将“见证现代新昆明” 百名艺术家采风的作品及40余幅关于石林的专题摄影照片赠送给石林县。

本次文联工作发展研讨会暨第二届秘书长培训为期3天，在接下来的时间里，50多位文艺家和文联工作者将到石林县的糯黑石头寨、长湖等地进行考察、采风和文艺创作。

（撰稿人：县外宣办 李俊英）

【昆明市财政综合工作会】 9月11日，昆明市财政综合工作会在石林县召开，昆明市财政局助理调研员孔令旗、综合处处长吕自银、副处长张吉伟和各县区财政局领导参加了会议。会议传达了2008年上半年全省财政综合工作会议精神，布置了昆明市后四个月及2009年上半年财政综合工作，培训国有土地收支管理软件信息系统，由各县区对非税收入管理等情况进行交流汇报。在本次会议中，14个县(市、区）财政局领导积极发言，对2008年土地出让金收入、行政事业性收费、政府性基金收入、房租收入、县域经济发展项目扶持资金、廉租住房建设资金、彩票公益金等非税收入及专项资金管理提出了一些很好的意见和建议。昆明市财政局综合处处长吕自银针对目前各县区收支管理存在的问题作了讲解，提出了今后非税收入管理的要求，对进一步规范全市财政综合管理工作奠定了坚实的基础。

（撰稿人：县财政局 钟 涛）

【昆明人才协会第一届理事会第四次会议】 10月10日，昆明人才协会第一届理事会第四次会议在石林游客接待中心国际会展厅召开。会议由昆明市委常委、组织部部长郭红波主持，中国科学院院士、昆明人才协会会长张亚平，省政府副秘书长张荣明，市委组织部领导、协会常务理事及昆明市各县（市）区委组织部长等100余人参加了会议。

石林县委书记罗朝峰代表县五班子领导致欢迎辞，向与会人员详细介绍了石林县“543”倍增计划和“33553”发展战略，诚挚邀请省、市领导及企业家、各个领域的协会成员加强与石林县的沟通和联系，促进石林经济社会的跨越式发展。

会上，昆明人才协会会长张亚平院士讲话并为省政府副秘书长张荣明颁发荣誉会长证书；市委组织部副部长、昆明人才协会常务副秘书长曾令衡代表秘书处作了工作报告；市委常委、组织部部长、协会副会长郭红波就今后如何发挥好昆明人才协会载体作用，抓好全市人才工作作了重要讲话。会议增补了新会员，审议通过昆明人才协会会歌和《关于在新加坡设立昆明人才协会联络处的方案》、《关于在昆明人才协会内部设立培训部和外联部的方案》。

（撰稿人：县委组织部 陈树萍；县外宣办 李俊英）

【昆明市老年大学工作会】 11月21日，来自昆明市14个县（市、区）的老年工作者齐聚石林，就老年大学工作交流经验、共谋发展。

云南省老年大学副校长严兴敏，昆明市委组织部副部长、市老干部局局长赵云平，市老年大学校长何光炽等领导在会上作重要讲话；石林县、官渡区、禄劝县、盘龙区、寻甸县分别就老年大学工作作经验交流；石林县级领导李绍增、者培仙、段增华、王昆、毕宏志参加了会议。

会议认为，当前全市老年大学呈现以下特点：一是招生规模不断扩大；二是办学质量显著提高；三是办出了地方特色；四是思想政治教育功能得以充分发挥，各项工作成绩斐然，令人鼓舞。

会议强调，要充分认识新形势下办好老年大学的极端重要性，贯彻落实科学发展观，妥善解决好当前存在的基础设施不完善、资金投入不足、对老年人的关心照顾不够等问题；要充分认识到办好老年教育是应对人口老龄化挑战的必然要求，安排好老年人的精神文化生活，让老年人安享改革开放的成果，认真研究“银发经济”；要充分认识到办好老年大学是提高整个中华民族文化素质文明素养的必然要求，要传播科学文化，促进精神文明，不断提高老年人的精神水平。

会议指出，老年大学在办学上要适应老年人的特点，逐步做到师资力量强、办学质量高、校风文明、环境优美、办学机制和方式灵活、管理规范；要扩大老年大学的社会影响，起到引领新风尚的作用；社区老年大学要做到因地制宜，专业设置符合老年人的需求；要稳步推进，下真功夫办一所成一所；要培养一批积极分子，特别是老干部、老教师、老专家、老艺术家、老科技人才等对社会有影响力的人，感染带动社会的其他成员；要满足不同老年人的需求，在办学上优惠孤寡老人、空巢老人、特困老人；要贯彻十一届三中全会精神，结合新农村建设，在农村开辟老年人文化教育阵地，推动老年大学分校的建设；各县（市、区）老年大学要做到特色立校，品牌立校，拓宽思路，多想办法；要加强自身建设，努力培养造就一支老年工作队伍。

会议期间，与会人员观看了石林县老年大学举办的文艺汇演，实地参观了老年大学校址、办学规模、课程设置等情况。

石林县老年大学于2005年6月招生办班，2008年设有9个专业、12个班，共有学员1005名，办学规模延伸到社区、村，辖1所社区老年学校和2所农村老年学校。石林县在财力并不宽裕的情况下，每年为老年大学安排工作经费2.5万元。2008年在敬老节及改革开放30周年文艺演出等活动中，石林县为老年大学追加工作经费4.48万元，全年投入近7万元。2008年，老年大学有教学电子琴1台、收录机2台，配备了部分演出道具，教学环境和教学条件得到改善，老年大学的影响力明显增强。

2008年，石林县老年大学组织学员参加全市老年人“迎奥运健身操”比赛荣获一等奖；参加市“阳光杯”生活时尚时装模特比赛荣获一等奖；参加全市老年人柔力球比赛获最佳奖。在全县“千人健身操”比赛中，老年大学5个参赛队有4个获奖，其中柔力球获一等奖；在全县“纪念党的纪律检查机关恢复重建30周年文艺汇演”中获二等奖。2008年石林县老年大学被省老年大学协会评为“先进单位”。

（撰稿人：县外宣办 李俊英）

【昆明市县（市、区）金融办主任会】 12月5日，昆明市县（市）区金融办主任会议在石林县召开。会上，石林县委常委、常务副县长段增华致辞，昆明市政府办公厅副秘书长、市金融办主任杨志华对当前金融工作做安排布置。各县（市、区）金融办主任分别作交流发言，对当前国际、国内金融形式、融资问题、防范金融风险、维护金融秩序以及各地经济社会发展、金融工作开展情况等方面作了交流发言。昆明市发改、工商、税务、公安、林业、农业等各职能部门同各县（市、区）金融办齐聚一起，由省金融办专家对小额贷款公司的成立过程中的资格审查、材料审查、开业、正式营业后的监督管理、风险控制等作了具体业务培训，特别对风险控制和处置非法集资作详细说明，并传达了《云南省人民政府关于同意建立云南省处置非法集资部门联席会议制度和工作机制的批复》，要求各地要加强对小额贷款公司的监督管理，严禁非法集资，要建立风险防范机制，及时处置风险。

2008年云南省批准成立10家小额贷款试点公司，昆明市共6家，其中盘龙、五华各2家，西山、石林各1家。

（撰稿人：县财政局 钟 涛）

展　　览

【“创意石林”设计作品展】 6月4～7日，石林县委、县政府与云南艺术学院联合举办的“2008创意石林”设计作品展在云南省科技馆开展，发展文化创意产业迈出了实质性的步伐。本次作品展整合了高校和地方的资源优势，发挥了专业院校的教学科研能力和设计创新思维，立足于石林丰富的民间文化，以地方的发展规划为创意原则，分别从环境艺术设计、视觉传达、动画动漫、民族民间艺术与旅游商品设计四个大方向对石林县城市及风景区的形象定位、旅游项目推介，城市、景区规划，特色旅游产品开发设计，食品、餐饮服务业想象包装等多方面进行了全面、整体的策划和设计。展览馆分为放映区和作品区，放映区以音像形式展示“创意石林”，作品区以实物形式展示设计作品。全场80个展位共展出319名学生的1000余件创意作品。这些作品内容丰富，类型多样，富于创新，突出了石林特色，体现了石林风情。6月4日下午，继“创意石林”设计作品展开幕式后，石林县与云南艺术学院联合召开了“创意石林”高层研讨会。研讨会上，云南艺术学院设计学院院长董万里对“创意石林”的创作背景和创作过程进行了介绍，与会专家学者围绕“文化的精神，创意的力量”为主题展开多角度、深层次的探讨和研究，并就创意设计如何与社会经济有机融合进行了热烈的讨论。省市有关部门专家和领导、石林县与云南艺术学院相关领导参加了研讨会。

（撰稿人：县委宣传部 张建华）

节 庆 活 动

【2008中国石林国际火把狂欢节】 7月26日（农历六月二十四日），中国石林国际火把狂欢节在24万彝乡人民和众多海内外宾客的热切期盼中在石林火把广场隆重开幕，10万观众冒雨观看了开幕式和首届牛王争霸赛。

云南省人大副主任江巴吉才，昆明市政协主席田云翔，昆明市委常委、常务副市长李文荣，昆明市人大副主任田翎，昆明市政协常务副主席张建伟等省、市、县领导参加开幕式。石林县委副书记、县长李忠德致欢迎辞。省人大常委会副主任江巴吉才宣布“中国石林2008火把狂欢节开幕”。顿时锣鼓喧天、礼炮齐鸣，撒尼小伙和姑娘们在夏日的雨幕中跳起热情奔放的大三弦，拉开了首届牛王争霸赛的序幕。参加本次牛王争霸赛的斗牛共188头，均为石林各村寨精挑细选出来的佼佼者。其中8头牛更是牛群中的明星，它们在各轮预赛中一路过关斩将，脱颖而出，成为本次大赛中万人瞩目的焦点。这8头斗牛都有一个响亮的名字，分别为：擎天柱、黑旋风、小黑子、芙蓉王子、东方不败、贝克汉姆、黄飞鸿、李云龙。经过一番激烈角逐，来自石林县老挖村的“擎天柱”战胜了所有对手，荣登牛王之位。石林县委副书记、县长李忠德亲自给牛王佩戴大红花，牛主人也获得1万元的奖金。当天，云南卫视全程直播牛王争霸赛，在主持人王益洲、小咪渣、苏志、蒋林的精彩演绎下，现场气氛十分热烈。

当天晚上，奔放欢快的歌舞《彝山欢歌迎奥运》拉开了2008年中国石林国际火把狂欢节“圣火燃激情，彝乡歌盛世”大型民族歌舞晚会的序幕，昆明市民族歌舞剧院与阿诗玛艺术团、石林艺术团和石林县文化馆的文艺工作者联袂为数万观众献上了一台原生态的民族歌舞盛宴。昆明市民族歌舞剧院演出的《26个民族的祝福》，唱响了云南26个民族对北京奥运的祝福、对彝乡的祝福、对石林24万各族人民的祝福；彝族撒尼舞蹈《织出希望绣出锦》，充分展示了石林彝族撒尼人的勤劳和对美好生活的热爱；彝族舞蹈《奥运·阿诗玛》，舞出了彝乡人民对北京的祝福、对奥运的喝彩；彝族原生态舞蹈《丰收舞》，把彝族人民的劳动场景搬上舞台，从背着竹篮下地劳作，到筛子簸箕上阵打场，将彝族人民热爱劳动，勤劳致富奔小康的激情溢满舞台；哈尼族舞蹈《木屐与山鼓》和佤族舞蹈《云海中的阿佤》，舞出了云南哈尼族和佤族人民对丰收的喜悦、对节庆的欢歌，再现了秘境云南的神奇和多姿多彩的民族文化。晚上十点钟，象征着石林各民族团结奋进、繁荣发展的熊熊火把、篝火点燃起来。在绚丽灿烂的礼花映照下，中外来宾们围着篝火，踩着彝家大三弦欢快的旋律跳了起来。当晚，县城近2万居民也点燃火把，或歌或舞，用激情迎接一年一度的火把狂欢节。

7月27日，全国环境优美乡镇、风景秀丽的长湖之滨迎来了2008年中国石林国际火把狂欢节长湖分会场原生态民族歌舞展演暨摔跤活动。一个个原生态民族歌舞拉开了长湖摔跤活动的帷幕。歌舞展演后，来自石林县各乡镇的5支女子摔跤队首先经过抽签登场亮相，最后石林镇代表队夺得2008年中国石林国际火把狂欢节长湖摔跤女子团体第一名，鹿阜镇代表队获得第二名，西街口代表队获得第三名，长湖镇代表队和板桥镇代表队分别获得第四、第五名。传统的民族自由式男子摔跤也在女子团体摔跤比赛的同时拉开战幕，来自长湖镇宜普勒村的金福获得40公斤级第一名，石林镇老挖村的张仕云夺得40～60公斤级第一名，圭山镇大糯黑村的王春林获得60公斤以上级别第一名。

（县外宣办 供稿）

【纪念改革开放30周年暨自治县更名10周年庆典活动】 12月18日上午，在纪念改革开放30周年及自治县更名10周年庆典之际，石林县诚邀国内外70余家商会和企业共160余名客商做客石林，隆重推介19个重点招商引资项目。当天共签下7个投资总额达35亿元的招商引资项目。

18日下午2时，应邀前来参加庆典活动的省、市各级各部门领导，友好地（州、市）、县（市、区）领导，各界来宾朋友与石林县各族干部群众数万人欢聚在石林县民族体育场，举行纪念改革开放30周年暨自治县更名10周年庆典大会。在五星红旗的指引下，在彩旗、民族旗幡、过山号、鼓号队、细乐队、唢呐队的簇拥下，代表石林“旅游立县、粮烟稳县、工业强县、文化活县、生态美县”五大目标的五辆彩车缓缓驶入会场。随后，来自全县党政机关和各乡镇的15支代表队走进会场；来自8个乡镇的文艺表演方队表演了精彩的文艺节目。

昆明市祝贺团团长、昆明市政协主席田云翔受省委常委、市委书记仇和的委托，代表昆明市委、市人大、市政府、市政协向石林县广大干部和全县24万各族群众表示热烈祝贺和亲切问候。下午4时庆祝大会结束后，与会的各级领导、来宾和全县实职副科以上领导干部前往石林青少年活动中心，参观石林县纪念改革开放30周年暨自治县更名10周年成果展。

18日晚，在石林县民族体育场举行了主题为“梦想石林”的文艺晚会。晚会分为自然石林、活力石林、文化石林、未来石林四个章节，以歌、舞、乐等多种表演形式，融合传统、现代、民族等多元化艺术风格，展现了石林的自然风光、文化特色、经济社会发展成就及对未来美好的无限憧憬。

12月19日，石林县举行了斗牛比赛，来自石林县各村寨及邻县陆良的133头斗牛参加了角逐。

（县外宣办 供稿）

赛事管理

【云南省摔跤比赛暨云南省第六届城市运动会预赛】 2月17～24日，由云南省体育局主办，昆明市体育局、石林县人民政府承办的云南省摔跤比赛暨云南省第六届城市运动会预赛在石林县举行。本次比赛共有来自全省各地、州市的21支代表队400余名运动员参赛，石林县组织20人参加了摔跤比赛。通过6天的激烈角逐，石林代表队运动员获6金4银1铜，男子古典式获团体总分第一名，男子自由式获团体总分第三名，女子自由式获团体总分第六名。

【长湖自然水域游泳活动】 6月21日，由昆明市体育局、昆明市体育总会、石林县人民政府主办，昆明市游泳运动协会、石林县文体局承办的石林长湖自然水域游泳活动在长湖风景区举行，有来自越南、昆明市冬泳协会、五华区、云南省第一监狱等代表队的200余名运动员参赛，其中年龄最大的60余岁、最小的7岁。

【云南省首届新农村文艺汇演启动仪式】 7月4日下午3时，云南省首届新农村文艺汇演启动仪式在石林县火把广场举行。省委常委、省委宣传部长张田欣，省委宣传部常务副部长尹欣，昆明市委常委、市委宣传部部长张红苹等领导，及来自全省16个州市文化主管部门的相关负责人出席启动仪式。由石林县组织的文艺演出团队冒雨在启动仪式上表演了精彩的节目。

云南首届新农村文艺汇演以“共建新农村，共享新成果”为主题，由省委宣传部、省文化厅等单位主办，省文化馆、省电视台等单位承办。活动分为3个阶段，第一阶段为县级文艺汇演，第二阶段为州、市级文艺汇演，最后一个阶段则为省级文艺汇演。演出的节目内容都以主体鲜明、群众喜闻乐见和基层群众创作参演的文艺节目为主。节目形式则以音乐、舞蹈、戏剧、杂技、曲艺为主。另外，舞台表演类的非物质文化遗产保护项目也可以参加演出。汇演专门设立了金、银、铜奖及组织奖和单项奖，并对优秀的文艺作品和编、导、演人员进行奖励。

10月22日，云南省首届新农村文艺汇演在昆明艺术剧院闭幕并举行颁奖仪式，共评出优秀组织工作奖16个，表演奖60个，创作奖40个。其中，昆明市、曲靖市、大理州等6个州市获得了优秀组织工作奖，楚雄州、德宏州、文山州等6个州市获得组织工作奖，西双版纳、丽江、怒江、迪庆等4个州市获得组织工作鼓励奖。为期半年的云南省首届新农村文艺汇演，全省共有16个州市、119个县组织了汇演活动；创作演出的节目有22653个，在村、乡镇、县区、州市演出达4678场次；参加创作演出的农民和群文战线人员将近60000多名（其中农民演员50000多名），观众达1000多万人次。

【石林牛王争霸赛】 7月26日，由石林县人民政府主办，石林县文体局、石林县旅游局承办的2008年中国·石林国际火把节牛王争霸赛暨传统斗牛比赛在石林火把广场举行，云南省电视台进行了现场直播。传统斗牛比赛按民间传统的方式，比赛设黄牛甲组、乙组、杂交黄牛组，水牛甲组、乙组、杂交水牛组共六个级别进行，其中黄牛甲乙组、水牛甲乙组分别取前六名进行奖励，杂交黄牛组、杂交水牛组分别取前三名进行奖励，本次比赛共有来自红河州、昆明市寻甸县等地的188头斗牛参加，观众达10万余人。

【全国青少年航空航天模型总决赛】 8月1日，第十届“飞向北京—飞向太空”全国青少年航空航天模型总决赛在石林风景区拉开帷幕。本次航空航天模型总决赛是北京奥运会开幕前的最后一项全国性比赛，由国家体育总局、教育部、中国科协等部门联合主办，中国航空运动协会和昆明市体育局承办。比赛集知识型、趣味性、竞技性于一体，旨在培养全国中小学生对航空、航天知识的兴趣，锻炼青少年动手能力和解决问题的能力，进行科普教育。全国32支代表队近500名小选手展开角逐，共决出108枚金牌、96枚银牌和81枚铜牌。

比赛共设35个竞赛项目，分小学男子、小学女子、中学男子、中学女子四个组别，选手们均为在籍、在校就读的学生，分别来自全国20个省、自治区、直辖市及新疆生产建设兵团和香港特别行政区。作为承办方昆明市体育局及协办的昆明市空海车模型协会、石林县文体局对本次比赛给予了高度重视。经过多方协调，将比赛场地放在享有世界文化遗产之誉的石林风景区，为竞赛提供了一个良好的环境，同时还较好地解决了运动员吃、住、行、安全等一系列问题，为运动员创造优异成绩提供了强有力的后勤保障。

经过3天紧张激烈的争夺，比赛于8月3日圆满落幕。昆明代表队独占鳌头，共揽15金、13银、7铜，成为本次比赛中的奖牌大户。东道主石林代表队也成绩斐然，8名青少年选手共夺得2金1银1铜，获7个一等奖、1个二等奖。

【中国石林牛王挑战赛】 10月1～4日，石林县石红民族文化有限公司在新建的所各邑斗牛场举办中国石林牛王挑战赛，共有来自红河、曲靖等周边地州的200余头赛牛参加，参与观众达10万人次，本次活动是石林县传统民间体育项目市场化运作的初次尝试，受到了观众及牛主好评。

【昆明市国际航空模型邀请赛】 11月14～16日，由香港雷达行有限公司、昆明市体育局主办，石林县文体局、昆明市空海车模型协会承办的2008年昆明市国际航空模型邀请赛在石林机场举行。本次比赛共有来自荷兰、日本、香港、台湾及国内广州、西安等12个国家和地区的40余名运动员参赛，石林县部分航空模型爱好者也报名参加了本次比赛。比赛共设F3A国际级遥控特技飞机、F3C国际级遥控特技直升飞机、P3A遥控特技飞机、遥控飞机趣味飞行四个与全国锦标赛接轨的项目，这些项目是航空模型竞赛中科技含量高、飞行难度大、观赏性较强的项目。2008年昆明市国际航空模型邀请赛的举办，为广大模型爱好者提供了一个交流、展示的平台，同时也提高了石林的影响力和知名度，充实和丰富了石林县高科技体育比赛项目的内容。

（撰稿人：县文体局 何丽红）

（以上各条目均由县史志办统稿）

财税审计

财　政

【县财政局】 1973年2月正式恢复成立县财政局。2008年局机关内设办公室、预算科、国库科、行财科、农财科、社保科、综合科、企业科、会计监督科、政府采购办，下设国库集中支付中心、农业综合开发办公室和票据监管中心3个事业单位，8个乡（镇）设立财政所。年底，县财政系统共有职工69人，其中：局机关37人，乡（镇）财政所32人；公务员63人，事业人员3人，工勤人员3人。单位住址在鹿阜镇石林中路93号。2008年县财政局被省人事厅、省档案局授予云南省档案工作集体三等功；向支农联系点鹿阜镇大乐台旧村委会资助春耕生产经费5000元。

局　长：苏云波

副局长：毕文祥（彝族）

　　　　尹桂华（彝族）

副书记：钟　涛

【年终决算】 2008年全县地方财政总收入31987万元，比上年增33%，其中：上划中央和省级税收收入11897万元，比上年增21%。全县地方一般预算收入20090万元，完成了调整预算，比上年增41%，其中：县本级地方一般预算收入9956万元，比上年增49%；乡级地方一般预算收入10134万元，比上年增34%。

全县地方一般预算总支出55725万元，比上年增41%。扣除上级专项转移支付支出18301万元，全县地方一般预算支出37424万元，控制在预算调整范围内，比上年增27%，其中：县本级地方一般预算支出34400万元，比上年增27%；乡级地方一般预算支出3024万元，比上年增30%。

全县地方一般预算收支平衡情况。各项收入合计56906万元，其中：全县地方一般预算收入20090万元，返还性收入2893万元，财力性转移支付收入14838万元，专项转移支付收入18482万元，上年结余465万元，调入资金138万元；各项支出合计56725万元，其中：全县地方一般预算支出37424万元，专项转移支付支出18301万元，转移性支出（专项上解上级）1000万元。收支相抵结余181万元，全部为上级专项资金结余，结转下年使用。

县本级地方一般预算收支平衡情况。各项收入合计53678万元，其中：地方一般预算收入9956万元、返还性收入2893万元、财力性转移支付收入21947万元（其中乡级体制上解收入7109万元）、专项转移支付收入18305万元、上年结余439万元、调入资金138万元；各项支出合计53524万元，其中：地方一般预算支出34400万元、专项转移支付支出18124万元、转移性支出（专项上解上级）1000万元。收支相抵结余154万元，其中：上级专项转移支付收入结转181万元，县本级地方一般预算赤字27万元。

乡级地方一般预算收支平衡情况。各项收入合计10337万元，其中：地方一般预算收入10134万元，专项转移支付收入177万元，上年结余26万元；各项支出合计10310万元，其中：地方一般预算支出3024万元，专项转移支付支出177万元，转移性支出（体制上解县级）7109万元。收支相抵结余27万元。

【主要税种完成情况】 2008年与上年同期相比，主体税种烟叶税完成5172万元，比上年增19%；增值税完成2443万元，比上年增62%；营业税完成5989万元，比上年增56%；企业所得税完成673万元，比上年减12%；契税完成1000万元，比上年增143%。上述5项税种收入占全县一般预算收入的76.04%，合计增收4423万元，占全县一般预算收入增量的75%。增收因素是：物价上涨因素带动增值税增收明显，煤炭、生铁、卷烟批发、电力、砖瓦石材、商业零售等增长推动地方增值税增收939万元，增长62%；房地产开发带动营业税增收2152万元，增长56%。其次，政策性因素对财政收入增长影响较大：烤烟国家政策提价和提前入库使得烟叶税同比增收839万元，增长19%；税收清算集中入库带动契税同比增收588万元，增长143%；提高税收征收标准、扩大征税范围带动小税种超常增长，城镇土地使用税增收323万元，土地增值税增收190万元；非税收入扩大缴库范围增收1149万元，增长106%。减收因素有：福利企业退税政策调整和矿山整治影响，资源税收入减收201万元，减56%；主要纳税企业天合公司因企业所得税税率下调8个百分点等原因，影响企业所得税减收594万元，地方16%部分减收95万元。

10月24日，石林县人民政府金融办公室成立

【支持发展】 紧紧围绕全县中心工作，认真履行财政职能，科学安排预算，多渠道筹集资金，确保石林大道、生态工业园区等重点项目建设资金及时足额到位，有力支持了全县经济建设。安排招商引资经费700万元，确保招商引资工作顺利开展。安排200万元设立非公有制经济暨中小企业发展专项扶持资金，加大对非公企业扶持力度。重视项目申报，大力争取上级专项资金19811万元（其中财政部门向上级申报项目10个，争取到位资金1615万元，储备项目24个），促进县域经济较好发展。安排财政贴息145万元，扶持龙头企业发展，发挥财政资金导向带动作用。重视投融资工作，在全市首家成立县级人民政府金融工作办公室，履行职责、积极协调、多方筹集，从石林县多家金融机构融资2亿元，用于石林园博园、县乡公路、城市基础设施、中国彝族第一村、民族职业高级中学搬迁等多个项目建设。盘活国有资产，积极支持成立水投、工投和城投等投融资公司，着力构建基础设施和城市建设投融资新平台，逐步形成投资主体多元化、投资形式多样化的新型投融资体制。用活存量资金，确保政府投资资金链不断，大力推动县域经济发展，夯实经济基础，强力拉动财税收入持续较快增长，实现经济发展与财税增长良性互动。

【主要支出结构】 2008年县财政局始终坚持公共财政“取之于民、用之于民”的基本原则，多方筹集调度资金，把4~6月作为财政“加快支出进度月”，主动采取书面通知单位及时落实和组织项目实施等多项有效措施，确保支出预算按时间进度平稳执行，有力支持全县各项工作顺利开展。不断调整优化支出结构，在确保人员工资发放和机构正常运转的基础上，财政支出大力向农业、教育、卫生、社会保障及社会稳定等民生方面倾斜，努力推进基本公共服务均等化。

全县地方一般预算支出55725万元，具体分项情况是：一般公共服务支出6059万元；国防支出50万元；公共安全支出3396万元，比上年增13%，继续按照国家规定标准足额安排政法部门公用保障经费，全力维护社会稳定，大力促进和谐社会构建；教育支出13894万元，比上年增34%，用于完善农村义务教育经费保障机制，惠及全县3.5万名农村中小学生，大力支持紫玉小学等7个农村中小学标准化项目建设，逐步将农村义务教育全面纳入公共财政保障范围；科学技术支出240万元；文化体育与传媒支出2964万元，主要是世界遗产保护专项资金，安排资金建设42个村委会基层文化活动场所，不断丰富农村文化生活，把党和政府的阳光工程及惠民政策落到了实处；社会保障和就业支出8534万元，比上年增32%，主要用于离退休人员工资和实施特困居民最低生活保障，全年发放城镇和农村居民最低生活保障金，启动被征地人员基本养老保险，政府出资购买公益性岗位安置下岗失业人员，安排“两后双百”培训经费，投资开展农村劳动力转移和技能培训，以培训带动就业和创业，安排资金搬迁全县受地质灾害隐患威胁的农户，安排农村民居地震安全工程资金；医疗卫生支出3857万元，比上年增18%，主要用于建立完善城乡基本医疗保障体系，提高新农合农民医疗费用补偿标准，补偿新农合医疗基金，明显减轻农民医疗负担；环境保护支出496万元；城乡社区事务支出904万元；农林水事务支出9333万元；交通运输支出1376万元；采掘电力信息等事务210万元；粮油物质储备及金融监管等事务1024万元；其他支出3388万元。

【财政支农资金稳定增长】 认真贯彻落实党的十七届三中全会确定的各项强农惠农政策，按照“三个明显高于”的财政支农要求，在不断增加县级财政支农资金投入的同时，积极争取上级财政支持，确保了财政支农投入持续稳定增长。全县各项资金投入“三农”支出达16957万元，比上年增12%。投入农田水利基础设施建设3426万元，完成绿芳塘水库除险加固等4件重点工程，有力改善石林县水利基础设施建设，增强抵御自然灾害能力。投入农业产业化发展及科技措施推广资金1274万元，扶持各类农业龙头企业36家、村集体经济组织4个，辐射带动32672户农户共同致富。安排林业生态美县建设与保护资金2328万元，主要用于生态美县建设1000万元、兑付退耕还林折现补助718万元和石漠化及林产业补助307万元等项目，生态美县效果逐步显现。投入新农村建设资金2200万元，重点支持市列11个试点村建设；安排农村公益事业建设一事一议财政奖补资金400万元，补助90个项目建设；投入整村推进扶贫开发资金380万元，用于19个重点村扶贫开发。通过惠农“一折通”专用存折发放各项涉农直补资金2905万元，全县共有208356人受益，受益农民人均直接增收139元；兑现能繁母猪补贴110万元。两项补贴是石林县实施涉农直补以来规模最大、增长最多、兑现最早最快的一年。农业综合开发做到主动服务于全县新农村建设，投入资金728万元，完成大可河流域中低产田地改造等省市农开项目4个，有力改善了农村生产生活条件，成为一项民心工程。2008年3月，石林县被云南省农业综合开发办公室批准列为国家级农业综合开发县。

【提高低保补助标准】 2008年7月，石林县连续三年第7次提高城市低保对象补助标准，城市低保对象每人每月增加补助15元，补助标准从原人均168元/月提高到183元/月，月人均补差达到60元。年内连续两次提高农村低保对象生活补助，农村低保对象每人每月增加补助10元，标准补助从人均58.84元/月提高到68.84元/月，月人均补差达到20元。

【完善资金管理】 2008年稳步推进国库集中支付改革，将全县40家一级预算单位全部纳入财政国库集中支付，集中支付资金41991万元；按照建立国库单一账户体系要求，清理归并单位银行账户，设立财政代管单位资金专户，年末归集单位各类结存资金9924万元，从源头上规范资金收支管理，增强了政府调控力度，通过盘活结存资金节约融资成本150万元。积极开展财政投资评审工作，选择了石林中路扩建（一期）、黑龙潭水库中型灌区西干渠节水改造等12个工程项目先行试点，实行廉政评审，有力促进政府投资项目建设管理更加规范化、制度化、科学化。扩大政府采购范围，全年实际采购资金2686万元，比计划节约资金251万元，节约率为8.5%。清理、拟定上报全县行政事业单位公务车辆定编方案和管理办法。全面推进财政、财务信息化建设，全县一级预算单位实现会计电算化，以信息化促进财务核算的规范化，大力提高科学理财水平。继续推行完善财政专项资金报账制管理，对医保、扶贫等专项资金开展检查，确保专款专用、发挥效益。2008年首次将执行重点项目资金管理规定及政府采购制度等列为县对各乡镇、各部门《党风廉政建设目标考核责任书》内容之一，增强了财政监管力度。通过以上改革创新，加强了财政惩防体系建设，健全完善了财政源头防腐机制，有力促进财政党风廉政建设责任制落到实处，认真管好用好纳税人的每一分钱，切实提高资金使用效益。

（撰稿人：县财政局 钟 涛）

国　　税

【县国税局】　1994年7月成立县国税局。2008年内设办公室、人事教育科、监察室、税政管理科、征收管理科、计划征收科（含办税服务厅）；有直属机构稽查局、事业单位信息中心；有鹿阜税务分局、石林税务分局2个派出机构。年底全局在职干部职工63人，其中：公务员60人，工人3人。单位地址在县城东山路。2008年向支农联系点西街口镇宜奈村委会资助资金14000元。

党组书记、局长：赵志忠（彝族）
副 局 长：刘贵林
　　　　　王永红
纪检组长：周　龙（回族，5月起）

【国税收入再创新高】　全年共组织税

县国税局档案五星级标准验收会

收收入12872万元，完成市国税局收入考核目标任务11010万元的116.91%，同比增长24.62%，增收税款2513万元。其中：增值税完成9772万元，同比增长62.40%；内资企业所得税完成2828万元，同比下降28.92%；消费税完成7万元，同比下降21.75%；个人所得税完成185万元，同比下降44.04%；车辆购置税完成80万元，同比增长54.54%。组织县级地方收入2896万元，完成县政府考核目标任务2439万元的118.72%，同比增收760万元，增长35.58%。全年增值税收入同比增幅达62.40%，总体收入保持稳定的增长态势，年度税收收入第二次突破亿元大关。

【户籍管理】　强化落实领导干部管户制度、税收管理员AB角管理制度，加强税务登记户籍管理。截至2008年底，纳入综合征管软件系统的征管户1842户（企业纳税户462户、个体户1380户），增值税纳税总户1797户（一般纳税人111户、小规模纳税人1686户）。

【政策管理】　加强以增值税、企业所得税为主的税源监控管理工作，加强对防伪税控系统、车购税系统、出口函调系统、稽核系统等多个系统的规范操作和实时监控，确保多个系统稳定、有序并行。2008年，增值税一般纳税人税负为6.6%，比上年同期总体税负5.39%提高了1.21个百分点；福利企业税负为5.82%，比上年同期税负8.39%下降了2.57个百分点。"四小票"（货物运输发票、农副产品收购发票、废旧物资收购发票和海关完税凭证）异常票检查率达100%，异常率为零。全年核定票种登记1104户次（已扣除注销户），其中：增值税专用发票48户次，普通发票1056户次。车辆税收一条龙管理全年异常发票为零。

【纳税评估管理】　遵循评估一些企业、规范一个行业的工作思路，建立健全纳税评估工作机构，组织相关人员进行纳税评估业务培训，加强案头数据分析，寻找工作突破点和切入点。2008年有针对性选取6户焦化行业企业开展纳税评估工作，补缴增值税269304.95元，加收滞纳金22621.62元，企业所得税纳税调整增加842174.97元。

【依法治税】　2008年应申报纳税13024户次，已申报纳税13024户次，申报率100%，税款入库率100%；应加收滞纳金户179户次，已加收179户次，滞纳金加收率100%，无新增欠税。深入开展分类稽查和专项检查工作，联合公安、地税开展“捕鼠”行动，严厉打击非法制售假发票和非法代开发票的行为，整顿和规范税收秩序。全年稽查查补收入845238.02元，占县国税局税收收入的0.6%。稽查平均处罚率（不含自查补税）达54.05%。定性为偷税的案件，处罚率为50%。稽查查补税款已全部入库，入库率为100%。税收专项检查确定的户数检查面达100%，执法过错率为零。

【税收定额核定】 为解决当前个体工商户定期定额管理中存在的矛盾与问题，规范个体定税工作，减少个体工商户定期定额核定和调整工作中的人为性、随意性，实现个体工商户税负核定的公平、公开、公正，达到管理规范、定额合理、税负公平、监控及时，促进个体经济健康发展，县国税局按照国家税务总局及省、市国税局税收管理“科学化、精细化”的工作要求，从6月份起积极推行“个体工商户计算机定额核定系统”。全年个体税收核定总户数1326户，达起征点户384户，核定总额134742元，户均核定定额350.89元。同时，加强企业所得税管理，全年企业所得税征管户156户，其中：查账征收户125户、核定征收户31户，核定面达19.87%。

【网络纳税申报】 为进一步优化纳税服务，提高办税质量和效率，按照国家税务总局“两个减负”（减轻纳税人不必要的办税负担和基层税务机关额外的工作负担）的要求，遵循纳税人自愿的原则，积极推行网络纳税申报。缴纳增值税、消费税、企业所得税并实行查账征收的纳税人，利用计算机和互联网，登录昆明市国家税务局指定网站，通过网络申报系统进行纳税申报和缴纳税款，依法履行纳税义务。推行网络申报，拓宽了多元化纳税申报方式，为纳税人提供了方便、高效、快捷的办税服务。2008年10月7日，有6户纳税企业通过云南省国税局网络申报系统成功申报7户次，缴纳税款4306.53元。全年多元化纳税申报中，储蓄扣税申报395户次、银行网点申报4户次、介质申报151户次、网络申报24户次、上门申报1405户次。

（撰稿人：县国税局 王文碧）

地　　税

【县地税局】 1994年7月分设成立县地税局。2008年局机关内设办公室、人事教育科、监察室、税政科、征管科、计划统计科、规费科、法规科8个科室；派出机构有稽查局和1个征收分局、4个管理分局。年底有干部职工73人，其中：公务员63人、临聘人员10人。单位住址在鹿阜镇双龙街1号。2008年，王永祥在“二次创业”进程中事迹突出，被云南省人事厅、云南省地方税务局记二等功；资助支农联系点石林镇螺蛳塘村委会24200元生产资金。

党组书记、局长：张志斌（彝族）
副 局 长：周家全
　　　　　金志慧（女）
纪检组长：杨立学

【税费收入目标完成情况】 2008年县地税局共组织地方税收收入17588万元，同比增长35.7%，增收4628万元，占市年初任务数14900万元的118.04%。地方税收分预算级次入库情况为：中央级税收入库1531万元，同比增长42.29%，增收455万元；省级税收入库653万元，同比增长12.58%，增收73万元；县级税收入库15404亿元，同比增长36.27%，增收4100万元，占年初下达县级收入任务数13565万元的113.56%。

社会保险费收入5572元，同比增长20.97%，增收966万元；组织其他收入473万元，增收25万元，其中：文化事业建设费收入7万元，旅游宣传促销费162万元，残疾人保障金74万元，工会经费83万元，地方教育费附加147万元。全年共计完成地方税费收入23633万元。

【地方各税完成情况】 2008年完成营业税入库5989万元，同比增长56%，增收2153万元；资源税入库159万元，同比下降55%，减收200万元；城建税入库641万元，同比增长38.4%，增收178万元；个人所得税入库1174万元，同比增长24.1%，增收228万元；印花税入库130万元，同比增长26%，增收27万元；土地使用税入库467万元，同比增长227%，增收324万元；房产税入库436万元，同比下降11%，减收55万元；土地增值税入库319万元，同比增长147.3%，增收190万元；车船税入库148万元，同比增长64.4%，增收58万元；企业所得税入库1378万元，同比增长62.9%，增收532万元；

县地税局邀请60多家企业开展税收政策业务培训

耕地占用税入库136万元，同比下降72.8%，减收364万元；契税入库1000万元，同比增长142.1%，增收587万元；烟叶税入库5172万元，同比增长19.4%，增收839万元；教育费附加入库439万元，同比增长44%，增收133万元。

【税务登记】 2008年石林县地税局共有税务登记户2531户，其中：内资企业695户（国有企业38户、集体企业56户、股份合作企业4户、联营企业1户、有限责任公司248户、股份有限公司13户、私营企业250户、其他企业85户），港澳台商投资企业3户（合资经营企业2户、独资经营企业1户），外商投资企业6户（中外合资经营企业3户、外资企业2户、外商投资股份有限公司1户），个体经营户1787户，其他40户。

【税收优惠政策】 2008年石林县共新办理符合条件的各种减免户32户，其中：残疾人减征1户，下岗再就业免征26户，西部大开发继续减征企业所得税5户。全年共减免税款55.8万元，其中：营业税24.83万元，城市维护建设税1.37万元，教育费附加0.86万元，个人所得税10.46万元，地方教育附加0.36万元，企业所得税17.92万元。

【稽查执法】 县地税局与县公安局、县国税局密切配合，于2008年7月15～17日抽调70人，联合开展打击制售假发票和非法代开发票"捕鼠行动"。重点对发票用量较大的金方超市、华联超市、石林大酒店、金恒酒店、易天赐、彝人草堂等进行集中突击检查，按照属地管理的原则有针对性地对莲花路、东城区、石林镇、路美邑镇、圭山镇、长湖镇、板桥镇、大可乡的部分餐饮业、旅店业、商业等使用发票情况进行突击检查，共检查发票用票户318户。收缴三联收据13本，发现借用发票1户4份、转借发票1户1份，对违法违章使用发票的业户进行了处理。

全年稽查局共查处稽查案件21件，结案21件，查补税款23.99万元（营业税5.31万元、城建税0.31万元、教育费附加0.28万元、地方教育附加0.1万元、个人所得税2.53万元、房产税9.51万元、印花税2.49万元、车船使用税0.03万元、土地使用税3.43万元）、滞纳金1.41万元、罚款5.2万元，合计30.6万元。

【税收政策变更】 2008年4月15日，石林县人民政府《关于调整城镇土地使用税等级地段划分及等级税额适用范围的请示》经昆明市人民政府同意，批准石林县城镇土地使用税等级地段范围和适用税额标准：石林县县城划分为二个等级，一级地段3元，二级地段2元；建制镇划分为二个等级，一级地段2元，二级地段1元。等级地段范围和适用税额标准：县城一级包括东至石林天合烟叶复烤有限责任公司（包括东城区）、南至石林易通电缆桥架有限公司、西至县食品公司、北至石林电信大楼、西北至北吉村加油站范围内、石林集镇（石林风景区）建成区范围，税额为3元/平方米·年；县城二级包括一级地段范围以外的其他发展规划区范围，税额为2元/平方米·年。建制镇一级包括长湖镇、板桥镇、圭山镇、西街口镇、路美邑镇、石林镇政府所在地建成区范围，税额为2元/平方米·年；建制镇二级包括一级地段范围以外的其他发展规划区范围，税额为1元/平方米·年。

（撰稿人：县地税局 李锟）

审　计

【县审计局】 1984年5月22日，成立县审计局。2008年内设办公室、行政事业审计科、经贸审计科、经济责任审计科4个科室。年底有职工12人，其中：公务员11人，工人1人。单位住址在鹿阜镇阿诗玛南路216号。2008年8月26日，县审计局被昆明市人民政府命名为市级文明单位；筹资5000余元支持支农联系点圭山镇矣维哨村委会开展春耕生产及新农村建设。

书记、局长：赵良廷
副　局　长：金玉光（彝族）

【审计执法】 2008年县审计局共完成审计项目30项，查出违规违纪金额1216.2万元，其中：上缴县财政22.6万元、为被审计单位挽回经济损失51.6万元、责令纠正金额1093.7万元，移交纪检监察部门处理违纪案件1件。

【本级预算执行审计】 2008年3～8月，县审计局以促进规范预算管理、提高财政支出效益和建立健全公共财政体制为目标，以预算收入完成情况和预算支出的真实性、合法性和效益性，财政转移支付资金分配的合理性、规范性为重点，对县财政2007年度预算执行情况及其他财政收支情况、2007年度地方税收预算执行情况和省级财政转移支付资金进行了审计，并延伸审计了县国土资源局等单位预算执行情况和财务收支情况。通过审计，揭示了财税管理体制和部门预算资金分配使用中存在的不足和问题，提出了规范预算管理的意见和建议5条。依照《审计法》的规定，向县政府提交了审计结果报告，在县人大常委会上作了工作报告。

【领导干部任期经济责任审计】 2008年5～12月，根据县经济责任审计工作领导小组的安排，县审计局对县民宗局局长、石林镇镇长的任中经济责任进行了审计，对县民政局、县农牧局、县卫生局、县文体局原局长、路美邑镇原镇长进行了离任审计。审计查出部分单位私设"小金库"及账外账52.4万元，以及违反预算外资金收支"两条线"管理规定8万元等问题，其中上缴财政22.6万元，提出了规范财政财务管理的意见和建议16条。

【政府投资项目审计】 2008年1～5月，县审计局对"阿诗玛文化生态园"土建及设施设备工程、石林岔口原老转台至双垭口道路修复工程、石林人民法庭工程、县公安局长湖派出所等3个建设工程共4项工程决算进行了审计。通过审计，加强了对项目审批、建设工程招投标、经济合同签定和执行等建设程序和决算的审计监督，有效促进了建设单位加强项目管理、提高投资效益。

【专项资金审计】 2008年1～11月，县审计局对2007年县新农村建设资金、生态建设资金、社保五项基金、农村低保资金、扶贫资金、农村沼气建设国债项目资金、农业综合开发资金、国土资源专项资金、国债项目县药监局办公楼修缮资金、新型农民培训经费等10项民生项目、涉农等专项资金进行了审计，审计资金总量5.08亿元，查处违规金额284.9万元。通过审计，有效监督了资金使用的合法性、效益性，维护了资金的安全完整，保障了党和政府的惠民政策落到实处。

【行政事业审计】 2008年1月，县审计局对县农牧局农机总站资产及财务情况进行了审计；8月，对县东城区管委会撤并县建设局前的资产及财务收支情况进行了审计；12月，对县人民医院2005年至2007年财务收支进行了审计，查出了隐瞒收入、挤占费用和违规购买商业保险等违规金额393.8万元，为县人民医院避免经济损失51.6万元，通过审计，摸清了县人民医院家底，反映了财务管理中存在的不足和问题，对促进规范管理发挥了积极作用。

【工商企业审计】 2008年10月，根据县政府的安排，县审计局对县自来水公司、石林云湖供排水有限公司改制合并前资产负债及所有者权益情况进行了审计，为顺利推进工商企业改革发挥了积极作用。

【审计执法监督】 2008年4月，县政府组成审计执法检查组，对2007年下半年至2008年上半年完成的29个审计项目进行了审计执法检查和审计行风评议。通过执法检查，相关单位加强了审计整改，审计决定落实率达100%，管理不规范等问题95%以上得到纠正。审计执法检查组同时还在29个单位中开展了问卷式审计行风评议，被审计单位对审计工作综合满意度达99.6%。

（撰稿人：县审计局 段云波）

金　融

金融综述

【全年金融运行情况】 2008年石林县货币信贷运行平稳，各项存、贷款稳定增长，结构逐步优化，农业贷款、中长期贷款持续增长，储蓄存款增长强劲，银行业金融机构资产质量不断改善，效益明显提高，现金收支正常，货币呈净回笼。

2008年全县金融机构各项存款余额为332618万元，比年初增加52311万元，增18.66%。全县各项贷款余额261158万元，比年初增加33576万元，增长14.75%。现金累计收入752002万元，比上年同期增45531万元，增长6.44%，现金支出688126万元，比上年同期增66569万元，增长10.71%。收支相抵，净回笼现金63875万元。

【存　款】 2008年末全县金融机构各项存款增速持续攀升，存款运行的主要特点是：企业存款小幅增长，居民储蓄存款增长较快，农业存款保持稳步增加。全县金融机构人民币各项存款在昆明市10个辖县区排第七位。

企业存款小幅少增。年末全县金融机构企业存款余额为96823万元，比年初增749万元，增长0.78%。其中：活期存款75999万元，比年初增4112万元，增长5.72%；定期存款20824万元，比年初减少3363万元，减少13.9%。

居民储蓄存款增多。年末城乡居民储蓄存款余额达163069万元，比年初增加36948万元，增长29.3%，其中：活期储蓄存款86983万元，比年初增17326万元，增长24.87%；定期储蓄存款76086万元，比年初增加19622万元，增长34.75%。在证券市场深幅调整及房地产市场观望气氛日益浓重的环境下，储蓄再度成为居民金融资产保值增值的重要选择，是储蓄存款增加的主要原因之一。此外，经济发展不确定性因素的增加使得居民即期消费意愿减弱，也在一定程度上加速储蓄存款的增加。

农业存款持续稳定增长。年末全县金融机构农业存款余额32661万元，比年初增加4899万元，增长17.65%。

【贷　款】 2008年全县金融机构各项贷款投放保持稳步增长态势，为全县经济增长提供了有力的信贷资金支持。各项贷款余额在昆明辖区10个县（市）中排位第四位，存贷比在昆明辖区10个县（市）中排位第一位。年末全县金融机构各项贷款余额261158万元，比年初增加33576万元，增长14.75%。贷款投放结构有所改变，中长期贷款增长快于短期贷款增长。

短期贷款平稳增长。年末短期贷款余额为199291万元，比年初增15074万元，增长8.18%。其中：短期农业贷款132287万元，比年初增加13942万元，增长11.78%；私营企业及个体贷款18324万元，比年初增加2223万元，增长13.81%。

中长期贷款增长较快。2008年以来，随着石林阿诗玛旅游小镇、石林天奇花园等楼盘的相继开盘，个人住房贷款需求旺盛，致使住房贷款增加。年末中长期贷款余额为61886万元，比年初增18502万元，增长42.67%。主要是个人中长期消费贷款比年初增加7665万元，增长39.36%。

个人消费贷款恢复增长。年末全县个人消费贷款余额为27458万元，比年初增7463万元，增长37%。其中：个人短期消费贷款余额为318万元，比年初减少202万元，减少38%；个人中长期消费贷款余额为27140万元，比年初增7665万元，增长39%。

人行石林县支行

【人行石林县支行】 中国人民银行石林县支行是总行的派出机构，最早成立于1950年3月。2008年支行内设办公室、基础业务科、综合业务科，全行在职干部职工16人。2008年全县金融分支机构有32个，其中：行使中央银行职能的中国人民银行1个，行使金融业监管职能的银行监管办事处1个，商业银行31个（工行1个支行2家分支机构，农行1个支行2家分支机构，建行1个支行，农村信用社1个联社16家分支机构，富滇商业银行1个支行，保险公司4个，邮政储蓄2个分支机构）。

2008年，石林支行国库核算工作在昆明市考核评比中名列第二名，科技管理工作获第三名，1名职工被成都分行考评为优秀工作者。向支农联系点路美邑镇鱼龙坝村委会提供了3000元的生产经费。

行　　长：张舒平

副 行 长：管水仙（女）

纪检组长：杨宏铭

【货币政策】 2008年国际经济金融形势错综复杂、瞬息万变，国内宏观经济形势发生急剧变化，宏观调控方向数次调整。石林县银行业金融机构积极应对经济金融形势的变化，认真执行落实国家各项宏观调控政策。人行石林支行充分发挥县级央行对货币信贷政策执行情况的窗口指导职能，通过深入调查研究，加强对石林县经济金融运行状况的监测和分析，引导辖内商业银行着力推进信贷产品创新，提高信贷政策实施效果，促进信贷结构优化调整，保持信贷合理均衡增长。结合石林县委、县政府提出的2008年度经济发展目标，积极应对市场环境变化，继续加大支持经济支柱产业和优势企业的信贷投入，积极引导农村信用社支持“三农”经济的发展，为全县经济增长提供有力的信贷支持。

2008年，人行石林县支行对农村信用社再贷款限额从4500万元调增至5000万元，为石林县支农积聚了储备资金。

2008年为加强银行体系流动性管理，引导货币信贷和投资的合理增长，保持物价水平的基本稳定，根据经济运行情况，中国人民银行连续10次调整存款准备金率。2008年上半年，根据经济运行中存在投资需求进一步膨胀、货币信贷增长偏快、金融机构贷款增幅较快、基础性资本投入增大、物价保持上年持续上扬的态势，人民银行把存款准备金率由年初的14.5%连续调整到6月份的17.5%的高点；下半年，特别是四季度根据当时的国际国内经济运行情况人民银行把存款准备金率从9月份的17.5%连续调整到年末的15.5%。通过调整，充分发挥了货币政策调节经济的杠杆作用，为确保物价稳定和经济持续增长起到了积极的作用。

2008年度石林县农村信用社作为县域唯一的法人金融机构继续享受A类信用社优惠政策，执行优惠的存款准备金率，最高执行12.5%（1月份），年末存款准备金率调整到10%。2008年农村信用社的最高实际准备金率为12月19.33%，最低实际准备金率为2月13.86%。全年石林县农村信用社没有迟缴、漏缴存款准备金以及支付困难等问题。石林县各国有商业银行、城市商业银行存款准备金由上级行统一缴存，人行石林支行加强引导其保持货币信贷适度增长，支持扩大直接融资渠道，提高金融资源配置效率，促进全县经济全面、协调、可持续发展。

2008年国家加大基准利率下调的频率和幅度，3个月内累计下调基准利率超过2个百分点。1年期贷款基准利率从2002年2月的5.31%调升至7.47%用了近5年时间，而2008年9月份以来，1年期贷款基准利率从7.47%回到5.31%的近7年新低只用了3个月时间。2008年5次利率调整后，县辖各商业银行、农村信用社、邮政储蓄认真执行各档次的存款利率，没有发现擅自变相提高、降低存款利率的情况。金融机构逐步对贷款利率作了调整，部分机构实行了包括7折优惠的贷款利率优惠政策。

【农村信用社改革试点工作】 农村信用社改革试点资金支持工作央行票据成功兑付后，对农村信用社改革监管工作转入监测管理。为有效发挥农村信用社改革试点资金支持政策的正向激励作用，巩固和深化农村信用社改革成果，使票据兑付后的农村信用社真正成为资本充足、产权明晰、治理完善、内控严密、财务良好、服务高效、具有较强竞争力的现代金融企业，石林县支行严格按照《云南省农村信用社专项央行票据兑付后监测指引》进一步做好票据兑付后的监测工作：一是强化连续的动态监测和现场考核机制。2008年按月及时收集和分析监测信用社经营情况，结合非现场监测情况有针对地组织了现场检查，及时掌握农村信用社经营活动中的问题，并以书面形式提出整改要求。二是督促农村信用社建立信息披露制度、完善法人治理结构工作等方面取得实质性进展。2008年督促农村信用社完成了对2007年度的信息披露制度，对其完善法人治理结构工作情况进行了现场检查和调研。三是主动督促、指导和帮助农村信用社制定实施各项改革措施。树立信用社改革试点的资金支持工作主要是为实现花钱买机制的目的意识，提高其参与改革的主动性和自觉性。

金融机构的改革给农村信用社带来了发展机遇，储源范围扩大，资金实力进一步增强。2008年末全县农村信用社各项存款余额为119675万元，比年初增加22705万元，增长23.41%。各项存款余额在全县金融机构中排位第一位；各项贷款余额87928万元，比年初增加16935万元，增长23.85%，各项贷款余额在全县金融机构中排位第二位。

【金融稳定】 2008年通过调查研究和定期召开金融联席会议，了解掌握辖内经济金融运行情况，分析辖内金融机构的经营状况，积极协调地方政府职能部门支持各行社清收不良贷款、盘活不良资产，引导和督促金融机构提高资产质量，降低不良贷款比例，有效防范系统性金融风险。

2008年人行石林县支行加强与县财政局的联系，先后4次到县财政局对石林县农村合作基金会政府专项借款情况进行了调查，及时掌握金融稳定再贷款变动情况，确保国家资金安全。年末石林县金融稳定再贷款余额350万元。

【征信、调查研究】 为营造优良的金融生态环境，构建区域和谐金融，人行石林县支行积极推动社会诚信建设工作，构建以政府为主导、相关职能部门共同协作的合作机制，积极推进社会诚信建设。完善和建立了银行信贷登记咨询系统《违规情况登记表》、《查询情况登记表》等15个登记簿，并形成4项制度，即《年审情况通报制度》、《银行信贷登记咨询系统查询制度》、《贷款卡专人联系制度》、《年审通知登记制度》。2008年共检审贷款卡142户，新办贷款卡27张。

2008年人行石林县支行按照要求认真开展中小企业信用档案建立工作。按照“科学组织、实事求是、稳步推进、扎实见效”的原则，继续把推动中小企业信用体系建设作为系统体系建设管理工作的一项重要任务，及早安排部署，抓好组织落实。同时，动员和引导商业银行利用建立的中小企业信用档案挖掘优质客户，支持中小企业发展，营造良好的中小企业发展环境。

开展“征信宣传月”活动工作。一是组织实施“信用记录关爱日个人信用报告查询”活动。要求各金融机构配合“征信宣传月”活动，在宣传期间积极主动提供个人信用报告查询，方便百姓查询信用报告。二是扩大宣传范围。面向全县、深入农村开展集中宣传，全县所有金融网点设立宣传点，在县城和主要乡镇设立集中宣传点，选择集市日集中宣传。三是制作宣传品，扩大宣传效果。支行印制了宣传单5万份，订制印制有“珍爱信用记录，享受幸福人生”宣传标语的宣传提包2000个、宣传帽1000个。四是扩大宣传协助单位，把县政府办、县广播电视局、县司法局、县工商局、县建设局纳入征信宣传活动领导小组，协调配合宣传工作。

加快社会信用体系建设。2008年9月4日，县委、县政府印发《石林彝族自治县加快推进社会信用体系建设工作实施方案》，提出了石林县信用体系建设工作的要求，通过提高社会诚信度来吸引金融资本的注入，为促进石林经济社会的可持续发展创造良好的条件。

2008年，人行石林县支行共上报调研报告和信息61篇，被采用的信息27篇、调研报告1篇。

【现金管理】 2008年以大额现金存取管理为重点，加强现金管理执法检查力

度，规范现金收支行为，提高现金管理水平。人行石林县支行严格按照现金管理按季度检查的要求，全年共检查4次，检查了6家次金融机构、营业网点数13个，检查人数9人次，检查天数累计达11天，检查工作量累计达33天，发现违规账户32户，违规提现金额3531367元。全年共批复提现请示22份，共批准专用存款账户提现44户、临时账户提现1户。

【人民币反假】 按照2008年反假人民币宣传工作的主题，人行石林县支行积极组织县反假联席会议成员单位，在全县范围内开展反假币宣传活动，共组织宣传活动3次，设立宣传点26个，投入人员100多人，发放《第五套人民币防伪指南》300余份、反假宣传单6万余份，10万余人次群众接受了宣传，宣传深入到学校、山村、农户，收到了较好的社会效果，石林电视台作了报道和标语字幕宣传，取得了明显的社会效果。2008年共收缴假币39272元。创新反假方式，建立了石林县路美邑镇鱼龙坝村委会反假义务宣传站和石林县长湖镇反假义务宣传站两个反假义务宣传站。

【反洗钱】 2008年人行石林县支行依据《反洗钱》等四法一决定，严格开展对金融机构的反洗钱工作检查，全年共检查2次，检查了4家金融机构的9个营业网点，提出整改意见20条。

【支付结算、经理国库】 完善内部控制机制，采取健全规章制度、制定岗位职责、加强事后监督、加大考核力度等方法，把国库、会计工作向精细化方面延伸，既防范了国库、会计资金风险，又确保了国库会计核算系统与支付系统的安全稳定运行。2008年国库核算工作在昆明市考核评比中名列第二名。

2008年人行石林县支行国库部门办理中央预算收入累计入库11115万元，比上年同期增收2866万元，增长35%；办理省级预算收入累计入库3084万元，比上年同期增加1279万元，增长71%；办理地市级预算收入143万元；办理县级预算收入20090万元，比上年同期增2962万元，增长17%；预算拨款75041万元。认真执行国库资金汇划报解工作，严格按要求及时上划报解资金。2008年实现国库资金零在途，提高了国库资金运作效率。

【安全保卫】 人行石林县支行以防范国库会计资金风险和社会治安综合治理为重点，强化内控管理制度，严格落实安全目标管理责任制，层层签定安全目标管理责任书。全年人行石林县支行无任何安全责任事故发生，积极有效地保障了全行各项工作的顺利开展。

（撰稿人：人行石林县支行 赵小平）

银行业监督管理

【县银监办】 2004年1月17日，中国银行业监管管理委员会云南监管局石林办事处挂牌成立。2008年内设主任岗、综合岗、现场检查岗、非现场监管岗，年末在职职工4人。办公地点在石林县鹿阜镇阿诗玛南路130号。2008年一名职工被云南银监局机关党委评为“优秀共产党员”。

主 任：刘 俊（彝族）

【监管指导】 2008年初，国家实施紧缩性货币政策，信贷投放量宏观上受到限制。银监办根据各行社内部管理体制上的差异，引导金融机构把贯彻宏观调控政策同地方经济发展实际相结合，继续做好对石林县重点建设项目信贷资金支持；对农村信用社地方性的法人机构，要求在积极做好“三农”服务的基础上，加大对中小企业的信贷支持力度。同时，将工作重点转移到信贷风险管理上来，着力加强对两个主要风险点的监控。

着力监控宏观政策变化带来的风险。石林县银行业历年来存量贷款中，短期贷款（一年期内）占各项贷款余额比例过大，中长期贷款比例过低。由于紧缩性货币政策容易导致企业资金链条过紧，从2007年下半年开始，县银监办督促和指导各银行机构调整贷款期限和结构，规避宏观调控政策给地方融资带来的影响，着力维护地方融资信用。2008年全县银行业金融机构的中长期贷款增量占当年新增贷款的55%，减轻了企业的短期还债压力。

着力监控流动性风险。石林县金融机构贷款投向主要集中在旅游、交通、电力、土地储备四项行业。2008年末最大10笔贷款余额合计131150万元，占全辖贷款余额的50.2%。由于受宏观经济政策的影响，银行流动性管理难度有所加大，监管部门积极督促各银行机构拓展存款及其他负债业务，增强资金来源的稳定性。2008年金融机构不良贷款率得到大幅度的下降，有5家机构的不良贷款率控制在了1%以下，信贷资产质量得到大幅度的提升。

【机构和高管人员监管】 2008年末石林县有6家银行业金融机构（不含银监办和人民银行）、26个营业网点；自动取款机15台，存取一体机4台；自动查询机4台，POS机近70台；银行从业人员317人，其中高级管理人员27人（工行4人、农行3人、建行2人、农村信用社15人、富滇银行1人、邮政储蓄2人）。

年内，县银监办按有关规定上报上级审批了4个营业网点迁址、3个营业网点临时性迁址报备。根据金融业改革和发展的需要，农业银行石林县支行主要负责人从农行云南省分行营业部调入，石林县农村信用合作联社主要负责人从寻甸县农村信用合作联社调入，邮政储蓄银行石林县支行负责人按规定程序上报审批了任职资格。

督促指导辖区金融改革。一是做好调整放宽农村地区银行业机构准入政策在实施前的相关准备工作，年内有1家小额贷款公司挂牌成立；二是加快石林县邮政储蓄银行的组建工作，指导其制定和完善有关内控制度，引导“面向‘三农’、服务社区”的零售银行市场定位，加快网点改造和建设，调整业务结构，强化各项基础工作，加强风险管理；三是严密关注农业银行石林县支行股份制改革工作；四是督促和指导农村信用社“三项制度”改革，完善内控机制，增强服务功能。

【现场、非现场监管】 通过开展非现场监管，及时、持续监测金融机构的经营和风险状况，为现场检查提供依据和指导，使现场检查更有针对性。对银行业金融机构日常报送的各项监管报表和资料，实行按月分析，按季汇总出风险监管分析报告。对存在风险隐患的机构及时发出风险提示，保障金融机构稳健运行。

2008年县银监办会同石林县公安局对石林县金融机构营业场所安全、金库安全、运钞安全、自助机具和自助银行防范能力以及内部消防安全、计算机安全、案件防范能力、枪支弹药管理等情况进行了大检查。通过检查，对全县26个营业场所（网点）出具了安全评估等级，对有安全隐患的网点提出了限期整改意见。

2008年石林县银行业机构未发生案件，连续5年实现了“零”案件目标。

【金融服务】 县银监办坚持以深化农村金融改革为动力，进一步发挥农村信用社、农行、邮政储蓄银行的功能作用，强化为“三农”服务的市场定位和责任，年内对3家涉农金融机构的支农贷款发放情况进行了通报。

组织金融机构在县城和有集市的乡镇，开展了送金融知识下乡活动，活动期间发放宣传资料8000余份，“送金融知识下乡”活动受到了群众的广泛欢迎。同时组织各个机构开展调研，研究分析经济发展中遇到的问题，为各级领导提供决策依据。

加强行业作风建设，结合单位实际，制定出了 “三项制度”的实施办法并认真抓好落实，大力推行“一线工作法”。建立健全监督制约机制，听取各金融单位对监管部门在日常监管和服务工作中的意见和建议。10月份开始，按照云南银监局党委的安排部署，开展了学习实践科学发展观活动。

（撰稿人：石林县银监办　李静波）

工行石林支行

【工行石林支行】 2005年10月28日，中国工商银行股份有限公司石林支行成立。2008年8月原工行宜良支行并入石林支行后对内设机构进行了整合，内设办公室、信贷科、经营科、业务科；下辖石林营业室、宜良营业室、石林分理处、城区分理处、振兴街分理处、街心花园分理处、阳宗海分理处。年末有正式职工93人、柜员合同工7人。单位住址在鹿阜镇石林中路116号。2008年在抗震救灾捐款活动中，石林支行全体员工捐款22750元，48名党员交纳特殊党费10900元；向“3·28”车祸受灾员工张树元献爱心捐款35370元；资助支农联系点板桥镇矣马伴村委会春耕生产经费4000元。

行　长：杨兴华
副行长：祁　斌
　　　　保长见（8月起）

【经营指标完成情况】 2008年末各项存款余额为130529万元，比年初增加13143万元，其中：储蓄存款96731万元，比上年增加15881万元；对公存款33798万元，比年初减少2738万元。各项贷款45361万元，比年初减少8117万元；不良贷款3762万元，比年初下降3248万元，不良占比8.29%，比年初下降4.81个百分点；贷款收息率达99.07%。营销各类理财产品8583万元，中间业务收入668万元，实现账面利润2951万元，完成全年计划任务的153.54%。

【维护和营销账户工作】 2008年初，工行石林支行积极营销对公结算账户，在完善存量账户的管理维护工作的同时，成功营销了石林云电投新能源开发公司、石林中路各施工单位、云南圆通投资公司等企业的结算账户；以代理国库支付和实施公务用卡等业务为平台，推进财政预算、行政事业单位账户的开立和维护工作；开展代发工资抢抓工程，扩大和稳定了个人金融优质客户群，为下一步营销综合理财产品搭建了平台。

【内控外防工作】 2008年工行石林支行推行《违规积分处罚》办法，提升内控外防能力，完善总会计和营业经理岗位职责，全面开展事前审核、事中控制、事后监督的业务运行管理宗旨，使全年业务核算差错率控制在0.2%以内，在省分行营业部运行业务综合考评中进入前8名。继续抓好党风廉政建设和案防工作责任制的贯彻落实，层层签定安全责任书，将目标责任分解到具体的岗位和人员。2008年按最新《金融机构营业场所防护等级标准》对支行营业室、宜良营业室、振兴街分理处、石林分理处等营业网点进行重新改造装修，更新技防设施，提高了网点“技防、物防”的综合防范水平，在省分行营业部年度安全保卫工作综合考评中获得二等奖。

【提升服务水平】 全面开展“优质服务年”活动，以“三声服务”为突破口，推行主动接待、主动引导、首问负责的客户服务制度，做到“来有迎声、问有答声、去有送声”，全面提升工作行为规范；狠抓服务环境建设工作，通过网点更新改造，配备自助设备，提高了综合服务功能；强化服务工作纪律，切实做到“六个不让”，即不让客户在我这里受到冷遇、不让任何工作因我而延误积压、不让任何差错在我这里出现、不让违纪行为在我身上发生、不让任何投诉因我而起、不让单位形象因我而损害，使服务理念深入人心；每月对辖属网点和科室的服务工作进行不少于一次的明查暗访或检查考评，每季度开展一次服务工作满意度调查和“服务明星”评选活动，落实了服务工作中与绩效挂钩考核的奖罚制度。

（撰稿人：工行石林支行 鲁茸尼玛）

农行石林县支行

【县农业银行】 1956年3月，成立中国农业银行路南县支行。历经数次变动，1980年1月恢复设立。2008年农行石林县支行内设办公室、客户部、会计部、信贷部，下设营业室、鹿阜支行、石林风景旅游区支行等3个营业机构，年末在岗员工68人。县支行办公地点在鹿阜镇阿诗玛东路106号。

2008年县支行获得了省分行“案件防控专项治理”和“重点行治理”工作先进单位称号；槐红梅获省农行优秀会计员称号，陶正伟被评为省农行优秀办公室主任。2008年单位捐款23.1万元，其中：向堡子、小密枝、大乐台旧、糯黑村、青山、北大村、额冲衣等7个村委会捐款14万元支持社会主义新农村建设；捐资4万元对新录取的8名贫困大学生进行资助；对消防、法院等系统建设，以及县庆更名等进行了捐助；春节慰问扶贫联系点10户困难户以及资助支农联系点圭山镇额冲衣村委会春耕生产经费。四川地震后，全行72名员工总计捐款14351元（其中34名党员以特殊党费形式第二次捐款）。

按照礼品礼金上缴登记制度的要求，2008年农行石林县支行登记上缴无法拒收客户的烟酒等价值人民币5500多元，退回客户礼金2万元，上缴礼金人民币2万多元，党风廉政建设和反腐倡廉工作成效显著。

行　长：韩家荣（1月止）
　　　　谭继荣（2月起）
副行长：毕建锋（彝族）
　　　　苏　维（彝族）

【业务经营指标完成情况】　2008年末各项存款余额88124万元，比年初下降7192万元，其中：对公存款余额58870万元，占比66.8%，较年初下降12254万元；储蓄存款余额为29254万元，占比33.2%，较年初增加5062万元。各项贷款余额102293万元，较年初减少2060万元，按五级分类为：正常贷款（含关注贷款）100331万元，次级贷款1736万元，可疑贷款226万元，损失类贷款0万元，不良贷款1962万元，不良贷款占比1.92%，居于全省领先水平。全年累计发放各项贷款96265万元，其中：发放法人客户贷款78340万元，个人客户贷款17925万元；累计收回贷款93688万元，其中：收回法人客户贷款76723万元，收回个人客户贷款16965万元。

2008年代理销售基金2155.6万元，代售国债90.3万元，代理保险保费收入556.8万元，代客理财业务收入149万元；办理借记卡7627张，发行贷记卡909张。中间业务收入672.37万元，全省排12位，较上年前进了33位。

各项财务收入完成8573万元，各项财务支出5610万元，收支相抵，实现账面利润2963万元，按营业部的考核口径，剔除营业部账务处理调增支出，实际经营利润3580万元，人均创利52.6万元，在全省124家支行中排21位。

【机关内设部门调整及人员重组】　根据省分行营业部《关于对石林支行内设机构中层干部职数及定编定员的批复》批准，按照管辖网点和存贷款规模分类，核准农行石林县支行按三类行设置一室三部。按此要求，6月底前将原有党总支办公室、支行办公室、工会办公室、监督保障部等四个部室合并，组成新的办公室；将原有客户部、个人业务部、风险资产经营部合并组成新的客户部；将原有财务信息部、内控管理部进行合并，组成新的会计部；信贷部保持原有机构设置不变。机关内设机构调整设置为办公室、客户部、会计部、信贷部。

内设机构调整后，制定和明确了各岗位的工作职责，结合职责制定了《石林农行机构设置及公开竞聘实施方案》。按照竞聘实施方案的工作流程，通过报岗、审查、公示、竞聘演讲、打分测评、总支审定、公示、报批、正式聘用等程序，完成了内设部门人员的竞聘组合，中层干部由过去的21名调整为12名，机关人员由原来的36人调整为25人，对一线员工进行了调整和充实。为便于党务工作的正常开展，又将原来的5个党支部调整合并为机关党支部、基层联合支部、老干支部等3个党支部。

【中小企业贷款工作】　在2008年的信贷工作中，继续做好完善和提升金融服务“三农”的工作，拓展优质小企业和农业产业化龙头企业，加大支持力度。在做好为招商引资提供金融服务工作的同时，切实做好信贷客户的市场营销工作，从服务方式、服务手段、提高办事效率入手，加大生产经营类贷款信贷支持力度和对法人客户的营销力度，强化存款、贷款、中间业务的综合营销，做到存款、贷款份额相匹配。2008年农行石林县支行按照“面向三农、服务三农”的总体目标，累计发放各项贷款96265万元，其中：发放法人客户贷款78312万元，个人类客户贷款17953万元。

【清理处置账外资产及土地权属分割】　按照农业银行股份制改革的相关要求和

车辆处置拍卖

营业部对处置账外车辆的具体要求，对县支行使用的业务用车辆进行全面清理，对超龄的一辆三菱吉普车和一辆桑塔纳进行了报废处理，对两辆账外的桑塔纳车辆在规定的时间内由拍卖公司进行了公开拍卖。同时，按照股改要求，完成了石林风景旅游区支行土地使用权由商业用地改为金融用地的变更；将县支行营业办公用房和场院共用土地分割，分两宗办理了金融用途的土地使用证，为稳步推进股份制改革做好准备。

【不良资产剥离】 按照农行股份制改革进行不良资产剥离的具体要求，剥离不良资产 333 笔 4960.44 万元，实现剥离 341 户 4945.67 万元，其中：法人客户可疑类 11 户 1287 万元，法人客户 19 户损失类 675.66 万元，个人可疑类贷款计 263 户 2789.37 万元，个人损失类 48 户 193.64 万元。剥离不良贷款利息 1794.8 万元，剥离非信贷类资产 13 笔 14.8 万元。

（撰稿人：县农业银行 段家福）

建行石林支行

【建行石林支行】 1980 年 9 月，中国建设银行路南彝族自治县支行在中国建设银行曲靖地区中心支行路南办事处的基础上建立。2005 年 3 月，为适应总行股改上市的需要，更名为中国建设银行股份有限公司石林支行。2008 年，中国建设银行股份有限公司石林支行内设行长室、副行长室、营业室（负责核算和对外服务）、综合科（负责信贷、保卫、办公室及后勤业务）。年底有职工 18 人，其中：长期用工 12 人，短期用工 6 人。单位住址在鹿阜镇石林中路 40 号。

2008 年，建行石林支行在争先创优工作中，获得建行云南省分行文明单位称号，并再创昆明市市级文明单位称号。积极组织职工向灾区捐款捐物价值 9190 元；投资 5000 元在鹿阜镇西北街办事处义务种植香樟行道树 400 棵。

行　长：刘兴荣

副行长：杨森宇

【经营指标完成情况】 2008 年末建行石林支行存款余额为 38713 万元，比年初的 27316 万元增长 11397 万元，增长 41.72%，其中：企业存款余额 26198 万元，较年初的 17927 万元增 8271 万元，增长 46.14%；个人存款余额 12515 万元，较年初的 9389 万元增 3132 万元，增长 33.36%。

贷款余额为 21693 万元，较年初的 17303 万元增长 4390 万元，增长 25.37%，其中：对公贷款余额 10084 万元，较年初的 8500 万元增长 1584 万元，增长 18.64%；个人贷款余额 11609 万元，较年初的 8803 万元增长 2806 万元，增长 31.88%。

2008 年全行累计投放贷款 14916 万元，累计回收贷款 10526 万元。其中：个人贷款发放 259 笔 2416 万元；对公贷款累计发放 12500 万元。全行实现利润 770 万元。

【公积金业务】 2008 年建行石林支行继续保持辖区内独家经办公积金业务，市场占比 100%，经办全县公积金存款 11957 万元，较上年的 7841 万元增 4116 万元，增长 52.49%；委托个人住房贷款余额 12270 万元，较上年的 6622 万元增 5648 万元，增长 85.29%。

【个人住房贷款业务】 大力发展个人住房贷款业务，积极支持地方住房建设。2008 年全行营销人员加大对在建楼盘的营业力度，及时解决购房户的困难，全年累计发放个人住房贷款 755 笔，有力地支持了地方的城镇建设。

（撰稿人：县建设银行 杨 云）

县农村信用合作联社

【县农村信用合作联社】 1954 年 2 月，成立乡级农村信用社。1984 年 8 月，成立县农村信用合作社联合社。2006 年 3 月，统一县级法人，成立县农村信用合作联社。2008 年县农村信用合作联社机关设综合部、稽核部、保卫部、财务部、信贷部，下辖联社营业部、鹿阜信用社、路美邑信用社、板桥信用社、大可信用社、北大村信用社、西街口信用社、维则信用社、海邑信用社、城北信用社、鹿阜分社、大兴分社、城南分社、板桥分社、路美邑分社、石林分社等 16 个营业网点，年末在岗职工 139 人。联社机关在石林大道。

2008 年县信用联社获省级文明单位 1 个、市级文明单位 1 个、市级巾帼文明岗 1 个，先后向灾区捐资 26460 元，资助支农联系点鹿阜镇铺宾村委会 3000 元生产经费。县信用联社新建综合业务用房 2007 年 1 月开工，2008 年 10 月竣工，总投资 1800 万元。

书记、理事长：陈　琳（女，3 月止）

陈世能（4 月起）

副书记、主任：朱绍明

副　主　任：唐志明

朱子祥

纪委书记、监事长：朱绍莲（女）

【经营指标】 2008 年末全县信用社各项存款余额 119675 万元，比年初增加 22705 万元，增幅 23.41%，完成市联社存款任务数 104920 万元的 114%；各项贷款余额 87928 万元，比年初净增 16935 万元，净增数在市联社年末净增控制余额 17000 万元以内，存贷比 73.47%。其中农户及农业经济组织贷款余额 69288 万元，占各项贷款总额的 78.80%。累计发放各项贷款 66413 万元，比上年同期增加 12810 万元，增幅为 23.90%。全年实现财务总收入 9183 万元，比上年同期增 3186 万元，增长 53.13%，完成市联社任务数 8490 万元的 108.16%。总支出 8769 万元，收支相抵盈余 414 万元。

【内控管理】 完成了全县 16 个营业网点库存现金、重要空白凭证和代保管抵押物品的检查。全年共查库 204 次，处罚 27 人，罚款 52400 元。完成了各信用社 2007 年度金碧卡发行情况的专项稽核审计；完成了鹿阜信用社、西街口信用社、石林分社的全面稽核审计；完成了 16 个网点的常规稽核审计以及盈亏真实性稽核审计；完成了重要岗位离任稽核2人。

为降低现金押运风险，确保信用社资金及人身安全，2008年3月1日又与石林县保安服务公司续签了三年的现金押运合同。增加安防、技防设施的改造和管理。投入70余万元，对大可信用社、海邑信用社、板桥信用社3个营业网点按GA38-2004银行业营业场所建设要求进行了装修改造；增加监控硬盘3个，增加大兴分社、鹿阜信用社ATM机加钞监控摄像头2个，维则信用社运钞车停靠点监控摄像头2个，使之保持良好的工作状态。年底全县信用社的报警器、电视监控、防弹玻璃安装率达100%，安防设施得到了明显提高。

【信贷工作】 2008年累计发放各项贷款66413万元，其中累计发放农户及农业经济组织贷款55634万元，占全部贷款累计发放数的83.77%。截至12月末，共建立农户经济档案44950户，核发《贷款证》37356户，得到信用社贷款扶持的农户达3.9万户，占全县农户总数的70%，解决了广大农民贷款难的实际问题，有力地支持了石林县社会主义新农村建设。

2008年县信用联社加强与县扶贫办合作，经双方多次协调，达成一致协议，由信用社筹资，省、市、县财政贴息，共发放扶贫贷款1555万元。其中：全县100名党员领导干部帮扶100名农村党员，一对一帮扶贷款50万元；带动农户脱贫致富特色农业贷款1010万元；农村妇女五户联保贷款390万元；下岗失业女职工再就业贷款100万元。

【中间业务】 以推进“农金网工程”建设，改善支付结算手段为基础，积极拓展中间业务，拓宽收入渠道，实现中间业务收入。2008年县信用社办理的中间业务有代理机动车辆保险、“安贷宝”保险、“惠农一折通”财政直补资金、国税地税的税款代扣代缴、教育系统及各乡镇工作人员的工资代发、民政资金补贴代付复员军人优待金、农村低保、高龄补助金，“新农合”医保资金代收等业务，全年实现中间业务收入54.7万元，比上年同期增加24.7万元，增幅82.3%。

【编纂《石林县农村信用社志》】 2007年5月启动了《石林县农村信用社志》编纂工作。经过编纂人员的辛勤耕耘及社会各界有识之士的支持，2008年9月28日《石林县农村信用社志》正式出版面世。《社志》共10章28节77.2万字，印制800册。

【三项制度改革】 2008年，根据省、市联社“劳动用工、人事管理、薪酬分配三项制度改革”文件精神，县联社及时成立了“三改”工作领导小组，召开职工动员大会，并通过对2008年工资、财务收入进行精心测算，拟定出石林县联社“三改”方案报上级联社批准。8月7日组织全社干部职工124人进行“三改”考试，考试成绩全部合格。11月12日召开城区网点全体干部职工大会，动员广大干部职工积极报名参加中层干部竞聘，经过“三改”领导小组的资格审核，最终确定具有竞聘资格的为50人。11月20日进行了中层干部竞聘上岗演讲。12月31日完成了中层干部、员工的聘任工作。

（撰稿人：县农村信用联社 冯 斌）

财产保险

【县人保财险公司】 1984年4月，中国人民财产保险公司路南支公司成立。2008年支公司内设经理室、业务部、综合部，下辖石林镇营销服务部、板桥镇营销服务部、圭山镇营销服务部3个农村保险业务服务网点。年底有正式在职员工7人，外聘扶助员工7人，保险业务营销代理人25人，兼业代理机构5个。公司住址在鹿阜镇阿诗玛南路141号。2008年3名员工受到云南省分公司的表彰。年内支公司向四川地震灾区捐款1470元；资助支农联系点圭山镇亩竹箐村委会5000元生产经费。

总 经 理：普周元

副总经理：符钰麟（8月止）

【业务发展】 2008年支公司再次获得“全县行政事业单位公务用机动车辆保险政府定点采购”。全年为石林县的12113辆机动车，120余家企事业单位、个体和私营业主，7所学校的10000余名学生，广大烟农和经济林木种植大户等提供各类意外事故和自然灾害损失风险保障19.83亿元。全年实现业务收入1499.02万元，人均业务量214.15万元，完成年度计划任务的100.27%，同比增长13.54%。其中：机动车辆保险业务收入1260.80万元，同比增长保费271.99万元，增长18.14%；企业财产保险业务收入23.78万元，同比下降55.56%；家庭财产保险承保39807户，业务收入3.49万元，同比增长29.23%；人身意外伤害保险业务收入63.06万元，同比增长3.16%；责任险业务收入39.15万元，同比减少0.91万元；其他险收入7.96万元；农业烤烟保险业务收入85.05万元；政策性能繁母猪保险业务收入15.73万元。

【职能作用】 全年办结各险种索赔案件2315件，为遭受意外事故或自然灾害损失的保户支付各项赔款668.64万元，其中：机动车辆保险赔款484.68万元，种植业烤烟保险赔款66.27万元，能繁母猪保险赔款33.87万元，意外责任保险赔款55.21万元，产财类保险赔款28.61万元，为受灾保户及时解决生产生活困难提供了有力的支持。已出险报案未办结案件531件，涉案金额87.55万元。缴交各项税费76.23万元，人均创税近10万元。向广大客户积极宣传《道路交通安全法》、《机动车交通事故责任强制保险条例》、《消防安全法》和各项安全法律法规、制度措施，以及防灾防损、安全救助等知识，增强生产经营者的安全防范意识和责任，防患于未然，减少社会财富的损失，充分发挥保险损失补偿和防灾防损的职能作用。

【公司建设】 结合石林经济社会发展战略规划，制定《人保财险石林支公司三年发展战略规划》。积极推进农村保险业务营销服务网点建设和增员计划工作，先后在石林镇、板桥镇、圭山镇设立了3个营销服务网点，面向社会公开招聘了25名营销服务人员，通过培训和试用考察后分配到各网点工作。与县公安局、县民政局联合发文，逐步建立健全石林县农村火灾灾后保障体系，切实为农村经济发展、社会稳定和农民群众安居乐业提供良好的消防安全保障。

进一步树立“以市场为导向，以客户为中心”的经营理念和“客户至上，服务制胜”的服务思想，全面清理和完善原有的管理制度，规范标准和实务流程，建立符合实际、简洁明确的基本制度框架体系，形成用制度管人，以制度规范行为的工作格局。

【重大赔案】 2008年机动车辆保险赔付5万元以上重特大赔案共12件（其中10万元以上有4件），支付赔款金额100.69万元。其中赔付金额最大的为云A*4882*，于2008年2月18日出险，5月5日获赔18.12万元。

（撰稿人：县人保财险公司 刘 颖）

人寿保险

【县人寿保险公司】 1985年4月，成立中国人民保险公司路南县支公司。2003年8月进行重组改制，更名为中国人寿保险股份有限公司石林县支公司。2008年支公司内设经理室、营业室、团险部、中介部、营销部和财产险互动部，下辖石林营业部和圭山镇、板桥镇、北大村3个农村营销服务部，年底有职工6人，新签劳动合同员工7人，持有代理人资格证的营销代理人140人。公司住址在石林县东山路商会宾馆街心花园。2008年支公司被中国人寿总公司评为“先进基层党组织”，连续两年获得省公司“先进集体”称号，营业室荣获省公司“优质文明服务示范岗”和“优秀示范柜面”，北大村营销部被省公司评为“星级营销服务部”；2人获得省市公司“先进个人”称号。年内组织员工向四川地震灾区捐款7450元，交纳特殊党费1000元；捐资助学捐款1600元；资助支农联系点板桥镇小屯村委会生产经费5000元。

总 经 理：张建康

副总经理：李 瑛（女，12月起）

范虹铧（10月止）

黄 彬（12月起）

【业务经营情况】 2008年完成总保费3427.70万元。其中：个险首年期交保费582.36万元，比上年度净增长185.26万元，增长46.65%；团险业务212.90万元，比上年度净增长38.40万元，增长22%；中介业务1331.11万元，同比增长693.11万元，增长108.63%；收取续期保费1107.34万元；银邮业务125.76万元；互动业务（人寿机动车保险）于2008年6月24日开办，年末收取保费68.23万元。支公司全年累计处理赔案2201件，支付赔款192.97万元；满期保险328件，支付满期保险金726.43万元。为稳定社会、安定人民生活，促进全县经济发展发挥了应有的作用。

【开拓营销市场】 2007年3月9日，省政府与中国人寿保险股份有限公司签署了《战略合作意向书》。为全面实施“巩固城市，抢占两乡业务”的战略决策，县支公司采取了以下有效措施：一是出台《保险先进村建设方案》、《农村网点建设推动方案》，先后在石林镇、圭山镇挂牌11个“保险先进村”建设点，分别在7镇1乡36个村委会进行保险宣传。二是进一步拓宽销售领域，积极参与到新农村建设中去。通过“保险先进村”建设，积极服务“三农”，推进保险发展，加快建立覆盖城乡居民的社会保障体系。积极开展失地农民养老保险、新型农村合作医疗保险、村干部补充养老保险、外出（来）务工人员意外医疗保险、新简易人身险等保险业务，全面支持新农村建设。三是在中介代理机构与商业银行开办投资理财分红保险业务，并和邮局、中国移动公司、中国联通公司开办意外伤害医疗及身故保险业务，为开拓业务开创了一个新的经营格局。

【公司建设】 结合营销发展需要，把培训工作纳入基层团队的日常管理工作中，并分层次举办各类培训班。2008年昆明市公司举办业务销售培训班9期、石林支公司参训人员78人次，管理培训班3期、32人次参训。通过强化培训，提高了从业人员的整体技能和管理水平。同时组织员工赴海南、北京考察，通过参观考察，大部分员工的思想观念有了提升和转变。年内省公司总经理阮建设、市公司总经理刘辉和县人大副主任毕宏志，先后到支公司检查指导工作。为了更好地优化服务，支公司于9月份开展了“诚信我为先”、“牵手中国人寿、共建和谐生活”系列客户活动，并积极推广“1+N”客户服务，着力强化公司服务质量，提升公司服务品质，进一步提高社会影响力。

（撰稿人：县人寿保险公司 周宏富）

交通邮电

公路交通

【县交通局】 1994年10月，成立县交通局。2008年，县交通局下设局机关办公室、交通建设管理科、交通运输管理科、公路建设管理所、公路路政管理所（根据石林县机构编制委员会文件，年内石林县公路路政管理所更名为石林县公路路政管理大队）。加挂“国防动员委员会交通战备办公室”的牌子。年底有在职职工34人，其中：公务员8人，事业人员16人，工人10人。单位住址在鹿阜镇阿诗玛东路147号。交通运政管理所于2008年9月将人事档案移交昆明市交通局管理，在职在编人员10人，离（退）休人员4人，提前退休、离岗退养人员1人，合计15人。自2008年10月14日起，石林县交通运政管理所正式更名为昆明市公路运输管理局石林县分局，单位住址在鹿阜镇阿诗玛东路147号。2008年，县交通局补助支农联系点大可乡大可村委会公路修建款10000元、工作经费2500元。

书记、局长：王　宏（10月止）

副　局　长：杨国云

交通战备办副主任、副局长：王留云

【交通基础建设】 石林中路改扩建工程全长10.38千米，按城市Ⅰ级主干道建设，一期工程路基宽度40米，二期工程路基宽度47米，双向六车道，沥青路面，道路交叉口以平交为主，给水、排水、电力、电信、有线电视、信息网络、数字城管等管线工程全部一次性建成。2008年共完成挖方工程121.3万立方米，填方工程100.4万立方米，雨污管网工程3.1万米，涵洞工程48道2.338千米，20米桥梁1座，沥青砼路面35万平方米，绿化工程28.1万平方米，植树164.2万株，累计完成总投资4.258亿元。2008年9月26日交工验收，评定为合格工程。

北召公路西街口至召夸段路面改造工程全长16.7千米，公路等级为三级公路，沥青混凝土路面，总投资1328万元。2008年7月27日完工通车。

全年完成农村公路硬化、路基改造、通达工程141.2千米，总投资4113.2万元。其中：建制村公路路面硬化工程6条37.2千米，完成工程投资2083.2万元；完成路基改造工程6条57千米，完成投资855万元；完成通达工程7条47千米，完成工程投资1175万元。

截至2008年底，全县公路总里程1121.68千米，其中：国道82.23千米，省道75.689千米，县道263.661千米，乡道499.096千米，村道174.258千米，专用公路26.746千米。

建设中的板桥三级客运站

【县乡公路养护】 2008年石林县共有农村公路240条951.541千米，其中：县道11条263.661千米，乡道121条499.096千米，村道105条174.258千米，专用公路3条14.526千米。共投入水毁、养护资金238.7万元。

【道路运输管理】 做好道路运输业的审验工作，2008年应审验车辆2646辆，实审验车辆2476辆，其中：客运车辆应审数683辆，实审数683辆，审验率100%；货运车辆应审数1702辆，实审数1532辆，审验率90%；出租车应审数116辆，实审数116辆，审验率100%；危险货物车辆应审数145辆，实审数145辆，审验率100%。

查处违章车辆847辆，违章罚款58.9万元。征收道路运输管理费140.8万元，手扶式、小盘式拖拉机养路费33.6万元。

【路政管理】 2008年4月，石林路政管理大队联合4家路政管理大队以“保护路桥、关爱生命、保障畅通、构建和谐交通”为主题，利用各乡镇赶集日进行《公路法》宣传活动。活动期间共出动宣传车队4台次，宣传人员108人次，粘贴标语600余条，悬挂宣传布标6条。加大对超限超载车辆的整治力度，全年共检测车辆23154辆，其中超限超载车辆9856辆，卸货860余吨，罚款256万元。

【公路绿化】 2008年完成326国道石林县城至石黄牛段植树3188株；秀河线路美邑至县城段植树5993株；西石一级公路陆良进入石林K22+000——K23+000段植树1779株；九石阿公路泸西进入石林K86+000——K87+000段植树2477株；秀河线弥勒进入石林K1189+600——K1190+800段植树3077株。完成石林中路、鹿平公路、北召公路、狮子山公路、小乐台旧至小兴冲公路、黑古塘至结胜公路、小沙河至分水岭7条县、乡、村道公路绿化工程植树3947202株。

【客运站点建设】　积极推进城乡公交一体化进程，新建西街口镇、长湖镇2个四级客运站。至年底，全县共开通公交车线路65条，投入城乡公交车160台，全县七镇一乡实现了“镇镇通”公交，92个行政村（居委会）开通公交车87个，行政村公交车覆盖率达到94.6%。

【公路运输】　2008年石林县班线车旅客运送量472741人次，公交车旅客运送量1904172人次。

（撰稿人：县交通局　陈卫佳）

铁路交通

【石林火车站】　1997年11月，南昆铁路正式开通运营。石林火车站地处自然景观独特、文化底蕴丰富的石林风景区，位于南昆线上K690+390.6m处，是南昆线上一个四等客运站。车站不仅是昆明铁路局重要的客运服务窗口单位，也是石林风景区的一个闪亮的服务窗口。2008年，石林站区设7个单位，分别是石林站、石林工务工区、石林工务线路车间、信号工区、铁通工区、房建工区和派出所，年底有在职职工87人。2008年，石林火车站荣获昆明市“文明单位”称号，被昆明铁路局评为“先进中间站”。

车站主要办理接发列车作业和旅客运输业务。日均接发（办理）列车100余列，其中旅客列车13对，发送旅客日均200余人，车站日均旅客流量500余人。

站　长：苏建伟

副站长：陈昊宇

【客运生产任务完成情况】　2008年旅客发送75582人次，旅客到达128955人次；旅客周转量57520967人千米。

（撰稿人：石林火车站　苏建伟）

邮　政

【县邮政局】　1998年10月1日，邮、电分营，成立县邮政局。2008年，县邮政局内设市场部、综合部，下辖1个投发组、1个物流配送组、3个邮政支局、8个邮政所，年底有在职职工35人、劳务工12人。单位住址在鹿阜镇阿诗玛东路127号。2008年实现了资金、人身、通信质量全红，何志仙被省邮政公司评为“先进工作者”。2008年资助支农联系点祖莫村委会4000元生产经费，同时扶持了办公桌椅等物资。

党支部书记、局长：李　辉（3月止）

左春睿（3月起）

邮储银行支行长（临时负责人）：

杨　涛（7月起）

【主要指标完成情况】　2008年深入贯彻落实省、市邮政工作会议精神，团结一致、解放思想、转变观念、提高认识，以效益为中心，创新发展思路，进一步改变传统的经营方式，加快长效高效业务的发展，进一步拓展市场，提高企业效益，提升服务水平，实现了企业经济效益的平稳增长，体制改革成效显著，发展能力不断增强，管理水平不断提高，服务质量不断改善，企业呈现和谐、健康发展。全年累计完成业务收入354.24万元，完成年计划的122.15%，同比增长26.31%。各分项业务完成情况为：函件完成25.39万元，同比增长36.01%；包件完成53.36万元，同比增长112.18%；报刊完成39.93万元，同比负增长4.35%；集邮收入完成38.88万元，同比增长32.90%；代办业务收入完成7.32万元，同比增长278.90%；特快专递完成27.48万元，同比增长25.08%；物流业务完成57.47万元，同比增长7.60%；汇兑完成18.59万元，同比增长41.63%；储蓄完成66.48万元，同比负增长6.35%；销售商品收入完成11.8万元，同比增长237.52%；其他业务收入完成7.54万元。2008年业务总量完成342.83万元，同比增长42.76%，支差完成8.68万元，亏损减少。

【营销工作】　通过深化各项机制改革，充分调动员工的工作积极性、主动性，营销工作取得了良好的成绩，被昆明市邮政局评为“优秀营销团队”。一是开展劳动竞赛，制定业务奖励考核办法，明确目标。二是制定绩效工资考核分配办法，推行绩效工资与计量工资相结合的分配方式，初步建立以业绩论英雄、按贡献取报酬的收入分配机制。三是推行全员客户经理制度，变“在家等客户上门”的被动服务为“走出门去营销”的主动服务。本着“谁营销、谁维护、谁受益”的原则，对原有客户进行细分，对每个客户确定了客户经理，对重点客户成立了客户经理小组，形成人人关心业务发展，人人参与营销的良好氛围。2008年制作“幸运游天下”8000枚，收入1.6万元；成功开发火把节本册式邮送广告《体验石林》50000册，收入10万元；大宗刺绣包裹14176件，收入48.56万元；开发形象期刊10000册，收入2万元；开发圭山煤矿建矿50周年纪念邮册500册，收入11.75万元；销售奥运邮品系列25.9万元；开发“石林金融”形象年册800册，收入20万元；为34家企事业单位制作贺卡，收入30万元。

【内控管理】　继续开展“提高服务质量，让用户满意”和“落实制度、消除隐患”专项整治活动，对服务环境、设施、营业、投递服务质量、办事效率、资费执行标准、邮件传递速度、邮件报刊丢损、投递及时准确、查询方便快捷、咨询投诉等指标进行专项整治，进一步细化内部管理，规范作业流程，大大提高了邮政服务质量和服务水平。2008年，县邮政局被县委、县政府授予“平安单位”称号。

【网点改造】　2008年对阿诗玛东路营业室和环城东路营业室进行了标准化网点改造，安装了互锁连动门、电视监控器、防弹玻璃，报警系统全部与110联网，安防设施得到了明显提高，大大改善了服务环境，增强了网点的竞争力。

【成立邮政储蓄银行】　2008年6月26日成立了中国邮政储蓄银行有限责任公

司昆明市分行石林县阿诗玛东路支行，属二级支行，主要办理个人小额信用贷款、商务贷款等信贷业务。

（撰稿人：县邮政局 张美丽）

电　　信

【县电信分公司】 1998年10月1日，邮、电分营，成立县电信局。2004年6月，中国电信集团云南省电信有限公司在香港和美国纽约成功上市，石林县电信局遂更名为“云南省电信有限公司石林彝族自治县分公司”。2008年2月，因中国电信股份有限公司法人体制调整，云南省电信有限公司及其下属的各分支机构被中国电信股份有限公司整体吸收合并，原云南省电信有限公司石林彝族自治县分公司的名称变更为“中国电信股份有限公司石林分公司”。2008年，分公司内设综合办、市场部、维护安装部、政企客户分部、社区客户分部、农村统包分部、网络维护分部、设备维护分部、营业厅，年底有各类在职员工41人。机关主要办公地点在石林中路小东山对面。2008年，县电信分公司通过了市级“文明单位”的考评验收。2008年出资5900元帮助支农联系点鹿阜镇上蒲草村委会开展了春耕生产和植树造林工作。

经理、党支部书记：邱自华

副经理、工会主席：李海涛

副经理：宋　健（6月起）

【主要指标完成情况】 2008年，业务收入计划完成1802万元，实际完成1754.5万元，占年计划的97.36%，与上年同期相比增长为-0.30%。固定电话新增2025部，拆除2470部，年底在网用户20649部；小灵通新增838部，拆除1448部，年底在网用户2986部；ADSL业务（包含LAN）新增1511部，拆除333部，年底在网用户4034部；新增“致富通”（无线座机）1458户，拆除36户，年底用户4016户；新增第二期“平安石林视频监控”50个，一、二期累计达101个点。从2008年10月1日起，CDMA业务经营主体由中国联通变为中国电信，石林在网用户6146户。

【营销发展】 2008年开展了预存话费送礼品活动，共办理“享受固话、感受家”用户9800多户，渗透率为46%。但重点业务发展量不足，拆装比居高不下，小灵通拆装比为166%，公话拆装比为40%，致富通拆装比为18%。公司在继续做好项目商机储备转化的基础上，积极开展各类业务营销活动，主要开展的工作有业务超常规发展劳动竞赛、转型业务发展劳动竞赛、E8-2业务推广、“平安石林”二期视频监控推广、智能外呼平台业务推广。同时结合商机管理，加强行业转型业务的营销力度，加强待列账的管控与回收。由于重点项目收入转化不足，业务收入同比有所下滑，收入缺口拉大，话音基本面下滑、拆装比上升的趋势未能得到有效扭转，项目商机转化力度不够，收入形势不佳。

【重点工作】 2008年，与23个村委会签约建设农村信息村，完成2个农村信息村示范点挂牌及活动室布置工作；完成“平安石林”二期项目及水务局、财政局、民政局、大可乡政府、西街口镇、路美邑中学、青少年活动中心、圭山中学、兴亚风情园、风景区管委会、小密枝旺园、紫玉小学、石林民族中学、看守所、国土资源局等15家单位或企业的ICT组网项目。

【管线建设和维护】 年内完成“光进铜退”EPON建设13个机房建设开通工作。解决了575户用户因电缆被盗长期不通电话的难题，并收回17千米大小电缆用作他用，为公司节约了建设成本；完成县城至海邑37.4千米24芯光缆的建设工作和巴江俪岛小区红线以外的管道建设工作（包括该小区内部缆线建设）；完成北大村至西街口20千米24芯光缆、板桥至龙溪6千米8芯光缆、石林支局至北大村7千米24芯光缆、县城新局至石林支局11千米96芯管道光缆、海邑至圭山煤矿12千米24芯光缆的建设工作。完成31个行政村105千米光缆建设工作，基本实现石林县所有乡镇至各行政村间的光缆互通，为以后的宽带下乡工作奠定了坚实的基础。积极支持市政道路建设，配合石林中路扩建工程指挥部完成县城会议中心至石林风景区红灯路口10千米道路边46孔千米弱电管道建设工作。做好全县新装小灵通基站23个、移站12个的维护工作。2008年10月1日与中国联通对接，完成原联通公司C网设备清核和业务交接，同时新增开通5个C网基站。开展了节能降耗工作，完成县城新老局、石林风景区模块局3个点节能设备安装工作，节能风机已投入使用。在大修、新建项目的管理、材料领用、废旧料管理和工程项目结算上，严格执行省市公司建设流程，防止跑、冒、滴、漏的发生。

【管理工作】 继续按照管理效能提升计划的要求，通过组织结构微调、人员归并，把乡镇以下的维护和装、拆、移机工作实行业务外包，剩余人员充实到市场营销队伍中。加强合同管理及内控流程指导，通过专题学习培训，规范对终端、设备、材料及对外业务合同的管控，规避了企业风险。全年服务质量、成本管控和安全生产达到了上级公司的要求。

（撰稿人：中国电信股份有限公司石林分公司 李卫平）

广 播 电 视

【县广播电视局（台）】 1992年7月1日，成立县广播电视局。2008年，设有办公室、财务科、新闻部、事业科、网络部，年底有职工35人，其中：管理人员5人，专业技术人员13人，工人17人。单位住址在石林县鹿阜镇双龙中巷22号。2008年资助支农联系点路美邑镇路美邑村委会3000元春耕生产经费。

局（台）长：张树忠（彝族）

副局（台）长：付秉云（8月止）

【广播电视新闻宣传】 利用广播电视及时宣传报道全县开展经济社会发展软

环境建设活动情况，掀起软环境建设热潮。根据县纪委、县软环境建设办公室安排，在石林电视台播出全县各单位主要负责人优质服务公开承诺；播出全县副科级以上领导干部职务分工情况和工作电话；开设“解放思想、跨越发展、富民强县”大讨论活动宣传专栏，请县级领导、县直各单位和乡镇领导，结合各单位工作实际，就如何贯彻落实会议精神，抓住重点，采取措施，完成任务进行专题访问，使全县广大干部群众广泛知晓、高度关注、充分参与，在全县上下营造解放思想的浓厚氛围。开设专栏，深入、全面、及时报道全县城乡园林绿化和生态建设开展情况。加大宣传力度，报道园区建设、工业突破、招商引资等重点工作。四川汶川大地震发生以后，以高度的政治责任感和新闻敏锐感及时组织“汶川大救援，石林在行动”系列报道，在《石林新闻》和《昆明新闻》播出。制作播出《建支柱，创品牌》、《美丽家园》、《魅力石林，商机无限》、《彝乡古道变通途》等专题片。高标准、严要求做好纪念改革开放30周年、自治县更名10周年100分钟专题片制作工作任务。全年采集新闻1272条，制作播出《石林新闻》150组，上传昆明电视台播出165条。

在2008年度昆明市广播电视政府·金孔雀奖节目评选区活动中，石林县选送的《美丽家园》获播音主持三等奖，《石林县甜柿种植大户官体刚邀请老外把关外销甜柿质量》（短消息）获电视新闻三等奖，《抗震救灾——石林爱心大行动系列报道（1～6）》（系列报道）获电视新闻三等奖。

【有线电视“村村通”工程】 2008年市广播电视局安排石林县光缆联网70个自然村任务，每个自然村补助近2万元的设备材料。2008年11月初，完成了建设任务。

昆明市行政村光缆联网工程项目是一项公益事业、民心工程，旨在扩大全市有线电视光缆网络覆盖区域，提高全市有线电视网络传输安全性、稳定性和传输质量，解决行政村收看有线电视难的问题。2008年7月17日，市政府与县政府签订《昆明市2008年广播电视网络事业发展目标责任书》，具体目标是：石林县于2008年12月31日前完成10个行政村光缆联网任务。此项工程建设由市级承担总建设经费的60%，县政府承担40%，工程建设技术规范均统一按市广播电视局示范点模式实施。在各级各部门的大力支持、配合下，按计划完成了雨胜、祖莫、格渣、水补衣、清水塘、结胜、南大村、中龙、威黑、小圭山10个行政村有线电视光缆联网。根据市广播电视局下达的“村村通”维修示范站建设任务，完成路美邑镇文化广播电视服务中心示范建站工作，为示范站配备了必要的办公设备。

市政协组织部分市政协委员视察石林“村村通”工作

【文笔山无线覆盖工程建设】 根据国家广电总局要求，在“十一五”期间，对全国县以上（含县）转播中央第1套、第7套电视节目的无线设备，由中央财政下拨资金和配发设备进行更新改造，切实解决边远、贫困山区群众收看电视难的问题。石林县广播电视局利用文笔山原有无线转播台资源，于2007年7月开始筹备工程建设。在建设中严格执行专项资金、专项设备全部专款专用，完成了转播台铁塔岩土勘察、气象资料、机房修缮、传输线路、电力线路改造、铁塔安装、设备安装等工作。在时间紧、任务重的情况下，克服雷雨天气多和停电断水的恶劣条件，采取有力措施，稳步推进工程建设，确保工程建设按期、按质完成。2008年6月28日，中央第1套、第7套电视节目试播成功，转播中央第1套电视节目在6频道，中央第7套电视节目在37频道，覆盖了全县未联通光缆的边远山区。

【广播电视安全播出】 加强机房值班制度，重要节目、重点时段机房确保24小时双岗值班，安全播出指挥部成员保持通迅工具24小时联络畅通，遇有突发事件，果断处置。加强巡防巡查力度，确保奥运会、残奥会开幕式及重要比赛场次、重要节目、重大活动、重点时段转播和传输绝对安全，圆满完成了北京奥运会、残奥会期间广播电视安全播出工作。

【电影公司改革分流安置人员】 根据《石林县人民政府对县文体局关于县电影公司改革事项的批复》和《石林彝族自治县人事劳动和社会保障局关于县电影公司改革未达到提前退休条件人员分流安置到县广播电视局工作的通知》文件精神，原县电影公司5位职工分流安置到县广播电视局工作，经费供给形式为自收自支，工资、人事关系一并转入县广播电视局，执行时间从2008年11月1日起计算。

（撰稿人：县广播电视局〈台〉朱琼芬）

信息化建设

【县政府信息产业办公室】 2000年9月，成立石林县网络信息中心。2005年2月，更名为石林县人民政府信息产业办公室，为正科级事业单位，不设内设机构。2008年底有在职人员4人。单位住址在鹿阜镇双龙山18号县政府二楼。2008年资助支农联系点长湖镇蓑衣山村委会2000元生产经费。

2008年，对人大代表“解决长湖镇祖莫村委会窝子山村移动通信信号不好的问题”的建议和政协委员“建立健全科技信息备案制，促进部门间的信息流通和资源共享”的提案进行办理答复工作，办理结果为“非常满意”和“满意”。

副主任：段圳宗

【电子政务建设】 2008年，县信息产业办配合县人民政府办公室全力做好县党政机关办公用房的智能化系统建设，启动了系统建设方案的设计，12月20日顺利完成系统建设方案的设计。为确保党政机关办公用房启用时，同时实现无纸化办公，12月县信息产业办开始编制石林县党政机关智能协同办公系统建设方案。本系统建设完成后，将为石林县构建一个包括个人办公事务、内部公文流转、公文模板、公文归档、政府公文传递、文档管理、电子邮件、政策法规、政府公告、交流中心、车辆管理、人事管理、用户权限管理、项目申报审批管理及资产（财务）管理等子系统的综合应用系统。

根据县委宣传部安排，县信息产业办于10月13日完成了《中国石林信息港建设方案（初稿）》编制，网站建设采用一体化电子政务运行平台支撑起门户网站的运营体系，是一个整合石林县各级各部门在互联网上的网站（网页）的综合信息发布平台。10月15日，方案初稿送达县委宣传部审核；11月份，就方案初稿向有关县级领导广泛征集了意见；12月中旬，完成了进一步的修订工作。

按照省、市信息产业办的建设要求，遵循统筹规划、统一标准、资源共享、服务便捷、讲求实效和保障安全的原则，县信息产业办认真指导县级党、政、群机关的信息网络及信息系统建设。全年完成终端维护600余台次，改造双绞线点40余个，保证了县域网络的通畅和安全运行。2008年，县委办、县政府办和县人大办与市级部门已经实现了网上电子公文交换。

全年13次做好石林县电子政务视频会议系统的调试和运行保障工作，保证视频会议正常传输。

【政府信息公开工作】 2008年1月，石林县及县属石林镇被列为云南省和昆明市政府信息公开网站公共平台应用试点县和试点乡（镇）。1月24日，石林县政府办下发《关于做好施行〈中华人民共和国政府信息公开条例〉准备工作的通知》的文件，就各项准备工作提出具体要求。3月7日，组织召开了全县政府信息公开工作会议，对各阶段的工作进行全面安排部署，并就政府信息公开网站的后台管理进行了第一次培训，参训人员近80人。3月8日至4月20日，完成了全县63家相关单位政府信息公开网站平台的搭建工作，完成了各单位政府信息公开工作领导小组的确定和各家政府信息公开指南、公开目录的编制上报。至4月22日，比预定时间提前8天完成了公开指南和公开目录（含正文）的数据上传工作。5月12～13日，在全县范围内组织了《中华人民共和国政府信息公开条例》的系统培训以及政府信息公开网站后台管理的第二次培训。5月16日，组织全县5700余人参加了全省的统一考试，为以后全县各相关单位政府信息的及时有效公开和更新打下了基础。至12月10日，全县共上载公开信息近1500条。由于领导重视，措施得当，石林县提前完成了省、市试点县和试点乡镇的建设任务，并获得省、市信息产业办的好评。

【网站建设及维护工作】 石林县政务公众信息服务网（www.shilin.gov.cn）是全县政务信息公开、对外宣传的主要窗口，随着互联网技术的更新和全县需求的变化，2004年建设的网站已无法满足实际需要。经请示县人民政府同意，2008年5月27日县信息产业办通过公开招标的方式对网站进行改版。5月29日与中标单位正式签订改版合同。经过一个月的调研，7月初开始正式改版。11月20日，改版工作完成并通过了验收。改版后的新网站，形成了全县各级各部门的网站集群，可以方便地承载县委、县人大、县政府、县政协及县属各部门、各乡（镇）的对外宣传、政务公开、网上信访、网上监督、在线办事，同时满足了国信办《关于开展政府网站“百件事项网上办”活动的通知》、《云南省电子政务管理办法》、“阳光政务”建设、《昆明市网上信访工作实施方案》等相关要求和需要。网站内容更新过程中，上载信息1100余条、图片850余张；结合全县各时期的重点工作，还在网站上增设了“创建全国文明风景旅游区、构建和谐文明平安新石林”和“政府信息公开”等栏目。

【信息化建设指导工作】 按照县纪委领导的工作安排，县信息产业办负责石林县行政审批电子监察系统建设方案的编制。5月16日，全面完成了县行政审批电子监察系统的方案设计。12月份，配合县监察局启动了县行政审批电子监察系统建设，预计2009年1月底前完工。行政审批电子监察系统建设完成后将覆盖全县具有行政审批项目和行政事业性收费项目的所有部门和单位，对全县范围内的行政审批事项进行在线监督、实时监控、预警纠错、绩效评估和信息服务。

“数字石林”建设是实现“资源保护数字化、经营管理智能化、产业整合网络化”的重要工程，是实现旅游二次创业的重要措施。2008年5月，正式启动二期工程建设。10月中旬，已启动的项目石林旅游目的地营销系统和数字石林二期一阶段基础平台建设基本完工，并通过了专家组的初步验收。

石林城市监管报警系统是全县科技强警、城市安保的信息化建设项目，继2007年一期建设完工并投入使用后，2008年县信息产业办积极配合县公安局完成了二期建设。在以后的建设中，将进一步整合公众场所、道路、交通、党委、政府、企业、事业单位和住宅小区的视频监控。

【无线电管理工作】 2008年，县信息产业办认真做好相关政策法规和无线电基本知识的宣传普及工作，主要宣传了《云南省无线电电磁环境保护条例》。3~7月，配合做好全市无线电广播电视台站行政执法专项检查工作。7~8月，配合市无管办做好奥运会期间的安保及反恐无线电保障工作。

（撰稿人：县信息产业办公室 殷琼华）

中国移动石林分公司

【中国移动石林分公司】 1999年8月，移动通信业务从县电信局分出，建立云南移动通信有限责任公司石林彝族自治县分公司。2006年10月1日由于机制改革，更名为中国移动通信集团云南有限公司石林分公司。2008年底石林分公司有在职员工40人。2008年资助长湖镇维则村委会5000元生产经费。

经　理：于忠清（1月起）

副经理：李彦平（5月止）

【主要指标完成情况】 2008年，石林分公司完成业务收入5000万元，全年净增移动电话用户15000户，使石林移动的在网用户数达到了94000余户，较好地完成了昆明分公司下达的各项经营生产指标。

【网点建设】 2008年石林分公司有自建自营“沟通100”服务厅2个(东城区沟通100A类服务厅、石林大酒店沟通100B类服务厅)；自建他营营业厅3个(石林板桥营业厅、石林北大村营业厅、石林俊兴营业厅〈原巴江服务厅〉)，专营店8个（石林星宇专营店、石林润迅专营店、石林博大专营店、石林金安信专营店、石林路美邑专营店、石林华联专营店、石林圭山煤矿利源专营店、石林圭山煤矿东方专营店），普通代理点70家，农村服务站92家，发展“空中营业厅”（移动通信无线营业、营销平台）197台，代理服务渠道已覆盖全县7镇1乡88个农村村委会和4个社区居委会，这些网点在销售和服务农村市场上都起到了很好的作用。

【通信接收基站建设及维护】 2008年石林分公司共维护基站75个（其中新建基站24个），有光缆传输682千米(其中新建光缆传输140千米)。配合奥运火炬传递、石林国际火把节等活动的应急通信保障，以及其他业务相关单位临时工作31次。

【“金叶通”业务】 “金叶通”是为烟草公司与烟农信息交流搭建互动的通信平台。2008年7月，中国移动石林分公司与县烟草公司联手，以鹿阜镇阿乌村为试点积极推广“金叶通”业务。此事在8月的《昆明日报》上进行报道后，引起了省烟草公司的高度关注，扩大规模开展了长湖、圭山等种烟大镇“金叶通”业务的开展。2008年“金叶通”发展到800多部。

（撰稿人：中国移动石林分公司 黄　丽）

中国联通石林分公司

【中国联通石林分公司】 2003年8月8日成立中国联通石林分公司，为县级分支机构。2008年5月23日，中国联通分拆双网，其中CDMA网络并入中国电信，10月1日CDMA网络正式移交中国电信运营，133和153号段并入中国电信，联通停止CDMA业务，保留GSM网络与中国网通组成新的联通集团。根据2008年5月24日工业和信息化部、发展改革委、财政部《关于深化电信体制改革的通告》中关于进一步深化电信体制改革、鼓励中国联通与中国网通合并的精神，2008年10月15日经国务院同意，中国联通、中国网通红筹公司正式合并，新公司名称为中国联合网络通信集团有限公司，由国资委代表国务院对其履行出资人职责。2008年底，石林分公司有在职职工17人，外聘保安2人。单位住址在鹿阜镇石林中路133号。2008年，石林分公司向四川地震灾区捐款2100元，还通过发送或转发捐赠短信的方式进行了捐赠。

经　理：张复阳

【主要指标完成情况】 2008年石林分公司完成业务收入1096万元，净增用户3600户，G网在网用户突破16000户。

【网点建设】 2008年石林联通GSM网络第16期工程圆满结束，新增机站8个，其中6个3G机站正在建设，使石林联通的G网基站达52个，实现县、乡（镇）、村网络覆盖率达96%以上，网络质量全面升级。

2008年石林分公司新建服务网点9个，网点累计达97个，销售服务点遍及全县各乡（镇）及部分村委会，方便了用户的购买和使用，降低了用户的购买成本。

（撰稿人：中国联通石林分公司 徐季红）

城乡建设

城乡规划

【县建设局】 1983年成立县城乡建设环境保护局。1994年10月16日，与县土地局合并成立县土地建设环保局。1997年7月，分设为县城乡建设环保局、县土地局。1998年11月9日，县城乡建设环保局分设为县城乡建设局、县环境保护局。2002年8月，更名为县建设局。2008年县建设局内设局办公室、规划管理科、建设科、工程建设招投标管理办公室、综合科5个行政科室，房地产管理所、测绘所、环境卫生管理站、监察中队、园林绿化管理站、城建档案室6个全额拨款事业单位和1个全额拨款的二级局防震减灾局，设计室、质监站、定额站3个自收自支事业单位，固体废弃物处置中心企业1个。2008年末全局有干部职工123人，其中：公务员22人，专业技术人员51人，工人43人，企业人员7人。单位地址在鹿阜镇石林南路238号。2008年资助支农联系点板桥镇板桥村委会3000元生产经费。2008年度，县建设局党总支被市委授予“2008年先进基层党组织”荣誉称号，综合档案评定为云南省四星级管理单位。

书记、局长：吴剑平
副 局 长：严 涛
吴智强
普立云（彝族）
何道敏
副 书 记：郭兆燕（女）

【浙江招商分局】 2008年浙江招商分局由县建设局、县工商联、县史志办组成，县建设局为牵头单位。2008年浙江招商分局紧紧围绕石林县优势产业和特色产业，加强项目包装储备，创新招商引资方式，招商引资任务数4000万元，实际完成5000万元，占任务数的125%。引进的项目有东城区金海岸线水疗会所、石林泸锦酒店（暂定）、石头城配套项目、石林大道公交站台建设、石林燃气站等5个项目。

【工程测绘】 2008年完成了昆明交通集团石林汽车运输公司经济适用住房用地、石林镇卫生院新建用地、石林县民族小学新建教学楼用地、堡子后街三组村民活动中心用地、西街口供销社化肥仓库用地、石林县文体局新建摔跤房用地、石林荣祥石材搬迁用地、石林县交通局维则客运站用地、石林镇中心学校建标准化学校用地、石林县宏利木材加工厂用地、雨胜村委会烤房用地、阿乌村委会阿乌村二组和上赵公庄村烤房用地、三家村中草药医院用地、长湖镇卫生院业务用地、西街口镇卫生院业务用房用地、石林兴隆洗煤厂用地、大可卫生院业务用地、维则村委会业务用房用地、路美邑村委会养殖场用地、维则供销社重建生产资料门市部用地等共40个项目，共计772031.33平方米的工程测量任务；完成了小箐村委会新建办公楼、西街口中学新建标准化学校用地、石林县交通西街口客运站用地和维则客运站用地、石林房地产开发有限公司等21个项目的拨地钉桩项目。同时，完成了县城规划区50平方千米地形图测绘，为城乡规划和建设提供了重要基础资料；建立了GPS导航系统监测点，为社会事业服务起到了积极的作用。

【城市规划】 按照高起点、高标准、高品位的城市规划新要求，加大规划投入，加强城乡规划编制，扩大规划覆盖范围，努力构建以城市总体规划、重大专项规划、控制性详细规划、重点地块修建性详细规划、城市设计为主要内容的综合规划体系。2008年累计投入规划编制资金590多万元，组织完成了城市总体规划修编石林中路重点地段城市形象设计、鹿阜旧城改造修建性详细规划、城市地下空间开发利用与人防工程建设规划、城市规划区域环境影响评价报告、“两路两口”绿化和环境整治规划等规划编制，西城区、南城区控制性详规，环城道路可研报告方案，户外广告、环境卫生、路灯照明、燃气等专项规划正紧张进行编制。这些规划的编制，为现代化城市建设提供了科学的指导依据。

【集镇规划】 2008年各乡镇加快对集镇总体规划的修编力度，加大对村庄规划的编制力度，完成了“六镇一乡”集镇规划、控制性详细规划编制工作和各乡镇集镇3平方千米1：500数字地形图测绘。按照社会主义新农村建设的要求，完成了16个新农村试点村庄规划编制，并交由乡镇人民政府实施。

城市建设

【城乡建设概况】 2008年全县完成房屋建设总面积20.91万平方米（其中住宅面积14.25万平方米），房屋总投资52234万元（房地产投资45925万元、农村自建房投资5071万元、集体投资1238万元）。

全年在建项目83个，完成固定资产投资15.3亿元。完成石林中路改扩建和北召公路路面改造工程、黑龙潭水库东干渠节水改造和病险水库加固工程；污水处理厂建成投入使用；行政中心办公楼群及市政道路建设、巴江俪岛、水岸星城、天奇花园、鹿阜旧城改造等项目稳步推进。

全县有自来水厂4个，日净化水量达1.5万立方米，年供水量为457.64万立方米，供水管道长669.6千米，供水普及率100%，饮用水源水质达合格率100%，出厂水水质合格率达100%。全县排水管道长达64.5千米，主要管网、窨井的及时清掏和管护，增强了全县防洪、防汛、排污能力。

继续实施公有住房、房改房等二级住房交易市场上市，启动货币分房和廉租住房制度，开发巴江俪岛小区、电力小区、水岸新城等住宅区，推动住房市场向商品化发展。

【基础设施建设】 严格按照建设施工标准化、规范化、工艺化的要求，结合“543”倍增计划，坚持新区开发建设与老城改造提升并重，城市规模扩张与功能完善有机结合，大力完善道路交通、园林绿化、燃气照明、污水处理、环境卫生等城市基础设施和公用设施，以长远的基础设施建设支撑城市建设持续发展。2008年完成了城乡住房状况普查、农村民居防震保安调查普查、第二批廉租住房分配等重点工作；县城建筑风貌二期改造3.4万平方米，鹿阜旧城改造工程于10月28日顺利启动，行政中心办公楼完成总工程量50%、行政中心市政道路完成总工程量46%、巴江俪岛二期完成投资4150万元（含土地费）、天奇花园完成投资5400万元；园博园、美伊生态公园、滨河路改造工程、县城雨污分流改造等重点工程正紧张进行设计、预算、招标等开工前期准备工作。

做好市政基础设施的维修，加强对现有城市排水系统的清淤清障、汛期防涝工作，全年完成766座窨井和669个地漏的清掏，确保现有排水系统的正常运转，提高城市载体功能。

【县城建设】 2008年底，石林县城建城区面积7.46平方千米，城市绿地总面积302.20万平方米，绿地率40.51%；绿化覆盖总面积337.94万平方米，绿化覆盖率45.3%；公园绿地面积95.23万平方米，人均公共绿地面积19.32平方米；2008年新增城市道路面积44万平方米，道路总面积105.5万平方米，人均拥有道路面积25.5平方米；2008年新增路灯510组，城市道路路灯达1827组，城市道路亮灯率98%；日处理垃圾100吨，生活垃圾无害化处理率100%；公厕26座，万人拥有公厕5.7座；用水普及率100%，水质合格率100%。

2008年县城建设总投资达16560万元，新增建筑面积16.36 万平方米，实有房屋建筑面积246.1万平方米，实有住宅面积82.66万平方米，住宅人均使用面积达28.21平方米，居住条件不断改善。广电、通信、医疗、卫生、教育等公共建筑、公共设施快速发展。

【建制镇建设】 乡镇区划调整后，除鹿阜镇外有6个建制镇，分别是石林镇、路美邑镇、板桥镇、西街口镇、长湖镇、圭山镇。6个建制镇的镇域面积达1404.46平方千米，建成区面积6.64平方千米。2008年完成建设总投资3815万元，其中：住宅738万元，公共建筑1628万元，生产性建筑181万元，市政公用设施1268万元。年内竣工住宅建筑面积1.28万平方米，年末实有住宅建筑面积71.77万平方米，人均住宅建筑面积42.82平方米；年内竣工公共建筑面积1.10万平方米，年末实有公共房屋建筑面积209.92万平方米；年内竣工生产性建筑面积0.4万平方米，年末实有生产性房屋建筑面积13.88万平方米；有公共供水设施6个，自建供水设施29个，日供水能力0.81万立方米，供水管道长度361千米，用水人口2.05万人，年供水总量324.29万立方米，用水普及率达100%；实有道路长度483.26千米（水泥、沥青路204.10千米，其他铺装道路279.16千米），道路面积324.64万平方米，桥梁数33座，防洪堤长度41.8千米，路灯盏数1377盏，排水管道长度13.24千米；绿化覆盖面积121.02万平方米，园林绿地面积85.99万平方米，公园绿地面积4.99万平方米，绿化覆盖率18.22%，绿地率12.95%，人均公园绿地面积2.98平方米；生活垃圾年清运量1.30万吨，有环卫专用车辆设备3辆、公共厕所80座。

【启动鹿阜旧城改造】 鹿阜旧城改造原定名为鹿阜古镇保护与开发，2005年11月列为石林彝族自治县“十一五”规划的重大规划项目之一。自目标提出后，先后由县文体局、县文产办等相关部门着手开展了一系列卓有成效的前期工作。

2008年初，为深入贯彻中共昆明市委工作会议精神，县委、县政府将此项工程定为2008年石林县十项重点工程之一，并计划于年内启动。在县委、县政府领导的高度重视下，通过多次实地踏勘，结合现状建筑、水系、道路等实际情况进行反复分析，将鹿阜古镇保护与开发准确定性为鹿阜旧城改造，并于2008年10月8日在石林县原人民武装部举行了鹿阜旧城改造启动仪式。启动仪式邀请了省旅游局、省建设厅、市旅游局、市纪委、市规划局、市房管局和云南省浙江商会、云南华升集团有限公司、云南中汇房地产开发有限公司、云南澎柏投资有限公司、昆明伦华企业有限公司等相关领导，县委、县政府、县人大、县纪委、县政协和县直各部委办局、人民团体、企事业单位等单位领导参加了启动仪式。仪式由县委副书记裴演兵主持。县长李忠德在启动仪式上作了重要讲话，提出了四点要求：一是希望社会各界及广大人民群众一如既往地支持鹿阜旧城改造，全县各级各有关部门要持之以恒地抓好宣传动员工作，营造浓厚的氛围；二是参与旧城改造工作的全体干部职工要充分认识旧城改造工作的艰巨性和复杂性，牢固树立吃苦耐劳、乐于奉献的意识，发扬连续作战、攻坚克难的优良作风，真抓实干，确保旧城改造工作取得实实在在的成效；三是指挥部和各有关单位要牢固树立精品意识，高起点规划、高品位设计、高标准建设，全力抓好改造项目的包装和推介，以项目引来客商、以项目带动开发；四是参与改造的施工单位要按照“建一流工程，创一流质量，树一流品牌”的要求，精心组织，科学施工，确保高质量按期完成施工任务。鹿阜镇西北社区居委会主任李朝元作了发言，中共石林县委书记罗朝峰宣布鹿阜旧城改造正式启动。

鹿阜旧城改造位于石林县城西部，东面以阿诗玛南路、阿诗玛北路为界，南至巴江三元宫待客处，西到西门外片区，北边东段以县一中围墙为界，西段包括部分农田，规划控制范围0.541平方千米，涉及住户1757户，人口5271人，其中：一期规划用地0.257平方千米，涉及住户1146户，人口4011人，总建筑面积259652.75平方米（砖混结构167683.19平方米、土木结构75550.46平方米、砖木结构6731.23平方米、简易9687.87平方米），建筑物占地面积184612.41平方米。规划以保护、发展、效益为原则，以改善石林县鹿阜旧城面貌、疏导交通、整治水系、改造建筑、全面绿化、发展旅游、振兴商业、复兴文化、继承传统文化遗萃、提升城市品位为目标，依靠鹿阜旧城遗留下来的建筑风貌、街巷格局和生活气息，重视审视古城的功能布局，实施重点保护、普遍改善、合理保留、全面改造，充分开发和利用无保留价值的地区，增加公共绿地和公共活动场所，完

善公共设施和市政设施，创造清静且充满传统风格的居住环境和古典且饱含历史遗韵的休闲环境，将鹿阜旧城打造成具有历史积淀、充满地方特色、倡导健康生活、跟随时代进步的石林生态旅游城市核心区。

【石林南路环岛周边绿化改造工程】 为推进城乡园林绿化及生态建设，提升绿化档次和品位，针对石林南路转盘所处的交通位置和绿化水平低、绿量不够等问题，对石林南路转盘及周边进行绿化改造，2008年8月31日完成方案设计，2008年9月1日开工，2008年9月9日完工。石林南路环岛周边绿化以环岛绿化改造为主，绿化面积2826平方米。该工程的绿化主要以突出地方特色、增加城市绿量和景观效果为主，栽植清香木、短萼海桐、滇无患子、滇朴、石楠等13株乡土大树，栽植了紫薇、红花木莲、石楠、红叶李、枸子、牛筋条、梅花、冬樱花、天竺桂、马褂木、红枫等165株乔木，栽植了含笑、红花继木球、叶子花、茶梅、杜鹃等130株灌木，种植了1623平方米地被植物麦冬草。

【东城区建设】 经过几年的开发建设，县城东城区已基本完成一期规划确定的开发建设，粗具规模。为整合城市建设管理资源，2008年8月东城区建设管理委员会机构职能并入县建设局，其建成范围纳入县城范围进行日常管理。2008年累计完成固定资产投资总额2087.57万元，其中：石金佳园完成投资1300万元，春源天景完成投资700万元，两个项目的基础设施全面完成，进入主体工程施工；公共基础设施建设投资87.57万元，修建道路两条110米，铺装人行道1198.36平方米，铺设供水管道300米，安装630千伏变压器一台。招商引资项目东城商贸市场计划投资5000万元，占地面积8172.3平方米，建筑面积15802平方米，2008年12月进行开工建设。

【房地产开发建设】 2008年新发展房地产企业7家，至年底石林房地产企业共有15家，其中：三级资质的1家，四级资质的14家。开发实施的房地产项目有巴江俪岛、水岸星城、龙泉商住宅区、滨江花园、东城区商业服务中心、东城区一号住宅别墅区、石金佳园、临江花园、万城阿诗玛旅游小镇、天奇花园等13个项目，开发建筑面积达826677.91平方米。

重点项目有：(1) 巴江俪岛小区。开发项目总占地192.7亩，规划建筑面积14.3万平方米，分为两期开发，计划总投资2.5亿元。一期开发面积7.8万平方米，于2007年3月开工建设，2008年4月底完工，总投资1.3亿元；二期开发6.5万平方米，于2008年4月初开工建设，计划2009年10月底全面完工，预计投资1.2亿元，2008年至12月底已完成投资7000万元。(2) 天奇花园。开发项目位于龙泉路东城区石门坎，总占地203亩，规划建筑面积11.3万平方米，总套数469套，预计总投资8000万元，于2008年3月10日开工建设，预计2009年12月底竣工。

乡村建设

【集镇建设】 乡镇区划调整后，仅留大可乡一个乡建制，乡域面积114.50平方千米，建成区0.57平方千米，集镇总人口0.39万人。2008年完成建设总投资119万元，其中：住宅72万元，公共建筑33万元，生产性建筑12万元，市政公用设施2万元。本年建房户13户，年内新建住宅0.11万平方米，实有建筑面积55.87万平方米，人均居住面积49.78平方米；新建公共建筑0.03万平方米、生产性建筑0.02万平方米，实有公共建筑1.11万平方米、生产性建筑1.15万平方米；有供水设施1个，供水管道长度105千米，日供水量0.16万立方米，年供水总量61.38万吨，用水普及率100%；实有道路长度18千米，桥梁数2座，防洪堤长度0.87千米；绿化覆盖面积0.12万平方米，园林绿地面积0.10万平方米，绿化覆盖率0.21%，绿地率0.17%，人均公园绿地面积0.26平方米。

【村庄建设】 全县共有自然村387个，村（居）民委员会 92个。2008年建设总投资10432万元，其中：住宅总投资7532万元，公共建筑投资652万元，生产性建筑投资662万元，公用设施投资1586万元。本年建房户981户，新建住宅19.81万平方米，年末实有住宅面积达772.20万平方米，人均居住面积43.81平方米；新建公共建筑1.76万平方米、生产性建筑3.40万平方米，年末实有公共建筑110.05万平方米、生产性建筑143.42万平方米；新增供水管道长度103.85千米、排水管道6.88千米、排水暗渠道0.80千米；实现村村通电，路灯盏数333盏；自来水受益村庄278个，有供水设施的村庄232个；新铺装道路47.38千米，实有道路长度1231.38千米，桥梁53座；实现主要街道硬化的行政村73个，实现通公交车或客运班车的行政村72个，对生活污水进行处理的行政村5个，有生活垃圾收集点的行政村27个。

园林绿化

【公共绿地建设及管理】 在巩固省级园林县城创建成果的基础上，结合全县城乡园林绿化及生态建设工作部署，稳步推进国家园林县城创建工作进程。组建了城乡园林绿化执法队伍，启动了绿线管理制度；编制了全县城乡绿地系统建设规划，完成了城市规划区范围内1106株古树名木及后续资源的普查、建档造册和挂牌，开展园林绿化法规宣传发放宣传资料5000余份；完成了县城各类公共绿地绿化树木环状施肥，施肥率达100%；按照“三个不低于80%”的要求，县城建成区各类公共绿地增绿补绿87种4万多株；完成了县城建成区25家单位1890.6米拆墙透绿和围栏绿化；种植攀缘植物8.07万株，完成总任务数的160%；全力配合完成石林大道绿化景观工程建设，成功获得昆明市首届园林博览会承办权。2008年县城建成区新增公园绿地3.99万平方米，完成总任务数的142%；新增附属绿地55.33万平方米，完成总任务数的

285%。县城建成区绿地率达到40.51%，同比增长3.97%；绿化覆盖率达45.3%，同比增长7.73%；人均公共绿地面积达19.32平方米，同比增长3.51平方米。创建国家园林县城各项指标达到国家园林县城标准要求，并正式向市园林绿化局、市建设局、省建设厅提交了申报国家园林县城报告及相关材料。同时，加强对公共绿地、专用绿地、生产绿地的管养，积极培育引种驯化乡土树种，县城绿树成荫，花团锦簇，美不胜收。

【生产绿地建设与管理】 随着石林县城市园林绿化的迅猛发展，服务城市绿化的生产绿地从无到有，由少到多，截至2008年12月，石林彝族自治县城市规划区较有规模的苗圃有9个，生产绿地总面积50.56万平方米。经普查统计，石林县城周边9个苗圃内培育有乡土植物62个科113个属156个种。各苗圃存圃的苗木以乡土树种为主，品种丰富，规格齐全，为县城的特色绿化提供了保障，苗木自给率达85%。2008年度全年完成牛筋条、水红木、山桐子、枫杨、池杉、黄连木、天竺桂、肉花卫茅等12000袋苗木的换袋工作；采摘天竺桂等11种乡土树种子进行了沙藏等处理工作，共播种野鸦椿、朱砂根、石楠、团花新木姜子、厚皮香等10种约30000袋；完成攀缘植物爬山虎的播种工作，共播种15400袋，共储备了8种24000袋攀缘植物；完成了新进圃的571株香樟，518株天竺桂的假植、喷水保湿等养护工作。石林县的乡土植物培育工作及存圃情况远近闻名，培育的苗木除了满足本县各类绿化建设外，还有部分销往外地，如陆良、曲靖、文山、玉溪、昆明等地，支持了省内其他兄弟城市的绿化建设。

【专用绿地建设与管理】 完成了全县2008年63家县级园林单位（小区）的评比、命名和表彰，以及30个市级园林单位（小区）的审核申报；完成了县城建成区和各乡镇政府所在地共331个单位庭院、小区绿化现状调查，全面指导督促各单位开展单位绿化建设工作。2008年底新建居住小区及单位绿地率严格控制在30%以上，改造的旧居住区绿地率控制在25%以上，园林式单位86个（占60%），园林式小区31个（占60%），主干道沿街单位95%实施了拆墙透绿，植树成活率90%，植树保存率90%，尽责率85%。

2008年全县37个单位被评定为园林单位，其中：五星级园林单位有县防震减灾局、北大村供电所、圭山供电所、板桥供电所、路美邑邮政所、县民族体育服务中心、长湖派出所、县国税局、鹿阜镇南门街建筑公司、云南东源石林煤业有限公司、云湖供排水有限责任公司一厂、云湖供排水有限责任公司二厂、石林山庄、石林旅游服务区供水管理处、石林镇敬老院、石林镇中心学校小学部、大可乡畜牧兽医服务中心、大可乡中心学校中学部、路美邑镇中心学校小学部、圭山镇中心学校中学部、板桥镇中心学校中学部等21家，四星级园林单位有昆明新华书店连锁有限公司石林分公司、路美邑镇中心学校中学部2家，三星级园林单位有中国人民银行石林县支行、县人民武装部、青少年活动中心、云湖供排水有限责任公司、石林镇中心学校中学部、圭山镇人民政府等6家，二星级园林单位有北大村信用社、石林幼儿教育集团东园、石林绿芳宾馆、西街口中学、长湖镇中心学校中学部等5家，一星级园林单位有石林盈铁加油站、云南中锐投资有限公司、城州建筑公司3家。9个单位被评定为园林小区，其中：五星级园林小区有临江花园1家，二星级园林小区有东城区得民小区、东城区兴民小区、东城区龙苑小区、叠水电厂住宿区、黑龙潭水库工程管理处住宿区等5家，一星级园林小区有东城区利民小区、东城区榕园小区、东城区惠民小区3家。绿化先进单位有县国土资源局、石林易通电缆桥架有限公司、西街口派出所、板桥派出所、石林镇人民政府机关、板桥人民政府机关、大可乡人民政府机关、大可乡中心学校小学部、长湖镇人民政府机关、圭山镇敬老院、圭山镇伦华希望小学、圭山镇民族医院等12家。晋级单位有4家，四星升五星有鹿阜信用社、锦石客运站2家，三星升四星有县工商局小区1家、绿化先进单位升四星有县人口与计划生育局1家。该评选活动为推进园林单位和园林小区的评选活动积累了经验、树立了榜样，全面推进了创建国家园林县城的深入开展。

城市管理

【规划实施管理和监督】 严格执行城市规划“六线”制度，坚持规划法定原则，严格依法编制、审批、修订、调整规划，做到“规划一张图、审批一支笔、布局一盘棋、管理一把尺”，对城市建设和各类新建、改（扩）建项目严格“六线”管制，并成立了县城乡规划委员会，集体审定城市规划、集镇规划、专项规划和重点项目规划，所有审批项目一律进行公示，公示率达100%。全年共组织规委会项目评审10次，评审项目21个，确保规划的权威性。同时，对申请选址的建设项目，按照规划要求，进行实地踏勘，2008年申请选址的建设项目72项，踏勘72项，现场踏勘率达100%。全年办理《建设项目选址意见书》72件，《建设用地规划许可证》36件，《建设工程规划许可证》65件。做好建设工程施工许可证、工程验收合格证的核发工作，建设工程报批审查32个，核发施工许可证33份，全年核发竣工验收证15份，发证率达100%。

【建筑队伍管理】 2008年新成立2家建筑企业，使县内建筑企业达到15家。年内精心组织15家建筑施工企业进行资质年检（其中有10家房屋建筑工程企业、3家建筑装修装饰企业、1家水利水电企业和1家电力工程企业），对项目经理、施工人员等建筑队伍实施建造师企业资格证管理制；根据有关文件精神，组织培训班8期，组织建筑行政主管部门相关管理人员、建筑设计、房地产开发、监理及工程质量监督检测单位的管理和技术人员、项目经理、从事工程造价活动的技术人员及其他原持有《工程建设标准强制性条文培训合格证》的人员培训，共培训行业系统人员

1017人次，均取得合格证，不断强化了建筑施工企业相关人员的理论知识，增强了综合素质。针对建筑劳务市场流动量大的特点，严格实施“三证”（暂住证、健康证、上岗证）管理，按谁用工、谁负责制度，积极开展建筑用工“三无”盲流人员清查。同时，以治理商业贿赂为契机，强化对建筑队伍的管理，确保建筑队伍健康、有序、稳定发展。

主要企业简介：

县城州建筑公司于1984年1月成立，属非公经济组织，资质等级为房屋建筑工程施工总承包二级。该公司拥有各类装备及施工机械等，注册资金2068万元，有固定职工560人，公司管理人员33人，高级工程师11人、工程师45人、初级技术职称及经济技术人员91人，国家二级建造师18人。公司建立了党支部、工会及相关业务科室，并有8个工程项目部。多年来公司被评为省、市、县的“先进施工企业”，得到县级“重合同、守信誉”的荣誉称号，并于2002年通过了ISO9001—2000质量体系认证。

昆明吉圆达装饰工程有限责任公司于1995年1月成立，位于石林县石林中路117号，资质等级为建筑装修三级。该公司自成立以来，本着“以人为本、诚实守信、服务至上”的经营理念，坚持设计创新、严格管理、文明施工、质量第一的经营方式，逐步建立健全起完善而严谨的现代企业管理制度。近年来公司设计施工了曲靖卷烟厂职工活动中心、石林风景区门票口装修、石林县烟草公司办公大楼装修、石林移动分公司综合楼装修、人行石林县支行办公楼装修等工程，合同履约率达100%，工程优良率达80%。

【建筑设计】 全年共完成建筑设计单体36项，建筑面积达5.25万平方米，设计产值120多万元。

【招投标管理】 全年共完成项目报建审批 32项，办理建设项目招投标监督备案1项，邀请招标29项，依法组织公开招投标29项，经批准实行邀请招标2项。全部工程均按有关法律法规采用公开招标方式，达到了国家和省、市提出的应招标工程招标率为100%、应公开招标工程公共招标率100%的“双百”目标。

【定额造价管理】 全年完成80项工程项目共3.1亿元的预算、结算和拦标价编制工作。同时，收集发布了县内的材料价格信息，协助有关部门处理工程造价方面的经济案例及造价纠纷的行政调解和技术鉴定，办理了全县工程建设概、预算专业人员的业务指导及《资格证书》的验证工作，强化对定额造价的监督管理。

【工程质量监督】 全年质监部门共监督在建工程项目64个，监督建筑面积68.93万平方米。竣工验收项目24个，建筑面积19.32万平方米，经监督验收的合格率达100%。实施工程验收备案的项目10个，建筑面积14.13万平方米，工程竣工验收备案率达33.3%。对39个在建工程项目施行工程结构实体无损检测和结构砌体砂浆强度检测，出具检测报告89份，实现了工程质量监督工作由等级核验制向备案制的转变。同时，试验室按程序和技术标准对相关建筑工程的建筑材料、试件、试块等进行试验检测，检测砼试件5600组、砼浆试3600组、钢筋力学性能检测6800组、烧结砖及砼砌块120组、水泥质量复检161组、建筑用砂质量检验109组、建筑用石质量检验 69组、普通砼配合比设计试验142个、砌筑砂浆配合比设计试验75个，开展了室内环境质量检测、土工试验、防水卷材检验25组。

【安全生产管理】 2008年来共办理安全报监备案21件，建筑面积达30万平方米；开展现场检查150多次，查出各类安全隐患400多条，整改率达90%以上，组织液化气安全管理检查20次；查处各类违章人员100多人，对7个存在严重安全隐患的工地作了停工整顿。发出检查情况通报4期，组织了元旦、春节、五一、火把节、奥运会前及期间、十一黄金周安全大检查和旱季、雨季安全生产专项大检查10次，组织企业年终安全考核检查和施工企业安全质量达标评价各一次，确保了重大活动期间社会的稳定。针对2008年建设行业安全工作的特点，认真组织专项治理工作，对建筑施工现场开展了架体防护、“四口五临边”防护、坍塌、高坠、触电安全隐患专项治理和重大节假日、雨季施工专项治理工作，确保了重大活动期间社会的稳定。同时，为全面加强企业管理人员和农民工的安全生产意识和劳动技能，县建设局举办了1期企业法人、分管安全负责人、公司专职安全员、项目负责人及工地安全员参加的安全教育培训，举办了3期农民工及特殊工种的安全教育培训，累计培训300余人次，大大增强了企业职工和农民工的安全意识，强化了安全责任，为做好本企业的安全工作奠定了基础。6月份组织开展“安全月”活动，通过悬挂布标、粘贴标语，发放宣传材料等形式，大力开展安全生产宣传，营造安全生产氛围。

【房地产管理】 全年完成房屋所有权登记审批、发证1415份，共有权证审批、发证1184份，换发新证175份，抵押监证1760份，房屋转移登记120份，危房鉴定36份，核发商品房预售许可证5本，预售面积31.1万平方米。同时，加大对直管公房的维修和管理，投入资金6万元进行修缮，做到防患于未然，确保人民群众生命财产的安全。

【市容市貌综合整治】 按照“城市管理也是生产力”的科学发展理念，坚持精细、精心、精品的城市管理要求，结合城乡环境管理工作，强势发动、强力推进、强制规范、强行入轨，着力强化城市管理，深入开展城市环境综合整治，努力做到全面覆盖、不留死角、长效管理、永久保洁，提升城市综合竞争能力。2008年重点实施县城建成区违法违章建筑、户外广告、店招店牌、沿街防盗笼（栏）、占道经营、乱停乱放、小广告、车辆泼洒、流浪犬等综合专项整治，加大县城建成区各街道清扫保洁和垃圾清运处置力度，加强路灯、地漏、窨井、人行道、街道路面等市政设施管理力度，全力营造干净、整洁、文明、有序的城市环境。全年共拆除不规范防盗笼49个577.78平方米，签订“门前三包”责任书1580份，整治占道经营1万多起，清洗小广告5万余条。修补主街道路面3356平方米、人行道500平方米，清掏窨井600个、雨水口400个，维修路灯250盏，更换损坏窨井25个、篦子35个，新增城市路灯510组，城市路灯亮灯率和各项市政设施完好率始终保持在98%以上。

2008年市政府多次组织的城市管理明察暗访检查中，石林县城市管理工作均受到检查组的好评。

【环境卫生管理】 按照创建国家卫生县城的标准，不断完善环卫基础设施，加大清扫保洁、垃圾清运处置力度，实施公厕改造，完善公厕管理，为创建国家卫生县城作出积极贡献。一是科学规划，制度健全。制定了环境卫生近、中、远期规划，建立健全各项规章制度，制定完善了环境卫生管理、垃圾清运处置、公厕管理等相关制度，完善软件材料，做到制度上墙。同时，完成了县城所有环卫工人标志服的统一，工具配备齐全，做到环卫工人标识明显，衣容衣貌整洁，树立了环卫工人崭新的形象。二是按照《国家卫生县城标准》实行保洁责任制。对清扫人员通过新的组合后，实行定岗、定人和定路段，进一步明确各自的工作职责和服务范围。对县城主要街道实行全天清扫保洁，清扫保洁达16小时以上，每天定时进行6次清扫，对城郊结合部每天定时进行2次清扫，每周的星期五进行一次大扫除，街道的环境卫生面貌有了较大的改观，确保县城干净整洁。三是取消主街道垃圾桶点，实行定点、定时流动收集垃圾，减少二次污染。投入30多万元购置了一辆一车多厢的环卫垃圾车，用厢式垃圾箱更换了5个垃圾桶点，厢式垃圾处置容量大、运输便捷，一改过去垃圾泼洒多、二次污染的现象，提高了清运效率，营造了良好的市容环境。加大清扫保洁力度，将城郊结合部、背街背巷和卫生死角纳入环境卫生管理范围，全年共巩固清扫道路51条，日清扫保洁面积63.5万平方米，管理公厕11座，安装果皮箱200只，设置垃圾厢8个、垃圾桶434只，清运垃圾21600吨、粪水3000余吨，处置垃圾21600吨，清扫率达100%；机械化清扫22.61万平方米，道路清扫机械化率达35%；道路机械喷雾降尘和洒水面积45.08万平方米，主要道路机械喷雾降尘率和洒水冲刷率达到71%；县城生活垃圾清运率达100%，无害化处理率达100%。

【城建档案管理】 全年收集工程竣工档案108卷，整理归档工程竣工档案151卷，办理工程竣工档案验收手续10个，收取率达98%以上。完成文书档案整理1120件，共查、借阅档案56卷78人次。

【清欠工作管理】 截至2008年12月底，石林县有47个拖欠项目（建设单位协议销网后，未按协议约定兑付拖欠工程款），全部兑清的项目有3个，已偿金额为169.93万元，拖欠工程款金额为1599.81万元。

【物业管理】 至2008年12月底，全县进行业主物业管理的小区有12家（其中引进有资质的市物业管理公司1家），物业管理工作正逐步走向规范化、制度化。

（撰稿人：县建设局 唐丽琼）

国土资源管理

【县国土资源局】 1988年2月，成立县土地管理局。1994年10月，县级机构改革，县土地管理局和县建设局合并成立县土地建设环保局。1997年9月，恢复县土地局建制。2002年7月，县人民政府撤销矿产资源管理委员会办公室和县土地管理局，组建县国土资源局，领导体制调整为市、县双重领导，以县政府的领导为主。2003年8月，成立了昆明市土地储备中心石林分中心和昆明市土地交易中心石林分中心。2004年8月，县国土资源局完成了对乡（镇）国土资源所的的垂直管理。2005年国土资源局加挂执法监察大队牌子，各乡（镇）国土资源所同时加挂执法监察中队牌子，实行“两块牌子、一套人马”管理。2006年4月乡镇机构撤并，县国土资源局随之撤并下辖8个国土资源所。2007年8月成立了昆明市土地规划勘察测绘研究院石林分院，属自收自支的事业单位。2008年局机关设办公室、法规科、用地科、地质矿产资源科、地籍科、规划科、执法监察大队7个科室，下设土地收购储备中心、土地交易中心、土地规划勘察测绘研究院。2008年底，全系统在职在编人员60人，其中：局机关30人（公务员13人、事业人员7人、工勤人员8人、专业技术人员2人），乡（镇）国土所30人（事业人员27人、工勤人员3人）。局机关办公地点在石林中路。

2008年，全系统干部职工为汶川地震灾区捐款8000元，党员缴纳“特殊党费”5800元；为困难职工和支农联系点路美邑镇堡子村委会困难群众捐款2080元，为支农联系点党员活动室建设解决30000元资金困难，为支农联系点贫困党员捐款5000元。

局　长：鲁有福
副局长：赵智红（女，彝族）
　　　　陈智宏
　　　　赵剑波

【吉林招商分局】 2008年县国土资源局、县卫生局、县安监局组成吉林招商分局，招商任务是6000万元，实际完成了10628万元，完成了目标任务的177.13%。主要项目有上海新天地、中核旅游度假村、温氏集团总部、幻多奇等。

【国土资源现状】 至2008年10月底，全县耕地757226.8亩，园地45916.4亩，林地1305223.9亩，牧草地5251.1亩，其他农用地69528.8亩，城镇村庄及独立工矿用地65933.9亩，交通用地12227.5亩，水务设施用地18510.5亩，

末利用土地 273372.3 亩，其他土地 8848.4 亩。

2008 年全县开采的矿产资源有煤、铁、磷、铅锌、重晶石、饰面石料用灰岩(大理石)、粘土、沙等矿种。至 2008 年底，全县持有采矿许可证矿山共 107 个，其中：饰面石料用灰岩（大理石）矿山 57 个，水泥用灰岩矿山 1 个，粘土矿山 16 个，铅锌矿 2 个，磷矿 2 个，煤矿 13 个，砂矿 13 个，铁矿 3 个。

【整顿和规范矿产资源秩序】 全面整顿和规范矿产资源开发秩序，大力推进矿产资源整合。推行合同管理，建立健全资源开发有偿使用制度和补偿机制。规范矿业权招标拍卖挂牌出让程序，严肃查处矿业权违法案件。一是成立了打击违法开采矿产资源行为专案组，对勘察、开采行为及行政审批行为的合法性进行全面清查。关闭圭山煤矿区 16 对煤矿井，进行整合后保留 10 对矿井，其中：普拉河 3 个煤矿合并为 1 矿，另 13 个煤矿井整合为 9 对矿井。对 18 个持有采矿许可证但已过期的采矿权人下发了停产通知，注销了采矿权。二是县委、县政府下发了建立煤炭矿山监管长效机制、建立煤矿安全生产联合执法长效机制，成立了组织机构，使煤矿山的管理得到进一步加强。整顿规范国土资源领导小组定期召开相关部门联席会，按照部门职能职责加强治理整顿，对证照不全的矿山停止炸药和电的供应，强制停止生产。三是对砂、石、土新设采矿权一律以招标拍卖挂牌方式出让。四是收缴采矿权使用费 4.8 万元、矿产资源补偿费 110 万元、矿产资源有偿使用费 846.9 万元。

【国土资源规划】 强化土地利用总体规划的整体控制作用，建设用地规模与土地利用总体规划相符合，在土地利用年度计划之内。至 12 月 10 日，完成了新一轮土地利用总体规划修编的招投标工作。2008 年完成建设用地项目初审 49 件，审查面积 2039.3293 亩，其中：云南电投新能源开发有限公司“石林 66MWP 并网光伏发电试验项目”，拟选址的一期用地 760.000 亩；云南万家欢食品有限公司“石林万家欢农畜产品加工项目”，拟选址用地 199.986 亩；石林县生态工业集中区管理委员会“东西工业大道和南北工业大道工程项目”，拟选址用地 164.747 亩；石林县建设局“石林园林博览园项目”， 拟选址用地 169.760 亩；其他项目用地 744.8363 亩。

【经营性用地“招、拍、挂”】 加大市场配置土地资源力度，共完成土地“招、拍、挂”出让 21 宗、面积 1568.41 亩，收取“招、拍、挂”出让成交价款 31737.956 万元，完成土地收益金 6000 万元。

【征用地土地储备】 盘活原县三家村种羊场、飞机场、云南金旅信托投资公司国有存量建设用地 1048.540 亩，解决了幻多奇、云林宾馆搬迁项目用地，保障了建设项目的顺利实施。进一步加大土地的收购储备力度，完成石林中路沙地片区、西城区二期、石林县生态工业集中区产业园区 2980 亩的土地征用、收购储备工作，保障招商引资和重点项目的顺利实施。完成了县重点项目石林县污水处理厂、县看守所、职业中学搬迁用地、石林城乡交通调度服务客运站等基础设施项目共 254.780 亩土地的征地补偿和用地审批工作。完成了上海新天地、中核旅游度假村、温氏集团总部、幻多奇等重点招商引资项目共 1209.79 亩土地农用地征转用、具体用地项目供地审批等工作。办理国有划拨土地使用权补办出让手续 108 件、面积 60677.27 平方米，收取土地使用权出让金 377.0587 万元。

【土地开发整理】 继续推进石林镇月湖、大可乡长梁子、西街口镇芭茅等的土地开发项目整理工作，整理工作已近扫尾阶段。经过实地测量，土地开发整理新增耕地 4986.50 亩，其中：石林镇月湖增 748.65 亩，大可乡长梁子增 1507.47 亩，西街口镇芭茅增 2730.38 亩。

【土地利用更新调查】 2008 年第二次全国土地调查工作完成了外业调绘工作。根据本次全国土地调查的具体内容，建立了地理信息框架构建，土地变更情况纳入了日常统计管理。以规范土地登记为主线，强化土地权属管理，提高土地登记工作效率，加大农村宅基地土地使用权和集体土地所有权登记发证工作力度，共完成土地登记 1565 宗，其中：国有土地 349 宗，变更登记 32 宗，集体土地 1168 宗，设定抵押登记 16 宗。

【地质环境保护与地质灾害防治】 在汛期来临之前，在全县范围内进行了全面的地质灾害隐患排查，摸清了地质灾害隐患的分布情况，制定了防治措施，并充分利用国土资源会议和“地球日”、“土地日”进行了广泛的宣传。对 8 个重点防治的隐患点发放了地质灾害工作明白卡、避险明白卡和隐患通知书。进入汛期后，全天 24 小时有专人值班，重点隐患点设置了简易监测措施或长期固定微观监测桩，定期用经纬仪进行监测，及时掌握灾害点的蠕动情况。各级加强了动态巡查，确保及时发现和预防地质灾害事故。

按照“谁诱发、谁治理”的原则，对大可乡水尾村的两个磷矿，圭山乡黑凹、沙松棵、前哨村矿山弃土和矿渣形成的灾害隐患要求采矿权人限期整改，达到预期目标。对新办矿山和延续登记矿山，一律进行地质灾害危险性评估并按权限评审备案，全年备案项目 14 个。恢复矿山地质环境保证金缴纳制度，不交纳保证金的不给予年检，全年共收缴地质环境恢复治理保证金 62.836 万元。

针对不同的地质灾害采取不同的治理方法，对大可乡平田村的滑坡体采取了减载、夯实裂缝和退耕还林等生物治理。对板桥镇陷塘村、大可乡大可村等处滑坡进行挡土、修建排水沟等工程治理。治理后，平田村滑坡已趋于稳定，经用经纬仪监测，无下滑的迹象；大可村已消除隐患；陷塘村进一步观察中。

【国土资源执法监察】 严格执行国土资源执法监察动态巡查分片包干责任

制，全年动态巡查101天516人次，立案查处国土资源违法案件23件，查处率达100%，其中：查处违法用地22件29.1765亩、收缴罚款3.6745万元，查处非法开采铁矿1件、收缴罚款2万元。

【基础测绘管理】 2008年，第一批、第二批、第三批、第四批、第五批、第六批、第七批的城镇建设用地勘测定界测绘工作已完成，第八批、第九批、第十批、第十一批城镇建设用地勘测定界和旅游服务区2008001号、2008002号、2008003号供地项目资料已制作好，正提供审查中。

【闲置土地清理】 为提高土地的节约集约利用，成立了石林县清理整顿土地市场秩序工作领导小组，9月5日召开了全县清理整顿土地秩序工作推进会。会后，及时进行了认真的清理清查，10月31日前完成了33宗452.93亩闲置土地的审核、情形认定和处置方案的上报审批工作。年内完成了31宗438.84亩土地的收储协议；2宗14.095亩国有闲置土地还在协商中，待签订《土地收储协议》。

（撰稿人：县国土资源局 刘慧英）

环境保护

【县环境保护局】 1998年12月，成立县环境保护局。2008年局机关内设办公室、环境监督管理科、法规宣教科、环境监察大队、环境监测站，年底有在职干部职工25人，其中：公务员8人，参公管理人员6人，工勤人员1人，事业管理人员1人，专业技术人员6人，工人3人。2008年资助支农联系点石林镇北小村村委会生产经费5000元。

书记、局长：罗秀全（5月改任书记，11月改任非领导职务）
局　　长：杨炳学（5月起）
副 局 长：何建华（女）

【上海招商分局】 上海招商分局由县环保局牵头，县委统战部、县委党校协助。2008年洽谈引进项目11个，其中：在建项目2个，有资金进入的4个（其中石林上海新天地、石林桃园水乡两个正在筹建中），签定正式投资协议5个，签定意向性协议2个，在谈项目3个。项目协议资金31.69亿元，实际到位资金4005.7万元（石林印象大酒店1314.7万元、石林秦氏养殖场691万元、石林桃园水乡1000万元、石林上海新天地1000万元），完成县委、县政府下达任务4000万的100.1%。

【污水处理厂建设】 石林县污水处理厂建设是2008年县委、县政府十件实事之一，选址于鹿阜镇大屯村望仙阁，占地面积36.53亩，总规模为日处理污水2万立方米，一次性规划，分期建设，处理工艺为循环式活性污泥法（CASS工艺）。工程于2008年10月1日建成并投入试运行。工程建设过程中，按市委、市政府要求，增加深度处理工程，出水水质要求达到一级A标排放标准。为严格按目标要求完成建设任务，积极加强与设计单位、施工单位等相关部门的协调，2008年5月1日开始一级A标工程建设，2008年12月31日完工进行设备调试，2009年1月投入试运行。2008年共计完成投资3150万元。

【"创模"工作】 按照市创模办的要求，石林县与市政府同步完成"创模"各项工作：一是针对未达指标，强化工作措施的落实，加大环境整治力度和硬件设施建设工作，确保各项考核指标的落实；二是及时组织全县重点工业企业召开专题会议，进行"一源一档"资料整编工作；三是对照29项考核指标，按照档案资料整编要求，做好创模资料（2005～2007年）的收集整理工作。2008年底，"一源一档"整编材料和2005～2007年创模资料已报市创模办进行初步审核，待反馈意见后进行修改完善。

【城乡园林绿化及生态县建设工作】 一是完成《石林彝族自治县生态县建设规划》的编制并报县人大审议通过。二是超额完成植树任务。县环保局会同联系点北小村村委会干部共43人，于2008年7月9日在该村密枝山义务植树桤木800株，超额完成380株，经过养护，成活率达100%。三是做好单位建绿透绿工作。完成了临街总面积144.3平方米围墙的拆除，完成了大门、下水道及化粪池改造、临街绿化、植绿补绿、场地硬化、绿化等工程，投入资金约10万元。四是做好对4个环境优美乡镇（圭山镇、鹿阜镇、西街口镇、板桥镇）创建工作的指导。4个镇的《环境优美乡镇创建规划》编制工作已完成，2008年10月9日市环保局组织专家进行了初评。五是制定"创绿"工作计划并积极开展创建工作。做好"绿色社区"、"绿色学校"、"绿色家庭"、"绿色庭院"、"绿色机关"等创建工作的指导，完成了"绿色社区"、"绿色学校"的创建工作培训。年内完成了8个"绿色学校"的创建申报工作，8个学校为：石林幼儿教育集团、紫玉小学、阿乌完小、石林县民族幼儿园、鹿阜小学、鹿阜中学、石林县试验学校、石林镇中学。

【节能减排】 为确保2008年减排任务的完成，制定了全县2008年主要污染物（SO_2、COD）减排工作方案。根据工作方案，采取一系列措施确保完成主要污染物总量控制约束性指标。一是全面实施排放污染物许可证制度，2008年共核发排污许可证396家。二是积极协助县经济局做好石林县金茂华钢铁厂2008年12月31日前关闭的相关工作。三是严格督促企业落实污染治理设施。2008年县阿诗玛纸厂共投入66万元新建污水处理设施，并于6月30日完成。该设施建成使用后，主要污染物二氧化硫（SO_2）年削减量0.18吨、COD年削减量0.16吨。石林天合烟叶复烤有限公司两台10T/H锅炉的烟气脱硫除尘系统已竣工并投入使用，二氧化硫（SO_2）年削减量1.6吨，化学需氧量（COD）年削减量0.18吨。四是建成石林县污水处理厂，并于10月1日投入试运行，该设施的建成进一步确保了石林县"十

一五”期间化学需氧量（COD）削减任务的完成。

【“四全”工作】 深入贯彻落实《昆明市“一湖两江”流域水环境治理“四全”工作行动计划》文件精神，根据《石林彝族自治县“四全”工作方案》的通知要求，全面推进石林县河道截污工作，制定了《石林彝族自治县环境保护局“四全”工作实施方案》，把相关工作细化到各部门，开展了以下工作：一是做好大山沟至县城巴江俪岛8300米的排污廊道建设前期准备工作；二是全面禁止新上直接向县内所有湖泊、水库、河流流域保护区排放污染物的建设项目，以及禁止向以上区域排放未达标或者超过规定控制总量的废水、污水；三是对辖区范围内排污管网覆盖且排污管网能与城镇污水处理厂配套使用区域的排污户进行彻底清查，了解掌握具体情况，下发了整改通知要求，限期整改；四是做好鹿阜镇东海子、路美邑镇西纳村污水收集处理系统建设调研工作；五是进一步加大对无证经营、油烟污染扰民餐饮业的查处力度，并拟定了《关于在县城主城区和石林景区对4吨以下锅炉禁止使用燃煤的通告》文件，于11月份正式启动了该项工作。

【第一次污染源普查工作】 按照中央、省、市关于开展第一次污染源普查工作的要求，继续深入开展好石林县污染源普查工作。全面掌握石林县工业源、农业源、生活源、集中式污染治理设施等四类污染源的数量、行业和地区分布，主要污染物及其排放量、排放去向、污染治理设施运行状况、污染治理水平和治理费用等情况，为污染治理提供依据。此次调查共对全县有污染物产生的1565户普查对象进行了入户普查，其中：工业源246户，生活源466户，集中式治理设施1户，农业源852户。2008年10月完成了二次数据终报工作。11月通过了国家普查办组织的质量核查。

【建设项目环境管理】 全年共审批建设项目389份，其中：环境影响登记表376份，环境影响报告表13份。新上建设项目环境影响评价执行率达100%，“三同时”执行率达100%。

【环境执法】 做到对一般源每季度现场监察一次，对4家重点企业每月监察一次。全年共制作现场监察记录128份，解决群众举报的环境问题43起，立案查处环境违法案件9件，其中未批先建案件5件、污染治理治理不健全和未申请环保三同时验收案件3件、违法排污案件1件（养殖废水未经处理向溶洞排放），在调查处理过程中均做到了调查程序合法、证据确凿、处罚得当，结案率达100%。进一步加强危险废物监督管理工作，确保医疗废物集中处置率达到100%，辖区内无危险废物排放。依法征收排污费，全年共收取120万元，完成任务数95万元的126.32%。

【饮用水源地环境保护工作】 2008年委托有资质的单位进行《石林县饮用水源地环境保护规划》、《石林彝族自治县县城集中式饮用水源保护区区划的技术报告》的编制，并上报市环保局审批。严格按要求做好集中式饮用水源地水质监测频次，集中式饮用水源水质达标率达到100%，县域地表水达到水环境功能区考核要求，县城段全部河道实现无黑臭，继续实施出入县城河道的绿化建设等工作。强化对城乡饮用水源地的环境监管，全年出动 52人次，确保饮用水安全。

【环境监测】 2008年共获得有效监测数据6730个，其中：环境空气质量监测数据749个，巴江流域6个点及4个饮用水源地12次地表水环境质量监测有效监测数据2916个，66户污染物排放单位有效监测数据1661个，县城建成区120个点的环境噪声监测有效数据1404个。完成2007年度《环境质量报告书》的编写上报；完成2008年1～3季度《环境质量报告书》的编制，根据监测结果及时为环境监管提出措施、建议，确保了石林县空气、噪声等环境质量达到功能区标准要求。监测结果表明，县城环境空气质量监测天数120天，达标天数120天，优良天数达标率达100%；区域环境噪声达到功能区要求。

【环境监测能力建设】 积极向省、市业务主管部门争取大气自动监测站建设资金，2008年该项目选址定点工作已基本完成。大气自动监测站的建成，将使石林县的监测能力和监测质量得到进一步的提高。

【环保专项整治行动】 7～10月，按照省、市、县工作要求，集中开展“整治违法排污企业，保障群众健康”环保专项整治行动、全县范围环境安全隐患排查及环保大检查工作，切实发现、处理、解决了一批影响人民群众身体健康和生产生活的重点环境污染问题。一是加强集中式饮用水源地环境整治。石林县整个集中式饮用水源保护区范围内无工业固废堆放场，油库、有毒有害废弃物堆放场和转运站，取水水质各项指标100%达标。二是加强冶金、采选矿尾矿库环境安全隐患排查。通过排查，对洗矿点尾矿库有生产性废水外溢现象，其污染治理设施未达到环保审批要求，对外环境造成一定程度影响的石林坤源矿业有限公司进行强制停产处理。其余冶金企业、采选矿尾矿库环境污染治理设施运转均正常，不存在环境安全隐患。三是强化对城镇污水集中处理及垃圾处理设施运行情况的监管。石林县污水处理厂于10月1日建成并投入试运行，各项处理设施均运行正常。固体废弃物清运处置中心渗漏液经收集池收集后用于回喷，没有出现向外环境排放现象。四是加强对医疗废水和危险废弃物特别是医疗废弃物的监督管理。经过督促整改，石林县城区范围内主要的5家医疗机构均已建成了污水处理站，并与云南正晓环保公司签定处置合同，所产生的医疗废弃物定期送往处置中心进行处置，建立了医疗废物转移联单制。五是对136户历年来污染治理设施未建成或未按规定申请“三同时”验收、擅自投入生产的建设项目（包括餐饮业、种养殖业等）或长期以试生产名义违法排污的企业下达了限期整改通知书，要求其在规定的时限内对治理设施进行改造完善并报环保部门验收。六是对焦化、石材加工、水泥等重点行业进行全面检查。石林县共有焦化企业9户，检查时1户处于停产状况，其余8户在生产过程中熄焦废水做到了循环使用不外排；石材加工企业45户，生产过程中所产生的废水经循环深沉水池处理后全部用于回用。针对检查中发现的两户石材加工企业在清理深沉池的堆集物时擅自将废弃物进行倾倒的环境违法行为进行了立案调查。

（撰稿人：县环境保护局 毕桂仙）

科教卫生

教　育

【县教育局】　1989 年 3 月 17 日，经县人民政府批准，原县文化教育局分为县文化局和县教育局。2008 年，县教育局局机关设办公室、教育科、人事科、计财科、教研室、招考办、督导室、安全办等 8 个科室，年底有在职干部职工 34 人。单位住址在石林南路。

2008 年，石林县被省人民政府表彰为云南省首批“教育工作先进县”(全省共 7 家)；县教育局承担的教育部全国农村艺术教育试验课题“农村学校课外艺术教育活动研究”受国家教育部表彰，获全国农村艺术教育试验二级课题研究成果评选一等奖。按时办结人大建议 22　件、政协提案 8 件，办理满意率达 100%；接到各类信访件 20 件，全部圆满办理，及时解决了群众反映的热点问题。资助支农联系点石林镇松子园村委会 1.2 万元生产经费。

党委书记、局长：普光强（彝族）
党委副书记、纪委书记：张云涛
副局长：毕卫华(彝族)
陈贵云

【福建招商分局】　福建招商分局由县教育局、县公安局、县妇联组成，县教育局为牵头单位，主要招商地区为福建、广东等地，2008 年招商引资任务为 4000 万元人民币。年内招商分局先后与福建商会、海航集团有限公司、苏州新干线教育管理有限公司、厦门中海海建建设开发有限公司等 10 余个公司或企业进行洽谈，积极推介招商项目。2008 年引进龙王寺煤矿技改工程、石金佳园、石林福座陵园等 3 个招商项目，其中龙王寺煤矿技改工程项目年内竣工，石金佳园项目将于 2009 年 5 月 31 日竣工，石林福座陵园项目计划于 2009 年内开工。三个项目实际到位资金 2368.87 万元，按系数核定后的工作实绩为 2492.87 万元，完成总任务的 62.32%。

【教职工基本情况】　2008 年底全县有在职教职工 2915 人，其中：专业技术人员 2720 人（副高职务 148 人，中职职务 1108 人，初职职务 1357 人，未定职 107 人），职工 195 人。离退休教职工 781 人，其中：退休 750 人，离休 31 人。

幼儿园教职工 113 人，其中专业技术人员 108 人；小学教职工　1554 人，其中专业技术人员 1539 人；初中教职工 852 人，其中专业技术人员 725 人；高中教职工 365 人，其中专业技术人员 319 人；进修学校教职工 15 人，其中专业技术人员 13 人；教研室教研员 16 人。

昆明市旅游咨询服务中心石林分中心举行“爱心助你上大学”活动捐款仪式

【学前幼儿教育】　2008 年全县有幼儿园 31 所（含民办幼儿园 4 所），学前班 82 个，在园在班幼儿 9057 人（含学前班 2224 人），幼儿入园入班率 87.32%。2008 年 9 月 22 日，县人民政府与云南石金企业发展集团有限公司签订《石林彝族自治县幼儿教育集团办学协议》，在县幼儿教育集团成立石林县幼儿教育培训中心，进一步发挥幼儿教育集团的辐射作用和示范功能，促进集团持续、健康发展。各乡镇进一步推进幼儿教育改革，加强学前幼儿教育管理，管理水平进一步得到提高。

【九年义务教育】　2008 年全县有小学 78 所，初中 8 所；小学在校生 23575 人，初中在校生 11208 人。小学毛入学率 114.19%，学龄儿童入学率 99.75%，辍学率 1.89%；普通初中毛入学率 113.27%，辍学率 1.25%。创建昆明市农村示范初中 1 所（圭山镇中学）。中考取得新进展：各科总平均分 471.82 分，比 2007 年提高 15.51 分；总分及格率 68.68%，比 2007 年提高 12.81 个百分点；总分 600 分以上人数为 262 人，比 2007 年增加 30 人。初中升学率为 78.28%。通过广泛而深入的教育调研，2008 年 8 月 26 日制定出台了《石林彝族自治县关于大力推进义务教育改革与发展的实施意见》，组织实施并取得初步成效，在规范办学行为和教育科研等方面有所突破。

贯彻实施《石林彝族自治县整合优化县城教育资源的实施意见》，对石林实验学校进行股份制改制，将实验学校与鹿阜镇中学西校区重组创办为一所新的中学，定性为县直属学校，定名为石林鹿阜中学；将原鹿阜镇中学东校区资产划归县民族小学，扩大民小办学规模。

【普通高中教育】　进一步理顺普通高中教育体制机制，撤销高中教育集团，恢复县一中、县民族中学两所学校，县一中、县民族中学实行独立办学，自主管理。

2008 年有普高 2 所，在校生 3494 人。高考取得新突破：上线 848 人，比 2007 年多 51 人；一本上线 78 人，比 2007 年多 24 人，创石林历年高考之最。高考升学率为72.14%。

【职成教育】 2008年有职高1所，在校生609人。开展职业技术培训3.4万人次，绿色证书培训3400人。扫盲202人，青壮年文盲率城镇控制在2%以内，农村控制在5%以内。县民族职业高级中学搬迁新建工作总体进展顺利，2008年12月15日进行开工建设。

【教师队伍建设】 认真开展教师继续教育培训，培训率达100%；中小学教师培训地方选修课6门，校本培训面达100%；组织106名新教师进行岗前培训；评定县级中小学、幼儿园学科带头人、骨干教师92名，市级中小学、幼儿园学科带头人、骨干教师18名。

【基础建设】 2008年实施中小学标准化建设6所，石林小学、民族小学标准化建设于年底按期竣工，西街口镇中学、板桥镇中学、路美邑镇中学、路美邑小学标准化建设将于2009年8月前竣工。6个标准化建设项目新建校舍38229.7平方米，市级立项批复计划总投资6432.23万元，市级补助资金4219.53万元，县级配套资金2212.7万元。

2008年全县实施校舍危房改造工程项目3项，排除危房2000平方米，改建校舍2620平方米，完成投资总额226.48万元，有效消除了中小学校舍存在的安全隐患。

【“两免一补”工作】 2008年义务教育阶段学生共34783人，杂费和教科书费全免，教科书费免除资金为365.24万元；补助贫困家庭寄宿制学生生活费21702人，补助总金额为669.4万元。

【人事改革】 通过努力，圆满完成了校长、副校长公选及教职工聘任工作。全县义务教育阶段13所学校的13名校长、23名副校长通过公选顺利产生，其中原任校长11人当选，原任副校长8人当选。坚持“公开、公平、公正”的原则，严把入口关，面向全国公开招聘了中小学教师68人、特设岗位教师39人。

【禁毒防艾及环保宣传】 多形式、多渠道广泛、深入开展禁毒防艾宣传教育活动，学生禁毒防艾知晓率达90%，教师禁毒防艾培训面达100%。在全县中小学广泛开展了环境保护工作，环境教育普及率达100%。

（撰稿人：县教育局 邢聪明）

科　技

【县科技局】 1973年6月成立县科委，1995年改称县科技局。2008年，县科技局内设办公室、业务科和法制综合科，10月经县委、县政府批准组建成立县知识产权局（二级局），年底全局有在职职工10名（其中借调2名）。单位住址在鹿阜镇东城区科技服务中心。2008年由县科技局等单位实施的“日本甜柿规范化栽培及采后商品化处理技术示范”项目获昆明市2008年科技奖科技进步类三等奖。2008年扶持支农联系点西街口镇紫处村委会2000元生产经费。

局　长：李　韬

副局长：槐永强

【实施县级科技计划】 2008年在充分调研的基础上，紧紧围绕县域经济发展对科技的需求，按照“突出重点，先行示范，以点带面，整合资源，强化管理，全面推进”的原则，组织投入资金1038万元，其中：县级科技资金投入60万元，承担单位自筹及其他资金978万元。实施县级科技计划项目18个，完成了万寿菊种植技术示范2050亩、优质枇杷种植技术示范1000亩、桑蚕种养技术示范与开发1000亩、葡萄二次果生产技术试验示范100亩、杂种核桃良种选育及区域试验示范100亩、优质冬桃引种示范310亩、辣椒标准化种植技术示范2150亩、三七引种试验示范1000亩、蓝莓引种试验示范10亩、酿酒生产线改造、科技贡献率计算、科技培训、科教电影放映、两后双百培训、科技宣传等项目及工作。通过强化专家立项评审、严格合同管理、加强检查落实、专家验收评审和报账制审查批拨科技经费，所实施的科技项目都从不同侧面提升了该领域的科技含量，并取得了较好的经济、社会和生态效益，实现新增产值1756万元、新增收入732万元。通过科技计划项目的落实，不仅选育、培育了一批地方优势产业，有力地提升了县域经济增长中的科技含量，同时还为产业龙头普及了相应的财会知识，提高了企业应用现代管理知识驾驭市场的能力，为全县经济社会的持续发展作出了积极的贡献。

【审列实施上级科技项目】 2008年在充分调研的基础上，紧紧围绕县域经济发展对科技的需求，全年组织审列并组织实施省、市级科技计划项目8项（其中：省级2个，市级6个），组织投入资金1684万元（其中：省级投入7万元，市级投入108万元，县级专项科技资金投入40万元，承担单位自筹及其他资金投入1529万元）。具体实施项目为：《石林旅游电子商务整合营销平台》、《石林有机转换产品生猪标准化养殖技术示范》、《石林县科技辅导员培训》、《石林县“绿色光亮工程”建设》、《生猪生产现代化饲养技术应用及基地建设》、《无公害土鸡产业化养殖示范及高原孵化技术攻关》、《新型流水工艺生产线及废料石材加工产业化开发》、《昆明市科技特派员试点建设》。这批科技计划项目的顺利实施，有力地推进了石林县的科技进步和技术创新，增加了经济增长中的科技含量，对实现“三增一稳定”的目标和全县经济繁荣以及社会进步起到了积极的作用。

【科技富民强县示范工程】 石林县依据与市政府签订的《科技富民强县示范工程目标责任书》的要求，2008年紧扣推进石林县生猪产业化、规模化饲养中急需解决养殖污染和疫病防治的科技需求，向市科技局组织申报实施《石林赢鸿生猪生产现代化饲养技术应用及基地建设》项目，并签订了项目合同书，实施期限为2008～2010年。按照项目实施进度，2008年共组织投入项目资金497.62万元，其中：市级50万元，县级配套专项资金30万元，企业自筹

417.62万元。组织开展了以下工作：一是商品肥猪养殖小区一期项目收尾工程。完成小区内的绿化、生活区装修及办公设施配备、水、电设施配套及安装、生产区建设及其他相关建设，并投入使用，在小区开展饲养商品肥猪2632头。二是供精站基地建设。建设供精站产房1800平方米、产床25套、限喂栏75套、保育栏25套，购置人工授精仪器一套、兽医疫病检测设备一套及完成安装水、电配套设施，引种DLY种公猪20头、母猪100头，实现种猪存栏352头。全年向全县各养殖户推广和改良母猪4160头。三是认真做好PIC种猪基地的改扩建工作，完成改扩建厂房3000余平方米，改扩建产床80套、限喂栏220套、保育栏80套及相关配套设施，并切实做好582头PIC种猪的管理，全年向养殖小区提供2632头商品仔猪，向社会提供7122头商品仔猪。四是开展DLY良种猪繁育基地建设，2008年已完成立项申批手续、160亩的土地租用及20000平方米的场地平整。示范工程项目顺利通过了市科技局组织的专家年度检查。

【科技进村入户示范工程】 根据市科技局主要突出新农村建设中“绿色光亮工程”项目实施的要求，2008年共组织投入43万元（市级20万元，县级配套13万元，示范村自筹10万元），选择乐尔村为示范村进行建设。在建设中， 是采用整村推进方法，做好规划设计。二是按照市绿色光亮工作方案和技术规范，积极与昆明卓越光伏有限公司签订购销安装协议进行规范安装，2008年11月底安装完毕，共安装太阳能路灯32盏（1盏60瓦、13盏30瓦、18盏20瓦），所安装的灯杆、灯具、太阳能组件、控制器、蓄电池等产品符合国家及行业相关规定并与之匹配，并签订售后服务三年的协议。三是探索制定适宜新农村建设的太阳能路灯管理防护措施，与该村签订管护协议，制定太阳能路灯管理办法，分发到各农户。在该村聘请2名护管员，工资由县科技局直接发放（每人每月300元补助及奖励），并由村领导做好出勤登记监督等。通过项目的实施，为进一步解决农村街道、公共活动场所的照明，实现不断将现代科技成果及先进适用技术应用到社会主义新农村建设中作出了积极的探索。

【实施全民科学素质行动计划】 一是认真组织干部职工参加 “三下乡”活动，发放各类科技资料、书刊1000份（册），现场科技咨询1000余人次。二是组织14家科普联席会议成员单位，围绕“建设创新型石林，推进全县软环境建设”这一主题，组织开展2008年“科技活动周”活动。活动共展出科普挂图1200多幅块次，出动科普宣传车7次，开展科技咨询3600余人次，开展科普知识、保健医疗和农技知识讲座6期受众700余人次，发放科技宣传资料37500多份、科普书籍2350余册。三是利用网络平台，加大对外科技宣传力度。四是适时在全县组织开展实用技术培训，完成各类科技培训班645期，培训6.75万人次。五是组织开展科教电影放映工作，完成放映325次975场电影放映（其中县城广场电影放映162次486场），观众达15万人次。六是编发内部刊物《科技信息》3期，适时传递科技工作动态和科技信息。

【加强科技成果管理】 根据市科技局要求，经县科技局认真筛选，推荐了由县科技局、石林绿汀甜柿产品开发有限公司、云南农业大学食品科学技术学院等单位于2005～2006年申立并组织实施的《甜柿规范栽培技术及采后商品化处理技术示范》项目，参加市科学技术奖科技进步类的评选。该项目采用现代农业产业化发展模式，解决制约石林特色甜柿产业化发展中的关键技术问题，系统引进研发有机甜柿栽培技术、保鲜及商品化处理技术和深加工技术，全面提高日本甜柿规范化栽培及采后商品化处理技术示范效果。三年（2005～2006年）中，项目共组织投入科技项目资金773.9万元（其中市科技专项经费到位210万元），开展了日本甜柿在石林县的物候期、落果高峰期、叶果比、病虫害防治、修剪整形、品种培育等栽培技术研究和柿叶茶、柿丁脯、柿子糕、柿饼等深加工技术研究与开发，编制完善了日本甜柿在石林的种植技术操作规程，完成新示范推广甜柿5140亩、5个甜柿园的综合技术配套示范、12个甜柿新品种的引进培育，建成年生产50吨的柿叶茶、300吨的柿丁脯、500吨的柿子糕、300吨的柿饼加工生产线。三年中，累计实现总产值3223.6万元。经组织省、市同行专家鉴定认为，该项目的实施研究基本解决了甜柿产业在生产中的关键技术问题和采后贮藏、加工技术，综合技术水平达到了国内同行业的领先水平。该项目获昆明市2008年科学技术奖科技进步类三等奖。之后，又及时组织申报了云南省科学技术奖科技进步类的评选。

【加强知识产权管理】 为全面实施知识产权战略，充分发挥知识产权制度的作用，促进县域经济健康持续发展，一是根据《昆明市知识产权发展规划纲要（2008～2015年）》和昆明市关于成立县（市）区知识产权机构的要求，通过一年多的努力，经石林县机构编制委员会批准，组建成立了石林县知识产权局，年内相关手续正在办理之中。机构的成立为今后进一步开展知识产权工作奠定了坚实的基础。二是根据国家、省、市知识产权局的要求，积极申报实施国家知识产权强县工程，并应要求接待了《人民日报（海外版）》、《科技日报》、《知识产权报》、《经济日报》等记者采访，年内该示范工程正在审批之中。三是结合“4·26”世界知识产权日，县科技局及时组织开展知识产权相关知识宣传工作，组织发放了《专利法》、《知识产权的知识》、《专利的保护》、《专利的申请》、《专利知识》、《怎样获得著作权的保护》、《落实市专利资助及扶持办法，提升我县自主创新能力》等资料共计1400余份。四是组织开展专利资助日常工作，报批了4项专利资助。全年共申报专利10项，共授权7项。

【加强科技人才管理】 一是认真组织开展对昆明市第五批中青年学术和技术

带头人后备人选刘世生、吉树全的年度考核工作，经评议：刘世生为“实现年度培养计划目标”，吉树全为“基本实现年度培养计划目标”。同时组织完成了第六批市级中青年学术和技术带头人后备人选县人民医院副主任医师朱玉高《培养任务书》的签订工作。10月又积极组织遴选了倖华林、梅为云两名第七批市级中青年学术和技术带头人后备人选的推荐工作。二是结合不断提高农村科技后备人才的培养需要，经县科技局积极争取，与云南广播电视大学昆明市总工会分校联合举办了首届“一村一名大学生”学历教育培训班，学制2年，通过考试各科成绩合格后可获得中央广播电视大学专科文凭，学费80%由省级财政支付，个人仅需支出1260元左右，大大减轻了学员的经济负担，得到了广大农村中青年的积极响应。经严格验证审核本期共录取学员31名，2008年4月30日举行了开班典礼，教学工作正常开展。

【召开县科技大会】 4月16日，为认真贯彻落实省、市科学技术大会精神，表彰全县第三届有突出贡献的优秀专业人才，安排部署石林县当前和今后一个时期增强自主创新能力、推动经济社会又好又快发展的有关工作，县委、县政府召开了石林县科学技术大会。会上授予王邦海、刘世生、吉树全、朱玉高、李建东、刘琼珍、毕华玉、赵吉奎、梅为云、毕艳华等10人“第三届石林县有突出贡献优秀专业人才”称号；印发了县委、县政府《关于建设创新型石林、推动县域经济社会又好又快发展的决定》；县委书记柳文炜作了《推进科技进步与创新，为石林跨越发展提供强大支撑》的讲话。科技大会的顺利召开，进一步营造了全县科技创新的良好社会氛围。

（撰稿人：县科技局 杨 伟）

卫 生

【县卫生局】 1978年11月，成立县卫生局。2008年局机关内设办公室、人事规划与财务科、综合管理科、疾病控制科、爱卫办，有在职职工12人。2008年，市对县卫生工作责任目标考核中石林县被评为卫生工作达标县、艾滋病防治工作全面达标县、爱国卫生工作全面达标县。县疾控中心实验室计量认证和《农村初级卫生保健规划（2003～2010年）》顺利通过省、市的评估验收；县卫生局被省卫生厅表彰为“抗震救灾先进单位”；石林县农民代表队参加云南省“亿万农民健康教育促进行动”知识竞赛获第一名。2008年资助支农联系点圭山镇小板田村委会2000元生产经费。

党委书记、局长：周保能

党委副书记、纪委书记：赵江庆（女）

副局长：高炳元

黄文学（彝族）

【医疗卫生机构】 2008年底，全县有公立医疗卫生机构12个，其中：县级医疗卫生机构5个（县人民医院、县中医医院、县妇幼保健院、县疾病预防控制中心、县卫生局卫生执法监督局），乡镇卫生院7个（石林镇、圭山镇、板桥镇、路美邑镇、西街口镇、长湖镇、大可乡卫生院）。有社会办医49个，其中：股份制医院1个（昆明医学院第二附属医院石林天奇医院），个体诊所47个，医务室1个。有村卫生所92个。共开设病床707张，每千人拥有床位2.95张。

全县共有卫生工作人员（含诊所、民营医院）812人，全民医疗机构在职人员为460人（其中：卫生技术人员399人〈执业医师163人、执业助理医师34人、注册护士125人、药剂人员24人、检验人员28人、其他卫生技术人员25人〉；具有副主任医师资格以上高级职称22人，中级职称159人）。有乡村医生185人。全县每千人拥有卫生技术人员2.81人，其中：执业医师（含助理执业医师）1.25人/千人，护士1.00人/千人。

县直医疗单位（县人民医院、县中医医院、县妇幼保健院）资产共8701万元，7个乡（镇）卫生院资产共1695万元。

【卫生改革】 根据《昆明市委、市人民政府印发关于加快推进医疗卫生事业改革与发展和进一步加快民营医院发展两个文件的通知》、《昆明市人民政府印发关于加强公共卫生服务体系建设实施意见等四个文件的通知》等文件精神，分层次多次召开专题会议学习研究市医疗卫生事业改革精神。为制定切合石林县实际的医改方案，县委、县政府主要领导、分管领导、县卫生局多次召开专题调研会，研究石林县医疗卫生事业改革相关政策和措施，同时组织相关人员外出考察学习先进地区的医改经验。按照积极稳妥的原则，2008年选择了长湖镇、西街口镇和大可乡3个乡（镇）卫生院作为医改试点单位启动了医改工作。年底8个乡(镇)卫生院均实行医防分设，设立了公共卫生部和医疗服务部。为保障医疗卫生体制改革、推行人事代理制度和加快民营医院发展的需要，经县编委批准成立县人才服务中心卫生分中心和县民营医院服务中心，为深化医改奠定了一定的组织基础。

【公共卫生】 疾病防控体系建设不断加强，疾病预防控制成效明显。完成了县疾控中心接种门诊改造工程，县疾控中心艾滋病初筛实验室计量认证通过省级验收。加强疫情报告和突发公共卫生事件信息报告网络系统建设，坚持“日报告”制度，有效预防控制艾滋病、结核病、乙肝、鼠疫、霍乱、传染性非典型肺炎、人禽流感的发生。全县年内共报告乙类、丙类传染病440例，无甲类传染病发生，疫情散发调查处理率达100%；上报突发公共卫生事件6件，均按《突发公共卫生事件处置条例》进行了及时有效处置。完成手足口病监测和诊治，全县共发现病例18例、住院治疗15例（均已治愈出院）、留观3例，未发生重症病例和死亡病例。认真落实国家扩大免疫规划，“四苗”接种率达90%以上，乙肝疫苗基础免疫率达93.71%，对全县含流动人口在内的50115名8月龄至14周岁儿童开展麻疹疫苗强化免疫接种工作，接种率达98%，超过市政府下达指标3个百分点，圆满通过市级的考核验收。广泛开展健康教育，居民健康知识知晓率为83.8%，学生健康知识知晓率为94%，居民健康行为形成率为71.92%，学生健康行为形成率为82.65%。积极参与“亿万农民健康教育促进行动”，石林县农民代表队参加云南省“亿万农民健康教育促进行动”知识竞赛获第一名。

妇幼保健服务功能得到强化。完善县、乡（社区卫生服务中心）、村（社区卫生服务站）三级妇幼保健服务网络，落实各项干预措施，以降低孕产妇、婴儿和5岁以下儿童死亡率为重点，全面实施市、县《孕产妇死亡干预方案》和《5岁以下儿童死亡干预方案》。把流动人口中的孕产妇和儿童纳入保健管理；辖区内的11个医疗助产机构均开展预防艾滋病母婴传播工作；104名贫困孕产妇得到救助，支付救助金3万元；开展出生缺陷一级干预工作，县财政共投入10万元为育龄夫妇免费开展孕前检查和增补叶酸。孕产妇保健覆盖率99.64%、系统管理率97.33%，新法接生率98.62%、住院分娩率97.84%，高危孕产妇筛出率26.07%、高危孕产妇住院分娩率99.28%，儿童保健覆盖率85.39%、系统管理率88.15%、高危儿筛出率9.54%；孕产妇死亡率112.69/十万，5岁以下儿童死亡率20.84‰、婴儿死亡率15.26‰、新生儿死亡率10.79‰，新生儿破伤风发生率为零，出生缺陷发生率17.38‰。

卫生执法监督进一步强化。以开展经济社会软环境建设为契机，深化卫生行政审批制度改革，卫生行政许可审批事项由原来的14项精简为3项，7项变更为管理服务项目，审批事项全部进入县便民服务中心卫生窗口，实行限时一次性办结。加大卫生执法监督力度，卫生监督覆盖率达90%以上。以餐饮业为重点，对无证经营行为进行专项清理整治，办理卫生许可证753个，发放从业人员健康证3900个。开展公共场所卫生监督检查174家，对农村宴席点（待客处）和建筑工地食堂卫生进行检查。查处食品违法案件18件。对饮用水进行监督检查2次，保障了饮用水安全。对以索证为重点的消毒产品检查25家，化妆品经营户检查65家，公共场所卫生量化分级评定115家。严厉打击非法行医，开展综合检查和专项整治，从源头上抓好医疗安全管理。发放职业病防治法宣传材料100余份，57家工矿企业建立了职业卫生资料档案。重大节庆活动卫生保障实现了“零差错”。开展三聚氰胺奶粉清理整治工作，筛查婴幼儿1487人，初诊患泌尿系统结石的14人，转市级医院确诊2人，年内均已治愈出院。

【医疗服务】 坚持“以病人为中心”的服务理念，加强医疗质量管理体系建设，开展“医院管理年”和创“百姓放心医院”活动，深化人事制度和分配制度改革，实行成本核算。以全县开展经济社会软环境建设为契机，加强医德医风建设，狠抓医疗质量管理，建立了医务人员“医德档案”，从遵纪守法、廉洁行医、因病施治、规范医疗服务行为等7个方面对医务工作者的执业行为进行考评，考评结果与岗位聘用、晋职晋级、评先评优、绩效工资等直接挂钩。2008年全县公立县医疗卫生机构门诊人次达253793人次；住院人数达17385人次，比上年增16.31%；业务收入达5426.3万元，比上年增29.64%。规范用血管理，坚持开展无偿献血活动，2008年度有199人参加无偿献血，共献血55400毫升，被市人民政府评为昆明地区2008年无偿献血先进单位。确保“120”急救站接警后5分钟内出动急救，全年共出诊265次，接诊病人（患者）398人，做到快速反应、有效处置。年内全县未发生等级医疗事故。

【农村卫生】 2008年全县参合群众199371人，参合率99.27%（高于全省9.5个百分点、高于全市5.27个百分点）。2009年参合群众200882人，参合率98.69%。2008年全县共补偿报销费用1427.6万元（其中门诊补偿127.3276万元、住院补偿1300.27万元），受益面和受益程度不断提高，实现了“农民得实惠、政府得民心”的目标。

乡镇卫生院基础设施建设得到加强，完成了被列入县人民政府“十件实事”之一的7个乡（镇）卫生院国债新（改）建项目。

农村初级卫生保健工作通过达标验收。认真落实省、市、县《农村初级卫生保健规划（2003～2010年）》，以乡镇为单位全面实行乡村一体化管理，按照14项内容、48项指标要求，历经5年努力，2008年11月石林县初保工作顺利通过市初保委的评审验收。

认真落实《昆明市卫生局农村巡回医疗制度实施方案》，建立石林县农村公共卫生服务专项资金，采取政府购买公共卫生服务的方式，建立“送医送药到农户”的农村巡回医疗制度。县卫生局组织疾病预防、妇幼保健、卫生监督等专业技术人员组成考评组，对乡镇卫生院公共卫生部和村卫生室的工作数量和质量进行考核，考核结果作为核拨购买农村公共卫生服务补助经费的依据。农村巡回医疗制度的实施，一方面极大地调动了农村卫生工作者的工作积极性，促进了农村卫生服务质量的提高，另一方面缓解了群众看病难、看病贵问题。

【防治艾滋病】 县委、县政府高度重视艾滋病防治工作，将艾滋病工作列入重要的议事日程，由政府主要领导亲自抓，分管领导具体抓，一级抓一级，层层抓落实，形成了工作有机构，办事有人员，各部门各司其责，密切配合，齐抓共管的良好工作格局。制定了《石林彝族自治县防治艾滋病三年人民战争实施方案（2008～2010年）》。艾滋病防治经费列入年度财政预算，2008年县财政配套艾滋病防治专项经费13万元，各级专项经费做到专款专用。

充分发挥职能部门的作用，采取日常宣传与集中宣传相结合、多部门联合宣传与各单位自行组织宣传相结合、专职队伍宣传与各种媒体宣传相结合等开展多形式、多渠道、多层次、多领域、全方位的艾滋病知识宣传教育。

建立健全机制，强化监测检测。将监测任务分解到各医疗卫生单位，实行月报制。进一步规范艾滋病初筛实验室管理，按照逐级培训的原则组织全县卫生专业技术人员分期分批开展以艾滋病基本知识、宣传教育、防治方式、调查形成等为内容的培训活动。建立了县直医疗卫生单位、乡镇卫生院等医疗单位组成的自愿咨询网络，提供自愿咨询检测服务。开展孕产妇艾滋病病毒抗体筛查工作，婚姻登记处设立艾滋病防治自愿咨询检测点。对羁押人群进行问件调查、采血监测和防艾宣传教育。

采取综合措施，加大行为干预力度。推广使用安全套，落实业主负责制，确保旅馆业和娱乐服务场所摆放安全套或安全套发售设施设置工作落到实处。组建了由卫生、公安、工商等部门12名工作人员组成的县防治艾滋病高危人群干预工作队，深入娱乐场所和羁押场所开展健康教育活动，组织了形式多样的培训活动，鼓励高危人群采取安全性行为，促进其行为改变。辖区内娱乐服务场所高危人群艾滋病预防知识知晓率达98%，业主知识知晓率达95.6%。

确定县人民医院为石林县艾滋病抗病毒治疗定点医院，对感染者进行回顾性调查。积极开展母婴阻断工作，制定《石林彝族自治县预防艾滋病母婴传播工作方案（试行）》，成立县预防艾滋病母婴阻断领导小组、技术指导组，建立综合预防艾滋病母婴传播咨询、检测、治疗及关怀服务体系，建立艾滋病病毒抗体阳性母亲及所生婴儿的随访制度，定期开展HIV感染者随访，建立了完整的HIV/AIDS档案和数据库。

认真贯彻执行“四免一关怀”政策，建立艾滋病防治与救助相结合的良性运行机制，对辖区内生活困难的艾滋病患者、患者家属及患者遗孤提供救助。

（撰稿人：县卫生局 赵玉红）

爱国卫生

【县爱卫办】 2007年5月，根据《石林彝族自治县机构编制委员会对县爱国卫生运动委员会办公室〈关于独立设置石林彝族自治县爱国卫生运动委员会办公室的请示〉的批复》，独立设置了县爱国卫生运动委员会办公室，明确为正科级全额拨款事业单位，内设综合科、业务科2个科室。2008年底有在职职工5人。办公地点在鹿阜镇东城区9号地。

主　任：王松梅（女）

副主任：马劲松

【组织领导】 2008年调整充实了爱卫组织机构，确立了以县长任主任、分管副县长任常务副主任、35个部门和单位为委员的县爱国卫生运动委员会，全县各级各部门调整充实爱国卫生领导机构56个（委员会9个、领导小组47个），县、乡、村、单位四级爱卫工作网络机构逐步得到健全。县人民政府与8个乡（镇）、23个爱卫会成员单位签订了《2008年爱国卫生工作目标管理责任书》，明确了各责任单位的职责。

【巩固创卫成果】 2008年县委办、县政府办下发了《关于建立国家卫生县城长效管理机制的意见》，对国家卫生县城巩固、提升工作进行了全面的安排和部署，对各级各部门的工作职责和任务进行了明确，共有27家单位从爱卫组织管理、环境保护、职业卫生、公共娱乐场所管理、镇辖村卫生等方面建立了国家卫生县城长效管理工作方案，有力促进了国家卫生县城长效管理工作，爱卫工作步入了经常化、制度化和规范化的良性发展轨道。

【爱卫成果】 2008年4月30日，石林县创建省级灭蟑螂先进县城通过考核验收，取得石林县第二个省级病媒生物防制荣誉称号。2008年10月14日，云南省第八次城市（县城）卫生检查活动中，石林县的工作得到了专家组的一致好评，取得优异成绩。11月11日，经过市爱卫会的考核验收，县财政局、县建设局、县电力公司4家单位为爱卫先进单位、县检察院为无吸烟先进单位；11月25日，石林镇小箐村通过省爱卫会验收，成为石林县第五个省级卫生村。

【健康教育】 开展第二十个爱国卫生月活动及世界无烟日宣传活动，共发放宣传材料45000余份，粘贴戒烟海报75张，出黑板报、墙报10余期，在公共活动场所制作固定禁烟宣传专栏1块，展出流动活动宣传展板12块，报名参加戒烟大赛45人。

【病媒生物防制】 全年共开展以灭鼠为重点的除“四害”活动3次，共发出溴敌隆灭鼠毒饵12600千克、灭蟑药物1200盒、灭蝇蚊药720瓶。对县城公共区域开展了集中消杀工作，共投放10%大功达悬浮剂60千克；对县城绿地蚊蝇孳生地开展了集中消杀工作，共喷洒药液90余吨，喷洒面积达70多万平方米。

【农村改水改厕】 县爱卫办补助经费10万元，完成500户农村卫生户厕的改造，支持其他单位改厕资金5万元，完成了3个村委会的公厕改造。

（撰稿人：县爱卫办 李彦芳）

文化体育

社会文化管理

【县文化体育局】 1989年3月，县文化教育局分为县文化局和县教育局。1995年2月，县体委与县文化局合并成立县文化体育局。2008年机关设办公室、文化科、体育科、文体市场科，下属单位有县文化市场稽查队、县文化馆、县图书馆、县文物管理所、县阿诗玛艺术团、县民族体育服务中心6个事业单位和新华书店石林分公司（代管党群工作）1个企业单位。年底全系统有在职干部职工95人，其中局机关11人。局机关办公地点在鹿阜镇石林中路122号。原县电影公司于2008年11月1日被撤销，人员并到县广播电视局。

2008年，荣获云南省全民健身活动优秀组织奖、云南省体育竞赛最佳赛区、昆明市体育竞赛优秀赛区；荣获昆明市第六届农民运动会开幕式演出《舞龙》节目优秀组织奖、昆明市新农村文艺汇演节目二等奖1个、三等奖1个；代表昆明市参加首届云南省新农村文艺汇演荣获一等奖；荣获云南曲靖“珠江源”民族酒歌展演“最佳演唱奖”；县民族体育服务中心被市政府评为“昆明市园林单位”。何称恩荣获第二十九届残疾人奥林匹克运动会男子田径T36级800米银牌、400米第五名，被省政府授予“先进工作者”称号；金牛被昆明市人民政府授予“劳动模范”称号。2008年资助了支农联系点冒水洞村委会4000元生产经费。

总支书记：徐跃高（12月止）
局　　长：张海斌（彝族）
总支副书记：黄　兴（彝族）
副 局 长：毕玉珍（女，彝族，12月起）

【山东招商分局】 2008年，山东招商分局由县文化体育局牵头，县民族宗教事务局、县信访局协助组成，派驻城市山东青岛、济南，招商任务数4000万元。分局政委李福军，分局长张海斌，副分局长毕玉昌、陈德富，主要工作：一是健全机构、提供保障，做到机构健全、人员到位、经费落实、职责明确。二是统一认识、加强领导，定期召集分局领导和工作人员会议，分析形势，解决难题，安排部署工作。三是广开渠道重点突破，分别与上海泛联华邦集团、中国光华科技基金会、云南丰泽房地产开发有限责任公司、北京奥润明珠影视文化有限公司等20余家公司就建设阿诗玛题材影视剧拍摄基地、“牛王”争霸赛斗牛城建设、老年慈爱乐园等项目进行广泛的联系洽谈。通过多次联络和洽谈，促成石林县鸿业农庄公司注册登记并开工建设，年度完成投资141.7万元；促进石峰寺建设，年度完成投资4320万元；促成县人民政府与王黎光和美国联合投资公司联合打造大型原生态民族歌舞剧《阿诗玛》的合作意向。全年完成招商引资到位资金4461.7万元，超额完成了年度目标任务。

【文化市场经营状况】 2008年石林县发展文化体育市场经营户24户，年底全县共有文化、体育经营单位209户，其中：歌舞娱乐场所（歌舞厅、KTV、卡拉OK厅）32户，电子游戏经营户13户，网吧经营户17户，音像制品经营零售出租73户，出版物（报刊图书出售）28户，印刷厂4户，打字复印店28户，文化茶室2户，演出经营户3户，体育经营户6户，游乐场1户，广告工艺2户；从业人员1100余人。

【文化市场经营单位（户）法人及从业人员培训】 2008年县文体局采取以会代训方式，对全县文化市场经营单位（户）法人及从业人员进行5次集中培训，并签订了各项责任书，培训内容为：文体市场管理法规，工商、公安消防、治安、网络安全、禁毒、防艾等法规知识。为取得较好的培训效果，县文体局还邀请了县公安消防大队、治安大队、网络科、禁毒办、县防艾办、县工商局的领导授课。5次培训共发放各项法律、安全知识材料1500余份。执法人员上门培训3次。各类培训工作得到了文化经营户和广大群众的理解和支持，为依法管理和繁荣文化市场打下了良好基础。

（撰稿人：县文体局　王云春）

【网吧管理】 按照国务院的统一部署，石林县开展了互联网上网服务营业场所专项整治行动，重点整顿接纳未成年人、超时营业、传播有害信息等违法经营活动，整治期间共检查网吧17家次、警告9家次、取缔“黑网吧”1户，累计罚款1.27万元。

【电子游戏管理】 根据省委、省政府“在全省打一场禁毒防艾人民战争，搞一次禁赌专项行动”的指示精神，石林县文化市场管理稽查部门积极联合公安部门，对电子游戏加大了日常巡查力度。针对电子游戏违法经营活动有所反弹的趋势，对利用电子游戏机进行赌博等违法经营活动进行了严厉打击，压住了电子游戏违法经营活动回潮反弹的势头。全年没收各种赌博机31台、电路板10块，取缔非法经营2家。

【“扫黄打非”工作】 根据中宣部、全国“扫黄”办、文化部等八部委《关于开展严厉打击盗版音像制品专项行动的通知》，县文体局结合全年的工作重点，加强对音像制品经营单位的监管，严厉打击各种违法音像制品经营活动，重点查缴盗版DVD压缩碟和违法音像制品。全年下发音像整治通知4份、案件查处通知8份，查缴非法音像制品4129盘（片）。

【歌舞娱乐场所管理】 严格执行《娱乐场所管理条例》，严肃整顿和规范歌舞娱乐场所经营秩序，全年共清查娱乐场所81家、查处5家。联合公安消防部门开展公共娱乐场所消防安全专项治理，依法取缔不符合消防安全规定的经营场所46家、停业整顿5家。

（撰稿人：县文化市场管理稽查队　毕　华）

文艺创作

【编排小品《无法原谅你》】 由县纪委举办的“养浩然正气、树廉政之风”——隆重纪念纪检委重建30周年文艺汇演中，由阿诗玛艺术团职工董建友创作的小品《无法原谅你》得到了领导及观众的好评。

【音乐作品音带出版发行】 2008年阿诗玛艺术团二级作曲高磊创作的《中国石林彝族酒歌》CD彝、汉语版由云南音像出版社出版发行；由阿诗玛艺术团高磊、高琼芳创作编排的石林民族歌舞专辑《欢乐石林·欢乐撒尼》由云南音像出版社出版，云南广播电视公司发行；由阿诗玛艺术团洛波柯牧作曲的《澄江邀你来》在“走进澄江”全国征歌活动中获《民族音乐》杂志社创作三等奖。

【音乐作品】 金仁祥创作的《阿细跳月》荣获昆明市第四届优秀文艺作品创作“茶花奖”三等奖、普文忠的《美丽的阿诗玛》荣获“新作奖”。

【舞蹈作品】 《阿诗玛的故乡人》荣获昆明市第四届优秀文艺作品创作“茶花奖”二等奖、昆明市新农村建设文艺汇演二等奖、云南省新农村建设文艺汇演表演一等奖；《欢迎您到石林来》荣获昆明市新农村建设文艺汇演三等奖。

【文学作品】 杨继平的小说《烟农》在昆明市第四届优秀文艺作品创作“茶花奖”评选中荣获三等奖。

【美术、书法、摄影培训创作】 2008年初县文化馆拟定了“美术创作班”实施方案，全年县文化馆共举办3期少儿美术、书法培训班。4月12～28日，举办了一期美术创作培训班，特邀省市文化馆美术部的专家前来授课，这是石林县近年来美术培训规模档次较高的一次培训活动，主要集中了县内中小学美术教师及部分单位作者以及农民画作者进行创作培训，参加人员15人，创作绘画新作品16幅。在举办培训班期间，组织学员到圭山镇大糯黑、阿着底、蒲草村等地体验生活，收集素材。本次培训班创作的16件作品全部入选在文山州马关县举办的“神彩云南”第二届现代民间绘画展，并组织10余位作者前往马关观摩学习。石林县送展作品1幅荣获金奖、1幅获优秀奖。完成文字专栏12期；设计制作“新农村文艺汇演”道具4件；为更名十周年舞台设计25件；5件作品入选石林县纪委“廉政书展”，其中2件获一等奖、1件获三等奖、2件获优秀奖。创作绘画新作5件、书法作品7件、摄影作品5件；组织60幅摄影、书法、美术作品参加了“石林县更名庆典及改革开放三十年成果展览。”

7月1～10日，县图书馆举办了一期暑假少儿书法美术培训班，共有30名书画爱好者参加培训。

【美术作品】 金牛创作的《阿诗玛》获第三届中国农民书画展二等奖，在第二届全国《畅想未来》中小学生书画摄影作品大赛活动中荣获云南赛区优秀美术教师奖，作品《阿诗玛》、《丰年》荣获昆明市第四届优秀文艺作品创作“茶花奖”二等奖，作品《阿诗玛》参加第三届中国农民书画展组委会主办的优秀作品赴美国纽约交流展出。毕文明在云南省首届“三农”书画摄影展中荣获绘画作品二等奖，创作的《丰收包谷(版画)》荣获昆明市迎建国60周年暨第二届“群星荟萃”美术、书法、摄影作品三等奖。毕文贵创作的《赶跤场》在云南省“神彩云南”第二届农民画展中获金奖。赵光亮创作的《海连嫁女》在云南省“神彩云南”第二届农民画展中获优秀奖。昂继忠书画作品在“石林县廉政书画展”评选中获一等奖；黄云峰的漫画作品在“石林县廉政书画展”评选中获一等奖。

文艺表演

【阿诗玛艺术团】 阿诗玛艺术团是一支政府文化部门主管的专业文艺表演团体，自1971年8月建团以来，始终遵循党的“二为”方向和“双百”方针，深深扎根于阿诗玛故乡这块古老而丰厚的民族沃壤之中，创作上演了一大批具有地方民族特色和浓郁乡土气息的歌舞节目及彝族迎宾酒歌，深受各族人民的喜爱。县阿诗玛艺术团在县城环城东路25号原老教育局内。2008年底有职工36人，其中有二级作曲1人、二级演员1人。

【建军节活动】 7月下旬，由县文化馆牵头，组织文化科、阿诗玛艺术团配合民政局、武装部、驻石部队成功举办了“石林县庆祝中国人民解放军建军81周年军民联欢晚会”。

（撰稿人：县阿诗玛艺术团 黄文俊）

电影放映

【县城电影放映】 2008年阿诗玛电影院共放映影片和接纳团体演出180场、观众1.3万余人次，其中放映禁毒宣传电影32场。

【农村电影放映】 在“三下乡”期间，县电影公司派出3支放映队，到全县各乡镇放映电影18次36场。

2月初组织全县15个放映队召开了农村电影工作会议，3月份开始在全县开展科教电影、“2131”电影放映工作。全年共放映农村科教和“2131”电影1100场，放映普及率达100%，全面完成“2131”电影放映任务。

【校园电影放映】 2008年县电影公司组织电影放映队进入校园，为全县中小学生放映爱国主义电影50场，促进了学校爱国主义教育工作。

【电影公司改制】 2008年撤销县电影公司，其公益性职能划并到县文化馆并挂县农村电影放映管理站牌子，办理提前退休8人和原退休8人由财政供养，未达到退休年龄的安排到县广播电视局工作，经费供给形式仍为自收自支。县电影公司现有资产由县人民政府统一处置，处置资金统一交县财政，处置所得优先用于偿还县电影公司贷款。根据石林县政府批复，经县文体局领导研究决定，县电影公司固定资产（房屋）、财务（债权债务）、流动放映车（国家发改委、财政部配发）、联想电脑、电话

机移交给县文体局机关，其余财产全部移交给县文化馆。

（撰稿人：县文化馆 许 华）

群众文化

【县文化馆】 县文化馆坐落于南门街168号，总占地面积4952.06平方米。清光绪14年 （1889年）始建，为供祀关羽的庙宇，俗称“武庙”，有大门、前殿、后殿、息养亭等建筑物。民国23年（1934年）10月10日改“武庙”为“民众教育馆”。建国后改为县文化馆。1986年6月2日，武庙被县人民政府列为县级重点文物保护单位。1990年10月，县文化馆被国家文化部授予“全国先进文化馆”称号；1993年9月，被国家文化部评为“全国标准文化馆”；1993年12月，被省文化厅评为“云南省一级文化馆”。2008年县文化馆有办公楼一幢，下设办公室、财务室、音乐舞蹈辅导室、美术书法辅导室、摄影工作室、编辑室、非物质文化遗产保护部、农村电影放映管理站8个业务部门，年底有职员11人。2008年按县清产核资领导小组的要求，完成了全馆清产核资工作。

【县廉政文化暨警示教育园地】 县廉政文化暨警示教育园地设立在县文化馆内，以路南清官陈先溶“去思碑”、“路南县贪官许良安遗臭碑”一正一反两块碑为依托，集反腐倡廉成就展、廉政书画展、警示教育片播放、廉政文化专栏、廉政文化源与流雕刻和廉政勤政警句格言为一体，从伟人谈廉、制度保廉、读书思廉、格言寓廉、以碑鉴廉、文化倡廉、案例警廉、亲情助廉等8个方面展现了廉政文化相关内容及近年来石林县反腐倡廉工作的开展情况，展示了石林县在加强党风廉政建设，构建教育、制度、监督并重的惩治和预防腐败体系方面所做的不懈努力，也体现出石林县不断探索反腐倡廉新途径、不断创新廉政教育新形式的历程，深刻表现了“文化陶冶心灵、廉洁铸就人生”的内涵。

【农村文化室建设】 根据中共中央办公厅、国务院办公厅《关于进一步加强农村文化建设的意见》、《国家“十一五”时期文化发展规划纲要》和省委、省政府《关于加强公益性文化事业建设的若干意见》等要求及市、县政府的总体部署，由县文化馆牵头组成工作小组，对长湖镇的祖莫、雨胜、舍色、蓑衣山，路美邑镇的大哨、阿怒山、麦地庄，西街口镇的紫处、绿水塘，鹿阜镇的西门社区等27个村民委员会文化室和1个文化站进行了实地调查、综合分析，拍摄上报了照片音像资料。全县27个文化室和1个文化站被列入昆明市2008年农村文化站室建设项目，并被列为全县2008年十件实事之一。为确保此项工作的顺利完成，县文化馆协同主管局组织力量于7月底开始对立项对象进行调查、收集相关资料、指导建设、检查验收等工作，并于12月底前全面完成了建设任务。

【文化“三下乡”活动】 2008年1月9～23日，县文化馆、县图书馆配合有关部门在县城双龙广场、圭山镇、板桥镇、石林镇开展了“2008年文化科技三下乡活动”。期间，免费向群众发放《石林文化》刊物、《路南民间故事》、《路南民间歌谣》、《路南民间谚语》等书刊，县文化馆美术辅导部的专业人员还为群众免费书写春联近千条幅，这种直接面向群众的服务形式，让老百姓从中受益，得到各族群众的广泛好评；展出“高举旗帜，科学发展——热烈祝贺中国共产党第十七次全国代表大会胜利召开”宣传展板9块；发放农村科技、生活小常识等宣传材料3000余份，免费书写春联500余幅（对），发放春联、宣传画等200余份；开展十七大知识问答有奖竞赛活动，使广大群众及时掌握党和国家方针政策；发放《艾滋病预防须知》小册子3000余份，向广大群众宣传防治艾滋病的相关知识，增强广大群众的防艾意识。

【音乐舞蹈培训】 县文化馆辅导人员结合实际，打破原来在馆培训的方式，选择有条件的中小学进行上门培训、上门式服务，这种主动上门培训的方式得到了广大师生的欢迎。积极组织拟定创编策划节目迎接石林县更名庆典及改革开放30年大型文化活动。县城内有数支老年文艺演出队，几乎每天晚上都在各自的活动场地进行自娱自乐的文艺展演，丰富了城内群众文化生活，但舞蹈基本功大都停留在一般化水平。针对这一情况，县文化馆文艺辅导部的有关编导人员于2008年1月15～22日举办了一期中老年舞蹈培训班，参加人员有46人，培训内容有民间舞、花灯、藏族舞蹈、秧歌以及彝族舞蹈等基本舞蹈常识。通过培训，中老年学员们初步掌握了各种舞蹈的基本知识，舞蹈的基本功得到了提升，深受学员的好评，觉得获益匪浅，希望文化馆今后多举办这类培训班。培训结束当晚，这批中老年学员在县文化馆排练厅向县文体局有关领导作了汇报演出，得到局领导的一致赞扬；9月16～25日，举办了中老年健身操培训，学员200余人；10月13～17日，集中各乡镇文广中心工作人员培训业务和健身操，学员80人。

【健身操舞培训】 2008年县文化馆制定实施了《石林县千人健身操舞培训实施方案》，对中老年文艺爱好者骨干进行健身操舞培训，由骨干在双龙广场带动千人群众参与健身娱乐活动，使广场健身娱乐活动逐步走向正规化、规模化，成为全县广场文化的一个亮点。

【节日活动】 根据县文体局关于2008年春节活动方案的总体安排，县文化馆从鹿阜镇、长湖镇、圭山镇、石林镇抽调了7支在县内有一定影响的农村业余文艺演出队，大年初一在县城双龙广场举行迎新春文艺展演，共演出民族歌舞等各类节目28个，丰富了春节期间的文化生活；大年初二在县城双龙广场举行2008年春节彝汉语山歌比赛，评出彝语山歌类一等奖男女各1名，奖金各600元；二等奖男女各2名，奖金各400元；三等奖男女各3名，奖金各200元。汉语山歌比赛奖项与彝语山歌比赛奖项设置相同。彝汉语山歌取材广泛，来源于生活、意义含蓄，吸引了成千上万的观众，是对石林县非物质文化遗产保护工作的一次重要宣传，意义深远；大年初一至初三，在县文化馆武庙前大殿举办了“迎新春书画展”，共展出县内26名美术作者各类作品51件，大多为石林县近年来新创作的美术作品，内容质量较过去有很大提高，吸引了近千名书画爱好者前来观看；2月14日，小麦地庄组织山歌比赛；2月21～22日，小滑坡村组织山歌比赛。通过一系列的群文活动，丰富了彝乡的春节文化活动。

【非物质文化遗产保护宣传】 2008年，县文化馆拟定实施了《抢救非物质文化遗产濒危项目之一“彝族山歌”的实施方案》，集中县内彝族高龄男女各5人到县文化馆进行为期15天的培训辅导，并选择适当的地点、环境、背景，对5男5女彝族长者传承人的“彝语山歌”分类进行全方位、多视角的录音录像，保持其项目的原生态型及遗产项目的鲜活个性，做到一句不漏、全面完整、科学记录，真正掌握第一手原始资料。由专业人员对原始资料进行分类整理，形成完整科学的“彝语山歌”传承人艺术档案，最后以书面和电子文本录入数据库归档，进行长期管理保护和开发利用。

根据昆明市文化局领导的要求和安排，县文化馆于2008年6月14日在县城举行了丰富多彩的非物质文化遗产宣传活动。在双龙广场举办了以石林县非物质文化遗产保护内容为主题的图文并茂的展板宣传，吸引了大批群众前来观看；在县文化馆举行了“石林彝族自治县非物质文化遗产保护中心”挂牌揭幕仪式；在圭山镇糯黑村举行了“糯黑彝族传统文化保护区”授牌仪式及国家级非物质文化遗产保护名录《阿诗玛》传承人的证书授予仪式，并在村文化广场为参加“遗产日”活动的省、市、县有关领导举行了具有浓郁地方民族特色的文艺演出活动。通过这样一系列的活动，有效宣传了石林县的非物质文化遗产保护工作。组织相关专业人员收集了大量非物质文化遗产资料，形成调查报告（有影像、图片、录音）上报到昆明市非物质文化遗产中心，为昆明市申报国家级名录提供项目依据。根据县文体局《关于申报第三批国家级非物质文化遗产项目传承人工作实施方案》等相关文件精神和要求，积极组织完成“阿诗玛”、“大三弦舞”、“撒尼挑花”三个项目传承人申报第三批国家级非物质文化遗产项目传承人工作，按省、市文化部门要求，结合实际成立了“石林县非物质文化遗产保护中心”，建立了非物质文化遗产项目资料数据库。

【文化部非物质文化遗产保护督导组到石林检查《阿诗玛》传承情况】 2008年4月29日，文化部非物质文化遗产保护督导组在国家非物质文化遗产保护工作专家委员会委员刘魁立的带领下，到石林县督促指导国家级非物质文化遗产名录《阿诗玛》的保护传承情况工作。文化部督导组一行到石林镇老挖村、长湖镇的海宜村、圭山镇糯黑村实地考察《阿诗玛》的保护传承情况。

彝族撒尼叙事长诗《阿诗玛》于2006年被国务院公布为第一批国家级非物质文化遗产保护名录后，县委、县人民政府有效组织实施抢救保护的具体措施，推荐公布命名一批国家、省、市、县级《阿诗玛》文化传承人；系统整理出版一套《阿诗玛》文化丛书（6辑）共200余万字公开出版发行；举办《阿诗玛》文化展；召开“阿诗玛国际学术研讨会”；推出《阿诗玛》、《唱响阿诗玛》等一批大型原生态民族歌舞；组织撒尼剧《阿诗玛》到彝家山寨巡回演出；举办民族民间歌舞比赛；建设一批阿诗玛文化生态村等一系列抢救保护措施，使《阿诗玛》的保护传承恢复活力，提升传承途径。

【国家级非物质文化遗产申报成果】 2008年6月7日，国务院发文公布第二批国家级非物质文化遗产名录和第一批国家级非物质文化遗产扩展项目名录，将序号为672、编号为Ⅲ-75的“彝族三弦舞（撒尼大三弦）”和序号为854、编号为Ⅶ-78的“彝族（撒尼）刺绣”，公布为第二批国家级非物质文化遗产名录。

（撰稿人：县文化馆　许　华）

图书工作

【县图书馆】 县图书馆始建于1983年，新馆于1991年落成，地址在鹿阜镇环城东路83～93号，馆舍面积1680平方米。2008年馆内设服务窗口7个、读者座席285个（其中少儿借阅室读者座席80个）。馆藏各类文献139622册，其中：视听文献564种45300册，图书94322册（含工具书1230册，地方、民族文献1842册）。图书、报刊目录10套，资料专柜目录3套。馆外服务网点17个。年底实有职工14人。

【藏书建设】 2008年县财政拨购书和报刊费专款10万元，全年采购新书1978种3955册，征集地方文献194册，征订2009年报纸62种70份，征订杂志183种183份。接收文化部、财政部价值2万元的“送书下乡”图书936册。装订报刊合订本876册，全年新增入库书刊5961册。修补图书599册，剔旧下架图书1310册。

【图书分类、著录、目录组织】 严格按照《中国图书分类法》第四版分类标准，完成5085册图书的分类、著录、数据录入等工作，制作新书目录卡片5280张、制作导卡432张，并按要求完成分类、书名、著者两套三种目录卡片的排列组织工作。

【书目数据库建设】 为使图书馆的管理工作更加规范、科学，使传统图书馆向现代图书馆转变，继续做好数据库建设，通过采编人员的共同努力，全年共完成13840册图书（其中：资料室图书8755册，新书5085册）的书目数据录入工作。数据库建设正朝着规范、有序的进程逐步推进。

【读者服务】 2008年底，有持证读者6205人。2008年新办借书证532本（其中：通用证420本，社科室专用证

112本），换证124本。全年共接待读者126225人次，其中：馆内63225人次，阅报栏49000余人次，馆外14000人次（含图书流通点、“三下乡”、图书馆服务宣传周活动等）；流通图书134286册次，其中：馆内流通130786册次，馆外流通3500册（图书流通点）。为读者代借代还、预约借书、推荐介绍优秀图书1400余册；为社会各界人士提供查阅资料290册（件），190人次；开展读者活动及读书活动，做好参考咨询和定题跟踪服务，解答各类咨询1230余件。

【宣传辅导】 全面实施“知识工程”，做好基层业务辅导工作。根据《石林彝族自治县“知识工程”实施方案》的总体要求，结合各乡镇的具体情况，制定切实可行的工作计划，加强对乡镇文化广播服务中心、学校图书室和部队图书室的业务辅导工作，全年共下乡30天，92人次。帮助石林县青少年活动中心图书室分编图书8300余册；分别到路美邑镇文广中心、板桥镇黄家庄村文化室等进行业务指导；配合市文化局对全县21家村委会按要求申报“农家书屋”项目，协调落实场地、桌椅、书架、视听阅读设备等工作，市文化局下达了15家“农家书屋”建设项目指标。

开展以送书、送知识、送信息下乡等为主要内容的“三下乡”活动，服务基层、服务农村。开展“图书馆宣传服务周”、“世界读书日”、“科普宣传周”、“10·26”云南禁毒宣传日等宣传活动，大力宣传图书馆的社会职能和作用，在全社会倡导多读书、读好书的文明风尚，进一步营造全民读书的良好氛围，促进全民族素质的提高。全年编印《信息参考》12期、文字专栏12期、新书介绍4期500余册，制作布标13条。撰写专业论文12篇参加昆明市图书馆学会第十三届学术研讨会论文评选，评选出优秀论文1篇，大会交流5篇，入选论文6篇。3篇论文分别选登在《春城图书馆》第1、2期刊物上。

【文化信息资源共享工程】 全国文化信息资源共享工程是由国家文化部、财政部负责组织实施的一项惠及基层群众的文化创新工作。石林县于2008年列入云南省文化信息资源共享工程县级支中心建设项目和8个文化信息资源乡镇基层服务点建设项目，并与省文化厅签订《云南省文化信息资源共享工程2008年度县级支中心及乡镇基层服务网点建设工作实施协议书》。按《协议》要求，县级支中心由省文化厅提供价值68万元的共享工程专用设备、8个乡镇服务点每个点由省文化厅提供价值5万元的共享专用设备，石林县负责县级支中心、乡镇服务点设备安装前的准备工作。

【设立政府信息网站查询点】 为方便广大人民群众及时了解政府信息，县委、县政府在县图书馆设立了石林县政府信息公开网站查询点，并于2008年7月1日正式开通。查询点的开通极大地满足了广大读者对政府信息的查询需求，对推进石林县民主法制进程等方面发挥了积极作用。

【古籍普查保护工作】 根据《国务院办公厅关于进一步加强古籍保护工作的意见》及《云南省人民政府办公厅贯彻落实国务院办公厅关于进一步加强古籍保护工作意见的通知》精神，为做好分散在石林县各地的古籍普查登记工作，石林县政府办公室下发了《关于成立石林彝族自治县古籍普查登记工作领导小组的通知》，转发了《进一步加强古籍保护工作意见的通知》等文件。根据相关要求，县文体局及时成立石林县古籍普查登记领导小组，明确工作职责，同时选派1名职工到广州参加第三期全国古籍修复技术培训班学习，为石林县开展古籍普查和保护工作奠定了基础。

【送书下乡工程】 为支持老少边穷地区的文化事业发展，缓解基层群众看书难的问题，帮助贫困地区县图书馆、乡镇图书馆（室）解决藏书贫乏、购书经费短缺的问题，努力满足人民群众对知识、信息的需求，文化部、财政部自2003年起，在全国贫困地区实施“送书下乡工程”。2008年石林县共接收价值为4万元的“送书下乡图书”1872册，其中936册分别赠送路美邑镇文广中心和板桥镇黄家庄村文化室。“送书下乡工程”活动的开展，充实和完善了基层文化站的藏书建设和藏书结构，极大地丰富和活跃了农村群众的文化生活。

【彝文手抄本《指路经》入选首批《国家珍贵古籍名录》】 根据国务院办公厅《关于进一步加强古籍保护工作的意见》精神，县文化馆申报馆藏彝文手抄本《指路经》参加首批国家珍贵古籍名录评选活动。通过专家评审，彝文手抄本《指路经》被确定为珍贵古籍。2008年3月1日，经国务院批准，彝文手抄本《指路经》入选第一批《国家珍贵古籍名录》（编号02355）。

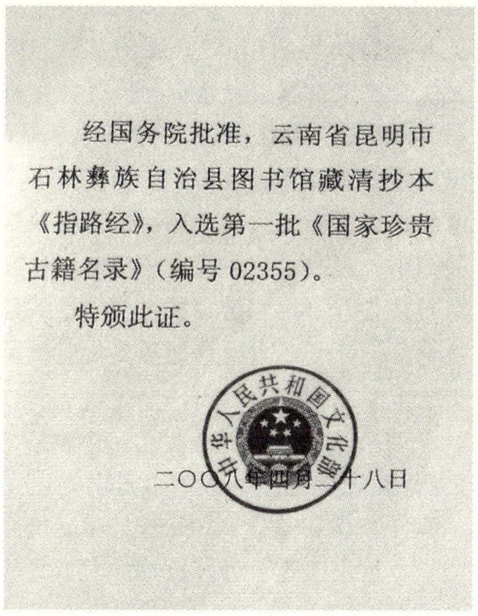
经国务院批准，云南省昆明市石林彝族自治县图书馆藏清抄本《指路经》，入选第一批《国家珍贵古籍名录》（编号02355）。

特颁此证。

二〇〇八年四月十八日

（撰稿人：县图书馆 李红芳）

文物管理

【县文物管理所】 1991年5月1日成立县文物管理所。2008年内设办公室、文物保护室，年底有专业技术人员6人。办公地点鹿阜镇环城东路25号第1栋。

【文物安全工作】 2008年坚持以“预防为主、确保重点、打击犯罪、保障安全”的文物安全工作方针，认真贯彻执行《中华人民共和国文物保护法》、《昆明市文物保护条例》等法律法规，加强文物安全检查和执法力度，及时查找整改排除安全隐患。全年对全县重点文物保护单位、文物库房开展文物安全大检查6次，制作发出《责令限期改正通知书》1份，督促文物使用单位按要求限期完成了整改，确保了石林县各级各类文物的安全。

【文物宣传工作】 结合石林县文物保护工作实际和需要，利用"'5·18'国际博物馆日"、"中国文化遗产日"、"科技、文化、卫生三下乡"等活动，深入开展文物保护法规、文物保护知识和第三次全国文物普查宣传展览活动。全年共制作展出文物保护法规和文物保护知识宣传展板16块，制作发放《第三次全国文物普查宣传资料》等宣传材料4000份，制作悬挂宣传布标3条，黑板报宣传4期，使广大群众进一步了解和认识了石林县的文物保护情况和相关知识，提高了广大民众积极参与和支持石林县开展第三次文物普查的意愿和热情，提高了广大群众加强文化遗产保护的重要意识。

【文物调查保护】 按照《云南省建设工程文物保护规定》，积极配合石林县的基本建设工程，做好石林县中小型基本建设工程地上、地下文物的调查保护工作。对板桥至塘上、矣维哨至木凹子农村公路改造工程沿线距路基两侧50米的范围内和县文庙重点文物保护单位保护范围内拟新建教学楼区域1000平方米的范围进行了实地勘察。通过勘察，基本摸清了公路改造工程沿线和拟新建教学楼区域地上、地下文物的分布和埋藏情况，编制完成了《基本建设工程文物考古调查评价报告》，并就建设工程中有关文物保护的意见和要求向项目管理部门下达了《基本建设工程文物保护意见书》，有效保护了建设工程区域地上、地下的文物。

【文物普查工作】 根据国务院、省、市政府关于开展第三次全国文物普查的通知有关要求，石林县文物管理所结合石林县实际拟定了《石林彝族自治县第三次全国文物普查工作实施方案》并上报县人民政府。2008年4月，县人民政府办公室发文实施。根据《实施方案》，石林县组织成立了以县人民政府副县长毕春华为组长，相关单位分管领导为成员的石林县第三次文物普查工作领导小组，组建了普查队伍，召开了石林县文物普查工作动员会，举办了文物普查培训班，开展了形式多样的文物普查宣传活动，稳步推进了石林县文物普查各项工作。截至2008年11月，新发现文物12项，完成了全县20项重点文物保护单位的复查和数据录入，完成了登记文物20%的复查工作。

【文物维修】 县文昌宫、紫玉山古戏楼、武庙息养亭等古建筑由于年久失修，出现了漏雨、木构件腐烂等险情。为认真贯彻落实"保护为主、抢救第一、合理利用、加强管理" 的文物工作方针，及时有效修缮维护石林县的古建筑，县文物管理所组织人员对古建筑破损情况进行认真勘察、制定维修方案，联合文物使用单位积极筹集文物维修资金23万元，组织施工单位对文昌宫、紫玉山古戏楼、武庙息养亭等古建筑进行了维护修缮。通过维修，使文昌宫、紫玉山古戏楼、武庙大殿等古建筑得到了修缮保护。

【《石林文物研究》编撰出版工作】 为深入贯彻落实科学发展观，全面系统地整理研究和准确记录石林县地上、地下的文化遗迹、珍贵文物及其在社会经济发展中的重要地位和作用，扩大石林县的对外宣传力度，加强全社会对文化遗产的保护意识，为石林县物质文明和精神文明建设提供更好的服务，县文物管理所经认真研究，决定在2008～2009年编撰出版《石林文物研究》专著。根据编撰出版工作方案，2008年完成了初稿的撰写和编辑校对工作，邀请省市文物专家组织召开了审稿会。该书分8个章节，约40万字，内容涵盖了石林县境内"史前文化"、"历史文物"、"革命文物"、"民族文物"等具有历史、科学、艺术价值的各时代各类文物。按计划该书将收录图片150张，书本规格为大32开本，128克铜版纸印刷，印数2000册，2009年下半年公开出版。

（撰稿人：县文物管理所 杨治刚）

群众体育

【县民族体育服务中心】 1996年6月，成立县民族体育场。2007年12月更名为石林县民族体育服务中心，属县财政全额拨款的公益性事业单位。2008年内设办公室、场地管理组和竞赛训练组，有在职职工15人。1992～2005年总投入4256万元，建设面积81646平方米，容纳观众上万人。场内拥有塑胶田径场地一块、面积15750平方米，灯光篮球场面积1275平方米，门球场面积500平方米，健身路径面积300平方米，健身气功活动场地面积1570平方米，停车场面积4500平方米，体育场内外绿化面积30000平方米，室内场地面积6485平方米。石林县体育场每天免费开放8小时，平均每天到体育场进行健身活动的人数达400余人次。

【石林妇女迎奥运活动】 3月6日，为迎接北京奥运会，体现石林妇女支持奥运、参与奥运的精神，促进妇女全民健身运动的开展，增强妇女的健身意识，提高身体健康水平，石林县举办"石林妇女迎奥运长跑活动"。本次长跑活动由石林县各机关妇委会、乡镇妇联等部门组织800人参加，由民族中学正大门为起点，途经新转台、阿诗玛东路、双龙广场、阿诗玛转台、华联超市、阿诗玛南路至阿诗玛电影院，沿途妇女同胞高呼口号，体现石林妇女拼搏进取的精神。3月7日，石林县文体局组织文体系统"迎奥运、显巾帼风采"文体活动，参与人员80余人。

【参加"牡丹文化旅游节"】 3月14～16日，楚雄州武定县举办第一届"牡丹文化旅游节"，武定县委、县政府邀请石林县组织摔跤爱好者到楚雄州武定县进行摔跤表演赛。石林县文体局组织40余名民间摔跤爱好者在“牡丹文化旅游节”上展示了石林民族民间摔跤技艺，进一步加强了与周边地州的交流，受到了当地群众的好评。

【奥运火炬传递】 6月，县文体局积极配合市奥运火炬传递活动组委会做好各项工作，并组织近600人参加在世博园举行的奥运火炬传递活动开幕式。石林县长湖镇宜政村委会大海子村农民毕红明入选农民代表火炬手，参与了奥运火炬在云南境内的传递。

【“科技体育与奥运同行”活动】 6月21日，由云南省体育局、云南省教育局、石林县人民政府主办，云南省模型运动管理中心、石林县文体局承办的“科技体育与奥运同行”活动在石林县飞机场举行，共有来自昆明、红河、玉溪、楚雄、曲靖等地州的100余名运动员进行了科技体育活动展示，观众近1000余人。

【暑期培训】 7月1~21日，石林县少体校举办摔跤培训班，此次培训共有来自各乡镇小学的110名学员参加，其中年龄最大的13岁、最小的8岁。为培养石林县摔跤人才，向省市输送优秀运动员，县少体校在110名队员中选拔出一部分参加少体校摔跤训练，进行积极培养。

【“全民健身与奥运同行”健身项目展示活动】 2008年7月23日，由县文体局主办，县体育总会、县老年体育协会承办的2008年“全民健身与奥运同行”健身项目展示活动在石林县双龙广场举行，共有来自全县各乡镇及各机关单位的29支代表队近600余名运动员参加展示，展示了健身气功、柔力球、民族健身操、太极拳剑等群众喜闻乐见的健身项目。

【社会体育指导员培训】 2008年8月11日，县文体局为认真贯彻落实《全民健身实施纲要》，建立一支强有力的社会体育指导员队伍，指导、组织和普及科学健身知识，促进全县全民健身活动的健康发展，举办了2008年“三级社会体育指导员培训班”，委托昆明市体育局安排教师授课，培训了体育法律法规、群众体育活动技能及传授方法、体育活动管理知识等社会体育指导员必备的相关知识，参训人员62人，经考核全部结业，并颁发了三级社会体育指导员证书。

【健身气功展示】 9月23日，县文体局组织2008年“全民健身与奥运同行”系列活动——全国百大公园和百县千村健身气功系列展示活动云南省大会昆明会场石林分会场以及昆明市第二届四种健身气功交流展示通讯赛，共有70余名健身气功爱好者参与，展示了健身气功八段锦、易筋经、五禽戏、六字诀四套功法，并将展示内容录制成光盘上报昆明市健身气功管理办公室参加评审，荣获二等奖。

【千人民族健身操展演】 10月31日，由县全民健身指导协调委员会主办、县文体局承办的石林县千人民族健身操展演及健身操比赛在县民族体育场举行，共有来自石林县各乡镇、各单位的近2000余名运动员参加。为做好本次活动，县文体局编排了一套具有石林特色的民族健身操进行推广，力争在以后的全民健身活动中开展具有石林特色的健身项目。

【体育协会活动】 年内，县体育总会指导石林县钓鱼协会、地狗垂钓俱乐部、棋类、信鸽、门球等协会积极开展各类活动，全年共计举办30余次，参与人数2000人。

【老年体育活动】 为积极引导老年人走科学健身之路，石林县老体协精心组织，因地制宜地开展各项活动。结合石林县实际，石林县老体协充分调动会员中的积极分子每天在双龙广场、巴江两岸等群众聚集地开展大三弦、小三弦、健身操、太极拳等群众喜闻乐见的锻炼活动，并在春节、“七一”建党节、重阳节等重大节日与县文体局、县体育总会、县老龄委共同组织老年民族体育游园、健身操、健身舞展演、门球等活动，充分展示老年朋友的风采，推动老年体育健身活动健康持久地开展。

【业余训练】 县文体局加强业余训练工作，制定年度市级联办训练点及体育传统校年度检查评估办法和措施，督促指导各联办点、传统校认真制订年度训练计划、寒暑假期集训计划，并按计划组织训练。县文体局体育科定期不定期到各校检查。全年向市体校输送了10名运动员，超额完成了输送任务。

竞技体育

【何称恩获北京残奥会银牌】 在第二十九届残疾人奥林匹克运动会上，何称恩代表中国参加男子田径T36级800米、T36级400米的比赛，荣获男子田径T36级800米银牌、T36级400米第五名的好成绩，为全国、全省、全县人民争得了荣誉，受到了北京奥组委的表彰。

【“迎奥运”商联杯篮球邀请赛】 2月19~23日，2008“迎奥运”商联杯篮球邀请赛在县民族体育场举行。本次比赛共有县国税局、县水务局、县建设局、县政府机关大院等16个代表队400余人参加。经过5天的激烈角逐，县国税局代表队荣获第一名，石林商联投资集团担保有限公司代表队荣获第二名，县地税局代表队荣获第三名。

【“云南水利建筑机械化工程杯”青年男子篮球比赛】 3月14~16日，2008年“云南水利建筑机械化工程杯”青年男子篮球比赛在石林县民族体育场举行。本次比赛共有来自各乡镇团委、城青团委等15个代表队、300余人参加，水利建筑机械化工程公司代表队荣获第一名。

【参加市第六届农民运动会】 4月7～12日，由昆明市农业局、昆明市体育局主办，昆明市体育中心承办的昆明市第六届农民运动会在昆明市体育中心举行。石林县组团参加田径、男子篮球、象棋、民兵军事三项、舞龙共5个项目比赛，荣获男子篮球第二名、象棋男子团体第六名，代表团获优秀组织奖、体育道德风尚奖，充分展示了石林县广大农民在全面建设小康社会进程中的精神风貌。

【县级摔跤比赛】 7月27日，县文体局协助长湖镇组织全县的摔跤比赛。为加强团队精神，加大比赛的对抗性，提高观赏性，以乡镇为单位组队参加女子团体赛，取前三名进行奖励，石林镇代表队荣获第一名。男子组采用现场报名的方式，只举行40公斤以下（含40公斤）、60公斤以下（含60公斤）、60公斤以上三个级别的个人赛，各个级别分别取前六名进行奖励，共有近200名运动员参加，观众近两万人。

【县第七届足球比赛】 8月5日至9日，由县文体局、县体育总会主办，县民族体育服务中心承办，石林建业石材有限公司协办的石林县迎奥运“建业石材杯”第七届足球比赛在石林县民族体育场举行。本次比赛共有来自昆明市和石林县各行各业的9支足球队、200余名运动员参加。经过5天20场紧张激烈的比赛，录取了前三名进行奖励，石林县供电有限公司代表队荣获第一名，石林地税代表队荣获第二名，火龙代表队荣获第三名。本次比赛未限制外援人数，部分单位特邀了昆明市高水平的运动员参赛，为石林县广大足球爱好者提供了相互交流、共同提高的平台，是石林县历届足球比赛技战术水平最高的一届。

【参加省市摔跤、拳击比赛】 2月17～24日，石林县组织20人参加了2008年云南省摔跤比赛，获6金4银1铜，男子古典式获团体总分第一名，男子自由式获团体总分第三名，女子自由获团体总分第六名。5月22～25日，石林县文体局组织各传统项目学校参加昆明市少年儿童摔跤比赛，石林县各代表队获8金4银、一个第四、一个第五的好成绩，石林县民族小学获团体总分第一名。8月5～8日，在2008年昆明市中学生拳击比赛中，石林县代表队以7金6银的好成绩获团体总分第一名，蝉联昆明市中学生拳击比赛团体冠军。

（撰稿人：县文体局 何丽红）

对外文化交流

【武定展演、巡演】 应武定县有关部门的邀请，经文化体育局研究决定，由县文化馆组织50名演职人员组成的狮舞队，于3月12日至13日到武定县参加“牡丹文化旅游节”活动。具有浓郁民族地方特色的狮舞队在武定的展演、巡演，受到武定县各族群众的热烈欢迎和当地领导的一致好评。

【昆明市第六届农民运动会开幕式演出】 4月7日，组织90人演出队参加昆明市第六届农民运动会开幕式的演出。组织舞龙队参加比赛，获优秀组织奖。

【昆明国际旅游文化狂欢节开幕式游演】 5月1日，组织400人大三弦队、60人鼓号队和40人过山号队参加昆明国际旅游文化狂欢节开幕式的游演活动。

【迎接奥运圣火昆明站的传递狂欢活动】 6月9日，组织600余人的三弦队、狮舞队、过山号队到昆明民族村、世博园迎接奥运圣火昆明站的传递狂欢活动。

【参加首届云南省新农村建设文艺汇演】 7月4日，组织演出队参加首届云南省新农村建设文艺汇演启动仪式的演出工作。10月17日，代表昆明市到曲靖参加首届云南省新农村建设文艺汇演，荣获一等奖。10月22日，到昆明参加云南省新农村建设文艺汇演的颁奖晚会演出，组织了90人的迎宾大三弦队。

【昆明市新农村文艺建设汇演】 9月12日，组织参加昆明市新农村文艺建设汇演，获二等奖一个、三等奖一个。

【云南曲靖“珠江源”民族酒歌展演】 10月23日，组织6名歌手参加云南曲靖“珠江源”民族酒歌展演，荣获“最佳演唱奖”。

（撰稿人：县文化馆 许 华）

重大文化活动

【火把节活动】 7月26日，组织1400多人游演队参加“2008年中国石林国际火把节”开幕式入场表演；晚上，在石林火把广场举行了大型民族音乐演唱会《唱响阿诗玛》文艺专场演出、在县城双龙广场举行了群众火把联欢会。7月27日，由长湖镇人民政府主办、县文体局协办，在维则村举行了火把节文艺展演和摔跤比赛。

【石林县更名十周年庆典演出】 2008年12月18日，阿诗玛艺术团组织了部分农村演员，经过紧张的排练，成功完成了“纪念改革开放30周年暨石林县更名十周年庆典”大型晚会的演出任务，受到了县委、县政府及社会各界人士的好评。

（撰稿人：文化馆 许 华）

文化产业发展

【县文化体制改革和文化产业发展领导小组办公室】 2004年12月2日，石林县成立县文化体制改革和文化产业发展领导小组，负责全县文化产业发展领导和协调工作，下设办公室在县委宣传部并作为常设机构处理日常事务。办公地点在鹿阜镇环城东路137号县委车库二楼。2008年，石林县委、县政府高度重视文化产业工作，充分发挥阿诗玛品牌优势，着力培育文化产业，把文化产业发展作为壮大县域经济的重点产业来抓。通过艰苦努力，文产建设步伐显著加快，“文化石林”的软实力效应不断显现。全年文化及相关产业单位数共608户，从业人员平均人数为6768人，总收入为83648万元，实现增加值23230.7万元，占全县生产总值的8.51%。

【建立文化产业项目库】 按照县委、县政府关于建设石林县文化产业项目库的要求，县文产办认真组织各行业、单位、个人树立品牌意识和“人无我有、人有我优、人优我特”的观念，找准特色和优势，积极申报和参与文产项目的运作。经过认真筛选和整理，县文产办提出石林史志丛书编纂出版工程、中国彝族第一村建设项目、大型原生态民族歌舞剧《阿诗玛》等88个项目，建立了石林文化产业项目库。2008年，石林县有13个文产项目被确定为市级重点项目，有6个文产项目被确定为省级重点项目。市级重点项目为：2008年中国石林国际火把节、阿诗玛风情街、阿诗玛演艺中心、鹿阜古镇保护与开发、石林阿诗玛书城、石林旅游服务区（中区）项目、阿着底民族刺绣产品、石林美邑石材石雕、石林生态民族体育运动场、万城阿诗玛旅游小镇、云南石林·东方牛王争霸赛、中国石林南亚、东南亚翡翠珠宝玉石加工基地、石林县中国彝族第一村建设(五棵树村搬迁)项目；省级重点项目为：阿诗玛演艺中心、鹿阜古镇保护与开发、石林县鹿阜镇狮山旅游开发、云南石林旅游商品交易中心、石林县中国彝族第一村建设(五棵树村搬迁)项目、云南石林·东方牛王争霸赛。

【做强石林文化品牌】 一是不断加强非物质文化遗产保护力度。自2007年开始，由县文产办协调，用县文产发展专项资金，申报《彝族大三弦舞》和《彝族撒尼刺绣》第二批国家级非物质文化遗产。通过努力，2008年国务院批准《彝族撒尼刺绣》、《撒尼大三弦舞》正式列为国家级非物质文化遗产，加上先前的彝族撒尼语口传叙事长诗《阿诗玛》，一个县拥有3项国家级非物质文化遗产，被社会各界传为美谈。同时，石林县非物质文化遗产保护中心、糯黑彝族传统文化保护区挂牌成立；彝族撒尼语口传叙事长诗《阿诗玛》正在积极创造条件申报世界非物质文化遗产。二是借助“东方狂欢节”的美誉，努力提升“火把节”的内涵和活动水平。2008年，中国石林国际火把节被节庆中华协作体、中华民俗促进会评为“最佳狂欢气氛奖”。三是组织专家开发的彝文电脑输入法软件获得成功，并举办了多期石林彝文电脑输入法培训班，实现了使古老的石林彝文与计算机和互联网对接的梦想。四是大力发展彝族撒尼刺绣，使彝族撒尼刺绣依托石林旅游和阿诗玛文化内涵成为石林又一品牌，成为推进新农村建设的新动力之一。2008年，昆明石林阿着底民族刺绣产品开发有限公司，被省文产办表彰为云南省首批优秀文化企业；石林阿着底民族刺绣产品开发技术协会被云南省文化产业界联合会接收为会员单位。六是与云南艺术学院设计学院师生精心策划，共同打造了一台“创意石林”的文化大戏。6月4日，“创意石林”作品展在省科技馆开展，300余名师生的上千件设计作品参展。“创意石林”作品从环境设计、视觉传达、动画动漫、民族民间艺术与旅游商品四大方向，对石林县的城市及风景区的形象定位等进行了全面、整体的策划和设计，得到了省市领导的高度评价和市民的热情赞扬。

【实施重大项目带动战略】 2008年，按照县委政府确定的10项重点工程、10项招商引资重点项目和县政府10件实事及市列重点推进项目的责任分工，县文产办切实加大协调推进力度，对全县重点文化产业项目的发展提供全方位的支持。年内组织完成了鹿阜旧城改造基本情况调查统计工作。积极推进大型原生态民族歌舞音乐剧《阿诗玛》，完成剧情大纲创作并进行第一次审稿。同时，认真组织完成石林生态民族体育运动场、中国彝族第一村建设工程、石林县城二期城市建筑风貌改造、石林狂欢之都、石林幻多奇等重大项目开工建设的宣传工作。以上重点文化产业项目的开工建设，标志着石林文化产业的发展和旅游“二次创业”已经进入一个实质阶段，石林打造世界一流景区又有了新的支撑和突破。

【完善文化产业政策】 一是争取将石林镇列为昆明文化创意产业开发区。按照昆明市《关于加快推进文化创意产业发展的若干意见》，石林镇将发挥阿诗玛文化、石林世界自然遗产和世界地质公园品牌效应，以民族文化、旅游文化、休闲居住和旅游购物为支撑。突出差异化发展、特色发展、集聚发展的发展思路，形成生产与交易功能为一体、产业与居住相平衡、生态环境与文化特色相融合的创意产业集聚区，经过三年努力，将其培育成国家级文化创意产业园。二是制定出台《中共石林彝族自治县委、石林彝族自治县人民政府关于进一步开放文化市场大力发展文化产业的实施意见》。该《意见》由进一步开放文化市场大力发展文化产业的重大意义，指导思想、总体目标和基本原则，努力构建开放、健康、和谐的文化市场，大力发展文化产业，建立和完善保障机制五部分组成。《意见》指出，目前石林县正处于旅游产业提升、工业发展突破、城市建设加速、农业产业化推进和文化产业培育的关键时期，进一步开放文化市场、大力发展文化产业，是推进石林跨越式发展的客观需要，是实现石林跨越式发展的重要驱动力。进一步开放文化市场，为文化产业发展提供更大的发展空间，政府将采取开放歌舞娱乐市场、繁荣演出市场、培育以网络为载体的新兴文化市场、规范音像市场、发展壮大艺术品市场、扶持发展电影市场等方式发展大众文化娱乐市场。积极深化文化体制改革，实施大项目带动战略，将通过实施石林文化产业人才培训工程，做好优秀文化人才引进工作，建立和完善石林县文化创新激励机制，大力发掘阿诗玛文化、实施文化旅游二次创业、推动影视和新媒体产业发展、大力培育具有石林特色的文化优势产业、强力推进文化产业发展，推动石林文化大发展、大繁荣。

【举办首届云南·石林牛王争霸赛】 石林彝族传统火把节和石林牛王争霸赛高度的关注和节日狂欢的情感，构成了品牌宣传千载难逢的机缘。2008年的石林彝族火把节，恰值北京奥运会前夕，为了给北京奥运助威，给中国加油，为奥运献上一份祝福，石林县委、县政府在2008年的石林国际火把节上，特别举办了一场职业牛王争霸赛，并通过云南电视台卫视和娱乐频道的并机直播，成为2008年石林火把节的重头戏和最大看点，让全国观众看到一场精彩纷呈的牛的奥林匹克竞赛。首届“云南·石林牛王争霸赛”参赛斗牛从全县久经沙场的400多头斗牛中，通过抽签确定8头地方品种甲级水牛参加牛王争霸赛。竞赛采取淘汰赛，通过抽签对阵。最后4头斗牛决出一、二、三、四名，分别给予奖励。牛王争霸赛第一名奖10000元，第二名奖6000元，第三名奖4000元，第四名奖2000元。按照规则参加比赛的斗牛，第一轮淘汰的补助600元。参加本次牛王争霸赛的8头斗牛均为石林各村寨精挑细选出来的佼佼者，每头斗牛都有一个响亮的名字，分别为擎天柱、黑旋风、小黑子、芙蓉王子、东方不败、贝克汉姆、黄飞鸿、李云龙。经过激烈角逐后，来自老挖村的“擎天柱”战胜了所有对手，荣登牛王之位。石林县委副书记、县长李忠德亲自给牛王颁发大红花，牛主人也获得1万元奖金。新华社、人民网、云南日报、春城晚报、都市时报、云南网、中国石林网等众多新闻媒体对石林牛王争霸赛进行了宣传报道。首届石林牛王争霸赛的成功举办，为启动中国牛王争霸赛俱乐部制斗牛活动进行了有益的探索。2008年，县文产办委托云南艺术学院进行中国石林国际火把节、中国石林国际牛王争霸赛节徽、吉祥物设计，并对火把节和牛王争霸赛进行了19项商标注册，为节庆文化产业发展打下了基础。

【拓展石林文化产业发展影响力】 2008年，石林县成功举办了2008中国石林国际火把狂欢节暨首届牛王争霸赛、云南省首届新农村文艺汇演启动仪式、云南省歌舞剧院石林籍彝族作曲家高映华举办大型专场音乐会等一批有影响的重要文化体育活动。摄制了《春节大联欢》石林特别节目、《石林申遗之路》、《石林世界自然遗产风光片》等一批石林题材的影视作品在中央电视台播出。策划拍摄了分别以好山好水好人家为主题和以县名更名十周年经济社会发展成就为主题的两部石林城市形象宣传片。云南电视台、昆明电视台录播了在石林举行的云南省新农村文艺汇演实况。首届牛王争霸赛经由云南卫视现场直播，成为2008年石林国际火把节的重头戏和最大看点。整理《石林县文化产业发展规划（2006～2010）》刊载于《2008云南文化产业发展蓝皮书》，阿着底刺绣产业发展情况入编《云南文化产业典型个案》。

（撰稿人：县委宣传部文产办 薛春华）

社会生活

人口结构

【性别结构】 2008年末，按户籍统计，石林县总户数76922户，总人口239612人，其中：农业人口211946人，非农业人口27666人，农业人口占全县总人口的88.45%；男性人口120668人，女性人口118944人，男女性别比为101.45∶100。

【民族结构】 2008年末，石林县有30个民族，其中：汉族155889人，彝族81448人，苗族659人，壮族629人，回族264人，白族181人，哈尼族173人，傣族119人，其他民族250人。彝族人口占全县总人口的33.99%。

【出生、死亡人口】 按公安局落户、销户情况统计，2008年出生人口2021人，其中：男性1037人，女性984人。死亡人口1886人，其中：男性1085人，女性801人。

【年龄结构】 按年龄划分，0～14岁人口有46500人，其中：男性23999人，女性22501人。15～64岁人口有171033人，其中：男性86026人，女性85007人。65岁及65岁以上人口22079人，其中：男性10643人，女性11436人。

2008年末石林县人口年龄统计表

年龄	合计	男	女
0	723	386	337
1	1627	895	732
2	2403	1229	1174
3	2743	1433	1310
4	3255	1694	1561
5	3047	1603	1444
6	3240	1641	1599
7	3397	1735	1662
8	3606	1906	1700
9	3420	1776	1644
10	3574	1865	1709
11	3820	1940	1880
12	3857	1943	1914
13	4107	2076	2031
14	3681	1877	1804
15	3143	1563	1580
16	3035	1551	1484
17	3548	1858	1690
18	3969	2085	1884
19	4223	2166	2057
20	3637	1859	1778
21	3591	1811	1780
22	3358	1721	1637
23	2759	1365	1394
24	2878	1415	1463
25	2855	1383	1472
26	3516	1693	1823
27	3416	1689	1727
28	3391	1655	1736
29	4219	2097	2122
30	4760	2345	2415
31	4346	2196	2150
32	4377	2227	2150
33	4587	2284	2303
34	4886	2470	2416
35	5368	2757	2611
36	4902	2464	2438
37	5990	3046	2944
38	5456	2725	2731
39	4923	2502	2421
40	5352	2638	2714
41	4286	2177	2109
42	4906	2414	2492
43	4743	2471	2272
44	4668	2292	2376
45	4674	2396	2278
46	3787	1925	1862
47	1963	1004	959

续表

年龄	合计	男	女
48	2325	1202	1123
49	1828	912	916
50	1697	823	874
51	2305	1131	1174
52	2497	1254	1243
53	3057	1540	1517
54	2721	1332	1389
55	2576	1278	1298
56	2471	1206	1265
57	1942	966	976
58	1751	842	909
59	1950	1013	937
60	1744	867	877
61	1850	938	912
62	1689	889	800
63	1582	796	786
64	1536	793	743
65	1439	748	691
66	1509	751	758
67	1383	731	652
68	1268	648	620
69	1146	580	566
70	1246	611	635
71	1191	602	589
72	1278	617	661
73	1133	546	587
74	988	489	499
75	1112	556	556
76	1104	538	566
77	892	421	471
78	857	435	422
79	805	405	400
80	791	358	433
81	672	295	377
82	516	231	285
83	444	193	251
84	368	158	210
85	350	145	205
86	302	117	185
87	270	105	165
88	234	89	145
89	155	66	89
90	132	53	79
91	117	52	65
92	100	24	76
93	86	27	59
94	74	25	49
95	33	13	20
96	27	7	20
97	16	2	14
98	12	2	10
99	8		8
100	9	2	7
101	4		4
102	3	1	2
103			
104	3		3
105	2		2
106			
107			
108			
109			
110			
合计	239612	120668	118944

（撰稿人：县统计局 杨凤英）

民族结构

【各民族人口分布基本情况】 2008年末，全县有汉、彝、白、哈尼、壮、傣、苗、回等30个民族，总人口239612人。汉族155889人，占全县总人口的65.06%，汉族人口分布于全县7镇1乡223个自然村；彝族81448人，占全县总人口的33.99%，占全县少数民族总人口的97.28%，主要分布于石林、西街口、北大村、路美邑、圭山等山区半山区乡镇，少数在鹿阜、板桥、大可等乡镇与汉族杂居；苗族659人，占全县总人口的0.28%，主要分布于圭山镇糯斗村、下部龙村，大可乡树密寨，石林镇大塘子村等山区；壮族629人，占全县总人口的0.26%，主要分布于路美邑镇、鹿阜镇及圭山镇；回族264人，占全县总人口的0.11%，主要分布于鹿阜、路美邑、板桥等乡镇；白族、哈尼族、傣族分别为181人、173人、119人，散居于全县各乡镇。

【彝　族】 2008年底石林县境内彝族人口有81448人，是全县人口最多的少数民族。彝族是石林最早的土著居民，有着悠久的历史和文化。早在旧石器时代，其先民就在巴江河两岸生息繁衍。隋唐时期曾建立实力强大的落蒙部，其首领世代担任朝廷命官。明代以后，随着土司制度的崩溃和外来移民的增多，彝族与外来民族的同化和融合日益加强，内部分化比较突出。至清代已形成撒尼、黑彝、白彝、彝亲、阿细、阿彝子等众多彝族支系，在分布上最终形成大部分移居山区、少数在坝区与汉族杂居的格局。在石林众多彝族支系中，撒尼人数占多数，特征也较为明显，至今仍保留着独特的民族风俗。撒尼自称“尼”，他称“撒尼”、“撒尼泼”，多是落蒙部后裔。撒尼彝语属汉藏语系藏缅语族彝语支东南部方言撒尼土语，至今仍保留并使用着自己的文字，目前收集到的撒尼古彝文共有1200个字，主要由毕摩世代相传。火把节和密枝节是撒尼传统节日中较为隆重的节日。撒尼除少数信仰天主教外，其余都以原始宗教为主，祖先神灵高居于各种神灵之首。婚姻自由是撒尼人的传统美德，青年男女通过跳舞、对歌和平时的生产劳动相互了解，只要双方情投意合，便可请媒人订下终身。

【汉　族】 2008年底石林县境内汉族有155889人，主要居住于坝区和公路沿线，少数在山区与彝族杂居或聚族而居。元代以前，石林以彝族居多。明洪武至永乐年间，朝廷大量从内地征调军队、组织民力到云南各地屯田，汉族人口骤增。此外由于战争、饥荒等原因，历代都有不少汉族移人石林，逐渐形成今天的分布格局。石林汉语的语法和句法与普通话基本相同，只有稍微的差异。解放前汉族多为包办婚姻，结婚须经过瞧房、许口、换柬、过礼和结婚等仪式。传统节日主要有春节、清明节、端午节、中秋节、重阳节、冬至节。汉族信仰佛教、基督教，崇拜祖先、山神。

【苗　族】 2008年底，石林县境内有苗族659人，主要分布在圭山镇糯斗、下部龙村，大可乡树密寨等山区。石林境内苗族一部分于清代咸丰年间从贵州迁人，另一部分于清朝光绪年间从昭通迁人。苗语属汉藏语系南瑶语族苗语支苗族东北部方言。历史上苗族曾有过文字，但没有保留下来。苗族至今还保留有自己的民族服饰。青年男女婚恋自由，但同宗同姓不能通婚。苗族传统节日有花山节、爬山节、吃新节。花山节也叫采花节，是苗族传统盛大的节日，每年农历正月初二到初五举行，花山节有对歌、跳舞、赛马、斗牛等活动。石林苗族信仰原始宗教，他们认为巨石、大树有神灵，都会祭拜。苗族还供猎神，出门狩猎前敬拜猎神，求猎神赐予更多的猎物。

【壮　族】 壮族分“黑沙人”和“白沙人”，石林县的壮族为“黑沙人”。2008年底，石林境内壮族有629人，分布于圭山镇普拉河上寨、海邑下海子，路美邑镇小滑坡村，少数在大麦地庄、堡子与汉族杂居。

明末清初，石林壮族从文山迁入罗平县，后又迁到石林县定居。壮族语言属汉藏语系壮侗语族壮傣语支壮语北部方言。历史上曾创造过一种拼音文字，仅用于书写经文、编山歌、记事等，不广泛使用。1955年创造过一种拼音文字，但石林境内壮族没有使用。壮族婚姻是“父母之命、媒妁之言”的包办婚姻。壮族传统节日有祭老人房、三月三、四月八。壮族信仰原始宗教，崇拜祖先与自然，祭祀内容较多，有祭山神、祭井泉、祭灶神、祭禾神、祭花婆神、祭火神等。

（撰稿人：县民族宗教局 王向方）

宗教信仰

【佛　教】 佛教于明朝传入石林县。据2008年底的统计，石林县有4所正式批准开放的寺院，即圭山寺、狮子山妙光寺、仙花寺、石峰寺。神职人员7名（尼姑5名、和尚2人），居士500人，信教群众约1600人。佛教有多种教派，节日也多种多样，各地各教派也不统一，石林佛教不强调何宗何派。主要佛事活动有三月三及佛像开光仪式。

【天主教】 天主教是1887年由法国神父保禄·维亚尔（汉名邓明德）为首传入而发展起来的。至2008年底，石林县共批准开放路美邑天主教堂和海邑天主教堂两处，批准开放维则村天主教固定处所一处。全县有教职人员1名，教堂管理人员13名，教徒1000余人。最主要的节日有复活节和圣诞节。

【基督教】 基督教于1925年传入石林县。至2008年底，石林县经批准开放的活动场所有石林基督教堂，年底有教职人员5人、教徒1000余人。最主要的节日有复活节和圣诞节。

【原始宗教】 石林县原始宗教具有浓厚的民族特色和地方特色，石林彝族

90%以上都信仰原始宗教，其宗教的内容主要由自然崇拜和祖先崇拜组成。彝族认为天、地、日、月、山、石、火、林都有神灵，因而对天、地、山、石等自然物进行祭拜。在自然崇拜中以每年年末举行的密枝节较有特色，祭祀活动以村寨为单位，整个活动历时7天，包括诵经祭祀、游街、打猎等诸多内容。毕摩是彝族原始宗教的神职人员，每个彝族村寨都有1～2名毕摩，在彝族社会中他们担任着祭师和传承民族文化的重任。毕摩有法器和经书，经书从各方面反映了彝族古代社会，具有较高的学术研究价值。

（撰稿人：县民族宗教局 王向方）

计划生育

【县人口和计划生育局】 1964年6月2日，成立县计划生育领导小组。1986年10月18日，县计划生育领导小组改为县计划生育委员会。1995年在县级党政机构改革中，县计划生育委员会改设县计划生育局。2004年11月26日，县计划生育局更名为县人口和计划生育局。2008年机关内设办公室、计划生育科、人口管理科，年底有在职职工10人。单位住址在鹿阜镇龙泉路128号。人口和计划生育局下辖计划生育服务站，属事业单位，有在职职工10人。

2008年，石林县被国家人口计生委授予"全国计划生育优质服务先进单位"荣誉称号，被云南省人口和计划生育委员会授予"云南省计划生育优质服务先进单位"荣誉称号；石林镇松子园村计生宣传员李春艳被云南省人力资源和社会保障厅、云南省人口和计划生育委员会表彰为"云南省人口和计划生育先进工作者"。2008年共接待来信来访559件，其中：求决类271件，举报类5件，咨询类283件。

局　长：张睿高（彝族）
副局长：戴宏平
　　　　黄丽英（女）

【指标完成情况】 2008年石林县的人口与计划生育工作完成了市政府、市人口和计划生育委员会下达的人口与计划生育指标任务。年末全县总人口239612人，出生人数2695人，出生率为11.29‰；死亡1319人，死亡率为5.53‰；自然增长人数1376人，自然增长率为5.77‰。

【加大投入力度】 2008年县财政预算安排计划生育专项经费186.525万元（其中：计划生育手术、设备、流动人口、优质服务、宣传、出生缺陷干预、奖优免补等工作经费30万元，农业人口独生子女保健费44.7850万元，偿还人口和计划生育办公业务用房尾欠工程款95万元，村级计生宣传员经费补助16.74万元），超过市考核县本级年度投入50万元的任务。2008年，符合条件的3594户农业人口独生子女和257户非农业人口的独生子女保健费共447850元已兑现到户。

【计生宣传教育】 为使广大群众掌握计划生育法律法规、优生优育、避孕节育等知识，充分利用多种形式向广大群众进行宣传。2008年发放农村百事通10000本、优质服务画册1000本、优质服务光盘300张，制作"您是亲人，我们真情服务；您有需要，我们关爱到家"宣传画200张张贴到计划生育服务站所室醒目的位置，更换大型计生广告牌3块。举办人口与计划生育基础知识培训班10期，参训人数1471人；放映电影67场、观众60570人次，录像21场、观众6123人次，文艺演出69场、观众88048人次；固定标语2685条，出黑板报905期、橱窗373期，广播宣传980次，印制宣传品105342份，制作宣传广告牌11块，固定宣传栏98块、刊登数1176期，宣传品发行数20种112163份，开展宣传活动92场次、人数92078人。宣传经费共投入147911元。

群众对计划生育享有的基本权利知晓率达96.8%，避孕知识知晓率达95%。

【"奖优免补"工作】 截至2008年9月底，全县共有农业人口一孩家庭10885户，其中领取《独生子女父母光荣证》5758户，占52.90%。 2008年审批农业人口独生子女家庭享受一次性奖励金117户，发放资金10.35万元，确认275人享受奖励扶助金，发放资金19.145万元；确认38人享受特别奖励扶助金，发放资金4.416万元；确认9名高考生、72名中考生享受升学加分优惠政策；审批2161人（小学1731人、初中430人）享受"义务教育奖学金"，发放资金38.876万元。

【国家级、省级计划生育优质服务先进单位创建】 2008年全面启动全国计划生育优质服务先进单位和云南省计划生育优质服务先进单位的申报工作。推行以生殖健康"三大工程"（即避孕节育优质服务工程、生殖道感染干预工程和出生缺陷干预工程）为主要内容的优质服务，实施"2251"工程（即抓好服务网络建设、干部队伍建设两个基础，实现以管理为中心转向以服务为中心、被动服务和单一服务转变为主动服务和综合服务两个转变，做好优生指导、不孕不育咨询、避孕节育、生殖保健、少生优待五项服务，促进先进婚育观念和人口文化的形成），把计划生育优质服务送进了千家万户，以真情关爱彝乡群众，广大群众对计划生育优质服务的认可度不断提高，支持参与计划生育优质服务先进单位创建活动的热情不断高涨，逐步探索出符合石林实际的计划生育优质服务"一线三点"工作思路（"一线"即以"真情服务、关爱到家"为主线，"三点"即以关爱计划生育家庭为着眼点、以倡导婚育新风尚为聚焦点、以开展生殖健康综合服务为切入点），取得了实效。基层基础工作得到全面加强，标准化、规范化建设取得重要进展，计划生育管理服务水平不断提高，队伍素质和服务能力明显增强，极大地满足了人民群众日益增长的计划生育、优生优育、生殖健康等需求，得到了广大群众的拥护。

2008年县乡计生服务站所进村入户上门提供咨询服务11680人次；门诊15974人次，提供门诊咨询服务4973

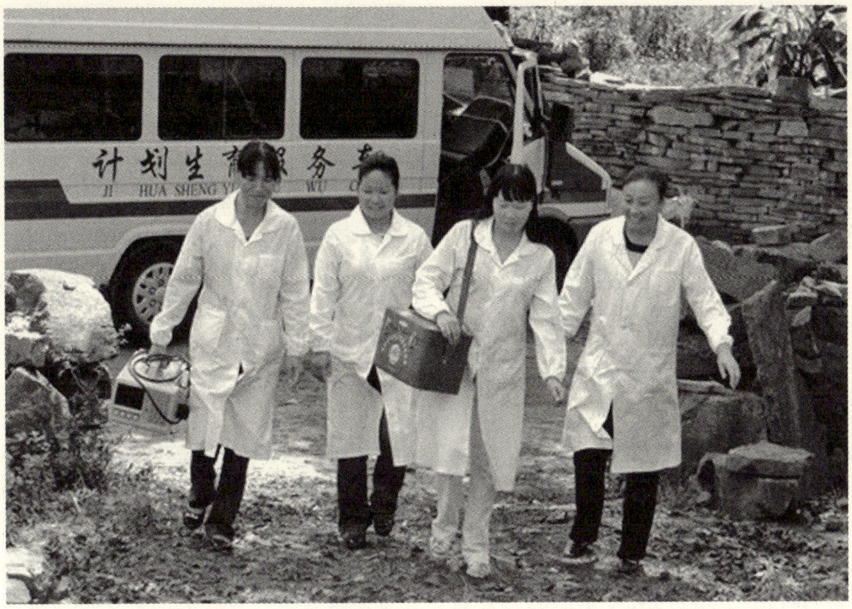

计生人员下乡服务

人次；为育龄妇女开展放环 2046 例、皮埋放置术 5 例、取环 1109 例、皮埋取出术 4 例，查环 52726 人次、查孕 14844 人次，优生检测 3493 人次，检查妇女病 18447 人次（确诊 5705 人次），发放避孕药具 14137 人次；开展随访服务 44674 人次。

【流动人口计划生育管理】 2008 年 3 月，鹿阜镇的 8 个村（居）委会共配备了 8 名流动人口计划生育服务员，在流动人口相对集中的地方设立了流动人口计划生育服务点，为流动人口提供便捷的生殖保健服务，实现流动人口计划生育工作与常住人口同宣传、同管理、同服务，与户籍人口享受同等政策。

截至 2008 年 9 月 30 日，全县共有流动人口 7061 人，其中：流入人口 4853 人，查验 4853 人，查验率达 100%，为流入人口开展免费优质服务 1068 人；流出人口 2208 人，办证 2052 人，办证率达 92.93%。

【计划生育协会工作】 2008 年 1 月 29～31 日，石林县人大常委会主任李绍增，县委常委、宣传部部长李福军，县人大常委会副主任朱玉和及县计生局领导，带着对全县农业人口独生子女家庭的关心和关爱，深入鹿阜镇上蒲草村、长湖镇祖莫村、西街口镇茂舍祖村，对 108 户农业人口独生子女家庭进行慰问，并要求乡镇人口计生办、计生协认真组织开展“生育关怀行动”，春节前普遍开展一次“送温暖、献爱心”活动，把党和政府的关怀和温暖送进千家万户，让群众过一个欢乐祥和的节日。各级协会积极做好“奖优免补”评议监督工作，对计生工作起到了很好的监督作用。县计生协紧紧围绕“少生快富奔小康”这一目标，开展“三结合”工作，各级协会投入“三结合”项目资金 60 万元，为实行计划生育户解决了生产、生活中的实际困难和问题。年底，全县有各级计生协会组织 102 个，会员 30000 人。

（撰稿人：县人口和计划生育局 张煜瑰）

劳动就业

【县劳动就业服务局】 1980 年 9 月 16 日，成立县劳动服务公司。1990 年 1 月 10 日更名为县劳动就业服务局，为县人事劳动和社会保障局下属的股所级单位。2007 年 12 月 21 日，根据石林县机构编制委员会《关于印发石林彝族自治县人事劳动和社会保障局所属事业单位机构编制方案的通知》，单位级别确定为副科级。2008 年内设 1 室 3 科，即办公室、就业科、培训再就业科、失业保险科，年底有职工 12 人，其中：参照公务员管理人员 11 人，工勤人员 1 人。单位住址在鹿阜镇石林中路 122 号民族体育场一楼。

局　长：何茂龙（白族）

【就业再就业工作】 2008 年开发收集提供有效就业岗位 1263 个。城镇新增就业 1011 人（其中持《再就业优惠证》的下岗失业人员再就业 288 人），重点帮助特殊困难群体人员找到就业岗位 220 人（其中 47 人为公益性岗位就业）。创建西北社区、石林镇为充分就业社区，加上 2007 年创建的龙泉社区，石林县已累计创建充分就业社区 3 个。城镇登记失业人员 306 人，失业率控制在 2.10%以内。

【就业再就业优惠政策落实】 继续把全面落实国务院 36 号、省政府 47 号和市政府 32 号文件精神作为促发展、保稳定、构建和谐社会的大事来抓。一是认真组织开展就业再就业“政策实效”行动，加强与相关部门的协调与联动，全面落实税费减免、社会保险补贴等扶持政策。全年办理《再就业优惠证》83 本，累计发放 1405 本，其中：累计持证人数 1268 人，自然减员 137 人。各相关部门再就业绿色通道减免税费 45.86 万元。二是筹集就业再就业资金 401.38 万元，上年结余 137.3 万元。共支付 444.55 万元，其中：支付职业培训补贴 181.63 万元，支付职业技能鉴定补贴 46.56 万元，支付职业介绍补贴 8.05 万元，支付公益性岗位补贴 33.18 万元，支付社会保险补贴 138.15 万元，支付劳动力市场建设费 2 万元，支付重特大疾病住院补贴 1 万元，支付春节慰问下岗失业人员 2 万元，其他支付 31.98 万元。落实社会保险补贴 632 人次。三是继续开展“零就业家庭”的调查和援助工作，新增 2 户，消除 2 户。四是新增小额担保贷款 24 人 72 万元，小额担保贷款回收率 100%。

【失业保险工作】 全年核定参保单位

198户，参保人数12410人，比上年增1863人；征缴失业保险金448.74万元，比上年增加55.99万元。单位参保覆盖率80%。灵活就业人员参保取得“零”的突破，参保821人，其中：个体工商户78户，灵活就业人员743人。规范执行《昆明市失业保险待遇支出管理规定》，按时足额发放失业保险待遇，全县共有579名失业人员享受失业保险待遇，其中上年结转34人，累计新增545人。领取失业保险金人月数为3631人月。失业保险基金支出合计158.26万元，其中：失业保险金支出143.29万元，门诊医疗补助支出3.44万元，丧葬抚恤补助支出1.12万元，职业培训和职业介绍补助支出1.52万元，农民工生活补助支出8.89万元。

【公共就业服务】 全年组织开展了以“实现就业，稳定就业，我们真情相助”为主题的“再就业援助月”活动；以“进城务工，帮您解难”为主题的“春风行动”；以“为民营企业招聘用人服务，为大中专毕业生就业搭桥”为主题的“民营企业招聘周”活动；以“就业起步，我们共同努力”为主题的“2008年高校毕业生就业服务月”专项活动。免费发放《春风卡》、《务工人员手册》等宣传资料3000册（份），组织专场交流会22场，收集用工信息110条，提供有效岗位12000个，进行求职登记6578人次，介绍成功5569人次，介绍成功率为85%。

【就业再就业培训】 全年完成各类培训任务总计16851人，其中：城镇失业人员培训253人，创业培训403人，农村劳动力转移培训11046人，农村劳动力技能培训2517人，“两后生”技能培训2510人，事业单位专业技术职称计算机培训122人。

【“两后双百”工程】 对初、高中毕业后未能继续升学且有就业愿望人员，实行100%技能培训和100%外输内转就业。石林县的“两后双百”工作创出了新的特色：一是与县委组织部、县妇联、县扶贫办、县经济局、县农牧局、县民政局、县教育局等相关单位联合互动，形成资源信息共享，资金统一使用；二是创新地将“两后双百”与“农村创业带头人·云岭先锋党员致富工程培训”相结合；三是县级财政预算安排10万元培训经费，县就业局、县教育局、县农牧局共同起草，在全市首家编撰了“两后双百”工程教材1.1万册、笔记本1.1万本，免费发放到参加培训的“两后生”手中。全年对初、高中毕业后未能继续升学且有就业愿望人员2510人，实行100%技能培训和100%外输内转就业。

石林“两后双百”学员展示精彩茶艺

【农村劳动力转移输出】 为营造“外出务工光荣、返乡创业有功”的浓厚氛围，根据《中共石林彝族自治县委办公室、石林彝族自治县人民政府转发〈石林彝族自治县2008年“十佳外出务工人员”和“十佳创业之星”评选工作方案〉的通知》文件精神，开展了“双十佳”评选活动。在县纪委监察局工作人员的监督下，经过各乡镇人民政府推荐、群团组织推荐、新闻媒体推荐、群众推荐、个人自荐、候选人事迹公示、网上点击投票、单位与群众填写书面选票、县委常委会通过等过程，评选出普金忠、王绍平、金志和、肖德顺、范永明、潘夸生、普连宏、毕文雄、普菲、张兰珍等“十佳外出务工人员”，赵咏梅、徐晏明、毕红生、谢有兴、梅为云、杨树云、李平、李建东、李莉莹、陈火生等“十佳创业之星”。为外出转移就业的农民工办理《云南省农民工服务手册》2483人。全年农村劳动力转移就业9200人，其中：省外输出569人；省内县外1504人；县内转移7121人；国外输出6人，实现零的突破。

【技校招生工作】 认真组织2008年度的技校招生工作，召开技校招生工作会，制定招生工作方案，进行广泛的宣传，帮助各招生单位做好协调和组织生源工作。全年共招生104名，比上年多6名，主要专业有汽车维修、电子信息、机械加工、花卉园艺、冷作铆焊等数十个工种。

【劳动保障事务代理工作】 为大中专毕业生和下岗失业人员免费提供劳动合同签订、档案代理、社会保险接续、退休申报等服务。全年接收代管城镇失业人员档案178份，转出28人，累计代管1580人；代办申报退休27人；接收代管未就业大中专毕业生档案275人，转出360人，累计代管1646人。

（撰稿人：县劳动就业服务局 李 桦）

社会保险

【县社会保险局】 1987年3月24日，

成立县社会保险事业管理局，为县人事劳动和社会保障局下属的副科级单位。2007年12月20日，根据县机构编委会文件，更名为石林县社会保险局。2008年底，有在职职工7名。单位地址在鹿阜镇阿诗玛北路46号。

局　长：刘文华

【养老金社会化发放】　2008年企业离退休人员共945人，月支付养老金93.57万元，月人均支付养老金990.14元，累计发放养老金1108.30万元、11184人次。差额拨款及自收自支事业单位离退休人员共135人，月支付养老金27.31万元，月人均支付养老金2022.96元，累计发放养老金359.22万元、1643人次。全额拨款机关事业单位离退休人员共1769人，月代收代发离退休人员养老金418.80万元，月人均支付养老金2367.46元，累计发放养老金5502.68万元、21165人次。

【落实离退休人员待遇】　贯彻执行云南省劳动和社会保障厅《关于2008年调整企业退休人员基本养老金的通知》，完成了参统企业退休人员2008年基本养老金增资兑现工作，享受人数895人，月增资91766.00元，月人均增加102元。贯彻执行云南省劳动和社会保障厅《关于对企业离退休人员丧葬补助费和一次性抚恤费纳入基本养老保险统筹基金支付有关问题的通知》文件精神，年内企业离退休人员死亡21名，27.04万元“两费”及时给予了兑付。

【基本养老保险】　核定企业参保职工2866人，月缴费工资基数436.67万元，月人均缴费工资1523.62元。全年企业职工基本养老保险费核定应征1478.07万元，实际征收1365.13万元，收缴率为92.36%。核定参保灵活就业人员1048人，年缴费工资基数1441万元，月人均缴费工资1347.74元。全年灵活就业人员基本养老保险费核定应征288.20万元，实际征收288.20万元，收缴率为100%。核定差额拨款和自收自支事业单位在职参保职工607人，核定月缴费工资基数112.75万元，月人均缴费工资1836.32元。全年差额拨款和自收自支事业单位职工基本养老保险费核定应征435.04万元，实际征收389.11万元，收缴率为89%。

【企业职工工伤保险】　参加工伤保险统筹的企业职工6873人，全年应收工伤保险费86.76万元，实收85.03万元，收缴率达98.01%。全年享受工伤保险待遇15人，共支付工伤保险金19.51万元。企业工伤保险的实施，对保障工伤职工基本生活、减轻企业负担、维护社会安定、促进生产发展起到了积极的作用。

【企业职工生育保险】　参加生育保险统筹的企业职工2502人，全年应收生育保险费40.84万元，实收40.84万元，收缴率达100%。全年享受生育保险待遇女职工27名，共支付生育保险金17.44万元。

【信息系统建设】　参统职工、离退休人员基础数据计算机入库率达100%，设专管人员对信息数据库进行安全维护及日常管理。2008年9月企业养老保险正式使用云南省社会保险应用软件系统“银海社会保险管理系统”，数据顺利迁移，实现与市局联网。企业基本养老保险数据上传率达100%。

【清欠稽核】　2008年累计收回历年养老保险费欠费54.11万元，改制企业一次性缴纳养老保险费96.31万元。严格执行国家和省、市社会保险政策规定，对参保单位缴费基数、参保人数和离退休人员养老待遇、工伤生育保险待遇支付情况进行了核查，进一步规范、完善了社会保险基金运作。开展了企业退休人员居住状况认证调查，经调查，石林县企业退休人员居住在城镇的有677人（县外7人）、居住在农村的有247人（县外6人）。对企业退休人员领取养老保险待遇资格进行了认证，办理企业退休人员领取养老保险待遇资格认证44户924人次；对居住在石林县的141名外地退休人员办理了领取养老保险待遇资格协助认证。

【社会保险扩面】　与劳动监察、安全监督、地税等部门密切配合，发挥部门联动作用，切实做好社会保险扩面工作。充分利用劳动执法年检、换证、实地检查等有利时机，大力宣传社会保险政策，督促用人单位办理参保手续，进一步扩大社会保险覆盖面。2008年扩面新增养老保险参保单位12户702人、工伤保险40户3078人、生育保险13户835人，提前完成年度考核目标。

（撰搞人：县社会保险局 吴 涛）

城镇职工基本医疗保险

【县医保分中心】　2001年5月1日，石林县医疗保险分中心正式挂牌成立，为县人事劳动和社会保障局下属行使行政职能实职副科级事业单位。2008年内设办公室、综合部、审核监督部、财务部4个职能部门，年底有职工11人。单位住址在鹿阜镇石林中路40号。2008年，承办政协委员提案2件，资助支农联系点路美邑镇大哨村委会3000元生产经费。

主　任：阮星文

【医疗保险参保情况】　按照医保参保扩面任务的要求，加强医保参保扩面宣传和动员，超额完成市下达全县参加医疗保险扩面任务数。截至12月31日，全县共有参保单位207家11782人，比上年新增14家817人，其中：机关、事业单位135家8072人，企业单位72家3466人，自谋职业、灵活就业人员参保244人。

【医疗保险基金收支情况】　通过医保信息系统划账处理后统计：全年基本医疗保险基金收入11880598.66元，个人账户基金收入12239468.38元，重特病保险基金收入1590653.78元，公务员补助统筹基金收入1336309.35元。由县医保分中心拨付的基金支出情况：基本医疗保险基金支出6222980.86元，个人账户基金支出10961523.41元，重特病保险基金支出272755.63元。

【服务体系及业务办理】 2008年，12家医疗机构、8家零售药店与石林县医保分中心签订了《昆明地区城镇职工基本医疗保险定点服务协议》，其中：二级医疗机构3家，一级及其以下医疗机构8家，社区卫生服务中心1家，并有7家定点医疗机构与市医保系统联网。

全年参保职工到石林县定点医疗机构就诊总人次为48041人，其中：门诊45867人次，住院2174人次。门诊人次中，二级医疗机构有37827人次，一级医疗机构有8027人次，社区医疗机构13人次，分别占门诊总人次的82.47%、17.50%、0.03%。住院人次中，二级医疗机构有1968人次，一级医疗机构有180人次，分中心报销26人次，分别占住院总人次的90.52%、8.28%、1.20%。

全年参保人在8家定点零售药店刷卡购药189223人次，其中：在职人员167698人次，退休人员21525人次。个人账户基金药店支付总额7470745.24元，其中：在职人员5953687.09元，退休人员1517058.15元。

全年审核批准特殊疾病13人，特殊慢性病113人。

2008年石林县定点医疗机构参保人住院情况表

定点医疗机构	住院人次	住院天数	总住院费（元）	平均住院天数	人均住院费（元）	人均每天住院费（元）
县人民医院	1014	12620	3633653.82	12.45	3583.49	287.93
县中医院	86	1054	233924.24	12.26	2720.05	221.94
天奇医院	868	10318	4267885.85	11.89	4916.92	413.63
县妇幼保健院	45	467	62912.68	10.38	1398.06	134.72
圭山镇卫生院	54	506	51585.74	9.37	955.29	101.95
路美邑镇卫生院	47	447	58885.45	9.51	1252.88	131.73
板桥镇卫生院	12	105	11687.08	8.75	973.92	111.31
长湖镇卫生院	22	247	25900.50	11.23	1177.30	104.86
大可乡卫生院	0	0	0.00			
石林镇卫生院	0	0	0.00			
西街口镇卫生院	0	0	0.00			
分中心报销	26	231	123740.70	8.88	4759.26	535.67
合 计	2174	25995	8470176.06	11.96	3896.13	325.84

注：分中心报销主要指参保人因病情需要转昆明地区以外定点医疗机构就医所发生的住院基本医疗费到县医保分中心报销情况。

【医疗保险基金监督管理】 严格内部控制制度和财务制度，定期向社会公布定点医疗机构平均住院费用、不合理费用查处率及医疗服务质量等情况，接受社会监督。通过了审计部门对基金管理使用情况的审计，并获得了良好的评价。每半年向县纪委监察部门报送基金管理使用情况的报告，采取召开医保座谈会等方式，主动接受相关监管部门和社会各界对基金管理和医保服务工作的监督。

【机关事业单位工伤、生育医疗费报销】 全县财政全额拨款机关、事业单位参加工伤、生育医疗保险人数5138人，参统率达100%。报销工伤医疗费14人次38980.00元，生育费107人194464.00元，计划生育手术40人次11206元。

【离休干部医疗费管理】 截至12月底，全县共有离休干部151人、二等乙级以上伤残军人14人。县医保中心与县财政局积极协调配合，全年离休干部医疗费支出2812687.96元，其中：门诊165人次98687.00元，住院286人次5572天2479201.95元，奖励费用支出234799.01元。

【宣传培训】 结合软环境建设发放征求意见表100余份，并邀请“两定”机构、参保单位及参保人代表召开征求意见座谈会，向社会各界公开服务事项和服务承诺，广泛听取意见和建议；根据2007年组织全县机关、事业单位医保

12月5日，县医保工作座谈会上举行了《石林县机关事业单位医保参保人员健康体检结果分析》发书仪式

参保人健康体检情况，经专家分析论证，出版《石林县机关事业单位医保参保人员健康体检结果分析》一书，发放相关单位及个人2800册；12月邀请县级有关领导、财政、审计、卫生、药监、物价、税务等相关部门领导及部分离退休参保人代表50余人，召开医保座谈会。全年制作“石医保”红头文件15件，《医疗保险简报》24期，及时上报反映医保工作亮点信息；6次召集定点医疗机构、定点零售药店负责人通过以会代训的方式，及时传达医保政策；20余次组织工作人员下到定点医疗机构开展医疗服务稽核工作，面对面与医务人员进行现场交流，解答医务人员提出的疑问，收到了良好的效果。

【城镇居民基本医疗保险】 2007年10月石林县启动城镇居民基本医疗保险工作，2008年的主要任务是扩面。为做好扩面工作，完成市下达扩面任务，全年召开全县城镇居民基本医疗保险相关会议及培训7次，接受市督查1次，下到乡镇督查1次、调研1次。在县便民服务中心开设了医保窗口方便办理参保，发放各种宣传材料10000多份，组织定点医疗机构培训2次。在各方面的努力下，超额完成市下达扩面任务，参保人数达到19170人。加强对参保居民的管理服务工作，2008年参保居民到石林县定点医疗机构住院总人次980人，城镇居民基本医疗保险基金支出510812.48元，全年审核批准门诊大病4人。

（撰稿人：县医保分中心 李艳芳）

新型农村合作医疗

【县合管办】 2005年9月，设立石林彝族自治县新型农村合作医疗管理办公室作为临时经办机构，办公地点在石林彝族自治县鹿阜镇阿诗玛南路239号（鹿阜信用社二楼）。2005年11月1日，石林县正式启动新型农村合作医疗制度。2008年10月30日，县机构编制委员会批复同意成立石林彝族自治县新型农村合作医疗管理中心，为副科级全额拨款事业单位，核定事业编制22名，其中：县级经办机构6名，每个派驻乡镇2名共16名。2008年底有职工6名（抽调）。

【基金筹集】 2008年全县参加新型农村合作医疗的农村居民199371人，参合率达99.27%，比2007年提高了2.27%，人均筹资标准为90元。应到位基金1794.339万元，实际到位基金1794.339万元，基金到位率为100%，其中：中央财政补助797.484万元，省级财政补助199.371万元，市级财政补助398.742万元，县级财政补助199.371万元，参合农村居民个人缴纳199.371万元。

【基金分配】 2008年新农合基金由门诊统筹基金、住院统筹基金、风险基金3个类别组成，其中：从基金总额中提取20%作为门诊统筹基金，解决门诊就诊减免补偿，共提取门诊统筹基金358.868万元；从基金总额中提取75%作为住院统筹基金，共提取住院统筹基金1345.754万元；从基金总额中提取5%作为风险基金，共提取风险基金89.717万元，统一上缴市财政新型农村合作医疗基金专户。

【补偿方案】 2008年，省、市、县、乡（镇）四级定点医疗机构住院起付线分别为400元、400元、150元、50元，与2007年相比，省级降低了200元，市级持平，县级降低了50元，乡（镇）级降低了50元；报销比例分别为：省市级30%、县级55%、乡（镇）级65%，与2007年相比，省级提高了5%，市级持平，县级提高了15%，乡（镇）级提高了15%；住院补偿报销封顶线为15000元，比2007年提高了10000元。省、市级非营利性定点医疗机构和民营定点医疗机构增加速度较快，同比增加了49个。除酗酒、服毒、自杀、自残、打架斗殴、医疗事故、交通事故、营业性所致食物中毒和群体性食物中毒外，其他意外伤害全部纳入新型农村合作医疗补偿报销范围，进一步拓宽了参合农民的受益面。

【广泛宣传】 为让广大农民真正了解参加新型农村合作医疗的目的、意义，消除他们的顾虑，促进新型农村合作医疗工作的顺利开展，充分利用广播、电视、宣传栏、黑板报、标语、宣传单等形式，营造浓厚的社会氛围。全年共发放实施方案宣传材料7万份，发放定点医疗机构宣传材料7.5万份，制作宣传栏和黑板报60期，刷写标语25条、悬挂宣传图片480张次。通过广泛宣传，使广大农民群众感受到新型农村合作医疗是党和政府减轻农民医疗费用负担，提高农民生活质量的德政工程和民心工程。由于领导到位、宣传到位、措施到位、方法得当，农民对新型农村合作医疗知晓率达90%以上，极大地促进了农民群众的参合积极性，2009年参合人数200882人，参合率达98.69%。

【加强培训】 为进一步提高县、乡（镇）经办机构人员及定点医疗机构工作人员业务水平和工作能力，更好地为全县广大参合农民服务，就如何做账、如何录入参合人员基本信息、如何修改错误信息、如何录入病历资料、如何审核、如何补偿报销等专题培训8期，参训人员达280人次；以会代训10期，受训人员达320人次；还积极组织相关人员参加省、市新型农村合作医疗管理办公室举办的各种业务和理论培训。通过培训，经办人员及工作人员进一步掌握、提高了新型农村合作医疗的操作技能和工作能力，为石林县新型农村合作医疗持续、健康、有序发展打下了坚实的基础。

【基金监管】 严格执行《云南省新型农村合作医疗基金管理暂行办法（试行)》和《石林彝族自治县新型农村合作医疗基金管理办法（试行)》等相关文件。严格按照减免补偿程序和减免比例进行现场减免补偿，实行医院结算、县合管办审核、财政拨付、银行兑付、封闭运行，规范合作医疗基金管理。县财政设立合作医疗基金专户，实行专户管理，定期向社会各界公布基金使用情况，接受监督。县合管办定期对参合人员住院资料进行审核，审核率为100%，对定点医疗机构的医疗服务项目、内容进行多次督导，并向合作医疗管理委员会办公室和监督委员会汇报资金的收支、使用情况。加强对定点医疗机构的监督检查，2008年对县内12家定点医疗机构进行规范化服务和用药行为专项检查4次，覆盖率达到100%。经审计部门对2008年度新型农村合作医疗基金运行管理情况进行专门审计，认为石林县在执行新型农村合作医疗政策中，做到了专款专用、规范操作、封闭运行，不存在套用或骗取新型农村合作医疗基金的现象，符合各项规定。

【补偿报销】 2008年新农合门诊、住院总人次为66325人次，受益率为32.31%，较上年增20.27%，共支付门诊、住院统筹基金1427.60万元，占可用统筹基金的83.75%，较上年增32.31%。其中：参合农民享受住院医疗费用补偿报销15424人次，占参合总人数的7.74%，较上年增3.43%；共支付住院统筹基金1300.27万元，占住院统筹基金总额的96.62%，较上年增43.23%；人均补偿报销843.02元，较上年增32.34元；住院医疗费用补偿报销率为35.78%，较上年增7.22%。

参合农民享受门诊医疗费用减免共50901人次，占总参合人数的25.53%，较上年增17.29%，门诊医疗费用减免总金额为127.33万元，较上年增67.03%，门诊医疗费用减免总金额占门诊统筹基金的35.48%。全县住院补偿报销累计金额达封顶线1.5万元的有32人，累计报销48万元。

通过开展新型农村合作医疗制度，有效地减轻了农村的医疗费用负担，尤其是重病大病，作用十分明显。据统计，实施新型合作医疗制度以来，全县农民平均住院费用较未开展新型合作医疗前有明显下降趋势，农民“因病致贫，因病返贫”等问题得到有效缓解，健康水平进一步得到提高。

附：2008年石林县新型农村合作医疗各医疗机构补偿报销汇总表

制表单位：石林县新型农村合作医疗管理办公室　　　　起止时间：2008年1月1日至2008年12月31日 单位：人次、元

医疗机构名称	各医疗机构门诊补偿金额			乡镇卫生院（含县外乡镇卫生院住院补偿金额			县级（含县外县级）住院补偿金额			省市级（含省外省市级）住院补偿金额			费用补偿核销						补偿总金额
	门诊人次	医疗费用	补偿金额	住院人次	医疗费用	补偿金额	住院人次	医疗费用	补偿金额	住院人次	医疗费用	补偿金额	门诊人次	医疗费用	补偿金额	住院人次	医疗费用	补偿金额	
县中医医院（鹿阜镇卫生院）	6724	199096.7	160559.41	181	210635.6	95541.3	343	426025.15	176538.13	262	2279329.64	462921.64	6724	199096.7	160559.41	786	2915990.39	735001.07	895560.48
石林镇卫生院	5729	279793.7	273648.48	49	64123.03	15297.82	28	93292.95	40508.17	141	1186757.22	265597.89	5729	279793.7	273648.48	218	1344173.2	321403.88	595052.36
路美邑镇卫生院	9369	273945.89	166500.42	261	173087.78	98897.53	16	45265.49	15055.34	164	1193675.21	264858.48	9369	273945.89	166500.42	441	1412028.48	378811.35	545311.77
板桥镇卫生院	8899	238249.9	153851.18	36	30786.87	18463.5	31	71756.57	27908.44	146	1080729.66	238071.46	8899	238249.9	153851.18	213	1183273.1	284443.4	438294.58
大可乡卫生院	2019	59971.3	47515.67	4	1517.1	679.23	11	20283.95	7451.26	94	711369.81	159077.46	2019	59971.3	47515.67	109	733170.86	167207.95	214723.62
西街口镇卫生院	2021	166766.4	55081.59	29	13617.45	9681.37	11	22990.7	10454.47	48	390917.76	84084.2	2021	166766.4	55081.59	88	427525.91	104220.04	159301.63
长湖镇卫生院	3108	118934.3	96984.35	831	588370.06	321543.54	3	8772.5	3808.81	42	365101.79	78435.86	3108	118934.3	96984.35	876	962244.35	403788.21	500772.56
圭山镇卫生院	4805	148288.56	114661.98	657	257142.59	139842.14	55	245301.15	82604.9	92	507952.23	127172.48	4805	148288.56	114661.98	804	1010395.97	349619.52	464281.5
县人民医院	5163	528086.1	104713.73				7444	15187878.36	6104321.99				5163	528086.1	104713.73	7444	15187878.36	6104321.99	6209035.72
县妇幼保健院							1415	1624486.52	650314.13							1415	1624486.52	650314.13	650314.13
石林天奇医院	3064	506544.7	99759.44				3030	9543455.97	3503599.13				3064	506544.7	99759.44	3030	9543455.97	3503599.13	3603358.57

注：乡镇卫生院的补偿报销金额中已含所辖乡镇参合农民在县外住院的补偿报销金额。

（撰稿人：县合管办 李志兴）

农村养老保险

【县农村社会保险中心】 1993年10月，成立了县农村社会养老保险管理处，隶属于县民政局。2003年1月1日，成建制划入县人事劳动和社会保障局管理，名称更换为县农村社会养老保险管理所，级别为股所级。2008年5月14日，根据县机构编制委员会文件，更名为石林县农村社会保险中心，规格调整为副科级。2008年底有职工5人。单位住址在阿诗玛北路50号。

【养老保险缴费】 通过宣传动员，全年新增参保人员4人，收取保费208009元，并及时将收取的保费上划到省、市农保基金专户运营。2008年底，全县参保人数达13241人（含领保人员、退保人员），占应参保人数的9.18%，涉及全县8个乡（镇）92个村（居）委会，376个村民小组，基金累积达12345160.31元。

【养老保险给付】 2008年完成新增领保人员164人的资格审查和认定，继续巩固养老金社会化发放成果，确保养老金100%按时足额发放。新增领保人员首次领取养老金时，由经办机构工作人员亲自上门发放领取证和存折。2008年共有1192人领取养老金（含新增领保人员164人），发放养老金158462元，已按时足额发放到领保人手中。

【失地人员缴费工作】 根据《昆明市被征地人员基本养老保险办法》要求，石林县委、县人民政府高度重视被征地人员基本养老保险工作，于2008年6月28日召开了全县被征地人员基本养老保险工作动员会。通过签订目标责任书、分解目标任务、落实目标责任、召开村组干部群众动员会、广泛宣传发动等方法措施，确保了各项工作顺利开展。截至12月20日，全县共审核登记参保人数3738人，实际缴费3548人，缴费金额共计33299769.60元（不含市、县两级财政补助）。超额完成了市、县下达的目标任务，并荣获昆明市2008年农村社会保险工作三等奖。

【失地人员待遇发放】 加强社会化发放工作的管理组织实施，严格执行发放标准，确保已享受被征地人员基本养老生活费100%按时、足额发放。2008年9～12月累计发放基本养老生活费648362.04元。

【失地人员政策宣传】 建立被征地人员基本养老保险制度，政策性强，业务量大，涉及面广。为使工作不偏向，县农保中心首先组织县农保经办机构人员、乡镇保障所工作人员和村组干部进行政策宣传和业务培训，让干部先吃透有关政策，懂得业务操作流程和参保待遇等方面情况，再召开群众会，积极做好政策引导，把相关保险政策、办理程序及参保待遇讲清、讲透，使党和政府的惠民政策、利民制度家喻户晓、深入人心。7月初至11月上旬，召开干部群众会113场，为群众讲解被征地人员基本养老保险政策和业务培训指导，提高被征地人员参保意识，充分调动他们参保的积极性。

【新型农村养老保险调研工作】 按照中央、省、市的安排部署，县农保中心深入乡（镇）、村（居）委会调研、摸底，做好相关数据的采集和分析工作，为建立新型农村养老保险制度做好思想上和行动上的准备。初步统计结果显示：截至2008年底，全县农业人口总数为211946人，其中：16～59岁人员122929人，60～64岁14836人，65岁及以上人员29672人。

（撰稿人：县农村社会保险中心 杨金春）

农保工作人员入户调查

城乡最低生活保障

【农村低保】 在实施低保制度中，始终坚持公开、公平、公正和动态管理的原则，按照村小组、村委会评议，张榜公示，乡镇人民政府审核，县民政局审批的工作程序，严把入口关。2008年全县共有4221户9919人享受农村最低生活保障待遇，低保对象占农业人口的4.6%，其中：新增144户229人，停发103户338人。农村低保金按季度发放（每个季度发放一次），全年发放农村低保金8095160元。

根据上级文件精神，全县农村低保对象在原保障标准的基础上，从1月1日起每人每月提高10元的生活补助，从7月1日起每人每月再次提高10元的补助水平。做到了有进有出，分类施保，动态管理。

【城市低保】 低保对象实行动态管理，有进有出。2008年全县有1304户2075

人享受城市低保待遇，其中：新纳人166户237人，调整补助金额18户28人，停发62户139人。全年累计发放最低生活保障金4429058元。

根据上级文件精神，对全县城市低保对象在原保障标准的基础上，从1月1日起每人每月提高15元的生活补助，从7月1日起再次提高每人每月15元的补助水平，有力地保障了城市低保对象的基本生活。

（撰稿人：县民政局 赵红文）

赈灾救济

【救灾救济】 2008年全县先后发生低温雨雪冷冻灾、干旱、风雹、局部洪涝等自然灾害，累计大小春农作物受灾面积10096公顷，其中成灾面积9840公顷、绝收面积4635公顷。受灾人口19.2万人。因灾倒塌房屋264间，其中：倒塌居民住房71户162间，损坏房屋372间，因灾雷击死亡大牲畜2头。因灾造成直接经济损失2231万元，农业直接经济损失2107万元。

下拨各乡镇灾民临时救灾自救款50000元，救济灾民543户1667人次；下拨救灾款39940元，救济灾民587户1740人次；下拨临时社会救济款93160元，救济社会困难户1076户3607人次；县民政局审批社会困难户93户252人，发放临时社会救济款43800元。

下拨救灾救济粮124475千克，救济贫困灾民9403人次。发放冬寒衣被620床，棉衣1200件，大衣350件，单衣2000套，救济10804人，安排衣被救济款315000元。

救助因灾倒塌住房灾民20户，补助恢复建设资金47850元，恢复住房52间；恢复因灾损坏民房302间，安排恢复因灾损坏民房资金92200元。救助大可乡水尾村低温冷冻灾民15户36人，补助资金10000元。

【接收捐赠】 “5·12”四川地震后，县委、县人民政府在全县范围内开展了向四川地震灾区赈灾募捐活动，整个活动全县共接收捐赠资金3683822.20元，全部上缴昆明市接收捐赠办公室。春节前夕，县委、县人民政府开展了“送温暖·献爱心”捐赠活动，67个单位2798人参加了捐款，共捐款96362元。

【医疗救助】 2008年共发放基本医疗救助急门诊补助104000元；救助住院病人19人16835元；对农村患大病人员经新农合报销后，实行第二次救助14人81102元；资助农村“五保”对象、农村低保对象参加新型农村合作医疗交纳个人承担部分合作医疗保险金53780元。

（撰稿人：县民政局 赵红文）

住房公积金管理

【昆明市住房公积金管理中心石林管理部】 1994年4月，县住房公积金管理中心成立，与当时的县房改办两块牌子一套人马管理全县的住房资金。2002年12月机构改革，撤销县住房公积金管理中心和县房改办，原县房改办的相关职能转入县建设局，县住房公积金管理中心的职能转入县财政局住房资金管理科。2005年10月12日，住房公积金管理职能从县财政局上划市住房公积金管理中心，在石林县设立昆明市住房公积金管理中心石林县管理部，为隶属于昆明市住房公积金管理中心垂直管理的正科级事业单位。2008年管理部内设业务科、主任室，年底有职工5人。单位住址在石林中路40号县建行办公楼五楼。

主　任：杞永祥（彝族，3月起）
副主任：杞永祥（彝族，3月止）

【住房公积金缴存情况】 截至2008年12月31日，石林县已建立住房公积金缴存制度的单位有167个，缴存人数7701人，其中：行政单位49个，缴存人数2636人；事业单位63个，缴存人数3185人；国有企业10个，缴存人数1629人；集体企业20个，缴存人数251人。公积金缴存制度覆盖了全县及各乡镇财政全额拨款单位、事业单位、国有企业和部分集体企业、股份制企业。2008年归集住房公积金4803万元，占计划3100万元的155%；年末累计归集住房公积金总额20097万元，归集余额11958万元。

【住房公积金贷款情况】 2008年石林管理部发放住房公积金贷款7176万元，占计划1500万元的478%，贷款逾期率为零，收息率100%，存贷款比例为107%，贷款主要投向县上的重点项目巴江俪岛、水岸星城和天奇花园等房地产项目，其中：巴江俪岛2619万元，水岸星城2233万元，天奇花园877万元。期末已累计发放公积金贷款15439万元，贷款余额12770万元，累计发放贷款1210户，解决全县职工住房面积207732平方米。

【住房公积金提取情况】 2008年石林管理部办理提取住房公积金1996件共2437万元，其中：购房支取616件1264万元，偿还购房贷款支取1204件975万元，离退休支取79件133万元，工作调动转移支取34件34万元，其他原因支取63件31万元。期末已累计为职工购房、建房等支取住房公积金8139万元，极大地为石林县各单位职工改善住房条件提供了购房方面的全方位服务。

（撰稿人：昆明市住房公积金管理中心石林管理部 角家能）

扶贫开发

【县人民政府扶贫开发办公室】 1986年3月，成立县扶贫开发办公室。1995年4月，县扶贫开发办公室合并到县发展计划经济贸易局，设立县贫困地区经济开发领导小组办公室。2002年5月，县编委批复成立县人民政府扶贫开发办公室，为正科级单位，归口县发展计划经济贸易局。2005年3月，县人民政府扶贫开发办公室由县发展计划经济贸易局管理的正科级单位调整为县人民政府管理的议事协调机构。2008年内设综合科、项目科，年底有职工5人，其中：公务员4名，工人1名。单位住址在鹿阜镇阿诗玛东路80号。2008年资助支农联系点板桥镇小戈丈村委会9000元生产经费。

主　任：赵家林（彝族）

【贫困人口数】　通过2007年度20个村和2008年度19个村整村推进项目的实施及小额信贷扶贫、劳务输出、挂钩帮带等扶贫措施和面上国家惠农政策扶持，贫困地区基础设施得到了加强，人民群众生产生活条件得到改善，贫困人口逐年减少。到2008年底，全县贫困人口由2007年底的21453人减少到13543人，减少了7910人，其中：694～958元的相对贫困人口减少4870人，693元以下的绝对贫困人口减少3040人。

【扶贫重点村项目建设实施情况】　2008年上半年，实施完成了2007年度20个扶贫重点村（省级12个、市级8个）整村推进项目45件。2007年度总投资976.88万元，其中：财政扶贫资金400万元（省级180万元、市级220万元），群众自筹及投工投料折价295万元，整合部门资金281.8万元。以上项目已通过了市、县两级验收，工程项目为合格。这些项目的建设实施，有效改善了贫困村群众的生产生活条件。

2008年实施了省、市19个扶贫重点村的项目建设，其中：省级13个（圭山镇额冲衣、法块村委会，板桥镇龙溪村委会，西街口镇宜奈、格渣村委会），市级6个（圭山镇尾乍黑村委会土瓜黑村、小圭山村委会小圭山村，长湖镇乍龙村委会大乍龙村，大可乡结胜村委会石头寨村，西街口镇西街口村委会大尾堵渣村、威黑村委会清水塘村）。争取并实施了1个省级易地扶贫开发村项目建设（石林镇下打磨箐102人易地搬迁）。涉及农户2892户10890人，其中贫困户724户、贫困人口2746人（相对贫困人口1551人，绝对贫困人口1195人）。重点从基础建设、产业开发、能源、社会事业等4个方面的34个项目进行建设，总投资547.7万元，其中：省级财政扶贫资金195万元，市级财政扶贫资金185万元，农户自筹（含投工投劳折价）130.5万元，其他资金37.2万元。

【新农村项目建设】　2008年，根据市扶贫办、市新农办要求及县级领导安排，协同县新农办搞好新农村项目申报建设工作，分两批申报了11个村委会新农村项目建设，已争取到位市级新农村建设资金550万元。各村项目均严格按照程序申报、评审，并逐级下达实施，争取2009年上半年完成项目建设验收。

【小额信贷扶贫资金】　2007年石林县向省、市扶贫办争取小额信贷扶贫资金1000万元，发放了小额信贷扶贫资金1000万元，分两批放贷到8个乡（镇）。为确保“贷得出、收得回、有效益”，经过各乡（镇）广大妇女干部宣传发动和催收，至2008年3月收回到期小额信贷资金1000万元，收缴率达100%。按照与各乡（镇）签订的《小额信贷目标责任书》，兑现和下拨了工作经费。

2008年县扶贫办向省、市扶贫办争取了小额信贷扶贫资金1400万元。比2007年增加了400万元，分三批在8个乡(镇)放贷。5月份，放贷了第一、二批无息小额信贷扶贫资金1200万元；6月底，放贷了第三批无息小额信贷扶贫资金200万元。在放贷的1400万元中，种植业放贷752万元，养殖业放贷618万元，加工业放贷30万元，涉及农户3231户、人口6462人。

【定点挂钩扶贫】　按照“挂到乡、扶到村、帮到户”的要求，县委、县政府的25个部门分别挂钩联系县内25个省、市列扶贫重点村。结合新农村建设的要求，2008年各部门下派一名驻村指导员，指导新农村建设，充分发挥县直机关挂钩部门的人才、信息、技术和资金优势，为贫困地区办实事。县级党政机关挂钩帮扶部门共有134人蹲点，直接投入帮扶资金27万余元，举办各类培训班59期培训8769人，转移和输出农村劳动力6871人　。

2008年5月，为使农村党员带头脱贫致富，县扶贫办安排小额信贷无息资金50万元，县委组织部组织全县副科以上党员干部100名与农村贫困党员中挑出的100户“一对一”结对帮扶，每户贫困党员安排5000元生产发展资金，用于发展农户种、养、加工业。通过实施挂钩扶贫和结对帮扶，进一步密切了党群和干群关系，充分体现出社会主义制度的优越性。

【劳动力培训和转移工作】　认真贯彻落实县委、县政府《石林县2008年就业再就业和农村富余劳动力培训转移工作意见》的通知精神，按照与县就业局签订的《2008年就业再就业和农村劳动力培训转移目标责任制书》的要求，2008年下半年，与县妇联在长湖镇雨胜村举办了“手绣制作工培训”，邀请省民族中专技能培训站老师授课，对贫困地区农民进行了职业技能、政策和法律、法规等方面的培训，共计培训农村妇女60名，并与县刺绣协会签订了用工合同。

（撰稿人：县扶贫办　杨云仙）

消费水平

【城镇居民人均可支配收入、消费】　2008年，石林县城镇居民人均可支配收入为13804元。城镇居民人均消费支出9573元，其中：食品消费支出3346元，衣着消费支出1094元，居住消费支出1169元，家庭设备用品及服务支出522元，医疗保健消费支出622元，交通和通讯消费支出1160元，教育文化娱乐服务消费支出1505元，其他商品和服务支出155元。人均社会保障支出1615元。

【城镇居民主要消费品拥有量】　2008年年末，每百户城镇居民家庭拥有：摩托车32辆，助力车36辆，家用汽车16辆，洗衣机94台，电冰箱82台，彩色电视机118台，家用电脑42台，组合音响36套，照相机38架，其他中高档乐器4件，微波炉48台，淋浴热水器92台，消毒碗柜8台，洗碗机4台，健身器材 6 套，固定电话机 52 部，移动电话 240 部。

【城镇居民住房和生活条件】 2008 年城镇居民人均年末住房面积 35 平方米。在炊用燃料使用方面，96%的居民使用液化石油气，4%的居民使用煤。在饮水方面，6%的居民饮用自来水，94%的居民饮用纯净水和矿泉水。96%的居民城镇居民有卫生设备。

【职工平均工资】 2008 年在岗职工年平均工资 20350 元，其中：国有经济单位在岗职工年平均工资 21204 元，城镇集体经济单位在岗职工年平均工资 16462 元，其他经济单位在岗职工年平均工资 19412 元。

【农民人均纯收入和生活消费支出】 2008 年农民人均纯收入达 4216 元。农民人均生活消费 3894 元，其中：食品消费支出 1534 元，衣着消费支出 205 元，居住消费支出 838 元，家庭设备、用品消费支出 190 元，交通和通讯消费支出 497 元，文化教育、娱乐消费支出 318 元，医疗保健消费支出 286 元，其他商品和服务消费支出 26 元。

【农民住房和生活条件】 2008 年农民人均年末住房面积 40 平方米，其中：钢筋混泥土结构面积人均 16 平方米，砖木结构面积人均 10 平方米，其他结构面积人均 14 平方米。炊事使用的主要能源，农户中有 10.5%的使用煤炭，有 57%的使用柴草，有 11.5%使用电，有 12%的使用沼气，有 9%的使用其他燃料。饮用自来水的农户达 91.5%。

【农民主要耐用消费品拥有情况】 2008 年末，每百户农村家庭拥有：洗衣机 46 台，电冰箱 12 台，热水器 30 台，自行车 23 辆，摩托车 37 辆，固定电话机 37 部，移动电话 122 部，彩色电视机 93 台，黑白电视机 5 台，影碟机 67 台，照相机 4 架。

【农民食品消费情况】 2008 年农村住户人均食品消费情况：粮食消费量 239 千克，油脂类消费量 5 千克，烟叶消费量 1 千克，豆制品 2 千克，蔬菜及菜制品消费量 104 千克，水果类消费量 17 千克，坚果消费量 2 千克，消费肉禽及其制品 27 千克，消费蛋类及蛋制品 3 千克，消费水产品 1 千克，消费食糖 1 千克，消费酒类 7 千克。

【农民年末粮食结存和主要生产性固定资产拥有量】 2008 年农民人均年末粮食结存 1349 千克。2008 年年末，每百户农村农民家庭拥有：汽车 4 辆，大中型拖拉机 2 台，小型和手扶拖拉机 29 台，动力三轮车 2 辆，机动脱粒机 16 台，农用动力机械 14 台，胶轮大车 33 架，水泵 20 台，役畜 88 头，产品畜 125 头。

（撰稿人：县统计局 杨凤英）

群众性精神文明创建活动

【文明县城创建工作】 以抓好“细节文明推进年”的各项工作为重点，充分利用各种载体，广泛开展形式多样、内容丰富的创建活动，大力推进社会主义核心价值体系建设，大力培育文明道德风尚，着力提升公民思想道德素质、科学文化素质和健康素质，提高城乡文明程度，在夯实文明细胞上下功夫，在创建文明单位上着力,在开展活动上出彩，文明县城的创建工作整体推进，并取得了实效。

年初，县委办、县政府办印发了《石林彝族自治县 2008 年“细节文明推进年”活动方案》，要求全县各级各部门从细处入手，从小事抓起，进一步推动石林县文明县城创建工作和群众性精神文明建设工作向纵深发展，不断提升创建工作水平，切实提高广大市民的文明素质，在全县营造“一言一行讲文明，做人做事讲诚信”的社会氛围。8 月 5 日，县委宣传部组织召开了全县对外宣传暨精神文明创建工作推进会，进一步明确和细化了细节文明推进年的各项工作。对照昆明市文明县城测评体系的有关要求，2008 年继续开展好以科普巡回展、文明通行、文明公交、文明机关、文明社区、环境优美、文明广告、文化活动和文明公民为主要内容的九大主题活动。其中，文明通行和文明公交实施了“车头向下”工程，服务范围延伸至边远山区，极大地方便了群众出行，被新华社列为重点宣传报道的内容。

注重文明县城创建与文化活动的结合。6 月初，县委办印发了《石林彝族自治县推进文明和谐社区建设实施方案》，通过深入开展文明和谐社区建设和评选，充分调动圭山农民管乐队、彝家乐艺术团、延安精神艺术团、社区文艺队等民间文艺团队的积极性，广泛开展各种文体活动，文化的教育功能得到了充分发挥，全县各族群众在潜移默化中，以寓教于乐的方式得到了熏陶，受到了教育。2008 年全县共开展各种节庆文体活动达 50 多场次，丰富多彩的文化活动在思想道德教育中发挥了积极的作用，成为了石林县创建昆明市文明县城的一大特色和亮点。

【精神文明创建活动】 认真抓好各类群众性精神文明创建活动，广泛深入开展以“八荣八耻”为主要内容的社会主义荣辱观学习宣传教育，积极组织开展“诚信石林，从我做起”为主题的诚信建设活动，积极探索“乡风文明”建设的经验和途径，大力开展农村“十星级文明户”创建活动和文明示范窗口、文明运输线、青年文明号、巾帼文明岗、文明村、文明社区、文明单位、文明学校、文明家庭等基础性创建活动。

广泛深入开展“迎奥运、讲文明、树新风”活动和“十不”公约进机关、进学校活动。在“迎奥运、讲文明、树新风”活动中，共向机关和学校发出 3 万份知识答卷，在“十不”公约进机关、进学校活动中，共发放张贴 2000 余张宣传画，向机关单位、县城居民和学生发放《创建文明县城知识读本》2.5 万余册，其他宣传材料 1 万余份，制作固定宣传栏 10 期。

扎实抓好文明单位创建工作，不断夯实文明细胞。年内配合市文明委对 23 家市级文明单位（村、社区、小城镇）进行了考评，对具备申报资格的72家县级文明单位（村）进行了考评，并对符合条件的65家上报县委进行命名表彰。

2008年6月11日，石林风景名胜区被中共云南省委、省人民政府命名为“云南省文明风景旅游区”。8月11～12日，石林风景名胜区通过由省文明办组织的全国文明风景旅游区考评组的初评；10月25～27日，中央文明办等部门进行了考评验收，石林风景名胜区即将创建成为全国文明风景旅游区。石林镇小箐村于2008年7月12日通过由省文明办组织的全国文明村考评组考评，即将进入全国文明村先进行列。

2008年底，全县共有届期内省级文明单位11个，省级文明村4个；市级文明单位41个，市级文明小城镇1个，市级文明村15个；县级文明单位69个，县级文明社区2个，县级文明村44个。

（撰稿人：县委宣传部 张建华）

政策法规

石林彝族自治县经济社会发展软环境建设活动实施方案

（2008年2月18日中共石林彝族自治县委、
石林彝族自治县人民政府石发〔2008〕3号）

为深入贯彻落实党的十七大精神，全面加强机关效能建设，进一步优化我县经济社会发展软环境，加快石林经济社会跨越式发展，根据《中共昆明市委、昆明市人民政府关于在全市开展经济社会发展软环境建设活动的实施意见》，经县委、县人民政府研究，决定在全县开展经济社会发展软环境建设（以下简称“软环境建设”）活动，现制定以下实施方案。

一、指导思想

全面贯彻党的十七大精神，坚持以邓小平理论和“三个代表”重要思想为指导，深入贯彻落实科学发展观，用整风的精神和参照“三讲”的办法，着力解决我县机关效能方面存在的突出问题，促使全县各级各部门进一步解放思想、转变作风、提高办事效率，优化发展软环境，为全县经济社会跨越式发展提供有力保证。

二、目标要求

通过开展软环境建设活动，进一步优化我县的政治舆论环境、政策扶持环境、社会服务环境、法制管理环境和人文道德环境，努力把我县建设成为“创业最宽松、社会最文明、人居最安全和低交易成本、低生产成本、低行政成本、低社会成本”的自治县之一。

三、组织领导

成立石林彝族自治县经济社会发展软环境建设工作领导小组。

组　长：柳文炜（县委书记）
副组长：李忠德（县委副书记、县人民政府县长）
裴演兵（县委副书记）
陈菊珍（县委常委、县纪委书记）
段增华（县委常委、县人民政府常务副县长）
朱玉和（县人大副主任）
周和祥（县政协副主席）
成　员：李正平（县委常委、县委办主任）
王　昆（县委常委、县委组织部部长）
李福军（县委常委、县委宣传部部长）
王彦平（县政府办主任）
毕东红（县纪委副书记、县监察局局长）

领导小组下设办公室在县纪委，负责领导小组日常工作。成员名单如下：

主　任：陈菊珍（县委常委、县纪委书记）
副主任：毕东红（县纪委副书记、县监察局局长）
王永乔（县委办常务副主任）
王云龙（县委组织部常务副部长）
万春林（县委宣传部常务副部长）
马雪娟（县纪委副书记）
普向梅（县政府办副主任、县便民办主任）
成　员：周林春（县委办副主任）
苏健康（县政府办副主任）
杨春宝（县委组织部副部长、县人事劳动和社会保障局局长）
段顺波（县政府法制办副主任）
李立宏（县监察局副局长）

领导小组办公室工作人员从有关部门抽调。

四、方法步骤

（一）学习教育阶段（2008年2月）。

1. 召开动员大会。对全县软环境建设活动进行动员和全面部署。各乡镇、各部门、各单位也要召开动员会，迅速启动软环境建设活动。

责任单位：县纪委
责任人：陈菊珍
配合单位：县委办、县政府办

2. 认真学习有关会议和文件精神。各乡镇、各部门、各单位要制定学习计划，提出具体要求，保证学习时间，严肃学习纪律，组织全体干部职工认真学习党的十七大、省委八届四次全体（扩大）会议、省委省政府第五次现代新昆明建设专题调研会、市委九届四次全体（扩大）会议和县委十届四次全体（扩大）会议精神以及与石林发展紧密相关的政策、文件和领导讲话，使广大干部群众进一步认清石林经济发展面临的形势，明确目标任务，充分认识加强软环境建设的重大意义。

责任单位：县委宣传部
责 任 人：李福军

3. 深入开展解放思想大讨论。各乡镇、各部门、各单位要采取举办学习交流和研讨会、撰写心得体会文章等形式，在全体干部职工和广大群众中开展解放思想大讨论，进一步提升信念、理念、观念，理清思想、思维、思路，教育引导党员干部和机关工作人员牢固树立“发展环境就是政治环境，抓软环境建设就是促发展”的理念，把党员干部的思想统一到“一切着眼于发展、一切服务于发展，用发展凝聚人心、用发展破解难题、用发展为民造福、用发展创建事业”上来。宣传和新闻单位要把开展解放思想大讨论作为宣传重点，采取开设专栏、组织专题报道、汇编心得体会、开展理论研讨等形式，把解放思想大讨论活动不断引向深入，为我县跨越发展、科学发展、和谐发展夯实思想基础。

责任单位：县委宣传部

责 任 人：李福军

各乡镇、各部门、各单位召开动员会、组织学习和开展解放思想大讨论的情况，以及全县副科级以上领导干部的学习心得体会，必须于2008年2月29日前报送县软环境建设工作领导小组办公室。

（二）自查自纠阶段（2008年3月）。

1.广泛征集意见。一方面，要通过交心谈心、问卷调查等方式，深入征求上级领导、下属单位和内部干部职工对软环境建设的意见；另一方面，要采取设立征求意见箱、发放征求意见表、召开座谈会、登门走访等形式，广泛征求社会各界特别是管理和服务对象的意见。

责任单位：县委组织部

责 任 人：王 昆

配合单位：县纪委

2.召开专题民主生活会。各乡镇、各部门、各单位领导班子要召开专题民主生活会，认真对照征求到的意见，深入查找分析软环境建设中存在的问题。重点围绕以下几方面进行自查：一是思想观念方面，是否存在因循守旧、不思进取，怕负责任、怕担风险，得过且过的思想；二是服务态度方面，是否存在“门难进、脸难看、话难听、事难办”的现象；三是工作作风方面，是否存在有令不行、有禁不止，推诿扯皮、失职渎职，以及官僚主义、形式主义等问题；四是办事效率方面，是否存在审批事项过多、程序繁琐、时限过长，现场办结率不高，以及以核准、备案之名搞变相审批的问题；五是廉洁自律方面，是否存在乱收费、乱罚款、乱摊派、乱检查，甚至以权谋私、“吃拿卡要报”等问题；六是严肃执纪方面，各种影响和有碍软环境的人和事是否得到了严肃查处。

责任单位：县委组织部

责 任 人：王 昆

3.制定整改方案。各单位要在查清问题的基础上，研究制定切实可行的整改方案，并认真抓好整改落实。对基层群众反映强烈的问题，能够自行解决的，要立即解决；一时无法彻底解决的，要提出整改时间表和具体措施，报领导小组审定后，向社会公布。对群众意见集中、反映强烈、事实清楚、情节恶劣、严重影响软环境的人和事，要坚决果断地作出严肃处理。

责任单位：县纪委

责 任 人：马雪娟

配合单位：县委目督办、县政府目督办

4.作出公开承诺。各乡镇、各部门、各单位的一把手要在石林电视台上公开亮相，就进一步抓好软环境和机关效能建设作出公开承诺。全县科级以上领导干部的职务、职责和联系方式要编制成册，通过县政务公开栏和县电视台向社会公布，接受监督。

责任单位：县纪委

责 任 人：陈菊珍、毕东红

（三）督查推动阶段（2008年4月）。

1.派出督查组，对各乡镇、各单位软环境建设活动开展情况进行督促检查。对思想不重视、措施不得力、工作成效差的要责令补课，并视情况对主要负责人、分管领导和直接责任人进行责任追究。

责任单位：县委目督办、县政府目督办

责 任 人：裴演兵

配合单位：县纪委、县监察局

2.实施“工作结果倒逼法”，督促各乡镇、各部门、各单位，按照年初任务分解情况，对我县年度工作目标任务以目标倒逼进度、时间倒逼程序、社会倒逼部门、下级倒逼上级、督查倒逼落实，对不能按时按质按量完成工作任务的责任单位、责任人要严肃问责。

责任单位：县纪委、县监察局、县委目督办、县政府目督办

责 任 人：周林春、苏健康、马雪娟、李立宏

3.县人大常委会组织县人大代表对软环境建设进行视察，强化对政府机关软环境建设的法律监督。

责任单位：县人大常委会

责 任 人：朱玉和

4.县政协组织县政协委员对软环境建设进行调研，强化对政府机关软环境建设的民主监督。

责任单位：县政协

责 任 人：周和祥

5.开展专项行政效能监察，严肃查处影响软环境建设的行政不作为、乱作为行为。

责任单位：县监察局

责 任 人：毕东红

6.聘请人大代表、政协委员、群团组织成员、党风巡查员、新闻记者等组成机关和行业作风督察组，对全县机关和行业作风进行明察暗访。对明察暗访中发现的严重影响软环境建设的问题，要采取组织处理和纪律处分的方式严肃处理，并在全县范围内通报和在媒体上曝光。

责任单位：县纪委

责 任 人：陈菊珍

配合单位：县委组织部、县委宣传部

7.把各乡镇、各部门、各单位软环境建设情况作为2008年全县民主评议机关和行业作风的主要内容，将评议结果作为考核奖惩、评先推优和干部选拔任用的重要依据，并实行

“一票否决”制。

责任单位：县纪委、县委组织部

责 任 人：陈菊珍、王昆

五、有关要求

（一）统一思想认识，进一步增强工作责任感和紧迫感。开展软环境建设活动，是实践“三个代表”重要思想，加强党的执政能力建设和先进性建设的必然要求；是全面贯彻落实党的十七大精神，深入贯彻落实科学发展观，加快推进政府职能转变，建设法治型、服务型、廉洁型政府，努力构建社会主义和谐社会的重要举措；是大力弘扬求真务实精神，进一步提高执行力，实现石林跨越式发展的迫切需要。全县各级各部门要进一步增强政治意识、大局意识和责任意识，按照县委、县人民政府的统一部署和要求，结合实际，认真负责地抓好此项工作。

（二）加强组织领导，确保各项工作落到实处。全县各级党政领导班子要把这项工作摆上重要议事日程，认真进行安排，精心组织实施。要成立相应的领导和工作机构，切实形成“党委统一领导，党政齐抓共管，领导小组指导协调，成员单位各司其职，机关单位和社会各界广泛参与”的领导体制和工作机制。领导小组办公室要充分发挥职能作用，加大组织协调、督促检查和工作指导力度，确保软环境建设活动取得实效。

（三）加大宣传力度，努力营造良好氛围。要通过报刊、电视、广播、网络等信息传播媒体，开展高密度、大力度宣传，营造人人讲效能、处处抓效能的浓厚氛围。要坚持典型引路，注意发现、培养和推广一批在经济社会发展软环境建设活动中涌现出来的不同类型、不同层次的先进典型，使机关单位和广大党员干部群众学有榜样、赶有对象，切实增强投身软环境建设的自觉性。

（四）加强制度建设，着力构建长效机制。要把制度建设和工作创新作为经济社会发展软环境建设的重点，在建立健全长效机制上下功夫。

1. 下大力精简行政审批事项。进一步深化行政审批制度改革，最大限度地精简行政审批事项，最大限度地减少行政审批环节，最大限度地简化行政审批程序，最大限度地压缩行政审批时限，最大限度地削减行政审批前置性条件，切实把行政审批事项减到位，环节缩到位，收费降到位。要进一步理顺行政职能，合理划分事权，努力消除单位职责交叉、职能不清和相互推诿扯皮等现象。

责任单位：县政府

责 任 人：段增华

配合单位：县政府法制办、凡具有审批事项和服务职能的各单位

2. 建立便捷高效的机关运行体系。健全机关各项制度，建立最严格的限时办结、最严肃的服务承诺、最严厉的责任追究等制度。进一步深化政务公开，凡是各级机关掌握的政务信息，除涉及国家秘密、工作秘密和依法受到保护的商业秘密、个人隐私外，都要如实公开。着力提升“窗口”功能，实行集中审批办理制度，除特殊情况经县政府批准外，所有审批办证项目应全部集中到便民服务中心，实行一个窗口受理、一条龙服务、一次性限时办结，真正做到便民利民。

责任单位：县政府

责 任 人：段增华

配合单位：县政府办、凡具有审批事项和服务职能的各单位

3. 加强考核监督。研究制定科学合理、针对性强、操作性强的机关干部绩效考核办法。建立机关效能投诉中心，建立行政审批电子监察系统，加强对行政行为的监管，严肃查处影响机关效能的行为，促进我县经济社会发展软环境从根本上得到改善。

责任单位：县政府

责 任 人：段增华、陈永宁、毕东红

配合单位：县监察局、县便民服务中心

（五）做好阶段性总结，务求取得实效。各乡镇、各单位要认真开展好阶段性工作回头看，切实把解决思想问题、作风问题、效能问题落实到解决实际具体问题上，切实把开展软环境建设活动与破解当前石林改革发展中的热点、难点问题结合起来，与落实《石林彝族自治县县域经济社会发展规划（2008~2010）》结合起来，与抓好事关石林长远发展的重大战略、重大项目、重点工程结合起来，狠抓工作落实，达到转变作风、公开承诺、优质服务、提高效能的目的。全县各乡镇、各单位要严格按照方案要求，认真组织和开展好各个阶段的工作，并把阶段性工作和年度工作总结及时上报县委、县人民政府，县委、县人民政府将根据工作情况，适时开展督查工作。

（六）推行全员挂牌上岗、公开承诺，接受群众和社会监督。结合招商引资项目落实年、机关服务提升年、发展环境优化年的要求，从今年3月份开始，全县所有国家机关公务员及工作人员全面推行公开职责、挂牌上岗、服务承诺制，广泛接受社会、人民群众的监督。同时，畅通投诉渠道，实行最严厉的督查机制，并将督查结果通过媒体、政务公开栏等向全社会公开，通过正面推动与反面触动相结合，切实改善石林经济社会跨越发展软环境。

中共石林彝族自治县委 石林彝族自治县人民政府关于加快生态工业集中区建设促进全县工业突破性发展的意见

（2008年3月13日石发〔2008〕14号）

各乡镇党委、政府，县直各部委办局、人民团体、企事业单位：

为深入贯彻市委九届四次全会和市委、市人民政府《关于加快开发区及工业园区发展的意见》（昆发〔2008〕10号），全面加快生态工业集中区建设，促进全县工业突破性发展，着力推进工业富县进程，结合实际，制定以下意见。

一、切实提高对全县工业突破性发展重要性的认识

（一）充分认识加快工业发展的重大意义。发达国家和地区的实践证明，工业化是不可逾越的发展阶段，是现代化的核心、城市化的内涵、农业产业化的动力、社会文明化的灵魂；工业园区是新型工业化的载体，是工业化加速、城市化提升的关键和经济建设的中心，是全面开放、体制创新的先行区，是财政增收、扩大就业的主力区，是招商引资、项目推进的承载区。工业基础差、底子薄，县域经济发展产业支撑不足、工业发展滞后、财政收入单一、就业压力大已经成为制约我县经济社会持续快速健康发展的全局性问题。解决这些困难和问题，核心在实现工业突破性发展，工业发展的基础和关键又在于加快生态工业集中区的开发建设。要充分认识到，加快以生态工业集中区建设为重点的全县工业发展，是全面建设小康社会、构建和谐石林的重要内容，是破解县域经济支柱不足、提升工业发展层次和水平的迫切需要、是搭建招商引资和工业发展平台、培育县域经济新的增长点、促进全县经济社会跨越式发展、实现富民强县目标的关键举措。全县各级各部门必须从全局和战略的高度，进一步提高对加快生态工业集中区建设，促进全县工业实现突破性发展重要性、必要性和紧迫性的认识，转移工作重点，团结一致，求真务实，勇于创新，大打一场工业提速、工业增量、工业突破性发展的攻坚战。

二、确立指导思想和发展目标

（二）指导思想。以邓小平理论和“三个代表”重要思想为指导，深入贯彻落实科学发展观，按照工业园区化、园区城市化、产业高新化、布局专业化、机制市场化要求，以培育特色产业为目标，以规模化、产业化、专业化、生态型为发展方向，以体制创新和科技创新为动力，以招商引资为突破口，以基础设施建设、发展工业经济、壮大经济实力为重点，努力把生态工业集中区建成经济发展的带动区、优势产业的培育区、招商引资和项目推进的承载区、全面开放和体制创新的先行区、财政增收和扩大就业的主力区、科技创新和城镇发展的新兴区，努力使生态工业集中区成为集聚生产要素，推进石林新型工业发展的载体，带动全县现有工业优化升级，实现全县工业突破性发展，为全面建设小康社会，促进全县经济社会跨越发展提供强大的产业支撑。

（三）发展目标。2008～2012年期间，全县工业总产值年均增20%，工业增加值、工业固定资产投资年均分别增25%以上；规模以上工业增加值、主营业务收入、利税总额年均分别增25%以上；规模以上工业企业万元增加值能耗年均下降5%以上，二氧化碳排放量年均削减3.5%，化学需氧量年均控制在52吨以内。

2008年，生态工业集中区完成土地收储1.5平方公里以上，完成“五通一平”1平方公里以上，固定资产投资1亿元以上，实现工业增加值4500万元以上，升格为省级工业园区。2009～2012年，生态工业集中区固定资产投资、工业增加值年均增幅均保持在30%以上，2012年实现一期4.2平方公里“五通一平”，建成园区面积3平方公里，实现工业增加值占全县工业增加值的比重达到60%以上。

三、创新管理体制和开发模式

（四）创新管理体制。县生态工业集中区党工委是县委的派出机构，管委会是县人民政府的派出机构，管委会党工委书记、主任由县级领导担任，实行管委会主任负责制，班子其他成员按干管权限任命；管委会内设机构由管委会根据工作需要自主设置，工作人员从全县各部门选拔配置，或对外公开聘用；在生态工业集中区实行实体化管理前属公务员身份和事业人员身份人员，干部身份和级别存档保留后实行聘任聘用制。新进人员一律实行聘任聘用制，聘用期为一年。赋予生态工业集中区县级经济、行政管理权限，确保县权审批手续在集中区内全部办结。

生态工业集中区以外的工业项目仍由县直有关部门监管和协调。

（五）实行财政单列。生态工业集中区实行财政单列，划分收支，核定基数，超收留用。从2008年起，五年内生态工业集中区新增税收县级财政部分以及上级返还部分，留给生

态工业集中区用于基础设施建设。生态工业集中区内符合规定的行政事业性收费，除相关法律法规有明确规定的外，由生态工业集中区管委会代收代缴。生态工业集中区财政收入主要用于生态工业集中区基础设施建设以及经济、社会事业发展。

（六）创新开发模式。按照建立现代企业制度的要求，加快组建生态工业集中区投资开发公司。投资开发公司参与土地收储和土地一级开发，通过经营土地等生产要素积累资金，吸引银行资金、企业资金、社会资金扩大规模，以市场化方式进行开发建设。鼓励有实力的大企业投资生态工业集中区基础设施建设，或自主建设“区中园”、“园中区”。对在生态工业集中区投资基础设施及标准厂房、专业市场、仓储设施等功能性、基础性项目的，给予专项资金贴息或补助。积极探索与省内外有实力的园区合作，开发生态工业集中区。

多渠道筹措建设资金，实现投资主体多元化。县直有关部门要积极争取中央、省、市政府信用贷款等金融资金，支持生态工业集中区开发建设。认真研究国家政策，以项目为基础，争取产业扶持资金和中央、省、市专项资金对生态工业集中区的支持。依靠内力、借助外力、增强活力，积极吸纳社会资本、法人资本和个人资本，共同投资生态工业集中区开发建设。

四、科学规划和发展

（七）促进集中发展。统筹发展，分类引导，推动工业企业向生态工业集中区集中发展。按照产业属性和功能定位，凡新建、引进的工业项目和企业，必须入园选址发展，生态工业集中区外原则上不再安排工业项目。按照入园条件，鼓励生态工业集中区以外工业企业搬迁入园。对未进入生态工业集中区又暂时不能搬迁的企业，原则上不再审批扩大用地规模；对不能进入生态工业集中区的特殊行业工业企业(项目)，须经县人民政府审核同意并报市人民政府备案。

（八）促进工业集群发展。生态工业集中区要狠抓软、硬环境建设，重点突破基础设施瓶颈，提升要素聚集力，加强沟通对接，纳入省级工业园区规划建设管理，实现升格提档。生态工业集中区要体现特色立区，按照功能定位，明确重点发展的主导产业，工业经济占经济总量的比重不低于30%，主导产业占工业经济的比重不低于50%。促进同类或关联企业的集中，实现集群共生、联动发展，以大项目催生大产业、带动大配套、形成大聚集。重点加快培育旅游商品加工、绿色农特产品加工、先进制造业、生物制药四大产业集群。

（九）推动生态化建设。按照政府、园区、企业、社会共同推动的原则，重点围绕构建生态化产业体系，全面统筹产业、基础设施、资源、环境四大要素，推动生态化建设发展，实现生态工业集中区经济、社会、资源、环境协调和可持续发展。生态工业集中区要大力发展环保产业，实行节能减排责任制，促进循环经济发展。

（十）加强规划引导。制定出台全县工业发展布局规划，形成以生态工业集中区为主要载体，以特色工业为主，产业相对集中、布局合理、差别竞争、错位发展的空间结构，促进工业向生态工业集中区集中。高起点、高标准、高品位编制、修编生态工业集中区总体规划和控制性详细规划，编制环境保护、产业发展、基础设施建设等专项规划。总体规划和控制性详规、户外广告规划、区域环评、节能减排、产业发展方向和布局，由县工管会负责组织编制或修编，经县人民政府批准后实施。

五、营造良好发展环境

（十一）突破基础设施瓶颈。生态工业集中区基础设施建设项目优先列入全县国民经济和社会发展规划、年度计划，纳入城镇基础设施统一规划建设。坚持“适度超前，梯度推进”的原则，先规划后建设、先地下后地上，超前做好生态工业集中区前期用地收储、拆迁和被征地农民安置工作，大力推进生态工业集中区基础设施建设两年突破工程。按照市场化方式，以土地使用权、基础设施项目所有权和经营权出让为突破口，实施特许经营，采用BT、BOT、BO、独资、合作等形式，大力引进外资，充分激活民资，多方直接融资，积极向上争取资金，加大投入，突破基础设施建设，尽快形成开发框架，为招商引资项目落地建设奠定良好基础。

（十二）创新服务体系。按照能放则放、能扩则扩的原则，将县级经济行政管理权限落实和下放给生态工业集中区，凡属生态工业集中区管委会职责权限范围内的事项，由生态工业集中区管委会审批管理，报县人民政府和县直有关部门备案。生态工业集中区要简化审批程序，严格限时办结，实行一站式办理，为企业提供从申请到建设、投产的全过程高效优质服务，做到行政审批无条件、审批无阻力、程序无障碍，营造“三最四低”投资发展软环境，全力打造效率生态工业集中区；加快建立以资金融通、信息服务、市场开拓、人才培训为主要内容的服务体系。各级各部门要简政放权，关心生态工业集中区、支持生态工业集中区、服务生态工业集中区，上下联动、左右配合、形成合力，共同保障和促进生态工业集中区跨越发展。

六、大力推进招商引资

（十三）发挥载体功能。生态工业集中区是招商引资的主战场，要通过大招商实现大开放、大开发、大发展。招商引资要突出大项目招商、优势招商、重点地区招商和外资项目招商。要做好项目储备工作，围绕促进主导产业集群发展，引入资金雄厚、技术实力强、市场占有率高的核心企业、龙头企业，吸引上下游企业聚集发展。

（十四）创新招商方式。按照“政企联动、群专结合”的方针，建立县、乡镇、集中区招商引资联动机制，创新招商方式，提高利用外资的质量和水平。生态工业集中区要组建专业招商队伍，与市、县派驻沿海发达地区地级以上城市招商分局合作，实行专业化、全天候、拉网式、驻点式招商，实现招商引资新突破。

七、加大扶持支持力度

（十五）加大财政扶持力度。发挥财政资金的引导作用，引导银行资金、企业资金、社会资金加大对生态工业集中区的投入。2008年，县财政要千方百计为生态工业集中区筹集

1亿元资金，用于生态工业集中区土地收储、基础设施建设和软环境建设（人才培训、信息化建设、规划编制等），进行滚动发展。从2008年起，5年内县财政以贷款贴息、项目补贴等方式，每年预算安排2000万元给生态工业集中区作发展专项扶持资金。生态工业集中区要积极争取国家、省、市的资金扶持。

（十六）保障工业发展用地。生态工业集中区内的土地以提高土地利用率为原则，年度土地利用计划实行单列，由生态工业集中区管委会统一规划、统一安排，统一办理土地证，再按项目进行土地证分割，县国土资源局负责配合做好土地相关手续办理工作。全县用地指标优先保障工业用地，工业用地指标优先安排生态工业集中区用地。年度新增建设用地指标用于生态工业集中区不低于50%，生态工业集中区用地用于工业发展不低于50%。改进供给方式，按项目资金实际到位进度，分期分批供给土地，缩短批转土地供地期；急需的用地特事特办，有效供给。建立项目入区机制，按照生态工业集中区功能定位、发展目标和开发成本，实行投资强度最低标准制度，投资强度不低于150万元/亩。建立入园企业退出机制，对圈而不建、产业层次低、投入强度小、效益不明显的企业要劝其退出；鼓励生态工业集中区和企业建设多层标准厂房，引导中小企业合建、共建和租赁厂房，提高土地利用集约水平。建立工业用地滚动储备制度，保证工业的持续发展。

（十七）建立工业用地成本补贴机制。生态工业集中区土地收益县级留成部分和上级返还部分全部用于工业用地地价成本调节补贴和基础设施建设；每年依据全县房地产等经营性用地项目的土地出让金收益中不少于本级可用部分的5%的比例，提取工业用地地价成本调节资金，专项用于调节补贴工业项目用地地价成本和基础设施建设。对个别重大工业项目的用地补贴，采取一事一议的办法解决。建立土地补偿长效机制、就业扶持机制、居民安置机制和社会保障机制，维护被征地农民的合法权益。

（十八）建立生态工业集中区融资平台。改革投融资体制，采取政府投入引导、市场化运作、银政企合作等融资模式，充分吸收国内外金融、非金融资本投入工业园区开发建设。加大金融业招商引资力度，对引进项目的实行奖励。完善县级融资担保体系，把入区企业作为融资担保的重点，优先为符合条件的企业提供贷款担保。鼓励各商业银行加大对生态工业集中区的贷款支持力度。

（十九）严格禁止乱收费乱检查。从2008年开始，生态工业集中区新建扩建工业项目，属于行政审批和政府服务的行政事业性收费全部免除；在免除的行政事业性收费中，需上缴中央和省财政的资金，由生态工业集中区承担。任何行政机关不得随意对生态工业集中区内企业实施检查；必需的检查要事先向生态工业集中区管委会通报，经同意后方可进行。对生态工业集中区内企业实行“封闭式”管理，实施行政处罚必须依法进行。

（二十）提供人才支撑。选拔一批年富力强、懂经济、善管理、事业心强的同志到生态工业集中区任职，加大经济谈判、专业招商、资本经营、市场运作等方面的业务培训，建设一支高水平的园区专业管理队伍。鼓励机关、事业单位工作人员到生态工业集中区工作，存档保留编制、职级、工资福利保险等待遇；鼓励科技人员到生态工业集中区兼职创业，允许以技术作为生产要素参与分配。建立企业家形成机制和激励机制，造就一支精通经济、善于管理的企业家队伍；强化专业技术人才队伍建设，加强职业教育和技能培训，培养一大批适应园区发展和工业发展需求的技能人才和产业工人。

（二十一）做大做强现有企业。推行现代企业管理制度，推动技术革新，巩固提高电力、煤化工、烟叶复烤、建材业以及农特产品加工的整体实力。做大做强一批工业龙头企业，引导和帮助工业企业向“专、精、特、新”方向发展，走专业化、集团化、外向型的发展路子，到2010年全县工业企业集团达到10个，规模以上工业企业达到25户以上。大力实施精品名牌战略，积极培育和争创精品名牌，到2010年争创国家名牌产品3个，云南名牌产品5个以上。

（二十二）加强节能减排工作。大力发展工业循环经济，提高资源综合开发和回收利用率，抓好工业企业清洁生产和循环经济试点示范工作。大力推进节能技术进步，强化重点耗能企业节能监管，到2010年完成全县炼铁、炼焦等落后产能淘汰工作，确保节能减排目标如期实现，促进经济增长方式向低消耗、低污染、高效益的集约型、循环型转变。

（二十三）强化安全管理。认真贯彻《安全生产法》、《矿山安全法》等法律法规，做到安全生产思想认识到位、宣传工作到位、培训教育到位、责任落实到位、检查督促到位、隐患整改到位、事故查处到位，杜绝发生重特大安全事故，减少一般性安全事故。

八、狠抓工作落实

（二十四）明确职责，做好协调服务。全县各级各部门要始终坚持以经济建设为中心，经济建设以工业突破为主，工业突破以招商引资为主，招商引资以项目进入生态工业集中区为主，生态工业集中区发展以创新软硬环境为主的方针，始终保持良好的精神状态，以强烈的责任感和使命感，真正做到集中精力、集中资源、集中力量，把加快生态工业集中区发展作为一把手工程抓紧抓实。县经济局要加强对生态工业集中区建设和发展的指导协调服务工作，县发改、财政、国土资源、建设、交通、环保、水务、林业、电力、通信等有关部门要加强业务指导，支持生态工业集中区发展。

（二十五）建立健全督促检查机制。由县纪委、县监察局、县委组织部、县经济局等部门定期不定期对各相关部门执行、落实工业发展相关政策情况进行监督和检查。对不执行、不落实兑现政策的，迅速查明原因及时上报有关部门按照干部管理权限予以处理，确保优化投资环境的各项政策落实到位。

本意见自发布之日起执行。此前本县发布的相关文件和规定如与本意见不一致的，以本意见为准。

中共石林彝族自治县委　石林彝族自治县人民政府
关于加快非公有制经济发展的实施意见

（2008年3月13日石发〔2008〕15号）

为深入贯彻落实《中共昆明市委、昆明市人民政府关于加快非公有制经济发展的实施意见》（昆发〔2008〕9号），促进我县非公有制经济大发展，增强全县经济实力和发展后劲，结合我县实际，特制定如下实施意见。

一、指导思想和发展目标

（一）指导思想。以党的十七大精神为指导，全面落实科学发展观，进一步解放思想、更新观念、真抓实干，坚持“希望在民间、活力在民营、发展靠民力、稳定靠民富”的方针，按照“民投民有、民办民营、民富民强、民乐民享”的要求，加快建立“创业最宽松、社会最文明、人居最安全和低交易成本、低生产成本、低行政成本、低社会成本”的投资发展软环境，消除一切阻碍发展的思想障碍、体制弊端、政策限制，放开、放活、放心、放胆、放手，支持、鼓励和引导非公有制经济快速发展，使之成为我县最具活力的经济增长点和解决就业的重要渠道。

（二）发展目标。“十一五”期末，非公有制经济在国民经济中所占比重显著提高，非公有制经济增加值占全县地区生产总值的比重达35%以上，增加值年均增25%，税收年均增20%，个体工商户达6000户，私营企业达600户，新增就业人数5000人。

二、放宽市场准入，实行公平待遇

（三）贯彻平等准入、公平待遇原则。凡国家法律法规未明令禁止的行业和领域，各类资本都可平等进入；凡国家承诺对外开放的领域和国有资本退出的领域，都鼓励民间资本加快进入，全县各级各部门不得自行设置限制条件。在专项资金分配和争取国家、省、市专项资金支持、固定资产投资项目核准或备案、科研立项、人才引进、职称评定、知识产权保护、土地使用、政府采购、财税政策、信贷和保险服务、品牌发展、资格认定、商标认证、证照办理、对外经济贸易等方面，非公企业与其他所有制企业实行公平待遇政策。在资源配置和煤、电、油、运等生产要素协调供给上，对非公企业一视同仁。

（四）鼓励非公有资本进入垄断行业和领域。在电力、电信等行业和领域，引入市场竞争机制，对自然垄断业务，非公有资本可以参股等方式进入；对其他业务，非公有资本均可以独资、合资、合作、项目融资等方式进入。允许非公有资本按政府规划投资建设加油站及仓储设施，从事成品油零售经营业务。

（五）鼓励非公有资本进入公共事业和基础设施领域。完善政府特许经营制度，引入市场竞争机制，加快市政公用事业改革。支持非公有资本积极参与供水、供气、公共交通、污水处理、垃圾处理等市政公用事业和基础设施的投资、建设与运营。在规范转让行为的前提下，具备条件的公用事业和基础设施项目，可向非公企业转让产权或经营权。鼓励非公企业通过收购、兼并、参股等方式参与市政公用事业单位改制。支持非公有资本进入市政设施维护、道路养护、绿化养护和环卫保洁等作业市场。

（六）鼓励非公有资本进入教育卫生等社会事业领域。支持、引导和规范非公有资本投资教育，特别是民办职业教育。支持非公有资本参与非义务教育阶段公办学校的改制和重组。支持非公有资本兴办医疗机构，投资兴办公益性或经营性医疗机构，允许非公有资本采取多种形式参与公立医疗机构的改制，组建医疗投资公司、医院管理公司和医疗集团。支持非公有资本参与城镇社区医疗卫生服务体系和新型农村合作医疗体系建设。支持民营企业投资参股兴办影视制作发行放映、演艺、娱乐、体育经营等文化体育企业，与国有文化体育企业同等待遇，符合国家税收规定的，享受相关税收优惠政策。

（七）鼓励非公有资本进入金融物流等现代服务业领域。在遵守国家有关法律政策规定和防范金融风险的前提下，鼓励非公有资本参与投资区域性股份制银行、合作性金融机构，创办产业投资公司、创业投资公司、财务公司、融资担保公司、资产管理公司、资信调查与资信评估公司、租赁公司、典当拍卖及其他金融中介服务机构。鼓励非公企业发展仓储分拨业务、零担快运服务、第三方物流业务、综合物流服务等。鼓励非公有资本投资商贸流通、电子商务、信息服务、旅游会展等现代服务业及社区服务等劳动密集型产业。

（八）鼓励非公有资本进入现代农业和新农村建设领域。围绕社会主义新农村建设，鼓励非公有资本以协作、参股、合作、独资等多种形式投资农业科研、农业技术服务、种子、农产品流通、农业专业合作社等现代农业建设领域。大力培育和支持发展非公农业龙头企业。引导和支持非公有制经济围绕生产基地和原材料基地建设，加大对农村通电、通水、通路等基础设施的投入，切实改善农村生产生活条件。

（九）鼓励非公有资本参与国有经济结构调整和国企改革。非公企业可以通过兼并、收购、控股、参股等多种形式参与国有、集体企业的改革，参与其分离社会职能和辅业改制，在资产处置、债务处理、职工安置、社会保障、土地使用、税费减免等方面，参照国有企业改革的相关政策执行。原国有、集体企业改制前已办理的各项审批手续、经营许可证和资质证书等，可依法直接办理变更登记，由改制后的企业沿用。在国有经济结构调整过程中，优先支持非公企业承接国有企业退出的产业和产品。

三、加大财政、金融和土地政策支持力度

（十）加大财政扶持力度。县级财政设立非公有制经济暨中小企业发展专项扶持资金，2008年由财政安排200万元，以后根据非公有制经济占GDP比重的提高幅度相应增加专项资金预算安排，积极争取省、市财政专项扶持资金补助支持。各级专项扶持资金主要用于中小企业服务体系建设、重点项目贴息和补助、企业技术进步与创新、人才培训等。

（十一）加强和改进信贷服务。鼓励各商业银行积极创新金融产品和服务手段，改善对非公有制经济的金融服务。县人民政府每两个月召开一次政、银、企联席会议，向银行等金融机构推介成长型中小、非公企业，组织协调金融机构开展银企授信活动。建立激励机制，县人民政府每年对向非公企业放贷的金融机构给予一定奖励。

（十二）着力推进中小企业融资工作。以担保体系建设为重点，建立健全融资、担保、信用三个服务体系，形成政府、银行、担保机构、中小企业四位一体的融资新模式。成立县中小企业融资工作领导小组，作为全县中小企业融资工作的领导协调机构，负责制定相关政策，协调解决融资工作中的重大问题。配合市级引导社会资金进入，鼓励新建中小企业信用担保公司。

（十三）拓宽直接融资渠道。鼓励非公企业以股权融资、项目融资等方式向国内外筹集资金。推动非公、中小企业在国内外证券市场上市。对进入辅导期的企业加大扶持力度，对成功上市的非公企业，根据其上市融资额，县人民政府给予经营班子20～50万元奖励。引进和培育风险投资机构，支持回报高、风险大、市场前景好的中小企业快速发展。

（十四）积极开发利用民间资金。探索投融资体制改革与创新。鼓励非公有资本组建中小企业信用担保公司、风险投资公司、产业投资基金公司。进一步规范民间融资，努力解决非公企业特别是小企业创办和发展的资金需求。

（十五）依法保障非公企业用地需求。非公企业在用地方面享受与其他所有制企业同等的用地政策。加快用地审批，对非公企业依法提交的用地申请和土地使用方案，国土资源管理部门要及时作出答复。按照行政许可的相关规定，工业建设项目用地县级初审在3个工作日内完成，国有土地使用权出让、租赁、作价入股县级审查及审批在5个工作日内完成，国有土地使用权转让县级手续在5个工作日内完成。

四、鼓励全民创业

（十六）放宽注册登记条件。按照“非禁即入”的原则，办理企业经营范围注册登记。对注册资金国家法律法规没有限制的行业，可以实行零注册或“一元钱”注册制度。对在申请设立非公司制企业过程中一般条件尚有欠缺，但在1年之内能完善的筹办企业，可先行核发营业执照，实行预备期企业管理等。同时，放宽经营场所限制，在符合有关规定，满足消防、治安、安全、环保的情况下，允许以家庭住所作为经营场所。新设立的两个以上股东的有限责任公司注册资本实行分期到位，可先按注册资本额的20%给予注册，首期实收资本不低于3万元。允许1名自然人或1个法人投资设立一人有限公司；对个人独资企业、合伙企业不作最低注册资本限制。私营企业新办的项目，可按新企业给予注册登记，并享受新办企业的优惠政策。工商部门应在2个工作日内办完营业执照，税务部门应在1个工作日内办完税务登记证。工商登记费由财政缴纳。

（十七）支持鼓励机关事业单位工作人员带头创业。经组织批准，允许党政机关工作人员到企业服务1～3年。事业单位工作人员经组织批准可以离岗创业，保留编制、职级3年，保留工资及福利保险等待遇1年。到企业服务的机关工作人员和离岗创业的事业单位工作人员，可以辞职创业，也可以在1～3年期满后回原单位工作。对辞职创业人员，除按规定发给辞职金外，可以给予一次性奖励。凡工作年限满30年，或满20年且距法定退休年龄不足5年的公务员，在本地领办、创办企业的，经本人申请、任免机关批准，可以提前退休。

（十八）支持鼓励科技人员兼职创业。科技人员在完成本职工作的同时，可以兼职从事研究开发和科技成果转化工作，担任技术顾问、技术指导，或参与企业技术攻关、新产品开发，允许技术作为生产要素参与分配；对个人转让著作权、个人从事技术开发、技术转让和与之相关的技术咨询、技术服务业务所取得的收入，免征营业税。

（十九）支持鼓励农民离土创业。农民首次申办个体工商户、私营企业的，免收工商登记费。凡经营地域在农村、无固定经营场所，主要从事商业零售和修理服务等经营活动的小商贩，免于工商登记和免收各类工商行政管理费。失地农民从事个体经营的，除国家限制的行业外，自登记注册之日起，3年内免交工商登记类、管理类和证照类等各项行政事业性收费；创办私营企业的，1年内免收工商登记费。

（二十）支持鼓励下岗失业人员自谋创业。对持《再就业优惠证》人员从事个体经营的，3年内按每户每年8000元为限额依次扣减其当年实际应缴纳的营业税、城市维护建设税、教育费附加和个人所得税。自登记注册之日起，3年内免交有关登记类、证照类和管理类各项行政事业性收费。失业人员在领取失业保险金期间创办个体、私营企业的，可将应享受剩余期限的失业保险金一次性发给本人。

（二十一）支持鼓励大中专毕业生开拓创业。对大中专毕业生创办的企业，在创业基金、人才引进等方面给予政策支

持，对在创业上作出重大贡献的进行奖励。大中专毕业生自主创业的，自开业之日起3年内免征营业税、城市维护建设税、教育费附加和个人所得税，并免收属于管理类、登记类和证照类的所有各项行政事业性收费。免费为到民营企业就业和自主创业的大中专毕业生提供档案管理等人事代理服务，符合条件的可评定相应的专业技术职务。

（二十二）支持鼓励军转干部、城镇退役士兵主动创业。自谋职业、自主创业的军转干部和城镇退役军人从事个体经营、创办或领办企业的，自领取税务登记证之日起，3年内免征营业税、城市维护建设税、教育费附加和个人所得税。

（二十三）加强创业平台建设。成立县创业指导中心，将创业服务延伸到社区、村组和职教校园，免费为创业者收集项目信息，提供项目开发、开业指导、创业培训、小额贷款、政策咨询一条龙服务。加快创业示范基地建设。健全创业联系和帮扶制度，发挥能人创业示范、带动效应。

（二十四）加大宣传力度，营造创业氛围。动员一切力量，营造创业文化，培育企业家队伍。通过电视、报纸、广播、网络等媒体开辟创业栏目，传播创业文化、宣传创业典型、分析创业案例、提供创业信息、开展创业培训，在全县掀起强大、持久的创业高潮。

五、鼓励企业规范发展，促进企业做大做强

（二十五）推进非公企业集约化发展。积极引导相同、相似和相关的非公企业，以龙头企业和优势行业为依托，以资金、技术和产品为纽带，向石林旅游休闲度假区、生态工业集中区及县城东城区、西城区聚集。凡在生态工业集中区内新办固定资产投资500万元以上工业企业的，均可享受税收优惠政策，实行“两免三减半”和“五免五减半”（即：企业实际缴纳的增值税地方留成部分前两年由同级财政奖励返还，后三年由同级财政减半奖励返还；企业实际缴纳的所得税地方留成部分前五年由同级财政奖励返还，后五年由同级财政减半奖励返还）。

（二十六）推进非公企业技术创新。促进产学研结合，加快科技成果转化，提升非公企业对引进技术的消化吸收和再创新能力。大力支持非公企业建立技术研发中心，整合技术资源，推进新技术、新产品开发；对本行业带有共性的技术难题，组织或委托有关科研机构进行联合研发和技术攻关。

（二十七）推进非公企业制度创新。鼓励符合条件的个体工商户及时规范登记为私营企业；鼓励具备条件的非公企业通过互相参股、职工持股、吸引外部资金等方式改组为有限责任公司、股份有限公司等。非公企业应努力改进内部组织和管理结构，逐步实现所有权和经营权分离。鼓励非公企业实行股份制改造，健全法人治理结构，建立现代企业制度。

（二十八）提高非公有制经济的外向度。鼓励非公企业实施“走出去”、“引进来”战略。支持非公企业扩大出口，开展多种形式的境外投资，鼓励和支持有条件的企业赴境外承包工程、投资办厂、建立研发机构以及到资源富集地投资。有关部门和单位要简化境外投资项目审批和企业核准程序，在信贷、外汇、融资、保险、信息等方面给予支持。鼓励非公企业参加各种展销会、洽谈会、博览会，提高企业和产品知名度。引导和推动非公企业与国内外大企业大集团合资合作，利用国内外优质资本、先进技术、优秀人才和现代管理等资源，提升产业层次和核心竞争力。

（二十九）推动非公企业实施品牌战略。非公企业要争创驰名商标、著名商标，中国名牌、云南名牌和国家免检产品等；积极申请驰名商标、著名商标和产品原产地域保护，鼓励在境外注册商标。对获得中国驰名商标、省级著名商标和国家、省级名牌产品的非公企业，优先列入技术改造、技术创新和新产品开发项目计划，享受现有各项政策优惠。对新获得国家名牌产品或中国驰名商标的企业，县财政奖励其经营班子20万元；对新获得云南名牌产品或云南省著名商标的企业，县财政奖励其经营班子10万元。

（三十）实施中小企业成长工程。加快实施以创业扶持、创新发展、提高素质和增强竞争力为工作重点的“中小企业成长工程”。生态工业集中区要建立小企业创业孵化基地，广泛开展“创办小企业，开发新岗位”活动。按照条件和标准，每孵化1个企业，县人民政府给予孵化基地3—5万元的奖励。在优势行业和规模以上中小企业中优选一批具有成长潜力的企业，着力培育其做大做强。

六、改善服务方式，优化发展环境

（三十一）优化政务环境。切实转变政府职能，推行“阳光政务”。按照流程最短、效率最高、收费最少、标准最低的原则，加大力度精简和规范行政审批事项。以提高办事效率为核心，建立最严厉的问责制度、最严格的限时办结制度和最严肃的服务承诺制度，打造“三最四低”发展软环境。大力推进政务信息公开，除涉及国家秘密、工作秘密和依法受到保护的商业秘密外，所有的政府信息均向社会公开。

（三十二）减轻企业负担。坚决杜绝“老三乱”（乱收费、乱摊派、乱罚款），严厉制止“新三乱”（乱检查、乱培训、乱评比），全面清理现有涉及非公企业的收费，除国家法律、法规和国务院财政、价格主管部门规定的收费项目一律按收费标准的下限收取外，任何部门和单位无权向非公企业强制收取任何费用，无权以任何理由强行要求企业提供各种赞助费或接受有偿服务。严格执行收费公示制度和收支两条线管理规定。企业有权拒绝和举报无证收费及不合法收费行为。

（三十三）规范行政执法行为。严格控制对非公企业的各种检查。对重点非公企业实施挂牌保护制度，未经县级及以上监察部门批准，不得对企业进行检查（国家规定的强制性检查除外）。

（三十四）加快社会化服务体系建设。在县经济局设立县人民政府中小企业服务中心，发挥其在全县服务体系中的核心和引导作用。以创业培训、融资担保、信息服务、维权服务、技术创新、市场拓展为主要内容开展工作。逐步整合社会资源，不断完善服务功能，形成公益性、公共性、商业性三个层次的服务格局，初步建成体系完备、功能齐全、服务

完善，能够满足非公有制经济和中小企业创业发展需要的社会化服务体系。

（三十五）促进各类人才合理流动。全县各级各部门要重视非公企业人才队伍建设，在人才引进、人事管理、教育培训、职称评定、政府奖励、落户及子女入学入托等方面提高办事效率和服务质量，满足企业人才需求。对符合条件的非公企业人员，公安机关优先为其办理常住户口，户口审批时限由原来的10个工作日减少为7个工作日。支持非公企业与其他所有制企业、单位之间人才的合理双向流动。对非公企业需要的各类人才和高校毕业生，在办理人才引进、社会保障等方面，与其他所有制企业同等对待。

（三十六）切实维护非公企业的合法权益。完善维权投诉机制，在县经济社会发展软环境建设工作领导小组办公室设立县非公有制经济维权投诉中心（电话：7796654），负责受理非公企业合法权益受到侵害的投诉和举报，建立投诉保护制度。

七、加强领导，强化督查，严格考核

（三十七）加强组织领导。调整充实县非公有制经济工作领导小组，切实加强对全县加快非公有制经济发展工作的领导、指导、协调、服务工作。

（三十八）充分发挥工商联和工、青、妇等组织的作用。充分发挥县工商联在非公有制经济人士参与政治和社会事务中的主渠道作用，在非公有制经济人士思想政治工作中的重要作用，在政府管理非公有制经济方面的助手作用。县工商联要协助县委和县人民政府加强与民间商会、行业商会、民营企业的联系和协调，做好调查研究、教育培训和各项服务工作。充分发挥工会、共青团、妇联等组织在发展非公有制经济中的创业引导和依法维权等作用。个体劳动者协会、私营企业协会等社会团体组织，要加强对成员企业的自律和服务。

（三十九）加强统计监测工作。加强对全县非公有制经济运行及重点非公企业发展情况的调查统计和监测分析。统计及有关行业主管部门要建立反映非公有制经济发展的统计指标体系，及时、准确、全面反映非公有制经济发展状况和存在的问题。

（四十）引导和规范非公企业生产经营行为。各有关部门要依法履行职责，引导非公企业加强自我教育、自我管理和自我服务，严格执行国家法律法规，自觉履行企业责任，主动承担社会责任；强化安全意识，落实安全生产责任制，确保安全生产；发展循环经济，降低资源消耗，搞好环境保护，做好节能减排；建立和谐劳动关系，依法参加社会保险，保护职工合法权益；健全会计核算制度，依法照章纳税。

（四十一）建立目标考核制度。把非公有制经济发展目标任务纳入县委、县人民政府目标管理考核体系，发挥目标考核的激励和推动作用。

本实施意见自发布之日起执行。此前本县发布的相关文件内容如与本实施意见不一致的，以本实施意见为准。

中共石林彝族自治县委　石林彝族自治县人民政府
关于进一步加强城乡园林绿化及生态建设的实施意见

（2008年3月14日石发〔2008〕16号）

为认真贯彻市委、市人民政府《关于进一步加强城乡园林绿化及生态建设的意见》（昆发〔2008〕8号）精神，扎实开展国家园林县城、国家环保模范城市、国家生态县创建工作，加快推进石林生态旅游城市建设和生态美县进程，全力营造经济、社会、生态和谐发展环境，制定本意见。

一、指导思想

全面贯彻党的十七大精神，坚持以邓小平理论和“三个代表”重要思想为指导，深入贯彻落实科学发展观，牢固树立“绿化和生态是城市第一形象、第一环境、第一基础设施、第一景观要素”的理念，以保护生物多样性、推进城乡园林绿化一体化、实现人与自然和谐、建设生态文明为宗旨，围绕创建国家园林县城、国家环保模范城市、国家生态县目标，按照建设资源节约型和环境友好型社会的要求，全党动员、全民动手、全社会参与，全面推进城乡园林绿化及生态建设，做到非建设用地和可造林地绿化全覆盖，经济、社会、环境相协调，为全县经济社会可持续发展、加快推进石林生态旅游城市建设和生态美县进程奠定坚实基础。

二、建设原则

（一）坚持规划先行、突出重点、分步建设。高起点、高标准、高品位编制城乡园林绿化及生态建设规划，做到科学规划、合理布局、突出重点，统一规划控制、分步组织实施，提高城乡园林绿化及生态建设的质量和水平。

（二）坚持县级统筹、属地负责、多元投入。县委、县人民政府领导、统筹、督促城乡园林绿化及生态建设，县直各部门各单位和乡镇负责组织实施，建立健全政府、企业、社会多元化投入新机制。

（三）坚持广泛动员、社会参与、全民行动。加大城乡园林绿化及生态建设的宣传力度，动员宣传媒体和全社会，关注、支持、参与环境保护、生态建设、植绿爱绿。

（四）坚持生态效益、社会效益、经济效益相统一。把城乡园林绿化建设和改善生态环境、促进城乡经济社会协调发展、城乡统筹相结合，实现生态效益、社会效益、经济效益的最大化。

（五）坚持依靠科技、突出特色、创新机制。强化科技支撑，加强技术指导，突出石林生态特色，以技术创新推进城乡园林绿化及生态建设。

（六）坚持加快建设、依法管理、建管并重。切实加大建设力度，加快建设速度，加大城乡园林绿化及生态建设相关法律法规规章的执行力度。建立健全城乡园林绿化法制体系，依法依规实施城乡园林绿化，实现城乡园林绿化及生态建设的规划、建设、验收、管理和保护全覆盖。

三、目标任务和指标要求

（一）总体目标。

“点、线、面”结合，城乡园林绿化及生态建设整体推进。“点”以县城、乡镇集镇、村庄绿化以及石林风景名胜区各景区为重点，建设绿化精品工程；“线”以公路、铁路、河道、堤坝绿化为重点，建设绿化景观工程；“面”以黑龙潭水库、团结水库、月湖水库等水库径流区为重点，建设绿化生态工程。按照“打基础、还欠账、强建设”的要求，全面实施城市规划区绿地系统建设和县域环境生态系统建设三年达标工程，实现全县1719平方公里城乡园林绿化全覆盖，全面推进城乡园林绿化一体化建设，形成公路、江河绿化带连接城市、乡镇集镇、村庄，面山绿化连接城市，城乡园林绿化点、线、面网络连贯，展现石林城乡山、水、田、河、路一体的绿色生态美景。落实水土流失治理工程项目，采取植物、工程、保土耕作三大措施，小流域单元综合整治和大面积封育防治相结合，治理水土流失面积50平方公里；县城环境基础设施全面改善和提高；城市规划区园林绿化及基础设施建设全面开工，把县城建设成为融人文景观和自然风光于一体的森林式、环保型、园林化、可持续发展的生态旅游城市。

（二）任务指标。

2010年以前，完成城市规划区绿地系统建设三年达标工程，达到国家园林县城标准要求，绿地率达35%、绿化覆盖率达40%，人均公共绿地达9平方米以上。乡镇集镇绿地率达25%以上、绿化覆盖率达33%以上，人均绿地面积达4平方米以上。自然村绿地率达22%以上、绿化覆盖率达30%以上，人均绿地面积达5平方米以上。城市（城镇）面山绿化率达85%以上，交通沿线面山绿化率达80%以上，全县林木绿化率达52%以上。

2010年以前，完成县域环境生态系统建设三年达标工程，实现县城环境质量持续改善。空气质量稳定达到国家Ⅱ级标准，优良级天数达标率100%；集中式饮用水源地水质达标率达到100%；县城污水处理率达85%以上；县域地表水达到水环境功能区考核要求，县城内河道无黑臭；环境质量达到功能区要求；完成节能减排目标任务。全面实施生态村、国家环境优美乡镇、生态县创建工作。全面实施城乡生活垃圾收集清运处置系统工程建设和“乡村清洁工程”。

四、工作重点

（一）实施绿化精品工程。

1. 县城园林绿化。根据县城绿地系统规划，制定城乡园林绿化及生态建设保护规划，完成城市规划区绿地系统建设三年达标任务。重点做好县城绿化和面山绿化、入城出城道路、江河绿化建设；三年内完成建成区内旧城区的改造，拆除临时、违法建筑，临时、违法建（构）筑物拆除后主要用于园林绿化建设，扩大旧城区绿化面积，提高生活环境质量。努力建设和完善现有公园，新建1～2个公园，完善公园均匀分布，满足广大人民群众对公园绿地的需求。巩固噪声功能区工作及噪声监管培训工作。完善县垃圾卫生填埋场渗滤液处理设施，县污水处理厂2008年建成投入使用，实施污水收集处理三年达标工程，逐步实现按一级A标准收集处理。

2. 乡镇集镇绿化。各乡镇在上级有关部门的督促指导下完成绿化建设规划。以乡镇道路绿化、小型公园、庭院绿化为重点，实现乡镇集镇绿地率达25%以上、绿化覆盖率达33%以上，村户绿化率达60%以上，乡镇道路绿化率达80%以上，乡镇江河沟渠绿化率达80%以上，集镇面山绿化率达80%以上。

3. 村庄绿化。各乡镇负责，督促指导村民小组，以乡村道路绿化、河畔绿化、庭院绿化为主，村庄四周防护林建设不少于两排并闭合绿化。自然村以户为单位，大力开展庭院绿化、垂直绿化和四旁植树，村庄绿地率达30%、绿化覆盖率达35%，进村道路绿化率达60%以上，沟渠绿化率达85%以上，村庄面山绿化率达85%以上。全面启动黑龙潭水库、团结水库、月湖水库等水库径流区生态村建设。全面实施城乡生活垃圾收集清运处置系统工程建设和“乡村清洁工程”，积极开展农村生活垃圾、生活污水处理及畜禽养殖污染防治工作，实施清洁农业生产示范3000亩，推广测土配方施肥及控释化肥3万亩。

4. 风景区绿化。实施石林风景名胜区各景区园林绿化精品工程建设，对风景区森林植被进行立法保护，增加植被，提升景观品质。

（二）实施绿化景观工程。

1. 道路绿化。建设公路沿线防护林带，建设石林中路10.38公里长的林荫景观大道，打造昆石、西石、昆河、九石阿旅游专线等公路县境内段绿色景观大道，高速公路两侧宽25米、国道两侧宽25米、省道两侧宽20米、县乡公路两侧宽10米、村公路两侧宽2米、县城外环线两侧宽10米建成绿化带。对铁路沿线，因地制宜建设10～50米的生态防护林带。

2. 河道绿化。继续实施巴江河道综合整治，建设10～50米宽度不等的滨水游憩林荫带，形成沿江绿带。完成黑龙潭水库、团结水库、月湖水库等水库流域水土流失治理30.6平方公里，重点建设和重点保护黑龙潭水库、团结水库、月湖水库等水库径流区河道、巴江建设绿地。

3. 农耕道路和高压走廊绿化。以农耕道路为基础，建设农田防护林，宽度在2米以上的农耕道路的防护林建设达90%以上；在220千伏以上的高压走廊下建设宽50米的防护绿带。

（三）实施绿化生态工程。

1. 流域和水源区绿化。对黑龙潭水库、团结水库、月湖水库等水库径流区加强森林植被保护，提升绿化质量。推进落实全县饮用水源地污染整治，完成黑龙潭水库、团结水库、月湖水库等水源保护区防护网、界桩及警示标志，加大水源保护区产业结构调整力度，减少农业面源污染，强化对引用水源地的环境监管，确保水源地安全；全面启动水源保护区生态村、环境优美乡镇建设工作。

2. 面山绿化。关停县城面山的采矿、采石、挖砂、取土点（场），恢复面山植被，对城市（城镇）面山、交通沿线面山进行绿化，增加森林面积，使城市（城镇）面山绿化率达85%以上，交通沿线公路面山绿化率达80%以上。

五、2008年工作目标和任务

为确保2008年城乡园林绿化及生态建设工作目标任务的全面完成，对相关工作目标任务进行分解立项督查，并纳入2008年对各乡镇和县直单位的工作目标管理考核。

（一）工作任务及责任分解。

1. 制定全县城乡园林绿化及生态建设工作意见（县委办、县政府办、县建设局、县林业局负责，2008年3月完成）；制定造林绿化规划设计方案（县林业局负责，2008年5月完成）。建立健全城乡园林绿化及生态建设工作管理机构（县委办、县政府办负责，2008年3月完成）。建立执法管理队伍（县建设局、县林业局负责，2008年4月完成）。

责任单位：县委办、县政府办、县建设局、县林业局

责 任 人：王永乔、王彦平、吴剑平、张鹏飞

2. 把城乡园林绿化及生态建设工作经费纳入年度财政预算，建立城乡园林绿化及生态建设经费保障机制。

完成时限：2008年8月

责任单位：县财政局

责 任 人：苏云波

3. 编制全县城乡绿地系统建设规划，实施县城绿线管理制度。

完成时限：2008年6月

责任单位：县建设局

责 任 人：吴剑平

4. 按一级A标准建设县污水处理厂并投入运营，制定县城污水收集处理系统提升方案。

完成时限：2008年6月

责任单位：县环保局

责 任 人：罗秀全

协办单位：石林电力工程发展有限公司

责 任 人：杨云辉

5. 修编全县生态建设规划，启动生态县创建工作；完成2个绿色机关、2个绿色社区、2个绿色工厂、2个绿色学校、80个绿色家庭、40个绿色庭院等评比工作。

完成时限：2008年6月

责任单位：县环保局

责 任 人：罗秀全

协办单位：各乡镇人民政府

责 任 人：各乡镇人民政府主要领导

6. 开展辖区内古树名木及后续资源普查工作，建档造册，落实管护经费和责任单位（人）。

完成时限：2008年6月

责任单位：县建设局

责 任 人：吴剑平

协办单位：县林业局

责 任 人：张鹏飞

7. 县内所有公园、广场、绿地实行永久性、强制性保护，报县人大常委会作出决议，县人民政府向社会公布。

完成时限：2008年6月

责任单位：县政府法制办

责 任 人：段顺波

协办单位：县人大办、县政府办、县建设局

责 任 人：段维亚、王彦平、吴剑平

8. 加强苗木基地建设，注重乡土树种培育，新建苗木基地2000亩。

完成时限：2008年12月

责任单位：县林业局，各乡镇人民政府

责 任 人：张鹏飞，各乡镇人民政府主要领导

9. 编制完成乡镇绿化建设规划。实施绿地系统三年达标工程，鹿阜镇、石林镇、长湖镇完成集镇绿地系统建设工程，每个乡镇完成三分之一的行政村绿地系统建设工程。

完成时限：2008年12月

责任单位：县林业局，各乡镇人民政府

责 任 人：张鹏飞，各乡镇人民政府主要领导

10.加强对《昆明市城镇绿化条例》和其他绿化法律法规规章的宣传力度，继续开展园林单位、园林小区等评比工作。组织群众积极开展义务植树活动和垂直绿化工作，完成5万株攀缘植物种植。

完成时限：2008年12月

责任单位：县建设局

责 任 人：吴剑平

协办单位：县林业局，各乡镇人民政府

责 任 人：张鹏飞，各乡镇人民政府主要领导

11. 扎实推进创建国家园林县城工作，基本达到国家园林县城标准要求。制定拆临拆违工作计划，启动建成区内旧城区的改造，完成10万平方米拆临拆违、建绿透绿，提高城区绿化面积和生活环境质量。启动昌乐生态公园（暂定名）建设。做好狮子山森林公园生态提升前期准备工作（县民宗局负责）。新增公园绿地面积2.8万平方米。新增附属绿地面积

21 万平方米（县级 19.4 万平方米，每个乡镇 0.2 万平方米），满足群众对公园绿地的需求。绿地率指标增长与城市建设同步增长，绿地覆盖率指标增长 1 个百分点。

完成时限：2008 年 12 月

责任单位：县建设局、县民宗局，各乡镇人民政府

责 任 人：吴剑平、毕玉昌，各乡镇人民政府主要领导

12. 编制完成全县农村田园绿化建设工作三年规划，启动农村田园绿化建设工作，完成 10 千米的田地机耕道路绿化（鹿阜镇 2 千米、板桥镇 2 千米、路美邑镇 2 千米、石林镇 1.5 千米、大可乡 1 千米、西街口镇 0.5 千米、圭山镇 0.5 千米、长湖镇 0.5 千米）。

完成时限：2008 年 12 月

责任单位：县农牧局，各乡镇人民政府

责 任 人：潘佳良，各乡镇人民政府主要领导

13. 在 220 千伏以上的高压走廊下建设宽 50 米的防护绿带。

完成时限：2008 年 12 月

责任单位：石林供电有限责任公司，鹿阜镇、板桥镇、长湖镇、圭山镇人民政府

责 任 人：徐海东，鹿阜镇、板桥镇、长湖镇、圭山镇人民政府主要领导

14. 关停县城、交通要道、河道面山的“五采区”，并进行地质修复。

完成时限：2008 年 12 月

责任单位：县国土资源局

责 任 人：鲁有福

协办单位：县经济局、县环保局，各乡镇人民政府

责 任 人：念晓春、罗秀全，各乡镇人民政府主要领导

15. 完成县城面山“五采区”植被恢复试点 1 个（面积 80 亩以上）。完成县城及昆石高速公路面山绿化 900 亩以上。

完成时限：2008 年 12 月

责任单位：县林业局，路美邑镇、石林镇、鹿阜镇人民政府

责 任 人：张鹏飞、李忠华、刘琴龙、张奕

16. 完善县垃圾卫生填埋场渗滤液处理设施。

完成时限：2008 年 12 月

责任单位：县建设局

责 任 人：吴剑平

17. 强化大气污染、企业废气综合治理和区域环境噪声防治，巩固噪声功能区工作及噪声监管培训工作，县城空气质量总体良好，优良级天数达标率达 100%；相关指标明显改善。开展农村生活垃圾、生活污水处理和畜禽养殖污染防治整治工作。

完成时限：2008 年 12 月

责任单位：县环保局，各乡镇人民政府

责 任 人：罗秀全，各乡镇人民政府主要领导

18. 启动城乡生活垃圾收集清运处置系统工程建设和“乡村清洁工程”。

完成时限：2008 年 12 月

责任单位：县建设局，各乡镇人民政府

责 任 人：吴剑平，各乡镇人民政府主要领导

19. 集中式饮用水源地水质达标率达到 80%。县域地表水达到水环境功能区考核要求，县城段全部河道实现无黑臭。继续实施出入县城河道的绿化建设。

完成时限：2008 年 12 月

责任单位：县水务局

责 任 人：余春

协办单位：县环保局，各乡镇人民政府

责 任 人：罗秀全，各乡镇人民政府主要领导

20. 强化对城乡饮用水源地的环境监管，确保水源地安全，在水源保护区（点）继续开展生态示范村、环境优美乡镇建设工作，新增一批生态村和环境优美乡镇。

完成时限：2008 年 12 月

责任单位：县环保局

责 任 人：罗秀全

协办单位：县水务局，各乡镇人民政府

责 任 人：余春，各乡镇人民政府主要领导

21. 完成县乡公路 80 千米（鹿阜镇 16 千米、石林镇 5.9 千米、路美邑镇 3 千米、板桥镇 11 千米、西街口镇 20 千米、大可乡 24.1 千米）路段绿化美化工程。

完成时限：2008 年 12 月

责任单位：县交通局，鹿阜镇、石林镇、路美邑镇、板桥镇、西街口镇、大可乡人民政府

责 任 人：王宏，鹿阜镇、石林镇、路美邑镇、板桥镇、西街口镇、大可乡人民政府主要领导

（二）工作步骤。

1. 2008 年 3 月底前：宣传发动，计划制定阶段；

2. 2008 年 4 月：工作启动阶段；

3. 2008 年 5 月—11 月：工作落实阶段；

4. 2008 年 12 月：工作收尾、查缺补漏、验收、巩固阶段。

六、保障措施

（一）加强领导。成立石林彝族自治县城乡园林绿化及生态建设指挥部，负责全县城乡园林绿化及生态建设工作的综合协调和组织实施。

政 委：柳文炜（县委书记）

指挥长：李忠德（县委副书记、县人民政府县长）

常务副指挥长：毕春华（县委常委、县人民政府副县长）

副 指 挥 长：李正平（县委常委、县委办主任、石林管理局局长）

李家云（县人大常委会副主任）

张忠贵（县人民政府副县长）

周和祥（县政协副主席）

苏云波（县政协副主席、县财政局局长）

成 员：王永乔（县委办常务副主任）

王彦平（县政府办主任）

周林春（县委办副主任）
王光学（县政府办副主任）
李劲松（县政府办副主任）
万春林（县委宣传部常务副部长）
张鹏飞（县林业局局长）
吴剑平（县建设局局长）
王　宏（县交通局局长）
赵一民（县发改局局长）
潘佳良（县农牧局局长）
余　春（县水务局局长）
罗秀全（县环保局局长）
毕玉昌（县民宗局局长）
李　韬（县科技局局长）
鲁有福（县国土资源局局长）
段顺波（县政府法制办副主任）
李静江（县总工会常务副主席）
普建勇（团县委书记）
毕金兰（县妇联主席）

指挥部下设办公室在县政府办，负责指挥部日常工作；办公室主任由王彦平同志兼任，副主任由张鹏飞、吴剑平同志兼任。

各乡镇设置相应的领导机构，建立完善园林绿化及生态建设规划、管理机制。

（二）落实责任。各乡镇人民政府是城乡园林绿化及生态建设的主体，要按照全县总体规划纲要的要求，制定修建性规划，认真组织实施；县城、乡镇集镇、村庄绿化和生态建设由县建设局、县环保局负责总体规划和指导；国道、省道、县乡道、村道绿化和生态建设由县交通局负责总体规划和指导；面山绿化由县林业局负责总体规划和指导；渠道、河道堤岸防护林建设和水库周边绿化及生态建设由县水务局负责总体规划和指导；农田防护林建设由县农牧局负责总体规划和指导。县人大及其常委会要加强对城乡园林绿化及生态建设的立法保护，城乡园林绿化规划和生态建设规划要以人大通过决议予以固定，对立法保护的城乡绿地要向社会公布，永久保护。县政协要就城乡园林绿化及生态建设搞好参政议政，积极建言献策，加强民主监督。县级各部门要认真履行职责，密切配合，形成工作合力，切实抓好城乡园林绿化及生态建设各项工作。城乡园林绿化及生态建设工作要“无孔不入”，环境保洁和生态建设要全方位展开。

（三）宣传发动。县委宣传部要认真组织做好动员、宣传工作，做到宣传动员不留死角。要充分利用新闻媒体和各种宣传渠道，全方位进行宣传和动员，增强全社会参与城乡园林绿化及生态建设的意识，深入开展全民义务植树运动，组织群众投工投劳，植树造林和清洁环境，动员全社会力量投入园林绿化及生态建设。要加强生态建设宣传，培养人民群众自觉养绿护绿的意识。吸引、鼓励和支持企业、社会团体和个人通过投资、认建、认养、认管等方式参与园林绿化建设。

（四）加快建设。各级各有关部门要迅速行动，举全县之力，加快建设。要坚持严格的绿线管制制度，对绿线范围内没有进行绿化的，必须进行绿化建设；对占用绿地的建（构）筑物，必须坚决拆除，还绿于民；绿地建设，80%以上要以高大乔木为主，少建草皮；对没有进行绿化的露天停车场，必须进行绿化，建设生态停车场；对长期闲置的土地，要进行绿化建设；城乡园林绿化造林要结合林产业的发展，以深化集体林权制度改革为契机，动员广大山区和农民群众大力发展特色经济林，以核桃等经济林为发展重点，使全县特色经济林发展到14万亩以上，其中核桃发展到10万亩；大力推广乡土树种，加强乡土树种苗木基地建设，建设3～5个乡土树种苗木培育基地，为全县城乡园林绿化建设提供充足的苗木。

（五）多方筹资。建立稳定的、多元化的投资渠道。积极探索投融资方式。城乡园林绿化及生态建设要采取BT、BOT、BO、TOT等模式，利用社会资金参与建设。培育民营园林绿化公司，实现绿化建设和管理市场化，苗木基地企业化。把园林绿化及生态建设资金作为公共财政支出的重要组成部分，建立“以奖代补”机制，调动乡镇建设的积极性。要积极争取将城乡园林绿化及生态建设工程纳入重点工程，多渠道争取各级建设资金及政策的进一步支持。对新建和改扩建工程，要把绿地建设纳入工程成本和工程预算，同步建设。要通过推行生态补偿金机制，增加城乡园林绿化及生态建设的资金投入。建立义务植树登记制度，公民不能履行法定植树义务的，要按规定收取义务植树以资代劳费。对不能满足绿化要求的建设业主单位，要实施异地建设；对不能进行异地建设的，要由建设业主单位缴纳绿化建设费用，交由绿化建设部门代建。对矿山植被恢复，必须按规定收取保证金；对不能按规划恢复植被的，要收取森林植被恢复费，用于植被恢复。广泛动员社会力量积极参与城乡园林绿化及生态建设。

（六）用地政策。在城市规划区国有土地上建设公共绿地、生态保护设施，土地由政府采取划拨方式提供，按《中华人民共和国土地法》规定的补偿标准进行补偿。公路、水利设施工程建设项目的配套绿化用地，截污、生态环境建设用地，要统一征用，同步建设。在城乡建设范围内使用农用地建设公共绿地、防护林、生态区、绿化隔离带的，可视为农业生产结构调整用地，只征不转。

（七）管理保护。以管理促保护，城乡园林绿化及生态建设行政管理部门要制定和完善管理制度，确保城乡园林绿化及生态建设规划的严肃性，并参与规划区范围内新建、改扩建中园林绿化及生态建设指标的审批和竣工验收，以确保各项工程中的园林绿化及生态指标达到要求。要建立园林绿化执法队伍，严格执行“绿色图章”审批、验收制度和程序。要加大城乡园林绿化管理信息化建设力度，建立绿地和树木电子档案，明确绿化的位置、面积、管养标准、责任人。严格执行树木砍伐、移栽审批制度，推行依法治绿、以法兴绿，坚决禁止一切乱砍滥伐森林和任意侵占、破坏绿地的行为。要建立和完善绿地养护管理责任制，强化对已建绿地的管理和养护，提高苗木的存活率和保存率。大力推进城乡生活垃圾收集、清运、处置系统建设，做到“组保洁、村收集、乡镇运转、县处理”，无害化、资源化利用。

（八）监督检查。加快城乡园林绿化及生态建设是各乡镇党委、政府和各部门的一项重要职责，各乡镇、各部门要将此项工作列入重要议事日程，确保各项目标任务落实到位。县委、县人民政府对各乡镇、各部门实行目标责任制管理，建立“目标倒逼进度、时间倒逼程序、社会倒逼部门、下级倒逼上级、督查倒逼落实”的城乡园林绿化及生态建设成果倒逼制度，严格工作奖惩。年底，对目标任务完成情况进行综合考核，评出相应等次，对目标任务完成好的乡镇和部门采取“以奖代补”的形式给予奖励，对作出突出贡献的单位、个人给予重奖；对未完成目标任务的乡镇和部门实行“一票否决”，取消当年评先评优资格，工作责任人当年不得晋级，不得参加评先评优活动；未完成目标任务，且完成率最低、排名末位的，依照有关规定对工作责任人给予组织处理。

各乡镇和县直有关部门要根据各年度全县工作任务，紧密联系实际，按轻重缓急，精心筹划，制订详实可行的工作计划，把目标任务逐一分解细化，有步骤、分阶段地认真组织实施，做到一级抓一级，层层抓落实。各乡镇和县直有关部门制订的2008年工作细化方案请于2008年3月底前同时报送县政府办、县委目督办、县政府目督办，并同时抄送县林业局、县建设局备案。

中共石林彝族自治县委关于在全县实行领导干部问责制的决定

（2008年3月18日石发〔2008〕17号）

为深入贯彻落实党的十七大精神，进一步加强领导干部作风建设，促使全县各级领导干部认真、全面、正确履行职责，加快推进石林经济社会跨越发展，县委决定在全县实行领导干部问责制。

一、实行领导干部问责制的重要意义

实行领导干部问责制，是深入学习贯彻党的十七大精神，全面落实科学发展观，促进各级领导干部转变作风，进一步增强责任意识，提高执行力，加快石林经济社会跨越发展的迫切需要。当前，石林正处于旅游产业提升、工业发展突破、城市建设加速、市场化转型和国际化拓展的关键时期，正面临着机遇与挑战并存、机遇大于挑战的新形势。从总体上看，我县各级领导干部是忠于职守、爱岗敬业的，但也还存在许多与石林面临的形势和任务不相适应的问题，主要是：一些单位或部门的领导干部思想保守、观念陈旧，怕担风险、怕负责任，不思进取、不求上进，推诿扯皮、效率低下，等等。这些问题，严重地影响和制约着我县各项事业的发展。要解决这些问题，必须建立最严格的限时办结制、最严肃的服务承诺制、最严厉的问责制，健全责任追究体系，形成强有力的推动落实机制，促使党员干部特别是领导干部进一步解放思想、转变作风、增强执行力、提高办事效率，改善我县经济社会发展软环境，努力把我县建设成为“创业最宽松、社会最文明、人居最安全和低交易成本、低生产成本、低行政成本、低社会成本”的自治县之一。

二、实行领导干部问责制的指导思想和基本原则

（一）指导思想。以邓小平理论和“三个代表”重要思想为指导，深入学习贯彻党的十七大精神，深入贯彻落实科学发展观，坚持从严治党、从严治政的方针，对领导干部不履行或不正确履行职责的情形进行严肃问责，努力实现领导干部作风明显转变，责任意识明显增强，工作效率明显提高，人民群众满意率明显提升，促进全县经济社会跨越发展。

（二）基本原则。坚持权责统一、赏罚分明、客观公正、罚当其责的原则；坚持按照干部管理权限，分级负责、归口管理的原则；坚持教育与惩戒相结合，改进工作与追究责任相结合的原则。

三、实行领导干部问责制的范围、对象和内容

（一）问责范围。全县各级党的机关、人大机关、行政机关、政协机关、审判机关、检察机关及其所属机构，工青妇等人民团体，具有或受委托行使公共管理和服务职能的组织，公立学校、医院等事业单位，国有及国有控股企业的领导干部。

（二）问责对象。主要是具有公务员身份或参照《公务员法》管理的领导干部，各级党委、政府及其组织人事部门任命和管理的企事业单位领导干部。领导干部对岗位职责内发生的应该问责的行为承担直接责任；领导班子和主要领导对所管辖地区和部门发生的应该问责的行为承担重要领导或主要领导责任。

（三）问责内容。对各级领导干部在工作中不作为、乱作为和推诿扯皮、效率低下等不履行或不正确履行职责，造成不良影响和后果的情形进行问责。

四、实行领导干部问责制的主体、程序和方式

（一）问责主体。各级各部门对所管理的领导干部进行问

责，各级各部门领导班子成员由上一级主管机关（部门）进行问责，实行垂直管理的部门由上一级主管部门进行问责。

（二）问责程序。实行领导干部问责，按照以下程序进行。

1.启动。问责主体根据领导的指示和批示，上级的通报，人大代表和政协委员提出的议案、提案和建议、批评、意见，行政机关、监察机关和司法机关等提出的意见和建议，公民、法人和其他组织的检举、控告，新闻媒体的报道，工作检查或考核中发现的问题，或其他渠道发现的应该问责的情形，及时研究启动问责。

2.调查。由问责主体或授权机关牵头组成有相关部门人员参加的问责调查组，对问题进行调查核实，并形成问责调查报告。

3.决定。在调查核实的基础上，由问责主体或授权机关的领导班子集体研究，作出问责决定。

4.执行。按照有关程序和规定落实问责决定。

5.申诉。被问责对象对问责决定有异议的，可以按照有关规定向作出问责决定的机关（部门）或其上一级机关（部门）提出申诉。

6.复议、复查。受理申诉的机关（部门）应在规定的时限内进行复议、复查，并作出决定。

（三）问责方式。视情节轻重和损害后果大小，对问责对象给予诫勉谈话、取消当年评优评先资格、责令作出书面检查、责令公开道歉、通报批评、调整工作岗位、停职检查、劝其引咎辞职、责令辞职、免职等组织处理。违反党纪政纪的，由纪检监察机关立案查处。涉嫌违法犯罪的，移送司法机关依法追究其法律责任。

五、领导干部问责制的组织实施

（一）加强组织领导。各级各部门要高度重视领导干部问责制工作，切实加强组织领导，结合实际，认真研究制定具体实施办法，明确组织实施部门，切实抓好宣传发动和贯彻落实工作。

（二）完善岗位职责体系。完善岗位职责体系是实行领导干部问责制的前提。各级各部门要按照科学、规范、高效、制约的原则，进一步深化管理体制改革，理顺部门、岗位之间的职责分工，抓紧完善领导干部岗位职责体系，细化、量化领导岗位职责，形成层级之间、岗位之间的责任链条，为领导干部问责制的顺利实施创造良好条件。

（三）建立责任考评体系。建立科学的领导干部责任考评体系是实行领导干部问责制的核心。要坚持把责任考评与作风建设、效能建设、反腐倡廉建设、干部考核任用等工作结合起来，从德、能、勤、绩、廉等方面全面、客观、公正、科学地对领导干部履职情况进行考评，切实做到分清是非、分清功过、分清责任，保证奖罚分明、责罚相符。

（四）强化监督检查。监督检查是落实领导干部问责制的关键环节。各级各部门要综合运用党内监督、人大监督、行政监督、民主监督、法律监督、群众监督、舆论监督等监督形式，及时发现应该问责的行为，认真进行调查核实，严格进行责任追究。纪检监察机关要切实履行好监督检查职责，对不执行或不正确执行问责制的单位及其主要领导，要严肃追究责任。

（五）建立长效机制。建立长效机制是推动领导干部问责工作健康发展的保证。各级各部门要认真组织调研，积极探索实践，建立健全领导干部问责工作的领导机制、协调机制、参与机制、落实机制、监督机制、考评机制、反馈机制，完善相关制度，突出针对性、可操作性和实效性，不断提高领导干部问责工作的科学化、制度化、规范化水平。

石林彝族自治县贯彻执行《昆明市领导干部问责办法》等“一办法、三规定”的实施意见

（2008年3月24日中共石林自治县委办公室、石林彝族自治县人民政府办公室石办发〔2008〕15号）

为全面加强机关效能建设，进一步优化我县经济社会发展软环境，加快推进石林经济社会又好又快发展，根据《中共昆明市委、市人民政府印发<关于在全市开展经济社会发展软环境建设活动的实施意见>等八个文件的通知》（昆发〔2008〕6号）要求，结合实际，提出我县贯彻执行《昆明市领导干部问责办法》、《昆明市首问首办责任制规定》、《昆明市服务承诺制规定》、《昆明市限时办结制规定》（以下简称“一办法、三规定”）意见如下。

一、指导思想

以邓小平理论和“三个代表”重要思想为指导，深入贯彻落实科学发展观，坚持从严治党、从严治政的方针，紧紧围绕县委、县人民政府的中心工作，全力打造“廉洁、勤政、为民、务实、高效”的服务型政府，为加快经济社会跨越式发展、构建和谐石林提供有力保障。

二、实施范围

本实施意见适用于全县各级党的机关、国家机关、政协

机关、人民团体，国有或国有控股的、履行公共管理和服务职能的、与人民群众生产生活密切相关的企事业单位及其公务员或工作人员。

三、实施办法

（一）贯彻执行《昆明市领导干部问责办法》（以下简称《问责办法》）

1. 成立领导小组。

组　长：裴演兵（县委副书记）

副组长：陈菊珍（县委常委、县纪委书记）

段增华（县委常委、县人民政府常务副县长）

王　昆（县委常委、县委组织部部长）

成　员：彭天寿（县纪委常务副书记）

毕东红（县纪委副书记、县监察局局长）

王云龙（县委组织部常务副部长）

杨春宝（县委组织部副部长、县人事劳动和社会保障局局长）

王永乔（县委办常务副主任）

王彦平（县政府办主任）

领导小组下设办公室在县纪委，由陈菊珍同志兼任办公室主任，办公室成员从相关单位抽调，具体负责对全县领导干部和机关工作人员问责的日常工作。各乡镇、各单位要成立相应的领导机构和工作机构，加强领导、明确职责、细化分工。

2. 加强监管，健全机制。各级党政组织要高度重视，逐步建立健全相关制度，加强领导，创新方法，以高度的政治责任心，足够的领导力量，良好的工作作风，把《问责办法》真正落到实处，收到实效。

（1）建立领导责任制。对《问责办法》的贯彻执行，各级各部门“一把手”要负总责、亲自抓，分管领导在保证自己带头贯彻执行的同时，还要对分管单位和部门的贯彻执行情况负直接领导责任，一级抓一级，层层抓落实。

（2）建立督查制度。领导小组将抽调有关部门人员组成专门的督查组，对各乡镇、各单位贯彻执行《问责办法》情况进行定期和不定期督查，了解各乡镇、各单位贯彻执行的情况，收集有关意见和建议，调研有关情况，并及时向问责领导小组反馈。领导小组将根据领导批示、人大代表和政协委员意见或建议、新闻媒体报道、群众检举、控告以及督查、检查中发现的问题，适时启动问责程序。

（二）贯彻执行《昆明市首问首办责任制规定》

1. 成立领导小组。

组　长：陈菊珍（县委常委、县纪委书记）

副组长：毕东红（县纪委副书记、县监察局局长）

普向梅（县政府办副主任、县便民办主任）

成　员：赵文平（县纪委常委、执法监察室主任）

王丽红（县纪委常委、党风室主任）

李立宏（县监察局副局长）

领导小组工作人员从县纪委（县监察局）、县委目督办、县政府目督办抽调，具体负责对全县各责任单位贯彻执行《昆明市首问首办责任制规定》的监督检查，适时组织开展明查暗访和专项督查，并通过投诉电话、投诉信箱等多种途径，了解“首问首办责任制”的贯彻落实情况。对查访发现的、群众反映的问题，由领导小组调查核实并向存在问题的单位或个人发出《石林县经济社会发展软环境建设问责通知书》，要求限期说明情况，进行落实整改，对存在问题的单位和个人实行问责。

2. 工作程序要求。

（1）各单位要认真组织全体干部职工学习《昆明市首问首办责任制规定》，做到人人皆知。

（2）各单位及其工作人员必须依法履行职责，提供优质服务，塑造良好形象。全县所有机关工作人员办公桌上应统一放置有本人照片、姓名、职务及岗位职责的标示牌。

（3）各责任单位第一个接受询问的工作人员，应实行登记制度，对办事人的姓名、单位、时间、咨询、办理事项、办理结果、联系方式等进行登记。

（4）属于职责范围内的承办事项，应当在规定办结时限内及时办理；需要补充相关材料的，应当一次性告知有关办事程序、要求及所需全部材料。不属于职责范围内的事项，应认真解释引导，帮助办理，告知办事人承办机关或咨询部门的联系方式。

（三）贯彻执行《昆明市服务承诺制规定》

1. 成立领导小组。

组　长：王彦平（县政府办主任）

副组长：周林春（县委办副主任）

苏健康（县政府办副主任）

毕东红（县纪委副书记、县监察局局长）

成员由县委目督办、县政府目督办人员组成。

2. 承诺内容及要求。

各级各部门要组织干部职工认真学习《昆明市服务承诺制规定》，切实履行好服务承诺。内容主要包括：

一是服务项目和服务标准；

二是办理程序和办理时限；

三是收费依据和收费标准；

四是投诉方式；

五是保障措施及其他承诺。

各级各部门要按照各自承诺的事项和内容，认真履行好服务承诺，同时要加强对下属单位的指导、监督和检查。要建立健全机关内部的约束监督机制，教育和激励工作人员自觉履行和实践承诺。

3. 承诺方法。

一是在新闻媒体上，对重大事项进行承诺；

二是印发文件、告示或利用宣传栏等对临时性事项或热点问题进行承诺。

4. 责任追究。

（1）直接责任人

① 延误 1 次者，诫勉谈话或取消当年评优资格；

② 延误 2 次者，责令作出书面检查或通报批评；

③延误3次以上（含3次）者，调整工作岗位或劝其引咎辞职。

（2）承办部门

①部门年度累计延误2次以上（含2次）的，责令公开道歉，并向分管领导写出书面检查；

②累计延误3次以上（含3次）的，通报批评或部门主要领导停职检查。

（四）贯彻执行《昆明市限时办结制规定》

1.成立领导小组。

组　长：陈菊珍（县委常委、县纪委书记）

副组长：周林春（县委办副主任）

苏健康（县政府办副主任）

彭天寿（县纪委常务副书记）

毕东红（县纪委副书记、县监察局局长）

马雪娟（县纪委副书记）

成　员：赵文平（县纪委常委、执法监察室主任）

李立宏（县监察局副局长）

领导小组主要负责对贯彻落实《昆明市限时办结制规定》的组织领导，综合协调，组织实施和督促检查。督查根据工作进展情况由领导小组适时组织，督查情况将在全县通报。

2.主要任务。

（1）抓学习。各乡镇、县直各单位要采取自学和集中学习的方式，组织干部职工学习《昆明市限时办结制规定》，要学深、学透，了解掌握限时办结制的内容、要求，以及违反的行为、问责的主体等。

（2）抓清理。3月25日前，有行政审批项目、非行政事业性收费的单位和上级转办件规定办理时限的单位（含乡镇），要按上级的要求并结合工作实际，清理、确定审批事项并承诺办结时限和收费标准，提交县软建办和县人民政府审定。

（3）抓公示。3月31日前，经县软建办和县政府领导审定后，具有行政审批项目和非行政事业收费的单位要通过县电视台、本单位政务公开栏等方式向社会公布承诺限时办结时限和收费标准，自觉接受社会监督。

（4）明确违反限时办结制的行为：

①超过承诺办结时限未能办结的；

②超过承诺办结时限才提出延期申请的；

③在承诺办结时限内，不将办理结果交付办事人的；

④不按规定给办事人答复的。

办事人员因自身责任，不按办事程序要求办理相关手续，导致超过办结时限的，视为违反限时办结制行为。

3.工作措施。

（1）督查组采取定期不定期和明查暗访方式对各单位限时办结制的落实情况进行督查。

（2）接到办事人的投诉，由被投诉单位在15个工作日内将调查结果向投诉人答复。超过15个工作日没有向投诉人答复调查结果的，县纪委（县监察局）或县软建办根据相关规定启动问责程序。

（3）在调查被投诉原因或启动问责制期间，相关单位不得停办投诉人所需办理事项。

（4）因违反限时办结制规定被问责的人，按问责制相关规定予以处理。

中共石林彝族自治县委　石林彝族自治县人民政府 关于实施工作成果倒逼完善目标管理考核的意见（试行）

（2008年3月25日石发〔2008〕19号）

为全面贯彻党的十七大、省委八届四次全会和市委九届四次全会精神，认真贯彻落实县委十届四次全会确定的发展思路和工作目标任务，推动全县机关作风大转变、发展环境大改善、工作效能大提高，促进我县经济社会科学发展、跨越发展、和谐发展，根据《中共昆明市委、昆明市人民政府关于实施工作成果倒逼完善目标管理考核的意见（试行）》要求，县委、县政府决定在全县实施工作成果倒逼，完善目标管理考核。具体意见如下：

一、推行工作成果倒逼的重要意义

工作成果倒逼法，是以科学合理、适度超前的终极目标和严格的奖惩措施，倒逼各部门充分发挥主观能动性，切实加强效能建设，进一步转变观念，创新工作思路，改进工作作风，提高工作效率，逆向推动工作成果的完成，实现工作成果最大化的管理方法。实施工作成果倒逼法，是形势所逼，发展所需。“十一五”以来，全县上下全面落实科学发展观，聚精会神搞建设，一心一意谋发展，实现了经济社会又好又快发展。但是横向看，石林前面的标兵在加速腾飞，后面的追兵在快步赶超，竞争异常激烈。县委、县人民政府立足县情，提出“旅游立县、粮烟稳县、工业富县、生态美县”的奋斗目标。实施工作成果倒逼法对于提升政府竞争力，实现上述既定目标，保证政令畅通，推进全县经济社会在新的更高起点上实现新的跨越具有重要的现实意义。各部门、各单位要以实施工作成果倒逼法为契机，化压力为动力，变被动为主动，创新思路，提高效能，谋求新的更快的发展。

二、指导思想、基本原则和目标任务

指导思想：高举中国特色社会主义伟大旗帜，以科学发展观统揽全局，解放思想、更新观念、真抓实干，增强改革发展和服务群众的自觉性、主动性，充分调动各级各部门的积极性，以工作成果作为检验工作绩效的第一标准，形成党委执政、人大督政、政府行政、政协参政、群众议政，各负其责、各司其职，纪检监察机关监督、目标管理部门督促落实的领导机制和工作格局，确保县委、县人民政府确定的工作目标高标准实现，工作任务高质量完成。

基本原则：坚持围绕中心、服务大局的原则，不断增强各级各部门工作的自觉性和主动性；坚持重点突破、整体推进的原则，重点抓好影响经济社会发展环境改善和效能提高的主要环节、关键部位；坚持公开透明的原则，通过实行工作任务公示、考核结果公开、接受社会监督，促进工作效能的提高；坚持先进可行、科学适当的原则，按照定量为主、定性为辅的要求，科学地确定各地各部门预期工作成果，保证工作有明确的标准，考核有确定的依据；坚持绩效优先、奖罚分明的原则，形成一套集压力、动力、活力为一体的考核奖惩机制，促进全县各级干部转变思想观念，推动工作发展。

目标任务：按照“跨越发展、富民强县”的要求，以科学合理、适度超前为原则，将事关经济社会发展、事关人民群众根本利益、事关效能建设的经济社会发展的各项指标，宏观统筹、科学分类、细化量化，形成实施工作成果倒逼的硬性目标任务。据此确定了2008年度目标责任单位预期工作成果，详见附表。

三、建立和完善工作机制，确保全县经济社会发展目标全面实现

通过建立和完善工作成果倒逼机制，推动全县各级各部门和机关工作人员牢固树立为经济建设服务、为改革开放服务、为基层服务、为群众服务的思想，勇于用新的信念、理念、观念指导实践，善于用新的思想、思维、思路破解难题，敢于用改革、开放、创新的举措谋求突破，切实改进工作作风，不断增强执行力，提高行政效率和工作效能，改善经济社会发展软环境。

目标倒逼进度。坚持实行全过程目标倒逼管理。按照既定的目标任务，制定详细的年度目标工作计划，并以此为起点，倒推各地、各部门、各职能处室及其相关人员承担相应的责任和任务，倒推每季、每月、每旬、每周直至每时的序时进度，在全县各个层面逐级建立健全以日保周、以周保旬、以旬保月、以月保季、以季保年的目标管理控制体系，做到一级抓一级、层层抓落实，最终全面完成年度目标任务。

时间倒逼程序。根据目标任务时间进度，科学合理地制定工作程序，确保用时间进度倒逼各地各部门进一步解放思想，更新观念，既做到在法律法规的框架内履行职能，又最大限度地简化、优化工作程序，谋求法律和政策的最佳对接，为群众提供方便、快捷、优质、高效的服务。

社会倒逼部门。目标任务及完成情况全过程公开，接受社会的监督，全面打造“阳光政府”，促进机关不断提升工作效能，扩大工作成果。对各部门的目标任务以及工作进展情况，县委目督办、县政府目督办要定期向县级新闻媒体通报。新闻媒体要跟踪采访、报道、点评，形成全社会监督约束氛围，全力打造全县干部群众围绕目标你追我赶、争先创优的良好氛围。

下级倒逼上级。通过任务立项分解，逐级对目标任务承担责任。上级在交办、督查下级目标完成情况的同时，切实帮助下级解决具体问题，形成一个全过程、逆向的监督链和全员的目标责任体系。以此倒逼减少会议文件，切实贯彻“一线工作法”，确保基层集中精力抓工作落实。

督查倒逼落实。切实发挥人大、政协、纪检监察机关和县委、县人民政府目标管理督查部门的作用，加大过程性、动态性的督促检查力度，督促责任单位按照序时进度完成目标。聘请人大代表、政协委员担任特邀督查员，对重点工作和重点部门开展巡视督查。对工作落实不力的单位和部门，由纪检监察机关、组织等部门进行查处，落实通报批评、责令整改、诫勉谈话等惩处措施。及时对影响目标进度的因素进行详细分析，采取有针对性的措施进行有效控制，确保既定目标的实现。特别是对损害群众利益、破坏投资环境、影响目标实现的人和事，依照有关规定坚决从严、从重查处。注重总结推广先进经验，带动面上工作开展。

四、健全激励机制，严格考核奖惩

健全科学的考评体系。县委目督办、县政府目督办要充分发挥职能作用，加强对目标任务完成情况的跟踪和考核。要制定完善科学的考核办法和实施细则，进行定量考核。对各项任务完成情况年初定“硬指标”，年终结“硬账”，充分体现实施工作成果倒逼的刚性要求。凡列入倒逼的工作任务进展及完成情况每月进行通报；对全县重点工作和重点项目由县委目督办、县人民政府目督办会同相关部门实行重点督查（每月督查两次），实施动态监控，进行全程不定时抽查，随时掌握工作最新进展情况。每个季度按照县委、县人民政府确定的各单位工作序时进度计划进行考核评价，打出季度得分。年终在汇集全年各月进展及季度考核分值的基础上，进行年度考核。考核结果在新闻媒体进行公示，接受群众监督，保证考核结果的客观公正。对弄虚做假的，严肃追究相关人员和领导的责任。

健全奖惩激励机制。各级各部门工作成果目标任务的完成情况，直接反映部门和单位及其工作人员的工作能力、工作思路、工作作风、工作态度、工作效率和工作成果。要有效运用目标考核成果，注重以工作成果和工作实绩来检验领导干部的领导水平和管理能力，以工作的实际成效和群众的满意度来衡量公务人员的工作责任心和公共服务意识。一是根据目标任务完成情况，对各乡镇按百分制评出“达标单位”

和“未达标单位”，县财政今年安排400万元资金对乡镇实行以奖代补，安排100万元资金对乡镇领导班子进行考核奖励。对被列为未达标单位的乡镇，不兑现当年以奖代补经费，对乡镇领导班子成员进行诫勉谈话，对党政主要领导进行离岗培训。二是对县直各单位进行奖惩。县财政今年安排50万元资金对考评为好的20个机关单位给予表彰奖励。对考核得分在后3名和行风评议在后3名的单位，由单位主要领导向县委、县人民政府写出书面报告，查找存在问题，提出整改措施，县纪委、县委组织部对其进行诫勉谈话。

五、加强领导，形成工作成果倒逼合力

实施工作成果倒逼法，是我县实现科学发展、跨越发展、和谐发展的必然选择。全县倒逼工作在县委督查工作领导小组的统一领导下，由县纪委、县委组织部、县委目督办、县政府目督办根据自身职能，进一步细化责任，强化落实，着力调动各方面的积极性，实现互动联动，形成合力。县委目督办、县政府目督办作为全县实施工作成果倒逼、完善管理目标考核的牵头部门，要根据本意见，制定具体、科学的考核奖惩实施办法；同时，按照归口管理原则，分别负责本序列内责任单位预期工作成果及任务的审核，并组织监督落实和检查考核。县纪委要按照“三最三严”的要求，严格执行责任追究制、限时办结制、公开承诺制等工作制度。县委组织部要落实考核结果的有效运用，以工作成果和工作实绩来检验领导干部的领导水平和管理能力，树立正确的用人导向。全县各级各部门主要领导是落实工作成果倒逼的“第一责任人”，各单位要按照目标任务要求，制定详细的工作实施计划，进行科学的责任分解，实行倒序计时、责任到人，把眼前利益和长远利益相结合，局部利益与全局利益相结合，经济利益与社会利益相结合，经济发展与和谐社会建设相结合，推动各项工作目标任务的完成。

附件：

1. 2008年度县级党群口目标责任单位预期工作成果一览表（略）

2. 2008年度县政府系统各部门、单位预期工作成果一览表（略）

3. 2008年度各乡镇预期工作成果一览表（略）

4. 2008年度各招商分局预期工作成果一览表（略）

中共石林彝族自治县委办公室 石林彝族自治县人民政府办公室 关于调整充实县地方志编纂委员会成员的通知

（2008年3月25日石办通〔2008〕17号）

各乡镇党委、政府，县直各部委办局、人民团体、企事业单位：

因人事变动，为进一步加强对地方志编纂工作的领导，县委、县人民政府决定对县地方志编纂委员会成员进行调整充实。现将调整充实后的成员名单通知如下：

主　任：李忠德（县委副书记、县人民政府县长）

副主任：李正平（县委常委、县委办主任、县旅游局局长）

段增华（县委常委、县人民政府常务副县长）

李福军（县委常委、县委宣传部部长）

朱玉和（县人大常委会副主任）

周兴荣（县政协副主席）

委　员：苏云波（县政协副主席、县财政局局长）

王永乔（县委办常务副主任）

王彦平（县政府办主任）

李绍玉（县政协办主任）

李宏伟（县委办副主任）

付建生（县人大办副主任）

王光学（县政府办副主任）

董建平（县委党史研究室主任）

赵一民（县发改局局长）

徐永平（县统计局局长）

刘世生（县史志办主任）

李　学（县国家保密局局长）

高凤玉（县档案局局长）

委员会下设办公室在县史志办，由刘世生兼任办公室主任。

石林彝族自治县鼓励投资优惠政策

(2008年4月1日石林彝族自治县人民政府石政发〔2008〕14号)

一、固定资产投资在1000万元人民币或外资100万美元以上的新办企业，由县人民政府指定有关部门在最短时限内代办齐全相关手续，免收代办费。

二、投资项目所需的水、电、通信等设施，有关部门优先安排建设，所需材料按成本费计收，有偿服务费按上级规定的最低标准收取；投资项目所需水、电等纳入计划优先供应。

三、对新投资项目给予用地奖励

（一）旅游、服务、文化产业、农业项目

1.固定资产投资在5000万元人民币以上或外资500万美元以上的项目，土地收益留归县级部分的90%安排给企业用于项目的基础设施建设。

2.固定资产投资在3000万元至5000万元人民币或外资100万美元至500万美元的项目，土地收益留归县级部分的80%安排给企业用于该项目的基础设施建设。

3.固定资产投资在1000万元至3000万元人民币或外资60万美元至100万美元的项目，土地收益留归县级部分的70%安排给企业用于项目的基础设施建设。

（二）工业项目

1.固定资产投资在3000万元人民币以上或外资400万美元以上的生产性项目，土地收益留归县级部分的90%安排给企业用于项目的基础设施建设。

2.固定资产投资在1000万元至3000万元人民币或外资100万美元至400万美元的生产性项目，土地收益留归县级部分的80%安排给企业用于项目的基础设施建设。

3.固定资产投资在500万元至1000万元人民币或外资60万美元至100万美元的生产性项目，土地收益留归县级部分的70%安排给企业用于项目的基础设施建设。

（三）公益项目

对固定资产投资在1000万元人民币以上的公益事业项目（如学校、医院等）和城市基础设施项目（不含房地产），给予土地成交价50%的扶持。

以上各项扶持资金由县财政预算支付。

四、凡在生态工业集中区内新办固定资产投资500万元以上工业企业的，均可享受税收优惠政策，实行“两免三减半”和“五免五减半”（即：企业实际缴纳的增值税地方留成部分前两年由同级财政奖励返还，后三年由同级财政减半奖励返还；企业实际缴纳的所得税地方留成部分前五年由同级财政奖励返还，后五年由同级财政减半奖励返还）。

五、工业、旅游服务、文化产业等项目固定资产投资500万元人民币或外资60万美元以上的新办企业，自投产之日起3年内按实缴税金留归县级财政收入部分的40%给予基金扶持，扶持资金由县财政预算支付。

六、固定资产投资在500万元人民币或外资60万美元以上，或年纳税在30万元人民币以上的企业，列为县级重点企业，由县监察局实行重点联系保护，每一户重点企业由一名县级领导负责联系。

七、在我县投资新办企业或兼并、承包、租赁国有企业且有固定住所的投资经营者，其户籍管理及子女入学（园）享受当地居民同等待遇。

八、在我县新办或现有企业新增固定资产投资在500万元人民币或外资60万美元以上的项目，除享受国家及省、市有关优惠政策外，同时享受本优惠政策的有关规定。

九、对国内外知名企业或产业带动作用特别大的生产或经营性项目，采取“项目带政策”、“一事一议”的办法给予特殊优惠政策。

十、本优惠政策自2008年1月1日起执行，由石林彝族自治县招商促进局负责解释。

石林彝族自治县村干部管理办法（试行）

（2008年4月11日中共石林彝族自治县委办公室、
石林彝族自治县人民政府办公室石办发〔2008〕18号）

第一条 为进一步巩固和加强农村（社区）基层政权建设，加强村干部管理，充分调动广大村干部的工作积极性和主动性，保证村干部队伍的稳定性和工作连续性，推动农村（社区）经济社会各项事业又好又快发展，根据《中国共产党章程》、《中华人民共和国村民委员会组织法》、《中华人民共和国居民委员会组织法》等的规定，结合实际，制定本试行办法。

第二条 本试行办法所称村干部，是指按照《中国共产党基层组织选举工作暂行条例》、《中华人民共和国村民委员会组织法》、《中华人民共和国居民委员会组织法》等规定选举产生的建制村（社区）党组织书记、副书记和村委会（社区居委会）主任、副主任。

第三条 村干部的职责

建制村（社区）党组织书记职责：

（一）在乡镇党委的直接领导下，领导本村（社区）的全面工作，支持和保证村委会（社区居委会）、经济组织、群团组织等充分行使职权。

（二）贯彻执行党的路线、方针、政策和上级的指示、决定，研究安排党总支（支部）工作，将工作中的重大问题及时提交党员大会讨论决定。

（三）了解掌握党员的思想、工作和学习情况，发现问题及时解决，做好经常性的思想政治工作。

（四）制定党总支（支部）工作计划，按时向党总支（支部）委员会、党员大会和上级党组织报告工作。

（五）按时召开民主生活会，搞好领导班子的自身建设，充分发挥集体领导作用。

（六）抓好党员发展工作，有计划地培养、发展党员，努力改善党员队伍的年龄、文化等结构。

（七）认真贯彻落实党章和党内各项规章制度，加强对党员的教育、管理、监督和服务，充分发挥党员的先锋模范作用。

（八）加强对村委会（社区居委会）、群团组织等的领导，搞好制度建设，协调各方关系，调动一切积极因素。

（九）因地制宜，发挥优势，积极探索产业结构调整的新路子，增加农民收入和集体经济收入，增强基层党组织的创造力、凝聚力和战斗力。

（十）加强社会治安综合治理和精神文明建设，做好群众思想工作，切实维护社会稳定，促进社会和谐。

（十一）完成乡镇党委、政府安排的工作。

建制村（社区）党组织副书记职责：

（一）在党总支（支部）委员会和书记的领导下，具体负责处理党总支（支部）的日常工作。

（二）认真贯彻执行党的路线、方针、政策和上级决议、指示，起草党总支（支部）年度工作计划、半年和年度工作总结等党建工作相关材料，做好会议记录。

（三）经常与党总支（支部）书记、委员和党员保持密切联系，服从领导，团结同志，充分调动各方面的积极性。

（四）协助党总支（支部）书记抓好班子建设、制度建设、组织建设、作风建设和思想建设等各项工作。

村委会（社区居委会）主任职责：

（一）宣传宪法、法律、法规和国家的政策，教育和推动村（居）民履行纳税、接受义务教育、服兵役等法定义务，执行计划生育基本国策，教育村（居）民爱护公共财产和设施，维护村（居）民的合法权利和利益。

（二）召集和主持村（居）民会议、村（居）民代表会议，执行会议的决定、决议，接受质询并报告工作，组织村（居）民小组开展工作，督促村（居）民遵守村（居）民自治章程、村规民约。

（三）严格按程序做好村（居）务公开工作，保障村（居）民的知情权、参与权、表达权、监督权。

（四）组织、实施本村委会（社区居委会）的建设和发展规划，办理公共事务和发展公益事业，支持和组织村（居）民依法发展各种形式的合作经济和其他经济，承担本村委会（社区居委会）生产的服务和协调工作。

（五）尊重集体经济组织依法独立进行经济活动的自主权，维护以家庭承包经营为基础、统分结合的双层经营体制，保障集体经济组织和村（居）民、承包经营户、联户或者合伙人的合法的财产权和其他合法的权利、利益。

（六）依法管理属于本村（居）民集体所有的土地和其他财产，教育村（居）民合理开发利用自然资源，珍惜土地，保护和改善生态环境。

（七）发展文化教育事业，推广科学技术知识，引导村（居）民走科教兴农的道路。

（八）开展社会主义精神文明建设活动，教育村（居）民热爱祖国，遵纪守法，加强民族团结，移风易俗、尊老爱幼、扶贫济困、拥军优属、团结互助，树立社会主义新风尚。

（九）调解民间纠纷，促进村（居）民团结，家庭和睦，处理好与驻村单位和与其他村之间的关系，维护社会稳定。

（十）协助乡镇政府开展工作，完成乡镇党委、政府交办的工作，向乡镇政府反映村（居）民的意见、要求，提出建议。

（十一）认真履行法律、法规规定的其他职责。

村委会（社区居委会）副主任职责：

（一）协助主任做好村委会（社区居委会）安排的各项工作。

（二）积极协助主任搞好本村（社区）的经济发展、村容村貌、计划生育、社会治安、科教文卫等工作。

（三）督促村委会（社区居委会）委员认真履行自身职责，搞好分管工作。

（四）认真听取村（居）民意见、建议，及时向村委会（社区居委会）反映村（居）民的意见、要求和建议。

（五）组织处理好本村（社区）的各种矛盾、纠纷和突发性事件。

（六）宣传、教育村（居）民遵纪守法，最大限度地组织、动员群众积极参加各项文明建设。

第四条　村干部岗位补贴采取“基本补贴＋绩效考核奖励”相结合的办法，其中：基本补贴占70%，绩效考核奖励占30%。“基本补贴”按月直接支付，“绩效考核奖励”由各乡镇进行考核后，以考核结果为依据一次性发放。

第五条　村干部的考核由乡镇党委、政府具体实施。乡镇党委、政府将年初与村级组织签订的目标管理责任书中的考核内容进行细化量化，并依照石政发〔2002〕29号文件规定，制定详实的考核细则进行严格考核。

第六条　村干部兼职人员岗位补贴标准按所兼任职务（岗位）就高执行。各村（社区）应具体安排村干部相应工作，未在村（社区）履行相应工作职责的村干部不给予补贴。

第七条　村干部执行在职补贴，不在职不补贴的原则。属于以下情况的人员，从离（停）职的下月起停发岗位补贴：

（一）自动离职的。

（二）被罢免或追究刑事责任而被停职的。

（三）在职期间不认真履行职责，经考核后不称职或因其他原因被停止履职资格的。

第八条　享受村干部岗位补贴人员必须核定人数。建制村（社区）党组织书记、副书记，村委会（社区居委会）主任、副主任具体人员名册由各乡镇报县委组织部审核后，上报市民政局审批，同时报市委组织部、市财政局备案。

第九条　乡镇党委、政府要建立村干部定期学习培训制度，各级各部门开展形式多样的创先争优和表彰奖励村干部活动。

第十条　不称职的村干部由乡镇党委、政府按照党内有关规定和国家法律法规及时进行调整。

第十一条　本试行办法由县委组织部和县民政局负责解释。

第十二条　本试行办法自发布之日起施行。

中共石林彝族自治县委　石林彝族自治县人民政府
关于建设创新型石林推动县域经济社会又好又快发展的决定

（2008年4月11日石发〔2008〕20号）

为深入贯彻《中共昆明市委、昆明市人民政府关于增强自主创新能力建设创新型城市的决定》（昆发〔2007〕8号）、昆明市科学技术大会和县委十届四次全会精神，全面落实科学发展观，建设创新型石林，推进县域经济社会又好又快发展，特作如下决定：

一、建设创新型石林的总体要求和奋斗目标

1.切实提高建设创新型石林重要性的认识。科学技术是第一生产力，是推动人类文明进步的革命力量。增强自主创新能力，建设创新型国家，是党中央、国务院在新形势下作出的重大战略决策。推进经济发展方式转变，促进石林经济社会跨越式发展，实现富民强县目标，迫切需要加强创新型石林建设。

2.准确把握建设创新型石林的科学内涵。建设创新型石林要以创新文化为基础，依赖科技、知识、人才、体制和机制等创新要素驱动县域经济发展，核心就是要把增强自主创新能力作为石林经济社会与科技发展的战略基点，突出技术创新在县域经济发展中的核心地位；把创新贯穿于建设社会主义新农村、构建和谐社会的方方面面，使改革创新成为“石林精神”的时代体现，使创新精神成为“石林精神”的灵魂。

3.建设创新型石林的总体要求。“十一五”时期，建设创新型石林要以邓小平理论和“三个代表”重要思想为指导，

全面落实科学发展观，按照构建和谐社会的要求，认真贯彻新时期国家科技工作“自主创新、重点跨越、支撑发展、引领未来”的指导方针，把自主创新作为全县发展的主导战略；坚持以人为本，深入实施科教兴县、人才强县战略，最大限度地激发全社会的创造活力；推进集成创新和引进消化吸收再创新并有选择地开展原始创新，着力提升重点领域的自主创新能力；以体制、机制创新为突破口，通过实施培育创新主体、完善创新体系、提升创新能力三大工程，聚集创新人才、建设创新文化、弘扬创新精神、启迪创新思维、优化创新环境，为建设产业优势明显、创新人才荟萃、创新氛围浓厚的创新型石林奠定坚实基础。

4. 建设创新型石林的主要奋斗目标。到2010年，基本建成以企业为主体、高等院校和科研院所为依托、产学研结合的科技创新体系；实现科技进步对国民经济增长的贡献率大于48%；全社会研发经费投入占GDP的比重达到0.8%以上；高新技术产业工业增加值占全县工业增加值的比重达到6%以上；专利授权量年均每十万人达到3件；全县公众基本科学素养达标率提高到1.6%以上，使全县科技创新能力和综合实力得到较大提升。

二、加强重点领域的自主创新能力建设，实现产业结构优化升级

5. 推广应用农业先进适用技术，发展现代农业。围绕社会主义新农村建设的要求，大力推广应用农业先进适用技术，以促进农产品深加工和确保农产品安全为主攻方向，重点支持粮烟、畜牧、蔬菜、水果优质品种的引进选育和良种繁育，积极开发应用农业节水、科学栽培、科学施肥和病虫害防治等新技术，实施一批高效特色农业科技示范项目。扶持农业产业化龙头企业，加强农业信息化建设。

6. 实施工业富县战略，加快生态工业发展步伐。以发展旅游商品加工、绿色农特产品加工、先进制造、生物制药四大产业为主，在重点领域突破、重点产业做强、重点企业培育和重点技术储备四个层面实施一批重大科技项目，带动新材料、新能源、高新技术、高端产品等新兴产业的发展，着力提升核心竞争力，形成一批具有自主知识产权的技术和产品。走新型生态工业化道路，推进高新技术改造传统产业，形成日益完善的产业链和创新能力较强的产业集群。

7. 发展循环经济，保护生态环境。加强巴江流域的环境保护与治理技术研究，建立与生态美县建设相适应的循环经济技术创新体系，发展高效节水、水资源合理调配与利用、水资源循环再利用技术，开发废弃物资源化利用与无害化处理技术。加强节能降耗、节能减排、减污增效等先进适用技术的推广，加快节能环保新能源、新设施、新工艺的开发应用。

8. 加强社会公共领域的自主创新，发挥科技的支撑作用。围绕人口健康、公共卫生及安全，在重大疾病、流行性传染病、重大动植物疫病、禁毒防艾等预警与控制技术应用等方面取得突破，为社会公共安全提供科技保障。

9. 加强现代服务业和城市管理技术创新。以旅游服务、现代医疗卫生服务、现代金融服务等为优先发展方向，提升现代服务产业重点领域的技术创新。加快旅游业、城市规划与管理、智能交通等方面先进适用技术的推广应用，加快数字石林二期工程和数字城管建设，提升现代服务功能。

三、深化体制机制改革，注重制度创新对科技创新的推动作用

10. 改革和完善科技管理体制。为解决经济社会发展中的重点难点问题，要切实把科技行政管理的重点放到制定发展规划、创造保障条件、优化政策环境、提高服务能力上。进一步完善和创新科技计划管理模式，把支持的重点放在加强规划引导、政策调控和公共服务，加快全县科技创新基础条件建设，引导企业成为技术创新的主体，发挥和调动科技创新人才的积极性和创造性上。完善实施科技计划项目的绩效考核，加强对科技计划项目的全过程管理和绩效评价，提高科技计划项目的知识产权产出能力和财政科技经费的使用效率。

11. 建立健全合理配置科技创新资源的统筹机制。通过不断深化改革，解决科技创新资源部门所有、条块分割、各自为政、多头管理的弊端，打破地域和部门所有制界限，建立开放、流动、竞争、协作的新机制。完善技术转移机制，促进企业与高等院校、科研院所之间的知识流动和技术转移，促进科技创新资源的集成配置、高效利用和信息交流。

12. 加强科技创新各领域的交流合作。扩大与发达地区的技术合作和交流，推进创新活动的对接互动。积极引进省内外知名企业、高等院校和科研机构来我县设立研发机构；进一步改善创业投资发展环境，吸引海内外创业投资机构、外商来石林投资高新技术产业和发展生态经济。

四、实施创新主体培育工程，确立企业自主创新主体地位

13. 推动企业成为研究开发投入主体。建立企业创新投入激励机制，落实国家对企业自主创新投入的所得税税前抵扣有关税收优惠政策，鼓励企业大幅度增加研究开发投入。对企业当年提取并实际使用的职工教育经费在计税工资总额2.5%以内的，可在企业所得税前据实扣除。落实国家对企业用于研究开发的仪器设备加速折旧的政策。

14. 支持企业建立研发机构，提高自主创新能力。鼓励企业瞄准国家和省、市、县支持的重点产业领域，采取产学研结合等多种方式，建立企业技术中心或工程技术中心，加大对企业研发机构的支持力度，对获得国家和省级认定的予以奖励。

15. 扶持科技型中小企业发展。鼓励各类科技人员在石林创办科技型企业，对成长快、效益好的科技企业，优先推荐申报国家、省、市科技型中小企业技术创新基金。对企事业单位、社会团体和个人等社会力量捐赠创新活动的，按照《财政部、国家税务总局关于纳税人向科技型中小企业技术创新基金捐赠有关所得税政策问题的通知》规定执行。

16. 引导商业金融机构支持企业自主创新。政府利用基金、贴息等方式，引导各类商业金融机构支持自主创新与产

业化。商业银行对国家、省、市级立项的高新技术项目，应根据国家投资政策及信贷政策规定，积极给予信贷支持。商业银行对有效益、有还贷能力的自主创新产品出口所需的流动资金贷款，应根据信贷原则优先安排、重点支持。

17.落实国家扶持企业自主创新产品的政府采购政策。对纳入国家自主创新产品目录的产品，在本县财政支出和政府投资的重大工程建设中给予优先采购。在县人民政府投资的重点工程中，国产设备采购比例不低于60%。

五、实施知识产权创造工程，提高石林竞争能力

18.加强知识产权的创造、保护和运用。进一步完善和落实促进科技创新的知识产权政策措施，建立县知识产权行政管理机构，形成我县知识产权工作体系。加大知识产权宣传力度，营造有利于自主知识产权形成、转化和保护的良好环境。开展企业知识产权试点工作，加大对专利技术产业化的引导、扶持力度，促进全县专利数量与质量的上升。对我县经国家和省认定的知名品牌予以一定奖励，促进拥有自主知识产权和较强竞争力的优势企业的形成。

19.完善知识产权保护和服务体系。强化知识产权执法部门之间的协作，加大知识产权保护和市场监管力度，充分发挥知识产权法律制度激励创新、保护创新的作用。加强政府、行业、中介组织的资源整合，探索有效的知识产权跟踪服务机制，开展知识产权信息加工和战略分析，为自主知识产权的创造和市场开拓提供知识产权信息服务。

20.鼓励引导企业参与制定和采用先进技术标准。推动自主知识产权与技术标准的结合，促进企业核心技术和专利技术向技术标准转化。鼓励企业吸收、采用国际标准和国外先进标准，并通过消化吸收和再创新，形成有自主知识产权的技术和标准。

六、构筑创新人才高地，为自主创新提供智力保障

21.深入实施人才强县战略，发挥创新人才的核心支撑作用。坚持以人为本，认真落实《石林彝族自治县有突出贡献优秀专业人才选拔管理办法》和《中共石林彝族自治县委、石林彝族自治县人民政府关于加强人才工作的意见》，通过实施党政人才培养、专业技术人才培养等五大工程，培养一大批具有较高素质和开拓创新能力的人才，夯实建设创新型石林的人才基础，为提升石林的核心竞争力和综合实力提供强有力的智力支撑。

22.建立开放灵活的人才流动机制。进一步发挥市场在人才资源配置中的基础性作用，建立充满生机与活力的人才工作机制，形成鼓励人才干事业、保障人才干成事业、帮助人才干好事业的社会环境。进一步消除人才流动中的各种限制因素，形成促进人才合理流动的机制。

23.完善创新人才激励机制，加大对优秀科技创新人才的奖励力度。建立和完善科技奖励制度，制定《石林彝族自治县科学技术奖励办法》，加大科学技术的奖励力度，重奖作出突出贡献的科技创新团队和个人；对获得云南省科学技术进步类三等奖和昆明市科学技术进步类二等奖及以上的科技工作者，给予一定的配套奖励，充分调动科技人员的积极性和创造性。

七、加强对建设创新型石林的组织领导，着力营造鼓励自主创新的良好氛围

24.加强对自主创新的组织领导。各级各部门主要领导要率先垂范，站在时代前沿，增强落实“第一把手抓第一生产力”的责任感和使命感。各级各部门要高度重视并切实加强领导，以把握方向、科学决策、统筹协调、整合力量、增加投入、组织示范、营造环境为工作重点，专题研究和解决推进科技进步和建设创新型石林工作中的困难和问题。要进一步形成党委统一领导、政府统筹实施、部门各负其责、社会共同参与的领导体制和工作机制。县人大常委会、县政协及其工作机构要加强对科技创新工作的监督和支持。发挥科技行政管理部门在推进科技进步与创新工作中的综合协调和统筹规划作用，做好党委和政府的参谋助手。完善县对乡镇科技进步目标责任考核制度，把建设创新型石林工作绩效列入县对乡镇目标管理考核的重要内容。各级各部门要将自主创新、建设创新型石林的有关任务纳入工作规划，认真组织实施。

25.努力增加科技投入，建立财政性科技投入稳定增长机制。2008年至“十一五”末，每年县级财政科技投入增幅要高于本级财政经常性收入增幅，县级财政科技投入占当年本级财政支出的比例不低于1.5%，其中安排用于应用研发的资金不低于当年财政支出的1%。

26.积极培育创新文化。注重民族文化资源的开发与保护，在全社会培育和倡导勇于创新、敢于创业、开放包容、鼓励竞争、宽容失误的创新文化。组织开展科技人员学术交流、青少年发明创造、职工技能竞赛、群众性技术革新和技术发明等创新实践活动，启迪和培养创新思维，真正做到使一切有利于社会进步的创新愿望得到切实尊重，创新活动得到积极鼓励，创新才能得到有效发挥，创新成果得到充分肯定，在全社会形成人人理解创新、支持创新、参与创新、推动创新，创新成果人人共享的良好风尚和生动局面。

27.依法保障自主创新。认真贯彻落实《中华人民共和国科学技术进步法》、《中华人民共和国科学技术普及法》和《云南省促进民族自治地方科学技术进步条例》等相关科技法律、法规和政策，围绕建设创新型石林推动县域经济社会又好又快发展这一核心，制定保障和推进科技进步与自主创新的地方性规章，完善相关配套政策，使促进和保护自主创新的各项政策措施步入法制化轨道。

28.努力提高公众科学素养。完善县科普联席会议制度，充分发挥科技行政主管部门的统筹协调作用和科协在开展科技普及工作中的主力军作用，形成全社会共同参与的科普联动机制。县级财政稳步增加科普投入，人均科普经费到“十一五”末达到1元。加强科技创新设施建设及科普场馆的管理力度，鼓励各类企业和社会创办各种形式的科普基地。实施《全民科学素质行动计划纲要》，以“科技活动周”、“全国科普日”和“世界知识产权日”等为重点，围绕传播科学

知识、科学方法、科学思想、科学精神，广泛开展群众性、社会性、经常性的科普活动。

29. 各有关部门协同配合，形成合力。增强自主创新能力、建设创新型石林是全县各级各部门共同的责任，各乡镇、各部门要增强全局观念和服务意识，从经济、科技、教育和管理等方面共同推进科技进步与创新。县财政、金融、审计、工商、税务等部门应全力支持，做好相关资金投入和监管、注册登记、税收减免等服务工作；宣传、广电部门以及基层各类宣传阵地要加强舆论引导，大力宣传在促进科技进步与创新中作出重大贡献的科技人员和科技成果，营造有利于科技进步与创新的浓厚舆论氛围。全县上下要积极行动起来，解放思想、更新观念，勇于探索、扎实工作，为增强全县自主创新能力、建设创新型石林、推动县域经济社会又好又快发展而努力奋斗。

各乡镇、县直各部门要根据本决定精神，结合实际制定具体实施方案，并认真抓好落实。

中共石林彝族自治县委办公室　石林彝族自治县人民政府办公室关于建立国家卫生县城长效管理机制的意见

（2008年4月25日石办发〔2008〕20号）

自2007年9月4日我县成功创建为国家卫生县城以来，市民文明素质、城市面貌、城市形象得到了较大提升，但仍然存在群众持续参与热情不高、社区基础性作用发挥不明显、市政基础设施薄弱环节较多、日常管理不够到位、检查考核评价体系未真正建立等问题，为切实建立国家卫生县城长效管理机制，巩固提升国家卫生县城品牌创建成果，结合实际，提出如下意见：

一、指导思想

以“三个代表”重要思想和科学发展观为指导，坚持以人为本，坚持巩固成果、保持标准、提升档次、树立形象的方针，进一步加强领导，强化措施，狠抓落实，建立健全国家卫生县城长效管理机制，巩固提升国家卫生县城档次和水平，充分发挥城市名片效应，为加快生态旅游城市建设、打造国际旅游胜地奠定坚实基础。

二、基本原则

（一）坚持标准不降的原则。按照国家卫生县城标准，持续抓好各项指标的巩固提高工作，稳步提高国家卫生县城档次。

（二）坚持扩大范围的原则。不断扩大爱卫工作检查考评覆盖面，做到与城市建设同步、与城市规模相适应，确保国家卫生县城管理工作不留死角；深入开展卫生镇、卫生村、卫生先进单位、卫生户等创建活动，形成以县城带乡镇、乡镇带村、村带户的爱卫工作局面，不断扩大国家卫生县城创建成果。

（三）坚持动态管理的原则。牢固树立“管重于建”、“管理是生产力”的理念，严格对照静态指标，实行动态监督管理，坚持不懈地开展城市环境综合整治，实现在发展中巩固，在巩固中发展。

（四）坚持奖惩激励的原则。建立健全国家卫生县城长效管理奖惩激励机制，实行最科学的考核检查制、最严格的限时办结制和最严厉的问责制。对在国家卫生县城管理工作中成绩突出的单位予以表彰奖励，对工作措施不到位、落实不力、工作退步的单位和个人，坚决予以惩罚、追究有关责任人的责任，并督促限期整改。

三、工作目标

（一）标准不降，档次提升。紧紧围绕国家卫生县城十大类五十二项标准，按照标准不降、力度不减、目标不变的要求，进一步强化宣传教育和管理，开展更具有针对性、广泛性、实效性的工作，推动国家卫生县城再上新的档次，确保实现国家卫生县城一年一检查、三年一复审的目标要求。

（二）扩大范围，再出亮点。坚持爱卫工作由县城向乡镇农村延伸，每年创建一批卫生镇、卫生村、卫生先进单位和卫生户，整体推进爱卫工作，不断扩大爱卫工作范围；同时，紧紧围绕“亮、绿、净、美”目标，打造一批国家卫生县城管理新亮点。

四、主要措施

（一）加强组织领导

1. 成立县国家卫生县城长效管理工作协调领导小组（以下简称县协调领导小组），负责全面组织、综合协调国家卫生县城长效管理工作。

组　长：李忠德（县委副书记、县人民政府县长）
副组长：裴演兵（县委副书记）
陈菊珍（县委常委、县纪委书记）
王　昆（县委常委、县委组织部部长）
李福军（县委常委、县委宣传部部长）
朱玉和（县人大常委会副主任）
潘华光（县人民政府副县长）
张忠贵（县人民政府副县长）
周兴荣（县政协副主席）
苏云波（县政协副主席、县财政局局长）

成　员：毕卫东（县委办副主任）
李林青（县政府办副主任）
毕东红（县纪委副书记、县监察局局长）
万春林（县委宣传部常务副部长）
王云龙（县委组织部常务副部长）
周保能（县卫生局局长）
王松梅（县爱卫办主任）
吴剑平（县建设局局长）
赵一民（县发改局局长）
刘　林（县工商局局长）
普光强（县教育局局长）
张树忠（县广电局局长）
张海斌（县文体局局长）
罗秀全（县环保局局长）
余　春（县水务局局长）
念晓春（县经济局局长）
王兆祥（县质监局局长）
张永清（县公安局副局长）
陶洪林（县旅游局副局长）
马劲松（县爱卫办副主任）
李　华（石林火车站站长）
各乡镇人民政府乡镇长

领导小组日常事务由县爱卫办负责。由县爱卫办牵头，定期不定期召开县协调领导小组成员单位联席会议，专题研究国家卫生县城管理工作。

2. 成立县国家卫生县城管理工作监督考核小组（以下简称县监督考核小组），在县协调领导小组的领导下，负责对国家卫生县城长效管理工作情况开展日常监督检查与考评。

组　长：潘华光（县人民政府副县长）
副组长：毕卫东（县委办副主任）
李林青（县政府办副主任）
王松梅（县爱卫办主任）
成　员：张永清（县公安局副局长）
黄文学（县卫生局副局长）
马劲松（县爱卫办副主任）
普立云（县建设局副局长）
洪　敏（县工商局副局长）
张云涛（县教育局党委副书记）
黄　兴（县文体局党总支副书记）
何建华（县环保局副局长）
保胜军（县水务局副局长）
蒋春平（县农牧局副局长）
冯华忠（县质监局副局长）

领导小组下设办公室在县爱卫办，办公室主任由王松梅同志兼任。

3. 各级各部门要建立健全爱卫工作组织领导机构，实行“一把手”负责制，把爱卫工作纳入年度计划和重要工作议事日程，做到爱卫工作有机构、有人员、有经费、有安排、有检查、有开展工作的完整痕迹资料。各级各部门爱卫组织要切实履行职责，切实承担起组织、指导、督促、检查各自辖区内爱卫工作的责任。

（二）明确责任分工

1. 爱国卫生组织管理

（1）各级各部门高度重视爱卫工作，做到组织机构健全，工作有计划、有检查、有总结；坚持爱卫工作“一把手”工程，各级各部门主要领导对爱卫工作负第一责任；各有关责任单位分工明确、密切配合、责任落实；经常开展多种形式的爱国卫生活动，充分发动群众参与国家卫生县城长效管理工作。

责任单位：县爱卫办

协作单位：全县各级各部门

（2）将国家卫生县城管理工作纳入全县经济社会发展规划和年度计划。

责任单位：县发改局

协作单位：县委办、县政府办、县爱卫办

2. 健康教育

（1）全县健康教育网络健全。

责任单位：县爱卫办

协作单位：全县各级各部门

（2）按照《亿万农民健康教育促进行动规划》开展多种形式的健康教育与健康促进活动；举办卫生知识讲座，定时播出健康教育节目，在主要街道、医院、车站等公共场所设置固定的健康教育宣传栏或宣传板，倡导健康生活方式；居民卫生知识知晓率≥80%，形成良好的健康行为。

责任单位：县委宣传部、县卫生局、县爱卫办

协作单位：县广电局、县建设局，各乡镇人民政府

（3）县疾病预防控制中心、乡镇防保站和乡镇卫生院能够承担健康教育业务指导中心职责；医院、卫生院、村卫生室（所）等采取多种形式有针对性地向病人及其家属开展健康教育，住院病人及其陪护家属相关卫生知识知晓率≥80%；县城食品、饮食服务等重点行业从业人员的培训率和复训率均符合国家相关规定，职工相关卫生知识知晓率≥80%。

责任单位：县卫生局

协作单位：县爱卫办

（4）中、小学健康教育开课率达到100%，中小学生的基本卫生知识知晓率≥90%，个人卫生习惯良好。

责任单位：县教育局

协作单位：县卫生局、县爱卫办

（5）开展控烟工作，公共场所设有禁烟标志，无烟草广告。

责任单位：县爱卫办

协作单位：县委宣传部、县烟草专卖局、县文体局、县建设局，各乡镇人民政府

3. 环境卫生

（1）县城规划合理；辖区道路路面平整，无裸露地面；下水道管网覆盖率≥80%，无堵塞现象；垃圾中转站（桶）、

公共厕所、果皮箱等环卫设施符合《城镇环境卫生设施设置标准》要求，布局合理、数量足够、管理规范、清洁卫生；有清扫保洁队伍，主要街道不低于12小时保洁；县城垃圾袋装化覆盖率≥80%，垃圾日产日清，密闭储存、运输，密闭清运率达到100%；县城生活垃圾、粪便无害化处理场建设、管理和污染防治符合国家有关法律、法规及标准要求，生活垃圾和粪便无害化处理率≥80%；卫生责任制落实，市容美观有序，无乱搭乱建、乱贴乱画、乱摆摊点现象；县城绿化符合要求，公共绿地养护良好，绿化覆盖率≥30%；建筑工地管理符合《建筑工地现场环境与卫生标准》要求，建筑物料、施工泥土不得影响道路通畅和环境卫生，工地噪声不影响居民日常生活；路灯亮灯率≥95%；河道、湖泊等水体的水面清洁，无漂浮垃圾；岸坡整洁，无垃圾杂物；饲养宠物符合有关规定，禁止放养家禽家畜，不得影响县城环境卫生和周围居民正常生活。

责任单位：县建设局

协作单位：县水务局、县工商局、县公安局、县环保局

(2) 集贸市场卫生设施完善，管理良好。

责任单位：县工商局

协作单位：各乡镇人民政府

4. 环境保护

认真贯彻执行环境保护政策和法律法规，按照国家有关规定编制环境规划并经县人大常委会或县人民政府批准后实施；空气环境质量、声环境质量、水环境质量达到已批准实施的环境规划要求；已经划定水环境功能区的，水环境功能区水质达标率达到100%；暂未划定水环境功能区的，饮用水源水质达标率≥95%；重点工业污染源废水排放达标率达到100%，其他一般工业污染源废水排放达标率≥90%；医源性污水的处理排放符合国家有关规定；建设集中污水处理厂，生活污水集中处理率≥70%；医疗、危险废弃物按照国家有关规定统一贮存、处理。

责任单位：县环保局

协作单位：县卫生局、县建设局、县水务局、县经济局

5. 病媒生物防制

全县病媒生物防制网络健全；坚持以环境治理为主的综合防制方针，防制人员落实，防制措施符合国家有关标准和规范要求；注重科学合理用药，不使用国家禁止的药物；积极开展病媒生物监测工作，监测方法规范，数据可靠；通过综合防制，鼠、蚊、蝇、蟑螂等病媒生物得到有效控制，鼠密度达标，蚊、蝇、蟑螂密度有一项达到全国爱卫会规定的标准，另两项不超过国家标准的三倍。

责任单位：县爱卫办、县卫生局

协作单位：全县各级各部门

6. 卫生监督

(1) 认真贯彻《中华人民共和国食品卫生法》、《中华人民共和国职业病防治法》、《公共场所卫生管理条例》，卫生监督监测与技术指导规范、资料齐全，全县不发生重大食物中毒事故、饮水污染事故、职业危害事故；食品生产、加工、经营单位，自来水厂及公共场所经营单位有卫生许可证，卫生管理制度健全，从业人员持有效健康证和卫生知识培训合格证；各类饮食店、食堂、食品加工摊点防尘、防蝇、防鼠及上下水设施齐全，有餐具消毒、保洁设施并运转良好，操作规范；制售食品过程符合卫生要求，生熟食品分开存放；定型包装食品符合规定，无变质、腐败和不符合卫生要求的食品及原料；县城食品生产经营单位实行食品卫生监督量化分级管理；旅馆、美容美发厅、歌舞厅、公共浴室、网吧等场所内外环境整洁，公共用品的清洗、消毒设施齐备，工作人员操作符合卫生要求。

责任单位：县卫生局、县文体局

协作单位：县质监局、县工商局、县食品药品监督管理局、县水务局

(2) 县城影剧院、图书馆、展览馆等文化场所应有良好的通风采光条件，合理配备垃圾箱和卫生公厕。

责任单位：县文体局

协作单位：县建设局

(3) 集中式供水和二次供水单位管理规范，自身检测和卫生监督机构监督、监测资料齐全。集中式供水出厂水、管网末梢水和二次供水的水质符合《生活饮用水卫生标准》。

责任单位：县水务局

协作单位：全县各级各有关部门

(4) 企业职业卫生符合国家规定要求。全县辖区内的新建、改建、扩建项目和技术改造、技术引进项目可能产生职业病危害的依法进行职业卫生审查，企业对劳动者开展职业健康监护工作。

责任单位：县经济局

协作单位：县卫生局、县人事劳动和社会保障局

(5) 县城普通中小学设卫生室，按学生人数600：1的比例配备专职卫生技术人员；学校教学建筑、环境噪声、教学采光照明以及黑板、课桌椅的设置应当符合国家有关标准；学校饮用水水质符合《生活饮用水卫生标准》。

责任单位：县教育局

协作单位：县卫生局、县环保局、县水务局、县建设局

7. 疾病预防与控制

(1) 认真贯彻《中华人民共和国传染病防治法》，传染病防治工作有规划、有制度、有措施，有关资料齐全，重大疾病控制能按期完成国家规划要求；医疗机构依法做好疫情报告工作，法定传染病无漏报、迟报；县级医疗机构按要求开设传染科，做好传染病人预检分诊工作；坚持肠道门诊制度，做好肠道传染病防治工作；落实好免疫规划工作，儿童国家免疫规划疫苗全程接种率≥90%；免疫接种规范，安全注射率100%。

责任单位：县卫生局

协作单位：县教育局

(2) 托幼机构、学校按照《疫苗流通和预防接种管理条例》规定开展入托、入学儿童预防接种证查验工作；按照《学校和托幼机构传染病疫情报告工作规范》的要求报告疫情，无瞒报、漏报现象，有专人或兼职教师负责传染病疫情

等突发公共卫生事件报告。

责任单位：县教育局

协作单位：县卫生局

8. 社区卫生

卫生服务机构设置符合国家有关规定，并能充分发挥作用；社区有健全的卫生管理制度，坚持定期开展检查评比活动；积极开展创建卫生社区、卫生楼（院）活动；环境整洁，绿化、美化达标，车辆摆放整齐，楼道内不堆放杂物，无违章搭建；环卫设施完善，垃圾收集和厕所管理符合卫生要求，无乱排乱倒现象。

责任单位：各乡镇人民政府

协作单位：县卫生局、县爱卫办、县建设局

9. 乡镇辖村卫生

参加新型农村合作医疗的平均参合率高于云南省平均水平；建设符合国家相关要求的村卫生室（所），配置医疗用房、设备和人员，村医取得合法执业资格；30%的村建成省级卫生村；自来水普及率和卫生厕所的普及率均达80%以上，无害化卫生厕所的普及率≥60%；村庄主干道硬化，支路平整。村容整洁，村内垃圾密闭存放、定期清理，柴草、杂物堆放整齐。无蚊蝇滋生的污水坑、粪坑；积极开展创建卫生户活动，农户居室内外整洁，村民卫生习惯良好；村内家禽牲畜实行圈养，无散放牲畜、家禽。

责任单位：鹿阜镇人民政府

协作单位：县新农办、其他各乡镇人民政府

10. 群众满意度

设立群众投诉平台，认真办理群众卫生投诉；随机访问足够数量的当地居民和外来人员，群众对卫生状况满意率≥90%。

责任单位：县爱卫办

协作单位：县卫生局、县建设局、县信访局，各乡镇人民政府

11. 经费投入

根据爱卫工作的需要，将爱卫工作必需经费和国家卫生县城长效管理工作必需经费纳入财政预算，配套相关项目经费。

责任单位：县财政局

协作单位：全县各级各部门

（三）强化监督检查

1. 动态检查与责任追究。各级各有关部门要按照上述责任分工，加强动态管理，随时掌握各项指标和标准情况，切实做到工作经常化、制度化、规范化。

县爱卫办要加强对各级各部门爱卫工作的指导，县监督考核小组要定期不定期开展监督检查工作，每季度开展一次阶段性考评工作。对在检查考评工作中发现的突出问题，要下达书面限期整改通知书，并督促有关单位按要求进行整改，未按时限要求完成整改的，报县纪委（监察局）启动问责程序，依照有关规定追究有关单位主要领导和相关人员的责任。县监督考核小组每次开展监督检查的情况在全县范围内通报。

县卫生局、县建设局、县公安局、县工商局、县环保局、县交通局、县质监局等部门要积极探索建立国家卫生县城管理联合执法机制，形成联合执法的整体合力。宣传部门要加强舆论监督，对国家卫生县城管理工作中存在的突出问题、群众反映比较强烈的单位以及脏、乱、差等影响城市文明形象的行为，要充分利用电视、广播、宣传栏等宣传载体进行大胆曝光。

2. 定期考核评比与奖惩。从2008年起，县监督考核小组于每年底组织对全县各级各部门开展国家卫生县城管理工作的实绩考核，实行年终考核与日常监督检查、阶段性考评情况相结合，考核结果报县协调领导小组审定并进行表彰奖励和惩罚。

五、其他

（一）在县爱卫办设立国家卫生县城管理监督投拆电话（0871—7746779），广泛接受社会监督。

（二）各乡镇人民政府、各有关责任单位要按照本意见精神，结合本乡镇、本单位实际制定具体的实施方案，于2008年5月10日前报县爱卫办。

石林彝族自治县关于进一步加强古籍保护工作的意见

(2008年5月6日石林彝族自治县人民政府办公室石政办发〔2008〕64号)

为认真贯彻《国务院办公厅关于进一步加强古籍保护工作的意见》（国办发〔2007〕6号）、《云南省人民政府办公厅关于进一步加强古籍保护工作的意见》（云政办发〔2007〕235号）等文件精神，结合实际，提出如下意见：

一、指导思想

坚持以“三个代表”重要思想和科学发展观为指导，加大古籍保护工作力度，建立科学有效的古籍保护制度，提高全社会的古籍保护意识，充分发挥古籍在传承中华优秀文化中的重要作用，推动社会主义和谐社会建设。

二、基本原则

坚持依法、科学保护的原则，全面贯彻“保护为主、抢救第一、合理利用、加强管理”的方针，正确处理古籍

保护与利用的关系，统筹规划、分类指导、突出重点、分步实施。

三、目标任务

对全县古籍收藏和保护状况进行全面普查，建立古籍联合目录、古籍数字资源库和《石林彝族自治县珍贵古籍名录》；积极推进全县古籍书库的标准化建设，争取将一批彝族古籍文献列入《国家珍贵古籍名录》；加强古籍修复工作，培养一批具有较高水平的古籍保护专业人员，全面提高古籍保护利用水平。

四、工作要求

（一）全面开展古籍普查登记。县古籍普查登记工作领导小组负责全县古籍普查登记的组织、领导和协调工作；县文体局、县教育局、县民宗局、县档案局、县史志办等部门要根据实际情况，制定本部门古籍普查实施方案，在规定时限内按要求完成古籍普查登记和上报工作。

（二）规范古籍保护。参照国家、省、市名录产生办法建立《石林彝族自治县珍贵古籍名录》，并积极组织申报重要古籍争取列入首批《国家珍贵古籍名录》和《云南省珍贵古籍名录》。对列入《国家珍贵古籍名录》和《云南省珍贵古籍名录》的古籍，收藏单位要按照国家相关要求和标准，制定和完善有关制度，切实加强保护；同时，要按照相关标准积极开展全县古籍重点保护单位的命名工作。

（三）开展古籍修复。按照《古籍破损定级标准》、《古籍修复技术规范与质量要求》对古籍进行修复，确保修复质量。

（四）加强古籍数字化建设和出版。根据国家、省、市制定的古籍数字化制作标准，规范古籍数字化建设工作，建立古籍数字化资源库。

五、保障措施

（一）建立古籍保护工作协调机制。建立全县古籍保护工作联席会议制度，联席会议成员单位为县古籍普查登记工作领导小组成员单位，联席会议办公室设在县文体局，定期召开联席会议，研究、协调、处理古籍保护工作中的重大事项。

（二）加强古籍保护人才培养。县古籍保护工作联席会议成员单位和古籍收藏单位要制定人才培养计划，积极创造参加古籍工作交流与合作的机会，多渠道、多层次培养古籍保护人才；要有计划、分层次地采取驻校学习、短期培训等方式，加强古籍保护工作人员在职培训，特别要加强对少数民族古籍翻译整理、研究人才的培养；积极组织古籍收藏单位和修复人员参与国家制定实施的古籍修复机构资格准入与修复人员资格认证制度的考核、评定工作。

（三）加大古籍保护资金投入。县、乡镇财政要加大对古籍普查、修复、出版及数字化建设等工作的资金支持力度。同时，要制定鼓励政策，积极吸纳社会资金参与、支持古籍保护工作。

（四）加大古籍市场监管力度。县直有关部门要依法规范古籍市场流通和经营行为，加强古籍销售、拍卖行为的审核备案工作，严厉打击盗窃、走私古籍等违法犯罪活动。要按照文物管理的有关法律、法规，制定古籍出入境审核、监管办法，确保古籍安全。

（五）加强对古籍保护的宣传。县古籍保护工作联席会议成员单位要密切配合，形成合力，协同组织开展讲座、展览、培训、研讨等活动，广泛宣传、普及古籍保护知识，展示保护成果，提高公众的古籍保护意识，营造全社会共同支持、参与古籍保护的良好氛围。

石林彝族自治县推进文明和谐社区建设实施方案

（2008年5月28日中共石林彝族自治县委办公室、
石林彝族自治县人民政府办公室石办通〔2008〕32号）

根据《昆明市推进文明和谐社区建设实施方案》精神，结合实际，特制定如下方案。

一、指导思想及主要目标

（一）指导思想。以“三个代表”重要思想为指导，深入贯彻党的十七大精神，落实科学发展观，按照构建和谐石林的总体部署，以加强党的领导为核心，以政府推动为主导，以服务群众为重点，以维护稳定为基础，全面开展“居民自治、管理有序、服务完善、治安良好、环境优美、文明祥和”的文明和谐社区建设。

（二）主要目标。围绕实现“自治好、管理好、服务好、治安好、环境好、风尚好”的“六好”目标，扎实开展“文明和谐社区示范单位”创建活动，推进全县文明和谐社区建设。到2008年底，争取鹿阜镇四个社区中的3个社区创建成为县级文明社区，1～2个社区进入市级文明社区行列；到2010年，1～2个社区创建成为市级文明和谐社区。

二、文明和谐社区建设的基本原则

（一）以人为本原则。

（二）共同责任原则。

（三）持续推进原则。

（四）协调发展原则。

三、创建标准

（一）社区组织建设坚强有力，工作规范有序。加强以社区党总支（支部）为核心的组织建设，支部班子健全，工作务实高效，战斗力和凝聚力明显增强；加强对驻社区党员，尤其是对离退休党员、流动党员、下岗失业党员的教育管理，经常组织社区党员开展各项有益的活动，党员在社区建设中的先锋模范作用发挥良好；加强社区自治组织建设，发挥社区成员代表会议、社区居委会等自治组织的作用，鼓励和引导社区居民、驻区单位投身社区建设，居民参与文明社区创建的自觉性和主动性明显增强；理顺社区关系，完善社区职能，健全社区制度，各项规章制度得到有效落实，社区工作规范化程度明显提高。社区居民代表会议每年至少召开二次，居民委员会议每季度至少召开一次；《社区居民公约》内容合法、切合实际；社区居民委员会成员依法选举产生，整体素质好，年龄、文化结构合理；社区领导班子团结，文明服务，无违法违纪现象发生。

（二）社区治安综合治理效果明显，居民安全感明显增强。社区治安综合治理网络健全，社区民警配备到位，群防群治体系完善，各项管理制度健全。认真做好社区内各类矛盾的调解工作，依法疏导、调处各类民间纠纷，化解社会矛盾；加强社区流动人员和出租房屋管理，做到底数清、情况明；建立健全规范社区居民行为的规章制度，引导社区居民增强法律意识和法制观念，自觉遵纪守法，敢于同各种违法犯罪行为作斗争；加强防火、防盗等安全知识宣传教育，落实各项防范和管理措施，居民人身和财产安全保障有力；进一步巩固我县“省级平安县”创建成果，深入开展平安社区、无毒社区、安全文明社区创建活动，社区治安秩序良好。

（三）社区保障措施到位，居民合法权益得到有效维护。建立社区贫困人口、老年人、残疾人、下岗失业人员等特殊人员基础资料库，情况准确；严格执行居民最低生活保障制度，保障程序规范，保障金发放及时到位，并做到动态管理，应保尽保；组织社区居民开展各项救助活动，及时解决社区居民的实际困难，形成全社会共同扶助、关爱弱势群体的良好氛围；搞好离退休人员的管理和服务，建立离退休人员基础资料库，掌握离退休人员的基本状况，及时为他们提供良好的服务。

（四）社区计生管理服务到位，育龄群众满意率高。社区计生管理服务网络健全，专职计生主任、育龄妇女小组长配备齐全，经费落实到位；计生协会组织健全，作用发挥好；计生政策、优生优育知识宣传到家，计划生育率达到98%以上；对社区育龄群众信息掌握准确，管理服务到位。加强流动人口和特殊人群的管理与服务，积极开展计生政策咨询、避孕节育、少生优生、生殖保健和计生技术服务活动，每年定期开展生殖健康查体服务2次以上，群众对社区计生服务满意率达90%以上。

（五）社区卫生服务体系健全，居民健康水平不断提高。社区医疗卫生服务体系健全，设立社区卫生服务站，并纳入城镇职工医疗保险定点机构；及时掌握社区卫生动态，积极开展疾病预防、保健康复、健康教育服务活动，教育居民养成科学文明的生活和卫生习惯；健全社区老年人、残疾人等特殊人群健康档案，对残疾人、老年人实行上门服务，居民对社区卫生服务满意率达到80%以上。

（六）社区教育深入扎实，居民素质普遍提高。以提高居民的思想道德素养、科学文化素质和法律意识为重点，根据社区不同群体的特点，有针对性地开展宣传教育活动。深入开展邓小平理论和“三个代表”重要思想的宣传教育，以科学理论教育居民，引导居民树立正确的世界观、人生观、价值观；认真贯彻《公民道德建设实施纲要》，进一步加强社会公德、职业道德、家庭美德、个人品德教育，引导居民爱城市、爱社区，齐心协力共建美好家园；大力开展科学文化知识、健康知识教育，在社区内形成崇尚科学、破除迷信、讲究卫生的良好氛围；大力开展社区法制教育，社区青少年和广大社区居民的法律意识和法制观念不断增强。

（七）社区公共设施完善，社区环境整洁优美。加强社区内公共设施管理，完善管理制度，引导居民自觉维护社区公共设施，社区公共设施作用发挥良好；社区自然环境、生态环境保持良好，社区环境基础设施齐全，绿化美化程度高，社区内绿地完好、清洁、美观，公共场所和居民庭院卫生整洁，居民环保意识较强，自觉维护城市公共环境秩序，组织开展卫生治理和卫生检查活动，认真落实驻区单位“门前三包”责任制，教育居民和驻区单位树立良好的环境卫生意识；清理社区内违章建筑，整治乱停乱放、乱贴乱画、乱设摊点和占道经营行为；组织居民开展绿化、美化家园活动，营造社区优美环境；规范居住小区物业管理，促进社区管理水平进一步提高。

（八）社区文体活动丰富多彩，居民精神文化生活健康向上。加强社区文体基础设施建设，健身活动场所和活动器械配套完善；加强社区文体队伍建设，社区文化活动辅导员注册登记制度建立健全；加强社区文化活动指导和培训，社区文体队伍素质显著提高；大力开展广场文化、居民文化活动，有社区文化活动室，设施齐全、管理规范。经常组织开展富有特色的群众性文体活动，居民精神文化生活丰富。

（九）社区服务优质高效，居民生活质量显著提高。加强社区服务队伍建设，完善社区服务培训制度，社区服务管理水平和服务质量进一步提高；积极倡导社区志愿者服务，开展面向社区残疾人、老年人、优抚对象、下岗失业职工和困难群众的志愿服务活动，大力拓展社区便民服务，社区居民的生活更加便利。

（十）邻里友爱，氛围文明祥和。居民群众崇尚学习，遵纪守法，互帮互助，邻里团结，家庭和睦，生活方式健康、科学、文明。开展创建学习型社区活动，及时宣传党的路线、方针、政策和国家的法律、法规，有板报、墙报、阅报栏等固定宣传阵地，科普宣传、社会公德、家庭美德、职业道德、个人品德等教育活动深入开展；社区文化活动室活动内容健康、无赌博现象；文明家庭、文明楼院、文明单位等创建活动效果显著。

四、明确责任，落实措施

文明和谐社区建设是一项复杂而艰巨的社会系统工程，

重在抓创建，关键在各项措施的落实。要建立健全党委领导、政府主导、人大监督、政协协商、民政牵头、部门配合、社区居委会主办、社会各方支持、群众参与的文明和谐社区创建工作机制，形成推进文明和谐社区建设的整体合力。要强化领导责任，乡镇党委书记是文明和谐社区建设的第一责任人，乡镇长是主要责任人，分管领导是具体责任人，社区是文明和谐社区的责任主体。和谐社区建设工作领导小组成员单位要根据职能特点，找准在创建文明和谐社区的结合点、切入点和落脚点，坚持重心下移，指导靠前，服务到位，切实履行职责，充分发挥作用。

（一）抓好文明社区工程、创建文明和谐社区的牵头、协调和指导。

责任单位：县民政局、县文明办

责 任 人：窦兴亮、昂文强

（二）明确社区与乡镇、各政府职能部门的工作职能，理顺社区内各类组织的关系。

突出社区党组织和居民委员会作为社区的主体组织的地位，强化和完善对社区中介组织、社区志愿组织以及其他社区组织的综合管理、协调职能。

责任单位：县委组织部、县民政局

责 任 人：高云曦、窦兴亮

（三）强化服务功能。

1. 指导社区抓好为老年人服务和社会救助工作，关心和帮助孤寡老人、未成年人、残疾人、优抚对象、社区特困户等弱势群体，积极发展社区慈善事业，建立社区救助服务体系。

责任单位：县民政局

责 任 人：窦兴亮

2. 指导社区开展就业教育和培训，充分依托社区劳动保障平台，开发社区就业岗位，努力为社区下岗失业人员等各类求职人员提供就业和再就业服务；搞好企业离退休人员社会化管理和服务。

责任单位：县人事劳动和社会保障局、县委老干局、县总工会

责 任 人：杨春宝、赵蓉、李静江

3. 建立完善社区卫生服务站，开展社区预防、医疗、保健、康复、健康教育、计划生育等服务。

责任单位：县卫生局、县人口与计划生育局

责 任 人：周保能、张睿高

（四）深化社区治安综合治理。

组织指导社区开展法制宣传教育和防火、防盗、防灾、防破坏的宣传教育，建立健全社区治安治理网络，深入开展社会治安综合治理，保障社区治安和社会秩序安定、居民安居乐业。

责任单位：县委政法委、县公安局

责 任 人：李何红、陈春云

（五）改善社区环境。

指导社区搞好环境整治、保洁和绿化、美化、亮化工作，健全环境保护制度，抓好社区环境管理，保持良好的社区容貌。

责任单位：县建设局、县环保局

责 任 人：吴剑平、杨炳学

（六）促进社区文明祥和。

1. 广泛开展文明和谐社区创建活动，大力推进文明社区工程，不断提高社区居民的文明素质，倡导文明、健康的生活方式。

责任单位：县民政局、县文明办

责 任 人：窦兴亮、昂文强

2. 建立学校、家庭、社会“三位一体”的未成年人教育网络，办好幼儿园、托儿所等。组织指导社区开展科普教育，组织科技工作者、科普人员和志愿者深入社区开展内容丰富、形式多样的科普及教育活动，提高社区居民的科技等方面的素质。

责任单位：县教育局、县文明办、县科技局、县科协、团县委、县关工委、县妇联

责 任 人：普光强、昂文强、李韬、李建民、普建勇、毕金兰

3. 依托社区老年活动室、图书室、体育健身场点等各类文体设施，开展丰富多彩、健康有益、群众喜闻乐见的读书、文化、娱乐、体育等活动，促进社区文体活动健康发展。

责任单位：县文体局、县总工会、团县委、县妇联、县老龄办

责 任 人：张海斌、李静江、普建勇、毕金兰、窦兴亮

五、命名表彰及管理

以本实施方案及《石林彝族自治县文明社区管理办法》作为组织开展创建、检查、指导和评比等工作的依据和规范，实行分级负责、动态管理。具体考核命名管理等办法为：

1. 文明和谐社区由乡镇择优推荐申报，经县文明办会同有关部门考核、验收并经公示认可后，报请县文明委批准命名、表彰，颁发荣誉证书和牌匾。

2. 荣获县文明和谐社区称号的社区，由县文明委依据《石林彝族自治县文明和谐社区管理办法》给予奖励。

3. 文明和谐社区每 3 年为一届。根据创建条件和标准，可每年申报、考评、命名。文明和谐社区实行届期动态管理，到届须重新申报，否则荣誉称号自然消失。

4. 被命名的文明和谐社区届期内每年经考核符合标准的，发给合格证书，继续保持荣誉称号；如发生严重问题或质量下降，命名机关及主管部门可根据情节轻重，给予批评、黄牌警告、限期整改直至撤销荣誉称号和收回荣誉证书及牌匾。

本方案由县文明办负责解释。

石林彝族自治县加强机关作风建设实施细则（试行）

（2008年6月30日中共石林彝族自治县委、
石林彝族自治县人民政府石通〔2008〕5号）

第一条 为切实改进机关作风，提高工作效能，优化经济社会发展软环境，根据《中共昆明市委、昆明市人民政府关于加强机关作风建设若干规定（试行）》（昆通〔2008〕18号）和有关法律、法规、制度，结合实际，制定本实施细则。

第二条 本实施细则适用于全县各级党的机关、人大机关、行政机关、政协机关、审判机关、检察机关、人民团体及其工作人员。各级机关所属事业单位及其工作人员参照执行。

第三条 加强学习培训，深入调查研究。加大干部学习培训力度，坚持领导干部学习培训日制度，认真组织干部学习政治理论和业务知识，特别是学习市场经济、招商引资、城市规划建设管理和现代科学技术等方面的知识。注重对机关工作人员进行计算机及其网络知识、普通话培训。根据本部门、本行业的特点举办业务知识培训。

各级领导干部要大兴调查研究之风，深入实际、深入基层，经常到困难和问题多的地方去解决实际问题。县级领导每月下基层调研指导工作不少于6天，科级领导要结合岗位履职多下基层、多调研，为基层解难事、办好事。县、乡（科）级党政领导班子成员每年至少撰写一篇有质量、有价值的调研报告，并编印成册，促进科学决策，指导工作实践。

第四条 严守政治纪律，规范机关行为。严格遵守政治纪律，坚决贯彻执行党的路线、方针、政策，在政治上、思想上、行动上与党中央保持高度一致；坚决维护中央和省、市、县委的权威，个人服从组织、少数服从多数、下级服从上级，切实做到有令必行、有禁必止；坚持重大问题请示报告制度，对县委、县政府重大决策和重要工作部署的落实情况，以及本单位召开重要会议、开展重要工作、组织重要活动的情况，要及时向县委、县政府请示报告。

认真执行《云南省公务员八条禁令》和《石林县人民政府三条禁令》，遵守工作纪律，不得无故迟到、早退、缺勤，上班时间不做与工作无关的事，有事有病须先请假并由有关领导指定人员代办其业务；所有机关工作人员必须保证通讯畅通，如因特殊情况不便直接联系的，须告知本单位值班人员；各级领导干部因公、因私外出要按规定履行请销假手续，乡镇领导干部不准“走读”，党政主要负责人不得同时离岗，特殊原因确需离岗的，须经县委、县政府主要领导批准。

第五条 强化责任意识，增强大局观念。主动加强与驻石部队、单位及各县（市）区的联系和交往，积极做好服务工作。树立全县“一盘棋”思想，围绕全县中心工作，认真学习政策、研究政策、熟悉政策、掌握政策，善于把贯彻上级精神与本地区、本部门、本单位的实际有机结合起来，创造性地开展工作。

第六条 增强服务意识，提高办事效率。牢固树立“管理就是服务”的思想，做到在服务中实施管理，在管理中体现服务。大力精简行政审批事项，按照“项目最少、流程最短、效率最高、收费最低”的原则，最大限度地减少办事环节、简化办事程序、缩短办事时限、削减前置性条件，建立高效、便捷的办事机制。切实抓好行政审批“两集中、两到位”改革，做到行政审批事项进中心、工作人员和值班领导进中心、公章进中心、审批手续进中心，真正便民利民。端正服务态度，积极倡导、大力推行“五办”作风，对基层、企业、群众亟待解决的问题“立即办”，对老大难问题“主动办”，对带普遍性的问题“上门办”，对条件暂不具备、一时难以解决的问题“跟踪办”，对涉及面广、政策性强的问题“公开办”。实施最严格的限时办结制、最严肃的服务承诺制、最严厉的问责制等制度，促使机关人员转变工作作风、提高办事效率。

第七条 继续解放思想，大胆改革创新。大力弘扬改革创新精神，勇于用新的信念、理念、观念指导工作实践，善于用新的思想、思维、思路破解发展难题。结合本地区、本部门、本行业的实际，按照上级政策法规具体化、外地经验本地化、本地工作特色化、工作措施规范化的要求，着力抓好制度创新工作，促进经济社会发展。

第八条 鼓励创先争优，激发创业潜能。开展多种形式的创先争优和工作竞赛活动，鼓励先进，鞭策后进，最大限度地激发人的创业潜能。树立注重学识、注重发展、注重创新、注重实绩、注重勤廉的选人用人导向，不断创新和完善干部选拔任用机制，真正打破身份、年龄、文凭、资历等一切限制，大胆起用开拓者、创业者、实干家，让想干事、能干事、干成事的干部有舞台、有奔头，充分激发机关干部的主观能动性，创造性地开展工作。

第九条 严格控制发文，大力压缩文件。可通过面谈、电话协商等方法解决问题的不再发文；领导同志在各类会议上的讲话已印发的，一般不再以文件或内部工作刊物形式下发；各部门在职权范围内能够解决或通过部门间协商能够解决的事项，不再行文向县委、县政府请示；严禁违规越级行文，严禁将公文尤其是请示类公文直接送领导者个人，确需办理或领导直接批办的，统一送文书处理部门办理；除县委办公室、县人民政府办公室外的县委、县政府其他部门，不得对下级党委、政府发布指示性公文。

大力压缩简报的种类和数量。各单位要尽量利用信息报送渠道反映情况。除党代会、人代会、政协会外，不出其他会议简报。一个部门、单位原则上只能办一种简报。简报要简明扼要，原则上不超过800字；报送范围和印数要严格控制，原则上只对口抄送。

第十条 切实精简会议，树立良好会风。各单位必须在年末将次年拟召开的全县性会议编制计划报送县委办公室、县政府办公室审核，批准后方能召开。可通过书面交流、电话、现场调研等方式解决问题的一律不开会；可由部门或部门联合召开的不以县委、县政府名义召开；内容相近而又未涉及其他领导分管的会议合并开。认真落实每年5月、8月为"无会月"和每月下旬为"无会旬"制度。提倡开短会、现场会、办公会等。

严格控制会议时间，除县党代会、县人代会、县政协会、县委全会、县人大常委会会议、县政府全会、县政府常务会议、县政协常委会会议、县纪委全会等对议程有严格规定的外，其他全县性会议控制在半天以内，分口工作会原则上不超过2小时，会议交流发言每人不超过10分钟，会议主持词不超过5分钟。严格控制会议规格，减少领导陪会，减少领导讲话。严格遵守会议纪律，不得无故迟到、早退、缺席。

第十一条 减少干扰基层，控制考核评比。严格控制各类评比达标表彰和检查活动。除市委、市政府明文规定的外，各单位一律不准搞任何形式的评比达标活动。到各类企业、基层单位进行考核检查，必须事先报县经济社会发展软环境建设工作领导小组办公室批准。各类评比达标表彰和检查活动，一律不得向企事业和基层单位及个人收取费用或变相收取费用。县直各单位除目标管理考核外，未经县委、县政府批准，不得进行其他考核。

第十二条 推进细节文明，带头移风易俗。大力倡导市民"十不"公约，即：不违反交通规则，不乱丢垃圾杂物，不乱倒污水，不随地吐痰，不损害公物，不踩踏草坪，不乱贴乱画，不插队抢座，不说脏话粗话，不大声喧哗嬉闹。一言一行讲文明，做人做事讲诚信。充分发挥榜样和示范作用，带头破除旧俗陋习，杜绝铺张浪费，当好移风易俗、热心公益、志愿服务、健康文明的排头兵，当好社会主义先进文化的引领者，带动群众在全县上下形成崇尚科学文明、反对迷信愚昧的良好风尚。

第十三条 深化政务公开，打造阳光政务。全县各级各部门凡是与经济、社会管理和公共服务相关的政务信息（除涉及国家秘密、工作秘密和依法受到保护的商业秘密、个人隐私外），都要如实公开，重点要围绕方便群众和企业办事，把服务内容、规定条件、所需手续、收费标准、办事时限、办事程序、办事人员等内容予以公开，并向社会公布领导干部的职务、分工和工作电话；要通过新闻媒体，就依法行政、廉洁高效、政务公开、违诺责任等，向社会公开作出服务承诺，接受群众、社会和企业监督。

第十四条 树立务实作风，注重督促检查。大力倡导说实话、办实事、求实效，不做表面文章、不搞轰动效应、不弄虚作假、不虚报浮夸。大力推行"一线工作法"，做到决策在一线落实、问题在一线解决、创新在一线体现、成效在一线检验。实施"工作成果倒逼法"，将各项目标任务进行细化分解，明确责任单位、责任人和完成时限，以目标倒逼进度、时间倒逼程序、社会倒逼部门、下级倒逼上级、督查倒逼落实，促使各级干部进一步转变作风、提高效率、增强执行力。

第十五条 坚持以人为本，服务人民群众。牢固树立公仆意识，切实做到心中装着老百姓、脑中想着老百姓、一切为了老百姓。凡是涉及群众切身利益的事情，决策前都要进行公示、听证，实施过程和结果要向群众公布，接受群众的监督和评判。要坚持联系困难群众制度，每个单位至少要选择一个基础差、发展慢、问题多的地方进行结对帮扶，所有领导干部及财政供养人员要结穷亲、察民情、解民忧，每年帮扶一个城乡低保家庭，并建立跟踪档案；先行试点，有序推开。要围绕群众最关心、最直接、最现实的问题，坚决纠正损害群众利益的不正之风，促进和谐石林建设。

进一步畅通群众诉求渠道，健全信访接待、处理等制度。加大信访工作力度，对人民群众来信来访，要做到件件有落实，事事有回音。建立健全县委、县政府领导接待日制度、局长接待日制度以及县、乡两级领导班子信访接待日制度，实行首问接待和追踪落实制度。各单位主要领导对信访办理情况要跟踪检查，督办到底；对上级机关要求反馈办理结果的信访案件要亲自督办，并在7个工作日内反馈办理情况。

第十六条 牢记"两个务必"，做到清正廉洁。严格遵守公务员廉洁从政规定，严禁公务活动中"吃、拿、卡、要、报"和徇私枉法。认真执行领导干部廉洁自律各项规定，坚决落实中央纪委《关于严格禁止利用职务上的便利谋取不正当利益的若干规定》，严禁违反规定收送礼金、有价证券、支付凭证和收受干股，以赌博和交易等形式收受财物，利用婚丧嫁娶等事宜收钱敛财；严禁利用工作时间、办公设施买卖股票；严禁多占住房和违规购买经济适用房；严禁放任、纵容配偶、子女和身边工作人员利用领导本人职务影响经商办企业；严禁违规插手招标投标、土地出让、产权交易、政府采购等市场交易活动谋取私利。

认真执行中央、省、市、县有关厉行节约、反对铺张浪费的规定。严格控制党政机关修建楼堂馆所；严禁用公款大吃大喝和进行高消费娱乐；坚决纠正以开会、考察、招商、培训以及开展革命传统和爱国主义教育活动等名义，用公款旅游特别是出国（境）旅游；进一步规范公务接待，接待宾客要精简人员、不重复宴请，严禁部门间用公款相互宴请，严禁开会、节庆期间用公款相互宴请。

严格公车管理。严禁将公车用于婚丧喜庆、探亲访友、度假休闲、旅游、钓鱼、扫墓、接送子女亲属、个人迎来送往等私人活动。出席省、市召开的会议，应尽量集中乘车。领导干部下基层，要轻车简从，减少陪同。

第十七条 加强团结协作，形成工作合力。认真贯彻落实民主集中制，严格按照“集体领导、民主集中、个别酝酿、会议决定”的要求决定事情、处理问题，努力做到科学、民主、依法决策；提倡“五湖四海”，反对庸俗关系学，不搞拉拉扯扯、团团伙伙；严禁传播小道消息，不准无中生有、乱告状；严格执行集体作出的决定，自觉维护班子的团结统一；同志之间不搬弄是非，闹无原则纠纷。

第十八条 个人违反上述规定的，按管理权限，分别对有关责任人进行问责，情节严重构成违纪的追究纪律责任；单位违反上述规定的，对单位负责人实施责任追究。

第十九条 本实施细则由县纪委、县监察局负责解释，自发文之日起执行。

石林彝族自治县被征地人员基本养老保险实施暂行办法

(2008年8月4日石林彝族自治县人民政府石政发〔2008〕35号)

第一章 总 则

第一条 为认真做好被征地人员基本养老保险工作，实现老有所养目标，根据《昆明市被征地人员基本养老保险办法》(昆明市人民政府2008年第13号公告)的规定，结合实际，制定本暂行办法。

第二条 本暂行办法所称被征地人员指由县人民政府统一征用农村集体耕地而导致失去全部或部分土地，且在征地时对该耕地享有承包经营权，年满18周岁以上的人员。因城市建设、改造和重点工程建设等耕地被征用而失去全部或部分土地的人员，经县人民政府批准，可纳入被征地人员基本养老保险参保范围。

被征地时间以批准机关批准征地之日起计算。参保人员年龄以居民身份证所载的出生日期为准。

第三条 被征地人员基本养老保险（以下简称基本养老保险）制度的建立，遵循以下原则：

（一）基本养老保险基金实行统筹基金与个人账户相结合；

（二）基本养老保险基金主要来源于被征地人员参保时的个人缴费和集体补助缴费；所征土地的补偿费、安置费；征地过程中增加的社会保障费用；国有土地有偿使用纯收益中提取的专项费用；

（三）基本养老保险实行政策引导、自愿参保、个人缴费、集体补助、政府补贴；

（四）基本养老保险实行市级统筹。

第四条 基本养老保险基金实行收支两条线、财政专户管理并免征税费。

第五条 县人事劳动和社会保障局为基本养老保险行政主管部门；县财政局负责基本养老保险政府补贴资金的筹集和基本养老保险基金、风险基金管理；县国土资源局、县农牧局根据各自职能负责做好被征地人员参保审核工作；县民政局负责协调被征地人员参保工作；县审计局负责对基本养老保险基金管理、运行和支付进行审计、监督；乡镇人民政府负责被征地人员参保申请、公示及审查工作。

第二章 基金筹集

第六条 基本养老保险基金筹集范围包括：

（一）被征地人员个人缴纳的基本养老保险费；

（二）集体对被征地人员参保时的补助缴费；

（三）政府对基本养老保险的补贴资金；

（四）基本养老保险基金的利息；

（五）其他来源。

第七条 基本养老保险基金由统筹基金和个人账户组成，县农村社会保险中心应为参保人员建立个人账户。个人参保和集体补助缴纳的基本养老保险费及产生的利息全部记入个人账户。

第八条 政府补贴部分由市、县两级政府承担，市、县补贴比例按政府应补贴部分的6：4进行补贴，补贴划入统筹基金专户。县财政从国有土地有偿使用纯收益中提取适当的资金用于承担县级政府补贴，提取资金不足部分应纳入县级财政预算。

第九条 县政府补贴由县农村社会保险中心根据年度内参保人数及参保标准的缴费总额，按县政府补贴标准及补贴比例计算出应补资金总额，报县财政局列入预算并报县人民政府批准后，由县财政局在年度内定期核拨。县政府补贴部分按参保人的最低缴费年限补贴。

第三章 参保与缴费

第十条 基本养老保险缴费标准分为三个档次：170元/

人·月；130元/人·月；100元/人·月。

缴费标准执行昆明市人民政府随着社会经济发展和人民生活水平的提高而进行适当调整的标准。当月执行的缴费标准为当期缴费标准。

第十一条 被征地人员参保以村（居）委会或村(居)民小组为参保单位，参保申报、审批程序为：(1)本人申请，所在村（居）民小组初审；(2)村（居）委会审核并向村(居)民公示；(3)公示无异议的，由乡镇农村集体经济管理部门对土地承包经营权进行审核；(4)乡镇国土资源所对征地面积和征地时间进行审核；(5)乡镇人民政府审查通过后，由乡镇社会保障事务所统一上报县农村社会保险中心核准并办理入保手续，发给《昆明市被征地人员基本养老保险登记证》。

第十二条 被征地人员参保时的参保档次由村（居）委会及村(居)民小组与参保人协商后确定。2008年5月1日前产生的被征地人员参保时，其所在集体可以从征地补偿、安置补助费和集体经济收益中对其给予补助。补助数额可实行按比例补助，也可实行定额补助。具体补助标准由村（居）民小组确定。

第十三条 被征地人员的缴费和补贴比例根据以下三个征地时段确定：

被征地时间	1998年12月31日前			1999年1月1日至2008年4月30日			2008年5月1日后		
人均占有耕地	完全失地的	不足0.3亩	0.3亩以上	完全失地的	不足0.3亩	0.3亩以上	完全失地的	不足0.3亩	0.3亩以上
个人、集体应缴比例%	60	70	80	70	80	90	80	85	90
市、县财政补助比例%	40	30	20	30	20	10	20	15	10

第十四条 征地过程中预留的生产、生活用地纳入被征地人员耕地的计算范围。被征地人员参保时个人耕地0.3亩以上（或以下）的，后因征地导致个人耕地减少至不足0.3亩（或全部失去土地）的，按照第十一条的申报、审批程序办理后，次月起按照相应的缴费比例缴费。

第十五条 2008年5月1日以后产生的被征地人员参保时，其所在村（居）民小组须将征地补偿、安置补助费优先为被征地人员中18周岁以上参保人员缴纳个人、集体应承担的基本养老保险。具体补助标准由村（居）民小组确定，但最低不得少于个人、集体应缴费标准的三分之一。征用土地时，其被征地人员社会保障工作实施方案需经县人事劳动和社会保障局审核并上报市劳动保障局同意后，土地部门再办理征用手续。

第十六条 被征地人员的缴费方式：按当期缴费标准和比例缴清当年的保费，也可以一次性全部缴清个人、集体应缴纳的部分，但首次参保须缴纳不少于1年的保费；个人参保和集体补助的缴费由县农村社会保险中心负责核定和收取，并统一使用县财政局提供的《云南省社会保险费缴款收据》。

第十七条 被征地村（居）民小组中，不符合本暂行办法被征地人员条件的其他人员（因嫁娶等原因转入的人员），但属该村常住人口并年满18周岁以上，个人自愿申请的，可参照本暂行办法参保，凭身份证或常住户籍的有效证件到县农村社会保险中心核办参保手续，并发给《昆明市被征地人员基本养老保险登记证（参照)》。参保缴费档次由个人选定后按当期缴费标准由本人承担全额缴费，原则上一年一次缴清，也可以一次性全部缴清；其所缴纳保险费的85%记入个人账户，15%划入统筹基金。

第四章 缴费年限与基本养老保险待遇

第十八条 被征地人员男年满60周岁及以下、女年满55周岁及以下的最低缴费年限为15年。被征地人员男年满60周岁、女年满55周岁为领取基本养老生活费起始年龄，领取基本养老生活费时，月领取的基本养老生活费为所选缴费档次标准。缴费年限超过15年的，根据月附加养老保险生活费公式及超过的缴费月数计发附加养老待遇。

基本养老保险生活费领取的数额（基础养老生活费和附加养老生活费）最高不超过参保人当期缴费标准的3倍。

第十九条 被征地人员男年满60周岁以上、女年满55周岁以上参保的，领取基本养老生活费时的最低缴费年限为：

参保年龄（周岁）	男	60	61	62	63	64	65	66	67	68	69	70及以上的
	女	55	56	57	58	59	60	61	62	63	64	65及以上的
最低缴费年限（年）		15	14	13	12	11	10	9	8	7	6	5
领取养老金时间	缴纳养老保险后次月起即可按月领取基本养老生活费至终年											
缴费金额	个人、集体缴费部分加上政府补贴（所选缴费档次数额）											
领取金额	所选缴费档次数额											

第二十条 基本养老生活费先从个人账户中支付，个人账户不足支付的，从统筹基金中支付。

第二十一条 参保人因身份和职业转变，已被录用为国家机关事业单位工作人员、依照《兵役法》参军入伍后转为军官、享受城镇职工基本养老保险等的人员，不再享受本暂行办法规定的基本养老保险待遇，其个人账户中的余额（含本、息）根据个人意愿一次性退还给本人，同时终止被征地人员基本养老保险关系；也可暂时封存个人账户，以后按规定续保；或者折算转给其指定的其他参加基本养老保险人员(未领取养老保险生活费待遇)的个人账户，同时终止其基本养老保险关系。

第二十二条 参保人因嫁、娶等原因在昆明市辖区内变更常住地点的，可根据个人意愿办理转移，但只转个人账户，不转移基金，其以后的缴费可按当地对应的档次和标准缴费及计算养老生活待遇；其缴费不足的部分按当期的缴费标准由个人缴纳补足过去的累计缴费差额，超过部分可折算为增缴基本养老保险费。

第二十三条 参保人死亡的，经村（居）委会审查、批准，其亲属应向县农村社会保险中心提供死亡证明，从其死亡的下月起终止其基本养老保险关系；办理有关手续后，其个人账户中的余额（含本、息）一次性支付给合法继承人。

第五章　管理与监督

第二十四条 基本养老保险基金实行全市社会统筹、财政专户管理、专款专用，不得挤占、挪用和用于平衡财政预算。

第二十五条 县农村社会保险中心隶属于县人事劳动和社会保障局，负责经办农村社会保险的具体业务，主要职责是：基本养老保险核定、登记、收缴、支付及个人账户管理工作。所需工作经费由县财政列入年度预算。

第二十六条 基本养老生活费发放实行社会化统一发放，发放及管理办法另行制定。

第二十七条 基本养老保险基金的征收、管理和发放，纳入审计、财政及社会保险基金监督委员会的审计和监督范围。

第六章　法律责任

第二十八条 参保人死亡后，他人冒领其养老生活费的，由县人事劳动和社会保障局依法责令退还，构成犯罪的，移交司法机关追究刑事责任。建立有奖举报制度，对举报冒领、多领养老生活费情况属实的人员予以奖励。

第二十九条 有下列行为之一的单位和个人，由其上一级机关责令改正，并可对直接负责的主管人员和其他直接责任人给予行政处分；构成犯罪的，移交司法机关追究刑事责任。

（一）擅自放宽参保条件的；

（二）违反管理规定，造成基金损失的；

（三）擅自放宽享受养老生活费条件的；

（四）违反规定减发或者增发参保人养老生活费的；

（五）侵占、挪用养老基金和风险基金的；

（六）用保险基金和风险基金平衡财政预算的；

（七）拒绝符合参保条件的人员参加保险的。

第三十条 发生争议时，按劳动和社会保障部《社会保险行政争议处理办法》的有关规定处理。

第七章　附　则

第三十一条 本暂行办法由县人事劳动和社会保障局负责解释，自 2008 年 5 月 1 日起施行。

石林彝族自治县“四全”工作实施方案

（2008 年 8 月 18 日中共石林彝族自治县委、
石林彝族自治县人民政府石发〔2008〕31 号）

为深入贯彻落实《昆明市“一湖两江”流域水环境治理“四全”工作行动计划》（昆发〔2008〕23 号）精神，结合实际，制定本方案。

一、指导思想

以邓小平理论和“三个代表”重要思想为指导，坚持以人为本，深入贯彻落实科学发展观，牢固树立“绿化和生态是城市第一形象、第一环境、第一基础设施、第一景观要素”和“市政工程园林化，园林绿化‘化’市政”的理念，按照市委、市人民政府的部署，以治理水环境、遏制水污染、保护水资源、重建水生态、保证水安全为目标，广泛深入开展园林绿化和生态建设，扎实推动我县重点区域的全面截污、全面禁养、全面绿化和全面整治（以下简称“四全”）工作，为加快生态旅游城市建设和实现生态美县目标奠定坚实基础。

二、目标任务

按照规划先行、目标细化，政府主导、属地实施、社会参与，依法管理、建管并重，不欠新账、多还旧账，依靠科技创新、实行多元投入的原则，进一步统一思想，与时俱进，扎实工作，奋力拼搏，举全县之力，用一年半左右时间，在县内重点区域实施养殖畜禽全面禁止、河道全面绿化、水体全面截污、环境全面整治“四全”工作，把重点区域的园林绿化和生态环境建设成为“高起点、高标准、高品位，标准化、规范化、工艺化，精心、精细、精品”、“公用广场绿化生态面积占广场总面积不少于80%、乔木占广场生态面积不少于80%、常绿树木占乔木面积不少于80%”、“土层清理、土壤处理、土表整理”的典型、示范和样板，形成“人在园中走、车在丛中行、楼在花丛卧、城镇森林中”，环境优美、生态良好的城镇景象。通过五到十年的努力，将县城建设成为经济景气指数高、文化特色浓、人居环境好、投资环境佳、社会安定和谐的生态旅游城市，步入国家园林县城、国家环保模范城市、国家生态县行列。

三、工作措施

（一）以巴江流域为核心，全面开展截污治污

加强流经县城的巴江河污染控制，实施片区截污、河道截污、乡镇及村庄截污、干渠截污四个层次的全面截污工程。2008年底前完成规划设计，实施巴江石林生态工业集中区段截污工程，启动县城雨污分流截污工程。

1. 完成污水处理厂建设并投入运行，开征污水处理费。

责任领导：张忠贵

责任单位：县环保局

责 任 人：杨炳学

协助单位：县水务局、县旅游局、石林电力工程发展有限公司

责 任 人：余春、冯正清、赵永春

完成时限：2008年10月1日

2. 在县城规划区、工业集中区、旅游度假区实施大山沟至县城巴江俪岛综合截污廊道建设，新建排污廊道8300米，使旅游度假区、工业集中区、县城新区污水收集至污水处理厂集中处理，实现污水收集干管超前于项目实施和土地开发。

责任领导：张忠贵

责任单位：县环保局

责 任 人：杨炳学

协助单位：县工管会，路美邑镇、鹿阜镇人民政府

责 任 人：念晓春、李忠华、张奕

完成时限：2009年5月31日

3. 2008年11月开工巴江河东岸县城建成区雨污分流改造和西岸东山桥至大河桥段雨污分流改造，使建成区雨污分流改造面积达4.5平方公里，实现雨污分流的面积占总面积的70%以上；从2008年8月20日起，新建项目从房内到房外、从小区到街巷全部实行雨污分流工程专项审批、专项验收。

责任领导：张忠贵

责任单位：县建设局

责 任 人：吴剑平

协助单位：县环保局、县水务局

责 任 人：杨炳学、余春

完成时限：2009年9月30日

4. 因地制宜开展农村污水治理，启动巴江河流域农村生产、生活污水处理，2009年实施2—3个村庄污水收集处理工程。

责任领导：张忠贵

牵头单位：县环保局

实施责任单位：石林镇、路美邑镇、鹿阜镇、板桥镇人民政府

责 任 人：刘琴龙、李忠华、张奕、殷瑕

完成时限：2009年12月31日

5. 禁止新上直接向县内所有湖泊、水库、河流流域保护区排放污染物的建设项目；禁止向县内所有湖泊、水库、河流保护区排放未达标或者超过规定控制总量的废水（液）、污水；对向县内所有湖泊、水库、河流流域违法排污企业实行限期治理、停产停业；建立巡察、移交、移办、协调、联动、通报等制度，充分发挥部门联动优势，切实形成政府统一领导、部门联合运行、公众广泛参与，严厉查处向县内所有湖泊、水库、河流违法排污的各种行为。

责任领导：张忠贵

牵头单位：县环保局

责 任 人：杨炳学

实施责任单位：县发改局、县经济局、县工商局、县爱卫办，各乡镇人民政府

责 任 人：上述部门、各乡镇人民政府主要领导

完成时限：日常工作

6. 禁止向县内所有湖泊、水库、河流等水体倾倒渣土、垃圾、粪便和其他废弃物；禁止在水体内清洗装贮过油类或者有毒污染物的车辆、容器；禁止县内所有湖泊、水库、河流肥水养鱼；禁止法律法规规定的其他违法行为。

责任领导：毕春华

责任单位：县水务局

责 任 人：余春

协助单位：各乡镇人民政府

责 任 人：各乡镇人民政府主要领导

完成时限：日常工作

7. 在排污管网覆盖且排污

管网能与城镇污水处理厂配套使用区域的排污户，必须将污水接入排污管网；其中工厂、宾馆、饭店、医院、洗浴、洗涤、洗车等企事业单位和个体工商户的废水排放必须符合环境管理要求，方能接入排污管网。

责任领导：张忠贵

牵头单位：县环保局

责 任 人：杨炳学

实施责任单位：县建设局、县工商局、各乡镇人民政府

责 任 人：吴剑平、刘林、各乡镇人民政府主要领导

完成时限：2008 年 12 月 31 日

8. 到 2009 年 6 月 30 日，排污管网仍不能覆盖或者排污管网不能与城镇污水处理厂配套使用区域的排污户，必须自建处理系统并达到排放标准。

责任领导：张忠贵

牵头单位：县环保局

责 任 人：杨炳学

实施责任单位：各乡镇人民政府

责 任 人：各乡镇人民政府主要领导

完成时限：2009 年 12 月 31 日

9. 对于向县内所有湖泊、水库、巴江河流域排放污染物的排污户，除要求其认真整改外，还要适时在有关媒体进行曝光。被曝光的排污企业，必须自费在媒体上刊登向社会公众道歉书，并作出环保承诺；不公开道歉或者不履行环保承诺的，不得恢复生产经营。对社会公众依法举报向县内所有湖泊、水库、巴江河流域排放污染物违法行为并经查证属实的，对举报者予以奖励；对县内所有湖泊、水库、巴江河流域保护区域内超过规定控制总量排污的企业，要进行限产限排，并停止新、改、扩建项目的审批。

责任领导：张忠贵

牵头单位：县环保局

责 任 人：杨炳学

实施责任单位：各乡镇人民政府

责 任 人：各乡镇人民政府主要领导

完成时限：日常工作

（二）全面推进畜禽禁养、限养，科学规划养殖区域

根据我县城市建设总体规划，划定畜禽养殖禁养区、限养区和规划养殖区：

禁养区：县城规划建设区 9.9 平方公里范围、石林岔口集镇规划建设区 3.9 平方公里范围、石林风景名胜区核心保护区 14.5 平方公里及流经县城规划建设区的河道两侧各 200 米范围内，集中式饮用水源地及湖泊、水库（重点是黑龙潭水库、团结水库、威黑水库、圭山水库、三角水库）正常水位线以上沿地表外延 200 米范围内，主要涉及的村组为西北社区、龙泉社区、东门社区、南门社区、大屯村、桃园村、大坝上村、沙地村、小东山村、小乐台旧村、小昌乐村、马石坎村、站屯村、乐尔村、小箐村、三家村、五棵树村等。

限养区：禁养区至城市建设规划控制区范围；黑龙潭水库、团结水库、威黑水库、圭山水库、三角水库水源保护区，主要涉及的村组为东海子村、大乐台旧村、大坡厂村、堡子村、白龙潭村、大山沟村、小山沟村、小坡头村、小滑坡村、北吉村、红桥村、老昔街村、白水井村、雨中堂村、寨黑村、大老挖村、小老挖村、月湖村、水塘铺村、大尾博邑村、小尾博邑村、清水塘村、山头上村、和摩村、高石哨村、上打磨箐村、威黑老寨村、威黑中寨村、威黑清水塘村、双龙箐村、口子哨村、红路口村、铁厂村、亩竹箐村等。

规划养殖区：县境内禁养区、限养区以外的区域。

1. 在禁养区范围内，禁止新建、扩建畜禽养殖场（户）、养殖小区；在禁养区至城市建设控制性规划区范围内，限制发展规模养殖户；在禁养区、限养区范围外进行规划畜禽养殖布局。2008 年 12 月 31 日前，完成禁养区散养户存栏畜禽处置工作；2009 年 12 月 31 日前，完成禁养区除规模化养殖场（户）[能繁母猪存栏 10 头以上或生猪常年存栏 100 头以上，牛（包括奶牛）常年存栏 5 头以上，羊常年存栏 30 只以上，肉鸡、蛋鸡常年存栏 100 羽以上，鹅常年存栏 50 只以上，鸭常年存栏 100 只以上，兔常年存栏 100 只以上，下同]以外的存栏畜禽处置和养殖设备搬迁工作。在禁养区域内，凡通过县农牧主管部门和环保、水务部门验收，达到环境保护、水源保护要求的规模养殖场（户），可以在规定期限届满后，逐步搬迁或关闭。

责任领导：毕春华

牵头单位：县农牧局

责 任 人：潘佳良

实施责任单位：各乡镇人民政府，县环保局、县水务局、县财政局、县政府法制办

责 任 人：各乡镇人民政府主要领导，杨炳学、余春、苏云波、段顺波

完成时限：2009 年 12 月 31 日

2. 科学规划畜禽养殖区域，鼓励和引导发展标准化、规模化畜禽养殖。强化基础设施建设，积极扶持畜牧产业化经营，进一步转变养殖方式，引导和鼓励规模化养殖场（户）、小区到水源保护区外发展规模养殖。按照全县农业产业化发展规划的要求，完成县级畜牧业发展规划编制及报批工作，并以发展工业的理念谋划发展农业，将规划分解为具体项目，通过抓项目促进规划的落实，实现提高畜牧业综合生产能力和畜牧产品质量安全水平，确保市场供应。

责任领导：毕春华

牵头单位：县农牧局

责 任 人：潘佳良

实施责任单位：各乡镇人民政府，县国土资源局

责 任 人：各乡镇人民政府主要领导，鲁有福

完成时限：2009 年 12 月 31 日

3. 为确保禁养工作顺利开展，认真落实"菜篮子"行政领导责任制。按照属地管理和分类指导原则，有关部门要认真研究、尽快制定出台相关禁养补偿和生产扶持政策措施，对积极配合禁养工作的养殖户采取以奖代补的形式给予一定搬迁补偿；对不按规定时限搬迁和处置的不予补偿，并由农牧、环保部门按照有关法律法规，采取措施予以取缔。同时，要积极开展职业培训，促进城乡劳动力转移就业，支持、帮助养殖困难户从事其他行业，确保其正常生产生活不受影响。

责任领导：毕春华

责任单位：县农牧局

责 任 人：潘佳良

配合单位：县环保局、县财政局、县水务局、县政府法制办、县人事劳动和社会保障局

责 任 人：杨炳学、苏云波、余春、段顺波、杨春宝

完成时限：2008 年 12 月 31 日

（三）统筹城乡，全面开展绿化建设

1. 城镇规划区园林绿化建设。

（1）编制完成县城绿地系统规划，制定拆临拆违建绿工作计划，启动建成区内旧城区改造工作。建设完善现有公园，新建 1—2 个新公园，公园绿地均匀分布。实施街道绿化达标工程，大力推进已建单位庭院、小区的绿化建设达标工作。以创建园林式乡镇、园林式村庄等形式，在乡村广泛开展一镇一村建造绿地活动。按照林果竹相映、乔灌花相生的要求，建设多种形式的小憩园、小游园、小绿地，搞好四旁绿化和庭院绿化，创建乡村绿化示范点。

责任领导：张忠贵

牵头单位：县建设局

责 任 人：吴剑平

实施责任单位：各乡镇人民政府

责 任 人：各乡镇人民政府主要领导

完成时限：2008 年 12 月 31 日

（2）县城绿地率达 35%、绿化覆盖率达 40%、人均公共绿地达 9 平方米以上。按照乡镇人民政府所在地集镇绿地率达 25%以上、绿化覆盖率达 33%以上、人均绿地面积达 4 平方米以上的目标，全县三分之二的乡镇完成绿化建设任务。

责任领导：张忠贵

牵头单位：县建设局

责 任 人：吴剑平

实施责任单位：各乡镇人民政府

责 任 人：各乡镇人民政府主要领导

完成时限：2009 年 12 月 31 日

2. 城乡林业绿化建设。

（1）完成昆石高速公路县境内段 916 亩“五采区”、石漠化及难造林地绿化造林任务。

责任领导：毕春华

牵头单位：县林业局

责 任 人：张鹏飞

实施责任单位：县国土资源局、各乡镇人民政府

责 任 人：鲁有福、各乡镇人民政府主要领导

完成时限：2008 年 12 月 31 日

（2）完成 294 亩“五采区”、石漠化及难造林地绿化造林任务。

责任领导：毕春华

牵头单位：县林业局

责 任 人：张鹏飞

实施责任单位：县国土资源局、各乡镇人民政府

责 任 人：鲁有福、各乡镇人民政府主要领导

完成时限：2009 年 12 月 31 日

3. 城乡河道沟渠绿化。

（1）对黑龙潭水库东干渠进行绿化美化。县城规划建设区河道 100%进行绿化，堤岸防护林达到河道长度的 85%以上。县城区域河道两岸建设 10—50 米宽的绿化带。

责任领导：毕春华

牵头单位：县水务局

责 任 人：余春

实施责任单位：鹿阜镇、石林镇、路美邑镇、板桥镇人民政府

责 任 人：张奕、刘琴龙、李忠华、殷瑕

完成时限：2008 年 12 月 31 日

（2）因地制宜、因河实施，出入县城河道按 10—50 米进行绿化控制，突出景观和生态，兼顾经济效益，真正做到适地适树、合理布局。

责任领导：毕春华

牵头单位：县水务局

责 任 人：余春

实施责任单位：鹿阜镇、石林镇、路美邑镇、板桥镇人民政府

责 任 人：张奕、刘琴龙、李忠华、殷瑕

完成时限：2009 年 12 月 31 日

4. 重点水源区、湖泊、水库径流区绿化建设。划定县城集中式饮用水水源水库正常水位线以上沿地表外延 200 米的保护范围为绿化范围，开展绿化造林工作；完成 1 平方公里水土流失治理工作。

责任领导：毕春华

牵头单位：县水务局、县林业局、县政府法制办

责 任 人：余春、张鹏飞、段顺波

实施责任单位：鹿阜镇、石林镇人民政府

责 任 人：张奕、刘琴龙

完成时限：2008 年 12 月 31 日

（四）提高市民生活环境质量，全面开展城乡综合整治

1. 加快“数字城管”系统建设，全面推进“棋盘式、方格式”管理，开通 12319 城建服务热线，并与市级平台联动。

责任领导：张忠贵

牵头单位：县建设局

责 任 人：吴剑平

实施责任单位：县公安局、县旅游局

责 任 人：陈春云、槐伟

完成时限：2009 年 12 月 31 日

2. 加强城乡卫生管理。全面推进环境卫生管理市场化运作模式，完善落实市场运作补偿机制。建立“组保洁、村收集、乡(镇)转运、县处置”的城乡垃圾无害化收运处置四级管理体制。2008 年，完成县城环境卫生专项规划，启动鹿阜镇、石林镇、路美邑镇、板桥镇农村生活垃圾集中收运处置工作。2009 年，进一步完善垃圾集中收运处置体系和运行机制。

责任领导：张忠贵

牵头单位：县建设局

责 任 人：吴剑平

实施责任单位：各乡镇人民政府

责 任 人：各乡镇人民政府主要领导

完成时限：2009 年 12 月 31 日

3. 与辖区内公共单位签订“门前三包”责任书并检查落实；乡镇成立环卫站，负责环卫设施的购置、建设、维护、管理和垃圾清运，以及督促落实“门前三包”责任制；村（社区）组建专业保洁队伍，负责本村农户、社区企事业单位产生的生活垃圾的集中收集，负责村道、沟渠及其他公共区域的清扫保洁和环境卫生日常管理，检查落实“门前三包”责任制。

责任领导：张忠贵

牵头单位：县建设局

责 任 人：吴剑平

实施责任单位：各乡镇人民政府、县爱卫办

责 任 人：各乡镇人民政府主要领导、王松梅

完成时限：2009 年 12 月 31 日

4. 加强对县城出入口公路沿线两侧 15 米范围、县城区域河道等地段环境卫生的经常性检查，组织搞好经常性保洁。加强对公路、铁路县境出入口、加油站点的经常性检查，按属地管理原则组织并督促所属地段乡镇人民政府开展好环卫保洁、秩序整治工作。

责任领导：张忠贵

牵头单位：县建设局、县交通局

责 任 人：吴剑平、王宏

实施责任单位：各乡镇人民政府

责 任 人：各乡镇人民政府主要领导

完成时限：2009 年 12 月 31 日，形成制度后转为日常工作。

5. 各乡镇各配备 1 辆载重量不低于 5 吨的密封垃圾收运车。各乡镇集镇建成区垃圾无害化处理率平均达到 60%以上，县城建成区达到 100%。

责任领导：张忠贵

牵头单位：县建设局

责 任 人：吴剑平

实施责任单位：各乡镇人民政府

责 任 人：各乡镇人民政府主要领导

完成时限：2009 年 12 月 31 日

6. 按照《昆明市店招店牌设置准则（试行）》要求，完成县城建成区街道两侧店招店牌规范和整治，编制完成县城户外广告设置详细规划，逐步编制并实施乡镇人民政府所在地集镇户外广告设置详细规划。

责任领导：张忠贵

牵头单位：县建设局

责 任 人：吴剑平

实施责任单位：各乡镇人民政府

责 任 人：各乡镇人民政府主要领导

完成时限：2009 年 12 月 31 日

7. 编制完成县城建成区范围内和乡镇人民政府所在地集镇照明专项规划（2008—2015 年）。

责任领导：张忠贵

牵头单位：县建设局

责 任 人：吴剑平

实施责任单位：各乡镇人民政府

责 任 人：各乡镇人民政府主要领导

完成时限：2008 年 12 月 31 日

8. 做好机动车停、洗、修车场规划，最大程度满足片区居民停车、洗车和修车需求；将新建露天停车场绿化工作纳入统一规划；加快各类集贸市场建设，疏堵结合，逐步建立治理占道经营行为长效工作机制。加强对施工环境的治理；推进防盗笼（栏）规范化管理，制定防盗笼（栏）规范化管理标准和要求；切实改善公交车、出租汽车、道路客运车辆运营环境，促进城乡公交和道路客运行业健康有序发展。

责任单位：张忠贵

牵头单位：县建设局、县交通局

责 任 人：吴剑平、王宏

实施责任单位：县公安局、县工商局

责 任 人：张永清、刘林

完成时限：日常工作

9. 推进取缔 4 吨以下燃煤锅炉、禁止建成区生产经营性行业使用燃煤和加强灶具改用清洁能源工作。加强对废气排放重点工业企业治理和监管工作，完成主要污染物重点企业在线监控设备安装，确保稳定达标。重点清理整顿未办理环保手续的餐饮业，督促完成限期整改或限期治理工作；加大对无证照经营、油烟污染扰民餐饮业的查处力度。全面加强工业噪声、建筑施工噪声、商业噪声、文化娱乐噪声的环境监管，完成县城建成区、石林景区两控区（烟尘控制区、噪声达标区）建设及噪声监管培训工作。

责任领导：张忠贵

牵头单位：县环保局

责 任 人：杨炳学

实施责任单位：县工商局、各乡镇人民政府

责 任 人：刘林、各乡镇人民政府主要领导

完成时限：2008 年 12 月 31 日

10. 抓紧完成集中式饮用水水源地保护区保护范围划定工作，制订具体实施方案并上报批准后实施。集中式饮用水水源地保护区保护范围必须逐一设置围网和界桩、界碑等警示标志。编制完成集中式饮用水水源地保护总体规划和集中式饮用水水源地一级保护区内居民年度搬迁计划，并按计划组织实施。

责任领导：毕春华

牵头单位：县水务局、县环保局

责 任 人：余春、杨炳学

实施责任单位：各乡镇人民政府

责 任 人：各乡镇人民政府主要领导

完成时限：2009 年 6 月 30 日

11. 以县城建成区为中心，按照先主干道后次干道的原

则，确保临、违建筑拆除率达到100%，县城规划区无临、违建筑。

责任领导：张忠贵

牵头单位：县建设局

责 任 人：吴剑平

实施责任单位：鹿阜镇、石林镇、路美邑镇人民政府

责 任 人：张奕、刘琴龙、李忠华

完成时限：2008年12月31日

四、工作要求

（一）加强领导，落实责任

各乡镇、各有关部门主要领导要亲自挂帅，分管领导要直接负责，负责人员要具体落实，按照职责分工，各尽其责，通力协作，强势推进。各牵头单位、实施责任单位和协助单位要高度重视，成立相应工作机构，于2008年8月底前制定本地区、本单位、本系统具体工作方案，按工作任务轻重缓急，精心筹划，有步骤、分阶段认真组织实施。各级各有关部门对县委、县人民政府下达的目标任务要层层分解，逐条河道、逐块地段划片定岗、责任到人，真正做到抓细抓实、抓深抓透，一步到位、不留空白，全面覆盖、不留死角。各级各有关部门要根据职责任务和时限要求，真抓实干，奋力拼搏，确保各项工作有效推进，实现预期目标。

（二）宣传发动，广泛动员

要大力宣传“四全”工作的重要意义和部署举措，跟踪报道工作进度，掀起全社会动手、全民参与的高潮。要积极争取驻石各单位和全县上下广泛参与“四全”工作，使开展“四全”工作成为公民道德教育、思想素质教育和精神文明建设的重要载体。

（三）成果倒逼，严格奖惩

由县财政局牵头，县直相关部门配合制定全县“四全”工作“以奖代补”办法，建立稳定的、多元化的投资渠道，积极争取上级资金支持，调动各级各部门的工作积极性。建立“目标倒逼进度、时间倒逼程序、社会倒逼部门、下级倒逼上级、督查倒逼落实”的“四全”工作成果倒逼制度，并严格实行奖惩。将“四全”工作纳入县委、县人民政府对各乡镇、县直相关单位年度目标管理考核，实行一票否决制。

县专门成立“四全”工作督促检查考核验收工作协调组，组长由县纪委书记担任，副组长由县委组织部长担任，县委目督办、县政府目督办以及有关部门领导为成员，负责各乡镇、各单位“四全”工作的督促检查、考核验收。要认真细致地开展督查工作，坚决把“四全”工作开展的实际情况查实、查严、查到位。建立长期、系统的督查工作机制，坚持一月一督查、一月一报告，以督查促落实、以督查促整改、以督查促成效。考核结果要向社会公布，对按标准完成工作任务的，给予通报表扬和奖励；对不是因不可抗力没有完成任务的乡镇和部门的主要领导和分管领导，要按照有关规定严肃进行问责。

石林彝族自治县整合优化县城教育资源实施意见

（2008年8月26日石林彝族自治县人民政府石政发〔2008〕41号）

为整合优化县城教育资源，逐步缓解优质教育资源与人民群众日益增长的优质教育需求之间的突出矛盾，根据《中共昆明市委、昆明市人民政府印发关于加快教育改革与发展建设教育强市和加快民办教育发展两个文件的通知》（昆发〔2008〕4号）精神，结合实际，制定实施意见如下：

一、整合优化县城教育资源，扩大县城优质教育资源总量的重要性和紧迫性

近几年来，我县以深化教育改革为动力，以推进素质教育为核心，以提高教育教学质量为根本，大胆创新，开拓进取，真抓实干，加快推进教育改革与发展，促进了教育事业健康快速发展，各类教育实现了均衡和谐发展，谱写了教育改革与发展的新篇章，为全县经济社会和谐发展作出了积极贡献。在充分肯定成绩的同时，也必须清醒地看到，当前我县教育发展仍然面临诸多挑战与困难，主要表现在：一是高中阶段教育办学体制不顺、管理机制不畅的问题越来越突出，直接影响着高中阶段教育的质量提升；二是县城义务教育资源总量不足，民族小学、鹿阜小学、鹿阜镇中学等优质义务教育阶段学校普遍存在学校占地狭小、校舍不足、学生超额等问题，达不到国家规定的办学标准，既存在严重的安全隐患，也不利于学生的健康发展；三是石林实验学校初中阶段生源不足的问题越来越突出，造成学校资源闲置，优质教育资源未得到充分利用；四是随着经济社会的快速发展，广大人民群众对优质教育资源的需求不断增长，而县城优质教育一方面存在资源总量不足的问题，另一方面也还存在资源闲置、配置不合理等问题。加快整合县城教育资源、优化县城教育资源配置、扩大县城优质教育资源总量、打造县城优质教育圈，提高我县教育改革与发展的质量和效益，满足人民群众不断增长的对优质教育的需求，已成为全县教育改革与发展中的一项十分重要而紧迫的任务。

二、指导思想

以“三个代表”重要思想和党的十七大精神为指导，深入贯彻落实科学发展观，坚持以人为本，解放思想，总结经验，整合资源，优化配置，促进高中阶段教育和县城义务教育又好又快发展，加快打造以县城为中心的优质教育圈。

三、工作原则

（一）坚持突出重点、突破难点、整体推进的原则。

（二）坚持依法办学、积极稳妥、确保稳定的原则。

四、工作措施

（一）加强组织领导

成立石林彝族自治县整合优化县城教育资源工作领导小组。

组　长：李忠德（县人民政府县长）
副组长：李福军（县委常委、县委宣传部部长）
　　　　潘华光（县人民政府副县长）
成　员：李林青（县政府办副主任）
　　　　普光强（县教育局局长）
　　　　毕东红（县纪委副书记、县监察局局长）
　　　　杨春宝（县人事劳动和社会保障局局长）
　　　　赵一民（县发改局局长）
　　　　吴剑平（县建设局局长）
　　　　鲁有福（县国土资源局局长）
　　　　赵良廷（县审计局局长）
　　　　杨炳学（县环保局局长）
　　　　尹桂华（县财政局副局长）
　　　　张云涛（县教育局党委副书记、纪委书记）
　　　　毕卫华（县教育局副局长）
　　　　陈贵云（县教育局副局长）

领导小组下设办公室在县教育局，由普光强兼任办公室主任，毕卫华兼任办公室副主任；办公室工作人员从领导小组成员单位抽调。

（二）理顺高中办学机制体制

进一步深化高中教育办学体制机制改革，不再保留石林高中教育集团，恢复县一中、县民族中学两所学校，性质仍然为县直属学校，两所学校实行独立办学、自主管理，要在解放思想、总结经验、创新举措、发挥优势、提高质量、做强品牌，创一流高中学校，提供满足广大人民群众需求的优质高中教育资源上下硬功夫，确保普通高中阶段教育2400名公费学位生存量不减，质量逐年稳步提高。县一中、县民族中学校长实行公开选聘制产生，校长不再保留行政级别。

（三）整合县城优质初中资源

1. 探索石林实验学校股份制改制，县人民政府参与学校股份制改制。聘请有相应资质的专业中介评估机构依法对石林实验学校现有动产和不动产进行评估，根据评估结果，按照县人民政府持51%股份、石林育才投资开发有限公司持49%股份的比例确定双方出资额，学校所有权按持有股份比重确定，经营管理按股份制企业的有关规定执行，办学收益经测算后依照股份制企业的有关规定由双方确认后进行分配。

2. 改制后的石林实验学校原则上不再招收小学阶段学生，与鹿阜镇中学西校区重组创办一所完全中学，名称为石林鹿阜中学，按县直属学校管理，实施分点办学，实行一套班子两块牌子管理，保留石林实验学校牌子，石林实验学校为股份制学校，鹿阜镇中学西校区为公办学校，实行独立的财务会计制度。资源重组后，石林鹿阜中学办学规模达6000人左右，其中：普通高中增量部分1500人左右、初中学生4500人左右。

（四）扩大优质小学教育资源总量

1. 扩大民族小学办学规模。积极推进民族小学标准化建设，加快完成新建综合楼项目，新增教室16个；将鹿阜镇中学东校区资产划拨给民族小学，新增教室14个；民族小学办学规模由现在的1100余人扩大至2600人左右。

2. 打造紫玉小学优质教育。鹿阜镇紫玉小学是我县第一所市级立项的农村中小学标准化建设项目学校，标准化建设现已完成，办学规模为2000人，主要承担鹿阜镇辖区范围及外来务工子女小学就学任务，学校具有较好的区位优势，办学条件较好，从统筹县城优质小学教育发展的需要出发，纳入县城教育进行统筹规划，突出内涵发展，提高办学质量，提升学校品位，打造为省级示范小学，增加县城优质小学教育资源总量。

五、实施步骤

（一）2008年8月20日前全面启动各项工作，8月31日前完成县城范围内各学校教育资源整合优化工作，确保各学校平稳有序开学。

（二）2008年10月底前完成石林实验学校资产评估认定等改制前期准备工作，制定完善石林实验学校股份制改制工作方案报县人民政府审定；2008年底前完成石林实验学校股份制改制有关工作。2008年10月底前完成县一中、县民族中学独立办学有关工作，确保高中教育改革积极稳妥推进。

（三）其他各项工作待条件成熟时逐步实施。

中共石林彝族自治县委 石林彝族自治县人民政府关于“543”倍增计划的实施意见

（2008年8月28日石发〔2008〕33号）

为强势推进石林城市化进程，加快县域经济跨越发展，实现富民强县目标，按照《中共昆明市委、昆明市人民政府关于加快二、三板块城市化进程的指导意见》（昆通〔2008〕32号）实施“543”倍增计划（县城建成区人口5年倍增；GDP总量4年倍增；地方一般预算收入3年倍增）的要求，根据《石林彝族自治县国民经济和社会发展第十一个五年规划纲要》、《石林彝族自治县县域经济社会发展三年规划》，结合实际，提出以下实施意见。

一、发展现状

“十一五”以来，在市委、市人民政府的正确领导下，全县各族人民坚持以“三个代表”重要思想为指导，全面落实科学发展观，全力推进经济社会跨越发展，全县保持了经济发展、民族团结、政治稳定、社会和谐、人民生活水平不断提高的良好局面。

（一）城市发展现状。2007年，县城建成区面积6.21平方公里，其中：县城片区4.27平方公里，石林岔口片区1.94平方公里；建成区人口3.75万人；城市规模和建成区人口分别比“九五”末增长2.6倍和1.9倍。

（二）国民经济运行情况。2007年，全县实现地区生产总值22.23亿元，其中：农业增加值6.64亿元，工业增加值4.81亿元，第三产业增加值9.8亿元，三次产业结构为30：26：44，人均GDP为9279元；全社会固定资产投资11.77亿元，社会消费品零售总额9.18亿元，农民人均纯收入3708元，城镇居民人均可支配收入11159元；大小石林景区接待游客260万人次，旅游直接收入3亿元，全县接待游客突破300万人次，旅游综合收入10亿元；烤烟收购总值1.96亿元，均价11.98元；畜牧业产值4.23亿元；文化产业增加值1.77亿元，占地区生产总值的8%。形成以旅游、粮烟两大产业为支柱，工业、民营经济、文化产业、畜牧业为支撑的经济结构体系。

（三）地方一般预算收入完成情况。2007年，全县地方财政总收入2.4亿元，其中：上划中央和省级税收收入0.98亿元。全县地方一般预算收入1.42亿元，其中：县本级地方一般预算收入6679万元、乡级地方一般预算收入7536万元。从结构上看，税收收入占92%、非税收入占8%；从收入项目构成上看，主体税种增值税、营业税和企业所得税占43%，烟叶税占30%，非税收入和其他小税种收入占27%。加上烟草企业的增值税和企业所得税，烟叶产业税收占50%以上。

二、发展目标

（一）县城建成区城镇常住人口5年倍增：到2012年达到7.5万人，新增人口3.75万人。其中：建成区扩大增加11200人，园区新增人口9350人，房地产开发新增人口7150人，每个乡镇每年组织建成区以外50户、150人以上进入县城就业、居住生活新增4650人，建成区学校在校师生新增2850人，暂住人口增加2300人。

（二）地区生产总值4年倍增：到2011年达到44.5亿元，年均增18.95%。其中，第一产业增加值达到10.7亿元，年均增12.7%；第二产业增加值达到13.4亿元，年均增23.3%，其中工业增加值达到12亿元，年均增25.7%；第三产业增加值达到20.4亿元，年均增20.2%。三次产业结构为24 ：30 ：46。旅游直接收入达到5.64亿元，年均增17.1%；旅游综合收入达到22.4亿元，年均增22.3%。全社会固定资产投资达到27.7亿元，年均增23.9%；社会消费品零售总额达18.75亿元，年均增19.6%。

（三）地方一般预算收入3年倍增：到2010年达到2.84亿元，年均增26%。其中，主体税种增值税、营业税和企业所得税占54%，烟叶税占18%，非税收入和其他税种收入占28%。

（四）县城建成区面积：到2012年达到13.11平方公里，增量6.9平方公里。

（五）城镇化率：到2012年达44%以上。

三、优势与差距

当前，石林县正处于旅游产业提升、工业发展突破、城市建设加速、农业产业化推进和文化产业培育的关键时期，是推进跨越发展、实现富民强县的重要阶段。实现“543”倍增计划目标，面临着机遇与挑战并存、机遇大于挑战的新形势。

（一）机遇和优势。从发展环境看，现代新昆明建设的加速推进，市委、市人民政府加快第二板块经济社会发展等一系列配套措施为我县加快发展提供了难得的发展机遇；从区位看，石林县位于昆明、红河、曲靖三大城市中心地带，是省委、省政府构建未来滇中城市群的重要区域，为加快推进石林城市化进程提供了广阔的发展空间，未来石林不仅是昆明市的次级城市，也是滇东南的区域性中心城市；从产业基础看，旅游产业正加速转型提升，工业园区正强势突破，农业产业化正加快推进，一批重大项目的陆续开工建设，必将

带来地方财政收入的快速增长，有力拉动县域经济的快速发展；从基础设施看，巴江治理、石林大道建成、狮山路延长线建设、工业园区基础设施建设两年突破工程的实施及旅游度假区开发建设的快速推进，正加速石林城市化进程，必将带来城市人口的快速增长和城市经济的快速发展；从软实力看，石林世界自然遗产、世界地质公园、国家5A级旅游景区等品牌效应，国家卫生县城、省级园林县城、昆明市文明县城等环境效应以及阿诗玛文化的特色效应，使石林的发展优势更加明显、基础更加坚实、空间更加广阔，石林正在成为旅游休闲、投资创业的热土，即将迎来新一轮的发展热潮。

（二）问题和差距。在今后的发展中，石林县还存在一些突出矛盾和问题：一是经济总量小，发展速度慢，规模和总量与发达地区、昆明市第一板块存在较大差距。二是财税结构单一，财税增长基础薄弱，主要依靠政府投资拉动，生财型项目缺乏，财政收入的一次性特点明显，增收后劲不足，收支矛盾突出。三是工业经济发展滞后，工业基础薄弱，规模小、总量小，非公经济发展缓慢，竞争力弱；工业园区基础设施建设任务重，难度大。四是招商引资效果不佳，项目落户率、开工率低；引资项目质量不高，产业类、带动型、高附加值的工业项目少；土地瓶颈制约，项目用地问题突出，节能减排压力大，土地征转用手续周期长。五是经济发展软环境有待进一步优化；城市规划、旅游发展、招商引资、工业发展和企业经营管理等方面的人才紧缺；少数部门办事效率低、服务意识差，部分干部思想不解放、创新不够、办法不多、工作不实、落实不力，思想、观念、素质、能力和作风与新形势发展还不相适应。

四、发展战略

发挥石林旅游资源、阿诗玛文化、交通区位三个优势，实施外引内培、科教兴县、城镇化发展三个战略，加快以旅游业为龙头的服务业，以加工业为龙头的新型工业，以粮烟果菜花为龙头的种植业，以羊产业为龙头的畜牧业，以阿诗玛文化为龙头的文化产业五个重点产业发展，实现旅游立县、工业强县、粮烟稳县、文化活县、生态美县五个目标，逐步形成三个经济带——石林大道城市经济带、巴江生态休闲经济带和九石阿旅游专线阿诗玛文化旅游特色经济带。通过实施“33553”发展战略，推进旅游国际化、农业产业化、工业新型化、城乡一体化，做到“五扩五增五减”，即扩大改革开放，扩大经济总量，扩大城市规模，扩大劳动就业，扩大社会保障；增快发展速度，增强经济实力，增强发展后劲，增加城市人口，增加居民收入；减少农村人口，减少贫困人口，减少资源消耗，减少环境污染，减少不和谐因素，走生产发展、生活富裕、生态良好的文明发展道路，努力把石林建成昆明市国际旅游度假休闲核心区、城乡一体化示范区和烤烟生产基地、畜牧业养殖基地、现代农业生产基地、旅游商品加工基地，建成云南省集旅游、文化、交通、商贸为一体的区域性中心，建成全国优秀生态旅游城市和国际知名精品旅游胜地。

五、工作措施

（一）全面提速旅游转型

目标：2008～2011年，大小石林景区接待游客分别达270万、275万、280万、300万人次，旅游直接收入分别达3.2亿元、3.63亿元、5.26亿元、5.64亿元，全县接待游客分别达310万、320万、330万、350万人次，旅游综合收入分别达12亿元、13.8亿元、17.25亿元、22.4亿元。2011年，旅游及相关产业增加值占GDP的16.6%。2009年创建为中国旅游强县。

思路：深入实施“12345”旅游国际化发展战略：以创建世界一流景区，打造国际旅游胜地为目标；实现单一观光型旅游向观光、休闲、度假、康体、生态、科考、会展综合型旅游转变，国内名牌向国际名牌转变；构建三个旅游圈——以石林景区和石林旅游度假区为中心的核心旅游圈，以石林景区为中心带动长湖、大叠水、圭山国家森林公园等八个景点发展的石林大旅游圈，以石林风景名胜区为中心辐射宜良九乡、陆良彩色沙林、泸西阿庐古洞、丘北普者黑和弥勒白龙洞的滇东南喀斯特精品旅游圈；实施品牌化、特色化、产业化、多元化四个战略；实现五个突破——在创新体制、机制上实现新突破，在生态保护、园林建设和景区提升上实现新突破，在展现彝族撒尼文化与旅游的融合上实现新突破，在宣传营销上实现新突破，在人才培养和人才引进上实现新突破。加快推进旅游二次创业步伐，全面提速旅游转型提升，促进石林旅游跨越发展，实现“旅游立县”目标。

具体措施：

1. 加快推进景区扩容改造，做大做精观光型旅游。一是推进大小石林景区有碍遗产保护设施拆迁搬迁工作。2008年完成石林景区派出所、石林工商分局、石林小学等单位搬迁拆迁并进行生态恢复，启动石林宾馆拆迁工作；2009年完成云林宾馆、石林宾馆的拆迁搬迁，并进行生态恢复；2010年完成石林综合商场（含停车场）、精舍宾馆、石林管理局办公楼及宿舍楼、避暑园宾馆的拆迁搬迁，并进行生态恢复；2011年完成农工商集团（五棵树村）整体搬迁。二是整合游览线路，扩大景区容量。2008年，完成环林路沿线和李子园箐、步哨山等景点游路、标志标牌、服务设施建设和生态景观改造，大小石林游览区面积扩大到12平方公里，启动乃古石林景前区建设，开展长湖、大叠水景区环境整治。2009年，完成乃古石林景前区建设，整治景区内部环境，完善标志标牌，向游客开放；实施长湖景前区开发建设，调整大叠水景区游览布局，完成游路改造、生态建设。2010—2011年，完善和巩固提升大小石林、乃古石林、长湖、大叠水景区旅游基础设施，将乃古石林建成世界自然遗产展示地、地质科普教育基地；长湖建成自然环境与民族特色相融合、高规格、高品位的康体休闲度假区；大叠水建成生态一流、服务设施完备、充分展示喀斯特瀑布景观的石林旅游新亮点。同时，加大以旅哺农投入，大力发展乡村旅游，延伸旅游产业链，为不同层次的游客提供各种档次的旅游消费服务。

2. 加快推进旅游度假区建设，全面提速旅游转型提升。2008年，建成数字石林二期工程，启动中国彝族第一村、“五中心二店”、石林生态民族体育运动场、云林宾馆搬迁新建五星级酒店、石林幻多奇等项目，完成投资4.3亿元；2009年，加快推进中国彝族第一村、“二店”、石林生态民族体育运动场、云林宾馆搬迁新建五星级酒店、石林幻多奇等项目建设，全面完成“五中心”项目建设，完成投资28.9亿元；2010年，全力推进中国彝族第一村、石林生态民族体育运动场、石林幻多奇等项目建设，全面完成“二店”、云林宾馆搬迁新建五星级酒店项目建设，完成投资19.4亿元；2011年，全面完成中国彝族第一村、石林生态民族体育运动场、石林幻多奇项目建设，完成投资13.1亿元。策划包装一批旅游招商项目，积极开展招商引资工作，2008～2011年，石林旅游度假区年度引进内资分别达3亿元、5亿元、8亿元、10亿元，外资350万美元、400万美元、500万美元、600万美元。

3. 加快推进管理体制创新，增强旅游发展活力。对石林管理局所属企业及经营性部门进行改制，逐步实现管理与经营分离。2008年做好前期准备工作，2009年全面启动石林花木公司、电瓶车公司、导游部、停车场等公司独立改制和石林大酒店、石林精舍宾馆、云南官房水泥有限公司、云湖供排水公司改制改革，2010年完成改制改革，完全退出股份和投资，实行市场化、民营化运作。同时，充分发挥旅游主导产业品牌竞争优势，积极引导和鼓励民营资本投资旅游配套服务行业，增加旅游综合收入。

4.积极创新宣传营销方式，努力拓展旅游客源市场。创新营销方式，细分旅游客源市场，针对不同层次游客，采用不同宣传营销方式；整合营销资源，加强对重点地区重点时段的宣传营销，努力拓展客源市场。积极协调，全力开展石林景区门票调价工作，2008年启动前期工作，力争2009年实行新的门票价格。

（二）强势推进工业突破

目标：2008～2011年，年度实现工业总产值分别达23亿元、29.44亿元、39.74亿元、55.64亿元，增幅分别为23%、28%、35%、40%；工业增加值分别达5.8亿元、7.3亿元、9.3亿元、12亿元，增幅分别为20%、25%、27%、30%；规模以上工业增加值分别达2.63亿元、3.37亿元、4.45亿元、6亿元，增幅分别为20%、28%、32%、35%；规模以上工业利税总额分别达1.3亿元、1.63亿元、2.09亿元、2.72亿元，增幅分别为22%、25%、28%、30%；工业企业集团分别达5个、6个、7个、8个；规模以上工业企业分别达16户、19户、22户、25户以上；到2011年，争创云南名牌产品1个以上，昆明市名牌产品2个以上，中国驰名商标1个以上，云南省著名商标6个以上，昆明市知名商标10个以上；到2012年，从业人员达55900人。

思路：实施“11234”工业突破战略：以“工业强县”为目标，以打造生态工业集中区为载体，以科技创新、品牌创建为动力，突破土地开发利用、基础设施建设、招商引资项目落地的瓶颈，发展以特色旅游商品制造、农特产品加工、先进制造、生物制药业为主的四大产业，建设特色旅游商品加工园、生物制药园、绿色保健产业园、先进制造园。聚焦招商引资，聚力园区建设，把生态工业集中区建设成为现代化、城市化、生态化、特色化的城市核心区。

具体措施：

1. 推进工业园区突破。巩固提升大屯工业片区，加快推进生态工业园区建设，规划建设西街口工业区。一是加大熟地供应力度。2008年收储土地1.5平方公里，2009～2011年每年新增1平方公里，逐步解决项目用地问题，年度新增建设用地指标用于生态工业集中区不低于50%，生态工业集中区用地用于工业发展不低于60%，年度完成“五通一平”基础设施建设1平方公里以上，确保熟地供应与项目用地基本对等。二是加快园区项目落地。2008～2011年，园区年度引进项目分别达4个、5个、8个、10个，开工项目分别达4个、4个、6个、8个，实际到位资金分别达1.5亿元、2亿元、3亿元、5亿元，规模以上工业增加值分别达0.45亿元、0.6亿元、0.8亿元、1.2亿元，规模以上工业主营业务收入分别达1.3亿元、2亿元、2.8亿元、4亿元，上缴税金分别达1000万元、1500万元、2000万元、3000万元，固定资产投资分别达1亿元、3亿元、6亿元、12亿元，从业人员分别达150人、400人、1500人、3500人以上，2008年内升格为省级工业园区。

2. 加快工业重点项目建设。落实县级责任领导联系和责任单位跟踪推进制，加快推进昆明石林大型太阳能光伏并网发电试验示范项目、年产60万吨焦化厂技改项目、云南官房水泥有限公司技改项目、翡翠珠宝玉石加工基地项目等重点项目建设步伐。同时，加大工业招商引资力度，着力引进带动力强、附加值高的生态工业项目。

3. 扶持非公经济发展。认真落实省、市、县关于加快非公有制经济发展的相关政策，引导非公有制企业成为优化经济结构、促进就业再就业、增加城乡居民收入、发展县域经济的主体。2008～2011年，非公经济增加值年度分别达7.26亿元、9.3亿元、12亿元、16亿元以上，增幅分别达25%、28%、30%、32%；民营企业集团年度分别达8个、9个、10个、12个以上；个体、民营企业户数分别达到5460户、5600户、5800户、6000户，吸纳劳动就业人数分别达33800人、38870人、43920人、49500人以上。

（三）加快推进城市化进程

目标：2008～2012年，县城建成区面积年度分别递增0.7平方公里、1平方公里、1.5平方公里、1.5平方公里、2.2平方公里，到2012年达13.11平方公里；县城建成区人口年度分别递增0.25万人、0.5万人、0.7万人、1万人、1.3万人，到2012年达7.5万人，城镇居民人均住宅建筑面积达30平方米以上，人均可支配收入达16000元以上。

思路：实施“1313”城市化发展战略，以石林大道为主轴，加快县城新区、石林旅游度假区、生态工业集中区建设，加速形成“一路三区”石林大道城市经济带；以巴江为绿色主轴，东扩西进，北上南下，加快石林片、路美邑片、板桥片建设，逐步形成“一河三片”巴江生态休闲经济带，2015年建成优秀旅游城市，2030年建成与国际接轨的现代化生态旅游城市。

具体措施：

1. 完善城市和集镇建设规划。2008 年，实施路美邑镇纳入县城规划调整工作，编制完成南城区、西城区控制性详细规划，整合完善各片区控制性详细规划；完成石林大道沿线重点地段城市设计，完善管网、给排水、景观、照明、灯光亮化、环卫设施等各项专项规划；编制好鹿阜旧城修建性详细规划。2008 年实施长湖、圭山、西街口、大可中心集镇建设“1+4”工程（一张规划图纸加一个新型市场、一个商业街区、一个新型住宅小区、一个工业集中区）。2009 年全面完成各乡镇集镇总体规划编制、修编及近期实施范围内的控制性详细规划。

2. 狠抓基础设施建设。2008 年实施石林南路片区市政道路、石林大道以东沙地片区市政道路、双龙商场至巴江桥滨河路建设工程、阿诗玛东路延长线改造工程、石林大道沿线给排水管网、昆明园博会石林园博园等工程建设，启动鹿阜旧城改造、文昌生态公园等项目建设。2009 年实施石林大道白龙潭湿地公园建设、石林景区至县城排污管网建设、县城环城路、旧城排污管网改造等工程建设。2008 年至 2012 年期间，加快生态工业集中区、石林旅游度假区、西城区、南城区、东城新区及乡镇中心集镇建设，新增城市面积 6.9 平方公里。

3. 加强城市管理。巩固国家卫生县城、省级园林县城、省级平安县创建成果，2009 年争创为国家园林县城。

4. 增加城市人口。

（1）加快园区建设，增加就业岗位。

旅游度假区，新增就业岗位 3600 人。2009 年建成的石林狂欢之都——“四中心”、SPA 项目和度假酒店从业人员，新增人口 700 人；2010 年建成的生态民族运动场从业人员约 800 人；2011 年新增人口 1500 人；2012 年前建成的石林幻多奇项目从业人员约 600 人。

生态工业集中区，可提供就业岗位 4950 个，新增人口 5750 人。2008 年入园落地项目有阿诗玛风情街、万城阿诗玛旅游小镇，提供就业岗位 150 个，新增人口 150 人；2009 年，计划落地项目 3 个，提供就业岗位 400 个，新增 500 人；2010 年，计划落地项目 4 个，提供就业岗位 900 个，新增 1200 人；2011 年，计划落地项目 5 个，提供就业岗位 1500 个，新增 1500 人；2012 年，计划落地项目 6 个，提供就业岗位 2000 个，新增 2400 人。

（2）大力发展房地产业、建筑业，以优美的环境、优惠的房价增加常住人口。通过房地产综合开发，县城建成区新增人口 7150 人。

（3）推进户籍制度改革，除租住廉租住房外，在建成区购有住房的，其房屋产权共有人均可在房产所在地落户；签定劳动合同一年以上，并购买各项社会保险的，本人可以落户县城。到 2012 年，增加暂住人口 2300 人。

（4）加大办学力度，加快民办教育，扩大办学规模，使规划建成区学校在校学生稳步增加，2012 年，建成区学校在校师生常住人口净增 2850 人，其中：义务教育阶段新增师生 1000 人，高中教育阶段新增师生 1850 人（在园在校学生达到 29000 人，新增 14800 人）。

（5）鼓励建成区范围以外人员到县城就业、居住，农民进城务工经商并落户。进城务工经商并落户的农民仍维持其土地承包经营权法定年限不变，允许在不改变土地农业用途的基础上自由流转。凡在林改后山林经营权属已落实到户的林农，进城务工经商并落户的，仍维持其山林经营权法定年限不变，享受山林经营、管理、受益权益。从 2009 年起，每个乡镇每年组织建成区以外 50 户、150 人以上进入县城就业、居住生活，年均增 1200 人，共计新增 4650 人。

（6）建成区面积扩大，新增人口 11200 人。

（四）加快现代农业发展

目标：2008 ~ 2011 年，农业增加值分别达 8.2 亿元、9.2 亿元、10.1 亿元、10.7 亿元，占 GDP 比重分别为 31.5%、30.0%、27.5%、24.0%，增幅分别为 23%、12%、10%、6%。

思路：以市场为导向，以“粮烟稳县”为目标，以结构调整为突破，以粮、烟、畜、果、菜为重点，突出抓大户上规模，抓典型带全面，抓特色建基地，抓服务建体系，抓龙头促工贸，加快推进农业产业化、规模化、特色化。

具体措施：

1. 加大农业产业结构调整力度。稳定粮食种植面积，提高复种指数，大力调整结构，发展优质水稻、马铃薯及饲用玉米，提高单产、优化品种、改善品质，建设优质粳稻及特色杂粮生产基地。2008 ~ 2011 年，年粮食播种面积稳定在 39 万亩左右，总产量稳定在 1.25 亿千克左右，确保粮食安全。积极探索现代烟草农业新途径，不断推进烟草产业化发展，年指导性种植烤烟 11.8 万亩左右，指令性收购烤烟稳定在 32.8 万担左右，上等烟比例保持在 40%以上，中上等烟比例保持在 90%以上，年上缴烟叶税 4980 万元以上，2010 年通过国家级烟叶标准化生产示范区验收。大力发展以羊产业为主的畜牧业，巩固生猪生产，加快禽类发展，打造畜产品品牌。2011 年畜牧业产值达 6.3 亿元。

2. 大力发展农业龙头企业。紧紧围绕特色优势农产品加工、流通，延长产业链，增加附加值，最大限度地提高农业经济效益，2010 年，全县优势特色农产品产值在农业总产值中的比重达 95%以上。着力引进和培育壮大农业龙头企业，强化农业龙头企业的辐射带动作用，2011 年，县级以上农业龙头企业户数达 30 户以上，带动农户 4.5 万户以上。

3.加快优质农产品基地建设。加快以甜柿、核桃、枇杷、人参果生产基地建设为重点的旅游观光农业发展步伐，在石林景区周围、九石阿旅游专线沿线重点布局水果基地，形成“万亩果林”，打造“甜柿之乡”。到 2011 年，水果基地面积达 6 万亩；产值达 9500 万元，其中：甜柿产值达 5000 万元。抓住昆明市实施主要农产品“东移北扩”战略的机遇，加大无公害蔬菜基地建设力度，把石林建成新兴的优质、无公害、外销型蔬菜基地。到 2011 年，无公害蔬菜基地面积达 8 万亩，专业化、产业化程度达 70%，产值达 15000 万元；年发展花卉 500 亩，产值 1000 万元。

4. 加快推进社会主义新农村建设。按照新农村建设“二十字”方针和“九有”目标要求，结合实际，突出重点，力求在农业基础设施、农村生态环境、农民增收致富上取得新的突破。2008年，投入2450万元，实施11个行政村整村推进建设，完成10个村委会总体规划和40个自然村村庄规划；2009年投入3600万元，实施20个行政村整村推进建设，完成20个村委会总体规划和60个自然村村庄规划；2010年投入4875万元，实施30个行政村整村推进建设，完成25个村委会总体规划和100个自然村村庄规划；2011年投入4960万元，实施27个行政村整村推进建设，完成27个村委会总体规划和171个自然村村庄规划。通过4年分阶段建设，实现新农村建设全覆盖。

（五）着力培育文化产业

目标：文化产业增加值年均增26%。到2011年，文化产业增加值达4.45亿元，占GDP的10%。

思路：以“文化活县”为目标，改革创新文化体制机制，通过积极的产业政策和有序的市场运作，增强文化发展活力，努力做大做强一批文化企业和产业集团，提升全县文化产业的总体实力和市场竞争力，着力打造特色鲜明、经济发展、文化繁荣、社会和谐、文明进步的“文化石林”。

具体措施：

1. 实施文化产业“十个一”工程。拍摄一批以“阿诗玛”为题材的影视作品，打造一组以“阿诗玛”歌舞剧为代表的民族艺术精品，创编一台大型室外民族歌舞剧并推 向旅游市场，办好一批以火把节为代表的重大国际性节庆活动，建设一批标志性文化设施，激活一批文艺团队，扶持一批有发展潜力的民族民间文艺表演团队，保护开发一片以鹿阜旧城为代表的历史文化街区，建设一批以“九石阿”旅游专线为依托的阿诗玛民族文化生态休闲度假项目，培养一批民族民间文化艺术人才队伍。

2. 实施文化产业“4321”工程。突出重点，立足于保护和开发石林民族文化资源，以文化旅游、影视产品、节庆娱乐、会展服务为四大重点发展产业，坚持先进性、尊重主体性、体现地方性，以网络和媒体为两大载体，建立一个集票务、品牌、特色产品、信息服务于一体的石林文化特许经营连锁网络。

3. 打造巴江生态休闲经济带。利用全县独特的文化、旅游资源优势，加快文化与旅游融合，以巴江沿线县城段为重点，实施“一江两潭八景”，即：巴江，黑龙潭、白龙潭，三家村水库、鱼龙湖、荷花池湿地、文昌湿地公园、桃园水乡、复烤厂湿地、大屯湖、城南湿地工程，打造具有石林民族特色集餐饮服务、旅游购物、文化娱乐等为一体的巴江生态休闲经济带。

2008年，完善文化产业项目库，完成石林演艺中心土木工程及舞台工程，完成大型原生态民族歌舞剧《阿诗玛》项目音乐创作，启动鹿阜旧城改造一期工程，组建阿诗玛演艺公司；2009年，全面实施鹿阜旧城改造工程，提升大型原生态民族歌舞剧《阿诗玛》并推向市场，建成斗牛场，启动俱乐部制中国牛王争霸赛活动项目；2010—2011年，深入开展文化创新，引进并培育一批上规模、上档次的旅游文化开发经营龙头企业，重点引进会展专业服务公司，开展具有地方民族特色的媒体服务，建立传输快捷、覆盖广泛的文化传播体系。

（六）积极发展商贸流通业

目标：到2011年，商业网点总数达到5500个，营业面积达到100万平方米，从业人员4万人，社会消费品零售总额2008—2011年分别达到10.6亿元、12.5亿元、15亿元、18.75亿元，分别增16%、18%、20%、25%，商贸流通业对GDP的贡献达到16%。

思路：实施“11214”工程：打造以石林县城和石林旅游度假区为主的商业增长极，以石林大道和九石阿旅游专线构成的“T”形增长轴，建设石林、路美邑2个物流中心，县城（鹿阜、石林、路美邑、板桥）商业圈和圭山、长湖、西街口、大可4个商业集中区，把石林建成带动周边，辐射滇东南，延伸至东盟的旅游商业城市，中国与南亚次大陆两大经济体系的贸易通道，成为融旅游、商贸、休闲于一体的次级城市区域中心。

具体措施：

1. 打造以石林县城和石林旅游度假区为主的商业增长极。

（1）以石林风景名胜区为依托，以“五中心二店”建设为重点，大力发展具有民族和地域特色的休闲、购物、娱乐、餐饮服务。2009年完成五中心建设，2010年完成“二店”建设。

（2）以狮山路为主，建设农产品交易平台。重点发展农副产品批发市场、农业生产资料交易市场、花卉苗木交易中心、汽车配件交易和修理中心、建筑材料交易市场等现代商贸交易中心。2010年完成农业生产资料市场和标准化市场建设。

（3）以东城区为依托，大力发展街道商铺，建立与居住配套的商贸区。2009年完成大屯粮食交易市场建设，2010年完成东城区大型商贸市场建设。

2. 打造以石林大道和九石阿旅游专线构成的“T”形商业增长轴。

（1）加快石林大道城市经济带建设。2009年完成阿诗玛风情街、阿诗玛旅游小镇建设，2010年完成石林上海新天地、交通运输客运中心建设，2011年完成东南亚珠宝玉石加工交易中心建设。

（2）九石阿旅游专线阿诗玛文化旅游特色经济带建设。2008年完成阿着底彝家乐撒尼风情园建设，2009年完成西街口大三弦之乡、月湖民族文化生态村建设，2010年完成阿着底阿诗玛民族民间刺绣之乡、长湖撒尼风情园建设，2011年完成糯黑民族文化生态村、圭山边纵红色文化旅游镇建设。

3. 加快两个物流中心建设。发展商业、运输、联运、物资、仓储等，建设物流配送中心和仓储点。2010年完成石林物流园区建设，2011年完成路美邑物流园区建设。

4. 推进集镇商贸中心建设。4个乡镇突出自身特色，打造

一条商业街，建设一个新型市场。2009年完成圭山、长湖集镇建设，2010年完成大可、西街口集镇建设。

5. 以“万村千乡”工程建设为契机，培育和开拓农村市场，推进农村商品市场体系建设。大力发展农村专业合作社，积极发展农民营销组织、专业购销队伍、农村经纪人队伍，建立和完善农村流通组织体系。2008～2011年分别完成“万村千乡”市场工程15户、20户、25户、30户。

（七）加快生态美县建设

目标：2010年，森林覆盖率达42%、县城绿地率达39%、绿化覆盖率达46%、人均公共绿地达16平方米以上；县城建成区垃圾无害化处理率达到100%，乡镇建成区垃圾无害化处理率达到70%以上，2012年达到75%以上；2010年，县城污水处理率达90%以上。

思路：围绕创建国家园林县城、国家生态县目标，坚持走“生态建设产业化，产业建设生态化”的发展路子，大力发展生态经济，加快生态旅游城市建设，提高生态经济对县域经济发展和农民增收的贡献率，实现生态与经济双赢发展，全力助推“543”倍增计划的实施。

具体措施：

1. 大力实施城乡绿化工程。发展苗木基地，到2012年，发展苗木基地3.3万亩，实现产值1亿元。加快林权制度改革步伐，发展特色经济林，2012年发展到15万亩。县城规划建设区河道100%进行绿化。划定并开展县城集中式饮用水水源水库正常水位线以上沿地表外延200米保护范围的绿化造林工作。在县乡公路两侧宽5～10米、村公路两侧宽1～2米建设绿化带。2009年上半年完成昆石公路西入城道口、西石一级公路北入城道口和昆河公路南入城道口绿化工作。按照三个不少于80%的要求，实施城市公园、广场增绿工程；到2012年县城新建3个以上公园，增加绿地总量。到2010年，完成绿地系统三年达标工程和行政村绿地系统建设工程。

2. 提高污水处理率。2008年完成县污水处理厂建设并投入运行。实施大山沟至县城巴江俪岛新建排污廊道8300米的综合截污廊道建设，使县城新区、生态工业集中区、旅游度假区污水收集至污水处理厂集中处理。在县城规划区实施“河长和段长负责制”，划片定责，分段监控，分段管理，分段考核。开展农村污水治理，到2012年，实施巴江河流域2—3个农村污水收集处理工程。实施巴江河东岸县城建成区和西岸东山桥至大河桥段雨污分流改造工程。加强集中式饮用水水源地保护区保护工作，到2012年实现县内所有湖泊、水库、河流禁止肥水养鱼。

3. 加快生活垃圾无害化处理。积极推进农村生活垃圾集中收运处置工作，2009年底前健全完善“组保洁、村收集、乡转运、县处置”的城乡垃圾无害化收运处置体系和运行机制，2010年乡镇建成区垃圾无害化处理率达70%以上，县城建成区达到100%。加强对县城出入口公路、南昆铁路县境内段沿线两侧15米范围、县城区域河道沿线等地段的环卫保洁整治工作。落实“门前三包”责任制，加强城乡卫生保洁。

（八）大力发展教育卫生事业

目标：

1. 2008～2012年，在校在园学生和幼儿分别达15000人、18000人、21000人、25000人、29000人。

2. 2008～2012年，县城建成区医疗卫生机构数每年增1个，达到45个；床位数每年增74张，达到839张；卫生人员每年增72名，达到1091名；医疗总资产每年增600万元，达到24349万元。到2012年，县城建成区医疗卫生人员达14.55人/千人，床位数11.19张/千人，民营医疗机构资产占全县医疗卫生总资产的比例达到70%以上。

思路：按照“学有所教、病有所医、老有所养、住有所居”的要求，大力推进教育、卫生事业改革与发展，把经济社会发展的政府行为与市场行为分开，把事业性质与产业性质分开，把竞争性与非竞争性分开，把经济性与社会性分开，政府扶持、社会举办，扩大民办学校、民营医院规模和总量，以社会事业的健康发展促进经济工作顺利推进。

具体措施：

1. 教育

（1）扩招增容。县幼儿教育集团办园规模增至1700人，增800人；民族幼儿园办园规模增至700人，增200人。

（2）扩建增容。民族小学扩建，办学规模扩增至2500人，增1400人；鹿阜小学扩建，办学规模增至3000人，增1400人；石林小学扩建，办学规模增至2000人，增1500人；县一中、县民族中学扩建，办学规模增至5000人，增2000人。

（3）重组增容。将改制后的实验学校与鹿阜镇中学西校区整合重组为完全中学，实施分点办学，办学规模增至6000人，增1000人。

（4）新建增容。搬迁新建县民族职业高级中学，办学规模增至3000人，增容约2000人；石林大道中段新建幼儿园、小学、初中各1所，办学规模分别为800人、1700人、2000人，合计增4500人。

通过扩招、扩建、重组、新建，总计增14800人。

2. 卫生

（1）鼓励社会力量创办民营医院。在巩固提升现有民营医院的基础上，新建一所固定资产投资（不含土地）3000万元以上的综合医院或固定资产投资（不含土地）1000万元以上的民营医院。

（2）积极推进公立医院改革。鼓励社会资本参与医疗改制重组。完成国债项目乡镇卫生院改（扩）建项目，同时投资1500万元，易地新建县中医医院，使之成为全县医药技术指导和业务培训中心。

（3）加强公共卫生人员队伍建设。按照国家、省级规定的资源配置标准和《昆明市“十一五”卫生事业发展规划》进行公共卫生人员配置。到2010年，全县每万人口疾控卫生技术人员达到2人、妇幼卫生技术人员达到2人、卫生监督人员达到0.8人。

六、保障措施

（一）健全完善工作机制

1. 加强组织领导。把加快县域经济社会发展摆上重要议事日程，切实加强领导。建立“主要领导协调、分管领导主抓、职能部门履责、相关部门服务、具体人员落实”的工作协调推进机制；实行经济工作主要经济部门月分析、分管领导季度分析、全县经济运行半年分析的经济运行形势分析机制。各级各部门要密切配合，通力协作，形成合力，共同推进“543”倍增计划的实施。

2. 强化监督考核。完善目标管理考核办法，将“543”倍增计划纳入县对乡镇和县直单位目标管理考核范围，细化考核指标，加强督促检查，实行结果倒逼，确保目标实现。

3. 完善奖惩机制。建立激励机制，对工作成绩突出、有发明创造、提出合理化建议、防止或挽救事故有功者予以重奖。实行最严厉的问责制，对有令不行、有禁不止，不作为、乱作为，责任意识淡薄、工作效率低下、服务差的责任人进行问责；对造成严重影响和后果的，依据相关规定进行纪律处分或移交司法机关处理；聘请人大代表、政协委员、群团组织成员、新闻记者等组成机关和行风督查组，明察暗访，发现问题，严肃处理。

（二）用足用活扶持政策

认真贯彻落实市委、市人民政府《关于加快第二板块经济社会发展的若干意见》，结合实际，找准结合点，立足着眼点，锁定发展点，全面加快县域经济社会发展；用足用活省、市级工业园区财政单列、用地扶持、税收留成、行使县级行政经济管理权限等园区建设相关政策，加快推进工业突破园区建设；认真研究市委、市政府《关于进一步加强民族工作，加快少数民族和民族地区经济社会发展的决定》以及《自治条例》对民族自治地方经济建设、社会发展与资金扶持的有关政策规定，积极争取民族发展专项资金、财政转移支付等资金。加快制订旅游产业、城市经济、现代农业、文化产业等专项发展意见，完善县域经济社会发展政策支持体系。

（三）加大财政扶持力度

1. 建立稳定增长的投入机制。县财政每年投入不少于1000万元用于生态美县建设，不少于1000万元用于新农村建设，不少于2000万元用于工业发展专项扶持，不少于500万元用于扶持非公经济发展，不少于700万元用于招商引资工作。通过建立扶持基金、贴息贷款等方式，建立扶持发展民营企业、农业龙头企业工作机制，建立创业发展的人才基金和文化产业发展扶持基金。

2. 加快推进投融资体制改革。充分发挥财政资金的导向作用，形成投资主体多元化、投资形式多样化的新型投融资体制。组建旅游开发投资、工业园区开发投资、水利投资、城市开发建设、土地开发整理储备等专业投资公司，构建基础设施和城市建设投融资新平台。积极探索城市基础设施建设新模式，对经营性城市基础设施项目，采用BT、BOT、TOT等方式建设和管理；对非经营性城市基础设施项目，逐步实行“代建制”。

（四）建立项目用地保障机制

按照“统一规划、统一征收、统一储备、统一出让、统一管理”的要求，严格清理闲置土地，加大收储力度，区别对待、有保有压，对重点基础设施、产业政策鼓励项目、民生建设项目等提供用地保障。根据经济性、适宜性与政策性、法律性相结合的原则，做好土地利用总体规划、城乡建设总体规划修编，将石林大道沿线、九石阿旅游专线沿线、石林旅游度假区、石林生态工业集中区、狮山公路沿线、石林南路延长线沿线及小城镇建设用地纳入城乡建设用地总体规划。按照规划用途，落实土地使用性质和所有权变更，对利用存量土地的新建扩建项目、高科技项目、招商引资项目，实行特事特办，简化手续，保障用地。结合新农村建设，加快制定农村土地开发整理置换和集中建房用地审批管理办法，建立土地承包经营权流转机制，积极引导农村土地经营权流转和农村集体建设用地流转。采取依法转让、转租、入股抵押土地承包权等形式，促进土地经营权进入市场。

（五）努力营造发展环境

继续深化行政审批制度改革，取消无法律、法规依据设立的项目，合并内容相近、相似的项目，取消或调整与现实管理要求不相适应或能够通过市场机制、行业自律有效调节的项目。按照便捷、高效的原则，在法律规定时限内压缩审批时限。对保留的行政审批项目相关内容及行政事业性收费项目对外公布。加强便民服务中心运行管理，做到“人进中心、公章进中心、值班领导进中心、所有手续进中心”，实行“一窗式受理、一站式办结、一条龙服务”。着力优化人文环境，构建诚信社会，形成亲商、重商、安商、护商的良好氛围；着力优化政务环境，完善优惠政策，规范行政行为，精简审批事项，简化办事程序，提高工作效率；着力优化法制环境，打造诚信政府，依法办事，严格执法，保障投资者的合法权益；着力优化市场环境，规范市场秩序，完善中介服务；着力优化人居环境，完善城市功能，提升城市品位，打造宜居城市；着力优化人文环境，构建公正廉明、秩序井然、文明和谐的人文道德环境。

附件：

1. 石林彝族自治县“543”倍增计划表（略）

2. 石林彝族自治县“543”倍增计划石林旅游度假区项目建设计划表（略）

3. 石林彝族自治县“543”倍增计划工业经济、非公经济发展计划表（略）

4. 石林彝族自治县“543”倍增计划规模以上工业计划表（略）

5. 石林彝族自治县“543”倍增计划拟建重点工业项目计划表（略）

6. 石林彝族自治县“543”倍增计划重点基础设施建设计划表（略）

7. 石林彝族自治县“543”倍增计划重点招商引资投资计划表（略）

8. 石林彝族自治县“543”倍增计划房地产开发新增人口计划表（略）

石林彝族自治县殡葬管理暂行办法

(2008年8月29日石林彝族自治县人民政府石政发〔2008〕42号)

第一章 总 则

第一条 为加强殡葬管理，推进殡葬改革，规范丧葬行为，根据国务院《殡葬管理条例》、《云南省殡葬管理条例》和《昆明市殡葬管理条例》等有关法律、法规、规章的规定，结合实际，制定本暂行办法。

第二条 本县行政辖区内的丧葬活动及其管理适用本暂行办法。

第三条 殡葬管理遵循积极稳步，推行火葬，改革土葬，禁止乱埋滥葬，保护生态环境，厉行节约用地，革除丧葬陋俗，提倡文明节俭办丧事的原则。

第四条 人口稠密、耕地较少、交通方便的地区，应当积极推行火葬。

在实行火葬的地区，提倡骨灰采取深埋不留坟头，壁葬、树葬和草坪葬等不占土地或者少占土地的绿色环保方式安葬。

在暂不实施火葬的地区，提倡和鼓励以深埋不留坟头的方式安葬。

第五条 殡葬改革工作纳入全县国民经济和社会发展规划与年度计划，新建殡仪馆、火化场、骨灰公墓、农村公益性公墓纳入城乡建设规划，殡葬改革工作经费列入县、乡镇两级财政预算，并逐步加大投入；殡葬改革工作列入县对各乡镇、县直各单位年度工作目标综合考核内容和文明单位考评条件，实行一票否决制和党政“一把手”负责制。

第六条 县民政局负责本县行政辖区内的殡葬管理。设立县殡葬管理所，负责殡葬管理日常工作。

公安、人事、监察、司法、工商、卫生、民宗、建设、国土资源、林业、环保、交通等部门负责按其职责做好殡葬管理的相关工作；组织、宣传、文化、广电等部门负责做好殡葬改革宣传教育工作。

各乡镇人民政府，县直各部委办局、人民团体、企事业单位，中央、省、市驻石单位及各村（居）民委员会成立殡葬管理工作领导小组，负责做好本区域、本行业、本单位的殡葬管理工作。

第七条 每年的“清明”、“冬至”为殡葬改革宣传日。

第八条 尊重少数民族的丧葬习俗（指回族、维吾尔族、哈萨克族、柯尔克孜族、乌孜别克族、塔吉克族、塔塔尔族、撒拉族、东乡族和保安族等国家有关规定指定的10个少数民族），自愿实行火葬的，他人不得干涉。

第二章 丧葬管理

第九条 全县范围内均推行火葬，按照积极稳妥、分步实施的原则逐年推行。自2009年4月4日启动，2015年全面推行。

第十条 暂时未实行火葬的区域，遗体必须按有关规定安葬到指定区域。

第十一条 在全面实行火葬以前，以下公民死亡后，其遗体一律实行火葬。

（一）各乡镇党委、政府，县直各部委办局、人民团体、企事业单位，中央、省、市驻石单位公职人员（包括离退休人员）死亡后的遗体；

（二）在县内医院（含村卫生所、乡镇卫生院）医治无效死亡人员的遗体；

（三）在县内因道路交通安全事故和其他安全事故死亡人员的遗体；

（四）在本县死亡的一切外来人员的遗体。

第十二条 火化场凭死亡证明进行遗体火化。正常死亡人员的遗体火化应当提交医疗机构或者公安机关出具的死亡证明；无名、无主和非正常死亡人员的遗体火化应当提交公安机关出具的死亡证明。

遗体火化后，火化场应当出具火化证明。

第十三条 应当火化的遗体必须在死亡后10日内火化。患传染病死亡的，遗体按照《中华人民共和国传染病防治法》的有关规定处理。

第十四条 遗体火化的有关费用由申请单位或者个人承担。无名、无主遗体火化的有关费用由县民政局承担。因办案延期火化的遗体，其产生的有关费用由申请延期的单位或个人承担。

第十五条 遗体火化后，凭火化场出具的火化证明，骨灰可以寄存在县殡仪馆骨灰堂（塔）内或安葬在县经营性公墓内；农村户口的可以安葬在所在村或乡镇的农村公益性公墓或县经营性公墓内。

无名、无主遗体火化后的骨灰，90天内无人认领的，由殡仪馆、火化场按有关规定处理。

在我县殡仪馆、火化场等配套基础设施建成以前，鼓励遗属将死者骨灰暂时寄存在外县的骨灰堂（塔）内。

第十六条 医院应当建立太平间遗体存放登记制度。民政部门应加强对医院太平间遗体存放登记工作的监管。

第十七条 遗属未持有殡仪馆出具的火化证明、骨灰安葬证明和公安机关出具的户口注销证明的，死者生前所在单位和有关部门不得发放丧葬费、抚恤费和遗属定期生活困难补助费。捐献遗体供科研、教学使用的，遗属凭接收遗体单位的证明，到死者生前所在单位或有关部门领取丧葬费、抚恤费和遗属定期生活困难补助费。

第十八条 县殡仪馆的服务人员应当遵守职业道德，对遗体的运送、防腐、整容、火化等提供文明优质服务，不得利用工作之便索要或收受财物。对殡仪专用车辆和用具应当进行定期消毒，保持卫生，防止疾病传染。殡仪专用车辆应当按照约定时间、地点运送遗体。

殡葬服务人员应当按照有关规定妥善保管和火化遗体，不得错化、丢失遗体和灭失骨灰。

第十九条 殡葬服务单位应当按照政府物价部门批准的收费标准收取服务费。

第二十条 禁止任何单位和个人制造、销售与火葬无关的丧葬用品。

第二十一条 办理丧事和祭祀活动，不得妨碍公共秩序，危害公共安全，侵害他人的合法权益。禁止在街道、小区、公路、广场等公共场所停放遗体、搭设灵棚、燃放鞭炮、焚烧抛撒冥币、纸钱以及摆放、使用其他丧葬用品。

禁止从事封建迷信活动。

在户外办理祭奠活动不得用火。祭奠场所规定可以用火的，必须在指定地点使用。

第二十二条 丧事承办人在办理丧事活动中应当遵守殡葬管理服务单位的有关规定，不得无理取闹。

全社会不得歧视殡葬管理服务人员，应当尊重他们的劳动。

第三章 墓地管理

第二十三条 根据殡葬事业发展需求，建立县经营性公墓和农村公益性公墓。建立县经营性公墓和农村公益性公墓按省、市有关规定和程序办理报批手续。建立农村公益性公墓，由村（居）民委员会或村（居）民小组提出申请，经乡镇人民政府同意后，报县工商、国土资源、林业、环保、建设、民宗等部门审核后，由县民政部门审批，并报市民政部门备案。

第二十四条 禁止在下列区域内葬坟、兴建经营性公墓或设置公益性公墓。

（一）耕地、林地；

（二）水源保护区、文物保护区、城市公园、风景名胜区保护区、封山育林区、经济开发区和居民区；

（三）水库、河流、湖泊、引水渠堤坝外3000米范围内；

（四）铁路和公路主干线两侧各500米地界内；

（五）法律法规禁止的其他区域。

第二十五条 墓穴占地与管理

（一）骨灰入土安葬，单人墓占地面积不得超过1平方米，双人墓不得超过2平方米；

（二）遗体入土安葬的坟墓，单人墓占地面积不得超过4平方米，双人墓不得超过6平方米；墓碑高不得超过1米，宽不得超过0.6米；由坟主自行负责，每冢坟周围必须至少栽植10株树（松树或香柏）并达到见树不见墓的要求；

（三）墓地使用权不得自行转让；

（四）实行火葬的地区，经营性公墓、公益性公墓的墓地只供安葬骨灰；

（五）暂不实行火葬的区域，未经县民政部门批准，农村公益性公墓不得安葬本村村民以外的其他人员的遗体。

第二十六条 禁止任何单位或个人为应当实行火化的遗体提供土葬用地。

第二十七条 任何单位和个人不得有下列行为：

（一）转让、预售、有奖销售、炒买、炒卖墓穴或墓地；

（二）恢复或建立宗族墓地；

（三）修建活人墓；

（四）在经营性公墓、公益性公墓以外出售墓地、修坟立碑；

（五）返迁或重建已迁移、平毁的坟墓；

（六）本暂行办法规定应当火葬的遗体火化后骨灰装棺土葬。

第四章 法律责任

第二十八条 违反本暂行办法第十一条、第十三条规定，应当火化的遗体逾期不火化的，依法实行强制火化，所产生的一切费用由遗属承担，并处200元以上1000元以下罚款。

第二十九条 违反本暂行办法第十七条规定的，由县民政部门责令限期改正，所造成的损失由相关费用发放单位承担，并依法追究相关单位主要领导和直接经办人的责任。

第三十条 违反本暂行办法第十八条规定的，由县民政部门责令退赔或整改；情节严重的，按照有关规定予以处理；构成犯罪的，依法追究刑事责任。

第三十一条 违反本暂行办法第十九条规定的，由县物价部门依法处理。

第三十二条 违反本暂行办法第二十条规定的，由县工商行政管理部门依法没收其制作设施设备及生产的丧葬用品，并处以200元以上1000元以下罚款。

第三十三条 违反本暂行办法第二十一条、第二十二条规定的，由县民政部门责令其整改，拒不整改的由县民政部门牵头，县公安、建设等部门参加按有关规定处理。违反治安管理规定的，由县公安部门依法给予治安管理处罚，构成犯罪的依法追究刑事责任。

第三十四条 违反本办法第二十四条规定的，由县民政部门会同县公安、国土资源、林业、水务、建设、环保、旅游、卫生等部门依法责令限期拆除、恢复生态，并处以1000元以上3000元以下罚款，同时，追究相关责任人的行政责

任，对个人处以200元以上1000元以下罚款。

第三十五条 违反本暂行办法第二十五条、第二十六条、第二十七条的，由县民政部门依法责令限期整改，有违法所得的，没收违法所得并处以违法所得3倍的罚款。

第三十六条 县民政部门以及与殡葬管理有关的其他部门的工作人员在殡葬管理工作中滥用职权、玩忽职守、徇私舞弊，尚未构成犯罪的，依法给予行政处分；构成犯罪的，依法追究刑事责任。

第五章 附 则

第三十七条 本暂行办法由县民政局负责解释，自2009年4月4日起施行。

石林彝族自治县加快推进社会信用体系建设工作实施方案

（2008年9月4日中共石林彝族自治县委　石林彝族自治县人民政府石通〔2008〕8号）

为加快推进全县社会信用体系建设，建立健全以市场准则为基础，以道德规范为支撑，以政策法规为保障的社会信用制度，进一步规范市场经济秩序，优化全县经济社会发展软环境，根据市委、市人民政府《关于加快推进社会信用体系建设的意见》（昆通〔2008〕40号）精神，结合实际，制定本实施方案。

一、指导思想

以邓小平理论、“三个代表”重要思想和科学发展观为指导，认真贯彻落实市委九届四次全会、县委十届四次全会精神，以打造诚信石林，全面构建制度健全、手段完备、调控有力、治理有序的社会信用体系为目标；以提高全县人民诚实守信的道德素质、改善经济发展环境，服务全县经济建设为根本宗旨；以建立信用监督体系为切入点，综合抓好诚信教育、信用制度建设、信用市场培育和信用行业监管等环节，增强政府公信度，提高企业信用度，提升社会诚信度，促进全县经济社会又好又快发展和社会和谐进步。

二、基本原则

（一）统筹规划、分类指导。按照政府、企业、个人不同层次，分类指导，试点先行，整体推进，加快实现社会信用体系建设专业化、标准化。

（二）政府推动、市场运作。政府统一领导，部门分工负责，协调各方资源，实现信息共享。按照完善制度、特许经营、商业运作、专业服务的方向，建立规范有序的社会信用体系，推动信用服务市场化运作。

（三）完善法规、严格监管。按照有利于公共服务和监管、维护信息安全的要求，健全信用制度，为社会信用体系建设提供政策保障，并建立行之有效的监管机制，依法惩治失信行为。

（四）加强宣传、规范服务。一手抓诚信宣传教育，培育全社会诚信意识，树立良好社会信用风尚；一手抓信用服务行业发展，依法规范信用服务行为和市场秩序，既满足市场需求，又保障当事人的合法权益。

（五）便于操作、注重实效。社会信用体系建设与经济社会发展软环境建设相结合，注重前瞻性和可操作性，扎实推进，确保实效。

三、总体目标

围绕建立涵盖政府、企业和个人，覆盖经济社会各方面的社会信用体系，完善“一个保障”、打造“两个平台”、建立“三大体系”、实现“四个提高”。即：建立和完善信用制度、信用标准及配套政策，为信用体系建设提供政策保障；打造社会信用公共信息平台和社会监管平台，为信用征集、评估、查询、管理等提供规范的运行机制；建立信用指标体系、信用服务体系和信用监管体系；实现全社会信用水平、个人信用意识、企业信用管理和政府部门公信力的显著提高。2008年，按照昆明市社会信用体系建设工作领导小组的统一安排部署认真做好试点工作，探索政府、企业、个人信用运行机制和管理模式。2009年，初步建立统一的信用信息发布平台；制定统一的企业、个人信用评估标准和方法；初步建立信用服务体系和信用监管体系，初步形成失信惩戒、守信激励机制，社会信用意识明显增强。2012年，基本形成信用制度健全，信用市场健康，信用服务规范，信用监管有力，社会信誉度全面提高的社会信用体系。

四、组织领导

成立县社会信用体系建设工作领导小组，由县委主要领导任政委，县人民政府县长任组长，分管副县长任副组长，县发改局、县监察局、县工商局、县经济局、县文明办、县教育局、县卫生局、县公安局、县财政局、县人事劳动和社会保障局、县建设局、县国土资源局、县环保局、县交通局、县旅游局、县人口和计划生育局、县政府信息产业办、县政府法制办、县国税局、县地税局、县质监局、县食品药品监督管理局、县检察院、县法院、人行石林支行等相关单位负责人为成员。领导小组全面负责全县社会信用体系建设工作，协调解决工作中的重大问题，原则上每半年召开一次领导小组会议，对重大事项进行专题研究。

领导小组下设办公室在县发改局，由县发改局局长兼任办公室主任，办公室工作人员根据工作需要从领导小组成员单位抽调。领导小组办公室负责组织协调全县社会信用体系建设日常工作，研究提出全县社会信用体系建设总体规划、年度工作要点、信息报送和考核奖励办法以及其他相关政策措施；加强对信用建设工作的指导、协调、监督、检查和督办。

五、工作重点

（一）开展关乎民生的社会建设。加强廉租房、经济适用房等政策实施中的信用管理，促进申请人诚信自律，切实保障中低收入家庭住房改革政策的落实。将物价、劳动保障、医疗保险、房地资源、环境保护等与民生关联度高的相关信息进行联合征集，加大对违规主体的惩处力度。将食品药品安全违法、传销、制售假冒伪劣商品、商业贿赂、市场主体不良退出等负面行为的信息与相关责任人关联，推动信用惩戒从单位主体向违法自然人延伸。

（二）优化社会管理和公共服务。探索建立与信用挂钩的费率浮动机制，根据机动车辆交通违法记录、安全生产违规记录、职业卫生违规记录以及医疗保险、火灾事故、保险理赔等记录，实施机动车辆保险、工伤保险、健康医疗保险及火灾公众责任保险的费率浮动，优化相关管理。探索建立社会服务领域的信用查询机制，率先在个人出境游、汽车租赁、质量认证等业务中推动实施。继续推进社会资源分配与信用联动，在资质认定、贷款担保、资金扶持、评优评级、政府采购和项目招标、公务员招录、人才流动等环节，主动使用信用报告或信用信息，在同等条件下对信用良好者实施政策倾斜。

（三）助推产业结构调整和企业发展。加快经济结构优化调整，鼓励现代服务业领域的骨干企业充分应用信息技术，建立健全以信用风险控制为核心的企业信用管理制度，加快适应国际交易规则，不断增强可持续发展能力。积极引导企业开展信用管理，推进企业信用管理制度建设，引导企业加强自身及交易方信用信息记录，推进中小企业信用信息自主申报试点工作。以县生态工业集中区、石林旅游度假区等园区建设为载体，向企业提供信用风险防范支撑，加快兑现对守信企业和机构的扶持政策。指导行业协会等社会组织加强信用制度建设，提高行业公信力和综合发展能力。

（四）促进金融业持续健康发展。加强金融信用风险控制，继续推进信贷、租赁、典当等业务中的信用产品使用，依据信用状况调节授信水平；鼓励开发和利用相关信用工具，服务于金融产品创新。加强对金融机构及从业人员的执业信用管理，完善保险公司信用信息采集，进一步拓展信用信息共享范围。

（五）运用信用制度防范和惩治腐败。以建筑工程、土地交易、产权交易、政府采购、医药购销、资金监管六个领域为重点，加强公共权力行使环节的信用制度建设，公开共享相关信用信息，畅通公众知情渠道；完善行政审批流程，减少权力违规行使的空间；加强信息记录，使权力行使的各个环节有迹可寻，促进权力行使的规范化。

六、实施步骤

（一）动员阶段（2008年9月）

1. 目标：建立工作机构，广泛宣传社会信用体系建设的重要性和必要性，营造良好的舆论氛围；结合部门行业特点，分块、分类制定出台相关文件及工作制度，提升部门的诚信意识。

2. 主要工作

（1）召开全县信用体系建设暨诚信工作会议，全面进行动员部署，明确相关机构和部门的工作职责及任务，提出工作要求。

（2）制订出台政府信用体系建设、企业信用体系建设、个人信用体系建设实施意见等相关文件。

（3）各相关部门大力开展宣传动员。

（二）重点推进阶段（2008年9月—11月）

1. 目标：通过重点推进社会信用体系建设，初步探索出符合石林县情的政府、企业、个人信用运行机制与管理模式。

2. 重点推进范围：县发改、工商、监察、税务、银行、质监、建设、人事劳动和社会保障、法院、公安等系统为推进信用体系建设的重点。县政府法制办、县政府信息产业办配合提供法制和技术保障。

3. 主要工作：相关部门和重点推进单位根据不同行业、单位特点，针对信用信息收集、共享、管理、服务、监督、责任等环节，建立切实可行的配套制度。

（1）探索重点推进行业信息系统的统一技术规范。

（2）重点推进单位建立基础信息数据库，信用服务中介机构建立行业信用数据库，有关部门建立分类信用数据库。

（3）建立重点推进单位信用信息交换机制。

（三）全面推广阶段（2008年12月—2012年）

1. 目标：政府、企业、个人信用体系建设全面展开，基本完成社会信用信息数据库建设，实现信用信息网络化，初步形成社会信用体系运转机制，失信行为明显减少，形成良好的诚信环境。

2. 主要工作

（1）建成信用信息交换与服务平台和政府、企业、个人三个信用信息数据库，开通"诚信石林"网站。

（2）建立健全社会信用制度，完善信用档案体系。

（3）建设社会信用监管平台，加强信用监管，建成较为完善的信用激励惩戒制度。

（4）有序发展信用服务，积极培育信用服务市场。

七、工作措施

（一）加强信用道德建设

以诚实守信为主题，在全县范围内开展信用建设舆论宣传、信用道德教育和信用知识普及活动。由县委宣传部、县发改局牵头，县文明办、县总工会、团县委、县妇联、县教育局、县广电局、县文体局等有关部门配合，利用电视、广播、报刊、网络等媒体及课堂、文化场所等多种形式，积极开展公民道德、社会诚信等宣传教育，普及个人信用知识，塑造“诚信石林”良好形象。倡导“爱岗敬业、诚实守信、服务群众、奉献社会”的良好风尚，强化舆论监督，褒扬诚信典型，鞭挞失信行为，促使诚信为本的理念深入人心；倡导以讲信用为荣、不讲信用为耻的良好风气，加快建立信用道德评价和约束机制，开展各行业的诚信创建活动，促进社会自觉遵循信用道德行为规范，努力做到“一言一行讲文明、做人做事讲诚信”。

（二）加强政府信用建设

全面提升政府决策信用、执行信用、监管信用、服务信用和商务信用，塑造依法行政、公开透明、公平公正、廉洁高效的诚信政府形象。由县监察局牵头，相关部门配合，以转变政府职能、改进工作作风、加强依法行政为重点，以建立完善政府信用制度和工作机制为突破口，继续深化行政审批制度改革，全面推行“阳光政务”。县监察局、县软建办要加大对政府部门及公务人员失信行为的惩戒力度，提升政府在服务、决策、执行、监督等方面的公信度。

（三）加强企业信用建设

开展“诚信兴商”活动，加快实现商会、行业协会会员企业信用档案与税务、工商、质监、食品药品监管、人事劳动和社会保障、卫生、公检法等部门信用信息互联互通，以全国商业信用中心制定的《全国商业企业信用等级分类标准》和《全国商业信用等级行业评估管理办法》为依据，组织开展反商业欺诈专项整治。由县工商局牵头，县发改局、县经济局配合，根据相关制度及指标体系，依托全县企业设立、变更、注销、年检等注册登记基础信息，在整合相关部门信用数据资源的基础上，建立全县企业信用数据库。积极推进企业信用状况公开，建立完善企业信用约束机制，强化信用奖惩措施，督促企业诚信立业。积极引导企业广泛运用信用产品和信用服务，深入开展“重信用、守合同”企业评选活动，鼓励企业诚信服务、规范经营、诚实纳税、信守合同。

（四）加强个人信用征信和个人信用监管

在县发改局设立个人信用征信办公室，以金融系统信贷网络为载体，居民个人银行信用记录为主线，充分汇集个人基本养老保险、失业保险、医疗保险等信用信息。切实加强各部门间的协调配合，使工商、税务、国土、房管、人事劳动和社会保障、司法等相关部门拥有的个人信用数据得以充分整合，联合征信，逐步建成个人信用征信系统。各职能部门和行业协会要结合各自管理职责，加强对个人信用的监管，重点对企业法定代表人、个体工商户等特定对象，律师、会计师、评估师、造价师、执业医师、导游等具有特殊执业资质（资格）的人员，使用信用卡、各类消费信贷及小额贷款的个人实施个人信用重点监管。

（五）加强信用中介服务机构培育

积极发展以信用调查、信用评估、信用担保、信用管理咨询等为主营业务的信用服务业。培育一批具有较高执业水平，独立、公正、高效的信用中介服务机构和信用评估咨询人员。由县发改局牵头，制订行业信用服务标准和工作规范，设计信用服务指标体系，加强行业统计及数据发布，提升信用中介服务业整体服务能力。有关职能部门要切实加强对信用中介机构经营行为的指导、规范和监管，依法向信用服务中介机构开放政府部门在执法及履行公务过程中收集或产生的有关信用信息，实现信用信息共享。

（六）加强金融及税收信用体系建设

由人行石林支行牵头，组织有关单位积极整合金融信用管理信息，加快建设金融信用信息基础数据库，推动金融系统信用信息共享；完善金融信用评级办法，对贷款企业和个人开展贷款信用等级评定；建立银行信贷登记咨询系统，促进全县中小企业信用担保体系建设；建立健全金融欺诈行为信息披露制度，依法严厉打击严重失信行为。由县国税局、县地税局牵头，推进税收信用体系建设，重点实施税收征缴全流程监控，动态记录纳税人涉税事项，综合分析纳税人纳税信用情况，建立纳税信用数据库，开展纳税信用等级评定，推进税收信用资源共享。

（七）加强社会信用管理制度建设

由县软建办牵头，县发改局、县政府法制办配合，加快制定和完善政府、企业、个人信用管理办法、信用征信管理办法、信用信息归集使用办法等规章制度，规范信息采集、管理、披露等工作流程，为全县信用体系建设提供法律依据和操作规程。建立完善重大失信新闻发布制度、社会信用奖惩制度、信用问题申诉投诉制度、信用服务行业准入制度等配套制度。政府部门要主动接受监督，失信行为将纳入行政问责范围。

（八）加强对社会信用服务的监管

成立专门的社会信用服务业监督管理机构，出台信用服务业监督管理办法，强化对信用服务质量、信用服务从业人员和信用服务市场秩序的监督管理。各相关部门要加强对各行业协会建立行业内部信用监督管理体系的工作指导，加快形成行业内部的信用建设自我约束机制；建立和完善诚信建设新闻发布工作制度，将重大诚信建设事项置于群众监督、社会监督和舆论监督之下。

社会信用体系建设是一项覆盖经济社会各个领域，需要全民参与的长期性任务。各乡镇、县直各部门、各单位要把社会信用体系建设作为一项重要任务，摆上工作日程，实行信用建设“一把手”负责制，建立相应工作机构，按照中央、省、市有关要求和本方案精神，结合本地区、本部门、本单位实际制定相关规划和实施方案，明确职责，落实任务，采取有力措施，保障经费投入，扎实推进信用体系建设工作。

中共石林彝族自治县委 石林彝族自治县人民政府印发加强机关效能建设三个文件的通知

（2008 年 9 月 10 日石通〔2008〕10 号）

各乡镇党委、政府，县直各部委办局、人民团体、企事业单位：

现将县委、县人民政府《关于全面加强机关效能建设进一步优化经济社会发展软环境的工作意见》、《关于成立石林彝族自治县行政效能投诉中心的通知》和《关于实行机关效能投诉整改公示制的通知》印发给你们，请结合各自实际，认真贯彻执行。

关于全面加强机关效能建设进一步优化经济社会发展软环境的工作意见

（2008 年 9月 10 日）

为全面加强我县机关效能建设，进一步优化经济社会发展软环境，现提出如下工作意见。

一、提高思想认识，进一步增强做好机关效能建设工作的责任感和紧迫感

加强机关效能建设，是深入贯彻党的十七大精神，全面落实科学发展观，构建社会主义和谐社会的必然要求；是实践邓小平理论和“三个代表”重要思想，深入推进政府职能转变，建设服务型政府的重要举措；也是优化我县经济社会发展软环境，加快石林跨越式发展的迫切需要。近年来，县委、县政府十分重视此项工作，大力加强机关作风建设，深入开展行政效能监察，不断深化行政审批制度改革，取得了一定成效。特别是今年上半年，县委、县政府以整风的精神和“三讲”的办法，在全县组织开展了经济社会发展软环境建设活动，从思想观念、机关作风、体制机制制度等方面，着力解决机关效能建设中存在的突出问题，有力地推进了机关效能建设。

但是，目前我县机关效能建设情况与加快发展的需要相比，与县委、县政府的要求相比，与人民群众和投资客商的期望相比，还存在较大差距。从对工业突破、园区建设、招商引资、重点项目、重点工程等重要工作推进以及县委、县政府主要领导批示件落实的督查情况看，少数单位特别是一些中层干部存在责任心不强、不认真履职、推诿扯皮、矛盾上交、拖着不办等问题。在县软建办对全县投资发展软环境开展的问卷调查中，企业和群众代表对一些部门和行业存在的服务态度差，办事程序烦琐、效率低下，有诺不践、诚信缺失等问题意见较大。这些问题的存在，严重影响了党的路线方针政策和省委、省政府，市委、市政府以及县委、县政府决策部署的贯彻落实，损害了我县的行政形象，阻碍了石林跨越式发展的进程。全县各级各部门一定要从深入贯彻落实科学发展观、加快石林经济社会发展的高度，充分认识加强机关效能建设的重要意义；充分认识软环境建设只有开始没有结束，只有始点没有终点，只有高潮没有低潮；充分认识加强机关效能建设符合科学发展观，符合市场化改革发展取向，体现了打造“三最四低”投资发展软环境的要求。切实增强工作责任感和紧迫感，采取更加坚决有力的措施，把我县机关效能建设工作进一步引向深入，为加快石林跨越式发展营造良好的投资发展软环境。

二、强化工作措施，全面推进机关效能建设

坚持围绕中心、服务大局，以思想建设为基础、制度建设为重点、绩效考核为手段、效能监察为保证，加强机关效能建设。

（一）加强教育培训，全面提升机关干部整体素质

1. 加强思想政治教育。健全机关政治学习制度，坚持不懈地对机关干部进行理想信念、宗旨意识、职业道德和党风廉政教育，进一步增强机关干部的大局意识、服务意识、责任意识和纪律观念。在各级机关深入开展“解放思想、深化改革、扩大开放、科学发展”大讨论活动，使机关干部充分认识当前面临的新形势新任务，了解省委、省政府、市委、

市政府和县委、县政府为推进石林经济社会又好又快发展作出的各项决策部署，切实把思想统一到“一切着眼于发展、一切服务于发展，用发展凝聚人心、用发展破解难题、用发展为民造福、用发展创建事业”上来。

2. 强化业务知识培训。坚持和完善“领导干部培训日”制度，健全机关干部培训机制，以岗位需要为取向、能力开发为重点，认真组织机关干部学习业务知识，学习市场经济、都市经济、城市规划建设管理和现代科学技术等方面的知识，不断提高履职能力和业务水平。

3. 进一步转变机关作风。认真贯彻落实《石林彝族自治县加强机关作风建设实施细则（试行）》，全面加强机关的思想作风、学风、工作作风、领导作风、干部生活作风建设，大力营造“讲激情、比创业，讲服务、比奉献，讲执行、比效率，讲清正、比形象”的良好风气。把增强执行力、提高工作效能作为转变机关作风的重点，在全县各级机关大力推行“五办作风”、“一线工作法”、“工作成果倒逼法”，实施最严格的限时办结制、最严肃的服务承诺制、最严厉的问责制，着力解决少数机关精神不振、不思进取，不负责任、怕担风险，人浮于事、效率低下等突出问题。

（二）创新体制机制，推动效能建设深入开展

1.进一步深化行政审批和收费制度改革。认真贯彻落实市政府《关于进一步精简行政审批项目和压缩行政审批时限的通知》，进一步清理、精简行政审批项目，再造行政审批流程。按照“收费项目最少、收费标准最低”的原则，进一步深化行政事业性收费制度改革。加快行政审批电子监察系统建设，对全县范围内所有行政审批事项进行实时监控、预警纠错和绩效评估。学习借鉴发达地区的经验和做法，注重针对性，增强可操作性，加大制度创新力度，全面提高行政效能。

2. 大力推进服务创新。加强县、乡两级便民服务体系规范化建设，全面完成“两集中、两到位”改革，使便民服务中心成为部门实施行政审批的唯一窗口，实行“一窗式受理、一站式办结、一条龙服务”。认真落实和进一步完善市场主体准入、投资项目核准或备案、建设项目工程规划和项目开工四类行政审批事项联合审批办法，为重大项目和重点企业落地开辟“绿色通道”。建立重点企业挂牌保护制度，对重点企业进行登记造册、挂牌保护。建立“投资乐园卡”制度，对重点企业、重大项目及其投资者提供行政服务、居住及子女入学、医疗保健、邮政通信、道路交通等生产经营和生活方面的特殊优惠服务。

3. 着力规范行政行为。积极推进行政执法体制改革，实施行政执法责任制，建立执法过错或错案责任追究制。认真贯彻落实《昆明市行政处罚自由裁量权规范细化工作实施意见》，最大限度地控制和减少自由裁量空间，确保公开、公平、公正执法。建立项目否决报备、涉企检查准入、涉企收费“两证一文一卡”等制度，严禁乱审批、乱检查、乱收费等行为，切实维护企业的合法权益。

4. 进一步深化政务公开。认真贯彻落实《政府信息公开条例》，按照“以公开为原则、不公开为例外”的要求，利用政府门户网、各单位信息网站等有效载体，主动公开政务、事务信息，满足社会各界需求。建立依法申请公开制度，对企业、群众申请公开的事项，明确公开程序、时限和要求。在继续抓好公开领导干部工作职责和工作电话的基础上，全面推行领导干部勤政廉政公示制度，把各级领导干部贯彻落实党的路线方针政策、上级重大决策部署、党风廉政建设责任制以及廉洁自律等情况向社会公示，接受组织和干部群众的监督考评。

（三）强化监督检查，构建效能建设保障体系

1. 建立健全机关效能投诉受理机制。全县各乡镇、各部门要建立行政效能投诉工作机构，加大人员、设备、技术等投入，公布投诉方式，进一步畅通群众投诉渠道。完善机关效能投诉工作机制，认真受理群众举报和投诉，切实做到“四个不放过”，即：问题不查清不放过，存在问题不纠正不放过，责任人不处理不放过，整改措施不落实不放过。实行机关效能投诉整改公示制，将人民群众和投资客商的投诉情况对外公开，将有关单位或部门的整改落实情况对外公布，扩大群众知情权，保障群众监督权。建立鼓励投诉、保护投诉人合法权益的有关制度，充分调动群众投诉的积极性。

2. 深入开展专项效能监察。各纪检、监察机关要充分发挥职能作用，紧紧围绕党委、政府中心工作，围绕重大建设项目，围绕群众反映强烈的热点、难点问题进行监察立项，开展专项效能监察，坚决纠正和严肃查处行政不作为、慢作为、乱作为等问题。

3. 加大明察暗访工作力度。完善明察暗访工作机制，创新工作方式方法，聘请人大代表、政协委员、群团组织成员、特邀监察员、新闻记者等组成机关作风督察组，对各级机关效能建设情况开展经常性的明察暗访，加强效能监督，督促各级机关及广大公务员增强服务意识、端正服务态度、健全服务制度、提高服务质量。

4. 大力加强软环境监测点建设。充分发挥软环境监测点的作用，在重点企业、便民服务机构和市民中建立一批监测点，对机关效能建设情况进行动态监测，督促有关部门，针对存在问题认真及时地进行整改，进一步促进我县经济社会发展软环境的改善。

5. 严肃查处影响机关效能的案件。严肃查处有法不依、执法不严、滥用职权、以权谋私的案件；有令不行、有禁不止，不按政策法规办事，严重侵犯群众利益的案件；行政不作为、慢作为、乱作为的案件；推诿扯皮、效率低下、失职渎职，造成较大不良影响的案件等。综合运用纪律处分和组织处理手段，区别不同情况，依照有关规定，分别作出诫勉谈话、通报批评、取消当年评优评先资格、调整工作岗位、责令辞职、免职、辞退、给予纪律处分等；涉嫌违法犯罪的，及时移送司法机关依法处理。

三、加强组织领导，确保机关效能建设深入有效开展

机关效能建设是一项系统工程，涉及领域广、工作多、

任务重。各乡镇、各部门要切实加强领导，精心组织实施，确保取得新的更大成效。

（一）健全领导体制和工作机制

各乡镇、各部门要把效能建设工作摆上重要议事日程，认真进行部署，党政一把手要亲自抓、负总责，一级抓一级、层层抓落实。县级领导班子成员和人大代表、政协委员等，要为开展制度创新、加强机关效能建设献良策、抓落实、作贡献。纪检监察机关要充分发挥组织协调作用，加强督促指导，组织明察暗访，严格检查考核，确保机关效能建设各项目标任务落到实处。机关各部门、单位要在搞好自身效能建设的同时，按照职责分工，切实抓好所担负的效能建设工作任务。要广泛发动广大人民群众，积极参与效能建设，努力构建"党委政府统一领导，纪检监察机关组织协调、监督检查，职能部门各司其职，全社会齐抓共管"的机关效能建设领导体制和工作机制。

（二）建立绩效考核和评价机制

各乡镇、各部门要研究制定效能建设考核办法，对效能建设工作进行量化考核，并将其作为一项重要内容，纳入年度工作目标管理、党风廉政建设责任制和纠风目标管理考核，对在机关效能建设工作中做出突出成绩的单位和个人给予表彰奖励，对思想不重视、措施不力、成效不明显的，甚至屡屡发生影响我县软环境、损害石林形象行为的单位，要对责任领导和责任人严厉进行问责。进一步完善民主评议机关作风和行风制度，广泛听取人民群众和投资客商对机关效能建设的意见建议，并认真抓好整改落实，促进我县机关效能建设。

（三）营造良好工作氛围

进一步加大宣传教育力度，引导广大党员、干部、群众牢固树立"机关效能是最重要的软环境，抓好效能建设才能抢抓发展机遇"的观念，切实增强关心、支持、参与机关效能建设的主动性和积极性。利用昆明日报、昆明电视台、石林电视台等媒体和网络，及时总结推广各单位在机关效能建设中好的做法和经验，大力宣传软环境建设中涌现的先进典型，充分发挥其示范带动作用；注重利用典型案例开展警示教育，做到"查处一个、教育一片、震动一方"，为我县机关效能建设营造良好的社会环境和舆论氛围。

关于成立石林彝族自治县行政效能投诉中心的通知

（2008年9月10日）

为进一步加强对行政机关、具有行政管理职能的事业单位及其工作人员的行政效能建设，切实改进机关工作作风，提高行政效能，促进依法行政，经县委、县人民政府研究，决定成立石林县行政效能投诉中心。

县行政效能投诉中心是受理自然人、法人及其他组织，对机关及其工作人员在依法行使职权、履行法定职责中，涉及依法行政、工作效率和工作作风等方面问题投诉处理的专门机构。在不增加机构、编制、人员的情况下，县行政效能投诉中心设在县纪委、县监察局，具体工作由县纪委监察局信访室承担。各乡镇党委政府、县属各部门各单位要按照本通知精神，结合实际成立或明确行政效能投诉受理工作机构，明确工作职责，尽快开展工作。县行政效能投诉中心对全县行政效能投诉机构的设立、工作开展情况等进行督查。

县行政效能投诉中心投诉电话：0871—7796654

通讯地址：石林县环城东路137号石林彝族自治县行政效能投诉中心

邮政编码：652200

附件：

石林彝族自治县行政效能投诉中心投诉处理办法

第一章　总　则

第一条　为切实改进机关作风，提高机关行政效能，规范行政效能投诉处理工作，保护自然人、法人和其他组织的合法权益，根据《中华人民共和国行政监察法》、《中华人民共和国行政监察法实施条例》、《中华人民共和国公务员法》等有关法律、法规、规章及党内有关规定，结合本县实际，制定本办法。

第二条　石林县行政效能投诉中心接受和处理自然人、法人和其他组织（以下简称投诉人）对县级机关和行使社会管理职能的县属事业单位及其工作人员（以下简称被投诉人）的行政效能投诉，适用本办法。

法律、法规、规章等对行政效能投诉有专门规定的，从其规定。

第三条 行政效能投诉处理，坚持分级负责、归口办理，实事求是、依法办理，维护投诉人和被投诉人合法权益的原则；实行教育与惩戒、监督检查与改进工作相结合的工作方法。

第二章 机构与职责权限

第四条 行政效能投诉工作在县委、县人民政府领导下进行。县行政效能投诉中心设在县纪委、县监察局，具体工作由县纪委监察局信访室承担。县行政效能投诉中心是受理自然人、法人及其他组织，对县级机关和行使社会管理职能的县属事业单位及其工作人员在依法行使职权，履行法定职责中，涉及依法行政、工作效率和工作作风等方面问题投诉的专门机构。各乡镇、县级机关和行使社会管理职能的县属事业单位应当成立或明确各自的行政效能投诉受理工作机构。

第五条 县行政效能投诉中心履行以下职责：

（一）受理投诉人对被投诉人有关行政效能问题的投诉；

（二）受理投诉人对被投诉人违反服务承诺行为的投诉；

（三）调查处理被投诉人不履行或不正确履行职责的行为；

（四）督促、指导、协调各乡镇、县级各有关单位处理相关投诉，办理投诉事项；

（五）对下级机关效能投诉受理工作进行督查和指导；

（六）承办县委、县人民政府和上级机关交办的其他相关事项。

第六条 县行政效能投诉中心行使以下权力：

（一）要求被投诉人提供与投诉事项有关的文件依据、资料及其他材料，并就被投诉的效能问题作出解释和说明；

（二）要求与被投诉人相关的单位和个人协助、配合投诉调查；

（三）要求被投诉人在规定时间内履行或正确履行法定职责、义务；

（四）责令被投诉人停止违反法律、法规、规章和党委、政府指示、决议、决定、命令的行为；

（五）要求被投诉人对所造成的危害采取必要的补救措施；

（六）直接给予被投诉人通报；

（七）依照有关规定向被投诉人员职务任免机关提出行政效能告诫、问责和其他组织处理措施的建议；

（八）向有权对被投诉人员进行纪律处分的纪检监察机关提出给予其纪律处分的建议；

（九）其他相关权力。

第三章 投 诉

第七条 被投诉人有下列行为之一的，投诉人可以对其进行投诉：

（一）违法设立或实施行政许可的；

（二）不履行服务承诺或违反服务承诺规定的；

（三）对符合法律、法规、规章和政策规定的事项，不予受理或在受理后未在规定时限内办结的；

（四）不认真履行岗位职责，不履行首问首办责任制，工作推诿、敷衍塞责、效率低下，给投诉人及行政相对人造成工作延误或损失的；

（五）违反政务公开规定，不履行公开和告知义务，损害投诉人及行政相对人知情权的；

（六）利用职权假公济私，故意纵容、庇护不正当竞争的；

（七）违反规定收费、罚款和摊派的；

（八）违反规定强行指定中介服务机构、企业、产品的；

（九）执行公务不文明，工作作风生硬，态度蛮横粗暴的；

（十）对群众或投诉人的正当要求和意见置之不理的；

（十一）其他不履行或不正确履行职责的行为。

第八条 投诉人可以采取来人、来电、书面、传真等形式进行投诉，也可以书面委托他人代为投诉。

第九条 投诉人投诉时，应当说明投诉事项、理由，被投诉机关、单位及工作人员，投诉人联系电话及通讯地址等。提倡投诉人署实名投诉。

第十条 投诉人进行投诉，应当遵守国家法律、法规及其他有关规定，不得影响机关、单位正常工作秩序。除紧急情况、突发事件或检举等特殊情况外，应当按照所投诉事项的管辖权限逐级投诉。

第十一条 任何单位和个人不得以任何借口阻拦、压制投诉和打击报复投诉人。如有违反，由其职务任免机关或纪检监察机关给予纪律处分；涉嫌犯罪的，移送司法机关依法处理。

第四章 受 理

第十二条 投诉申请自县行政效能投诉中心收到之日起即为受理。

第十三条 县行政效能投诉中心应当明确专人接受投诉人的来信、来访、来电等，同时还应公布举报电话、电子信箱等，为投诉人提供方便。

第十四条 县行政效能投诉中心及其工作人员应当严格执行保密规定，不得将投诉材料转给被投诉人；需转交被投诉机关、单位或被投诉人所在单位核实、解决时，应摘要转交，注意保护投诉人。

第五章　办　理

第十五条　县行政效能投诉中心及其工作人员应当恪尽职守，认真做好投诉的受理登记、自办、转办、督办、反馈、回复和立卷归档等工作，做到及时、恰当、正确、规范。

第十六条　县行政效能投诉中心受理投诉后，按下列情况进行处理：

（一）对本级和下级机关、单位及其负责人的投诉，由县行政效能投诉中心直接调查处理；

（二）对除本条第（一）项外的各级机关、单位及其工作人员的投诉，由被投诉机关、被投诉人员所在机关、单位或其上一级机关、单位相应的投诉机构处理；必要时，县行政效能投诉中心可以直接调查处理；

（三）对不属于受理范围的投诉，转由有权处理的机关、单位处理。

第十七条　县行政效能投诉中心受理投诉后，应当在3个工作日内及时准确地作出自办或转办、督办的处理。自办件应当在20日内办结；转办和督办件应当在40日内办结。对署实名投诉的，应当及时给予答复。

因特殊原因不能按期办结的，经转办或督办机关同意后，办理期限延长1个月或提出合理期限，并在作出延长办理期限决定后3个工作日内向投诉人说明情况及延长时限。

第十八条　建立投诉处理督查制度。县行政效能投诉中心负责对转办的投诉处理情况在规定期限内进行督查。对投诉处理确有不当的，应当责成其重新调查处理；必要时，可以直接调查处理。重新办理期限适用本办法第十七条的规定。

第十九条　对上级交办、转办的投诉事项推诿不办，查处不力，致使投诉人重复投诉，造成不良影响的，依照《石林彝族自治县贯彻执行〈昆明市领导干部问责办法〉等“一办法、三规定”的实施意见》等追究相应责任。

第二十条　被投诉人有本办法第七条所列行为之一的，由被投诉人员职务任免机关或纪检监察机关视情节轻重，依照有关规定进行问责或给予相应纪律处分。

第二十一条　行政效能投诉处理结果，应当作为各级机关或单位效能评估和工作人员年度考核、奖惩的重要依据。

第二十二条　投诉事项的办理结果，可在适当范围内予以公开，接受群众的监督。

第六章　附　则

第二十三条　自然人、法人或其他组织认为县级机关和行使社会管理职能的县属事业单位及其工作人员具体行政行为侵犯其合法权益的，或者对县行政效能投诉中心或相关部门作出的处理意见不服的，可以依照《中华人民共和国行政诉讼法》和《中华人民共和国行政复议法》等有关规定，分别向人民法院或行政机关提起行政诉讼或行政复议。

第二十四条　本办法由中共石林彝族自治县纪委、石林彝族自治县监察局负责解释，自发布之日起施行。

关于实行机关效能投诉整改公示制的通知

（2008年9月10日）

为进一步提高机关工作效能，增强执行力和公信力，切实解决群众反映强烈的突出问题，真正形成“行为规范、运转协调、公正透明、廉洁高效”的机关运行机制，经县委、县政府研究，决定在全县实行机关效能投诉整改公示制。现将有关事项通知如下：

一、充分认识实行机关效能投诉整改公示制的意义

加强机关效能建设，提高机关工作效率、效果和效益，畅通机关效能投诉渠道，加大效能投诉问题的查办和整改工作力度，是实践邓小平理论和“三个代表”重要思想、加强党的执政能力建设和先进性建设的必然要求，是加快推进政府职能转变、改进机关作风、践行执政为民理念的重要保证，是全面落实科学发展观、构建社会主义和谐社会、加快推进石林跨越式发展的现实需要。在全县实行机关效能投诉整改公示制，将人民群众的投诉情况对外公开，将有关单位的整改措施和落实情况对外公布，是切实维护群众利益、保障群众知情权和监督权的重要举措。各级各部门要从落实立党为公、执政为民本质要求的高度，深化认识、统一思想，主动增强接受监督的意识，进一步转变作风、提高效率、改善服务，积极主动、认真负责地做好机关效能投诉整改公示制的落实工作。

二、机关效能投诉整改公示制的主要内容和程序

（一）公示事项

对以下涉及各级机关和工作人员的投诉，予以公示：

1. 不依法正确履行工作职责，对国家法律、法规、规章，

上级党委政府指示、决议、决定、命令，县委、县人民政府重大决策、重要工作部署，县委、县人民政府领导批示执行不力、不按规定和要求落实，影响政令畅通，造成不良影响和后果的；

2. 不按党务、政务公开规定公开办事依据、办事程序、承办机构、承办人员、办理时限、收费标准、办理结果、监督渠道，或公开不及时、不真实、不全面，造成不良影响和后果的；

3. 不认真执行《石林彝族自治县贯彻执行〈昆明市领导干部问责办法〉等“一办法、三规定”的实施意见》，敷衍塞责、推诿扯皮、不在规定时限内完成相关事项，不按公开承诺履行职责，造成不良影响和后果的；

4. 违反《昆明市行政审批制度改革若干规定》和《昆明市人民政府关于调整市级行政审批项目的公告》，擅自设定行政审批项目，继续或变相实施不合理的、已经取消的行政审批事项，搞越权审批或借故拖延、拒不办理行政审批事项，造成不良影响和后果的；

5. 违反《昆明市行政事业性收费制度改革若干规定》和《昆明市人民政府关于公布行政事业性收费目录及免收目录的公告》、《石林彝族自治县人民政府关于调整县级行政审批项目的通知》，无法定依据或不按法定范围、时限实施行政征收，擅自增设行政征收项目、扩大收费范围和提高收费标准，造成不良影响和后果的；

6. 无有效资格或无正当理由，不按法定依据权限、时限、标准和程序实施行政检查、行政处罚或者行政强制行为，损害当事人合法权益的；

7. 对管理和服务对象态度冷硬、蛮横粗暴、故意刁难以及其他不文明行为，导致发生冲突的；

8. 违反《云南省公务员八条禁令》、《石林县人民政府三条禁令》，不遵守机关内部管理有关规定，损害机关形象的；

9. 被投诉单位或其工作人员对收到和承办的机关效能投诉不调查、不处理、不整改，或弄虚作假、隐瞒真相、包庇袒护的；

10. 其他影响机关效能、损害机关形象，造成严重后果的。

（二）公示内容

1. 投诉情况：投诉事由、被投诉人（单位）、投诉时间及投诉方式；

2. 查办情况：调查投诉事项的责任单位（部门）、责任领导、责任人，调查核实情况，处理结果；

3. 整改情况：整改内容、整改措施、整改责任人、整改时限、整改结果。

（三）公示程序

1. 上报投诉事项。各乡镇、县级各单位每月 6 日前将上月受理的机关效能投诉进行汇总，并报县纪委、县监察局（联系电话：0871—7796654、7796265）。

2. 公示投诉情况。县纪委、县监察局通过电视、广播、报刊等媒体及网络，公布机关效能投诉情况。

3. 进行查办整改。各投诉件承办单位要在投诉公示之日起 20 日内，查办整改投诉事项，并将有关情况报县纪委、县监察局。上报的调查处理材料，必须详情真实，既有调查报告，又有处理结果。由县委、县政府领导和上级纪检监察机关批转至有关乡镇和县直部门的投诉件，由相关乡镇和县直部门负责上报。

4. 公示整改情况。县纪委、县监察局通过电视、广播、报刊等媒体及网络，公布投诉事项的查办、整改等情况。

三、确保机关效能投诉整改公示制落实到位

（一）落实工作责任

县纪委、县监察局要牵头负责抓好机关效能投诉整改公示制的实施工作。县委宣传部要负责协调好各媒体单位，做好公示发布工作。各乡镇、县级各单位要结合本单位实际，建立健全制度，明确责任部门，把机关效能投诉整改公示制落到实处。各投诉承办单位在对机关效能投诉的查办中，要坚持原则，不讲情面；对调查中发现的问题，要严肃处理，做到件件有交待、事事有说法。对投诉中查实的问题，要认真梳理，扎实整改，举一反三。

（二）开展明察暗访

县机关行业作风督察办公室要定期不定期开展明察暗访，对机关效能投诉整改公示制的落实情况进行跟踪和监督，发现问题要督促责任单位和责任人认真整改。

（三）实施责任追究

凡在明察暗访中发现不严格按照机关效能投诉整改公示制要求对投诉问题进行调查、处理、整改和公示的，要依照《石林彝族自治县贯彻执行＜昆明市领导干部问责办法＞等“一办法、三规定”的实施意见》的有关规定，追究相关责任领导的责任，并责成单位主要负责人通过报纸或电视台、电台向社会作出解释和说明。凡被投诉单位未整改或整改不认真、不到位，造成同类投诉再次发生或同类问题再次被明察暗访发现的，要按照行政问责的有关规定，对负有领导责任和直接责任的责任人进行严肃处理。

石林彝族自治县 关于促进企业创名牌名品的实施意见

（2008年9月26日石林彝族自治县人民政府石政发〔2008〕55号）

为认真贯彻《昆明市人民政府关于促进企业创三级名牌和三级名品的实施意见》（昆政发〔2008〕46号）精神，鼓励全县企业争创三级名牌（国家驰名商标、省级著名商标、市级知名商标）和三级名品（国家名牌产品、省级名牌产品、市级名牌产品），结合我县实际，制定本意见。

一、指导思想

以邓小平理论和“三个代表”重要思想为指导，深入贯彻科学发展观，按照“政府主导、社会推动、企业主体”的原则，以提高全社会的商标知识产权意识为基础，以提高企业三级名牌、三级名品创建和运用能力为重点，集合社会力量，为企业创建名牌名品提供帮助和服务；强化政策引导与扶持，建立政策性扶持资金，综合运用经济、法律、政策等手段，推动、扶持、培育和发展一批拥有自主知识产权的名牌名品和生产企业，促进全县产业结构、产品结构优化升级，提升自主创新能力和综合竞争力，推动县域经济社会持续、快速、协调发展。

二、发展目标、重点领域和实施步骤

（一）发展目标

大力实施名牌名品战略，培育更多的名牌和名品。建立起一套完善的名牌名品培育、发展和保护机制，形成一批具有明显竞争优势的名牌名品和龙头企业，使名牌名品战略对经济社会发展的推动作用显著增强。

1. 巩固现有各级名牌名品存量，积极帮助企业申报三级名牌和三级名品，到“十一五”末，实现中国驰名商标1个以上、云南省著名商标6个以上、昆明市知名商标10个以上和云南省名牌产品1个以上、昆明市名牌产品2个以上；到“十二五”末，实现中国驰名商标2个以上、云南省著名商标10个以上、昆明市知名商标12个以上和中国名牌产品1个以上、云南省名牌产品4个以上、昆明市名牌产品8个以上。

2. 以名牌产品为龙头，带动一大批配套产品、基础产品的发展，并积极开发系列产品，推动企业走质量效益型发展之路。

（二）重点领域

1.积极培育工业名牌名品。发挥“石林众友”、“绿汀”、“彝家”等现有云南省著名商标的优势，在先进制造业、食品加工、建材以及其他工业领域，培育一批具有较强竞争力的工业名牌名品。

2.加快培育农业产业化名牌名品。发挥“山羊奶乳饼”、“万家欢梨”、“鸿鑫石林春茶”等品牌优势，充分利用丰富的生物资源和立体气候特征，大力发展农业特色食品生产和加工，推进农业产业化发展。在粮食深加工产品、系列特色产品中培育发展一批名牌名品。

3.加快培育服务业名牌。在服务业领域，以促进服务业规模化、规范化、标准化、现代化为目标，推进名牌发展战略。在交通运输、商贸物流、休闲观光旅游、文化娱乐、宾馆服务、医疗卫生、教育等行业，培育一批有影响力的服务精品项目和服务品牌。

（三）实施步骤

1. 制定名牌产品培育发展计划，建立名牌名品培育信息库。将具有良好基础条件、有潜力的企业列入年度名牌名品培育计划，排列重点培育企业和产品，做到成熟一批，推荐一批，又积极储备一批，形成“品”字形的品牌梯队，确保创牌不断层、不停步。

2. 建立名牌名品保障机制，保护现有名牌名品，确保到期名牌名品重新认定。

3. 加强对名牌名品企业的宣传。在坚持提升产品质量和档次、扩大生产规模、提高市场占有率的同时，采取多种形式，强化对创牌企业的宣传，形成名牌名品效应。

三、工作措施

（一）提高认识，加强领导

名牌名品是企业技术水平、管理水平和竞争实力的综合体现，反映着一个国家、地区的综合经济实力和科技水平。近年来，在各级各部门的大力推动下，我县企业争创名牌名品工作取得了一定成效，已办理注册30户（其中：29户企业，1个自然人）74件商标，其中：石林绿汀甜柿产品开发有限公司注册的“绿汀”商标、石林县黑龙潭酒厂注册的“彝家”商标、云南众友电缆桥架集团有限公司注册的“石林”、“石林众友”商标获得“云南省著名商标”认定；全县工业企业生产的产品发展到34种，通过“3C”认证产品2家。从总体上看，名牌名品在推进我县工业化进程和实施工业强县战略中的地位和作用日益突出，但必须清醒地认识到我县名牌名品数量少，企业创名牌名品的基础薄弱，对实施名牌名品战略认识不足，对培育名牌名品的政策引导和扶持力度不够。对此，各级各部门要充分认识争创名牌名品是转变经济发展方式，优化提升经济结构，提高自主创新能力和综合竞争力的迫切需要，也是贯彻落实科学发展观，实现经济社会全面协调可持续发展的迫切要求，要把争创名牌名品工作列入重要议事日程，加强政策引导和扶持，推动工作落实，实现品牌兴企、品牌强县的目标。

1. 建立健全工作机构。县工业突破园区建设招商引资工作指挥部作为全县推进名牌名品工作的总指挥机构，县工业突破园区建设招商引资工作指挥部办公室作为总协调机构。总指挥机构下设两个委员会：一是成立县名牌战略推进委员会（以下简称“县名推委”），负责中国名牌产品、云南省名牌产品、昆明市名牌产品的培育、推荐和保护工作；县名推委下设办公室在县质监局，具体负责制定创“三级名品”工作实施方案和日常协调、组织工作。二是成立县知名商标推荐和保护工作委员会（以下简称“县知名商标推荐委”，负责中国驰名商标、云南省著名商标、昆明市知名商标的培育、推荐和保护工作，县知名商标推荐委下设办公室在县工商局，具体负责制定创“三级名牌”工作实施方案和日常协调、组织工作。

2. 实行“三级”名牌名品梯级推进。积极引导企业参加市级名牌名品评定，市级名牌名品作为省级名牌名品的培育扶持对象，省级名牌名品作为国家级名牌名品的培育扶持对象。在每年的名牌名品推进工作计划中，以创国家级名牌名品计划为基数，在省级名牌名品中按 2：1 比例选择培育对象；以创省级名牌名品计划为基数，在市级名牌名品中按 1：1 比例选择培育对象，形成争创市级、市级促省级、省级促国家级的名牌名品推进保障机制。

（二）切实加强自主品牌建设与保护

1. 提升企业自主创新能力。把提高企业自主创新能力作为企业发展和扩大品牌市场占有率的动力，以财政补助、贷款贴息等方式，引导、鼓励和支持企业进行技术改造和技术创新。注重科技成果产业化，提高科技成果向生产转化的速度和效率。在关键技术领域密切跟踪国际、国内先进水平，注重科技成果的自主知识产权化，不断提高产品的科技含量和竞争力并形成自主知识产权。

2. 大力推动技术标准化工作。指导和鼓励企业采用国际标准和国内外先进标准，不断提高企业的技术标准水平；鼓励有条件的企业建立产品技术及技术标准研发机构，参与国家（国际）技术标准的制定工作，促进我县优势产业的技术专利化、专利标准化、标准国际化，做强做大我县优势产业。

3. 推动企业加强质量体系管理。鼓励企业吸收和学习先进的质量管理理念和方法，建立健全质量管理体系、标准化管理体系、计量检测体系和以产品质量信用记录为重点的企业质量信用体系，提高企业现代化管理水平和质量保证能力。加大力度，做好 ISO9000、ISO14000、OHSAS18000、HACCP 等体系认证，推广 ISO22000、GAP、质量安全、环保、清洁生产等新型认证的实施，促进各类认证工作在企业内部的有效开展。

4. 加强品牌经营。充分利用名牌名品的市场效用和内在价值，与大集团战略有机结合，相互推进，促进企业聚集，壮大产业集群。一是发挥名牌生产企业在产业链中的核心作用，促进社会资源向优势产品、优势产业优化配置，进一步壮大名牌企业规模。二是利用名牌产品生产企业的资金、技术和市场等优势，引导中小企业与其配套，形成大、中、小企业有机结合、专业分工合理的企业组织结构。三是鼓励名牌企业以品牌和资本为纽带，引进战略伙伴，加快资产重组和生产要素整合步伐，促进产业结构优化升级。

5.加强品牌保护。有关职能部门要形成合力，加强市场监管，积极开展打假保名牌工作，严格保护名牌产品和注册商标专用权，严厉打击商标假冒、冒充和侵权行为；要加大查处案件的力度，深入整顿和规范市场经济秩序，严防假冒伪劣商品流入市场，为我县产品升级提档、商标发展和创牌工作创造良好的市场环境。

（三）加大财政扶持和政策力度

1. 加大财政扶持力度。对新获得“中国驰名商标”、“中国名牌产品”的企业，县财政给予每件奖励 20 万元；对新获得“云南省著名商标”、“云南省名牌产品”的企业，县财政给予每件奖励 l0 万元；对新获得“昆明市知名商标”、“昆明市名牌产品”的企业，县财政给予每件奖励 2 万元。获得名牌名品称号的企业，优先推荐企业法人代表或有突出贡献人员为市级劳动模范。由县财政安排县名推委办公室、县知名商品推荐委办公室创名牌名品专项工作经费，用于我县各级名牌名品的培育，推荐等工作的组织实施以及本地产品创名牌和名牌产品打假维权的支出，每新增 1 件国家、省、市名牌名品，分别给予县名推委办公室、县知名商品推荐委办公室 2 万元、1 万元、0.5 万元的奖励。

2. 鼓励政府优先采购。我县获得国家级、省级、市级名牌名品称号的产品统一列入我县名优产品目录，鼓励党政机关、企事业单位同等优先使用我县名优产品，政府采购同等条件下优先购买，营造全社会支持名牌、保护名牌、使用名牌的良好氛围，促进我县创名牌名品工作广泛、深入开展。

3.优先保障创牌企业的要素供给。有关部门要对我县获得三级名牌名品的企业，在融资、电力、运输、供水、供地等生产要素上给予支持，在要素价格上有一定优惠，确保创牌企业正常生产经营，使“双创”产品上台阶、上规模，促进企业做大做强。

（四）营造有利于名牌名品成长发展的环境

1. 加强电子监管网建设。各级各有关部门要支持中国产品质量电子监管网建设，利用现代信息技术、网络技术和编码技术，对企业产品实施电子监管，强化企业对产品质量的责任。

2. 减轻企业负担。严格控制对创牌企业的各种检查，企业获得国家、省、市级名牌名品称号的，未经县级以上监察部门批准，任何部门不得对企业进行检查（国家规定的强制性检查除外)。坚决杜绝“老三乱”（乱收费、乱摊派、乱罚款）和“新三乱”（乱检查、乱培训、乱评比）行为，严格执行收费公示制度和收支两条线管理规定，收费项目按下限收取。

（五）加大名牌名品的宣传力度

对名牌名品和企业进行整体推介，采取多种形式对名牌名品进行知名度推广，提高名牌名品在市场和用户心目中的形象和信誉；在县城设立专门宣传名牌名品的电子显示屏；鼓励新闻媒体加大对名牌产品的宣传力度，积极报道我县名牌名品企业的先进经验和成果；编辑名牌名品宣传画册，将我县的名牌名品推向全国。

中共石林彝族自治县委　石林彝族自治县人民政府
关于进一步开放文化市场大力发展文化产业的实施意见

（2008年10月28日石通〔2008〕13号）

为进一步解放和发展文化生产力，抢抓机遇，乘势而上，促进我县从文化资源大县向文化活县转变，大力推进“文化石林”建设，丰富社会文化生活，促进石林经济社会跨越式发展，根据《中共昆明市委、昆明市人民政府关于进一步开放文化市场大力发展文化产业的实施意见》（昆通〔2008〕14号）精神，结合我县实际，现提出如下实施意见：

一、充分认识进一步开放文化市场、大力发展文化产业的重大意义

（一）进一步开放文化市场、大力发展文化产业，是推进石林跨越式发展的客观需要。2004年12月2日，我县成立文化体制改革和文化产业发展工作领导小组，负责全县文化产业发展的领导和协调工作。2005年2月3日，县委、县人民政府下发了《关于深化文化体制改革、加快文化产业发展实施意见》。2005年，我县被列为云南省10个文化产业特色县试点之一。2007年，我县顺利通过了省、市的验收，荣获云南省文化产业发展和体制改革综合二等奖，列为全省文化产业特色县。2005年，石林国际火把节被国际节庆协会评为中国最具发展潜力十大节庆活动之一，2008年荣获中华节庆“最佳狂欢气氛奖”。2006年，彝族撒尼语口传叙事长诗《阿诗玛》成功申报为首批国家级非物质文化遗产；2008年5月，《彝族撒尼刺绣》和《撒尼大三弦》成功申报为第二批国家级非物质文化遗产，文化产业发展工作进入新的阶段。

目前，我县正处于旅游产业提升、工业发展突破、城市建设加速、农业产业化推进和文化产业培育的关键时期，面对良好发展机遇以及资源约束和环境压力增大的严峻挑战，必须进一步解放思想，冲破旧的体制机制束缚，抢抓发展机遇，以科学发展观统领文化建设，树立增强文化竞争力就是增强城市核心竞争力的理念、发展文化产业可以优化产业结构的理念、繁荣文化事业可以促进社会进步的理念，大力发展文化经济，建设经济文化，像做强经济硬实力那样重视做强文化软实力，更加自觉、更加主动地推动石林文化大发展、大繁荣。

（二）进一步开放文化市场、大力发展文化产业，是实现石林跨越式发展的重要驱动力。在以市场化手段提供主要文化产品和服务的社会主义市场经济条件下，进一步开放文化市场、发展文化产业，有利于加快我县经济、政治、社会协调发展，有利于提高城市的创新功能，有利于优化提升人文环境和石林品质，有利于繁荣文化市场，保障人民的基本文化权益。总之，以满足人的精神需求为主要特征，以知识创造、信息传播、创意设计、娱乐休闲为主要内容的文化产业，对于提升市民素质、传播民族文化、弘扬民族精神、激活内在文化要素、刺激消费需求、转变增长方式和调整产业结构、扩大就业规模、完善市政功能、展示彝乡风采、提高石林竞争力和美誉度、知名度等方面，都发挥着重要的不可替代的作用。实践证明，文化作为一种生产力，完全可以率先实现突破，成为县域经济社会发展的主要驱动力。

二、进一步开放文化市场、大力发展文化产业的指导思想、总体目标和基本原则

（一）指导思想。以邓小平理论和“三个代表”重要思想为指导，全面贯彻党的十七大精神，牢固树立科学发展观，以建设社会主义核心价值体系为根本，以推进文化大发展大繁荣为重点，以精品为支撑，以市场为导向，以构建和谐社会、建设“文化石林”为目标，抢抓机遇，发挥优势，破除一切束缚文化发展的体制机制性障碍，充分调动和发挥一切积极因素，进一步放开经营性大众文化市场，大力发展文化产业，进一步解放和发展文化生产力，不断提升石林的文化软实力和综合竞争力，推动我县经济社会跨越发展。

（二）总体目标。改革创新体制机制，建立健全党委领导、政府管理、行业自律、企事业单位依法经营的文化管理体制和开放、竞争、有序的文化市场体系。到2011年，文化的创新能力和整体实力明显提高，城乡文化基础设施和公共文化服务体系进一步完善，文化在经济社会发展综合实力竞

争中的地位和作用更加突出；文化产业占 GDP 的比重达到10%以上，文化事业进一步繁荣，群众精神文化生活更加丰富，市民文明素质和城市文明程度明显提高，“文化石林”建设取得显著成效。

（三）基本原则。

1. 坚持先进文化引领。坚持社会主义先进文化前进方向，牢牢把握社会主义核心价值体系的深刻内涵和基本要求，并将其贯穿于文化建设的全过程。

2. 坚持开放市场、公平竞争。充分发挥市场机制在资源配置中的基础性作用，建立权责明确、行为规范、监督有效、保障有力的行政执法体制，实现文化市场发展的公开、公平、公正。

3. 坚持区别对待、分类指导、积极稳妥、逐步推进。既大胆探索、勇于创新，又细致稳妥、循序渐进；既统筹协调、兼顾各方，又注重区别对待、分类指导。

4. 坚持重点突破与整体推进相结合。选择市场需求量大、竞争力强、关联度高的重点行业率先突破；引导经济基础好、文化特色浓、人流商流旺的重点区域率先发展；扶持经济效益好、运行机制活、历史包袱轻、扩充能力强的文化企业率先做大做强。

5. 坚持用现代科学技术提升文化竞争力和影响力。着力推动文化建设与科技进步相结合，运用高新技术改造传统文化产业，提高科学技术对文化发展的贡献率。

三、努力构建开放、健康、和谐的文化市场

进一步破除文化市场壁垒，降低准入门槛，鼓励、吸引更多民营资本、外来资本进入我县文化产业，聚集各种文化生产要素，为文化市场经营活动提供更大的发展空间。

（一）进一步开放大众文化娱乐市场。

1. 开放歌舞娱乐市场。鼓励引导社会投资，促进文化娱乐业健康发展。进一步放开歌舞娱乐经营项目的审批，凡符合国家《娱乐场所管理条例》规定的，即可到县文化行政主管部门申请办理。鼓励引进、开发新的娱乐形式，倡导和发展特色经营，不断丰富娱乐品种，推动娱乐场所更多地面向工薪阶层，满足大众的娱乐需求。同时，依法严厉打击利用娱乐场所进行色情、赌博、吸食毒品等违法犯罪活动，净化、规范娱乐市场。

2. 繁荣演出市场。认真贯彻国家《营业性演出管理条例》，坚持市场化运作、多样性发展的方针，降低民营文艺表演团体的市场准入条件，简化审批手续。鼓励和支持社会力量参与演出市场的竞争，投资兴办演出单位和举办演出活动，建设高水平的现代化大型文艺演出场馆；鼓励和支持演出团体、演出场所和演出经纪机构采取联合、联办、兼并，通过资本重组、契约代理等方式形成跨地区、跨部门、跨所有制的具有规模性、导向性、主业突出、核心能力强的演艺产业集团，大力倡导和扶持高雅艺术和民族优秀艺术的演出，鼓励和扶持面向农村、面向少年儿童的演出。发挥阿诗玛文化优势、打造一批以“阿诗玛”歌舞剧为代表的民族艺术精品并推向市场，积极扶持发展一批民族民间文艺表演团队。

3. 培育以网络为载体的新兴文化市场。根据《互联网上网服务营业场所管理条例》，按照规模发展、合理布局、优化结构的原则，完善网吧等互联网上网服务营业场所管理长效机制，繁荣网络文化市场。同时，依法审批电子游戏经营项目，按照全县发展规划和结构比，规范电子游戏经营。

4. 规范音像市场。按照市场引导、降低门槛、政府监管的要求，放开音像制品零售（出租）和图书零售（出租）等经营项目的管理，符合条件的即可到县文化行政主管部门办理经营许可。大力发展图书、音像制品连锁、电子商务等现代经营模式。同时，依法打击违法经营，提升正版音像制品的市场占有份额。

5. 发展壮大艺术品市场。按照“培育支持、引导经营、整合市场、发展繁荣”的方针，整合艺术品市场资源，鼓励社会资本进入艺术品市场。支持民间团体开办画廊和艺术品展销活动，引导经营者引进国内外有代表性的艺术品进入石林，鼓励支持我县优秀艺术家和艺术经营单位参与国际国内市场竞争，提升我县在国内外艺术品市场上的知名度和整体实力。

6. 扶持发展电影市场。鼓励建设国有、集体、个体、股份制联合体等多种经济成分的农村电影放映队伍，巩固农村放映市场，丰富群众文化生活。

（二）加快培育现代文化市场体系。

打破条块分割、地区封锁、城乡分离的局面，促进文化生产要素的合理流动与优化配置，逐步建立起健全统一、开放有序、门类齐全、结构合理、供求关系均衡的文化市场体系。

1. 加强文化产品和要素市场建设。推动基础性资源向发展性资源转变，鼓励民间资本投资建设各类专业文化市场。以县城和景区为重点，加快图书、音像制品、网络、演出、娱乐、影视、会展、体育竞赛等文化产品市场和资本、人才、信息、技术等文化生产要素的市场建设。加强市场软硬件设施建设，不断提高文化市场的档次和管理水平，加快文化消费市场的培育。

2. 大力发展现代文化产品流通组织形式。积极推进现代连锁经营、物流配送、电子商务等新型文化产品流通，加快文化产品物流基地建设，实行新型代理配送制度，扶持农村连锁网点，建立以县城和景区为中心，贯通城乡的图书、音像制品等发行网络。

3. 建立健全文化市场中介机构和行业组织。发展经纪、代理、评估、鉴定、推介、咨询、拍卖等中介机构，推行知识产权代理、市场开发、市场调查、信息提供、法律咨询等专业化服务。加快推进歌舞、演艺、音像、图书等各文化行业协会的建设和发展，充分发挥文化行业协会在提供政策咨询、反映行业诉求、加强行业自律、维护企业合法权益、扶持支柱产业、促进产业聚集、服务行业发展等方面的重要作用，努力提高文化产业的市场化程度。

（三）鼓励扶持民营资本进入文化市场，增强文化市场活力。

1. 培植市场主体。文化市场主体是文化产业和事业发展的关键。除了国家明令禁止社会力量进入的文化领域外，要打破所有制限制，鼓励、支持和引导社会资本以多种形式进入文化市场，投资文化产业，壮大市场主体。按照“民投民有、民办民营、民富民强、民乐民享”的要求，民营文化企业在工商登记、项目审批、土地征用、规费减免、财政扶持、投融资以及从业人员职称评定、成果评奖等方面与国有文化企业享受同等待遇。

2. 鼓励公平竞争。支持、引导社会资本，通过产权交易、收购兼并、股份制改造、经营权有期限转让、政府特许经营权的拍卖等多种形式参与文化市场竞争。切实落实企业（个人）投资自主权，对通过股份制改造实现投资主体多元化并具有较强实力的文化企业，要积极支持、帮助、创造条件推动进入资本市场。

3. 放宽市场准入。鼓励各类资本进入我县以下重点文化产业：

——文化产品领域，包括电影、电视剧（片）、戏剧、音像制品、电台和电视台的音乐、科技、体育、娱乐类节目的制作。

——文化服务行业，包括电影电视剧发行、艺术教育培训、文化艺术中介、文化产品和文化服务出口、旅游文化服务、文化娱乐、艺术品经营、广告、电影放映、出版物和音像制品分销等。

——文化设施建设，包括演艺场所、博物馆、展览馆、图书馆、美术馆、文化馆、体育健身场所、互联网上网服务营业场所的建设，以及出版物印刷、出版物发行、音像制品生产与复制、有线电视传输和接收等行业的设备改造和技术升级。

——动漫、网络游戏及其衍生产品的制作和销售。

——政府文化项目的采购和招投标，国有文艺表演团体和演出场所的公司制改建（非公有资本可以控股）。

——新媒体及新业务的开发，包括网络媒体、数字电视、移动电视、手机电视及其他信息服务业务等。

（四）鼓励各类文化市场主体参与国内外文化市场竞争。

1. 重点扶持一批文化产业项目和产品。做大做强影视娱乐、工艺美术、文艺表演、旅游观光、民间民俗文化等传统产业，大力发展文化创意、文化博览、动漫游戏、数字传输等新兴产业，增强企业的市场竞争力。

2. 加强对外文化贸易与合作。鼓励支持本县文化企业开展对外文化贸易，赋予有条件的文化企业外贸自营权，扶持其文化产品和服务走向国内外市场，扩大我县文化产品的对外影响力。鼓励国内外著名文化创意、制作、经纪、营销机构，利用其人才、技术、资金和营销渠道，与我县有条件的文化创意企业合作，开展文化创意活动，生产、制作和提供科技含量高、集约型的文化产品和服务。

（五）政府举办的图书馆、文化馆、体育场等公共文化设施全部免费开放。

2008年底前，全县各级图书馆、文化馆、爱国主义教育基地（不含石林风景区）、国防教育基地等公共文化设施全部免费向公众开放。鼓励机关、团体、学校、企事业单位兴办的文化中心、体育场（馆）等文化设施向社会开放。同时，研究制定相应管理和经费保障机制。

（六）创造公开、公平、公正的市场竞争环境。

1. 加快转变政府文化管理和服务职能。强化政策调节、市场监管、社会管理和公共服务职能，实现由办文化为主向管文化为主的转变，由以行政手段管理为主向综合运用法律、经济、行政等手段管理的转变。

2. 推行“阳光政务”。加快行政审批制度改革，最大限度地减少文化行政审批事项，精简审批程序。推行首问首办责任制，实施最严格的限时办结制、最严肃的服务承诺制、最严厉的问责制。

3. 规范文化市场秩序。建立依法经营、违法必究、公平交易、诚实守信的文化市场秩序，建立市场准入和退出机制，把好资质、产品、资金、人员、技术等准入关。加强知识产权保护，依法严厉打击盗版、侵权等违法犯罪行为。

四、大力发展文化产业

坚持以市场为导向，创新文化体制机制，增强文化发展能力。通过积极的产业政策和有序的市场运作，努力做大做强一批文化企业和产业集团，提升我县文化产业的总体实力和市场竞争力。

（一）深化文化体制改革，推进国有文化企事业做大做强。

1. 加大公益性文化事业单位改革力度。公益性文化事业是面向公众提供公益服务的重要文化阵地，要按照“增加投入、转换机制、增强活力、改善服务”的方针，加大对公益性文化事业的投入，鼓励支持社会资本投资、捐赠和赞助公益性文化事业。积极深化内部管理制度和运行机制改革：一是公益性文化事业单位全面推行全员聘用制度。推进内部人事制度、分配制度、社会保障制度改革，转换机制，切实增强公益性文化事业单位内在动力和活力，提高管理和服务水平。二是探索推进部分公共文化设施国有民营。按照“国有资产、市场运作、自负盈亏、自担风险”的原则，对政府兴建的剧院、体育场馆等文化设施，可通过公开招标的方式，探索实行委托经营、承包经营、租赁经营等，实现文化设施物业管理的社会化、产业化。

2. 生产经营性的各类文化事业单位全部转制为企业。根据中央和省有关文件精神，深化文化体制改革，全面释放和激活国有文化单位蕴藏的要素和资源，凡具有面向市场能力的文化事业单位，在2010年以前，都要积极创造条件逐步改制为企业。鼓励和支持国有文化企业按市场化运行方式进行扩张、兼并、联营，组建企业集团，扩大规模效应，实现国有文化企业经营理念和运行方式向现代企业法人治理模式转变。

3. 深化新闻媒体、广播影视和文艺演出团体改革。按照中央“四个不变”的要求，始终坚持新闻媒体的政治属性，坚持正确舆论导向，始终把社会效益放在首位，努力实现经济效益与社会效益相统一。加大以市场为取向的改革力度，充分发挥国有文化资本的控制力、影响力和带动力，以资本为纽带，以文化、广电、演艺等骨干产业为龙头，培育和发展一批实力雄厚的国有或国有控股大型文化企业和产业集团，使其真正成为文化产业发展的主导力量。县属新闻媒体、广播影视要进一步健全和完善党委领导与法人治理相结合的领导体制，按照宣传主业与经营部分“两分开”、“媒体＋公司”的方式，引入市场竞争机制，加快市场化运作，探索股份制模式，建立现代企业制度，做大做强媒体产业。

（二）实施大项目带动战略，强力推进文化产业发展。

1. 大力发掘阿诗玛文化。政府要加大对阿诗玛文化研究的投入，尽快成立政府主导的石林阿诗玛文化研究中心，整合国内外研究力量，开展阿诗玛文化的普查建库工作，结合县情资料数据库建设、非物质文化遗产保护、文化产业发展和“文化石林”建设，开展深入的基础和应用研究，以阿诗玛文化研究的实际成果，推进石林文化产业的大突破、大发展。

2. 实施文化旅游二次创业。文化是旅游的灵魂，旅游是文化的载体。要进一步提升石林世界自然遗产的影响力，推进文化与旅游结合。大力发展旅游文化娱乐业，重点办好中国石林国际火把节、中国石林牛王争霸赛、中国石林国际民间民俗摔跤节等活动。加快发展健康体育休闲产业，力争一批国家级体育训练基地落户石林，努力把石林打造成民族体育休闲运动的知名基地；积极与国内外知名体育协会或中介机构合作，通过市场化运作，培育具有石林特色的体育品牌和固定赛制，拉动体育消费，带动相关产业发展。

3. 推动影视和新媒体产业发展。发挥石林独特的资源优势和品牌优势，大力吸引社会资本，打造集民族风情、外景拍摄、培训交流及影视新媒体创作、制作、发行、交易为一体的具有国际水准的新型文化产业基地。重点抓好石林、长湖、圭山等影视拍摄点建设。

4. 大力培育具有石林特色的文化优势产业。加大政策引导力度，以大项目催生大产业，促进产业聚集发展。重点扶持发展旅游娱乐业、民族民间工艺品制作、体育健身业等优势产业。努力建设“四个一批”：即建成一批标志性现代文化产业发展重点设施、建设一批文化产业基地和特色文化产业园区、建成一批具有竞争实力的文化企业或集团、培育一批具有较强聚集和辐射功能的文化产品交易市场。

5. 大力发展文化创意产业。以推进知识型、娱乐型、生产服务型创意产业为重点，充分利用我县民族传统文化资源，鼓励各类投资者进入以向大众提供文学、艺术、体育、娱乐产品为核心的创意产业。鼓励企事业单位及个体创意人员，利用一切符合文化创意产业生产规律的经营方式和组织形式，发展文化创意产业；鼓励文化创意企业自主创新形成的成果及时申请、注册相关知识产权；鼓励支持文化创意企业的创意研发和产品出口。文化创意企业由相关行业部门在对口范围内优先上报，给予立项，争取上级扶持。

（三）拓宽投融资渠道，加大文化企业招商引资力度。

1. 深化投融资改革。创造良好的政策环境和平等的竞争机会，鼓励非公资本更多投向文化产业，参与文化设施和文化产业建设。开辟多种融资渠道，鼓励以资本为纽带推进企业集团化进程，支持有条件有实力的文化企业上市融资、扩大规模、做大做强。形成企业投入、政府资金、银行贷款、文化基金、民间赞助、境外资金相结合的多元化投入机制。全面采用BT、BOT、BO、独资、合作等方式，广泛吸引各类资本参与文化设施建设，探索投资主体多元化、组织活动社会化、经营活动市场化的文化发展新路子。

2. 加大文化产业对外招商引资力度。根据我县产业发展规划，精心筛选、包装和推出一批特色鲜明、产业链长、关联度高、绿色环保、辐射带动作用明显的大项目、好项目，采取多种形式，利用各种途径，加大招商引资力度。加快特色文化产业基地和文化产业集群建设，加强与技术先进、管理规范、实力较强的国内外文化集团的合作，积极引进优秀文化品牌和重大文化项目，加快文化产业发展速度，实现以商招商，形成“引进一个、建好一个、带来一批”的联动效应。

3. 促进文化产业升级。积极运用高新技术和现代生产方式，改造传统的文化生产和传播、营销模式，延伸产业链。加快技术设备更新，提升研发能力，努力抢占文化科技竞争的制高点。对文化企业研究开发新产品、新技术、新工艺所发生的研究开发费用，可按规定在缴纳企业所得税前据实扣除。

（四）重视和加强文化产业人力资源开发。

1. 实施“石林文化产业人才培训工程”。树立科学人才观，加强文化产业人力资源开发和培养，建立文化艺术人才库。采取“走出去、引进来”的办法，积极与省内外高等院校、职业院校与文化创意企业联合在我县建设文化创意产业人才培养基地，加快培养、培训文化创意研发设计、经营管理、营销经纪人才，着力培养中青年优秀艺术人才和濒危艺术的传承人，探索艺术创作与市场化相结合的新途径。

2. 做好优秀文化人才引进工作。将培养人才当作振兴县域文化产业的第一要务，不拘一格，广开渠道，采取优惠政策，大力引进文化艺术专业、文化经营和文化科技等方面的高、精、尖人才。着力造就一批在国内外有重要影响的文化名家、大师和民间文化传人，培养一批名记者、名编辑、名播音员、名主持人，吸纳一批熟悉国内外市场、具有现代管理知识和创新能力的经营管理人才，打造一批文化产业领军人物。

3. 建立和完善石林县文化创新激励机制。鼓励文化创意和挖掘整理，对“关注石林、发现石林、挖掘石林、讴歌石林”的各类优秀作品以及对发展“文化石林”作出突出贡献的集体和个人给予表彰和奖励。建立人才激励机制，努力营造有利于文化产业人才发挥聪明才智的舆论环境、工作环境、生活环境、人文环境和政策法规扶持环境。

五、建立和完善进一步开放文化市场、大力发展文化产业的保障机制

（一）切实把文化建设摆到更加突出的位置。

全县上下要从深入贯彻落实科学发展观和构建社会主义和谐社会的高度，深刻认识加快实现从文化资源大县向文化产业强县跨越的重要性和紧迫性，按照中央和省、市的统一要求，把进一步开放文化市场、大力发展文化产业摆上党委和政府工作的重要议事日程，纳入经济社会发展规划，编制文化产业发展专项规划，作为衡量地区发展水平和领导干部工作业绩的重要内容，努力推动文化建设与经济社会协调发展。要加强对文化发展重大问题的研究，理清工作思路，明确工作目标，制定切合实际的文化发展战略。要坚持一手抓繁荣、一手抓管理，完善规章制度，落实管理责任，充分发挥地区管理和行业管理的优势，做到依法管理、科学管理、综合管理，确保我县文化产业始终沿着正确方向健康发展。

（二）认真落实加快文化发展的若干扶持政策。

1. 认真贯彻落实中央和省、市关于深化文化体制改革、加快文化产业发展的相关政策。所有新办文化产业项目和文化事业改革单位，均可按照县、市关于加快非公有制经济发展的实施意见中的有关扶持政策执行。

2. 继续加大对文化产业发展的专项资金扶持力度。对于符合政府重点支持方向的重大文化产业项目、文化创意产品、文化产业人才培训、文化产业科学研究、对外文化宣传与交流、打造文化品牌等，按相应申报程序认定后，县政府将采取贴息、项目补贴、政府重点采购、后期赎买和后期奖励等方式，予以扶持。各乡镇人民政府要结合财政收入情况，进一步加大对文化事业和文化产业发展的经费投入。

3. 提高财政资金使用效益。积极探索公共服务产品绩效评价，提高资金使用效益。推进对公共文化产品、重大文化设施项目实行政府招标、集中采购，引进竞争激励机制促进公共文化产品和文化设施的生产与建设。对重大节庆活动、大型公益性展览和社会科学研究课题等实行公开招标，对重大文化精品生产采取招标制或以奖代补的方式。同时，采用政府购买、补贴等方式，向基层、低收入和特殊群体提供免费文化服务。

（三）统筹协调，加强领导。

进一步开放文化市场、大力发展文化产业是一项政策性很强的社会系统工程，必须建立和完善党委统一领导、政府组织实施、党委宣传部门协调指导，文体、广电等行政主管部门具体落实、有关部门密切配合的领导体制和工作机制。

1. 党委宣传部门。牵头研究制定文化建设规划和实施方案，指导进一步开放文化市场和文化产业发展工作，协调解决改革中的相关问题。

2. 行政主管部门。落实改革部署，制定方案措施，履行政策调节、市场监管、社会管理和公共服务的各项职责。

3. 其他相关部门。完善政策配套措施，使文化领域的改革与劳动人事、收入分配、社会保障、行政管理等改革相衔接。

本实施意见自发布之日起执行。此前本县发布的相关文件内容如有与本实施意见不一致的，以本实施意见为准。

石林彝族自治县加强和创新公共文化服务体系建设的实施方案

（2008年10月28日中共石林彝族自治县委办公室、
石林彝族自治县人民政府办公室石办发〔2008〕32号）

为认真贯彻落实党的十七大提出“推动社会主义文化大发展大繁荣”的重大决策和全面部署，加强我县公共文化服务体系建设，进一步提高文化软实力，保障人民群众基本文化权益，加快和谐石林建设，根据中共昆明市委办公厅、昆明市人民政府办公厅《关于加强和创新公共文化服务体系建设的实施意见》（昆办发〔2008〕6号）精神，制定如下实施方案。

一、指导思想

以邓小平理论和“三个代表”重要思想为指导，以科学发展观为统领，以“文化活县”为目标，坚持以政府为主导，鼓励社会力量积极参与，坚持城乡、区域文化协调发展，坚持把建设重心放在基层和农村，统筹规划、加大投入、因地制宜、分步实施，加强公共文化服务设施建设，健全服务网络，切实提高公共文化产品的供给能力，解决人民群众最关心、最直接、最现实的基本文化权益问题，推动全县文化建设与经济建设、政治建设、社会建设的协调发展。

二、目标任务

按照结构合理、发展均衡、网络健全、运行有效、惠及全民的原则，大力发展公益性文化事业，实施文化惠民工程。优先安排关系人民群众切身利益的重大公共文化服务项目，努力建设以公共文化产品生产供给、设施网络、资金人才、技术保障、组织支撑和运行评估为基本框架的，以公益性文化单位为骨干的，覆盖全县的公共文化服务体系，力争到2015年基本实现城乡一体化全面发展的局面，形成与经济社

会发展相适应的公共文化服务体系。

三、公共文化服务体系建设重点工程任务分解

（一）编制公共文化基础设施规划。县、乡规划部门会同文化部门，按照国家公共文化设施建设相关条例和政策，认真组织编制完成公共文化设施建设专项规划。规划成果报经同级党委政府审定后，纳入县、乡（镇）总体规划中执行。

责任单位：县建设局、县文体局、各乡镇人民政府

责 任 人：吴剑平、张海斌、各乡镇人民政府乡镇长

完成时限：2008 年底以前

（二）加强公共文化基础设施建设。进一步完善县文化馆、图书馆等公益性文化设施，县图书馆争取达到国家一级馆标准。改造、建设县文管所文物库房，确保可移动文物的安全。

责任单位：县文体局、县财政局

责 任 人：张海斌、苏云波

完成时限：2009 年底以前

（三）结合我县实际，建设石林阿诗玛文化博物馆、石林民族体育馆、石林方志馆等标志性文化设施。

责任单位：县文体局、县史志办

责 任 人：张海斌、刘世生

完成时限：2010 年底以前

（四）加大乡镇文化广播电视服务中心（以下简称“文广中心”）设施改建、扩建力度，确保各乡镇文广中心达到部颁标准。每个村（居）委会建有不低于 80 平方米的文化室（中心），并根据需要配置规模适当的活动广场。

责任单位：县文体局、各乡镇人民政府

责 任 人：张海斌、各乡镇人民政府乡镇长

完成时限：2009 年底以前

（五）加快广播电视“村村通”工程建设。县、乡镇要建立“村村通”维修站，并配备专业人员，为广播电视提供安全保障。加大广播电视进村入户力度，实现 20 户以上自然村通广播电视，全面提高农村广播电视覆盖率。

责任单位：县广电局、各乡镇人民政府

责 任 人：张树忠、各乡镇人民政府乡镇长

完成时限：2009 年底以前

（六）建立文化信息资源共享工程。建立以县图书馆为中心，乡（镇）文广中心和村（居）委会文化室为基层服务点的文化信息共享网络。加快完善“数字乡村”工程建设，实现资源互联互通共享。优化公共文化资源配置，形成覆盖城乡、结构合理、功能健全、实用有效的公共文化设施网络。

责任单位：县文体局、县政府信息产业办、县农牧局、各乡镇人民政府

责 任 人：张海斌、段圳宗、潘佳良、各乡镇人民政府乡镇长

完成时限：2009 年底以前

（七）深入实施农村电影放映工程。推进农村公益性电影放映服务体制改革，加大农村电影放映专项资金投入，完善公益电影放映政府购买机制和场次补贴制度。加快电影设备更新步伐，实施数字化工程建设，大力推广数字电影放映技术，逐步实现农村电影由胶片放映向数字放映的转变，确保一村一月放映一场电影。

责任单位：县文体局、县财政局

责 任 人：张海斌、苏云波

完成时限：2010 年底以前

（八）稳步推进“农家书屋”工程建设，确保每个村（居）委会建有一个“农家书屋”，确保每个农家书屋拥有一定数量的党报党刊和经济、科技、法律、卫生、文化等各类图书期刊。

责任单位：县文体局、各乡镇人民政府

责 任 人：张海斌、各乡镇人民政府乡镇长

完成时限：2012 年底以前

（九）建立非物质文化遗产保护机制。创建石林民族古籍暨民族传统文化资料信息库，加大民族传统文化传承保护资金投入，有效发挥石林县文化传承人的文化传承作用。加大对各级文物保护单位的保护力度，加强阿诗玛文化的保护工作。

责任单位：县文体局、县民宗局、县财政局

责 任 人：张海斌、毕玉昌、苏云波

完成时限：2012 年底以前

（十）加大公共文化产品的供给。每年由县政府购买一批图书、音像等出版物，配送到乡（镇）文广中心和村（居）委会文化室。办好农村广播电视节目，增加“三农”节目播放时间。鼓励和引导文化企业参与公共文化服务，多渠道丰富文化产品。

责任单位：县文体局、县文产办、县广电局、县财政局

责 任 人：张海斌、万春林、张树忠、苏云波

完成时限：2009 年底以前

（十一）实施“文化精品”工程。健全县文联工作机构；建立激励机制，制定出台《石林彝族自治县文化艺术创作奖励办法》，充分调动广大文化工作者的创作积极性。抓好以阿诗玛文化为代表的文学艺术作品的创作生产。

责任单位：县文产办、县文体局

责 任 人：万春林、张海斌

完成时限：2008 年建立激励机制，2009 年文联换届。

（十二）充分发挥现有文化设施作用。县图书馆、县文化馆和乡镇文广中心等公共文化服务设施，要坚持免费向公众开放。鼓励企业、机关、学校等单位内部文化设施向社会开放。

责任单位：县文体局

责 任 人：张海斌

完成时限：2008 年底以前

（十三）广泛开展公益性文化活动。充分利用阿诗玛民族文化资源，办好中国石林国际火把狂欢节等重大节庆活动。完善文化科技卫生“三下乡”制度，充分发挥县文化馆、阿诗玛艺术团对群众文化活动的指导作用，组织专业文化工作者到基层辅导群众文化活动，提高群众开展自编自演、自娱

自乐的文化活动水平，不断充实活动内涵。

责任单位：县委宣传部、县文体局

责 任 人：万春林、张海斌

完成时限：各年度年底

（十四）推进公益性文化事业单位改革。制定石林县文化事业单位体制改革实施方案并组织实施，进一步优化组织结构、合理配置资源、完善激励机制、创新服务方式，提高服务水平。

责任单位：县文体局

责 任 人：张海斌

完成时限：2009 年底以前

（十五）以公共文化服务创新为重点，完善公共文化服务运行模式。公益性文化事业单位要制定年度公共文化服务项目实施计划。以公益性文化事业单位为主体，构建以流动演出、流动展览、流动培训、流动数字电影放映等服务项目为主的公共文化流动服务网络。

责任单位：县文体局

责 任 人：张海斌

完成时限：2012 年底以前

（十六）大力发展特色文化产业，为公共文化服务提供产业支撑。鼓励和引导各类文化市场主体开发公共文化服务项目，促进公共文化服务多元化和社会化。大力发展群众性民办文化，简化登记审核程序。深入实施大项目带动战略，加大文化创业招商引资力度，强力推进文化产业发展。

责任单位：县文产办、县文体局、县招商促进局

责 任 人：万春林、张海斌、赵一民

完成时限：2010 年底以前

（十七）组织实施网络文化建设工程，坚持以建设社会主义核心价值体系引领网络文化建设，鼓励创作讴歌真善美的网络文化产品。强化网吧监管，依法严厉整治违法违规经营行为，规范网吧市场秩序。

责任单位：县文体局、县文明办、县政府信息产业办、县公安局

责 任 人：张海斌、昂文强、段圳宗、张永清

完成时限：各年度年底前

（十八）加大对公共文化服务的投入，确保公益性文化事业和文物保护经费稳步增长。优先推荐发展潜力大的文化项目和企业，争取省市项目资金的扶持。采取政府投入、社会捐助的方式，建立公共文化资金投入机制。按要求落实好应由县级财政承担的各项公共文化建设专项补助资金。不断拓宽公共文化投入渠道，逐步推行公共文化活动公开招标和政府采购，引入市场竞争和激励机制，调动社会力量参与公共文化服务的积极性。

责任单位：县财政局

责 任 人：苏云波

完成时限：各年度年底

（十九）培养文化人才，健全文化队伍。建立健全人才培养的政策措施和制度保障机制，加强与省内外艺术院校的合作，新建石林县民族高级职业学校，筹建石林国际旅游文化学院，建立培训基地，对文化艺术人才和民族民间文化人才进行培养。注重发挥基层文化骨干、文化能人的积极作用，形成一支扎根基层、服务群众的专（兼）职公共文化服务队伍。

责任单位：县委组织部、县文产办、县人事劳动和社会保障局、县文体局、县教育局

责 任 人：王云龙、万春林、杨春宝、张海斌、普光强

完成时限：2010 年底以前

中共石林彝族自治县委 石林彝族自治县人民政府关于对《石林彝族自治县全面建设小康社会主要指标体系》进行任务分解的通知

（2008 年 11 月 16 日石通〔2008〕14 号）

各乡镇党委、政府，县直各部委办局、人民团体、企事业单位：

《石林彝族自治县全面建设小康社会主要指标体系》由县统计局、县发改局、县人事劳动和社会保障局、县卫生局等 13 个县直部门根据石林县目前各项指标已完成的情况和目标要求，对照全国全面建设小康社会主要指标体系编制而成。从 2008 年开始，市委、市政府将对各县市区全面建设小康社会主要指标完成情况进行专项考核，为确保各项工作任务落实到位，现将各项指标任务分解如下。

一、经济发展

1. 人均地区生产总值

2007 年实现值为 9212 元，实现程度 29.3%。

目标：到2015年≥31432元，其中2008年目标值为10962元，2009年目标值为12581元，2010年目标值为15524元，2011年目标值为18016元，2012年目标值为21983元，2013年目标值为26159元，2014年目标值为31129元，2015年目标值为37054元。

责任领导：段增华、潘华光

责任单位：县发改局，县统计局，各乡镇党委、政府

责 任 人：赵一民、徐永平、各乡镇党政主要领导

具体措施：

(1) 不断扩大经济总量。全力实施“33553”发展战略，推进旅游业、新型工业、种植业、文化产业、畜牧业五大产业发展。按照“543”倍增计划的要求，2011年实现GDP总量在2007年的基础上翻一番，达到44.5亿元。以“旅游立县”为目标，实施旅游“二次创业”，创建世界一流景区，打造国际旅游胜地，加快推进旅游国际化，做强做大旅游业，促进石林旅游业的跨越式发展；以“工业强县”为目标，以制度创新、科技创新为动力，以生态工业集中区为载体，以招商引资为突破口，以新上项目为支撑，以配套政策和优质服务为保障，大力发展低消耗、低污染、高利用率、高循环率的新型工业，促进产业升级，优化工业结构，扩大工业总量，实现工业发展新跨越；以“粮烟稳县”为目标，以市场为导向，以结构调整为突破，以粮、烟、果、菜、畜为重点，突出抓大户上规模，抓特色建基地，抓服务建体系，抓龙头促工贸，抓典型带全面，加快推进农业产业化、规模化、特色化。以打造特色鲜明、经济发展、文化繁荣、社会和谐、文明进步的“文化石林”为总体目标，实施文化产业“十个一”工程，成为新的支柱产业。不断强化以旅游业、文化产业、新型工业、畜牧业、绿色产业为支撑的产业体系，不断扩大经济总量，为全面建设小康社会提供强大的物质基础。

(2) 推进城乡一体化。全面建设小康社会，实现城乡协调发展，加速现代化进程，在尊重社会发展规律的前提下把农民转变成市民，促使农业人口向非农人口转化。以“五新”为目标，以农民增收为核心，以产业发展为支撑，按照“三化”化“三农”、“三化”带“三农”、“三化”服务“三农”的思路，坚持以旅哺农、以农促旅，以城带乡、城乡互促，建设具有石林旅游特色和阿诗玛文化特色的新农村。完善“以旅哺农、以农促旅”的投入长效机制，每年投入不少于1000万元的资金支持新农村建设。鼓励、吸引社会各界投资，多方筹集资金用于新农村建设。坚持“三个优先”，整合涉农项目资金。发挥村民自治和农民主体作用，充分调动农民建设新农村的积极性和创造性，建立“市县指导、乡镇主抓、农民主体、部门服务、社会参与、整体联动”的工作机制，整合力量，形成合力，扎实推进全县新农村建设。

按照建设国际旅游胜地和生态旅游城市标准，以石林大道为城市经济带核心轴，逐步建设成为石林大道城市经济带。充分发挥九石阿旅游专线沿线旅游、文化、生态资源优势，重点发展生态农业、民族文化产业、旅游观光业和休闲度假项目，串点成线，逐步把九石阿旅游专线沿线建成阿诗玛文化旅游特色经济带。以巴江为绿色主轴，东扩西进，北上南下，加快石林片、路美邑片、板桥片建设，逐步形成“一河三片”巴江生态休闲经济带。通过“三带”建设，统筹城乡，优势互补，推进城乡一体化进程。

(3) 加大招商引资力度。牢固树立“招商引资是第一要事、第一政绩、第一责任、第一能力”的理念，强化招商引资机制，再造招商引资流程，突出招商引资重点，创新招商引资方式，加大招商引资力度，以生态工业、旅游服务业、阿诗玛文化产业、现代农业为招商重点产业，以工业招商、旅游招商为突破口，实现招商引资新突破，推进全县产业转型升级。围绕“一路三区”城市建设格局，以石林中路为主轴，发挥旅游度假区、生态工业集中区在规划布局、产业聚集辐射等方面的优势，搭建招商平台，不断提高招商引资水平和效率。

2. 第三产业比重

2007年实现值为44，实现程度88%。

目标：到2015年≥50%，其中2008年目标值为45%，2009年目标值为45%，2010年目标值为46%，2011年目标值为47%，2012年目标值为48%，2013年目标值为48%，2014年目标值为49%，2015年目标值为50%。

责任领导：段增华、潘华光

责任单位：县发改局、县统计局

责 任 人：赵一民、徐永平

具体措施：

(1) 深入实施“12345”旅游国际化发展战略。以创建世界一流景区，打造国际旅游胜地为目标；实现单一观光型旅游向观光、休闲、度假、康体、生态、科考、会展综合型旅游转变，国内名牌向国际名牌转变；构建三个旅游圈——以石林景区和石林旅游度假区为中心的核心旅游圈，以石林景区为中心带动长湖、大叠水、圭山国家森林公园等八个景点发展的石林大旅游圈，以石林风景名胜区为中心辐射宜良九乡、陆良彩色沙林、泸西阿庐古洞、丘北普者黑和弥勒白龙洞的滇东南喀斯特精品旅游圈；实施品牌化、特色化、产业化、多元化四个战略；实现五个突破——在创新体制、机制上实现新突破，在生态保护、园林建设和景区提升上实现新突破，在展现彝族撒尼文化与旅游的融合上实现新突破，在宣传营销上实现新突破，在人才培养和人才引进上实现新突破。加快推进旅游二次创业步伐，全面提速旅游转型提升，促进石林旅游跨越发展，实现“旅游立县”目标。2009年创建为中国旅游强县；2011年，旅游及相关产业增加值占GDP的16.6%。

(2) 大力发展文化产业。以“文化活县”为目标，改革创新文化体制机制，通过积极的产业政策和有序的市场运作，增强文化发展活力，努力做大做强一批文化企业和产业集团，提升全县文化产业的总体实力和市场竞争力，着力打造特色鲜明、经济发展、文化繁荣、社会和谐、文明进步的“文化石林”。文化产业增加值年均增26%，到2015年，文化产业增加值占GDP的10%以上。

一是实施文化产业“十个一”工程。拍摄一批以“阿诗玛”为题材的影视作品，打造一组以“阿诗玛”歌舞剧为代表的民族艺术精品，创编一台大型室外民族歌舞剧并推向旅游市场，办好一批以火把节为代表的重大国际性节庆活动，建设一批标志性文化设施，激活一批文艺团队，扶持一批有发展潜力的民族民间文艺表演团队，保护开发一片以鹿阜旧城为代表的历史文化街区，建设一批以“九石阿”旅游专线为依托的阿诗玛民族文化生态休闲度假项目，培养一批民族民间文化艺术人才队伍。

二是实施文化产业“4321”工程。突出重点，立足于保护和开发石林民族文化资源，以文化旅游、影视产品、节庆娱乐、会展服务为四大重点发展产业，坚持先进性、尊重主体性、体现地方性，以网络和媒体为两大载体，建立一个集票务、品牌、特色产品、信息服务于一体的石林文化特许经营连锁网络。

三是打造巴江生态休闲经济带。利用全县独特的文化、旅游资源优势，加快文化与旅游融合，以巴江沿线县城段为重点，实施“一江两潭八景”，即：巴江，黑龙潭、白龙潭，三家村水库、鱼龙湖、荷花池湿地、文昌湿地公园、桃园水乡、复烤厂湿地、大屯湖、城南湿地工程，打造具有石林民族特色集餐饮服务、旅游购物、文化娱乐等为一体的巴江生态休闲经济带。

2008年，完善文化产业项目库，完成石林演艺中心土木工程及舞台工程，完成大型原生态民族歌舞剧《阿诗玛》项目音乐创作，启动鹿阜旧城改造一期工程，组建阿诗玛演艺公司；2009年，全面实施鹿阜旧城改造工程，提升大型原生态民族歌舞剧《阿诗玛》并推向市场，建成斗牛场，启动俱乐部制中国牛王争霸赛活动项目；2010～2011年，深入开展文化创新，引进并培育一批上规模、上档次的旅游文化开发经营龙头企业，重点引进会展专业服务公司，开展具有地方民族特色的媒体服务，建立传输快捷、覆盖广泛的文化传播体系。

(3) 积极发展商贸流通业。实施“11214”工程：打造以石林县城和石林旅游度假区为主的商业增长极，以石林大道和“九石阿”旅游专线构成的“T”形增长轴，建设石林、路美邑2个物流中心，县城（鹿阜、石林、路美邑、板桥）商业圈和圭山、长湖、西街口、大可4个商业集中区，把石林建成带动周边，辐射滇东南，延伸至东盟的旅游商业城市，中国与南亚次大陆两大经济体系的贸易通道，成为融旅游、商贸、休闲于一体的次级城市区域中心。

一是打造以石林县城和石林旅游度假区为主的商业增长极。以石林风景名胜区为依托，以“五中心二店”建设为重点，大力发展具有民族和地域特色的休闲、购物、娱乐、餐饮服务。2009年完成五中心建设，2010年完成“二店”建设。以狮山路为主，建设农产品交易平台。重点发展农副产品批发市场、农业生产资料交易市场、花卉苗木交易中心、汽车配件交易和修理中心、建筑材料交易市场等现代商贸交易中心。2010年完成农业生产资料市场和标准化市场建设。以东城区为依托，大力发展街道商铺，建立与居住配套的商贸区。2009年完成大屯粮食交易市场建设，2010年完成东城区大型商贸市场建设。

二是打造以石林大道和“九石阿”旅游专线构成的“T”形商业增长轴。加快石林大道城市经济带建设。2009年完成阿诗玛风情街、阿诗玛旅游小镇建设，2010年完成石林上海新天地、交通运输客运中心建设，2011年完成东南亚珠宝玉石加工交易中心建设。九石阿旅游专线阿诗玛文化旅游特色经济带建设。2008年完成阿着底彝家乐撒尼风情园建设，2009年完成西街口大三弦之乡、月湖民族文化生态村建设，2010年完成阿着底阿诗玛民族民间刺绣之乡、长湖撒尼风情园建设，2011年完成糯黑民族文化生态村、圭山边纵红色文化旅游镇建设。

三是加快两个物流中心建设。发展商业、运输、联运、物资、仓储等，建设物流配送中心和仓储点。2010年完成石林物流园区建设，2011年完成路美邑物流园区建设。

四是推进集镇商贸中心建设。4个乡镇突出自身特色，打造一条商业街，建设一个新型市场。2009年完成圭山、长湖集镇建设，2010年完成大可、西街口集镇建设。

五是以“万村千乡”工程建设为契机，培育和开拓农村市场，推进农村商品市场体系建设。大力发展农村专业合作社，积极发展农民营销组织、专业购销队伍、农村经纪人队伍，建立和完善农村流通组织体系。

3. 城镇化率

2007年实现值27%，实现程度45%。

目标：到2015年≥60%，其中2008年目标值为30%，2009年目标值为36%，2010年目标值为40%，2011年目标值为45%，2012年目标值为50%，2013年目标值为54%，2014年目标值为57%，2015年目标值为60%。

责任领导：张忠贵

责任单位：县建设局，各乡镇党委、政府

责 任 人：吴剑平、各乡镇党政主要领导

具体措施：

(1) 科学规划、合理布局。充分考虑区位优势、资源条件和人口规模等因素，突破传统定势，高起点、高标准地做好城镇体系布局，把握好区域城市化速度、城市规模，合理布局。在深化户籍制度改革的基础上，出台系统的政策体系引导城镇走上健康的发展之路。强化中心城镇，确保工业向中心城镇集中。有效实施土地流转制度，进一步明确“先规划，后建设”的原则。

(2) 强化鹿阜镇、路美邑镇、石林镇建设，重点发展以石林大道为轴线的旅游产业经济带、生态工业集中区、石林旅游服务区为核心的区域。同时，积极支持长湖镇、圭山镇、板桥镇分别向旅游小镇和具有地方特色中心镇的方向发展。

(3) 集中财力、物力、人力，进行县城环城路网的规划建设工作，努力将建成区面积扩大，同时，加大环城路内老城区及城中村的改造工作，借创建国家园林县城之机，进一步完善城镇功能，改善城镇人居环境，树立良好的城镇形象，

增强城镇吸引力。

4. 城镇登记失业率

2007 年实现值为 1.49，实现程度 100%。（注：目标值已达到考核要求，到 2015 年目标值保持在 3%以下）

目标：到 2015 年≤4%，其中 2008 年目标值为 3.5，2009 年目标值为 3.3，2010 年目标值为 3.2，2011 年目标值为 3.1，2012 年目标值为 3.1，2013 年目标值为 3，2014 年目标值为 3，2015 年目标值为 3。

责任领导：毕春华

责任单位：县人事劳动和社会保障局

责 任 人：杨春宝

具体措施：

（1）坚持开展好四个专项活动，即：3 月“春风行动”、“再就业援助行动”，5 月“民营企业招聘周活动”，9 月“高校毕业生招聘周活动”，促进就业再就业。

（2）强化培训，重点做好城镇失业人员的技能培训、创业培训。

（3）努力开发提供有效就业岗位，实现城镇新增就业目标任务。

（4）深入开展“零就业家庭”调查，把公益性岗位安置作为援助“零就业家庭”实现就业的主要渠道，做到产生一户、消除一户。

（5）突破政策，把原来只针对下岗失业人员特殊群体的技能培训、创业培训、政策扶持范围扩大到面向城镇所有失业人员、大中专毕业生、退役军人、残疾人、被征地人员等全体社会成员，促进全民创业。

（6）发展劳动就业服务企业并积极提供政策咨询、招用工登记、社会保险缴纳等“一条龙”服务，促使其多吸纳城镇失业人员就业再就业。

（7）积极创建充分就业社区，力争实现社区就业比例达 96.48%（省、市考核要求）。

二、社会和谐

5. 基尼系数（城市口径）

2007 年实现值为 0.3，实现程度 100%。（目标值已达到考核要求，到 2015 年目标值保持在 0.4 以下）

目标：到 2015 年≤0.4，其中 2008 年目标值为 0.30，2009 年目标值为 0.31，2010 年目标值为 0.33，2011 年目标值为 0.34，2012 年目标值为 0.36，2013 年目标值为 0.36，2014 年目标值为 0.37，2015 年目标值为 0.38。

责任领导：段增华、潘华光

责任单位：县发改局，县统计局，各乡镇党委、政府

责 任 人：赵一民、徐永平、各乡镇党政主要领导

具体措施：

（1）扩大社会保障。实施“三就三百”工程，对城郊和农村失地、失居人员 100%提供大病就医帮助，对其子女 100%提供义务教育帮助，对适龄劳动力提供 100%就业帮助。完善基本养老保险、医疗保险制度，促进城镇职工基本养老、医疗保险制度规范化，探索建立农村养老保险制度，努力实现城镇居民全民参保；新型农村合作医疗覆盖全县农村人口，参合率达 100%。完善最低生活保障制度，做到应保尽保。健全优抚保障机制和社会救助体系，提高老年人、残疾人和孤儿的福利保障水平，支持社会慈善、社会捐赠、群众互助等社会救助活动。建立健全城镇低收入家庭住房保障体系，加快廉租住房、经济适用住房和中低价位、中小户型普通商品房建设，扩大保障范围。

（2）高度关注民生。坚持教育优先发展，按照幼儿学前教育普及化、义务教育均衡化、高中教育优质化、职业教育社会化、成人教育终身化的目标全面提升教育水平，促进各类教育和谐发展。改善乡镇中心幼儿园办学条件，扩大优质幼儿教育规模。优化教育资源配置，大力推进农村中小学标准化建设，逐步缩小城乡教育发展差距。加大高中普及力度，提升办学质量和效益。全面落实“两免一补”政策，完善奖励救助机制，促进教育公平。

加强公共卫生服务体系建设，进一步扩大优质医疗资源，加强基层医疗卫生服务网络建设和卫生行业监管，建立完善新型卫生服务体系、医疗保障体系和卫生监督体系，提高人民健康水平。

（3）高度重视解决群众关心的热点、难点问题。实施“车头向下，服务农村”工程，鼓励和扶持民营企业发展公交事业，加快县、乡镇客运站点建设，实现行政村“村村通公交车”目标，从根本上解决农民出行难、乘车难的问题。实施安全饮水和扶贫攻坚工程，基本消除绝对贫困现象。

6. 城乡居民收入比

2007 年实现值为 3.25，实现程度 86.2%。

目标：到 2015 年≤2.8，其中 2008 年目标值为 3.01，2009 年目标值为 3，2010 年目标值为 2.7，2011 年目标值为 2.7，2012 年目标值为 2.73，2013 年目标值为 2.7，2014 年目标值为 2.7，2015 年目标值为 2.8。

责任领导：段增华、潘华光

责任单位：县发改局、县统计局

责 任 人：赵一民、徐永平

具体措施：

（1）通过支持创业、劳务输出、提高工资和保障救助等措施，提高居民收入水平。

（2）全面落实惠农政策，加快发展现代农业，大力发展农村经济，积极发展县域经济，实现城乡统筹，缩小城乡居民收入差距，让广大人民群众共享改革发展成果。

7. 社会保障

城镇

（1）基本养老保险覆盖率

2007 年实现值为 41.81%，实现程度 52.3%。

目标：到 2015 年≥80%，其中 2008 年目标值为 48.78%，2009 年目标值为 52.06%，2010 年目标值为 56.2%，2011 年目标值为 64.46%，2012 年目标值为 75.6%，2013 年目标值为 80.16%，2014 年目标值为 86.78%，2015 年目标值为 90%。

责任领导：毕春华

责任单位：县人事劳动和社会保障局

责 任 人：杨春宝

具体措施：

①加大劳动执法监察力度，重点是非公企业，督促用人单位依法参加基本养老保险。

②加大对城镇个体工商户、灵活就业人员的政策宣传力度，进一步扩大参保人数。

③加强社保经办机构能力建设，全面提高经办人员综合素质以适应社保工作发展的需要。

(2) 失业保险覆盖率

2007 年实现值为 78%，实现程度 97.5%。

目标：到 2015 年≥80%，其中 2008 年目标值为 82%，2009 年目标值为 85%，2010 年目标值为 90%，2011 年目标值为 92%，2012 年目标值为 95%，2013 年目标值为 96%，2014 年目标值为 98%，2015 年目标值为 99%。

责任领导：毕春华

责任单位：县人事劳动和社会保障局

责 任 人：杨春宝

具体措施：

①加大政策宣传力度，通过多种形式，转变企业参保观念，增强其参保意识，对非公企业，做到主动送政策，上门服务，为其办理参保手续。

②加强执法监察力度，充分利用劳动保障执法年审，检查、督促、责令企业为职工缴纳失业保险。

③加强部门联动，协调、配合发改、经济、煤炭等部门深入企业做好政策培训和指导，促进企业参保。

④强化对灵活就业人员的政策宣传力度，继续把灵活就业人员纳入参保范围。

(3) 基本医疗保险覆盖率

2007 年实现值为 57.41%，实现程度 71.8%。

目标：到 2015 年≥80%，其中 2008 年目标值为 82.41%，2009 年目标值为 96.21%，2010 年目标值为 97.99%，2011 年目标值为 98.68%，2012 年目标值为 99.36%，2013 年目标值为 99.5%，2014 年目标值为 99.8%，2015 年目标值为 100%。

责任领导：毕春华

责任单位：县人事劳动和社会保障局

责 任 人：杨春宝

具体措施：

①加大医疗保险政策宣传力度，实现政策覆盖范围内人群知晓率达 100%，正确引导应参保人群参保，切实做到“应保尽保”。

②加强医疗保险经办机构队伍建设，提高经办人员业务素质，以适应随着医疗保险制度的进一步改革和完善以及户口制度的改革，医疗保险覆盖人群范围日益增大的需要。

③加强医疗保险基金的征缴力度，健全基金稽核监督机制和内部控制制度，保障财政对医疗政策性资金投入和经办机构业务经费，确保人民群众按政策享受保险待遇，真正实现“病有所医，医有所保”。

(4) 最低生活保障覆盖率

2007 年实现值为 100%，实现程度 100%。（目标值已达到考核要求，到 2015 年目标值保持在 100%）

责任领导：潘华光

责任单位：县民政局

责 任 人：窦兴亮

具体措施：

① 进一步推进和完善城乡低保救助制度建设。深入完善规范城乡居民最低生活保障的申请、审核、审批、发放和监督机制。坚持属地管理和动态管理工作原则，做到应保尽保，低保对象有进有出。

② 积极开展基层低保工作规范化建设活动。按照《全国基层低保规范化建设暂行评估标准》的通知要求，积极开展以“规范管理、优质服务”为主题的基层低保工作规范化建设活动，努力使全县城乡低保救助工作制度化、规范化、公开化、公平化。

③ 进一步加大分类施保的力度。坚持“重点突出、补助合理、体现差别、量力而行”的原则，采取分类施保的方式，对城乡低保中的“三无”人员、重度残疾人、丧失劳动能力的重点病人等给予重点保障；对老年人、长期患病人员、单亲家庭中的未成年人以及义务教育阶段的在校生等给予照顾性保障，确保他们享受相对较高的救助水平。

④ 加强城镇低保资金管理。认真贯彻落实城市居民最低生活保障统计报告和公示制度，不经手现金，做到账和现金分离，现金由金融部门代发放。县民政局每月利用城市居民最低生活保障公示栏，公开政策、公开程序，公开办理时限，对全县低保对象资金发放、资金节余、人均补差等重要数据进行统计并上报市局，同时按月向社会公布，接受群众监督。城乡低保资金由市、县承担，随着保障标准的提高，需政府投入保障金。

农村

(1) 新型合作医疗覆盖率

2007 年实现值为 97%，实现程度 97%。

目标：到 2015 年为 100%，其中 2008 年目标值为 99.27%，2009 年目标值为 100%，2010 年目标值为 100%，2011 年目标值为 100%，2012 年目标值为 100%，2013 年目标值为 100%，2014 年目标值为 100%，2015 年目标值为 100%。

责任领导：潘华光

责任单位：县卫生局，各乡镇党委、政府

责 任 人：周保能、各乡镇党政主要领导

具体措施：

① 加强新型农村合作医疗制度宣传力度，使新型农村合作医疗制度深入人心、家喻户晓，确保新型农村合作医疗制度覆盖率。

② 建立健全和完善新型农村合作医疗制度，不断提高服务质量、服务水平，扩大新型农村合作医疗受益面。

③ 加强民主监督，及时发现合作医疗过程中出现的困难

和问题，纠正工作偏差，做到事事有章可循，办事规范有序，工作透明高效，保证参合农民的切身利益。

④逐步改善就医条件，不断提高服务质量，营造良好的就医环境。

⑤加强基金监督管理，强化基金使用审核制度，坚持五级审核制，保证基金的安全合理有效使用。

⑥加强医疗机构监管，严格执行基本用药目录和基本诊疗规范，合理检查，合理用药，狠刹行业不正之风，减轻农民群众的医疗费用负担，切实让利于人民群众。

⑦积极探索和建立适合我县的形式多样、简便易行、稳定可靠、合理有效筹资机制和方式，确保参合率稳步提高。

(2) 养老保险覆盖率

2007年实现值为9.66%，实现程度12.1%。

目标：到2015年≥80%，其中2008年目标值为15.15%，2009年目标值为16.51%，2010年目标值为39.73%，2011年目标值为52.17%，2012年目标值为61.27%，2013年目标值为67.23%，2014年目标值为76.12%，2015年目标值为80%。

责任领导：毕春华

责任单位：县人事劳动和社会保障局，各乡镇党委、政府

责 任 人：杨春宝、各乡镇党政主要领导

具体措施：

①积极推进被征地人员养老保险参保工作，确保完成目标任务，为今后扩面工作打下坚实基础。

②加强政策宣传力度，引导被征地人员提高参保意识，抓好被征地人员养老保险扩面工作。

③探索建立农村社会保险制度，争取国家财政投入，让农民得到实惠，增强农村养老保险对广大群众的吸引力，提高群众参保积极性，建成真正具有实际保障意义的农村社会保障体系。

(3) 最低生活保障覆盖率

2007年实现值为100%，实现程度100%。（目标值已达到考核要求，到2015年目标值保持在100%）

责任领导：潘华光

责任单位：县民政局，各乡镇党委、政府

责 任 人：窦兴亮、各乡镇党政主要领导

具体措施：

①进一步推进和完善城乡低保救助制度建设。深入完善规范城乡居民最低生活保障的申请、审核、审批、发放和监督机制。坚持属地管理和动态管理工作原则，做到应保尽保，低保对象有进有出。

②积极开展基层低保工作规范化建设活动。按照《全国基层低保规范化建设暂行评估标准》的通知要求，积极开展以"规范管理、优质服务"为主题的基层低保工作规范化建设活动，努力使全县城乡低保救助工作制度化、规范化、公开化、公平化。

③进一步加大分类施保的力度。坚持"重点突出，补助合理、体现差别、量力而行"的原则，采取分类施保的方式，对城乡低保中的"三无"人员、重度残疾人、丧失劳动能力的重点病人等给予重点保障；对老年人、长期患病人员、单亲家庭中的未成年人以及义务教育阶段的在校生等给予照顾性保障，确保他们享受相对较高的救助水平。

④加强城镇低保资金管理。认真贯彻落实城市居民最低生活保障统计报告和公示制度，不经手现金，做到账和现金分离，现金由金融部门代发放。县民政局每月利用城市居民最低生活保障公示栏，公开政策、公开程序、公开办理时限，对全县低保对象资金发放、资金节余、人均补差等重要数据进行统计并上报市局，同时按月向社会公布，接受群众监督。城乡低保资金由市、县承担，随着保障标准的提高，需政府投入保障金。

三、生活质量

8. 居民收入

(1) 城镇居民人均可支配收入

2007年实现值为11159元，实现程度55.8%。

目标：到2015年≥20000元，其中2008年目标值为12051元，2009年目标值为12895元，2010年目标值为14057元，2011年目标值为15041元，2012年目标值为16396元，2013年目标值为17544元，2014年目标值为18772元，2015年目标值为20654元。

责任领导：段增华、潘华光

责任单位：县财政局、县统计局

责 任 人：苏云波、徐永平

具体措施：

①加快二、三产业发展，促进就业和再就业。牢牢抓住"12345"旅游国际化发展战略，积极引导和鼓励民营资本投资旅游配套服务行业，大力发展第三产业，提高旅游综合收入，增加就业岗位。紧紧围绕"11234"工业突破战略，每年安排落实扶持工业园区发展专项资金2000万元，推进工业突破，加快工业园区发展，加大工业招商引资力度，着力引进带动力强、附加值高的生态工业项目，创造更多的就业岗位。认真落实省、市、县关于加快非公有制经济发展的相关政策，每年安排扶持非公经济发展专项资金200万元，引导非公有制企业成为优化经济结构、促进就业和再就业、增加城乡居民收入、发展县域经济的主体。

②调整优化财政支出结构，加大社会保障资金投入。进一步规范财政支出范围，理顺分配关系，着力调整支出结构，财政资金在"保工资、保运转、保稳定、促发展"的基础上，逐年增加城市居民最低生活保障、城镇居民基本医疗保险、城市贫困居民医疗救助、廉租住房保障、社区医疗卫生、就业和再就业等社会保障资金的投入，不断完善城镇困难弱势群体的社会保障，促进全县社会和谐发展。

③规范收入分配秩序，足额落实上级各项增资政策。认真落实国家、省、市出台的各项政策，多方筹措资金，确保各项增资政策的及时足额兑现。

④引导社区壮大集体经济，增加社区居民可支配收入。积极引导和帮助城镇社区发展经济实体，壮大集体经济，增加社区居民收入。

⑤扶持中小企业加快发展，提高中小企业经济效益。继续加大财政投入力度，积极帮助中小企业向上级争取资金支持，落实税收优惠政策，促进信用担保体系建设，改善中小企业融资环境，大力支持中小企业的健康发展，提高中小企业经营效益。

⑥建立财政稳定投入机制，加大富余劳动力输出力度。从2008年起，县财政每年安排不少于10万元、乡镇财政安排不少于1万元的经费用于“两后双百”工程，县财政每年继续安排不少于20万元农村富余劳动力转移就业经费，以促进就业为目标，实施积极的就业政策，大力发展职业教育，全面提高劳动者技能，增加就业、创业能力，实现充分就业，努力增加城乡居民收入。

(2) 农村居民人均纯收入

2007年实现值为3708元，实现程度46.4%。

目标：到2015年≥8000元，其中2008年目标值为4200元，2009年目标值为4480元，2010年目标值为5400元，2011年目标值为5840元，2012年目标值为6400元，2013年目标值为6580元，2014年目标值为7200元，2015年目标值为8000元。

责任领导：毕春华、潘华光

责任单位：县农牧局，县统计局，各乡镇党委、政府

责 任 人：潘佳良、徐永平、各乡镇党政主要领导

具体措施：

①优化品种结构，推广先进实用技术，改善品质，提高效益。每年完成粮食总产1.2亿千克（小春3050万千克，大春8950万千克），实现产值2.26亿元以上。

②巩固生猪生产，发展羊产业，加快温氏养鸡户的发展，扩大肉牛、奶牛生产。每年完成肉羊出栏9.2万只，鲜奶产量1098万千克；生猪出栏22.3万头；大牲畜出栏11130头；禽出栏400万只，禽蛋136万千克。实现畜牧业产值4.2亿元。

③新建3000亩甜柿基地，加快甜柿生产的标准化建设，每年完成水果总产2500万千克，实现产值6500万元以上。

④加强农产品质量安全监管，确保达到市级要求。每年完成蔬菜总产9500万千克，实现产值1.05亿元。

⑤抓好农机监理工作，确保农机事故率、重伤率、死亡率分别控制在4‰、3‰、2‰以内。每年完成机耕机耙25.8万亩。

⑥抓好农村财务管理、农村承包土地管理、农民负担监督管理、农村数字乡村工程建设管理工作，积极发展农村集体经济和农民专业合作社。

⑦加大农村沼气“一池三改”建设和节柴灶推广工作。

⑧积极做好农村劳动力培训、绿证培训，对初、高中毕业后不能继续升学的学生进行100%的劳动技能培训。

⑨培育发展农业龙头企业、农业产业化强镇、特色产业基地强村、农业专业合作社和规模经营大户。

⑩认真抓好中央惠农政策的兑现落实工作。

9. 恩格尔系数（城镇口径）

2007年实现值为32，实现程度100%。（目标值已达到考核要求，到2015年目标值保持在≤40）

目标：到2015年≤40，其中2008年目标值32，2009年目标值为31，2010年目标值为31，2011年目标值为31，2012年目标值为31，2013年目标值为31，2014年目标值为31，2015年目标值为30。

责任领导：段增华、潘华光

责任单位：县发改局、县统计局

责 任 人：赵一民、徐永平

具体措施：

①提高收入水平，提升消费能力。加快推进新型工业化进程，提高劳动者工资水平。完善收入分配制度，缩小收入差距，扩大中等收入群体。加强教育普及率和加大职业技能培训力度，提高居民文化素质，促进居民就业。

②完善公共服务，提高消费意愿。一是完善社保体系。通过加大农村社保力度，改善社保征缴方式，完善社保账户的流动性，提高社保标准，逐步建立一套城乡一体的社保体系。二是加大公共产品供给。调整财政支出结构，加大对教育、医疗、住房保障等领域的公共投入力度，减轻居民的负担。三是加强市场调控。完善市场物价监测体系，完善重要商品的储备、投放及期货交易制度，加强金融、财政、税收、行政等综合调控力度，稳定市场物价。

③改善消费环境，释放消费潜力。一是完善基础设施建设。继续加大对城乡特别是农村的水、电、路、气和通讯等基础设施建设，完善城乡商业体系，发展现代物流业。二是扩大消费信贷规模。通过完善社会信用体系，改善消费信贷的管理和考核方法，加大金融创新，降低信贷门槛来扩大消费信贷规模。三是加强市场监管。从行政执法、行业自律、舆论监督、群众参与等方面完善市场监管体系，加大整顿和规范市场秩序。

④突出重点领域，增加消费亮点。要重点突出发展汽车、住房、旅游、文化娱乐、保健休闲等消费领域，促进消费的健康快速增长。

⑤加强科学引导，提倡合理消费。采取政策鼓励、教育宣传、舆论导向等措施，逐步引导城乡居民向节约、环保、健康的消费模式转化。

10. 居民住房

(1) 城镇居民人均现住房屋总使用面积

2007年实现值为23.1平方米，实现程度85.6%。

目标：到2015年≥27平方米，其中2008年目标值为25.50平方米，2009年目标值为27.70平方米，2010年目标值为29.84平方米，2011年目标值为30.30平方米，2012年目标值为30.84平方米，2013年目标值为31.40平方米，2014年目标值为31.90平方米，2015年目标值为32.48平方米。

责任领导：张忠贵

责任单位：县建设局

责 任 人：吴剑平

具体措施：

①加快城市经济发展，减少低收入人群，增加房屋购买

力和城镇居民收入。

② 加大商品房、经济适用住房的开发力度，增加现房面积。

③ 建立健全城镇中低收入家庭住房保障制度。

(2) 农村居民人均住房面积

2007 年实现值为 39 平方米，实现程度 97.5%。

目标：到 2015 年≥40 平方米，其中 2008 年目标值为 39 平方米，2009 年目标值为 39.5 平方米，2010 年目标值为 40 平方米，2011 年目标值为 41 平方米，2012 年目标值为 42 平方米，2013 年目标值为 42 平方米，2014 年目标值为 42 平方米，2015 年目标值为 42 平方米。

责任领导：张忠贵

责任单位：县建设局，各乡镇党委、政府

责 任 人：吴剑平、各乡镇党政主要领导

具体措施：

① 抓好“三农”工作，提高农民经济收入总量。

② 做好农村建房审批工作，加强农村建设用地规范审批。

③ 加强计划生育管理，实质性降低人口自然增长率。

④ 加大新农村建设扶持力度，改善农民现有居住条件。

11. 居民出行

(1) 公交出行分担率

2007 年实现值为 26%，实现程度 65%。

目标：到 2015 年≥40%，其中 2008 年目标值为 29%，2009 年目标值为 32%，2010 年目标值为 35%，2011 年目标值为 36%，2012 年目标值为 38%，2013 年目标值为 39%，2014 年目标值为 40%，2015 年目标值为 40%。

责任领导：张忠贵

责任单位：县交通局，各乡镇党委、政府

责 任 人：杨国云、各乡镇党政主要领导

具体措施：

① 加大农村道路建设，同时加大对农村客运站场、行政村简易站和沿途招呼站等基础设施的规划和建设力度，逐步完善城乡公交客运发展的基础条件。

② 充分发挥乡镇、村委会属地管理职能。积极配合、支持农村公交“村村通”工程的实施。以乡镇分管领导挂帅，派出所及相关站所人员兼职，成立“乡镇交通安全服务管理站”，充分依托和发挥好乡镇客运站的功能和作用。

③ 坚决贯彻执行市人大、市政府和县政府关于打击非法客运的有关规定，严厉打击非法客运行为，确保城乡公交健康有序发展。

④ 充分发挥乡镇客运站的功能作用，按“车进站、客归点、站管好、服务好”的要求，对乡镇所在地集镇的公交客运车辆实行入站经营管理。村委会设交通协管员，作为村级简易客运站的工作人员，负责村级简易客运站管理和农村交通安全的教育，进一步加大对城乡公交客运宣传和服务力度，保证农村客运市场的健康有序发展。

⑤ 加强公交客运工作的管理，强化公交车从业人员的安全培训、素质教育和服务意识教育，交通行业管理部门要严肃查处客运车辆的违规行为，努力提升服务质量，有效提高公交出行分担率。

(2) 行政村公路硬化率

2007 年实现值为 57.61%，实现程度 57.6%。

目标：到 2015 年为 100%，其中 2008 年目标值为 61.96%，2009 年目标值为 73.91%，2010 年目标值为 78.28%，2011 年目标值为 81.52%，2012 年目标值为 88.04%，2013 年目标值为 93.48%，2014 年目标值为 96.74%，2015 年目标值为 100%。

责任领导：张忠贵

责任单位：县交通局，各乡镇党委、政府

责 任 人：杨国云、各乡镇党政主要领导

具体措施：

① 根据县情和行政村公路现状，制定《石林彝族自治县交通建设“十一五”发展规划》和《石林彝族自治县交通建设三年发展规划》，按照县委、县政府统一安排和部署，争取按规划逐项逐年立项实施。

② 争取县级交通基础设施建设配套资金按时到位。

③ 加大对乡镇、村的宣传力度，受益地方积极筹资、投工投劳，把公路建设和管理做为一项主要工作来安排。

④ 积极主动多渠道争取省、市交通主管部门对自治县项目和资金的最大倾斜和支持。

⑤ 制定《石林彝族自治县农村公路建设、管理和养护实施方案》，将农村公路纳入正常建设、管理和养护。

12. 人口平均预期寿命

2007 年实现值 71.5 岁，实现程度 95.3%。

目标：到 2015 年≥75 岁，其中 2008 年目标值为 72 岁，2009 年目标值为 73.2 岁，2010 年目标值为 74.6 岁，2011 年目标值为 74.7 岁，2012 年目标值为 74.8 岁，2013 年目标值为 74.9 岁，2014 年目标值为 75 岁，2015 年目标值为 75.2 岁。

责任领导：潘华光

责任单位：县卫生局、县人口和计划生育局

责 任 人：周保能、张睿高

具体措施：

① 从出生人口的素质抓起，大力倡导优生优育，提倡少生优生，提高婚前检查率，严禁近亲结婚，减少遗传病发生。增加对计划生育管理及其服务机构、公共卫生设施的投入，普遍开展对育龄妇女生育知识的指导，强化婚前医学检查、孕期医学检查，加强出生缺陷和母婴保健，预防和减少出生缺陷的发生。

② 大力加强疾病预防控制、卫生监督等机构能力建设，加大公共卫生投入力度，有效控制传染病和突发公共卫生事件的发生。

③ 改善医疗卫生条件，构建全民医疗保障体系，提高人口健康水平，提高人口健康水平。

④ 采取国家、社会、家庭、个人相结合的方针，建立和完善养老保险体系。城镇要保证老年人完善离退休人员基本

养老金的正常增长机制，农村要逐步建立自我储蓄和家庭保障为主、集体补助为辅、政府予以政策扶持的养老保障制度；政府在建立和完善社会保障制度的前提下，采取措施加强家庭的养老功能，推动以社区为中心的社会化养老服务事业。建立以家庭养老为核心，社区养老服务网络为依托，社会养老设施为补充的社会化养老服务体系。

⑤加大对健康教育与健康促进事业的宣传力度，提高各级政府和人民群众对健康教育与健康促进事业的认识，明确这是一项可以提高国民的自我保健意识、环境保护意识、心理素质及其能力，促进生产发展的一项事业。改变各级政府重治轻防的观念，切实增强对健康教育与健康促进事业建设的紧迫感和责任感。

⑥把深入开展"全国亿万农民健康促进行动"列入各级各部门的议事日程，制定"石林彝族自治县健康教育与健康促进发展规划"，将健康教育与健康促进事业建设纳入公共卫生体系建设予以统筹规划，明确职责、任务。

⑦建立健全覆盖全社会的健康教育网络。组建县健康教育所，落实人员、经费、设备。县健康教育所设专职人员3～4名，乡镇设专（兼）职人员1～2名，县直各单位、村（社区）及自然村配备有专（兼）职健康教育人员。

⑧引导群众关注自身健康，增加健康投资。加大投资力度，大力发展体育事业，开展形式多样、丰富多彩的全民健康活动。

13.农村安全饮用水普及率

2007年实现值为89.26%，实现程度89.3%。

目标：到2015年为100%，其中2008年目标值为94.48%，2009年目标值为96.82%，2010年目标值为97.73%，2011年目标值为98.36%，2012年目标值为99%，2013年目标值为99.18%，2014年目标值为99.39%，2015年目标值为100%。

责任领导：毕春华

责任单位：县水务局，各乡镇党委、政府

责 任 人：余春、各乡镇党政主要领导

具体措施：

①加强组织领导，落实责任制。充分认识解决农村饮水安全的重要性、紧迫性、艰巨性，做到领导重视、机构健全、责任明确、措施得力，确保圆满完成建设任务。

②认真规划，科学选点。按因地制宜、科学合理、突出重点、集中连片、整村推进的原则，严格按照《云南省国债农村饮水安全项目可行性研究报告和实施方案编制提纲》的要求，编制可行性研究报告和实施方案。集中连片，形成小型集中供水工程，降低工程投入，增大供水范围，提高供水保证率。

③加强工程建设管理。严格水利建设程序和项目管理，加强水利建设资金、项目管理，加强监督和监管，狠抓工程建设质量。从工程的建前、建中和建后等环节，进行全面管理，定期和不定期进行检查，确保工程质量。

④积极筹措资金，确保工程建设。积极争取中央、省、市建设资金，采取国家、集体受益群众投资相结合的政策，重点解决积极性高、经济较发达、具有较强筹资能力的村组。整合少数民族发展资金、扶贫资金、县级新农村建设资金、县小农水资金等多个部门的资金，集中成片解决群众的实际困难。

⑤完善管理体制，切实加强工程建后管理。加大工程建成后的管理工作，克服重建轻管现象，确保项目长期发挥效益。

四、民主法制

14.城乡村（居）民依法自治

（1）城镇社区居委会依法自治达标率

2007年实现值为100%，实现程度100%。（目标值已达到考核要求，到2015年目标值保持在100%）

目标已达到，到2015年保持在100%。

责任领导：潘华光

责任单位：县民政局，各乡镇党委、政府

责 任 人：窦兴亮、各乡镇党政主要领导

（2）农村村委会依法自治达标率

2007年实现值为100%，实现程度100%。（目标值已达到考核要求，到2015年目标值保持在100%）

目标已达到，到2015年保持在100%。

责任领导：潘华光

责任单位：县民政局，各乡镇党委、政府

责 任 人：窦兴亮、各乡镇党政主要领导

具体措施：

①抓好社区基础工作，提高社区的管理和服务水平。一是培育社区意识，重点是培育社区居民的自治意识和驻社区单位的参与意识，激发社区居民参与社区事务管理的积极性。二是培育社区组织，重点是加强社区党组织、社区居委会和社区中介组织的建设，充分发挥社区组织在社区建设中的作用。三是培育社区队伍，重点是培育和发展社区专职工作者队伍和社区志愿者队伍。四是培育社区活动，重点是社区服务以及文化、体育、娱乐等活动。

②全面推进村民自治，提高村民自治能力。加强村级组织建设，让村民通过合法程序选举带领本村村民致富的带头人。充分发挥村民会议和村民代表会议的作用，涉及村民利益和重大事项必须经过村民会议或村民代表会议，按多数人的意见作出决定。指导村民结合本村实际，制定村民自治章程和村规民约，实行民主管理。健全以村务公开、民主评议、村民委员会定期报告为主要内容的民主监督制度，加强民主监督力度。

③加强培训，提高村（社区）干部队伍素质。建立培训分工负责制，层层培训村（社区）干部。通过培训，确保干部掌握法律、经济、科技、文化等方面的知识，增强干部开展村民自治（社区建设）的能力。

④抓好示范活动，把村民自治（社区建设）引向深入。按照"树立先进、摸索经验、典型引路、以点带面"的思路，抓好示范活动，使示范活动成为解决实际问题、为群众办好

事的过程，成为提高村民自治（社区建设）水平，推进村民自治（社区建设）深入发展的过程。

15. 社会安全指数

2007年实现值为132%，实现程度100%。（目标值已达到考核要求，到2015年目标值保持在100%以上）

目标：到2015年≥100%，其中2008年目标值为134.32%，2009年目标值为138.8%，2010年目标值为143.39%，2011年目标值为145.77%，2012年目标值为148.15%，2013年目标值为149.49%，2014年目标值为151.43%，2015年目标值为153.07%。

责任领导：戴平

责任单位：县公安局

责 任 人：李云柯

（1）坚持严打整治不动摇，保持刑事发案稳中有降。一是突出打击重点，努力控制刑事发案上升势头。认真落实命案侦破工作“一长双责”制度，坚持局领导亲自组织指挥命案侦破工作，努力实现“命案全破”目标。以重特大刑事案件侦破工作“4+1”机制（刑侦、行动技术、治安、网侦加110指挥中心）为重点，及时侦破影响群众安全的重特大刑事案件。按照“打早打小、露头就打、除恶务尽”的原则，加大对寻衅滋事、伤害等流氓恶势力违法犯罪活动的打击力度，严防黑恶势力在我县滋生。充分发挥刑侦基础工作和科技手段的优势作用，按照“什么犯罪突出就重点打击什么犯罪”的要求，适时组织开展各类专项斗争，突出打击人民群众反映强烈的“两抢一盗”、盗窃大牲畜、破坏电力、电信设备等多发性侵财犯罪，始终保持对严重刑事犯罪的高压态势，使全县刑事案件发案数始终控制在万人刑事案件50件以内。二是坚持追逃工作力度，减少逃犯数量。认真对全县历年在册逃犯和年内逃犯进行梳理和排查，组织警力开展专门工作，进一步加大追逃力度，力争抓获逃犯数量明显上升。三是强化毒品违法犯罪活动打击，深化“平安石林”创建工作。以过境贩毒、零星贩毒的打击为重点，按“三个遏制”（遏制新吸毒人员滋生、遏制毒品危害、遏制毒品来源）的要求，进一步调动各乡镇、单位积极性，发动群众开展“禁毒人民战争”，狠抓“堵源截流”工作，斩断贩毒“黑手”；打击传统毒品和新型毒品并重，深入开展禁毒专项整治工作，重点打击和深挖地下零星吸贩毒网络，实现全县零星贩毒得到有效遏制，毒品缴获数和强戒数在上年的基础上进一步提升的目标；认真落实“四禁方针”，落实对在册吸毒人员的管控和帮教措施，严防新增吸毒人员；对复吸和新增吸毒人员做到“发现一个强戒或劳教一个”，使社会面上无失控漏管吸毒人员，巩固“无毒县”成果。四是继续加大经济领域违法犯罪打击力度。对全县未破在册经济案件和涉案人员进行清理，继续加大经济领域违法犯罪活动的打击力度，重点打击挪用资金、职务侵占、合同诈骗、非法吸收公众存款等突出经济犯罪；积极配合工商、税务、电力等部门加强对行业领域经济违法犯罪活动的打击力度；主动为国有、集体、个私和外资企业提供服务，在经济犯罪多发领域建立防控工作机制，提高发现、控制、打击经济违法犯罪的整体水平；力争使破案数、缴获赃物数在上年的基础上有所突破，为国家、集体和企业挽回更多的损失，为全县经济发展创造良好的治安环境。

（2）强化治安管理，营造良好的治安环境。一是加大治安行政案件的查处力度。以铲除“黄赌毒”社会丑恶现象为重点，加大治安行政案件和治安纠纷的查处、调解力度，及时查处和调解治安案（事）件，处理一批违法人员，控制和减少一批治安隐患，使治安行政案件的查处率达到95%以上。二是坚持管理与服务并重。以出租房大盘点、流动人口管理为重点，进一步加强对重点人的监管，对全县出租房、特种行业、娱乐场所做到户主清、租住人员信息明，努力堵塞治安管理漏洞；进一步加大对实有人口、暂住人口和外来人员的日常管理和服务，最大限度地降低外来流动人员和暂住人口犯罪率；认真研究新形势下公共娱乐场所管理、特种行业管理、户籍管理等工作，大胆探索新的管理方法和服务措施，做到既严格管理，又服务支持行业场所发展；在县委、县政府和市局的领导下，适时推出一批便民利民措施，服务社会和人民群众，推动我县经济社会全面协调发展。三是强化危爆物品管理，严防涉爆案（事）件发生。以“五防”为重点，进一步严格枪支弹药、爆炸、剧毒等危险物品的管理措施的落实，加大对涉爆场点的安全检查力度，严防危爆物品流散社会，防止涉枪、涉爆、涉毒案（事）件发生。四是加强单位内部和监所管理，严防案（事）件发生。落实党政机关、金融单位等重要首脑要害部门部位的安全措施，重点推进保安配驻，增强内部单位的安保力量，使保安派驻取得新突破；加大派出所对内部单位安保工作的督促、检查和指导力度，确保内部单位不发生重特大案（事）件；进一步规范监所管理；对监所在押人员做到“底数清、情况明”和“四个熟知”（熟知基本情况、主要案情、诉讼进程和思想动态）；加大监所值班巡视和检查力度，及时发现和消除不安全隐患，严防案（事）件发生；充分发挥监所案侦中队的作用，加大深挖犯罪工作力度，努力开辟第二战场，发现和打处一批隐藏较深的犯罪行为和犯罪分子。四是大力推广技防措施，严密治安防控网络。借第一期、第二期城市报警监控系统探头的使用为契机，加大宣传力度，扩大城市报警监控系统探头安装面，进一步增强公安科技水平；在增加社会面见警率的同时，进一步加强内部单位保安配驻和村社群防群治组织建设，完善我县社会治安人防网络，落实创建平安乡镇、单位、村寨各项措施；在广大农村继续推广“变压器防盗锁”、“气死贼”防盗报警器，提高农村防范能力；在全县大力推广固定目标报警设备、城市监控设备和农村技术防范设备，努力构建全县技防网络，使我县社会治安防控网络日趋健全和完善，有效防止一批可防性案件的发生。

（3）严管道路交通违法行为，努力控制重特大交通事故的发生。加大《道路交通安全法》宣传力度，进一步规范道路管理、车辆管理、驾驶员管理，提高驾乘人员及广大人民群众的交通安全意识；以整治低速货运汽车、拖拉机违法载人，预防群死群伤重特大道路交通事故为重点，以“西—石”、“九—石—阿”、“昆—河”三条过境公路为重中之重，进一步加大路检路查力度，从严惩处道路交通违法行为，严防群死群伤事故发生，努力控制重特大道路交通事故上升的势头。

(4) 加强消防管理，减少伤亡事故和损失。坚持“防消结合，以防为主”的方针，按照“谁主管、谁负责、谁签字、谁负责”的原则，以重点单位、首脑要害部门为重点，定期组织开展消防安全大检查，及时发现和整改火灾隐患；进一步完善重特大火灾事故应急预案演练和战术训练，提高消防官兵的应急处突能力；加强单位和农村义务消防队的建设，建立有效的日常管理和教育训练机制，定期组织对义务消防队员进行灭火技术、自救等相关知识培训，加大对广大人民群众的消防安全意识教育，提高内部单位、农村和群众的消防安全意识和灭火自救能力；积极争取各级政府和单位、村的支持，加大城镇和单位消防基础设施建设投入力度，逐步建立和完善我县城镇、农村消防安全网络，有效预防和减少全县重特大火灾事故的发生，减少人员伤亡和财物损失。

五、科教文卫

16. R&D 经费支出占 GDP

2007 年实现值为 0.8，实现程度 32%。

目标：到 2015 年≥2.5，其中 2008 年目标值为 1，2009 年目标值为 1.2，2010 年目标值为 1.5，2011 年目标值为 1.7，2012 年目标值为 2，2013 年目标值为 2.2，2014 年目标值为 2.3，2015 年目标值为 2.5。

责任领导：毕春华

责任单位：县科技局

责 任 人：李韬

具体措施：

(1) 加强对科普统计工作的领导，形成长效机制，任务分解落实到人，专人专管。

(2) 结合县域经济社会发展中的科技需要，争取上级科技经费的投入。

(3) 积极争取县级财政的科技投入比重。

(4) 通过增加财政对科技投入的比例，引导社会资金增加科技投入。

17. 人口平均受教育年限

2007 年实现值为 9 年，实现程度 85.7%。

目标：到 2015 年≥10.5 年，其中 2008 年目标值为 9.2 年，2009 年目标值为 9.4 年，2010 年目标值为 9.6 年，2011 年目标值为 9.8 年，2012 年目标值为 10 年，2013 年目标值为 10.2 年，2014 年目标值为 10.4 年，2015 年目标值为 10.6 年。

责任领导：潘华光

责任单位：县教育局，各乡镇党委、政府

责 任 人：普光强、各乡镇党政主要领导

具体措施：

(1) 高质量、高水平“普九”。全力抓好“控辍保学”。建立和完善各级政府(包括监护人)和教育系统双轨控制体系，党政齐抓共管，各部门通力合作，努力实现“无流失生县”目标。继续实施“集中、靠拢、收缩”教育发展战略，促进义务教育均衡发展。认真贯彻落实《石林彝族自治县进一步推进义务教育改革与发展实施意见》，加大师资队伍、干部队伍培训力度。总结九年一贯制改革的经验教训，加强学校管理，完善校长公选、中层干部竞聘、教职工聘用等用人新机制，努力实现高质量、高水平巩固提高“普九”成果目标。

(2) 夯实基础，办好幼儿、学前教育。加强幼儿教育集团管理，改善乡镇中心幼儿园办学条件，扩大优质幼儿教育规模。建立“幼儿教育培训中心”，加强幼教师资培训。利用村小闲置资源，开办幼儿学前教育，积极鼓励兴办民办幼儿园，提高幼儿入园入班率。充分发挥石林幼儿教育集团和乡镇中心幼儿园的示范作用和辐射功能，提高学前教育办学质量，夯实教育发展基础。

(3) 大力发展高中阶段教育，提高高考上线率。进一步深化高中教育改革，理顺高中办学体制机制，不再保留石林高中教育集团，恢复县一中、县民族中学两所学校，性质仍然为县直属学校，两所学校实行独立办学、自主管理。加大县一中、县民族中学投入，县一中建盖教学楼，县民族中学建盖综合楼，扩大普高办学规模。大力发展职业教育，加快石林民族职业高级中学搬迁建设步伐，高起点、高标准、高规格地规划职业教育，像抓经济工作一样抓职业教育，力争早日实现普职比相当。大力发展高中阶段教育，加强普高、职高管理，狠抓教学质量，提高高考上线率，提高我县人均受教育年限。

(4) 办好农村成人教育。建设县职业教育中心，整合现有职业教育资源，办好乡镇农村成人文化技术学校。建立科学的成人教育体系，多渠道、多形式地开办成人技能培训班，扩大成人受教育年限。

18. 高中阶段教育毛入学率

2007 年实现值为 73.81%，实现程度 82%。

目标：到 2015 年≥90%，其中 2008 年目标值为 80%，2009 年目标值为 82%，2010 年目标值为 85%，2011 年目标值为 86%，2012 年目标值为 87%，2013 年目标值为 88%，2014 年目标值为 89%，2015 年目标值为 90%。

责任领导：潘华光

责任单位：县教育局，各乡镇党委、政府

责 任 人：普光强、各乡镇党政主要领导

具体措施：

(1) 做强、做优、做实普高教育。做强县民族中学，加大投入，尽快建成综合楼，使民族中学的办学规模达到 2000 人；加强管理，解放思想，创新举措，发挥优势，做强品牌，扩大招生规模。做优县一中，加大投入，尽快建成教学楼，使县一中的办学规模达到 3000 人；加强管理，总结经验，发挥省一级完中传统优势，提高教学质量，扩大招生规模。通过做强县民族中学、做优县一中，扩大普高办学规模，使普高在校生达到 5000 人以上，提高高中阶段毛入学率。

(2) 大力发展职业教育。加大县民族职业高级中学投入力度，加快县民族职业高级中学搬迁新建步伐，力争早日建成。加强专业建设，加强师资培训，加强学校管理。扩大职高招生规模，努力实现办学规模达到3000人目标。积极创建职业教育中心，整合职业资源，努力办好职业教育中心，力争各类职业培训规模达到2000人。充分发挥乡镇成人文化技术学校的职能作用，充分利用专业技术人员的技能资源，开办各种社会需求职业培训班。努力实现普职比相当目标，提高高中阶段毛入学率，实现普及高中阶段教育。

19. 百户家庭电脑拥有量

2007年实现值为10台，实现程度16.7%。

目标：到2015年≥60台，其中2008年目标值为15台，2009年目标值为20台，2010年目标值为25台，2011年目标值为30台，2012年目标值为45台，2013年目标值为50台，2014年目标值为55台，2015年目标值为60台。

责任领导：段增华、潘华光

责任单位：县发改局，县统计局，各乡镇党委、政府

责 任 人：赵一民、徐永平、各乡镇党政主要领导

具体措施：

(1) 推进城乡一体化。全面建设小康社会，实现城乡协调发展，要加速现代化进程，在尊重社会发展规律的前提下减少农民，增加市民，使农民分化到其他职业群体中去，促使农业人口向非农人口转化。以"五新"为目标，以农民增收为核心，以产业发展为支撑，按照"三化"化"三农"、"三化"带"三农"、"三化"服务"三农"的思路，坚持以旅哺农、以农促旅，以城带乡、城乡互促，建设具有石林旅游特色和阿诗玛文化特色的新农村。完善"以旅哺农、以农促旅"的投入长效机制，每年投入不少于1000万元的资金支持新农村建设。鼓励、吸引社会各界投资，多方筹集资金用于新农村建设。坚持"三个优先"，整合涉农项目资金。发挥村民自治和农民主体作用，充分调动农民建设新农村的积极性和创造性，建立"市县指导、乡镇主抓、农民主体、部门服务、社会参与、整体联动"的工作机制，整合力量，形成合力，扎实推进全县新农村建设。

按照建设国际旅游胜地和生态旅游城市标准，以石林大道为城市经济带核心轴，逐步建设成为石林大道城市经济带。充分发挥"九石阿"旅游专线沿线旅游、文化、生态资源优势，重点发展生态农业、民族文化产业、旅游观光业和休闲度假项目，串点成线，逐步把"九石阿"旅游专线沿线建成阿诗玛文化旅游特色经济带。通过"两带"建设，统筹城乡，优势互补，推进城乡一体化进程。

(2) 大力发展服务业。大力发展服务业，尤其是农村服务业市场，大量增加劳务消费品供给量，收敛市场供给量与需求量的缺口，合理规范剩余购买力的投向，更好地满足城乡居民较高层次上的消费需要，促进消费需要体系的全面丰富和消费者个性的全面发展。

加强农村基础设施和环境建设。把农村建设成为广大农民的美好家园，切实改善农民生产生活条件。科学制定乡镇村庄建设规划。加快农村饮水安全工程建设，加强农村公路建设，进而普遍实现行政村通油（水泥）路，逐步形成城乡公交资源相互衔接、方便快捷的客运网络。推进农村能源建设，扩大电网供电人口覆盖率，推广沼气、秸秆利用、小水电、风能、太阳能等可再生能源技术，形成清洁、经济的农村能源体系。实施农村清洁工程，加快改水、改厨、改厕、改圈，开展垃圾集中处理，不断改善农村卫生条件和人居环境。推进广电网、电信网、互联网"三网融合"，积极发挥信息化为农服务作用。健全农村公共设施维护机制，提高综合利用效能。

20. 居民文教娱乐服务支出占家庭消费支出比重

2007年实现值为9%，实现程度50%。

目标：到2015年≥18%，其中2008年目标值为10%，2009年目标值为11%，2010年目标值为13%，2011年目标值为14%，2012年目标值为15%，2013年目标值为16%，2014年目标值为17%，2015年目标值为18%。

责任领导：毕春华、潘华光

责任单位：县文体局、县统计局

责 任 人：张海斌、徐永平

具体措施：

(1) 认真贯彻中共昆明市委、昆明市人民政府《关于进一步开放文化市场大力发展文化产业的实施意见》，出台《石林彝族自治县关于进一步开放文化市场大力发展文化产业的实施意见》，进一步开放文化市场。加大建设指导力度，开放糯黑省级文化保护区。

(2) 贯彻落实中共昆明市委、昆明市人民政府《关于进一步开放文化市场大力发展文化产业的实施意见》，进一步开放歌舞娱乐场所经营项目审批，凡符合《娱乐场所管理条例》规定的都予以审批，鼓励引进、开发新的娱乐形式，倡导和发展特色经营，吸引居民消费。按照中共昆明市委、昆明市人民政府《关于充分利用文物资源大力发展博物馆业的实施意见》发展一家非公益性博物馆。发展两家上规模、上档次的绿色网吧。新增文化市场经营户10家，全县文化市场经营户达到193家。

(3) 建成并投入使用石林书城。简化审批手续，投资兴办演出单位，举办演出活动，建设一座高水平的现代化大型文艺演出场馆。新建两家非公益性民办博物馆。发展两家网吧。新增文化市场经营户20家，全县文化市场经营户达到213家。

(4) 按照"培育支持、引导经营、整合市场、发展繁荣"的方针，整合艺术品市场资源，鼓励社会资本进入艺术品市场。支持民间团体开办画廊和艺术品展销活动。利用社会资本开办1家数码电影院。

(5) 鼓励建设国有、集体、个体、股份制联合等多种经济成分的农村电影放映队，巩固农村电影放映市场。

(6) 推动影视和新媒体产业发展，发挥石林特色资源优势和品牌优势，大力吸引社会资本，打造集民族风情、外景拍摄、培训交流及影视新媒体创作、制作、发行、交易为一体的具有国际水准的新型文化产业基地。

（7）努力建设“四个一批”：即建成一批标志性现代文化产业发展重点设施、建设一批文化产业基地和特色文化产业园区、建成一批具有竞争实力的文化企业或集团、培育一批具有较强聚集和辐射功能的文化产品交易市场。

（8）大力发展创意产业，以推进知识型、娱乐性、生态服务型创意产业为重点，充分利用我县民族传统文化资源，鼓励各类投资者进入以向大众提供文学、艺术、体育、娱乐产品为核心的创意产业。

21. 孕产妇死亡率

2007年实现值为0/10万，实现程度100%。

目标：到2015年≤35／10万，其中2008年目标值为50／10万，2009年目标值为50／10万，2010年目标值为50／10万，2011年目标值为45／10万，2012年目标值为45／10万，2013年目标值为40／10万，2014年目标值为40／10万，2015年目标值为35／10万。

责任领导：潘华光

责任单位：县卫生局

责 任 人：周保能

22. 婴儿死亡率

2007年实现值为13.49‰，实现程度74.1%。

目标：到2015年≤10‰，其中2008年目标值为19‰，2009年目标值为19‰，2010年目标值为19‰，2011年目标值为18‰，2012年目标值为18‰，2013年目标值为16‰，2014年目标值为14‰，2015年目标值为10‰。

责任领导：潘华光

责任单位：县卫生局

责 任 人：周保能

具体措施：

（1）落实改革措施，提高管理效率。认真贯彻落实市委、市政府《关于加快推进医疗卫生事业改革与发展的意见》和相关配套文件，落实公共卫生服务政府主办责任，公共卫生机构的基本建设、设备配置、人员工资、机构运转及业务经费由政府全额预算安排。认真实施卫生事业改革，建立起有激励、有竞争、有活力的管理运行机制，使公共卫生队伍人员稳定，工作时间得到保障和工作经费到位，并通过完善管理，细化服务标准，健全质量评价和考核体系，实行跟踪问效，提高管理效率，使各项保健措施落到实处。

（2）加强母婴保健技术服务管理。加强对从事母婴保健技术服务机构的监管，严格按《开展助产技术服务医疗保健机构的基本条件》审批开展助产技术的机构，严把执业准入，定期对母婴保健技术服务机构进行检查指导和考核，规范执业服务。定期对产儿科技术人员和危急急救组织成员进行业务培训和指导，提高危急识别能力，掌握危急急救技能。

（3）促进流动人口享有平等的医疗服务。探索对流动人口的管理模式和经验。修改我县居民医疗保险和新型农村合作医疗制度政策，对持有暂住证的流动人口就地自愿参加医疗保障，解决看病难、看病贵、报账难的问题，真正实现全民医保。

（4）解决危重患儿救治医疗保障。一方面，政府按全县人口每人0.10元标准，每年拨专项经费，建立贫困危重症患儿救助金，制定资金管理方案，解决贫困危重症患儿抢救费用；另一方面，解决新生儿医疗费用，针对新生儿中早产儿和危重症患儿诊疗昂贵的医疗费用，进一步完善保障政策，凡参保的孕妇，其所生新生儿的医疗费用按比例给予报销。

（5）抓好保健措施的落实。围绕降低“两个”死亡率，抓好促进住院分娩，提高“两个”系统管理和高危管理质量，落实贫困孕妇救助，提高产科质量和危急急救能力，提高妇幼保健队伍的服务能力和管理水平等各项措施的落实。

（6）多部门协作开展健康教育宣传。广电、卫生、人口和计划生育、民政、妇联、残联等部门共同开展多种形式的健康教育宣传活动，宣传优生优育、妇幼保健知识，提高群众的自我保健意识和利用医疗保健服务的能力。政府承担婚前保健费用，医疗保健机构为婚姻登记人群提供免费婚前保健服务，提高婚前检查率，降低性传播疾病和出生缺陷发生率，提高出生人口素质。

（7）加强妇幼保健信息监测。完善孕产妇死亡和5岁以下儿童死亡评审制度，通过评审分析死亡原因及存在问题，提出确实有效的干预措施。

六、资源环境

23. 单位GDP综合能耗

2007年实现值为2.4，实现程度35%。

目标：到2015年≤0.84吨，其中2008年目标值为2.4吨，2009年目标值为2.2吨，2010年目标值为2吨，2011年目标值为2吨，2012年目标值为2吨，2013年目标值为1.6吨，2014年目标值为1.2吨，2015年目标值为0.84吨。

责任领导：段增华、张忠贵

责任单位：县经济局、县环保局

责 任 人：念晓春、杨炳学

具体措施：

（1）加快节能型产业体系构建。一是加快产业结构调整。加快以旅游服务业为主的第三产业发展，积极发展低能耗、无污染、高附加值产业，积极推进石林生态工业集中区建设，提高产业集中度和规模效益，合理调整区域产业布局，形成科学合理的利用能源的生产方式。二是调整优化工业结构。贯彻执行《中华人民共和国节约能源法》，严格控制高耗能项目的审批，对年综合能源消耗量在5000吨标煤以上和年用电1000万千瓦以上的新上项目实行严格控制，对达不到合理用能标准和节能设计规范要求的项目，不予审批、核准。按照新型工业化的要求，突出抓好改造提升传统产业、发展新兴产业和淘汰落后生产工艺三个环节，全面优化工业结构，积极利用高新技术和先进适用技术改造能源、冶金、建材等传统优势产业，延伸产业链，提升产品附加值。三是淘汰落后生产能力。按照国家对落后的、能耗过高的生产工艺实行淘汰制度的要求，完善相关政策，制定切实可行的措施，切实做好淘汰关停工作。四是大力发展现代服务业。加快旅游二次创业，完善服务体系，提高服务质量，全面提升石林旅游

的吸引力和竞争力；大力推进文化产业进程，探索服务型经济成为重要支撑的产业结构模式。

(2) 抓好重点领域节能减排。在工业领域：贯彻落实《产业结构调整指导目录》，鼓励发展高新技术产业和低能耗的新型制造业。改造和提升传统产业，促进产业结构优化和升级，大力促进工业企业节能降耗和环境保护，提高经济运行的质量和效益。在农业领域：加强水库除险加固防漏处理，从源头上抓好节水工作；大力推广农业灌溉管网和灌溉渠系建设，积极运用新技术、新材料，减少输水过程中的跑、冒、滴、漏；引导农户进行产业种植结构调整，种植经济价值高、耗水量小的作物。大力发展农村户用沼气，提高沼气用户普及率。推广省柴节煤灶、太阳能热水器的应用。加快更新淘汰高耗能和落后的农用车、农业机械，开展烤烟灶节能改造，不断提高农民节能意识和节能素质。在建筑领域：实行建筑节能闭合管理制度，新建建筑按照节能50%以上的设计标准从严审批。从项目审批，设计、施工图审查、工程质量监督、施工、监理、验收、认证几个环节加强建设工程建筑节能的监督管理。推广使用新型节能墙体和屋面保温隔热技术、节能门窗密闭技术等新型建材，降低我县建筑业单位面积的原材料消耗。在交通领域：加强对车辆耗能的监控管理，加快淘汰高能耗、污染重的老旧车辆。加快推进环保型汽车在城市和石林景区作为公共交通工具的使用。鼓励使用小排量、低油耗、节能环保交通工具。加快公路建设，形成便捷、高效、节能的一体化交通系统，提高交通工具的实载率。在商用和民用领域。在公用设施、宾馆商厦、民用住宅、风景区中推广采用高效节能办公设备、家用电器和照明产品，严格执行产品能效标识制度，推广太阳能热水器在商业、公共建筑和民用住宅中的应用。在政府机构、各级行政事业单位要节约使用每滴水、每度电、每张纸。政府采购优先采购节能产品，在各单位积极推广使用节能照明系统及办公设备；禁止采购国家明令淘汰的产品和设备；严格控制公务车数量、排量和使用量，加快公务用车改革步伐。

(3) 优化能源结构。一是加强电力需求侧管理。采取峰谷、丰枯分时电价措施，引导电力用户改变用电方式、转移用电负荷，提高终端用电效率，优化电力资源配置。加强对电力需求侧管理工作的组织领导和监督管理。二是实施差别电价。对国家产业政策明令淘汰、限制类项目和高耗能企业，继续实施差别电价政策，以促进产业结构调整，引导企业合理用能。

(4) 大力推进节能减排技术进步。一是加大节能技术改造力度。宣传动员淘汰全县内变压器型号为S7系列以下的用电客户的配电变压器以及达到淘汰报废型号的客户计量装置(淘汰电能表型号为DD28型系列、电流互感器型号为LQG—0.5型系列)，更新更换为S7系列、DD862型系列、LMZI—0.5型系列及以上的配电变压器、电能表和电流互感器。重点耗电企业安装用电补偿器，降低耗电量。二是大力实施燃煤工业锅炉（窑炉）节能工程、干法熄焦技术工程、烟气废热利用技术工程、电机系统节能工程、绿色照明工程、能量系统优化工程。

(5) 加强节能管理基础工作。一是加快节能服务体系建设。积极支持节能咨询、评估、检验测试、认证等市场服务体系发展，充分利用社会科技资源，增强节能技术服务能力，为企业节能改造提供诊断、融资、设计、改造、运行、管理服务。二是加强对年综合能耗5000吨标煤以上和年用电1000万千瓦时以上重点耗能企业节能情况的统计监测、跟踪指导和监督管理，指导企业依法开展能源审计，编制节能规划，制定节能目标，建立责任制，配备节能专职人员，完善节能管理制度，强化节能基础工作，鼓励实施节能奖励措施。三是强化节能宣传、教育和培训。各行业主管部门和教育、宣传部门，要积极宣传节能的方针、政策和科技知识，充分运用广播、电视、报刊、讲座等宣传形式，提高全民对节能工作的认识和科学技术水平，使节能成为全社会的自觉行动。

协作单位：县统计局、县建设局、县交通局、县旅游局、县农牧局、县水务局、县发改局、县科技局、县监察局、县政府采购办、石林供电有限责任公司。

24. 城镇生活污水集中处理率

2007年实现值为15%，实现程度15%。

目标：到2015年为100%，其中2008年目标值为80%，2009年目标值为90%，2010年目标值为100%，2011年目标值为100%，2012年目标值为100%，2013年目标值为100%，2014年目标值为100%，2015年目标值为100%。

责任领导：张忠贵

责任单位：县环保局

责 任 人：杨炳学

25. 环境质量综合指数

2007年实现值为100%，实现程度100%。（目标已完成，到2015年保持在100%。）

责任领导：张忠贵

责任单位：县环保局

责 任 人：杨炳学

具体措施：

(1) 通过开展创建“国家园林县城”、“国家环保模范城市”及生态县建设等工作，进一步加大对公众的环境宣传教育力度，形成良好的环境意识，变被动的保护环境为主动参与。

(2) 加强日常环境监管，要求饮食服务行业配套油烟净化装置及隔油处理设施，使所产生的油烟及废水经处理后再向外环境排放。

(3) 推行清洁生产理念，推广清洁能源，发展高新产业和低能耗、低物耗产业，推动改善城市燃料结构，逐步淘汰小型燃煤炉、窑、灶，提高城镇燃料气化率，推广使用太阳能、电能等清洁能源。

(4) 一是必须加快我县老城区排污管网设施改造步伐，确保生活污水的全面收集并得到有效处理。二是进一步加大对污水处理厂运行状况的监管，保证处理后所排放废水全面达到排放标准，使其真正发挥效益。

(5) 加强对集中式饮用水源地保护，严格禁止在水源地保护范围内进行诱捕、养殖作业，保护饮用水源水质。

(6) 积极争取资金补助，加大石林县城及景区大气自动监测站的建设力度，以便及时准确掌握空气环境质量状况，为更好地分析和改善环境质量提供科学的依据。

(7) 加强对城镇集中区文化娱乐活动场所的管理，切实采取有效防治措施，使环境噪声符合相应区域的环境噪声标准。

(8) 加强对生态破坏行为、生态恢复工作的整治力度和监管力度。

(9) 扩大建城区绿地面积，增强环境空气的自净能力。

26. 城市绿化覆盖率

2007年实现值为37.5%，实现程度93.8%。

目标：到2015年≥40%，其中2008年目标值为39%，2009年目标值为39.5%，2010年目标值为40%，2011年目标值为40.5%，2012年目标值为41%，2013年目标值为41.4%，2014年目标值为41.7%，2015年目标值为42%。

责任领导：张忠贵

责任单位：县建设局

责 任 人：吴剑平

具体措施：

(1) “点、线、面”结合，整体推进城乡园林绿化及生态建设。“点”以县城、乡镇集镇、村庄绿化以及石林风景名胜区各景区为重点，建设绿化精品工程；“线”以公路、铁路、河道、堤坝绿化为重点，建设绿化景观工程；“面”以黑龙潭水库、团结水库、月湖水库等水库径流区为重点，建设绿化生态工程。按照“打基础、还欠账、强建设”的要求，全面实施城市规划区绿地系统建设和县域环境生态系统建设三年达标工程，实现全县1719平方公里城乡园林绿化全覆盖，全面推进城乡园林绿化一体化建设，形成公路、江河绿化带连接城市、乡镇集镇、村庄，面山绿化连接城市，城乡园林绿化点、线、面网络连贯，展现石林城乡山、水、田、河、路一体的绿色生态美景。县城环境基础设施全面改善和提高；城市规划区园林绿化及基础设施建设全面开工，把县城建设成为融人文景观和自然风光于一体的森林式、环保型、园林化、可持续发展的生态旅游城市。

(2) 加强宣传动员。认真组织做好动员、宣传工作，要充分利用各种宣传渠道，全方位进行宣传和动员，增强全社会参与城乡园林绿化及生态建设的意识，深入开展全民义务植树活动，组织群众投工投劳，植树造林和清洁环境，动员全社会力量投入园林绿化及生态建设。要加强生态建设宣传，培养人民群众自觉养绿护绿的意识。吸引、鼓励和支持企业、社会团体和个人通过投资、认建、认养、认管等方式参与园林绿化建设。

(3) 加快建设。坚持严格的绿线管制制度，对绿线范围内没有进行绿化的，必须进行绿化建设；对占用绿地的建(构)筑物，必须坚决拆除，还绿于民；绿地建设，80%以上要以高大乔木为主，少建草皮；对没有进行绿化的露天停车场，必须进行绿化，建设生态停车场；对长期闲置的土地，进行绿化建设；大力推广乡土树种，加强乡土树种苗木基地建设，为全县城乡园林绿化建设提供充足的苗木。

(4) 多方筹资。建立稳定的、多元化的投资渠道。积极探索投融资方式。城乡园林绿化及生态建设要采取BT、BOT、BO、TOT等模式，利用社会资金参与建设。培育民营园林绿化公司，实现绿化建设和管理市场化，苗木基地企业化。通过推行生态补偿金机制，增加城乡园林绿化及生态建设的资金投入。建立义务植树登记制度，公民不能履行法定植树义务的，按规定收取义务植树以资代劳费。对不能满足绿化要求的建设业主单位，要实施异地建设；对不能进行异地建设的，由建设业主单位缴纳绿化建设费用，交由绿化建设部门代建。对矿山植被恢复，必须按规定收取保证金；对不能按规划恢复植被的，收取森林植被恢复费，用于植被恢复。广泛动员社会力量积极参与城乡园林绿化及生态建设。

(5) 加强管理保护。以管理促保护，制定和完善管理制度，确保城乡园林绿化及生态建设规划的严肃性，并参与规划区范围内新建、改扩建中园林绿化及生态建设指标的审批和竣工验收，以确保各项工程中的园林绿化及生态指标达到要求。严格执行“绿色图章”审批、验收制度和程序。加大城乡园林绿化管理信息化建设力度，建立绿地和树木电子档案，明确绿化的位置、面积、管养标准、责任人。严格执行树木砍伐、移栽审批制度，推行依法治绿、以法兴绿，坚决禁止一切乱砍滥伐森林和任意侵占、破坏绿地的行为。建立和完善绿地养护管理责任制，强化对已建绿地的管理和养护，提高苗木的存活率和保存率。

27. 森林覆盖率

2007年实现值为37.27%，实现程度67.3%。

目标：到2015年≥55%，其中2008年目标值为38.84%，2009年目标值为40.49%，2010年目标值为42.14%，2011年目标值为43.79%，2012年目标值为45.44%，2013年目标值为48.62%，2014年目标值为51.8%，2015年目标值为55%。

责任领导：毕春华

责任单位：县林业局，各乡镇党委、政府

责 任 人：张鹏飞、各乡镇党政主要领导

具体措施：

通过对现有林地中未达到列入森林覆盖率计算的243303亩进行质量改造的同时，新增坡耕地210130.5亩发展以核桃、甜柿、枇杷为主的特色经济林。

(1) 现有林地质量改造，争取各级补助项目(石漠化治理、封山育林、公益林补植、抚育间伐等)结合实施，增加森林覆盖率9.64个百分点。

灌木林地112561.5亩，实行封山育林和补植乔木树种等措施，达到有林地，森林覆盖率已增加4.46个百分点。

疏林地38700亩，通过采取封山育林和改造补植乔木树种等措施，达到有林地，森林覆盖率增加1.53个百分点。

通过其他林地中的宜林荒山造林和未成林造林地管护，

达到有林地，森林覆盖率增加 3.65 个百分点。

(2) 新增森林覆盖面积

通过核桃、枇杷、甜柿等特色经济林在坡耕地中的建设，增加经济林面积 210230.5 亩，森林覆盖率已增加 8.33 个百分点。

(3) 计划指标分解到各乡镇实施

2007 ~ 2015 年增加森林覆盖率分解到各乡镇为：

鹿阜镇现有森林覆盖率为 27.76%，增加 21.82 个百分点，达到 49.58%，需新增进入森林覆盖率计算的面积为 44686.5 亩；

路美邑镇现有森林覆盖率为 21.34%，增加 30.91 个百分点，达到 52.25%，需新增进入森林覆盖率计算的面积为 44428.5 亩；

石林镇现有森林覆盖率为 29.86%，增加 16.57 个百分点，达到 46.43%，需新增进入森林覆盖率计算的面积为 74391 亩；

西街口镇现有森林覆盖率为 35.44%，增加 16.58 个百分点，达到 52.02%，需新增进入森林覆盖率计算的面积为 72763.5 亩；

圭山镇现有森林覆盖率为 51.28%，增加 15.94 个百分点，达到 67.22%，需新增进入森林覆盖率计算的面积为 76365 亩；

长湖镇现有森林覆盖率为 49.59%，增加 13.27 个百分点，达到 62.86%，需新增进入森林覆盖率计算的面积为 59652 亩；

板桥镇现有森林覆盖率为 25.72%，增加 23.06 个百分点，达到 48.78%，需新增进入森林覆盖率计算的面积为 45915 亩；

大可乡现有森林覆盖率为 23.46%，增加 22.15 个百分点，达到 45.61%，需新增进入森林覆盖率计算的面积为 35232 亩。

七、有关要求

1. 各责任领导和责任人要认真履职，对照年度目标，制定落实措施，倒逼时间进度，确保年度目标完成，落实情况年底前报县委目督办。

2. 如责任领导和责任人有变动，由接替领导履行职责，不再另行下文。

附件：

1. 石林彝族自治县全面建设小康社会主要指标体系（略）

2. 石林县 2007 ~ 2015 年增加森林覆盖率指标任务分解表(略)

石林彝族自治县人民政府关于公布全县古树名录的通知

(2008 年 12 月8 日石林彝族自治县　人民政府石政发〔2008〕70 号)

各乡镇人民政府，县直各部委办局：

根据《全国古树名木普查建档技术规定》，县人民政府组织开展了全县古树名木后续资源普查，普查结果为：全县境内无名木；有古树 8767 株，其中：国家一级 3 株，国家二级 86 株，国家三级 8678 株。现将全县古树名录予以公布。

县林业局要对全县古树名录形成完整的资源档案，实行微机动态监测管理，每五年更新一次档案。县林业局指导和督促，各乡镇人民政府负责，依据国家相关法律法规制订全县古树保护措施并认真落实，充分发挥古树在生态、科研、人文、地理、旅游等方面的价值。

附件：石林彝族自治县古树名木名录（略）

石林彝族自治县关于贯彻落实《建立健全惩治和预防腐败体系 2008 ~ 2012 年工作规划》的具体办法

(2008 年 12 月 23 日石发〔2008〕38 号)

为认真贯彻落实中央《建立健全惩治和预防腐败体系 2008 ~ 2012 年工作规划》(中发〔2008〕9 号）和省委印发的《贯彻落实〈建立健全惩治和预防腐败体系 2008 ~ 2012 年工作规划〉实施办法》(云发〔2008〕18 号）精神，扎实推进我县惩治和预防腐败体系建设，根据市委印发的《昆明市关于贯彻落实〈建立健全惩治和预防腐败体系 2008 ~ 2012 年工作规划〉的实施办法》(昆发〔2008〕31 号)，结合我县实际，制定本具体办法。

一、指导思想、工作原则和工作目标

（一）指导思想。高举中国特色社会主义伟大旗帜，以邓小平理论和“三个代表”重要思想为指导，坚持以人为本，深入贯彻落实科学发展观，努力构建和谐社会；坚持党要管党、从严治党和“标本兼治、综合治理、惩防并举、注重预防”的方针，把反腐倡廉建设放在更加突出的位置，贯穿于经济建设、政治建设、文化建设、社会建设各个领域，体现在党的思想建设、组织建设、作风建设、制度建设各个方面，深化改革，创新制度，加大力度，狠抓落实，以建设性的思路、举措和方法，扎实推进我县惩治和预防腐败体系建设，为推进石林经济社会跨越发展、全面建设小康社会提供有力保证。

（二）工作原则。坚持围绕中心，服务大局；坚持改革创新，开拓进取；坚持惩防并举，重在建设；坚持统筹推进，综合治理；坚持突出重点，分类指导。

（三）工作目标。经过五年努力，初步建立切实有效的拒腐防变教育长效机制、反腐倡廉制度体系和权力运行监控机制，建成符合石林实际的惩治和预防腐败体系基本框架，使消极腐败现象得到进一步遏制，党风政风行风进一步好转，反腐倡廉成效进一步显现，人民群众满意度进一步提高。

二、抓好宣传教育，构筑思想道德防线

（一）加强领导干部理想信念和廉洁从政教育

深入开展理想信念教育。组织开展多种形式的宣传教育活动，教育引导各级领导干部坚定共产主义远大理想和中国特色社会主义共同理想，牢固树立马克思主义世界观、人生观、价值观，牢固树立正确的权力观、地位观、利益观和社会主义荣辱观。按照中央的统一部署，2009年，在全县组织开展深入学习实践科学发展观主题教育活动。

深入开展廉洁从政教育。认真组织学习党章、党内法规和国家法律法规及中央、省、市关于廉洁从政各项规定，增强廉洁从政意识，筑牢拒腐防变的思想道德防线。各级党委（党组）要把反腐倡廉理论作为中心组学习的重要内容，每年至少安排两次专题学习。各级党政主要负责同志每年至少讲一次廉政党课或作一次反腐倡廉形势报告。在领导干部任职培训、干部在职培训中开设廉政教育课程。坚持采取公开信、廉政短信等多种形式开展党风廉政教育。把反腐倡廉教育纳入党校培训计划，保证教学课时。

（二）加强党的作风和纪律教育

由县纪委会同组织、宣传等部门组织开展专题教育月活动，教育和引导各级领导干部自觉遵守党的政治纪律、组织纪律、经济工作纪律和群众工作纪律，讲党性、重品行、作表率。严格执行《石林彝族自治县加强机关作风建设实施细则（试行）》，大力推行“五办”作风和“一线工作法”，建立和实施最严厉的问责制、最严格的限时办结制、最严肃的服务承诺制等制度。切实改进领导干部、党政机关和农村基层干部作风，自觉做到为民、务实、清廉，牢记“两个务必”，弘扬八个方面的良好风气，坚决制止奢侈浪费现象，精简会议文件，加强公务用车管理，规范公务接待行为。

（三）加强面向全党全社会的反腐倡廉宣传教育

完善反腐倡廉宣传教育工作机制。把反腐倡廉教育纳入全县宣传教育总体部署，融入全县深入学习实践科学发展观活动之中，作为党风廉政建设责任制的重要内容之一。丰富“廉政文化暨警示教育园地”内容，创新示范教育、警示教育、岗位廉政教育和主题教育形式，树立一批廉洁奉公、勤政为民的先进典型。选择一些典型案例，组织开展“以案说纪、廉政一日”活动，进行警示教育。

认真抓好反腐倡廉宣传报道。充分发挥报刊、广播、电视、网络等媒体的优势和作用，开设反腐倡廉专栏，切实办好专题节目。健全完善反腐倡廉新闻发布制度，适时通报反腐倡廉工作情况，发布反腐倡廉工作举措，宣传反腐倡廉工作成果，为深入推进反腐倡廉建设营造良好氛围。加强反腐倡廉网络文化建设和管理，逐步建立全县纪检监察网络，开展反腐倡廉网上宣传，提高网上舆论应对能力，加强反腐倡廉对外宣传工作。

（四）深入推进廉政文化建设

落实中纪委关于加强和推进廉政文化建设的规定，把廉政文化建设纳入公共文化服务体系建设，纳入文化石林建设总体部署，推动廉政文化内容、形式和传播手段创新，扩大覆盖面，增强影响力，形成“以廉为荣、以贪为耻”的社会风尚。广泛开展廉政文化“六进”活动，开展形式多样的廉政文化主题教育活动，营造廉政文化建设的良好舆论氛围。大力推进“廉政文化精品工程”，深入挖掘石林特有的文化底蕴，采取民间艺术、地方戏剧等群众喜闻乐见的形式和载体，提高廉政文化的吸引力、感染力和渗透力。开展“读书思廉”活动，办好廉政宣传栏，做好廉政公益广告等工作。

三、加强制度建设，形成良好运行机制

（一）健全和落实党内民主与党内监督制度

健全和落实常委分工负责制，完善集体领导与个人分工负责相结合的制度，完善全委会、常委会工作机制。充分发挥全委会对重大问题的决策作用，完善重大决策、重要干部任免、重大项目安排、大额度资金使用票决制。落实上级党委、纪委派干部参加下级民主生活会制度。

制定落实《中国共产党全国代表大会和地方各级代表大会代表任期制暂行条例》的实施办法，积极稳妥地推行地方党代表大会常任制和党代表任期制，试行党代表直选制、提案制、评议制及党代表大会年会制，充分发挥党代表在党代表大会闭会期间的作用。制定党内情况通报、情况反映和重大决策征求意见的相关规定，建立完善党委常委会向全委会负责、报告工作和接受监督的制度。

（二）健全和完善反腐倡廉制度

根据形势发展和实践需要，建立健全党政领导干部廉洁从政制度；健全完善石林彝族自治县加强基层党风廉政建设的意见，加强农村基层反腐倡廉制度建设。

以提高行政效能为重点，进一步加强经济社会发展软环境制度建设，建立健全行政效能评议、考核、问责和新闻监督制度，着力解决干部队伍中不履行或不正确履行职责

等问题。

（三）完善和落实反腐败工作领导体制和工作机制

进一步加强和改进党风廉政建设责任制工作，健全完善《石林彝族自治县党风廉政建设责任制量化考核办法》、落实《昆明市党风廉政建设责任制责任追究的规定》，完善相关配套制度，规范责任分解、责任考核、责任追究、成果运用等环节。完善反腐败工作机制，落实由纪委书记担任同级党委反腐败协调小组组长的规定，充分发挥协调小组、联席会议的积极作用，加强对反腐败重大事项处置、重大案件查处的协调、指导和督办。建立健全纪检监察机关依纪依法办案、规范办案工作、协调查办案件、移送案件等相关制度。

（四）加强法规制度执行力建设

建立执行制度的反馈、考评和问责制度，加大对制度执行不力甚至破坏制度的行为的责任追究力度，保障各项制度真正落到实处。有计划地开展规章制度清理、完善和创立工作，进一步提高制度建设的质量和水平。

四、强化监督制约，健全权力运行监控机制

（一）加强对领导班子、领导干部执行政治纪律和重大决策部署情况的监督检查

加强对遵守党的政治纪律情况的监督。维护党章和其他党内法规，维护中央权威和党的集中统一，督促党员、干部在思想、政治、行动上与中央和县委保持高度一致，确保党的路线方针政策在我县的全面贯彻落实。

加强对贯彻落实科学发展观情况的监督。重点对贯彻落实中央及省委省政府、市委市政府加强和改善宏观调控、转变经济发展方式、增强自主创新能力、提高发展质量和效益、加强节能减排和生态环境保护、节约集约利用土地、保障和改善民生、建设社会主义新农村等重大决策部署的落实情况进行监督检查，坚决防止和纠正违背科学发展观要求的行为。

加强对县委、县政府重大决策部署贯彻执行情况的监督。进一步完善督办督查机制，全面开展对“543”倍增计划的落实和建设“三最四低”经济社会发展软环境的监督检查，确保各项目标任务的完成。重点加强对重要工作、重点工程项目，推进招商引资、园区建设、工业突破的督查，促进全县经济发展提速，城市形象提升，重点行业突破，社会领域和谐，实现追赶型、超常规、跨越式发展。

加强上级党委和纪委对下级党委及其成员的监督。严格执行《石林彝族自治县乡科级领导班子和领导干部思想政治建设巡察制度（试行）》、《石林彝族自治县乡科级领导干部民主测评评议制度（试行）》等“八项制度”规定，不断健全上级党委和纪委对下级领导班子及其成员的经常性考察和定期考核机制。

（二）加强对落实领导干部廉洁自律规定情况的监督

继续治理领导干部违反规定收送现金、有价证券、支付凭证和收受干股，违规插手市场交易活动，利用职务上的便利获取内幕信息进行股票交易等问题。将领导干部配偶、子女经商办企业情况及对身边工作人员的教育管理情况列入述职述廉内容。切实落实好《中共石林彝族自治县委、石林彝族自治县人民政府关于推行领导干部勤政廉政公示制度的实施意见》，充分发挥普通党员和人民群众的监督作用，促进领导干部勤政廉政。

（三）加强对重要领域和关键环节权力行使的监督

加强对干部人事权行使的监督。按照组织监督、民主监督、制度约束“三位一体”的思路，坚持和完善强化预防、及时发现、严肃纠正的干部监督工作机制。认真落实中央和省、市、县委关于党政领导干部选拔任用工作的法规制度，加强对干部选拔任用全过程的监督，有效防范考察失真和干部“带病上岗”、“带病提拔”，严格执行中央纪委的规定，坚决整治用人上的各种不正之风。

加强对司法权行使的监督。加强和改进人大、政协对司法机关的监督。加强检察机关的法律监督。强化公安、检察、审判机关在刑事诉讼中的分工负责、互相配合和互相制约。推行警务公开、检务公开、审判公开制度。研究制定保证和监督政法干警在司法活动中严格依法办案的有效措施和工作机制。发挥人民陪审员、监督员的作用。

加强对行政审批权和行政执法权行使的监督。全面实行行政审批事项集中办理和公开制度，完善县级行政审批电子监察系统，对行政审批事项实行全过程监督。深入推进规范行政权力、加强行政执法监督工作，进一步规范行政机关工作人员职责、权限和工作程序。

加强对财政资金的监管。按照我县关于深化财政综合改革、创新财政管理制度的要求，在进一步理顺财政分配关系、构建财政收入稳定增长机制的同时，加强对财政资金的管理，全面推行零基预算、部门预算，深化国库集中支付改革，提高资金使用效益；创新财政监督机制，建立重点项目投资评审机制、财政专项资金使用绩效评价机制、行政首长财经责任问责制度，健全会计管理和监督制度，加强对政府性债务监管，保证财政资金运行规范安全。开展对“收支两条线”规定执行情况的监督检查，巩固清理“小金库”和宕欠公款成果，建立健全杜绝“小金库”和宕欠公款的长效机制。

（四）完善监督制约机制

加强和改进党内监督。严格执行党章，全面贯彻《中国共产党党内监督条例（试行）》、《中国共产党党员权利保障条例》。落实好《石林彝族自治县年度党风巡查计划》，对乡镇、县直单位党政领导班子及其成员进行重点监督。加大对县委、县政府重大决策部署和改革措施落实情况以及全县性重大项目的巡查力度。建立健全巡查成果运用机制，提高巡查工作质量。不断完善纪检监察派出机构统一管理体制改革工作，制定和完善派出机构归口管理配套规定和制度，明确派出机构的监督职责和权限，加强对派出单位领导班子及其成员的监督，增强纪检监察派出机构监督的独立性、权威性和有效性。继续抓好领导干部述职述廉、诫勉谈话和函询制度，严格执行党员领导干部报告个人有关重要事项的规定。

支持和接受人大法律监督、政府专门机关监督、政协民主监督、司法监督、群众监督，加强和改进舆论监督。贯彻落实《中华人民共和国各级人民代表大会常务委员会监督

法》，确保人大及其常委会执法检查、听取和审议专项工作报告、规范性文件备案审查、特定问题调查、询问、质询以及代表持证视察、约见“一府两院”组成人员等监督手段的运用。加强政府法制监督，加强对自由裁量权行使的监督和制约。充分发挥行政监察职能作用，开展行政执法监察、廉政监察和效能监察，促进机关转变作风，提高办事效率。加强审计监督，加强对重点专项资金和重大投资项目的审计，加大对乡镇长、党政部门领导干部和国有企业领导人员的经济责任审计力度。推行审计结果公告和移送制度，加强审计成果运用。把政治协商纳入决策程序，县委、县人民政府每年听取一次政协、有关人民团体、无党派人士对党政工作的意见和建议，认真办理政协建议案、提案和建议。深化政务公开，健全政府信息发布制度，推行社会听证、专家咨询等制度，增强决策透明度和公众参与度。充分发挥工会、共青团、妇联等人民团体的监督作用。落实“县委书记、县长大接访”制度，深化县级领导大接访和干部大下访工作，畅通信访渠道，及时处理信访问题。建立舆论监督工作机制，对媒体披露的问题及时进行调查处理，并公开处理结果。

五、深化改革创新，着力推进源头治理

（一）深化干部人事制度改革

认真贯彻落实《石林彝族自治县乡科级领导干部选拔任用工作程序（试行）》，按照“民主、公开、竞争、择优”的原则，对县级部门机关党组织领导实行公推直选。建立考察结果公开和通报制度、重要人事任用信息通报制度，完善领导干部职务任期、回避和交流制度。规范干部任用提名制度，扩大群众的知情权；增强干部任用透明度，扩大群众的参与权；革新选贤任能方式，扩大群众的选择权；创新监督管理机制，扩大群众的监督权。

（二）深化司法体制改革

认真贯彻中央、省委关于推进司法体制改革的部署，抓好各项改革措施的落实。保证审判机关、检察机关依法独立公正地行使审判权、检察权。健全涉法涉诉信访工作机制。建立健全司法人员执法过错、违纪违法责任追究和领导干部失职责任追究等制度。

（三）深化行政管理和社会体制改革

推进政企分开、政资分开、政事分开、政府与市场中介组织分开，切实把政府职能转变为构筑市场载体、培育市场主体、推动社会发展。进一步精简和规范行政审批事项，按照“三最三严”的要求，全力打造“三最四低”的投资发展软环境。完善政府重大决策事项专家论证、听证公示、新闻发布和效果评估制度，提高决策的科学化、民主化、法治化水平，健全公共权力监督机制。加大责任追究力度，提高政府执行力和公信力。

深化教育、卫生事业改革，建立健全社会事业市场准入制度、利益分配制度、资金管理制度、社会保险制度和人才管理制度，切实规范、完善和深化各项社会事业改革。实现全县新型农村合作医疗制度的全覆盖。大力发展经济适用住房和廉租住房，解决城镇困难居民的住房问题。努力使全县人民学有所教、劳有所得、病有所医、老有所养、住有所居，推动建设和谐社会。

（四）深化财税和投融资体制改革

深化预算制度改革，强化预算管理和监督。优化财政支出结构，加大对“三农”、义务教育、社会保障和公共领域等方面的投入。全面推进国库集中收付改革，切实降低行政运行成本，建设节约型政府。改革完善机关事业单位工资收入分配制度，继续清理和规范津贴补贴。健全和完善社保资金、住房公积金管理使用制度，加强监督管理，防范和化解政府性资金风险。

建立政府投资项目公示制度、建设监督制度、责任追究制度和风险约束机制。准确定位投融资公司的性质和职能职责，确保其实力增强、投融资顺畅。创新融资方式，鼓励投融资公司采取 BOT、BT、TOT 等方式，拓宽融资渠道。充分发挥财政资金的杠杆作用，鼓励和引导社会资本参与城市基础设施、公益事业和社会事业建设，逐步形成投资主体多元化、运营主体企业化、运行管理市场化的投融资体制新格局。

（五）深化市场机制改革

完善工程建设项目招投标制度。建立全县招投标工作部门联席会议制度，建立统一的评标专家库及其管理办法，完善全县统一的工程建设项目信息平台，实现信息资源共享、信用记录联网，推动招投标活动的规范化、透明化。

规范土地征收和使用权出让制度。积极推进征地制度改革，规范征地程序，完善征地补偿和安置办法。全面落实经营性土地使用权招拍挂制度，建立和有效落实工业用地使用权招拍挂制度，规范国有建设用地使用权出让程序，严格控制划拨用地和协议出让土地范围。实行划拨和协议出让土地公示制度、土地供应信息发布制度。

推进产权交易市场建设。加强产权交易市场体系和产权交易机构建设，完善产权交易及其监管各项制度，加快培育和发展产权交易审计、评估、法律服务等中介机构，逐步将产权市场纳入多层次资本市场体系。

深化政府采购制度改革。完善政府采购预算编制和执行管理，扩大政府采购的范围和规模，推动公共工程和公共服务实行政府采购。全面实行“管采分离”，强化政府采购监管措施。建立健全全县统一的供应商库、专家库、监督员库、商品信息（价格）库以及电子化政府采购系统。

加强社会信用体系建设。建立社会信用体系政府工作目标责任制，建立市场诚信体系建设责任制，进一步完善行贿犯罪档案查询系统，健全失信惩戒机制和守信激励机制，逐步健全社会信用制度体系。加强信用信息的采集、处理、使用和管理，整合部门、行业相关资源，逐步实现信用信息社会共享。

六、强化纠正不正之风工作，切实维护群众利益

（一）深入开展专项治理

加强对市场价格调控政策执行情况的检查，严肃查处价格违法行为。加强对生态建设和环境保护情况的监督检查，围绕“四创两争一巩固”，加大对重点区域和行业节能减排情

况的检查力度。加强食品药品安全监管，构建食品药品安全信息监测体系、信用体系、事件处理体系。认真排查和治理安全生产事故隐患，严肃处理重大质量安全事件，建立事故调查和责任追究协调机制，坚决查处事故背后隐藏的腐败问题。加强对国有土地使用权出让情况的监督检查，规范国有土地出让金收支管理，提高国有建设用地使用权出让比例。

强化对社保基金、住房公积金和扶贫资金、救灾资金的监管，建立健全监督检查、有效内控、常态调度、协调管理、即时报告、网络管理、举报监督和安全教育八项制度，确保各项基金和资金制度完善、管理规范、运行安全、使用合理。

（二）加大纠正不正之风工作力度

围绕人民群众反映强烈的突出问题，加大纠风工作力度，切实维护好群众的切身利益。2009年，主要做好明察暗访工作，巩固软环境建设成果。认真落实义务教育阶段中小学校全部免除学杂费的规定，进一步规范教育收费行为，严格执行公办普通高中招收择校生“三限”政策，实施招生“阳光工程”。加强医德医风建设，建立医务人员医德考评制度，规范医疗服务行为，完善药械集中采购制度，加大医药价格监管力度，坚决纠正医药购销和医疗服务中的不正之风。着力解决损害农民利益的突出问题，加强对护农惠农政策落实情况的检查，加大对涉农负担重点问题的督查和案件查处力度，落实减轻农民负担工作责任制，建立“一事一议”奖励补贴制度。严格控制和规范评比达标、表彰和节庆活动，巩固清理工作成果，严肃查处滥用公共财政资金，利用行政权力拉赞助、搞摊派行为，纠正举办节庆活动过多过滥等问题。严肃查处市场中介组织进行价格欺诈、提供虚假信息、搞恶性竞争等违法违规行为。

（三）健全防治不正之风的长效机制

认真落实行风建设责任制，坚持“谁主管谁负责”和“管行业必须管行风”的原则。完善民主评议软环境和机关作风行风制度，改进评议办法，加大基层单位和群众评议比重，充分体现“群众说好才算好”的评议原则。实施动态考核、动态评议，促进参评系统积极改进工作。改进评议结果统计方法，建立有效的评议结果运用机制，将评议结果向社会公开，提高评议工作科学化和透明度。推动民主评议活动向基层延伸，将中层干部、基层站所、窗口单位、医院、学校等纳入对参评系统的评议。畅通各种便民服务渠道，督促有关部门及时解决群众的合理诉求。

七、坚决查办案件，严肃查处腐败问题

（一）坚决查处违纪违法案件

以查处发生在领导机关和领导干部中滥用职权、贪污贿赂、腐化堕落、失职渎职的案件为重点，严肃查处官商勾结、权钱交易和严重侵害群众利益的案件；严肃查处违反政治纪律的案件；严肃查处规避招标、虚假招标及违法转包分包的案件，非法批地、低价出让土地、违规审批房地产开发项目或擅自变更规划获取利益的案件，违法审批探矿权和采矿权、违法入股矿产开发的案件，金融领域违规授信、内幕交易、挪用保险资金、违规发放核销贷款和资产处置的案件；严肃查处为“黄赌毒”等社会丑恶现象和黑恶势力充当“保护伞”的案件。深入开展治理商业贿赂工作，重点查处工程建设、土地出让、产权交易、医药购销、政府采购、资源开发和经销等领域以及银行信贷、商业保险等方面的商业贿赂案件。

（二）提高查办案件的质量和水平

牢固树立“不查案件是失职，不查有影响的大案要案是不尽职，查办案件不促进经济社会发展是不称职”的理念，纪检监察机关每年必须有自办案件。上级交办或批示要结果的信访件，以及署实名举报的信访件，必须做到件件有结果、有回音。进一步提高初信初访的首办率、信访举报初核率和立案件的按期办结率。

坚持依纪依法办案，严格履行办案程序。坚持严肃执纪、公正执法、文明办案，不断提高办案质量，完善案件检查考核和激励机制。司法机关要依法履行批捕、起诉、审判职责，惩治各类职务犯罪和商业贿赂犯罪。加强对举报人和证人的保护，对诬告陷害举报人、证人的，要严肃查处，为受到诬告、陷害的当事人澄清是非。严格区分违纪与违法界限，正确把握政策和策略，综合运用法律、纪律、行政和经济处罚、组织处理等方式和手段，不断增加办案科技含量，提高办案能力和水平。

（三）充分发挥查处案件的治本功能

认真落实“一案双报告”制度，完善案件通报制度，针对案件中暴露的问题，及时查找体制、机制、制度方面存在的薄弱环节，提出改进意见和建议，建章立制，堵塞漏洞。将查办案件向警示教育、健全制度、加强管理延伸，实现查处案件的政治效果、社会效果、法纪效果相统一。

（四）健全查处案件的组织协调机制

发挥县委反腐败协调领导小组的作用，加强对重大复杂案件的协调、指导和督办，及时解决查办案件工作中遇到的问题。加强纪检、监察、公安、检察、审判、审计等执纪执法机关的协作配合，加大案件调查、移交移送、起诉、审判和相关政策法律适用等事项的协调力度，加强防逃、追逃、追赃工作，整合查办案件的力量，形成惩治腐败的整体合力。

八、加强组织领导，确保各项任务落实

（一）加强组织领导

各级党委和政府是反腐倡廉建设的责任主体，担负着全面领导惩治和预防腐败体系建设的政治责任。要切实加强领导，把贯彻落实中央《工作规划》作为一项政治任务，同经济社会发展工作一起部署、一起落实、一起检查、一起考核、一起奖惩。

严格执行党风廉政建设责任制，党政一把手要负总责，领导班子中确定一名成员具体抓，其他成员根据分工抓好职责范围内的工作。各级纪委要认真履行职责，充分发挥组织协调作用，协助党委抓好任务分解，制定工作方案，明确目标要求，加强督促检查。县直单位要充分发挥示范带头作用，切实落实好所承担的工作任务。

（二）狠抓工作落实

要按照中央《工作规划》、省、市委《实施办法》和县委《具体办法》的要求和目标任务，紧紧抓住惩防体系建设责任分解、责任考核、责任追究等主要环节，明确年度任务、牵头单位和协办单位，落实工作责任。各牵头单位和协办单位要相互配合，形成合力，保证工作任务的完成。要加强调查研究，认真研究解决工作中出现的新情况、新问题，及时总结推广成功经验和好的做法，提出推进反腐倡廉建设的新思路、新举措、新途径、新方法，促进各项目标任务的落实。

（三）建立奖惩机制

要把贯彻落实本具体办法的情况纳入领导班子和领导干部综合考核评价之中，作为对领导干部业绩评定、奖励惩处、选拔任用的重要依据。各级纪委要会同有关部门，通过半年自查、重点抽查、年度考核等多种形式，加强对本具体办法落实情况的检查考核，及时总结经验，查找问题，改进工作。对目标任务完成得好的领导班子和领导干部，给予表彰奖励；对领导不重视、措施不力、目标任务完成得不好、效果不明显的，按照相关规定进行责任追究。

中共石林彝族自治县委　石林彝族自治县人民政府关于进一步完善我县城乡低收入群体生活保障制度的实施意见

（2008年12月30日石通〔2008〕16号）

为深入贯彻《中共昆明市委、昆明市人民政府关于进一步完善我市城乡低收入群体生活保障制度的实施意见》（昆通〔2008〕55号）精神，结合我县实际，提出如下实施意见：

一、充分认识完善城乡低收入群体生活保障制度的重要性和紧迫性

党的十七大明确提出，要“加快建立覆盖城乡居民的社会保障体系”，全面推进城镇职工基本医疗保险、城镇居民基本医疗保险、新型农村合作医疗制度建设；完善城乡居民最低生活保障制度，逐步提高保障水平。《中共中央关于推进农村改革发展若干重大问题的决定》又进一步提出，到2020年，要实现“城乡基本公共服务均等化明显推进”和“农村基本生活保障、基本医疗卫生制度更加健全，农村社会管理体系进一步完善”等农村改革发展的基本目标任务。进一步完善我县城乡低收入群体生活保障制度，是全面落实党的十七大和十七届三中全会精神的具体体现，是深入贯彻落实科学发展观、完善社会保障体系，改善民生的重要内容，是建设和谐石林和全面建设小康社会的必然要求。发展是解决一切问题的关键，要在发展中解决困难，改善民生。当前，我县正处于旅游产业提升、工业发展突破、城市建设加速、农业产业化推进、文化产业培育和全面建设小康社会的关键时期。民生问题事关经济社会发展全局，事关最广大人民的根本利益，事关构建和谐石林大计。各级各部门要充分认识完善城乡低收入群体生活救助制度对于保障困难群众基本生活、维护改革发展稳定大局、促进全县经济社会协调发展的重要性，切实增强责任感和紧迫感，把完善城乡低收入群体生活保障救助制度摆在民生工作的突出位置，明确职责，狠抓落实，切实保障城乡困难群众的基本生活。

二、指导思想和基本原则

（一）指导思想

以邓小平理论和“三个代表”重要思想为指导，全面贯彻党的十七大精神，深入贯彻落实科学发展观，坚持以人为本、以民为重、民生优先；坚持广覆盖、保基本、多层次、可持续；坚持政府主导、部门协作、社会参与，进一步建立健全城乡低收入群体生活保障制度，完善救助工作管理运行机制，强化救助政策和措施的配套衔接，提高救助工作的整体水平，切实保障城乡低收入群众的基本生活，推动平安和谐石林建设，促进全县经济社会又好又快发展。

（二）基本原则

坚持实事求是、逐步拓展的原则。从切实保障城乡低保对象基本生活入手，抓好各项救助制度的落实，根据经济发展状况，逐步拓展保障范围，做到应保尽保，不断提高保障标准和补助水平。

坚持改善条件、引导发展的原则。社会保障的目的是改善困难群众的生活条件，各级各部门要协同配合，制定鼓励和扶持困难群众就业和发展的优惠政策，引导困难群众在政府的保障和社会的扶持下，通过自身努力，改善生活条件，增强生存和发展的能力。

坚持突出重点、分类救助的原则。从困难群众迫切需要解决的实际问题出发，分类实施救助，逐步建立层次分明、体系完整、制度统一、覆盖城乡的低收入群体生活保障制度。

三、明确职责，完善制度

要在完善城乡低保制度的基础上，逐步建立以医疗、教育、住房、司法等专项救助制度为辅，以社会互助为补充，政府统一领导、部门各尽其责、社会广泛参与，制度完善、

政策配套、管理规范、运作协调、保障有力的城乡低收入群体的生活保障制度。

（一）调整城市低保标准，切实保障困难群众基本生活

认真贯彻落实《中共昆明市委、昆明市人民政府关于进一步完善城乡低收入群体生活保障制度的实施意见》精神，将2007年12月前我县发放的各类临时性补贴转化为保障标准，从2009年1月1日起，我县城市低保标准由210元提高到255元。

责任单位：县民政局

责 任 人：窦兴亮

（二）建立健全城乡困难群众临时生活救助制度，解决低保边缘群体生活困难

城乡困难群众临时生活救助制度是针对在日常生活中由于各种特殊原因造成基本生活出现暂时困难的家庭，给予非定期、非定量生活救助的制度。各乡镇人民政府和县民政、财政部门要根据《昆明市城乡困难群众临时生活救助实施办法》的要求，进一步完善救助制度、规范救助程序，及时实施对在最低生活保障和其他专项社会救助制度覆盖范围之外，由于特殊原因造成基本生活出现暂时困难的家庭，重点是低保边缘家庭的临时性求助；同时，对虽已纳入最低生活保障和其他专项社会救助制度覆盖范围，但由于特殊原因导致基本生活暂时出现较大困难的家庭和各乡镇人民政府认定的其他特殊困难人员，实施临时性救助。

责任单位：县民政局

责 任 人：窦兴亮

（三）全面推进城乡医疗救助工作，帮助城乡贫困群众解决看病难问题

各乡镇人民政府和县民政、人事劳动和社会保障、卫生、财政等部门要进一步贯彻落实《昆明市实施农村医疗救助暂行办法》、《昆明市城市医疗救助暂行办法》、《石林彝族自治县城市医疗救助暂行办法》，在资助城乡困难群众参加城镇居民基本医疗保险、新型农村合作医疗的基础上，以住院医疗救助为主，以门诊医疗救助为辅，适当提高救助补助比例，取消城乡低保对象和农村五保对象医疗救助起付线，简化手续，逐步建立健全管理科学、操作规范、方便快捷、及时有效，与城镇居民基本医疗保险制度、新型农村合作医疗制度紧密衔接，覆盖城乡低保对象和农村五保供养对象的城乡医疗救助制度。

责任单位：县民政局

责 任 人：窦兴亮

（四）继续加大扶贫开发工作力度

深入实施现行整村推进扶贫开发、产业扶贫开发、农村富余劳动力培训和转移输出扶贫、异地扶贫开发、定点挂钩帮扶、社会主义新农村建设整村推进等项目，贯彻落实各项政策措施。自2009年起，全县每年实施18个整村推进扶贫开发项目村，发放不低于500万元的产业贴息信贷扶贫资金。同时，继续加大实施小额信贷扶贫开发力度，每年向贫困地区1000户低收入群体发放不低于500万元的无息小额信贷扶贫资金，帮助低收入群众发展种养殖和加工业等，并实行跟踪指导服务，务求实效，适时提供技术和信息等方面的援助。

责任单位：县扶贫办

责 任 人：赵家林

（五）建立家庭经济困难大学新生政府资助机制

为全面提升人口素质，确保我县生源高等教育阶段学生不因家庭贫困而辍学，对当年参加高考并被全日制普通高校正式录取入学的我县户籍城乡低保户、城乡低保边缘户的大学新生，给予一次性交通行装补助和生活补助。其中：被省内高校录取的，每名学生给予交通行装补助500元、生活补助1000元；被省外高校录取的，每名学生给予交通行装补助1000元、生活补助1000元。县财政局负责资助资金的筹集和管理，县教育局负责高校录取通知书审核和资金的发放，县民政局负责低保家庭和低收入家庭的资格认定，县纪检监察和审计部门负责对资助工作的监督。

责任单位：县教育局

责 任 人：普光强

（六）实施再就业优惠政策

对领取城市低保金且失业1年以上的失业人员，城镇夫妻双方失业，符合“4050”条件以及有抚养或赡养责任且生活困难的单亲家庭人员、被征地农民，有劳动能力和就业愿望的由县人事劳动和社会保障局发放《再就业优惠证》，相应可享受创业或职业技能培训、税费减免及小额担保贷款、社会保险补贴和岗位补贴等优惠政策。

责任单位：县人事劳动和社会保障局

责 任 人：杨春宝

（七）出台国有和城镇集体困难企业参加基本医疗保险的相关办法

县人事劳动和社会保障局要尽快研究出台《石林彝族自治县县属国有和城镇集体特困企业接续基本医疗保险关系的实施意见》，妥善解决国有和城镇集体困难企业尤其是特困企业参加基本医疗保险后，因无力缴费停保或即将面临停保的问题，切实保障困难企业职工基本医疗需求。

进一步完善低保对象、低收入家庭人群城镇居民基本医疗保险政策。适当降低城镇居民基本医疗保险统筹金起付标准和自付比例，逐步将城镇居民基本医疗政策范围内的住院医疗费用的支付比例提高到60%以上。

责任单位：县人事劳动和社会保障局

责 任 人：杨春宝

（八）完善“新农合”制度，进一步提高保障水平

县卫生局要积极争取利用中央、省级、市级项目，完善城乡社区卫生服务体系，加强农村卫生服务体系建设，发展新型农村合作医疗制度，结合“新农合”制度的不断巩固和完善，进一步提高保障水平，“新农合”住院补偿封顶线由2008年的15000元提高到2009年20000元，起付线下调5%，实现农村贫困孕产妇免费住院分娩和危急抢救。

责任单位：县卫生局

责 任 人：周保能

（九）加快推进经济适用住房建设，完善廉租住房保障方式

按照《昆明市人民政府关于解决城市低收入家庭住房困难的实施意见》（昆政发〔2008〕5号）精神，县建设局要尽快研究制定我县商品房开发建设配建经济适用住房的相关配套政策措施，协调全县经济适用住房建设工作，及时报告和协调工作中存在的各项问题，具体落实县人民政府统建经济适用住房的建设任务，确保我县经济适用住房的有效供给。根据低收入住房困难家庭数量制定我县新建廉租住房的建设发展规划，充分利用近年来国家和省、市对新建廉租住房的资金补助政策，积极增加廉租住房房源。2010年底前，实现廉租住房保障范围从低保住房困难家庭扩大到低收入住房困难家庭。廉租住房保障实行货币补贴为主、实物配租为辅的保障方式，实物配租优先面向孤、老、病、残、军（烈）属、劳动模范（先进工作者）等特殊困难家庭及其他急需救助的家庭。

责任单位：县建设局

责 任 人：吴剑平

四、加强领导，通力协作

完善城乡低收入群体生活保障救助制度是各级人民政府和有关部门的重要职责，也是一项涉及全社会的综合系统工程，必须充分发挥各方面的作用，形成保障救助整体合力。

（一）充分发挥政府的主导作用

要进一步强化政府在完善城乡低收入群体生活保障制度中的主体责任，依托已成立的城乡社会救助领导机构，负责统一协调部门间的相互配合，把完善低收入群体生活救助制度列入重要议事日程，纳入经济社会发展规划，切实加强领导，健全领导机制，落实领导责任。

（二）认真落实各有关部门的职责任务。

各有关部门要认真履行职能，发挥部门优势，加强协调配合，进一步完善城乡低收入群体的生活保障制度。民政部门要切实担负起城乡低收入群体生活保障救助的综合管理和协调服务职能。财政部门要根据救助工作实际需要，落实城乡低收入群体生活救助资金，加强对救助资金管理和使用情况的监督检查，确保资金专款专用，安全运行。教育部门要制定和落实教育救助政策。人事劳动和社会保障部门要做好就业援助和城镇困难居民参加城镇居民基本医疗保险的管理服务工作，配合做好城市低保和医疗救助工作，加强城市居民医疗保障和医疗救助的衔接。卫生部门要制定医疗机构服务行为监管办法，并做好农村医疗救助与新型农村合作医疗的衔接。建设部门要完善廉租住房和经济适用房政策，缓解低收入群体的住房困难。

（三）发动社会力量参与社会救助事业

要在全社会大力弘扬中华民族扶贫济困的传统美德，广泛动员社会各界支持和参与救助事业。要深入开展群众性、社会性的献爱心活动，进一步完善经常性社会捐助网络，推动社会捐助工作制度化、常态化、规范化。要深入开展“定点帮扶”和“结对帮扶”等工作，组织志愿者为困难群众提供各种“义工”服务，不断探索实施社会救助的有效途径。大力发展以扶老、助残、救孤、济困、赈灾为重点的社会福利和慈善事业，加快培育民间慈善组织和社会公益组织，支持他们开展助医、助学、助困等活动，为公益事业健康发展创造良好环境。

艺　文

文学

非遗文献

彝族三弦舞(撒尼大三弦)

（申报国家级非物质文化遗产名录文本）

项目简介

石林彝族自治县位于云南省东部，昆明市东南方向，属昆明市。离省会昆明70余千米。世界著名的旅游胜地——石林风景名胜区在石林县境内。

石林在西汉元封二年（公元109年）建县，谓谈稿县。宋代大理国前期设路甸。元代至元十三年（公元1276年）设路南州。民国二年（公元1913年）改路南州为路南县。1950年成立路南县人民政府。1956年成立路南彝族自治县，1958年撤县并归为宜良县。1964年恢复路南彝族自治县，1998年更名为石林彝族自治县。石林县境内世代流传着一种粗犷、豪放的彝族民间舞蹈——彝族大三弦舞。

彝族三弦舞是历代彝族人民代代相传的一种民间舞蹈。不同的地区或不同的彝族支系对其有不同的称法。流传于撒尼彝区的三弦舞称“撒尼大三弦”，流传于阿细彝区的三弦舞称“阿细跳月”。这是一种休闲或欢乐时跳的舞蹈。彝族三弦舞又分“大三弦舞”和“小三弦舞”两种。年轻人跳舞时用的是大三弦，所以叫“大三弦舞”。中老年人跳舞时用的三弦较小，因而称“小三弦舞”。相比较而言，“小三弦舞”的音乐、舞蹈节奏缓慢，所以又称“慢三步乐”。三弦舞是一种男女群体性的舞蹈，但跳舞时只有男子使用“三弦”，女子只是踏着节奏伴舞。

彝族三弦舞被有关学者誉为远古舞蹈的“活化石”，对研究舞蹈的起源与发展有较高的认识价值；对增强群体意识、民族团结有积极作用；对营造欢乐、热烈气氛有良好效果。

上世纪60年代，到莫斯科参加世界青年联欢活动的撒尼青年在联欢会上表演的彝族三弦舞轰动了整个联欢会。近20年来许多国外游客到石林旅游时观赏过大三弦舞蹈，因而在国际上有一定的知名度。

大三弦舞源远流长。近几十年在大型庆典活动和影视节目中经常出现大三弦舞的身影，因而在国内有较高的知名度。2004年国家在人民大会堂举行国庆55周年文艺晚会上，百余人的大三弦舞把整台晚会推向了高潮。

所在区域及其地理环境

彝族撒尼三弦舞主要流传于云南省昆明市石林彝族自治县。石林为昆明市远郊县，位于东经103°10′~104°41′，北纬24°30′~25°03′之间。东部和南部与红河哈尼族彝族自治州的泸西、弥勒县接壤，北与曲靖市的陆良县接界，西与宜良县毗连。全县面积1717平方千米，人口230548人。其中少数民族占34%。

石林县地势起伏平缓，由东向西倾斜，呈阶梯状逐渐下降，东部山脉主峰海拔2601米，中部山脉主峰海拔2203米，西部盆地海拔仅1605米。全县山脉河流由北向南层布为主。东部山峦巍峨连绵，森林茂密，中部山脉形成喀斯特地貌带。大部分为山区或高寒山区。

东部和中部山峦森林覆盖面在70%以上，茫茫的林海中云南松和被当地称为“水冬瓜”的树木布满了山岗。这两种树木是制作“三弦”的主要材料。

这里的山区不适宜农业生产，但却是旅游胜地，特别是独特的喀斯特地貌风光以奇美著称于世，是联合国教科文组织确认的首批世界地质公园，现正积极申报世界自然遗产（编者注：2007年6月27日，石林成功申报为世界自然遗产）。近几年国内外游客到石林旅游的每年都在200万人次以上。来自五湖四海的人潮在领略石林自然景观和人文景观的同时，带来了各种不同的文化及现代时尚文化，这些强势文化对包括三弦舞在内的当地传统文化形成了巨大的冲击。

石林又是昆明市的东门户，是昆明通往滇东、滇东南及出省、出国的必经之路，交通比较发达。四通八达的公路、铁路不利于包括大小三弦舞在内的原生态文化的保护。

分布区域

彝族撒尼三弦舞主要流传于云南省石林彝族自治县的圭山镇、长湖镇、西街口镇、石林镇、路美邑镇、鹿阜镇、板桥镇的撒尼彝区。此外，与石林县毗邻的泸西县、弥勒县、陆良县、宜良县撒尼彝区也有三弦舞流传。

历史渊源

关于“三弦舞”的起源，不同的流派（区域）有不同的传说，据北部流派传说，三弦舞起源于撒尼先民狩猎生活时代，在一次普通的狩猎中，意外地射死一只老虎，人们高兴得手舞足蹈，于是在射死虎的那副弓箭上弹起箭弦，不料箭弦发出美妙的声音。受此启发，经过反复加工，最后演变成了“三弦舞”。而南部流派是这样传说的：古时，人们将山上的树木砍倒晒干后，用火烧尽，稍作清理后在火烧地上进行耕作。人们等不及星火全部熄灭，就忙着到地里耕种，劳动时被未灭的火星烫得跳来跳去，嘴里喊着“阿啧啧”的感叹声。在明月清风、星光闪烁的夜晚，人们模仿白天生产劳动时的情景，乐得哈哈大笑。经过反复的模仿和艺术化的再现，最后演变成了“大三弦”舞蹈。

“大三弦舞”起源于远古的刀耕火种时代或狩猎生活时代，经过历代人民的加工、锤炼，代代相传。但这种舞蹈只能以自娱自乐的方式在民间跳，长期封闭在大山里。

“大三弦舞”走出大山真正被外界、外民族认识始于上世纪40年代。抗日战争时期，地下共产党组织和西南联大部分学者对“大三弦舞”给予了关注。经部分专业工作者加工排练后，组织圭山、西山彝族青年到昆明公演，在省城引起了轰动。至此，“三弦舞”走出了大山，登上了大雅之堂，进入了主流社会的视野。

1950年中央访问团到撒尼彝区访问，当地人民为了表达感激之情，数百人的大三弦队伍到数里外迎接中央访问团，至此，“大三弦舞”以“广场舞”的形式出现在大庭广众面前。

尽管“大三弦舞”已登上了大雅之堂，而且出现在大型的政治活动场合。但在民间，大三弦舞一直是青年人谈情说爱的一种附属艺术，对它有许多禁忌，只能避开公众视野，在夜晚或荒野中秘密地跳，仍然带有浓浓的谈情说爱色彩。因而在“文革”期间，作为“四旧”被禁锢与打击。

上世纪70年代末，大三弦舞获得新生。80年代有关部门对“大三弦舞”进行加工与改革，团中央将改革后的“大三弦舞”作为“交谊舞”在全国青少年中推广。如今，“大三弦舞”经常出现在我国大型文艺晚会。老百姓则将其作为健身项目、娱乐方式在街头巷尾尽情而舞。

历尽沧桑的大、小三弦在形制方面，也随历史岁月的前进而进步与变化。

早期，无论大、小三弦，其形状都保持了古朴、自然的特点。不作任何雕饰，保留自然本色。

随着人们审美意识的提高，大三弦外形经历从本色到刷色的过程。早期用矿物紫土染色品，刷成紫红色。上世纪60年代，油漆传到撒尼彝区，人们又用油漆在大、小三弦上上漆，刷有黄色、绿色、红色、紫红色、黑色等，除美观而外，还具有了防虫蛀的功效。琴头亦开始雕刻或用小镜子等装饰。

早期的琴弦是用苎麻线或狗肠子或牛皮筋加工而成。上世纪50年代，使用者从集市上购买弹棉花用的皮筋线作琴弦。到上世纪80年代则购买水线或大提琴弦做琴弦。

早期的大三弦使用者自己动手制作，后来请木匠专门制作。如今出现了制作“三弦”的专业户，大三弦也以商品的形式出现。过去的大三弦首先考虑的是实用，而今商品化了的三弦是实用与美观结合，具有美观第一，实用第二的倾向。甚至把大三弦做成了“工艺品”，把根雕技术工艺也用在了大三弦的制作上。

基本内容

彝族三弦舞包括“大三弦舞”和“小三弦舞”两项。“大三弦舞”为青年人跳；“小三弦舞”为中老年人跳。两者的三弦在形制、音乐节奏、舞蹈动作方面也有所不同。

一、大三弦舞

大三弦舞根据不同场景和需要，通过队形变化，形成不同的效果。其形式有三种：

（一）广场舞

在广场上跳的舞蹈，是大三弦舞中最原始、最基本的跳法。

1. 男青年。调准弦音后，一字排开，随笛声弹琴起舞。等女子跳上场，排好队形后，跳4下，蹬一次脚，左右脚分别轮换。由男队主导、调动队形分别变成左右移动和上下移动。男子曲止，女子也随之停舞。

2. 女青年。男队弹琴拉好队形后，女子亦一字排开，相互牵着手，迎上去与男子对舞。脚上的动作与男子相同，亦跳4次蹬一次脚，左右轮换。步位要与男子一致，如男子蹬左脚，女子也须蹬左脚。与男子不同的是每蹬脚时，女子须拍两下掌。蹬两次脚后，向左转360度的圈。男子向左右或上下移动跳舞时，女子也须跟着移动，形成多变精彩的队形。

（二）移动式舞蹈

在节庆或红白喜事时，大三弦舞队跟随活动队伍一面走一面跳，如节庆入场仪式、丧葬出殡仪式等。舞蹈动作和音乐节奏与广场式舞一致。所不同的是广场式舞男女面对面地跳。而“移动式舞”男女队同朝前方，一面走一面跳。队形男为一纵队，女为一纵队，一男一女相对，可两人一排，也可4人或多人一排。

（三）迎送式舞蹈

迎送宾客时跳的舞，音乐旋律和节奏与广场舞一致，仍男女各为一队一字排开，相互面对面。所不同的是两队间有一定的距离，中间形成一个宽敞的通道，跳舞间让宾客从中而过，形成夹道欢迎的阵式，若需送一程宾客，又将队伍变成“移动式舞”队形。

二、小三弦舞

中老年人跳的一种三弦舞，顾名思义，用形制较小的三弦跳的一种舞蹈。由于节奏较慢，这种舞蹈又称为“慢三步乐”。小三弦舞弹奏的乐谱比大三弦舞花哨、复杂，但动作比大三弦舞舒缓。

1. 男子队伍仍一字排开，动作仍跳4次，蹬一次脚，但舞步却是前后移动，跳舞时表情严肃，两眼聚焦在脚步上。每一轮舞蹈的开始和结束的节奏，仍掌握在男子方面。

2. 女子同样一字排开，仍然面对男队迎面而舞，双手左右摆动的幅度比大三弦舞大。同样舞步前后移动4次蹬一次脚，拍两下掌。原地跳两次后，向左转一次360度的圈，然后拍两下掌，如此反复。

上述方式是广场舞跳法，也是小三弦舞的基本程式。小三弦舞同样在节日庆典，迎送宾客时跳，队形、模式与大三弦舞的“移动式舞”和“迎送式舞”基本一致。

相关制品及其作品

无论是大三弦舞或是小三弦舞，其基本器具为三弦和笛子两种。但由于材质和规格大小的不同，制作方式略有不同。

一、三弦制作方法

香椿树木料和被当地汉语称为“水冬瓜”的木料是制作大小三弦的首选材料。由于此种木料无线条丝纹，不易开裂，木质不硬且轻，这两种树，长到可做音箱时，树杆皆空，抠洞时省了不少力。所以是制作大三弦的上乘品。在找不到这两种木料的情况下，才找杉木或“云南松”木。无论选什么木料，一般多在冬季树木处于“冬眠”状态时砍伐，此时砍下的木料不易开裂。

大三弦全长 1.5 米左右，由音箱、琴杆、琴轴、琴头、琴弦等组成，音箱由凿空的木桶或用木板拼成桶形。用原木凿成音箱桶的长约 40 厘米，前面蒙羊皮。琴杆无品。在琴马的下端拴琴弦的铁皮上装有数片活动的铁皮扣。弹奏时，活动的铁皮扣伴随着琴声发出铮铮的金属合声。

大三弦定音为 d—A—D。弹奏时，肩挎背带，琴横置于小腹部，用木制拨子拨动，边舞边弹。

小三弦长约 100 厘米，音箱直径约 20 厘米，前面蒙羊皮或蛇皮，无铁皮扣。琴弦定音为 d—a—d，比大三弦高八度。

无论是大三弦或小三弦，都在音箱上蒙一层羊皮。其制作方法是一样的，都将生羊皮放在水里连续浸泡数天后蒙在音箱上。先用绳索稳定好皮子位置再刮去皮子上的羊毛，皮子崩紧晾干后，再用钉子固定。

铁皮扣的做法是先剪一块约 10×5 厘米的铁皮，中间抠出一块空白，然后在上下两排外套铁皮扣。过去利用废旧的手电筒壳来做，现今从五金商店买新铁皮来做。

大、小三弦背带多用红布或蓝布。过去多用摔跤场上获奖布作背带，这样既解决了背带用料问题，又能向世人昭示三弦的主人还是运动场上的健将。

二、竹笛制作

用于伴奏大三弦舞的竹笛有大、中、小（即高音、中音、低音）三种。以金竹作原料。将竹竿晾干后，锯下三节长的料为一支笛子。笛下一个节巴不动，将音堵住，在另一端用烧红的铁丝将竹筒内的节巴烙通。然后在外面烙出吹孔和指孔 7 个眼洞，吹孔与指孔间距离稍长，指孔上烙出既规则又不等分的 6 个孔。尾部下端再烙出一眼放音孔。无笛膜孔。

传承谱系

早期的大三弦舞带有明显的生产劳动动作特点。音乐舞蹈节奏较慢，男子跳舞时腰稍下弯，女子舞蹈时摆手和拍手都在自然部位。后来，受彝族阿细支系“阿细跳月”的影响，撒尼大三弦舞发生了明显的变化。其表现为音乐节奏加快，舞蹈加大了跳跃度，动作比原来夸张。如男子蹬脚时小腿伸缩幅度加大。女子手上的动作从原来的甩手，改变为挥手。从原来的胸前拍掌发展为空中击掌。伴奏的笛子由单声部发展为中、高、低三声部。南部撒尼彝区的部分村寨还加入了唢呐伴奏。

总的而言，大三弦形制由小变大。

代表性传承人

普兆光，男，彝族撒尼人，1947 年生，石林镇月湖村人；

毕光明，男，彝族撒尼人，1948 年生，西街口镇芭茅村人；

黄树兴，男，彝族撒尼人，1965 年生，长湖镇尾则村人；

昂金兰，女，彝族撒尼人，1949 年生，圭山镇蝴蝶村人；

虎桂芳，女，彝族撒尼人，1955 年生，长湖镇祖莫村人。

主要特征

“三弦舞”作为撒尼族群的符号与“名片”，其基本特征表现在以下几个方面。

一、热烈性。大三弦粗犷的音乐，奔放的舞蹈，构成一幅热烈、欢乐的场面。因而这种舞多用在欢乐与娱乐的场所。由于大三弦舞能营造热烈的气氛，大型的欢庆活动都往往以“大三弦舞”压阵。

二、专属性。大三弦的制作、定音、音乐、旋律是为“大三弦”舞而量身定做的，大三弦无法弹奏其他乐曲，也无法与其他乐器合奏，是为这种舞专属的一种乐器与音乐。

三、集体性。大三弦舞是一种集体性的舞蹈，少则 3 男 5 女，多则男女各 10 余人。不能独舞，也不能独奏，或者说独舞、独奏不是真正意义的大三弦舞蹈。

四、通俗性。无论大三弦舞，或是小三弦舞，舞蹈动作都比较简单，弹奏也比较容易。不用专门学习，在旁边稍作观摩即能会跳会弹，因而外乡人或外民族见到大三弦舞，可马上融入舞蹈队伍中尽情欢乐。由于大三弦舞的大众化，深受彝族撒尼人和其他民族的欢迎。

重要价值

三弦舞作为千百年承传下来的舞蹈，有着很深的历史文化底蕴，其功能和价值是多方面的。然而，最主要的价值表现在以下几个方面：

（一）学术价值。对了解舞蹈起源与发展有较高的认识价值。据传“三弦舞”起源于刀耕火种或狩猎为生的时代。说明艺术源于劳动的真理。今天我们见到的大三弦舞，凝结了历代人民的心血。通过她，可解读舞蹈起源与发展的一些原理。

（二）审美价值。三弦舞反映了撒尼人民的审美观，不同时期的大、小三弦形制、用料、装饰不尽相同。不同地方的舞步与舞姿也有所区别；不同年龄的人对三弦舞音乐节奏的要求也有所不同。而这些不同的形式都反映了各自的审美观。从总体而言，三弦舞反映的是劳动美和健康美。

（三）实用价值。三弦舞不仅有认识价值，审美价值，而且还有实用价值。

1. 娱乐健体作用：这种舞蹈适宜作广场、休闲舞蹈。这种舞蹈由于能锻炼全身每一个部位，所以有益于健康，因而现被当地老百姓当作健身活动项目。

2. 具有增强群体意识，增强凝聚力的作用：这种舞蹈讲究的是群体意识，强调的是合作精神，因而对增强凝聚力促进民族团结具有积极作用。

濒危状况

当今在热热闹闹的三弦舞背后，潜伏着一定的危机，如果不加以重视和保护将面临濒危。

（一）大、小三弦制作工艺的危机。过去大、小三弦多为自制自用，所以大小三弦制作工艺才一代代传下来。现在，制作大、小三弦的人越来越少，现仅剩几家专业户，而且专业户制作的工艺、形制已失去了原有特色。事实上，大三弦制作的某些传统工艺技术，如用苎麻线或牛皮和狗肠子制弦的工艺技术已失传，现从商店里购买的大提琴弦弹奏出来的音乐失去了原有的韵味。

（二）受外来文化的影响，传统的大、小三弦舞正在变异。近十年受“迪斯科”、“摇滚舞”等因素的影响，现在小青年跳的大三弦舞中有了这些时尚舞蹈的元素。能跳原汁原味的大、小三弦舞的人越来越少，如此发展下去，真正大、小三弦舞将会失传。

由此可见，大、小三弦制作工艺和传统舞跳法都面临濒危，需要从上述两个层面加以保护和抢救。

已采取的保护措施

首先，通过保护传承人达到保护作品的目的。为此，在石林县范围内已经命名了一批包括大、小三弦舞表演者在内的民间艺人为民间艺术家，确认相关传承人的地位。

一方面，已经实施的《石林彝族自治县民族区域自治条例》和《云南省民族民间传统文化保护条例》成为保护彝族三弦舞的法律依据。

另外，当地政府和有关职能部门已对三弦舞的资料进行系统收集，梳理后形成了专题作品，并妥善保存。如电视专题片《大三弦的故事》等。

资金投入情况

大三弦是石林县诸多民间舞蹈中的精华，因而对其保护资金的投入也是最大的一项。以近10年为例，每年都要举办一次文艺骨干培训班，其中大、小三弦舞是重要的培训内容之一，每次培训班其经费都在50万元以上。这样10年来至少投入了500万元人民币。而此笔经费中花在大、小三弦的保护与培训方面不少于250万元。此外对大三弦传承人的资助、大三弦舞比赛活动等，县财政作了一定的投入。这样近10年来石林县对三弦舞保护，资金的投入不少于300万元人民币。

保护内容

从三个方面全面系统准确地保护“彝族三弦舞”。

（一）“三弦文化”的保护。大、小三弦舞外在的艺术表现形式及其自然与社会生态环境、传承习俗等构成了一套系统的“三弦文化”。只有有效地保护“三弦文化”，大、小三弦内容才能得以完整地保护。

（二）制作工艺技术的保护。大、小三弦舞是以大、小三弦为载体的舞蹈，假若制作工艺、制作技术失传，那将失去载体，最终会导致这种艺术的失传。所以大、小三弦制作工艺技术，将作前提进行保护。

（三）表现形式的保护。艺术表现形式是大、小三弦舞的灵魂。人们通过舞蹈、音乐及弹奏才把无生命的乐器（或道具）赋予了灵性。没有舞蹈和音乐，那大三弦将失去生命。所以将大、小三弦的舞蹈表现形式、音乐及其弹奏法作为重要内容给予保护。

五年保护计划表

时 间	保护措施	预期目标
2008年	对大、小三弦舞作专题调查，全面了解与三弦有关的文化。	完成调查工作
2009年	在获得第一手资料的基础上，有目的、有选择地进行录音、录像，并整理出音像与书面材料。	完成建档工作
2010年	举办培训班，培养大、小三弦舞蹈及其工艺制作接班人。	完成传承人的培养工作
2011年	举办大型的大、小三弦广场舞活动，吸引更多的人参加此项活动，专业和业余文艺演出中增加大、小三弦舞的宣传量，做好普及与推广工作。	完成普及工作
2012年	从现在起，收集与大、小三弦有关的实物，到2012年把这些实物在县博物馆中作长期展出。	完成长期展览工作

保障措施

1. 建立民间代代相传和政府自觉保护相结合的保护机制，是三弦舞代代传承下去的基本保障。

2. 认定和命名若干名大、小三弦舞传承人，使大、小三弦舞全面系统地传承下去。

3. 从地方财政和有关职能部门经费中安排一定的资金，为对传承三弦舞作出贡献的民间人士给予奖励，为传承工作改善社会环境。

4. 组织有关专业工作者对大、小三弦进行全面系统的研究，建立相应的资料库。

5. 在社会上大力推广、普及大、小三弦舞的同时，保存和展览与大、小三弦文化有关的实物。

经费预算及其依据说明

经费预算	依据说明	地方配套资金
193万元	1.专题调研与著作出版费用:20万元; 2.录音录像、多媒体制作费用:10万元; 3.建立档案资料库:8万元; 4.传承人保护费:20万元; 5.接班人培训费:50万元; 6.宣传普及、推广费:80万元; 7.办公费:5万元。	70万元

彝族（撒尼）刺绣

（申报国家级非物质文化遗产名录文本）

项目简介

石林彝族自治县属云南省昆明市，在云南省东部，昆明市东南方向，离省会昆明70余千米。

石林于西汉元封二年（公元109年）置县，谓谈稿县。宋代大理国前期设路甸。元代至元十三年（公元1276年）设路南州。民国二年（公元1913年）改路南州为路南县。1950年成立路南县人民政府。1956年成立路南彝族自治县，1958年撤县并归为宜良县。1964年恢复路南彝族自治县，1998年更名为石林彝族自治县。石林彝族自治县先后被国家文化部命名为“现代民间绘画画乡”、“民间艺术之乡”等称号。

石林彝族自治县是彝族支系撒尼人的主要聚居区。撒尼人民间世代传承着一门具有极强装饰性的传统刺绣美术工艺——撒尼挑花。撒尼挑花，彝语叫“拿窝”，意为未绣完的挑花。撒尼挑花又叫撒尼十字锈，相传撒尼挑花起源于唐宋时期，成熟于明、清时期。长期以来，经过一代又一代撒尼妇女的精挑细绣，这门工艺日臻完善，以明快的色彩搭配、精美的图案构思、巧妙的图案组合、浓郁的地方民族特色，凸显出独特的艺术表现力，是我国工艺美术的珍宝。撒尼挑花图案样式来自于本民族漫长历史进程中沉积下来的民族心理、价值观念、宗教信仰和对世界的认识，是撒尼人对大自然艺术化和审美价值的反映。撒尼挑花对研究民间美术、民间习俗、民族心理、宗教信仰等提供了重要的资料。

撒尼挑花服饰先后被北京民族文化宫、云南省民族博物馆、云南省博物馆等单位收藏。撒尼挑花作品“阿诗玛挑花包”曾荣获国家旅游产品奖。撒尼挑花曾多次被中央、省、市电视台拍成专题片进行宣传。2005年中央电视台4频道《华夏文明》栏目将撒尼挑花作为专题片向全球播映，引起了国内外学者的广泛关注。

所在区域及其地理环境

石林彝族自治县位于东经103°10′~104°41′，北纬24°30′~25°03′之间，是昆明市的远郊县，离昆明仅70余千米。石林县国土面积1717平方千米，人口230548人，少数民族人口79405人，占总人口的34.44%。少数民族人口中彝族人口77519人，占总人口的33.62%。

石林彝族自治县辖7镇1乡，彝族主要聚居在石林镇、西街口镇、圭山镇、长湖镇等石林县中部半山区和东部高寒山区。这一区域分布着世界地质公园、著名的旅游风景区——石林风景名胜区，国家级森林公园——圭山森林公园等风景名胜区，以及省级民族民间传统文化保护区——糯黑彝族传统文化保护区和市级民族民间传统文化保护区——月湖彝族传统文化保护区，省级民族民间艺术之乡——阿着底彝族撒尼人民间刺绣之乡等传统文化保护区（乡）。这里海拔1600~2000米，为典型的喀斯特地貌，被誉为世界喀斯特地貌的精华、喀斯特地貌博物馆。这里独具特色的民族风情、如诗如画的自然风景，悲壮的民族历史，乐观向上、不屈不挠的民族精神为撒尼挑花提供了丰富的创作源泉。

这里气候“冬无严寒、夏无酷暑，四季如春，干湿分明”属典型的亚热带高原干湿季风气候。每年5月至10月为雨季，11月至次年4月为旱季。雨季降水量占全年降水量的80~88%，境内平均湿度70%，常年主导风向为西南风，次主导风为南风。

石林是滇东南三州市18县进入昆明的必经门户。324国道、326国道、南昆铁路过境石林，昆明至石林、石林至曲靖等高速公路已建成通车，交通十分发达。古代这里还是广西、贵州进入昆明的重要交通要塞，是滇黔、滇桂的古驿道交汇处。

分布区域

撒尼挑花主要流传于云南省石林彝族自治县的圭山镇、长湖镇、西街口镇、石林镇、路美邑镇、鹿阜镇、板桥镇的撒尼妇女中。与石林县毗邻的泸西县、弥勒县、陆良县、宜良县、文山州丘北县等地的彝族撒尼妇女中也有流传。

历史渊源

撒尼挑花源远流长。晋宁石寨山出土的青铜器上，部分人物形象的衣服上即有刺绣花纹的痕迹。公元223年，诸葛亮南征，画龙生夷图谱和成都瑞锦赐夷，并吸收叟帅孟获、孟琰、爨习参加蜀国政权。这些叟帅的夫人在蜀学会汉族的刺绣工艺，回乡传授给昆叟女子。传说孟获夫人曾在曲靖大基山中，飞针走线，一夜绣成龙衣，故而被人们尊奉为刺绣女神。公元8世纪初，南诏王嵯巅攻占成都，掠回汉族刺绣女工和蜀锦原料而使南诏刺绣工艺得到极大发展。据《新唐书·南诏传》载："将还，乃掠女子工技数万人……南诏自是工文织，与中国埒。"樊绰《蛮书》也对南诏的刺绣作了详尽的叙述："抽丝法稍异中土，精者纺丝绫，亦织为锦及绢。其纺丝人朱紫以为上服，锦文颇有密致奇彩……亦有刺绣。蛮王并清平官，礼衣悉服锦绣，皆上缀波罗（虎）皮。俗不解织绫罗，自太和三年蛮寇西川，掳掠巧儿及女工非少，如今悉解织绫罗也。"彝文文献《阿诗玛》这样描述撒尼姑娘阿诗玛的穿着与挑花刺绣："美丽的阿诗玛，包头红光闪，耳环垂两颊，面秀如皎月，身修似金竹，左手戴金戒，右手戴银镯，身披絮羊皮，漂亮的围腰带，美似老胡须，一缕又一缕，垂须颤悠悠。脚像黄萝卜，穿着绣花鞋，灰衣配黑裤，全身多协调。" 19世纪末20世纪初在石林撒尼彝区传教的法国神甫保禄·维亚尔在《云南撒尼倮倮的传统和习俗》一文中这样描述撒尼服饰、撒尼挑花刺绣："妇女服饰式样繁多，色彩斑斓"、"宽大的裤子上罩有一个围腰，围腰上的讲究就多了！双面绣的花格图案从领口一直垂到脚上，展示了种种花团锦簇，其手工之精致、制作之耐心，令人叹为观止。"民国《泸西县志》载：撒尼"妇人辫发盘头，着红布箍衣，蓝棉布衣长不及膝，襟袖皆狭着青棉布大绔，距绔口五寸缀红线一周以为饰，跣足入市，或御寒则着尖头花履。"民国《路南县志》载："妇女辫发，以青布镶红绿色，头海贝杂珠盘旋为髻，耳贯大环，足着花履或赤足。红绿满身皆自染彩银扣银泡，连缀胸前。"可见早在明、清时期刺绣在彝族撒尼民间已十分盛行。经过几百年的发展，众多刺绣技法中的"挑花"技艺在撒尼民间得到了广泛的流传和普及，刺绣图案更加夸张、抽象，形成了"重挑轻刺"、民族特色浓郁、地域特色明显的撒尼挑花风格。直至现在，撒尼挑花仍保持着浓厚的地域特色和民族风格。新中国成立后，石林县成立了手工业合作社开始集中生产撒尼刺绣工艺品。1957年7月石林县著名的撒尼挑花艺人昂其珍出席了在北京召开的第一次全国工艺美术艺人代表大会。会议期间，中共中央副主席朱德观看了展品，并接见了昂其珍等全国工艺美术艺人。《人民日报》还以《把撒尼人的姑娘打扮得更漂亮——记云南撒尼艺人昂其珍》为题对她进行了报道。1958年全国手工业合作总社又将此文收编在《巧夺天工》一书中。"文革"期间，撒尼挑花作品被作为"四旧"进行批判，大量的珍贵挑花工艺品被销毁。撒尼挑花工艺美术受到了严重的摧残。改革开放以后，撒尼挑花工艺获得了新生。

基本内容

一、图案纹样

撒尼人传统挑花图案大体上可以分为三大类：

一类是以十字绣为主的、具有一定抽象性的几何图案，主要有三弦花（即模仿撒尼人传统乐器大三弦的弦轴样式的图案）、八角花、八瓣花、太阳花、羊角花、蝴蝶花、四瓣花、八瓣花、狗齿纹、火焰纹、跳脚纹、石榴纹、青蛙纹、树纹、蕨草纹以及一些简单的菱形、三角形、条纹等图案。

一类是以平绣为主的、较为细腻柔和的写实性花卉图案，多取材于现实生活环境中的花草纹样，如山茶花、杜鹃花、石榴花、荷花等。

另一类是镂空贴花（又叫抠花）为主的，较为粗犷的抽象性图案，主要有云纹、波浪纹等。

二、图案纹样组合形式

一种是工艺品正面居中为一个独立完整的三弦花或八角花图案，四周加以各种条纹、羊角纹、菱形纹进行简单装饰，整体图案或方或圆、简洁明快、工整对称；另一种形式是由若干相同的图案花纹并排相连，拼接组合成具有相当宽度的长条状挑花图案，并在上下两侧加以各种条纹的简单装饰，整体图案具有循环往复、连续不断的视觉效果。面积相对较大的桌布、壁挂等工艺品，其刺绣图案则极为复杂繁琐。通常整幅挑花以大型的三弦花或八角花为主体，由中心向四周层层展开，结构繁复，层次多变。主体图案之间以各种羊脚纹、菱形、条纹、树纹等作为过渡图案，它们或与主体图案结成更为复杂的纹样，或独立构成规整成形的大小图案，从而使整件挑花工艺品的图案显示出密密匝匝、花中套花、连片成体、纹饰交融、均衡对称、错落有致的整体效果。

三、颜色搭配

一般选用黑色、深蓝色或白色的布料作底，也有少量采用黄、橙、红等底色的布料。挑花工艺品的颜色搭配风格有二种：

一是鲜艳的搭配风格。使用多种色系反差较大的彩线，如黑、黄、绿、红、蓝、白、青等颜色的绣花线交错搭配，这种搭配方法色彩明快，对比强烈，从而使挑花图案在布料底色的映衬下显得更加鲜艳亮丽。色彩搭配原则是：底为白色，则配黑、粉红、绿、金黄、大红等颜色。底为黑色，则配白色、玫瑰红色、金黄色、绿色、大红等丝线。黑色丝线忌与绿色丝线相邻搭配。粉红色丝线忌与大红色丝线相邻搭配。

二是素雅的搭配风格。用单一色在深或浅色度的底布上挑花，借助色相明暗对比作用，使纹样清晰突出。挑花图案整体效果较为清淡素雅、简洁大方。如黑白绣，用黑色与白色相衬托，白以黑为底，白因黑的反射而凸现，黑亦因白的衬托而分外醒目，因而产生鲜明的立体视觉。素挑虽单为一色挑绣，但仍有"素中带艳"的意境。

四、撒尼挑花刺绣技法

撒尼挑花"重挑轻刺"，以挑为主，兼有顺针平绣、镂空贴花等技法。

(1) 挑花技法

挑花技法又有"十字绣"和"一字绣"两种。

"十字绣"法：采用经纬纹路明显的平布作为挑花布，挑花时依据布料的经线和纬线交叉形成的网眼，上下两针斜角相交，用绣花线挑出"×"字形，并以此作为完整构图的基本单位，曲直转折形成格局，延伸组合成各种造型的图案花纹。

"一字绣法"：撒尼人又称这种技法为"梭针法"。顺着挑花布的经线纹路，用挑花线上下挑出与经线平行的"一"字形基本形状，或整齐并列，或平行斜错，穿插构成各种规整的图案。这类挑花一般是用黑色的布挑上白线，组成黑白相间的纹样，作为围腰带、挎包带上的装饰。整体来说，挑花技法形成的图案纹样一般都是左右对称，曲直衔接，有虚有实，整齐美观。

(2) 顺针平绣技法

撒尼人称这种技法为"插花"。通常是用纸剪裁出各种绣花图案，贴在绣花布上，然后用不同颜色的绣花线按照比较一致的方向，沿剪纸图案绣出整齐密集的线条，把纸样完全遮盖住，即形成了一个完整的刺绣图案。这种刺绣技法的特点是绣线成平行状排列，互不重叠，不露样底，也不受绣花布自身纹路的制约，图案均匀细腻，绣面平滑光洁，颜色浓淡过渡自然。撒尼人的顺针平绣图案通常是花朵与茎叶相配，装饰在妇女的包头、绣花鞋、童帽、背被等生活用品上，也有少量绣在镂空的贴花上作点缀。

(3) 镂空贴花技法

撒尼人称这种技法为"抠花"。是将彩色的布片贴上厚纸晾干，然后剪出曲线形状的花、云等镂空的二方连续纹样，贴在颜色对比较强的底布上，再用手工沿剪口绣上金线和银线，形成凸起的滚边，使贴花与底布缝在一起。缝好的镂空纹样主要用来镶绣在撒尼妇女衣服的前胸和黑绒披风带的宽口一端，图案醒目，线条流畅，色泽鲜亮，具有较强的立体感。

五、挑花工艺品的制作工艺

撒尼挑花工艺品的制作流程有裁布、挑绣、加工三道工序。

(1) 裁布

挑花工艺品因其用途不同，各种款式的面料、尺寸、形状也各不相同，因此根据挑花工艺品的用途、种类样式，将布料裁剪成相应大小的布片。裁剪下来的布片称为"绣片"。

(2) 挑绣

撒尼挑花图案以中心对称或轴对称为显著特征。因此先要确定绣片的中心，然后由中心向四周逐层挑绣。在挑绣每一层次的图案纹样时，通常先绣出该部分的主体图案和轮廓，再逐一填充细部纹样。如果有多种颜色的纹样交错出现时，则先绣完该部分连接成体的某一颜色图案，再换另一种颜色的绣花线。对于层次繁多的挑花工艺品，一般都是在中心部位的所有图案全部绣好以后，才开始挑绣与其相连的下一层次的纹样，如此方式逐层挑绣，直至完成整件挑花工艺品。

(3) 加工

绣好的绣片通常还需要进行一定的加工，才能成为美观实用的刺绣工艺品。对于由单一绣片构成的挑花工艺品，要先将绣好的绣片用手工进行锁边。如果绣片本身面积较小，则在绣片完成后，按照固定宽度，拆去绣片四周与剪口平行的经纬线，使其余的线条自然形成飘穗。而对于那些由多块绣片拼接而成的挑花工艺品，则需要根据挑花工艺品的结构造型，将大小不同的绣片拼接组合成形，再配上相应挑花部件，即成成品。

六、撒尼挑花的制作时间

过去，撒尼挑花工艺品的制作是撒尼妇女农闲时的一项副业。妇女们都是白天下地干活，晚上在家挑花。每年的10月到次年2月之间的农闲季节，每年农历冬月的彝族传统节密枝节期间，火把节到来之际，女子出嫁前期，是撒尼挑花的高峰期，这段时间撒尼村寨呈现出一片"大嫂小姑挑花忙"的景象。

相关制品及其作品

挑花的主要工具：绣花针、顶针。

挑花材料：麻布、土布、七彩丝线。

相关制品：撒尼挑花工艺品主要用于撒尼妇女的包头、衣领、衣襟、袖臂、下摆、裤筒、围腰、飘带以及童帽、挎包、鞋面、伞套等部位的点缀和美化。用传统的撒尼挑花图案装饰的现代生活用品有钱包、桌布、书签、手镯、手机包、领带等；用传统挑花技法挑绣而成的作品有："繁华似锦"、"吉祥如意"、"五谷丰登"、"日月交辉"、"晚归"等。

传承谱系

撒尼挑花的主要传承方式是家庭内的言传身教，传女不传男。因此撒尼挑花的传承人和从事者全部为女性。学艺时小辈人往往在长辈们的言传身教中、在日常生活的耳濡目染间，自然而然地学会了挑花刺绣。一般情况下，村中的小女孩在七、八岁时开始学习刺绣，主要由母亲或姐姐指导传授技艺。起初先学习常用的挑花技法，并开始挑绣一些简单的图案纹样，在技艺逐步熟练以后，再慢慢增加挑花技法的难度和图案纹样的复杂程度。

挑花是撒尼女子必备的一项技能，挑花水平的高低往往显示着撒尼女子的手艺灵巧程度和贤惠持家能力。而且，挑花技艺还是过去青年男子择偶的一项重要标准。

著名的撒尼挑花传承代表人物的挑花传承谱系：

毕跃英，女，彝族（撒尼），石林县石林镇大老挖村人，生于1954年，省级民间工艺传承人。由著名的撒尼挑花女其母亲毕张英传给，毕张英由其母毕姜英传给，毕姜英由其母普毕氏传给。据85岁的石林县大老挖村著名毕摩毕凤林讲普毕氏祖籍在南诏古都（今云南省大理市）。

李艳兰，女，彝族（撒尼），石林县长湖镇宜政大海子村人，生于1962年。由著名的撒尼挑花女其母亲李玉珍传给，李玉珍由其母李月芝传给，李月芝由其母李金氏传给。

代表性传承人

毕跃英，女，彝族（撒尼），1954年生，石林县石林镇大老挖村人，省级民间工艺传承人。

李艳兰，女，彝族（撒尼），1962年生，石林县长湖镇宜政大海子村人。

普菲，女，彝族（撒尼），1978年生，石林县长湖镇阿着底村人，石林阿着底民族刺绣产品开发技术协会会长。

主要特征

撒尼挑花主要有以下五个特征：

一、四方、圆整、对称

四方、圆整、对称是撒尼挑花最显著的特征，这是彝族撒尼人在长期的社会生产劳动中对客观世界的节奏、韵律、均衡、对称等形式规律的掌握与运用的结果。

二、物象突出，色彩艳丽

撒尼挑花图案，题材广泛，源于自然，来自生活。撒尼妇女受大自然的熏陶，长期观赏自然景物，日月山川，花鸟虫鱼，加以体会揣摩，产生了线条颜色、节奏等灵感，所以能在挑绣中胸有成竹地摄取大自然的景物为素材，经过摹拟、提炼、概括，使之规则化、抽象化、艺术化，从而再现了自然与生活。

三、表现手法抽象化

在撒尼挑花图案中，无论是自然景物，日月山川或花鸟虫鱼等，大多采用抽象化的形式表现，写实性的图案在传统的撒尼挑花图案中使用较少。

四、不描绘、不用模具、凭手挑绣

撒尼挑花是一项独到的工艺技术，它历史悠久，技法多样，主要有挑、绣、抠等。撒尼挑花不描绘、不用模具，全凭自己心中的构图、对美的理解和娴熟的技巧，循布的经纬线进行徒手操作。撒尼妇女从小就传承前辈的技艺，她们在农事耕作之余，织麻、纺线、织布、缝绣，并把能否挑花作为一种衡量妇女才能的标尺，被视为妇女的骄傲。

五、生产的挑花产品主要为自给自足

撒尼妇女挑花的主要目的是美化自己的服饰、装饰家居或送给恋人留念。

重要价值

撒尼挑花其主要价值体现在以下四个方面：

一、艺术审美价值

撒尼挑花具有独特的艺术价值和美学价值。多彩的撒尼挑花图案是撒尼人情感、意愿、精神力量的物化载体，是对撒尼人自然生命、社会风尚、人格情调所做的神情写照。挑花工艺品中隐含着撒尼妇女的情感、思想及观念，是撒尼妇女纯真情意的表白。

二、工艺价值

撒尼挑花的制作工艺较为复杂，每道工序都要“精挑细绣”、挑花者要有极大的耐心和持之以恒的精神，要求之高，是其他工艺品生产难以比拟的。这些生产技艺是撒尼人民长期积累的智慧结晶，难以用现代技术所替代。是一份极其宝贵的历史遗产。

三、实用价值

撒尼挑花是撒尼妇女服饰不可缺少的一个部分，在美化自我、装饰自我的同时，那纹理清晰、密密麻麻的针脚，增强了耐磨性，延长了服饰的使用寿命，具有实用价值。

四、科学价值

撒尼挑花图案样式来自于本民族漫长历史进程中沉积下来的民族心理、价值观念、宗教信仰和对世界的认识，是撒尼人对大自然艺术化和审美价值的反映。撒尼挑花对研究民间美术、民间习俗、民族心理、宗教信仰等提供了重要的资料。

五、经济价值

撒尼挑花长期以来，一直是妇女装饰自我、自给自足的产品。随着石林旅游业的发展，撒尼挑花除满足撒尼妇女自己需要和国内游客的需要外，越来越受到港、澳、台地区和国外朋友们的青睐，认真加以保护和弘扬，对当地经济建设具有积极的意义。

濒危状况

1. 由于挑花技术难度大，习艺、制作周期长，成本高，年轻人多不愿学，民族服饰多数也从市场上购买电脑机绣的产品，学习传统挑花技艺的年轻人越来越少，老艺人相继去世已经后继乏人。

2. 史书记载的“红绿满身皆自染”的撒尼花围腰，是撒尼挑花服饰的精品，是撒尼妇女的嫁妆，现在传统制作的工艺品大多失传。据调查，目前石林县仅存有5件传统制作精品。

3. 受外来潮流的影响，许多挑花工艺品正逐渐失去本土地域性和民族性特色，传统的撒尼挑花工艺品及其制作精髓正趋于消亡。

4. 民族旅游工艺品负荷的民族文化信息同样已日渐消亡，许多从业人员存在着仅仅将工艺品作为商品进行生产、销售的片面认识。

5. 倒卖民族文物，包括倒卖上百年以上文物级撒尼挑花珍品的违法行为时有发生，许多民间收藏的挑花珍品流失海外。

已采取的保护措施

1. 公布命名了一批彝族撒尼传统文化保护区。

2. 公布命名了阿着底彝族撒尼人刺绣之乡。

3. 成立了石林阿着底民族刺绣产品开发技术协会。

4. 采取了通过保护传承人而保护作品的方法，公布命名了包括刺绣挑花艺人在内的一批省、市、县级民族民间文化传承人，从法规上确认了传承者的地位。

5. 安排专项经费，由省、市、县各级文博单位有计划地征集收藏传统撒尼挑花刺绣珍品。

6. 按照《石林彝族自治县民族区域自治条例》和《云南省民族民间传统文化保护条例》等有关法规，依法对传统文化进行保护和管理。

7. 成立了由相关部门组成的“石林彝族自治县非物质文化遗产保护领导小组”。

8. 当地政府和有关职能部门已对“撒尼挑花”的资料进行系统收集，梳理后形成了专门档案，并妥善保存。

资金投入情况

1. 1988 年县妇联投入 6.5 万元成立了阿诗玛刺绣厂。

2. 2005 年至 2007 年县人民政府安排 210 万元用于传统文化保护区非物质文化遗产的保护工作。

3. 2005 年县有关部门补助 2 万元，成立了石林阿着底民族刺绣产品开发技术协会。

4. 2006 年县财政安排 5 万元开始建立石林县非物质文化遗产资料库。

5. 2006 年至 2007 年市、县各级人民政府先后拨款 50 余万元对全县的非物质文化遗产进行了普查、认定和登记工作。

6. 2007 年县人民政府安排 30 万元专门用于撒尼挑花的资料搜集、建档、保护名录申报等工作。

保护内容

1. 保护传承人。保护身怀绝技的老艺人，发挥他们的“传帮带”作用，培养年轻一代的传统挑花工艺生产传承人和管理人才。

2. 保护传统的挑花工艺。保存完整的传统挑花工艺，在挑花工艺研究创新中尽量避免使用现代化设备和化学制剂。

3. 撒尼挑花图案。对传统的挑花图案进行全面的普查，建立撒尼挑花图谱库。

4. 保护知识产权。对挑花图案精品申请专利，依法保护知识产权。

5. 保护挑花生产（企业）。确认、命名一批生产传统撒尼挑花产品的企业，从政策、资金等方面进行支持，鼓励生产传承传统撒尼挑花工艺。并按照国家有关法律、法规依法进行保护。

五年保护计划表

时 间	保护措施	预期目标
2008 年	调查、保护老艺人	收集、整理、研究撒尼挑花的传统制作技艺，撒尼挑花艺人得到保护，撒尼挑花技艺传承后继有人。
2009 年	深入普查撒尼挑花图谱	收集撒尼挑花作品，建立撒尼挑花图谱库，出版《撒尼挑花图谱集》。
2010 年	申请撒尼挑花精品专利	挑花精品知识产权得到保护。
2011 年	确定命名一批传统撒尼挑花工艺作坊	全面恢复撒尼挑花传统制作工艺。
2012 年	建成民族文物陈列馆	多功能、全方位展示撒尼挑花传统制作技艺、挑花精品，达到保护、弘扬、展示的预期目标。

保障措施

1. 按照《中华人民共和国文物保护法》、《云南省民族民间传统文化保护条例》、《石林彝族自治县民族区域自治条例》等法律法规规定，将非物质文化保护经费纳入县财政预算。

2. 公布命名一批身怀绝技的撒尼挑花艺人为民族民间工艺传承人。

3. 建立“石林县非物质文化遗产保护中心”，对撒尼挑花等非物质文化遗产进行深入的研究，拟定非物质文化保护规划。

4. 建立民族文物陈列馆。开展非物质文化遗产资料收集、研究和展示工作。

5. 注册“撒尼挑花”商标，对“撒尼挑花”知识产权进行保护。

6. 通过县政府财政支持、企业和民间捐赠等形式，尽快建立“非物质文化遗产保护基金”。主要用于传承人的生活补助，挑花工艺的研究、推广，鼓励传承人开展传承活动和挑花刺绣之乡的建设。

经费预算及其依据说明

经费预算	依据说明	地方配套资金
210 万元	按照《云南省民族民间传统文化保护条例》等有关法律规定和政策规定，开展对撒尼挑花保护工程 1.调查、研究撒尼挑花经费：10 万元； 2.出版撒尼挑花研究文集、撒尼挑花图谱集等经费：40 万元； 3.征集、收藏撒尼挑花精品经费：50 万元； 4.传承培训传统撒尼挑花艺人经费：10 万元； 5.改造建设文物陈列室经费：100 万元。	100 万元

规　划

石林县文化产业发展规划

（2007 ~ 2015 年）

一、基本定位

本规划是根据党的十七大精神和云南省建设民族文化大省的战略，根据石林县十一五发展规划，吸收和借鉴海内外文化产业的经验，因地制宜，传承创新，全面指导石林县文化产业发展的纲领性文件。

本规划确定了 2007 ~ 2015 期间石林县发展文化产业的总体目标、阶段要求、指导思想、重点项目、建设工程、推动措施等，涵盖了政府直接投资与管理的文化产业领域，和社会投资的各类企业和文化产业项目，具有指导方向、统领全局、管理行业、推动落实的重要意义。

二、发展条件

石林县文化产业的新发展，是在跨入 21 世纪以来石林县经济、社会、文化、生态建设的基础上起步的，它所面对的有利条件是：

1. 丰富而悠久的民族文化资源

石林世代居住着彝、汉、苗、壮等 20 多个民族，少数民族占总人口的 33%。石林人民在历史上创造了灿烂的民族文化，特别是彝族同胞传承的彝文、歌曲、舞蹈、绘画、民俗、竞技、仪式等，组成了原生态的民族文化博物馆，其代表作长诗“阿诗玛”和歌曲《远方的客人请你留下来》等文艺作品，在世界文坛上享有盛誉。农历六月二十四日是彝族传统的火把节，被赋予深厚的民俗文化内涵，被称为“东方的狂欢节”。

2. 世界自然遗产——中国喀斯特地貌

古生代岩溶地貌群落石林景区是石林县境内最为珍贵的世界遗产。这一石林形成于 2.7 亿年前，经历漫长的地质演化和复杂的古地理环境变迁，形成了现今极为珍贵的地质变化遗迹。它涵盖了地球上众多的喀斯特地貌类型，在相差不到 500 米的高差上有丰富的类型：石牙、峰丛、溶丘、溶洞、溶蚀湖、瀑布、地下河，是典型的高原喀斯特生态系统和最丰富的立体全景图，成为不可多得的自然资源和旅游胜地。2007 年 6 月 27 日，联合国教科文组织第三十一届世界遗产大会上，石林被正式列入世界自然遗产名录，成为中国的第六个世界自然遗产、云南的第三个世界遗产，这也是石林县继获得“世界地质公园”等重大荣誉后的又一殊荣。

3. 旅游市场的潜力和区位优势

石林县位于滇东南旅游带的中心地位，地处昆明、曲靖、红河、文山四州市的交汇面上，距昆明仅 76 千米。高等级公路四通八达，每年吸引了 200 多万人次的旅游客源。随着昆河公路、九（乡）—石（林）—阿（庐古洞）旅游专线、会展服务设施等公共基础设施的建设，石林县的旅游文化品牌逐步获得海内外广泛的认同，正在逐步发展成为滇东南地区的旅游产业枢纽，昆明辐射滇东南的旅游次中心。

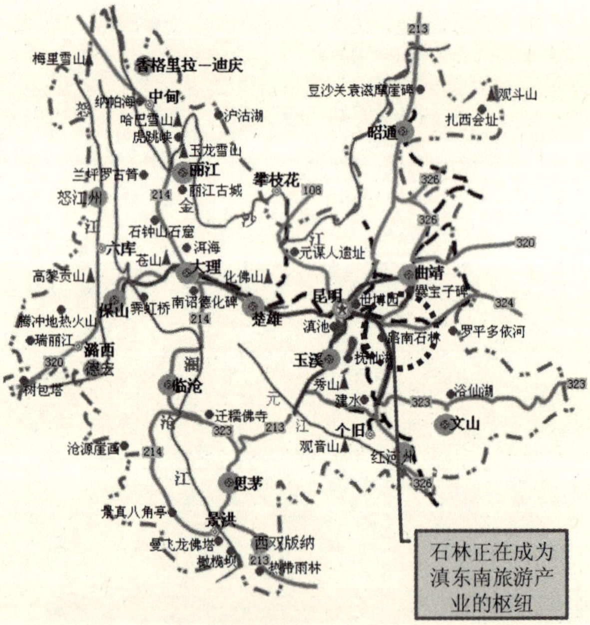

4. 县委、县政府的高度重视和大力支持

政府积极推进全县各项文化设施建设，加大对文化建设的投入，培养了一大批从事民族文化工作的人才。县图书馆、文化馆（站）、电影院等基层文化设施初步形成网络。石林县从 1991 年开始跻身于全国文化先进县的行列，以后又被云南省委和省政府确定为全省 10 个特色文化产业县试点之一。全县涌现了阿着底村、石林景区等一批文化产业的新亮点。2006 年全县文化产业贡献值达到 1.3327 亿元，占全县 GDP 总量的比重达到 7%。

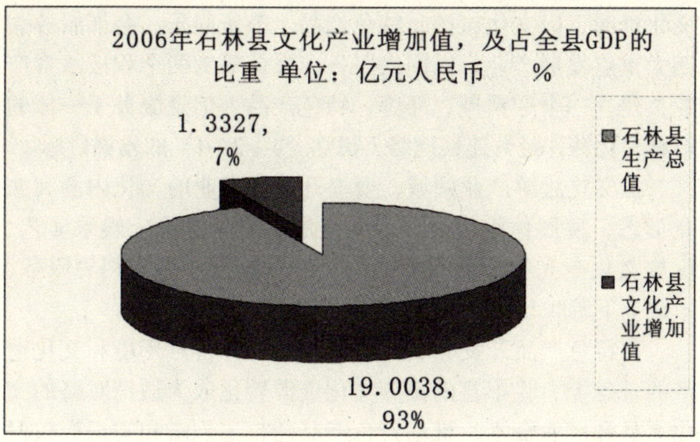

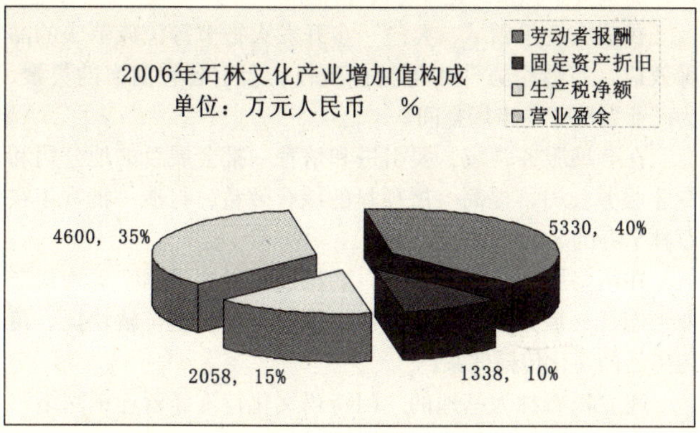

它的不利条件是：

1. 缺少文化产业主体

全县尚未形成文化产业的企业群，有规模、有品牌、有竞争力的企业比较少。2006 年，在全县 551 个文化产业单位中，个体经营户 419 个，占 76%，法人单位 132 个，占 24%，其中不少属于简单加工型和低端服务型的小企业；而从企业经营情况看，营业盈余占 35%，比 2005 年占 19.4%的比重已经明显增长①。但是与发达地区相比较，在石林县文化产业所创造的增加值中，科技进步和文化创意所占比重比较小，致使文化产业资本积累十分缓慢。

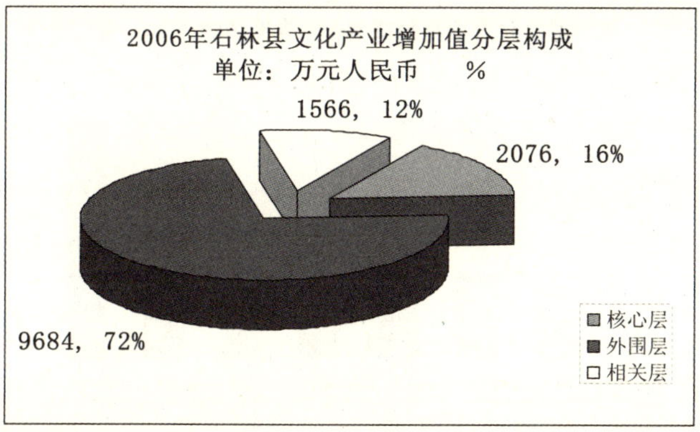

2. 缺少合理的产业结构

一个地区文化产业发展的基本条件，是形成良好的产业结构和上下游互动的产业链。国家统计局等部门把文化产业分为内容开发为主的“核心层”、服务提供为主的“外围层”、制造和营销为主的“相关层”。目前在石林县文化产业增加值的构成中，以景区门票、休闲娱乐服务、网络服务等为主的“外围层”，占 72%。表演、出版、设计、艺术等内容开发的“核心层”所占比重较小，文化产品及设备的制造业“相关层”也不发达。旅游者在石林没有可消费的丰富产品，也很少在石林过夜。这是造成全县旅游总体收入和人均收入都比较低②的重要原因。

3. 缺少良好的基础设施和服务环境

吸引和培育文化产业企业的基本条件是良好的服务环境。目前，石林县的总体服务水平还处于农业县的水准上，政府有关部门和配套机构的服务意识、服务理念、服务质量等，没有与国内外先进水平充分接轨。从产业发展环境来看，石林缺乏促进文化产业的一整套扶持政策、基础设施、市场服务等。同时，文化产品的各类市场和要素市场如互联网服务市场、旅游纪念品市场、会展服务市场等，发育不够充分，特别是中小企业需要的文化投融资市场，还处在刚刚起步阶段，尚未形成对文化产业企业具有强大吸引力的发展环境。

4. 缺少配套的人才团队和运作模式

发展文化产业需要创意决策人才、经营管理人才、专业技术人才、操作执行人才等多样组合，而且需要根据国内外市场的发展，而不断更新人才的知识水平和操作技能。石林县虽然有宝贵的民族文化传统，但是由于缺乏文化产业的领军人物以及团队运作，许多从业人员缺乏现代文化产业的专业训练和服务技能，对海内外市场的信息不够灵通。他们散落在各村寨和各单位，尚未按照文化产业的规律组合起来，尚未和投资、技术、项目、管理相结合，形成规模化的文化生产力。

三、指导思想

坚持先进性。坚持党对文化工作的领导，建设社会主义核心价值体系，紧紧围绕全面建设小康社会和构建和谐社会的目标，把科学发展观的要求贯穿于文化产业发展的全过程。

尊重主体性。坚持以人为本，面向基层，重在建设，强化服务，充分发挥各族人民群众在文化产业建设中的积极性和创造性，体现他们在文化产业发展中的主体作用。

体现地方性。坚持从石林实际情况出发，因地制宜，滚动发展，依托石林特有的世界遗产、区位优势和民族文化资

① 2006 年石林县文化产业的结构与 2005 年同类数据相比，有了明显的改善，特别是企业盈余水平明显提高，劳动力报酬和设备折旧所占比重下降。

② 2006 年石林景区游客人数超过 240 万人次，旅游直接总收入 2.6 亿元，综合收入 6.5 亿元，人均直接旅游消费在 100 元左右。（根据云南旅游网 2007 年 11 月 3 日报道。）

源，逐步提升石林文化产业的核心竞争能力和国际服务能力。

四、总体目标

在2007～2015年期间，贯彻党的十七大关于文化大发展大繁荣的战略部署，推动社会主义市场经济、社会主义民主政治、社会主义先进文化、社会主义和谐社会的协调发展，以先进文化的内容建设和文化产业的形态建设相互促进和结合，以文化产业园区开发和重点文化产品开发为两大突破口。其中，产业园区开发主要是政策引导，科学规划，集聚和培育企业，提高规模效益，培育文化生产力；产品/服务开发主要是继承传统，创意开发，突出民族内涵，扩展市场空间和打造石林品牌，从而在产业集聚和产品开发的两个层面上，相互促进，提升优势，辐射周边，实现石林县文化产业的跨越式发展，把石林建设成为：滇东南的旅游市场中心，民族化的文化产业基地，国际性的文化服务园区。

1. 滇东南的旅游市场中心

指石林的文化产业要把推动和促进旅游产业发展作为重点，围绕“世界一流景区”和“国际旅游胜地”的战略目标，使石林的旅游产业总体效益和服务水平在滇东南地区名列前茅，把石林建设成为滇东南的旅游集散枢纽和服务中心。首先，在巩固传统观光产品的基础上，提升旅游产业的文化内涵和文化形态，发展休闲度假、商务会展、科考探险、娱乐演艺、民族文化观光等新型旅游产品，对外实现与国际旅游体系的接轨，对内实现与国内旅游体系的融合，建成以核心旅游片区和“两核一廊”为支撑的城镇旅游吸引体系，形成支持旅游发展的大环境，初步实现由单一的观光目的地向观光与休闲度假综合性旅游目的地转型。到2010年接待海内外游客总量达到300万人次，其中海外游客量达到45万人次，过夜游客量达到100万人次，旅游业直接收入达到5亿元，综合收入达到20亿元，旅游业直接和间接就业人数达到4万人。

在此基础上，逐步建成较为完善的旅游产业体系，形成相关行业联动的大旅游发展格局，城镇旅游功能得到比较充分的发挥，旅游经济效益实现全面较高增长，基本实现由单一的观光目的地向观光和休闲度假综合性旅游目的地转型。使石林的旅游产业发展成为包括观光旅游、休闲度假、生态旅游、会议展览、培训教育、民俗旅游、影视外景基地等多种旅游形态的格局，使石林成为整个滇东南地区县（市）中，产业园区密集度最高、旅游景点知名度最高、交通和基础设施最方便、商业网络辐射力最强、会展文化服务质量最好的旅游枢纽，到2015年接待海内外游客总量达到390万人次，其中海外游客量达到80万人次，过夜游客量达到140万人次，旅游业直接收入达到12亿元，综合收入达到50亿元，旅游业直接和间接就业人数达到6万人。

2. 民族化的文化产业基地

指因地制宜，突出重点，立足于保护和开发石林的民族文化资源，以文化旅游、特色产品、节庆娱乐、会展服务为四大重点发展产业，以网络服务、媒体等为两个积极培育产业，建立一个融票务、品牌、特色产品、信息服务于一体的石林文化特许经营连锁网络。树立“4+2+1”的发展目标。

在文化旅游产业领域，要提升旅游产业的文化内涵和文化形态，发展休闲度假、商务会展、科考探险、娱乐演艺、民族文化观光等新型旅游产品，开发旅游产品和相关服务，形成上下游联动的产业链。

在特色产品开发领域，要在保护石林自然环境和文化遗产的基础上，将丰富的民族文化资源转化成为适销对路的文化产品和产业资本，推动特色产品的自主创新和知识产权保护，加快资本积累的速度。

在节庆娱乐领域，要进一步开发火把节等民族节庆的品牌效应，打造东方斗牛等特色项目，吸引各种商家的集聚，为产业发展营造市场空间。

在会展服务领域，要引进和培育一批会展目的地公司和专业服务公司，提高会展项目的综合效益，打造一批常年在石林举办的名牌会展。

在网络服务、媒体领域，要积极发展连锁网吧等现代产业形态，开展具有民族特色的媒体服务，建立传输快捷、覆盖广泛的文化传播体系。

建立以石林为基地的“阿诗玛文化特许经营连锁网络”，把品牌推广、产品销售、信息服务、票务网络等结合起来，以统一品牌、统一标准、统一服务、统一配送的标准化建设，加快石林文化产业向海内外市场的推广。

通过多种措施的配套推动，使石林县的文化产业初步形成配套发展的体系，使石林文化产业的增加值年增长率达到20%，超过全县12%的年均增长率，增加值从2005年的1.054亿元增加到2010年的2.7～2.9亿元，占当时全县GDP总量的10%[①]。在这个基础上，进一步提升品牌，扩大规模，稳步增长，使石林县文化产业的年增长率达到10%以上，增加值在2015年达到4.45亿元以上。

石林县文化产业增加值增长示意图2006～2015年

单位：人民币亿元

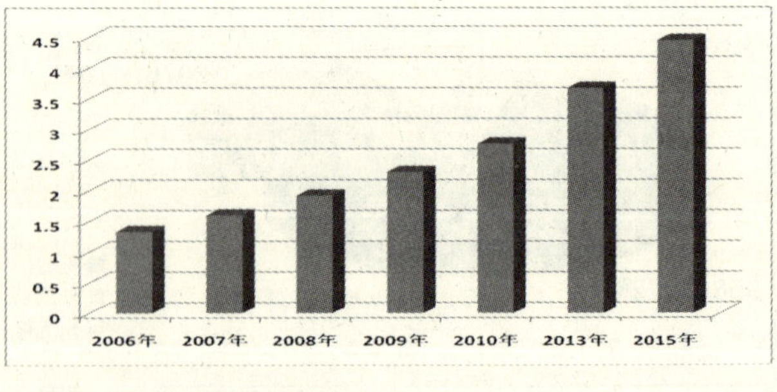

3. 国际化的文化服务园区

指全面提升石林县的服务水平，在人员素质、制度保障、政府效率、信息服务、综合环境等方面，达到与国际接轨的

① 按照《石林县十一五发展规划》，石林县的年均经济增长率要达到12%，到2010年全县GDP总量达到29.789亿元。

2010 年石林县文化产业比重结构示意图

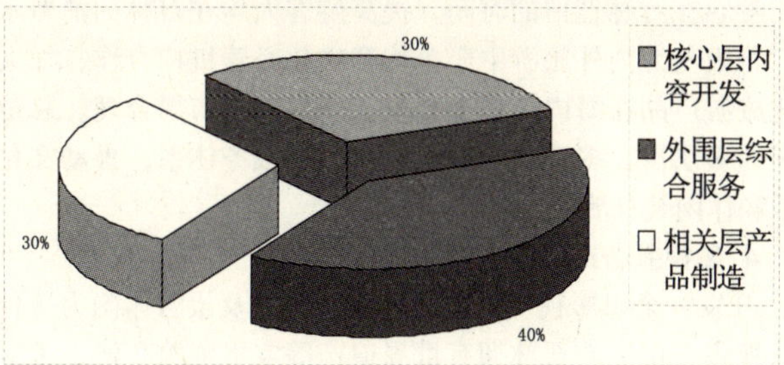

水平，实现两大重点目标：（1）吸引和培育企业，一方面限制能耗大、污染重、缺乏市场前景的企业进入，另一方面在石林县建立为企业服务的一系列公共平台，包括投融资服务平台、人力资源服务平台、市场服务和推介平台、知识产权保护平台、器材和生活服务平台等，在投融资支持、企业孵化、人力资源等方面提供扶持的政策和配套的服务，成为滇东南地区创业条件最好的发展基地，聚集 20～30 家年产值在 500 万以上的文化产业企业；（2）吸引大量客源，发展文化休闲、影视拍摄服务、节庆娱乐、会议展览等各种专业服务，成为海内外消费者近悦远来的文化乐园，使全县的重点文化及相关行业实现服务达标，在开展会议旅游、商务旅游、休闲旅游等方面，在吃、住、行、娱乐、购物等服务方面达到滇东南地区的最好水平。

五、阶段要求

近期发展目标（2007～2010 年）：打好基础，建立框架

指 2007～2010 年确定全县文化产业的发展规划，初步形成政府为主导、企业为主体、社会共参与的发展大格局，建立由政府部门、行业协会和服务组织、企业等组成的产业发展架构，初步确定石林县文化产业的重点园区、重大工程、重点项目，形成多元投资、合作研发、合力推动的基本框架。同时吸引有实力、有市场前景、有可操作规划的优良企业和项目，引进文化产业领军人物，发挥他们的品牌效应。

加快基础设施的配套建设，提高产业的服务水平。围绕民族文化景观大道、石林演艺中心、石林会展中心、巴江文化景观带等一批骨干文化设施的建设，使石林的水系、交通、水电、通讯、生态、宾馆、互联网、住宅等成龙配套，同时，逐步完善石林文化产业发展的政策，落实产业发展的各项扶持举措，形成有利于企业生存发展的产业环境，培养多层次的人力资源，形成可持续发展的产业资源。

中期发展目标（2011～2015 年）：形成体系，壮大规模

在 2011～2013 年期间初步形成全县文化产业发展的促进、投资、创新和管理体系。基本确定五个文化产业园区的区位与特色；各街道（镇）充分发挥各自特色与优势，初步形成石林文化产业的品牌群和产业链；以石林为中心，打造辐射周边地区的阿诗玛文化经营网络；形成 30—40 家拥有重点项目和自主品牌、产品营销和综合效益稳步增长的企业，初步形成石林的文化产业企业群。

在 2014～2015 年期间以文化旅游、工艺品开发、节庆娱乐、会展博览为四大重点产业板块，以网络服务、媒体及广告等为两个积极培育产业，形成 50-70 家有主打项目、自主品牌、产品营销和综合效益稳步增长的企业，全县形成比较合理的文化产业结构。其中内容开发、综合服务、产品制造等三大板块，各占文化产业经济总量的 30%、40%、30%左右，对全县的旅游产业和其他制造业、服务业产生明显的拉动作用。到 2015 年，石林文化产业的增加值达到 4.45 亿元以上。

远期发展目标（2016～2020 年）：提升结构，增强实力

2016～2020 年石林文化产业形成以文化旅游、特色产品、节庆娱乐、会展服务为核心产业，以网络服务、媒体为支持产业，以餐饮、信息、房地产开发等为配套产业的产业结构，以“世界一流景区、国际旅游胜地”而形成著名品牌，各项产业综合指标稳步提高，成为滇东南的旅游市场中心，民族化的文化产业基地，国际性的文化服务园区。

六、培育市场

文化产业的发展空间是各类文化市场，培育市场是扶持石林文化产业的第一条件。要因地制宜，采取“一市一策”的方法，重点培育以下市场：

1. 文化旅游市场

世界遗产旅游市场。依托丰度较高、空间分布集中的剑状、塔状、蘑菇状喀斯特地貌旅游资源，开发喀斯特地貌世界遗产旅游线等精品旅游项目，成为全球最具吸引力的喀斯特地貌观光胜地和世界自然遗产旅游重镇。同时，利用石林喀斯特地质景观具有极高科学研究价值和国际对比意义的独特条件，广泛吸引国内外学者到石林来从事地理学、地质学、生物学、景观学、民族学、美学的研究，发展科考探险旅游，成为全球最知名的喀斯特地质科考探险圣地。

阿诗玛文化旅游市场，抓住国内外创意经济方兴未艾的良好势头，借助石林变幻莫测、富于想象的喀斯特溶岩地貌、天然的影视基地和各民族丰富的文化遗产，大力发展以阿诗玛文化为核心的文化传媒、绘画、演艺、动漫、民族时装设计等创意产业，打造创意旅游产品，成为国内首屈一指、国际有影响的民族文化创意旅游之都。

撒尼风情休闲市场，依托喀斯特地貌、撒尼民族文化、怡人气候和紧邻昆明的便捷交通，大力发展休闲、度假、娱乐、运动、康健等旅游产品，拓展高档商务休闲与会议度假功能，成为环昆明休闲游憩带中最具民族风情的休闲胜地。同时，依托喀斯特地质奇观和关于撒尼起源、石林传说、阿诗玛神话、撒尼包头、彝族公房及花房、火把节抢亲等彝族文化中所包含的浪漫元素，开发婚纱摄影、阿诗玛婚典、蜜月旅行和情侣旅游等以爱情为主题的休闲度假服务，营造中国的“浪漫之都”和“情侣天堂”。

2. 会展节庆市场

会展包括会议和展览两部分内容，会展业是以经营各种会议和以商品展销为目的、以展览为主要产品的行业，它与在国际上一般使用的会议产业（经营MICE产品：Meeting、Incentive Tourism、Convention & Exhibition）系同一范畴的概念。石林县要以世界遗产申报成功为契机，把会展产业作为文化产业的重要突破口：第一，建立会展专项资金，对于提升石林县知名度、影响力大、商机含金量高的政治类、经贸类、科技类、文化类国际会议，可采取由政府出面邀请、政府补贴开幕式、闭幕式或宴会部分费用的方式，加大吸引力。第二，扶持具有国际资质的展览品牌，特别是获得国际展览协会UFI认证的展览，它们是会展服务产业中最有竞争力的核心产品。要选择重点项目，优先培育，争取在2015年之前形成一批长期的展览名牌，争取UFI资质认证的零突破。第三，扶持成立专业会展公司和目的地管理公司（PCO，DMC）。第四，建立会展推介机制，包括聘请10～20名国内外著名专家，担任"石林县会议大使"，依托他们在科技、教育、文化、卫生、经贸等方面的影响力，吸引各种国内外会议到石林举办。

与会展机制相互推动的是节庆市场培育。石林国际火把节是中国西南地区享有盛名的民族文化节日，是石林旅游业发展的一个重要品牌，也是集民间习俗、石林旅游、商贸活动、学术研讨、文化交流为一体的综合性、国际性大型民族节日。要进一步整合资源，将传统节庆与现代会展产业形态结合起来，以节庆带动会展，以会展促进节庆，引入服饰表演、摄影比赛、歌舞比赛、民族文化研讨等项目。同时，还可相应开发新的阿诗玛文化节等，逐步形成最具石林特色的文化旅游节庆活动。

3. 特色产品市场

充分利用石林的民族民俗文化资源，开发特色产品，不仅仅具有引导村民致富的经济效益，而且具有传承文化遗产、繁荣民族文化的文化意义。要积极创新产业形态，扶持专业化的特色产品开发协会，借鉴"石林阿着底民族刺绣产品开发技术协会"等采取的"厂家＋协会＋会员"和"公司＋农户"等经验，采用行之有效的产供销一条龙、农工贸一条龙的模式，把分散的农户组织起来，通过以销定产、批量销售等方式，主动参与国内外经贸洽谈会和产品展销会，根据市场需求有针对性地开发特色产品的种类、款式、图案、花样和数量，才能不断打开国内外市场，接到大批订单。

建立一个以"石林奇石"、"石林雕刻"、"石林刺绣"等为品牌的集艺术收藏品、旅游纪念品、特色食用品于一体的大市场，以石林民间工艺收藏馆、石林特色工艺品交易中心为两大中心，通过石林民间工艺收藏馆向游客展示石林的民族文化遗产，并且与海内外的设计开发、教学机构相结合，把现代的设计理念与石林的文化资源相结合，不断开发新的特色产品。同时，在石林特色工艺品交易中心，引入雕塑、工艺书画、盆景、装置艺术品、陶艺、木器、藤木、竹器、壁画、珠宝首饰、民间手工艺品、民族服饰等多样化手工艺品，使之成为石林外来游客观赏、游玩、购物的集聚地，以延长游客在石林逗留的时间，提高游客人均在石林的消费水平。积极与海内外旅游中介机构和文化经营机构合作，加大文化旅游产品在海内外的美誉度。规划建设布局合理、总量平衡的多层次、多元化的娱乐休闲设施服务体系，推动文化娱乐和休闲健身活动。

4. 影视服务市场

开发一个以影视外景基地和配套服务及旅游休闲为特色的影视服务市场。石林拥有世界遗产等宝贵资源和四季常青的气候环境，是当年电影《阿诗玛》的外景拍摄地，也是1990年以来海内外多部影视剧的外景拍摄地。发展影视外景拍摄服务市场，可以借助影视传媒，迅速扩大石林在海内外的知名度。第一，建立完整的外景拍摄服务基地和配套设施，通过优化服务、提高质量、降低成本、扩大规模，吸引海内外的影视摄制组来石林，带动餐饮、住宿、运输、群众演员、道具设施等配套服务市场。特别是抓住2007—2015年全国一系列重大题材影视项目开拍的契机，包括迎接2008年北京奥运会、2010年上海世博会、2009年建国60周年、2011年建党90周年，以及2011年辛亥革命100周年等机遇，主动与国内外有关影视制作单位联系，邀请他们来石林考察，了解他们的拍摄计划和外景要求，介绍石林的环境资源和服务内容。第二，把影视拍摄外景服务与休闲旅游相结合，开发影视主题旅游项目。要利用《阿诗玛》等影视作品营造的浪漫、多情、富于幻想的情景，吸引更多的海内外游客来石林享受度假、会展、探险、娱乐等活动。第三，与中影集团、上影集团、西部电影集团、长影集团、南方广电传媒集团、香港十大电影公司等海内外大型影视投资、制作和教学机构联系，主动介绍石林在影视拍摄方面的气候、景观、民俗、风情、服务等条件，与华北、华东、东北、西部等地区的其他影视外景基地形成气候、环境和服务方面的错位竞争，成为影视创作人员利用民俗风情和世界遗产，酝酿构思，进行创作的理想选择之地。

七、产业园区

在空间布局方面，分两批重点开发5到8个文化产业园区，成为文化生产力的集聚区、文化服务的示范区、文化消费的品牌区。加强园区内企业的孵化，提高园区的入驻门槛，入驻企业必须是符合石林文化产业发展导向、有主打产品、有经营团队、有发展目标的企业，年增长率必须达到30%以上。它们提供的增加值要占全县文化产业增加值的60%以上。

第一批开发的六个文化产业园区①是：

1. 石林景区——五棵树民族艺术产业园

以文化演艺、艺术品研发、交易和销售、特色餐饮和旅店在内的艺术产业园区。石林景区是闻名中外的旅游风景区，

① 这里六大产业园区的排序，按照地图上从上往下、从左到右的次序排列。

石林县首批六大文化产业园区地示意图

但是目前旅游品种比较单一，旅游产品和旅游服务的项目太少，目前每年 200 万旅游人次，主要是观光旅游，过夜游客很少，所以难以提高收益。要依托国家 AAAAA 级旅游景区的吸引力，在景区外围建立一个文化产业园区。

它的产业结构包括①石林演艺中心，进行常年的彝族民俗艺术表演和大众文化表演，并定期推出具有影响力的大型策划演出。②艺术家部落，吸引一大批民间艺术家，进行石雕、服装、饰品、绘画、音乐、大三弦乐器等的发掘整理，采用前店后厂、下店上场的形式，不断开发各种层次的民族工艺美术品，加强创新的示范和规模效应。③中华彝族艺术馆，集中陈列撒尼人丰富多彩的文化遗产，包括撒尼服饰、黑彝服饰、阿细服饰，以及如彝青等彝族各支系的民俗和民间文化。④民族艺术品展示交易中心，吸引石林和周边地区的民族艺术品企业来此进行交易和展示等。它成功的关键是形成良好的商业模式，做到两个互动：外部与石林景区的互动，吸引大量客源进行购物、餐饮、娱乐、住宿的消费。内部有商业模式的互动，针对不同市场需求，形成多种商业模式的相互拉动。

石林景区——五棵树民族艺术产业园结构示意图

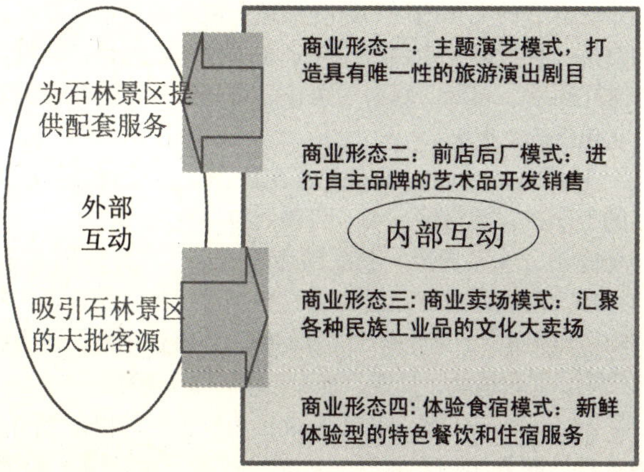

2. 白龙潭——田园风光休闲产业园

田园风光休闲产业园区位于石林中路东侧，石林景区与鹿阜古镇两大重点之间，近千亩面积中田野、民居、丘陵、树林、流水各具特色，形成一个完整的生态族群和审美系统。该产业园区开发的重点是：建立面向中高档消费群的休闲度假区，适度发展影视外景基地和节庆娱乐活动，使休闲度假与影视观光相结合，形成新的文化产业集聚区。它包括以下板块：

①以土地、人力资源、文化版权、艺术创意、提供服务等作为资源，邀集国内外有实力的影视企业，合作重新拍摄《阿诗玛》（音乐电视连续剧及其他音像制品），以田园风光等为主要外景基地，提高石林的知名度，使人们仰慕已久的阿诗玛故乡重新“升温”，为辐射海内外的一大热点。

②以“相约阿诗玛，享受田园美”为品牌，依托起伏的山势，建立面向中高档消费群的别墅型休闲度假区，建设高尔夫球场等健身设施和配套设备，成为石林县发展休闲度假旅游的主要载体。

③以“拥抱田园风光，体验农家之乐”为主题，在山脚下的广阔田园中，建立包括彝族农耕、各色民居、密枝林、古城遗址、篝火烧烤等在内的一批景点，把审美景观、传说故事和配套服务融为一体，成为整个石林县彝族文化景观的“浓缩版”，成为别墅区消费者的主要消费内容。

3. 鹿阜古镇——会展观光产业园

以会议展览、文化节庆、古镇旅游、娱乐休闲等为特色的产业园区。鹿阜古镇从唐代开始就是滇东南的政区中心之一。历经近千年的沧桑，依托巴江两岸的风光，它传承了唐朝天宝年间开始形成的撒吕城，及江南汉族风格的古镇风貌，具有比较高的历史文化价值。该园区的开发将包括三个重点：

①古镇风貌的恢复和保护，通过东起城门洞，西至西北街，南到南门街，北抵文庙的古镇保护和开发，配合整个生态环境的恢复和改善，建设标志性的雕塑和小品，配合优美的绿化景观，形成古镇、老街、民宅、故居集中的历史文化风貌保护区。

②老字号商铺的复原和集中，将东门街、西北街、南门街等沿街店铺，恢复成为地方名特产品、民族艺术品、地方特色小吃、家庭旅馆、酒吧茶座等在内的“古镇老店一条街”，使石林县以后发展的工艺美术品和其他特色产品，具有

鹿阜古镇——会展观光产业园的三大板块示意图

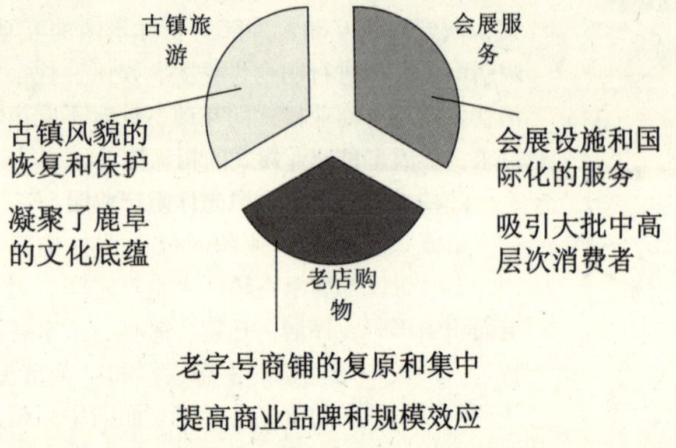

一个良好的销售窗口和消费环境。

③ 新建一批会议、展览和酒店设施，逐步形成相关的广告、媒体、培训等服务和物流配送系统，能够满足在石林地区举办大中小规模和各种层次会议、展览和节庆活动的需要，成为在石林及滇东南地区，一个层次最多、设施最完善、配套最齐全的会展服务系统，产生强大的市场辐射力。

通过多种措施的推动，尽快形成以“会展服务＋老店购物＋古镇旅游”为特色的文化产业群和商业亮点，成为石林县的文化品牌之一。

4. 巴江河——文化长河博览园

依托巴江展开的复合型文化产业项目，以长河旅游为主线，串联起重点景观、名酒博览、休闲娱乐、农家乐园等项目。

世界上的著名景观和城市，大多与水相关。正如周庄与14座古桥的水系，杭州与西湖，成都与府南河，扬州与瘦西湖，绍兴与东湖，桂林与漓江，都是城市文脉和环境审美的精华之地。而著名的国际大都市，也把主要的文化建筑依水岸建设，如巴黎的主要文化建筑沿塞纳河而展开，华盛顿的主要文化景观沿波托马克河而展开，香港的文化建筑项目沿维多利亚湾两岸展开，上海的百年文化建筑沿黄浦江两岸展开。

石林的母亲河——巴江横贯南北，全长28千米，从上游的白龙潭开始，蜿蜒而下，贯穿石林县城和鹿阜古镇，一直延伸至瀑布景观大叠水，以行云流水的姿态把石林的主要景观联系在一起。它将是此阶段石林文化产业发展的核心地带之一。巴江河——文化长河博览园，是依托巴江的复合型文化产业开发项目，提供全天候的山水田园游，它包括四个方面：

① 在景区主题方面，树立“巴江河景观，酒文化长廊，撒尼人风情，全方位享受”的服务主题，把巴江建设成为一个体验撒尼人的民俗风情、欣赏各族人民的歌舞表演、观看丰富的酿酒作坊、学习国内外的酿酒技术、体验侍候作物和家畜、品尝石林特色餐饮的文化景观长河，形成沿河而下、两岸风情、满目美景、流连忘返的民族文化博览园。

② 在形态设计方面，采用“长藤结瓜，一线多点，园中有园，行云流水”的形态，它包括两段重点：第一，是从巴江上游的白龙潭——休闲度假风光园开始，依托天然景观，健全服务设施，重点开发沿江的28个码头，形成“文化长河·世界名酒博览园”，每一个码头突出一个酒文化品牌，汇聚了特色酒吧、酒品牌展示、酿酒技术展示、酒文化歌舞、酒作坊体验等；同时，在码头之间的沿江景观地带，铺设绿化，设计小品，布置雕塑，形成景观。在下游的大叠水河谷地带，建设“大叠水·登山休闲度假文化园”。这里曾经拍摄过《神话》等多部影视剧，影星成龙在大叠水顶端纵身一跃的电影场面，让无数观众记忆犹新。在这里建立观景平台和高端酒店，可以吸引海内外游人，形成高品位的风景服务区。

③ 在建设主体方面，邀集省内外的酒类企业如云南红、五粮液、茅台酒、王朝、剑南春、泸州老窖等，承建“文化长河·世界名酒博览园”中的主要景观，展示酒的传奇和历史，推介企业的品牌文化。通过有效的投资组合，把酒类企业的品牌投资、景区建设的基础投资、专业公司的项目投资三类资本，有机地结合起来，达到组合投资、组合营销、共同受益的目的，让顾客既观赏了巴江风景，购买了特色产品，获得了丰富享受的同时，又知晓了酒类企业品牌，对石林景色留下难忘的印象。

④ 在综合效益方面，统一规划，分段承包，各具特色。这样，便于游客早晨顺江而下，从上游的白龙潭出发，享受游江、观赏、品酒、餐饮、购物、体验等丰富体验，下午到达大叠水，进行重点的观赏和休憩，实现游客游一江、玩一路、尝一天、购一串、住一宿的综合效益，拉动周边的餐饮、客运、宾馆、商贸等产业，提高石林文化旅游的综合效益。

5. 长湖·阿着底——阿诗玛文化产业园

以长湖景区——阿着底村——独石山等，联成一个整体，形成阿诗玛故乡观光游、阿诗玛民族工艺品、阿诗玛农家乐旅馆等为特色的民族文化产业园。阿诗玛是享誉世界的彝族文化品牌，长湖周围是阿诗玛的故乡，具有浓郁的民族风情和良好的生态环境。长湖是世间罕见的3000×300米的溶岩湖，四周群山环抱，植被完整，形成长湖、草场、森林、群山、小岛、村落相互映衬的特色景观。开发阿诗玛故乡的重点，是提升它的文化内涵和服务形态，使原始形态而散乱分布的自然文化资源，走向组织化、系列化和商品化，让旅游者在这里可看、可听、可游、可住、可娱乐、可健身、可购物。它包括四个板块：

① 阿诗玛故乡游，重点是观光服务，在长湖边的干塘子－阿着底村，建设停车场、售票处和阿着底园区大门，通过环境整治，充实内容，建立阿诗玛故居、阿诗玛担水地、洗麻湖畔、阿黑放牧坪、送哥土石桥、竹林深处等景观，打造“阿诗玛担水”、“美丽的洗麻姑娘”等雕塑小品，成为融自然景观、文化遗址、雕塑公园于一体的综合景区。

② 独石山——长湖，重点是游览和娱乐。利用山坡和山顶的景色，建设山门对歌台、热布巴拉家（设场园、水井、

地牢等)、射箭台、神镜等，让观众凭票上山后，纵览湖光山色，又返回山脚的田园风情，享受健身、休憩、烧烤的乐趣，再乘车或者坐小船游览长湖，体味阿诗玛故乡的人杰地灵。

③阿诗玛民族工艺品研究和开发，重点是在近年来开发刺绣等民俗产品的基础上，以“石林阿着底民族刺绣产品开发技术协会”为龙头，整合阿着底村的各种生产资源，形成公司股份制经营，带动村社组织，逐步实现村、社、企合一，使得民族工业品的生产、加工、运输、仓储、销售、海外推介等环节逐步配套，建立以阿诗玛故乡为品牌，以观光农业为核心，以刺绣产业为驱动力，接轨海内外市场的新型农工商联合体，从而有效地解决千家万户的分散经营与千变万化的大市场对接难的问题，有利于把民族工艺品的开发和农村生产活动，推向商品化、专业化和规模化经营，通过延长产业链而提高刺绣产品的附加值，扩大经济效益和社会效益。

④农家乐民俗旅馆，重点是提高住宿和餐饮服务的水平。在村里撒尼同胞传统民居的基础上，通过补充基础设施、改善卫生条件、推出特色餐饮、加强品牌营销等，让旅游者享受田园风光的乐趣，形成“阿诗玛故乡度假游”，不断提高旅游者的过夜人数比例。

6. 海宜村——圭山撒尼文化艺术园

以文化观光、艺术品开发、民俗考察为特色的文化艺术园。海宜村保存了圭山撒尼人的文化底蕴，被誉为“撒尼文艺的摇篮”，包括毕摩文化昂氏彝汉文宗谱碑、古代彝族火葬墓、古城墙等文物资源，撒尼人的传统建筑占99.5%以上。同时，在村民中保存了彝族撒尼人绝大部分文艺形式和密枝节等传统节庆，包括几乎失传的撒尼剧、《远方的客人请你留下来》的创作原型和文献等资源。

开发该园区的重点，是把目前形态比较散乱的文化资源，形成产品化、系列化和规模化，同时建立良好的配套服务设施，形成以文化观光、艺术品开发、民俗考察为特色的文化艺术园。它包括以下板块：

①修复和完善文化景点，通过遗产整理、形象设计等，形成毕摩文化昂氏彝汉文宗谱碑、古代彝族火葬墓、古城墙等具有唯一性、观赏性的观光景点，形成一个具有自然原生形态的圭山撒尼文化公园。

②建立“远方的客人请你留下来——圭山撒尼艺术陈列馆”。这一首优美的歌曲流传了几十年，在海内外具有广泛的影响。该陈列馆拟用图片、雕塑、多媒体、模型、音像制品、表演等集中展示彝族撒尼的文艺形式，再现“远方的客人请你留下来”的创作过程和当年情景，表现彝族文化源远流长的历史和旺盛的生命力。

③农家乐民俗旅馆，重点是住宿和餐饮。在村里撒尼人民居的基础上，通过补充基础设施、改善卫生条件、推出特色餐饮、开展会展服务等，形成“撒尼人民居度假游”，大大提高旅游者中的过夜人数比例。

在建设上述文化产业园区的同时，结合石林中路民族文化景观大道和九石阿旅游专线的建设，形成长藤结瓜、联珠成串、游宿结合的文化旅游产业带。待条件成熟时，再建设维则村、月湖等第二批文化产业园区。

八、重点产品

1. 总量稳步增长

结合石林丰富的自然和民族文化资源，重点开发民族工艺品、实用产品、食品和餐饮三大系列七大种类，包括具有石林特色的刺绣、服饰、绘画、茶叶、石雕、卤腐、艺术品、特色菜（乳饼、包谷粑粑、荞粑粑蘸蜂蜜、野炊汤锅等），使旅游购物消费占旅游总收入的30%以上。即石林旅游产品的销售额，每年要以20%以上的速度递增，在2010年必须达到1.32亿元。通过开发旅游产品，提升石林县文化旅游产业效率。

石林县文化旅游重点产品销售增长示意图 单位：亿元

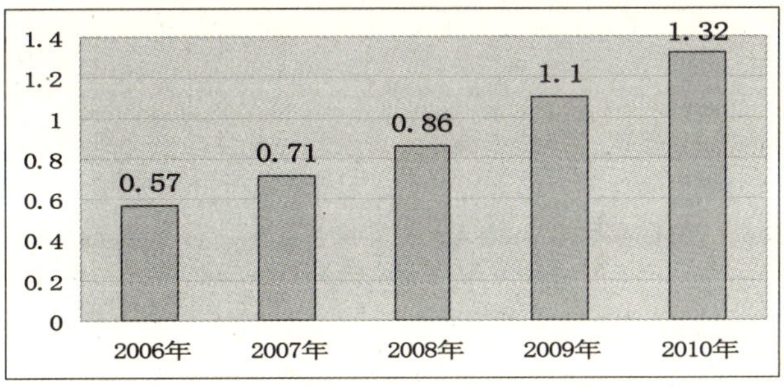

要提高石林重点产品的产量和利润，关键是要开发出适应市场需求的核心产品。要根据石林已经有的各种文化资源，分门别类地进行梳理，同时，对国内外市场的需求进行细分调研，确定七大重点，对于示范性的刺绣、服饰、绘画、雕刻等产品，可以采用招标开发，进行资金和政策的配套扶持，使之成龙配套，打响“石林创造，全球推广”的品牌。

石林创造，全球推广——文化产业重点开发产品一览表

	主要品种	开发内容
1	刺绣	重点是开发石林撒尼人的民族和民俗文化资源，把脍炙人口的阿诗玛、阿黑哥、石林奇观等形象融入刺绣，不断推陈出新，改进和提高加工工艺和方法，满足实用、收藏、装饰、礼品等分类市场的需求。通过落实标准、按标生产、按标检验等手段，发展向海内外辐射，艺术性、民族性和实用性俱佳的刺绣产业。
2	服饰	重点是传承和开发撒尼人的民族服饰，把传统的造型与时尚化的追求结合起来，逐步扩大规模化的生产和营销，成为既有民族特色又有实用价值的产品。

续 表

	主要品种	开发内容
3	绘画	重点是把石林的农民画发扬光大，鼓励和培育石林县农民画的作者队伍，增加品种，显示它充满生活气息、富有乐观情趣、传承彝族风格的特点。
4	茶叶	重点是提高石林茶叶的质量，同时强化市场细分，成为海内外茶叶市场中，品牌鲜明、包装精美、档次多样、滋味上乘，多渠道推介的市场热销产品。
5	石雕	重点是强化设计创意，开发多层次、多规格、多风格的产品，吸引海内外的专业创意人士来这里投资发展，同时立足石林，走出石林，大力开发艺术石雕和实用石雕市场。
6	卤腐	重点是提高石林卤腐的产品质量，把原来属于家常菜和低档产品的卤腐，改进包装，增加品种，改善口味，创造品牌，成为特色化和多样化的食品和礼品。
7	艺术品	重点是在撒尼人民族工艺品的基础上，融入现代的时尚情趣，培育和吸引优秀的产品创意人员，进行编织、雕刻、书画、挂件、文具等领域的开发，创造兼备艺术性、民族性和实用性的工艺产品。
8	特色菜	重点将乳饼、包谷粑粑、荞粑粑蘸蜂蜜、野炊汤锅等，改进口味，增加服务，提高价位，逐步成为一个系列产品，组合成富有石林民族特色的美味餐饮。

2. 合理空间布局

采取“一园一特色”的战略，通过优惠政策、资金扶持、品牌推介等手段，使特色产品向园区集中，形成有竞争力的文化产业板块。其重点是：石林景区——五棵树民族艺术产业园主要集中刺绣、服装、饰品、绘画、音乐、大三弦乐器等工艺品的生产；阿着底·长湖——阿诗玛文化产业园集中开发服饰、餐饮、食品等民族工艺品和特色食品，海宜村——圭山撒尼文化艺术园开发绘画、石雕等特色工艺品等，重振全国“农民画之乡”的风采；鹿阜古镇——会展观光产业园主要针对会展旅游的特点，开发卤腐、特色菜。

3. 扶持重点企业

要把有限的财力和物力，集中到符合石林县文化开发的重点方向和重点企业。撒尼人中有大量的能工巧匠，撒尼妇女用草叶絮做成的衣服，堪称撒尼人的传家之宝，具有很高的文化遗产价值。要通过公司+农户的组织形态，把散布在全县的各民族能工巧匠、民间艺人等组织起来，使他们祖传的技艺，转化成为适销对路的商品，这样，通过公平竞争，优胜劣汰，使上述七大类产品的每一类都拥有五个以上的优势企业，它们有自主的商品品牌、服务品牌和项目品牌，达到30%左右的年增长率。同时要以政府牵头，对“石林”、“阿诗玛”、“火把节”、“阿着底”等品牌实行知识产权保护，使之不断增值和扩大。

4. 加强招商引资

引入海内外的创意研发机构，大力开发文化产业的新产品和新项目，在产业链的纵向关系上强调衔接；在产业链的横向关系上，突出联合，使本来散漫低档、自给自足、缺乏商品价值的农家生产方式，演变成为专业化、市场化、投入产出率高的经营模式。

石林民族特色产品开发模式示意图

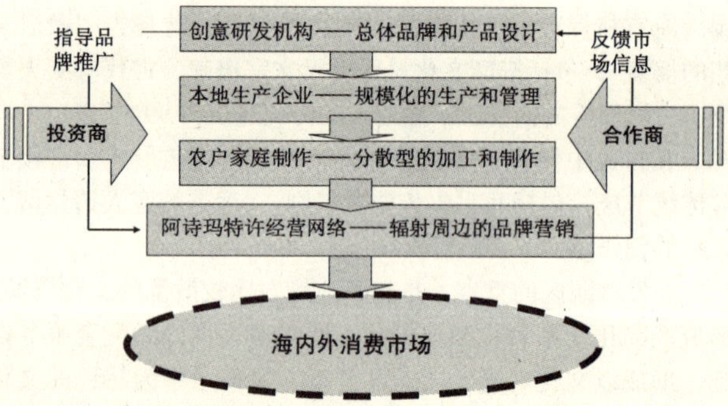

九、特色节庆

利用石林悠久的民族文化资源，重点开发火把节（农历六月二十四）、密枝节（农历冬月头一个属鼠日至马日）、端午节三大节庆，而且各有重点，形成错位开发，首尾呼应。石林的文化节庆古已有之，目前基本上处在政府进行公益性文化的投入阶段。要作为一种产业进行长期的经营，关键是抓好两大重点：

1. 建立产业机制

① 建立企业主体。要由企业作为特色节庆的经营主体，把文化节庆的内容，划分成为经营型和公益性的两大部分。经营型的项目主要由企业来经营，而公益性的项目可以由政府来运作，也可以委托政府和非政府机构来运作。产业经营型的项目，不排斥公益性的群众自娱自乐活动，而恰恰是形成“小核心，大范围”的模式，通过良好的组织，形成多层

次、多样化的节庆范围。

② 开发文化内涵。节庆的撒尼人文化内涵是节庆的灵魂。它需要不断的挖掘、传承、提炼和研发。要建立专门的文化研发机构——石林阿诗玛文化研究院（参看本报告第九部分），对于石林文化的特色内涵，包括彝族文字、毕摩形象、密枝森林、彝族服饰、节庆样式等，进行长期的深入钻研，形成系列化的成果，作为文化节庆商业开发的基础。在文化研究和商业开发之间，应该是一种相互配合的协作关系。

③ 综合利用资源。从产业的角度来考虑，必须把园区内可利用的文化资源都充分地开发出来，包括门票、摊位、广告、特许经营产品、媒体传播权的出让、周边的餐饮和旅店、房地产的增值等，进行招标开发；还可以借鉴2010年上海世博会的办法，把所有特许经营产品和服务，归结为若干个大类和基本标的，面向有实力的企业进行招标，再由中标的公司进行各个分项目的招标，从而保障招标的成功。这样，通过聚拢人气来扩大商机，又通过加强服务来吸引更多的投资和项目。不但可以提高产业的效益，而且可以减轻政府的财政负担，开发更多的文化节庆内容。

石林县文化节庆的经营模式

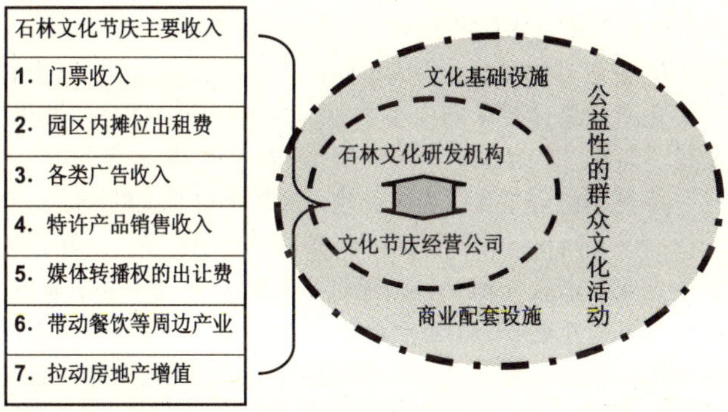

④ 注重可持续发展。文化节庆是有赖于民族文化资源而存在的，比如石林县的山水景观、撒尼人的民族风俗、各民族的人文传统等。开发文化产业的产品，固然要使用这些资源，但是，不能过度开发，使得商业利润作为压倒一切的目标，导致撒尼人的文化资源，逐渐失去它的本来面目而难以传承。要注重还原历史的原生态，保障民族文化的传承人，使得这些物质性和非物质文化遗产源远流长，而给后人留下长久开发的宝库。

⑤ 软件硬件结合。文化节庆的“软件”是文化活动，而它的“硬件”则是基础设施。要在文化节庆的规划中，把软件和硬件的开发结合起来，使得文化活动的开展，为基础设施的运转带来丰富的商机，又让基础设施的设计和建设，符合产业运作的规律，比如：在石林县城的中心广场、石林景区的斗牛场和表演场等，建设成为一个个既有宽敞的空间，便于表演和展示，又可以聚集商业的环形空间，使各种餐饮、礼品、广告、媒体、服务、娱乐等项目形成价值链，带动各种相关的消费。

⑥ 扩大宣传推广。文化节庆的效应首先在于聚集人气，而人气旺盛的前提，是进行良好的品牌宣传、推出主打的文化项目、提供良好的配套服务。可以在昆明、广州、香港、上海等城市举行石林文化旅游宣传推介周，建立推介网点，通过表演、展览、销售、票务代理等，全方位介绍石林；可以树立石林的文化明星，包括“今日阿黑哥”、“新一代阿诗玛”等，以凸显石林县的生态之美、遗产之丰、物产之富、民族之根，作为面向国内外推介的形象大使；可以与国际上其他文化名胜城市，如瑞士达沃斯等，结成战略合作伙伴，共同扩大旅游客源；要与国内外文化机构合作，把已经有影响的论坛如“世界文化多样性论坛”等吸引过来，借助国际会议扩大石林的影响。

2. 充实节庆内容

火把节主要充实的内容为：

① 火把节歌咏比赛及东方狂欢活动。撒尼人和周边地区的各民族同胞，对于火把节和各种歌咏活动，具有参与热情。拟在火把节活动期间，邀集周边地区民族歌咏队，来石林举行歌咏比赛，以聚集人气，强化节庆氛围。

② 火把节国际斗牛比赛。发挥本地牛体格强壮、生性好斗的特点，邀集周边地区的养牛户来石林进行比赛，树立“中国第一斗牛节”的品牌。在这一个基础上，进一步举办“国际牛王争霸赛（石林）”，把石林斗牛发展成为与西班牙斗牛、墨西哥斗牛等齐名的国际性文化竞技和娱乐活动。随着养牛业和火把节项目的不断扩大，可以带动石林的旅游、餐饮、工艺品、饲养、饲料、皮革等相关产业。同时，引进国际模特表演等项目，使国际火把节等发展成为常年举办、延续数月的系列活动和循环大赛。

③ 火把节摔跤比赛，发挥彝族摔跤的特点，举办各种体育、健身、娱乐、演艺等活动，扩大社会参与的范围。

密枝节主要充实的内容为：

① 创造和排练“密枝节艺术大典”，作为核心的表演节目，将传统的男性村民相聚议事等内容改造成为祭密枝神、保护原始山林、涵养绿化和水源、民族歌舞表演、毕摩传授经典等在内的综合性民族特色节庆。

② 推出“阿诗玛彝族特色餐饮汇展”，展示彝族特色餐饮，扩大民族工艺品的开发和展示，使乳饼、包谷粑粑、荞粑粑蘸蜂蜜、野炊汤锅等，发展成为成龙配套的撒尼人餐饮，使密枝节成为广大群众和游客乐于参与的文化消费活动。

端午节主要充实的内容为：

① 举办“花好月圆——撒尼人端午节文化展暨青年集体婚礼”等活动，展示彝族撒尼人的婚纱、服装、饰品、乐器、礼品、粽子等，成为周边地区男女青年和广大群众近悦远来的盛大节庆。

② 举办“创意阿诗玛–民族文化产品设计研发大赛暨展示交易活动”，鼓励石林的有关特色产品开发协会、企业和农户等参加，并且邀集周边地区民族文化产品研发和生产机构，参与评选。

③ 与彝族传统的植树风俗相结合，传播环境保护、绿化山林的理念，让撒尼人的家园青山常在，绿水长流。

十、建设工程

1. 园区开发工程

把建立石林文化产业园区作为重点，以孵化、提升、聚集、创新为四大功能，强化孵化机制、培育新兴企业，引进多元化的投资和管理团队，限制低端制造业和服务业的企业进入，形成本地特色资源与外来资金、人才、品牌和项目相结合的格局。

鉴于文化产业园区在民族文化建设方面的示范意义，不能把它作为纯粹的商业区或者工业开发区来对待，要注意发挥政府的管理机构、企业、文化研发机构、中介服务机构之间的合力：企业是生产和利润中心，大学、研究机构是知识源和创意开发中心，中介机构是服务平台，政府部门是管理和协调中心。只有它们的相互配合，才能形成有效的集群结构，使得园区内的企业不断从企业外部获取优势资源，而且使资本、设备、知识、劳动力、服务平台等要素获得良好的整合，进而使自己的核心竞争力获得扩张和发展。可因地制宜选择如下四种开发模式中的一种为主：

第一种模式：合作投资型

县政府和有关企业共同投资开发，建立园区管理有限公司。但是，投资的性质和领域各有分工。县政府主要是进行政策引导，并且进行先导性、基础性投资，集中在三个公共性和公益性门类：①文化产业企业孵化中心的公共服务平台，主要是法律、技术、人才、中介、信息等公益性的服务中心，其部分基础设施和软件项目；②会议、展览、表演、娱乐等基础设施和软件项目；③人力资源培训管理方面的基础设施和项目。而企业作为主要投资方，主要进行文化产业园投资管理有限公司的经营，负责园区的开发和经营。在整个园区投入正常运行后，县政府可以视情况，将公共服务平台委托企业承包管理，也可委托其他机构管理。

第二种模式：项目补贴型

有关企业作为园区的主要投资方和开发方，县政府以多种形式，对园区初期的经营给予一定的补贴。在原则上是补贴项目而不补贴企业。补贴的对象和条件是：在全县范围内具有创新和示范意义的文化科技研究开发项目，具有传承民族文化资源意义的会展、交流和演出项目，有助于社会弱势群体参与文化活动的项目。每一个申请补贴的项目，都要有一部分自筹资金作为基础，同时有经过专家评审通过的可行性报告，并且按照一定的程序提出申请和接受监督。

第三种模式：发展基金型

政府不直接投资。县政府进行宏观指导和协调服务，有关企业为主要投资和经营方。同时，由政府牵头，企业参与，多方协助，建立“石林县文化产业发展基金”，它主要是支持入驻企业进行创新研发、科技攻关、品牌推介、贷款担保、实验演出、人员培训等，成为吸引企业的优惠条件之一，同时还可以引入海外发展基金，扩大石林县文化产业的融资渠道。

第四种模式：政府采购型

政府不直接投资，可采用“政府文化采购”形式，侧重对石林县文化产业的重大节庆、会展、评选、推介等，给予一定的资助，包括请石林县文化产业园区主办各级政府的大型文化活动，包括文化的展示、发布、交流项目。该园的整体投资、开发和经营，由企业承担。

2. 企业扶持工程

在五年内扶持50～70家有主打项目、自主品牌、营销网络和业绩稳步增长的企业，形成石林的文化产业企业群。

参照发达国家和地区扩大创意产业投资的经验，石林县首先要颁布发展文化产业的系列配套政策，加大政府对于文化创意产业园区的投入，建立石林文化产业发展基金，加大基础设施的建设力度，还要大力鼓励创业投资，培育文化产业的骨干企业和战略投资者。

建立石林文化产业促进中心和石林文化产业协会。作为石林文化产业公共服务平台，它们的主要功能是：

①企业孵化平台，为成长性好、产品适销对路、符合石林文化产业总体要求的中小企业，提供厂房、办公、通讯、文秘、会务、协助办证、审计、财务管理等方面的服务；

②融资投资平台，为园区建设提供项目研发融资、企业贷款担保、项目推介等方面的服务，并且创造条件，建设创意类企业的产权交易平台，通过拓宽融资渠道和退出通道，来吸引海内外更多的创意产业投资。同时，可吸收上海等发达地区的经验，利用“风险投资”与“园区建设”相结合的模式[①]，联络海内外的多家投资基金，以增加创业投资的配比成功率。

③中介服务平台，帮助石林的中小企业解决市场信息、产品研发、品牌保护、进出口贸易、外语翻译等方面的具体困难。

④法律服务平台，向石林的中小企业提供法律咨询、企业顾问、品牌开发、商标注册文件等方面的服务，特别是与文化产业相关的知识产权保护方面的服务。

⑤科技器材平台，向石林的中小企业提供器材采购、器材维修等方面的服务，降低他们在石林县进行生产的成本。

⑥人力资源平台，为石林的企业承担岗前、岗位的各种职业培训，进行各种人力资源的引进、管理工作。

3. 遗产保护和文化原创工程

建立石林阿诗玛文化研究院，它是一个开放型的非盈利

---

① 国内第一个多媒体产业孵化基地——上海多媒体产业园创业有限公司（以下简称MPVC），专业从事多媒体企业孵化、高新技术企业创业投资及高科技园区和孵化基地的管理。MPVC本身不参加多媒体企业之间的竞争，而坚持“简单高效”的服务理念和“以人为本”的管理理念，开创了将“风险投资”与“园区及孵化基地建设”相结合的模式，MPVC从2003年成立到2007年初，已在上海多媒体产业园等建立起了五个孵化基地，吸引了众多高科技企业入驻，累计吸引资金逾十亿元，2006年该园区的企业上缴税收达到2亿元人民币左右。

的文化研究机构，具有加强文化遗产保护和推动文化原创的双重目的：(1)加强对彝族语言文字、阿诗玛等叙事长诗、彝族民间传说、民歌谚语、民间歌舞、民族乐器、民间艺术等的挖掘、传承和保护；(2)推动撒尼人文化艺术的创作，开发具有民族特点和时代特色的创新项目和剧目等，为石林文化产业的开发，提供源源不断的文化资源。

在运作模式上，它设立一个精干的组织管理机构，不设固定的专业人员事业编制，而是采取项目管理、资金资助的原则，通过合同制、委托制、聘请制等多种途径，依托石林的各文化机构、文化艺术工作者和民间艺人及各族群众，搜集整理和传承民族的文化遗产。石林阿诗玛文化研究院的投入，一方面来自政府的财政投入，另一方面来自提供各种文化服务包括文化投标项目所获得的经费，逐步加强该院的自身造血能力。

石林阿诗玛文化研究院的目标，是配合石林文化产业的总体发展规划，在三到四年内实现“三个一工程”，即对石林的文化遗产和资源进行全面的摸底，编撰一套《石林文化遗产和主要资源大全》，成为石林的“文化资源地图”；整理、陈列、展出、出版一批文化成果，包括一批彝族文字和文学作品、一批农民画、一批民族歌舞、一批民间传说和民歌谚语，显示石林文化的丰富内涵；培养一支老中青结合的彝族文化创作和研究队伍。并在这个基础上，与国内外投资机构合作，重新拍摄《阿诗玛》（音乐电视连续剧及其他音像制品），以田园风光等为主要外景基地，提高石林的知名度，

4. 全员培训工程

建立石林文化产业实训基地，利用各个文化产业园区的资源，有针对性地培养文化产业的复合型、技能型人才。政府主要搭建基础设施和公共平台，并且对重点培训项目给予一定的补贴。同时，引进各种专业的培训机构和课程，形成政府引导、企业投入、个人参与的复合办法①。要对石林县的从业人员，普遍开展两项培训：（1）以技术工人等级证书和专业技术证书为标志的技能型培训，提高经营、财务、电脑、技能、制作、设计、外语等方面的技能。可以借助各种专业协会的平台，每年组织刺绣、雕刻、园艺、绘画、烹饪、导游等技能比赛、农民技术职称申报评选等活动，提高群众学技能、学文化的积极性；（2）以“大服务”为特点的全员综合素质培训，包括法律意识、市场意识、服务意识、环境意识、行为礼仪等基本素质。

三年内让主要文化产业企业和文化机构的干部和员工全部培训一到两次。五年后让文化产业从业人员中的35%以上获得初级以上技术工人等级证书②，20%以上获得中级以上技术工人等级证书，5%以上获得高级的技术工人等级技术证书。

劳动力培训的三个层次

分类	特点	投入—产出比
智能型劳动力	主要依赖知识性的创意能力，是一种创造性的高级能力和创造劳动。	1∶100
技能型劳动力	主要运用训练获得的技能，是一种操作型的中级能力和熟练劳动。	1∶10
体能型劳动力	主要依赖人的体能和积累的经验，是一种简单的初级能力和基础劳动。	1∶2

目前石林发展文化产业的一个瓶颈，是从业人员的技能和经营水平比较低，虽然平均学历不算太低③，但是文化产业的技能和经营能力不强，而要发展旅游、会展、研发设计、工艺品、广告、表演娱乐、连锁经营等文化产业，必须要有熟练的复合型和技能型的人力资源。

对于现阶段的石林来说，体能型劳动力是基础的，而智能型劳动力是少量的和领先的，而复合型的技能型劳动力特别是兼备管理能力的操作人员，是承上启下的骨干。往“上”看，通过对他们的培训，可以产生一批优秀的文化产业企业家；往“下”看，通过他们的带动作用，可以促进体能型和粗工型的从业人员，逐渐提高知识含量，提高服务水平。所以，抓好了复合型和技能型劳动力的培训，就能够“抓中间，带两头”，推动石林县的文化产业的劳动力结构，向高度化发展。

5. 特许经营网络工程

建立国内第一个以民族文化产品和服务为特点的“阿诗玛文化特许经营连锁网络”。它的总部设在石林县城，通过经营管理网络和物流配送网络，争取在3年内发展30~40家，5年内发展60~70家连锁店，首先辐射到周边的宜良、陆良、泸西、丘北等喀斯特地貌风景区，再逐步辐射到昆明、曲靖、红河、文山四州市和国内主要城市，成为展示石林文化品牌

① 比如：2006年3月，在石林县阿着底村举办了民族刺绣培训班，为来自全县7镇1乡的50名各族残疾妇女和特困妇女讲授了刺绣基本技艺，刺绣协会还与她们签订了来料加工合同，取得了较好的经济效益和社会效益。协会还在每年组织一次刺绣技能比赛、一次农民技术职称申报评选，推动广大妇女学习技能，参与刺绣产业。这一做法在实践中取得了较好的效果。

② 包括相对应的其他初级、中级、高级专业技术职称。

③ 2005年石林文化及相关产业从业人员共3120人，其中：大学研究生和本科生占4.5%，专科生占13.1%，中专生占11％，高中生占12.6％，初中及以下学历占58.8％。

的重要窗口和向国内外市场拓展的基本网络。

根据现代商业的三大趋势，即从桥梁走向引领，从末端走向前端，从贴牌走向定单，阿诗玛民族文化特许经营连锁网络将在石林建设滇东南旅游市场中心方面，成为产品营销和文化服务的骨干网络。它重点营销“阿诗玛”品牌的民族工艺品和特色食品，并且代理石林的旅游、票务、演艺、酒店预定、咨询、培训、网络服务等项目，形成新型的连锁商业结构：

作为以阿诗玛为品牌的民族文化连锁店，主要营销石林自主研发、自主品牌的民族特色产品，它以石林县的各个文

阿诗玛文化特许经营连锁网络示意图

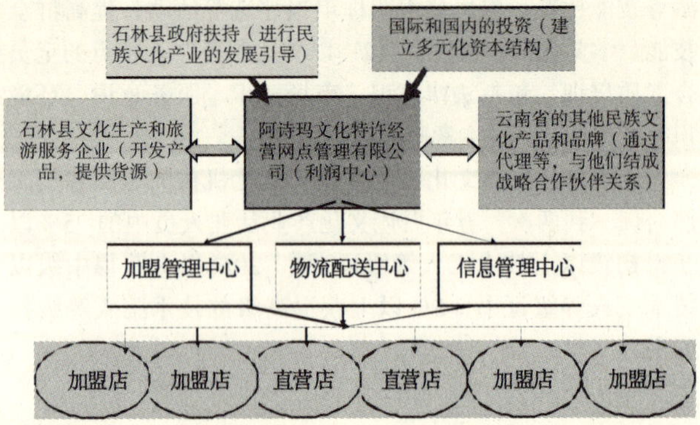

化产业园区和企业作为后援，由后者提供源源不断的文化产品，同时，要争取云南省和昆明市政府的支持，把政府主办和支持的演出、会展、票务、特色产品等项目的销售和代理，通过该网络进行推介。

在建立网络的初期，可在销售产品中让石林自有品牌占20%、国际品牌占20%、国内名牌占20%、杂牌占40%，以后逐步提高石林自有品牌的比重。它分为常规店和示范店两种。应该以“规模经营，有效控制”为原则，建立“阿诗玛文化特许经营管理有限公司”。它依托石林的自主品牌、特色产品、旅游资源、文化节庆等，以“民族产品、物流配送、适销对路”和“石林品牌，综合服务，旅游窗口”为两大特色，进行统一供货、统一形象、统一培训、统一推广、统一管理。出于运作和风险的考虑，在下属的连锁店中，可让直营店和加盟店各占一定的比例，后者作为独立法人，自主经营，接受统一管理。双方在经营中风险共担，利益共享。

这样，阿诗玛民族文化特许经营连锁网络将把文化品牌网络、产品销售网络、旅游服务网络形成三位一体，再与四通八达的交通网络及基础设施结合起来，为石林成为滇东南的旅游市场中心，创造了重要条件。

十一、保障举措

1. 加强领导，形成发展合力

要把从2007年到2015年石林县文化产业发展规划列入全县经济、社会发展的总体规划，把规划的要求分解后，列

石林县文化产业管理的四层楼模型

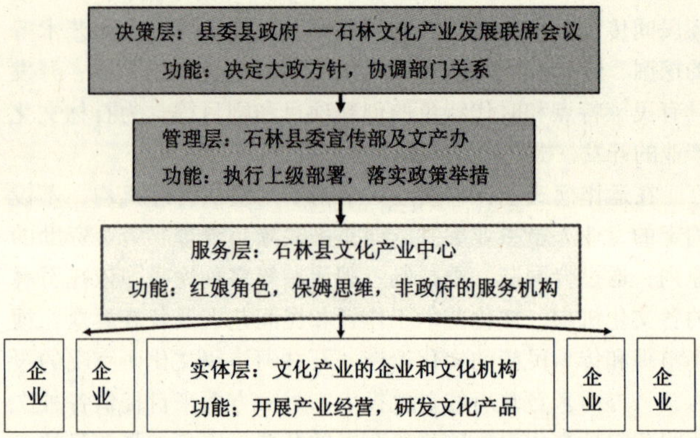

入对各乡镇、委、办、局的工作考核指标体系。提倡各乡镇和相关部门制定与总体规划相配套的实施细则，建立多方协作、共同合力的发展机制。

成立“石林文化产业发展联席会议”，由县委和县政府领导牵头，文化、经贸、财政、规划、工商、税务、公安等部门和各乡镇为成员单位，定期召开工作会议，确定时间节点和各自责任。建立行业协会，加强行业自律。

2. 创新机制，建立管理结构

决策层。由县委县政府主要领导牵头，建立石林文化产业发展联席会议，邀集宣传、工商、税务、财政、公安等部门代表，决定全县发展文化产业的大政方针和重大项目，协调各部门的工作。

管理层。由石林县委宣传部及文产办组成，作为县委县政府管理文化产业的执行部门，负责制定政策、督促落实、联络协调等工作。

服务层。石林县文化产业促进中心，作为非盈利的产业促进机构，在政府的领导下，承担咨询、设计、规划、推介等服务工作，它的职能可以概括为：(1)“红娘角色”——为企业牵线搭桥，引入各种人才和资源，来到石林县投资和创业。通过产业中心的良好服务，提高这些企业在石林县发展的成功率。(2)“保姆思维”——为企业提供投融资、器材、法律、人才等方面的服务，逐步建立石林县文化产业的公共服务平台。

实体层。文化产业企业、阿诗玛文化研究院、各种文化团体、机构、工作室等构成，开展文化产业的经营和研发。

3. 建立基金，加大文化投入

采用政府出资、企业资助、社会参与的办法，建立石林文化产业发展基金，主要用于中心企业贷款担保、鼓励新产品研发、支持企业开展员工培训、进行全县文化产业创新评奖和评选、开展石林文化产业的对外推介和贸易洽谈等，吸引多元投资，以增强石林文化的动力。第一期资金可以下辖三个专项基金：园区建设专项基金，企业扶持专项基金，宣传培训专项基金。其目的是加大对文化产业的投入，进行基础性、引导性、紧缺性的文化投资。同时联络海内外创业投资，建立文化产业创业投资管理有限公司，形成创业投资的

“组合拳”。

4. 培育中介，发展要素市场

把发展投融资市场、人才市场、版权市场、产品交易市场等，作为培育文化产业的基础条件。首先是利用国内外资本市场，拓展文化产业投融资渠道，鼓励石林的文化企业通过发行公司股票、企业债券在资本市场直接融资。要在政府引导下，完善文化企业间接融资制度，通过创新信贷担保手段和担保办法，为文化企业向金融机构借款提供便利条件，为中小企业的创业提供基本的保障。要结合石林的民族工艺品、特色产品开发的实际情况，规范文化产权交易，重点发展版权和其他文化产品交易市场，使石林文化产业的自主品牌获得良好的保护。建立文化行业人才库、人才评价体系，促进人才合理配置和有序流动。完善文化信息、技术交易市场，发展文化经纪代理、评估鉴定、技术交易、推介咨询、担保拍卖等中介服务机构，引导其规范运作，向品牌化、专业化方向发展，提高服务质量。

5. 落实政策，引进优势主体

认真贯彻落实国家、省、市关于促进文化产业发展的各项政策措施，并结合石林县的实际，制定补充性和具体的政策措施，对重点文化企业在投融资、税收、土地使用、对外贸易和文化项目招标等方面提供支持和帮助。建立和健全石林文化产业网站，在省内外各类媒体上建立宣传石林文化产业的栏目、专版、网页等，争取与海内外机构协作，每年在一个海内外主要城市如香港、上海等举行石林文化产业推介周，邀请有关企业和专家代表来石林进行考察和洽谈，吸引更多的资金和资源参与石林文化产业建设，其中重点是：

引入影视投资公司，合作重新拍摄《阿诗玛》（音乐电视连续剧及其他音像制品），把石林景区、田园风光文化产业园区等，作为主要外景场地。

引入文化演出公司，在石林—五棵树民族艺术产业园合作建立演出场所，配合石林的火把节、密枝节、中秋节、端午节等文化节庆，经常演出具有民族特色和旅游娱乐特点的文艺节目。

引入创意设计公司，在长湖·阿着底——阿诗玛文化产业园、鹿阜古镇——会展观光产业园等，“为产业寻找设计，为设计寻找产业”，为石林的文化产品制造业，提供源源不断的创意和附加值。

引入艺术人才和研发教学机构，可以借鉴国内外的成功经验，尝试“石林县艺术家入驻制度”，创造工作和生活的条件，让知名艺术家来石林创作和采风，并且为石林县的专业和业余文化工作者提供培训课程，形成鼓励创新、教学相长的良好氛围。

引入创业投资基金，形成多元化的投资组合，提高石林文化产业的投资成功概率，让更多的资金在石林找到文化产业项目，让更多的石林项目找到投资，为文化产业增添发展的动力。

附件一

实施石林县文化产业配套扶持政策的建议

建议石林县政府有关方面，从十二个方面制订和实施鼓励文化产业发展的配套扶持政策。这些政策包括三种类型：

第一种：落实国务院有关部门、云南省政府等颁发的文化产业发展政策，如加大政府投入的政策、鼓励新办企业的政策等，是对全国和全省文化产业的指导性要求，石林县要根据实际情况，定出要求，抓紧落实。

第二种：参照兄弟省市颁发的文化产业发展政策，如上海、广东、浙江、福建等地行之有效的政策，如鼓励创业投资的政策、鼓励文化出口的政策、鼓励企业发展和创新的政策等。它们体现了敢于创新、领先一步的效应，是提高产业竞争力的有效杠杆。石林县可以因地制宜，参照实行。

第三种：参照鼓励科技进步和自主创新的政策。随着文化产业的发展，科技进步成为强大的动力，文化产品的科技含量逐步提高。国务院有关部门和各地鼓励科技进步的政策，正被各地文化产业的发展所参照吸收，石林县要大力开发文化含量和技术含量高的产品，可以因地制宜，参照执行。

以上各项政策中，凡是国务院有关部门和云南省的政策与地方政策相重叠的，首先执行上级部门的政策，然后再实施地方的政策。

第一条：加大政府投入的政策 ①

1.1 由县政府财政安排专款，争取云南省、昆明市政府的支持，设立“石林县文化产业发展专项资金”，制订相应的使用和管理办法，采取贴息、补助、奖励等方式，支持文化产业发展。资金扶持的重点，是具有民族特色和先导性、示范性、基础性、研发性的重点设施和重点项目，目的是打造石林县文化产业的公共服务平台，尽快树立石林县文化产业的

① 参照《云南省加快文化产业发展的若干政策》(云政办发〔2004〕103号)转发的云南省委宣传部、省发改委、财政厅、国资委、人事厅、劳动和社会保障厅、国土资源厅、地税厅、工商局、国税厅、文产办等制定的《云南省加快文化产业发展的若干政策》。

著名品牌群，促进文化产业发展的多渠道、多元化投资机制。

第二条：鼓励新办企业的政策①

2.1 颁布《石林县文化产业发展指南》，重点是立足于保护和开发石林的民族文化资源，突出重点，树立优势，以文化旅游、特色产品、节庆娱乐、会展服务为四大重点发展产业，以网络服务、媒体等为两个积极培育产业。

2.2 对政府鼓励的新办文化企业，自工商注册登记之日起，免征3年企业所得税。凡是设立文化有限公司②，允许其注册资本在2年内缴足。对政府鼓励的新办文化企业，自工商注册登记之日起，免征3年企业所得税。文化产业企业实际发生的技术开发费，经税务部门核准，允许在税前扣除，技术开发费比上年增长10%（含10%）以上的，可再按技术开发费实际发生额的50%抵扣当年应纳所得税额。高校和科研机构服务于文化产业的技术成果转让、技术培训、技术咨询、技术服务、技术承包所取得的技术性服务收入暂免征收企业所得税。

2.3 放宽文化产业企业投资注册的资本条件。凡是从事文化开发、经营的文化企业，申办公司注册资本只需不少于10万元人民币。从事以上行业的个体工商户，不受资金限制。注册资金在50万元以下的有限责任公司，允许其注册资本在3年内分期注入，首期不低于所需注册资金的1/2（私营企业不低于10%）。注册资金在50万元人民币以上的，经登记机关上报工商行政管理局核准，企业名称可以冠以“云南”字样。在特殊情况下，允许利用国家软贷款资金作为注册资本金。③

第三条：税收优惠的政策

3.1 在西部大开发税收优惠政策执行期内，对以国家规定的鼓励类文化产业项目为主营业务，而且其当年主营业务收入超过企业总收入70%的企业，经税务机关审核确认，按15%税率征收企业所得税。社会力量兴办的各种文化企业，在税收减免方面与国有文化企业一视同仁。

3.2 纪念馆、博物馆、文化馆（站）、美术馆、展览馆、书画院、图书馆、文物保护单位等，在自有场所举办的属于文化体育业税目征税范围的文化活动，取得的第一道门票收人免征营业税。

3.3 对新办或转制组建的报业、出版、发行、书报刊印刷、广电、电影、放映、演艺、体育等文化企业，自开业之日起，报经税务机关批准，免征3年企业所得税，免征5年城镇土地使用税。

3.4 鼓励兴办高新技术文化产业，鼓励、引导社会资本投资于高新技术文化产业。从事数字广播影视、数据库、电子出版等研发、生产、传播的文化单位，凡符合国家关于高新技术企业税收优惠政策规定的，可享受相应的税收优惠政策。

3.5 支持文化企事业单位加快科技进步，其研究开发新产品、新技术、新工艺所发生的各项费用，不受比例限制，可以计入管理费用，准予在税前扣除。对科研院所和大专院校等单位提供的文化产业的技术转让、技术开发及其相关的技术服务和技术咨询收入，报经税务机关批准，免征营业税和企业所得税。

3.6 对文化企业发生的广告费支出，允许按规定标准在税前扣除。

第四条：鼓励企业发展的政策④

4.1 鼓励石林县文化产业的企业做大做强，对符合石林县文化产业的发展重点，成长性好、业绩突出的企业给予奖励。对于重点扶持的企业，从被认定之日起的5年内，企业申报前3年的税收指标平均年增长率达到或超过15%的，则以上1年该企业实际缴纳和减免的全部税额为基数，按其新增额的50%给予奖励，原则上最高不超过200万元；对于非重点扶持的企业，从被认定之日起的3年内，企业申报前3年的税收指标平均年增长率达到或超过10%的，则以上1年该企业实际缴纳和减免的全部税额为基数，按其新增额的50%给予奖励，原则上最高不超过50万元。

第五条：扶持重大项目的政策⑤

5.1 要鼓励文化产业的企业，进行重大项目的研究开发。县政府对本地文化产业企业3年内按企业对县财政的贡献给予综合的资助。资助的形式可以多样化，比如上述企业，为了研究开发新品，向银行借贷资金，由县文化产业发展基金给予一定数量的贷款贴息。对于会展节庆、新品设计、演艺娱乐、网络服务、项目开发、旅游服务等产业方面，获得市级以上重大奖项或者优秀作品奖励的作品，优先给予研发开发的配套资金支持，最高可以达到1∶1的配套资金支持。对于列入市级以上重大题材的文化产业创新项目，可以参照上述的办法，给予一定的配套资金支持。

第六条：鼓励扩大投资的政策⑥

6.1 鼓励各地来石林县投资，创办文化产业的企业。对于这些企业，在文化产业领域的投资额占总项目投资比重50%以上的，经过有关税务部门批准，从获利年度起的3年内，可按当年利润的3~5%提取风险补偿金。对于在本地投资的文化产业企业，固定资产投资在1000万元以上，或者企业注

① 根据财政部、海关总署、国家税务总局《关于文化体制改革试点中支持文化产业发展若干税收政策问题的通知》（财税〔2005〕2号）。

② 参照深圳市《关于加快文化产业发展若干经济政策》（2006年1月）

③ 参照《云南省加快文化产业发展的若干政策》（云政办发〔2004〕103号）转发的云南省委宣传部、省发改委、财政厅、国资委、人事厅、劳动和社会保障厅、国土资源厅、地税厅、工商局、国税厅、文产办等制定的《云南省加快文化产业发展的若干政策》。

④ 参照深圳市《关于加快文化产业发展若干经济政策》（2006年1月）。

⑤ 参照杭州国家动画创意基地的扶持政策和措施。

⑥ 参照上海、杭州、深圳、东莞等地科技创业园区和文化科技产业创业基地的政策。

册资本达5000万元以上，或者企业年销售额实现2亿元以上，经过有关部门批准，自获利年度开始，3年内按企业对县财政的贡献给予一定比例的综合资助。然后，在第四到第五年可减半安排，扶持企业进行文化产业的研发创新。

第七条：鼓励多元投资的政策①

7.1 大力发展和积极引导非公有资本投入文化产业，根据国家有关政策进入：文艺表演团体、演出场所、博物馆和展览馆、互联网上网服务营业场所、艺术教育和培训、文化艺术中介、旅游文化服务、文化娱乐、艺术品经营、动漫和网络游戏、广告、电影电视剧制作发行、广播电视技术开发使用、电影院和电影院线、农村电影放映、书报刊分销、音像制品分销、包装装璜印刷品印刷等领域。非公有制的文化企业在上述领域投融资、税收、土地使用、对外贸易和文化项目招标、评奖、代理、公证、引导、交易、出境演出等方面，与其他企业享受同等待遇。

7.2 非公有资本参与文艺表演团体、演出场所等国有文化单位的公司制改建，非公有资本可以控股。允许非公有资本进入出版物印刷、可录类光盘生产、只读类光盘复制等文化行业和领域。非公有制文化企业在项目审批、资质认定、融资等方面与国有文化企业享受同等待遇。

第八条：鼓励创业投资的政策②

8.1 鼓励在石林县建立针对文化产业的创业投资公司。这里所说的创业投资是指向未上市高新技术创业企业进行各类股权投资，并为其提供创业管理服务，以期获取中长期资本增值收益的投资行为。这里所说的创业投资机构，是指依照政府有关规定在当地设立并从事文化产业的创业投资活动的民事主体。

8.2 上述创业投资机构投资于国家税收法规规定定期减、免企业所得税的文化产业企业，所获得的投资收益按规定减免企业所得税。创业投资机构的年度经营利润，可先用于抵补前3年因投资于创业企业而发生的亏损。创业投资机构投资《指南》确定的高技术产业项目，从投资之日起5年内，上缴的营业税、企业所得税、增值税的地方分成部分，由同级财政安排同等数额的专项资金给予扶持；之后2年，给予减半扶持等。

第九条：鼓励发展对外文化贸易的政策③

9.1 在本地的文化产业企业中，文化产品的出口按照国家现行税法规定享受出口退（免）税政策。对在境外提供文化劳务取得的境外收入不征营业税，免征企业所得税。对生产重点文化产品进口所需要的自用设备及配套件、备件等，按现行税收政策的有关规定，免征进口关税和进口环节增值税。

第十条：鼓励技术开发的政策④

10.1 鼓励文化产业的企业，通过科技开发来提高产品的竞争力。本地的文化产业企业实际发生的技术开发费，经过税务部门核准，允许在税前扣除，技术开发费比上年增长10%（含10%）以上的，可再按技术开发费实际发生额的50%抵扣当年应纳所得税款额。在本地的高等院校和科研机构服务于文化产业的技术成果转让、技术培训、技术咨询、技术服务、技术承包所取得的技术性服务收入暂时免征企业所得税。

第十一条：吸引人才，加强服务的政策

11.1 根据石林县发展重点文化产业的需要，引进文化产业的优秀人才，积极解决他们在入户、住房、工作条件、子女入学等方面的实际困难。

11.2 支持文化产业的企业加大人才的培训投入，凡是企业提取的职工教育经费在计税工资总额2.5%以内的，可在企业所得税前扣除⑤。

11.3 对来本地创办文化产业企业的中高级专业人员，给予购房和租房的一定资助。⑥

第十二条：推动产、学、研合作的政策⑦

12.1 鼓励以企业为主体推进产学研合作，与大学和科研院所开展多种形式的合作。对本地文化产业园区中的企业委托高校、科研机构等进行技术开发和科研试制所发生的费用，允许企业列入技术开发费用。对入驻本地同时转制为企业的科研机构，5年内免征企业所得税和科研开发自用土地、房产的城镇土地使用税、房产税，政策执行到期后可再延长2年。

12.2 对高校、科研单位在文化产业园区进行技术转让、技术开发和与之相关的技术咨询、技术服务获得的收入，免征营业税。政府将通过购买服务等方式，支持文化产业园区中的中介机构和技术经纪人的发展。

12.3 鼓励高等院校、科研单位，进一步向本地文化产业园区开放技术、人才、信息、科研设备等有形和无形资源，将院校的创意、信息、人才、投资等资源与本地的民族为何资源相结合，特别是支持院校文化产业专业人员到本地兼职从事文化创意成果的转化活动，允许院校的研究生保留学籍到本地创办文化产业的企业，增强研究生的创业意识和实践能力。⑧

---

① 根据《国务院关于非公有资本进入文化产业的若干决定》（国发2005—10号）。

② 参照广东省人民政府办公厅《广东省促进创业投资发展暂行规定》（粤府办〔2003〕11号）的有关精神。

③ 参照财政部、海关总署、国家税务总局《关于文化体制改革中经营性文化事业单位转制为企业的若干税收政策问题的通知》。财税（2005）1号。

④ 参照深圳市《关于加快文化产业发展若干经济政策》（2006年2月）。

⑤ 参照《上海中长期科学和技术发展规划纲要（2006-2020年）》若干配套政策。

⑥ 参照广东省《东莞市留学人员创业园优惠政策及其实施办法》。

⑦ 参照《上海中长期科学和技术发展规划纲要（2006-2020年）》若干配套政策。

⑧ 参照《上海中长期科学和技术发展规划纲要（2006-2020年）》若干配套政策及杭州、深圳、东莞等地科技创业园区和文化科技产业创业基地的政策。

附件二

主要参考文献

1.《中共十七大文件》。

2.《中共十六届三中、四中、五中全会文件》。

3.《中共中央关于制定国民经济和社会发展第十一个五年规划的建议》。

4.《国家“十一五”时期文化发展规划纲要》。

5.《中共中央办公厅、国务院办公厅关于进一步加强农村文化建设的意见》(2005年11月7日)。

6.《财政部、海关总署、国家税务总局关于文化体制改革试点中支持文化产业发展若干税收政策问题的通知》(财税2005年2号)。

7.《国务院关于非公有资本进入文化产业的若干决定》(国发〔2005〕10号文件)。

8.《文化部关于支持和促进文化产业发展的若干意见》(2003年38号文件)。

9.国务院办公厅关于印发《文化体制改革试点中支持文化产业发展和经营性文化事业转制成为企业的两个规定》的通知(2003年105号文件)。

10.《中共云南省委、云南省人民政府关于深化文化体制改革、加快文化产业发展的若干意见》(云发〔2004〕15号)。

11.《石林彝族自治县十一五发展规划》。

12.石林彝族自治县人民政府、石林彝族自治县统计局:《2006年石林县社会经济统计资料》。

13.石林县文化产业统计办公室:《石林县2006年文化产业统计工作总结》等统计资料。

14.文化部文化产业司编:《文化产业政策汇编》,2006年。

15.上海市经济委员会、上海市科学技术情报研究所:《世界服务业重点行业发展动态2005—2006年》,上海科学技术出版社2006年版。

16.张广瑞:《2004~2006年——中国旅游发展:分析与预测——旅游绿皮书》,社会科学文献出版社2006年版。

17.韩国学中央研究院:《韩、中、日大众文化交流活性化方案(研讨会)文献》2006年版。

18.国际创意产业论坛文献·伦敦2007年11月, Fifth International Conference on the Creative Economy ,London, UK, Nov.2007.

19.《香港立法会资讯科技及广播事务委员会推动香港发展数码娱乐业的策略》(2005年6月)。

20.新加坡创意产业发展战略 Creative Industries-Development Strategy: Propelling Singapore's Creative Economy, Report of the ERC Services Subcommittee Workgroup on Creative Industries. September 2002.

附件三

后　记

本规划由石林县委宣传部委托,由上海社会科学院文化产业研究中心承担,并且获得了石林县政府经贸、工商、文化、教育、劳动、环保等有关方面、企业和机构的支持。谨此对所有支持这一工作的同志们表示感谢。

石林县文化产业发展研究课题组

第六稿于2007年11月

名人笔下的石林

阿诗玛，你在哪里？

□□ 陈荒煤

好客的主人把正在昆明举行现代文学史、现代汉语和外国文学教材协作会议的代表，邀请到石林，参加撒尼族欢乐的“火把节”。来自全国各地的三百多名代表，畅游了石林，观看了摔跤、歌舞。第二天下午，我们少数人又来到小石林寻找“阿诗玛”。一位青年司机同志热情地引导我们到了一丛石林面前，指着一个好几米高的石块，让我们从一个角度观望。经过他的解说，我们好几个人不约而同地叫道：“看见了，看见了！真像！”

果然，我们看到了这块石顶上有一段天然的石头，显然像耸立着阿诗玛的半身雕像。我们看到阿诗玛戴着撒尼族姑娘的头巾，半侧着脸，仰望着远处。这时正好有一族白云在天边慢慢浮动。于是，我仿佛还看到了阿诗玛大眼窝里蕴藏着怀念与沉思。她背上还背着背篓。她是在去劳动的途中，还是在归家途中思念着阿黑呢？

几个中央人民广播电台、中央电视台的记者忙了起来，拥着我在阿诗玛面前照了相。一个女孩子还尖声笑着叫嚷：你是阿诗玛的支持者，你应该单独照个相作为纪念。

就这样，我们找到了阿诗玛，在她身边度过了一段欢乐的时光。

走出小石林，已是黄昏时候，我们还不由得回过头看看石顶上的阿诗玛—她依然挺着胸，一丝不动地仰侧着半边脸，眺望着远方；可是白云消逝了，天色渐渐幽暗，我似乎看到她的眼色变得忧伤起来，感到她的胸脯有些颤动，似乎长叹了一声。

这天晚上，我终于没有睡好。我不禁想到在昆明听到的《阿诗玛》的命运。

《阿诗玛》是云南省撒尼族（彝族的一个支系）人民的一个民间传说的叙事长诗。撒尼族人民说：“阿诗玛的苦就是我们撒尼族人民的苦。”这个民间传说把阿诗玛表现为一个反抗奴隶主强迫婚姻致死而变成在石林中永生不灭的回声。她英勇地宣告：

日灭我不灭，
云散我不散，
我的灵魂永不散，
我的声音永不灭。

这个民间传说经过云南省文艺工作者搜集整理为长篇诗歌出版，先后出版过四种版本。这首长诗最初发表后，撒尼族人民奔走相告，高兴地说：“有了毛主席、共产党的领导，我们撒尼族人民的阿诗玛才得出世！”

一九六四年，上海电影制片厂又根据长诗改编摄成彩色宽银幕电影片。但影片受到林彪、“四人帮”的迫害，一直没有上映。我支持过这部影片，但影片摄成后，我已离开电影界，我没有看到这部影片。

扮演阿诗玛的青年彝族女演员，是云南省歌舞团演员杨丽坤，主演过《五朵金花》，曾跟随敬爱的周总理和陈毅副总理出国访问过，也是受到周总理亲切关怀的青年演员。周总理在一次出国途中，发现杨丽坤同志的普通话讲得不好，知道了《五朵金花》是别人替她配音的，曾经批评了我们这种做法，指出对青年演员要有严格的训练和要求。总理后来听说又选她担任《阿诗玛》的主角时，特地打电话来问，她的讲话是否有进步。周总理这种对青年演员的真挚关怀和爱护，使我深受感动和教育。但她却受到了林彪、“四人帮”的残酷迫害，被打成“黑线人物”、“黑苗子”，终于精神失常。一个同志告诉我，当她被迫下放思茅地区时，任何人给她两分钱，都可以叫她唱歌跳舞。回到昆明后，她往往把刚领到的全月工资，全部买了食物和日用品，分给街头的孩子们……打倒“四人帮”后，在领导关怀下，把她送到上海积极治疗，至今还没痊愈。

我国著名的散文家李广田同志是《阿诗玛》长诗的重新修定者，又是这部影片的文学顾问，也因林彪、“四人帮”一伙迫害致死（走投无路，被迫跳昆明莲花池湖）。

林彪、“四人帮”给《阿诗玛》影片强加了两条罪名：一条是宣传“恋爱至上”，一条是选的扮演阿诗玛及其一群年轻女伴的演员，都是年轻美丽的姑娘，就是“选美人”——“资产阶级思想”。然而长诗中确是这样唱的：

千万朵山茶，
你是最美的一朵。
千万个撒尼姑娘，
你是最好的一个。

而又是这个最美丽的姑娘这样宣告：

不管他家多有钱，

休想迷住我的心，
不管我家怎样穷，
都不嫁给有钱人！

清水不愿和浑水在一起，
我绝不嫁给热布巴拉家，
绵羊不愿和豺狼作伙伴，
我绝不嫁给热布巴拉家。

影片描写阿诗玛在成堆的金银珠宝和彩服面前，在遭受毒打监禁时，都始终不屈服，表现了少数民族的劳动妇女的崇高品质。如果这叫做“恋爱至上”，我看今天倒真应该宣传这种“恋爱至上”！

奇怪的是，这部好影片却至今没有公开上映过。我在云南一次教育、文艺工作者会上谈到我很想看看《阿诗玛》影片时，竟得到全场热烈的掌声，原来大家都想看看。

当然，影片改编与原作有些不同，它把阿诗玛和阿黑的兄妹关系改为爱人关系，强调了爱情的关系。但是，原整理的同志告诉过我，原始材料中也有把阿诗玛和阿黑的关系表现为爱人关系的。但是并没有改变他们的阶级关系。而且，从风俗上看，撒尼族人民举行婚礼的时候，老人们常常举着酒杯，歌唱阿诗玛，为新婚夫妇祝福。还说，我们的姑娘都是阿诗玛，小伙子都是阿黑。那么，这一改动丝毫也无损阿诗玛与阿黑的形象。

至于说影片的缺点，那总是难免的，例如影片的艺术表现手法，民间传说的神话色彩还不够浓，特别是歌词没有尽量采用原作，有些歌词失去原作的纯朴和美丽。也有部分创作的歌曲，失去原来民间曲调的优美。

但从总的倾向来看，这还是一部富有民族特色的健康的优美的影片。演阿诗玛和阿黑的两个年轻演员的形象是朴实可爱的，较之现在某些影片的演员的过火表演，也比较真实、自然、朴素。

我为扮演阿诗玛这个演员受到迫害的命运感到痛心。我在看影片过程中不禁流了泪。我至今还不能忘记，在她作为回声，最后出现在石林中的形象时，她那明亮的眼睛里，确实流露着一种欢乐与忧伤交集的眼光。

我简直不能想象，倘若她一旦知道，我到昆明才争取看到影片，并在一千多观众中间，向一些军队干部、教授、文艺工作者、大学生一再征求意见，问这部影片可否上映时，听到了许多惊讶、赞扬和质问声…… 她将会流露出什么样的表情！当然，我们今天要强调拍摄现代题材的影片。但是这一部少数民族优秀的民间传说，也还可以上映的吧。

特别要看到，《阿诗玛》不过是一个例子，证明林彪、“四人帮”一伙对少数民族文学的残酷摧残。叫人痛心的事还多得多。从一九五八年开始，云南文艺工作者响应毛主席的号召，搜集了大量少数民族的民歌、民间传说、神话、故事、长诗各种资料达数万件，统统被当作封资修的毒草毁掉了，造成了无法弥补的损失。还有许多进行收集整理工作的同志被打成“反革命”。

西双版纳傣族人民有句口语：“没有赞哈（歌手），等于吃饭没有盐巴。”但大批的赞哈受到林彪、“四人帮”的迫害。自治州最著名的三个老歌手，有两个被迫害致死。原有数百名歌手，到今年召开歌手会议时，却只有两名报到……

白发苍苍的老教授居然会提出以下一些常识性的问题：整理民间传说涉及到国王、王子、公主，是否宣传帝王将相？整理神话是否宣传封建迷信？大量民歌中的情歌有无价值…… 对这些问题果真是不了解么？我坚信他懂得，不过是“心有余悸”而已！

我离开昆明时，在机场上，一位年轻的女同志还再三叮嘱我，一定要写篇文章呼吁一下，让《阿诗玛》早日解放吧。

飞机起飞了，没几分钟就进入了高空。一望无尽白悠悠的云堆，呈现着奇异的景色，有的似高耸的冰山，有的似翻滚着白浪的大海。我不觉回忆起杨丽坤同志十多年前和我的会见。当她谈到周总理对她的关怀，她笑得那么纯真，明亮的眼睛里闪耀着泪花，当她说周总理说她“你说话怎么还是奶声奶气的，像个孩子”的时候，她脸红了，泪珠流在脸颊上，神态十分严肃，一个字一个字地说道：“那时候，我心里难过极了，讲不出话来，可是我心里向周总理作了保证，我一定要把普通话说好！”……我不知道周总理是否看过《阿诗玛》，我也不知道杨丽坤同志的普通话是否真的说好了，——即使说好了，她也不能再上银幕了，更不能让周总理再听到她的声音了。

我也回忆起再也见不到的作家刘澍德、李广田同志，回忆起云南少数民族文学遭到的浩劫……我想，英明领袖华主席为首的党中央一再向文艺界发出号召，要坚决肃清林彪、“四人帮”的流毒，贯彻毛主席提出的百花齐放、百家争鸣的方针的时候，《阿诗玛》长诗已经再版，我想《阿诗玛》影片的的悲惨命运也一定要改变的。

回忆使我感到疲倦，我闭上眼睛，蒙眬入睡了，但是，在耳边还似乎听到影片开始时，阿黑焦急的呼喊声：

“阿诗玛，你在哪里！”

同时，却也听见阿诗玛回答我：“你们来叫我，我就应声回答！”

陈荒煤（1913～1996 年），男，祖籍湖北襄阳，生于上海，原名陈光美，笔名荒煤，中国当代著名作家、文艺评论家。1953 年后任文化部电影局副局长、局长、文化部副部长兼电影局局长。1978 年后任中国社会科学院文学研究所副所长、全国文联党组副书记、文化部副部长、文化部顾问兼中国电影艺术研究中心学术委员会主任。是第三届全国政协委员，第六、七届常务委员，第七届政协教育文化工作委员会副主任，中国影协第三届常务理事、第四届副主席，中国作协第四、五届副主席。

石林歌

□□ 胡 昭

一

远望有如万头攒动的市集
风，仿佛送来了热闹的交易之声
有如万千名列队的兵士
昂首肃立，待命出征
长矛、钺、戟和高举的刀剑
互相撞击似有声的光和影
有扬鬃驰骋的烈马
有向前倾斜的帆篷
头颅之林，手臂之林
人海上桅樯和旗帜之林
一齐在阳光下向前奔涌……

当我渐渐走近，当我步入林中
却听不到半点声响
空中有风扫过，林梢也纹丝不动
呵，这无声的世界
一切都冻结了
时间和空间一起冻结了
冻结了，但屹立在山坳间
震撼着多少人的心灵

二

高山会沉没，海底会上升
在地壳连续的剧烈运动中
万物迅速地颠倒、变形
有谁说一切是从来如此
永远如此？
石林会挺身而起
高声否定：不！
我们就是沧海桑田的明证！

两亿年、三亿年…… 海水的冲刷、蚀磨
并没有把你们压成平板、研成粉末
当海面降落而你们升上陆地
就已是巍然挺拔的一群

悠长的岁月，风风雨雨的雕刀
创造出众多栩栩如生的形象：
有巨大的欲放的花苞
有摇摇将落的果实
有雄踞的象，憩息的骆驼
交吻而食的鸟，扭结屈伸的龙……
也许是出于艺术大师的偏爱
更多的是千姿百态的人形——

有的悠闲踱步，有的俯身劳作
有的交头接耳私语
有的举手招呼亲人
有的高大肥硕，有的形销骨立
有的直立、有的斜卧、有的行进……
人中有兽，兽中有人
处处充满着生命
处处使人联想到生命与斗争

三

人类的迷惑、人类的探索
产生出多少美丽的传说：
是因为撒尼人的祖先鲁突之那尔
那勇敢无畏的猎人
用鹰的胆汁作墨，用鹰嘴作笔
在一张张巨大的鹰翅上开始写字
书写自己的历史：搏斗、孤独和苦痛
记录山野相遇的女郎凄婉的歌声
魔鬼恐惧了：人类有了文字将更聪明
魔鬼震怒了：要把人类消灭干净
于是它挥起赶山鞭，赶起路南的石头
像驱赶涌动哀叫的羊群
要在这里把南盘江水堵塞
要把人类淹没在洪水之中……

可是鲁突之那尔冲上前去
夺过赶山鞭，一鞭抽向魔鬼
魔鬼立刻变成了石头
而它赶来的石头也再不肯移动

于是撒尼人就在这石林近处繁衍、生存

后来那射虎的阿黑
那善于织布绣花的阿诗玛
曾在这里笑闹、追逐
一直到他们遭到天大的不幸
阿诗玛日日夜夜翘首眺望
两眼时而迸射闪电和雷霆

阿诗玛，当节日来临
撒尼男女来到你身边的草坪
高举火把，弹起三弦和月琴
几天几夜地欢歌舞蹈
你也会欣然地随着他们哼唱么？
夜露消散之后，人们会发现
你胸前常留有点点泪痕……

四

入夜，石林如城市在山间伏卧
那巨大的城堡、高高的塔楼
和鳞次栉比的平屋
只是幢幢黑影
没有一丝生命的迹象

没有人声走动、没有笑语、没有灯火
是在什么时候，蓦然间
生命被魔法定住
花瓣不再舒张
溪水不再兴波
在石窟的牢笼里
有石身的囚人
默默地无限期地忍受折磨……
难道几万年、几亿年
这里就无声无色
难道这也叫生活？

可屋后的竹林间，有一只什么鸟儿
一夜叫个不停
似乎要告诉我什么
要连接起我继续的思索……

五

清晨，阳光洒遍石林
我来看阿诗玛
见她正仰头深深地呼吸
一缕温馨的气息轻轻散播——

呵，爱终于消除了魔法么
可见岁月并未能淘尽一切生机
石崖上头常青的树木萌生
好像巨人鬓边的花枝
颤摇着把露珠抖落
鸟儿在崖头笃笃啄食
长尾巴松鼠飞掠而过

一对对情侣在探胜寻幽
看，这玲珑的岩洞
鱼儿曾自由来往
我们偎依细语的小小石窝
海水曾用亿万年工夫
为我们冲凿和打磨

趁着能爱，就尽情相爱吧
别等到变了石头
相隔咫尺也无法互相问讯
无法用身体互传温热
趁着能爱，尽情相爱吧
哪怕是变成石头
也永远不再分开
双臂拥抱，两手相握

六

巍峨的石林，俯视着
蚂蚁般渺小的人群
在峰峦间踽踽而行
你认识他们么、藐视他们么？

然则只有人——
千百次覆灭重又兴旺起来
只有人——
站起来高过崇山峻岭
人保护着自然又改造着自然
人是自然的主人

人——人的眼睛、人的心
从石林中发现万千种形象
给它们命名
赋予它们新的生命

七

石林迎送了多少远方来客
结识了多少友人
它热情地大张双臂

邀我加入它们的行列
跟它日夜促膝谈心
以求生命的永恒

我微笑婉谢
——我留恋喧腾的生活
代表同行的伙伴
我扬声邀请石林

跟我走进人间吧——
请踏着我的诗行、我的音韵
分给人们一些坚实宁静的美
对信仰的不可磨灭的忠贞

胡　昭（1933～2004年），满族，中国著名诗人，《石林歌》获第二届全国少数民族文学创作奖短诗奖。

石林印象（外二首）

□□ 原　因

谁见过顽石发芽？

谁见过石头铮铮然拔节，郁郁然茂密，成为苗，成为树，成为森林？

由于亿万年的风磨水洗，云南省石林彝族自治县有着典型的喀斯特地貌的一隅，出现了一片稀世奇观。这是一座迷宫，一册童话合集，一部规模宏大的史诗。

即使已经习惯于庸常生活的碌碌无梦，面对这大自然的杰作，他的想象也瑰丽地苏醒了。

是的，也许有人想到了万千名列队的兵士，他们高举着长矛剑戟和猎猎战旗，待命出征；也许有人想到了大海，骤起的风暴和连天的惊涛骇浪，还有一朵莲花从容地开。

还有“老僧漫步”，还有“母子偕游”，还有鸣啭于杜诗里的“黄鹂”，还有普希金笔下的“渔夫与金鱼”……

崇拜石头的米南宫如果瞻仰过石林，他的画笔也许要更添一抹魅力；珍爱石头的曹雪芹如果披阅过石林，他的小说也许会更多一层奇幻。

不同的人生经历开放出不同的回忆与梦想。就是那些多姿多彩的花朵，使得这片全中国乃至全世界最大的柱状石头群，格外情趣盎然。

在这里，每个人都能找到隐约于自己心中的风景。

然而，尽管你目不暇接，尽管你惊喜万状，你突然就会发现，这里的一切都是哑然无声，纹丝不动的，仿佛在远古的某个瞬间被冻结了，永远地冻结了。四周围，除了僵固沉寂，还是僵固沉寂。只有阳光，沿着石头斑驳的竖纹笔直地流注；只有风，在石头的密林间曲折地穿行。这情景令人震撼。

如果你热衷雄辩，从此你懂得了缄默；如果你崇尚行动，从此你学会了思索。

走进石林，你就走进了巨大的静穆之境，就面对了一种永恒。但是据说有人曾经敲开过一柱石峰灰黑色的表层，见到里面的石质一片雪白，上面虫、鱼、小草的化石清晰可辨。在附近，有人还寻到过蛤蜊、珊瑚、贝壳、螺蛳等化石，这说明，这里原先是海！这里原本是一个生龙活虎的世界啊！

时光流逝，沧海桑田。如果人类历史的发展和自然地理的变迁都能引发人们的喟叹，那么后一种里能包含着更多的忧伤和无奈。

人生短暂，作为个体的生命是多么渺小。“珍惜生命！热爱生活！”这也许就是石林对世人的无声而强有力的叮嘱了。

让我们永远记取这份大自然的最珍贵的启示。

大叠水瀑布

石头是大地沉默的话语，流水是大地深情的倾诉。而山石危岩对湍急流水一次出其不意的躲闪，是瀑布的成因。瀑布是大地的一声惊呼。

是的，在石林分布区内，在我国的第三大江——珠江的上游，南盘江与巴江的交汇处，就因地表出现了一道断层而形成了著名的珠江第一瀑——大叠水瀑布。

去看大叠水瀑布的时候，什么雪流飞泻，什么银波倾泼，所有想象中的壮美还远未露脸，它磅礴的轰鸣就从千米之外奔突而至了。仿佛一万双手掌同时鼓动，仿佛一万匹野马恣肆奔腾，仿佛巨人仰天大笑，仿佛猛兽昂首长啸，先声夺人。尽管一直行走在山花烂漫、松竹摇曳的石板小路上，尽管江水还在平缓的河谷里静静地流，我已经受到强烈的震撼，心中充满敬畏。

继续沿江前行，走着走着，突然山路断绝，水流也不知去向。只见百米外矗起一堵黑色巨崖，下有深谷，谷中雾气腾飞，神秘诡异轰隆隆的巨响，显然渊源于那里。

沿石级山路扶栏而下，才知谷底是一片开阔地。抬头仰望，可见一幅宽达五十余米的瀑流从百米高崖轰然跌落，白浪翻飞，玉屑银珠四溅，如突飞猛进之巨龙，如摧枯拉朽之狂飙。真是团结就是力量，义无反顾就是力量呵！这就是大叠水瀑布。至柔至秀的水，在这里充分显现出了她性格的另一面，刚健、雄浑、豪迈、狂放，这些本来较为抽象的词汇，都被她作了形象的诠释。

此时已完全无法听清同伴的话语，除了一门心思聆听大自然的这席豪言壮语外，我别无选择。然而，只要你足够细心，就能发现大叠水依然柔情满怀。与阳光合作，飞扬起漫天雨沫，她向我们呈现出道道绚丽的彩虹了。我从来没有经历过与彩虹如此近距离的晤面。伸出手，我仿佛就握住了世界上最纯粹的色彩，它缤纷了我的心情，甚至整个灵魂。

大叠水还有一种其他瀑布所没有的奇景。立于瀑布前，忽然会有一股气流从瀑布中间喷出，一团在阳光映照下七彩纷呈的水珠顿时会被喷到二十多米之外，弥漫于整个山谷，瑰丽无比。而这时，在飞流的半壁，隐约可见一个岩洞，那就是喷口。一两分钟后，喷流渐息，瀑布又掩住洞口，恢复原状，顺壁直泻深潭。这种景观每隔数日出现一次，民间认为有福者才能遇上。

瀑布西侧的山腰有一名为“仙人洞”的溶洞。据说在月白风清的夜晚，由于风的作用，洞中会传出阵阵“仙乐”。当其与大叠水瀑布震耳欲聋的轰鸣声相融相汇时，就会组成一首奇妙的清风激流协奏曲，让人听了遐思飞动。

有人说，要全面领略水的性格，必须到海边去。晴雨晨昏，月缺月圆，风来风去，水都在海面呈现出不同的个性。想不到在这多石的高原一角，竟也能让人们充分见识水的多侧面的风姿情韵。可听，可观，可赏，可析，在我所见过的瀑布中，大叠水瀑布别具一格，不愧为一部壮丽的水的交响诗。

长湖短梦

西北东三面，山林葱茏地耸峙，我们是从南方进山的。

身后，彝族村寨蘑菇般散落，炊烟袅袅，羊鸣咩咩。曾有一道木栅栏咿呀打开，送出一个撒尼姑娘清秀的身影，羞涩的目光一闪，就把一缕说不出的惆怅注入我们心间。

然而，长湖恰逢其时地出现了。那时候，一阵傍晚的微风吹拂得林荫摆动，我们就从青枝绿叶的空隙处，看到了一块又一块幽蓝。那也是一闪一闪的羞涩呵，于山的浓密的睫毛间。

有资料告知我，长湖虽宽仅 300 米，但长度却曲折延伸达 1500 米。这说明，一方面它很袖珍，另一方面，它又相对颀长。“长”既是它的名，也是它的形。名实相符，天真未凿，它真是大自然构思的一篇质朴的童话。但我们最先读到的仅是风的手，随意翻开的那一页。

然而，树木似乎并不存心把长湖紧紧收藏。继续前行了一段路程后，我们惊喜地发现，它们终于向两边闪开，让一轴盈盈的波光悠然铺展于我们脚下了。

停车驻足细望，湖滨不见红楼雅舍、回廊亭榭，不见刻意构筑得精致的桥或堤岸，一切司空见惯的生硬的人工介入，在这里完全不存在。岸是不规则的，泥土潮湿地芬芳，青草自由地生长，间有三五朵野花尽情地开；水是没被惊扰过的，清澈得看得见一只游动的小虾的须。如果有一尾鱼泼喇喇跳起，那声音一圈圈荡开，渐远渐漫漶，最终被一派寥廓的宁静彻底抹平，正如水面上的涟漪。

湖水很浩渺，群山早已分赠了自己一幅又一幅剪影；湖水很幽深，晚霞正在漂洗它们一朵又一朵艳丽。湖心有一座小岛，那么玲珑地葱翠于苍茫暮霭；湖面有一只飞掠的水鸟，那么自得其乐地行吟着黄昏。

遥望湖对岸，有一山岩酷似磨盘，高高兀立于群山之巅，随着周围松林的拂动，它仿佛在缓缓转动。它是在碾压傍晚吗？它是要把这长湖之滨的黄昏一寸寸磨碎成浓黑的浆液吗？

想去和晚霞一道，把自己漂洗得更加素净。想去陪青山沉思。想到湖心岛站一站，感觉自己成为一株挺拔的树。想摇动一叶舴艋小舟，去摘取一朵晶亮的浪花或者一串水鸟清脆的啁啾……有一千种愿望，有一万种设想。然而，那时候，我所能做到的仅是引吭长啸了数声。长啸高呼，本是狂放不羁的山野人表达心情的一种常用方式，那天，却自然而然地被我采用了。立刻，四山回应，这不加修饰的无奈与惋叹，滚过了山山岭岭，一直到达了天的尽头……

是的，一切对湖光山色的更加亲昵的融入，均已成为不可能，哪怕仅仅是环湖去播种一行足印。因为尽职尽责的夜，那么快，就在这树木的帷幕的缺口处，把长湖严严实实地掩藏。好一条魔力无边的黑色革囊！也许，它认为长湖是大自然最后一朵质朴而羞涩的笑靥，而质朴和羞涩，哪怕在大自然中也是一种最易破碎、最需珍爱的晶体。

十分钟，在长湖之滨，夜色仅仅允许我流连了十分钟。但我分明梦幻般地重逢了大自然最优异的那种品格。我那情不自禁发出的长啸，也许还是对人心的丛林里，日渐稀少的、质朴和羞涩的、一声声深情的呼唤。

越野车不得不轰鸣着离去了，抛下沉落进夜色的长湖，抛下一个又一个星星般散落的彝族村寨。

原　因　原名袁鹰，1953 年出生，湖南长沙人。是一位扎根云南，用身临其境的体验和悟彻写作的山水人文作家。他的散文篇幅不长，但笔端却饱含感情，能够让人在有限的空间拓展着阔远的视野，画面感强，声色俱全，把貌似平淡安然的日子注入诗性、哲思和感悟。现供职于春城晚报社，为云南省作家协会副主席。

文论

欢乐文化：石林阿诗玛文化的精髓

——关于石林阿诗玛文化创新发展的思考

□□ 刘世生

上世纪七十年代以后，在后现代主义思潮和多元文化主义的双重强力校正下，世界经济的增长方式由过去单纯依靠科技进步追求高额利润的极端，逐步转变成为更加关注多样性的意义和满足各方面人群诉求的多元化综合发展方式，即可持续发展方式。这种转轨在西方社会发生了三十多年后，我们才猛然觉得我们的民族文化原来还是那样的具有特殊的意义和迷人的魅力，我们生活真正需要的还是那些亲切朴实的东西，于是乎提出了科学发展的口号，在发展中国特色社会主义先进文化的旗帜下，大张旗鼓地在劫后余生、伤痕累累的民族文化遗迹中，找寻捡拾我们久违了的精神和灵魂。

在这样一个宏大的时代和社会背景下，处在一个神奇旷美的边疆少数民族自治地方，我们首先迫切需要考虑的是要构建这样一个新的民族文化：她既与时代发展要求相一致，与人类文明成果相贯通，与中国特色社会主义先进文化建设相融合，又把我们同我们祖先创制的传统文化紧密相连，使祖先遗留下来的珍宝不断得以继承和发展，形成一个适应时代发展要求，符合中国先进文化前进方向，体现地方民族特点的石林地方民族新文化。

现在，这个民族新文化的名称已经提出来了，就是“石林阿诗玛文化”。石林是“世界喀斯特的精华”，石林是“中国阿诗玛的故乡”，“石林”和“阿诗玛”是在当今中国乃至世界都叫得响的自然与文化品牌，是至高无上的天、地、人（祖先）合炉共铸、无私传承给我们的人间至宝。面对这样一份至高无上的自然与文化遗产，每一个人总会情不自禁地发出这样的追问和奇想：它的创造者所具有的是怎样的情怀，怎样的气度，怎样的希冀？它的后裔们又是以怎样的情怀、怎样的气度、怎样的希冀，珍视和保护这举世无双的珍宝，并通过怎样的方式使之发扬光大，让全人类共同分享石林这份享誉全球的瑰宝？面对这样一连串的追问和奇想，每一个石林人确实必须扪心自问：我们必须以什么样的情怀、什么样的气度、什么样的希冀，并以什么样的方式，让全人类共同分享石林这份享誉全球的瑰宝？

所有的追问和自问，焦点其实都只有一个：什么是阿诗玛文化，怎样创新和发展阿诗玛文化？我个人理解，石林阿诗玛文化有狭义和广义的双重区别。狭义的石林阿诗玛文化又有两层含义：一是以彝族撒尼语叙事长诗《阿诗玛》为中心所衍生延伸出来的种种文化样式和文化现象的总和；二是特指石林彝族撒尼人的传统文化和现当代文化。狭义的石林阿诗玛文化是我们现在政府文件和日常生活中使用得最广泛的定义，并取得了各界人士的广泛认同。值得引起特别关注的是，这个狭义的文化定义，有时也被应用在谈论或规划石林全县发展前景和蓝图的各种场合，或者用于表达石林文化产业发展的核心和重点，甚至还被有意无意地借指石林现在建设和发展的民族新文化。由于缺少必要的理论阐述和事前界定，有时也会引起某些不必要的疑虑和争议。所以，我认为石林阿诗玛文化应该还有一个广义的概念，即包括石林各民族文化并超乎其上的石林民族新文化。原因很简单，现在的阿诗玛文化不仅是彝族撒尼文化的代称，同时也已经成为石林文化的徽标，其所标识的是石林境内各民族的文化合集，同样也代表着石林文化的前进方向。

广义的阿诗玛文化也包括两层含义。从内容上说，广义的阿诗玛文化等同石林文化，不仅包括石林各民族传统文化，包括各民族现当代文化，而且代表着石林文化的未来发展方向。从性质上讲，传统的阿诗玛文化是石林各民族文化交流融合和创新发展的产物，虽然表现为彝族撒尼文化，但她却是石林各民族文化的杰出代表和文化象征；现在地方政府倡导建设的阿诗玛文化是对各民族优秀传统文化的综合创新和高度概括，她表现的是民族特色浓郁的地方区域性文化，是石林民族文化发展进步的旗帜，代表着石林先进文化前进的方向。在任何时间任何地点，我们的领导干部和各族群众都必须清楚地知道广义和狭义阿诗玛文化的定义，在相关的表述中准确使用其概念，并从各自不同的角度不同的方面推进阿诗玛文化的健康发展。

任何一个文化的创新发展，都必定受到特定自然环境和社会条件的规定和限制，阿诗玛文化的创新发展也不能例外。当代石林阿诗玛文化创新发展的特定环境和条件主要有这样几个方面。1. 建设中国特色社会主义的历史进程。2. 经济全球化成为现实，现代高新科技快速发展和广泛应用，为文化的传播交流和综合创新创造了条件。3. 石林是世界自然中的珍宝，拥有世界自然遗产、世界地质公园和中国国家五 A 级旅游景区等桂冠，石林旅游已经成为中国旅游的重要品牌，对周边景区具有重要的辐射带动作用。4. 石林是多民族聚居的彝族自治县，彝族是石林的主体民族，彝族占少数民族总人口的 90%以上，撒尼人又占彝族总人口的 90%以上，撒尼文化已经成为石林民族文化的代表和石林文化的象征，在国内外具有较高的知名度和影响力。5. 文化创新过程中必须满足本土文化强化民族特色、强化竞争优势、提升影响辐射力的需要。这几方面的规定和限制，决定着阿诗玛文化的发展内容和发展方向。阿诗玛文化首先是中国特色社会主义文化的组成部分，是中华文化的组成部分，是彝族文化的组成部分，同时也是云南文化和昆明文化的组成部分。阿诗玛文化的建设必须以社会主义核心价值体系为轴心，以和谐文化建设为主线，以石林阿诗玛文化为特色，以社会转型公民转性为契机，以社会主义精神文明建设为载体，以高新科技和现代媒体利用为依托，全面继承弘扬石林各民族的优秀文化，充分借鉴古今中外的一切文明成果，以我为主，为我所用，综合创新，全面发展，形成与当代社会相适应、与现代文明相协调、保持民族性、体现时代性的地方民族新文化。发展目标是以阿诗玛文化的大发展大繁荣弘扬中华文化，增强石林各民族的自信心和自豪感，增强石林各民族的凝集力和创造力，增强石林地方民族文化的竞争力和辐射力。

由于历史种种机缘的影响，人们过去谈论发展问题，话题往往只有政治团结、经济发展、社会和谐等内容，文化被局限在国家制度文化层面和“中华民族”这一宏观文化的层面上，各民族传统文化的繁荣发展受到较大的排斥和限制。这种情况在改革开放后有所好转，但民族文化的发展也多半是学术领域的自由研讨和与旅游发展相配套的民族传统文化的单一表演和某些地区民族文化的有限自觉与局部复兴。民族文化的整体自觉和全面繁荣，还是受到正统的大一统思想、不发达的甚至是落后的经济条件的严重局限。事实上，现在的中国尤其是党的十七大召开以后，已经系统地提出了实现中华文化大繁荣大发展的政策和策略，到了冲破种种束缚限制，大力繁荣发展民族新文化的关键时期。各少数民族可以利用这一有利时机，通过继承创新发展民族文化，利用后发优势，聚集发展所需的各种发展资源和发展要素，迅速跨越传统工业社会直接进入后工业社会（即信息社会），获得发展的主动权和优先权。

石林要实现这个新的跨越，首先要建设起与时代发展要求相一致，与人类文明成果相贯通，与中国特色社会主义先进文化建设相融合，与我们祖先创制的传统文化紧密相连的石林阿诗玛文化。建设这样的阿诗玛文化，首先必须提炼出阿诗玛文化的精神，以此作为石林文化发展的灵魂，凝聚人心，统领全县各民族文化的大繁荣大发展。我们石林人在历史上创造出了很多值得骄傲的业绩，并在近年总结出了很多方面的石林精神。比如，“励精图治、团结奋斗、顽强拼搏、自强不息”的县庆精神，“坚定信心、持续奋斗、团结拼博、追求卓越”的申遗精神，“自加压力、争创一流、攻坚克难、再创辉煌”的创卫精神。近期又与软环境建设相配套，提出开展解放思想大讨论，进一步提炼石林精神的要求。与此相结合，我认为提炼石林精神，实际上也就是提炼石林阿诗玛文化精神，锤炼引领石林经济社会发展进步的文化灵魂。据我研究石林县情和阿诗玛文化的心得，我认为石林精神或者说石林阿诗玛文化精神的内涵可以用以下 16 个字来概括、提炼和表述：“热情欢乐、自由和谐、无私无畏、追求卓越”。其中，“热情欢乐”是外显的标志性的文化符号，是其他隐性的内在精神的外化和集中体现。因为在我所有的历史记忆和现实感受中，石林阿诗玛文化都突出表现出一种强烈的“欢乐文化”，她是石林精神或阿诗玛文化精神的核心和精髓，是石林文化发展尤其是旅游业发展的灵魂。

石林生活着以彝族为主体的多个民族，各民族都有自己独特的文化特点。其中仅彝族就分撒尼、黑彝、白彝、彝青、阿细等多个支系，各支系都有自己特点的语言、文化、宗教和风俗习惯，形成绚丽多彩的民族文化景观。在交往和发展过程中，各民族的文化相互交融，形成了一些共有的民族特性。其中，最珍贵最亮丽和最具特色的还是来源于彝族文化的“欢乐文化”。我们石林可以说是“欢乐文化”的家园，这样的证据不胜枚举。石林的县域彝语地名“路甸”，它的彝语意思就是“令人发自内心、无法抑制地快乐的地方”。这里到处流动着欢乐文化的影子，到处可以找到欢乐文化的元素。在石林彝族民间叙事长诗《阿诗玛》中，阿诗玛是一个“只知道高兴不知道悲伤”的撒尼姑娘。在现实生活中，彝族人民豁达开朗，宽容乐观，积极向上，表现出阿诗玛传人的迷人风采。撒尼人更被社会各界誉为“欢乐撒尼”。彝族人在奇峰异石间和彩云深处创造的文化是欢乐的，他们祭祀、劳作、相爱、狂欢，每时每刻都创造着与石林一样令人惊奇、感动的艺术和诗意。被列为自治县县歌的《远方的客人请您留下来》，唱得五湖四海的宾客流连忘返；热烈欢快的“大三弦”舞蹈，跳出各民族兄弟姊妹埋藏在心底的快乐。被誉为“东方狂欢节”的彝族传统火把节，以其广泛的参与性和欢乐祥和的动人景象被国际节庆协会评为中国最具发展潜力的十大节庆活动。每年农历冬月举行的密枝节，则是彝族人民和他们信仰的民间诸神联欢的吉祥节日，在这种人神同乐的气氛中，人与自然达成了和谐共荣的种种默契，为人类的可持续发展营建了桥梁和基石。

根据我自己的理解，欢乐文化就是和谐文化，找到了和谐文化就找到了人类文化发展的真谛。我们石林现在的经济水平是很低的，但我们石林人的幸福感或者说幸福指数却是很高的，这实际上就是得益于石林世代相传的“欢乐文化”。我们今天应当高度珍视这种生长在先祖创造的文化传统之中，至今仍然生生不息的文化灵魂，应该像重视经济发展和石林资源保护一样继承它弘扬它，让它在我们现在进行的和谐社会建设中发挥重要的作用。不因为别的，就因为它是先祖的英明独创，它能够给我们无限的闪烁着智慧灵光的启示，就因为它是我们的幸福生活的历史源泉。在发展资源日趋匮乏、

生态环境日渐污染、各种灾难无所不在、人类欲望无以复加的人类困境中，我们真的应该认真反省自己先民昨天的修为、检讨和拷问我们今天的心智：什么是幸福，人生的意义何在，我们究竟需要的真实是什么，过度的物欲给我们带来了什么样的后果，过度的精神失落又让我们失去了什么？

归根结底，发展不仅是一个经济问题、一个政治问题、一个文化问题、一个社会问题，更是一个实实在在的哲学问题。没有哲学的高度，就没有发展的高度，发展就只能是低层次低水平的重复累积，发展就始终跳不出传统的桎梏。在工业化加速、城市化提升、市场化转型、国际化拓展、信息化起步的关键时期，石林要实现“跨越发展、富民强县”目标，我认为石林人必须率先实现文化自觉，充分领略自然演化与文化发展的真谛，端正和健全我们的心智，认清认准我们需要的幸福，让浮躁和一度失落的灵魂皈依我们的身体，切实转变社会发展和经济增长方式，在世人的迷乱慌张和迷茫中，聚精会神建设我们的家园，精心营造出“天人合一”的绝世胜景，吹响“欢乐文化”的集结号，让石林成为人类与自己灵魂对话，共同觉醒、共避灾难、共享成果、共创新业的乐园。这不仅是石林实现“跨越发展”目标的切入点和着力点，“富民强县”的出发点和落脚点，更是石林旅游业发展最终应该达到的宏伟目标。石林的旅游规划、城乡规划、“五创”工作、招商引资、企业发展、新农村建设等各项工作，都必须围绕这个精神和灵魂，以石林阿诗玛“欢乐文化”建设为载体，以人的素质提升和人的全面发展为重点，全力打造“欢乐石林”品牌，将石林建设成为世界一流景区和国际旅游胜地，将石林打造成为人类精神的家园。也只有这样，我们才无愧于上天的厚爱，才无愧于我们祖先的英灵，无愧于“石林人”和“阿诗玛传人”的光荣称号。

文 学

诗画石林

□□ 森茂芳

（画面：石林全景。）

是石头铸就的大海，是岩石雕塑的森林。云南昆明的石林，一座骄傲的石城，一片大地上站立起来的诗句。啊，我神奇莫测的大自然啊，你竟以这等博大的智慧，如此奇妙的幻想，给人类送来了这样的神奇，这样的美丽。

（动画：石林的地质形成过程。）

是的，地质科学家曾将你命名为喀斯特岩溶地貌，并说这是三亿年前的地质变迁与风雨剥蚀留下的奇迹。据统计，全世界约有20多处这样的石林，可是，在我心里，惟有云南昆明路南的石林最为美丽，最为丰富，最为神奇。

（画面：石林游客。）

手抚这三亿年前的石头，走进这三亿年前的海底，我心里不由燃起一腔滚烫的诗情。

是的，人类就是从这里走出，走出一个地质的世纪。历史就是从这里起步，熔铸了一个民族的精魂。

（画面：石林彝族村寨。）

石头的民族，石头的魂，在千万年，千万代，生于斯，长于斯，繁衍生息于斯的石林人心里，石林你是那样的庄严，那样的神圣，那样的壮丽，那样的多情。

（画面：石林彝族祭祀。）

石林庄严，庄严得犹如一具巨大的民族图腾。石林人将自己的悲欢，将自己的信仰，将无上的尊严，将神圣的精魂，都倾注到对石林的赞美里。

（画面：阿诗玛石峰叠印电影《阿诗玛》画面。）

石林多情，多情在它以诗的幻想，将这一整座顶天立地的石头，纪念碑似地献给一个心灵美如金子般的姑娘——阿诗玛。因为你想告诉人们：世间之上，爱是最庄严的承诺，爱是最美丽的心花，爱是人类最永恒的主题。

（画面：石林瀑布大叠水。）

石林壮丽，壮丽在这一泓从天而降的飞流。

飞流直下三千尺，那有这蝶舞飞瀑更多情。

啊，石林的瀑布大叠水呵，人称你是中国“珠江第一瀑”。

可是，我说：这里飞流而下的那只是珠江的源头之水，那只是漂满珍珠的水帘。

这里飞洒的是石头的豪情，是大地的精神。这里沸腾的是春潮的歌唱，是东方的柔情。

（画面：石林彝族火把节。）

石林神圣，神圣得犹如一座灵与肉的宫殿，犹如一座民族的祭坛。你看他们来了，弹着三弦，迎着月亮，举着火炬，点燃苍天。人们告诉我说，这是石林彝族在过火把节，但是，当我也一样举着火把，奔向石林时，我立刻理解了这盛大节日的意义，这是对石林的礼赞，这是对石林的祭奠。

（画面：石林奇峰、巨石。）

石林，大地的精灵，民族的灵魂。山石般的脊梁，肩起苍穹，托起日月。岩石般的意志，笑对惊雷，足踏地火。

啊，我古老的石林石魂啊，是你将一切生命变得更有意义，是你将这个民族点染得更有光彩。

（画面：高天长云，彩霞满天。）

高天长云，彩霞满天，是火的奔涌，是云的沸腾，你从远天飞来，携着一个民族的自尊。

（画面：钟乳溶洞。）

山，怪石嶙嶙。洞，奇石生辉。石林40多个溶洞中，最数芝云洞、叠云岩、白云洞最奇绝奇美。

沧海桑田，水滴石穿，这那是一个简单的钟乳溶洞的博物馆，这完全是一部由大自然编写的生命哲学的大辞典。它给出的命题是：生命是一个无穷的过程，力量来自历史的积累。

（画面：石林长湖。）

啊，石林美啊，最美不过这一片长湖水。彩云如锦，芦花如银，穿行在这红云碧海间，令人心醉，令人痴迷。

我不觉从心底发出这样的呼喊：就让我化为一座石峰吧，我愿永生永世守望在这里，因为，这水太甜，这云太美。

（画面：石林彝族火把节、斗牛、三弦舞、石林峰海。）

好啊，石头的民族，石头的魂，高天长云凯歌飞。

——选自《森茂芳影视作品选》

寄情石林

□□ 江南幽竹

是造化鬼斧的神工，是岁月沧桑的杰作，是千古传奇的浪漫。于是，你终于被雕凿出来、被描画出来、被流传下来。

是翱天神雕的刚翼，是固态铺陈的艺术，是累层推涌的石浪。于是，你终于飞翔如梦、凝立如诗、翻卷如涛。

粗硕参天的大树为你着彩，澄澈清幽的湖水为你润色，飞玉流珠的瀑布为你壮势。于是，你终于在一方荒僻的土地上挺拔起雄奇、张扬着个性、释放出魅力。你知道，封闭的雄奇并不代表傲世的个性，而傲世的个性又往往欠缺真正雄奇的魅力。为此，从古至今，你从不拒绝寻胜者的足印。你巨胸敞开，迎四海热情笑脸在你的林海柱阵间簇拥；你雄姿岿立，纳八方欢声歌韵在你的重岩叠翠间萦绕。

定是彝族撒尼人的勤劳与善良感动了上苍，使他执意要在这方缺乏神奇的僻壤间留下神奇。上苍的恩赐使这里的山灵起来、水圣起来；造物主的犒赏使这里的景秀起来、物华起来。穿行于林阵之间、攀援于巨岩之上，目之所及，无不动魂而摄魄。奇峰层层、怪岩滚滚、涧溪脉脉、松声阵阵。那异象之中，时而峰回路转、迷离扑朔；时而亭榭翼然、巧夺天工；时而如刀似剑、峭立怪异…… 混混沌沌如入神宫，迷迷糊糊不知所置。惊惶之际，急昂首望天，天际间的峰顶又密密地向你拢来，时疏时稠、时缓时急、时奇时险，争奇斗美，尽展风华。有的巨峰巍立，刺云破天；有的嶙峋怪诞，形憎影凄；有的悬空欲坠，怵心骇胆…… 一切让你甚感奇绝妙绝。心乐时想引吭高呼，心悸时急唤伙偕行。蹑蹑绕走、举目环顾，“好峰随处改，幽径独行迷”、“千嶂叠翠藏三军，戈戟剑矛指天穹”。移步换景、云外鸡啼。那雾笼处阿诗玛呼之欲出、鳞浪处月湖水回清倒影、云归处凤凰峰惟妙惟肖、喷薄处飞龙瀑溢彩流光、阴郁处黑松岩岿然可怖。一切呈现都是那样的奇态异状、真幻难分、目不暇应。

置身于石林之间，人便显得异常的渺小而滞拙。不知怎的，人一旦与雄奇相遇，往往会变得瞠目而无措。记得古时有一位资深的诗人带着满腹的诗情到石林寻胜，以激发灵感。不想，当他一涉足林海之后，一下子失去了操纵思维的本能，觉得一切再奇妙的文字都不配用来歌赞这片被冠之为“天下第一奇观”的石林。于是，他只得徒叹“眼前有景题不得，江郎笔下才尽没”。思量再三，他窃想，若不留下三两个文字便循循离去，定会被石林嘲笑。因之，他便决定动用一下文学上的辩证之法，即以简洁对复杂、以稚嫩应高深，随即展笺操笔，挥毫写下了两行“诗句”。录毕后，捧纸细阅，连他自己也噗地大笑起来。原来那几句诗竟是“远看石头大，近看大石头；石头果然大，果然大石头。”然后，他抛笺而去，任林风卷纸飘走、挟笑四播。诗人走了，而那朗朗的笑声却萦于石林的峰岩之间，久久回荡、袅袅不绝。不知诗人是在嘲笑自己的莽撞，还是在讥笑人类的智浅？总之，他是把简洁与稚嫩带走了，留下的则是永久的复杂与高深。

我常常痴想：对于中国而言，云南无疑是风物的宝藏；而对于云南而言，石林便是辑录其风物内蕴的长篇巨制。的确，任何人都不能也不应该把石林看作是一簇僵硬的存在，它是有生命的。至少，在它的纸页间记录着生命的演化历程。是大自然把它装帧成册并摆放在这里，让后人前来瞻仰的。也许有人会说，石林的书页是杂乱的，不便翻阅。这无疑又是另外一种意义上的稚嫩。要知道，自然的呈现方式就是杂乱。过分的齐整是人文，而不是自然。石林的玄奥文字至今还没有人能彻底通译，至多才读懂它的序言，大略知道它列属于喀斯特岩溶地貌，是三亿年地质变迁与风蚀雨剥留下的

足迹。显然，仅此“三亿年”三个字就使其豪气卓然于世，更使人类相形其微、渺不可逮。

石林，一篇语义激扬的散文、一首气贯长虹的史诗、一部浩然磅礴的造化长卷。之于世，你纤尘不染；之于人，你巍然独立。你凝于一地而气存千古，你蕴义一身而昭示万灵。你让人“望峰息心”，你使人“窥谷忘返”。你的存在，使大自然的魅力倍增、身价加重；你的呈现，使芸芸众生如鉴在胸、洗心濯性。我很想多作留顿、多作端详，但又担心自己满沾世俗尘垢的目光会玷污了你的圣洁。于是，我也便学着上述的那位诗人状，带着简洁、挟着稚嫩匆匆离去——身后，是一片雄奇。

秋天，相约在石林

□□ 徐燕晴

秋天是最美的季节，它把黄色给了银杏树，银杏树黄黄的叶子像一把把小小的扇子，扇走了炎热的夏天；它把红色给了枫树，红红的、小巧的枫叶如一枚枚的邮票，飘呀飘，飘来了秋天的凉爽；它把金黄色给了田野，沉甸甸的稻谷玉米翻卷着一层层金浪；它把橙色给了果实，橙子、柿子你挤我碰地争着展示自己的成熟，争着邀人们去采摘。秋天是一幅五彩缤纷的世界，是赤橙黄绿青蓝紫描绘出来的浓墨重彩的画布，那是百花的颜色，也是果实的色彩，更是农人喜获丰收之后脸上绽放出来的舒心而开怀的笑颜。

石林的秋天，哪里最美？

石林秋天的簇簇石峰最美，尤其是夕阳西下的石林风景区是最美的，经过了一天的热闹，来自世界各地各个角落，游客们如热浪般逐渐退去，吵吵闹闹的声音渐行渐远，夕阳西沉的时候，倦鸟也在归林，也在寻找着各自的栖身之地，橘红色的天空下，夕阳越来越红，光晕在一点点变大，藏在光影深处的石头墨黑、光线亮点的石头青黑、夕阳照射下的石头白里泛着淡淡的红，石簇中、丛林里，黑的是石头，黄的是银杏树和苦楝树，红的是枫叶和飞龙斩血，绿的是昆明榆，紫色的是三叶梅，还有五彩缤纷的波斯菊。暖暖的色调中，那些壁立的石头，似剑、似戟、似刀，还似一个个全身披挂铠甲的战士如一道道铜墙铁壁耸立在边哨，更像一个个高贵、威严的皇帝头戴着红色、黄色、绿色、紫色的皇冠接受众生的顶礼膜拜。这个季节、这个时候的石林才是最美的，上帝用画笔画下了这幅人间难得一见的精彩瞬间，为何说石林山石冠天下，朋友，这醉人的美景一生能够看到几次，并把它记录在影像上，铭刻在心里。石林的美在每个季节都有不同的韵味，可再美美不过秋天的石林！

除了石林，秋天的大叠水别有一番情致，经过一个夏天充沛雨量的蓄积，巴江河水充裕得如初生了婴儿后妇人饱满的乳汁，汩汩地奔流在平原与崇山峻岭之间，一路到了叠水，一个跟斗，从百米的高空轰轰然跌落而下，直撞成翻卷的波浪，变做水珠，化作水雾。人们说，黄果树美，可看过黄果树再看了大叠水的人说，看过大叠水归来不看瀑布，大叠水被称为“珠江第一瀑”，落差近 90 米，是珠江水系落差最大的瀑布，她的落差超过了黄果树瀑布。大叠水恢弘的气势自然有震撼人心的魄力，面对大叠水，你才会感受到什么叫壮阔，才知道什么叫深邃，才体会到什么叫完美。才会觉得一个人的渺小，一个人生命的流程，任何的喜怒哀乐在奔腾的呼啸中将会化得不复存在。

朦胧的月色自古都是多情的文人咏唱的主旋律，当一天的劳累结束以后，月色下的长湖回归到最原始的宁静，躺在竹排上，随着微波缓缓荡漾在湖面上，仿佛儿时母亲的摇篮，摇啊摇，一直摇到外婆桥，在外婆桥，静静的听一曲秋风掠过树梢演奏的动人音乐，听林子里猫头鹰发现猎物时发出的欢快歌声，将陆放翁“饱将两耳听秋风”的故事演绎得尽善尽美。长湖是恬静而秀美的，这里的山没有纷飞的尘土，这里的水不含杂质，洁净的环境塑造了人的心灵，就如美丽的枯叶蝶般，枯叶塑造了蝴蝶，蝴蝶也塑造了枯叶，枯叶蝶把蝴蝶与枯叶都做到了极致。人来到这里，心不会再有杂质。

环水而居的县城作为一个世界著名风景旅游区所在的小城，来的游客很多，却没有任何喧嚣的成分，洁净的街道不似其他小城那般凌乱，干净的马路衬得风貌改造以后特色浓郁的房屋、青翠的绿化树色彩分明、生机盎然。气候常如二三月，鲜花不败四时春，现在是秋天，却有着比春天更嫩的草更艳的花，小城原本就安静、恬美，更美的还有那条穿城而过的亘古河流，它毫无名气地流淌了几千年，却在县城的风貌改造中被治理得美轮美奂。河岸婀娜的柳条摇曳着多姿的风采，河中长满了柔柔的水草油油的荇。坐在树下绿荫如毯的草地上，透过飘逸的细细柳枝仰望蓝天、白云，可以把一天的日子过得更加悠长、绵和。巴江河的白天是美丽的，晚上则变得神秘。在暑气逼人的季节，巴江河让小城沉浸在湿漉漉的水汽中，每天早晨，当一轮红日从东边升起时，人们就能看到一轮湿漉漉的太阳，太阳的身影是潮湿的，太阳的光辉也是潮湿的，这不是童话也不是幻觉，潮湿的气息滋润了高原的干旱，也滋润了生活在这里的人们，靠江而居，生命如一江碧水，优美、宁静、生生不息。

秋天里的石林是浓墨重彩的颜色、是绚丽斑斓的画布，是色彩缤纷的世界，这里是画家的天堂，是摄影家的宝地，石林山石冠天下，风情醉国人，如果你是画家、是摄影家、是音乐家、是舞蹈家，怎能错过欣赏秋天里最美的景致？梦你容易画你难，秋天的石林啊！千百回的梦里回回都美得说不出口！

秋天，在金黄的枫叶里，你看到石林烂漫的诗意了吗？

秋天，在挺拔的石峰里，你看到石林遒劲的刚烈了吗？

秋天，在收获的稻谷里，你感受到石林丰收的喜悦了吗？

秋天，在满脸的笑意里，你感受到石林人民的温情了吗？

当人们丰收的粮食挂满墙院、堆满粮仓时，朋友，抽个时间，相约几个心仪的好友，来吧，到石林来，这里有优美的自然风貌、底蕴深厚的历史文化以及浓郁的民族风情，来了，可以住在风景如画的石林、农家小院，也可以住在改造后焕然一新的县城，看看作为地球名片的山石，感受一下醉国人的浓郁的民族风情，欣赏一下秋天里姹紫嫣红、美不胜收的景致，再到老城里去看看那些古老得不能再古老的瓦沿上都长满青苔与野菊花的民居，要一壶存在了千年的双眼井的清水泡出来的大碗茶，那份惬意，那份安静与满足让你一生都难于忘怀。来了，心与这块神奇、美丽的土地便有了一个约定，一生也不想离开！

回到石林

□□ 凤凰涅磐

我是一尾洪荒年代的小丑鱼
在亿万年之后
化作一名多情的女子
再一次游回生生世世的海底

裸露的岩石散发出熟悉的咸味
绕过我儿时爱游玩的大礁小礁
穿过我最喜欢冒险的小小洞口
前面的大陆架是我们最好的舞台
那儿闪着珍珠光泽的水草
曾经伸着调皮的脑袋和我们嬉闹
那儿八只脚的章鱼大伯
曾经张牙舞爪地和我们开小小的玩笑
那儿魅力无边的海星
曾经神秘地告诉我在高远的天空
有和它一般形状的会发光的朋友
那儿各种形状的海螺
曾经兴奋地描述过在金色的沙滩
它们随着潮水快乐地滚来滚去

我曾经多么羡慕水母轻盈飘逸的透明
我曾经多么渴望海葵鲜花盛开的美丽
我曾经幻想有一天穿上漂亮的花衣裳
做一颗内柔外刚的贝
我还幻想过化身五彩缤纷的蝴蝶鱼
和心爱的伙伴在珊瑚丛里藏猫猫

导游的声音通过喇叭散了开来
好像海豚曼妙跳跃后扩散的一圈圈涟漪
我的海域已经是现在的石林
精灵古怪的小丑鱼已经是寻梦的游客

重回海底
重回海底

音　像

《黑石头》　黑石头组合打造的首张歌舞作品专辑(DVD)，由大禹文化传播有限公司制作，云南音像出版社出版，云南广播电视公司发行，音像版号 ISRC CN-G10-08-343-00/V.J6，图书出版号 ISBN 978-7-88579-557-3。黑石头组合由王林明、毕义学、黄光、毕仕勇四人组成。本辑收录有“池抬来合”、“阿着底”、“大山之子”、“美丽姑娘”、“月亮情”、“阿妈”、“山里人”、“放牧情歌”、“相聚”、“阿妈的糕巴”、“火把欢歌”11 首歌舞作品。专辑中的“池抬来合”等曲目在群众中影响较大、传唱较广。

《彝家女司机》 金仁祥音乐作品专辑（VCD），四川文艺音像出版社出版，音像版号 ISRC CN-G12-08-0051-0/V.J9。专辑收录有“彝家女司机”、“样样都在变”、“快乐的小媳妇”、“打跳来”、“一口闷”、“山间铁牛跑”、“迎客酒歌”、“和谐石林”、“咂皆伙枣”、“哥妹情”、“搓”11 首作品。

《撒尼情》 格吉阿维彝族歌舞作品专辑，云南音像出版社出版，云南广播电视公司发行，音像版号 ISRC CN-G10-08-382-00/VJ6，图书出版号 ISBN978-7-88579-632-7。专辑收录有“撒尼情”、“走进西街口Ⅰ”、“放牧的姑娘”、“和谐家庭”、“彝乡飞龙”、“新农村建设结同心、哥找阿妹长湖边、立夏栽烟好节令”、“混日子添岁数”、“来栽人参果”、“十冬腊月的酒”、“走进西街口Ⅱ”10 首歌舞作品。

《欢乐石林·欢乐撒尼》 石林彝族歌舞作品专辑，彝族民间骨伤科医师昂文明出品，云南音像出版社出版，云南广播电视公司发行，音像版号 ISRC CN-G10-08-383-00/V.J6，图书出版号 ISBN 978-7-88579-633-4。专辑收录有“欢乐撒尼”、“月琴放歌”、“种地人家”、“学无止境”、“采药之歌”、“健康人生”、“阿爸阿妈”、“圭山赞歌”、“路在脚下”、“休闲舞曲”10 首歌舞作品。

《石林欢歌》 李贵学(艺名斯嘎阿瑟)彝族歌舞作品专辑，云南音像出版社出版，云南广播电视公司发行，音像版号 ISRC CN-G10-07-372-00/VJ6，图书出版号 ISBN978-7-88579-516-0。专辑收录有“石林欢歌”、“火红的日子”、“阿妈的歌声伴我行”、“羞答答的月亮”、“家乡新貌迎宾客”、“党的政策扎扎呀”、“回头”、“来喝一杯彝家酒”、“思念”、“山里汉子”、“永远跟党走”11 首歌舞作品。李贵学的作品曾在“石林县迎新世纪文艺汇演”中荣获一、二等奖。

图　书

《汉夷杂区社会研究——民国石林社会研究文集》 《汉夷杂区社会研究——民国石林社会研究文集》是云南石林史志丛书的第一部，2008 年 12 月由民族社出版发行，图书出版号 ISBN 978-7-105-09902-3/K·1528(汉 705)，1/16 开本，300 千字，印数 2000 册，定价 56 元。该书由刘世生选编，全书收录了杨一波、李埏、施蛰存、楚图南、李有义等专家学者在民国时期对石林的调查研究著作。北京大学王铭铭教授、云南大学林超民教授为本书作序。该书对认识民国时期石林社会状况和石林阿诗玛文化发展史，具有重要的参考价值。

《阿诗玛民族文化旅游生态村——蓑衣山》 李文祥主编，2008 年 10 月由云南出版集团公司云南美术出版社出版发行，图书出版号 ISBN 978-7-80695-748-6 / 32 开本，100 千字，印数 1000 册，定价 48 元。本书旨在弘扬蓑衣山人民勤劳、朴实的民族精神，展示蓑衣山的历史风采和自然生态景观，了结蓑衣山人民世世代代只有口传历史，没有文字历史的期盼，充实阿诗玛文化旅游生态村的文化内涵。全书分为“自然地理环境”、“行政区划沿革”、“建村渊源”、“农业”、“村官”、“公益事业”、“军事、战事”、“古老的原始宗教习俗”、“多彩的婚俗”、“奇异的丧俗”、“传统节日”、“人物”12 章，后有 6 个附录。

人物

新任县级领导简介

县委常委

周美英 女，汉族，1962年7月出生，湖南省祁东县人，1978年8月参加工作，1996年3月加入中国共产党，研究生学历。现任中共石林县委常委、县纪委书记。

1978年8月至1980年11月在安宁县草铺中、小学任代课教师；1980年12月至1984年7月在安宁县草铺区教育组工作，任团总支书记；1984年8月至1986年7月在安宁二中工作，任团委书记；1986年8月至1996年6月，在安宁市（县）连城中学任教，任团总支书记、年级组组长（其间，1989年7月至1992年7月在云南大学新闻专业函授大专班学习）；1996年7月至1998年10月，任安宁市连然镇人民政府计划生育办公室主任（其间，1996年4月至1998年3月在中国社会科学院研究生院农业经济专业研究生班学习并毕业）；1998年11月至2001年11月，任安宁市连然镇人民政府副镇长（其间，1999年1月至2001年8月在英国威尔士大学与海南大学合办的工商行政管理专业学习并毕业，取得硕士学位）；2001年11月至2002年8月，任安宁市连然镇党委副书记；2002年8月至2003年1月，任安宁市连然镇党委副书记、镇人民政府副镇长、代理镇长，云南省预备役师工兵营副教导员（其间，2001～2003年在云南财经大学计算机专业函授大专班学习）；2003年1月至2005年4月，任安宁市连然镇党委副书记、镇长，大屯新区指挥部副指挥长、旧城改造指挥部常务副指挥长；2005年4月至2008年1月，任安宁市温泉镇党委书记（其间，2006年至2008年1月兼任安宁市温泉旅游小镇办征地拆迁科科长）；2008年1月至2008年3月，任中共安宁市委常委、宣传部部长、统战部部长、文明办主任、温泉镇党委书记；2008年3月至2009年4月任中共安宁市委常委、宣传部部长、统战部部长、文明办主任（2008年8月兼任“四创两争”工作总指挥部副总指挥、2009年1月当选市文联主席、2009年2月当选安宁市光彩事业促进会会长）；2009年4月至2009年4月，任中共安宁市委常委、宣传部部长、统战部部长、文明办主任、市文联主席；2009年5月至今，任中共石林县委常委、县纪委书记。

汪明涛 男，汉族，1971年11月出生，云南省马关县人，1993年12月加入中国共产党，1994年8月参加工作，研究生学历。现任中共石林县委常委、鹿阜镇党委书记。

1990年9月至1994年7月，在南京林业大学机械系学习；1994年8月至1997年7月，在安宁市劳动就业局工作；1997年7月至2003年4月，任安宁团市委副书记（其间，1995年10月至1996年6月参加市委“村建”工作队驻一六街乡龙洞办事处工作，2001年9月至2003年7月在云南省委党校经济学专业研究生班脱产学习）；2003年4月至2004年1月，任安宁市一六街乡党委副书记、副乡长、代理乡长；2004年1月至2005年11月，任安宁市一六街乡党委副书记、乡长；2005年11月至2006年12月，任安宁市经济贸易局局长；2006年12月至2008年4月，任安宁市经济贸易局党委书记、局长；2008年4月至2008年12月，任安宁市经济贸易局党委书记、局长，安宁工业园区管委会副主任；2008年12月至2009年8月，任安宁市职业教育基地管委会常务副主任（副县级）；2009年8月至今，任中共石林县委常委、鹿阜镇党委书记。

李　燕 女，彝族，1977年12月出生，云南省楚雄市人，2003年1月加入中国共产党，2003年7月参加工作，硕士研究生学历。现任中共石林县委常委。

1996年9月至2000年7月，在云南大学经济地理与城乡区域规划专业（本科）学习；2000年9月至2003年7月，在云南民族大学民族历史文化与旅游资源开发专业（硕士研究生）学习；2003年7月至2004年6月，在昆明市民委办公室工作；2004年6月至2005年10月，借调到昆明市政府办公厅秘书四处工作；2005年10月至2009年6月，在昆明市政府办公厅秘书四处工作（其间，2007年7月任主任科员，2008年12月任秘书四处副处长）；2009年6月至今，任中共石林县委常委。

蔡志岳 男，汉族，1978年10月出生，福建晋江人，1999年8月参加工作，2004年6月加入中国共产党，管理学博士。现任中共石林县委常委。

1995年9月至1999年7月，在厦门大学自动化系自动控制专业学习；1999年8月至2002年5月，在交通银行厦门分行科技处从事软件开发与应用工作；2002年9月至2004年7月，在厦门大学管理学院国际工商管理专业学习，获工商管理学硕士学位；2004年9月至2007年7月，在厦门大学管理学院企业管理专业学习，获管理学博士学位；2007年7月至2008年8月，福建省2007届党政类研究生选调生，为福州市鼓楼区财政局试期工作人员；2008年8月至2009年7月，任福建省福州市鼓楼区财政局党组成员、纪检组长、主任科员；2009年7月至今，任中共石林县委常委。

县人民政府领导

赵永康 男，白族，1975年12月出生，云南省昆明市人，1997年6月加入中国共产党，1998年7月参加工作，硕士研究生学历。现任石林县人民政府副县长。

1998年7月至2007年12月，在昆明市商业银行工作，历任总行金融机构部总经理助理、个人金融部副总经理；2007年12月至2009年2月，在富滇银行工作，任个人金融部副总经理；2009年2月至今，任石林县人民政府副县长（挂职一年）。

王彦平 男，汉族，1973年10月出生，云南省石林县人，1991年11月参加工作，1995年12月加入中国共产党，在职研究生学历。现任石林县人民政府副县长、石林县生态工业集中区管委会主任。

1991年11月至1996年3月，在石林县公安局交警大队办公室工作；1996年3月至1998年11月，任石林县公安局交警大队办公室主任；1998年11月至2001年10月，任石林县人民政府办公室副主任兼外事办主任；2001年10月至2002年1月，历任维则乡党委委员、副书记、副乡长、代理乡长；2002年1月至2003年3月，任维则乡党委副书记、乡长；2003年3月至2006年2月，任维则乡党委书记；2006年2～4月，任石林县人民政府党组成员；2006年4月至2009年5月，任石林县人民政府党组成员、办公室主任；2009年5月至今，任石林县人民政府副县长、石林县生态工业集中区管理委员会主任。

和加卫 男，纳西族，1973年6月出生，云南省丽江市人，1996年7月参加工作，2008年4月加入中国共产党，硕士研究生学历。现任石林县人民政府副县长。

1992年9月至1996年7月，在云南大学生物学专业学习；1996年7月至2004年2月，在云南省农科院高山经济植物研究所工作（其间，1997年7月任研究实习员，2001年7月任助理研究员）；2004年2月至2007年8月，任云南省农科院高山经济植物研究所高山花卉与食用浆果研发中心主任（其间，2007年7月任副研究员）；2007年8月至2009年6月，任云南省农科院高山经济植物研究所副所长、副研究员；2009年6月至今，任石林县人民政府副县长（挂职一年）。

黄　杰 男，汉族，1980年9月出生，云南省禄丰县人，2004年7月参加工作，2007年1月加入中国共产党，大学本科学历。现任石林县人民政府副县长。

1999年9月至2003年7月，在山东大学学习；2003年7月至2004年7月，在云南航空国际观光旅行社工作；2004年7月至2008年6月，在昆明市人事局工资福利处工作；2008年6月至2009年6月至今，任昆明市人民政府驻北京联络处主任助理（正科级，试用期一年）；2009年6日至今，任石林县人民政府副县长（挂职二年）。

其他县级领导

余　春 男，汉族，1968年3月出生，石林县人，1989年6月参加工作，1999年9月加入中国共产党，大学本科学历。现任云南昆明石林台湾农民创业园管委会专职副主任（副县级）。

1986年9月至1989年6月，在华北水利水电学院水利工程专业学习；1989年6月，由华北水利水电学院毕业分配到中国水电十四工程局工作；1993年12月，由水电十四工程局调入石林县水务局工作；1999年4月任石林县水务局局长助理；2000年8月任石林县水务局副局长；2003年3月任石林县水务局党总支书记、局长；2005年3月至2007年1月，河海大学水利水电工程专业本科毕业；2006年5月至今，任石林县水务局党委书记、局长；2009年4月起，任云南昆明石林台湾农民创业园管委会专职副主任(副县级)。

廖传文 男，汉族，1967年3月出生，四川省乐山市人，1986年10月入伍，1989年4月加入中国共产党，昆明陆军学院毕业，本科学历。现任石林县人民武装部副部长。

1986年10月至1990年8月，在56029部队机枪连、营部当战士、卫生员、班长（其间，随部队参加对越自卫还击作战，历时2年）；1990年8月至1993年7月，在昆明陆军学院步炮合成队学习；1993年8至1997年4月，在35552部队政治处宣传股任教育干事（其间，1995年在国防科技大学长沙政治学院进修宣传专业）；1997年4月至1999年4月，在35552部队73分队任政治指导员；1999年4月至2006年4月，在77328部队政治处先后任宣传股长、副主任；2006年4月至2008年9月，在昆明市盘龙区人民武装部任副部长；2008年10月起，任石林县人民武装部副部长。

知名人物

李伟 男，汉族，中共党员，大学学历，现任中共吉林省白山市委书记。

1958年1月25日出生，云南省石林县人。1977年8月至1978年2月，在长春市郊区幸福公社光明大队当知青；1978年2月至1982年1月，在东北师大中文系汉语言文学专业上学；1982年1月至1985年7月，任吉林建工学院党办秘书；1985年7月至1989年1月，任吉林省建研所党办主任；1989年1月至1989年12月，任吉林省建设厅办公室主任科员；1989年12月至1994年11月，任吉林省建设厅办公室副主任；1994年11月至1997年5月，任吉林省建设厅人事教育处处长；1997年5月至1999年1月，任吉林省建设厅副厅长、党组成员；1999年1月至2001年8月，任中共榆树市委书记（副厅级）；2001年8月至2002年6月，任中共长春市委常委、榆树市委书记；2002年6月至2002年8月，任中共长春市委常委；2002年8月至2008年1月，任长春市人民政府副市长；2008年1月至今，任中共白山市委书记。

赵树清 男，汉族，中共党员，文学硕士，现任云南电视台台长。

1962年7月出生，云南省石林县人。1982年7月至1986年7月就读北京广播学院（现为中国传媒大学）播音专业。1986年9月被保送就读中国传媒大学研究生，研究方向为电视播音主持及电视采访，师从播音泰斗张颂。1991年毕业后留校任教，主讲电视采访艺术。1992年调入中央电视台筹备第四套节目（中文国际频道），为中央电视台第四套节目的创办者之一。曾任中央电视台驻香港首席记者、记者站站长。参与创办“天涯共此时”、“中国新闻”栏目。《柯受良飞越长城》等多部作品曾获全国电视一等奖。牵头策划、组织实施了30集系列报道《长江行》并获“彩虹奖”系列类节目一等奖。1996年12月，作为钱其琛副总理访问南非的随团记者，圆满完成了中国与南非建交的报道任务。1998年6月，率队赴美国肯尼迪宇航中心现场直播航天飞机发射实况，首创中央电视台有史以来最大的境外直播，节目荣获同年“彩虹奖”特别大奖。曾发表论文多篇，提出新闻第二落点理论，受聘为中国传媒大学电视学院研究生导师。2008年6月受聘为云南电视台台长。

昆明市第二十一届劳动模范

徐忠春 男，1971年3月2日出生，小学文化，农民，家住石林县大可乡结胜村委会小河新村123号。

2005年5月6日正午12时许，听到本村村民普洪仁家的加工房着火，徐忠春立即赶赴着火现场参加救火。他一面赶紧叫其他村民打电话报警，一面组织村民想办法控制住火势，而自己则奋不顾身地爬上与加工房相邻的一间房屋顶上，组织村民用递上来的水从房顶上扑火。刚刚泼了十来桶水，由于房顶的瓦片受热时间过长，突然破裂，正忙于救火当中的徐忠春没有丝毫察觉到这一危急的情况，一下子坠落到火海之中，整个身子随着受热的瓦片重重地砸在水泥地板上，左脚膝盖骨顿时碎裂，身上、脸部多处被火烧伤，顿时失去知觉，房外救火的村民见状，拼命砸开房门冲进去奋力将徐忠春救出送往医院抢救，生命虽然保住了，但眼部、左手和腿部却留下终身残疾，左眼几乎失明，左腿功能也无法恢复，走起路来比较困难。2005年起，在他的带动下，本村的群众调出有水源条件的土地种植朝鲜蓟，经济收入有了较大的提高。徐忠春正是用自己的热血和生命，实践着庄严的人生诺言，也使人们再一次看到了朴实的农村人身上涌现出来的无私奉献、舍己为人的高尚品德和精神。

梅为云 男，汉族，1969年10月30日出生，云南省石林县人，本科学历，高级技师、助理农艺师。现任石林绿汀甜柿产品开发协会会长兼石林绿汀甜柿产品开发有限公司总经理，政协石林第八届委员会常委。

1993年7月1日，梅为云毕业于云南农业大学园艺系果树本科专业，被分配到昆明重机厂绿化科。两周后，年仅24岁的梅为云不甘于每天除草剪刺的简单重复工作，毅然辞去公职投身到一家苗木公司从事花卉苗木种植管理工作。两年后，梅为云带着果树知识及丰富的种植经验回到了生他、养他的故乡——石林，就是从那时起，梅为云就与甜柿结下了不解之缘。回乡之后，梅为云以承包的50亩果园起家，通过不断进行果苗培育和引种试验、改良技术操作规程，提高了主栽品种的综合品质。2004年，梅为云牵头成立了石林绿汀甜柿产品开发协会。自行业协会成立以来，会员农户已发展到1815户，在县委政府的高度重视下，现已带动发展拥有甜柿基地约25000亩。2007年11月“绿汀”商标被云南省工商行政管理局认定为云南省著名商标。2008年，甜柿总产量达1620吨，产品销售收入1516.28万元，挂果农户户均增收7100元，高于全县的平均增收水平。此外，梅为云带领全体员工共同努力，2008年出口甜柿鲜果到东南亚国家，突破了石林县进出口贸易史上零的记录。为延伸柿子产业链，有效带动农户增收，梅为云还开发了“柿成”柿叶代用茶柿叶粉，“就柿”柿子糕、柿子干加工产品。2008年12月，“绿汀”商标被昆明市知名商标认定和保护工作委员会认定为昆明市知名商标。2009年梅为云已拥有出口型甜柿基地550亩，创办的石林绿汀甜柿产品开发有限公司发展成为云南省农业产业化与农产品加工省级重点龙头企业。梅为云先后被县委政府授予“有突出贡献的优秀专业人才”、“拔尖乡土人才”、“农村劳动力转移培训先进工作者”等荣誉称号；2006年12月，被共青团中央和农业部授予“全国农村青年创业致富带头标兵”；2009年2月，被云南省青年创业省长奖活动组委会评为第一届“云南青年创业省长奖”，获奖金3万元。

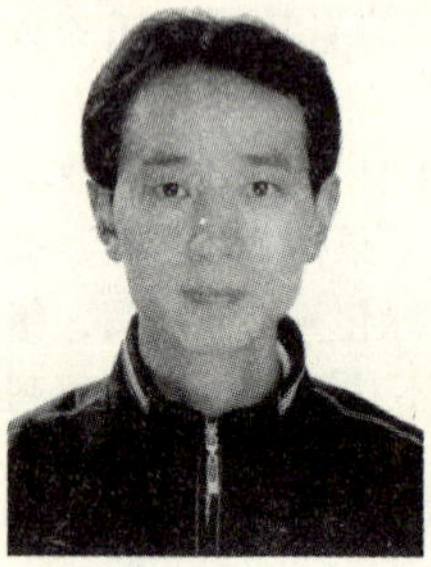

卢　文　男，汉族，1967年10月24日出生，中共党员，云南省石林县人，1990年7月毕业于西安外国语学院旅游系英语导游专业。1990年9月至1993年7月在石林宾馆工作；1993年8月任云南阿诗玛旅行社副总经理，并担任昆明市导游协会理事。2006年被昆明市旅游局评为金牌导游，2008年被云南省旅游局评为金牌导游。

卢文怀着对导游工作的满腔热忱和追求，渴望投入到西部大开发的浪潮中为西藏经济的发展、民族团结作一点贡献。经单位、省市旅游局推荐选拔和国家旅游局的批准，2006年、2007年他两次代表云南参加全国导游援藏工作。在援藏工作中，卢文做到舍“小家”，顾“大家”，从不挑团，不串团，一心一意为受援单位服务，不管是常规线路，还是超常规线路，都表现出了老西藏“特别能吃苦、特别能忍耐、特别能战斗、特别能创业、特别能奉献”的精神。卢文体验了西藏导游工作的艰苦和压力，克服了陌生的环境、语言的障碍、文化的差异、高原缺氧的反应，解决了外国游客针对西藏的特殊问题等等。通过自己不懈努力，圆满完成了两次援藏任务，共接待40多个团队、400多人，总天数250多天，行程近5万千米，取得了可喜的成绩，得到了客人的好评和受援单位的一致认可。2006年卢文被国家旅游局评为全国第四批援藏导游员西藏自治区先进个人，为云南导游援藏工作增添了光彩。

张睿高　男，彝族，1957年7月1日出生，石林县圭山老海宜村人，中共党员，毕业于昆明市委党校政治管理专业。1980年3月至1984年8月在圭山乡当甸任教，期间1982年至1984年任小学教导主任；1984年8月至1995年8月任圭山中心学校校长；1995年8月至1998年3月任路美邑乡纪委书记；1998年3月至2001年10月任县委组织部副部长；2001年10月至2003年3月任鹿阜镇人大主席；2003年3月至今任石林县人口和计划生育局局长。

在2006年石林县创建计划生育优质服务先进单位和筹备国家农业人口独生子女家庭奖励扶助现场会工作中，他坚持早出晚归在现场工作，使石林县的计划生育优质服务工作提高到了一个新的水平。石林县通过了省级计划生育优质服务先进单位的验收，达到了技术服务规范化、具体服务个性化、分类服务特色化、政策服务公开公平化、信息服务准确快捷化和宣传服务温馨化的总体目标和要求。他经常带头早上班，带头多下乡，带头搞研究，带头勤俭持家，走边远山村，走少数民族农户，走计划生育家庭户，与当地干部群众交朋友，耐心细致搞宣传，发动当地干部群众积极参与人口和计划生育工作。通过积极地开展工作，2006年使许多少数民族群众转变了婚育观念，在农业人口累计领取《独生子女父母光荣证》的5655户中，少数民族农户达2156户，占累计领证户的38.13%。

李正平　男，汉族，1957年10月4日出生，云南省石林县人，中共党员。1974年8月至1976年7月在石林镇小箐村当知青；1976年8月至1984年6月任县塑料厂副主任、主任；1984年7月至1994年9月任县计经委副主任、主任；1994年10月至2001年10月任县计贸局党总支书记、局长；2001年10月至2003年2月任石林县人民政府副县长；2003年3月至今任石林县委常委、石林风景名胜管理局党委书记、局长；2006年7月起兼任中共石林县委办公室主任。

2003年3月起，他接过石林旅游发展接力棒，带领全体干部职工为石林旅游事业辛勤工作，为石林风景名胜区捧回一个又一个国际级、国家级旅游品牌，为石林旅游经济创造了一个又一个新的突破，书写了石林旅游发展史新的一页。2004年，联合国教科文组织表决通过了石林进入第一批世界地质公园。

2005年，面对现代科技的迅猛发展，李正平果断决策，启动数字石林建设，建成了局内部的办公光纤网络平台、景区游路监控系统、旅游会员管理系统、停车场智能管理系统、旅行社签单结算系统、便携式选择播放语音导游系统和信息化调度指挥中心，安装IP应急求救电话60多部。石林景区被列为国家建设部18个数字景区建设示范点之一，步入了人性化、制度化、国际化、科学化相结合的管理道路上。2007年起，旅游品牌创建更是捷报频传，第31届世界自然遗产大会表决通过石林世界自然遗产项目，被国家旅游局评为首批国家5A级旅游景区，被国家建设部评为“国家级风景名胜区综合整治十佳单位”、“最佳资源保护的中国十大风景名胜区”。

耕耘换来收获，李正平个人2003年被省建设厅评为“云南省重点风景名胜区先进个人”；2005年、2006年连续两年被市委考评为市级“优秀公务员”；

2006年获“中国旅游行业十大影响力人物”称号；2007年被国家建设部评为“国家级风景名胜区综合整治优秀工作者”。

金　牛　男，彝族，1969年3月22日出生，石林县长湖镇海宜村人，2003年毕业于云南艺术学院。现为云南省美术家协会会员、昆明市美术家协会会员、石林县民族民间美术传承人、拔尖乡土人才，是全国现代民间绘画优秀画家。爷爷金国富是久唱不衰的歌曲《远方的客人请您留下来》的原曲作者、生前曾任全国政协第二至第四届委员，其父金云生前也是一位负有盛名的民间文艺工作者。因受家庭的熏陶，金牛自幼爱好民间书画艺术。但由于父母英年早逝，15岁时他就不得不辍学回家务农，小小年纪就承担起了照顾弟弟、支撑家庭的重任。面对残酷的现实，他依然利用每天繁忙的劳动之余进行现代民间绘画创作。1991年，壮志少年离开故乡踏上了进城务工之路。由于具备一技之长，对待工作勤奋而努力，进城几年后，突出的工作业绩赢得了用人单位领导和同事的充分肯定。在兢兢业业完成好正常工作的同时，他不断坚持现代民间绘画创作。通过近20年的不懈努力，金牛的绘画作品终于在各级展览和大赛中崭露头角。其中35件作品参加全国、省、市各级展览(其中5件在中国美术馆展出)，8件作品分别获得一、二、三等奖和全国现代民间绘画优秀画家提名奖，20件作品分别在全国、省、市各级美术专集上发表，50件精品力作在举办个人画展时展出，1件作品远赴美国纽约进行交流展出。

2005年以来，正是金牛美术创作的黄金时期，辛勤耕耘硕果累累，作品连续3年获大奖。2005年5月，《火之族》、《彩虹寨》等7件作品参加神彩云南——云南农民画展并入编作品集，其中《火之族》作为封面使用；12月，作品《彝家甜蜜酒》、《硕果》在云南省农民画培训班展览中获优秀奖(最高奖)；同年金牛被县政府命名为石林县非物质文化遗产传承人（民间美术）。2006年2月，由于在参与全面建设小康社会，推进石林经济社会发展工作中成绩突出，金牛被县委政府授予“拔尖乡土人才”称号；5月，参加石林县城市风貌改造民间图案设计，并有30余件作品被采用；7月，作品《彝乡欢歌》在第二届中国农民书画展中荣获一等奖，并被中国农业博物馆永久收藏；12月，作品《祭密枝》在昆明市第三届优秀文艺作品创作“茶花奖”评选中获铜奖。2007年8月，作品《丰年》在“描绘新农村——全国美术作品巡展”大型社会文化活动中荣获一等奖，并被组委会收藏；12月，根据撒尼民间故事创作的作品《阿诗玛》同全国各地选送的其他获奖书画作品一起，远赴美国纽约进行交流展出。2008年7月，作品《阿诗玛》获第三届中国农民书画展银奖；9月，金牛获第二届全国《畅想未来》中小学生书画摄影作品大赛云南赛区优秀美术教师奖；10月，作品《阿诗玛》、《丰年》入围神采云南——第二届云南省农民画展，同年12月两幅作品荣获昆明市第四届优秀文艺作品创作“茶花奖”。

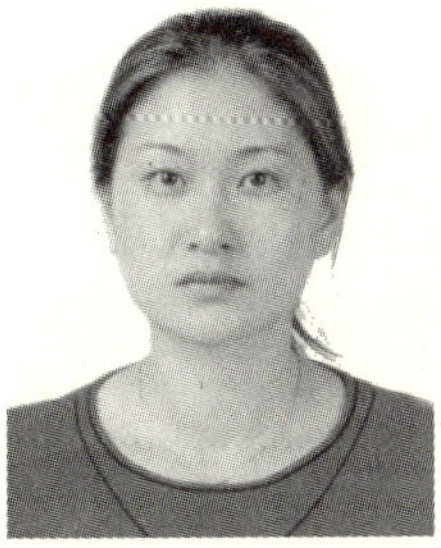

陈　军　女，汉族，1976年1月17日出生，云南县石林县人，2004年10月至今在石林县会议中心上班。2005年度被单位评为优秀员工；2007年在县总工会、县劳动就业局举行的职业技能资格培训中被评为优秀学员；2007年被单位评为优秀员工。

陈军是石林县会议中心星级宾馆客房部的前厅领班，2004年参加工作至今，陈军勤勤恳恳，尽职尽责，为酒店的发展做出了积极的努力，赢得了领导、同事及客人的肯定和认可。在工作中经常遇到外来客人半夜生病的情况，因为初次来石林的客人对当地的医院不熟悉，人地生疏，为了客人的安全，凡是遇到这种情况，陈军总是不顾自己一天的劳累，主动放弃自己的作息时间，第一个陪护客人到医院看病，直到将客人又送回到酒店住下，在确保客人安全无事后，才离开客人的身边。

2007年7月17日早晨，入住石林县会议中心的浙江省宁波市客人正在办理退房手续，陈军接到客户服务员的电话，说服务员在查房时在枕头下拾到一个黑色皮包。陈军立即叫楼层服务员把皮包送到总台找失主，当服务员送到总台时，客人已办理完离店手续，车就要开走了。陈军急客人所急，但又不知谁是失主，就立即查找了该团的入住记录，找到了带这次团队的导游，把皮包交给了导游，导游查对客人入住的房号后，找到遗忘皮包的客人，把皮包交给了这位客人。在处理此类事情的过程中，有很多次客人提出要礼金酬谢，一次次都被她谢绝了。她用自己默默无私的奉献，给客人带来了温馨。

杨树森　男，汉族，1937年2月14日出生，云南县石林县人，现任昆明石林兴隆交通旅游集团有限公司董事长。杨树森虽然不识字，但有超前的发展意识，管理经验独到，为人忠厚而诚信。为配合和支持石林县的企业改制工作，公司分别于2003年、2005年、2006年接收了县医药公司、石林旅行社、石林县糖烟酒副食公司，开始了新的组建和多元化方向发展。改制后，集团公司集省内外客运、城乡公交客运、出租客运、货运、汽车修理、驾驶培训、汽车检测、医药、餐饮娱乐等多种行业为一体，拥有昆明石林汽车服务有限责任公司、石林兴利达旅游客运有限公司等十几家下属公司。十三年来，集团公司在石林县委、县人民政府指导和支持下，为社会经济发展作出了一定的贡献。特别是石林县交通事业的发展在我省民营交通运输企业中名列前茅，拥有资产总值1.2亿元。

近年来，集团公司从未出现过任何重大交通事故，做到了“让出行的群众放心安心地乘坐兴隆客车”。1999年，被云南省公路运输管理局授予“道路运输文明窗口”称号；2003年7月，被昆明市人民政府授予“昆明市先进乡镇企业”称号；2004年11月，被昆明市总工会授予“双爱双评先进集体”称号，作为企业的带头人杨树森被授予“先进个人”的荣誉称号；2005年被省交通厅命名为“安全生产管理合格单位”；2005年9月，被省人大法制委列为“工作重点联系单位”；2006年被昆明市社会治安综合治理维护稳定委员会授予“平安创建先进单位”称号；2007年4月，被昆明市人民政府授予“优秀乡镇企业”称号。

多年来，集团公司在他的领导下，为地方财政作出了一定的贡献，累计纳税千万余元；关心地方的扶贫济困，捐资助学累计捐资20余万元；关心地方的社会事业，吸纳就业人员300余人；关注地方的交通事业发展，投入在城乡交通客运站点建设资金累计数千万元。

截至2009年6月，全县共投放了城乡公交客运车辆234辆、出租车116辆，规范了221辆微型客车营运，开通了县乡公交客运线路69条，通车里程达1540千米，农村公交覆盖率达95.65%，使全县8个乡镇、88个行政村农村群众的出行问题得到了初步解决。考虑到广大城乡群众的利益，让利于群众，据不完全统计，数年来公司在城乡公交的价格让利上，使石林县广大群众累计直接受益达2000余万元，维护和促进了农村客运的健康发展。

陈春华 男，汉族，1953年1月1日出生，中共党员，石林县环卫站垃圾清运工。1972年，陈春华参加中国人民解放军。服役5年后，退伍回到了家乡小麦地庄。1979年3月，陈春华到石林县运输公司工作，从此与方向盘交上了“朋友”。1986年6月，33岁的陈春华毅然放弃当时在人们看来十分吃香的汽车司机工作，调到石林县环卫站工作。从此，陈春华那双握方向盘的手又推着垃圾车，沿着石林县城的大街小巷，一边清扫，一边清运，又与清扫垃圾打上了交道。石林县城150个垃圾桶点、11个垃圾箱点，他如数家珍，每个点垃圾清运车如何倒进去、如何开出来，他是分毫不差。在22年的垃圾清运工作中，他默默无闻，无怨无悔。特别是在石林县创建国家卫生县城中，他和同事们每天天亮前就把垃圾清运完。县城的几个公厕需要改造，他就开着粪便吸污车，将需要改造的公厕里的粪便拉走，然后又拉来清水，清洗公厕的便坑。

在石林申报世界自然遗产先进表彰大会上，陈春华被石林县委政府授予申遗先进个人称号；在石林县创建国家卫生县城表彰大会上，陈春华被石林县委政府授予创卫先进个人称号。2004年、2005年连续两年他在考核中被评为“优秀工人”。

王永乔 男，汉族，1964年8月25日出生在云南镇雄县，大学文化，1982年8月参加工作，1997年8月服从组织决定调入县委办公室工作至今，历任县委办秘书科科长、县委办副主任、县委办常务副主任。无论在哪一个岗位上，他干一行、爱一行、钻一行，特别在担任县委办常务副主任兼党总支书记，主持县委办公室日常工作以来，他更是一心扑在党的事业上，认真履行职责，兢兢业业工作，为着党的事业、石林的发展，舍小家、顾大家，无怨无悔，恪尽职守，用自己的言行表达了忠诚。为了一个精品文稿、一次周到的安排、一条有价值的信息，他通宵达旦、废寝忘食，在不眠的灯光下诠释着敬业。他为着神圣的职责、光荣的岗位、崇高的理想，一次次含泪告别年迈的父亲，一次次撇下呼唤着“爸爸”的女儿，在亲人们深情的期盼中闪烁出奉献。近几年来，他连续多次被县委政府评为“优秀公务员”，先后被中共昆明市委授予“优秀共产党员”、“昆明市民族团结进步模范个人”、“昆明市“十五”扶贫工作先进个人”等荣誉称号，被石林县委、县政府授予“十佳优秀科级干部”、“争创一流先进个人”等多项表彰奖励。县委办也多次被市、县评为昆明市“文明单位”、“先进基层党组织”、“人民满意县直单位”等荣誉称号。

在他的带领和影响下，办公室班子成员身体力行，率先垂范，严格自律，做到戒贪、防渐、慎独。在先进性教育活动整改措施落实情况测评中，班子及成员的群众测评满意率均在99%以上。长期在领导身边工作的他，从不打领导旗号办私事、谋方便。列席县委重要会议，处理县委领导批示信件，他严守保密纪律，严格办事程序，以过硬的作风树立了一名党员领导干部“勤政为民、廉洁务实”的良好形象，以自己的实际行动为促进石林经济社会发展作出了积极的贡献。

毕洪祥 男，彝族，1951年11月28日出生，中共党员。1977年从云南农业大学毕业后，在县农牧局畜牧兽医总站工作，现为高级畜牧师。参加工作30年来，他始终在畜牧科技推广一线工作，把一生的青春和汗水无怨无悔地奉献给了彝乡石林的畜牧科技推广事业。近年来，石林县以山羊养殖为龙头的畜牧业连年保持了持续、快速、稳定的发展势头，得到了县委、县政府的充分肯定和广大人民群众的高度评价。

毕洪祥结合自己多年的技术实践经验，首创提出了在昆明市处于领先水平的山羊漏粪式高床卫生厩养新技术，编写了《山羊漏粪式高床卫生厩养建设技术要求》教材，亲自进村入户指导养殖户按技术要求和图纸标准建设厩舍，并在实践过程中进行了进一步创新完善。由他负责技术指导的漏粪式高床卫生厩养示范户，户均每年可比一般养羊户增收2250元左右。他还因地制宜总结出了“六改六抓”养羊实用技术，以《奶山羊高效益饲养技术》为题被收录进入全国“星火计划”丛书。在他的悉心指导下，彝乡石林涌现出了一批饲养奶山羊上百只、年卖乳饼1000千克以上、养羊经济收入超万元的规模养殖重点户。1990年11月，全国奶山羊第三次学术研讨会在石林县召开，来自全国八个省、市的有关领导和专家通过现场观摩和会议介绍，对石林圭山山羊杂交改良和技术推广效果给予了充分肯定，认为石林县成功探索出了一条以“乳饼加工为龙头，规模经营为基础，种草、养羊、加工一条龙”为特色的山羊养殖“石林模式”，为全省树立了榜样。

为改变传统的饲养和饲料供应方式，他亲自指导新建青贮池21353.3立方米，改建了漏粪式高床羊厩21389.04平方米。引进推广种植了多花黑麦草、皇竹草、云牧二号、苜蓿、苏丹草、白三叶等优质高产牧草17700亩、紫花苕15000余亩，每年为示范农户增收263.5万元。从2003年起，他编写的《山羊高床卫生厩养技术》被列为昆明市农村党员、基层干部“素质教育工程”市级统筹培训教材，已为全市12个县、市、区培养了1000多名山羊高床厩养技术骨干，对全市的山羊高床厩养推广示范发挥了明显作用。在他的带动下，涌现出了一大批以乳饼加工为龙头，规模经营为基础，种草、养羊、乳饼加工一条龙的技术骨干、养殖专业户和致富带头人。

2003~2004年，石林县“优质圭山肉、奶山羊产业化建设，被列为省级农业综合开发项目。由于以毕洪祥为代表的一批畜牧科技工作者的不懈努力和辛勤工作，2006年5月圭山山羊被国家农业部列为首批国家级畜禽类遗传资源保护品种名录。2007年底，全县高床厩养示范户已达1171户，占全县养羊总户数的30%；山羊存栏总数达到了17.8万只，出栏肉羊85652只；鲜奶产量963.4万千克。全县农民养羊增加收入1565万元。项目区农民仅养羊一项就人均增收256元。

乡土艺人

杨新民 男，汉族，1948年6月出生于云南昆明，1963年11月参加工作，1964年7月由云南人民印刷厂调石林管理处工作，现为云南省摄影家协会、云南省民俗摄影协会会员，专业技术职称副研究馆员。

杨新民1966年接触摄影，1975年正式从事摄影工作，任石林风景区专职摄影兼旅游宣传品编辑、设计。1983年至今，拍摄与石林旅游相关的摄影专题60余项，同年担任石林旅游门票的设计制作工作。20多年来，共设计门票50余套、400多个品类，曾在1996年10月举办的第九届全国旅游门券收藏展览会获《石林》专题作品特别奖；2002年9月，获中国风景名胜区协会在南京举办的中国风景名胜区旅游纪念品联谊展示交易会门票最佳创意奖；2006年6月，获中国旅游报社举办的全国旅游景区徽标、门票、宣传口号展评大赛门票设计二等奖。

1995年以来，担任石林风光宣传挂历设计制作工作，已编辑出版石林宣传挂历15个版本。1991年至今，参与或主持编辑各类石林图书、画册、明信片等旅游读物20余种，其中画册《石林天下奇》、《黑松岩与飞龙瀑》、《中国国家地质公园——云南石林》为个人摄影专集。

摄影作品曾在2002年12月获国家文物局、国家建设部、中国教科文组织全国委员会、联合国教科文组织世界遗产中心联合主办的“世界遗产在中国艺术作品展”中获三等奖；2004年1月，在第四届云南省文学艺术创作奖励基金会摄影类中，《云南石林》画册获三等奖；2007年9月，在建设部举办的中国风景名胜区摄影大展中，作品《石林晓岚》获八达岭长城杯二等奖。

高　磊（彝名洛波柯牧）男，彝族撒尼人，1965年5月出生，石林县石林镇老挖村委会小老挖村人，系云南省昆明市石林县阿诗玛艺术团创作员、中国音乐家协会会员、国家二级作曲。先后毕业于中国函授音乐学院理论作曲系、贵州民族学院艺术系作曲专业、中共中央党校函授学院法律专业、云南民族大学民语系民族文化资源开发与利用专业研究生课程专修班。现任云南石林阿诗玛艺术团党支部书记兼艺术创作室主任。其个人传记被收入《中国音乐家词典》和《中国音乐家图典》。

1999年5月由中国文联出版社出版了歌曲创作集《石林·美丽的地方》一书。2000年后由云南民族文化音像出版社出版了创作歌曲和舞蹈音乐作品VCD和录音带《石林·阿诗玛》、《中国石林彝族酒歌》、《相聚在石林》、《家乡的赞歌》、《走进石林来》、《欢乐的火把节》、《欢乐的地方》等专辑。近年来，在石林举办的各种国际、国内活动中，先后完成了大型民族歌舞晚会《相聚在石林》（1998年石林县更名庆典晚会）、《洛山迷地搓》（1999年）、《石林·阿诗玛》（2000年国际旅游节晚会）、《世界的阿诗玛》（2004年国际阿诗玛文化学术研讨会晚会）、《相约石林》（昆明市第八届民运会晚会）、《阿诗玛秘地》（石林县庆五十周年晚会）、《梦想石林》（改革开放30周年暨石林县更名10周年庆典晚会）等音乐创作；参与策划、创作和指导的舞蹈节目《洗麻歌》、《搓帕大三弦》荣获全国“群星奖”（2000年）金奖和云南省“彩云奖”金奖（2002年）；为电视专题片《人间仙境——普者黑》和电视连续剧《阿诗玛新传》创作主题歌和部分插曲；在《云岭歌声》发表了《家乡的小河》、《爱情小调》、《美丽的彩云飞起来》等数十首歌曲；创作改编的部分作品先后在中央电视台的《田园大舞台》、《综艺大观》、《魅力12》、《神州大舞台》、《乡村大世界》、《相约》等栏目和地方电视台播出；与《云岭歌声》杂志社合编了特刊歌曲集《石林之声》；为地方歌手编辑出版了昂美仙《女儿情》系列、毕有和《男儿情》系列、朱绍明《彝乡情》、毕敏《石林情》、李贵学《石林欢歌》、毕光福《撒尼情》、昂文明《欢乐石林·欢乐撒尼》等个人演唱专辑DVD、VCD光盘；编辑制作并出版了一批具有地方民族特色的录音带《石林之歌》、《石林民族歌舞》系列共20多集。自中学时期开始创作至今，已创作歌曲数千首、舞蹈音乐200多件，代表歌曲有《石林留客歌》、《石林的美酒》、《美丽的彩云飞起来》、《美丽的石林》等，代表舞蹈音乐有《火一样的民族》、《抢包》、《三胡情》、《美丽的彩虹》等。近年来整理改编的生态情景表演《阿诗玛》参加2008年云南省新农村文艺汇演获表演一等奖；作品《牧羊姑娘》由石林县歌手昂波维尔参加全国新人新作大赛获银奖；作品《待客酒歌》、《大碗酒》参加云南省一、二届酒歌大赛获金奖和银奖；整理改编的作品《陪草迷》2009年获昆明市青年歌手电视大奖赛原生态组银奖、云南省民族民间歌舞乐展演社会文化彩云奖展演奖。

毕跃英 女，彝族撒尼人，1954年12月出生，石林县石林镇老挖村委会大老挖村人，云南省非物质文化遗产（工艺美术〈刺绣〉）传承人。

毕跃英少年时代生活在一个四世同堂的大家庭里，父亲是生产队长，大哥是大队干部，二哥三哥正在上学，妹妹又小，一大家子只有3个劳动力。她11岁那年，大嫂生了第二个孩子，父亲要她辍学帮大嫂背娃娃，好让大嫂多挣点工分。母亲看她一天背着娃娃感到很无聊，就找给她一块棉布和一点丝线表示安慰，大嫂也觉得过意不去，时常送给她一些丝线。从此她安心给大嫂背小孩，同时也爱上了撒尼挑花。毕跃英与同龄的小伴们一起劳动一起挑花，互相学习、互相进步。这段时期她除了参加社里的生产劳动，其余的一切空闲都可以用来挑花，无论是田间地头还是家门口的草垛旁都是她挑花的天堂。

彝族撒尼挑花刺绣说难也不难，只要有兴趣、视力好、有时间，每位姑娘都会绣得很好。撒尼挑花也有一定规律和程式化，主要有二十多种花样，基本上是照样传承学习的。毕跃英是父亲最宠爱的长女，只要她喜欢的事情父亲都会给予积极支持，她的家庭给她创造了一个良好的挑花刺绣环境。

毕跃英青年时期曾经担任过大队团支部书记，那个年代开会是记工分的，她经常到大队或公社里开会，这种时候更是她做挑花的好机会，她可以同别村的妇女们交流挑花刺绣经验，学习人家的好花样来丰富自己。这段时期毕跃英给朋友小伴和本社妇女们做过无数的挑花刺绣，是她做挑花刺绣的成长、成熟期。

毕跃英30岁离开农村，跟随丈夫迁往县城居住，人虽然进了城，但照样从事着她的刺绣挑花行业。她挑制的撒尼绣花包、小孩背被、撒尼手工挑花服饰等50多件先后被云南省博物馆、北京民族文化宫、昆明市群众艺术馆、云南省群众艺馆等单位收藏。她绣的“撒尼跳月”、“阿诗玛”、“牧归图”在石林挑花比赛中分别获得金、银、铜奖。毕跃英的挑花刺绣品精致美丽，石林县有关部门经常到她家里选购作礼品赠送给有关人士。在她的示范和带动下，撒尼传统挑花刺绣及民族服饰又掀起了新的热潮，很多朋友小伴经常聚集在她们家或巴江河边上学习挑花刺绣。中央电视台四套曾经对此作过专题报道。2007年6月9日，毕跃英被命名为“云南省非物质文化遗产传承人”和“昆明市非物质文化遗产传承人”。

人 物 表

石林彝族自治县非物质文化遗产传承人名录

级别	姓名	性别	民族	出生年	专长	命名时间	地址
国家级非物质文化遗产传承人(2人)	毕华玉	男	彝族	1953年	口传文学《阿诗玛》	2008年	县民宗局
	王玉芳	女	彝族	1941年	口传文学《阿诗玛》	2008年	长湖镇宜政大海子村
云南省非物质文化遗产传承人(8人)	毕志光	男	彝族	1949年	制作狮虎面具	1999年	圭山镇小圭山村
	毕凤林	男	彝族	1921年	毕摩画	1999年	石林镇大老挖村

续表

级别	姓名	性别	民族	出生年	专长	命名时间	地址
	毕光明	男	彝族	1948年	木雕、乐器制作	1999年	西街口镇巴茅村
	毕跃英	女	彝族	1954年	工艺美术(刺绣)	2007年	石林镇大老挖村
	杨凤英	女	彝族	1949年	山歌、四平调、板板腔演唱	2002年	大可乡岩子脚村
	黄兰芳	女	彝族	1937年	口弦、民乐演奏	2002年	石林镇小箐村
	毕光辉	男	彝族	1925年	民间狮虎舞	2002年	长湖镇维则村
	金玉明	男	彝族	1944年	资料保存者	2007年	长湖镇海宜村
昆明市非物质文化遗产传承人(9人)	何云峰	男	彝族	1951年	民间舞蹈	2006年	圭山镇小糯黑村
	曾毕开	男	彝族	1931年	民间舞蹈(毕摩)	2006年	圭山镇小糯黑村
	张凤兴	男	彝族	1938年	民间文化(毕摩)	2006年	石林镇月湖村
	张志斌	男	彝族	1964年	木雕、乐器制作	2006年	县地方税务局
	毕开明	男	彝族	1943年	民间音乐	2006年	西街口镇寨黑村
	昂文英	女	彝族	1947年	民间音乐	2006年	西街口镇寨黑村
	普华昌	男	彝族	1932年	民间舞蹈	2006年	长湖镇阿着底村
	李黄文	男	彝族	1928年	民间音乐	2006年	长湖镇维则村
	普照光	男	彝族	1947年	民间乐器制作	2006年	石林镇月湖村
石林县非物质文化遗产传承人(30人)	毕跃光	男	彝族	1950年	民间美术	2005年	石林镇大老挖村
	金　牛	男	彝族	1969年	民间美术	2005年	圭山镇老海宜村
	姜青云	男	彝族	1963年	民间美术	2005年	大可乡雨落甸村
	普光辉	男	彝族	1974年	民间美术	2005年	石林镇大老挖村
	钟　敬	男	汉族	1960年	民间美术	2005年	鹿阜镇南门街
	昂崇兴	男	彝族	1936年	民间工艺(篾编)	2005年	圭山镇蝴蝶村
	杨兆纯	男	汉族	1947年	民间工艺(石刻)	2005年	鹿阜镇大昌乐村
	李　彪	男	汉族	1936年	民间工艺(木雕)	2005年	大可乡岩子脚村
	毕建华	男	彝族	1957年	民间舞蹈(霸王鞭)	2005年	圭山镇立马村
	毕　珍	女	彝族	1951年	民间舞蹈(霸王鞭)	2005年	大可乡岩子脚村
	毕文明	男	彝族	1960年	民间舞蹈(霸王鞭)	2005年	长湖镇维则村
	张仕贤	男	彝族	1935年	民间舞蹈(叉舞)	2005年	长湖镇阿着底村
	詹　德	男	彝族	1960年	民间舞蹈(叉舞)	2005年	大可乡岩子脚村
	金明祥	男	彝族	1940年	民间舞蹈(鼓舞)	2005年	圭山镇小糯黑村
	张培荣	男	彝族	1929年	民间舞蹈(鼓舞)	2005年	大可乡岩子脚村
	詹汉林	男	彝族	1925年	民间舞蹈(鼓舞)	2005年	大可乡岩子脚村
	杞绍成	男	彝族	1936年	民间音乐(月琴演奏)	2005年	路美邑镇路美邑村

续表

级别	姓名	性别	民族	出生年	专长	命名时间	地址
	姜国兴	男	彝族	1936年	民间音乐（三胡演奏）	2005年	石林镇月湖村
	方华兴	男	彝族	1926年	民间音乐（三胡演奏）	2005年	鹿阜镇上蒲草村
	高秀才	男	彝族	1926年	民间音乐（三胡演奏）	2005年	长湖镇豆黑村
	毕自荣	男	彝族	1933年	民间音乐（竹笛演奏）	2005年	长湖镇维则村
	张福兴	男	彝族	1939年	民间音乐（竹笛演奏）	2005年	石林镇大老挖村
	昂仕和	男	彝族	1927年	民间音乐（唢呐）	2005年	石林镇大老挖村
	毕成光	男	彝族	1927年	民间音乐（唢呐）	2005年	长湖镇维则村
	毕凤英	女	彝族	1944年	民歌演唱	2005年	路美邑镇路美邑村
	张凤进	男	彝族	1938年	民歌演唱	2005年	石林镇月湖村
	李玉光	男	彝族	1942年	民间风俗礼仪	2005年	长湖镇老宜政村
	李洪章	男	彝族	1935年	民间风俗礼仪	2005年	长湖镇维则村
	李保才	男	彝族	1946年	民间风俗礼仪	2005年	西街口镇小雨布宜村
	黄文兴	男	彝族	1932年	民间风俗礼仪	2005年	石林镇月湖村

石林彝族自治县2008年取得高级职称专业技术人员名录

序号	单位	姓名	职务	评审通过时间
1	石林风景名胜区管理局	李琼芬	高级工程师	2008-9-10
2	石林县建设工程质量监督管理站	毕昂昌	高级工程师	2008-9-10
3	石林县植保植检站	刘晓亮	高级农艺师	2008-10-11
4	石林县种子站	毕有华	高级农艺师	2008-10-11
5	西街口镇中心学校	樊福莲	中学高级教师	2008-10-27
6	石林县第一中学	保家雄	中学高级教师	2008-10-27
7	石林县第一中学	朱永林	中学高级教师	2008-10-27
8	石林实验学校	何江波	中学高级教师	2008-10-27
9	石林镇中学	杨炳林	中学高级教师	2008-10-27
10	石林镇中学	李树平	中学高级教师	2008-10-27
11	石林民族职业高级中学	徐志君	中学高级教师	2008-10-27
12	路美邑镇中学	张金书	中学高级教师	2008-10-27
13	石林县民族中学	杨向荣	中学高级教师	2008-10-27

续表

序号	单位	姓名	职务	评审通过时间
14	长湖镇中心学校	高继红	中学高级教师	2008-10-27
15	石林镇中学	黄向光	中学高级教师	2008-10-27
16	石林镇中学	方　芳	中学高级教师	2008-10-27
17	板桥镇中学	李　彦	中学高级教师	2008-10-27
18	石林县民族中学	宁家顺	中学高级教师	2008-10-27
19	圭山镇中心学校	袁琼丽	中学高级教师	2008-10-27
20	大可乡中心学校	曹云春	中学高级教师	2008-10-27
21	石林实验学校	赵如青	中学高级教师	2008-10-27
22	板桥镇中学	谢炳文	中学高级教师	2008-10-27
23	大可乡中心学校	张勤宏	中学高级教师	2008-10-27
24	圭山镇中心学校	罗文兴	中学高级教师	2008-10-27
25	石林民族职业高级中学	李永福	中学高级教师	2008-10-27
26	圭山镇中心学校	段丽芬	中学高级教师	2008-10-27
27	石林实验学校	罗　青	中学高级教师	2008-10-27
28	圭山镇中心学校	张云仙	中学高级教师	2008-10-27
29	板桥镇中学	毕　刚	中学高级教师	2008-10-27
30	板桥镇中学	王正龙	中学高级教师	2008-10-27
31	石林县人民医院	黄兴和	副主任医师	2008-8-12
32	石林县委党校	徐燕芬	高级讲师	2008-10-23
33	石林县统计局	杨凤英	高级统计师	2008-12-15
34	石林县阿诗坞艺术团	孙瑚霙	二级演员	2008-7-1

石林彝族自治县2008年度先进个人和优秀非公企业名录

☆☆根据《中共石林彝族自治县委、石林彝族自治县人民政府关于命名表彰2008年度先进个人和优秀非公企业的决定》(石发〔2009〕2号)编制

一、优秀科级干部(11名)

1. 余　春　县水务局党委书记、局长
2. 赵一民　县发改局党委书记、局长
3. 张云蕾　石林管理局副局长、县旅管会常务副主任
4. 罗秀全　原县环保局党支部书记
5. 王云龙　县委组织部常务副部长
6. 李　湖　石林镇党委书记
7. 毕福祥　路美邑镇党委书记
8. 李雄彬　圭山镇党委副书记、镇长
9. 娄张祥　县公安局刑侦大队大队长
10. 王彦平　县政府办主任
11. 黄云仙　黑龙潭水库工程管理处处长

二、优秀公务员(10名)

1. 张四红　石林镇人民政府
2. 杞　锐　圭山镇人民政府
3. 娄德良　县信访局
4. 段云波　县审计局
5. 唐武青　县林业局
6. 王月群　县财政局
7. 赵玉红　县卫生局
8. 张建强　县公安局
9. 尹佩兰　县医保分中心
10. 金光平　县发改局

三、优秀村干部(10名)

1. 杨金富　鹿阜镇阿乌村委会党总支书记、主任
2. 李祝喜　鹿阜镇南门社区居委会主任
3. 赵文明　石林镇老挖村党支部书记、主任
4. 刘志聪　石林镇北大村村委会主任
5. 吴永红　板桥镇龙溪村委会党支部书记、主任
6. 詹　伟　大可乡岩子脚村委会党总支书记、主任
7. 徐志勇　路美邑镇堡子村委会主任
8. 刘跃光　西街口镇紫处村委会党支部书记、主任
9. 毕正学　长湖镇所各邑村委会党支部书记、主任
10. 窦兴荣　圭山镇红路口村委会党支部书记、主任

四、优秀村民小组长(10名)

1. 李建红　鹿阜镇东门社区居委会古楼居民小组长
2. 李德云　鹿阜镇大乐台旧村委会沙地村民小组长
3. 资照生　石林镇和摩站村委会和摩站村民小组长
4. 普光兴　石林镇小箐村委会小箐村民小组长
5. 芮国辉　板桥镇板桥村委会马街村民小组长
6. 李红平　大可乡结胜村委会黑古塘村民小组长
7. 张彦平　路美邑镇鱼龙坝村委会西纳村村民小组长
8. 黄洪平　西街口镇威黑村委会清水塘村民小组长
9. 李全忠　长湖镇蓑衣山村委会老寨村民小组长
10. 李石见　圭山镇海邑村委会新寨村民小组长

五、优秀专业技术人员(10名)

1. 鲁慧明　县环保局工程师
2. 徐红平　县农牧局高级兽医师
3. 赵建明　县林业局工程师
4. 韩梅颖　县广电局记者
5. 李福金　县建设局工程师
6. 赵宏波　县水务局工程师
7. 高　磊　县文体局二级作曲
8. 保秋芬　石林管理局会计师
9. 汤家佑　石林县鹿阜中学中学高级教师
10. 赵丽萍　县计生服务站主治医师

六、十佳外出务工人员（10名）

1. 普金忠　云南金鱼装饰工程有限公司经理
2. 王绍平　昆明市五华区红会医院整形美容科主任
3. 金志和　云南省普天保安服务有限公司培训服务中心主任
4. 肖德顺　昆明难看工艺礼品厂总经理
5. 范永明　昆明南亚风情园置业有限公司副总经理
6. 潘夸生　云南水利建筑机械化工程公司工程项目经理
7. 普连宏　石林连宏酒店董事长
8. 毕文雄　昆明市肉联公司护卫大队副大队长
9. 普　菲　石林彝之源农产品开发有限公司总经理
10. 张兰珍　广东省南海市伊腾制衣公司中层干部

七、十佳创业之星(10名)

1. 赵咏梅　石林幼儿教育集团董事长兼总园长
2. 徐晏明　石林盛丰煤业公司经理
3. 毕红生　红山煤矿矿长
4. 谢有兴　石林绿垦生物开发有限公司经理
5. 梅为云　石林绿汀甜柿产品开发有限公司总经理
6. 杨树云　云南万家欢食品集团有限公司董事长
7. 李　平　石林映山奶牛养殖场场长
8. 李建东　云南众友电缆桥架有限公司董事长
9. 李莉莹　石林兴亚实业集团副总裁
10. 陈火生　石林温氏畜牧有限公司经理

八、优秀非公企业（10家）

1. 石林万家欢农业科技开发有限公司
2. 云南梦达尔集团
3. 云南众友电缆桥架集团有限公司
4. 石林电力工程发展有限公司
5. 昆明石林兴隆交通旅游集团有限公司
6. 云南石林兴亚实业集团
7. 石林商联投资集团担保有限公司
8. 石林房地产开发有限公司
9. 石林万城旅游文化投资有限公司
10. 石林幼儿教育集团

石林彝族自治县
副科级以上(县管)领导干部名录

(截至2008年底，全县有科级干部370人，其中：正科161人，副科209人；妇女干部68人，少数民族干部120人，非党干部27人。)

单 位	姓 名	岗位职务	性 别	民 族	非 党	职级
县纪委	彭天寿	常务副书记	男	汉		正科级
县纪委	毕东红	副书记、监察局局长	男	彝		正科级
县纪委	马雪娟	副书记	女	汉		正科级
县纪委	张永刚	第一纪工委书记	男	汉		正科级
县纪委	李昆华	第二纪工委书记	女	汉		正科级
县纪委	马院华	第三纪工委书记	男	汉		正科级
县纪委	赵文平	第五纪工委书记	男	汉		正科级
县纪委	张 彪	第四纪工委副书记	男	汉		副科级
县纪委	王家智	案件审理室主任	男	汉		副科级
县纪委	王丽红	党风廉政建设室主任	女	汉		副科级
县纪委	李海林	纪检监察室主任	男	汉		副科级
县纪委	者云珍	干部人事室主任	女	彝		副科级
县监察局	李立宏	副局长	男	彝	非党	副科级
县委办	王永乔	常务副主任	男	汉		正科级
县委办	文春燕	县委书记助理	女	彝		正科级
县委办	毕卫东	副主任	男	彝		正科级
县委办	李宏伟	副主任	男	汉		正科级
县委办	周林春	副主任、县委目督办主任	男	汉		正科级
县委办	李 学	保密机要局局长	男	汉		正科级
县委办	赵志萍	综合科科长	女	彝		副科级
县委办	刘春蕾	行政科科长	女	汉		副科级
县委办	李云梅	秘书科科长	女	汉		副科级
县委办	李海涛	信息政研室主任	男	彝		副科级

续表

单位	姓名	岗位职务	性别	民族	非党	职级
县委办	黄平兴	县机要保密局副局长	男	彝		副科级
信访局	陈德富	局长、县委办副主任	男	汉		正科级
信访局	毕文书	副局长	男	彝		副科级
县人大	段维亚	县人大党组成员、办公室主任	男	汉		正科级
县人大	付建生	办公室副主任	男	汉		正科级
县人大	赵存仙	办公室副主任	女	汉		正科级
县人大	杨礼有	财经工委主任	男	彝		正科级
县人大	李世雁	财经工委副主任	女	汉		副科级
县人大	赵磊明	民工委主任	男	汉	非党	正科级
县人大	张明华	人事代表工委主任	男	汉		正科级
县人大	杨　炳	人事代表工委副主任	男	汉		正科级
县人大	昂自华	教科文卫工委主任	男	彝		正科级
县人大	杨永俊	教科文卫工委副主任	男	彝		正科级
县人大	岁永宁	法工委主任	男	汉		正科级
县政府办	王彦平	县政府党组成员、主任	男	汉		正科级
县政府办	孙　杰	县长助理	男	汉		正科级
县政府办	王光学	副主任	男	汉		正科级
县政府办	李玉华	副主任	男	彝		正科级
县政府办	陈永宁	副主任、外事办主任	男	汉		正科级
县政府办	普向梅	副主任、便民办主任	女	彝		正科级
县政府办	李林青	副主任	女	彝		正科级
县政府办	苏健康	副主任、县政府目督办主任	男	汉		正科级
县政府办	李劲松	副主任	男	汉		正科级
县政府办	段顺波	县政府法制办主任	男	汉		正科级
县政府办	秦　梅	综合科科长	女	汉		副科级
县政府办	殷　勤	行政后勤科科长	女	汉		副科级
县政府办	罗燕林	县政府目督办副主任	男	汉		副科级
县政府办	李贵平	秘书信息科科长	男	汉	非党	副科级
县政协	李绍玉	办公室主任	男	汉		正科级
县政协	陈永能	办公室副主任	男	彝		副科级

续表

单位	姓名	岗位职务	性别	民族	非党	职级
县政协	槐丽琼	教文卫史委主任	女	汉		正科级
县政协	槐可跃	提案委主任	男	汉		正科级
县政协	罗有华	经济建设委主任	男	汉		正科级
组织部	王云龙	常务副部长	男	彝		正科级
组织部	高云曦	副部长	女	汉		正科级
组织部	赵　蓉	副部长、老干局局长	女	汉		正科级
组织部	王　勇	部务委员、办公室主任	男	汉		副科级
组织部	陈晓娟	部务委员、人才科科长	女	汉		副科级
组织部	周震波	副科级组织员、干部科科长	男	汉		副科级
组织部	杨志华	副科级组织员、干部监督科科长	男	彝		副科级
老干部局	杨　梅	副局长	女	彝		副科级
县委党员电教中心	王宗祥	主任	男	汉		副科级
县直机关党委	马海荣	常务副书记	男	彝		正科级
县直机关党委	张培一	副书记、纪委书记	男	汉		副科级
宣传部	唐纯武	副部长	男	汉		正科级
宣传部	万春林	常务副部长、文明办常务副主任	男	彝		正科级
宣传部	张鹏翔	副部长	男	汉		正科级
宣传部	赵振虹	部务委员、办公室主任	女	汉		副科级
文明办	昂文强	副主任	男	彝		副科级
统战部	李光正	副部长	男	彝		正科级
统战部	黄宏星	副部长	男	彝		正科级
政法委	李永华	常务副书记	男	汉		正科级
政法委	李何红	副书记	男	汉		正科级
610办	陈咏冰	主任	女	彝		正科级
政法委	毕欧阳	政治处主任	男	彝		副科级
政法委	周向琨	委务委员、办公室主任	男	汉		副科级
县总工会	李静江	常务副主席	男	汉		正科级
县总工会	段云梅	副主席、女工委主任	女	彝		副科级
团县委	普建勇	书记	男	彝		正科级
团县委	陈雪梅	副书记	女	彝		副科级

续表

单 位	姓 名	岗位职务	性 别	民 族	非 党	职 级
团县委	朱加智	副书记	男	汉		副科级
县妇联	毕金兰	主席	女	彝		正科级
县妇联	符锐冰	副主席	女	彝		副科级
县科协	李建民	主席	男	汉		正科级
县科协	武经旭	副主席	男	汉		副科级
县科协	段圳宗	副主席、县信息产业办副主任	男	汉		副科级
县科协	高云峰	副主席	男	彝		副科级
党史研究室	董建平	主任	男	汉		正科级
党史研究室	李卫萍	副主任	女	彝		副科级
县工商联	李琼仙	副会长	女	白		副科级
县烤烟办	单用侃	主任	男	汉		正科级
县人事局	杨春宝	组织部副部长、县编办主任、人事局局长	男	汉		正科级
县人事局	岳劲松	党总支副书记	男	彝		副科级
县人事局	黄 丽	副局长	女	彝		副科级
县人事局	赵永宇	县编办副主任	男	汉		副科级
县人事局	刘文华	社保局局长	男	汉		副科级
县人事局	阮星文	医保分中心主任	男	汉		副科级
县人事局	何茂龙	就业局局长	男	白		副科级
县民政局	王 宏	党总支书记	男	汉		正科级
县民政局	窦兴亮	局长	男	彝		正科级
县民政局	毕金星	副局长	男	彝		副科级
县民政局	施丽红	副局长	女	汉		副科级
县发改局	赵一民	党委书记、局长	男	汉		正科级
县发改局	李贵祥	党委副书记、纪委书记	男	彝		副科级
县发改局	高云华	副局长、石管会副主任	男	彝		正科级
县发改局	熊有翼	副局长	男	汉		副科级
县发改局	杨若平	副局长	女	汉		副科级
县发改局	李国银	副局长、滇中水泥厂厂长	男	彝		副科级
县发改局	洪正富	副局长	男	汉		副科级
县发改局	段宏波	副科级	女	汉		副科级

续表

单位	姓名	岗位职务	性别	民族	非党	职级
县建设局	吴剑平	党总支书记、局长	男	汉		正科级
县建设局	郭兆燕	党总支副书记	女	汉		副科级
县建设局	严　涛	东管会常务副主任、副局长	男	汉	非党	正科级
县建设局	吴智强	副局长	男	汉		正科级
县建设局	普立云	副局长、石管会副主任	男	彝		副科级
县建设局	何道敏	副局长	男	汉		副科级
县财政局	毕文祥	副局长	男	彝		副科级
县财政局	钟　涛	党支部副书记	男	汉		副科级
县财政局	尹桂华	副局长	男	彝		副科级
县财政局	冯晓琨	国库支付中心主任	男	汉		副科级
县安监局	李金宝	局长	男	汉		正科级
县安监局	吉路荣	副局长	男	汉		副科级
县司法局	龙贵生	局长	男	彝		正科级
县司法局	苏晓松	副局长	男	汉	非党	副科级
县计生局	张睿高	党支部书记、局长	男	彝		正科级
县计生局	戴宏平	副局长	男	汉		正科级
县计生局	黄丽英	副局长	女	汉		副科级
县科技局	李　韬	局长	男	汉		正科级
县科技局	槐永强	副局长	男	汉		副科级
县审计局	赵良廷	局长	男	汉		正科级
县审计局	金玉光	副局长	男	彝		副科级
县交通局	杨国云	副局长	男	汉		副科级
县交通局	王留云	副局长、县交通战备办副主任	男	汉		副科级
县环保局	杨炳学	局长	男	彝		正科级
县环保局	何建华	副局长	女	汉		副科级
县民宗局	毕玉昌	局长	男	彝		正科级
县民宗局	李毅飞	副局长	男	汉		副科级
县农牧局	徐朝光	党委书记	男	汉		正科级
县农牧局	潘佳良	局长	男	汉		正科级
县农牧局	杨明森	党委副书记	男	彝		副科级

续表

单 位	姓 名	岗位职务	性 别	民 族	非党	职 级
县农牧局	蒋莉华	纪委书记	女	彝		副科级
县农牧局	蒋春平	副局长	男	汉		副科级
县农牧局	赵俞智	副局长	男	汉		副科级
县林业局	张鹏飞	党总支书记、局长	男	汉		正科级
县林业局	张志才	党总支副书记	男	汉		副科级
县林业局	李映坤	副局长、圭山森管处副处长	男	汉		副科级
县林业局	虎 亮	副局长	男	彝		副科级
县林业局	张永祥	副局长、石林林场场长	男	彝		副科级
县林业局	陈元杰	昆明市森林公安局石林分局局长	男	汉		正科级
县水务局	余 春	党委书记、局长	男	汉		正科级
县水务局	李彦群	党委副书记	女	汉		副科级
县水务局	保胜军	副局长	男	汉	非党	副科级
县水务局	桂 明	副局长	男	汉	非党	副科级
县水务局	黄云仙	黑龙潭水库管理处处长	女	彝		副科级
县文体局	张海斌	局长	男	彝		正科级
县文体局	黄 兴	党总支副书记	男	彝		副科级
县文体局	毕玉珍	副局长	女	彝	非党	副科级
县教育局	普光强	党委书记、局长	男	彝		正科级
县教育局	张云涛	党委副书记、纪委书记	男	汉		副科级
县教育局	毕卫华	副局长	男	彝		正科级
县教育局	陈贵云	副局长	男	汉		副科级
县卫生局	周保能	党委书记、局长	男	汉		正科级
县卫生局	赵江庆	党委副书记、纪委书记	女	汉		副科级
县卫生局	高炳元	副局长	男	汉		副科级
县卫生局	黄文学	副局长	男	彝		副科级
县卫生局	王松梅	副局长、爱卫办主任	女	汉		正科级
县卫生局	马劲松	爱卫办副主任	男	汉		副科级
县统计局	徐永平	局长	女	汉		正科级
县公安局	张永清	副局长、党委副书记	男	汉		正科级
县公安局	李红星	副局长	男	汉		正科级

续表

单位	姓名	岗位职务	性别	民族	非党	职级
县公安局	陈春云	副局长	男	彝		正科级
县公安局	杨宏轩	政工监督室主任	女	彝		正科级
县公安局	赵志明	指挥中心主任	男	汉		正科级
县公安局	王惠珍	指挥中心副主任	女	汉		副科级
县公安局	范　劲	警务保障室副主任	男	汉	非党	副科级
县公安局	陈福存	法制室主任	男	汉		正科级
县公安局	娄张祥	刑侦大队大队长	男	汉		正科级
县公安局	秦　元	刑侦大队教导员	男	彝		正科级
县公安局	高树春	石林县看守所副所长	男	汉		副科级
县公安局	李润桥	刑侦大队副大队长	男	汉		副科级
县公安局	赵玲丽	刑侦大队情报资料中队中队长	女	汉		副科级
县公安局	徐　翔	刑侦大队副大队长	男	汉		副科级
县公安局	沈继坤	刑侦大队重案中队中队长	男	汉	非党	副科级
县公安局	董李坤	刑侦大队便衣中队中队长	男	汉		副科级
县公安局	谭宏斌	刑侦大队石林岔口中队中队长	男	汉		副科级
县公安局	赵紫波	亩竹箐派出所所长	男	汉		副科级
县公安局	雷树云	大可派出所所长	男	汉		副科级
县公安局	杨　斌	鹿阜派出所巡警中队中队长	男	汉		副科级
县公安局	李永振	指挥中心副主任	男	汉		副科级
县公安局	汪保云	经侦大队大队长	男	汉		正科级
县公安局	金学亮	国内安全大队大队长	男	彝		正科级
县公安局	王家云	交通警察大队大队长	男	彝		正科级
县公安局	李　宝	治安大队副大队长	男	汉		副科级
县公安局	文　雄	交通警察大队教导员	男	汉		正科级
县公安局	普文和	交通警察大队副大队长	男	彝		副科级
县公安局	杨家学	北大村派出所所长	男	汉		副科级
县公安局	何　勇	法制室副主任	男	汉		副科级
县公安局	窦玉英	交通警察大队内勤中队中队长	女	彝		副科级
县公安局	蒋永安	交通警察大队石林中队中队长	男	彝		副科级
县公安局	王浏祥	交通警察大队公路巡逻民警中队中队长	男	汉		副科级

续 表

单 位	姓 名	岗位职务	性 别	民 族	非 党	职 级
县公安局	杞佳平	交通警察大队事故处理中队中队长	男	汉		副科级
县公安局	沈菊兰	交通警察大队车辆管理中队中队长	女	汉		副科级
县公安局	尹庆钢	交通警察大队西石中队中队长	男	汉		副科级
县公安局	陈立勇	禁毒大队大队长	男	汉		正科级
县公安局	李永纯	禁毒大队教导员	男	汉		正科级
县公安局	张家友	公共信息网络安全监察大队副大队长	男	彝	非党	副科级
县公安局	赵荣民	政工监督室副主任	男	汉		副科级
县公安局	娄长生	石林县看守所所长	男	汉		正科级
县公安局	王继华	石林县看守所教导员	男	汉		正科级
县公安局	赵琼珍	政工监督室副主任	女	汉		副科级
县公安局	董荣华	石林县拘留所所长	男	汉		正科级
县公安局	施晓楠	治安管理大队大队长	男	汉		正科级
县公安局	昂锦祥	治安大队教导员	男	彝		正科级
县公安局	段茂方	石林风景区派出所所长、石林管理局党委委员	男	汉		正科级
县公安局	杨继锋	石林风景区派出所教导员	男	汉		正科级
县公安局	彭 能	石林风景区派出所副所长	男	汉		副科级
县公安局	金永志	岔口派出所所长	男	彝		副科级
县公安局	刘子宏	鹿阜派出所所长	男	汉		正科级
县公安局	王 云	鹿阜派出所教导员	男	汉		正科级
县公安局	冯保祥	鹿阜派出所副所长	男	汉		副科级
县公安局	娄学林	路美邑派出所所长	男	汉		副科级
县公安局	张红光	交通警察大队副大队长	男	彝		副科级
县公安局	杨永兵	西街口派出所所长	男	彝		副科级
县公安局	陈晓明	圭山派出所所长	男	汉		副科级
县公安局	李自平	长湖派出所所长	男	汉		副科级
县公安局	陈云森	交通警察大队城区中队中队长	男	汉		副科级
县公安局	李树经	板桥派出所所长	男	汉		副科级
县法院	赵景文	副院长	男	彝		正科级
县法院	张国忠	副院长	男	彝		正科级
县法院	储 平	副院长	男	汉	非党	正科级

续表

单位	姓名	岗位职务	性别	民族	非党	职级
县法院	陈立清	县法院党组成员、政治处主任	男	汉		正科级
县法院	段惠仙	县法院党组成员、纪检组长	女	彝		正科级
县法院	李发文	办公室主任	男	苗		副科级
县法院	陈金平	刑事审判庭庭长	男	汉	非党	副科级
县法院	苏志荣	民事一庭庭长、正科级审判员	男	汉		正科级
县法院	李家议	民事审判二庭庭长	男	汉	非党	副科级
县法院	李子文	立案庭庭长	男	汉		副科级
县法院	赵泳全	行政审判庭庭长	男	汉	非党	副科级
县法院	高菊玲	审判监督庭庭长	女	汉		副科级
县法院	李树林	法警大队队长	男	汉		副科级
县法院	曹　勇	专职审判委员会委员	男	汉	非党	副科级
县法院	毕天星	板桥法庭庭长、正科级审判员	男	彝		正科级
县法院	徐吉昆	石林法庭庭长	男	汉		副科级
县法院	昂志忠	圭山法庭庭长	男	彝		副科级
县检察院	李劲松	副检察长	男	彝		正科级
县检察院	毕秀明	副检察长	男	汉		正科级
县检察院	王　虹	副检察长	女	彝	非党	正科级
县检察院	钱琼珍	县检察院党组成员、纪检组长	女	汉		正科级
县检察院	杨俊杰	政治处主任、办公室主任	男	汉		正科级
县检察院	周洪涛	反贪局局长	男	汉		正科级
县检察院	昂志学	监所检察科科长	男	彝		副科级
县检察院	丁　立	专职检察委员会委员	男	汉	非党	副科级
县检察院	槐丽华	专职检察委员会委员	女	汉		副科级
县检察院	胡天明	反渎职侵权局局长	男	彝		副科级
县检察院	杨　帆	公诉科科长	女	汉	非党	副科级
县检察院	王智学	民事行政检察科科长	男	汉		副科级
鹿阜镇	段正平	党委书记	男	汉		正科级
鹿阜镇	张　奕	党委副书记、镇长	男	汉		正科级
鹿阜镇	张春学	人大主席	男	彝		正科级
鹿阜镇	沈学文	保留正科级	男	汉		正科级
鹿阜镇	赵子华	党委副书记	男	汉		副科级
鹿阜镇	李红珍	纪委书记	女	彝		副科级
鹿阜镇	赵晓梅	副镇长	女	汉		副科级

续 表

单 位	姓 名	岗位职务	性 别	民 族	非 党	职 级
鹿阜镇	雷振涛	副镇长	男	汉		副科级
鹿阜镇	秦卫强	副镇长	男	汉		副科级
鹿阜镇	秦绍林	人武部部长	男	汉		副科级
路美邑镇	毕福祥	党委书记	男	汉		正科级
路美邑镇	李忠华	党委副书记、镇长	男	彝		正科级
路美邑镇	毕绍军	党委副书记、纪委书记	男	汉		副科级
路美邑镇	牛云祥	副镇长	男	汉		副科级
路美邑镇	高俊春	副镇长	女	汉		副科级
路美邑镇	李国兵	副镇长	男	汉	非党	副科级
路美邑镇	杨兴有	人武部部长	男	汉		副科级
石林镇	李 湖	党委书记	男	汉		正科级
石林镇	刘琴龙	党委副书记、镇长	男	汉		正科级
石林镇	赵恒谦	人大主席	男	彝		正科级
石林镇	艾世武	党委副书记	男	汉		副科级
石林镇	虎志兰	纪委书记	女	彝		副科级
石林镇	毕志锋	副镇长	男	彝	非党	副科级
石林镇	槐树波	副镇长	男	汉		副科级
石林镇	岭红芝	副镇长	女	彝		副科级
石林镇	张志强	人武部部长	男	彝		副科级
西街口镇	毕丽英	党委书记	女	彝		正科级
西街口镇	喻永生	党委副书记、镇长	男	汉		正科级
西街口镇	刘春泉	人大主席	男	汉		正科级
西街口镇	灶兴明	党委副书记、纪委书记	男	彝		副科级
西街口镇	黄继斌	副镇长	男	彝		副科级
西街口镇	毕德辉	副镇长	男	彝		副科级
西街口镇	岁汉霖	副镇长	男	汉		副科级
西街口镇	董贵林	人武部部长	男	彝		副科级
圭山镇	刘明春	党委书记	男	汉		正科级
圭山镇	李雄彬	党委副书记、镇长	男	彝		正科级
圭山镇	姬卫国	人大主席	男	汉		正科级
圭山镇	王斌宁	党委副书记、纪委书记	男	汉		副科级

续表

单位	姓名	岗位职务	性别	民族	非党	职级
圭山镇	毕连兴	副镇长	男	彝		副科级
圭山镇	槐以东	副镇长	男	汉		副科级
圭山镇	赵保祥	副镇长	男	汉		副科级
长湖镇	黄玉林	党委书记	男	彝		正科级
长湖镇	宗家富	党委副书记、镇长	男	汉		正科级
长湖镇	王谷明	人大主席	男	汉		正科级
长湖镇	赵相平	党委副书记、纪委书记	男	汉		副科级
长湖镇	曾跃祥	副镇长	男	汉		副科级
长湖镇	张　灿	副镇长	男	彝		副科级
长湖镇	刘云芬	副镇长	女	汉		副科级
板桥镇	毕少学	党委书记	男	彝		正科级
板桥镇	殷　瑕	党委副书记、镇长	女	汉		正科级
板桥镇	陈宇杰	人大主席	男	汉		正科级
板桥镇	李　勇	党委副书记、纪委书记	男	汉		副科级
板桥镇	段鹏光	副镇长	男	汉		副科级
板桥镇	毕学林	副镇长	男	彝		副科级
板桥镇	余平波	副镇长	男	汉		副科级
板桥镇	李春华	人武部部长	男	汉		副科级
大可乡	蒋开彦	党委书记	男	彝		正科级
大可乡	槐建华	党委副书记、乡长	男	汉		正科级
大可乡	王余秋	人大主席	男	汉		正科级
大可乡	李雪梅	党委副书记、纪委书记	女	汉		副科级
大可乡	李云湖	副乡长	男	汉		副科级
大可乡	毕晓红	副乡长	女	彝	非党	副科级
大可乡	孔德卿	副乡长	男	汉		副科级
大可乡	朱树霖	人武部部长	男	汉		副科级
石林管理局	黄宗祥	党委副书记、纪委书记	男	彝		正科级
石林管理局	张云蕾	副局长、石管会常务副主任	女	汉		正科级
石林管理局	李光亮	副局长	男	彝		正科级
石林管理局	槐　伟	副局长	男	汉		正科级
石林管理局	冯正清	副局长	男	汉		正科级

续表

单位	姓名	岗位职务	性别	民族	非党	职级
石林管理局	董绍学	副局长(公开招聘)	男	汉		正科级
石林管理局	毕清林	纪委副书记	男	彝		副科级
石林管理局	李　忠	办公室主任	男	汉		副科级
石林管理局	徐建平	乃古石林管理处副处长	男	汉		副科级
石林管理局	毕德华	长湖管理处副处长	男	彝		副科级
石林管理局	王银丹	大叠水管理处副处长	男	汉		副科级
县乡企局、经济局	念晓春	党总支书记、局长	男	汉		正科级
县经济局	史云华	党总支副书记	女	汉		副科级
县乡企局、经济局	毕玉新	副局长	男	彝		副科级
县乡企局、经济局	李江辉	副局长	男	彝		副科级
县粮食局	陈永洪	党总支书记、局长	男	汉		正科级
县粮食局	李永平	副局长	男	汉		副科级
县粮食局	刘光伟	副局长	男	汉		副科级
县档案局	高凤玉	局长	男	彝		副科级
县煤炭办	娄林华	党总支书记、主任	男	汉		正科级
县煤炭办	李金明	党总支副书记	男	彝		副科级
县煤炭办	念勤生	副主任	男	汉		副科级
县接待处	李焰熊	处长	男	汉		正科级
县接待处	杨小林	副处长	女	汉		副科级
广电局(台)	张树忠	局(台)长	男	彝		正科级
县外宣办	张雪刚	副主任	男	汉	非党	副科级
县委党校	李光亮	副校长	男	汉		正科级
县委党校	时月慧	副校长	女	汉		正科级
县委党校	金仕明	总务处主任	男	彝		副科级
县委党校	李永福	教研室主任	男	彝		副科级
县委党校	张云喜	教务处主任	男	苗		副科级
进修学校	李国昌	党支部书记、校长	男	汉		正科级
进修学校	段增平	党支部副书记	男	汉		副科级
进修学校	赵荣红	副校长	男	汉		副科级
县人民医院	尹家福	副院长	男	汉	非党	副科级
县人民医院	杜　鹏	副院长	男	白		副科级

续表

单位	姓名	岗位职务	性别	民族	非党	职级
县人民医院	黄兴和	副院长	男	汉	非党	副科级
县人民医院	刘　辉	副院长	男	汉	非党	副科级
县史志办	刘世生	主任	男	彝		正科级
县残联	徐丽琼	副主席、理事长	女	汉		正科级
县残联	李宏鸣	副理事长	男	汉	非党	副科级
县供销社	何志兴	党委书记、理事会主任	男	汉		正科级
县供销社	吴自云	副主任	男	汉		副科级
县供销社	袁　宏	纪委书记	男	汉		副科级
县供销社	李孝明	副主任	男	彝		副科级
商业总公司	马继闳	党总支书记、董事长	男	汉		正科级
开发公司	李灿全	党支部书记、经理	男	汉		副科级

石林彝族自治县2008年第一批录取到高等院校学生名录

科类	姓名	性别	族别	文化分	升学分	层次	录取院校	专业
文史	昂光祥	男	彝族	552	572	本科	云南师范大学	旅游管理与服务教育（中国与东盟合作办学）
文史	王瑞袆	女	汉族	552	552	本科	云南师范大学	应用心理学
文史	雷　娟	女	汉族	551	551	本科	云南师范大学	旅游管理与服务教育（旅游管理、休闲管理方向）
文史	文昭力	女	彝族	552	552	本科	昆明理工大学	法学
文史	符玲梅	女	汉族	569	569	本科	云南师范大学	对外汉语（中国与东盟合作办学）
文史	毕艳兰	女	彝族	537	557	本科	西南民族大学	新闻学
文史	陈　丽	女	汉族	549	549	本科	云南师范大学	历史学
文史	念云华	男	汉族	554	554	本科	云南师范大学	对外汉语（中国与东盟合作办学）
文史	罗振乾	男	汉族	553	553	本科	云南师范大学	英语
文史	罗谨明	男	汉族	558	568	本科	山东师范大学	国际经济与贸易
文史	李　玮	女	彝族	555	575	本科	云南大学	广播电视新闻学
文史	高学华	男	彝族	502	522	预科	云南大学	少数民族预科（本科）
文史	周红梅	女	彝族	553	563	本科	云南师范大学	英语
理工	严婉榕	女	汉族	522	522	本科	云南师范大学	旅游管理与服务教育（含旅游管理、休闲管理）

续 表

科类	姓名	性别	族别	文化分	升学分	层次	录取院校	专业
理工	杨云凤	女	彝族	539	549	本科	昆明医学院	临床医学
理工	张文雄	男	汉族	569	569	本科	中国民航大学	交通运输（空中交通管制、飞行签派、航行情报)
理工	张　龙	男	汉族	535	535	本科	中北大学	热能与动力工程
理工	高媛媛	女	彝族	591	591	本科	西安外国语大学	英语
理工	赵书笛	女	汉族	576	576	本科	南京农业大学	园林
理工	陈东伟	男	汉族	549	549	本科	西南科技大学	材料科学与工程
理工	杨菊花	女	汉族	562	562	本科	重庆交通大学	计算机科学与技术
理工	马　兵	男	汉族	543	543	本科	中北大学	飞行器制造工程
理工	高瑜雄	男	汉族	533	533	本科	昆明理工大学	计算机科学与技术
理工	喻小鹏	男	汉族	549	549	本科	延边大学	数字媒体技术
理工	单　喆	男	回族	587	587	本科	重庆大学	建筑环境与设备工程
理工	陆继平	男	汉族	540	540	本科	昆明理工大学	车辆工程
理工	伊雪菊	女	汉族	535	535	本科	云南师范大学	生物科学
理工	李　亚	女	汉族	541	541	本科	云南师范大学	化学类(含化学、应用化学专业)
理工	孙李才	男	汉族	550	550	本科	中国地质大学(武汉)	物理学(光信息科学与技术方向)
理工	陆金辉	男	汉族	564	564	本科	北京化工大学	自动化(自动化、测控技术与仪器)
理工	虎琼仙	女	彝族	514	524	本科	云南师范大学	化学类(含化学、应用化学专业)
理工	李昌阳	男	汉族	549	549	本科	石家庄铁道学院	电气信息类
理工	梁炳红	男	汉族	583	583	本科	中国民航大学	飞行器制造工程
理工	张　峰	男	汉族	537	537	本科	中北大学	数学与应用数学
理工	王国洪	男	汉族	597	597	本科	云南大学	生命科学与技术基地班
理工	梅志祥	男	汉族	583	583	本科	南京理工大学	特种能源工程与烟火技术
理工	赵志雄	男	汉族	583	583	本科	南京理工大学	材料科学与工程
理工	杨迎峰	男	汉族	555	555	本科	中国石油大学(华东)	自动化
理工	喻小远	男	汉族	537	537	本科	重庆交通大学	计算机科学与技术
理工	陈劲松	男	汉族	542	542	本科	西南民族大学	信息与计算科学
理工	刘美静	女	汉族	549	549	本科	天津医科大学	护理学(涉外护理方向)
理工	董志勇	男	汉族	554	554	本科	西南大学	园艺
理工	李　皓	男	汉族	604	614	本科	中南大学	电气信息类
理工	何顺平	男	汉族	570	570	本科	哈尔滨工程大学	自动化
理工	冯俊达	女	汉族	547	547	本科	云南师范大学	化学类(含化学、应用化学专业)

续表

科类	姓名	性别	族别	文化分	升学分	层次	录取院校	专业
理工	钱　静	女	汉族	530	530	本科	云南师范大学	金融学
理工	李　静	女	彝族	536	546	预科	云南大学	少数民族预科班
理工	苏文超	男	汉族	550	550	本科	昆明理工大学	信息与计算科学
理工	尚　洁	女	汉族	542	542	本科	云南师范大学	工商管理类(含会计学、财务管理专业)
理工	张雪峰	男	汉族	597	597	本科	四川大学	电子信息科学类
理工	李　毅	男	彝族	556	556	本科	中国地质大学(武汉)	自动化
理工	张绍楠	男	汉族	578	588	本科	广西医科大学	药学
理工	石林丽	女	汉族	559	559	本科	烟台大学	英语
理工	高楠夫	男	彝族	630	640	本科	华中科技大学	土木工程

附　录

石林彝族自治县2008年国民经济和社会发展计划执行情况与2009年国民经济和社会发展计划报告

——在石林彝族自治县第十五届人民代表大会第二次会议上

(2009年1月9日)

县发展和改革局局长　赵一民

各位代表：

受县人民政府的委托，现将石林彝族自治县2008年国民经济和社会发展计划执行情况与2009年国民经济和社会发展计划草案提请县十五届人大二次会议审查，并请县政协委员和列席人员提出意见。

一、2008年国民经济和社会发展计划执行情况

2008年是实施“十一五”规划的重要一年，在县委的正确领导下，在县人大、县政协的监督支持下，县人民政府认真贯彻落实党的十七大和中央经济工作会议精神，坚持科学发展观，全面实施“33553”发展战略和“543”倍增计划，解放思想，加快发展，开拓创新，以工业突破、园区建设、招商引资为工作重点，为实现跨越式发展目标扎实工作，全面完成了县第十五届人大一次会议确定的国民经济和社会发展计划目标。全县经济呈现良好的发展势头，国民经济持续快速健康发展，社会事业全面进步，人民生活水平进一步提高。初步预计，2008年全县实现地区生产总值27亿元，同比增13.6%，其中：一产业完成8.2亿元，同比增10%；二产业完成7亿元，同比增16%；三产业完成11.8亿元，同比增15%。三次产业结构为30.4：25.9：43.7。

（一）旅游综合效益逐步提高，文化产业发展取得突破

今年以来，旅游业克服国际国内经济、社会以及自然灾害的影响等困难，按照“创建世界一流景区、打造国际旅游胜地”的要求，着力实施“12345”旅游国际化发展战略，创新宣传营销，加强品牌建设，品牌创建再获丰收，继石林成功申报成为世界自然遗产和全国首批5A级旅游景区后，被命名为“云南省文明旅游景区”，创建为全国文明风景旅游区，“旅游经济强县”工作通过市初评验收。旅游基础设施和服务设施建设不断完善，完成数字石林景区二期工程，景区扩容改造、环境整治和美化工作有序推进；“五中心二店”、石林幻多奇、中国彝族第一村样板房已开工建设。加大宣传促销力度，不断提高石林知名度，有力地促进了旅游、餐饮、住宿、交通、购物、娱乐等相关行业的发展，旅游业综合效益明显提高，大小石林景区接待国内外游客237万人次，完成年计划的85%，同比下降8.8%，景区旅游直接收入2.97亿元，为年计划的94%，同比减1%；旅游综合收入12亿元，同比增20%，完成计划的100%。

制定出台了《石林县关于进一步开放文化市场，大力发展文化产业的实施意见》，编制完成《石林县文化产业发展规划》；以文化创意为动力，举办了“2008创意石林设计作品展”；加大对民族民间传统文化资源的保护，彝族（撒尼）刺绣、彝族“大三弦”被文化部列为第二批国家级非物质文化遗产，大型原生态民族歌舞音乐剧《阿诗玛》已完成第一稿创作。文化产业取得新的突破，2008年文化产业增加值2.27亿元，同比增28.2%，占地区生产总值的8.4%。

（二）工业园区建设力度加大，对内对外开放步伐加快

创新工业园区管理体制和开发模式，加强工业园区建设，全力推进工业园区基础设施建设两年突破工程，完成收储土地2479亩，园区道路、给排水、电力、通信、排污等项目已全面启动，完成基础设施投资4775万元。2008年工业园区投产企业8个，新入园项目4个，园区规模以上工业增加值4650万元，完成工业投资10200万元，顺利提档升格为省级工业园区。全县实现工业增加值5.8亿元，增20.8%，规模以上工业增加值2.68亿元，增20%，规模以上工业万元增加值能耗下降8%。

全县上下紧紧围绕“跨越发展、富民强县”的总体目标，始终把招商引资工作作为全县经济工作的重头戏来抓，招商引资力度进一步加大。加强对招商引资工作的领导，成立县招商引资工作指挥部，充实招商引资工作队伍，实施招商引资“一把手”、百人外出招商、专业队伍招商“三大工程”，

健全完善招商引资目标责任制、招商引资工作例会制、县级领导联系推进制、招商引资项目现场办公制等“四项制度”，按照“从速、从便、简化、快捷”原则，再造招商引资流程，进一步简化审批环节，规范审批事项流转，制定了《国内投资项目申办流程》和《外商投资项目申办程序》。增强招商引资工作的紧迫感和责任感，不断推进项目落地、开工、建设，确保今年全县招商引资目标任务的全面完成。投资环境的进一步改善，有力地促进了招商引资工作，全年招商引资项目84个，实际到位国内市外资金14.1亿元，为目标任务数的141%，同比增120%；外资到位642万美元，为计划的107%。

（三）农业生产稳步发展，新农村建设顺利推进

大力调整农业产业结构，扶持龙头企业发展，努力实现农民增收。农业基础设施进一步改善，全年完成水利建设工程806件，总投资1.06亿元，新增有效灌溉面积1.36万亩，改善灌溉面积2.56万亩，解决11202人的生活用水问题。

粮烟生产实现了丰产丰收。粮食总产达1.21亿千克，为计划的101.1%，同比增1.2%；国家级烟叶标准化生产示范区建设工作顺利推进，现代烟草农业示范村建设圆满完成，全县烤烟收购总值2.34亿元，同比增19%；均价为14.31元，同比增24.4%，种烟农户户均收入9489元；畜牧业快速发展，全年山羊年末存栏17.42万只，增4.56%；出栏7.7万只，增11.27%。生猪存栏17.1万头，增4.78%；出栏21.1万头，增8.19%。大牲畜存栏7.25万头（匹），增0.8%，出栏1.03万头（匹），增12.38%。实现畜牧业产值4.35亿元，增8.6%。

新农村建设进展顺利，11个村委会42个自然村整村推进工作稳步进行，实施基础设施、产业发展、生态建设、社会事业四大工程，改造和修缮乡村公路19条141.2公里，新建27个村文化室和12个农民体育健身工程，完成“一池三改”沼气2210户，完成广播电视村村通工程40千米主干线，新增入网5500户。

（四）固定资产投资快速增长，基础设施建设不断完善

固定资产投资进一步加大，有效地拉动了县域经济的发展。石林旅游服务区、工业集中区和县城新区开发有序推进，基础设施建设不断完善，全面完成石林中路改扩建和北召公路路面改造工程、黑龙潭水库东干渠节水改造和病险水库除险加固工程；污水处理厂建成投入使用；行政中心办公楼及市政道路建设、巴江俪岛、水岸星城、天奇花园、鹿阜旧城改造等项目稳步推进。全年完成固定资产投资15.3亿元，增30%。

（五）财税金融平稳运行，市场经济秩序不断规范

实现地方一般预算收入2.01亿元，同比增长41.3%，完成调整预算；地方一般预算支出3.76亿元，同比增长28%。年末全县各项存款余额325547万元，增16.14%；各项贷款余额261178万元，增14.76%；储蓄存款158465万元，增25.64%，年末人均储蓄存款6586元。城镇居民人均可支配收入13800元，增长8.8%。

全县市场货源充裕，群众生产生活品供应正常。在全县8个乡镇继续开展“万村千乡市场工程”试点，设立19个村级日用消费品农家店，杜绝不合格食品和日用品在农村泛滥；加强食品、药品安全整治，全年没有发生食品、药品安全事故；开展红盾护农行动，稳定农资市场。全年社会消费品零售总额完成11.75亿元，增28%。

（六）生态建设得到加强，环境保护取得实效

实施生态美县战略，编制完成了《生态县建设规划》并经县人大审议通过；加强城乡园林绿化，以交通沿线面山绿化和城市面山绿化为重点，对昆石高速公路、石林中路、九石阿旅游专线沿线面山进行绿化，面山绿化共完成7167亩，完成投资4778.2万元；全面启动集体林权制度改革；加强环境整治，积极开展创建国家环保模范城市工作；严格督促企业落实污染治理措施，做好节能减排，确保完成污染物总量控制指标；全面推进国家园林县城创建工作，加强对城市绿地的建设和养护，人均公共绿化面积达16.59平方米，绿地率达40.5%，绿化覆盖率达45.3%。

继续治理整顿土地和矿业市场秩序，加大对煤矿、非煤矿山和矿产品加工企业的治理整治力度，查处无证开采、越界开采、私挖滥采，有力地打击非法采矿行为，使辖区内的矿业秩序明显好转。加大安全生产专项整治工作力度，杜绝了重特大事故的发生，减少了一般性事故。

（七）统筹经济与社会发展，全力构建和谐石林

继续深入开展“五创”工作，巩固国家卫生县城、省级园林县城、省级平安县城、昆明市文明县城成果。积极推进科技与经济结合，狠抓科技创新、成果示范和技术推广应用，提高科技对经济增长的贡献率；实施教育综合改革，大力改善办学条件，推进六所农村中小学标准化建设；卫生体制改革进一步深化，新型农村合作医疗参合人员199371人，参合率达99.27%；做好国债项目乡镇卫生院建设工作，改善农村医疗条件；贯彻执行“奖优免补”政策，降低生育率，全年人口自然增长率5.77‰，年末人口总数24.06万人；文化、体育、广播电视事业加快发展，广场文化丰富多彩，村村通广播电视建设有序进行，电视传输质量不断提高，全民健身活动蓬勃开展，体育竞技水平不断提高。就业和再就业工作进一步加强，城镇新增就业人数1011人。完善城乡最低生活保障制度，做到应保尽保，社会保险覆盖面进一步扩大。实施扶贫“整村推进”，减少贫困人口7910人。新建2个四级客运站，新开通县城至西街口公交线路，新开通村委会、自然村公交线路12条，城乡公交一体化进一步推进。

在充分肯定成绩的同时，我们也清醒地看到经济运行中存在的困难和问题，主要表现在：受国际、国内经济发展减缓和自然灾害频发的影响，旅游业发展增速放缓，石林游客人数下降8.8%，景区旅游直接收入与去年基本持平，旅游综合效益还有待进一步提高；工业基础薄弱，工业发展限制条件多，新上项目少，新增投资拉动经济增长的速度放缓，生态工业集中区建设起步晚，建设所需的土地储备和用地指标审批受到影响较大；支撑文化产业的项目少，文化产业对经济增长的贡献率不高，研究开发文化产业项目任重道远；农业产业化经营程度不高，龙头企业带动作用还需要加大；招商引资项目推进不快，落实难度进一步加大；财政收支矛盾突出，财政资金对建设和发展支持的压力不断加大。这些困难和问题，我们务必高度重视，在发展和改革中，采取切实有效措施认真加以解决。

二、2009年国民经济和社会发展计划目标建议

2009年是实施“十一五”规划的攻坚之年，也是全面建设小康社会和实施“543”倍增计划的重要一年，因此，2009年经济和社会发展的总体要求是：以邓小平理论和“三个代表”重要思想为指导，认真贯彻党的十七大、十七届三中全会、中央经济工作会议和市委九届五次全体（扩大）会议精神，坚持以科学发展观统领全局，以现代新昆明建设为契机，深入实施“33553”发展战略和“543”倍增计划，以旅游立县、工业强县、粮烟稳县、文化活县、生态美县为目标，大力推进旅游国际化、工业新型化、农业产业化、城乡一体化进程，全力创建世界一流景区，打造国际旅游胜地，积极推进社会主义新农村建设，在产业发展、招商引资、城市建设、节能减排方面取得实质性突破，更加重视生态保护，更加关注民生问题，构建和谐社会，努力实现石林经济社会跨越式发展的新突破。

2009年国民经济和社会发展计划目标建议：

(1) 地区生产总值增长13%；

(2) 农业增加值增长12%；

(3) 工业增加值增长25%；

(4) 旅游直接收入增长21%，旅游综合收入增长16.7%；

(5) 地方财政一般预算收入增长18%；

(6) 全社会固定资产投资增长40%；

(7) 社会消费品零售总额增长30%；

(8) 农民人均纯收入增长10%，城镇居民人均可支配收入增长10%；

(9) 人口自然增长率控制在6.5‰以内，城镇登记失业率控制在3.5%以下；

(10) 单位生产总值能耗降低4.5%以上。

要实现上述目标，重点做好以下九个方面的工作：

（一）加快旅游服务设施建设，推进旅游业转型升级

深入实施“12345”旅游国际化战略，全面树立大旅游、大产业、大市场、大营销、大发展的理念，加快旅游服务设施建设，推进旅游业转型。实施石林景区门票调价，促进景区硬件设施建设，加快景区单位的搬迁和景区改造提升；继续改造提升环林路沿线生态景观质量，整合李子园箐、步哨山等景点，扩大景区容量。加快中国彝族第一村、“五中心二店”、石林幻多奇、云林五星级酒店、民族生态运动场建设步伐，建设一流的购物中心、游客中心、演艺中心、餐饮中心、会展中心和五星级酒店；加快石林旅游二次创业步伐，促进石林旅游由单一观光型向复合型转变，扩大旅游二次消费。按审定的乃古石林景区保护性开发规划实施基础设施建设，设计新游线，建设原生态喀斯特旅游景区；实施乃古石林景区、长湖景区和大叠水景区生态绿化环境整治。创新宣传营销方式，加强与国内外的世界地质公园、世界遗产地合作，拓展国外旅游市场；打造“石林、三塔、玉龙雪山”黄金线路，努力开拓旅游客源市场。2009年大小石林景区接待国内外游客260万人次，旅游直接收入3.6亿元，全县接待游客320万人次，旅游综合收入14亿元。

（二）加快推进工业强县，增强县域经济发展后劲

实施“11235”工业突破战略，以“工业强县”为目标，以打造生态工业集中区为载体，以科技创新、品牌创建为动力，突破土地开发利用、基础设施建设、招商引资项目落地的瓶颈，发展以特色旅游商品制造、农特产品加工、先进制造、生物制药、电力装备为主的五大产业，大力发展低消耗、低污染、高利用率、高循环率、高利税率、高就业率、高关联度的新型工业，促进产业升级，优化工业结构，扩大工业总量，实现工业发展新跨越。加快工业集中区基础设施建设，重点解决企业用地和水电路、通讯、排污等基础设施建设，完成工业大道的修建，逐步形成工业园区内的循环交通网络，整合壮大卤腐、乳饼、白酒、刺绣等传统优势特色农产品和旅游商品加工业，巩固提高电力、烟叶复烤、建筑建材等骨干企业，扶持培育电缆母线、玻璃钢桥架、工程模板、太阳能装备等现代制造业。结合新昆明建设，主动承接产业转移，大力发展出口创汇型、劳动密集型、资源深加工型、节能环保型等产业，促进产业优化升级。实现工业增加值增长25%，规模以上工业增加值增长28%，规模以上工业万元增加值能耗下降5.6%的目标。

（三）加大农业产业结构调整，推进社会主义新农村建设

巩固和发展烤烟支柱产业，巩固国家级烤烟生产标准化示范县建设成果，规范烤烟生产各个环节的措施和要求，走质量效益型的道路，全力打造国内知名品牌；进一步完善烟水基础配套工程，加大烤房改造力度，着力推广密集式烤房，提高烤烟烘烤调制水平，提高烟叶收购质量和等级纯度。种植优质烟10.93万亩，收购烟叶1640万千克，上中等烟比例达90%以上，均价增长3%以上，烤烟收购总值稳中有升。

调整农业和农村经济结构，扶持龙头企业，大力推进农业产业化，努力增加农民收入。粮食生产在稳定种植面积、确保粮食安全的基础上，加大优良品种和科技推广力度，促进农业整体效益提高，全县粮食总产1.2亿千克。壮大以羊产业为龙头的畜牧业，稳步推进羊产业健康发展，生猪生产以扶持养殖大户为重点，扩大良种辐射面。加大农业龙头企业的扶持力度，发挥龙头企业的带动示范作用，不断开拓市场，畜牧业产值实现4.8亿元。在石林景区周围、九石阿旅游专线沿线重点布局水果基地，扩大人参果、核桃等特色果品的种植规模；全面启动昆明石林台湾农民创业园开发建设；积极实施农业标准化生产，加强农产品质量安全体系建设，继续开展无公害、有机农产品认证和产地认证，增强市场竞争力。

扶持发展省级农业龙头企业2户，市级龙头企业10户以上，县级龙头企业25户。

继续稳定、完善和强化各项支农政策，实施以旅哺农的长效机制，积极争取上级资金支持和面向社会各界及企业捐资，继续投入1000万元专项资金，加大投入，加快发展乡村旅游，推进新农村建设。坚持规划先行，在九石阿旅游专线、景区周边和公路沿线选择试点行政村做好村庄建设规划和项目编制，继续推进新农村建设整村推进，实施农村基础设施、产业发展、生态建设和社会事业等工程，为全面实现新农村建设目标打下坚实的基础。

（四）加快文化产业发展，推进文化石林建设

紧紧抓住把石林镇打造成昆明文化创意产业开发区的良好机遇，大力发展文化创意产业，把中国石林国际火把节培育为“东方国际狂欢节”，启动大型原生态民族歌舞剧《阿诗玛》并推向市场，提升石林的国际知名度。深入贯彻落实《石林县关于进一步开放文化市场，大力发展文化产业的实施意见》，加大文化产业项目包装和招商引资；全面放开文化市场，进一步降低准入门槛，鼓励、吸引更多民营资本、外来资本进入文化产业，培育一批开发经营文化项目的龙头企业，促进文化产业发展，力争实现新突破，确保2009年文化产业增加值占地区生产总值的9%以上。

（五）强势推进招商引资，实现经济社会跨越发展

紧紧围绕“富民强县、跨越发展”的总体目标，把招商引资工作作为全县经济工作的重头戏来抓，加强对招商引资工作的领导，进一步加大招商引资力度。继续实施招商引资“一把手”、百人外出招商、专业队伍招商“三大工程”，健全完善招商引资目标责任制、招商引资工作例会制、县级领导联系推进制、招商引资项目现场办公制等“四项制度”。高度重视项目策划包装，扎实做好项目前期工作。组建专业招商队伍，做好已落地项目的协调服务工作，加强对“昆明石林太阳能发电试验示范项目”、“石林狂欢之都”、石林幻多奇、“阿诗玛旅游小镇”、“桃园水乡”、“石林·上海新天地”、“云林五星级酒店”、“广东温氏饲料加工及禽类养殖”、“鹿阜旧城改造”等大项目的跟踪服务，加快项目的建设进度。2009年实现引资总量、项目规模、建设速度“三突破”，实际引进国内市外资金13亿元，实际利用外资750万美元。

（六）加强基础设施建设，保持投资持续增长

一是加强基础设施建设，继续推进石林县党政机关办公用房、团结水库加固扩建工程、县污水处理厂及配套管网工程、阿诗玛东路延长线改造工程、石林县看守所搬迁新建、农村中小学标准化建设、昌乐生态公园、石林园林博览园工程等续建项目的建设；开工建设环城路、桃园湖公园、滨河路、县城雨污分流、县民族职业高级中学、县委党校搬迁新建、月湖水库除险加固、农村公路改造等重大项目；做好国债项目廉租房建设、乡镇综合文化站等重点项目的前期工作，确保项目按期实施。二是以石林大道沿线、石林旅游度假区、生态工业集中区为平台，加快生态工业集中区基础设施建设，加大招商引资力度，积极推进中国彝族第一村、阿诗玛旅游小镇、中核旅游度假山庄、“五中心两店”、太阳能发电试验示范项目、广东温氏饲料加工、万家欢农畜产品加工项目的建设进度，扩大产业投资规模，增强经济发展后劲。2009年全社会固定资产投资增长40%，成为带动县域经济增长的重要支撑。

（七）做好财税金融工作，促进县域经济发展

按照建立公共财政的总体要求，进一步优化支出结构，充分发挥财政资金的导向作用，提高财政资金使用效益；积极培育新财源，支持发展重点产业项目；积极推进各项财政改革，推进乡（镇）财政预算管理方式改革，完善国库集中支付制度改革；加大税收执法力度，强化税收征管，做到应收尽收，实现地方财政一般预算收入增长18%的目标。金融工作突出抓好金融监管，强化内部管理，优化信贷结构，降低不良信贷资产比例，加大对基础设施建设、旅游业、工业、文化产业、龙头企业、消费性贷款的信贷支持。

（八）实施“生态美县”战略，建设生态文明

加强生态环境建设，强化旅游资源保护，实现旅游和经济社会可持续发展。建立生态环境保护和建设目标责任制，继续投入资金1000万元，重点抓好石林风景区、水源涵养区、县城周边40平方公里范围的面山绿化工程。加强农村生态环境保护，做好农村面源污染治理和生活垃圾处置。对环境污染和生态破坏严重的采矿区，实行限期整治，加快污染治理和生态环境恢复。按照创建国家园林城市的要求，实施城市绿地系统规划，进一步加大园林绿化美化力度，提高绿化覆盖率和绿地率。

合理开发利用资源，提高资源利用率；做好土地开发整理工作，做到耕地占补有余。大力推行节水、节能、节电，降低单位产值能耗，建设节约型社会，发展新型建材，推广节能建筑。做好节能减排工作，逐步淘汰落后产能企业。

（九）促进社会事业发展，努力构建和谐石林

认真落实农村义务教育“两免一补”政策，完善贫困学生资助制度，促进教育事业和谐发展；继续推进农村中小学标准化建设，大力发展职业教育，实现普高与职高教育协调发展，开工建设石林民族高级职业中学。改善农村文化基础设施条件，实施国债项目乡镇综合文化站建设。控制人口数量，提高人口素质，继续推行“奖、优、免、补”政策，全年人口自然增长率控制在6.5‰以内。增加农村卫生投入，完成国债项目乡镇卫生院改扩建项目，提高公共卫生服务水平，使全县的医疗卫生状况进一步改善；扩大新型农村合作医疗，参合率达98%以上。大力推进科技进步，加快先进适用技术的推广运用，提高科技对经济增长的贡献率。

加强和谐社会建设，更加关注民生，更加注重社会公平，认真解决涉及群众切身利益的问题。加大扶贫整村推进力度，切实改善贫困村生产生活条件，减少贫困人口7500人；建立市场导向的就业机制，拓宽就业渠道；加大农村富余劳动力培训转移输出力度，增加农民收入；在保障职工基本养老和基本医疗需求的前提下，不断拓宽养老、医疗、失业、工伤、生育等社会保险覆盖面，增强社会保障能力。

进一步整顿和规范市场经济秩序，重点加强对成品油市场、药品、食品安全监督管理，确保经济健康发展；继续深化重点行业和领域安全生产专项整治，加大安全设施投入，采取超常规措施，杜绝重特大事故发生，有效遏制一般性事故。

各位代表、各位委员，2009年是认真贯彻落实党的十七大和十七届三中全会精神，全面实施“543”倍增计划和全面建设小康社会，促进石林经济社会实现跨越式发展的重要一年，我们要在县委的坚强领导下，在人民代表和政协委员的监督支持下，抢抓机遇，开拓创新，团结拼搏，扎实工作，确保年度各项目标任务圆满完成，开创石林经济社会发展的新局面。

石林彝族自治县2008年地方财政预算执行情况和2009年地方财政预算报告

——在石林彝族自治县第十五届人民代表大会第二次会议上

（2009年1月9日）

县财政局局长　苏云波

各位代表：

受县人民政府委托，现将石林彝族自治县2008年地方财政预算执行情况和2009年地方财政预算草案提请县第十五届人大二次会议审查，并请县政协委员和列席人员提出意见。

一、2008年地方财政预算执行情况

2008年，是县第十五届人民政府开局之年，也是实施“543”倍增计划的关键一年。一年来，在县委的正确领导下，在省、市财政部门的大力帮助和支持下，财税部门深入学习实践科学发展观，解放思想、更新观念，狠抓管理、注重绩效，提高素质、服务大局。全县财政预算执行情况良好，超额完成县第十五届人大一次会议审议通过的预算任务，地方一般预算收支分别迈上2亿元和5亿元历史性新台阶！财政运行呈现出收入增幅高、支出进度快、改革力度大、重点保障实、资金效益好等特点，有力支持了全县经济社会又好又快发展。

（一）全县财政收支预算执行情况

1.财政一般预算收支及平衡情况

全县地方财政总收入31987万元，比上年增33%，其中：上划中央和省级税收收入11897万元，比上年增21%。全县地方一般预算收入20090万元，完成了调整预算，比上年增41%。其中：县本级地方一般预算收入9956万元，比上年增49%；乡级地方一般预算收入10134万元，比上年增34%。

全县地方一般预算总支出55725万元，比上年增41%。扣除上级专项转移支付支出18301万元，全县地方一般预算支出37424万元，控制在预算调整范围内，比上年增27%。其中：县本级地方一般预算支出34400万元，比上年增27%；乡级地方一般预算支出3024万元，比上年增30%。

全县地方一般预算收支平衡情况：各项收入合计56906万元，其中：全县地方一般预算收入20090万元、返还性收入2893万元、财力性转移支付收入14838万元、专项转移支付收入18482万元、上年结余465万元、调入资金138万元；各项支出合计56725万元，其中：全县地方一般预算支出37424万元、专项转移支付支出18301万元、转移性支出（专项上解上级）1000万元。收支相抵结余181万元，全部为上级专项资金结余，结转下年使用。

县本级地方一般预算收支平衡情况：各项收入合计53678万元，其中：地方一般预算收入9956万元、返还性收入2893万元、财力性转移支付收入21947万元（其中：乡级体制上解收入7109万元）、专项转移支付收入18305万元、上年结余439万元、调入资金138万元；各项支出合计53524万元，其中：地方一般预算支出34400万元、专项转移支付支出18124万元、转移性支出（专项上解上级）1000万元。收支相抵结余154万元，其中：上级专项转移支付收入结转181万元，地方一般预算赤字27万元。

乡级地方一般预算收支平衡情况：各项收入合计10337万元，其中：地方一般预算收入10134万元、专项转移支付收入177万元、上年结余26万元；各项支出合计10310万元，其中：地方一般预算支出3024万元、专项转移支付支出177万元、转移性支出（体制上解县级）7109万元。收支相抵结余27万元。

2.财政基金预算收支及平衡情况

地方基金预算收入19452万元，政府性基金转移收入1329万元，地方基金预算支出20555万元。收支相抵结余226万元，其中：政府性基金转移收入结转5万元，地方基金预算结余221万元。

以上收支和平衡情况均为初步决算数，待与市财政局结算后会有所变化，到时再将变化情况向县人大常委会作专题报告。

（二）主要工作措施

按照“一要吃饭、二要建设、三要科学发展”的原则，围绕“保工资、保运转、保稳定、促发展”的基本要求，以服务发展为中心，以调查研究为基础，以培训教育为手段，

以改革创新为动力，以完善机制为保障，努力实现“生财有大道、聚财有良方、理财有新规、用财求实效”的目标，主要完成以下几项工作：

1. 落实增收责任制，超额完成全年财税收入任务。认真落实财政收入增收目标责任制，完善激励机制和工作措施，与各部门签订财政增收目标考核责任书，强化税源监控，完善征管措施，细化税收管理，做到应收尽收，促进全县财税收入持续稳定增长。完善县对乡镇财政管理体制，制定《石林彝族自治县2008—2010年县对乡（镇）财政管理体制方案》，对乡镇实行“超收分成和工作综合考核以奖代补相结合”的办法，充分调动乡镇发展经济、培植财源、增收节支的积极性和主动性。全县乡级地方一般预算收入10134万元，比上年增34%，体制促收成效明显。严格执行“收支两条线”规定，以票管费，将应纳入预算管理的非税收入全额纳入预算管理。制定《石林彝族自治县国有土地使用权出让收支管理办法》，将土地出让收支全额纳入政府性基金预算管理。不断完善“收（罚）缴分离”管理方式，认真开展清查全县预算单位“小金库”、违规开户及宕欠公款和规范非税收入管理工作，治本抓源，确保收入不流失。超额完成全年财税收入任务，顺利迈出地方一般预算收入3年倍增的关键一步。

2. 履行财政职能，全力支持经济社会又好又快发展。紧紧围绕全县中心工作，认真履行财政职能，科学安排预算，多渠道筹集资金，确保石林大道、生态工业园区建设等重点项目建设资金及时足额到位，有力支持了全县经济建设。安排招商引资经费700万元，确保招商引资工作顺利开展。安排200万元设立非公有制经济暨中小企业发展专项扶持资金，加大对非公企业扶持力度。重视项目申报，大力争取上级专项资金19811万元，其中财政部门向上级申报项目10个，争取到位资金1615万元，储备项目24个，促进县域经济较好发展。安排财政贴息145万元，扶持龙头企业发展，发挥财政资金导向带动作用。重视投融资工作，在全市首家成立县级人民政府金融工作办公室，履行职责、积极协调、多方筹集，从我县多家金融机构融资2亿元，用于石林园博园、县乡公路、城市基础设施、中国彝族第一村、民族职业高级中学搬迁等多个项目建设。盘活国有资产，积极支持成立水投、工投和城投等投融资公司，着力构建基础设施和城市建设投融资新平台，逐步形成投资主体多元化、投资形式多样化的新型投融资体制。用活存量资金，确保政府投资资金链不断，大力推动县域经济发展，夯实经济基础，强力拉动财税收入持续较快增长，实现经济发展与财税增长良性互动。

3. 保障民生支出，努力将群众根本利益放在首位。始终坚持公共财政“取之于民，用之于民”的基本原则，多方筹集调度资金，把4～6月作为财政“加快支出进度月”，主动采取书面通知单位及时落实和组织项目实施等多项有效措施，确保支出预算按时间进度平稳执行，有力支持全县各项工作顺利开展。不断调整优化支出结构，在确保人员工资发放和机构正常运转的基础上，财政支出大力向农业、教育、卫生、社会保障及社会稳定等民生方面倾斜，努力推进基本公共服务均等化。一是努力做到学有所教：全年教育事业支出13894万元，比上年增34%，其中投入专项经费3186万元，完善农村义务教育经费保障机制，惠及全县3.5万名农村中小学生，大力支持紫玉小学等7个农村中小学标准化项目建设，逐步将农村义务教育全面纳入公共财政保障范围。二是努力做到病有所医：全县医疗卫生支出3857万元，增18%，主要用于建立完善城乡基本医疗保障体系，提高新农合农民医疗费用补偿标准，全年补偿新农合医疗基金1412万元，人均每次补偿989元，明显减轻农民医疗负担。三是努力做到老有所养：社会保障和就业支出8534万元，增32%，主要用于离退休人员工资和实施特困居民最低生活保障，全年发放城镇和农村居民最低生活保障金1247万元，有11973人享受；启动被征地人员基本养老保险工作，全年参保3548人。四是努力做到劳有所得：政府出资60万元购买48个公益性岗位，用于安置下岗失业人员；安排“两后双百”培训经费10万元；投资10万元开展农村劳动力转移和技能培训12208人，以培训带动就业和创业。五是努力做到住有所居：安排110万元用于搬迁全县受地质灾害隐患威胁的农户140户；安排农村民居地震安全工程资金350万元；安排171万元用于42个村委会基层文化活动场所建设，不断丰富农村文化生活。把党和政府的阳光工程及惠民政策落到了实处。此外，兑付石油价格改革财政补贴427万元，继续按照国家规定标准足额安排政法部门公用保障经费，全力维护社会稳定，大力促进和谐社会构建。

4. 持续加大“三农”投入，积极支持农村稳定发展。认真贯彻落实党的十七届三中全会确定的各项强农惠农政策，按照“三个明显高于”的财政支农要求，在不断增加县级财政支农资金投入的同时，积极争取上级财政支持，确保了财政支农投入持续稳定增长。全县各项资金投入“三农”支出达16957万元。一是投入农田水利基础设施建设3426万元，完成绿芳塘水库除险加固等4件重点工程，有力改善我县水利基础设施建设，增强抵御自然灾害能力。二是投入农业产业化发展及科技措施推广资金1274万元，扶持各类农业龙头企业36家、村集体经济组织4个，辐射带动32672户农户共同致富。三是安排林业生态美县建设与保护资金2328万元，主要用于生态美县建设1000万元、兑付退耕还林折现补助718万元和石漠化及林产业补助307万元等项目，生态美县效果逐步显现。四是投入新农村建设资金2200万元，重点支持市列11个试点村建设；安排农村公益事业建设一事一议财政奖补资金400万元，补助90个项目建设；投入整村推进扶贫开发资金380万元，用于19个重点村扶贫开发。五是通过惠农“一折通”专用存折发放各项涉农直补资金2905万元，全县共有208356人受益，受益农民人均直接增收139元；兑现能繁母猪补贴110万元。是我县实施涉农直补以来规模最大、增长最多、兑现最早最快的一年。六是农业综合开发做到主动服务于全县新农村建设，完成大可河流域中低产田地改造等省市农开项目4个，投入资金728万元，有力改善农村生产生活条件，成为一项民心工程。在省市财政部门的大力支持和帮助下，经过财政部门多年来的努力争取，我县已被正式批准列为国家级农业综合开发县，为我县又增加一块国家级牌子。逐步扩大公共财政覆盖农村范围，加快农村公共事业发展，促进农村社会全面进步。

5. 深化财政改革与监督，切实管好用好纳税人的钱。政府财力来之不易，只有不断拓展改革深度，强化监管力度，才能确保财政资金安全有效。一是稳步推进国库集中支付改革，将全县40家一级预算单位全部纳入财政国库集中支付，集中支付资金41991万元；按照建立国库单一账户体系要求，清理归并单位银行账户，设立财政代管单位资金专户，年末归集单位各类结存资金9924万元，从源头上规范资金收支管理，增强了政府调控力度，通过盘活结存资金节约融资成本150万元。二是积极开展财政投资评审工作，选择了石林中路扩建（一期）、黑龙潭水库中型灌区西干渠节水改造等12个工程项目先行试点，实行廉政评审，有力促进政府投资项目建设管理更加规范化、制度化、科学化。三是扩大政府采购范围，全年实际采购资金2686万元，比计划节约资金251万元，节约率为8.5%；清理、拟定上报全县行政事业单位公务车辆定编方案和管理办法。四是全面推进财政、财务信息化建设，全县一级预算单位实现会计电算化，以信息化促进财务核算的规范化，大力提高科学理财水平。五是继续推行完善财政专项资金报账制管理，对医保、扶贫等专项资金开展检查，确保专款专用，发挥效益。六是今年首次将执行重点项目资金管理规定及政府采购制度等列为县对各乡镇、各部门《党风廉政建设目标考核责任书》内容之一，增强了财政监管力度。通过以上改革创新，加强了财政惩防体系建设，健全完善了财政源头防腐机制，有力促进财政党风廉政建设责任制落到实处，认真管好用好纳税人的每一分钱，切实提高资金使用效益。

6. 加强财会队伍建设，着力打造优质财政软环境。培养一支高素质的人才队伍，打造一个优质软环境是推进财政加快发展的关键所在。工作中注重抓好“两个”软环境建设，一是抓好单位软环境建设。按照市县有关要求，结合财政实际，制定实施方案，严格履行服务承诺，压缩行政审批时限，取消涉及会计考试及办证的收费，坚持让利于民，切实降低会计从业人员相关费用。扎实有效地开展财政软环境建设活动。二是抓好个人软环境建设。倡导“人人都是软环境、人人建设软环境”，认真开展好解放思想大讨论活动，促进广大干部职工进一步解放理财思想，更新用财观念，提高工作效率，提升服务质量。强化会计业务培训，共举办国库集中支付、会计电算化等培训15期，参训人员达798人次，有效提高财会队伍素质，发挥单位财务人员严把“第一道关口”作用。狠抓行风、作风及党风廉政建设，认真执行“四项制度”，积极推行“一线工作法”和“五办”作风，努力打造优质财政软环境，促进财政各项工作有新进步。

各位代表、各位委员：2008年财政各项目标任务已圆满完成，财政运行质量显著提高、保障能力明显增强、工作成效日益显著。同时，我们也清醒地认识到，壮大县域经济，增强财政实力，提高资金效益，提升保障能力仍需常抓不懈。主要问题是：一是全县经济缺乏大项目支撑，经济增长主要靠政府投资拉动。工业基础薄弱、经济总量小、产业附加值低、旅游业综合效益低、财源结构单一的现状还未根本改变，财政持续稳定增收的经济基础仍不牢固。二是投融资渠道不宽，重点项目建设单纯依靠政府大量举债投入，建设成本较高，资金供给与需求之间存在较大缺口，尚未形成社会多元化投融资格局。三是人员经费等刚性支出增长较快，关爱民生、促进社会和谐发展需加大财政投入，全县财政收支矛盾进一步加剧，财政收支总体平衡困难。四是招商引资项目结构不合理，应税投资项目少。五是新一轮县对乡镇财政管理体制实施后，一方面有力调动了乡镇财政增收的积极性，但同时也拉大了乡镇之间可用财力的差距。六是受国内外旅游市场持续低迷的影响，石林门票收入下降，减少了我县的可用财力。

面对这些前进中的问题、发展中的困难，我们将以党的十七大精神为指引，突破传统思维束缚，化危机为机遇，变压力为动力，振奋精神，坚定信心，切实增强做好财政工作的紧迫感和责任感，通过加快全县经济社会发展、深化财税改革、加强资金监管来逐步解决。

二、2009年地方财政预算草案

2009年，面对国际经济危机持续蔓延和国内经济周期性下降形势，国家将采取积极的财政政策和适度宽松的货币政策，各级政府将投入大量资金用于基础设施建设和民生支出，县域经济面临着难得的发展机遇，我们必须及早谋划，抢抓机遇，积极应对，奋力拼搏。抓项目、增投入、扩内需、促发展、保增长，拉动县域经济继续保持平稳较快发展。2009年全县预算安排和财政工作的总体思路是：以科学发展观为指导，全面学习贯彻党的十七大和十七届三中全会精神，紧紧围绕“543”倍增计划和全面建设小康社会目标，立足石林资源优势，充分发挥财政职能，加强基础设施建设，优化投资环境，突破工业发展瓶颈；加大招商引资力度，推进项目建设进度，扩大经济总量；转变经济发展方式，改善财源结构，夯实财税增长的经济基础；完善增收激励机制，依法治税，加强征管，做到应收尽收；优化支出结构，保障民生支出；深化财政改革，规范资金管理，降低融资成本，提高资金使用效益。逐步建立规范、安全、高效的公共财政管理体制。

根据上述思路，2009年地方财政预算的主要指标建议安排如下：

（一）财政一般预算收支及平衡情况

全县地方财政总收入35455万元，比上年增11%，其中：上划中央和省级税收收入11755万元，比上年减1%。全县地方一般预算收入23700万元，比上年增18%。其中：县本级地方一般预算收入12406万元，比上年增25%；乡级地方一般预算收入11294万元，比上年增11%。

全县地方一般预算支出 38961 万元（不含上级专项转移支付支出），比上年增 4%。其中：上年上级专项转移支付结转支出 181 万元；县本级地方一般预算支出 36214 万元，比上年增 6%；乡级地方一般预算支出 2566 万元，比上年减 15%。全县预算内新增财力主要用于人员经费、社会保障和“三农”等支出。重点项目建设等全县经济社会发展所需资金主要通过融资等渠道来筹集，并确保收支平衡。

全县地方一般预算收支平衡情况：各项收入合计 40020 万元（不含上级专项转移支付收入），其中：全县地方一般预算收入 23700 万元、返还性收入 2820 万元、财力性转移支付收入 13145 万元、上年上级专项转移支付结转 181 万元、调入资金 174 万元；各项支出合计 40020 万元（不含上级专项转移支付支出），其中：全县地方一般预算支出 38961 万元、转移性支出(专项上解上级)1059 万元。收支相抵平衡。

县本级地方一般预算收支平衡情况：各项收入合计 37427 万元（不含上级专项转移支付收入），其中：地方一般预算收入 12406 万元、返还性收入 2820 万元、财力性转移支付收入 21873 万元（其中：乡级体制上解收入 8728 万元）、上年上级专项转移支付结转 181 万元、上年赤字 27 万元、调入其他资金 174 万元；各项支出合计 37454 万元（不含上级专项转移支付支出），其中：地方一般预算支出 36214 万元、上年上级专项转移支付结转支出 181 万元、转移性支出（专项上解上级）1059 万元。收支相抵赤字 27 万元。

乡级地方一般预算收支平衡情况：各项收入合计 11321 万元（不含上级专项转移支付收入），其中：地方一般预算收入 11294 万元、上年结余 27 万元；各项支出合计 11294 万元（不含上级专项转移支付支出），其中：地方一般预算支出 2566 万元、转移性支出（体制上解县级）8728 万元。收支相抵结余 27 万元。

（二）地方财政基金预算收支及平衡情况

2009 年地方基金预算收入 38020 万元，政府性基金转移收入结转 5 万元，上年结余 221 万元，地方基金预算支出 38246 万元，收支相抵平衡。

2009 年的预算安排，体现了“统筹兼顾、积极稳妥、量入为出、收支平衡”的预算编制方针，体现了实施“543”倍增计划、全面建设小康社会的基本要求；体现了有保有压、集中资金保重点的原则；也体现了保持全县经济平稳较快发展的各项要求。

三、坚定信心，加快发展，确保圆满完成 2009 年财税任务

2009 年，是加快实施“543”倍增计划、推进全面小康社会建设的拼搏之年。全县财政工作以科学发展观为指导，认真贯彻落实县委十届五次全会精神，加快发展，做到科学生财、依法聚财、有效用财、阳光理财，为全面建设石林小康社会提供财力支持。

一是坚持科学发展观，做大“蛋糕”强实力。紧紧围绕全县中心工作，履行财政职能，科学安排预算，合理调度资金，确保全县旅游、交通、城市建设等重点项目建设资金及时足额到位，有力支持全县基础设施建设。安排招商引资专项经费，推动招商引资工作取得新突破。重视项目申报，建立项目前期可研基金，周转使用，主要用于全县重点项目前期可研、设计、概预算和立项审批等工作，切实抓好项目包装储备，靠好项目招商、靠好项目引资、靠好项目争取上级资金支持。安排小集镇建设以奖代补资金，统筹城乡经济发展。继续安排非公有制暨中小企业发展专项扶持资金，认真落实加快非公经济发展各项政策措施。加强投融资工作，发挥财政资金“四两拨千斤”的作用，通过贴息和项目补助等形式，积极引导、聚集非公资本和民间资金促进县域经济发展，实现经济社会发展投资多元化。围绕旅游支持第三产业加快发展，优化产业结构，提高旅游综合效益，促进将资源优势转化为经济优势，努力使旅游服务业发展成为我县经济增长和财税增收的主体。安排 2000 万元工业园区发展扶持专项资金，积极支持工业园区加快建设，带动我县经济大发展，促进营业税和企业所得税等主体税种平稳增长。加快转变经济发展方式，不断夯实财税持续稳定增长的经济基础。

二是树立依法聚财观，应收尽收保增长。在确保全县经济平稳较快发展的基础上，继续完善财税增收激励长效机制，加大财政增收目标考核力度，依法治税，完善征管，严防税源流失。对重点行业、重点纳税企业和重点项目实施重点监控，加大跟踪检查和服务力度。完善征管措施，对点多面广的小税种做到应收尽收。严格执行“收支两条线”规定，规范非税收入管理，继续将行政事业性收费、专项收入等非税收入全额纳入财政预算管理。保持财税收入持续稳定增长，圆满完成 2009 年预算任务。

三是落实民生财政观，惠泽百姓促和谐。牢固树立人民财政为人民的宗旨，强化民本意识，以构建和谐社会为出发点，始终把民生问题放在财政保障的首位。不断调整优化支出结构，确保财政对民生投入的增长不低于经常性财政收入增长水平，着力解决人民群众最关心、最直接、最现实的利益问题。新增财力向社会事业、新农村建设、弱势群体倾斜，继续加大对“三农”、教育、社会保障、公共卫生、科技文化等方面的投入力度。全力组织实施好我县第一个国家级农开项目——团结水库灌区土地治理。大力促进社会各项事业和谐发展。

四是推进法治理财观，深化改革促发展。主要开展八项工作，进一步深化部门预算改革，增强预算约束力，凡要列入财政预算的项目必须经过详细的可研、设计、概预算和立项审批，项目变更和超预算均要上报县人民政府审批；全面完善和规范国库集中支付改革，进一步清理归并单位银行账户，加强单位结余资金管理，优化流程，提高效率；扩大财政投资评审面，强化预算投资评审，规范项目建设管理，建立项目建设全过程监督机制，提高资金使用效益；加强政府采购管理，扩大政府采购范围，政府采购资金全额实行国库

集中支付；加强非税收入管理，重点规范土地出让收支管理，不允许擅自减免非税收入项目；继续完善财政专项资金报账制，实现分类管理，分别报账，规范列报口径，简化报账手续，确保资金安全有效；完善政府债务偿债机制，增加偿债准备金，维护政府诚信；深入推进财政财务信息化建设，规范会计基础核算，提高科学理财水平，着力打造“阳光、透明、高效”财政。

五是建立和谐财政观，提高素质优服务。针对全县财政改革管理工作中存在的薄弱环节，深入实际开展调查研究，积极落实推动财政改革发展、强化预算管理的各项措施。认真落实党风廉政建设责任制，进一步健全和加强内部控制。深入开展各类创先争优活动，坚持示范带动、行政推动、考核促动，实施以点带面、点面结合，不断增强干部职工争创一流意识。完善考核办法，建立平时考核和年终考核相结合的考评用人机制，引导和激励干部职工把心思和精力用在干事创业抓发展上，不断提高财政干部职工依法行政、为民理财、科学发展的能力和水平，着力打造财政优质软环境，推动财政工作有新发展。

总之，我们坚信，在县委的坚强领导下，在县人大、县政协的大力监督支持下，各有关部门通力协作，财税部门密切配合，深入学习实践科学发展观，进一步解放思想，更新观念，开拓创新，扎实工作，就一定能圆满完成今年市县下达的财税各项工作任务，为实现“富民强县、跨越发展”的目标，全面建设石林小康和谐社会打下坚实的经济基础。

石林彝族自治县人民法院工作报告

——在石林彝族自治县第十五届人民代表大会第二次会议上

（2009年1月9日）

县人民法院院长 刘珉语

各位代表：

我代表石林彝族自治县人民法院，向大会作法院工作报告，请予审议，并请县政协委员和列席人员提出意见。

一、2008年工作回顾

过去的一年，我院在县委的正确领导和上级法院的指导下，在县人大、县政协的监督和县政府及社会各界的关心支持下，以邓小平理论和“三个代表”重要思想为指导，认真学习实践党的十七大精神，深入贯彻落实科学发展观，坚持“三个至上”，坚持“公正司法、一心为民”工作方针，以化解矛盾定纷止争为目标，以实践司法和谐为载体，以建设高素质队伍为根本，以推进司法行政管理为保障，稳步推进审判和执行工作，为石林县经济社会更好更快发展提供了良好的法律服务和保障。

（一）审判、执行工作稳步推进，办案质量、效率明显提高

2008年，我院共受理各类案件1753件，审结1670件，结案率为95.27%。其中，诉讼案件1267件，结案1233件，结案率为97.32%；执行案件486件，结案437件，结案率为89.92%，实现了审判和执行工作稳步推进。

1. 强化刑事司法理念和人权保障意识，依法审理刑事案件。全年共受理各类刑事案件208件389人，与2007年153件317人相比，案件上升35.95%，人数上升22.71%，审结208件389人，结案率为100%。审理中，坚持宽严相济的刑事司法政策，贯彻罪刑法定、罪刑相适应的刑罚原则。首先，对故意杀人、故意伤害、抢劫、抢夺、盗窃犯罪和妨害社会管理秩序犯罪，以及犯罪情节极其恶劣，手段极其残忍的犯罪，坚决依法严厉打击。如：被告人付某故意杀人（未遂）一案，付某盗窃被发现后，对报案人付某某怀恨在心，用砍刀猛砍付某某，致其重伤，我院以故意杀人罪（未遂），依法判处付某有期徒刑十二年，并赔偿受害人经济损失。被告人汪某某等团伙流窜盗窃通信电缆一案，盗窃地点横跨昆明七个县、市、区，作案次数多达40余次，盗窃通信电缆价值30余万元，我院分别判处汪某某等被告人十四年零十个月、十四年不等的有期徒刑。尚某某伪造有价票证一案，导游尚某某将已作废的石林风景区门票正券与捡来的副券粘贴在一起，伪造了23张石林风景区门票，面值达3220元，我院依法从严判处其拘役三个月，罚金1万元，有效地维护了石林世界自然遗产地的管理秩序。其次，对主观恶性不深，犯罪情节较轻，具有法定从轻、减轻情节的初犯、偶犯、未成年犯以及过失犯，确有悔罪表现的，依法从轻、减轻或免除处罚，尽量减少社会对抗。如被告人李某某、王某某等盗窃一案，因被告人王某某的年龄无法查证，经鉴定在17.92~18.92岁之间，我院本着有利于保护未成年人权益的原则，依法认定其系未成年人犯罪，予以从轻处罚。

2. 重视民商事审判在化解社会矛盾中的重要作用，平等保护民事主体合法权益。全年共受理各类民商事案件1042件，与2007年989件相比，上升5.36%，审结1008件，结案率为96.74%。一是继续坚持“能调则调，当判则判，调判结合，案结事了”方针，不断强化调解意识，注重疏导教育，体现以人为本。如在审理原告何某、李某与被告何某某赡养纠纷一案时，根据原告年老体弱多病、行动不使和被告生活确实困难等实际，法官到当事人家中现场办案，经过耐心的疏导教育，在亲情的感化下，双方的矛盾圆满解决，真正达到了定纷止争的目的。全年调解或经调解撤诉的案件526件，调撤率为52.18%。推进建立健全多元化纠纷调处机制，建立“人民调解进法院”，2008年9月3日人民调解室成立以来，共受理纠纷35件，成功调解19件，调处率达到54.29%，取得了一定的社会效果。二是按照优先、快捷、高效的司法要求，妥善处理涉农案件，维护农村社会和谐稳定。如对征地补偿款纠纷、承包经营权纠纷、继承纠纷等案件，坚持以化解矛盾，构建和谐社会、和谐家庭为目标，注重协调情、理、法的关系，真正做到案结事了，最大限度实现法律效果和社会效果的有机统一。三是平等保护农村居民的合法权益，对于在城镇经商并居住在城镇的农村居民，在相关赔偿、补偿标准上与城镇居民同等对待。四是慎重处理劳动争议案件。结合《劳动合同法》实施后劳动争议案件明显上升、相关法律规定不完善、适用法律困难、案件审理难度较大等问题，坚持以调解为主，最大程度化解纠纷，并及时向用人单位提出合理化建议，促进劳动用工的规范化、合法化，从源头上预防和减少纠纷的产生。全年共受理劳动争议案件11件，审结11件。五是重视履行法律规定的告知、释明义务，注重对当事人的诉讼指导，强化依职权、依申请调取证据意识，切实查明案件事实，为当事人解决法律知识淡薄、举证能力欠缺等实际问题。

3. 积极开展行政审判工作，努力促进官民和谐。全年共受理行政诉讼案件7件，同比上升75%，审结7件，结案率为100%，办理行政非诉申请执行案件105件，同比上升337.5%，结案105件，结案率为100%。审理中，坚持既依法维护行政相对人合法权益，又切实支持行政机关依法行政，注重加强与行政机关的沟通协调，促进行政机关依法行政能力的提高，增进人民群众与行政机关的合作、和谐。

4. 着力解决“执行难”问题，最大限度实现当事人债权。全年共受理执行案件486件，同比上升7.05%，执结437件，其中全案执行完毕的280件，全案执结率为57.61%，实现债权542.67万元。工作中，坚持以解决“执行难”为目标，采取了一系列措施。一是通过到各乡镇开展调研，组织召开执行工作专题研讨会，认真研究、落实执行工作措施。二是邀请相关领导、人大代表、政协委员和申请人参与执行活动，扩大执行工作宣传，争取社会各界对执行工作的理解和支持；采取召开集中发还案款大会的形式公开发还案款，弘扬社会正气，取得了较好的宣传效果。三是充分发挥执行工作联动机制作用，在一定范围内依法对被执行人融资、投资、经营、注册新公司、置产、出境、高消费等活动采取相应限制，促使被执行人自动履行义务；完善执行案件信息网络管理系统，把在规定期限内不履行义务的被执行人信息全部录入全国法院执行案件信息管理系统，通过执行威慑网向社会公布，动员社会力量促使被执行人主动履行法律义务，形成了综合治理“执行难”的工作格局。四是配合我县林权制度改革、计划生育工作，适时开展林业、计划生育行政处罚案件专项执行活动。采用在相关村寨、电视台发布公告等形式，对9件占用林地开荒案件的9名被执行人、20件计划生育行政处罚案件的39名被执行人予以曝光，并采取强制执行措施，对9名拒不履行义务的被执行人予以司法拘留。五是按照全国、全省集中清理执行积案活动电视电话会议的精神和要求，在县委政法委的统一部署下，2008年12月10日正式启动我县集中清理执行积案活动，对历年来的执行积案进行全面清理执行，切实保障当事人的合法权益，树立司法公信，维护法律权威。自12月10日在县电视台播出了定期履行义务敦促公告后，又在全县各村、组张贴敦促公告643份，至12月底已执结积案36件，清积工作初见成效。

5. 建立规范的信访接待和案件质量监督工作机制。制定了《信访接待工作规定》，并专门设立信访室和专职信访工作人员，将信访工作纳入规范化的轨道。落实大接访机制，每周二院领导轮流接访。对各类来信来访案件如实登记，适时跟踪，及时处理，对重大信访件层层落实责任，包案到人。着力解决好群众反映的热点、难点问题，提高处理信访案件的效率和效果，充分保护人民群众合法权益。如中央政法委交办的倖某某信访件，倖某某先后到中央、省、市、县有关部门上访，中央政法委交办后，我院共接待36次，最终罢访息诉。全年共办结中央政法委交办的2件，省委政法委交办的1件，市委政法委交办的2件，昆明中院交办的1件，县委大接访活动中批转的25件。本院接待来访案件14件，办结13件。制定《案件质量评查规定》，每月对已审结案件的40%进行抽查，各类案件质量评查的具体项目增加到44项；评查结果由审判委员会讨论后每季度进行通报，并作为年终对部门、个人岗位目标考核的依据，使全院立案、庭审、裁判、执行等每一个环节都能够得到有效监督，从而不断提高案件质量。

6. 落实司法为民措施，巡回审判，送法下乡。2008年，我院加大了人民法庭的工作力度，把开展巡回审判活动，方便群众诉讼作为落实司法为民要求的一项重要任务，坚持面向农村、面向基层、面向群众，巡回审判，就地办案，先后到部分乡镇开展巡回审判8次，并利用巡回审判之机在石林镇、长湖镇、大可乡等地邀请人大代表、治保调解主任和乡镇、村、组干部旁听案件庭审，方便群众诉讼，接受各方面的监督。

（二）队伍建设迈出新步伐，基础保障跃上新台阶

软件建设有了较大提高。按照市、县和上级法院的要求，认真开展软环境建设和解放思想大学习、大讨论活动，营造良好法治环境。在立案环节，以便民、利民为出发点，实行“一窗式受理、一站式办结”，方便群众快捷办理立案手续；加大司法救助力度，对符合条件的农村特困户、城市低保户和其他困难、弱势群体当事人，依法予以缓、减、免交诉讼费。全年共对44件案件予以缓、减、免诉讼费81656元，切实解决群众告状难问题；狠抓纪律作风建设，严格考勤制度，改变工作拖沓、纪律松散的状况。通过开展软环境建设和“大学习，大讨论”活动，激发和增强了干警的责任意识和工作热情，干警精神面貌大有改观，组织纪律进一步增强，服务意识进一步提高，案件差错率大幅减少。

队伍建设取得重大进展。重视班子建设，坚持民主集中制原则，坚持集体讨论决定重大事项，发挥集体领导优势；狠抓党风廉政建设，落实党风廉政责任制，形成了党组统一领导、党政齐抓共管、纪检监察协调、庭室各负其责、干警人人有责的党风廉政建设机制；狠抓制度创新，规范业务管理和监督，建立、完善了40余项管理制度，使全院的各项工作有章可循，逐步走向以制度管人、照章办事的科学管理轨道；加大人民陪审员参与案件审理力度，人民陪审员全年共参加合议庭审理案件15人次；重视学习培训、继续教育、学历教育和司法考试，提高法官干警的思想政治素质、法律专业素质和司法工作能力，2008年有2名干警通过了国家司法考试，目前我院通过国家司法考试的干警达到了10名。

基础保障实现较大突破。多年来，我院审判设施滞后问

题益显突出，不适应规范执法、严肃执法的要求。在县委、县政府、上级法院和社会各界的关心、支持下，一是审判大楼于2008年4月份投入使用，二是自2007年以来落实了我院公用经费保障，全院办公条件大为改善。除石林法庭建成投入使用外，板桥、圭山法庭目前正在进行选址和征地工作。

各位代表，过去的一年，我院工作取得了一定的成绩，这是县委正确领导的结果，是县人大、县政协有力监督的结果，是县政府和各位代表、委员关心支持的结果。在此，我代表石林县人民法院对关心、支持法院工作的各位领导、各位代表、委员和社会各界人士表示衷心的感谢并致以诚挚的敬意！

在看到成绩的同时，我们也清醒认识到，我院离服务全县经济社会发展大局的要求还有一定差距，主要表现在：少数干警素质不高，责任心不强，思想水平和业务能力不能完全适应新形势的需要；个别案件裁判质量不高，办案周期过长，执行难“瓶颈”尚需突破。对于这些问题和不足，我们将高度重视，认真分析研究，采取有力措施，切实加以解决。

二、2009年工作意见

2009年，我院工作的指导思想是：以邓小平理论、“三个代表”重要思想和科学发展观为指导，认真贯彻落实党的十七大、十七届三中全会以及全国、省、市政法工作会议精神，坚持“三个至上”重要指导思想，紧紧围绕“跨越发展、富民强县”两大目标和“四创两争一巩固”任务开展审判、执行工作，紧紧围绕司法为民的要求维护人民群众合法权益，紧紧围绕确保公正廉洁的要求加强人民法院队伍建设，更好地服务全县经济社会科学发展，更好地实现石林法院自身的科学发展。

（一）充分发挥审判职能，全力维护社会稳定

一是依法严厉打击危害公共安全犯罪、妨害社会管理秩序犯罪、暴力犯罪、黑恶势力有组织犯罪、多发性侵犯人身财产犯罪以及毁林开荒、私挖滥采等犯罪，营造最适宜投资创业、旅游度假的社会环境。对轻微刑事自诉案件，被告人积极赔偿受害人经济损失得到受害人谅解的，对被告人从轻处罚，以减少当事人之间对抗，促进社会和谐。

二是积极化解进入司法领域的民商事纠纷，促进经济社会和谐发展。平等保护各类市场主体的合法权益，维护交易安全，公正快捷审理涉及招商引资项目的案件，对外来投资企业的经营管理人员慎用强制执行措施，采取执行措施可能影响外来投资企业经营的，允许提出执行计划，分步执行，促进全县招商引资工作的深入推进。切实进行诉讼风险提示，履行告知、释明义务，加强诉讼指导，提高当事人维权能力。对矛盾容易激化，可能影响社会稳定的婚姻家庭、劳动争议、房屋拆迁、土地征用等案件，积极推行庭前、庭中调解和执行和解，化对抗为对话，尽力促成当事人和解、合作。大力提高裁判文书的辩法析理，力求做到胜败皆明，让当事人“赢得堂堂正正，输得明明白白”。切实营造我县公正、高效、权威的法制环境，维护我县的社会信誉和对外开放形象。

三是依法及时审理征地、拆迁等行政案件，加大非诉行政执行案件的审查力度，加强诉讼指导，促进行政争议和解，预防群体性事件发生。

四是以十七届三中全会精神为指针，加大司法服务农村改革发展力度。不断加强和改进涉农案件的立案、审判和执行工作，妥善处理事关人民群众切身利益的土地承包经营权纠纷、收益分配纠纷等涉农案件，维护农村改革发展成果，保障农村稳定。

五是继续延伸审判职能。在积极开展巡回审判的同时，加大对人民调解的指导力度，形成人民调解与司法调解合力，共同化解社会矛盾纠纷。加大宣传法律法规、警示教育等力度，在全社会营造依法办事，依法维权，理性表达诉求的良好氛围。健全多元化矛盾纠纷调处机制，建立大调解工作格局，维护社会和谐稳定，巩固平安创建成果。

按照“三最四低”软环境建设要求，全面优化我县法制软环境，为全县经济社会发展提供优质的审判服务。以便民利民亲民为宗旨，强化“抓作风就是抓环境”的理念，大力推行“五办”作风，方便群众参与诉讼；继续加大司法救助力度，对符合条件的农村特困户、城市低保户和其他困难、弱势群体当事人，依法予以缓、减、免交诉讼费，切实解决群众告状难问题；进一步深化审判流程管理，提高审判质量和效率；继续切实解决涉法涉诉问题，对符合申诉条件的，引导当事人按照法定程序申诉，对无理缠访的要做好耐心细致的工作，劝其息诉罢访。

（二）强力推进积案清理，全力破解“执行难”

人民法院裁判文书确定的权利、义务必须通过当事人的自觉履行或人民法院的强制执行才能实现。由于种种复杂因素的存在，部分裁判难以执行，当事人的合法权益迟迟难以实现。“执行难”一直是困扰人民法院科学发展的“瓶颈”，也是社会各界广泛关注的热点、难点问题。我院将在县委的统一部署下，对历年来的1624件积案进行集中清理，采取最强硬的执行措施，开展声势浩大的清理执行积案活动，并防止产生新的积案，最终形成党委领导、人大政协监督、全社会共同参与的执行工作长效机制，维护法律的尊严。我已代表石林法院向上级法院签下“军令状”，将在2009年的工作中采取一系列措施，确保执行工作取得实效，力争给全县人民交上一份满意的答卷。

一是责令被执行人向人民法院如实申报财产，并采取公告悬赏提供线索等措施，最大限度查找可供执行的财产。

二是将无法定理由拒不执行人民法院生效裁判的人或单位向新闻媒体、社会公布，让“黑名单”曝光，并与工商、税务、银行等部门形成联动机制，防止被执行人进行新的投资、置产、借贷、高消费等行为，让赖账的人成为过街老鼠，在社会上寸步难行。

三是与公安110报警电话联动，方便社会举报，及时控制被执行人。对有能力而拒不执行的当事人动真格、出重拳，坚决采取罚款、拘留等强制措施，对构成犯罪的，坚决追究其刑事责任。与组织、纪检监察部门密切配合，坚决查处干预、干扰执行工作的党政机关工作人员，对说情人员予以通报。

四是与民政、社保、卫生等部门配合，将长期不能实现债权、生活困难的执行申请人纳入低保、医保或其他救助。

五是在积案清理执行过程中，我院将一如既往地邀请人民陪审员、人大代表、政协委员和新闻媒体参与、监督，实现公开办案，阳光执行。

各位代表，人民法院“执行难”是一项复杂的社会顽症。根除“执行难”，除了人民法院坚决执法外，还需要得到包括人大代表、政协委员在内的社会各界的理解和支持，以坚决抵制“欠债不还”的不良社会风气，举全社会之力维护法律权威、建设诚信社会。

（三）坚持党的领导，全力推进法院建设

坚持党的领导是做好法院工作的根本保证。我们要把党的领导与公正司法统一起来，把全院的工作统一到服务、保障全县跨越发展、科学发展、和谐发展这个大局上来。紧密联系实际，切实解决好思想政治建设方面的问题，确保法院队伍政治清醒、立场坚定；切实解决好司法作风建设方面的问题，着力培养和树立群众观念；切实解决好司法能力建设方面的问题，最大限度地满足人民群众日益增长的司法需求；切实解决好反腐倡廉建设方面的问题，确保公正司法和队伍廉洁。发挥科技对增强审判能力的作用，增强办公设施的科技含量，努力实现办公自动化建设的新突破。

各位代表，面对党的十七大提出的新要求、人民群众的新期待、国内外经济形势的新情况，以及我县对外开放和经济社会发展的总体良好态势，我院将认真坚持“三个至上”的重要指导思想，在审判、执行工作中真正做到对科学发展观的政治认同、理论认同和感情认同，力争在办案水平上有新提高，在执行工作上有新突破，在队伍建设上有新起色，在纪律作风上有新改进，以改革创新的精神，脚踏实地的工作，求真务实的作风，努力为建设富强、和谐、平安、法治石林做出新的贡献。

注 释：

1. “三个至上”：党的事业至上、人民利益至上、宪法法律至上。

2. 宽严相济刑事司法政策：是我国根据罪行法定、罪刑相适应和适用法律人人平等的原则确立的准确惩罚犯罪的刑事政策。一方面，要对危害国家安全、黑社会性质组织犯罪、严重暴力犯罪以及影响人民群众安全感的多发性犯罪，坚持严厉惩罚。另一方面，对于具有法定从轻、减轻处罚情节的，依法从宽处理；对于具有酌定从宽处罚情节的，也要依法予以裁量，最大限度地减少社会对立面。

3. “能调则调，当判则判，调判结合，案结事了”方针：指人民法院在处理具体案件时，应根据实际情况，灵活运用调解或裁判的方式和手段化解矛盾。当事人愿意调解的，人民法院应当进行调解，调解不成、不愿调解或法律规定不能调解的，人民法院应当查明案件事实及时裁判，最终达到息诉罢讼的目的，有利于社会经济发展、社会主义道德的推行，最大限度地增加社会和谐因素。

4. 执行威慑网：是全国法院系统为解决“执行难”问题专门设立的一个网站。对于拒不履行人民法院裁判文书确定义务的被执行人，将其信息在该网上发布，向社会曝光，促使其为维护自己的社会信誉而自动履行义务。

5. 诉讼风险：是指当事人行使诉讼权利、履行诉讼义务不当或法律规定的其他原因，可能导致的不利后果。如对提出的诉讼请求不能提交有效证据，或者诉讼请求超过法律规定的期限等，人民法院不予支持。又如即使打赢官司也有可能要承担因对方无履行能力而无法执行的风险。

石林彝族自治县人民检察院工作报告

——在石林彝族自治县第十五届人民代表大会第二次会议上

(2009年1月9日)

县人民检察院检察长　柏安云

各位代表：

我代表石林彝族自治县人民检察院，向大会作检察工作报告，请予审议，并请县政协委员和列席人员提出意见。

一、2008年的主要检察工作

一年来，县检察院坚持以邓小平理论和“三个代表”重要思想为指导，认真贯彻落实党的十七大精神，深入实践科学发展观，突出“强化法律监督，维护公平正义”的检察工作主题，紧紧围绕全县“四创两增一巩固”目标和“543”倍增计划工作大局，全面履行检察职能，为实现经济社会又好又快发展、创建平安和谐石林提供了坚强有力的司法保障。

（一）全面履行检察职能，着力维护社会稳定

依法打击刑事犯罪，营建和谐稳定的社会环境。牢固树立“稳定压倒一切”的政治意识和责任意识，始终把维护社会稳定作为首要任务来抓，与公安、法院等部门密切配合，认真履行批捕、公诉职责，依法惩治各类刑事犯罪。

全年共受理移送审查批捕案件192件385人，与去年同期的115件261人相比，案件数上升了67%，人数上升了47.5%。经审查批准（决定）逮捕188件368人，不批捕3件15人，公安机关撤案1件2人，结案率为100%。共受理移送审查起诉案件229件493人，与去年同期的160件335人相比，案件数上升了43.1%，人数上升了47.2%，经审查向县法院提起公诉176件349人，报送市检察院审查起诉33件64人，决定不起诉2件4人，公安机关撤案6件21人，退回公安机关补充侦查10件52人，正在审查办理2件3人，结案率为99%。

一年来，把确保奥运会、残奥会、纪念改革开放30周年活动的安全稳定作为工作的重点，正确分析判断刑事犯罪的发案趋势，坚持什么犯罪突出就打击什么犯罪。一是突出打击侵犯公民生命权、健康权的重大刑事犯罪，共批准逮捕故意杀人、故意伤害案件31件53人，其中流窜作案的12件23人；二是突出打击团伙犯罪，共批准逮捕三人以上团伙犯罪案件40件198人，其中流窜作案的26件116人；三是突出打击侵犯公民财产权的多发性犯罪，共批准逮捕抢劫、抢夺、盗窃、诈骗等侵犯财产案件92件189人，其中流窜作案的49件106人。

在严厉打击严重刑事犯罪的同时贯彻宽严相济的刑事司法政策，最大限度地化解社会矛盾。如犯罪嫌疑人毕某某故意毁坏财物案，毕某某因琐事将王某的摩托车砸坏，造成经济损失5985元。我院在办理该案中，鉴于毕某某系初犯，当事人双方系亲属关系，社会危害不大，办案人员对犯罪嫌疑人积极进行法律宣传教育工作，使犯罪嫌疑人服法悔罪，愿意赔偿被害人损失，经做被害人工作，被害人也有和解意愿。在双方达成赔偿和解协议的前提下，我院依法对毕某某作出不予逮捕决定，当事人双方言归于好，在案发地受到了群众的好评，体现了检察机关在刑事诉讼环节贯彻“当严则严，当宽则宽、宽严互补、宽严适度”的刑事司法政策精神，达到了执法办案的法律效果、社会效果的有机统一。

查办和预防职务犯罪并举，促进勤政廉政建设。

共受理贪污贿赂案件线索17件25人，开展初查17件25人，初查终结不予立案12件20人，立案侦查5件5人，侦查终结移送审查起诉4件4人，正在侦查1件1人，通过办案为国家和集体挽回经济损失27万余元。

共受理渎职侵权案件线索7件7人，开展初查7件7人，初查终结不予立案2件2人，立案侦查1件1人，正在初查4件4人，侦查终结移送审查起诉1件1人。

工作中突出查办职务犯罪工作重点，坚持把损害人民群众切身利益的涉农案件、造成国有资产流失的案件、国家机关工作人员利用审批权“吃、拿、卡、要”的案件作为查办职务犯罪的重中之重，一查到底。先后立案查办了长湖镇维则村委会原主任黄某某在新农村建设中受贿7万余元案，石林农工商集团出纳李某某侵吞公款7万余元案，被拆迁户李某某为谋取不正当利益行贿案，石林县交通局路政所原所长朱某某在公路建设拆迁中受贿及滥用职权案。进一步转变执法理念，强化从查办贪污贿赂犯罪案件中发现渎职侵权犯罪线索的意识，形成反贪、反渎的侦查合力，使我院的反渎职侵权检察工作有了新的突破，扭转了多年来反渎职侵权检察工作的被动局面。在查办职务犯罪的过程中，慎重对待改革发展中出现的新情况和新问题，正确把握查办案件与促进经济社会发展的关系。坚持“标本兼治、综合治理、惩防并举、注重预防”的方针，结合执法办案，突出职务犯罪预防的针对性和实效性，对近年来查办的职务犯罪案件进行案例剖析，开展调查研究，向相关部门发出检察建议2份，提出防范对策和整改意见10条。先后13次参与工程跟踪预防和其他工程专项预防，为确保工程优质、干部优秀作出了积极努力。通过以案释法、专题讲座、图片展览等多种形式，先后深入乡镇、机关、学校等单位开展法制宣传和警示教育13次，进一步增强公民的法制意识。

强化法律监督，维护公平公正的执法环境。

强化刑事诉讼监督。坚持“有罪必究，无罪保护，严格执法，客观公正”的原则开展诉讼监督工作，共适时介入公安机关侦查案件20件，参与重大案件讨论20件，发现立案监督线索5件，监督公安机关立案4件。向公安机关发出《要求说明不立案理由通知书》2份、《不批准逮捕理由说明书》15份、《纠正违法通知书》2份、《检察建议》2份，要求公安机关《提供法庭审判所需证据材料意见书》46份，改变公安机关提请批捕案由8件19人。改变公安机关移送审查起诉案由1件1人，追诉漏犯1人，提请市检察院抗诉1件1人，确保了诉讼的合法性和公正性，提高了诉讼质量。

强化民事行政审判监督。不断强化民事行政审判监督意识，进一步拓展民事行政审判监督的渠道，探索民事行政检察诉前监督工作机制，积极配合公安、城建等有关执法部门，对拆除违规建筑依法进行监督，维护了依法行政的有效开展。进一步健全和完善律师代理当事人申诉制度，在对错误民事行政判决、裁定依法提请抗诉的同时，依法维护法院的正确判决和裁定，做好当事人的息诉服判工作，维护法律的正确统一实施。

共受理民事申诉案件8件，审查终结8件，结案率为100%。经审查立案4件（其中建议提请市检察院抗诉3件，终止审查1件），不予立案作息诉处理4件。

强化刑罚执行和监管活动的监督。以看守所的安全防范、规范化管理为重点，深入在押人员的生活、劳动、学习场所进行检查100余次，配合看守所进行安全检查11次，针对监管场所存在的问题提出口头建议10次。坚持检察官约见制度，与在押人员谈话200余人次，工作中发现职务犯罪线索3件，受理在押人员控告申诉4件，对在押人员进行法律宣传3次。坚持超期羁押预警催办制度，共催办45人次。加大暂予监外执行罪犯脱管漏管监督的工作力度，对发现的问题及时向有关部门提出检察建议，对1名违反规定的暂予监外执行罪犯，监督公安机关收监执行。全年无超期羁押、超时限办案，确保了刑事诉讼的合法有效开展和看守所的安全。

认真做好控告申诉检察工作。坚持检察长接待日制度，坚持首问首办责任制和限时办结制，坚持文明接待与检务公开相结合，提倡“一个微笑、一杯热茶、一把椅子”的文明接访作风，认真倾听群众呼声，正确处理社会矛盾纠纷，切实解决群众合理诉求。

共接待来访20件26人，接待群众法律咨询27件46人，受理刑事申诉案件2件2人，受理来信14件。通过耐心细致的工作，直接答复群众法律咨询27件46人；20件来访中由本院民事行政检察科处理4件，直接办理16件；2件刑事申诉案件经复查后当事人息诉罢访1件1人，书面向当事人答复1件1人；14件来信中移送本院自侦部门办理11件，移送相关部门办理3件，年内信访办结率为100%。

（二）狠抓政治业务建设，检察工作创新发展

加大教育培训力度，努力提高队伍素质。深入学习贯彻“十七大”精神，以“大学习、大讨论”活动和“软环境”建设活动为契机，围绕建设与发展、执法与服务、效率与成果三个基础性标准对干警工作实行量化管理，把干警的思想、行动统一到党的十七大精神上，统一到经济社会发展的大局上。支持和鼓励干警提高在职学历教育和参加国家司法考试，对通过国家司法考试的人员予以奖励。2007年有4名干警参加国家司法考试，3人过关，通过率为75%，今年有6名干警参加国家司法考试，4人过关，通过率为66.7%，为提高检察官素质、推进检察官专业化建设奠定了基础。

加强党风廉政建设，确保检察队伍纯洁。在全院干警中开展勤政廉政、理想信念、党纪党风教育，推行勤政廉政公示制度，增强干警的廉洁从检意识；认真落实党风廉政建设责任制，与全院各科室签订了党风廉政建设责任状，与干警家属签订了“廉内助”责任状；先后两次与干警进行廉政谈话，及时掌握干警的思想动态；严格执行办案告知、廉洁自律、回访监督的“一案三卡”制度，把党风廉政建设和自身的反腐败工作贯穿到检察工作的全过程；建立干警执法档案，强化对干警执法的监督，确保干警公正文明执法，一年来尚未发现干警有违纪违法行为。

规范执法行为，提高办案质量。严格执行省、市检察院制定的办案规则，规范了办案流程和执法行为；突出狠抓法律文书的规范化制作，着力改进文书语言表达的准确性、文字叙述的精炼性，加强对证据的分析和运用，不断提高法律文书的说理性、论证性和适用法律的准确性；不断完善与公安机关的联系机制，加强对公安机关撤回提请批捕、捕前证据完善、不捕案件的跟踪监督，推进了侦查监督工作的规范有序开展；对办案区进行了改造，确保了办案安全，在查办职务犯罪中，坚持讯问犯罪嫌疑人实行全程同步录音录像，加强对侦查活动的监督，依法维护了犯罪嫌疑人的合法权益，确保了办案质量。

创新工作机制，检察改革稳步推进。严格执行“一岗双责”目标管理责任制，进一步明确责任，增强责任感和使命感，并随着检察工作的发展而逐步完善。细化工作目标，把全年的工作任务分解到部门，部门的工作任务分解到个人，个人的工作任务分解到月。为使“一岗双责”目标管理责任制落在实处，配套制定了季度分析及周工作计划制度，及时掌握全院的工作进度及全县社会治安形势，增强了工作的主动性和预见性。积极推行《检察人员问责制》，使机关工作作风有了明显改进。

改进检务公开，不断完善案件查询制度，公开检察机关的工作职责、当事人的权利义务、办案时限、办案进程等内容，主动接受社会监督。先后3次邀请人大代表、政协委员参加庭审旁听，自觉接受人大代表、政协委员对诉讼活动的监督，进一步促进出庭支持公诉水平的提高。积极推行人民监督员试点工作制度，主动加强与人民监督员的联系，组织人民监督员参加全省检察机关人民监督员培训班学习，为人民监督员对查办职务犯罪中“三类案件”、“五种情形”实施监督创造了条件，充分发挥了人民监督员的作用。

增强大局意识，服务全县中心工作。结合林权制度改革、征地拆迁中出现的社会矛盾，县检察院依据相关法律法规积极提出工作建议，并配合信访部门就涉及到的法律问题做好群众的宣传教育工作；加强与工商、土地、林业、税务等行政执法部门的沟通和联系，不断推行和完善行政执法与刑事执法工作联系机制；坚持阶段性工作分析，及时把握我县刑事犯罪趋势和社会治安状况，有针对性地向县委政法委及政法各部门提出防范和遏制刑事犯罪的工作建议，为工作决策提供参考；围绕全县“四创两增一巩固”的工作部署，全力开展争先创优工作，我院先后获得了“市级爱国卫生先进单位”、“昆明市门内卫生达标先进单位”荣誉称号，公诉科被省妇联授予“云南省迎奥运十城百岗巾帼文明岗”荣誉称号。

各位代表，一年来，县检察院全面履行检察职能，较好地完成了各项工作任务，取得了一定的成绩，这些成绩的取得，是县委和上级院的正确领导，贯彻落实加强人民检察院工作决定精神，对检察工作的重视和支持、为确保检察工作正确的政治方向提供了坚强的组织保障；是在人大的工作监督、法律监督和政协的民主监督下，为检察机关规范执法、公正执法提供坚强的法律保障；是县人民政府落实检察经费，支持帮助解决两房建设尾款，确保办案、办公经费，为检察工作的顺利开展提供坚强的物质保障；是社会各界长期以来对检察工作关心、支持的结果。在此，我谨代表县检察院全体干警，向长期以来关心、支持检察工作的各位领导、各位代表和有关部门表示衷心的感谢!

在看到成绩的同时，我们也清醒地认识到，检察工作离党和人民的要求还有一定差距。一是法律监督能力还需进一步提高；二是队伍的整体素质还不能完全适应新形势发展的要求；三是检察工作任务重、人员少的矛盾仍然存在。对这些问题，我们将以改革的精神和务实的作风，认真加以解决。

二、2009年工作意见

2009年，县检察院将坚持以邓小平理论和“三个代表”重要思想为指导，全面贯彻落实党的十七大和十七届三中全会精神，深入实践科学发展观，坚持“强化法律监督，维护公平正义”的工作主题，围绕构建社会主义和谐社会的目标，按照高检、省市院的总体工作部署和要求，紧密联系工作实际，切实履行检察职能，继续加强队伍建设，提高法律监督质量和监督水平，不断开创检察工作新局面。

（一）坚持党的领导，自觉接受监督

坚决贯彻执行党的路线方针政策，围绕县委政府工作大局部署检察工作，用社会主义法治理念和科学发展观引领检察工作，使全体干警在执法思想、执法实践、执法作风上保持检察工作忠于党、忠于祖国、忠于人民、忠于法律的政治本色，始终坚持检察工作切实服务民生的价值追求，切实维护党的执政地位、国家安全、人民权益和社会稳定。进一步增强自觉接受监督的意识，认真贯彻执行人大及其常委会的决定决议，加强与人大代表及政协委员的联系，主动接受人大代表和政协委员的监督，坚持人民监督工作制度，确保检察权的正确行使。

（二）依法打击刑事犯罪，切实维护社会稳定

继续坚持什么犯罪突出就打击什么犯罪，重点打击严重暴力犯罪、恶势力犯罪、团伙犯罪和毒品犯罪，切实增强群众的安全感；严厉打击危害能源资源、破坏环境资源犯罪，保护生态环境；依法严惩各类扰乱和破坏社会主义市场经济秩序犯罪，维护市场公平竞争；积极参加社会治安防控体系建设和矛盾纠纷排查调处工作，落实好检察环节的各项综合治理措施，推动“平安石林”、“法治石林”创建活动的深入开展。

（三）提高侦查水平，突出办案重点

着力研究职务犯罪的新动向和新趋势，进一步健全和完善侦查工作机制，强化侦查技能，整合侦查资源，规范侦查工作，注重办案质量，提高侦查水平。突出查办重点部门、重点领域的职务犯罪，集中力量查办群众反映强烈的案件，积极查办危害能源资源和生态环境、重大工程建设中的职务犯罪，严肃查办涉农职务犯罪。加强职务犯罪预防工作，结合办案积极开展预防调研，运用检察建议推动有关单位、行业建立内控机制，运用典型案例开展预防宣传和警示教育，把法律宣传和法制教育工作延伸到农村基层，引导群众合理表达诉求，增强群众依法维权的意识，确保农村社会稳定。

（四）强化法律监督，维护司法公正

重点监督有案不立、有罪不究和量刑畸轻畸重等问题；依法监督漏罪漏犯及各种违反诉讼程序、侵犯人权的违法行为；依法纠正诉讼活动中执法不严、司法不公等问题；继续做好预防和纠正超期羁押工作，巩固纠防超期羁押的工作成果，加大对暂予监外执行脱管漏管的监督力度；依法履行民事行政检察职能，充分运用再审检察建议和抗诉手段，进一步增强监督实效，提高监督质量；高度重视涉检涉法信访工作，完善涉检涉法信访处理机制，依法妥善解决群众的合理诉求，维护人民群众的合法权益。

（五）加强队伍建设，确保检察权的正确行使

用中国特色社会主义理论体系武装全体检察人员，引导全院干警坚定理想信念和宗旨意识，加强检察职业道德建设和反腐倡廉建设，大力弘扬“忠诚、公正、清廉、严明”的检察职业道德规范，不断强化职业责任意识、法律监督意识、廉洁从检意识和爱岗敬业意识。坚持从严治检不动摇，狠抓教育不放松，查处问题不手软，以严肃执纪促严格执法。

严格执行检察职业准入制度，按照凡进必考、公开招考的要求和检察官法规定的任职条件，切实保证新进人员和初任检察官具有较高素质；围绕提高法律监督能力，广泛开展以提高职业技能，特别是以计算机运用为核心的业务培训和岗位练兵，大力推行办案办公自动化，激励检察人员钻研业务，提高业务技能和执法水平；继续加大司法考试培训力度，推进学习型检察院建设，促进队伍结构不断改善，专业化水平不断提高。

以制度建设促规范管理，以规范执法促检察权的正确行使，建立健全检务督察和执法考评工作机制，以“工作问效制、工作问责制、绩效考核制”的落实来强化检务督察，保证各项检察工作高效、优质的完成。

各位代表，在今后的工作中，县检察院将在县委和上级检察院的正确领导下，自觉接受县人大和县政协的监督，牢牢把握“强化法律监督、维护公平正义”的工作主题，突出“服务民生、服从和服务于全县工作大局”这一重点，富有成效地开展各项检察工作，为构建法治石林、平安石林、和谐石林、富强石林作出新的贡献！

注 释：

①“三类案件”：指犯罪嫌疑人不服逮捕决定的、拟撤销案件的、拟不起诉的案件。

②“五种情形”：指应当立案而不立案或者不应当立案而立案的；超期羁押的；违法搜查、扣押、冻结的；应当给予刑事赔偿而不依法予以确认或者不执行赔偿决定的；检察人员在办案中徇私舞弊、贪赃枉法、刑讯逼供、暴力取证等违法违纪情况的。

2008年石林彝族自治县国民经济和社会发展统计公报

石林彝族自治县统计局

2009年4月20日

2008年，全县各族人民在县委、县政府的领导下，以邓小平理论和“三个代表”重要思想为指导，认真贯彻党的十七大和中央、省、市经济工作会议精神，坚持以科学发展观统领全局，以现代新昆明建设为契机，以又好又快地发展大旅游为主题，以旅游立县、粮烟稳县、工业富县、生态美县为目标，深入实施“33542”发展战略和石林现代化城市发展战略，大力推进旅游国际化、城市现代化、农业产业化、工业新型化进程，全力创建世界一流景区，打造国际旅游胜地，加快社会主义新农村建设，推进全面建设小康社会步伐，全县国民经济保持较快发展，人民生活水平继续提高，各项社会事业取得新的进步。

一、综 合

初步核算，全年实现生产总值（GDP）272889万元，比上年增长13.70%。其中：第一产业实现增加值82371万元，比上年增长10.00%；第二产业实现增加值78132万元，比上年增长25.44%；第三产业实现增加值112386万元，比上年增长14.78%。三次产业结构为30.2∶28.6∶41.2。全县人均GDP达到11300元。

二、农 业

坚持把农业作为稳县之本，实施粮食安全工程、烤烟提质工程、畜牧富民工程、农业产业化和特色化工程、农业科技工程五大工程，提升农业综合效益，推进现代农业发展。认真贯彻中央关于农业、农村、农民的方针政策，落实支农惠农措施，及时兑现各种涉农补贴，有力地支持了农业生产的发展，促进农民增收。全县实现农林牧渔业总产值148513万元，比上年增长12%，其中：农业产值80339万元，增长9.18%；林业产值3882万元，增长88.92%；畜牧业产值56463万元，增长10.3%；渔业产值3560万元，增长151.11%，农林牧渔业服务业产值4268万元，增长13.7%。

粮烟稳产，巩固了农业基础地位。稳定粮食播种面积，推广优质高产品种，推进农业产业化进程。虽然受年初低温雨雪冰冻灾害影响，夏粮产量下降，但大春生产风调雨顺，秋粮丰产丰收，全年粮食总产量123690吨，比上年增长3.19%。全面提升烤烟生产水平，烤烟收购数量1540万千克，烤烟收购总值2.29亿元，均价14.90元，创历史新高。

巩固生猪生产，突出发展羊产业，加快禽类发展，稳步扩大畜牧生产规模。受市场需求和饲料、粮食价格上涨的影响，畜产品价格一路上扬并保持高位运行，加之国家出台了养殖肥猪和母猪的补贴政策，刺激了农户的养殖积极性，促进了畜牧业生产的发展。

蔬菜、水果、花卉等绿色产业健康发展，特色农业发展规模不断壮大，农业产业化稳步推进。蔬菜产量99968.1吨，比上年增长24.67%；水果产量23740.6吨，增长17.93%；鲜切花产量为666.8万枝，增长135.62%。

2008年主要农林牧渔业产品产量及其增长速度

产品名称	单位	产量	比上年增长±%
粮食总产量	吨	123690	3.19
# 稻谷	吨	33632.8	-0.03
玉米	吨	57367.5	28.48

续　表

产品名称	单位	产量	比上年增长±%
小麦	吨	7925.6	-36.88
蚕豆	吨	6074.5	-15.3
油料	吨	1192.6	-11.40
烤烟	吨	16426.7	1.87
蔬菜	吨	99968.1	24.67
水果	吨	23740.6	17.93
肉类总产量	吨	28970.0	23.82
# 猪肉	吨	19918.4	9.70
牛肉	吨	1469.9	20.81
羊肉	吨	2569.1	22.41
奶类产量	吨	10430.4	0.98
水产品产量	吨	2280	81.53
大牲畜出栏数	头	11482	3.42
猪出栏数	头	223398	4.13
牛出栏数	头	10151	11.81
羊出栏数	只	95862	12.39
家禽出栏数	只	2428744	168.65
禽蛋产量	吨	1363.8	4.86
大牲畜年末存栏数	头	73863	0.62
猪年末存栏数	头	179694	7.69
牛年末存栏数	头	49667	3.39
羊年末存栏数	只	186293	3.63

三、工业和建筑业

今年以来，由于工业能源、原材料等生产资料价格全面上涨，劳动力成本的增加，拉动了工业品出厂价格的上涨。工业企业克服各种不利因素稳步发展，主要产品产量较快增长。全县实现工业总产值232249万元，比上年增长25.04%。规模以上工业实现产值80163万元，增长25.49%；规模以上工业增加值27611万元，增长21.98%。

2008年石林县主要工业产品产量

产品名称	单位	产量	比上年增长±%
发电量	万千瓦小时	1545	-4.27
自来水生产量	万吨	440	0.92

续 表

产品名称	单位	产量	比上年增长±%
原煤	万吨	80.5	12.43
焦炭	万吨	27.9	0.91
生铁	吨	2522	-19.88
铁矿石原矿量(实物量)	万吨	12	33.34
水泥	万吨	19.4	10.23
耐火材料制品	吨	716	15.12
卤腐	吨	1682	14.58
大理石板材	万平方米	178	5.33
复烤烟叶	吨	29396	0.17

在全县基础设施建设稳步推进，固定资产投资快速增长的宏观经济气候下，建筑业经济运行较好，建筑业实现总产值45390万元，比上年增长118.7%；实现增加值18500万元，比上年增长72%。房屋建筑施工面积757622平方米，比上年增长155.5%。

四、固定资产投资与房地产开发

全社会固定资产投资157634万元，比上年增长33.92%。其中：城镇固定资产投资105400万元，增长27.12%；农村及农村私人投资6309万元，下降30.23%；房地产开发投资45925万元，增长78.42%。按产业划分：第一产业完成投资11725万元，同比增长速度110.24%；第二产业完成投资34410万元，增长45.11%；第三产业完成投资105190万元，增长32.54%。

五、国内贸易

今年以来，粮食、肉禽蛋及其制品、蔬菜、油脂、燃油等价格继续上扬，增加了居民消费。收入的稳步增长和消费观念的转变，吃、穿、用、行、住、娱向深层次转化。居民外出就餐增加、亲友团聚的次数增多，各类公务、商务活动频繁，拉动餐饮市场快速增长。耐用消费品更新换代周期加快，春节、中秋节等节日消费走高，推动消费市场快速发展。社会消费品零售总额117575万元，比上年增长28.08%，其中：非公有制经济实现零售额87461.4万元，占全县零售总额的74.39%。按行业分，批发零售业零售额79127.7万元，比上年增长40.48%；住宿餐饮业零售额32441.1万元，增长36.48%；其他行业零售额6006.2万元，下降48.67%。按地域分，县级实现消费品零售额68470.1万元，比上年增长22.92%；县以下实现消费品零售额49104.9万元，增长36.06%。

六、旅游

2008年1月中旬到2月下旬，我国南方大部分地区和西北地区东部出现了新中国成立以来罕见的持续大范围低温、雨雪和冰冻的极端天气，农业、交通、电力旅游等诸多行业受重创。5月12日，四川汶川又发生8级特大地震，灾情波及西南、西北广大地区，加剧旅游下滑。大小石林景区接待游客237万人次，实现旅游直接收入2.97亿元。

七、财政、金融

完善重点税源监控体系，强化税收稽查工作，改进税收征管手段，做到应收尽收，提高财政保障能力。全县财政总收入53885万元，比上年增长98%。县级地方财政收入39542万元，比上年增长131%，其中：一般预算收入20090万元，增长41%；基金收入19452万元，增长568%。财政支出总计76280万元，比上年增长72%，其中：一般预算支出55725万元，增长39%；基金支出20555万元，增长396%。

金融机构继续实施稳健的货币政策，存贷款持续增加，金融业务扩大，有力地支持了全县经济的发展。年末金融机构人民币各项存款余额332618万元，比年初增长18.66%，其中：企业存款余额96823万元，比年初增长0.78%；储蓄存款余额163069万元，比年初增长29.30%。金融机构人民币各项贷款余额261158万元，比年初增长14.75%，其中：短期贷款199291万元，比年初增长8.18%；中长期贷款61866万元，比年初增长42.67%。全年金融机构现金收入752002万元，比上年同期增长6.44%；现金支出688126万元，比上年同期增长 10.71%；现金净回笼 63875 万元，比上年同期少回笼 21040 万元。

八、社会事业

实施教育综合改革，推进农村中小学标准化建设，改善办学条件。加强“九年一贯制”管理，落实“两免一补”政策，巩固“集、靠、收”改革成果，促进义务教育均衡发展。推进非义务教育管理改革，扩大高中教育规模，稳步发展职业教育。职业中学招生 150 人，在校生 464 人，毕业生 503 人。普通高中招生 1268 人，在校生 3494 人，毕业生 886 人。初中招生 3902 人，在校生 11208 人，毕业生 3318 人。普通小学招生 3756 人，在校生 23575 人，毕业生 3788 人。幼儿园在园幼儿 9057 人。小学学龄儿童入学率达 99.75%，小学毕业生升学率达 103.01%，初中毕业生升学率 42.74%。

文化产业建设步伐加快，农村文化基础设施条件进一步改善。广场文化丰富多彩，全民健身活动蓬勃开展，体育竞技水平不断提高。彝族大三弦舞、彝族（撒尼）刺绣列入第二批国家级非物质文化遗产名录，彝文古籍《指路经》列为国家珍贵文献。中国石林国际火把狂欢节获首届“节庆中华”最佳狂欢气氛奖。村村通广播电视建设有序推进，电视传输质量不断提高，年末全县电视人口覆盖率 98.9%。

全县共有各类卫生机构 61 个，卫生床位 707 张，卫生技术人员 677 人，其中执业医师和执业助理医师 303 人。进一步深化卫生体制改革，改善农村医疗条件，新型农村合作医疗参合人员 199371 人，参合率达 99.27%。

全面落实就业和再就业政策，年末城镇登记失业率 2.1%。完善城乡最低生活保障制度，做到应保尽保，社会保险覆盖面进一步扩大。

城市化进程进一步加快，年末全县城市化水平达 29%，比上年提高 2 个百分点。

九、人口、人民生活

年末全县常住人口 24.26 万人。年末户籍人口 239612 人，其中：农业人口 211946 人，非农业人口 27666 人，农业人口占全县总人口的 88.45 %。男性人口 120668 人，女性人口 118944 人，男女性别比为 101.45：100。彝族 81448 人，占全县总人口的 33.99%。进一步落实“奖优免补”政策，降低生育率，提高出生人口质量，人口自然增长率 5.77‰。

坚持以人为本，统筹安排城乡人民生活，让百姓从经济增长中得到实惠。由于政策性调资、经营性收入及转移性收入不断增加，城镇居民收入、在岗职工平均工资稳步增长。全县在岗职工年平均工资 20350 元，比上年增长 33.75%，其中：国有经济单位在岗职工年平均工资 21204 元，增长 41.73%；城镇集体经济单位在岗职工年平均工资 16462 元，增长 28.17%；其他经济单位在岗职工年平均工资为 19412 元，增长 16.02%。城镇居民人均可支配收入 13804 元，比上年增长 16.9%。县委、县政府加大了对农村劳动力的培训和输出转移力度，二、三产业的发展和投资建设项目的实施，为农村富余劳动力创造了更多的就业岗位，农民在县内、县外打工的机会增多，促进了农民收入的稳步增长，农村居民人均纯收入达到 4216 元，比上年增长 7.2%。

注 释：

1. 生产总值、三次产业增加值的绝对值按现价计算，增长速度按可比价计算。
2. 人均 GDP 按常住人口计算。
3. 规模以上工业企业是指年主营业务收入 500 万元及以上独立核算工业企业。
4. 城镇居民人均可支配收入、农村居民人均纯收入的增长速度为扣除价格因素影响后的实际增速。

索 引

本索引按重要词语与所指内容所在页码的顺序编制。方法步骤为：(1) 按照行文规范确定选择索引词语，同时兼顾日常口语和思维习惯；(2) 按所列词语第一个汉字汉语拼音的第一个字母分类；(3) 同类的词语按照页码顺序排列；(4) 类与类之间按照英文字母的顺序排列。

A

B

C

D

E

F

G

H

J

K

L

M

N

P

Q

R

S

T

W

X

Y

Z

图书在版编目（CIP）数据

石林年鉴. 2009 / 石林彝族自治县史志办公室编 . —昆明:云南美术出版社，2009. 12

ISBN 978-7-80695-971-8

I. 石… II. 石… III. 石林彝族自治县—2009—年鉴

IV. Z527. 44

中国版本图书馆 CIP 数据核字(2009)第 228725 号

责任编辑：黄云积　于重榕

装帧设计：刘世生　李维冉

责任校对：胡国泉

书　名：石林年鉴　2009

作　者：石林彝族自治县史志办公室　编

出版发行	云南出版集团公司 云南美术出版社		字　数	880 千
			版　次	2009 年 12 月第 1 版
地　址	昆明市环城西路 609 号		印　次	2009 年 12 月第 1 次
印　制	昆明鹰达印刷有限公司		印　数	0001~1000 册
开　本	889mm × 1194mm　1/16		书　号	ISBN 978-7-80695-971-8
印　张	39		定　价	260.00 元